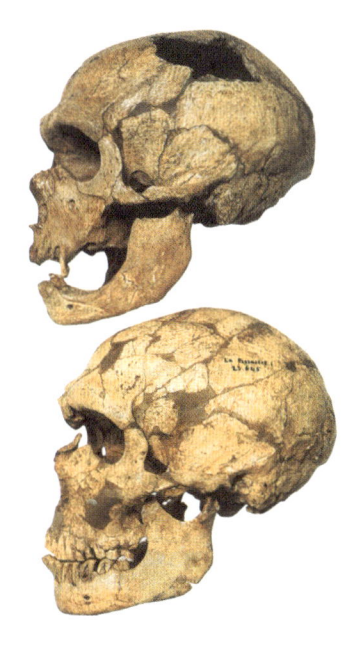

尼安德特人头骨化石（发现于德国境内）

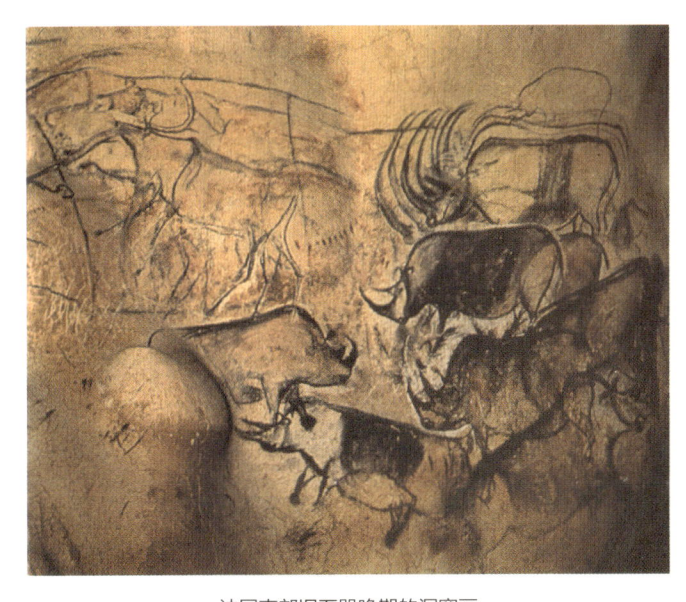

法国南部旧石器晚期的洞窟画

古埃及陵墓壁画中的捕猎场景

一个骑马射猎的亚述国王

印度婆罗门祭司

古希腊迈锡尼人头像

君士坦丁堡索菲亚大教堂内景

罗马圣彼得广场

中世纪意大利锡耶纳市政厅"好政府"形象壁画

德国山区城堡

忽必烈与马可·波罗

农民的舞蹈(16世纪佛兰德尔)

基辅罗斯人的商船贸易

阿布扎伊访问穆斯林村庄

科尔多瓦大清真寺内景

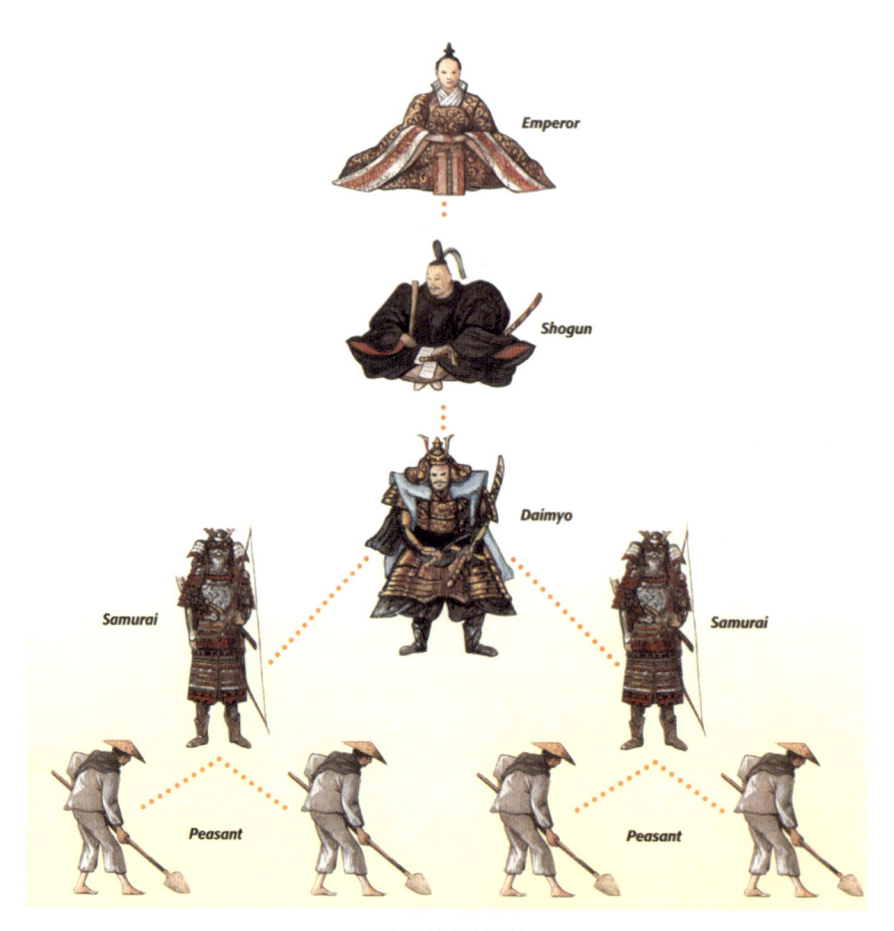

日本的封建等级制

上

人类六千年

远古
—
16世纪

刘景华 / 著

中国青年出版社

序一

齐世荣

人类已经进入21世纪。今天，国际社会日益成为一个你中有我、我中有你的命运共同体。在这样的国际背景下，正在实现中华民族伟大复兴的中国人民，迫切需要了解世界，不仅要了解世界的今天，还要了解今天的世界是如何演变而来的，这也就是说，我们需要具备世界历史的知识。

广义的世界史包括地区史、国别史、专门史等等。但对于广大的中国人民来说，我们尤其需要一部简明的世界通史。世界通史的作用是区域史、国别史、专门史代替不了的。前者是林，后者是一棵棵的树。在历史走向全球化的今天，我们尤其不可只见树木，不见森林。弗兰克说："几乎所有的历史学家只喜欢看具体的历史树木；他们忽视，甚至否认树林的存在，尤其是全球树林的存在。但是，树木是在树林里生长的，必须在树林里才能存活和繁殖。"（《白银资本——重视经济全球化中的东方》中文版前言，中央编译出版社2000年版第18—19页）

编写世界通史，有两种办法。一种是集体合作的办法，由专家们各写自己所长的部分，然后由主编统稿，把各部分集合在一起。这样写出的世界通史，优点是各段都会有比较精确的叙述和独到的见解。缺点是全书难免观点分歧，文风各异，不是一个高度统一的整体。另一种办法是一人独撰。这样写出的世界通史，优点是全书在观点上和文风上都能保持一致，首尾通贯。缺点是一个人的知识有限，难免出现"硬伤"。但我们不可因害怕"硬伤"而不敢写。其实，即使是专家写自己擅长的那部分历史，要想无一处"硬伤"，也是几乎做不到的。总之，两种办法各有优缺点，都应尝试。但集体编写的世界通史一般篇幅很大，不便于一般读者的阅读。个人编写的世界通史，则篇幅较小，如能下一番功夫，做到内容简明，文字生动，将会发挥更大的作用。

　　刘景华同志有志于一人撰写世界通史多年。十几年前,他就出版过一本《人类六千年》，颇获社会好评。2000年，在南京全国书市上被读者评为"最激发读者购买欲望的图书"之一。2009年，又被评为"广东省百种社会科学优秀理论读物（1949—2009）"之一。现在，他将该书加以修订，又有新的进展。我已年近九十，旧业既荒，新知更乏，岂敢对他的大作妄加评论。但读后也有几点小建议，聊供今后再版时参考，以报征序的雅意。1.增加简要参考书目，以便读者进一步研究世界史；2.适当增加插图（包括历史地图），力求图文并茂，引起读者兴趣；3.篇幅再做精简，以便更多读者阅读；4.编制索引。书末附索引，用处很大，已成为国际学术界一项规范，望能注意及此。

　　最后，我要再次强调：编写一本简明的世界通史，是时代的需要，是走和平发展道路的中国人民的需要。这项工作的难度很大，但无论多么困难，我们也要知难而进。景华同志勇于知难而进，而且敢于挑起一人独撰的重担，精神实在感人，我谨以这篇不成其为序的"序"祝贺他的大作《人类六千年》出版。

2015年6月

序二

钱乘旦

一本好书必须有特色，而我们现在看到的这本书的确有其特色。首先，一本世界文明史，上下几千年，纵横全世界，厚厚两大卷，一百多万字，作者却仅仅是一人，这在当代中国读书界，应该是看不到的。但刘景华教授的确是一个人写出了这本书，而且洋洋洒洒，严严谨谨，俨然是一部完整的世界通史。当代中国读者太习惯于"集体创作"了，因此拿到一个人写的这么大一部书，便不禁要发问：一个人写，是否能写好？其实，一个人写通史并不是什么创造，由一个人写一部通史教科书在国外是司空见惯，在中国也有几千年的传统，只不过最近几十年来人们觉得不习惯了，总以为"厚书"总得由好多人写，一个人写一段才算是"专家写书"，否则就写不好。然而事实却是，好多人写的东西经常却是写得不好，特别是当好多人不断地重复别人写的东西时，就一定写不好。写作是一种创造，创造必须有思想，一个人比较容易体现一种专一的思想，而许多人要把思想完全统一成一个样子，就很不容易。在这种情况下，有特色的东西就很难出现，重复现成的说法就成了无奈的选择，于是一本没有特色的书就出现了，这是"集体创作"很不容易取得成功的一个重要原因。刘景华教授敢于突破陈规，尝试一个人写一部世界通史，这本身就代表着一种特色，因此是很值得尝试的。

其次，这本书试图突破说教的模式，尽量使用叙述的手法，使行文显得生动。历史本来是最生动的一种知识，因为它记载着人类活生生的过去。"历史"本来和"故事"分不开，离开了人类以往经历的那些"故事"（即"过去的事"），历史也就没有了。但在一段时间中，历史的"故事"性被取消，历史成了干巴巴的说教，成了几条固定的公式，这就违背了历史学自身的特性，使它成为不受欢迎的学科。近年来，史学界深感面临的危机，亟想改变这种状况，许多人作了极好的尝试，也出现了一些较好的成果。刘景华教授的这部书就是在这种思想指导下写作的，因此，他尽量使用叙事手法来表达思想，刻意着墨于重要的人物和事件，努力追求生动。在这方面，他的成功是可以感觉到的，读者们翻开这本书，可以看到有些章节写得很有感染力。

再次，历史本身是多方位的，它决不仅只包括一两个方面。它记载着人类过去的经历与活动，其内容之丰富，超出人们最大胆的想象。然而当历史变成干巴巴的条文之后，它的丰富性就收缩了，只剩下人们蓄意保留的某些方面，甚至只剩下精心挑选的几件事。历史变成了用几根干枯的棍棒搭起来的一个架子，你不用学历史，也能够一目了然，也能够把历史的"规律"讲得头头是道。中学的历史考试就是这样的，结果，考完之后，学生就从此不看历史书，因为他自以为已经学透了历史书，历史不就是那么几句公式，背会了公式，也就背会了历史！这种看法虽说荒谬，却很真实，在当代的中国广为流行。于是，我们这个历史的泱泱大国就变成了历史的贫瘠之地，人们不懂历史，也不懂历史学为何物。这样一种状态是必须改变的，改变的方法是还历史的本来面目，让它显示出丰富多彩的本性。刘景华教授的这部书在这方面也做了很大的努力，它涉及的面比较广，希望能展示人类活动的各个方面。

总之，这是一本很好的书，值得希望了解世界的人们看一看。历史是一门有趣的学问，它能给人以智慧。在一个功利色彩太重的时代，历史产生不了实在的好处，却能给无视历史的人以历史的教训，读一读历史还是必要的。今天，我们生活在一个结为一体的世界上，要了解历史，就不能只知道中国史，还需要知道外国史，刘景华教授的这部书给读者提供了一个新的窗口，让人们一窥世界历史的真貌。历史的知识是无穷的，历史书的创作当然也无穷无尽。每一本历史书都会有它的局限性，至少它有限的篇幅就是一种局限。刘景华教授的这部书虽难免有局限，却有其相当大的特色。在这短短的前言中我只能简单地提出其中几点，但我相信读者们在读完这本书之后，自然能体会出其中的特点。

目 录

001 — 引　子

上编　上古世界
　　（远古—5世纪）

021 — 第一章　童年的萌动
　　　　　　　初期人类生活印记

047 — 第二章　大河之赐
　　　　　　　文明从西亚北非发端

071 — 第三章　最初的帝国
　　　　　　　中东文明的发展和扩张

101 — 第四章　佛国晨光
　　　　　　　印度次大陆的上古文明

124 — 第五章　东方神韵
　　　　　　　上古时代的中国文明

165 — 第六章　智慧与美
　　　　　　　希腊古典文明的兴盛

207 — 第七章　欧亚大整合
　　　　　　　亚历山大帝国及希腊化时代

221 — 第八章　斧头与柴棒
　　　　　　　从罗马小城到地中海霸国

253 — 第九章　晨钟暮鼓
　　　　　　　罗马帝国的兴衰起落

下编　中古世界
（5世纪—16世纪）

287 — 第十章　文明的沙漠
　　　　　　　5至10世纪的西欧

309 — 第十一章　被遗忘的文明
　　　　　　　　拜占庭帝国及东南欧

342 — 第十二章　"天使"与"天国"
　　　　　　　　中世纪西欧的基督教

362 — 第十三章　岛国的勃兴
　　　　　　　　英吉利国家的形成

394 — 第十四章　六边形之国
　　　　　　　　法兰西民族的凝聚

417 — 第十五章 合分无定常
　　　　　　　中世纪德意志和意大利

442 — 第十六章 斯拉夫崛起
　　　　　　　从基辅罗斯到沙皇俄国

463 — 第十七章 《古兰经》和剑
　　　　　　　伊斯兰教和阿拉伯帝国

496 — 第十八章 文明的枢纽
　　　　　　　中北亚游牧民族的移动

522 — 第十九章 吸纳与传播
　　　　　　　中古印度和东南亚

541 — 第二十章 中古文明巅峰
　　　　　　　自南北朝至明朝的中国

571 — 第二十一章 日出之国
　　　　　　　　自远古至16世纪的日本

引子

> 文明与文化，文明与历史。古今学人的世界文明观。文明从分散到整体的发展。世界历史的中心及其不断西移的趋势

现代人无不以"文明人"自诩。

那么，文明是什么呢？文明从何而来呢？文明走过了什么样的道路呢？过去的文明对现代社会又有什么影响呢？大凡真正的"文明人"多多少少都会关心这些问题。如果一个现代人对此完全漠然置之，即使他已家财累万，他仍然算不上一个文明人；至少可以说，他不是一个完整意义上的现代文明人。

从某种意义上讲，文明与文化的含义基本一致。人类活动留下的一切痕迹都可以归入文化的范畴；而文明则是发展到高级阶段的人类文化，这个阶段在人类历史长河中虽很短暂，但却是真正有意义的时期。因此，真正的文化还是在文明时代。在中国传统中，"文化"最初就是"以文教化"的意思；在西方传统中，文化的原意也是"开发脑力""启迪心智"等。而文明也正与这种"开发"和"教化"相共生，是它们的历史结果，是人类社会发展历程中的高级形态。一般来说，文明包括了物质文明、精神文明和制度文明三个大的方面。

文明的历程就是历史。"历史"至少有四种含义：其一，一切过去了的事物都是历史，无论是人类还是自然界；其二，人类自身发展的历程即历史；其三，有文字记载以来的人类史称"历史"，文字记载以前的人类史称"史前史"；其

四，对人类活动的记载也叫历史，有时叫历史学。很明显，我们要取的是第三个层次的含义。世界上人类文明的历程也就是世界文明史，至今已有大约6000年。

不过，比起40余亿年的地球史、30余亿年的生物史、300万年的人类史来，6000年的人类文明史几乎只是一个瞬间。

因此，有人不认为人类文明有一个历史发展过程。

20世纪早期，第一次世界大战期间，欧洲大地战火纷飞，而英国牛津大学的课堂上却安安静静，一位年轻的教师娓娓而谈，正在给他的学生讲授古代希腊历史。

当讲到希腊大史家修昔底德的名著《伯罗奔尼撒战争史》的时候，年轻教师好像"理解力突然得到了启发"。他体会到：修昔底德早已经历了今天西方人所感受到的经验，在哲学意义上，修昔底德的世界与今天的西方是同时代的；不仅古希腊文明与现代西方文明的关系是这样，而且一切文明之间的关系都应如此，各种文明都可看成是同时代的。

此人就是后来鼎鼎大名的阿诺德·约瑟夫·汤因比，被西方人誉为"20世纪最伟大的历史学家"。其后30年，汤因比潜心苦研，披肝沥胆，穷毕生精力著述了堪称20世纪史学之最的鸿篇巨制：12卷本的《历史研究》。

在汤因比看来，将人类文明分成古代、近代、现代是毫无意义的，世界历

图1
阿诺德·约瑟夫·汤因比

史是"同时代"的各个文明的集体传史。他用他那一套方法进行考察，认为在人类居住的地球上，曾经出现过26个文明。

有16个文明已经死亡：希腊文明、叙利亚文明、伊朗文明、古代印度文明、古代中国文明、米诺斯文明、苏美尔文明、赫梯文明、巴比伦文明、埃及文明、安第斯文明、墨西哥文明、育加丹文明、玛雅文明、拜占庭东正教文明、朝鲜文明。

有五个文明在生存中就已停滞：波利尼西亚文明、爱斯基摩文明、鄂图曼文明、斯巴达文明、游牧文明。

有五个文明还在发展中：西方文明、东正教文明、伊斯兰文明、印度文明、远东文明（包括中国及其分支朝鲜、日本）。这五个现存文明都是某个先在文明的第二代：西方文明是希腊文明的第二代，东正教文明是拜占庭东正教文明的第二代，伊斯兰文明是阿拉伯文明和伊朗文明的第二代，印度文明是古代印度文明的第二代，远东文明是古代中国文明的第二代。

然而，如此惊人之语并非汤因比首创。他受到了前一代的德国人施本格勒的诸多影响。施氏在其名著《西方的没落》中，曾提出人类历史上出现过八个高级历史文化，即埃及文化、印度文化、巴比伦文化、中国文化、古典希腊罗马文化或阿波罗文化、伊斯兰文化或袄教文化、墨西哥文化、西方文化或浮士德文化。

施氏之前半个世纪，就有俄国先哲丹尼尔夫斯基提出了文明类型说。丹尼尔夫斯基概括人类世界已有12个文化历史型：埃及型、中国型、古代塞姆型（西亚古代各族，包括亚述、巴比伦、腓尼基等）、印度型、伊朗型、希伯来型、希腊型、罗马型、新塞姆型（阿拉伯）、日耳曼—罗马型或欧洲型、墨西哥型、秘鲁型。

他还特别指出，每个文化可受别的文化影响，但其本质特色不会变。如希腊型特色是美，欧洲型特色是科学，塞姆型是宗教，罗马型是法和政治，中国型是实用的事物，印度型是奇思、幻觉和神秘主义，正在兴起的斯拉夫型将是社会经济方面。

不能说文化形态学派之说没有道理，但他们把有明显时间差异的各个文明都视为同时代，其偏颇是显而易见的。要是有人视今天的文明与5000年前无异，这人即使不被看成疯子，也会被认为是说了疯话。文明是发展而来的，是在不断进步和成长的，而且是以加速度前进的。即使是汤因比，也把每一个文明内部的发展分成发生、成长、衰落、崩溃四个阶段，而且还将"挑战"和"应战"这对矛盾看成是文明自身发展演变的基本动力。

此外，文化形态学派还将各个文明完全割裂开来，不重视各文明之间的交互作用，否认人类作为一个整体所具有的内部有机联系，这也令人难以接受。总不能说，今天的"地球村"只是若干个文明的集合体吧！

事实上，自古就有不少学者认为，人类文明和世界历史是分阶段发展的，而且是从低级阶段上升为高级阶段的。

4世纪，北非的基督教神父奥古斯丁声称，人类历史有婴儿、少年、青年、壮年、半老、老年六个时期。他还认为，一部人类历史就是上帝的信徒同恶魔撒旦的信徒斗争的历史。尽管这一看法现在看来几近无稽之谈，但奥古斯丁毕竟第一次试图揭示人类文明前进的原动力。

在中世纪，基督教历史学家们提出，世界文明史就是巴比伦、波斯、希腊、罗马四大帝国的历史。他们的视野虽然不开阔，但却指出了人类社会文明有不断向前发展的趋势。

18世纪的意大利哲学家维科在其历史哲学著作《新科学》中认为，就像人在一生中要经过童年、青年和壮年三个时期一样，每一个民族都要毫无例外地经过三个历史发展阶段：神权时代、英雄时代、人权时代（凡人时代）。

稍后的德国哲学家海尔德，在维科思想的影响下，也把人类文明的发展分为三个阶段，并且主要以文化发展形式作为各阶段的特征。三个阶段依次是：一、诗的阶段。人们用诗的歌唱来保持历史，表现为史诗、史诗时代，其特点是人类幼稚，充满幻想。二、散文的阶段。这表明人类正在走向成熟，更加聪明，语言已不是简单的诗歌，而是优美的散文。三、哲理阶段。人类完全成熟，既自由又规矩，能够选择适当词语来表达思想。

同时代的法国学者杜尔阁将世界文明大致分为神学时代、形而上学时代、科学时代三个阶段。而他的朋友、哲学家孔多塞则基本以理性和科学发展为标准，将世界文明和文化发展过程划分为十个时期，即原始部落时期、畜牧时期、字母文字发明前的农业时期、人类思想初次进步的希腊时代、科学在希腊的分工至科学的衰落时期、自科学衰落至文艺复兴的黑暗时代、自文艺复兴至印刷术

（欧洲）发明、自印刷术发明至科学和哲学摆脱权势的桎梏、自笛卡儿至法兰西共和国、未来的理想王国。

法国著名启蒙学者伏尔泰甚至还指出，人类文明史上有四个灿烂辉煌的文化时代，分别是：希腊时代、罗马时代、文艺复兴时代、路易十四时代。

很明显，西方学者对世界文明和文化的分期，基本上是从"西欧中心论"或"欧洲中心论"出发的。

马克思主义唯物史观则按照社会经济关系或经济生产状况，将人类社会和世界文明划分成五个阶段或三种形态。五个阶段为原始社会、奴隶社会、封建社会、资本主义社会和共产主义社会；三种形态是：自然经济社会、商品经济社会、产品经济社会。

中国历史学家吴于廑提出了整体世界史观。在他看来，世界历史既有这种纵向的进步，还有横向的发展。所谓历史的横向发展，是指在人类社会进程中，各个文明点、文明单位诸如城市、民族、国家、区域之间所发生的种种联系。与纵向进步一样，横向发展的基本动力也是社会生产力的发展。正是生产力的发展，促使生产者（人）与外界（自然、社会）的关系在广度和深度方面不断扩大和加强。这就意味着人类必须向更广阔的空域求生存、求发展，意味着人类生产的历史地图日益扩大，意味着各个文明单位的活动范围由孤立隔绝的存在，到彼此联系连成一片，最后到结成一体；同时，也意味着人们在生产生存

图2
吴于廑

过程中对自然的依赖愈来愈小，而对他人、对社会、对其他文明单位的依赖愈来愈大。

文明的横向发展包含了许许多多的历史现象，譬如各文明单位（如民族、国家）在政治、经济、军事、意识形态、文化教育、科学技术、社会生活等方面的相互依赖与联系、传播与交流、模仿和学习、影响和渗透等等，也包括了人员往来、交通沟连、迁徙移动、扩张侵略，甚至于双边、多边乃至世界性战争等直接横向运动。生产越发展，文明越进步，这种交往就会越广泛、越频繁，相互间的依赖性就越强，最后使世界发展为密不可分的整体。一部世界文明史，就是一部文明从分散到整体的发展史。

文明从分散到整体的发展有前后两个明显的阶段，可将16世纪作为时间上的界限。当一万年前左右农耕文明出现继而向四周传播后，在亚欧大陆上逐渐形成了南北两大地带，南为农耕世界，北为游牧区域。南端的农耕世界以定居农业为特色，安土重迁，不必过多地依赖外部社会，因而封闭性较强。但农业生产也需要较多地依赖自然条件，譬如水源。为建造水利工程，必须联合成更大的社会力量，国家这种地域性极强的文明组织，就成了这种社会力量的体现。大大小小的国家相继产生，实际上就是农耕世界各个文明区域的局部整体化表现。而且，由于生产和生活的需要，各个农耕民族彼此之间也以各种方式进行一定程度的交往和交流。不过，这些交往和交流多为间歇性的，有的还是间接性的。

北方的游牧民族因其生产的流动性特点，需要视寒暑季节变化而不断更换生存场所，因而始终难以出现地域性的国家组织，故而游牧文明也始终只是一种低水平、低层次的文明。由于生产水平低下，物质产品匮乏，北方地带气候又寒冷异常，所以游牧民族极为艳羡南端的农耕文明，向农耕世界发动了一次又一次的侵扰和冲击。虽然这些冲击有助于打破各农业文明间的闭塞状态，虽然冲击者自身也多被融入了农业民族之中，但农耕世界内部的孤立、隔绝和自守局面，却在长时期内依然故我。

16世纪前后是世界文明走向整体发展的关键时期。这样说有两重含义。首先是从地理联系意义上看，这是一个大航海的时代。先是有中国的郑和，率领庞大船队七下西洋，沟通了中国与印度、西亚及东非的直接的海上联系。继之有哥伦布、达·伽马、麦哲伦为代表的西方探险家,发现了与旧大陆长期隔绝无联系的美洲,开辟了西欧通往印度的新航路,进行了通过海洋环航地球的创举。从此,浩渺无际的大洋成为坦荡通途,整个人类世界通过海洋连成了一片。

二是从社会经济意义上看。16世纪前后的西欧内部正发生着由农本而重商的变化。随着地理大发现的进行,世界市场体系得以初步形成,极大地刺激和推动了欧洲社会经济的变革,加快了西欧资本主义的发展和从封建主义向资本主义的过渡。尤其是世界市场的广阔为欧洲工业品的生产提供了无限的推动力,海外贸易和殖民掠夺又为欧洲资本主义积累了大量资本。这就加速了欧洲内部已经发生着的社会经济的深刻变化,即资本主义发展和近代工业化。

工业革命最早发生在西欧,近代工业文明最先在西欧出现,形成了对一切传统生产方式的绝对优势,并且由欧洲向四周,尤其是向东方扩张,使世界各个地区先后卷入资本主义旋涡,逐步形成了资本主义的世界政治经济体系。大致在19世纪—20世纪之际,世界文明最终成了一个整体。不过,这是以西方为中心的世界文明体系,整个世界有"核心"地区和"外围""半外围"地区之分。

进入20世纪后,由于现代科学技术的高度发达,世界文明的整体面貌日新月异。汽车飞机等高速交通工具的发明,声光电子等现代通讯系统的诞生,氢弹导弹等热核武器及其运载工具的问世,卫星航天器等远程空间技术的出现,特别是20世纪90年代计算机信息高速公路建立后互联网的出现,更将世界各个地区之间的距离大大拉近甚至消除。相隔万里的人们可以借助电脑、手机用网络系统进行零距离交流,世界完全进入了整体化发展的时代。

然而,在这个整体性发展的过程中,文明世界范围内的矛盾和冲突也进一步加剧。由资本主义世界内部的争夺,引发了20世纪的两次世界大战。社会主义运动的兴起及其与资本主义的对立和斗争,在20世纪较长时间里相当激烈。资本主义世界体系中核心地区(西方)与边缘地区(殖民地半殖民地)的矛盾,在20世纪后期演变成发达国家与发展中国家的南北矛盾。这些矛盾在20世纪前半期以冲突为主,到20世纪后半期则逐渐从对抗演变成对话,从公开冲突演变为暗中较量。虽然霸权主义、强权政治还是某些大国的惯性思维,但和平与发展这个当今世界的两大主题已无人可以逆转。

世界文明的整体性，又整体地推动了人类文明前进的步伐。由于整体性，任何地区、国家或民族所创造的先进事物，都可以在全世界范围内横向地传播，都可以为别的民族、别的国家所学习、吸收和利用。任何民族创造的物质产品和精神成果，都可以在一定条件下为全人类所共同享有，任何知识文化和科学技术都能转变为全世界人民的共同财富。这样一来，后发地区跟进民族便可通过大量接受外来先进事物而加快自身的发展速度，原本处在完全不同发展水平线上的各地区、各国家，便可在一定程度上共同前进。于是我们看到，许多在一个世纪前还处在愚昧蛮荒状态的原生态民族，可以在很短的时间里连续跳跃好几个社会发展阶段，进入现代文明社会的行列。

一方面，文明世界经历了一个从分散到整体的发展过程；另一方面，文明在世界各地区的发展又是不平衡的，在不同的历史时期都有中心和边缘之分。从很早的时候起，历史学家们就有意无意地按照自己心目中的"世界中心"来构建"世界史"。古希腊历史学家希罗多德的《历史》所记叙的，就是以希腊本土为中心，包括了地中海地区、西亚、黑海沿岸、波斯及其以北草原地带的他所知道的那个世界的历史。中国古代司马迁在《史记》中记载了"天下"的历史。这个"天下"就是司马迁和汉民族已知的世界。这个世界以中国为中心，包括了朝鲜、越南、印度以及中亚、西亚各已知国家如大夏、安息、大宛等。

在中世纪的基督教史学家看来，世界就是基督教传播所达到的范围，其主体或中心是欧洲，在此之外，除了圣地耶路撒冷，其他都是应受到上帝抛弃的异教徒的地方。因此，他们的世界历史实际上就是起自上帝创世，以希伯来为序幕，以欧洲为主体的基督教世界的历史。这种观点在欧洲一直持续到17世纪—18世纪。

16世纪法国的人文主义学者博丹在提出文明世界史三阶段的同时，第一次比较明确地提到各阶段都有一个中心：第一阶段是东方各民族（埃及和两河流域）占优势，第二阶段是地中海各国（希腊、罗马）占统治地位，第三阶段是北方各民族（西欧）领先的阶段。

而两个世纪后的法国启蒙学者伏尔泰则看到了中国、印度、波斯、日本甚至美洲的文明。他所写的文明史不是从基督教传说的诺亚方舟开始，而是从中国讲起。

至于黑格尔，则在博丹和伏尔泰的基础上也阐述了世界文明的中心问题，而且重视东方在世界文明史上的地位。他依照世界文明中心的演变，将世界历史划分为四个时期。第一时期是东方世界，中国是世界历史和文明的发端，再经过印度、波斯到埃及；第二时期是希腊世界，这是世界文明史的青年阶段；第三时期是罗马世界，为世界文明史的壮年时代；第四个时期是日耳曼世界，这是世界文明史的老年时期。

随着19世纪西欧文明在世界上的优势地位日益明显，"西欧中心论"很快占据上风，并且得到了最完整、最系统的论述。最典型的代表人物是被现代西方历史学界奉为祖师爷的德国人兰克。他的研究工作、他的著述都是围绕西欧六大民族展开的，即法兰西、德意志、意大利、英格兰、西班牙、斯堪的那维亚。兰克的世界史实际上是以西欧六大民族为核心的历史加以扩大而已，是最典型的西欧中心论，而且对后世影响深远。

西欧中心论无疑是错误的。但是纵观人类文明发展的历程，各个历史时期确实有人类活动的中心舞台。而且很巧的是，世界文明中心呈现着不断向西移动的趋势，甚至连各个时期中的小阶段也是如此。

古典文明时代是从东方开始的，包括了近东的两河流域、埃及、波斯、小亚，南亚的印度，远东的中国。公元前5世纪时，古典文明的中心西移到了欧洲东南部的希腊。公元前2世纪至5世纪，更西边的罗马成了文明的中心。

中世纪里，除了西亚的阿拉伯、东亚的中国文明继续独立发展外，欧洲文明的中心也是不断西移的：中心区依次是东南欧的拜占庭帝国、南欧的意大利城市国家、西北欧的佛兰德斯地区。

16世纪起，随着西欧对世界其他地区的优势形成，西方世界长期成为世界的"核心"地区，而这个核心的重心也不断往西移动：16世纪—17世纪是大西洋沿岸的西班牙、葡萄牙、荷兰、法国称雄；18世纪是英吉利海峡两岸争霸的英法两国；19世纪，有"世界工厂"及"日不落帝国"之称的英国可以算世界的中心；20世纪上半叶，不妨将北大西洋两岸的欧洲和北美看成主宰世界的中心；到了20世纪下半叶，越过大西洋，西半球的美国无疑占据了世界中心的位置。

随着最近几十年亚太地区经济的腾飞，特别是中国经济的长期高速发展，

"21世纪将以亚太为中心"的预言似乎正在变成现实。恰好这也是文明重心从美国再向西移动。人类文明6000年历程,文明的中心区差不多从东往西绕地球转了一圈。奥秘究竟何在?难道真如那位西方大哲黑格尔所言,是人类追逐"光明"——太阳的路线吗?

人类文明四阶段。上古世界:原发性农业文明。中古世界:农业文明+宗教文明。近代世界:工业文明。现代世界:信息文明。前景:生态文明

有必要阐述一下本书作者对人类文明进程的总的看法。

作者以先师吴于廑先生的整体世界史观为指导,从世界历史有"纵向发展"和"横向发展"的辩证统一认识出发,认为纵向发展的结果是文明不断进步和发展,这也是横向发展的前提;横向发展是纵向发展的必然产物,反过来又推动了纵向发展,同时也使世界格局不断发生变化。因此对人类文明历程进行分期,可将纵向发展的直接结果即文明的进步,与横向发展的直接结果即世界格局变化这两者结合起来考量。也就是说,可将"文明形态+世界格局"作为世界历史或人类文明史发展的主线,并以此作为分期标准。这两者本身又是一种辩证关系,即文明在各个时代的不同形态是文明进步的内涵,是各个时代世界格局形成的内驱力;不同时代的世界格局演变则是文明进步的一种外在表现,是文明发展的自然结果。由此出发,可将人类6000年文明史划分为四个阶段。

第一阶段是上古世界,时间自文明诞生到476年。

这一时代的世界史,是人类第一批文明从诞生到衰亡的历史。习惯上把这一时期叫作上古时代。第一批文明主要出现在亚欧大陆以及紧邻的非洲东北角,包括古代两河流域文明(公元前3500年左右乌鲁克时期苏美尔人迈入文明门槛至前539年新巴比伦王国被波斯人灭亡)、古代埃及文明(公元前3500年涅伽达文化Ⅱ型出现至前525年波斯人征服埃及)、古代印度文明(公元前23世纪印度河流域哈拉巴文化出现至3世纪贵霜帝国衰亡)、古代中国文明(公元前21世纪夏王朝建立至5世纪南北朝时期)、赫梯文明(公元前19世纪国家形成至前8世纪赫梯王国被亚述所灭)、腓尼基文明(公元前3000年代末形成若干城市国家至前331年被亚历山大占领)、巴勒斯坦犹太人文明(公元前11世纪末形成国家至前30年左右被罗马人征服)、古代波斯文明(公元前550年建立国家至前330年被亚历山大灭亡)、古典希腊文明(公元前2000年左右克里特岛出现最初的国家至前334年马其顿统一希腊)及希腊化文明(公元前334年至前30年罗马屋大维灭亡埃及托勒密王国)、古代罗马文明(公元前8世纪罗马建城至476年西罗马帝国灭亡)等。古代罗马文明是第一批文明中最后出现的一个,因此西罗马帝国的灭亡标志着第一批文明的终结,可以作为世界文明史第一阶段的结束年代。第一批文明的出现,时间上有先有后,但绝大多数是原生态文明、原发性文明,是各地或各部族社会发展自然形成的结果,只有个别文明的产生受到了外来文明传播或扩张的影响,属于次生态文明或派生型文明。

就社会发展看,第一批文明都是农业文明。由于农业生产的地点是固定的,生产条件主要受自然因素影响,不需要与外界有太多的交往,因而农业文明的本质特征是孤立的、闭塞的。但它也具有一定的扩张性和外向性,原因在于:其一,农业文明的发展,使文明区内人口愈来愈多,人口在激增的情况下便有可能离开文明中心而向四周迁徙。其二,农业文明物质资料手段的先进性和可靠性,极易为文明周边原始部族所了解、所模仿,从而发展农业。其三,农业的先进性使生产出现了剩余,从而使一部分人能脱离农业而从事工商业,而工商业在本质上又是需要与外界交往的。因此,各个文明出现后,大都有一个由小到大的过程,从城邦到王国到帝国是很常见的一种发展趋势。文明的这种内在发展势必同其他文明展开交往,因此文明间的联系是存在着的,尤其是相邻各文明之间;但联系也不是普遍的,特别是相距遥远的文明之间。譬如,古代中国人很难想象自己所在的这个"天下"之外还"别有洞天"。文明间联系的极端形式是扩张战争。早期农业文明区最有影响的扩张战争是波斯帝国的扩张、亚历山大东征和罗马对整个地中海地区的征服。

第一代文明在发展中的突出表现之一,是人类开始由物质文明转向对精神生活的关注,因此从公元前8世纪至前2世纪这段时期,被有的学者称为人类文明的"轴心时代"。人类开始对自然、对社会、对自身进行较为深入的哲理性思考，各种学派林立，思想观点纷呈。中国春秋战国形成的诸子百家，印度列国时代的"六十二见"，古典希腊文化，希伯来犹太教文化等，是"轴心时代"人类最为重要的思想文化成果。

从总体上说，上古农业文明在维持和发展中受到来自北方游牧民族的侵扰和破坏。这一时期亚欧大陆所形成的南部农耕世界和北部游牧世界之对立，可能是最突出的世界格局。按照吴于廑的研究，游牧民族对农耕世界文明国家发动了三次冲击浪潮。虽然农耕世界是先进的，游牧世界是落后的，但当农耕世界因内部矛盾而出现力量弱化时，当游牧民族因驾驭战车或马而具有较强机动性时，两者之间的优势就有可能转换，游牧民族往往能成为胜利者。游牧民族对农耕世界的第一次大冲击主要发生在公元前2000年代中后期，包括喜克索斯人征服埃及，赫梯人、迦喜特人、米丹尼人、胡里特人、乌加尔图人等冲击两河流域，雅利安人毁灭印度河流域哈拉巴文化，希腊人（阿卡亚人、爱奥尼亚人、多利亚人）南下迁入希腊半岛等。第二次冲击浪潮也开始于上古时代，晚至7世纪。发动冲击的有匈奴人、突厥人，进入黄河流域的鲜卑拓跋诸部，进入波斯和印度的白匈奴人，冲入罗马境内的日耳曼各族和斯拉夫各族，在西亚、中亚、北非和西南欧征战的阿拉伯人。

第一批文明中有的是被游牧民族直接消灭的，如埃及的中王国，古希腊克里特文化，印度河流域哈拉巴文化，西罗马帝国。有的是在游牧民族攻击下衰落了再被其他文明征服的，如古巴比伦王国是在游牧民族打击下衰落后被亚述征服的。有的被游牧民族打断了文明进程并改变其发展方向，如雅利安人、贵霜人、大月氏人、白匈奴人等对古代印度的破坏和侵扰。有的在游牧民族打击下文明出现弱化趋向，如中国的东晋十六国和南北朝时期，欧洲的拜占庭帝国等。游牧民族在军事政治上取得了胜利，但在经济文化上却大多融入了农耕世界。

第二阶段可称之为中古世界，时间起自476年，直至16世纪。

这个时期在习惯上被称为中古时代，可以看成是亚欧大陆第二代文明繁荣、其他大陆出现文明的时期。亚欧大陆第二代文明的繁荣包括两方面内容：其一，在第一批文明已经衰亡的地区，要么新出现第二代文明，如欧洲基督教文明、阿拉伯—伊斯兰文明；要么是第一代文明衰弱后再次中兴，形成又一次文明发展高潮,如中国和印度。其二,在亚欧其他地区,又诞生着新的文明。这些新诞生的文明也是原发性文明,并非原有中心区文明传播的产物,但受原有文明的影响较大,因此发展较快。如日本受中国文明影响,俄罗斯受拜占庭文明影响,东南亚受印度文明影响。在亚欧以外的其他大陆,撒哈拉以南非洲也出现了原生型的文明和国家,即东非的埃塞俄比亚、苏丹、索马里和桑给巴尔,西非的加纳、马里和桑海,赤道以南的刚果和津巴布韦等。美洲印第安人则形成了玛雅、阿兹特克和印加三大文明中心。不过,美洲和非洲的文明同先进的亚欧文明隔绝或几乎隔绝,自身的各个中心之间也很少联系,因而发展缓慢。可以说,上古世界的历史是亚欧大陆的文明史;中古世界的历史仍以亚欧大陆为主角,但非洲内陆和美洲也应列入世界历史范畴。

中古世界仍然是农业文明,游牧地带和农耕世界的南北格局依然存在。游牧民族在中古后期发动了对农耕世界的第三次大冲击,以突厥人西移为前奏,以蒙古成吉思汗扩张为高潮,以帖木儿征战为余波,持续了好几个世纪。然而,落后游牧文化的冲击不可能提升农耕文明的水平;由于缺乏有机的内在动力,亚欧大陆农耕世界也不可能随着游牧民族纵马驰骋而走向整体发展。此后,游牧民族冲击的历史影响逐渐减弱,冲击浪潮逐渐平息,农耕文明则因其自然经济的固有特性而在各地依然故我地、孤立缓慢地发展着。另一方面,各文明之间的联系有较大加强,除了相邻文明有更多的相互影响和交流外,东西两端文明也通过陆路商道和航海贸易而取得了接触。

中古时代农耕文明缓慢发展,还与受到宗教文化因素的影响有关。从某种意义上说,当中古世界社会经济发展踯躅徘徊的时候,文明特征更凸显在思想文化方面。可以说,中古时代是宗教文明时代,宗教的大传播并占据主导地位是这个时期人类文明最为引人注目的现象。整个欧洲是基督教(又分裂为西欧天主教和东欧东正教),西亚北非是伊斯兰教,印度是新形成的印度教,后又传入伊斯兰教,中国是外来但又本土化了的佛教、本土生长的道教以及正在宗教化的儒家思想——儒教,日本是外来的佛教、本土的神道教,东南亚是外来的佛教和伊斯兰教,撒哈拉以南接受了外来的伊斯兰教,美洲也有原始形态的宗教。虽然宗教最早产生于原始时代,并在上古时代有一定程度发展,但文明之初人们头脑对杂乱的意识和观念还有个筛选过滤、逐渐认同的过程,因此宗教作为主导文化的地位是到中古时代才确立的，也是唯有中古时代才有的。不论现代人对宗教的评价如何，有一点是无可否认的，即宗教的主要目的是要人们接受现实，接受现有秩序，为了达成某种社会和谐而放弃进取。宗教的功用在于使人们相信现实社会的完美性、平衡性，在于维护现存社会秩序，拒绝改造和进取观念。宗教的这一基本思想，是与农耕文明内敛守成的基本特征相适应、相一致的。由于受到宗教观念束缚，经济和思想本身便难以产生更高要求，从而导致社会和政治难以进一步变革。在宗教求稳（守成）求善（和谐）思想的影响下，稳定成为人们的既有观念，因而很难刺激农业文明勃发新的生气。

总之，中古世界的文明特点可概括为"农业文明+宗教文明"。其实，所谓世界四大文化圈，都是以宗教或宗教化思想作为基本特征的，即欧洲基督教文化圈、伊斯兰—阿拉伯文化圈、印度文化圈、东亚儒教文化圈。这些文化圈都是在中古时代形成的。

中古时代的结束，并不是文明内部原有因素的不适应性所导致的，因为这种不适应性早已被宗教或宗教化思想的宣教布道所掩盖了，不适应性所可能造成的冲突也被宗教灌输的观念所预先化解了。农耕文明内部产生的新因素要想成长，首先必须冲破宗教的禁锢，历史事实也表明了这一点。这些新因素出现并成长在西欧这一局部地区，造成了先是对本地区、再是对整个文明世界的冲击和挑战。新因素包括经济上的资本主义关系、思想上的自由、政治上的民主、社会中的平等、人性的解放、人类潜能的发掘和释放、人类的追求和进取心、人类思想和行为的理性化等等。西欧这些新因素产生并形成一定的力量大约是在16世纪，这个时间适宜作为中古时代的下限和近代的开端。

新因素的产生并非偶然，而是有其历史必然性，因此它们也在同样是农耕文明的非西方地区出现过。在中国，明末清初产生过资本主义生产关系的萌芽，也出现了激烈抨击儒家教条和传统道德的启蒙思想家。在日本，15世纪—16世纪兴起过类似于西欧中世纪城市的那种工商业自治城市。但新因素能够发展的条件却只在西欧具备了，其他地区则没有显现出来。

第三阶段为近代世界，从16世纪一直到1945年。

这是西方居于统治地位的近代世界体系逐渐形成但又很快终结的历史。这一特定意义的世界体系开始形成于16世纪，终结于1945年第二次世界大战的结束。毋庸讳言，近代是以西方为世界中心的，西方国家主导着近代世界文明的发展方向。

16世纪起，在亚欧大陆西端产生的文明新因素（文化新因素、思想新因素、宗教新因素、经济新因素、政治新因素等）不断成长、壮大，它们在本地区不断战胜和取代旧因素、促使社会发生深刻变革的同时，还促使西欧势力不断向全世界扩张。

西欧向世界的扩张分为两个阶段。第一阶段是16至18世纪。那时的西欧主要借助社会制度和思想精神优势，一方面在地球上广大的陌生地域和海域探险，通过航海、贸易和殖民活动，将整个世界连成了一片，并将中南非洲沿岸、美洲大陆、大洋洲以及太平洋岛屿置于自己的控制之下。另一方面，它们也发动了对亚洲和东方文明的攻击，但由于并不具备对古老帝国的绝对优势，因而这种攻击尚只停留在边远地区，只有印度等极少数国家陷入了西方人之手。与此同时，西欧从东方掠取了大量的物质财富，筑建自己的物质文明大厦；也从东方吸吮了丰富的思想文化养料，滋润正在成型的近代精神文明。

内在的变革动力与外部的世界市场条件相结合，加速了西方社会前进的步伐，推动了社会改造和革命，也引发了科学革命和技术飞跃。18世纪—19世纪，西方世界历经两次工业革命，大大提升了经济水平，创造了前所未有的巨大生产力。在具备经济和技术优势的前提下，19世纪的西欧再次形成对东方古老文明的强烈冲击，同时还瓜分了非洲大陆。西方扩张的最终结果是导致了全世界的整体化，19世纪—20世纪之交，以西方为核心结成了近代世界体系，也可称之为西方世界体系。

在西方向全世界扩张的过程中，充满了矛盾和冲突。有瓜分世界过程中西方列强相互之间的矛盾，也有西方同非西方的矛盾，还有西方社会内部的阶级矛盾。因此，在形成西方世界体系的同时，也引发了世界性的矛盾和冲突。非西方地区对西方侵略和扩张的反抗贯穿于这个强权时代的始终，苏俄社会主义十月革命在以西方为核心的世界体系中切开了一道缺口，而由列强纷争引发的两次世界大战，则是西方世界体系矛盾和冲突的最高表现。第二次世界大战的结局宣告了西方对世界统治地位的丧失，除美国外的几乎所有西方列强都遭到了战争的重创，东欧和东亚出现了与西方完全对立的社会主义阵营，亚洲、非洲各民族国家的独立浪潮由此形成，以西方为核心的那个特定的近代世界体系走向崩溃。因此，1945年可以作为世界近代史的下限年代。

从历史发展的内涵说，近代世界是工业文明时代。从16世纪开始成长的新因素，导致了工业革命发生；工业革命使西方具有了其他地区无可比拟亦难以抗拒的绝对优势。工业革命将人类导入一种全新的生活状态，工业化和近代化成为社会潮流，人类社会发生飞跃性的质的变化，整个世界的面貌开始彻底改变。然而，在接受来自西方的工业文明成果的同时，世界绝大部分地区成了西方工业国家的依附者和从属物。近代历史，在西方可以其社会发生根本性变化并开始向世界范围扩张的16世纪为起点；在非西方地区，则可以受到西方冲击、被动卷入以西方为核心的世界体系的时间为开端。譬如中国，1840年鸦片战争，英国用大炮轰开中国的大门，中国从此卷入西方世界体系，这一事件理所当然地成为中国近代史的起点。从历史的另一面看，非西方地区在受到西方冲击而遭受无尽苦难的同时，也被动或主动接受来自西方的器物文明和思想精髓，有的还力图结合自身特点进行本土化改造，从而开始了艰难曲折的近代化进程。所谓艰难，是因为它们在走向近代化时还须破除本国既有历史传统的桎梏，清理其深厚而又顽固的积淀；所谓曲折，则是因为它们的近代化进程常常被西方势力不断侵扰而扭曲、中断或反复。而非西方国家近代历史的终结，当以它们取得政治独立，摆脱西方列强的控制和支配为标志。如1949年中华人民共和国成立就是中国近代史的下限，从此中国以崭新的面目迈进了现代社会。

第四阶段即1945年以来的现代世界。

之所以认为20世纪前期的整体世界仍属近代，1945年以后的整体世界才叫现代，是因为这两个整体世界有着本质的区别，并不是一脉相承的。

第二次世界大战结束后的最初几十年里，由于东欧东亚一批社会主义国家出现，也由于一大批亚非国家摆脱西方殖民统治而走向独立，以西方为核心的世界体系彻底崩溃。这个时段的世界格局，实际上由三大块构成：一是西方世界，二是社会主义阵营，三是亚非拉美独立的民族国家。在西方世界，中心已从西欧转移到美国；在社会主义阵营，苏联则是群龙之首。政治制度和意识形态上的东西方对立和冷战，在很大程度上演变成了美苏两个超级大国对世界的争夺。作为第三种国际力量，第三世界的逐渐崛起，其国际影响和作用不再为大国强国所小视。东西方冷战随着1989—1991年的东欧剧变而骤然结束，世界进入了多极化时代。

冷战时代东西方对峙对抗，双方的直接交往较少，个别国家如中国还被西方世界置于孤立隔绝状态。冷战结束后，多极化世界内部仍然千差万别，参差不齐。尽管如此，1945年以来世界的整体性是无可否认的，全球各部分已无法分割隔离，牵一发而动全身。虽然在经济上各个国家（即整体世界的各有机部分）有富有穷，虽然国际舞台上各国发出的声音有强有弱，但它们的法理地位是一样的，是谁也不依附谁的，因此这个整体世界是各国在名义上基本平等的世界。这就是1945年后的整体世界与1945年前的整体世界在本质上的最大不同。虽然西方国家在现代世界占有极大优势，甚至还在许多方面处于主导地位，但它已不再是这个整体世界的统治者。那种西方人主宰世界、统治世界的历史已经成为过时状态，只能归入近代历史的范畴，它和现代世界格格不入。1945年前，世界的主题是"战争与革命"，这是旧有世界体系内部各种矛盾所导致的；而现代世界的主题无疑是"和平与发展"，这是当今时代潮流所推动的。在和平的呼声中，任何企图统治他人的霸权行径都要遭到国际社会的抨击和反对。而人类在发展中所面临的许多问题，如人口问题、资源问题、环境问题、生态问题等，则引起了国际社会的共同关注。

20世纪里，科学技术飞速发展，尤其到了20世纪下半期，科学技术的进步催生了信息时代的到来，因此，信息文明是现代世界的突出特征。信息文明使地球各个地方之间几乎变为零距离，世界成为真正的"地球村"。信息时代的到来，也为后发国家提供了跨越式发展的机会。这个跨越能够成为一种真正意义上的跨越，它可以省去第一次工业化进程的许多摸索，直接从信息产业入手来发展信息主导的经济。抓住这一机遇，发展中国家中也开始形成强势力量（如金砖国家），从而打破西方国家的优势地位，减弱其主导地位，使这个整体世界的内部发展更趋一致。在另一端，近些年西方经济和社会世态频频出现窘境，美国次贷危机和欧洲主权债务危机，开始凸显西方制度的缺陷与颓势，以及社会的惰性。不过，在这种貌似公平的世界政治经济秩序中，还是有相当多的发展中国家难以分享应有的资源，有可能长期处于弱势。因此，要在这个整体世界内部彻底消除不平衡状态，任重道远。

当世界发展到21世纪时，人类与自然环境的关系、人与环境和谐相处的问题，引起了更为普遍的重视。倡导生态文明不但成为全社会的呼声，而且开始成为政府的行动准则。可以相信，努力建设美丽家园、美好世界，一定会成为全人类的共同目标。

当然，上述四分法仅是作者近几年来对文明世界发展体系的一个思考，本书的写作基本循着这一思路进行。在时段上并非截然划分，不强求绝对一致，历史不可能按照一成不变的时间表发展，世界历史行程的实际也表明了这一点。

本书主要是作者30多年来学习和研究世界历史的体会及认识，同时也有对中外史学界研究成果予以推广之意。撰写过程中参考了大量史学著作，也包括不少专业刊物资料。由于体例关系而不能一一注明，在此一并致以深深的谢意。

世界史前辈齐世荣先生、学长钱乘旦教授欣然为本书作序，令作者备受鼓舞。许多朋友关注和关心本书的写作及修订，作者谨表诚挚的感谢。

上编

上古世界

远古
—
5世纪

第一章

童年的萌动
初期人类生活印记

1.1

作为地球主人的人。各民族"上帝造人"的神话传说。人猿共祖：进化论者的贡献。劳动是猿变成人的关键

在我们已知的世界中，今天的人类完全成了主宰。人类生存所在的这个星球，完全成了人类活动的舞台：地球的表层被人类胡凿乱堆，面目全非；地球上的一切生灵都成了人类的猎物，为人类食之、衣之、玩之、观之；地球的外层空间也被人类所占用，密布着人类发出的微波、电波和器物等。

人类的欲望并不满足，还在向地球以外的世界进击，要开拓更多更好的生存空间。

人真成了宇宙万物的精灵！

自从有了比较明确的思维意识，人类就为自己在大自然中有这样一个优势地位而惊讶不已，嗟叹不已，总想弄清楚自己的身世。于是就有了各种各样的神创造人的传说。

几乎每一个文明民族都有天神造人的美丽神话。

中国流行"女娲造人"的传说。说的是女娲在补天之后，又用手中的黄泥捏了一个小孩，吹了一口气，小孩活了成为人。女娲又造两个不同性别的男人和女人，让他们结合起来，生儿育女，传宗接代。

古代埃及人的神话说，一个叫哈奴姆的神在陶器场里塑出一个个的男人和女人。

古希腊神话则说是盗火者普罗米修斯用泥土塑人。

古印度流传着"大梵天造人"的神话。

北欧神话里传说人是天父奥丁用木片造成的。

流传最广、影响最大的无疑是基督教的"上帝造人"说。《圣经·旧约全书》开篇《创世记》中说：上帝创造世界，共用了六天。第一天造日月，第二天造星辰，第三天造山川，第四天造草木，第五天造禽兽，第六天按照自己的样子抟土为人，取名叫亚当。后来又从亚当身上取下一根肋骨，变为一个女人，取名叫夏娃。亚当、夏娃结合，生下该隐、亚伯等，从此人类很快地繁衍起来。

千百年来，基督教传播得越来越广，"上帝造人"的神话自然也就越来越深入人心。神学家们借此大加张扬，甚至还煞有介事地"考证"出上帝造人的具体细节。1799 年，伦敦书商辛迪加出版了一部《世界通史》，有鼻子有眼地说起了"上帝造人"的具体时间和地点：时间是公元前 4004 年的秋分，地点在幼发拉底河畔，离今天的巴士拉有两天路程的伊甸园里。

一些开化较晚的民族也有各种神灵造人的说法。

中国的少数民族独龙族有兄妹神嘎美和嘎莎用泥土捏人的传说。彝族也传颂泥土造人，说男神阿热和女神阿咪在阳光下用九钱黄泥捏成第一个男人，在月光下用八钱白泥捏成第一个女人。新西兰土著人则说神用红泥和自己的血造人。

有的民族则倾向于把人的出现看成是自然之物。如中国的佤族传说人是从石洞里走出来的，高山族传说人是石头生的，黎族传说人是从葫芦里来的。

印度洋安达曼群岛上的居民对人的起源描绘得相当细致，当然也是充满了神话色彩：人类的始祖叫贾特波，是从一根大竹子中钻出来的。起初他还是个小孩。下雨时，他为自己盖了间茅屋避雨。他感到一个人生活很孤独，便从白蚁窝里抓一把黏土，捏成个女人的模样。模型活了，做了贾特波的妻子，名叫科特。后来，贾特波又用黏土捏了一些人，他们就是人类的祖先。贾特波教他们造独木舟，教他们制造弓箭，捕鱼打猎，而科特则教妇女们编篮织网，用黏土制作各种用具。

相信神创造人、上帝创造人，这是在没有科学知识、对自然现象做不出正确解释的情况下，人类的一种幻觉和迷信。随着文明的进步，人类的理性思考大大增加，关于人类起源的问题也逐渐有了新的认识。

最早的时候，大约两千多年前，古希腊哲学家阿拉克西曼德、中国春秋时代思想家管子都曾认为：人是由鱼变来的。

这个现在看起来有点荒唐的说法，其实有一定的道理。我们不妨看看地球和生物演化的时间序列：

40—50亿年前：星云凝结，地球形成；

20亿年前：地球上出现生命；

6亿年前：水上藻类物质出现；

4亿年前：鱼类出现，植物上陆；

3.5亿年前：两栖类动物出现；

2.5亿年前：爬行类动物出现；

1亿年前：哺乳类动物和鸟类出现；

4000万年前：灵长类出现；

3000万年前：猿类出现；

300万年前：人类出现。

然而，直到进入近代以后，关于人类起源的进化论学说才逐步发展、形成。

第一个做出重大贡献的是18世纪瑞典科学家林奈，他指出人和猿同属一目——灵长目。

稍晚的法国学者布丰也思考了这个问题，心里萦绕着"人猿共祖"这一念头。不过他担心教会施加迫害，只好曲折地说："如果《圣经》没有明确宣示的话，我们可能要去为马和驴、人和猿寻找一个共同的祖先了。"

1809年，布丰的学生拉马克在《动物哲学》中明确提出：人类起源类人猿。

过后不久，英国科学家赫胥黎首次提出"人猿同祖论"。此说一出，责骂声纷至沓来。赫胥黎走到街上时,有人高喊:"猴子来了!"一个主教恶意地攻击他:"不知你的祖父还是你的祖母同猴子有亲属关系?"

一锤定音的还是英国大科学家达尔文。他在1859年出版著作《物种起源》,提出生物进化论,阐明生物进化由简单到复杂、由低级到高级的规律。这是人类科学史上里程碑式的伟大事件。1871年,达尔文又发表了《人类起源与性的选择》,明确指出:人类是由某种灭绝的古猿进化而来的。

进化论的科学性彻底动摇了神创世界、上帝造人论的根基,令卫道士们瞠目结舌,无言以对。不过,他们不会轻易承认失败。晚至1925年,美国一个年轻教师在中学课堂上讲授进化论,居然还引来了一场"猴子官司"。

当然,达尔文等人的进化论也不是尽善尽美。他们没有说明猿为什么能变成人?猿怎样变成了人?

解决这一问题的是恩格斯。

1871年,恩格斯发表论文《劳动在从猿到人转变过程中的作用》,提出了"劳动创造了人"的著名论断。

并不是只有人才有劳动,只要是动物,都会有一定程度的劳动活动。蜜蜂要采蜜,鸟要筑窝,蚕要吐丝,蚂蚁要搬运粮食。问题是,动物的劳动是其自然本能的一种体现,人的劳动则是在思维意识支配下的结果,是自觉的有创造性的。人类劳动与动物劳动的根本区别是能否制造工具。美国开国元勋富兰克林说:"人是制造工具的动物。"恩格斯说:"劳动是从制造工具开始的。"

劳动是怎样将猿改造为人的呢?

正是劳动,将猿的体质改造为人的体质,使人的生理结构完全不同于猿的生理结构。

最初的猿类以采摘野果为生。由于攀缘树木,四肢便渐渐有了分工。下到地面活动时,分工更为明显,前肢逐渐获得解放,成为劳动器官;后肢则负责承载身体,逐渐形成了直立行走的习惯。直立行走是人类形成史上一个重大的里程碑,是人在形体上区别于其他动物的主要标志。直立行走后人的视野开阔,接触面广,又促进了脑的发展。手脑发达后,人的食物来源又发生了变化,由过去单食果品到兼食小动物。如此一来,人体的血液成分也发生了变化，身体结构与以前大不相同。

整体而言，从猿转变为人时，手的发展比脚快，四肢发展比脑快，左脑比右脑发达，都说明了劳动的作用。总之，劳动是从猿变成人的关键，是猿同人的分界线。

由于劳动，人与人之间需要相互协作，这样又强化了人类的社会组织。社会性是人类与其他动物相区别的主要标志之一。由于劳动需要合作，人与人之间需要交流思想，需要表达感情，于是便产生了语言。多音节语言是人类特有的，其他动物只能发出简短的吼叫或者鸣叫。

由于劳动以及要表达从劳动中产生的语言，又促进了人的思维意识的发展，这是人和动物最根本的区别。

1.2

从古猿到人类：三个阶段，三大人种。人种区别仅体现于外表，自然因素的作用。人类是否出于一个发源地

和人类共属灵长目的，有现代类人猿，包括长臂猿、猩猩、大猩猩、黑猩猩。但是，这些类人猿并非人的祖先，它们也不可能再变成人。人类和现代类人猿有一个共同的祖先。

这个共同的祖先就是3000万年前出现的古猿。

最早的古猿都生活在树上，我们不妨称其为"攀树的猿群"。在地质年代上，此时正是新生代第三纪的渐新世，气候温暖湿润，原生树木一片生机，为猿从猴群中分离创造了极好的时机。

古猿的分布范围，猿群的数量多寡，猿的生活习性等等，现代人难知其详。只有考古发掘为这些情况提供了点滴材料。迄今为止，共发现了三种古猿化石。

原上猿：顾名思义，这是目前所知道的最早的古猿。它的化石于1911年在非洲埃及首都开罗附近的法雍发现。这类古猿大约生活在3500—3000万年前。

埃及猿：其化石于1966年后陆续在埃及法雍等地发现。生存年代大约在2800—2600万年前之间。埃及猿有可能是从原上猿演化而来的，但还未成定论。埃及猿也可能是人类和猿类的共同祖先，因为它已具有现代猿和现代人的一些共同特征。

森林古猿：发现很早，其化石于1856年就在法国发掘，以后在欧亚非各洲都有发现，遍布旧大陆，大约生活在2300—1000万年前。不少学者认为它与人类有近亲关系。

这几种古猿都是林栖动物，聚群而居，吃的是野果，用的是树枝。在树上靠臂悬行动，下地时则四足行走，不过是屈着指节走路。悠悠光阴，春去秋来，漫漫上千万年的岁月，这些人类的远祖在林中尽情戏耍，其乐融融。

从这些古猿转变为人，中间有一个过渡环节，研究者称之为"正在形成中的人"。

腊玛古猿是这个环节的主要代表。腊玛古猿大约生活在1400—700万年前。1932年，在印度和巴基斯坦交界的山区最早发现了它的化石，并且以古代印度史诗传说中的英雄"腊玛"的名字命名。1961年，在非洲的肯尼亚也发现了它的化石。后来在欧洲的匈牙利、希腊，亚洲的土耳其和中国都有发现。中国云南禄丰发掘的是一个相当完整的头骨化石。

腊玛古猿的骨架结构已经有了许多人的体质特点，如牙齿紧密而整齐，下巴短，吻部后缩。它的身高约一米多一点，体重15至20公斤左右，脑容量约为300毫升，已经能够直立行走，还能使用天然的木条和石块作工具。但它是否就是人类的直系祖先，还存在着许多疑问。

确定无疑的是"正在形成中的人"，当属南方古猿。南方古猿因其最早于1924年在南非发现了化石而得名。后来在东非、南非的许多地方以及亚洲都有发现。1989年，在中国湖北的郧县也发掘了它的化石。南方古猿有阿法种、纤细种、粗壮种和鲍氏种等。纤细种、粗壮种和鲍氏种是人类的旁系，阿法种则可能是它们和人类的共同祖先。南方古猿生活在距今500万年至100万年左右。

南方古猿的体质特征已和人类非常接近。门齿小，犬齿收，牙齿排列紧密，齿间无隙。手已完全成型，拇指能和其余四指对握，故而能自如地使用工具。

它的骨盆较宽，因而直立行走能力较强。它的头骨长，脑容量达到了500毫升，而且皮层结构复杂，已经具备了说话的能力。

可能正是在长期使用工具的过程中，猿群最终学会了制造工具。由于制造工具，人类完全形成了。这大约是380—300万年前的事情。

不过，"完全形成的人"也有几个演变阶段。

最早的人类称为"能人"。能者，灵巧、才能之意。"能人"是对1960年以来在非洲坦桑尼亚奥杜威峡谷发现的化石之称谓。这些人类化石距今大约180万年，脑容量有680毫升，身高1.3米左右，牙齿与现代人无异。大脚趾大，表明它在直立行走中需支持身体，负重大。能人已能打制石器，制作的工具有大也有小。他们还用石块垒砌窝棚，作为住所。

1978年，在坦桑尼亚一个地方的火山岩中，还发现了一大一小两个明显是人类的足迹，其年代测定大约在380万年至360万年前。这是目前已知的人类活动的最早印记。

到了更新世的早中期，也就是距今170万年至20余万年前时，直立人出现。直立人又称猿人，化石遍布亚、欧、非三洲。最早发现的是爪哇猿人，其化石1890年就已发掘。此外还有中国的北京人、元谋人、蓝田人、和县人，欧洲德国的海德堡人，匈牙利的维特沙洛斯人，非洲肯尼亚的3733号人，坦桑尼亚的9号人，摩洛哥的毛里坦人。其中以北京人最为著名。北京人距今约

图1-1
坦桑尼亚奥杜威峡谷

50万年，而元谋人却生存在170万年前左右。

猿人已非常像现代人，脑容量大，北京人平均为1059毫升，爪哇人也达870毫升。身高平均有160厘米。腿脚结构与人类没有什么差异，完全是直立行走，也能发出有声语言。猿人已大量地使用石器，并且开始用火。

不过，既然是猿人，他就还没有完全脱离猿的特征，比如前额低平，吻部突出，没有下巴，头骨上小下大、呈馒头状等。

猿人之后是智人。早期智人生活在二三十万年前至四五万年前，并有"古人"之称。化石在欧、亚、非三洲都有发现，以在德国发现的尼安德特人最具代表性。一段时期内，"尼人"成了早期智人的别称。中国境内发现的陕西大荔人、广东马坝人、湖北长阳人、山西丁村人等化石，都属于早期智人。

尼人的脑容量与现代人几乎没有什么差别，平均在1400毫升以上，同时也在面部等处留有不少猿的特征，他的双腿比较弯，走起路来蹒蹒跚跚。他还会用燧石摩擦生火。只可惜，尼人在7万年前就已经失踪了。看来，他是人类在发展过程中一个已经灭绝了的旁支。

四五万年前以后的晚期智人又称"新人"。新人的体质结构与一万年前以来的现代人完全一样。不过，新人的化石却有了三种很不相同的类型，这三种类型分别成了后来世界上三大人种的祖先。

其一是中国的北京山顶洞人、广西柳江人、四川资阳人、内蒙古河套人等。这类人脸圆而扁，鼻子矮而短，颧骨较大而且往前突出。很明显，这是蒙古利亚人种即黄种人的祖先。

其二是法国的克罗马农人、捷克的普雷德莫斯特人等，主要在欧洲各地发现。这类人脸长而窄，鼻长而尖、高，身材高大。他们是欧罗巴人种即白种人的祖先。

其三是南非的弗洛里斯巴人、坦桑尼亚的加洛巴人等，主要在非洲各地发现。这些人头型长而狭，脸面短小，鼻梁低，是尼格罗人种即黑种人的祖先。

除了亚欧非大陆之外，新人化石在美洲和大洋洲都有发现。但他们都是从亚洲大陆迁移过去的。大约在四五万年前，一批蒙古利亚人从中国到亚洲的东北，经过白令海峡（那时是地峡）到阿拉斯加，再南下到南北美洲各地。另有一批人则从东南亚跨印度尼西亚群岛迁移到大洋洲。

自此，世界三大人种的地理分布已渐趋明朗：黄色人种主要分布在亚洲东部、北部、中部，美洲，大洋洲；白色人种主要分布在欧洲、亚洲西部、非洲北部；黑色人种主要分布在非洲的大部分地区。

由于有人种上的差别，欧洲人便大肆宣传自己在种族上优越，声称白种人是从最聪明的黑猩猩变过来的，黑种人是从大猩猩变来的，中国人是从猩猩变来的。这纯粹是无稽之谈。其实，人种的差别主要只是外貌特征上的区别，生理结构、心理结构和智力并没有什么不同。

即使外貌特征上的不同，也不是生就的，而是地理环境和自然条件所致，是人适应环境的结果。

譬如，肤色：越接近赤道，肤色就越黑。这并不是晒黑的，而是由于有太阳辐射，人体内产生的黑色素可以保护皮肤机体不受伤害。

鼻子：欧洲人鼻子长，有利于冷空气在吸入时变温暖后再进入肺部；黑人鼻子短、鼻孔大，有利于迅速排出体内热量。

眼睛：蒙古人种眼褶多，眼缝细眯，这实际上是一个防护亚洲中北部风沙侵袭的装置。

口腔、头发：黑人嘴大、嘴唇厚，实际上增加了口腔蒸发面，冷却所吸收的热空气。头发卷曲，则是一种隔热体。

身材：北极爱斯基摩人身材短胖，对保暖有利，因为缩小了体表面积，如同人冷时缩着身子一样。

世界上的人类是只有一个祖先，还是各有各的发源地呢？这似乎是个说不清的问题。如果说发源地各有不同，那么就很容易为种族优劣论者提供口实。如果说人类只有一个祖先，那么这个祖先到底会在哪里呢？

有的说在西欧，理由是西欧发现的人类化石最多。这一点不足为奇，因为近代以来西欧最发达，考古活动多，发现的人类化石自然也会多。

有的说在亚洲北部，认为爱斯基摩人是最早出现的人种，只是因为冰河出现而被迫南迁，散布到世界各地。

中亚也是一个人们注目的地区。中亚似乎是亚欧大陆的地理枢纽。它的西边是西亚北非古文明区，南边是印度古文明区，东边是中国文明区。历史上，这里又是许多民族移动迁徙的出发地，因此，早期成为人类的摇篮是完全

童年的萌动

合乎情理的。

持南亚为人类起源地之说的，则认为这一地区多雨水，多丛林，容易觅食，成为人类发源地理所当然。中国的人类学家认为，这一地区还应包括中国的西南部，即云南、四川一带。

相当多的人认为非洲才是人类的发祥地，因为不同时期的人类化石都可以在非洲找到。不过，前些年有人考证全世界的人类都出自非洲一个女始祖，这就有点离奇了。

1.3

原始人生活的艰辛。石器和火。从杂婚、血缘婚到群婚、对偶婚。母亲的天下

现代文明人难以想象原始人类生活的艰辛。你可能觉得这样的场景颇具浪漫情调：冰消雪融，大地回春，密密的树林里奔跑着欢快活泼的小鹿，庞然的大象，笨拙的犀牛和野猪慢悠悠地在林子里信步。原始的男人和女人们，或赤身裸体，或用毛皮略加遮掩，成群结伙地在林子内外游动着。大多数的时候，他们攀缘树枝，采果为食。果尽之时，他们便藏身树后，头上结着伪装的草叶，手里握着稍加砍砸的石块，眼睛盯着紧跑慢悠的猎物，目光炯炯，随时准备出击。少顷，一头犀牛落后于同伴，孤独地踯躅前行，守在树后的猎人们一阵呐喊，石块如雨点般地砸向犀牛，随即一拥而上，将犀牛掀翻在地，一阵乱石砸死。猎人们兴高采烈，把它拖到安全地带，用石刀一一分割，放在火上烤熟，美餐一顿。

其实这是一种最理想的结果。大多数的时候，猿人们不但没有逮获猎物，反而为野兽所伤害。

从某种意义上讲，人类其实最少受到造物主的恩宠。他们既不像有些动物那样四肢敏捷，奔跑如飞，也不像另一些动物那样力大无穷，凶猛异常。人类之所以能够征服自然界，成为万物之主，靠的是两样，一是能够制造工具，延长了自己的劳动器官；二是依靠群体的力量来战胜一切。

这两点从原始时代起就表现得非常突出。

原始人类最早使用的天然工具可能是树枝。试想，当类猿人在树上攀缘跳跃、采摘野果时，不经意地碰断树枝，树枝一扫，野果纷纷落地。起初猿类可能不在意，但经年日久，总有猿顺手抄起地上的断枝，击打挂在树上的果子。一旦成功，其他猿跟着模仿效尤，并且由用树枝扫打野果，发展为挥舞树枝吓唬动物。天然的树枝木棍又特别多，拾取方便，因而易于成为猿人们最早广泛使用的工具。

和木器一并最早使用的天然工具，可能还有骨器，即死亡的大小动物的遗骨。动物的骨头坚硬，有的还很锋利，与木器的功能大不一样，而且俯拾皆是，因此也会被原始人大派用场。此外，动物的角也能成为人类利用的工具。

然而，无论怎么说，原始人类用得最多最广泛的还是石器。有人讲述石器的最初发明时，编了一个饶有兴味的故事：一次，一群古猿猎得一头羚羊，拖回住地后，众猿各施其能分割羊肉。一猿手持石块用力砸羊的头部时，由于力用得过猛，石块突然砸偏在羊头底下的岩石上，顿时火星四溅，石块裂成数片。那猿拣起其中一片欲再下砸，手的虎口却有灼痛之感，仔细一看，原来是石片锋利的边缘将手割开了一道口子。那猿灵机一动，索性把它按在羊脖子上用劲拉割，羊的皮肉渐渐绽开。就这样，一把具有划时代意义的石刀诞生了。

石器制作是人类与猿类区别的主要标志，自"完全形成的人"出现后，石器使用几乎贯穿于原始社会的绝大部分时候。按照制作水平，有旧石器时代和新石器时代之分。

所谓旧石器时代，其主要标志是打制石器。极其漫长的原始社会里，从300万年前到1万年前，都属这一时代。不过这一时代也有早、中、晚三个阶段之分。早期的石器主要是手斧，形状是一边厚，一边薄，可切割，也能挖掘，用途广泛，有"万能工具"之誉。到了中期，石器变得精细，小巧的尖状器、刮削器不时可见。晚期的石器则趋向复合化，石矛、石刀成为常见之物。

旧石器时代的远古人类靠采集现成的天然食物为生。草本植物的果实，是他们采集的主要食物。他们也用石块、木棍等工具，摘野果，掘块根，捕捉小动物，有时围捕大动物。说来有趣，原始人类既不如大动物凶猛，也不如它们跑得快，又没有对付它们的有力武器，他们采取的是一种群体围捕的方法。先是甩石头、扔木棍、摇火把，并且齐声呐喊，以此来惊吓野兽，使它们疲于奔跑，最后因力量竭尽而倒下；或者把野兽赶至悬崖，让它们摔死。这真是人类"以逸待劳"计谋的最早运用！这种办法确实管用。今天的考古学家在一些大山崖下所发现的大量旧石器时代野兽遗骨，应该说是这种大规模围捕的结果。

用火和取火是旧石器时代人类生活中最具意义的事情了。火可以将生食变成熟食，大大加强人类对食物的消化能力，有利于人体对营养的吸收，增强人的体质。火光可以用来帮助原始人惊吓和驱赶野兽，既保卫了人类，也扩大了人类的食物来源。火光可以用来照明，为人类在漫漫长夜中驱散了黑暗的恐怖；火可以用来取暖，使人类能够到寒冷的地方生活，扩大了人类的活动范围。

人类用火，至少开始于100万年前。北京猿人生活的周口店洞穴里，就留下了大量用火的痕迹。非洲肯尼亚一处遗址中，有40块火烧过的小泥块，考古学家认定其年代大约为142万年前。不过，这些都是天然火。

人工取火开始于什么时候，现在还不得而知。但有一点可以肯定，即至少不会晚于旧石器时代的中期，即20万年前左右。取火的方法多种多样，常用的大概有摩擦燧石起火，摩擦木片、竹片起火等，可能最为流行的还是钻木取火。中国古代就有燧人氏钻木取火的神话传说。钻木取火既简单，容易操作，又不需多少时间。在一块木头上先挖一小洞，洞内填满碎木屑，一根小木棍插入洞内，用手搓动木棍快速旋转，摩擦发热，燃着洞内木屑，然后再吹出明火。据说，一个富有经验的高手只需十来秒钟就可取火成功。

为了生存，人类还需运用群体的力量。在漫长的原始时代里，人类聚集成一个个群落。一群人生活在一起，同出同归，生死相依，猎物和果实共同分享，苦难和危险共同担当。没有财物累身之虑，也无受人管制之苦，优哉乐哉。照现代人的看法，真是潇洒至极。只不过常常是食不果腹，饿殍遍野。

在婚姻关系上，初期的人类与其他动物毫无二致，处于杂婚阶段。两性之间不分老幼，甚至父亲和女儿、祖父和孙女、母亲和儿子、祖母和孙子，只要性别有异，皆可随意交媾。当然，之所以如此混乱，同原始人还弄不清楚父亲与子女之间的亲缘关系极为相关。

很可能,这是取决于人类形成时期的特有处境。原始人类毫无防卫能力,但又要生存下来,这就是一对矛盾。要解决这一矛盾,就需要群体的联合力量,用集体的力量来弥补个人自卫能力的不足。人类要脱离动物界,只有在群体中才能实现转变。而动物有一秉性,即雄者在性交时要实行独占,相互忌妒,这与群体性是大相径庭的。人类要实现群体性,就必须克服这一动物性,要求成年雄者能够相互宽容,消除忌妒。要达到这一点,只有实行杂乱的婚姻形式,否则就不可能结成群团。

到了大约二三十万年前时,这种杂婚对繁育后代的危害性逐渐为人类所认识。人们发现,不同辈分间的杂乱婚姻所产生的后代,不会比同辈婚姻生下的后代强壮,而且还有危害,于是便引起了一种厌恶。这样,直系亲属中长辈和晚辈之间的性关系,特别是双亲和子女之间的性关系被限制,最后被排除。两性之间的婚姻关系仅限制在同辈的兄弟姐妹以及从兄弟姐妹之间,只有他们才可以互为夫妻。这是人类对自身繁衍认识过程的一次重大进步。由于兄弟姐妹仍有血缘关系,因此这种婚姻通称为血缘婚,这个婚姻集团被称之为血缘家族。有的学者认为,血缘家族是人类最早的社会组织。

其实,从杂婚转变为血缘婚,也与劳动生活有关。人类劳动都有年龄分工,原始人也不例外。这样,就在劳动中形成了青壮年和老小两个生产集团。"以方便和需要为基础"(恩格斯语),这两个集团便自然地发展为两个婚姻集团。这样,慢慢就产生了婚姻在年龄上的限制。

随着生产手段的进步,人类开始从过去的移动不定状态转变为定居生活,原始的人群逐渐稳定下来,相互之间的婚姻关系进一步被限制,实行两个群体的男女互为婚姻,这就是所谓群婚。不能把群婚理解为一群人内部随意通婚。群婚实际上比血缘婚又大大进了一步,它排除了同一群体内部兄弟姐妹之间的婚姻,而是在两个群体之间,由甲群体的男子同乙群体的同辈女子集体通婚,反过来,由乙群体的男子同甲群体的同辈女子集体通婚。这种婚姻,基本上排除了血缘上的联系,从而加快了人类繁衍的步伐,也大大提高了人类的体质和智力素质。

由于两个群体的同辈男女互为婚姻,结果这两个群体便演变为两个固定的氏族，原始氏族公社由此出现。这是真正意义上的人类社会组织，已经无数的考古材料所证实。由两个以上联系密切的氏族，又组成了部落。

最早的氏族公社是母系氏族公社。之所以首先是母系氏族，原因当然有许多方面，但至少有两点不可忽视。其一是群婚制度的实行，结果使得子女"只知其母而不知其父"，故而只能按照母系来确定亲族关系。其二则是妇女在生产中的地位。原始人的经济活动主要有两类。一是采集，二是渔猎。采集活动比较轻巧，一般由妇女来从事；男子主要进行渔猎活动，但其提供的食物来源不稳定、不可靠，因此妇女的经济地位较高，自然地，社会地位也就高些。

母系氏族公社出现在5万年前左右。这个时候，人类开始从天然的洞穴搬迁到平原地区生活，筑起了最原始的住房。不过，早期的人类住房仍有洞穴生活的痕迹，一般是在平地上挖一个几尺深的大坑，坑的四周支以木柱，木柱上搭以兽皮、干草之类挡风御寒之物。坑的中央有大火塘，供全氏族人围坐取暖之用。女祖先是公社中的最高首领和权威。全氏族人员共同劳动，共同生活，一切财物都归氏族集体所有。一切女性后代，都是氏族的主人。所有的男人们，经济生产和生活活动都在自己所出生的氏族里，婚姻生活则要到女方氏族去完成，所生下的后代也都留在女方氏族里。

一万年前左右，人类社会进入了新石器时代。这个时代的石器制作技术有重大进步，以磨制为主，石器显得更精致、更实用。而且人类又发明了弓箭，狩猎经济发生了根本性的变化。另外，这时的人类还学会了制作陶器，用作各种生活器皿，这又使得人类的生活质量得到了极大提高。新石器时期最具历史影响的事情，是原始农业和原始畜牧业的产生。

这时候，人类的婚姻关系也有新的飞跃，由过去的群婚演变为对偶婚。所谓对偶婚，指男女双方是比较确定的夫妻，维持短时期内的稳定婚姻，但仍是各自住在自己的氏族内，大多是男方去拜访女方，民间称之为"望门居"。在五六十年代的中国边远地区，如云南，少数民族中仍然流行着这种婚姻形式，纳西族中拜访女方的男子称为"阿注"。对偶婚发展到后来，又有"从夫居"、"从妇居"等形式，在这些形式下，男方或女方要在对方的家里住上一段时间，而不再只是每天的造访了。

新石器时代仍以母系氏族为主要社会组织，因为这时候妇女仍然是主要的劳动者。虽然这时有了原始的农业和畜牧业，可原始农业是锄耕农业，不要求很大体力，妇女可以从事；原始畜牧业最初也是驯养小动物，也主要由妇女来从事。可以说，新石器时代是母系氏族公社的全盛时期。除了女性的氏族首领外，还有全体男女都平等参加的氏族议事会，这是氏族的最高权力机关。

生产进步了，生活条件也得到了很大的改善，社会组织与联系大为加强。如在不列颠岛上的新石器时代居民，就形成了一个一个较大的村庄聚落，一般一个村庄就是一个由若干个母系公社组成的胞族。每个公社有一座不到30平方米的长房子。房子之间用石头筑垒通道，便于各公社间的男女来往。母系公社中的男子都住在娘家，只是晚上才到女方家过夜，黎明便回到本公社劳作、生活。由于房子少，吃住便都在一室。室内设大小二床，分供男女睡用。房子为半地穴式，下半截低于地面，上半部屋棚用兽骨或木柱支撑。屋内有烹煮食物用的石灶，还有用泥土涂缝防止渗水的石柜，作生养鲜活水产之用。

土耳其的一个新石器时代氏族公社遗址，占地达32公顷。土筑的每所房屋有20平方米的起居室，旁边还有若干显然是卧室的附属房间。平顶的房屋靠大梁和小梁来支撑，房内有炉灶，也有凳子之类用具。

中国新石器时代居民则开始选择背风向阳面水的地方作房址，建筑式样有半地穴式、地面式、架空干栏式等。

1.4

原始人的精神天地。语言的出现，文字的发明，科学的萌芽。直观而狂放的艺术。纷繁的崇拜形式。各社会群体文化差异的最初形成

从广义上讲，凡是人类所留下的活动痕迹，都可称之为文化。这个意义上的文化通常包括了物质文明、精神文明和制度文明三个层面。狭义的文化则专指第二个层面即精神文明，或者说，指人类在精神活动方面的生产成果。

原始时代是文化的起源时期。漫长的原始社会里，人类虽然没有文字，但仍然有丰富的精神生产活动，并且以各种形式传之于后代。从另一个方面说，现代人类的大部分精神文化活动都可溯源于远古时代，原始时代是人类精神文化的萌芽时期。

原始文化的成果表现在许多方面。

语言是人类最早的文化现象之一，它是作为人类交流思想的工具而产生的。最初，原始人几乎和其他动物一样，在生活中只能发出简单的单音节。后来，由于在群体劳动和生活中有情感要表达，有思想要交流，于是便在同心协力的活动过程中发出节奏和音调越来越接近一致的呼喊。"吭唷、吭唷"声中，最初的语言就产生了。

由于语言产生的具体环境各有不同，全世界各地人类所使用的语言便有很大的差异。而且，这些差异还在历史发展的过程中不断扩大，从而形成了许多不同的语言体系。据说，全世界的语言共有3500种之多，分属于不同的语系。影响较广的语系有汉藏语系，主要分布在亚洲东部；印欧语系，主要分布在欧洲和南亚以及美洲、大洋洲；闪含语系，主要分布在亚洲西部和非洲；苏丹语系、班图语系，主要分布在非洲；阿尔泰语系，主要分布在亚洲中部和北部；高加索语系，主要分布在亚洲西部；乌戈尔—芬兰语系，主要分布在欧洲东部。其实，上述任何语系都可以在原始时代找到根源。

到了原始时代的末期，人类开始将语言记录下来，使之有形化，这样便有利于将信息传达给生活在不同空间和不同时代的人们。作为记录语言的符号——文字便因此而出现。

文字产生有一个较长的过程。最初，人们用的多是结绳记事和刻痕记事之类简单的方法。所谓结绳记事，就是用不同形状、不同大小以及不同数量的绳结来代表不同的事物。古代中国、日本、波斯、埃及、墨西哥、秘鲁的居民都曾流行过这一做法。特别是秘鲁的印第安人，还善于用不同颜色的绳子来代表不同的事物，如红色代表战争，黄色代表金子，白色代表银子。绳结的多少代表数目，绳结与绳结之间距离长短也有一定含义。问题是，一般只有结绳者本人才能确切地了解，或者说只有他本人才能记忆，别人难懂。而且一根绳子能打多少个绳结，毕竟还有个数量上的局限。

刻痕记事与结绳记事做法类似。一般是将痕迹刻在木头上，也有刻在石头上、陶器上的。在中国发掘的原始文化遗址中，这类刻写符号比较多。可以说，就连后来中国广为流传的八卦，实际上也是一种刻痕记事符号。

再向前发展，便是图画文字的出现。图画文字象征性很强，通过画人、画鸟、画动物，通过对各种事物形象的模仿性描绘，来代表某物某事。世界上几乎每一个发明和使用了文字的民族，都经历过图画文字这一阶段。图画文字在表现思想、记载事实时，能够体现一定的完整性，同时也明白易懂。

在图画文字的基础上，出现了象形文字。象形文字是用一种比较形象的符号来表示一定的事物。一方面，它比起图画文字来，文字符号有很大的改进；另一方面，而且是更重要的方面，是每个符号都有读音，这是文字产生的关键一步。因此象形文字才是最早的文字。象形文字的出现，标志人类文明时代的开始。

最早的文字，大约产生于将近6000年前的中东地区。

原始社会也产生了简单朴素的科学知识。

由于生活的需要，原始人为寻找食物，经常处于移动之中。

由于移动，便需要了解自己将要去的地方，同时也常常记忆自己曾经去过的地方，这就促使了原始地理知识的产生。到了新石器时代，原始人在从事农业时，需要对当地的土壤、气候等条件有一个基本的了解。在渔猎活动中，也需要对地理环境有一些了解，因此原始人的地理知识是相当发达的。

原始人类也有比较直观的天文知识。他们在确定自己的活动周期时，最初能根据月亮的圆缺变化来制订阴历。

由于采集和渔猎活动的进行，以及后来原始农业和原始畜牧业的发生，使原始人类又有了初步的动植物知识。

原始人的医疗知识和医疗技术也达到了一定水平。原始人知道了病和治病，已经懂得利用某些植物、动物以及矿物来治病。有的原始民族还敢做连现代人都不敢想象的外科手术。令人吃惊的是，考古材料表明，欧洲的克鲁马农人竟然做"锯头术"取得成功。

原始人也掌握了一定的数学知识，知道了"多"和"少"的概念，知道用具体的物件来计数，例如手指计数、刻痕计数，有的还知道了"10"的数字。

相对原始科学的落后而言，原始人的表现艺术则相当的丰富多彩。原始社会后期，人类已产生了多种艺术。

绘画是原始人艺术中最富特色的形式，主要表现为岩画、洞窟画等。旧石器时期画动物的比较多，而且栩栩如生，极有动感，令现代人都叹为观止。这实际上是原始猎人们仔细观察动物的结果。西班牙阿尔塔米拉洞穴壁画，法国拉斯柯克斯洞画、勒公拉洞岩画，是原始绘画的突出代表。阿尔塔米拉洞画中有野牛、野猪、野鹿等20多种动物图像，而且分别着上红、黑、黄、暗红四种颜色。拉斯柯克斯洞壁长达180米，涂了红、黑、黄、白诸种色彩的众多野牛、野鹿图案布于其上，场面宏伟，蔚为壮观。相反，到新石器时期，人类主要关注农作物，这种动物画反而不如以前有生气了。

不过，新石器人类也有自己富有特色的艺术，这就是雕塑，主要包括陶塑、石雕和岩雕等。有趣的是，这类雕塑多是反映女性生活，描写女性的生理特征，如乳房、肚腹和外生殖器等。这当然是母权制的产物，随着男子社会地位的日益重要，原始社会末期也出现了越来越多的描绘男性生殖器的画及雕塑。

现代人所能见到的新石器时代最典型的雕塑作品，要数在南太平洋玻里尼西亚群岛复活节岛上发现的石雕巨人像。石像共约600余个，都有3~6米高，每一个神态各异，庄严而又神秘。创造者是谁尚不得而知。

音乐、舞蹈等表演艺术也起源于原始时代。音乐已有声乐和器乐两种表

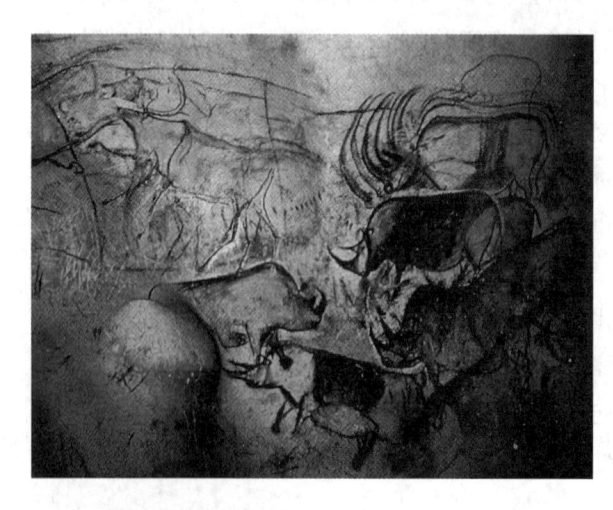

图1-2
法国洞窟的动物壁画

现形式。最初的歌唱只是重复发出非常简单的呼声，后来又能喊唱两三个音节的歌声，并且逐渐有了旋律。器乐出现要晚一些，多是一些极其简单的乐器，有管乐，也有弦乐，但最普遍的是打击乐。击鼓致乐，以鼓导舞，是一种最为普遍的娱乐形式。

原始舞蹈就是由娱乐形式发展为表演形式的。原始人表演舞蹈时狂热、奔放，无所拘束，表演起来多姿多彩。舞蹈动作多是模仿动物，或者模仿战斗和狩猎，或者模仿男女之间相亲相爱的动作，有时还涂脸，戴上面具。舞蹈表演一般是在狩猎、出征前，或是在举行宗教活动、庆祝胜利之时。

至于原始人所喜爱的文身、装饰等活动，既是文化现象，也可看成人类美化生活的一种需求。

作为一种人类文化现象，宗教思想观念也萌芽于原始时代。原始宗教观念包括灵魂观念、自然崇拜、图腾崇拜、祖先崇拜、性器官崇拜和巫术等。

灵魂观念：最早产生于梦幻。由于做梦，人们发现自己的身体没有动，却有许多活动，因而认为人一定有个灵魂，可以离开肉体而活动。所以，原始人相信，人死了，灵魂可以不灭。因此，在原始人的墓葬中，常放有食物、工具及其他物品，供死人的灵魂享用。

自然崇拜：当人们对自然现象和自然力量感觉到不可理解的时候，或者，当一些自然现象极其有利于人类生活的时候，就会对这些自然事物如山川、河流、太阳、月亮、风雨、雷电等产生敬畏和崇拜心理。一般认为，西方文化中自然崇拜的成分比较多一些。

图腾崇拜：一种最古老的宗教形式，产生于旧石器时代晚期。图腾崇拜指的是一个群体、一个氏族或部落以某一种动物或植物作为自己的标志和象征。图腾崇拜的事物受到该群体的特别保护，神圣不可侵犯，别的群体不能犯忌，不能侵害和亵渎。一般来说，图腾崇拜的对象与该群体所从事的生产活动，或者所处的地理环境很有关系。

祖先崇拜：这是人类在以血缘为纽带结成群体时，一种追根溯源的观念强化。起初是崇拜女祖先，后来则转变为崇拜男祖先。一般认为，中国文化中祖先崇拜观念要比其他文化体系更强些。

性器官崇拜：在各个原始民族中都是比较突出的宗教现象。可以说，这是人类对自身生产所感觉到的不可理喻的反映。原始社会后期主要处在母系氏族阶段，因此也更多地表现为崇拜女性性器官和生育器官，如乳房、肚脐和外生殖器等，常将其塑刻成形，顶礼膜拜。

巫术：虽然以迷信为主，但也有一点合理成分，是人们企盼自然界对解救自身困难的一种希冀与寄托。

也是从原始时代起，就出现了人类各地区各群体之间的文化差异。当新石器时代出现了原始农业和原始畜牧业，人们结集成不同的生产集团时，各个不同的社会共同体便逐渐形成了不同的思想文化观念体系。这些差异的最初出现基本上是由自然地理条件决定的。一方面，自然条件对人类生理和心理产生的影响，造成了不同的文化心态。因此，我们就看到有热带文化、温带文化和寒带文化之别，海洋文化、平原文化和山地文化之分。另一方面，自然条件的差异也可制约人类取得生活资料的手段，从而产生文化观念上的差异，结果就有游牧文化和农耕文化的区分，稻作文化与麦作文化的差别，如此等等。

1.5

新石器农业革命：人类社会的"第一次浪潮"。三个最早的农耕中心地区。南北对峙：亚欧大陆的农耕地带和游牧地带

原始时代后期，对后来人类社会发展最有影响的一大事件，就是农业的产生。这个直到今天还被现代人津津乐道的所谓"第一次产业革命"，出现于新石器时期，公元前 8000 年左右，到公元前 4000 年前后基本完成。

原始农业是从原始采集经济发展而来的，与此同时产生的原始畜牧业则是由原始狩猎经济发展而来。由于采集植物的果实，人类渐渐发现了部分植物的生长规律，并将其慢慢地驯化、种植。同理，由于经常猎取动物，人类对一部分温顺小动物的习性越来越了解，也开始了对它们的驯化和饲养过程。

现代人惯于用"刀耕火种"来描述初期农业的原始性，其实还不够，原

始农业比我们想象中的"刀耕火种"还要落后得多。早期的农业都是在林地里进行的。农人们首先将一块林子里的每棵树都剥掉一圈树皮，这样树就会自然枯死，树叶落到地下，阳光就会照到地表，种子便可植入死树四周的肥沃松软的土地里生长繁育。种了两三熟庄稼，地力有所耗尽后，农人们又将枯死的树全部烧掉，将灰烬撒入周围的地里，这样又可使肥力持续一段时期。五六年后这块地便被抛弃，农人们搬到别的地方，开始新的循环过程，而让最初那块地慢慢恢复地力。如此周而复始，年复一年。

在这大约 4000 年的时间里，世界上逐渐形成了三个最早的农耕中心地区。

农业的最早发源地是亚欧非三洲枢纽之地的西亚地区，即东起幼发拉底河、底格里斯河，西至腓尼基、巴勒斯坦的所谓"肥新月形地区"。此语被人解释为"新月形地区沃壤"之意，实际也可指这一地区形似新月，略为肥大而已。

从作物种植来看，西亚地区最早栽培和种植大麦、小麦和扁豆；从家畜饲养来看，西亚最早驯养猪、牛、狗、山羊、绵羊、单峰骆驼、双峰骆驼等动物。

西亚农耕文明出现后，成为世界农耕文明的源头，向四周扩散。向东有两条线路，一是经伊朗高原，到达阿富汗、中亚等地；二是沿波斯湾、阿拉伯海沿岸，到达伊朗南部、印度河流域。西南则跨红海，进入北非的埃及、利比亚等地。向西分成扇形向欧洲扩展。北线是在从小亚经巴尔干到达多瑙河流域、莱茵河流域后，往东北进入今天的乌克兰一带，往西跨海到达不列颠；南线是沿着地中海北岸，进入欧洲南部，一直向西至意大利、西班牙、法国等地。

因此，一般都认为，西亚是最有影响的农耕文明发源地。

第二个农耕中心地区是东亚和南亚，包括中国、印度、泰国三个主要中心，中国最早种植粟、水稻、大豆等农作物，最早驯养猪、水牛、狗、鸡等家畜、家禽。虽然大麦、小麦等作物可能是从西亚传播过来的，但中国作为独立的农耕发源地并不比西亚晚多少。浙江河姆渡遗址所发现的稻谷，至少是在 7000 年前；而 1994 年曾在中国湖南道县发现了可能是一万年前的谷种。除中国外，印度最早种植水稻、棉花等农作物；泰国最早种植水稻、豆类、黄瓜等作物。印度和泰国也都很早就驯养了水牛。

远在西半球的中美和南美地区，也是一个独立的农耕发源地，虽然在时间上比前两个地区略晚。美洲是最早种植玉米、土豆、倭瓜（南瓜）、烟草

童年的萌动

等作物的地方。除这三个中心地区外，还有一些较小的农耕地区，譬如西非，可能最早种植薯类块茎作物。

新石器农业革命的发生，对人类生活带来了极大的影响。首先，促使人类从食物的采集者变成食物的生产者，使人类从被动地利用自然转变为能动地改造自然，由此更推动了人类对客观世界的认识，推动了原始科学技术的产生。其次，促使人类生活方式发生重大改变，即从过去迁移不定的生活转变为基本稳定的定居生活，因为农作物的生长是不可移动的。最后，由于农耕使人类获得比较稳定的食物来源，而且变得有一定富余，这就促使人类社会开始发生变化，使社会分工、财富分化之类现象出现，最终导致了文明的产生。

从时间上看，西亚农耕文明从发生，至扩展到亚欧大陆西部各地区，大约经历了几千年的时间。除西亚外，其他农耕中心的农业文明肯定也在不断地向四周扩张。现代人了解的这方面情况虽然较少，但有几点不可否认：一是农耕文明在食物生产上所具有的稳定、可靠等优越性，一定会被邻近地区的人们所认识、所仿效；二是农耕中心的人口增长和移徙，必然要向周围四边地区扩大农耕之影响。

这种向外扩散的过程尽管是缓慢的，但到了公元前2000年左右，即距今4000年左右时，在亚欧大陆上，以西亚为中心，东边包括南亚、东南亚、中国的中原地区和长江流域，往西是欧洲的地中海沿岸到波罗的海以南，不列颠岛，另外还有乌克兰，以及地中海南岸的北非，都成为农耕地带。这一地带起止于亚欧大陆的东西两端，形成偏南的长弧形。不过，这个亚欧大陆南端农耕世界的形成，和南端的地理自然条件极有关系。一般来说，这些地区纬度较低，靠近海洋，因而气候温和，雨量充足，土地肥沃，适宜于发展农业生产。

大陆的北部就不一样，从自然条件看是比较恶劣的：气候寒冷，雨水缺少，土地贫瘠，冬雪夏草，只适合于发展畜牧业。畜牧业是流动的，因而是游牧的。这样，在亚欧大陆北端便形成了一个游牧地带，或称游牧世界。从中国的东北，西伯利亚、蒙古、中亚北部、里海北岸、俄罗斯南部，直到匈牙利。

农耕地带与游牧地带之间有一条大致的分界线：东起中国的兴安岭，经燕山、阴山、昆仑山、兴都库什山、扎格罗斯山、高加索山，西至东欧的喀尔巴阡山。

当然，这不是截然的划分，两个地带都有一些例外。农耕地带中有游牧区，如阿拉伯半岛；游牧地带里也有农耕民族，如中亚的阿姆河和锡尔河流域。

两个世界出现后，都形成了自己的发展特点。

在农耕地带，生产力的发展比较快，人口的增长比较快，文明的进程也比较快。由于农业生产使食物来源比较稳定，而农业生产又以土地为根本，以定居为特点，这就便于农耕民族结成固定的社会组织，最终形成国家。因此，先进的农耕文明地区很早就出现了最早的文明中心，而且社会逐渐从低级阶段向高级阶段发展。从经济活动来看，除了以农为本外，农耕世界还在一定阶段中发展了手工业、商业和航海业等。

游牧地带则比较落后，气候寒冷，特别是冬季，给人类提供的是极为恶劣的生存环境。畜牧生产又极不稳定，常年四季需要向水草茂盛的地方流动，难以提供充足的生活资料，社会的发展也非常落后。因此游牧世界自形成后，几乎没有产生过标准的国家组织，也极少有畜牧业以外的其他生产部门出现，手工业活动、商业交换只是零星的、分散的行为。没有定居地，当然也不可能出现定居点——村庄、城市、国家。因而，游牧地带的人类始终处在原始半原始的状态。

两个地带之间有较多的来往，但也有更多的敌对。农耕世界为了自身的发展，不断进行对外扩张，当然也包括向游牧地带扩张，危及游牧民族的利益。而且，农耕世界的统治者常具有一种优越感，蔑视周边的游牧民族，因而引起游牧民族的仇视心理。而游牧民族则由于生活艰难，对南方农耕世界的物质财富和优越的生存环境非常羡慕，因此经常对农耕民族进行袭击，甚至还发动大规模的暴力冲击。

虽然游牧民族社会发展落后，但在对农耕世界进行冲击时，力量优势往往还在他们一方。特别是当农耕世界内部出现矛盾、力量衰弱时，这种优势更为明显。而且游牧民族还有农耕世界无法与之比较的特点，这就是游动性，军事上则表现为机动性。

因此，游牧民族冲击农耕世界的结果，一般都是他们战胜原有的农耕民

童年的萌动　　043

族。更重要的是，这种冲击对游牧民族自身社会的推动作用更为巨大。结局不外乎这么几种：一是游牧民族进入农耕世界，被农耕世界所同化，接受农耕世界的先进生产方式，从游牧民族转化为农耕民族；二是游牧民族入主当地，成为农耕地区的新主人；三是大多数游牧民族进入农耕世界后，社会发展往往出现飞跃，甚至跨越好几个社会发展阶段。

1.6

原始公社解体，人类跨入文明的门槛：三次社会大分工，私有制起源，阶级的形成，国家的产生

原始公社继续向前发展，又在生产工具方面出现了新的变革，这就是从石器时代进入金属时代。公元前7000年左右，人类发明了冶炼铜的技术。但是广泛地使用铜来制作工具，却是再过了3000年以后。纯铜工具加上石制工具，在考古学上称为"金石并用时代"，人类正是在这个时候进入文明时代的。

由于金属工具出现，原始农业便开始由"锄耕"转变为"犁耕"。犁耕需要较大的人力，于是男子在生产中的地位越来越高。同时，畜牧业也由喂养小家畜发展为大规模地饲养大牲畜，这也需要强壮的男子来承担。加上对偶婚的长期实行，父亲与子女的关系已渐趋明朗。因此，原始公社制度发生着重大的变革，由母系氏族转变为父系氏族。

父系氏族公社时期，就是原始社会解体、文明社会诞生时期。

文明社会出现的过程，可以从四个方面来认识，即社会分工的出现、私有制起源、阶级的形成、国家的产生。

社会大分工的前提，是人类获取物质资料手段的提高。由于生产力的发展，专门人员从事某一类专门的经济活动便成为可能，于是便有了社会大分工。社会大分工共有三次。

第一次是农业与畜牧业的分离，前文已多有提及。

第二次是手工业从农业中分离出来。由于经济水平的提高，人们对生活质量及其用品的要求也随之增长，因此必须有专门的人员从事手工业生

产。同时，经济的发展保证了食物来源，使专门人员从事手工业生产成为可能，因而专门的手工业部门和手工业者便应运而生。

第三次是出现了商业和商人。由于社会分工，各大经济部门之间需要交换生产成果。交换的东西越来越多，交换的行为越来越频繁，便使得生产者之间的直接见面越来越不方便，因而就出现了专门的商业和商人，来充当生产者和消费者之间的中介，当然也就是生产者与生产者之间的中介。

在原始社会的绝大部分时候，由于生产力水平特别低下，人们只有靠集体的力量才能获得生存资料，集体的劳动成果当然要由全体人员共同分享；而且劳动成果也几乎没有剩余。因此，那时的人们既没有私有财产，也没有私有观念。

当社会生产的产品在满足日常生存需要，多少还有点剩余后，就是说，至少在农业文明发生后，便有了一个由谁来管理这些剩余产品的问题，于是诱发了私有制的起源。

而私有制产生的过程又是与社会分工及交换的发展联系在一起的。在第一次社会大分工之后，农耕部落与游牧部落之间，游牧部落相互之间便需要进行交换。然而交换活动往往又是由氏族的代表如长老来具体进行的。这些氏族代表利用这种机会，将用来交换的产品，或者交换来的产品，慢慢地、暗暗地据为己有。最早交换的产品一般是可以随身带走的动产，如牲畜、金属器物等，因此，"真正的私有制只是随着动产的出现而出现的"（恩格斯语）。后来，氏族首领们又进一步将土地、牧场等不动产变为私有财产。

私有制的存在，是以社会产品不够丰富为前提的。只要这一前提还存在，人们总会有一种积累私有财产的观念意识。

随着私有财产的出现，婚姻家庭关系也发生变化。由于劳动分工有性别上的分工，男人的责任在外，女人的活动对内，男人就很自然地成为劳动工具等财产的所有者。为了有确定的子女继承财产，男子就要求实行"一夫一妻婚"。这是一种长期的、固定的婚姻形式，而其社会意义更大，它使得男子的统治完全实现。悲哀的是，这种制度只是片面地要求妇女，男子则常常逍遥"婚"外，以蓄妾、嫖娼等形式予以补充。

私有制出现后，人类社会中很快就出现了财产的贫富分化，从而产生了阶级。阶级实质上就是不同的利益集团。阶级产生有两条道路。一条是氏族公社内部的贫富分化。通常是,氏族首领利用自己的地位,占有越来越多的财产,成为氏族中的贵族,而氏族的大部分成员则贫困化,变成平民。二是氏族上层强迫外来人员(主要是战俘)作奴隶,自己则成为奴隶主。有如《鲁滨孙漂流记》中的鲁滨孙,他漂流到一个荒野海岛后,发现了一个土著人,便用手中的武器(火枪)强迫他为自己服务,还将他取名为"星期五",命令他干这干那。

阶级出现后,国家的产生便接踵而至。国家的产生,是文明社会诞生的基本标志。

而国家产生的过程又要追溯到父系氏族公社的变化。

一是父系公社往小里的变化。本来,一个父系公社是由若干个父系大家族组成。但随着劳动的个体化,随着私有财产的出现,由一夫一妻及其子女组成的个体家庭,即今天人们所说的核心家庭,便逐渐从大家族中分化出来。这些小家庭移动性强,与那些没有血缘关系的其他个体家庭住到一块,组成新的公社。这种公社称为农村公社,它有两个特征:一、以地域关系为纽带。这一点对国家产生最有意义,因为国家就是以地域联系为特征的。二、土地公有,但实行定期分配,这一点有利于土地这一自然经济条件下最重要的生产资料从公有制向私有制的转变。

往大里的变化更具意义。这种变化是在父系氏族公社之上,除了母系公社时就已存在的部落外,部落之上又出现了部落联盟。部落及部落联盟实行"军事民主制"。由于部落之间的战争越来越多,部落军事首领的作用就越来越大,地位越来越重要,最后完全取代了部落或部落联盟中民主机构的职能,成为最高统治者,即国王,部落联盟则演变为国家。因此,最初的国家之地域范围都是很小的。

第二章

大河之赐
文明从西亚北非发端

2.1

人类文明源于何处？黑格尔看好中国。19 世纪东方学成就的揭示。三洲五海之枢。农耕活动从山地向河谷的转移

人类是在什么时候进入文明社会？世界上哪一个地区的人们最先沐浴文明的春风？

举凡文明社会的人们都喜爱思考这一问题。

古代人给现代人留下了许多遗迹遗物：埃及的金字塔，墨西哥的太阳门，英国的巨石阵，中国的长城，等等。但是，要真正说清楚人类文明的历程，还必须有文字的依据。文明文明，首先就是用文字来表明。

19 世纪初年，德国大学者黑格尔在他的著作《历史哲学》中提出，人类文明是从亚洲的最东部——中国发源的，世界历史从东方向西方移动，最先从中国、印度、波斯开始，然后才转移到地中海地区。黑格尔这样说，是因为其时的欧洲人看到，中国有世界上最早的文字史料史籍。

尽管黑格尔大手笔出语惊人，然而这一次他却没有注意到，欧洲学术界

正在发生一场革命,人类文明发展的历史进程表正在由这场革命的成果改写!

1799年,欧洲枭雄拿破仑率军远征埃及,欲与对手英军交战。在地中海岸边一个叫罗塞达的村庄修筑工事时,法军挖出一块一米来长的黑色石碑。碑上刻着两种文字,大多数字行是古希腊文,而希腊文之上则是一些歪歪扭扭的蝌蚪般的符号。一个稍有点古文知识的军官觉察到,这可能是埃及的古代文字,立刻报告了上司。于是,一场破译古埃及象形文字的热潮在欧洲学术界悄然兴起。22年后,初出茅庐的法国青年商坡良解读象形文字取得重大进展,一门以释读纸草文书、碑文墓铭上的古埃及象形文字为发端,进而全面研究埃及古代历史文化的"埃及学"从此诞生。两个世纪以来,学者们的心血为现代人展示了埃及古代文明的绚丽画卷。

学者们再接再厉,随后不久又展开了对西亚古代文明踪迹的寻觅。功夫不负苦心人,1857年,两河流域的古代文字:楔形文字也被破读成功,从此又建立了一门专门研究古代两河流域历史文化的新学问,称之为"亚述学"。取这个名字,是因为最先的工作是从发掘和研究两河流域北部古城亚述开始的。

埃及学和亚述学的研究成就表明,人类的文明是在大约5500年前从西亚和北非地区发源的。

这是个三洲五海的枢纽之地。三洲者,亚洲、欧洲、非洲也,三块大陆就在此处连接在一起。五海,指这一地区周围有地中海、黑海、红海、阿拉伯海和波斯湾。而且,在这个不大的地区内,还有尼罗河、幼发拉底河和底格里斯河等大江大河,有扎格罗斯山、黎巴嫩山等山脉,有尼罗河三角洲、美索不达米亚等平原,有亚美尼亚高原、伊朗高原和阿拉伯沙漠。造物主使这里的自然环境千姿百态,激发了人类对美好生活的热烈追求和创造欲望。

这里曾经是最早的农耕中心,是亚欧大陆农耕文明的主要发源地。它之所以成为人类文明的摇篮,绝不是一个偶合,而是农耕生产发展到一定阶段的必然产物。

当然,从最早的农耕发展到文明的诞生,是有一个过程的。

最初的西亚农耕中心并不在大河平原,而是在四周的山区林地里,如两河流域上游地区。这些进行"刀耕火种"农业的地带,初夏时节就大雨滂沱,为农作物生长准备了足够的水分。随着农耕的扩散,农民们发现河流下游的冲积平原淤泥更肥沃，更有利于农作物生长，于是纷纷迁居到河谷地带。然而，平原的夏天是几乎不下雨的。保证丰收的唯一办法，就是拦河筑坝，开沟挖渠，引河水灌溉农田，而这样的工作决非一两家农户所能做到。

于是，新石器时期能够一家一户独立耕作的农民，现在不得不集中在一起，共同完成这些巨大的工程。过去那种松散的社会关系，现在演变成了集体性极强的社会组织，并且还由一小部分人实施管理功能。这些被后人叫做"祭司"的管理者，他们除了要像先前的巫师那样主持求雨之类的宗教仪式外，还开始负责记载洪水泛滥情况，负责设计和组织坝渠的建造及维修，负责将水源分配给各家各户。渐渐地，他们由管理者演变成统治者，从社会公仆演变为社会的主人。

一年一度对涨潮后留下的淤泥地段进行再分配，难免有些不公正；对水源的分配也可能不尽合理，所以，这个集体组织内部的矛盾冲突也就越来越激烈。而祭司们为维系社会稳定，不得不采取一些强制性的措施，建立一些与社会大多数相对立的机构。特别是当这个组织遭遇到外来进攻时，必须要有人来领导对外作战。战争越来越频繁，临时军事首领的职能也变得永久化，最后成了国王，并且还和祭司集团展开了竞争。国家也就在这个过程中不知不觉地产生了。

2.2

"两河之间的地方"。开放、冲突与融合。"来自东方的人"。星云状簇集的苏美尔城邦。"真王"的统一。乌尔第三王朝的强盛

这些最早的国家，出现在西亚两河流域最南部的苏美尔平原上。

两河流域，主要位于今天的伊拉克共和国境内。两河，即幼发拉底河和底格里斯河，都发源于亚洲西部的亚美尼亚高原，其中下游几乎是平行地往东南方向流入波斯湾。两河流域，希腊语古称"美索不达米亚"，意思是"两河之间的地方"。

在古代，美索不达米亚分为南北两部分，以今天的巴格达为界，北边叫亚述，南边为巴比伦尼亚。巴比伦尼亚又分为两部分，两河最靠近的中游地区叫阿卡德，下游是苏美尔。文明社会最先正是诞生在苏美尔地区。

其实，从地理环境自然条件看，两河流域并不是特别的好。它处在西亚北非大干旱地带，雨水稀少，农作物主要靠引河水灌溉。这里的地表层也无多少可供古代人类直接利用的资源：既无森林木材，也无金属矿藏，甚至连建筑需要的石头都少得出奇。唯一取之不尽的就是黏土。古代居民用黏土建造房屋，用黏土制作陶器，甚至还用黏土做成供写字用的泥板。削尖的芦苇管是他们用的笔，在泥板上刻下的字笔画形同楔子，故而有"楔形文字"之称。

两河流域的地理位置倒是比较有特点，它处在亚欧非三洲的交通要冲地带，呈开放状，与外界联系相当方便。因此，古代各民族在这里往来、冲突、混杂，相互影响，相互融合，相互承袭的现象非常突出。在两河流域三千多年的古代文明史上，先后成为这里主人的就有苏美尔人、阿卡德人、阿摩利人、亚述人、伽勒底人和波斯人等，另如赫梯人、埃兰人、米底人、库提人、加喜特人、胡里特人等，也都程度不同地侵扰过这里。

两河流域的最早文明是由苏美尔人创造的。他们在公元前4000年左右来到这里，不过他们来自何方倒还是个谜。有学者说他们类似蒙古人种：圆头，直鼻，不留须发。这不是没有道理的，因为这些人自称"苏美尔人"，其本意就是"来自东方的人"。

初来乍到的苏美尔人，在平原上进行粗放原始的灌溉农业。一望无垠的平川找不到遮掩之物，他们便建造了一些泥土小屋，屋顶上覆以芦苇干草。这是普通农夫的住房。而作为公共活动场所和祭司居住地的神庙则要宏伟得多，在埃利都地方发现的一处神庙遗址，面积有250多平方米。

公元前3500年左右的时候，苏美尔人迈进了文明的门槛。这时，他们发明了楔形文字，虽然属象形文字，但已有表意的趋向，基本音符达500多个。铜器已普遍使用。在乌鲁克城遗址，这时建立的神庙规模特别宏大，一个大厅里，柱子直径有2.6米，墙壁则用红、白、黑三种颜色的锥体物镶嵌修饰，可见当时公共活动场所的宽大和讲究。

由于社会活动的需要，以往单个住户开始迁往中心地区，从而形成大大小小的居民点，有很小的村庄，有大一点的小镇，还有更大的城市。有学者估计，在苏美尔这块地区，这时有村庄112个，小镇10个，小城市1个。这是大约公元前3200年的事情。这时的苏美尔也已有社会的分化。一个石膏瓶浮雕中，明显地描绘了两类人：一些全身赤裸的人正在向另一些人奉献贡物。

到公元前2800年时，在苏美尔以及北邻的阿卡德土地上，出现了大大小小几十个城市国家。最重要的有乌鲁克、乌尔、拉伽什、基什、尼普尔、埃利都等。这些国家密密麻麻地分布在苏美尔平原上，有如一团星云蔟集。

这些城市国家都是以一个城市为中心，结合周围农村而形成的。它们的面积一般都不大，几十或者上百平方公里；人口也不多，最多的几万人，少的只有几千。

城市国家形成之初，管理国家的机构还刚刚脱胎于原始社会的管理组织，包括了城邦首领、氏族贵族会议和公民大会。城邦首领在小国里称"恩西"，在大城邦则叫"卢伽尔"。他们在战时是军事首领，在平时是最高祭司，握有宗教和军事双重权力。不过，城邦的实权还是操纵在贵族会议手中。而公民大会则形同虚设，一天天被架空。

初期的这些城邦国，宗教气息十分地浓厚，执行宗教职能的僧侣集团便有特殊的地位和权力，神庙也就成了苏美尔各国的政治经济中心。它也是经济中心。大约有三分之一的土地属于神庙，或出租，或分种，或由奴隶耕作，

图 2-1
苏美尔的公牛头装饰物

大河之赐　　051

其收入供神庙公用。据估计，大约有半数居民在经济上要受神庙控制。

苏美尔这块土地，总共不过三万来平方公里。有了那么几十个城邦，即使是平时也难免碰碰磕磕，何况大家都想扩大自己的统治范围，因此城邦之间的大小战争便非常频繁，很难有相安无事的时候。

争夺兼并中，一些大城邦先后称霸，如基什、乌尔、乌鲁克、乌玛等，其中以拉伽什的霸业最为长久。

拉伽什在公元前25世纪兴起之时，只有3600个公民。不久后，恩纳杜门继恩西位。他发明了一种高及脖颈的长盾，大大增强了部队的保护力，在同邻邦的战斗中无往而不胜。他一战即平掉乌玛，令四周城邦闻之丧胆，纷纷俯首称臣，奉献贡物。拉伽什霸业自此奠定。

大约一个世纪后，王位传到卢伽尔安达手中。此时拉伽什有如日中之天，国土已达2000平方公里，人口也有了15万。可是卢伽尔安达并不珍惜祖宗基业，一味地强取豪夺，先是假借主神宁吉尔苏之名，占有了一大片公有地，后又不顾民情激愤，强下增税令，还大幅度提高丧葬费用。一时间，拉伽什城内怨气冲天，一场大风暴突然降临。

公元前2378年，在平民拥戴下，乌鲁卡吉那上台当政。乌鲁卡吉那虽是卢伽尔安达的姑父，但其治政风格却全然不同。他实行了有利于平民的改革政策，改革的中心是扩大公民权，目的是加强城邦统治的社会基础。结果，拉伽什城邦的公民数量比70年前增加了10倍。然而，平民们欢欣鼓舞之时，贵族们却感到自己的利益被侵犯，他们联合周围城邦反对乌鲁卡吉那。内外夹击之下，拉伽什被乌玛灭掉。

乌玛此后又称霸了几十年，而且还统一了苏美尔许多地区。但不久后，北方兴起了更强大的阿卡德王国。

阿卡德的第一个国王叫萨尔贡，也称为沙鲁金，"真王"之意。据说他是一个妓女的私生子。他自己说："母卑，父不知所在。"他出生之后，被丢到河边，后被一个园丁捡回抚养成人。他自己最初也做过园丁，后来当上了基什城邦王的近侍，专门为国王捧杯递水。神话传说称女神伊丝塔尔看上了他，爱上他并让他当国王。因此，他发动了一次平民起义，夺了王位，并在两河最靠近的地方建立了阿卡德城。他的国家就叫做阿卡德王国（公元前

2371—前2191）。

事实上，阿卡德人是闪米特人的一支，其形象与苏美尔人迥然相异，长脸、尖鼻、多须发，颇似今天的阿拉伯人。

传说萨尔贡一共经过了34次战争，才消灭乌玛。后来又征服乌尔、乌鲁克等城邦，共俘虏了50个恩西。他统一了苏美尔和阿卡德地区后，自称"天下四方之王""大地之王"。这是两河流域南部第一次实现统一。西北部的马里，东南方的埃兰，都成了他的属国。他还将军事活动延伸到小亚细亚的东部、叙利亚，以及阿拉伯半岛东岸的一些地方。

萨尔贡能实现统一，自然有很多因素。首先，这是两河流域灌溉农业进一步发展的需要：不实现统一，一些大型的水利工程就无法修建。而各个城邦之间原有的兼并与争霸活动，实现了局部统一，也可看成是王国统一活动的前奏。为了加强统治，苏美尔许多城邦中的贵族支持统一，欢迎萨尔贡的军队。而萨尔贡的军事力量又特别的强大，他拥有一支由雇佣兵组成的常备军。据说每天有5400名士兵在萨尔贡的王宫里吃饭。

王国从一开始就实行了中央集权的君主统治制度，但君主的统治未必稳固。从萨尔贡起，各地的反抗和起义此起彼伏。史书记载，有个城邦发生起义，被萨尔贡彻底镇压：全城被"夷为平地，连飞鸟的窠巢都被捣毁无遗"。

在国内矛盾不断激化的情况下，外部的敌人乘虚而入。公元前2191年，王国被东北方向来的游牧民族库提人所消灭。

而库提人的进入是掠夺和骚扰性的，他们并没有在两河流域建立自己的统治。因此，苏美尔各城邦又逐渐地恢复了元气。公元前2150年左右，各城邦的联合力量赶走了库提人，接着又压倒阿卡德人，再次成为本土的主人。连年的战争，使苏美尔人的军事力量膨胀起来，各城邦又一次展开了兼并与争夺。最后在公元前2113年时，由乌尔重新统一了苏美尔和阿卡德地区。

新的王朝被称为乌尔第三王朝。之所以这样称呼，是因为在乌尔此地曾经两度出现过国家。乌尔第三王朝时期，中央集权和专制王权大大加强，国王集行政、军事、经济、司法等所有大权于一身。更值得一提的是，王朝的第一个统治者乌尔纳姆编纂了已知世界上第一部成文法典——《乌尔纳姆法典》。法典中，国王开始被神化。

乌尔第三王朝是两河流域社会经济大发展的时期。这时,青铜器广泛使用,也开始用牛耕田,出现了有几百个人劳动的手工大作坊,普遍使用白银作货币。由于国王直接控制了全国的一半土地,大规模使用奴隶劳动的大农场、大牧场随处可见。

到这个时候,经过几百年的融合,苏美尔人和阿卡德人的差别已经消失,两河流域居民融为了一个民族。只不过外人也不断地觊觎这块沃土。公元前2006年,从正西方向冲进了阿摩利人,从东南方向冲进了埃兰人,乌尔第三王朝就在这双重打击之下灭亡了。

2.3

西来的阿摩利人。古巴比伦的辉煌。自称"太阳"的王。等级关系,奴隶制度,野蛮的同态复仇。世界第一部系统完整的法典

阿摩利人和埃兰人从东西两个方向侵入两河流域后,埃兰人骚扰抢掠了一通,很快就退回去了。而阿摩利人则不走了,在这一带建立了许多小城邦国家,著名的有伊新、拉尔萨等。所以,这一时期又称伊新—拉尔萨时期。

巴比伦也是阿摩利人建立的一个城邦小国,位于幼发拉底河中游北岸,公元前1894年立国。最初的那些国王不思进取,守成为重。到第六代国王汉谟拉比时(公元前1792—前1750),巴比伦展开了进攻,逐渐吞并其他城邦。汉谟拉比在位的第三十年,他基本上统一了"苏美尔和阿卡德"。第三十五年,他又攻占了西北部的马里。这样,汉谟拉比完成了整个两河流域中下游的统一事业,建立了一个庞大的帝国。

这个帝国被称为古巴比伦王国,两河流域自此便称为巴比伦尼亚,两河流域的居民自此统称为巴比伦人。古巴比伦王国是两河流域古代文明史上最辉煌的时期。

古巴比伦王国时期,中央集权和君主专制达到了登峰造极的地步。国王几乎集中了国家的全部权力。他亲自掌管司法、行政部门,审理案件,监督

和控制地方政权，直接掌握对军队的控制权和调动权。他还亲自管理灌溉网络，大力兴修水利。汉谟拉比在位的第八年、第九年、第二十四年、第三十三年，都被作为国王"开凿河渠之年"而载入史册。汉谟拉比还建立了强大的常备军。为了保证兵源，他分给士兵以土地，而且规定任何人不得侵犯，如有侵犯，一经查出，立即处死。

  汉谟拉比最有影响的所为，是制订了一部极为系统而完整的成文法典。这部《汉谟拉比法典》，原刻在一个石柱上。1901年在埃兰的苏撒城被发现，可能是作为战利品被埃兰人搬了回去。正文共有282条，中间的35条曾被埃兰人刮掉，添加了别的内容，后来根据其他文献予以补齐。

  《法典》前言炫耀了汉谟拉比的"功绩"。他称自己是"不朽之王族、强大之君主、巴比伦之太阳、光明照耀于苏美尔及阿卡德全境、四方咸服之王"，他制订法律，是要"发扬正义于世，灭除不法邪恶之人，使强不凌弱"，是为了促成"繁荣和丰产富足"，是为了"建立一个其根基于天地共始终的不朽王国"。

  《法典》条文涉及内容十分广泛，从中我们可以很清晰地了解，3700多年前古巴比伦社会的方方面面。

  从法典中，我们知道古巴比伦王国有严格的社会等级制度。古巴比伦居民分为三个社会等级，即阿维鲁、穆什根努和奴隶。阿维鲁是全权公民，法

图2-2
古巴比伦遗址

典上又称他们为自由民、自由民之子。这些人可能是原巴比伦国的公民，其中一部分是贵族，大多数是一般平民。穆什根努则是非全权公民，他们可能主要来源于被征服的苏美尔各城邦的原有公民。

既然是非全权公民，穆什根努的法律地位就要低得多。假设杀死一个自由民需要偿命的话，杀死一个穆什根努则只要做出一定的赔偿；如果伤害了自由民身体某一部位需要赔偿的话，伤害穆什根努身体的同一部位比照前者则只需赔偿三分之一到二分之一。

古巴比伦的奴隶制度相当发达，数量多，而且形式多样，来源丰富，并广泛地用于各生产部门。国家保护对奴隶的所有权，法典上就有许多处罚奴隶逃亡的严厉规定。不过，法典中也有规定：奴隶通过赎买可以获得解放。当然这种解放是不稳固的，奴隶主有权让被解放者重新为奴。

家庭奴隶制是古巴比伦的一大特色。所谓家庭奴隶制，就是全家人包括妻子儿女都是家长的奴隶，特别是妻子对丈夫。法典中规定，妻子如对丈夫不忠，则应处死；假使妻子仅仅是被指责与他人通奸，但并未有抓获证据，她也要被投入水中处死。而对丈夫不忠行为的处罚则大不相同了，即使妻子有意见，她也只可携带属于自己的那一部分财物回"父"家，而不是回"娘"家。

法典也有许多关于租赁、雇佣、交换、借贷、转让等方面的规定，说明

图 2-3
汉谟拉比法典原物（罗浮宫博物馆）

古巴比伦社会的私有化已达到相当深的程度。

令人吃惊的是，法典中的一些条文明显地留有原始社会的痕迹，带有一定的原始性、野蛮性，"以眼还眼、以牙还牙"之类同态复仇的条文随处可见。如第 196 条规定，倘若某自由民损毁了任何自由民之眼，则应毁其眼；第 200 条规定，自由民击落了与他同等的自由民之齿，则应击落其齿。第 229 条至 231 条规定，建筑师为自由民建造房屋，因质量问题而致使房屋倒塌，若压死了房主，则要处死该建筑师；若压死了房主的儿子，则要杀死建筑师的儿子；若是房主的奴隶被压死，则要由建筑师对房主以奴还奴。

从法制史意义上说，这是迄今为止所能见到的世界上第一部最系统、最完整的成文法典。它对后世希腊、罗马和地中海国家法律的制订，有着很大的影响。

尽管汉谟拉比煞费苦心，制订了如此严密的法律，他也无法使王国的统治根基纹丝不动。正是由于私有制、奴隶制高度发达，社会分化加剧，国内矛盾日益尖锐，最后引起冲突，因而大规模的暴动到处发生。而王国的统一实质上只是一种军事上的联合，没有稳固的政治经济基础，南部苏美尔城邦在经济上还有很大的独立性，自然就有政治上的离心力。因此，从汉谟拉比之后，古巴比伦的国力开始下降，逐渐走向了衰落。

这时候，外部力量又开始入侵两河流域。东部的加喜特人，北部的赫梯人，都发起了进攻。公元前 1595 年，古巴比伦城被赫梯人毁灭。

随后，两河流域进入了长达 8 个多世纪的混乱时期。

2.4

美索不达米亚早期科学成就：天文学、数学。高超的建筑艺术。《吉尔伽美什》的故事。洪水和方舟传说

到古巴比伦王国时期，当世界大多数地区还处在愚钝野蛮黑暗状态的时候，两河流域地区的人民就创造了极其灿烂辉煌的精神文化成果。

两河流域的楔形文字，前文已述，它对后来西亚许多民族文字的形成和发展有很大的影响。

在科学方面，两河流域的成就非常突出。他们能根据月亮的盈亏变化来制订阴历。一年分12个月，有6个月为30天，另6个月为29天。为了能与太阳运行的周期相协调，他们还设置了闰月，不过随意性略大了点，有时连续几年未设，而有一年竟有3个闰月。他们还能区分行星和恒星，还了解金、木、水、火、土五大行星的运行轨道。对天上所有的星座，他们按照太阳轨道平面位置而分为十二块，称之为"黄道十二分"。

古巴比伦人的数学知识也可谓上乘。他们采用了十进位法，也采用了六十进位法，这些现代人用得最广泛最频繁的计数方法，其源头就在古代两河流域。一小时60分，一分钟60秒，一个圆周为360度，这都是他们的发明。他们还会加减乘除四则混合运算，知道开平方、开立方，知道解方程式、求未知数，知道勾股定理，能计算正方形、长方形、三角形以及梯形的面积，还大致求出了圆周率为3。

两河流域古代人民的艺术创作水平相当高超。塔庙是苏美尔人的典型建筑物。最大的乌尔塔庙高达四层，底面积为2600多平方米。四层塔身的表面用黑、红、青、白四色砖块铺就，分别代表阴间、人世、天堂和太阳。塔的

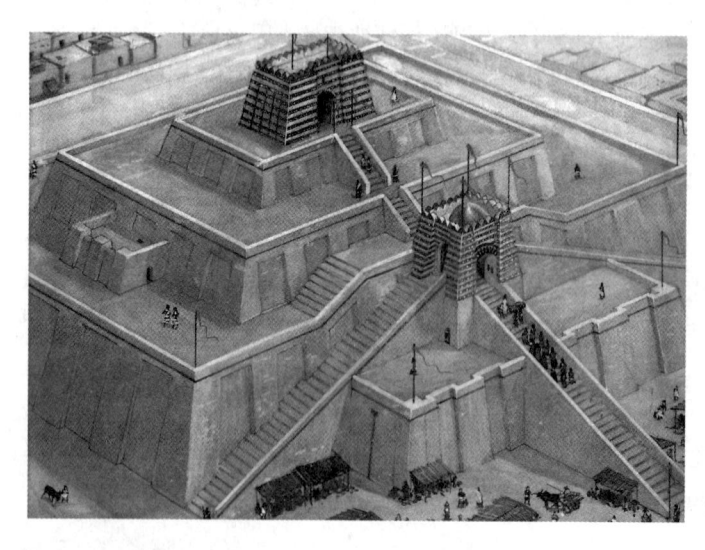

图2-4
苏美尔城市的城楼

门洞均为拱形。古巴比伦人的代表性建筑是王宫，从其次要城市马里发掘的一个遗址看，该王宫面积达 24,000 平方米，厅房共计 600 余间，墙上大多绘有彩色壁画，题材多样。巴比伦的雕刻手法早先略显刻板，后具有丰富的表现力，线条朴实刚劲，人物神态庄严而坚毅。

古代两河流域人民创作了不少传之万代的文学作品。许多作品寓意深刻，思想性强，真实地反映了时代和现实。举两个例子——

《咏正直受难者的诗》：一个人对神对国王都十分的虔诚。他经常做好事，但总得不到好的报答，而且还要遭受苦难。于是他怀疑神是否真正的公正。他发问："为什么到处都是邪恶的事物？""在人看来是好事，而神却认为是恶；人所认为是坏事，而对神来说则是善，谁能了解天上诸神的意旨呢！"作品表现了人们对现实社会的不满，也表达了人开始对神的不信任。

《主人和奴隶的对话》：主人和奴隶共对答了 12 个问题。起初，对主人提出的要求，奴隶一律顺从地回答："是的，我的主人。"到了后来，奴隶终于嘲笑主人的愚痴："谁能高得走上天，谁又能把大地填满呢？"主人恼羞成怒，威胁要杀死奴隶。奴隶丝毫不惊慌，针锋相对地回答："我死了以后，你也活不到三天。"作品既表现了奴隶的反抗精神，也揭示了四体不勤的奴隶主离开了奴隶就活不下去的社会现实。

古代两河流域留下的最有影响的文学作品是长篇叙事神话史诗《吉尔伽美什》。这部史诗最早产生于苏美尔城邦时代，后于古巴比伦王国时期编定成集。史诗实际上是古代两河流域地区神话传说的总集，显然是集体创作，并在民间长期口头流传再加以修订补充。史诗共 3000 多行，用当时通用的楔形文字刻写在 12 块泥板上，直到近代才被学者们译读成功。

整部史诗，分成四个部分。

第一部分叙述道，在两河流域南部苏美尔地区，有个叫乌鲁克的城邦，国王吉尔伽美什不是个地道的人，而是三分之一是人，三分之二是神。他总觉得在乌鲁克找不到用武之地，于是就以残酷地压迫和残害人民来宣泄，抢男霸女，害得百姓特别痛苦。史诗表达人民的呼声道：吉尔伽美什不给做父亲的留下儿男，他的残暴也从不收敛，难道这就是乌鲁克的保护人？难道这就是老百姓的保护人？人民忍无可忍，只得向天神反映，祈求天神拯救自己。

天神知道后，就训练了一个半人半兽的凶恶怪物，叫作恩齐都，来与吉尔伽美什对抗。恩齐都来到乌鲁克后，两人进行了激烈的搏斗，胜负不分，结果反而相互爱慕，结成了好朋友。

第二部分写吉尔伽美什怎样从暴君变成了英雄。吉尔伽美什与恩齐都结成好友后，两人为乌鲁克人民立下了不少功劳。他们先杀死了沙漠中吃人的狮子，后又除掉了森林中的害人怪物芬巴巴。这个芬巴巴神通广大，史诗中说，他的喊声就是暴风，他的嘴就是火焰，他的气息就是死亡，他还敢软禁女神伊丝塔尔。吉尔伽美什在天神舍马什的帮助下，终于除掉了芬巴巴。当时舍马什刮起了八种风：大风、北风、南风、旋风、暴风雨的风、冰冻的风、卷起怒涛的风、热风，向芬巴巴劈头打去。在芬巴巴的哀告声中，吉尔伽美什毫不手软，将他杀死。

这时，女神伊丝塔尔得救，遂向吉尔伽美什倾诉爱慕之情，而他却拒绝了女神的求爱。伊丝塔尔觉得受了侮辱，于是向其父、也就是最高的天神安努告状。安努便创造了一头力量足以消灭吉尔伽美什的天牛。天牛来到乌鲁克城后，残害了好几百人。但吉尔伽美什在恩齐都的帮助下，最后还是将天牛杀死。这一部分是史诗的核心，也是史诗最精彩的段落。

第三部分，写吉尔伽美什及朋友恩齐都被天神报复，恩齐都死去，吉尔伽美什远游的故事。天牛被杀，更激怒了伊丝塔尔，她站在乌鲁克城楼上大骂吉尔伽美什。但英雄不理睬她，在幼发拉底河洗完了手后凯旋，大开宴席。这时候，他的朋友恩齐都做了一个梦，说他马上会死。几天后，恩齐都当真死了，吉尔伽美什非常悲痛，同时也感到很恐惧忧伤，想到自己最后不免也有一死。为了躲避这一死，并探索"死和生命"的奥秘，他放弃了国王位置，远游出走。他来到了世界的另一端，见到了他的祖先赛苏陀罗，那个在洪水中得救被后来基督教徒称为诺亚的人。赛苏陀罗劝他到海底去寻找一种长生不老的仙草，并给了秘方。

吉尔伽美什历尽千辛万苦，终于在海底找到了这种草。可是在回来的路上，仙草又被蛇偷吃了，吉尔伽美什感到心灰意冷。

第四部分写吉尔伽美什与恩齐都亡灵的谈话。吉尔伽美什无可奈何地回到乌鲁克，更加悲伤，请求天神给以恩典，让他和恩齐都的灵魂见面。天神最后同意了。两人见面后,又有一段谈话,主要谈论死后世界的凄凉。到此时,史诗便结束了。

整部史诗表现了人们反抗神的意志最后失败的悲剧,但也反映了人在探索生死奥秘时感到死后世界之凄凉的心态,反映了古代两河流域的人不追求来世的初步思想,这是很不同于其他古文明地区的。

近现代西方学术界流行"泛巴比伦主义"的倾向,认为世界所有文明都源自两河流域。这种说法当然是错误的,但也不是毫无根据,因为古代两河流域许多文化成果的确传播到了世界其他地区,特别是欧洲文化和基督教文化受其影响较大。譬如基督教的"洪水"之说就是来源于苏美尔人。苏美尔的文学作品中,可以见到描绘洪水之凶恶的诗句:

> 猖獗的洪水呀,没人能和它对抗,它使苍天动摇,使大地颤抖……
> 庄稼成熟了,猖獗的洪水将它淹没。

幼发拉底河和底格里斯河河水每年都泛滥。北方的大雨和高山积雪的融化,汇成了滔滔而来吞没一切的洪水,使居住在下游平原的苏美尔人总有世界"末日"之感,困境中的人们希望冥冥中有神来相助,于是就有了诺亚方舟的故事。

2.5

尼罗河之潮:孕育古埃及文明的圣水。走廊式的绿洲。闪人和含人。红冠、白冠与权标头。美尼斯统一埃及

与两河流域古文明兴起几乎同时,在非洲的东北角,那块与亚细亚洲有陆地相连的地方,诞生了古埃及文明。

尼罗河西岸漫漫黄沙吹扬下的金字塔,就像一群饱经风霜的历史老人,默默诉说着埃及文明的悠深久远。是的,这是5000年前文明史的见证。要知道,那时候地球上大部分地区人类还与文明无缘。

"埃及"一词是古代希腊人叫出来的,脱胎于古埃及语"孟菲斯"(古埃及都城,意为"普塔神之宫")。而古埃及人则将自己的国家称为"凯麦特",意为"黑色的土地",可见他们对养育自己的家乡深深的爱。周围的沙漠,他们称为"红土"。

　　就地理位置而言,古代埃及并不很有利:相对的孤立、闭塞。它北临地中海,南边有难以通行的尼罗河几大瀑布;东濒红海,西边是浩瀚的利比亚大沙漠。只有东北方向与西亚地中海东岸地区相连。

　　因此,埃及文明的发育主要在于内部的环境条件。自南向北贯穿埃及大地的尼罗河,是孕育它的摇篮。尼罗河长达6500多公里,是世界上最长的河流之一。它的上游由两条河流汇合而成。一条是白尼罗河,发源于非洲中部的高原和湖泊地带;另一条是青尼罗河,发源于今天埃塞俄比亚境内的热带雨林地带。古代埃及文明区域主要是尼罗河第一瀑布以北直至地中海沿岸这一段狭长河谷地。尼罗河把埃及划分为两大部分:孟菲斯以南走廊式的尼罗河谷地称上埃及;尼罗河下游的三角洲是下埃及。

　　每当天狼星出现在东方地平线时,埃及的农民就在翘首盼望尼罗河潮水的到来。由于大河定期泛滥,两岸便形成了肥沃的冲积平原。汛期开始于7月,到9月时,沿河地带变成了沼泽。10月水退,两岸留下了一层薄薄的淤泥,这是非常有利于农业生产的。远在2000多年前,古希腊历史学家希罗多德就感叹道:埃及真是"尼罗河的赐予"。

　　古埃及的其他自然条件也比较好。那个时候,这里的气候要比现代湿润,比较适宜于农作物的生长。矿产资源不算丰富,石材多,金属矿少,但要取得也不很困难:铜可以到西奈半岛开采,金可以到努比亚(今苏丹北部)采挖。

　　不过,古代埃及文明的创造者并不是现代埃及人的直接祖先。现代埃及人是阿拉伯人(7世纪迁移至此)和当地土著人的融合。土著居民体格高大,皮肤黝黑,是由古代非洲的哈姆语人部落和亚洲的塞姆语人部落混合而成的。考古发掘材料表明,古埃及文化既有古代非洲民族文化的特征,也有西亚文化的来源,语言属于闪—含语系。

　　埃及发掘过几千万年前的古猿化石,但却至今没有发现古人类的踪迹。

大约在 12,000 年前，这里已有人居住在河谷两岸的高地上。那时的气候还算好，高地上覆盖着森林和草地。8000 年前，埃及进入新石器时代，居民由高地向河谷地带迁移，转入定居，从事农业。

此后 2000 多年里，埃及处在母系氏族阶段。在这个时期的遗址中，发现有相当多的妇女雕像，女人的坟墓也比男人的大，母牛被尊奉为大母神，连居民死后都要同母畜一起埋葬。这时的农业已相当发达，种植大麦和小麦，饲养山羊和绵羊。

公元前 3600 年时，埃及文明露出了熹微晨光。考古发现这时的坟墓有大小之别，这显然是贫富分化、社会不平等现象的反映。还发现了红色王冠的浮雕，以及王衔符号，这都是王权的标志，说明国家正在萌芽之中。

仅仅只过了一百多年，即公元前 3500 年左右时，埃及就进入了文明时代。反映这时候情况的是涅伽达文化遗址。遗物中有铜制的工具和武器，如匕首、刀、斧。陶器是彩陶，上面有印记，实际上是表明归谁所有。雕像图画中有俘虏受缚的情景，有奴隶的木偶像。不仅坟墓的大小有差别，而且墓中殉葬的财物也有多有少。涅伽达文化的最大成就，就是文字的发明。此外，遗址的墓地里，还发现了埃及第一个知名的国王"蝎王"，他的王杖权标头上，出现与以前红冠不相同的白色王冠。

这些襁褓中的国家，沿着尼罗河两岸分布。一般一个国家是一个小城邦，

图 2-5
尼罗河涨潮

埃及人自己称为"斯帕特",通译为"州"。斯帕特的象形字符是一段由河渠划分开的地段,可见埃及最初的国家形成过程是与划分退潮后的土地相联系的。居民们已住到河谷平原,从事大规模的灌溉农业。

每个"州"都有自己的名称、首都,也有自己的政权和军队。氏族原有的图腾,如鹰、母牛、蛇等,现在成了各州的保护神。州有州长,即国王,一般都是世袭制。国王之下还有军事官员和祭司等。

随着州的出现,州与州之间的战争不断发生,统一的进程也就成为不可避免的趋势。大约从公元前4000年代中后期起,埃及慢慢形成了统一国家。

首先是上下埃及分别实现了统一。公元前3300年左右,下埃及以布陀州为中心统一,上埃及以尼赫布特州为中心实现统一。下埃及国王带红冠,上埃及国王戴白冠。

下埃及的经济文化发展逐渐比上埃及快。但它也有自身的缺点,那就是三角洲上河网密布,各地区之间相互隔绝,统一总是不稳固,国家力量不如上埃及强。

公元前4000年代末,上埃及征服了下埃及,统一了全埃及。这个初步统一的功劳,记在一个叫美尼斯的国王名下。因此他被当作古埃及第一王朝的第一个国王。不过,统一活动的真正完成,经历了好几百年的反复斗争,历史上将这个时期称为早王朝时期,包括第一和第二王朝。

统一能实现,关键的原因是少数人在统治大多数人时,感到需要更强有力的国家机器。当然,灌溉农业的发展,也要求在更大的范围内统一组织、规划和兴修水利工程。

统一的过程,也是埃及专制王权逐步确立的过程,国王从一开始就有被神化的倾向。而且,从统一之初就建立了复杂的国家机构,包括经常进行土地、人口和财富等方面的清查,保证国家收入的财政部门;对外进行战争和掠夺的军事部门,即军队;以及负责水利、天文、气象等方面事务,为农业生产服务的公共工程部门。

2.6

埃及的第一个"青春时代":历时500年的古王国。尽人皆是的奴隶。"赖神之子"。修建金字塔。第一中间期。中王国时代

国家统一后,埃及在政治、经济和文化各个方面的发展都进入了一个新的历史阶段。这是埃及的第一个"青春时代"——古王国时代,包括了第三至第六王朝,历时500余年(公元前2686—前2181)。

国家的统一,首先就有利于农业的发展。兴修水利成了当时一股风气,官员们往往把修建水利工程当作政绩功劳来炫耀,或作为自己升官晋级的资本。这样做的客观效果当然是大大促进了灌溉农业。

畜牧业也占有重要地位,特别是在三角洲地区。第四王朝一个叫哈佛拉安的人说,他拥有835头有角大牲畜,220头无角大牲畜,760头驴,2235头山羊,974头绵羊,等等,数字虽然有夸张,但毕竟说明了数量之多。

除了农业、手工业进一步发展外,埃及的商业也开始出现。国内商业虽然仍以以物易物的原始交换为主,但谷物、牲畜、金环、铜环等也开始当作交换媒介,即原始货币。一些墓壁的图画上,还表现了集市贸易的场景。对外贸易相当兴旺,主要同西亚的叙利亚、腓尼基,南方的努比亚、蓬特(今索马里北部)等地来往。第三王朝一个国王,曾派一支40艘船的船队去黎巴嫩采运木材。

古王国时代的埃及,社会关系如同金字塔一样。顶点是国王,之下是人数极少的大贵族,再往下有一个复杂的中等阶层,包括中小奴隶主、中小官吏、自由职业者、管家等。底层当然就是劳动者了,即农民、手工业者以及奴隶。

奴隶主要来源于战俘。古王国的国王经常发动对外战争。第三王朝时,埃及人征服了西奈半岛。第六王朝的大臣乌尼曾率兵数万,五次远征阿拉伯半岛上的游牧民族贝都因人。埃及人还对利比亚、努比亚、蓬特发动过大规模的战争,因此战俘数量多。不过,埃及人特别是下层社会的农民们,都要受到国王的奴役,这是古代东方社会的典型特点之一,史称"尽人皆是

的奴隶"。

专制王权在古王国时代达到了一个高峰。这时的国王被称为"赖神之子",赖神即太阳神,是全国最高的神。作为最高的统治者,国王具有无上的权威。大臣见国王时,要匍匐在地上,要用嘴来吻国王脚下的土地。国王发起怒来,还经常用王杖亲自动手责打大臣。

军、政、财、神诸权全都集于国王一身。高级官吏都由国王任免。国王之下设有宰相,作为国王的行政助手,主管行政、司法和经济。军权由国王直接掌管,军队也由国王亲自统率。宰相一般由太子担任;如果太子不适宜任此职,则由王亲替代。各州州长也由国王任命,掌管本州的司法、赋税和水利。上埃及设一总督代管各州,下埃及由国王直接控制。

古王国所做在历史上最有影响的事,就是修建了数十座金字塔。如果站在历史的角度,从金字塔的修建,可以看出当时专制制度的强化,看出社会经济的发展水平,看出统治者的穷奢极欲。同时,它也是当时劳动群众智慧的结晶,又反映了下层人民身受苦难的现实状况。

金字塔实为埃及国王的陵墓,棱锥体,下底四方,上尖,似汉字的"金"字,故中国人称为"金字塔"。埃及人自己叫它"庇里穆斯",很高的意思。塔群位于今天开罗西南方的尼罗河畔。据说,埃及人相信西方就是人死后的归属,就像太阳从西边下山一样。往往国王一继位就为自己造陵墓。

金字塔的修建开始于第三王朝。最大的金字塔是第四王朝国王胡夫所建。胡夫金字塔高达146.5米,边长230米,塔底面积达52,000平方米,用石260万块,平均每块重2.5吨左右。金字塔的建筑方法是迭砌法,石块之间没揩灰泥,但异常的严丝合缝,刀片都插不进去。胡夫金字塔的旁边,还有一座叫哈佛拉的狮身人面像。两者相互烘托,交相辉映,构成一幅深远的历史场景。

如此宏伟高大的建筑,古埃及人到底是怎样修建的,确实令人困惑。有人干脆说是由"天外来客"建起来的。也有人声称在金字塔石块中发现了一缕一寸长的头发,因此提出了"人工浇注石块法",如同今天的混凝土。

看来还是古希腊历史学家希罗多德的说法比较可信。根据他的看法,古埃及人是用"木楔法"采石。先在石崖上用金属工具钻出一排排整齐的小洞,再往洞里打进木楔,然后往洞里灌水。木楔见水后产生膨胀力,能将一块块四边相当周正的石料裂出，略加修整之后便可。

在运输上则采取"滚筒法"。选择一些圆木铺在道路上，将石块置于其上，推动石块，滚动圆木，便可不断地前进。由于采石场都在尼罗河的东岸，因此运输石料颇费时日：要修筑运石道路，还要将石块船运渡河。

修建金字塔则采取"沉砂法"，过程也不复杂。最下的几层还好办，越往上修，越存在如何将笨重的石块搬上去的问题，古埃及人采取了一个虽然笨拙但很有效的办法：修好了第一层，就用沙土在四周填成一个长长的土坡，再将第二层的石料沿着土坡斜推上去；修完第二层，便堆一个高度与第二层顶面一般高的土坡，然后再将用于建第三层的石块推上去；依此类推，当修到塔尖时，塔实际上埋在一个沙土堆成的小山之中。最后将沙土取走，使金字塔一层层露出来。

因此，金字塔的修建耗费了无数人的劳动。希罗多德估计，至少是10万人修建了30年！

后人按希罗多德所说的做了试验，证明他讲的这些做法完全可行。

但是，从胡夫金字塔以后，金字塔有越修越小的趋势，这实际上是象征国王的势力越来越小，王权开始走向衰落。果然，到第六王朝时，埃及便分裂了，直到第十一王朝，这140多年时间（公元前2181—前2040），被称为"第一中间期"。分裂的时期也就是混乱的时期，除了地方势力各据一方外，下层人民的反抗起义也特别激烈。

到公元前21世纪时，埃及又慢慢趋向统一。也是上下埃及先分别形成了两个独立的王国。下埃及以赫拉克列奥波里为中心，上埃及以底比斯为中心，形成了南北对峙。双方都想把整个埃及统一。先是北方的下埃及得势，后来由于内部纷争，优势转到了南方。公元前21世纪中叶，上埃及征服了下埃及，埃及实现重新统一。底比斯建立第十一王朝，开始了中王国时期。

中王国包括第十一和十二这两个王朝，历时250余年（公元前2040—前1786）。为什么它能实现重新统一？一个重要原因在于它依靠了一支新起的社会力量，被称为"涅捷斯"的社会阶层，主要由一批小私有者组成，包括中小官吏、商人、富裕的手工业者等。他们要求有强大的王权、有统一的国家，来保护他们的利益。中王国统治者顺应了这种愿望。

无论是农业,还是手工业、商业,在中王国时代都得到了长足的发展。然而,这种发展往往是与军事侵略连在一起的。中王国的军事远征活动相当频繁,主要目的就是为了掠夺奴隶,控制商道,控制原料基地和矿产地,如远征努比亚就是为了掠夺黄金。随着远征的进行,埃及版图向外大为扩张。往南,中王国势力已越过第二瀑布(在今天的苏丹境内);向东北,埃及还一度占领巴勒斯坦和叙利亚的一些地方。

然而,中王国繁盛的好景并不久长。在王国内部,以州长为代表的地方贵族不断培植自己的政治和经济势力。一俟羽翼丰满,他们便嚣张异常,拒不服从国王的调遣和命令,把本州看成自己的独立王国。

虽然第十二王朝的国王几经努力,使州长们的行为略有收敛,但中央政府的元气已伤,难以控制政局,统一王朝很快又瓦解了。埃及历史进入了第二个"中间期"(公元前1786—前1567)。

2.7

古代埃及的文化成就:象形文字,天文学、数学、医学,建筑和艺术。对死后世界的祈求

古代埃及人所创造的文化财富,在世界文化和人类历史中所占有的位置,不在两河流域之下,有的方面还要突出些。

古埃及的灿烂文化成果是多方面的。

公元前3500年,埃及出现了世界上最早的文字——象形文字。象形文字最初来源于图画文字,表意为基本特征,用图画来表示一些具体事物,这跟中国汉字最初产生时的情况差不多。在发展的过程中,又出现了标音和部首符号等构造方法。标音符号进一步发展后,出现了一符一音的音符号24个,都是辅音,没有元音,构成了"复合文字"。象形文字的书写材料是类似于芦苇的茎秆压扁而成,称为纸草。近代考古发掘了大量纸草文书。

现代欧洲人所用的字母,是在埃及24个字母的基础上,由西亚的腓尼基人创造字母文字后再传入的。不过,古埃及文字的使用面当时就很窄,仅限

于官方用语。几经变迁后,后来终于变成了死文字,直到19世纪被学者们译读。

"由于计算尼罗河水涨潮的需要,产生了埃及的天文学"(马克思语)。由于长期观察天文现象,古埃及人已经测定了许多星座的位置,能够分出恒星和行星,能画出星象图。他们以天狼星为测定历法的依据,按照太阳运行规律,制订了"太阳历":一年为365天;分为12个月,每月30天,年终外加5天用来庆祝;一年分3季。埃及的这种历法后来传到古罗马,经欧洲人稍加改变后,即成了今天所用的"公历"。

由于测量尼罗河的水位,测量退潮后的两岸土地,再加上建筑等方面的需要,埃及人发展了数学。埃及人已掌握了算术的加减乘除四则运算法,已

图 2-6
纸草文书上动物弈棋图画

图 2-7
古埃及人治病画像

知道有未知数，能开出一个未知数的方程。几何方面，能计算长方形、正方形、梯形、圆以及等腰三角形的面积，算出圆周率为 3.16。有能表达 1 至 1 万的数字。据说，"十进位"算得上是埃及数学的最大发明。

古埃及的医学也相当发达。从制作木乃伊的需要，可知他们已懂得解剖学，对人体组织也有了一个初步的了解。他们知道了大脑的作用，知道血液的循环，认为心脏有 22 根管道通向全身。他们有一定的医疗知识，但与巫术糅合在一起。他们还有相当高的防腐技术，主要利用香料、碱水和椰子水作防腐材料。

从金字塔的修建可以看出古代埃及人建筑水平之高超。同时，埃及许多古代神庙也反映了这一点。底比斯的阿蒙神庙，有 16 排石柱，共 134 根。每根柱子的直径达 3.4 米，横截面上可站 100 人。

古埃及的艺术作品主要是雕刻与绘画。其特点是正面性和静止性，主要用于画国王和大贵族、大官吏。在画普通人时则有灵活性，有现实主义感。

埃及的宗教比较原始。有来自原始公社的图腾崇拜、自然崇拜。各州有自己的保护神。全国有最高的神：先是有太阳神赖神；后有阿蒙神，即丰收神；后来还在改革中出现了新太阳神——阿吞神。作为农业民族，埃及人非常崇拜农业神。

与古代两河流域不同，古埃及非常流行对死后世界的信念。埃及人认为人的灵魂和肉体不可分割，因此制作木乃伊，希冀人的灵魂在死后还能回复到人体身上，将人体保存好等待灵魂的回来。埃及人还有个习惯，就是在埋葬死人的时候，都放有"死人书"。现代人从这些"死人书"中获取了不少研究古埃及社会的原始资料。

第三章

最初的帝国
中东文明的发展和扩张

3.1

埃及新王国。"历史上第一个征服者"。神庙和祭司。埃赫那吞改革。涅木虎。卡迭什之役。后王朝埃及

埃及的第二中间期里，被来自西亚叙利亚草原的喜克索斯人统治达百年之久。喜克索斯人主要控制埃及北方，以阿瓦利斯为都，因此埃及贵族以及下层人民纷纷迁居南方。这样，反抗喜克索斯人的斗争首先从南方兴起。斗争的领导中心是南方城市底比斯。底比斯约在公元前17世纪里建立第十七王朝，国王始称"法老"。法老者，宫殿之意也，有如中国封建时代称皇帝为"陛下"。

法老卡美斯及其弟雅赫摩斯领导了反喜克索斯人的斗争。公元前16世纪初，雅赫摩斯一世首先统一了南方，尔后再北进，于公元前1580年攻占阿瓦利斯城，将喜克索斯人赶出埃及，建立了第十八王朝。埃及再次获得重新统一，开始了新王国时期。

新王国包括第十八至第二十王朝，历时480余年（公元前1567—前1085）。这是古代埃及文明的全盛时期。

全盛的主要标志之一，是埃及作为一个强大的军事帝国而出现。新王国是依靠军事力量将喜克索斯人赶出埃及，并且统一全国的，因此它的军事力量从一开始就很强大，这是帝国形成的基础。而新王国建立以后，又采取了一系列加强国家力量的措施。特别是在军事上，它继续维持和发展了强大的军队。不仅步兵战斗力强，而且从喜克索斯人那里学来了驯马养马的方法，发展了战车兵。

法老还利用宗教来神化专制王权，或者借助祭司集团的力量来为自己撑腰。埃及的第一个女王哈特舍普苏特（公元前 1503—前 1482）就虚构了一个神话，称是阿蒙神使她的母亲怀了孕，生下了她。法老图特摩斯三世（公元前 1504—前 1450）则在早年当过僧侣，并且在僧侣们的支持下被选为法老。有意思的是，这两个分别受到"神"和神庙支持的人，为了王位而争夺好几十年。

新王国的中央集权和法老专制，构成了埃及成为一个军事大帝国的政治前提。之所以说新王国是帝国，是因为它发动了大规模的对外战争，军事远征活动大大超过了中王国。

图特摩斯三世时期，对外战争达到了高峰。图特摩斯的军队有 25,000 人之多。他曾经亲自 18 次率兵攻打亚洲的叙利亚和巴勒斯坦等地，往南则进攻努比亚。他统治下的埃及版图往北扩大到了叙利亚，往南到了尼罗河第四瀑布，远远超过了中王国时期。他建立的是世界历史上第一个空前强大的大帝国，地跨非亚两洲，而且维持了两百年之久。因此，有人称图特摩斯为"历史上第一个伟大的征服者"。

新王国时期的埃及经济也得到了前所未有的发展。这时候，青铜器已广泛地使用。冶炼技术也大有提高，出现了脚踏风箱，开始冶铁用铁。纺织上有悬式纺锭和立式织机。玻璃能够着色，发明釉下彩陶。造船术大有进步，有航海的远洋船，桅杆和风蓬都很大，摇橹的水手多达几十人。开始与地中海上的一些岛屿开展贸易往来。农业生产中实行了休耕制，借以保养地力。一种叫"沙杜夫"的提水工具发明，加快了高地、坡地的开发。

但是，随着国力的强大和经济的繁荣，统治者内部为权力和利益的争夺也日趋激烈，其中尤以祭司集团势力的上升对王权构成的威胁最大。特别是阿蒙神庙的僧侣们，不仅最为富有，而且还参与朝政，掌握行政大权。像南北埃及的维西尔（宰相）往往是神庙僧侣担任。图特摩斯三世的维西尔乌塞拉蒙，阿蒙荷特普三世时期的上埃及维西尔拉美斯，就是一些高级僧侣。僧侣集团经济和政治地位的上升，使他们有条件、有胆量来同国王竞争。他们在各种场合强调，是阿蒙神使国王得以胜利，埃及只有靠阿蒙神才得以变成霸国。很明显，僧侣集团已严重威胁着王权。

法老阿蒙荷特普四世挺身而出，决心维护王权，打击僧侣集团。他深知宗教在埃及人心中的分量，便决定在宗教上来一番改革，以期削弱祭司们的势力。

最初，他抬出古老的太阳神赖神，来与阿蒙神对抗，但遭到了僧侣中各个集团的坚决反对。后来，他又提出一个新的太阳神——阿吞神，而且将这个新神作为全国唯一崇拜的神。他声称阿吞不是神秘莫测的，是大地和一切生命的创造者、抚育者，不但属于全埃及，而且属于包括叙利亚、努比亚在内的全世界人民。接着，他封闭了所有的阿蒙神庙，把僧侣们赶了出去。同时，在帝国内大建阿吞神庙。

他宣布自己是阿吞神的儿子，改名为"埃赫那吞"，意思是"阿吞的光辉"。他又把都城迁出底比斯，在阿玛尔纳建立新都，称之为"埃赫太吞"，意为"阿吞的视界"。他还鼓励文学家创作颂扬阿吞神的作品，结果还引起埃及出现了一次短暂的文艺繁荣。其中有首诗这样写道：

　　当天涯出现您那美妙的形象，
　　您这鲜活的阿吞神哟，生命的开端！
　　您使一切都为您的爱子服务。
　　您创造了大地，
　　并为了您的儿子使他生长。

为了能使改革取得成功，埃赫那吞重用和依靠了一个新的社会阶层"涅木虎"。涅木虎，古埃及语意为"孤儿""贫民"。这是个新起的军事贵族阶层。他们不是靠出身、靠世袭，而主要是靠军功、靠法老的信任上升的。

因此，他们的势力并不雄厚，而且也没有握有多大的行政权力，政治地位并不高，力量显然不及僧侣集团。这就决定了埃赫那吞的改革必然要失败。

埃赫那吞的舆论宣传工作也做得不到位。改革造出了一个新的阿吞神，群众感到陌生，心理上难以很快接受；而改革又未能使它深入人心，故而全国的老百姓几乎都不拥护改革。特别是改革实际上只是国王为加强中央集权和王权，并不考虑改善下层人民的社会地位，因此人民必然抱着与己无关的态度，不支持改革。甚至连国王器重的涅木虎阶层，也对此不很热心。

因此，埃赫那吞的改革最后以失败告终，在他死后不久，新国王立即恢复了对阿蒙神的崇拜。埃赫那吞甚至还被骂成"天下的罪人"。

从第十九王朝起，新王国埃及开始步向衰落。僧侣集团势力的日益强大是一个主要原因。神庙靠国王的赏赐而大发横财，权力相当大。祭司的职务常常是父子相继。他们越来越不把国王放在眼里，声称职位是来自于神，而不是靠法老，甚至于发展到要夺取政权、建立王朝。这当然大大削弱了中央政权的力量。

由于社会发展，社会分化加剧，小股的起义和暴动此起彼伏。村社自由民的破产，使军队的兵源越来越枯竭。于是只好招募外族人来当兵，出现了雇佣兵。从某种意义上说，这无异于引狼入室，饮鸩止渴，因为这些雇佣兵的首领常常与法老争权。

最大的威胁来自外部。此时，在小亚细亚地方，出现了一个强大的国家——赫梯。其势力逐渐向南扩张，进入了埃及帝国境内。双方在自叙利亚至巴勒斯坦的广阔范围里打了 16 年仗，最后握手言和。公元前 1283 年，双方国王在西亚的卡迭什签订和约：埃及将叙利亚北部一大块地区割让给赫梯，法老拉美西斯二世则娶赫梯公主为妻作为补偿。自此之后，埃及国力日降，再也没有对外发动攻势。

公元前 1071 年，埃及分裂，此后再也没有统一过。

自第二十一王朝至三十一王朝，是埃及的后王朝时期。这时的统治者交相更替。埃及人建立第二十一王朝。利比亚雇佣兵首领建立第二十二、二十三朝。努比亚人北上，建立第二十五王朝。下埃及居易斯人建立第二十四、二十六王朝。波斯人建立第二十七、三十一王朝。埃及人自己先后建立过第二十八、

二十九、三十王朝。

公元前332年希腊—马其顿亚历山大征服了埃及，古代埃及文明就此被打断。埃及从此失去了独立，长期处在外族统治之下。先后统治过埃及的外族人有马其顿—亚历山大帝国、托勒密王朝（亚历山大部将所建）、罗马帝国、拜占庭帝国（东罗马帝国）。

642年，阿拉伯帝国征服了埃及，埃及从此成为阿拉伯人的家园。

3.2

多山的安那托利亚。古赫梯国。铁列平改革：君主立宪？从王国到帝国。养马和用铁。别具特色的法典

当美索不达米亚和埃及古文明发展形成高潮时，两者之间及附近的西亚其他地区，包括叙利亚，地中海东岸的腓尼基、巴勒斯坦以及安那托利亚等地，文明的脚步声也越来越近。

在安那托利亚，今天的土耳其境内，率先出现了古赫梯国。赫梯位于小亚细亚半岛的中部和东南部，哈里斯河流域。地理上中部是高原，四周是山区。由于多山，畜牧业便非常重要，因此其新石器居民多为半农业半游牧民族，农业的发展则因地理条件而十分有限。由于多山，赫梯境内又有相当丰富的矿藏，包括铜、铁、银等，对发展冶金业非常有利。

赫梯有一个很好的地理位置。它处于黑海、地中海、两河流域之间的交通要道上，对发展对外贸易十分有利。

赫梯地方最早的居民是哈梯人，属于亚细亚语系的塞姆人系统。大约在公元前2000年代初，赫梯境内不知从何方向来了许多讲印欧语的部族。这些人同当地居民融合后，被统称为赫梯人，他们共同创造了赫梯国家。

公元前19—前18世纪之交，赫梯土地上出现了第一批城邦小国。著名者有库萨尔、理萨、察尔帕等。各个城邦之间经常发生战争，最后库萨尔取得了胜利。公元前18—前17世纪之交，古赫梯国终于形成。库萨尔将都城

迁往哈图沙斯，并继续对外扩张。公元前16世纪初，赫梯侵入古巴比伦王国，毁掉了巴比伦城。但过后不久，又从两河流域退出。

公元前1535年，国王铁列平实行了改革。这次改革标志着赫梯国家的最后形成。

铁列平改革结束了赫梯国家制度混乱的状态，确立了在古代世界别具特色的国家制度，甚至还对后世产生了一定影响。

铁列平首先确立了王位世袭制，规定：王位由国王的嫡长子继承；若长子已死，则由次子继承；若无子，则由嫡长女之夫继承。依此类推，王权便能在王室家族中代代相传。

然而国王的权力却十分有限。首先是受贵族会议（图里亚斯）的约束。贵族会议由王室成员、亲戚、氏族贵族和高级官员组成。不经过贵族会议同意，不能处死任何一个王室成员。反过来，贵族会议倒有权处死国王，这在古代世界是绝无仅有的。贵族权力大，表明赫梯实际上还是"贵族共和"制，也有人说这是古代的"君主立宪"制。

不仅如此，赫梯还留下了原始时代的一些民主制度，如战士会议（彭库斯）的设置。战士会议最初就是公民会议，为最高权力机关，全体战士都参加。以后只由队长以上的军官和王室卫队成员参加。其权力在作战时比较大，能决定战与和，能惩罚所有的犯罪分子，包括王室成员。

铁列平改革后，赫梯进入了鼎盛时期。公元前15世纪末至前14世纪初，赫梯利用叙利亚北部米坦尼王国的内部纠纷，占领了米坦尼的大部分领土。它还和当时也正在兴起的两河流域北部国家亚述发生了冲突。

最能表明赫梯向帝国转变的事件，是它和埃及在地中海东岸的争夺。当时埃及正陷于内部的宗教斗争之中，叙利亚各地又极力想摆脱埃及人的统治，反抗埃及，所以赫梯的行动连连得手。公元前13世纪初，赫梯和埃及新王国法老拉美西斯二世进行了一场长达16年的战争。在最后的卡迭什会战中，双方几乎投入了全国的所有兵力，互有胜败。公元前1283年，双方签订和约。赫梯以将公主嫁与拉美西斯为妻的谈不上是代价的代价，换取了叙利亚的大部分土地，将边界线推到了地中海东岸中段，遂成为西亚一大帝国、霸国。

然而，赫梯的霸权是在对外征服中形成的，并没有稳固的经济基础，国内各地在许多方面也千差万别。特别是新征服的地区以及边疆地区，地方上的统治者握有行政、司法、军事大权，他们常常不听中央政府的号令和指挥，因此国家的兴衰往往直接系之于中央所掌握的军事力量的强大。这样，在卡迭什会战后，赫梯便开始衰落。

公元前1200年左右，"海上民族"横扫地中海东部地区。一支海上民族从欧亚交界处的博斯普鲁斯海峡侵入。赫梯内部的小亚细亚、叙利亚等地属国也乘机反抗。在这种内外打击之下，赫梯迅速崩溃，分解为许多小公国。到公元前8世纪，赫梯全境被亚述帝国征服和占领。

赫梯古国虽然只是一个历史上的国家，但其对人类文明所留下的影响却是非常大的。

据考证，赫梯是世界上最早养马的民族之一（此外还有乌克兰），也是世界古代最早发明冶铁和用铁的民族。据文献记载，赫梯人用铁大约始于公元前19世纪。在公元前2000年代中期，赫梯开始向其他地方输出铁器。公元前12世纪，向外传播冶铁的技术。全世界范围是在公元前1000年代初进入铁器时代的，比起赫梯用铁整整晚了1000年！

公元前14—前13世纪，赫梯还制订了一部法典。这部法典显然是古巴比伦《汉谟拉比法典》向后世法典的一个过渡。

法典中，已经没有了同态复仇之类的原始习惯法。对自由民内部的犯罪处罚比较轻，对奴隶的处罚比较重，这无疑说明了赫梯国家的奴隶制已相当发达。从法典中，还可看出奴隶的价格非常低贱：买一个手工业奴隶的价格，仅为一头耕牛价格的三分之二。

从立法的角度看，赫梯法典条文规定的内容要比以往更为具体、更为细致。例如，对商人被杀，常常区别三种情况：1. 谋财害命；2. 仇杀；3. 过失杀人。但对有些鸡毛蒜皮的小事也做了严格的规定，可谓是巨细不分。如第90条：假如狗吃光猪油而油脂的主人获得并杀死它，而后由它的内脏中取出脂油，则不必赔偿。

3.3

"紫红色之国"腓尼基，城邦之国。"出色的商业民族"、航海民族。海外大殖民。拼音文字源头

地中海东岸北部的狭长地带，古称腓尼基。它的北面是小亚细亚，南面是巴勒斯坦，西面是地中海，东面以黎巴嫩山脉与叙利亚为界，基本相当今天的黎巴嫩，北面再多一点。

腓尼基是一个多山之国，但沿海为狭长的小平原。山谷地和沿海平原土地很肥沃，适宜于农业的精耕细作，尤其适宜于种植园艺作物，如葡萄、橄榄和椰枣等。山地则盛产木材，特别是雪松等造船用的珍贵木材，所以这里的造船业很早就发达起来。在地理位置上，腓尼基是西亚的海陆交通枢纽，因而商业发展得相当早。

腓尼基最早的土著居民是胡里特人。公元前3000年代时，属于塞姆人（又称色目人、闪人）系统的伽蓝人进入这一地区，与当地居民相混合。塞姆人的文献称此地为"伽南"，希腊人称之为腓尼基，意思是"紫红色之国"，因为这里盛产一种从海贝中提炼出的紫红色颜料。罗马人称腓尼基为"布匿"。

公元前3000年代末到前2000年代初，腓尼基出现了一批城邦国家。这些城邦大都在沿海，著名者如乌伽里特、毕布勒、西顿、推罗等。然而，与别的古代国家走从城邦到王国再到帝国的发展道路不一样，腓尼基长期处于分裂状态，始终没有统一过，也没有城邦有能力完成统一事业。这可能取决于它的经济发展特点：腓尼基人主要从事海外贸易，与外部的联系较多，没有注意内部形成有利于统一的稳定的经济基础。

在腓尼基各城市国家里，没有专制的君主，有些城市甚至连国王都没有，如毕布勒。贵族会议和人民大会是普遍存在的民主机构。由于经济水平高，为了加强责任心，公职人员都要按财产标准来进行选举。

但城邦之间的争霸战争却从来没有间断过。最初，北方的霸主是乌伽里特，南方的霸主是毕布勒。这时候，腓尼基实际上处在新王国埃及的松散统治之下。公元前14世纪，乌伽里特被赫梯所征服，后来又遭到海上民族的侵入。毕布

勒也差不多在同时衰落了。

公元前1000年代前期，腓尼基最著名的城市是南部的西顿和推罗。公元前8世纪后，腓尼基先后处在亚述、新巴比伦和波斯帝国的控制和统治之下。

虽然腓尼基政治上未统一，甚至还受到外来人的控制，但它在经济上的发达和形成的特色，却为其他古代国家所不及。

生产方面，除了有效率很高的精耕农业外，腓尼基的手工业是异常先进的。无论冶金、制陶，还是纺织、印染，在当时的西亚北非都处于领先地位。腓尼基所产紫红色的布畅销地中海地区各个国家。榨油、酿酒、玻璃制造、金属工业也很发达。特别是造船技术相当高超，可以造双层桨并带有冲角的兵船。在古代，一些兵船的制造工作主要由腓尼基人来担负。古代希腊人的兵船基本上是模仿腓尼基人的兵船制造的。

腓尼基人在民用船方面也有自己的独创。他们觉得埃及人的长形船于商业航行不合算，货物装载量小，人手又需多，因此便吸收了埃及早期芦苇船船身宽而短的特点，创制出"圆形船"。这种船有一重龙骨，并带肋骨，装一长方形大帆，船尾两侧各装一片桨控制方向。圆形船容量大，成了后来地中海商船的基本范式。

由于地处陆海交通枢纽，腓尼基的商业特别发达。腓尼基的商业主要是中介贸易。他们从小亚细亚、两河流域等地运来手工业品和农产品，转运到地中海各地贩卖。马克思曾在《资本论》中称其为"出色的商业民族"。

腓尼基人在经商的同时，也在地中海上干一些海盗式勾当，掠夺人口，拐卖奴隶。腓尼基的奴隶制是相当发达的，同时也是极富特色的。与其他西亚国家主要靠军事征服不同，它的战俘奴隶极少，奴隶来源主要是拐骗、掠夺和买卖。

与海上商业相适应，腓尼基的航海业同样发达，也可称得上是一个出色的航海民族。据说受埃及法老尼科所托，腓尼基人曾于公元前7世纪末环绕非洲航行了一圈，比达·伽马到好望角早了2100多年。

这个说法源出于古希腊历史学家希罗多德的记载。他在著作《历史》第四卷中写了这样一段话："于是腓尼基人便从红海出发而航行到南海上面去，而在秋天到来的时候，他们不管航行到利比亚（非洲古称——引者注）的什么地方都要上岸并在那里播种，在那里一直等到收获的时候，然后，在收割谷物以后，他们再继续航行，而在两年之后到第三年的时候，他们便绕过了海拉克列斯柱（指直布罗陀海峡——引者注）而回到了埃及。在回来之后他们说，在绕行利比亚的时候，太阳是在他们的右手的；有的人也许信他们的话，但我是不信的。"尽管希罗多德不信，但他所说的这个情节反而证明这个说法是真实的：因为当航船绕过好望角西行的时候，南半球的太阳就在它的右侧。

伴随着海外贸易和航海事业的发展，腓尼基人对海外的殖民活动也迅速扩大。他们先在小亚细亚、塞浦路斯、爱琴海诸岛、黑海沿岸建立商业据点。到推罗称霸时，殖民活动到达了马耳他、西西里，甚至西班牙，并越过直布罗陀海峡，在海峡以西建立了卡迭尔城。在北非，于公元前814年建成迦太基城。这个殖民城市自身也进行殖民扩张，后来发展为地中海世界一个强大的国家，最后还同罗马人拼了个你死我活。

腓尼基人又在直布罗陀海峡南岸建立了丁吉斯城，与卡迭尔隔海相望，由卡迭尔向西北，殖民活动到达不列颠；由丁吉斯向南，到达亚速尔群岛。

腓尼基人的文化贡献至今尚在。公元前13世纪，由于商业发展需要有比较简单的文字，腓尼基人发明了拼音字母文字。他们在西奈字母文字的基础上创造了22个字母。后来，这些字母文字向东发展成为阿拉美亚文字；向西发展为希腊文字。向东的文字以后发展成了现在的阿拉伯文字；而希腊文字则成为后来拉丁文字和斯拉夫文字的渊源。

3.4

古代巴勒斯坦。"河那边来的人"。耶和华之约。"与天神摔过跤的人"。逃出埃及。摩西十诫。以色列—犹太国。所罗门宝藏。"巴比伦之囚"。犹太教和《旧约全书》

巴勒斯坦在腓尼基的南面，地中海的东岸。东边是叙利亚草原和阿拉伯大沙漠，南边是埃及的西奈半岛。与腓尼基相似，这也是一条狭长的沿海地带。

南北地形有很大差异：北部平坦，土地肥沃；南部多山，土地贫瘠。

考古发掘表明，早在旧石器初期，这里就有人类居住。公元前3000年代时，居住着伽南人。公元前2000年代初，以巴勒斯坦为中心，出现了喜克索斯人强大的部落联盟。埃及新王国时期，这里虽被埃及人控制，但也有一些独立的小王国。

公元前1600年左右，一支新的民族——希伯来人进入了巴勒斯坦。传说中，是亚伯拉罕将希伯来人领过来的。亚伯拉罕是诺亚之子闪的第九代孙，本来率族人居住在两河流域南部的乌尔一带。由于不堪忍受古巴比伦国王的迫害，亚伯拉罕带领族人逃了出来，来到了巴勒斯坦。当地伽南人称亚伯拉罕部落的人为"希伯来人"，意思是"河那边来的人"。

根据《圣经·旧约全书》所说，亚伯拉罕来到伽南后，耶和华神与他立了约，说将从埃及河到伯拉大河之间的大地都赐给他。耶和华对亚伯拉罕说："你举目向东南西北看，凡是你看到的地方，我都赐给你和你的子孙们。"从此，希伯来人认定了这一条：伽南这块土地就是上帝赐给他们的。

亚伯拉罕有个孙子叫雅各，力大无穷。在与天神摔跤时，居然取得胜利。因此，天神特赐他改名为"以色列"，意思是"与天神摔过跤的人"。雅各共有12个儿子，以后演变成以色列人的12个部落。雅各死后，伽南地大旱，以色列各部落便外逃到了埃及。

希伯来人在埃及做了400年牛马。埃及法老对他们百般地压迫和虐待，经常给他们派苦工，修工程，种庄稼，而且还派监工控制他们，把他们完全当做奴隶对待，他们感到苦不堪言。上帝知道后，决定让摩西把希伯来人领出埃及。摩西试图同法老讲理论争，法老不予理睬，而且还侮辱和藐视耶和华神，同时加剧对希伯来人的虐待。耶和华大怒，决定惩罚埃及人，帮助希伯来人逃出埃及这个火坑。

埃及人为了统治希伯来人，让希伯来人和他们杂居在一块，以便防止他们组织起来。耶和华准备在埃及大开杀戒，为防止错杀希伯来人，他事先告诉摩西，凡是希伯来人都在某天晚上将羊血涂在屋顶上。那天晚上，耶和华见有羊血的屋顶就逾越过去，杀死的都是埃及人。这样便有了犹太教逾越节的规定。

摩西很快率领希伯来人逃了出来。一路历尽千辛万苦，终于在三个月以后来到了西奈山下。浓云密布，电闪雷鸣，耶和华在烟火中显身，将摩西召到山顶，传下十条戒律，史上称为"摩西十诫"：

一、除了耶和华神以外，不可再信别的神；

二、不可雕刻神像；

三、不可妄称耶和华神的名字；

四、谨守安息日；

五、孝敬父母；

六、不可杀人；

七、不可奸淫；

八、不可偷盗；

九、不可作假见证陷害人；

十、不可贪恋人的房屋，也不可贪恋人的妻子、仆婢、牛驴，并他一切财产。

从此之后，"摩西十诫"成了犹太教和犹太人遵守的最基本的行为规范和宗教规范。摩西做了一个柜子，将十诫及所有的法规放置其中，称之为约柜。

公元前 1200 年左右，在约书亚的带领下，希伯来人终于回到了阔别已久的巴勒斯坦。同伽南人进行长期斗争后，完全征服了此地，在这里定居下来。住在北部的是以色列人，住在南部的为犹太人。

北部土地肥沃，便于发展农业。在原始公社制的瓦解过程中，以色列部落出现了不少贵族家族。这时候，部落的统治者是贵族会议和由他们选举产生的"士师"。作战的时候，士师是军事首领。

公元前 2000 年代末，海上民族腓力斯丁人侵入巴勒斯坦一带。"巴勒斯坦"一词的本意就是"腓力斯丁人的国家"。这样一来，这里的居民成分更加混杂，主要有伽南人、希伯来人和腓力斯丁人。

在同腓力斯丁人的斗争中，以色列和犹太各部落首领的权力日益增大，国家逐渐形成。据《圣经·撒母耳记》说，为了反对腓力斯丁人，希伯来人要求年迈的先知撒母耳不再当政，而另选一个王。撒母耳起初并不同意，他担心人民会受国王奴役，历数国王可能会给人民带来的苦难：

> 管辖你们的王必这样行：他必派你们的儿子为他赶车、跟马，奔走在车前；又派他们作千夫长、五十夫长，为他耕种田地，收割庄稼，打造军器和车上的器械；必取你们的女儿为他制造香膏，做饭烤饼；也必取你们最好的田地、葡萄园、橄榄园，赐给他们的臣仆。你们的粮食和葡萄园所出的，他必取十分之一给他的太监和臣仆；又必取你们的仆人婢女、健壮的少年人和你们的驴，供他的差役。你们的羊群，他必取十分之一，你们也必作他的仆人。那时你们必因所选的王哀求耶和华，耶和华却不应允你们。

撒母耳不愧是"先知"，他道出了人类进入文明、建立国家所可能带来的罪恶。问题是"人民"还是坚持要国王。撒母耳无奈，只得同意派国王进行统治。

以色列的第一个国王是扫罗（公元前1020—前1000年在位）。据称他是由民众会议抽签选举出来的国王。他统辖了以色列各部落，还包括了一些犹太人部落。虽然打了不少胜仗，但他并没有把腓力斯丁人赶出巴勒斯坦。

南部犹太人首领大卫不甘心服从扫罗的统治，他和腓力斯丁人联合，将扫罗打败。扫罗死后，大卫又借助腓力斯丁人的力量打败了扫罗的儿子，继位为王（公元前1000—前960）。以后，他南征北战，赶走了腓力斯丁人，夺得了约旦河以东大片地区，并从伽南人手中夺取了耶布斯，定都于此，这就是著名的耶路撒冷。大卫统治期间，以色列—犹太王国的版图基本确定。

大卫死后，其子所罗门继位。所罗门统治的30年（公元前960—前930）里，以色列—犹太国进入全盛时期。所罗门同南方埃及结成联盟，同北方的腓尼基城市也结了盟。他大力发展对外贸易，规定了通行全国的固定赋税制度，国家繁荣富裕昌盛，在历史上留下了"所罗门宝藏"之誉。他还大兴土木，建设了许多城市，修建了神庙、宫殿。他还进一步完善了国家制度，把全国分成12个省，并建立了常备军。

但是好景不长，这种统一并不巩固。从地理上看，国家实际上分成两部分：以色列人居住的北部土地肥沃，经济发达；犹太人所在的南部则经济落后。

而大卫和所罗门所建立的统一王朝，实际上是犹太人的王朝，对北方有统治的意义，因此税赋的大部分都来自北方，从而引起以色列人的不满。

所罗门统治末年，以色列人就开始反抗。所罗门死后，以色列人在埃及人支持下，于公元前928年攻陷耶路撒冷，将神庙、王宫的财产都抢到了北方。这样，统一的国家又一分为二：南方由大卫和所罗门的后代继续统治，以耶路撒冷为都城，称为犹太国；北方的以色列人另立王朝，撒马利亚是都城，称以色列国。

两个国家之间经常发生战争，国家的整体实力逐步削弱，结果成了外来征服者的牺牲品。起先，在公元前721年，两河流域北部亚述国王萨尔贡二世进军北部的以色列，攻陷撒马利亚，俘虏以色列国王及居民近3万人，将他们赶到亚述。以色列国灭亡，以色列人以后再也没有单独存在。

南方的犹太人感到唇亡齿寒，惶惶不可终日。为了加强国家的军事力量，犹太国王也进行了一些改革，特别是严格区分希伯来人和非希伯来人，奉耶和华为主神，把耶路撒冷作为宗教中心，想用宗教来维系人心，然而收效甚微。

公元前6世纪末，两河流域新巴比伦国王西侵犹太国。公元前597年和公元前590年，巴比伦国王尼布甲尼撒二世两度进攻耶路撒冷。后一次历时三年多，终于在公元前586年将该城攻陷并毁掉。除那些非常贫穷的人外，全城的犹太人几乎都被俘虏至巴比伦，犹太教历史上称此为"巴比伦之囚"，从此犹太国不复存在。

犹太人在巴比伦从工、务农、做商人，而他们的国王约雅斤则被关押了将近40年！

公元前538年，新起的波斯帝国灭掉了新巴比伦王国后，大约5万犹太人回到自己的故土，在耶路撒冷重建圣殿，建立了依附波斯的神权国家——犹太人公社。波斯衰竭之后，希腊马其顿—亚历山大于公元前332年进入巴勒斯坦。此后，巴勒斯坦先后处于托勒密王朝、塞琉古帝国的统治之下。公元前63年，巴勒斯坦成为罗马帝国的一个行省。

希伯来人创立的犹太教，对世界历史和文化产生了重大影响。犹太教是在以色列—犹太国时期逐步形成的，其基础是原始宗教。耶和华神原是各部落共同信奉的主神，国家出现后，则成为国王的保护神。

"巴比伦之囚"期间，犹太人逐渐形成了"救世主"思想，希望耶和华派一个救世主下凡，来拯救他们，使他们能够返回故土，重建家园。波斯人释放了犹太人，让他们回到耶路撒冷，建立了自己的公社，好像预言变成了现实，于是他们真的以为有救世主救了他们，因此特别崇拜，规定除信仰耶和华外，不许再崇拜别的什么神。到这个时候，犹太教最后形成一神教。

犹太教有个比较明显的特点，就是排斥异己，歧视不信仰犹太教的人。信仰犹太教的人被称为"选民"，组成一个闭关自守的公社。这种排他性加深了犹太人同其他民族和其他信仰的矛盾，这也成了以后犹太人和犹太教在世界上受排斥、受迫害的一个重要因素。譬如，犹太教对基督教的形成有很大的影响，但是，信奉犹太教的人绝不承认基督教和犹太教有联系，绝不承认"耶稣是救世主"。

犹太教的经典本来叫《塔纳赫》，到后来的基督教徒那里叫成了《圣经·旧约全书》。《旧约全书》实际上是犹太教的著述集，它不是由哪一个作者写成，而是在许多口头流传的基础上，在公元前8世纪到公元前2世纪之间相继编著而成。公元前200年以后，又经犹太教的祭司及文人学士们精心编选，审定其中24卷为犹太教经典。2世纪，这一经典被基督教所尊奉，该24卷又被分合为今天基督教《旧约全书》的39卷。

《旧约全书》分为三个部分。第一部分是前五卷，称为《摩西五经》，相传是犹太人始祖之一的摩西所作，包括《创世记》《出埃及记》《利未记》《民数记》《申命记》。这是《旧约全书》最重要的部分，主要讲犹太民族的早期传说和历史。

《摩西五经》除了前文所谈及的上帝创造世界，摩西领希伯来人逃出埃及等传说外，还有伊甸园的故事、洪水的故事等。

伊甸园的故事：上帝造出男人亚当和女人夏娃后，让二人结为夫妻。二人赤身露体，但因双目不明而不感羞耻。

伊甸园中有一条蛇，最为狡猾，它引诱女人吃了园中的禁果，接着亚当也吃了。这样，两人的眼睛明亮了，发现自己赤裸着身子，赶紧用五花果叶编织成裙子遮盖。

耶和华发现此事后，惩罚了蛇，让它永远用肚子行走，终身吃土。耶和华又责备了亚当，要亚当也归尘土。亚当将妻子取名为夏娃。耶和华神用为他们一人做了一身皮子衣服给他们穿上，又认为他俩已偷吃禁果，能分辨善恶，便把他们赶出伊甸园。由于亚当、夏娃偷吃了禁果，使人类（他们的子孙）一生下来就有"原罪"。

洪水的故事：亚当和夏娃先后生下了该隐和亚伯。但该隐因同弟弟争吵，便把亚伯杀了，因而被耶和华赶到偏远的地方。后来，该隐生以诺，以诺生以拿，以拿生米户雅利，米户雅利生玛土撒利，玛土撒利生拉麦，拉麦182岁的时候，生下了诺亚，诺亚500岁时，生下了闪、含、雅弗。这时，人类已繁衍成极为庞大的群族。耶和华见人在地上犯下了很大的罪恶，后悔造了人，打算将大地上的所有生物都除灭。

他准备发一场大洪水来完成这个事情。他觉得诺亚心地挺好，决定留下他和他全家。事先他便告知诺亚，要他用歌斐木造一只方舟，里外要抹上松香，长度和宽度都做了规定，并且分为三层，嘱咐诺亚带全家人住进方舟里，还把凡是有血肉的动物，都要留有一公一母，带进方舟里。一切就绪之后，诺亚600岁了，洪水开始泛滥，大雨连降了40天，地上的一切都被淹没了，甚至连山岭都不见了。只有诺亚的方舟漂浮在水面，舟内的人和动物都安然无恙。

茫茫的大水涨了150天。再过了40天，诺亚打开方舟的窗户，放一只乌鸦出去探听消息，没有结果。后又放出鸽子，终于有一天，鸽子飞了回来，嘴里衔着一枝橄榄叶。诺亚知道水已退了，便走出方舟，开始了重建家园的工作。因此，鸽子和橄榄枝常被作为和平安宁的象征。

诺亚的三个儿子走出方舟后，人类繁衍的速度加快，分布在很广的地区。

《旧约全书》的第二部分是所谓"先知书"。不管是那种宗教，总有一些人担负通天象、识神法的职能，这些人是"神"和人之间的信息传递者，实际上宗教都是按他们自己的意志来行事的。犹太教中也有这样一些职业化的神人，公元前8世纪以后被称为"先知"。他们实际上是社会的代言人，是社会改革的倡导者，社会丑恶现象的抨击者，也是本宗教最虔诚的信仰者和最坚决的维护者。《先知书》中所记载的，正是这样一些先知的言论。

《先知书》共21部，因篇幅长短而有"大""小"之分，因时间关系又有"前期""后期"之别。每篇篇名都冠以"先知"的名字，表明这是该先知的言论。其中"大先知书"3部,"小先知书"12部,"前期先知书"6部。在犹太教的传统中,先知书非常重要,信徒在每星期的宗教活动中,也得经常诵读《先知书》的某些重要片段。

《旧约全书》的第三部分是《圣卷》,也有13卷。包括宣扬神的功绩、祈祷神灵护佑、膜拜神的荣耀、歌颂神的公正的宗教性诗歌《诗篇》,长3000余行。有劝人修身的《箴言》,内中要人勿听恶人之诱,不要像愚者厌恶知识,听从智者之言必能享平康,要谨守诫命,听训诲、远淫妇、毋作保、毋怠惰、勿为恶等等内容。而《传道书》却又渲染悲观厌世的情绪。《约伯记》则善寓哲理于诗句之中。《雅歌》主要是将爱情的诗篇和赞美词句汇编在一起。《哀歌》是从侧面反映当亡国奴之痛苦,激励人们振奋起来,弘扬爱国精神。此外,还有以外邦女子路得为主角的故事《路得记》。有歌颂女英雄以斯帖拯救以色列人免遭灭顶之灾的《以斯帖记》。《但以理书》是一部预言性的文学作品,认为罗马帝国的统治必定要灭亡。《历代志》上、下,《以斯拉记》《尼希米记》则是历史类作品。这些圣卷都有一个共同的特点,就是非常具有现实感,好像在号召犹太人以斗争或其他方式来摆脱社会的困惑。

《旧约全书》虽然是犹太人的经典,但实际上反映了古代地中海东岸地区文明和历史的发展演变,尤其是在文化的交流和融汇方面。而且《旧约全书》还将古代西亚北非的许多历史流传了下来,提供了文字上的大致依据,因此它又是一部极具价值的历史书。它的文字优美,刻画的人物也比较生动,细节描写入情入理,所以又被视为世界历史上最杰出的古代文学作品之一。在迄今为止世界上所有出版物中,《旧约全书》的读者面可以说是最广的。

3.5

亚述:底格里斯河畔之星。"伊沙库"和"名年官"。商业兴国。中亚述时代。亚述帝国。战无不胜的军队。分而治之的统治。亚述帝国的衰亡

底格里斯河中游靠上的地方,是人类农耕生产最早的发祥之地,也是亚

洲最早的军事大帝国——亚述帝国的摇篮。

亚述的发源地区可分为两部分：底格里斯河沿岸河谷地带是农业区，主要种植大小麦及葡萄，用河水和井水灌溉，但土地不如两河流域南部肥沃；扎格罗斯山区和大小扎布河的河谷则是畜牧区，有少量主要依靠雨水的农业。亚述境内产石料、木材，还有铜矿，资源很早就供应下游的巴比伦地区。

亚述城位于底格里斯河的西岸，处在古代西亚的商道交叉口：从埃兰、阿卡德去往叙利亚、巴勒斯坦和埃及须经过这里，由巴比伦通往小亚细亚、亚美尼亚的必经之地。因此，从很早的时候起，就有苏美尔和阿卡德各城邦的人在亚述建立商业据点；同时，亚述商人也很早就外出经商，在小亚细亚东部、马里以及东南方向的努西等地殖民。

亚述最早的居民是胡里特人，后来又有塞姆人移入，与胡里特人逐渐融合，形成亚述人。公元前3000年代末至公元前2000年代初，以亚述城为中心，逐渐形成了一个城邦，史称"古亚述"。

在这个城邦国家里，贵族会议是最高权力机关。国家的首领称为"伊沙库"。这是城邦之王。他管理国家的土地、司法和行政。在伊沙库之外，贵族会议每年还选出一个"名年官"，用他的名字作为该年度的名称。他的职责是管理财政。不过，不论伊沙库还是名年官，他们的决定均需得到贵族会议的同意。可见，这时候的亚述实际上是一个贵族寡头统治的城邦。

古亚述的商业相当发达。由于商业的发展、活跃，商人的势力比较强大，并且还向外扩张，在小亚细亚和两河流域的许多地方建立了商业据点。这些据点一般都由贵族会议掌握，由他们派代表向商业据点收税。

与此同时，城邦王的权力也有扩大。特别是国王沙姆希亚达德归附古巴比伦王国后，他也模仿巴比伦专制政体，自称起"天下之王""万有之王"来。

不久后，小亚细亚东部崛起了一个叫米坦尼的国家，势力南下，侵入亚述；同时，新王国时期的埃及又向北发展。因此，早期亚述自公元前16世纪就衰落了，成为米坦尼的属国达两个世纪之久。公元前14世纪，米坦尼被埃及打败，衰落下去，亚述乘机摆脱了它的统治。跟着，亚述还进行了多次对外征服战争，重新崛起。强盛的时间长达500余年，史称"中亚述"。

中亚述的政体已不再是贵族寡头政治，而是逐渐地转向了君主专制。国家也组织了常备武装部队,并且制订了法典。保留至今的一些条文,主要是有关房屋、地产、债务、抵押、买卖以及婚姻家庭等方面的规定,可见此时亚述的私有制已相当发达。

国王提格拉特帕拉沙尔统治时期(公元前 1115—前 1077),是中亚述帝国的鼎盛时代。他大兴武功,终年出征,征服了小亚细亚,征服了亚美尼亚,最后征服了巴比伦,甚至还迫使地中海边的腓尼基向它纳贡。然而,在他统治的末年,却遭到了来自南方的游牧民族阿拉美亚人的袭击。公元前 11 世纪末,中亚述衰落了。

真正称得上亚述帝国的,还是后期亚述,或称新亚述。

公元前 10 世纪,国王那西尔帕二世开始了对外扩张。其继承人沙尔马纳塞尔在位 35 年,竟然发动过 32 次扩张战争,两河流域北部和叙利亚等地都被归入囊中。停顿了约一个世纪后,亚述对外扩张的规模比以往更大。至公元前 7 世纪,亚述已成为一个庞大的军事帝国,其统治区域包括了整个两河流域、埃兰、叙利亚、腓尼基、巴勒斯坦,还要加上埃及的北部地区。

亚述能成为如此强大的帝国,原因自然有多个方面。首先是不能忽视社会生产力的因素。公元前 9 世纪—前 8 世纪,亚述进入了铁器时代。在农业

图 3-1
亚述国王

生产中，铁犁、铁锄等工具的使用，使产量得到了大幅度的提高，这为帝国征服战争的胜利奠定了物质基础。生产力的发展也需要更多的劳动力，这种需要也构成了帝国对外进行扩张的动力。而且，生产发展促使商业进一步发展，因此也需要更好地控制商道。

可以说，亚述有西亚历史上甚至人类历史上第一支最强大的军事力量。这支力量的形成，一方面是因为使用铁器作武器，大大提高了军队的战斗力；另一方面则在于亚述实行了一系列的军事改革：

实行募兵制，使建立一支常备军的兵源有保证，而且也有利于国王控制。

增加兵种，特别是骑兵和战车兵。这就大大加强了部队作战的机动性。

第一次组建"工兵"，即工程兵，专事筑路、搭桥、修建工事之类事情。

军队编队严密化，几十人成一小队，若干小队为一兵团。

改进和提高指挥官的作战艺术。亚述的指挥官能指挥正面攻、侧面攻，能打夜战、歼灭战，擅长于断敌人粮道的战术，特别会打"闪电"突袭战。

建立海军，建立舰队，壮大海上力量。总之，一支极有战斗力的军队是亚述帝国扩张成功的关键所在。

同时，当时国际形势对亚述也特别有利。这一带的一些强国如巴比伦、埃及、赫梯，这时都已经衰落或灭亡了；叙利亚、腓尼基、巴勒斯坦等从来就没有成为过强国；北边有个乌拉尔图，也只是一时强大、昙花一现。

为了统治这样一个庞大的帝国，亚述实行了中央集权制。国王不但被神化，还扶植了一个支持他的神庙祭司集团，国王自认为是最高的祭司长。祭司有土地、有奴隶，从事工商业，也从事高利贷，在国家的政治生活中亦举足轻重。每当国王出征时，事先都要去问神，实际上也就是去问祭司，因此祭司常常在某种程度上控制了国家权力，左右了国家政局。

对被征服地区，亚述的统治政策在时间上有变化，最初是实行屠杀，后改为将居民就地变成奴隶。这与经济发展需要更多的劳动人手有关，当然也是基于对人的经济利用价值有了新认识。

亚述政策的另一个突出特点，是对各被征服地区实行"分而治之"的方针，根据不同情况给予不同待遇。原来与它关系较密切的，则有较大的独立性、较大的自治权，如巴比伦；关系密切程度次之的，则保留原有的统治人员及机构，按规定向帝国纳贡；对其他地方则直接委派地方官治理。

亚述的战争多，战俘奴隶自然也就多，因此买卖奴隶的事情比比皆是。而且还一家一户地出卖，从文献中可见到有一家27口人一次出卖的记载。对奴隶的剥削出现一种新的形式，那就是将土地一小块一小块地分给奴隶，让他们去独立耕种，只需交上一定的赋税，有时也服劳役。奴隶有家庭，个别的甚至还有少量的房屋、土地等不动产，只不过他的人身还是属于主人的。

应该说，亚述帝国的出现有一定的进步意义，特别是它还以新的都城尼尼微为中心，修了许多条石板大道通往全国各地，更有利于加强国内各地区之间经济文化的交流和联系。

但是，由于这种统一主要是靠军事力量来实现、来维持的，缺乏经济基础，因而它的解体也是势所必然的。尤其是，统治层内部两大集团的矛盾越来越尖锐：一方面，靠战争发财的军事贵族希望不断进行远征；而另一方面，工商业者、祭司集团则要求建立比较稳定的经济联系。

除了被征服地区不断反抗外，外族也不断侵入亚述。公元前626年，从东北方向来的米底人联合巴比伦人进攻亚述；公元前612年，攻陷尼尼微，亚述实际灭亡；公元前605年，亚述最后的残余势力也被消灭。

3.6

新巴比伦王国。城市工商业的异常发达。"解放奴隶"。尼布甲尼撒二世。"空中花园"。祭司作恶，新巴比伦王国灭亡

亚述帝国崩溃后，其版图的北面一部分归了米底人，南面的大部分则属于新巴比伦。新巴比伦王国（公元前626—前539）是由迦勒底人建立的，故而也称迦勒底王国。

迦勒底人属于塞姆族。公元前626年，亚述帝国派迦勒底人将领那波帕拉萨尔驻防巴比伦，哪知此人一到位便翻脸，掉转矛头，打败了亚述军队，正式建立了新巴比伦王国。后来，它又与米底人联合，于公元前612年攻下

了尼尼微，灭掉了亚述帝国。

新巴比伦王国时期，城市工商业十分活跃，巴比伦、乌鲁克、西帕尔、尼普尔等城市都是著名的工商业中心。特别是巴比伦，集中了来自许多国家的商人，如迦勒底人、亚述人、埃及人、波斯人，甚至还有犹太人。这些城市还出现了不少大商业家族，如尼普尔的埃吉贝家族，占有12个矿坑，13座房屋，3个建筑区，使用奴隶96人。

亚述时期那种让奴隶分散进行农业劳动的做法，被新巴比伦人推广到了工商业。奴隶可以从主人手中以贷款方式取得资金，以主人的名义独立从事经营活动，每年向主人缴纳一定的利息和年贡即可。

既然奴隶能够进行独立经营，自然就拥有一些财产，有些奴隶甚至还当上了钱庄的老板。奴隶有了钱，就可以赎身，取得自由，获得解放，称之为"解放奴隶"。不过，当主人感到有某种需要时，他又可以使这些解放奴隶重新为奴。

种种迹象表明，到新巴比伦时期，奴隶制在两河流域历经了2000多年的发展后，已经不适应社会的进步，正在走向衰落，必然要由新的生产关系来取代它。

新巴比伦王国中，最引人注目的国王是尼布甲尼撒二世。他多次发动对外战争，主要同埃及争夺地中海东岸一带。公元前586年，正是由他踏平了耶路撒冷，制造了"巴比伦之囚"。

战争的掠夺，使新巴比伦变成暴富，于是，尼布甲尼撒便在国内大兴土木。他新修了许多宫殿，也几乎将巴比伦城重建了一遍，整个城市有3道城墙，用来瞭望的塔楼就有200多个。

更有甚者，是他修建了一座"空中花园"。据说尼布甲尼撒娶了一位米底公主，成日愁眉不展。为慰藉她的思乡之情，他命令用人工堆起一座高18米、四周边长120米的土堆，还在上面种了许多奇花异草，供王后眺望家乡、排解愁情之用。这座空中花园，被后来的希腊人称为古代世界七大奇迹之一，可惜在数百年后毁于战火之中。

尼布甲尼撒二世虽然是个强有力的君王，但对正在上升着的僧侣祭司集团，却不得不退让三分。这时的祭司们，不但控制了国内的经济，而且也左右着政治。尼布甲尼撒之后，祭司更加肆无忌惮了，国王几乎成了祭司们的傀儡。他们还不时发动政变，在 6 年里，他们就废掉了 3 个国王。因此，在这种情况下，新巴比伦很快就走向了衰落。

公元前 555 年，新任国王那波尼即位，他为了摆脱祭司的控制，可谓用尽了心机，也取得了一些效果。只是时运不济，正当他雄心勃勃企图重振国威之时，外部的形势又紧张起来。公元前 550 年，东北新起的波斯人灭掉米底，紧接着又征服了小亚细亚的吕底亚，从东、北、西三个方向包围了巴比伦。这时候，新巴比伦国内的祭司集团又活跃起来，他们不惜出卖本国利益而同波斯人里应外合。公元前 539 年，祭司们打开城门，波斯军队占领了巴比伦城，新巴比伦王国自此寿终正寝。

3.7

多山的伊朗。古埃兰。米底王国。操印欧语的波斯人。居鲁士建国。高墨达之变。大流士改革。包容百纳的波斯文化，拜火教。波斯帝国的衰亡。作为西亚北非文明终结的波斯文明

当西亚古代文明进程接近尾声的时候，在邻近西亚、通往中亚、南亚的伊朗高原上，又兴起了一个强大的波斯帝国。

严格地说，伊朗不能算西亚国家。它紧靠中亚内陆腹地，也毗邻南亚的印度河流域及俾路支一带。从自然条件看，既然是高原，当然也就多山。它的西北是著名的扎格罗斯山，中部有库赫鲁德山，东面为苏来曼山，南临波斯湾和阿拉伯海。这样一种地理位置，在古代那种交通条件下，属于闭塞型，与外界相对隔绝。而且，它的气候也很干燥，不太适合农业。

高原上很早就有人类居住，也在很早的时候就出现了原始的国家。大约在公元前 3000 年代中叶，伊朗西南部的埃兰就不时见诸史籍。埃兰人的历史同两河流域有着极为密切的联系：要么是埃兰人不断侵入两河流域，要么是两河流域的帝国经常征战埃兰。公元前 7 世纪，埃兰被亚述帝国所灭，居民被亚述迁到了巴勒斯坦一带，从此埃兰再也没有独立存在过。

埃兰人不是西亚的塞姆人，也不是印欧语系人，可能与印度河文明的居民以及俾路支人有亲缘关系。埃兰的各城邦里，基本上是实行贵族统治，而且还有母权制残余。这些都可从埃兰都城苏撒发掘的遗物中找到证据。

埃兰灭亡前夕，高原西北部扎格罗斯山区又兴起了米底王国。米底人属印欧语系，公元前2000年代末在高原西部不时出现，公元前1000年左右经常出现。在反对亚述人侵犯的斗争中，公元前7世纪时形成了米底国家。米底的第一个国王叫戴奥凯斯。第三代国王曾与新巴比伦人联合，摧毁了亚述帝国。在公元前585年灭掉了吕底亚国之后，米底一度发展成为一个版图很大的帝国，以爱克巴坦尼为首都。但过后不久，公元前550年时，米底被新兴的波斯帝国灭掉了。

波斯人本是中亚一支说印欧语的部族，公元前2000年代中后期迁入伊朗高原，定居在高原的西南部，与埃兰为邻，公元前7世纪米底国已经强大起来的时候，波斯人还处在原始公社的解体时期。他们一共有6个农业部落、4个游牧部落。

公元前6世纪初，波斯人还处在米底人的统治之下。在与米底人的斗争中，波斯人氏族部落逐渐解体，有的部落强大起来，最强大的就是阿黑门尼德部落。

阿黑门尼德族的居鲁士二世（公元前559—前529），乘着米底发生内乱，领导波斯人进行反抗。经过三年战争，米底人或逃或降，被波斯人打败。公元前550年，米底国灭亡，波斯国家产生，建立了阿黑门尼德王朝。

国家建立之后，居鲁士开始对外扩张。公元前546年灭吕底亚，公元前539年征服巴比伦，而且还征服了爱琴海东岸小亚的希腊城邦。这样，他就囊括了西亚的大部分地区。居鲁士之所以连连得手，也在于他实行了保护各地宗教信仰、优待臣服贵族的一系列得当的政策，得到了各地上层社会的支持，新巴比伦就是一个突出的例子。

然而，居鲁士向东部的扩张却远不如西边顺手。他远征中亚，遭到了游牧部落马萨革泰人的抵抗，居鲁士本人也死在那里。

居鲁士的儿子冈比斯二世继承乃父的扩张事业，继续向西进军。公元前525年征服埃及，建立了一个地跨亚非的大帝国。他还继续西征迦太基，南下努比亚，但都没有取得成功。

当冈比斯还停留在埃及，做着继续征战的准备之时，他的后院却突然起火，国内发生了政变。一个叫高墨达的人，借用已被秘密处死的冈比斯之弟巴尔迪亚的名义，发动了暴动，夺得了政权。冈比斯闻讯，匆匆忙忙从埃及回国。经过西奈半岛时，突然遭遇了沙暴，其所率军队几乎全被黄沙掩埋，冈比斯虽然逃脱了险境，但却染上了重病，二十几天后便不治而亡。

高墨达统治了8个多月时间，实行了不少有利于百姓的政策，如向人民免除兵役、免除三年赋税。更具意义的是，政变引起了连锁反应，巴比伦、埃兰、亚述等地宣布脱离波斯而独立，埃及也爆发了武装起义。波斯帝国已处于岌岌可危的境地。

这时候，阿黑门尼德家族一个叫做大流士的人，联合了其他六个贵族，杀死高墨达夺回了政权，并用了差不多两年的时间，将各地的暴动都给镇压了下去。

七人集团取胜后，便在一起讨论选择哪一种政体为好。有一人主张采取民主共和制度，有一人主张采取贵族寡头统治，而大流士则要求实行君主专制。他说，民主共和只会引发混乱，最终还是导致一人统治；而寡头政治的后果则是引向派系斗争，国家还是难以安定。争执不下，便以投票决定，结果以四人多数通过了大流士的主张。后来，大流士还用极其下作的手段，设法当上了国王。

大流士上台后，继续发动对外战争。往东征服了中亚和印度河流域；往西则占领了爱琴海北岸的一些希腊城市，并继续往北进攻黑海边的斯基泰人。因而大流士自夸说，他统治下的国土，"从斯基泰、粟特（中亚）到库什（努比亚），从印度到吕底亚"。这是一个空前的大帝国，一个世界历史上第一次领土跨亚非欧三大洲的大帝国，它的都城都有三个：它的发源地波斯波利斯，原米底首府爱克巴坦尼，原埃兰首府苏撒。

大流士为了炫耀自己的战绩，以及炫耀他镇压高墨达政变的功劳，就把这些事情用埃兰文、波斯文和巴比伦文三种文字，刻记在爱克巴坦尼以西的贝希斯敦大崖石上，这就是有名的"贝希斯敦铭文"。

在这个偌大的帝国里，包括了许多经济社会文化发展水平完全不同的地区。如西亚两河流域和非洲的埃及早就是文明的发祥地，而伊朗高原和中亚地区实际上还处在原始社会解体阶段。这种不平衡性，如再使用波斯国家原有的机构和组织来进行有效的统治，已经是不可能，至少是很困难，因此大流士决定进行改革。

为了加强中央集权和君主专制，大流士把整个帝国划分成20个行省。各行省的总督和军事长官都由国王派任，也直接对国王负责。国家的行政权、司法权，都由国王亲理。

军事上，大流士把全国分成五大军区，军区设司令。各省还有驻防的军事长官。军事长官的任免权、军队的调动权，都在国王手中。国王还控制了一支近卫军，由一些贵族骑士和1万名敢死队员组成。

大流士深知，要统治这么宽广的帝国，必须紧紧地依靠波斯人。他说："如若汝欲不惧敌人，汝应保护波斯人民。"所以，他的军官大多是波斯人，军队也是以波斯人为核心，然后才是米底人、东伊朗人，再是其他地区人。

大流士在经济上的改革更为引人注目，而且意义更为深远。他首先统一货币，规定只有王室铸造的金币才能通行全国；各个行省只能造银币，也只能在本行省内流通。各行省还必须向中央缴纳贡赋，或白银，或黄金。如巴比伦要缴大致相当于3万公斤的白银，埃及要缴大致2万公斤的白银。每年

图3-2
波斯国王大流士和薛西斯

收缴上来的白银要达400吨之多。只有印度须缴黄金。

金银收上后，先将其熔化，灌入陶瓮；冷凝后，再敲去陶壳。用时再如数砍下。

大流士修筑了一条长达2400公里的驿道，从首都苏撒一直通到小亚细亚西岸的以弗所，每隔25公里设有一驿站。总之，这些措施无疑有利于各地区之间的经济联系和文化交流，也稳固了帝国的统治。此后200多年里，波斯帝国的统治体制基本未再变化。

波斯帝国幅员广大，境内既有发达的古代文明地区，也有不少未开化民族，因此社会经济发展是不平衡的；但在另一方面，也呈现着文化上的多样性。正是在这个多样性的基础上，波斯人又形成了自己独具特色的文化体系。

这个文化体系的最基本特点就是：包容百纳。波斯作为一个后进民族，在面对如此丰富的先进文化时，不是采取拒之于门外的保守态度，而是如饥似渴地吸收，并且在吸收中融进自己的传统因素。当然，作为一个统治民族，也是完全有条件、有能力将辖内的先进东西拿为己用的。

因此，无论是社会经济制度，抑或是文学艺术、生活习俗，波斯人都吸收了较多的外来因素。古希腊历史学家希罗多德就说过："波斯人比任何其他民族更喜欢仿效外国人的习惯。他们甚至穿米底人的衣服，因为他们觉得这种衣服比本民族的更美；而在打仗的时候则穿着埃及人的铠甲。"

当然他们并非是生搬硬套、生吞活剥，而是将各地的文化特点融会贯通，在艺术风格方面更是如此。如王宫建筑，他们既学两河流域的做法，将屋子修在高台上；又像埃及人、希腊人那样竖起大石柱。绘画时，他们把国王描绘成战胜各种奇怪野兽的英雄，这是从亚述人那里学来的。而王宫中的墙壁浮雕则表现着亚述、巴比伦、希腊等多地的风格。

最有波斯人自己特色的是宗教，即拜火教。

拜火教来源于中亚，具有典型的游牧民族特点。游牧民族的人们常常在住处造有"火宫"，以供膜拜之用。游牧民族如此崇拜火，可能同他们用火取暖、用火烧烤肉类有关系。

拜火教，中国人曾称为祆教，波斯人自称琐罗亚斯德教，这是因其创始人之名而得名。琐罗亚斯德认为，世界上有善恶二神。善神代表光明、代表正义；

恶神则是黑暗、邪恶的化身，代表着处处为难人类的风暴、沙漠。人们应站在善神一边，同恶神做斗争。火就是善神光明的象征。

琐罗亚斯德的说教，符合大流士的需要。在他的授意下，波斯的祭司们对拜火教进行了彻底地改造，称琐罗亚斯德为"至圣的统治者"，大流士称他为"造物主"，说他"创造了上天，创造了人类，创造了幸福，使大流士做了国王，并把国家托给国王大流士"。

这样一来，原本是主宰宇宙的最高的神，现在变成了国王的保护神，一整套君权神授的思想就这样产生了。国王被神圣化，被说成是与最高的神相类似的太阳。大流士命令臣民们在他的雕像前膜拜时，必须说："至高无上的王，我心中的太阳。"

大流士将拜火教定为国教后，下令禁止信仰其他的神，还规定了一些极其繁琐的宗教仪式。譬如，由于火和土地是神圣的东西，不能玷污它们，因此人死了之后，既不能火化，也不能埋入泥土之中，而是建造一种特别的塔，把人的尸体露天放在上面，让天上的飞鸟把尸体吃掉。这与后来西藏人的"天葬"很类似。

尽管大流士处心积虑地维护其统治，但帝国内部的矛盾冲突是无法掩盖的。这种矛盾而且是多元的。在统治层内部，有波斯贵族和被征服地区社会上层

图 3-3
琐罗亚斯德

的矛盾，也有各统治集团之间的矛盾。波斯帝国的统治者至少可分为官僚集团、军官集团、僧侣集团以及商人高利贷者。虽然国王软硬兼施，对被征服地区又拉拢、又恐吓，但人民反压迫的斗争从来就没停止过。

公元前499年，小亚西岸的希腊城邦米利都率先起义，反抗波斯人的统治，邻近地区也纷起响应。由于力量悬殊，六年之后起义终被镇压，然而却引发了一场更大的战争。公元前492年，大流士借口要报复雅典对米利都的支援，出兵侵略希腊，历史上称为"希波战争"。战争进行了44年，最后以波斯失败而告终。从此之后，波斯的情况每况愈下。

当然，波斯人并不甘心就此退出希腊舞台，它总是寻找机会甚至制造机会插手希腊事务。公元前431—前404年希腊内部的伯罗奔尼撒战争，就是一次绝好的机会。在这次战争中，波斯人帮助斯巴达对付雅典，终于使雅典败下阵来，波斯人也一泄心头之恨。

在接下来的希腊城邦大危机时期，波斯又利用时机，时而支持雅典人反对斯巴达；时而又与斯巴达人联盟，打击雅典，从中渔利。曾几何时，希腊的小亚城邦又一度成了波斯的属地，希腊本土许多城邦也受到波斯控制。

然而，希波战争毕竟沉重地打击了波斯的军事力量。而靠战争起家的帝国，一旦军事优势失去，统治基础也就动摇了。国内不少地方乘机掀起了争取独立的斗争，起义暴动此起彼伏，令统治者应付无暇，镇压用的兵力捉襟见肘。同时，统治层的内部矛盾也日益激化，宫廷政变不断发生。到公元前4世纪中后期，波斯已宛如一个行将就木的老朽帝国。

公元前334年，希腊—马其顿国王亚历山大以报复150多年前波斯对希腊的无理侵略为由，率大军侵入波斯境内。仅仅十年工夫，亚历山大就轻而易举地将波斯消灭，占领了帝国全境。

波斯帝国历时200多年，在古代文明史上占有特殊的一章：它是西亚北非古代文明的终结。

一方面，波斯帝国是西亚北非古代文明发展的最高阶段。它的版图，包括了西亚、埃及、南亚三大文明中心，并接近了第四大中心即希腊的边缘；它建立的一整套政治、经济、军事管理制度和执行的宗教文化政策，也比前代各文明成熟得多、完备得多，还为后人所承继。这样一个大帝国，既是这一地区社会各方面发展的产物，也为新的发展尤其是经济文化的交流和联系提供了更为广阔的舞台。

　　而在另一方面，波斯帝国的出现又打断了西亚北非地区文明发展的正常进程，并且由于对希腊的战争而妨碍了这一地区已有的同希腊世界的交往，开始造成东方文明与西方文明的界限。波斯人本来是个毫无历史包袱的生气勃勃的民族，正因为如此它才取得了巨大的胜利；然而伴随着征服，它却将西亚北非文明的包袱转移到了自己身上。而当生气渐渐消退、腐朽性逐渐上升时，它迅速而彻底地垮台也就势所必然了。不过，取它而代之的亚历山大帝国，却从它那里吸取了不少有益的东西。

第四章

佛国晨光
印度次大陆的上古文明

4.1

古印度的范围。"印度"名称的由来。外部环境：孤立、闭塞；内部环境：割裂、分散。气候因素的影响：宗教和诗的国度。古代印度历史分期

西亚、北非而外，文明的另外两个发源地，一个在亚洲的南部，一个在亚洲的东部。

有趣的是，亚洲的几个文明摇篮都位于两条大河流域。美索不达米亚自不说，亚洲东部的中华文明发源于黄河、长江流域，亚洲南部的印度文明，则是由印度河和恒河孕育出来的。

不过，古代印度并不等于是今天印度的古代，实际地理范围要大得多，包括了今天的印度、巴基斯坦、孟加拉、尼泊尔、不丹等大小国家。

"印度"之名称起源于印度河，即今天巴基斯坦境内那条自北向南流入海洋的大河，"印度"本意就是"海洋""江河"的意思。古代印度人并不自称印度，这是来自外人对这一带的称呼。据说，最早说出"印度"这一名称的，是公元前6世纪波斯国王大流士一世。他在自己的记功铭文上刻着，"从

印度至斯基泰",都属于他的国土。

中国人很早就知道了印度。公元前2世纪司马迁在《史记》中,称印度为"身毒"(音捐笃)。东汉以后又称为"天竺"。因为佛教起源于印度,印度在中国的西边,故而对其又有"佛国""西天"之别称。唐朝高僧玄奘取经归来后,认为上述译名都不准确,便在《大唐西域记》中改译为"印度",沿用至今。

现今的"印度共和国"虽然也用了"印度"这个名词,但它的印地语国名则叫"婆罗多",来源于次大陆上的古代民族婆罗多族。

打开世界地图可以发现,印度是亚洲南部三大半岛之一,是一个较为独立的地理单元。由于地壳运动和板块漂移的作用,印度板块和亚洲板块相撞,从而形成了地质地理学上的印度次大陆。它的地理位置比较特别,呈现着孤立、闭塞的特点。北部是巍峨的喜马拉雅山脉,绵延数千公里长;西北有著名的苏来曼山脉和兴都库什山脉,与中亚相隔;东北方向也是丛林高山,难以逾越;半岛正东是孟加拉湾,西边是阿拉伯海,南面直插入印度洋,三面环海,但海岸线平直,优良港湾较少,在古代那种技术条件下,并不利于航海事业的发展。

在陆地上,印度只在西北方向有几条山口同中亚相通。这一地理交通特点,对其文明历史的发展起了极为重要的影响:一批批外来民族从山口进入印度后,很少再从这里出去,而是在次大陆上散布居留下来,形成了印度民族成分庞杂、人种繁多的特点,也使印度的历史纷繁多姿,令人眼花缭乱。

现代学者认为,历史上的印度有六大种族集团,其中五种在公元前3000年代就出现了。他们包括原始澳大利亚人、矮黑人、地中海人、蒙古人、短头型人即达罗毗荼人,以及公元前2000年代开始进入后来成为印度民族主体的雅利安人。

不过,次大陆内部割裂、分散的自然环境条件,又决定了古代印度各地区间文明历史发展的不平衡。次大陆的中间横亘着一条温都亚山脉,连同西流入海的纳巴达河,将印度分成南北两部分。南方的中部是德干高原,地势高,气候也干燥;沿海虽是湿润的平原,适宜农耕生产,但过于闭塞。故而,印度的历史文化多在北部发展。而北部又被塔尔沙漠分隔成东西两部分。西边为印度河流域,这是印度古代文明的发源地;东边是恒河流域,湿润的平原地区，后成为印度文明的中心地区。

影响印度古代历史发展的，还有一个很为特别的自然因素，那就是相当恶劣的气候条件。印度大部分属于热带地区，气候酷热难当，而且经常是雷电交加，风雨大作，古代的人们难以理解和适应自然界这种急骤而又剧烈的变化，从而产生了敬畏心理，崇拜自然，崇拜造物主，由是而产生迷信和宗教。迄今为止世界最有影响的宗教里，至少有一半起源于印度。同时，在这种变化无常的自然现象作用下，人们也易于生发种种奇思异想，激起浪漫情调，用长短整齐、富于韵律、便于吟唱的诗歌来抒发自己的情怀。因而，古代印度又被认为是一个产生"诗"和"诗人"的国度。

与其他文明古国有所不同的是，古代印度人不太重视历史，没有留下几部能让后人披览的史书典籍。现代人了解古代印度的历史，多是依靠对一些宗教经典、史诗和时政材料的分析研究，以及别国人对当时印度的描述记叙，如中国高僧晋代法显的《佛国记》、唐代玄奘的《大唐西域记》，以及波斯人、希腊人的记载。古印度人为何不愿写历史，原因恐怕难以说清。但有一点不容置疑：印度文明进程屡次被外来民族打断，外来人对非其祖先的原居民的事情是不会感兴趣的。

如果我们对上古印度文明历史进行分期的话，大致可分为这么几个时期：哈拉巴文化时期，自公元前 2300 年左右至前 1700 年左右；吠陀时代，自公元前 15 世纪至前 6 世纪；列国时代，自公元前 6 世纪至前 4 世纪；孔雀帝国时代，自公元前 4 世纪至前 2 世纪；分裂时代，自公元前 2 世纪至公元 1 世纪；贵霜帝国时代，公元 1 世纪至 3 世纪。

4.2

古代印度河流域。哈拉巴和摩亨佐·达罗：城市文化。印章文字。哈拉巴文化消失之谜

印度文明的出现略早于东边的中国，但比西亚、北非要晚。当美索不达米亚和埃及出现最早的城邦国家时，即公元前 4000 年代末，印度只不过刚从

石器时代向金属时代过渡。令人诧异的是，印度人最早使用的金属不是黄铜，而是黄金！当然，人们并不是将这种珍贵之物用作工具，而是用它来装饰器物，美化生活。印度自古就有"黄金之国"的誉称。

5000年前时，印度也有了铜器，农业开始较快地发展起来。再过几百年，即公元前3000年代后期，印度跨入了文明的门槛。印度最早的文明称为"哈拉巴文化"。由于主要位于印度河地区，故又称为"古代印度河流域文化"。文明区域以印度河流域为中心，包括四周地区，东至恒河上游，东南到纳木达河的下游。文明持续了大约五六百年之久，自公元前2300年左右至前1700年左右。文明的创造者可能是达罗毗荼人。

印度河流域文化遗址是在20世纪里发掘的。1921年，考古学家首先在印度河上游的"五河之地"（即旁遮普地区），发现了哈拉巴遗址。随后半个多世纪中，印度河流域及其周围地区共发现了200多处类似的遗址。除哈拉巴外，还有摩亨佐·达罗比较著名。这个遗址是1922年在印度河下游的信德地区发掘的，距哈拉巴有五六百里之遥。

从考古材料可以看出，哈拉巴和摩亨佐·达罗明显是两个大城市的遗址，占地都在1平方公里以上，居民规模达到2—4万人之间。这是典型的古代城市国家，可能还包括了周围一片农村地区，其文化类型当属于城市文化。

两个城市的建筑和结构布局，令人惊讶。城市的街道布局非常有条理，显然是经过了细致的城市规划。如摩亨佐·达罗城，长方形状，周长达5公里，内部还有卫城和下城之分。

卫城是政治中心和社会活动中心：有守备用的高墙和塔楼，也有储粮用的大谷仓；有高大宏伟的议事厅，还有上百人能同时使用的大浴池。浴池水面达80多平方米，底部涂了防止漏水的沥青，旁边建有附属设施，使进水和排水都极为方便。

下城则是住宅区和工商业活动中心。城里的街道宽阔笔直，或东西向，或南北向，垂直交叉。一个个街区整齐划一，街区中还有小巷，也和大街垂直相交。有趣的是，为了不影响行人视线，所有转角处的建筑物墙角都是圆形的。街道上还有照明系统，安装了街灯。街道之下，还有一个完整的下水道系统，水沟上铺着石板盖。

所有的建筑物都不朝街道开窗户，进出的门也只面向小巷。房子有大有小，显示了政治活动场所与居民住宅的区别，也显示了贫富之间的财产差别。有的人家只有单间住房，有的住房则有两三层楼高。

从发掘的遗物看，哈拉巴文化时期有相当高的社会经济发展水平，处在青铜器时代，这比西亚北非进入文明时代时，其生产力发展的历史起点要高些。当然，石器工具也仍然在使用。农业发达，种植水稻、棉花等农作物，并且使用牛力耕田。饲养了比较多的牲畜，畜牧业发达。尤其值得注意的，是它的手工业水平，有制陶、纺织、冶炼、金属加工等行业。

工艺水平也相当高。制作的首饰很漂亮，还利用宝石、象牙等珍贵材料搞雕琢。人物雕像栩栩如生。一个青铜舞女像，全身裸露，身材苗条，右手后撑，左手前摆，头部微仰，双腿略略前倾，给人一种正在合乐起舞的动感。一个男子石雕，两眼半睁半闭，表情安详，似乎正在沉思之中。

此时，印度河流域居民已同古印度其他地区有很多的商业往来，也与西

图 4-1
印度河流域文化中的女神小塑像

图 4-2
印度河流域文明遗址中的石像

亚的两河流域发展了经济文化联系。在此时的两河流域遗址中，发现了来自印度的物品；在哈拉巴遗址中，也发现了当时西亚的物品。

哈拉巴文化的文化成就亦不可小视。他们在建造大宫殿时，发明了拱形支柱；在生活中广泛地使用度、量、衡器，运用了十进位计数法。他们还留下了500多个文字符号。这些符号刻在石印上，称为"印章文字"，可惜今天还在解读之中。前些年有个叫赫罗兹尼的捷克学者，声称他已认读了其中125个符号，并说哈拉巴文字已由图画文字演进到带有表音文字性质，但是学术界没有认可他的"成果"。

这些印章本身就是技艺高超的艺术品。印章大小一般为20或30厘米见方，上面有一些动物图形。在一个印章上，一个三面神盘腿而坐，头戴牛角王冠，手佩饰物，身束腰带。它的四周，还分别刻有大象、老虎、犀牛、水牛、羊等动物像。

哈拉巴文化是在公元前1700年左右突然消失的。到底是什么原因呢？学术界众说纷纭，莫衷一是。有的认为是自然灾变造成的，如地震、泥石流等。有的提出"环境恶化说"，如土壤状况恶化、河流改道引起沙土化、沙漠化等。有的则强调是外力毁灭的，主要是雅利安人等外来人进入将其毁灭的。最后这个说法比较有道理，因为在哈拉巴文化遗址中，发现有室内人同闯入室内的人搏斗的痕迹。问题是，其年代与雅利安人经书中所记载的他们进入印度的年代不相吻合。

4.3

《吠陀》经书。"高贵者"雅利安人。国家的产生。婆罗门教。等级森严的种姓制度。"贱民"的故事

哈拉巴文化衰亡以后的数百年，被认为是印度历史上的"黑洞时代"。直到今天，我们对这一时期的历史几乎一无所知。既没有可供查阅的文献资料，也很少有考古发掘材料。

但是，从公元前2000年代中叶起（公元前1500年左右），对印度历史

的研究便开始有了文字材料，这就是古文献《吠陀》经书。"吠陀"之意为"知识"，《吠陀》经书所反映的时代（公元前1500—前900），称为"吠陀时代"。

经书共4部，以《梨俱吠陀》为最早，反映公元前1500—前900年的事情，称之为"早期吠陀时代"。其余3部分别为《沙摩吠陀》《耶柔吠陀》《阿闼婆吠陀》，反映的都是公元前900年至前600年的事情，称为"后期吠陀时代"。与此同时，还出现了一批解释《吠陀》经书的文献，称为《梵书》《森林书》《奥义书》等。

《吠陀》经书的文字属于印欧语系，是雅利安人编的。雅利安人来自中亚，从公元前1500年左右开始进入印度，最后演变成了印度的主体民族。雅利安人就是这些部落的自称，意思是"高贵者"。

在19世纪的欧洲，曾经把说印欧语的各族统称为"雅利安人"，这是一种错误的说法。它来源于18世纪欧洲语言学界得出的结论。他们发现印度的梵语同欧洲的希腊语、拉丁语、日耳曼语、斯拉夫语有共同点，于是便使用"雅利阿"词来概括这一语系，称雅利安语；还认为说这些语言的人必渊源于一个祖先，即雅利安人，实际上就是后来的"印欧人"。

远古的中亚可能是有个自称"雅利安人"的部落。后世人通过研究认为，这个部落从事畜牧，擅长骑射。公元前2000年代初开始，向亚欧大陆南端的农耕世界移动。其中一支南下印度河流域至恒河流域，一支向西南迁入波斯境内，还有一支则迁入小亚细亚半岛。

早期吠陀时代是进入印度的雅利安人历史发展的关键时期。

一方面，雅利安人从西北进入印度后，往东往南向次大陆进行了有如扇面的大扩张，这个过程延续了五六百年之久。在这个过程中，雅利安人主要是同当地原有的土著居民展开激烈的斗争。同时，雅利安人内部各部落间，也为争夺地盘而发生战争。《梨俱吠陀》曾描写了一场"十王大战"，说的是由十个部落组成的联盟共同对付当时最强大的婆罗多王修达斯，最后的结果反而是以十王联盟失败而告终。

当时的各部落争夺土地有一些通常的做法，如"马祭"就是其中之一。如果有哪位国王认为自己足够强大，邻邦甘愿臣服，他就挑选一些马匹，让马任意行走。马到邻国，若邻国不敢捕捉，则表明邻国自甘称臣；若邻国敢于捉马,则无屈服之意,两国之间自然就要发生战争。

另一方面,则是雅利安人自身的社会生活发生了重大变化:一是社会组织逐渐由过去的原始部落转为部落制的解体,进入军事民主制时代;二是在经济上逐渐从过去的游牧生活转变为定居农业,在印度河和恒河两条大河流域发展农业,以及初步的手工业;三是私有财产出现,奴隶制开始形成。印度奴隶制的形成很有特色,除了将战俘转变为奴隶外,还在雅利安人内部盛行赌博抛骰子变为奴隶。

后期吠陀时代则以印度北部众多国家的出现为特征,特别是恒河流域地区。国家数量多,但规模却很小。比较著名的有犍陀罗、居萨罗、马德拉、居楼、迦尸、般度罗和毗提柯。这些国家中,以居楼产生最早,而且居楼也长期是恒河流域最强盛的国家。传说中,恒河上游的君主属于月种王朝,恒河中游一带属于日种王朝。

社会经济生活方面也有几点值得一提。一是以地域为基础的农村公社越来越多。二是家庭关系中的宗法制度形成,家长对妻子、子女有绝对权威,妇女的地位特别低下。三是奴隶制度发展快,奴隶数量多。一部梵书中曾提到,某国王赠给一个僧侣1万名女奴,1万头象。数字显然夸大了,但说明了数量之多。这几个特点对后来的印度历史产生了深远影响。

更具影响的,是这一时期形成了婆罗门教和种姓制度。

婆罗门教就是在征服过程中形成的。它的教义,集中反映在《吠陀》经书及解释吠陀的书中,可归纳为两点。

一是关于"梵"的学说。梵天是唯一真实的存在,世界一切都是他创造的,人的肉体和灵魂都来自梵,人应力求达到梵我一致。

二是轮回转世说。人死后,灵魂或向高,或向低的等级躯壳里转。怎样转,取决于人在生时的行为方式。只有老老实实按梵天安排的规则去生活,才能转向高一个等级。如果违背法规,就是"造孽",来世就会转向低一级的躯壳中,甚至变为牲畜。

婆罗门教也是同时形成的印度种姓制度的鼓吹者和维护者。种姓制度是一种极其严格的社会等级制度,一个人的种姓确定后,世世代代不能改变。婆罗门教制造种种观点来维护种姓制度。

种姓制度共分4个社会等级,即婆罗门、刹帝利、吠舍、首陀罗。按照婆罗门的说教,各种姓的各种地位是截然分开的。

各种姓来自于不同的创造方法:诸神打败普鲁沙神后,将其分割,口变成婆罗门,手变成刹帝利,腿变成吠舍,脚变成首陀罗。

各种姓有不同的颜色和品质:婆罗门是白色,刹帝利是红色,吠舍是蓝色,首陀罗是黑色。种姓(瓦尔那)之意即为颜色和品质。

各种姓有不同的权利和职业:婆罗门掌握神权,主持祭祀及教育方面的活动;刹帝利掌握军事和行政,这两个高级种姓都不需要从事劳动;吠舍作为第三等级,是从事生产劳动的人,包括手工业者、农民和商人等;首陀罗不能独立地进行生产,只能毫无怨言地为高级种姓服役。

各种姓有不同的宗教地位:前三个等级可举行"再生"仪式,因此称为"再生种族";而首陀罗不能举行再生仪式,被视为"一生种族"。

各种姓有不同的社会和法律地位。假如杀死一个婆罗门要赔偿1000元的话,那么杀死一个刹帝利只需赔偿四分之一,即250元;杀死一个吠舍赔八分之一,125元;杀死一个首陀罗赔十六分之一,62.5元。哪个人属于哪一种姓,不是他自己能改变的,而是生下来就决定了的。

严禁不同的瓦尔那之间通婚。当然,允许高级种姓的男子娶低级种姓的女子,这在后来称为"顺婚"。若低级种姓的男子娶了高级种姓的女子为妻,则叫"逆婚",生下来的孩子称为"贱民"(旃荼罗,意即不可接触的人)。贱民只能做一些最低贱的事,只能穿死人留下的衣服,不能住在村子里,只能住外面。一般不允许进城,如要进城,必须一路敲打竹棒,提醒人家注意避开,再匆匆忙忙而过。

印度一些古书上说了很多有关各种姓不愿与贱民为伍的故事。一个故事说,两个本想进城的贵族小姐,途中看见了两个旃荼罗,非常恐慌,立即从半路转身回家,用香水洗了自己的眼睛,然后再进城。

还有个故事讲述得更为细致:

一个贱民长大以后,有一次出去旅行,随身带了吃的饭和一篮子食品。

在路上,他碰上一个高等种姓婆罗门的贵族青年。两人互道了姓名和出身之后,一同前行。婆罗门青年没带任何食品。

到了用早餐的时候，贱民停下来，洗了手开始吃饭，并请婆罗门青年同吃，可青年不愿意吃。贱民一个人吃完后，又把留下的食物放回篮子里，然后继续同青年一块赶路。

傍晚时分，他们又在一个地方停下来。洗完澡后，贱民又打开篮子拿出食品，这次他没有招呼婆罗门青年，只管自顾自地吃起来。婆罗门青年又饿又累，希望贱民能叫他一块吃，可贱民一句话也不说。婆罗门又想："他再不叫我，我只能问他要啦，不过得吃那没有被他弄脏的部分。"

他这样做了，把剩下的食品全吃光了。事后他想："我做的事和我的种姓、我的出身、我的地位太不相称了。我怎么能吃贱民的东西呢？"他越想越悔恨，食物和血一起从口中喷了出来。他痛恨自己"因小事犯了过失"，随后走入了树林，再没有出来。

种姓制度在印度根深蒂固，直到1950年才从法律上最后去掉。种姓制度与阶级划分并不是一码事。阶级划分是以经济地位为标准的，而种姓制度主要反映人们在政治、社会和法律地位上的差别；阶级不能世袭，种姓则世世代代永远不变。

4.4

列国林立。反婆罗门教运动。顺世论派。生命派。耆那教

公元前6世纪，印度历史进入了所谓"列国时代"。这样说，是因为在这个时期，印度北部尤其是恒河流域列国林立。历史文献中谈到了16个比较大的城邦国家，它们是鸯伽、摩揭陀、迦尸、居萨罗、拔祇、末罗、拔沙、居楼、般度罗、阿湿婆、阿般提、婆蹉、苏罗娑、犍陀罗、剑浮沙等。

各个国家之间不断冲突，相互兼并，最终出现了几个强国。摩揭陀就是其中一个最大的霸国。

摩揭陀位于恒河流域的中游地区，以王舍城为都。最初的国王瓶沙王采取远交近攻的策略，扩大了摩揭陀的版图，史书上说他统治着8万个村镇。

瓶沙王的儿子阿阇世弑父继位后，又征服了迦尸、拔祇等国。此人之生活极其奢侈豪华。据说他出游时，动用了上万头象和二三十万匹车马。

阿阇世以后，摩揭陀迁都华氏城。这个位于恒河和宋河汇合处的新兴商业城市，自此长期成为印度的政治军事中心。摩揭陀国最强盛的时候，是公元前4世纪中后期的难陀王朝时期。这时，它征服了最大的劲敌居萨罗，几乎统一了印度北部。

列国时代印度的社会经济有了相当高水平的发展，如棉纺业、丝织业就相当发达。一些大的工商业中心出现，著名者如王舍城、华氏城、舍卫城和吠舍厘城等。

如此一来，各种姓之间的关系也开始发生微妙变化。作为第二等级的刹帝利，因战争频繁而地位愈显重要，经济上的实力也上升，它们对屈居婆罗门之下而大为不满；吠舍中则有一部分经营工商业者进入了富人行列，他们也要求改变自己第三等级的地位；大多数吠舍及首陀罗的处境则是每况愈下。总之，几乎所有的种姓都痛恨婆罗门的特权。这样，婆罗门就成了社会上上下下的众矢之的。

在对婆罗门教的反对声中，列国时代的印度发生了一场轰轰烈烈的思想文化运动，出现了各种反婆罗门教的思想流派，称之为六十二见，或九十六外道。从某种意义上说，由于政治上国家林立，每个政权都需要自己的代言人，因此势必形成"百家争鸣"的思想文化繁荣局面。

所有这些思想流派或教派中，以佛教和"六大师"中的三个主要学派为影响最大。

顺世论派是其中最激进的流派，它主要代表首陀罗和吠舍下层。顺世论派认为，世界是由水、土、火、风四大元素组成的，即便是人的有意识的生命，也是这四个元素的特殊组合。顺世论者特别反对婆罗门教的杀生祭祀行为，说如果像《吠陀》所说的那样，被杀的牲畜能够升天，那为什么祭司们不去杀了自己的父亲作牺牲，让他们早日升天呢？

顺世论派反对不平等的种姓制度，指出婆罗门和贱民一样，血管里流的血都是红的，因此人类是生而平等的。同时，他们也反对婆罗门教所提倡的禁欲主义和苦行观，提出："当生命还属于你的时候，愉快地生活吧！"

生命派也非常有影响，活动范围很广。他们也反对婆罗门教有关施舍、祭祀、善恶报应、今世来世之类说教，但又是宿命论者，认为包括人在内的一切生物，对于世界都是无能为力的，只能听从命运的摆布。在那样一个动荡的岁月，这种消极的东西是容易丧失群众基础的。

"六大师"中最大的学派是耆那教。耆那教的创始人叫增益，公元前599年出生于吠舍厘城，30岁出家，苦行12年得道。称号有"大雄""耆那"（战胜情欲的人）"尼乾子"（裸体苦行者）等。

耆那教的最高理想是超脱轮回，即"解脱"。为了达到解脱，人们必须遵守"三宝""五戒"。三宝即正智，认识真理；正信，信仰真理；正行，实践真理。苦行是遵行三宝的基本前提。苦行就是指要以肉体的极苦来换取灵魂的欢乐。苦行有内在和外在两种。内在的是采取忏悔、打坐、抑制情欲等形式；外在是指在行动上的各种形式的自我克制。"五戒"就是其中最主要的。所谓五戒，包括：一、不杀生；二、不妄语；三、不取人未给之物；四、保持贞操；五、放弃一切外在事物的享乐。

最初，耆那教传播很快。当时，耆那教和佛教都在东印度传教，耆那教是相当得势的，据说孔雀王朝的月护王还信奉过此教。公元前3世纪，耆那教分为两派，即白袍派和裸体派。前者身着白袍，后者则继续奉行大雄的习惯，完全裸体修道。

然而耆那教的命运并不太好。虽然它被后人称为世界十大宗教之一，但在本国印度，它却历来受到占统治地位的宗教如婆罗门教、佛教、印度教的迫害。

4.5

佛陀出世。《佛本生经》：转世前的佛陀故事集。苦、集、灭、道四谛。众生平等说。佛教立国

作为世界三大宗教之一的佛教，也是在列国时代反婆罗门教运动中诞生的。

佛教的创立者是释迦牟尼，俗名"如来佛"。释迦是族名，牟尼之意则是"隐

居的圣贤"。他的真名叫乔达摩·悉达多（公元前563—前483），是印度北部迦毗罗卫城（在今天的尼泊尔境内）净饭王的儿子。既是王子，自当属刹帝利等级。出生七天后，母亲去世，他由姨母也是继母抚养成人，从小就过着舒适优越的宫廷生活。

但是，宫廷生活并没有使释迦牟尼忘记人世间还有痛苦存在，从很小的时候起他就喜欢思索人生的一些问题。据说，当他看到那些走投无路的乞丐，看到那些痛苦不堪的病人，看到那些暴露荒野的尸体，他深深地感到人生皆苦。正当他陷入这种抑郁的思想之时，他那年轻而又美貌的妻子为他生下了唯一的儿子。儿子出生后不几天，当庆祝晚会散了之后，全家人熟睡之时，他独自一人从床上悄悄地爬起来，对妻子和孩子望了最后一眼，终于弃家外出修道，时年29岁。

他穿上了破烂的衣裳，开始了苦行者的生活。他抛弃了一切生活享受，甚至不吃不喝，让自己的身体一天天消瘦下去，过着"大苦大难"的日子。但是，7年过去了，他仍然一无所得，一无所悟。他又试着吃一点东西，恢复身体，再次陷入沉思之中。一天，他坐在一棵菩提树下，想着自己怎样抛弃了财富，抛弃了爱情，抛弃了家庭，抛弃了人世间一切美好的享受，想着如何才能得到解脱人间苦难的办法，突然若有所悟。再经过七七四十九天的冥思苦想，他终于得到了真理的启示，终于"大彻大悟"，成了"佛陀"（意为"觉悟者"）。

从此之后，释迦牟尼开始了自己的传教生涯，长达40余年，直到80岁时涅槃而去。

关于释迦牟尼，在印度流行一部《佛本生经》，据称是他成佛以前的转生故事集，实际上主要反映了古代印度社会生活的情形。这本书也不是哪一个人的作品，断断续续编了好几百年，收集了好几百个故事。不妨录下其中一个，以飨读者。

第三篇故事：很久以前，佛祖菩萨曾是锡里国的一个商人，名叫锡里婆。一次，他和一个贪婪的商人来到安德哈普罗城做生意。两人各划了一条街区为自己的范围。

城里有一家破了产的巨商，家中的男人全死光了，只剩下一个女孩和她的祖母。她们每天靠给别人做工挣钱过日子。她们家里有一个金盆子,由于长期不用,已被泥土遮盖,混放在杂物之中。她俩都不知道那是一个金盆。

贪婪的商人走近她们的家,叫卖货物。女孩看到了他,对祖母说:"奶奶,给我买点首饰吧。""孩子,我们很穷,拿什么来买它呢?""我们有这样一个盆,又不用它,就交给他换些东西吧。"

她们把商人叫过来,将盆子递给他,说:"先生,请收下,随便换一点东西给我们。"

商人把盆拿在手上,心想:"这东西大概是个金盆"。他把它翻过来,用针在底部边缘上画了一条线。"果然是金的",他想:"我要不付任何代价得到这个盆。"于是他说:"这东西,半个钱也不值。"商人把它丢在地上,站起来就走了。

菩萨看到他已去了那条街,认为自己也可以去。他也来到了那家附近叫卖货物。

女孩子又对祖母说了同样的话,祖母说:"孩子,刚才来的商人把盆丢在地上就走了,现在我们拿什么去买呢?"女孩答道:"奶奶,刚才那商人说话很粗鲁,而这个人说话谦和多了,也许他会收下。"祖母认为也是,便把他喊了过来,将盆子交给他看。他看出这个盆是金的,说道:"老人家,这个盆价值十万,我没有值这么多钱的货物。"祖孙俩大吃一惊,说:"先生,先前来过的那个商人说它不值半个钱,把它丢在地上就走了。全靠你的功力,它才成了金盆。因此我们把它给你。随意换点什么东西给我们,你把它拿走吧。"

菩萨将手中的五百现钱和价值五百的货物都给了她们,只留一点点钱作路费。他得到了这个盆,就往家走,坐上了一条小船。

过了一会儿,贪婪的商人又回到了祖孙俩这里,被老妇人劈头一顿大骂。商人听说金盆已被人拿走,赶紧去追,但船早已开动。船越走越远,商人的心里痛苦得流血至死。

释迦牟尼时代的早期佛教,其最基本的教义是"四谛"说。谛者,真理也,四谛即四种真理,包括苦谛、集谛、灭谛、道谛。

苦谛:是说人生的一切都是痛苦的。人生一共有八苦,除生、老、病、死外,还有爱别离：即与所爱的人生离死别之苦；怨憎会：与仇人见面时所产生的痛苦；求不得：是想得到的东西而得不到时的痛苦；五盛阴：人的心身各种苦难的总和。

集谛：说明人生多苦的原因。人生之所以有八苦，苦因就在于人有"欲望"。人的欲望从"身、口、意"三方面表现出来，也就是行动、语言、思想。这些表现称为"业"。人一造"业"就要产生果报，有果报就要产生轮回，有轮回就要重新受苦。

灭谛：消灭苦痛的途径。既然欲望是苦因，那么要灭掉苦，就必须灭掉欲望。欲望灭则不会造业，不造业就无果报，无果报就无轮回，就可以得到解脱，达到理想境界——涅槃，这是一种不生不死、永远超脱的境界。

道谛：修道的方法。要达到涅槃境界，就必须看破红尘、不懈地修道。修道要修八"正道"，包括要重视四谛真理、思索四谛真理；要远离一切虚妄不实之语；要做到身、口、意三业清静，远离杀、盗、淫、妄、酒；要循规蹈矩地生活，不以劫杀和骗取资财为生；要不起邪念，不忘正道，等等。

佛教的这种人生多苦说，反映了下层社会遭受苦难的现实状况，但也没有能够说明人世间总有那么一些人并不受苦。同时，佛教又要人们为解脱苦难而去掉欲望，这实际上是一种精神麻醉，是对现实社会不平等现象的一种逃避，因而具有很大的消极性。

除此之外，佛教还主张"众生平等"。释迦牟尼提出："四种姓者，皆系平等"。人人都在灵魂上是平等的，不需要婆罗门来引导。每个人都可以修行，成为"阿罗汉"，即罗汉，意为"不生"（超脱轮回），这样就解脱了苦难。这种平等思想在一定程度上反映了下层种姓的平等愿望，但这只是宗教信仰上的平等，积极意义不是很大。

由于佛教代表了以国王为首的刹帝利阶层的利益，因而深得国王们的推崇；另一方面，佛教也揭示了人生一切皆苦的状况，符合下层社会的心态，因此也得到了群众的信仰。这样，佛教出现后，在印度国内很快就得到了广泛传播。孔雀帝国的阿育王时代，佛教还成了印度的国教。公元前3世纪后，佛教开始向外传播。

4.6

亚历山大入侵。反马其顿人运动。阿育王与孔雀帝国。印度的农村公社。与众不同的奴隶制

早在公元前 6 世纪，印度就同中亚、西亚有了甚为密切的联系。波斯帝国的国王大流士一世，曾经把印度河流域的一部分归入他的版图之内。而且，大流士在他所有的 20 个行省中，唯独规定印度向他缴纳黄金。有关印度富饶的报道，也频频地传入了更西的欧洲。认为印度是"神奇之国"的观念，开始在地中海沿岸各族人心中形成。

这种对印度财富夸张了的传说，引起了欧洲人的向往。公元前 327 年，希腊马其顿亚历山大在征服了波斯和中亚后，将锋芒直指印度，而且很快就占领了印度西北的五河流域。但仅仅两年之后，亚历山大就将征服地区交给了两个傀儡管理，留下一部分兵力驻守，自己匆匆地带领大部分军队撤出了印度。

亚历山大之所以这样做，出于两点原因。一是他的军队长期、长距离地作战，士兵们早已疲惫不堪；到印度后又水土不服，军中流行瘟疫；而且他们所看到的印度并不像想象中的那样富裕，所以士兵们都要求撤军西归。亚历山大本来还想继续东进恒河流域，但士兵们的厌战情绪强烈，有的甚至发生了哗变。二是印度人的顽强抵抗。当时印度摩揭陀的难陀王朝还比较强大，据说有骑兵 2 万，战象 3000 头，步兵 20 万。这么强大的军事力量令亚历山大望而生畏，不得不撤兵。

亚历山大撤走后，印度西北部到处都掀起了反抗马其顿驻军的起义，其中以旃茶罗笈多领导的反抗势力最为强大。公元前 324 年，他赶走了印度河上游的马其顿人，又往东消灭了已经衰弱的难陀王朝，建立了一个新的王朝，仍以华氏城为都城。据说他出身于一个养孔雀的家族，故其新王朝被称为孔雀王朝，此人也就成了印度历史上有名的月护王。

过后不久，他又打退了亚历山大部将建立的西亚塞琉古王国的进攻。不过，此人后来笃信耆那教，最后按其教义绝食而死。死后，其子宾头沙罗继位。

宾头沙罗时代，孔雀王朝开始向印度南部扩张。

宾头沙罗死后，王室内部展开了争夺王位的激烈斗争，最后由阿育王通过4年的战争而继位。据说他杀死了99个兄弟。阿育王又称无忧王，在他统治期间，孔雀王朝达到了极盛，成为一个庞大的帝国，印度中部和南部的大部分地区都成了帝国的版图。除半岛的最南端外，北起喜马拉雅山南麓，南至迈索尔地区，东达阿撒姆西界，西抵兴都库什山，都属于这个印度历史上空前庞大的统一帝国。

为了统治这个帝国，到阿育王时代，印度的中央集权统治体系也发展到了顶峰。

国王是帝国的最高统治者，他将军事、行政、立法、司法权力全部集于一身。他甚至还有监察权，建立了庞大而又严密的特务组织。他的密探分布于全国各地，能够及时地向国王报告情况。王权还被神化，阿育王自称是"诸神的宠爱者"。时人吹捧国王是"带有人之外形的伟大的神"，"像太阳一样，眼睛和心燃烧着，地上的任何人都看不到他"。

国王之下，中央设立了一整套官僚机构，有三种官吏，分别掌管地方事务、城市事务和军事。地方行政则设立了五个省，省设总督。军队有四个兵种，步兵、骑兵、象兵、战车兵，还加上海军。

阿育王的生活也是异常的奢侈淫逸。外出打猎时，相随的是清一色的女猎手。举行宗教仪式时，常常用黄金和白银装饰大象，用宝石装饰战车。国王出门时，身边常由24头大象保护。王宫格外地华丽壮观，有如神话中的天堂一般。

正因为如此，孔雀帝国内部的社会矛盾也是十分的尖锐。对此，阿育王常常采取两手政策。一手是暴力镇压，他设立的"人间地狱"，其折磨犯人手段之残忍令人发指。另一手则是不断表示忏悔，下"罪己诏"。不断忏悔，又不断镇压。阿育王还大事宣传活动，修了不少佛塔，要求人民仁爱慈悲、宽容、不要搞暴力，要多做好事，等等。尽管如此，阿育王还是觉得自己的统治不稳固。据说，他在夜间睡觉时经常更换卧室，以防突然事变。

孔雀帝国时代也是古代印度社会经济发展最繁荣的时期。帝国的首都华氏城，万贾云集，工商业发达，城区沿河绵延，长达十余公里，宽也有三四公里。

佛国晨光　117

城市里设立有手工业管理局、商业管理局之类机构。手工业者还按行业分街区居住，组成行会。棉纺织业是最重要的手工业部门。王室也拥有手工业作坊和商业机构，并且操纵对外贸易。这个时候的印度，已与锡兰、缅甸、埃及、西亚、中国等国家和地区有了较多的贸易往来。

帝国时期社会发展的另一个突出特征，就是农村公社发展到一个近乎完满的形态。这时的农村公社，大小不等，有的上千户，有的几十家。村子周围有土墙和篱笆，围墙之外是公社耕地，分成小块供各家占有使用。河渠、森林、牧场等则归公社集体所有使用。

公社是农业和手工业相结合的自给自足经济体。农民家庭基本上是男耕女织。公社也有一些专门的手工业者，如铁匠、木匠等，主要为公社内部的需要服务。

公社也是帝国的一级行政组织。村长由国家任命，村长之下还有一些公职人员。公社是帝国税收的主要来源，居民必须向国家缴纳六分之一至四分之一的赋税。

公社又是一级宗教和文化组织。它有自己的祭司，为居民举行各种宗教仪式。村社还设有学校，用来教育儿童。行吟诗人也常常到公社来，说唱史诗和其他故事。

孔雀帝国是印度奴隶制度的全盛期。当时一些政论书籍谈到的奴隶共有七种：战俘奴隶，家生奴隶，买来的奴隶，赠予的奴隶，被处罚的奴隶，从亲辈那里继承来的奴隶，为谋求每天的食物而被奴役的奴隶。

印度的奴隶制有两个明显不同于其他国家的特点。一是家用奴隶相当普遍。家用奴隶除了用于做家务性劳动外，还有相当一部分奴隶专为主人提供生活享受服务。他们多为女奴，如宫娥、舞女、歌手、奏乐者、按摩者等。当然，用于农业、手工业等生产部门的奴隶也相当地多。二是相比起其他国家来说，印度奴隶虽然也是主人的财产，但处境待遇相对要好一些。连阿育王的诏令里都曾说到，要善待奴隶和仆人。这在其他奴隶制国家是从来没有过的事情。可能印度的奴隶较多地用于家用方面，所以奴隶的衣食住行相对要好一些，主人也要讲点面子。

正因为这样，古代就有人说印度没有奴隶。当时塞琉古王国派到印度的一个使者就说："所有的印度人都是自由的，没有一个人是奴隶。"现代也有研究者认为印度没有奴隶制。

4.7

内部分裂和外族入侵。迦腻色迦时代的贵霜帝国。大乘与小乘。佛教的对外传播

阿育王之后，孔雀帝国又维持了 50 年左右。公元前 187 年，帝国的末代国王被部将巽迦所杀。巽迦随即建立了新的王朝，称巽迦王朝，历时 120 多年。王朝仍以华氏城为都城，但已没有了孔雀帝国时期那般强大繁荣，统治区域仅在恒河中下游地区。

公元前 75 年，一个女奴隶扮作王后模样混进了宫内，刺杀了国王。这次宫廷事变后，大臣伐苏迪跋建立新的王朝。因其属甘婆族人，故新王朝被称为甘婆王朝。这是一个短命的王朝，前后仅维持了 45 年，在公元前 30 年时，相传由印度南部的安德罗国所灭掉。从此以后，印度东部地区长期处于分裂状态。此后三四百年间，印度东部的历史不太清楚。

而印度的西北部则不断遭到外族入侵。先是有大夏人，后又有安息人。他们或长或短地在这一带进行过统治，但都没有建立强大的政治统一体。

公元 1 世纪，中亚的大月氏人国家——贵霜帝国进入了印度西北部。大月氏原为中国境内的少数民族，本居住在祁连山一带。公元前 165 年被匈奴打败后西迁，最后来到了中亚的阿姆河和锡尔河流域，打败了大夏人。

大月氏分为五个部分，贵霜是其中之一。后来，贵霜首领丘就却打败了其他四部，建立了国家，自立为贵霜王。他死后，其子阎膏珍大规模入侵印度，势力达到了恒河上游。

迦腻色迦统治时（公元 78—102），贵霜帝国达到极盛。帝国的领土西起伊朗东部，东至恒河中游，北至锡尔河，南达纳巴达河，与罗马、安息、东汉并驾齐驱，成为当时世界上的四大帝国之一。迦腻色迦还将都城从中亚迁到了富楼沙（今巴基斯坦的白沙瓦），以印度为他的统治中心。

贵霜帝国时期，是佛教进一步发展和传播的时期。佛教在这一时期的最大发展就是出现了新的教派——"大乘派"。乘者，车辆也，意思是要"普度众生"；同时也有大道理的含义。大乘派的特点是崇拜偶像（即菩萨）。大乘派主张，只要诚心诚意，人人都能成佛；在没有成佛之前，还可以先成为"菩萨"。菩萨就是"正觉者"，不仅可以自己超脱轮回，而且还能引导他人觉悟。

与此相对，原来的佛教则被大乘派称为"小乘派"。小乘佛教是不承认、不崇拜偶像的。

佛教从公元前3世纪就开始向外传播。公元1世纪后，大乘派佛教经中亚传到了中国，以后又从中国传到朝鲜、日本、越南等国。小乘佛教则首先往南传到锡兰，再从锡兰传到缅甸、泰国等东南亚地区各国。

据统计，现代世界大约有佛教徒3亿多人。

4.8

佛像艺术。"阿拉伯数字"。印度的"荷马史诗"：《摩诃婆罗多》《罗摩衍那》

古代印度人不写历史，但在哲学、文学、艺术、科学等方面却有相当辉煌的成就。印度的因明哲学玄妙无比。印度西北地区出现的佛像艺术，对中国有很大影响。中国的几大石窟佛像造型艺术，应该说都渊源于印度。古代印度人民在科学上也为世界做出了巨大贡献。所谓"阿拉伯数字"，即"1、2、3、4、5、6、7、8、9"，实际上起源于印度。特别是"0"数字的发明，非常具有意义。

印度的诗歌举世闻名。古代两部史诗《摩诃婆罗多》和《罗摩衍那》，其卷帙之浩繁，世所罕见。马克思曾称之为"印度的荷马史诗"。

传说《摩诃婆罗多》的作者是广博，实际上这是民间众人口头创作的，最后大约在公元前4世纪定型。

《摩诃婆罗多》反映了雅利安人在氏族公社解体、国家产生时的情况，其本来的意思是"伟大的婆罗多族"。史诗规模宏大，内容庞杂，既有人间王族争夺统治权的斗争，又有天神和宇宙的传说，有时还叙述和议论一些哲学和宗教的问题。全诗共有十万余颂，每颂包括诗两行，共计20余万行，要占去600万字的篇幅。这是世界历史上绝无仅有的长诗。

《摩诃婆罗多》的中心故事线索是婆罗多族争夺王位的故事，梗概是：

月种王朝的帝王婆罗多之家奇武王，有两个儿子。老大叫做达利多腊陀(持国)，老小叫做般度。老大是个盲人，由于有这个生理缺陷，使他终身未作高官，更不用说继承王位了。因此便由老小般度当上了国王。不过，持国生育有100个儿子，称之为居楼兄弟；般度生了5个儿子，称为般度兄弟。

两族王子都长大以后，相互之间的斗争也激烈起来。起初是在比武场上发生冲突。由于武艺练得比较娴熟，比武场上的表演往往发展成为真正的冲突。虽然事态没有进一步扩大，但仇恨种子渐渐地种下了。

父辈归天之后，双方都要求取得王位继承权，王位之争越来越激烈。特别是居楼兄弟屡施诡计，企图剥夺般度兄弟的统治权。他们把般度兄弟骗到外地，想用火将其烧死。般度兄弟得到了贤人的忠告，未成行，尔后隐姓埋名过着流浪生活。

一天，班扎腊国为公主举行比武择婿竞赛，般度兄弟也前往参加，结果取得了胜利，五兄弟合娶了公主。居楼兄弟发现般度兄弟并未被火烧死，图谋再次加害。后经宫廷长辈百般调解，分给了般度兄弟一部分荒凉的国土，般度兄弟勤奋治国，终于使这荒凉之国变成了富饶之地，并举行了一次公开的王祭，将本国之强大昭示于全印度。

居楼兄弟目睹般度国之强盛，必欲除之而后快。他们在其舅父的主持下，以赌博决胜负。居楼兄弟使用了假骰子，致使般度兄弟睹输，将王位、财产、妻子全部输给了居楼兄弟，险些连自己也变成了奴隶。当他们离开时，居楼兄弟又要求进行第二次赌博，结果般度五兄弟又输了，被放逐。

13年后，放逐期满，般度兄弟要求将国土归还，遭到拒绝。他们发誓一定要夺回王位。于是双方发生了一场大战。很快，全印度几乎所有的部落和国家都卷入了这场战争，双方都有不少的支持者。

大战进行了18天，最后是居楼族大败，100个王子全部战死。般度兄弟

佛国晨光　　121

获得全胜,但是也损失惨重,只剩下7个人。全国的居民惨死大半。

然而,当般度兄弟弹冠相庆、举杯祝贺胜利之时,手中浓香的美酒似乎变成了同胞们的血汁,祖国的前景也在这血泊之中暗淡无光。这时候,般度兄弟好像在良心上也受到了谴责。史诗至此结束。

这部史诗的主题是歌颂般度兄弟的,居楼兄弟似乎是非正义的一方。但它又谴责了战争的残酷,反映了古代人民对和平的祈盼和追求。

《罗摩衍那》的篇幅较之《摩诃婆罗多》要小,约2万余颂,共4万多行诗,相当于中文100多万字的篇幅。

"罗摩衍那"意为"罗摩历险的故事",写神化了的王子罗摩远征锡兰(楞枷)的故事。全书结构十分严谨,有一气呵成之感。整个故事的情节可分成四个部分:罗摩早年在宫廷的生活;罗摩被放逐的过程,罗摩远征楞枷,罗摩重新登上王位。

故事梗概是:

日种王朝果萨拉国的国王叫陀萨罗陀。早年未有子嗣,便举行大祭求赐神恩。神于圣火中现形,赐国王一种美汁,国王让三个皇后分而食之,结果正皇后生下罗摩,二皇后生下婆罗多,三皇后生下一对孪生子。

四个同父异母的兄弟中,以长兄罗摩最为聪明和勇敢,而且力大无穷,同时又有非常高的德行。一次,维堆哈国王为公主悉达举行选婿比武竞赛,要求比试者能挽起祖传国宝一张大弓。结果,"四面八方来了许多求婚者,都含羞抱愧地归去,他们使不了那武器。"当罗摩上来后,"他上了弦,这弓,以前王子们谁都不能挽,他却使劲拉开了,这宝弓就突然地折断!"人家都挽不动的弓,他居然把它拉断了,这真是盖世奇功!国王当即决定选罗摩为婿。

罗摩原被父王立为继承人,但三个兄弟都很忌妒,特别是二皇后施以诡计,逼迫陀萨罗陀将王位传给婆罗多。正当罗摩准备举行即位典礼时,这个不公正的决定向他宣布了。史诗描写了他这时的神态,歌颂了他崇高的德行:"罗摩平静地听着,一点不感到愤怒、悲哀,父亲的王国和他的家,他要平静地离开。"

罗摩被昏庸的父王放逐14年。他带着妻子悉达和弟弟拉格什曼那,走上了流放的道路,过上了隐居的生活。他在达玛萨河边摆脱追随的人民,在恒河边脱下了王子的衣裳。他遇到了许多隐居的智者。后来，他母亲以及新国王婆罗多也赶了来，请他回京，都被他拒绝了，他要谨守父命，直待流放期满。辗转各地，最后他带着悉达在一处森林隐居下来。

在森林隐居的日子里，他和罗刹国王腊瓦那发生冲突，腊瓦那劫走了悉达。于是又引起了楞枷大战。史诗对这次大战描述得特别详尽，记叙了六次最激烈的战役经过。由于腊瓦那和长子因德拉季德都是武艺高强的战士，因此罗摩这次大战进行得非常艰苦。他和弟弟拉格什曼那几次被打伤，差点致命，幸亏先后有鸟王加鲁达和猴王苏格利瓦将他们救活。猴王还召集了一支由猿、熊组成的庞大军队为罗摩助阵。最后，罗摩和腊瓦那决战时，得到了因陀罗大神的战车和武器，才给予腊瓦那最后致命的一击。

罗摩杀死了楞枷王，救出了悉达，又一同乘飞车回国，回到了阔别14年的京城。后来他又复位做王，把国家治理得井然有序，最后在完成了自己的使命之后归天，重新归为天神。他的子孙们后来都成了印度各王国的创始人。

罗摩作为一个被神化了的英雄，历来受到印度人民的尊奉和崇敬，成了英雄的代名词。20世纪20年代，在印度山区发现的人类远祖300万年前的古猿化石，被国际考古学界和人类学界命名为"腊玛（罗摩）古猿"。

第五章

东方神韵
上古时代的中国文明

5.1

东亚：原始人的福地。直立人：元谋人、北京人等。早期智人：金牛山人、丁村人等。山顶洞人：黄色蒙古人种代表。新石器时代：仰韶、半坡、河姆渡，最初的农耕。大汶口文化和龙山文化等：父系公社与铜石并用

比印度河流域文明略晚一两个世纪，东亚平原上也诞生了中华文明。

在某种意义上，东亚平原再加上南部的低矮丘陵，是一个相对独立的地理单元。其东边是浩瀚的太平洋，北边是寒冷的戈壁沙漠和蒙古草原，西面有昆仑山、天山、阿尔泰山等高耸的山脉和帕米尔高原，西南有青藏高原和世界最高的喜马拉雅山，南面也是丛林高山。由这些高山大海环绕的东亚地理单元，地域广阔，气候舒适，雨量充足，植被丰富，适宜于动物生存，也为人类的繁衍和进化提供了相当有利的条件。

因此，中国历史上很早就流传着种种神话传说，如盘古开天地，女娲造人并用五色石补天，三皇五帝等。虽然神话传说不可尽信，但也不是完全没

有依据。它至少能表明古代祖先对自己脚下土地的深深热爱和崇拜，用自己的特有方式对神秘的大自然、对人类自身的起源和演变进行解读。

早在七八百万年前，作为人类祖先的古猿就活跃在这片东方土地上。向人类进化的古猿之一腊玛古猿，其化石曾在中国云南禄丰和开远多处发现，数量之多、形态之完整，为同类古猿化石中所罕见。从头部、肩部各处骨骼之形状，可以看出其个体差异和雌雄特征。另一种可能向人进化的南方古猿，其化石也曾在中国的湖北郧县发现。因此考古界有人认为，中国西南地区是人类的起源地之一。

东非坦桑尼亚奥杜威峡谷的"能人"化石，表明人类形成史开始于约300万年前。而中国境内所发现的人类活动痕迹，则不晚于180万年前。在山西南部芮城县西侯度村，考古学家发掘了数十件打制石器，以及被砍砸烧烤后食用过的大量动物化石。在云南元谋县，考古学家发现了人类牙齿化石，地磁年代测定为距今170万年。这是迄今获得的中国最早的人类化石，是直立人（猿人）代表，被命名为元谋人。以此为始，已在中国发现了诸多原始直立人化石。按年代顺序主要包括蓝田人和北京人等。

蓝田人化石发现于陕西省蓝田县，主要为一年轻女性头骨，脑容量达778毫升。年代测定为距今98—115万年之间。此外还在蓝田发现了五六十万年前的人类颌骨化石。

北京人化石发现于北京市西南郊的周口店。1929年起至新中国建立后，在这里发掘出许多人类头盖骨化石及人体骨骼，分属40多个个体。平均脑容量达1075毫升，男性平均身高超过1.6米，女性身高超过1.5米。遗址中石器众多、种类多样，并有用火、控火和保存火种的痕迹。"北京人"是中国原始人类的典型代表。

同属直立人的化石还在中国南北多处发现，如安徽和县人、山东沂源人、河南南召人、湖北郧县人、郧西人等。他们的门齿都呈铲形，这是后来蒙古人种的典型特征之一。

在以欧洲尼安德特人为代表的早期智人（古人）阶段，中国也发掘了不少人类化石。属于从直立人向智人过渡状态的有辽宁营口的金牛山人、陕西大荔人和山西阳高的许家窑人。金牛山人的全身骨骼特征已比北京人进步，牙齿也趋向精细。大荔人的脑容量达到1120毫升，超过了北京人。许家窑人的体质特征也已比北京人进了一步，其遗址中石器种类特别多，其中石球1000多件，这在其他类似遗址中很少见到。

典型的早期智人代表有广东曲江的马坝人、湖北长阳人和山西襄汾的丁村人。早期智人的头骨虽比现代人厚，但已比直立人薄；脑容量较大，动脉枝复杂，有相当发达的智力；面部颧骨突出，这是后来蒙古人种的典型特征。在丁村人遗址中，精制石器特别多，说明这时候原始人类的劳动活动已相当频繁多样。

晚期智人（新人）阶段大约开始于5万年前，世界上基本形成了黄色、白色和黑色三大人种。黄色人种即蒙古人种，化石在中国境内到处发现。另一方面，现代中国人基本属于蒙古人种，因此中国境内的晚期智人应是现代中国人的直系祖先。中国晚期智人最典型的代表是北京周口店的山顶洞人。此外还有广西柳江人、四川资阳人、内蒙古河套人、吉林安图人、山东新泰人、云南丽江人、安徽下草湾人、贵州穿洞人、台湾左镇人等。这些晚期智人的脑容量均在1300~1500毫升之间，头骨趋长，上大下小，额部丰满平展，牙齿细密，这些特征已与现代人没有差别。

人类体质的进化过程大致与旧石器时代共始终。当人类在一万多年最终演变为现代人后，生产活动亦开始发生质的变化。一方面，制作石器也越来越精细化，由打制石器演变为磨制石器，这是所谓新石器的基本特点；除石器外，人类还制作越来越精美的陶制器皿。另一方面，人类开始通过劳动来增加天然食物数量，出现了原始的农业和畜牧业。中国是世界上农耕的起源地之一。

中国境内的新石器文化相当丰富、各具特色，其中仰韶文化最具有代表性。这种文化最早发现于河南渑池县的仰韶村，后来成了黄河中游这类文化的通称。它反映了五六千年前母系氏族公社的状况。在仰韶文化中，农业已是主要的生产活动，种植粮食作物粟，也种植芥菜类蔬菜。渔猎和采集仍为重要谋生手段，并且开始了驯养猪狗等家畜。仰韶以彩陶文化著称，开始烧制陶器做器皿和工具，器皿上绘有花鸟草木图案。人们已知悉纺织和缝纫，用植物纤维纺纱、捻线、织布，并用骨针缝衣，此外也将兽皮当制衣材料。

西安东郊的半坡遗址也属于仰韶文化。半坡遗址的发掘场地几乎再现了新石器人类的生产生活全景。在这个典型的母系氏族公社聚落里，有宽大的氏族成员集会场所，也有数十座个体小住房；住宅为半地穴式，类似于窝棚，虽简陋但颇具防风防雨防寒之功能。

  与仰韶文化大约同期，中国东南部出现了河姆渡文化。河姆渡遗址位于杭州湾之南，经测定其年代为7000年前左右。居民住宅是一种干栏式木结构建筑，即先打下木桩，再在木桩上固定横梁，横梁下架空，横梁上铺设楼板，在桩木和楼板之上再搭建柱、墙和屋顶。这种房子适应南方湿热的气候，即通风，又防潮，有点类似今日湘西的吊脚楼。此外，还在河姆渡发现了大量的稻谷及谷壳堆积层，说明中国是稻作文化的原生地之一。

  大约在公元前3500年西亚北非出现最早的文明时，中国也进入了与之相同的铜石并用时代。不过就社会发展来说，这个时候的中国尚处在父系氏族公社时期，文化类型较多，包括山东的大汶口文化，甘肃的齐家文化，长

图 5-1
半坡住宅遗址

图 5-2
齐家文化古墓群遗址

东方神韵

江中游的屈家岭文化、大溪文化，长江下游的良渚文化等。大汶口文化遗址中出现了图画文字。其陶制器皿特别丰富，并多用红黑或黑白两色画彩，磨制的石工具和装饰品光可鉴人，而且还出现了玉器。其一男一女的夫妻合葬墓，应该表明婚姻关系的固定化。齐家文化中发掘有一男二女墓葬，男子居中，二女分置两旁，屈体向着男子，表明男子已居于中心地位。屈家岭文化中还有石器制造场。大汶口文化、大溪文化中墓葬随葬品均有明显的数量和质地差异，这表明已出现贫富分化现象。良渚文化出土器物中有神人兽面纹，带有明显的宗教现象。除此之外，各文化遗址中均出现了结构较为复杂的住宅房屋，表明人类居住水平大为改善。

黄河中下游的龙山文化，在铜石并用晚期最具代表性。黑陶是龙山文化的突出特征之一，而且已广泛使用陶轮。多处遗址发现有铜器、铜渣和炼铜遗迹。玉器也更多样更精良，出现许多制作和雕琢法。麻织品更加精细，丝织品开始出现。漆木器虽不多，但已在贵族生活中流行。房屋建筑方面，应用了夯筑技术、土坯墙、石灰等。还出现了中国最早的城堡、城池，重要遗址有山东章丘城子崖、河南登封王城岗、湖北石首走马岭和湖南澧县城头山等地。城堡和城池作为大型社会聚落的出现，已经走到了文明的门槛前。

5.2

炎黄传说。禅让之制。启承禹位与夏王朝更替。荒唐的"中国文明西来说"。"九州"之分。后羿代夏和少康中兴。夏桀暴戾与商汤灭夏。殷商王朝演变。青铜器与甲骨文。奴隶制和人殉。残暴的纣王

文明出现的标志是文字的出现、贫富的分化、国家的形成，在中国境内这一过程应该出现在四五千年前。现有对龙山时代的考古成就，表明构成文明的原生要素已然产生，但这些元素是否很快结合、怎样结合，文明最早怎样诞生，这在中国还是一个历史难题。在难题未解之前，中国留下了许多历史传说，最深入人心的是黄帝和炎帝的传说，以及尧舜禹三代禅让王位的故事。虽然这些传说和故事不可尽信，但对其完全否定也不是科学态度。从历史学意义上说，人们相信希腊的《荷马史诗》，相信印度的《摩诃婆罗多》和《罗摩衍那》，甚至今天也推崇口述史学，那么中国世代相传的这些传说故事，难道就没有中国远古先民的生活与活动痕迹？一定都是后人的凭空捏造？

传说中，黄河中上游有黄帝和炎帝部落，黄帝姓姬，炎帝姓姜，分别起源于今陕西省的北部和西部。黄河下游有太昊、少昊、颛顼、帝喾等部落，南方则有蚩尤部落。最初炎帝在与蚩尤的一场大战中失败，求助黄帝。两个部落联合起来在今河北战败了蚩尤。蚩尤死，部分余部退回了南方。而炎黄两族却又发生了纷争，双方几次大战，炎帝部落最后失败；两部落合并，成为黄河流域华夏族的先祖，中华儿女后来也就统称为炎黄子孙。根据传说中的描述，炎黄时期可能属于部落联盟形成、原始公社解体时期。

原始时代被后来的中国人视为"大同时代"，后人颇为景仰，《礼记·礼运篇》记载：

> 大道之行也，天下为公。选贤与能，讲信修睦。故人不独亲其亲，不独子其子。使老有所终，壮有所用，幼有所长，鳏寡孤独废弃者皆有所养。男有分，女有归。货恶其弃于地也，不必藏于己。力恶其不出于身也，不必为己。是故谋闭而不兴，盗窃乱贼而不作，故外户而不闭，是为大同。

华夏族走向文明、出现国家的过程，则由尧舜禹三代禅让王位的故事所勾勒。禅让制，看起来是个人相让，其实可能正是原始先民社会传统的一种表现形式，是原始民主制度逐渐衰微的一种反映。由民主选举、推举而转为个人荐举禅让，说明个人在社会中的权力增大。这种由个人来挑选下一任统治者的做法，其实也为家族世袭埋下了伏笔，或做好了准备。最终自然就出现了禹之子启继承王位、开启家族王朝的历史，中国由此进入文明时代。

荒唐的是，欧洲史学界总有人喋喋不休地议论中国文明是"西来"的。19世纪末，一个叫作拉克伯里的法裔英国人，声称自己用"语言科学"和"历史科学"的双重方法，发现中国的黄帝是巴比伦人。他说，公元前2282年，

东方神韵　　129

两河流域国王 Nakhunte（又作 NaiHwangti，即黄帝）率领巴克族（在中国转音为"百姓"），从迦勒底出发，翻越昆仑山，来到了黄河上游，此后四处征伐，传播文明，奠定了中国历史基础。这种西来说其实并不为西方主流汉学界所认可，但在当时的日本和中国居然有不少附和者。这些附和可能出于各种现实目的，但作为一种完全臆想的西来说很快就被学界和大众所抛弃了。当然不可否认，中国文明虽然独立发展性较强，但也不可能不受到外部文明的影响。如大小麦种植技术就是从西亚农耕中心传播过来的，在中国境内也应是从西向东传播。2013年研究表明，甘肃大约在4000年前开始种植小麦，其东灰山文化层中，发现了目前中国境内见到的最早的炭化小麦标本。

传说中的夏王朝历400年之久。然而至今没有任何当时的文字资料可以对此佐证，也只有极少的考古成就即二里头文化可做一定依据。因此中国曾在29世纪90年代至21世纪初启动了"夏商周断代工程"研究。经过历史学、考古学和天文学界等多方多年努力，终于取得了一定成果。虽然遭到了国内外学界不少质疑，但学者们的辛勤劳动还是使工程结下了较多果实。据该工程所推出的年表所示，夏朝始于公元前2070年，终于公元前1600年，历经470年、14代、17王，即禹、启、太康、仲康、相、少康、杼、槐、芒、泄、不降、扃（不降之弟）、胤甲、孔甲（不降之子）、皋、发、履癸。

按《礼记》的说法，中国自夏禹就进入了文明时代。《礼记·礼运篇》：

> 今大道既隐，天下为家。各亲其亲，各子其子，货力为己，大人世及以为礼，城郭沟池以为固，礼义以为纪，以正君臣，以笃父子，以睦兄弟，以和夫妇，以设制度，以立田里，以贤勇知，以功为己。故谋用是作而兵由此起，禹、汤、文、武、成王、周公由此其选也。……是为小康。

这段话说到，人类原始制度解体，私有财产出现，保护私有财产的制度、礼教和法律制订了，阶级出现了，相互间的争夺也多了起来，于是推选禹等圣人来作统治者。这些现象作为阶级产生、国家形成和文明诞生的标志，开始于夏禹时代。

中国自夏时就有"九州"之谓，系大禹治水时所划分。九州原为虚指，后逐渐明朗化，一般取《尚书·禹贡》中以土壤为划分标准，九州分别为徐州、冀州、兖州、青州、扬州、荆州、豫州、梁州、雍州。徐州地涉今鲁苏皖交界处，为红黏土。冀州指黄河壶口以下晋冀豫，地为白壤。兖州为黄河下游的冀豫鲁，地为黑壤。青州基本上是山东半岛，地为白色沃壤。扬州为苏皖赣，地为潮湿泥土。荆州也为潮湿泥土，今湖北湖南一带。豫州从中原往下，涉豫鲁，地为黑色沃土，上软下硬。梁州涉陕甘川青等地，黑色松土。雍州包括陕甘宁蒙和新疆诸地，地为最上等的黄壤。

传说中，夏启之子太康饮娱游乐，荒废政事，引起人民不满。有穷氏后羿把太康赶下台，在人民拥护下"代夏政"。后羿是大英雄，曾按尧的命令射掉了九个太阳，只留下一个太阳温暖人间。后羿有个漂亮的妻子嫦娥，可惜奔上月亮带着玉兔住进广寒宫里。后羿被自己的大将寒浞所杀。寒浞还追杀太康后代少康。寒浞用兵频繁，招致民怨，少康乘机起兵灭掉寒浞，重建夏室。"少康中兴"后，夏王朝统治日渐稳固，天下太平。

但夏的最后一位国王履癸则极尽暴虐和享乐。他曾用黄金铸造王宫中的九根柱子，也曾叫宫女日夜撕裂绸缎以满足其妻悦此撕裂之声。谁敢反对他，或者向他谏言，他就施用酷刑，使人在挣扎哀号中惨死。他把自己比作太阳，据说人民宁愿太阳亡。他的残暴，使自己得了"桀"（残暴）的称号。后来，商部落的天乙在伊尹辅佐下，顺应人民呼声，起兵攻夏，抓住了夏桀，放逐于僻地，夏亡。天乙以亳为都，建立商朝，自号成汤，意为拯救苦难。

商汤的先祖始自契，共14代，他们基本与夏同时。汤的十一代祖相土发明马车，七代祖王亥发明牛车。王亥还用帛和牛当交易媒介，做起了买卖活动，是为"商"业。

根据"夏商周断代工程"提供的成果，商朝起于公元前1600年，止于公元前1046年，存在554年。中间以盘庚迁殷（公元前1300年）为界线，分前后期。商前期历经汤、太丁、外丙、中壬、太甲、沃丁、太庚、小甲、雍己、太戊、中丁、外壬、河甲、祖乙、祖辛、沃甲、祖丁、南庚、阳甲、盘庚等20王（迁殷前）。商后期历经盘庚、小辛、小乙、武丁、祖庚、祖甲、廪辛、康丁、武乙、文丁、帝乙、帝辛（纣）等12王，公元前1046年被周武王所灭。

商代是被国际学界认可了的中国文明时代，最重要的标志是大量青铜器存在，以及甲骨文的出现。青铜器是铜锡合金，硬度比黄铜要强，适合于做工具、武器和礼器。公元前2000年代，正是世界历史上的青铜时代，中国文明的发展与之完全吻合。中国各地出土的青铜器数量之多，青铜器个体体量之大，品质之优良，可以称得上世界之最。已发掘的最著名青铜器中，有河南安阳的司母戊鼎，高137厘米，长110厘米，宽77厘米，重达875公斤。湖南宁乡的四羊方尊，属于礼器，构思精妙，制作精良，高58.3厘米，重近34.5公斤，是现存商代青铜器中最大的方尊。中国的青铜技术最初可能也来自西边。2013年6月甘肃四坝文化讨论会上，专家们认为，甘肃地区是中国最早使用青铜器的地方，可能是从西亚、中亚传来的，先到了甘肃，然后再传到中原。

这些青铜钟鼎上（如司母戊鼎）已刻铸有铭文符号，其笔画圆匀厚重，字体结构错综变化，称之为"钟鼎文"；印刻在青铜金属器上，故后人又称为"金文"。这是迄今发现的最早的中国文字之一。与金文同时，商代又出现了甲骨文，它比金文更为今人所知。甲骨文刻在龟甲或兽骨上，占卜所用，造字以形声为主，这是汉字发展到高级阶段的特征。现已发现甲骨文单字三四千以上，已被认读一千字左右。甲骨文、金文以及刻在陶器、玉器及石器上的铭文，表明商代中国已完全处于文明时代，也是研究商代社会的主要文献资料。

众多的商代遗址发掘物，表明商代已是极其发达的奴隶制时代。商代的奴隶主要来源于战俘，数量大，种类多。从事农业生产的叫"众人""多羌"等；从事手工业的叫"百工"等；从事畜牧业的叫"羌刍""牧"；从事家内服务的叫"臣""妾""婢""仆"等。奴隶的境况极其悲惨，劳动所获

图 5-3
甲骨文

只能勉强维系生命，人身则任凭主人生杀予夺。最残忍的是，奴隶常被作为主人的殉葬品。在安阳殷墟发现的商墓中，一墓穴殉葬奴隶最多者达 79 人。殷墟王陵发掘墓坑 191 个，殉葬奴隶近 1200 人；250 座祭祀坑，奴隶遗骨将近 2000 具。这种残忍的人殉制，在世界历史上是绝无仅有的。

自盘庚迁殷（安阳小屯）后，商都历 270 多年而未再移动。商王中成就较为突出者，当属武丁。他任用奴隶出身的贤臣傅说为宰相，政治有所改良，社会矛盾有所缓和，商朝又现复兴气象。

但武丁之后的商代诸王，日益骄奢淫逸，尤其是酗酒成风、腥秽冲天。王位传到子辛时，商朝政纲已坏，气数将尽。子辛被后人称为"纣"王，残暴作恶之意。纣王挥霍无度，不停地修筑宫殿，劳民伤财，"酒池肉林"之铺张更是令人瞠目结舌。他是中国历史上少有的暴君。寒冬有人能在河溪的冰上行走，他和宠妃妲己命人敲碎其脚骨，看他为什么不怕冷。这对夫妇甚至还剖开孕妇肚腹，看胎儿是何模样。他的叔叔比干进言劝谏，他竟将比干之心挖出来察看。

5.3

周的兴起与武王伐纣。分封制与宗法制：周天子、诸侯、卿大夫。井田和奴隶。国人暴动。周都东迁

传说周部落酋长姬昌品行好又有才干，人称圣人。纣王将他关了三年，还将其一子杀掉，做成肉羹命其吃掉，以污其"圣人"之名。姬昌忍辱，最终纣王令其返回。周部落起于黄土高原西部，自始祖弃起，世代任夏朝管农业的后稷官，与夏有一定渊源关系，自称"有夏"。传到姬昌之祖父古公亶父（太王）时，周部落迁到周原（岐山），从此兴起。姬昌曾被商王封以西方的方伯，故他又有西伯昌之谓。姬昌联合一些友邦征服了不少商的与国，势力日增，以丰为都，不过仍对商保持臣属关系。

姬昌之子姬发继位后，第 11 年在朝歌附近发动了牧野之战，打败纣王，推翻了商朝，建立周王朝，以丰之东的镐为都城。姬发称武王，追称其父姬

昌为文王。辅佐过文王的姜子牙（姜尚），在牧野之战中又作为前锋而建立了功勋。

根据"夏商周断代工程"成果，自公元前1046年武王创周，至前771年幽王逊位、平王迁都，西周历经12王、13朝、275年，即武王、成王、康王、昭王、穆王、共王、懿王、孝王、夷王、厉王、共和、宣王和幽王。

武王建周王朝后不久，就因病而死。其子成王继位。成王年幼，由武王弟周公旦摄政。成王及其另一叔召公对周公心存疑忌。而商纣王之子武庚又借机联合武王另几个弟弟管叔、蔡叔和霍叔发动叛乱。周公调兵东征，花了三年时间，终于平定了叛乱，也将周的国土推进到东海岸边，并在洛水河畔建一座新城（成周，即洛邑）作为东部的统治中心。整个周前期，周灭掉了商朝大量的属国和与国，紧跟着实行两种做法，一是分封制，建立许多较大的诸侯国；二是迫使另一些小国臣服周朝，向周纳贡。

这种从武王开始的分封诸侯做法，到周公时达到了高潮。受封者的地位基本上依与周王室的血缘远近关系而定。周初分封了71国，与周有血缘关系或亲戚关系的占了四分之三。这都是王室的依靠力量，分布于全国各地，有利于监视那些非周族诸侯的行动。属于周族及亲族的封国主要有周、召、荀、郑、虢、毕、芮、鄾、毛、散、卫、鲁、齐、燕、康、蔡、应、邢、曹等。封纣王庶兄微子启于宋。重新扶持被殷灭掉的古国陈、杞、焦、祝等。封异姓首领秦、楚、徐、淮夷等。周王与诸侯间互有义务，各封国内要实行周王室的政令，诸侯要向周天子派军队、纳贡赋、朝聘述职；而周天子则要尽保护封国之责任。获得分封的大小诸侯，有公、侯、伯、子、男等不同的爵位名称，并演变为不太严格的等级。

诸侯们也依此向下分封，封其下属为卿大夫，赐其封土称"采邑"。卿大夫则向士封"食地"。层层分封后，从周天子到诸侯到卿大夫到士，构成了周朝的封建等级体系和统治网络。

与分封制相联系，以血缘关系为基础的宗法制在周代得到了较大发展。宗法制下，长子是大宗，余子是小宗。因此同姓贵族中，周天子是大宗，诸侯和王室卿大夫是小宗；在诸侯国内，诸侯是大宗，受封采邑的同姓卿大夫是小宗。类推下去，也适用于采邑内部，适用于异姓诸侯和卿大夫。继承制是"立嫡以长不以贤，立子以贵不以长"，嫡出为贵。故此周天子位由太子（嫡长子）继承，诸侯位由世子（嫡长子）继承，采邑由宗子（嫡长子）继承。其余诸子则被分封。

宗法制大大促进了分封制、等级制、世袭制的稳固。周天子权力至高无上，又是宗族中的大宗；诸侯们多为周王室的同姓宗族或亲戚，在本国的同姓中又是大宗，其权力和等级仅次于周天子；王室卿大夫和诸侯国卿大夫基本上由天子或诸侯的同宗或亲戚担任。于是乎，从中央到侯国到采邑几乎都是同宗共族，官吏、贵族、家族三者结成了一体。宗法制的实行对中国历史影响深远，强化了人们的祖先崇拜意识，远胜于对"上帝""神仙"的信仰。孝道成为中国文化中的最高道德，宗教却难以在中国扎下深根。

由于周初实行封邦建国制度，所以有的学者认为中国封建制度始于周代。这当然是一家之说。周代封建制的前提是"普天之下，莫非王土；率土之滨，莫非王臣"，即周天子是全国土地的最高所有者，是全国所有人的天子。在分封制之下，土地层层赏赐，所有者虽是封主，但由受封者占有；虽然不能买卖，但可以世代相传。若干年之后，封主无法收回，土地也就在事实上为受封者后代私有了。天子与诸侯直接掌握的土地称为"公田""大田"等。由于古字"田"中不是"十"而是"井"，因而这种公田又称为"井田"。井田制下的耕作者多为奴隶，称为"人鬲""鬲"等，以"夫""人"为计算单位。金文中记载周王一次赏给贵族的奴隶五六百人、上千人。周代居住区有"国"和"野"之分。国相当于城堡，住着贵族、国人以及家内奴隶和工商奴隶。"野"是乡村，居住者称野人，即从事农业生产的奴隶。他们除了为贵族耕种土地外，自己也有一定形式的家庭经济，所以他们与那种严格意义上的毫无人身自由的典型奴隶是有所区别的。贵族们生活奢侈，挥霍无度，一味地只顾榨取，野人们对他们颇为愤怒。《诗经》里就反映了这种情绪：

不稼不穑，胡取禾三百廛兮？不狩不猎，胡瞻尔庭有悬貆兮？彼君子兮，不素餐兮！

国人大致相当于平民，其地位和自由度略好一些，但也面临周王和贵族的肆意榨取。因此常常是辛苦奔波，却不能维持基本生活。他们也常抱怨自己的苦楚。

周厉王暴虐无常，禁止国人取山林之利，还禁止国人抱怨。结果国人发动暴动，放逐厉王，请周公、召公二人共同执政，史称"共和"（另说是请共伯和摄政）。共和元年当为公元前841年，这是中国历史有确切纪年之始。

14年后厉王死，周、召二公立厉王子为宣王。宣王在位期间出现过一阵中兴气象。但到其子幽王时，情势又大变。除自然灾害频发外，幽王治政无方，再次侵犯国人利益，激起社会矛盾；宫廷内部倾轧也极剧烈。为了博得宠妾褒姒一笑，他竟玩起了"烽火戏诸侯"的游戏。结果当申侯联合犬戎攻周时，幽王竟得不到诸侯的救援而被杀。申侯拥立周平王。周平王为免遭犬戎威胁，于公元前770年迁都洛邑（洛阳），东周自此开始。

5.4

春秋五霸。战国七雄。合纵与连横：抗秦或联秦。士阶层。铁耕农业与经济变革

东周时期，周天子基本上是象征性的，传了500多年，自公元前770年至前249年。这一时期，中国版图上列国林立，政治形势和政治关系极其错综复杂；同时也呈现出明显的两阶段性。以鲁国孔子所做历史书《春秋》所记载的时期为第一阶段，称为"春秋时期"，时间自公元前722年至前481年；自公元前481年（或公元前475年、前403年）至秦始皇统一中国的公元前221年为第二阶段，即"战国时期"。两个阶段合起来称为"春秋战国时期"。

平王东迁时曾重用郑庄公，但也引起了与郑国的矛盾。平王之子周恒王率师与郑作战，结果反败于郑国。恒王受伤，威望尽失。此后，周天子逐渐丧失控制诸侯的能力，无力驾驭全国局面，仅维持国都附近一二百里地。华夏版图上的上百个诸侯政权则势力迭起，相互间攻战兼并，逐鹿中原，不断形成大国争霸局势。先后出现的霸主有齐桓公、宋襄公、晋文公、秦穆公、楚庄王，史称"春秋五霸"。此外还有东南方的吴越争霸，尤其是吴王夫差和越王勾践之间的斗争。

齐国是姜尚（子牙）的封国，齐桓公是齐国第15代国君，公元前685年继位。他不计前嫌，以著名政治家管仲为相，推行改革，在政治上实行国野分治方法，在军事上实行军政合一、兵民合一制度，在经济上实行减税增人政策，齐国很快强盛起来。公元前681年，齐桓公奉周天子命，召集诸侯大会，结果有宋、陈、蔡、邾四国到会，史称"北杏会盟"。他打出"尊王攘夷"旗帜，为援救燕国而击退北面的山戎，又联合诸侯征伐南面的楚国。公元前651年，齐桓公在葵丘大会诸侯，成为春秋时期第一个充当盟主的诸侯。

公元前643年，齐桓公去世。齐国发生了太子之争和易牙之乱。曾受齐桓公托孤的宋襄公，联合卫、曹、邾等小国出兵，帮助齐孝公当上国君。宋襄公有登上诸侯盟主之意，于公元前639年召开楚、陈、蔡、许、曹、郑等国会盟，在会上与楚成王发生争执，并被楚拘押。后楚国被迫将其放回。第二年，宋襄公借机进攻郑国。楚以援郑为由，直接攻打宋国，两国发生了泓水之战。当楚军渡河时，部下建议宋襄公攻打楚军，他以要讲仁义而不同意。楚军渡过河布阵之时，部下再次建议进攻，宋襄公还是不同意。楚军排好了阵势，宋襄公才下令出击。结果由于力量悬殊而大败，襄公自己也受了伤。宋襄公的这番"仁义"之举，使自己失去了胜利机会，毛泽东曾批他是"蠢猪式的仁义道德"。不过，宋襄公虽然霸业未成，但史家们还是因其"仁义"而将他列入春秋五霸。

宋襄公的仁义还表现在隆重款待过晋国流亡公子重耳。因宫廷之变而长期颠沛流离的重耳，于公元前636年由秦穆公送回晋国，当上国君，即晋文公。晋公姓姬，为唐叔虞之后，至此时已延续300年。晋文公任用狐偃、赵衰等贤臣，实行改革，推行新政，采取"轻关易道，通商宽农"，奖励垦殖、降低税收，"明贤良""赏功劳"等措施，晋国力迅速强大。继位之初，晋文公发动勤王，击败周室叛军，周襄王赏其多处城池，晋版图大增。最终与北上中原的楚国形成争霸之势。楚国攻打宋国，晋文公不忘旧恩，出兵相救，晋楚于公元前632年发生了城濮之战。晋文公最初退避三舍（每舍30里），名为报答当年楚王款待之恩，实为避开楚军锐气，继而指挥晋军大败不可一世的子玉率领的楚军。是年，文公奉周天子令，在践土会盟诸侯，齐、宋、鲁、蔡、郑、卫、

东方神韵　137

莒等国参加，晋国遂成就霸业。文公创下的晋国霸业延续了一个多世纪，但大臣狐偃、赵衰、魏犨等人也获得了很大权势，留下了赵、魏、韩三家分晋的隐患。

西周后期，秦只是一大夫而已。因护送平王东迁有功，秦才被封为诸侯，占有歧邑以西地区，以雍（陕西凤翔）为都，与西戎北狄为邻。秦穆公曾将女儿嫁与重耳，晋与秦结为"秦晋之好"。晋文公称霸，秦穆公起初略有妒意。但文公不几年就亡去，给了秦穆公企望霸业的机会。他不派人参加晋文公葬礼，反倒遣一支队伍越晋征郑。无功而返途中，顺手灭掉晋属国滑国。晋国怒，以先轸为元帅，率大军大败秦军于崤山。秦穆公入主中原的宏图由此落空，晋国坐稳了霸主之位。穆公在位39年，虽然几次东进失败，但他广纳贤士，开创客卿制度，重用百里奚、伯乐等人，努力向西发展，征服了西戎12国，因而国土千里，奠定了以后秦国强大并终能统一中国的实力基础。

楚国地处中原之南，据有今湖北、湖南、安徽等地。楚兴起较晚，受封时仅为一子爵，不满而自封为王，故而楚成王曾被宋襄公耻笑为"假王"。成王之子穆王，也曾觊觎中原土地，但却久受晋国统帅赵盾压制，局限于江淮一带。公元前614年楚穆王死。子庄王守孝三年，沉湎酒色，不问政事。大臣伍举以一大鸟不鸣不飞故事而进谏，庄王则以"三年不飞，一飞冲天；三年不鸣，一鸣惊人"作答。此后，庄王重用孙叔敖，实行改革；又在国内大兴水利，发展农业，使得楚地极为富庶，奠定了称霸的物质基础。公元前606年，庄王率大军北上，直至周都洛邑附近。周天子惶恐之下，派大夫慰劳楚军。庄王居然向大夫问周九鼎之大小轻重，颇有"逼周取天下"之意。虽然庄王最后退兵，但此行足以表示楚国进入强盛时期。中原的晋国长期是楚国最强劲的争霸对手。

至此时，东周时期列国林立的现象，已逐渐为四个大国各霸一方所取代，即东边的齐国，中原的晋国，西边的秦国，南面的楚国。大国相争，何时了了，各国均有疲惫之感。于是在公元前6世纪中期，弭（息）兵运动兴起，中原战争趋少。而此后不久，则在东南方向出现了吴越争霸，并且晋支持吴，楚支持越。吴本是楚之属国，后向晋国学会车战。公元前506年，吴王阖闾用孙武和伍子胥之谋，攻击楚国郢都得胜，重创楚国。越也为楚属国，得到了楚所派才士文种和范蠡指点，开始称王，与吴相争。楚同越联合，越抄吴之后路。吴越大战，阖闾死，吴败。吴王夫差继位后，于公元前494年打败越王勾践。公元前482年，夫差挥师北上，于今封丘会盟诸侯，从晋国手中夺得中原霸权。勾践则卧薪尝胆20年，突起兵攻击吴都姑苏，于公元前473年灭吴。勾践复又北上徐州会盟诸侯称霸，但不久后也衰落了。

至此，春秋大国争霸结束，开始进入战国争雄时代。春秋初年140多家诸侯，到这时仅剩30余家，而且分附于几个大国。"战国"之谓源出刘向《战国策》，但始于何时则有多种看法。一曰始于齐国田氏专权（公元前481年）；二为司马迁《史记》中记战国始于公元前475年，即周元王元年；三曰始于公元前403年，即韩赵魏三家分晋。

战国时期中国政治的最大特点是通过兼并战争，形成了战国七雄，即七个大国：齐（东）、楚（南）、燕（北）、秦（西）、韩、赵、魏（中原）。

齐自春秋以来就是东方大国。公元前5世纪初，田氏家族兴起。公元前489年，田乞发动政变，立齐悼公。其子田常以大斗贷出小斗收回之法收买人心，于公元前481年再次发动政变，杀死齐简公，立齐平公，自己为相。田氏自此掌握实权，姜姓齐君名存实亡。公元前386年，田氏最终废掉齐康公，自立为齐侯，并得周王认命，彻底完成了"田氏代齐"。公元前348年，齐威王进行改革，选用能臣，鼓励进谏，内部大治，对外则击败了赵魏，成为一大强国。

春秋后期，晋国作为中原霸国与楚国长期对峙。但到公元前5世纪初，韩、赵、魏等六家基本上肢解了晋国；至公元前453年，韩赵魏又先后灭掉了另三家，瓜分了晋国。公元前403年，周王正式册命三家为独立的诸侯；公元前376年，三国联合灭掉晋国，最终完成"三国分晋"。三国有时又合称"三晋"。

魏国在战国初期最为强盛，主要在于魏第一代君主魏文侯任用李悝、吴起和西门豹等贤臣良将。李悝变法是战国时期最早进行的改革，其变法措施包括：废除世卿世禄制度，把禄位授给有功之人，惩治无功而奢侈的旧贵族；"尽地利之教"，重视农业，把国有土地分给农民；实行"平籴法"，即丰年国家平价收购粮食，荒年国家平价供应粮食；制定《法经》，依法治国；

东方神韵　139

改革军制，建立经过考选的常备军，考中入选者给予优厚奖励，由此调动士兵的战斗积极性。魏国富强后，几次打败秦国，占领了黄河以西的一些秦地。

与此同时，赵国的赵烈侯也进行了改革，内容也与李悝变法相似，选官不是以出身而是按才能，提倡节俭。再往后，赵武灵王胡服骑射，将过去的车兵改为骑兵，战斗力和机动性大为增强。赵国主要向北发展。

韩国在今河南新郑一带，版图较小，也进行过一些改革，但较多反复，政治混乱。后韩昭侯任用申不害为相。申不害熟谙黄老之学，专事研究君王驾驭臣下之"术"，并兼以法治。如此一来，韩国的君权有所加强，国势较盛。由于夹处于各大国之间，所以韩的地位甚为尴尬，也是六国中最先被秦所灭掉的。

楚的国土面积最大，南方又是物产丰饶之地，因而人口众多，经济繁荣，自春秋中期以来一直是头等诸侯大国。战国初期，楚国内混乱，对外也屡败于三晋和秦国。公元前382年，楚悼王任用自魏国来投奔的吴起为相，进行变法改革。吴起裁减冗官冗员，收回旧贵族俸禄，选贤用能，政治局面大为改观，并在对外战争中兼并诸多小国，而且还在与三晋及秦的战争中占了上风。虽然改革触动了贵族既得利益集团，悼王一死吴起即被追杀，但楚的基业更为牢实，在战国后期成为秦的主要对手。

燕国为召公之后，出现于西周，都城为蓟（今北京西南）。由于地处寒冷北方，与中原交往较少，发展相对落后。春秋时期曾在齐国帮助下击退山戎。战国时逐渐强盛，开始介入大国角逐。公元前318年，燕王哙曾将君位让给相国子之，进行了一些改革。子之死后，燕昭王任用乐毅等人继续改革，国力大增。公元前284年几乎灭掉齐国。

秦在战国初年仍被诸侯视同戎翟。李悝时期魏国占领秦河西地区后，秦也开始进行改革。公元前408年，秦实行实物税。公元前385年，秦献公废除人殉制度，制定户籍制度等。这些改革并未能有效改变秦的弱势状态。于是秦孝公下令招纳人才，于是便有了商鞅变法。

商鞅曾为魏臣，熟稔李悝《法经》。入秦后得孝公重用，于公元前356年和公元前350年两度变法。变法内容包括重农抑商，奖励军功，废井田开阡陌，实行土地私有，统一度量衡，全国设立41个县等，并且严惩反对变法的守旧贵族。变法后，秦国强盛起来，从魏国手中收回了大片土地。改革使商鞅"功高震主"，引起了新的国君猜忌；改革触动了既得集团利益，最后他被对手车裂而死。商鞅变法奠定了秦国基业。

七雄纷争的前期，以魏国称霸中原为特征。公元前408年，魏占秦国河西之地。公元前406年，魏灭中山国。公元前404年，魏联合赵、韩，打败齐军。公元前391年，魏赵韩联军败楚于大梁（开封）。公元前371年，魏取楚之鲁阳。

公元前369年，韩赵联军攻魏，在浊泽大败魏军。

公元前364年，秦魏石门之战，魏军大败，战死者达6万人。公元前362年，秦再败魏于少梁。

公元前361年，魏迁都于大梁。公元前357年，魏与韩结"巫沙之盟"，再度成为中原霸主。

公元前356年，赵与各国结盟对付魏。公元前354年，魏攻赵都邯郸，齐孙膑"围魏救赵"，齐魏桂陵之战，魏败。随后几年，魏又在与秦、齐、赵的战争中获胜。公元前344年，魏举行逢泽之盟，与盟者有赵秦等12国。魏再攻韩，齐则援韩，孙膑率领齐军用退兵减灶之法，诱使庞涓率领魏兵追击，结果发生马陵之战，魏兵大败，魏国从此衰落。赵、韩也国力不振，东齐西秦则形成对峙之势。

战国后期，各国间或结盟，或对峙，不断轮换，最初从中原的"三晋"兴起了合纵连横之策略。"纵者，合众弱以攻一强也；而横者，事一强以攻众弱也"。起初，合纵指中原与北边的燕、南面的楚联合抗秦或抗齐；连横，指在中原或联齐抗秦，或联秦抗齐。后来，"合纵"演变为六国联合抗秦，"连横"演变为各国与秦结盟。

公元前324年，在公孙衍鼓动下，魏与赵、韩、燕、中山等形成合纵之势。秦张仪赴魏任相，劝魏弃纵联秦，遭拒。秦举兵大败魏兵，魏畏，与秦连横。不久后，张仪被驱，魏新相公孙衍再发起合纵，联合赵韩燕楚攻秦。败，合纵瓦解。公元前316—前314年，秦接连战败赵韩，威慑魏国，再成连横之势。

齐为六国中最强者，公元前301年因楚亲秦而攻之。楚败，自此一蹶不振。公元前298年，齐韩魏三国合纵攻秦，苦战三年后秦败。秦遂以远交近攻之策略联齐，并于公元前293年在伊阙大败韩魏联军。

东方神韵　141

赵在胡服骑射后强盛，秦欲联齐攻之，反为齐苏秦倡议发动合纵。齐联韩赵魏燕攻秦。齐势强盛，韩赵魏燕等惧之，秦乘机联合四国攻齐。齐虽死而复生，但气数至此已尽，不再是强国。

公元前 278 年，秦攻楚，占去楚地大半，遂成最大国家。

公元前 262 年，秦攻赵之长平。赵将廉颇坚守三年。秦用反间计，赵王用纸上谈兵的赵括代替廉颇，结果大败，秦坑杀赵降军 40 万人。

公元前 256 年和公元前 249 年，秦分别灭掉周之二都，东周王朝灭亡。随后，秦又攻占韩魏一些地方，其版图已达齐国。公元前 241 年，韩赵魏楚卫再度合作攻秦，先胜后败，合纵力量已无法抗击秦军。

战国时期不只是国与国之间的较量，其实还有各国内部的权力斗争，特别是食封贵族专权，或蓄积势力干涉国政。如秦昭襄王时期（公元前 306—251），秦国就出现过"四贵"集团把持朝政。四贵指穰侯魏冉、华阳君华戎、高陵君公子显、泾阳君公子悝。后来幸得范雎勇谏，昭襄王方驱逐四贵，采取远交近攻策略，秦国得以再次强盛。其他各国都有这种情形。著名的"战国四公子"即齐国孟尝君、魏国信陵君、赵国平原君、楚国春申君，门下都养有成百上千食客，为其出谋划策。"士"也是战国社会变动时出现的一个特有阶层，他们或是贫寒出身的知识分子，或是从贵族阶层中被抛甩出来的失意子弟。他们希望在政治上有出头之日，但并无统一的政治主张，而是依各人自身所需或所处境况，要么寄于贵族门下，要么拥护国君；要么积极奔走，期望进入政治核心层，成为"游士"；要么平时以"隐士"自居，必要时介入政治活动。总之，"士"的出现，对这一时期封建体制的解构、集权体制的出现，起到了推波助澜的作用。

春秋战国时期社会经济方面的一个重大变化，是铁器的广泛使用。尤其是铁犁的使用，有利于农业的深耕细作，因此粮食产量有较大幅度提高。其时各国都重视水利事业和灌溉工程，如魏国西门豹"引漳水灌邺"，秦国李冰主持修建蜀地都江堰，郑国主持修建关中郑国渠。这些都扩大了耕地面积，也使土地更能旱涝保收。在土地关系方面，井田制逐渐瓦解，具有封建关系性质的私田增多，史学界多将春秋战国时期作为中国封建社会的开端。

5.5

《诗经》和《楚辞》。春秋战国百家争鸣局面。儒家：孔子、孟子和荀子。道家：老子和庄子。法家：商鞅、韩非子。墨子：兼爱与非攻。兵家：孙武与孙膑。其余各家学说要义。求善：中国传统文化的最大特征

春秋战国时期，是中国思想文化大发展时期。《诗经》和《楚辞》是最重要的文学成就。《诗经》共305首诗，故又称诗三百，其中最早的诗始自西周。就形式看，分为风、雅、颂三大类。"风"是各地的地方性音乐，故现在还有"采风"之说。"雅"则指周天子直辖地内的音乐。"颂"是指祭祀时所用的音乐。就其中诗歌内容来看，涉及社会生活各个方面。如歌唱男女青年爱情的《关雎》：

关关雎鸠，在河之洲。窈窕淑女，君子好逑。
参差荇菜，左右流之。窈窕淑女，寤寐求之。
求之不得，寤寐思服。悠哉悠哉，辗转反侧。
参差荇菜，左右采之。窈窕淑女，琴瑟友之。
参差荇菜，左右芼之。窈窕淑女，钟鼓乐之。

对贵族和官僚不劳而获表示不满和愤怒的《硕鼠》：

硕鼠硕鼠，无食我黍！三岁贯汝，莫我肯顾。
逝将去汝，适彼乐土。乐土乐土，爰得我所。

硕鼠硕鼠，无食我麦！三岁贯汝，莫我肯德。
逝将去汝，适彼乐国。乐国乐国，爰得我直。

东方神韵

硕鼠硕鼠，无食我苗！三岁贯汝，莫我肯劳。

逝将去汝，适彼乐郊。乐郊乐郊，谁之永号？

《诗经》中最长的诗是描写普通民众家庭一年四季生活的《七月流火》。《诗经》中还有一些名言流传后世。如"他山之石，可以攻玉""高山仰止，景行行止""投我以李，报之以桃""既明且哲，以保其身""战战兢兢，如临深渊，如履薄冰"等。

《楚辞》是南方楚地流行的诗歌形式，后因屈原所做《天问》等而使《楚辞》扬名于世。屈原曾为楚国三闾大夫，主张联齐抗秦而遭谗被放逐。后楚都被秦兵攻破，他投汨罗江而死。屈原作《离骚》《九歌》《天问》等诗歌，抒发爱国情感和痛楚、疑惑，被后人誉为伟大的爱国主义诗人。《离骚》中的千古绝唱"路漫漫其修远兮，吾将上下而求索"，激励着人们对真理的探索精神。表现他愿为国献身的如《九歌·国殇》：

操吴戈兮被犀甲，车错毂兮短兵接；
旌蔽日兮敌若云，矢交坠兮士争先；
凌余阵兮躐余行，左骖殪兮右刃伤；
霾两轮兮絷四马，援玉枹兮击鸣鼓；
天时怼兮威灵怒，严杀尽兮弃原野；
出不入兮往不反，平原忽兮路超远；
带长剑兮挟秦弓，首身离兮心不惩；
诚既勇兮又以武，终刚强兮不可凌；
身既死兮神以灵，子魂魄兮为鬼雄。

"百家争鸣"是春秋战国时代对后世影响最为深远的思想成就。春秋战国国家林立，各个政权都需要自己的思想代言人，这是百家争鸣局面出现的政治背景。"士"阶层兴起后，他们作为知识分子的代表，一方面愿意以自己思考所得去影响社会、改造社会；另一方面也希望自己能直接参与政治、影响政治，于是形成了自己的思想或政治主张。这是百家争鸣的社会基础。

百家只是一种笼统的概括，在当时和历史上具有影响的大致有十余家思想流派，即儒家、道家、墨家、法家、兵家、阴阳五行家、名家、纵横家、农家、小说家、杂家。以儒道墨法四家影响最大。兵家也为后世所关注。

儒家是孔子创立的。孔子名丘，字仲尼，鲁国人，生当春秋末年社会大变化时期。面对社会动荡不安、各种矛盾激化和冲突，他极力主张采取"中庸"之道，在变革和保守之间求得妥协。他也强调"仁者人也"，就是爱人，爱父母（孝）、爱兄长（悌）、爱君上（忠）是做人的道德标准。他的最高政治思想是"道之以德，齐之以礼"。道即导，引导。"道"是仁义，"礼"是秩序。他认为春秋时期"礼崩乐坏"，提出"克己复礼为仁"，即要求社会各色人等克制欲望，各守本分，恢复周礼。并兼之以"乐"，沟通上下关系。一方面，孔子声称要"祖述尧舜，宪章文武"，同时他的言行中也充满了顺势而变、"无可无不可"的思想，具有很强的适应性。因此在某种意义上，孔子创立的儒家思想主要体现为保守性，适合于维护现存秩序，但不具备开拓性，不利于推动社会进步。不管怎么说，此后中国社会几千年徘徊不前，没有发生根本性的深刻变化，是与儒家守成思想分不开的。

孔子的教育思想是相当进步的，特别是其"有教无类"的主张与实践，具有一定的人本意味，尊重每一个人的受教育权利。针对如何学习，他的"学而时习之""知之为知之，不知为不知"等名言，永远具有指导意义。他也是按照这些思想，培养了一大批人才，"弟子三千，贤人七十"。为了实现自己的政治理想，他还率领弟子周游列国，进行游说。虽然遭到了不少白眼，经历了许多磨难，但他仍然无怨无悔，乐此不疲，以身教示人。

孔子亲自定制了儒家的必读经典"六经"，即《诗经》《书经》《礼记》《乐经》《易经》《春秋》。其中《乐经》已经失传，《诗经》前文已有概述。《书经》即《尚书》，是历代政治论文集，从中可知商周时代的一些政治状况。原本有上百篇，后仅 29 篇传世。

《礼记》专论礼制，孔子共选了 17 篇。其中有许多孔子名言，譬如抨击"苛政猛于虎"；认为"仁近乎乐，义近乎礼"；指出"不患寡而患不均，不患贫而患不安"；反对官吏贪腐行为，认为他们还不如盗贼："与其有聚敛之臣，宁有盗贼"等；强调社会交往的相互性："礼尚往来，往而不来，非礼也，来而不往，亦非礼也。"

《易经》又称《周易》，是一种占卜书。其中《系辞》特别重要，阐述了孔子的思想观点。"易"者，变化也。一切事物都在变化之中；变化的动力是阳、刚、动与阴、柔、静的相互作用。"易穷则变，变则通，通则久"。但变化也是有限度的。这种"变"的思想，对后来的中国形成社会流动弹性机制有较大影响。

《春秋》是一部以鲁国历史为主干的编年体史书。孔子修《春秋》，是重视以史为鉴的现实作用和垂训意义，因而书中的人物褒贬极为分明，等级观念也很强烈。

孔子奉行"述而不作"原则，他与弟子谈话的言论集是《论语》。《论语》居儒家经典"四书"之首，孔子的基本思想在书中都有表达，许多精彩论断和警句出自这里。如认为士是"四体不勤、五谷不分"。认为应具有"节用而爱人，使民以时""百姓足，君孰与不足；百姓不足，君孰与足"之类治国安民意识。提出"非礼勿视，非礼勿听，非礼勿言，非礼勿动"的言行规范。不赞成鬼神论："未能事人，焉能事鬼""敬鬼神而远之"。学习要有正确态度，"多闻阙疑，慎言其余"；要善于学习，"三人行，必有我师焉，择其善者而从之，其不善者而改之"；学习时要多思考："学而不思则罔，思而不学则殆"；学要与行结合："君子耻其言而过其行""君子讷于言而敏其行"，学习时要经常复习："学而时习之，不亦说乎""温故而知新，可以为师矣"，对自己"学而不厌"，对他人"诲人不倦"，等等。

孟子是战国鲁国人，晚于孔子200余年，以孔子继承人自居，后世称其为儒家"亚圣"。他在与墨家、道家、法家的激烈辩论交锋中，维护儒家学说并有所发展。在政治上提出了"仁政"思想，要求统治者重民轻君："民为贵，社稷次之，君为轻"；强调道德修养是治政之本："天下之本在国，国之本在家，家之本在身"，由这一思想引申出了后来中国知识分子"修身齐家治国平天下"的人生准则和理想抱负。在哲学上孟子主张"性善论"，他认为道德规范有四种：仁、义、礼、智；人伦关系有五种：父子有亲，君臣有义，夫妇有别，长幼有序，朋友有信。孟子也效法孔子，带领学生游历各国，但其政治主张被国王们看作"迂阔而疏于事情"，不予采纳。《孟子》

共7篇，是儒家"四书"之一。虽也是言论集，但不乏鸿篇大论，还有许多名言格言留传于世："得道者多助，失道者寡助""五百年必有王者兴""君子不怨天，不尤人""富贵不能淫，贫贱不能移，威武不能屈"。但孟子的"劳心者治人，劳力者治于人""治于人者食人，治人者食于人"言论却对后世贻害无穷。

荀子也是儒家代表，但由于主张"性恶论"，因而也有人认为他有法家思想。他是战国后期赵国人。在对自然界关系中，他的"人定胜天"理论非常有意义，认为人类不能被动地适应自然，完全有能力主动地改造自然。这一理论有利于推动社会进步，这也是荀子与正统儒家思想最大的不同之一。孟子曾有"法先王"之说，即效法周公孔子的王道；而荀子则认为应该"法后王"，即实行正成熟中的中央集权制度，符合历史发展潮流。继承并发展其学说的韩非子、李斯等，帮助秦始皇确立了中央集权制。《荀子》是论文集，其中《劝学》《富国》《天论》《性恶》等篇影响较大。他也有许多格言警句流传于世，如"青，取之于蓝，而青于蓝""木受绳则直，金就砺则利，君子博学而日参省乎己，则知明而行无过矣""君者，舟也；庶人者，水也。水则载舟，水则覆舟""赠人以言，重于金石珠玉""锲而不舍，金石可镂"等。

道家是百家中影响仅次于儒家的思想流派。道家的创始人是老子，其著作《老子》即《道德经》。而老子是谁却有争议。一说是老聃，比孔子还要早，因为《礼记》中曾说到孔子去拜见老聃之事。一说是李耳，战国中晚期介于孟子和荀子之间时代的人。战国时代道家的另一位代表人物是庄子，即庄周，著作为《庄子》。庄子的思想与老子略有差异。

在道家哲学中，"道"是最高范畴。道是世界的本原，"道"即"无"，"无"生"有"，亦即天下万物的存在。"道生一，一生二，二生三，三生万物"，这是一个由简单到复杂的过程。"道"也是自然规律，像水流一样柔性，顺其自然，"上善若水"。"道"还是一种探索自然规律的方法和途径。世界上的事物是对立统一的，可以转化的，"祸兮，福之所倚；福兮，祸之所伏""反者，道之动"。在伦理观上，道家恰恰是非道德主义，认为所谓仁义都是虚伪的，道德也不具教化作用。在社会观念上，道家比儒家更倒退，儒家尚只主张恢复周礼，道家则主张回到原初社会，向往"邻国相望，鸡犬之声相闻，老死不相往来"的"小国寡民"状态。在政治主张上,道家提倡"清静无为,自然而治",即"无为而治";当然,这不是完全的无所作为,而是"有所为,有所不为",或以"无为"而达到"有为"。

道家后来被称之为"黄老之说","黄"即黄帝;也被称为"老庄之说"。道家强调清净,结果导致了后世不少人远离世间喧嚣,或隐身修炼悟道,或作俗间隐士,过自食其力、粗茶淡饭的古朴生活。东汉的张道陵主要依据道家思想创立了道教。道教是唯一产生于中国的宗教,也是唯一在中国境内传播的宗教。可见道家思想是比较切合中国社会实际的。

墨家是在战国初期兴起有较大影响的学派,其创立者墨子即墨翟,出身于农民家庭,本人也是手艺工人。著作为《墨子》,论述言简意赅。墨家是代表庶民(小生产者)阶层的思想流派,与儒家代表士阶层截然相对,因而两者在思想观点和政治主张上几乎完全相反,在当时就有过激烈交锋,都属于当时的显学。墨家的基本思想是"兼爱""非攻""节用""尚力"。兼爱,包括了平等和博爱;既要爱国家,更要爱人民;爱不要有差异,不要分等级;要"兴天下之利,除天下之害"。非攻,就是不要战争,战争的最大受害者是人民。节用,就是要节省开支,勤俭节约,特别反对厚葬之类无谓的浪费。尚力,即要尊重物质生产劳动,体恤体力劳动者,因为整个社会都是"赖其

图 5-4
道家的阴阳

力而生"。由于各国君主为了增强国力，都比较重视生产，因此墨家学说在当时传播较广，影响很大，"从属弥衣，弟子弥丰，充满天下"。但秦汉以后专制主义统治加强，墨家思想归于沉寂。

法家曾在某个特殊时候被认为是与儒家相对抗的学派，这是扭曲性的拔高。法家创立者是春秋齐国的管仲和郑国的子产，但他们并没有阐述系统化理论。秦国商鞅也被认为是法家代表人物，他的变法是法家思想一次重要实践。战国后期的韩非子可称得上是法家思想集大成者。韩非子以荀子的"性恶论"为指导，将商鞅的法、申不害的术和慎到的势融为一体，第一次明确提出了"法不阿贵"思想，主张"刑过不避大臣，赏善不遗匹夫"。这是对中国法制思想的重大贡献。秦朝以法家思想做指导建立中央集权专制主义统治。虽然汉以后儒学成为统治者"独尊"的指导思想，但仍然在治国理政中辅之以法家思想。韩非子也有许多人生格言传世，如"千里之堤，毁于蚁穴""以子之矛，攻子之盾""欲速则不达""塞翁失马，焉知非福""行成于思，毁于随；业精于勤，荒于嬉"等。

兵家主要研究军事理论和军事活动规律，研究用兵之道，这在以战争为特征的春秋战国时期颇受重视。兵家又可分为兵权谋家、兵形势家、兵阴阳家、兵技巧家四类。最主要的代表人物是孙武和孙膑，其次还有吴起、白起等。孙武的《孙子兵法》研究各种谋略之道，其"三十六计"都是作战规律的总结，现代还有人将其作为商战指导书。

阴阳五行家以邹衍为代表，提出"五行"相生相克理论。名家以正名辨义为主，代表人物有惠施、公孙龙等。纵横家的代表是张仪和苏秦，倡导"合纵"或"连横"，前文已有介绍。农家关注农业和农事，《吕氏春秋》可算代表作。小说家属于艺文。余者各种思想泛称杂家。

诸子百家局面的出现，是中国思想文化发展的第一次高峰，而且对后世中国影响深远。这是中国传统文化的奠基时期。可以说，中国文化中最基本的思想就是"善"。这从诸子百家中就体现出来了。在儒家的孔子那里，"善"表现为"仁"，仁者爱人，爱人就是善。礼则是善的外在表现，是为维护人际和谐、社会和谐。这是个人的行为规范，也是社会的秩序规范。孟子提出"性善论"，无疑更强调善："人性之善也，犹水之就下也。人无有不善，水无有不下",即人具有善的本性像水具有向低处流动的本性一样。墨家思想核心中的"义",比儒家的"礼"更善,它以解除他人痛苦为己任,由此还在中国民间形成行侠仗义的精神传统。墨子的兼爱是无等级的爱,这比儒家的"仁"还要善得多。道家较多地强调顺自然之"道",强调人与自然的和谐,实际上包含着要"善"待自然。道家远离社会,逃避现实,虽然是消极的,但却是对他人的容忍,也可算是"善",不过略有扭曲。

5.6

秦始皇:统一中国与君主专制。郡县制的设立。车同轨、书同文。焚书坑儒。大泽乡起义。楚汉相争、刘邦胜出

战国七雄中,完成统一中国大业的是西部的秦国。公元前238年,秦王嬴政亲政,开始了最后统一中国历程。

公元前230年,秦内史腾攻韩,俘韩王,韩亡。

公元前229年,秦将王翦攻赵,次年占赵都邯郸。公元前222年,秦将王贲俘赵代王,赵亡。

公元前227年,燕太子遣荆轲行刺秦王,未成。王翦等攻燕,次年攻下燕都蓟;燕王迁辽东,公元前222年也为王贲所俘,燕亡。

公元前225年,王贲10万大军攻魏,引河水淹大梁城,城破,魏王降,魏亡。

这年,秦又派李信率兵20万攻楚,始胜终败。次年,王翦率60万秦军攻楚,屯兵与楚对峙;乘楚军东移时出击,楚亡,时为公元前223年。

齐本与秦结好40余年,上述五国俱亡后,齐形单影只,秦也不可能允许其存在。公元前221年,王贲率兵从燕地南下,几天就攻占齐都临淄,齐王降,齐亡。至此,秦完成统一大业。

秦灭六国,统一中国,其国土极为广大,"地东至海,西至临洮、羌中,南至北向户,北据河为塞,并阴山至辽东"。秦王政认为自己统一了中国,过去的"王"已不足以表达其功绩之高,于是从古代传说中"三皇""五

帝"中抽出"皇""帝"二字，作为君主新的名称，并宣布自己为"始皇帝"，还要代代相传，二世、三世直至万世。皇帝自称"朕"，所下命令为"诏"书，其玉制印章为"玉玺"。从此中国进入专制主义皇权时代。

一方面是皇帝个人专制集权，另一方面是统一帝国版图广大，政事繁多，皇帝不可能事事亲历而为，这是一对矛盾。解决这对矛盾的做法，是秦始皇在秦国和其他六国制度的基础上，通过改造和新创，建立了一整套政治制度，以帮助和维护皇帝的统治。一是实行郡县制，将全国划分为36郡，由皇帝和中央直接控制。郡下设县。郡县主要官员均由中央甚至皇帝派出。县下设乡、亭、里等基层机构。二是设立以三公九卿为首脑的中央机构。三公者，丞相、太尉、御史大夫也。丞相为百官之长，是皇帝的主要助手。太尉掌管全国的军事。御史大夫是丞相的副手，同时监管百官。九卿则是中央各职能部门负责人，如"掌宗庙礼仪"的奉常，"掌舆马"的太仆，"掌刑辟"的廷尉等。除此之外，秦还统一了兵制，统一了法律制度等。

为加强中央集权统治，巩固国家统一，秦始皇还实行了一系列政治经济措施。在政治上淡化分封制，不封宗室皇亲，仅分封功臣武将为王，而且实际上不世袭；收缴天下兵器，铸剑为钟；将六国富豪迁往原秦地之内；铲除原六国防御工程；修筑从咸阳通往各地的驰道，加强中央对地方的控制，加强各地之间的经济文化交流。秦始皇还巡游全国，宣示皇威，最终还死在巡游途中。

图 5-5
秦陵兵马俑发掘

东方神韵

在经济上,秦的基本政策是"重农抑商",在度量衡上实行全国统一。秦时的长度单位1尺约等于23厘米;1升的容量将近200毫升;1石为120斤,重约30,750克;1斤分16两,约256克。秦将普通货币统一为"半两"圆钱,将贵重货币黄金统一用"镒"(20两)为单位。货币统一有利于全国范围内的交易和交换活动。

为了全国交通便利,秦始皇实行了"车同轨",即左右两轮之间的距离应一样宽。为了文化发展和联系便利,秦始皇实行了"书同文",即统一文字,统一将小篆作为庄重的官方文字使用,将隶书作为日常的官方文字使用。

在思想统治上,秦始皇奉阴阳家的金木水火土"五行相胜"为法统,秦代周是以"水德"代替"火"。秦始皇最初继续重用法家学说,文化政策尚为开明,当时儒家、道家、兵家、墨家和纵横家等都能流行传播。公元前213年,由于博士儒生淳于越攻击郡县制,丞相李斯建议将国内所有的《诗》《书》百家书及史书焚毁,只留医、农、卜书及秦国典籍。此为"焚书"。不久后,为始皇寻长生不老之药而不果的方士侯生、卢生,转而抨击秦始皇"刚愎自用",秦始皇迁怒于儒生,在咸阳坑杀其中460多人。此为"坑儒"。焚书坑儒是中国君主实行文化专制的一个极端例子,大大扼杀了思想文化的发展。

秦国地处西部边陲,很早就与更西边的地区有联系。统一中国后,秦势力与影响继续西扩,故而西域及西亚很早就称中国为"希尼""支那",这些都是"秦"的译音或转音。

秦统一中国,并实行中央集权君主专制统治,但社会矛盾冲突却异常错综复杂。这些矛盾中,首先当然是秦统治者与被统治人民的矛盾,其次也有秦王朝与原六国旧贵族之间的矛盾。秦始皇统治初年有许多开明之举,这些矛盾尚比较隐蔽。到始皇末年强化专制和残暴统治时,矛盾很快就公开化了;由于他所拥有的力量过于强大,其高压下即使出现社会冲突也难以动摇他的统治根基。其子秦二世继位后,则是残暴昏庸有余,谋略通达不足。他任用"指鹿为马"的赵高,甚至害杀李斯、蒙恬等先朝股肱大臣。社会矛盾即刻激化,一座早已翻腾的火山终于爆发!

陈胜吴广起义掀开了反抗秦朝统治的序幕。陈胜、吴广均为农民出身,被强征当兵去戍守渔阳(今北京)边地。公元前209年,他们与同伴200余人行至途中，遭遇大雨而滞留于大泽乡（今安徽宿州境内），无法按期到达渔阳，有面临斩刑之危险。吴广藏丹书"陈胜王"于鱼腹，并仿狐叫"大楚兴，陈胜王"，号召起义。

陈胜素有大志，遭人嘲笑时曾说："燕雀安知鸿鹄之志哉！"发动大泽乡起义时，其"王侯将相宁有种乎"的号召更具鼓动力。这一豪言成了以后两千年中国草根阶层激励自己向上的警句！大泽乡起义后，陈胜吴广起义军迅速发展。不久陈胜自立为王，国号张楚，并拒绝了立六国旧贵族之后为王的劝阻，建立了相应的政权机构。起义军向秦军发起进攻，队伍也发展到几十万，攻城略地，一度逼近秦都咸阳。但由于起义军内部歧见不断，六国旧贵族又乘机火中取栗，致使起义队伍分裂，最终被强大的秦军击溃。吴广、陈胜在直接领导起义军作战半年后，相继牺牲。陈胜吴广起义作为中国历史上第一次大规模的农民起义，其壮举常为后来的农民军所效法。

风起云涌的全国性大起义，没有因陈胜吴广牺牲而终止。以项羽和刘邦为首的两支反秦队伍，最终将秦王朝推入了坟墓。大泽乡起义后不久，刘邦在沛县起兵；项梁、项羽在会稽举旗。陈胜吴广牺牲后，各地起义队伍以及原六国贵族武装几经分拆组合，以刘邦、项羽两支队伍势力最为强大。项羽军于公元前207年"破釜沉舟"，自断退路，在巨鹿战胜秦章邯军主力。刘邦军则直捣咸阳。秦赵高发动政变，杀死二世，立始皇弟子婴为秦王，不再称帝。公元前206年，刘邦兵至灞上，紧逼秦，秦子婴向刘邦投降，秦朝亡。

刘邦进入咸阳后，与关中父老约法三章，"杀人者死，伤人及盗抵罪"，获得民心。而在破秦中功劳卓著的项羽，不满刘邦之举而西攻咸阳。刘邦兵力远不及项羽，只好鸿门赴宴示弱，险遭项羽弟项庄席间舞剑刺杀，刘邦狼狈逃回灞上。随后，项羽屠咸阳、杀子婴，焚烧阿房宫等，激起民怨。项羽又分封诸王，其中刘邦为汉王。项羽自立为西楚霸王，并杀掉自己虚尊的义帝，其权势有如烈火烹油，达到顶峰。

汉王刘邦对项羽不满，楚汉相争开始。最初刘邦蛰伏汉中，蓄积力量。后乘项羽东征齐王田荣时，刘邦用韩信之计，明修栈道、暗度陈仓，率军突入关中，很快平定秦地。旋即东进洛阳，公开宣布讨伐项羽。彭城一战，刘邦大败，仅率几十人脱身。然而项羽不追"穷寇"，致使刘邦逃脱。此后刘邦固守关中基地，不时还迁回攻击项羽，或袭击楚之后方，或策动楚将降汉。公元前 203 年，汉军在成皋之战中摧毁楚军主力。处于劣势的项羽接受对手提议，以鸿沟为线划定楚汉边界。一年后，刘邦各路大军将项羽包围于垓下。四面楚歌声中，霸王诀别虞姬，往南突围，汉军追击。项羽退至乌江，不愿东渡见江东父老，自刎而死。是年，刘邦登皇帝位，建立汉朝，以长安为都。

楚汉之争中刘邦最后获胜，最关键的原因之一是他重用人才，手下贤臣良将如云，萧何、张良、陈平、韩信、樊哙、英布、彭越等人，都是后世传颂的英雄。而项羽之所以失败，恰恰也在于他过于自信专横，并自恃兵力强大而轻敌；他对普通百姓和降兵过于残暴，而对竞争对手却倒表现出不该有的"仁慈"，从而养虎为患，最终祸害自身。

5.7

汉承秦制。文景之治。汉武帝的辉煌。张骞通西域。司马迁著《史记》。王莽篡政。赤眉绿林起义。汉光武帝中兴。蔡伦造纸。张衡制地动仪。黄巾大起义

公元前 202 年刘邦登上皇位，汉朝正式开始。刘氏汉朝共历 24 帝，但有西（前）汉和东（后）汉之分。西汉自公元前 202 年至公元 8 年，都长安；东汉自公元 25 年至 220 年，都洛阳。公元 8 年—公元 25 年为王莽篡汉、建立新朝时期。

刘邦称帝后，基本上沿袭秦朝的政治制度，所谓"汉承秦制"，但也有所改变。在中央继续实行三公九卿制；对地方，则在实行郡县制的同时，还实行了分封制。先是分封了异姓功臣为王，如韩信为楚王，英布为淮南王，彭越为梁王。不过，这些异姓王不久后即被清除。后又将同宗子弟封王，如楚王刘交、吴王刘濞、代王刘恒等。封同姓王的目的是为了支撑中央政权，但最后反而是他们在地方上坐大，形成割据，影响中央集权，甚至威胁朝廷。汉初发生的"吴楚七国之乱"就是一典型事件。

至汉初时，整个中国已经历了自春秋以来的几百年战乱，如何使社会稳定、经济发展，人民安居乐业，是统治者需要考虑的首要问题。汉初诸帝基本能够顺应时势，采取比较得当的措施。他们以"黄老之道"为指导思想，实行"无为而治"，采取让人民"休养生息"的政策，轻徭薄赋，租赋征收最初为"什五税一"，后又减为三十税一，汉文帝时还有十几年全部免租。这些做法促使了"文景之治"的景象出现。

汉武帝时期，西汉王朝达到鼎盛。这时，为了削弱各地王国的割据势力，汉武帝推行了推恩令，即当诸侯王死时，除嫡长子继承王位外，其余各子也封为列侯，并划出一部分封地为侯国，将其隶属于汉郡。如此一来，原先的诸侯王国之封土便愈来愈小，其割据也就丧失了版图基础。诸侯国若有叛乱等违法行为，则将其封土没收，改为郡县。谋反的淮安王刘安、衡山王刘赐等，都遭此惩罚。这样，汉初的郡国并行制现在基本上恢复成郡县制。为加强对郡国的控制，汉武帝还设立刺史，专事对郡国官员以及地方豪强的监督职责。

地主豪强阶层是在这时开始形成的，这是封建土地所有制发展的结果。所谓豪强，是指那些横行乡里的地主，他们多为战国贵族的后人。汉武帝对付豪强的做法，主要是任用酷吏，对豪强进行诛杀。

为了广招人才，汉武帝正式确立了选拔官员的察举制。察者，考察；举者，举荐。这是一条上下结合、发现人才的新途径。出身于社会下层的人，至少在理论上有了做官、上升到统治层的机会与可能。

汉武帝在经济上也有一套得当措施。如改革币制，将铸钱权收归朝廷，先后铸造三铢钱、五铢钱。又如实行盐铁官营，实行均输（通过运输调节货物供应）、平准（平衡物价），打击商人，向他们征收资产税（算缗），鼓励告发不如实申报资产的人（告缗）。

汉武帝时，不仅国内稳定、社会兴旺，对外也遏制了匈奴进犯，并拓展了疆土，建立了与西域的联系。匈奴最早见诸记载是战国末。单于（意为大首领）头曼长子冒顿弑其父而自立。在位期间，东掠西夺，公元前209年时，其国土囊括辽河、葱岭、贝加尔湖、长城之间广大地区，成为汉朝的最大敌人。汉王朝最初与其"和亲"示好，双方维持相对和平关系；但汉地屡遭匈奴袭扰，造成人口和财产的大量损失。汉武帝时开始反击匈奴。先是大将卫青数次出击高阙，打败匈奴军队；再有霍去病两次西征，在祁连山一带围歼匈奴，设立武威、酒泉、张掖、敦煌四郡。最后卫青、霍去病分东西两路出击。西路卫青在漠北全歼匈奴主力，解除其对长安威胁，设置朔方、五原诸郡。东路霍去病追击匈奴军，直至瀚海（贝加尔湖）回师。此后百余年，匈奴威胁基本解除。

为了夹击匈奴，汉武帝派大臣张骞出使，联系西域各国（今新疆与中亚一带）。张骞于公元前138年出发，在途中被匈奴人俘获，滞留10年方才逃脱。虽至西域大月氏国，但无果而返。回程又历经曲折一年多，于公元前126年回到长安。公元前119年，张骞第二次出使西域，四年后返回。此次出使随行达300多人，其副使到达了大宛、大夏、康居等多国，从此汉与西域建立了相对稳定的交往关系，与西域及西亚的商业联系也变得频繁起来。中国往西输送的物品中以丝绸最为重要，故而这条商道被称为"丝绸之路"。后来的东汉班超出使西域，其副使甘英还奉命出使罗马，不过因畏惧海上航行而止步于地中海边。

思想文化方面，汉武帝采纳董仲舒"罢黜百家、独尊儒术"的建议，将儒家思想奉为治国治世之正统。这对中国社会影响深远。实际上，汉武帝所尊奉的儒家思想，已经糅合了法、道、阴阳等各派思想，故后人对其有"外儒内法"之谓。

盛世修史，也始于汉武帝时代，司马迁的《史记》可视为中国传统史学的奠基之作。司马迁的父亲是朝廷史官。他子承父业，却不满足于仅仅只是皇帝言行的记录者，立志写一部贯穿古今的通史著作。写作《史记》的过程中，他因认为汉将李陵投降匈奴实有情由，仗义替李陵说了几句话，结果被汉武帝处以宫刑（即阉割生殖系统）。司马迁忍辱修史，用14年时间完成了中国历史上第一部伟大的历史著作。这是一部纪传体通史，开创了中国史书纪传体的体裁。而作为通史，司马迁声明要探索历史的发展规律，要"究天人之际，通古今之变，成一家之言"。书中不少篇章如"秦始皇本纪""陈涉世家"等，刻画了生动的人物形象和鲜明的人物性格，在具有极高史学价值的同时也具有极高的文学价值。《史记》被鲁迅誉为"史家之绝唱，无韵之离骚"。

武帝之后，其子昭帝、其孙宣帝基本维持了汉朝的繁盛气象，并且"与民休息"，多次减免租赋杂税，重视吏治，故而"天下殷富，百姓康乐""政教明，法令行，边境安，四夷清"，史上有"昭宣中兴"之誉。随后而来的元、成、哀、平四帝时期，则是西汉衰落时期。统治集团腐败加深，官僚、地主和商人三位一体的新豪族势力逐渐形成。他们无休止地兼并土地，大量失地农民变成流民和奴婢。严重的社会问题又导致统治者以迷信思想来自救。在刘氏难以维系统治的局面下，出现了王莽篡夺汉室、建立新朝、进行改制的插曲。

王莽是汉元帝外室之后，汉平帝时任大司马、太傅，总管朝政。公元5年，他毒死平帝，立2岁刘婴为"孺子"，自摄朝政。公元8年，公然篡汉皇位，自称"真天子"，改国号，建立新朝。随后依托《周礼》改制，其不准土地买卖，限制大土地所有和土地兼并、平抑物价、发放贷款，不准私人经营盐、铁、酒业等措施，对扭转混乱的社会状况有一定效果；但另一些做法则消极作用更大，如币制改革引起了经济混乱，改变官名区划名引起了政制混乱，对外过度宣威引起了与周边关系的紧张。虽然王莽能够直面危机、勇于改革，但其改革动机不纯，改革方向有悖历史潮流，所以其效果却是走向反面，社会危机愈益加深，贫困农民"无以自存"，终于引发全国性的农民大起义。

这次农民起义通常被称为"绿林赤眉起义"，这是因为绿林和赤眉是两支最大的起义队伍，并且最先举起义旗。绿林军起兵于今湖北，起义领袖王匡、王凤，以绿林山为基地。响应者还有平林兵。赤眉军起义于山东琅琊，起义

图 5-6
中国汉代妇女在捣丝

军领袖为樊崇，以红色涂眉。北方响应者有铜马军、大肜军等。率兵响应起义的还有汉朝宗室之后刘玄、刘縯、刘秀等。经过几年起义军与王莽新朝军队的斗争，以及各支义军之间的相互混战，最后南阳人刘秀夺得政权，恢复刘氏汉室统治。

刘秀与其兄刘縯起兵时，称舂陵军，后加入绿林军。刘秀曾在公元23年的昆阳之战中，以少胜多，大败新朝军队。但在起义军中仍受排斥，不获重视。公元24年，刘秀在河北收编铜马军，实力大增。公元25年，他在河北称帝，为汉光武帝。公元27年，他消灭赤眉军，随后又在十余年间平定各地割据势力，完成了统一。他还采取各种措施促使社会稳定、经济复苏、政治清明，史称"光武中兴"。

东汉王朝凡195年，经济社会基本上稳定发展。在科学技术上的突出进步，其一是蔡伦改进了造纸术。蔡伦是宫廷中主管手工业生产的官员，他在西汉以来造纸技术的基础上，利用树皮、麻头、破布、渔网等做原料，用碱液蒸煮后捣成浆状，再铺成纸张。中国的造纸术发明后，逐渐向西传播。751年怛罗斯战役中，中国一些随军工匠被阿拉伯人俘获，将造纸术带到了中亚、西亚，后来在12世纪传到了欧洲。纸的发明，是世界技术史和文化史上最重大的事件之一。没有纸的发明，也就不可能有印刷材料，书籍的印刷制作也就不可能了。其二是张衡发明地动仪。张衡的地动仪有八个方位，每个方位上都有一条龙口含铜珠，每条龙下方对应有一只蟾蜍。哪个方向发生地震，

图5-7
中国汉代发明造纸术

该方向龙口中的铜珠就会落入蟾蜍口中。这是世界上最早的测定地震的仪器。

汉朝的文化成就以乐府最为突出。如《长歌行》：

> 青青园中葵，朝露待日晞。阳春布德泽，万物生光辉。
> 常恐秋节至，焜黄华叶衰。百川东到海，何时复西归？
> 少壮不努力，老大徒伤悲。

东汉的社会矛盾日趋尖锐，主要是豪族大地主势力增长后，不但农民、奴婢处于艰难境地，而且其与中小地主的矛盾冲突也日见激烈。大致从东汉中期起，社会就开始动荡不安，尤其是外戚、宦官长期交叉把持朝政，政治更为黑暗混乱。知识分子即"士"对朝政的"清议"批评，被斥之为"党人之乱"，也给自己带来了"党锢之祸"。民谣"举秀才，不知书；察孝廉，父别居；寒素清白浊如泥，高第良将怯如鸡"，就是此时东汉政治乱局的写照。

在这种极端混乱的情势下，苦难最为深重的下层民众发出了自己的声音。自东汉桓帝开始，各地农民起义就不断发生。当时的民谣唱道："发如韭，割复生；头如鸡，割复鸣。吏不必可畏，民不必可轻。"在这种情绪推动下，终于爆发了波及全国的黄巾大起义。

黄巾起义的领袖张角创立了太平道，信道众徒数十万，分成三十六方。张角发出预言："苍天已死，黄天当立，虽在甲子，天下大吉"，率众徒于甲子年（184年）在全国同时起义。黄巾军在各地攻击官军，占城略地，激战无数，其主力军坚持数月之久失败。余部中，坚持斗争最长的达20余年。

5.8

群雄并起。官渡之战。赤壁之战。夷陵之战。三国鼎立。诸葛亮南征北伐。三国归晋。五胡南下。东晋十六国 。魏晋思想文化成就

黄巾大起义基本上把东汉王朝送进了坟墓。在镇压黄巾起义的过程中，

各地豪强势力乘机兴起,大小军阀各据一方,中国再次进入分裂时代。

东汉末年,朝廷内部宦官、外戚、官僚三大集团矛盾丛生,斗争激化,朝政失纲。先是蹇硕等十常侍(宦官)干政,继而为外戚何进专权,后又有豪强董卓擅政。地方上则形成袁绍、袁术、曹操、孙策、刘表、刘备等军事集团。军阀混战,生灵涂炭,中原一带更是"白骨露于野,千里无鸡鸣"。

几次关键性的战役对局势逐渐稳定并最终形成三国鼎立局面起着重要作用。

官渡之战,200年。曹操和袁绍之间的战争。曹操先以精锐偷袭袁绍粮草基地,后招降袁绍重要部将,最后在战役中杀掉袁绍主力8万人。此战曹操除掉了袁绍这个最强对手,为统一北方奠定了基石。

赤壁之战,208年,决定三国分立的关键战役。曹操统一北方后南下,号称80万大军。江南孙权(孙策弟)兵力不足,在诸葛亮说服下与刘备联合拒曹。曹兵多为北人,不习水战;孙刘联军利用火攻,摧毁曹军水师。曹军大败,退回北方,此后致力于巩固北方。

赤壁战后,刘备势力大增,获得了荆州(今湖南、湖北)广大地区,并西进益州(四川),取得蜀地以及汉中。而孙权在稳固了对长江中下游的统治后,又向岭南扩张。至此,曹孙刘三家鼎立之势趋于明朗。220年,曹操子曹丕废掉东汉最后一个皇帝汉献帝,自立为帝,国号魏,都洛阳。221年,以复兴汉室为使命的刘备则在蜀地称帝,国号汉,都成都。孙权则于229年称帝,国号吴,都建业(南京)。

夷陵之战,222年,蜀吴之争中的重要战役。由于孙吴杀掉刘备义弟关羽,夺走荆州,刘备兴兵报仇。其数十万大军扎于夷陵(今宜昌以上沿江地带),军营几百里相连。孙吴大将陆逊以火攻,烧掉蜀军40多座营寨,刘备大败溃退。夷陵之战使三国鼎立局面最后定型。

三国时期,随着政局的稳定,经济和社会各方面都得到了发展,而且各国都有自身的发展特点。曹魏广泛地实行屯田制度,对农业的恢复卓有成效,生产技术也有一定进步。实行租调制,规定按田亩纳租,按户纳调,确定等差。这种固定税额有益于减轻农民负担,也保证了国家财税来源,常为后来的赋税改革所借鉴。在选拔人才上,曹魏大力提倡"唯才是举",扩大治理国家的人才来源。曹魏又实行"九品中正制",将人才分为九品,按品级授官给职,一方面储备了人才,同时也是力图"人尽其才"。不过,九品中正制后来为世家大族所把持,结果形成"上品无寒门,下品无势族"的不良局面。

蜀汉虽偏僻狭小,却幸有诸葛亮这样的治世良才,因而能政治清明,经济活跃,国力厚实。对外南下收服南中(川南、云、贵)一带少数民族,北上则多次出师伐魏。在某种意义上,诸葛亮北伐实为"以攻为守",并且过多依赖个人谋略。尽管诸葛亮为恢复汉室殚精竭虑,但他死后蜀国状态每况愈下,终致成为魏国的俎上之肉。诸葛亮"运筹于帷幄之中,决胜于千里之外",将谋略才智展现到了极致,其名字在中国被当做智慧化身。他"鞠躬尽瘁,死而后已"的献身精神,也为后人所景仰。唐朝杜甫有诗缅怀他:

丞相祠堂何处寻,锦官城外柏森森。
映阶碧草自春色,隔叶黄鹂空好音。
三顾频烦天下计,两朝开济老臣心。
出师未捷身先死,长使英雄泪满襟。

孙吴据有江南、江东富庶之地,稳定的政局、得当的政策,使得经济发展极快,尤其是丝织、瓷器、造船技术极为发达,所造大船能乘2000人以上。孙吴船队多次来往台湾以及东南亚多国,甚至还与罗马商人发生了商业联系。

从历史趋势看,三国时期结束了东汉末年军阀混战状态,为中国走向统一实现了局部统一,打下了全国性统一的基础。当三国中有一国逐渐强大,具备统一力量,而其他两方则相对弱小,且统治无方或腐败无度时,走向全国统一只是早晚之事了。鼎立的三国中以曹魏最有优势,其人口占全国一半以上,超过了蜀吴两国人口之和。不过,完成这一统一大业的,是取曹魏而代之的司马氏晋朝了。

晋之发迹始于司马懿,他曾任曹操相府主簿,后辅佐曹氏诸王,主持军事,为诸葛亮后期之主要对手。249年后独揽曹魏大权。其子司马师、司马昭先后辅曹。263年,司马昭率大军灭蜀。265年,司马昭病死,子司马炎立即废曹魏,自称帝,建晋朝。280年,晋兵自长江而下,灭孙吴,完成了对全国的统一,"三国归晋"。

晋统一中国后,国家逐渐安定下来,经济生产得以恢复,人口也有较大增长,出现了短暂的"太康繁荣"。但这只是国家统一带来的"红利",而非晋统治者有什么治国安邦良策。由于司马氏出身豪族,又是以政变方式夺取政权,故而其生活腐化,朝纲紊乱,腐败情况远甚三国时期。晋朝在推进政治和社会进步方面几乎无所作为,却使一些陈旧的或延缓社会进步的措施得以实行。如曹魏已有的九品中正制,演变成以籍贯和父祖官位定品,最终形成"公门有公,卿门有卿"的局面,纯粹以门第论高低。门第高的称"高门",即"门阀士族",世代做高官。门阀制度的形成,对中国社会的发展产生了消极影响。

由于士族豪强势力发展,许多农民纷纷投奔于其门下,寻求保护,结果演变为依附农民。军队中的部曲也逐渐为士族所控制,带有亦耕亦农性质,部曲中的士兵也成了依附农民。虽然依附农民身份低于国家的编户小农,但由于受到士族一定保护,生产活动反而比编户小农更有保障。

作为士族总代表的晋王朝,也将士族制度的弊端推向了极致。从皇帝到官僚,腐败成风,相互倾轧,最终酿成了"八王之乱"。这场皇室内乱延续了16年之久,最大的受害者自然是民众百姓。人民流离失所,四处迁徙。在这种剧烈的社会动荡中,流民起义不断发生。晋朝就在皇室内乱和人民斗争的双重打击下,精力逐渐耗竭。

就在晋王室极端虚弱的情况下,主要以游牧为生的西部和北部少数民族也掀起了内迁运动,其中以匈奴、鲜卑、羯、氐、羌五个民族较有影响,史称"五胡南下"。

五胡内迁始于东汉末年,至西晋末年达到高潮。由于内迁各族遭受不平等待遇,他们逐渐起兵反晋,建立政权。294年,匈奴人在上党最早起兵。304年,另一支匈奴贵族刘渊建立政权,国号汉,又称前赵。311年,前赵军攻陷洛阳,俘晋帝,史称"永嘉之乱"。316年,前赵军再攻长安,晋帝降,西晋亡。中国北方随后陷入长期分裂。

317年,晋室宗亲司马睿在建康(今南京)再建晋王朝,史称东晋。这一政权处在王、谢等南下的北方士族支持之下,故而民间传语曰:"王与马,共天下。"东晋朝历时100余年,但仅统治南方。即使如此,其统治也很不稳固，南迁的侨姓士族与江南原有士族之间的矛盾尤为突出。江南士族曾多次起兵反抗。侨姓士族与司马氏王族之间的冲突也颇为激烈，接连出现了王敦之乱、苏峻之乱等。东晋王朝未忘恢复祖业，在饱受五胡之害的北方人民盼望下，多次北伐中原，其中以闻鸡起舞的祖狄北伐和桓温北伐最为著名。

中国北方则先后出现了 19 个地方政权。除史称的"十六国"外，还有冉魏、代、西燕。除前凉、西凉、冉魏和北燕外，其余皆由少数民族所建。4 世纪中叶，前秦的苻坚任用汉人王猛等进行改革，打击豪族，强化王权，其国力迅速强大，接连灭掉了前燕、前凉、代国等，并进兵西域，382 年基本统一了北方。苻坚继续南下，率数十万大军进攻东晋，爆发了历史上著名的淝水之战。初时苻坚以为晋军人多，"八公山上，草木皆兵"。东晋大将谢石、谢玄等趁秦军往后移阵造成混乱之际，渡河后迅速攻击，造成秦军大乱。苻坚疑虑丛生，将风声鹤唳也当成敌军的追击声，中箭后更加快了逃跑。

淝水之战使前秦兵败，北方又重新陷入混乱分裂之中。东晋随后的北伐虽然也一度取得些胜利，但它并未有能力统一北方。很快东晋朝也出现了内乱。先是谢氏家族被排挤，后于 399 年在东南部发生了孙恩卢循农民起义，持续时间达 13 年，大大损耗了东晋王朝力量。而镇压孙恩有功的大将刘裕，则在 420 年迫使晋帝禅位，东晋亡。

魏晋时期，虽然国家分裂、政权林立，或许正是这种状态使思想文化有了发展空间。魏晋玄学将道家和儒家思想结合在一起，并予之深奥化、神秘化。玄学，即研究"三玄"之学。"三玄"即《老子》《庄子》《周易》。在史学上，西晋陈寿的《三国志》被视为中国史书的典范作品之一。文学以曹操父子的诗歌和东晋陶渊明的作品成就为最高。如曹操的励志诗篇《龟虽寿》佳句：

老骥伏枥，志在千里。烈士暮年，壮心不已。

陶渊明的《桃花源记》是描绘田园农家生活的千古名篇。而其《归园田居》5 首，刻画作者辞官归里，"躬耕自资"，作为田园诗人的心境和情趣。

种豆南山下，草盛豆苗稀。晨兴理荒秽，带月荷锄归。

东方神韵

道狭草木长，夕露沾我衣。衣沾不足惜，但使愿无违。

　　魏晋的艺术成就也相当突出。东晋顾恺之的《洛神赋图》，其画中人物生动传神，具有现实主义风格。而王羲之、王献之父子则成为汉字书法艺术的宗师。

第六章

智慧与美
希腊古典文明的兴盛

6.1

古希腊的地理范围和自然条件，居民的复杂性。爱琴海——欧洲文明的摇篮。地中海巨舰：克里特岛，米诺斯迷宫。迈锡尼：圆顶墓王朝的兴起

公元前2000年代初，古代文明开始越过各大河流域向四周扩展。欧洲离西亚北非文明中心区最近的东南角——希腊，自然最先沐浴东来的文明春风。

古代希腊与现代希腊的地理概念有所不同。从范围看，古希腊大致包括四个部分，即希腊半岛、爱琴海岛屿、克里特岛以及小亚细亚的西部沿海。

希腊半岛即希腊本土，分为北、中、南三个部分。

在北部，中间自北向南有一条品都斯山脉，将北部分成东西两个部分。东边叫帖撒利亚，平原地区，边缘耸立着奥林匹斯山——神话传说中希腊诸神居住的地方；西边是伊庇鲁斯，贫瘠的山区。

中部的希腊多低矮的小山，将国土分割成许多小平原。著名的雅典城邦就在中部的阿提卡半岛上。

从中部通过一地峡，到达希腊南部，即伯罗奔尼撒半岛。著名的斯巴达

城邦位于半岛的南部平原上。

　　希腊的自然条件有一些很明显的特点。这些特点影响着后来希腊历史的发展。

　　希腊境内多山。由于多山，农业的大规模发展便有一定的局限。影响农业发展的还有气候因素：希腊属于典型的地中海气候，夏天炎热而干燥，雨热不同期，很不适宜粮食作物特别是需要高温高湿的高产粮食作物的生长。由于多山，各地区之间的联系就不很方便，使古代希腊始终难以成为统一的国家。

　　矿藏丰富是希腊的一大优势。铝土、铜、银、铁、金等在希腊地表下都有一定存在，还有大理石、陶土等。自然资源丰富，对发展冶金业、工商业极为有利。希腊半岛海岸线曲折，港湾众多，岛屿密布，和海外联系相当方便，适宜于海上交通和对外贸易的发展。

　　当然，自然条件对历史发展的作用，还须通过人类自身的努力作为中间环节。更具体地说，古代希腊人要取得最基本的生活资料，还需要在人与自然的关系链条中加一道探究自然规律的活动环节。由于作为农耕的条件不是太好，希腊人便注意研究自然条件。多山多矿石，便可制作手工产品与别人交换粮食，因而采矿业、手工业发达。土地种粮食不利，但可种葡萄、橄榄等经济作物来换取别人的粮食，因而园艺业发达。要同外界进行交换，在希腊的地理位置条件下必须跨海，于是航海业发达、造船业发达；同时还得探讨海洋知识、水文知识和气象知识，因而又促使科学的发展，如此等等。

　　希腊最原始的居民是皮拉斯基人、勒勒吉人和卡里亚人等。但古典的希腊文明并不是他们创造的，而是一批北来的民族。

　　公元前2000年代里，巴尔干半岛北部的居民曾经分三批向南迁移。最早南下的是阿卡亚人，他们大约在公元前2000年代初进入中希腊和南希腊。第二批是爱奥尼亚人，进入了中希腊，以后又向爱琴海岛屿和小亚沿海迁徙。第三批是多利亚人，公元前12世纪进入南希腊，将阿卡亚人排挤到伯罗奔尼撒半岛的北部山区，以后又向爱琴海南部、克里特岛和小亚沿海南岸迁徙。

　　到公元前10世纪时，希腊各部落基本上定居下来：

　　阿卡亚人分布在伯罗奔尼撒半岛的北部和中部山地。

　　多利亚人分布在伯罗奔尼撒半岛的南部、克里特岛、小亚西部沿海南段和爱琴海南部岛屿。

爱奥尼亚人分布在中希腊、爱琴海中部诸岛以及小亚西部沿海中段；

此外还有埃奥利亚人，主要分布在北希腊以及中希腊的部分地区，爱琴海北部岛屿，小亚西部沿海北段。

马其顿人则分布在北希腊的最北部。不过严格说来，马其顿人不能算是典型的希腊人，古典时代的希腊历史他们并没有参与创造。

希腊最早的文明产生于爱琴海周围地区，因此被称为爱琴文明。爱琴海是东地中海的一个支海。海上风光绮丽，岛岛相望，是发展航海事业的天然所在。更重要的是，这里又是希腊联系近东文明地区的最便捷的通道。因此，成为希腊乃至欧洲文明的发祥地势所必然。

通常认为，爱琴文明包括克里特文化和迈锡尼文化两种类型。克里特岛位于爱琴海的南部边缘，处在东地中海的中心位置，离欧、亚、非三洲大陆差不多是等距离。它的面积大约有1万平方公里，为一狭长岛屿，宛如一巨大的船舰航行在地中海上。

早在新石器时代，岛上就有人类居住。但文明的真正开始应在公元前2000年代初。据希腊史书记载，当时岛上出现了100多个小城邦国家，其中以克诺索斯最为强大。这时先是有了图画文字，后发展为象形文字。象形文字后演变为线形文字，称线形文字A。这种文字至今还没有人释读成功。

公元前1600年以后，克里特文明进入全盛时期。尤其是在克诺索斯国王米诺斯统治时期，不但基本统一了全岛，势力还扩展到希腊半岛的中部和南部。传说那时的雅典也要向米诺斯国王进贡，每年送七对童男童女，去喂米诺斯王宫中的一头怪牛。首都克诺索斯的人口到了10万左右，是当时地中海世界最大的城市之一。

在克里特文化这个最辉煌的时期，岛上经济发达，文化成就突出。居民已懂得犁耕农业，种植大小麦、豆类、葡萄、橄榄等；手工业水平也很高，能制作精美的青铜器、金银工艺品以及彩陶器皿。而造船业的发达，则使它一方面能同地中海各地发展贸易关系，一方面建立了强大海军，称霸地中海。

米诺斯王宫依山而建，结构奇特，布局巧妙，千回百转，素有"迷宫"之称，进入后如无人导引，则无法走出。王宫中有许多壁画，主要描绘国王及贵族们的生活场景，也有自然景物，风格轻快活泼，极具现实主义风格。有趣的是，艺术作品中人物多为女性，这多少反映了远古时代母权制的遗风；动物则多为牛，无疑表现了农耕民族对耕畜的尊奉崇拜。

一般认为，克里特文化的创造者是土著的皮拉斯吉人。

公元前1450年左右，王宫中出现了新的线形文字，被称为线形文字B。这种文字已被近人解读成功，证明是希腊语，表明希腊人进入过克里特。再过几十年，岛上的王宫及其他建筑物全部被毁，从此克里特文化迅速衰落。公元前1125年左右，希腊人中的多利亚人部落大规模侵入，克里特文化从此湮没。

伯罗奔尼撒半岛上的迈锡尼文化几乎与克里特文化同时。迈锡尼是一个城市，位于半岛东北部的阿哥利斯地区。公元前1600年左右，阿卡亚人部落

图 6-1
米诺斯王宫壁画中的野牛

图 6-2
迈锡尼王宫狮子门遗址

来到了这里，摧毁了原有土著居民皮拉斯吉人的宫殿建筑。修建了竖井式坟墓，墓中有大量的金银殉葬品，表明这时已处在原始公社解体、财富开始分化的时期。

公元前 1500 年左右，竖井墓演变为圆顶墓。圆顶墓相当宏伟壮观，全部由石块筑成，墓前有甬道，中间为一圆形大厅，厅旁是墓室。一般认为这是迈锡尼国王的陵墓。这时候的迈锡尼国家常被叫作"圆顶墓王朝"。

迈锡尼的王宫建筑也极富特色。虽然只是用大石块垒砌而成，但其门上有石雕双狮拱卫，以"狮子门"闻名于世。

同属这一文化的，除迈锡尼外，还有伯罗奔尼撒半岛西部的派娄斯等城邦国家。

在走向文明的进程中，迈锡尼文化受了克里特文化的较大影响。但是，当圆顶墓王朝建立之后，迈锡尼便可和克里特并驾齐驱，在手工业和商业等方面与之展开竞争了，有些方面甚至超过了克里特。

半个世纪后，由迈锡尼等地去的希腊人取代了原克里特人的统治，毁掉了克诺索斯的王宫，并且在那里创造了线形文字 B，把它带回了南希腊。

考古材料表明，迈锡尼是完完全全的奴隶制城邦国家。国王、军官以及下属各级官吏是统治者；土地有公有和私有两种形式；奴隶被用于农业和手工业生产，除国王外，寺庙也占有相当多的奴隶。

公元前 12 世纪初，以迈锡尼为首，组织希腊各国组成了远征军，攻打小亚西北的特洛耶城。这就是著名的特洛耶战争。战争打了十年，虽然希腊军队取得了胜利，但迈锡尼力量受到了极大削弱。这时候，多利亚人渐渐南下，不久就摧毁了迈锡尼文化。

6.2

荷马时代：英雄时代。《伊利亚特》——特洛耶战争第十年传奇。《奥德赛》——俄底修斯历险记。军事民主制。铁器与奴隶。巴赛列斯：准国王？

星移斗转，日月如梭。随着时间的推移，人类社会不断地进步。然而，历史发展并非整齐划一的规律。公元前 11 世纪起的两三百年里，希腊历史似乎出现了倒退。

多利亚人南下，使希腊社会发生了很大的变化：迈锡尼时代的国家不见了，城市、王宫不见了，工商业繁荣的景象消失了，连线形文字 B 也不见了。先进的迈锡尼奴隶制社会被落后的多利亚人原始部落消灭得荡然无存。

从公元前 11 世纪到前 9 世纪，希腊社会没有文字，没有历史文献。仅存的史料是《荷马史诗》。所以历史上称这一时期为"荷马时代"；又因为史诗描写的主要是英雄们的故事，所以这个时期也被叫作"英雄时代"。

荷马史诗共有两部：一为《伊利亚特》，一为《奥德赛》。相传由公元前 9 世纪的希腊盲诗人荷马所作，实际上是民间的集体创作，经历了数百年的口头流传，最后在公元前 6 世纪用文字记录下来。

《伊利亚特》记载了希腊人远征特洛耶城的故事。特洛耶位于小亚西北角上，离赫勒斯滂海峡（今达达尼尔海峡）不远。特洛耶战争是传说中希腊上古时代一次著名的战争。

相传在古希腊的佛提亚地方，有一个叫珀琉斯的国王举行婚礼。他邀请了奥林匹斯山上的众神出席，却独独忘记了专管争吵的女神厄里斯。厄里斯便挑弄是非，偷偷在筵席上丢下一个金苹果，上书"送给最美丽的女神"字样。参加宴会的天后赫拉、智慧女神雅典娜、爱与美之神阿芙洛狄忒都想得到这个金苹果。天神宙斯无法，要他们到特洛耶去，让特洛耶王子帕里斯评判。结果三个女神都向帕里斯许愿：赫拉愿给他权力和财宝；雅典娜愿给他胜利和智慧；阿芙洛狄忒愿让他挑选世界上最美丽的女子为妻。帕里斯便将金苹果判给了她。后来帕里斯跟着父王到希腊做客时，将斯巴达国王的妻子海伦拐走回国。海伦是当时全希腊最美丽的女人。

希腊人极为愤怒，在迈锡尼国王阿加米农的统帅之下，组织了十万大军，千艘战船，渡海攻打特洛耶。战争进行了十年之久，希腊世界的英雄们纷纷登场出战。天上的神也分成了两大阵营，赫拉和雅典娜等支持希腊联军，阿芙洛狄忒及丈夫战神阿瑞斯则站在特洛耶人一边。就连宙斯也卷入了战事，从最初的中立到后来偏袒特洛耶人。

《伊利亚特》正是从战争的第十年初开始描写的。这个时候，战争已僵持不下,希腊联军内部也发生了分歧。当时,希腊联军的统帅阿加米农,将太阳神阿波罗神庙祭司的女儿克律塞伊斯霸为己有。阿波罗对此非常愤怒,进行了报复,他用神箭射死了希腊军中的很多人,而且还将瘟疫降到希腊军营之中。

希腊军队中的大将阿喀琉斯对阿加米农的做法很气愤。阿喀琉斯是最英勇的希腊英雄之一。传说在他出生后,被母亲提着脚跟倒浸在冥河水中,结果他全身刀枪不入,只有脚跟是一个致命弱点。他要求阿加米农将克律塞伊斯放了,阿加米农虽然勉强这样做了,但又强占了已属于阿喀琉斯的一个美丽女俘作为抵偿,并且当着众人之面羞辱阿喀琉斯。阿喀琉斯怒气冲天,拒绝出阵作战。

当阿喀琉斯罢战之时,特洛耶王子帕里斯乘机单独出来向希腊人挑战。上阵应战的恰好是海伦的丈夫斯巴达国王墨奈劳斯。仇人相见,分外眼红,墨奈劳斯拍马直冲对方,帕里斯心虚后退。他哥哥赫克托耳责备其胆怯,帕里斯复又斗胆上阵,表示要与墨奈劳斯单独决斗:谁赢,谁就得到海伦及她的财宝。结果是帕里斯稍逊一筹,阿芙洛狄忒赶忙出来把他救了回去。希腊人要帕里斯兑现诺言,帕里斯死也不肯,结果双方又是一场大战。一个个英雄纷纷倒在战场上,就连帮助特洛耶人的阿芙洛狄忒和阿瑞斯也受了伤。

但战局后来对希腊人越来越不利,由于阿喀琉斯坚持不出战,希腊人屡战屡败,阿加米农、俄底修斯等主将都受了伤。而且,特洛耶主将赫克托耳在宙斯和阿波罗鼓动下,反倒向希腊人营寨发起了进攻,并企图烧掉希腊人的海船。这时,阿喀琉斯的好友帕特洛克罗斯从他那里要来了盔甲和盾牌,出阵作战。特洛耶人一见,以为又是阿喀琉斯本人出战,纷纷落荒而逃,而帕特洛克罗斯终因筋疲力尽,被赫克托耳杀死。

阿喀琉斯见好友牺牲,悲痛欲绝,出寨与赫克托耳决战。这是交战双方两个最英勇的战将生死之争。连奥林匹斯山上的神都蜂拥而至,前往观战。据说宙斯用黄金天秤称了两人的命运,只见赫克托耳一头往下沉。战局果然如此。在雅典娜的帮助下,阿喀琉斯沿特洛耶城墙追了赫克托耳三圈,终于将他刺死。双方分别为帕特洛克罗斯和赫克托耳举行了隆重的葬礼。《伊利亚特》到此结束。

根据其他一些文件记载，战争继续进行，帕里斯后来知道了阿喀琉斯的弱点，从远处用暗箭射中他的脚跟，使他致死。后帕里斯也被希腊弓箭手射死。最后，足智多谋的俄底修斯想出了木马计。他们做了一匹巨大的木马，放在特洛耶城外，木马内藏着一些战士。白天和特洛耶人作战时，希腊人佯败，弃木马而逃，特洛耶人将木马当作战利品拖进城内。半夜时分，希腊人从木马里钻出来，打开城门，埋伏在城外的希腊军队立即杀入城里，特洛耶人猝不及防，全城被毁，海伦又被带回了希腊。

《奥德赛》则描写在特洛耶战争结束后，希腊军队的统帅之一、木马计的设计者俄底修斯在回国途中漂流十年的经历和所见所闻。史诗共分三部分。

史诗先是叙述俄底修斯家庭的情况。战争结束后，希腊将士大都按期回到了故乡，只有俄底修斯迷了路，到处漂流。所以传闻他已经死在异域。过了几年，先后有100多人来到他家里，向他那漂亮的妻子珀涅罗珀求婚。他们还在她的家里终日行乐，消耗她家中的财富。珀涅罗珀不愿改嫁，她要等着自己的丈夫回来，但又摆脱不了这些人的纠缠。于是她想出了一条妙计，说她要织一匹布给公公做寿衣，布织好了就可以改嫁。这样，她白天当着众人的面织布，晚上就把白天织好的布偷偷拆掉，第二天再织，以此来拖延时日。

后来，雅典娜女神来到俄底修斯家里，劝他的儿子特勒马科斯出外寻找父亲。她陪着他走过一些地方，后来终于打听到父亲被一个仙女挽留在她所居住的海岛上。

史诗的第二部分是俄底修斯回忆十年漂流的经过。俄底修斯从那个海岛上逃出来后，编了一只小木筏，快要航行回到自己的故乡时，碰到了海神波赛冬。海神的儿子独眼巨人波吕斐摩斯曾被俄底修斯伤害过。这一次是仇人相见，波赛冬用三叉戟打沉了俄底修斯的木筏。幸而有大海女神琉科特亚相救，俄底修斯才得以漂到法雅西亚国的岛上。国王的女儿瑙西卡在海边洗衣时发现了他，带他到王宫。国王设宴招待，并由歌手歌唱特洛耶战争的故事以伴酒助兴。俄底修斯十分伤感，向国王述说了近十年的漂流经过。

取得了特洛耶战争的胜利后，他和同伴最初是往北航行，结果遇到土人袭击。接着转向西航，不幸又遭遇大风暴，吹到了北非岸边。在那里，有几个同伴吃了非常甜的枣子，结果不愿再回家乡。余下的人继续走，来到了西西里岛，独眼巨人波吕斐摩斯非常残忍，把他们关进岩洞里，每天吃掉几人。俄底修斯想法削尖了一根巨大的木杆，烧红之后捅瞎了巨人的独眼，得以逃生。

他们又漂到了风神所住的岛上。风神送给他们一只口袋，里面装着所有的风，唯留下西风在外送他们往东回家。几天航行后，已能看到家乡的海岸，却有几个人偷偷打开了口袋，以为袋中装了许多财宝，放出来的风又把他们吹回风神岛。

他们继续在大海上漂，来到意大利南部一个地方时，遭到了巨人国里巨人的攻击。逃到女巫塞西的岛上，全体同伴都被塞西变成了猪。俄底修斯幸好得到了神使海尔梅斯的一株"魔力草"，使自己免遭变猪，并请塞西恢复了同伴的原形，在岛上做了一年客。

离开塞西以后，俄底修斯来到了冥界的入口处。在这里他见到了阿喀琉斯、阿加米农等人的阴魂，还有他自己的母亲。

他们又继续前行。在路过海妖西壬的海岛时，他事先用蜡将同伴们的耳朵都封了起来，再把自己绑在船桅上，这样他们才没有被女妖们的甜蜜歌声引诱而断送性命。

他们在经过一个海峡时，那里有个叫卡律布狄斯（大漩涡）的妖怪，他每天吞吐海水三次，退落时能把经过的船只吞没。对面还有一个有6个蛇头和12只脚的妖怪，它一下就抓走了俄底修斯的6个同伴。大家死命划桨，才脱离了险境。

他们又来到太阳神赫利俄斯养神牛的岛上，几个同伴偷杀了几头神牛，宙斯大怒，放出雷电霹雳击碎了他们的船，所有的人都沉入了海底，只剩下俄底修斯一人漂流到了仙女卡吕普索的海岛上，被她强留，住了七年。

第三部分叙述俄底修斯回家的故事。他回到了自己的国家之后，雅典娜女神要他变成一个衣服破烂的乞丐，在一个牧猪人家里同儿子特勒马科斯见面，并商定回家的安排。当俄底修斯穿着破烂的衣服回家时，只有老奶奶和一条看家狗还认识他。奇怪的是，狗见了旧主人之后，摇了几下尾巴就死去了。俄底修斯最后在儿子以及牧猪人的帮助下，利用节日设大宴的机会，将前来求婚的人全部杀死，终于与妻子珀涅罗珀重新团聚。

虽然两部《荷马史诗》都好像神话一般的文学作品，但却反映了公元前

智慧与美　　173

12世纪至前9世纪希腊社会政治经济方面的许多情况,有助于我们了解希腊历史上这个正在"迈向文明门槛"的时代。从社会发展来看,这时的希腊正处于部落联盟阶段。社会的基层组织是父系氏族,氏族之上是胞族,胞族之上是部落,几个部落又联合成部落联盟。部落联盟统治机构有军事首领、长老会议、人民大会。军事首领叫"巴赛列斯",由联盟选举产生,职权是统帅军队和指挥作战,同时掌管宗教事务。《伊利亚特》中有这样的诗句称颂巴赛列斯:

> 真的,吕客亚的统治者,我们的君王,
> 并不是无名之士,当然他们食的是羔羊,
> 饮的是美酒和蜜浆;可他们的力量
> 是无敌的,他们跑在吕客亚人前上战场。

长老会议是部落议事会,由氏族贵族组成,是常设机构。每遇大事,军事首领必先召开议事会征求意见。人民大会由部落里全体成年男子组成,是最高权力机关,决定一切重大问题,但这机构后来被贵族所操纵。

经济生产方面,这时已出现并大量使用铁器,也使用了牛耕,农业生产有很大的飞跃。为了增产,人们往往将土地翻犁三次。播种后,他们还会施用天然肥料,并引水灌田。收获时,有人在前面收割,有人在后面打捆,还有儿童在后面拾穗。手工业还没有脱离农业而成为独立生产部门,但内部也出现了比较细致的分工。商业开始萌芽,不过很简单,只是以牲畜、铜片、铁片之类器物作交换媒介。譬如,一个三脚鼎要换12头牛,一个擅长工艺的妇女值4头牛。

虽然说,荷马时代的工商业比以前的迈锡尼文化要落后得多,但由于铁器的出现和使用,荷马时代的农业则要比过去先进些。

社会的贫富分化也开始出现。军事首领权力越来越大,家产越来越富,生活也特别的好。他们占领了上等庄园,分成麦田、葡萄园和牧场三部分。氏族贵族的田庄一般占有十公顷土地,一半种庄稼,一半栽果树。而普通的氏族成员越来越贫困,有的甚至失去了土地。

通过史诗，还可以看到荷马时代已经有了奴隶。奴隶的来源主要是战俘。由于奴隶增多，社会上出现了奴隶贩子。值得注意的是，尽管这时候贫富分化严重，但希腊人一般都不愿意将自己本氏族的成员转化为奴隶。希腊人宁愿行乞，也不愿为奴，从此便形成了一个传统。

从史诗中还可知道，男女奴隶已有大致的分工。男奴隶主要从事户外的农业、畜牧业生产。女奴隶则以从事家内劳动为主，俄底修斯家里的女奴隶就有50多人。奴隶已经变成了主人的财产，主人可以任意将其处死。俄底修斯就处死了一个据说对他不忠的女奴。

虽然这时有奴隶进行各种劳动，但社会中的主要劳动者仍然是氏族成员。就连俄底修斯这样一个巴赛列斯也没有脱离劳动。《奥德赛》上说，俄底修斯结婚用的床就是他自己做的，而且他还敢同别人去进行割草和犁地的比赛。

6.3

希腊城邦：小国寡民。城邦政治四阶段：贵族统治、平民和贵族较量、僭主政治、民主政治。大移民、大希腊

公元前8世纪至前6世纪是希腊的"古风时代"，也即保留原始遗风较多。这时，在部落和部落联盟的基础上，整个希腊地区出现了许许多多的小城邦国家。

最初，部落的军事首领们将住宅地和一些宗教活动地用城墙围起来，形成了"卫城"，也就是堡垒。卫城周围渐渐聚集了许多手工业者和商人，形成了外城，称为"下城"。原来的卫城又改称"上城"。城市就是由"上城"和"下城"组成的，同古代中国的"城"和"市"差不多。

城邦就是以一个城市为中心，把周围的农村联合起来，组成一个小国家，即所谓"城邦国"。希腊城邦的突出特点是"小国寡民"。试想，总共不过几十万平方公里的版图，就有200多个国家，这些国家再大也不过如此。例如，在中希腊的彼奥提亚平原，面积不过2580平方公里，却有着4个城邦。全希

智慧与美　175

腊最小的城邦厄齐那，只有 100 平方公里的土地。最大的城邦斯巴达，在最强盛的时候，领土也只有 8400 平方公里，仅相当于今天中国四五个县的面积。

之所以出现这样一种情况，是有一些特定的历史背景、文化背景以及地理环境条件的。

希腊城邦形成时期，也是希腊大移民、大殖民时期。由于居民的大流动，以往的那种氏族血缘关系便遭到破坏，新的人群结成新的团体时，必须用新的契约关系来约束。而且，为了抵御外来的侵扰，已在流动中定居下来的人们开始建立堡垒，这就导致了以堡垒为中心的城邦的产生。

从文化心理上看，由于荷马史诗的传唱，人们发现，史诗描述的神也有缺点，也有劣迹，也不完美，何况人乎？因此，人们心中的观念是，没有人能够高踞于万人之上，不可能有人能成为统治大家的君主。这就是已在向"国王"方向发展的巴赛列斯终于没能成为专制君王的基本原因。

希腊多山，分割成一个个小地区，相对的孤立、闭塞，适合于城邦生存，而不利于政治上实现大一统。

希腊城邦政治有一个基本相似的发展过程，即大都经历了四个阶段，或都沿着这条道路发展过，只不过有的成功了，有的没成功罢了。

最初，城邦大都由氏族贵族统治。荷马时代军事民主制的传统，在城邦国家形成之初破坏了。人民大会越来越失去作用，巴赛列斯的权力也越来越小。两头都削弱，而中间层势力却日益强大。国家权力主要由氏族贵族来掌握，长老会变成贵族会，由贵族会议推选若干名执政官来管理行政事务。这是一种"贵族共和"的政体形式。

贵族的政治经济势力越来越大，而由氏族一般成员演变来的平民却日益贫困、破产。平民常常受到贵族们的欺压，城邦内部矛盾越来越尖锐。其时的诗人赫希阿德在描述这种状况时，曾将贵族比作老鹰，将平民比作受欺凌的夜莺：

> 可怜的东西，你有什么好叫，一个比你强得多的正在紧紧地抓住你，我带你到那里，你就得去，哪管你是鸣禽。我把你当作我的一餐，或者让你走，全凭我的高兴。谁要是反抗强者，那真是一个愚夫，因为他不

能做主宰,却只有受苦受辱。

然而,贵族的统治亦非坚固。在那些工商业发达的城邦里,有一小部分平民由于从事工商业,经济地位逐步上升,进而要求有政治上的地位。这时候,贫困破产的平民下层反对贵族,平民上层即那些工商业者也反对贵族。因此,整个平民就与贵族形成了尖锐的对立。平民的势力越来越强大,氏族贵族的统治逐渐被削弱,城邦政治便向着"民主政治"的方向发展。这是工商业城邦的一般情况。

反过来,在那些工商业不发达的城邦里,自然就缺少一个工商业者阶层,因而平民的力量就不那么强大,所以继续保持着原有的"贵族共和"制度。

在平民和贵族斗争的过程中,城邦国家制度逐步地完善起来。但是,在向民主政治方向发展的城邦里,往往还经历了一个"僭主政治"阶段。所谓僭主,是指那些用非法手段夺得政权的人。这实际上是民主政治前的一种过渡形态。在平民与贵族的斗争中,僭主们往往站在平民一边,依靠平民,夺取政权,实行个人统治。这样的人在执政时,政策矛头一般都是指向氏族贵族,所以起到了一定的积极作用。

然而僭主政治的局限性也很大。僭主们往往出身于贵族,对贵族的斗争总是摇摆的,极力想调和矛盾。这样,必然会引起平民的不满。平民就会要求改变这种制度,从而最终达到建立"民主政治"的目标。

公元前8世纪至前6世纪,又是希腊对外大移民的时代,移民的规模之大,可称古代世界之最。

为什么向外移民?原因简单明了,即取决于希腊城邦的"小国寡民"性质。当人口增加,而土地或国土不可能再增加时,必须寻找出路,对外移民当然是最佳路径之一。

城邦的经济发展也加快了对外移民。由于土地兼并、土地集中,失去了土地的人,往往把向外迁徙作为自己的出路,此其一。其二,由于工商业的发展,工商业者出于对海外财富的追求而组织移民,在海外建立商业据点,开拓工商业市场。

城邦内部的政治斗争推动了移民。失败了的平民自然往外跑,建立新的居留地；失败了的贵族也往外跑。

希腊人移民的范围极广。往南，到了埃及、利比亚和非洲的北部一带；往东北，到达黑海沿岸、小亚细亚的西北岸一带；往西的移民活动最为壮观，西地中海的各个地区都成了希腊人前往的目标，意大利半岛、西西里岛、高卢南部、西班牙东部，都建有希腊人的殖民据点。

移民最初是自发的行为，到后来则发展成了国家有计划有组织的移民运动。当时进行移民的城邦很多，以米利都、科林斯、麦加那、卡尔西斯等最为著名。

由移民建立的希腊殖民城邦，有不少在古代世界特别是地中海地区的政治生活中举足轻重。如西西里岛上的叙拉古、意大利半岛南部的那波利，高卢南部的马赛利亚（即马赛），爱琴海北岸的波提底亚，黑海岸边的锡诺普等。有的殖民城邦建立后，自身也进行新的殖民活动。

严格地说，移民是希腊对外扩张的一种形式，是将希腊内部的社会矛盾和生存矛盾推向外界。它对希腊历史发展的作用表现在各个方面：促进了希腊本土城邦和周围地区在经济和文化上的交流，特别是吸收了一些先进地区的先进文化；也促进了希腊城邦工商业的发展，使本土上从事工商业的社会势力更为强大，从而使平民在对贵族的斗争中越来越占优势。

6.4

斯巴达。美塞尼亚战争。斯巴达人、庇里阿西人、希洛人。双王制与寡头政治。军营般的国度。伯罗奔尼撒同盟

在希腊200多个城邦中，最强大的是斯巴达和雅典。而且，这两个城邦还代表着两种几乎完全不同的政治经济制度。在相当长的时间内，它们又是地中海世界的两个霸主。因此，了解了这两个城邦，希腊城邦发展的全貌也就基本在握。

斯巴达，位于伯罗奔尼撒半岛南部。南部中间有一条山脉，将其分成东西两部分。东边称拉哥尼亚，西边叫美塞尼亚，都是平原。拉哥尼亚中间还

横贯一条河流，河之北为山地，河之南沿海则是沼泽。这里土地肥沃，利于农业，是斯巴达的基地。它正是从这里再向西边的美塞尼亚发展的。

斯巴达是由多利亚人建立起来的。最初他们分为三个部落，后来地缘关系代替了血缘关系，三个部落演变成五个大的村落，最后成了两个公社，在很长一段时间里，保持着两个国王。公元前8世纪至前7世纪，斯巴达人通过两次战争，征服了美塞尼亚，将当地的居民变成了种族奴隶，称之为"希洛人"（意即奴隶）。

在对美塞尼亚人的战争中，在内部的平民与贵族的斗争中，斯巴达逐渐形成了国家。据传说，创立斯巴达国家，并建立一系列政治和经济制度的，是一个名叫莱库古的人。

斯巴达虽处沿海，但海岸并无优良的港湾，因此对外联系甚为不便，处于相对的闭塞状态，不利于工商业尤其是海上贸易的发展。不过，由于土地肥沃，斯巴达的农业特别是粮食生产，在希腊属于上乘水平。

与经济不一样，斯巴达的政治却极具特点。

首先，斯巴达国内的所有居民截然划分为三个部分。

斯巴达人是全权公民。他们在整体上都属统治层。凡是能自备武装的男

图 6-3
斯巴达城邦遗址

智慧与美　179

性公民，组成"平等人公社"。公元前8世纪时，公民总数约为1万人，到公元前5世纪仅为6000人。国内所有的土地和奴隶皆属"平等人公社"，也就是国有；再分成份额，交给各个公民家庭。份地和奴隶均不得买卖，也不能转让。公民们按规定征收份地上的收获物，而且大家都收一样多，以免造成财富分化。

希洛人是奴隶，不过是那种种族奴隶。他们本身有家庭，平时的行动也相对自由，但所受的压迫却异常沉重，因此经常起来反抗。为了镇压和减少希洛人的反抗，斯巴达每一个新上任的监察官，都要举行"宣战"仪式，捕杀反抗者。有时他们还以"解放"为名，行欺骗手法，将希洛人集中起来进行屠杀。

介于两者之间，有庇里阿西人。这些人原是拉哥尼亚的居民，后被斯巴达人赶至边远山区。他们享有人身自由，但无政治权利。他们也占有土地，但要纳税、负担徭役。由于国家规定斯巴达人不得从事商业和手工业，所以这些经济部门基本上掌握在庇里阿西人手里。不过，不能对其工商业发展程度估计过高。因为国家故意铸造笨重的铁币，以限制工商业。

其次，与经济上的落后相联系，斯巴达的政治体制也相当保守。斯巴达实行"寡头政治"，实际上是最有势力的贵族代表控制国家政权。"寡头"体制下，有2个国王，有长老会议、公民大会，还有监察官。

国王从两个固定的王族中选出，战时为统帅，平时主持祭祀。长老会议由30人组成，其中2人为国王，28人为长老，均须60岁以上的人。形式上，他们由公民大会选举产生，实际上只有贵族才能充任。所谓寡头，就是指这些人。这是斯巴达的最高权力机关，一切大事均由它决定，甚至还可否决公民大会的决议。

名义上讲，公民大会是国家的最高权力机关，事实上远非如此。公民大会的参加者，是所有30岁以上的斯巴达人。它对国家事务没有讨论权，只有表决权；表决的方式是用呼喊声来表示，以声音的高低来决定是通过还是否决。

监察官一共有5个，组成监察委员会。它可以仲裁两个国王之间的分歧；可以在长老会议上控告国王；可以取消国王的决议；而且有权组织和召集长老会议和公民大会。从某种意义上讲，监察官成了事实上的统治者。

再次，整个国家像一座军营，整个社会生活军事化，是斯巴达一个极为突出的特点。

可以说，斯巴达人从生到死都属于国家。婴儿出生后，先得抱给长老检查，若被认可是强健的，方能留下。这还只是第一关。第二关更为残忍：婴儿满月时，由母亲用酒精给婴儿洗澡，若其不能经受酒精的熏冲而昏厥，当即抛诸野外。他们始终认为，只有强健的婴儿，日后才可能成长为强健的战士。儿童从7岁起，就得过"团队"的集体生活，要学语文，搞体育，练武艺。青少年每天都要参加军事训练，终年不能穿鞋袜，只能穿粗布衣服，睡自己织的芦苇草垫，还经常被派去做苦工。每到一定的时候，要到神庙去接受鞭笞，磨炼肉体。20到30岁的男子不能过家庭生活。30至60岁的男子可以结婚，但必须随时服兵役。

女子也须经常进行体育锻炼，规定参加的运动有竞走、格斗和掷铁饼之类。斯巴达人认为，只有强健的母亲，才能培育出强壮的后代。

因此，斯巴达人都是一些体格健壮、能吃苦耐劳的勇士，社会上一股尚武之风。作为战士，他们都宁愿战死，也不愿屈服。儿子上战场之时，母亲送他一副盾牌，意思是：要么取得胜利，要么战死躺在盾牌上抬回来。一首诗这样写道：

> 生命不足惜，预言家所说的死亡，
> 在我们反觉得可笑，有如一片灿烂的旭阳……
> 在光荣的死者之间，慷慨地抛弃了生命，
> 在战场为祖国而战死，博得好男儿的英名……

斯巴达人之所以这样勇猛，自然出于他们稳固自身统治的需要。起码有一点不可否认：从数量上看，斯巴达人远远少于希洛人，必须把自己磨炼成为以一当十的勇士。

然而尽管如此，斯巴达人也无法剿灭希洛人的骚乱与反抗。希洛人在有的时候还寻求半岛上其他城邦的支持，特别是阿果斯。为对付这个最大的竞争者，斯巴达人又组织了一个军事同盟，称伯罗奔尼撒同盟。同盟实际上是

智慧与美　181

斯巴达的霸权形式，它利用这一同盟，干涉盟国内政，反对民主政治，成为希腊一个落后反动的营垒。公元前6世纪中叶，半岛上绝大部分城邦都加入了同盟。公元前5世纪后期，斯巴达率领同盟，与以雅典为首的城邦集团进行了一场全面的战争。

6.5

阿提卡与雅典。提修斯的传说。最初的国家。执政官德拉古。梭伦改革。僭主庇西特拉图。克利斯提尼：民主政治之父

雅典的社会经济和政治制度，与斯巴达形成截然相反的对比。雅典位于中希腊的阿提卡半岛。半岛多山，但山并不太高，大平原少，小盆地多，发展谷物农业的条件远不如斯巴达。但小盆地土壤比较肥沃，适宜于椰枣、橄榄等经济林木的生长。这里也有丰富的矿藏，尤其是大理石和白银。半岛还多优良港湾，与外界联系方便，有利于工商业发展，更有利于对外贸易。

公元前1600年左右，属于希腊部族的爱奥尼亚人来到这里定居。在公元前12世纪—前9世纪的"英雄时代"，雅典有4个部落，12个胞族，胞族下各有30个氏族。雅典所在的阿提卡地区，没有遭到过外族的侵入，雅典人也没有去征服外人，因此国家完全是在氏族内部的对抗中产生的，极具典型性。

相传雅典城邦的奠基者是提修斯。他是希腊神话传说中一位半神半人的英雄。他消灭所谓"铁床匪"的故事流传最广。这个匪徒经常强迫路人躺在他设置的一张铁床上，矮小的人被他把身子拉到床一样长，高大的人因长于床而被他砍掉腿和脚。提修斯以其人之道还治其人之身，逼迫铁床匪也这样躺到床上，最后将他杀死。他立的另一件大功，就是杀死克里特岛米诺斯王宫中那头吃人的怪牛，为雅典人民除了一害。

说提修斯建立了以雅典为中心的城邦国家，是"因为"他做了两件事。一是统一各个部落，废除各部落的议事会，设立以雅典为中心的唯一的议事会；二是将阿提卡的所有居民分成三个等级，即贵族、农民和手工业者，后两者属于平民。

按照这个传说，提修斯是公元前13世纪的人，雅典国家产生于公元前13世纪。这大概是将部落联盟的形成误以为国家的产生。其实雅典国家的建立应在这个传说年代的许多个世纪之后，大致产生于公元前8世纪—前7世纪。而且，其国家制度经过长期发展，直到公元前6世纪才最终定型。

最初的雅典国家，实行的也是"贵族共和"政体，氏族贵族掌握着国家政权。城邦统治机构有执政官、贵族会议和公民会议三个层次。

执政官原有三人。首席执政官原是终身制，后改为十年一任，最后是一年一任。第二执政官由原来的国王（巴赛列斯）演变而来。第三执政官执掌军队。后来，六个司法官也变成了执政官。担任执政官的人必须出身贵族。

贵族会议的成员称长老，终身任职。执政官期满后，变为贵族会议的当然成员。

人民大会虽然存在，但已经没有什么实际权力。

雅典之所以最终成了"民主政治"国家，是在平民和贵族的激烈斗争中实现的。这一斗争过程以一系列的社会改革和社会变化为标志。

公元前630年，一个叫基伦的贵族青年，借平民的不满举行暴动，企图实行僭主统治，但因得不到平民支持而失败。

公元前621年，执政官德拉古制定了一套成文法律，可惜施刑过重，人们畏惧。如偷一果要处死，人懒惰也要处死，因而有人说这个法律"不是用墨水写的，而是用血写成的"。由于这套法律不能满足平民的要求，终于导致了更大的改革。

随着平民与贵族的纷争，雅典人逐渐分成了三派：一、平原派，因其在平原地区占有大量肥沃的土地而得名，主要是贵族；二、山地派，主要是住在山区的农民及小手工业者，他们是平民的下层；三、海岸派，住在沿海地区的工商业者，属平民的上层，斗争中站在平民一边，但态度较为温和。

正当平民准备用暴力来推进改革的时候，公元前594年，梭伦担任了首席执政官，开始了改革活动。

梭伦生自贵族之家，但虚有其名，家境并不富裕，故而很年轻的时候就出外经商，游历过地中海世界的许多地方，颇知社会下层的疾苦。他也是一

智慧与美　183

位诗人,被誉为古希腊七贤之一。30岁时因军功而在政界崭露头角。他之所以当选,那是贵族因其出身,平民因其经历。

梭伦一上台,便着手在政治和经济两方面实行改革。

政治上,他将全国居民按财产多少划分为四个等级,各等级有不同的权利和义务;在贵族会议之外再设立四百人会议,四个部落各选派一百人参加,取代贵族会议的某些职权;设立陪审法庭,凡公民都可成为陪审员,参与审理案件。

经济上的措施也不逊色。他颁布"解负令",解负者,解除负担也,实际上就是取消平民所欠的债务。他严令禁止以人身去抵押债务,防止希腊人变成债务奴隶。他还奖掖工商业,禁止粮食出口,鼓励橄榄油出口。规定手工业者必须世代传习技艺,鼓励外地工匠移居雅典,只要传给雅典人一门技术,就可取得公民权。为了防止贫富分化,他还颁布法律限制土地过于集中。

应该说,梭伦改革是反映了平民要求的,是平民对贵族斗争的一次大胜利。改革正式承认了私有制,这就使财产较多的工商业者开始有机会获得政治权力,有助于打破贵族在政治上的垄断。一些经济改革措施,无疑促进了经济发展,同时也防止了两极分化,使雅典的自耕农地位长期稳定,坚固了城邦的社会基础。

但是,改革的局限性也是很明显的。梭伦只是以平民和贵族斗争的"调停人"身份出现,自称其使命"在于调停贫富之间的冲突"。但实际上,他的这种调停使得三个集团都不满意。由于改革没有重新分配土地,山地派即下层平民不满;因丧失了某些特权,平原派即贵族们肯定不满;海岸派即富有的工商业者虽然在改革中得利最多,但他们也不满,因为他们还是不能去做高官,特别是执政官。

这样,三派吵吵闹闹,越来越激烈,梭伦无法,干脆放弃了职位,离开了雅典。此后,三派处于僵持局面,几年内都选不出执政官。这种混乱局面终于导致了"僭主"出现。

公元前560年,梭伦之表弟、贵族出身的庇西特拉图当上了山地派领袖。他依靠平民,用武力夺取政权,开始了雅典历史上的第一次僭主统治。他虽然两次被驱逐,但连续执政时间长达33年之久。加上他的儿子希庇亚斯统治

18 年，这次僭主政治共延续了 50 余年时间。

庇西特拉图虽然在政治上无所作为，而且大大发展了个人的权力，但其在经济上的一些做法却产生了积极效果。他没收了部分贵族的土地，分给无地平民；他给农民发无息或低息贷款，并大幅度减轻土地税；他设立巡回法庭，就地办案，方便了农民，减轻了农民的负担。他还开银矿、铸银币，鼓励工商业；扩建舰队，控制商道和制海权，在黑海沿岸建立商业性殖民地。

他在文化上也做出了贡献。建设雅典城，招徕文人学士到雅典讲学。据说《荷马史诗》就是在这一时期用文字记录下来的。

然而僭主统治是不可能稳固的。因为僭主们为显示自己的政绩，往往大兴土木，大建军队，结果加重了平民负担，这就同山地派发生了矛盾。更深刻的原因是，僭主政治是建立在平民和贵族双方斗争相持不下、力量均衡的局势基础上的，故而僭主当然要采取两面和好的政策，维持这种平衡。但是，一旦这种平衡被打破，这个基础也就动摇了。平民力量的发展，不可能容忍个人统治，要求取消僭主统治是势在必行的。

如果僭主本身的素质成问题，甚至品行不端，那他的倒台便只是时间问题了。而庇西特拉图之子希庇亚斯就是这样一个神经质的人物，他残忍无度，平民大为不满。贵族利用这一不满，借助斯巴达军队，占领雅典，驱逐僭主，复辟了贵族统治。平民发现苗头不对，又于公元前 509 年主动发动起义，推翻贵族政府，克利斯提尼当选为首席执政官。

克利斯提尼着重于政治方面的改革，而且力度相当之大。几条主要的措施是：

设立十个地区部落，取代过去的四个血缘部落。全阿提卡被分成 30 个"三一区"，即城郊区、沿海区、内地区各 10 个。每个地区部落各包含一个城郊区、一个沿海区、一个内地区。这一做法的意义在于打破了原来的血缘关系，使以血缘部落为根基的氏族贵族再无掌权的可能。

成立"五百人会议"，以取代过去的四百人会议。按地区部落选派代表，每部落 50 人。这是公民大会的常设机关，也是最高行政机关，权力极大。再设"五十人团"处理日常事务，轮流转换，每天选出一个首席代表负责召开公民会议，大大削弱执政官的权力。

设立100个自治村社，称"德莫"，民主一词（德莫克雷西）源出于此。德莫是公民生活的基本单位。

公民大会为最高权力机关，每月召开一次。为加强公民大会的制约机制，克利斯提尼制订了"贝壳（陶片）放逐法"：如认为某人已危害或者将会危害国家，大会就可以秘密投票，做法是在贝壳（陶片）上写上该人的名字，若满了6000张，这人就要被驱逐出国，10年期满后方可回来。

克利斯提尼的改革，实质上是一次相当彻底的民主改革，标志着经过200多年的斗争，雅典平民反对贵族的斗争以胜利而告终，这是雅典城邦历史上一个重大的里程碑。克利斯提尼也当之无愧地被誉为"雅典民主政治之父"。

6.6

东地中海：两大霸国的碰撞带。米利都事件：希波战争导火线。马拉松战役。温泉关战斗。萨拉米海战。雅典霸权的兴起。卡里阿斯和约。希腊黄金时代

公元前5世纪，希腊进入最辉煌的古典时代。处在上升时期的希腊世界，与邻近的亚洲大国波斯帝国进行了一场长达半个世纪的殊死大搏斗。

战争无疑是国内政治的继续，是国内政策的外向延伸。当时，波斯帝国有如日中之天，在大约半个世纪的扩张后，势力已经达到了小亚、黑海沿岸一带，甚至伸展到了欧洲内陆。黑海西岸有它的据点，它还控制着从地中海到黑海的通道。在波斯扶持下的腓尼基人，则在地中海上到处排挤希腊商人。

对希腊来说，以雅典为代表的工商业城邦对外贸易日益活跃，因而也积极向外扩张。扩张的主要方向也是以地中海东部和黑海沿岸为主。这里从很早的时候起就是希腊的粮食、原料基地和主要商品市场。而波斯在这一带势力的发展，则截断了希腊人的商道，直接危害希腊城邦的利益。

这样，两大帝国或国家集团就在东地中海到黑海一带发生了利益碰撞，终于导致了一场战争。

战争的导火线是米利都事件。公元前500年，小亚沿岸的希腊城邦米利都，率先爆发了反波斯人的起义。米利都人自感力量弱小，遂向希腊本土求援。雅典和另一个城邦起而响应，派出了25艘战船前往助战。波斯国王大流士闻知后，暴跳如雷，发誓要打击雅典人。据说他每顿饭前都要奴隶大呼三次："皇帝，记住雅典人！"

然而，援助不力，米利都人的起义于公元前494年被波斯镇压下去。残忍的波斯军队将米利都的所有男人全部杀光，把所有的妇女和儿童都掳作俘虏，所有的战俘都流放到遥远的红海岸边，最后还一把大火将这个繁华的商业城市焚为焦土。希腊人被波斯人的暴行深深震动了。据说，每当雅典上演《米利都的陷落》之戏剧时，观众都要放声大哭。

而大流士并不就此罢休，他以雅典援助米利都为借口，于公元前492年发动了侵略希腊的战争，长达43年的希波战争自此爆发。

战争的第一阶段（公元前492—前479）基本上是在希腊土地上进行。波斯大军侵入希腊境内，他们是侵略者；希腊城邦则是被迫应战，是反侵略的正义战争。

几次重要的战事颇富戏剧性。

公元前492年夏天，波斯第一次入侵希腊。大流士派女婿摩多牛斯为统帅，分海陆两路，通过赫勒斯滂海峡，向希腊进军。海军沿岸航行，经过希腊北部卡尔息狄斯半岛时，在阿陀斯海角突遇大风暴，300余艘船只，2万多水军葬身鱼腹。陆军沿途遭到土著居民色雷斯人的抵抗，摩多牛斯本人也受了伤。

公元前490年，波斯人第二次入侵希腊。入侵之前，大流士派遣使者到希腊，要各个城邦献出"土和水"，意思是要他们臣服波斯。大部分城邦慑于大流士的恐吓，满足了波斯的要求。但雅典和斯巴达态度非常坚决。雅典将波斯使者抛于悬崖之下。斯巴达人则将使者投入井中，说"你们自己去取土和水吧！"大流士愤怒不已，命令老将达提斯统军远征希腊。

波斯军队接受了上一次的教训，派舰队横渡爱琴海。先打到中希腊的优卑亚岛，再沿海南下，在阿提卡半岛东岸的马拉松地方登陆，离雅典仅为42公里。情况非常紧急，雅典派出了长跑能手斐力庇得向斯巴达人求援。斐力庇得两天跑完 300 公里，来到斯巴达，而斯巴达人却极为迷信，声称要待月圆后才能出兵。同时，雅典城邦全体动员，临时组织了将近 1 万人的军队，由司令官米提雅泰率领，主动出击，开赴马拉松，去抵御波斯军队的 4 万人马。

对阵之前，米提雅泰发表了慷慨激昂的演讲，激发了部队的战斗勇气。由于分析到马拉松地形不利于波斯骑兵施展优势，雅典人拟定了正确的战术。9 月 12 日战斗打响后，雅典人有意将中军暴露给对方。波斯军中路进攻自以为得手之际，雅典军的精锐部队突然从两侧杀出，波斯人顿时首尾不能相顾，阵营大乱，雅典军乘胜追击。波斯军一部分死在战场上，一部分淹死在海里。雅典军阵亡不到 200 人，波斯人则伤亡一大半。这是世界战争史上一次以少胜多、出奇制胜的著名战例。

战斗胜利后，米提雅泰又派斐力庇得回雅典报捷。斐力庇得为使国人尽早得知胜利消息，一口气跑完了从马拉松到雅典的路程，到雅典时，连声高呼"胜利了！胜利了"后，仆地而死。为纪念他，后来的奥林匹克体育运动会设立了马拉松长跑项目，长度为 42.195 公里。

马拉松战役之后，希波双方都继续进行战争的准备。波斯方面，大流士国王已于公元前 486 年病死。其子薛西斯继承王位后，积极准备第三次入侵希腊。这次仍打算走第一次的路线。薛西斯先在赫勒斯滂海峡建一渡桥，谁知又遭大作的狂风，将桥彻底摧毁。薛西斯又令建一跨海浮桥。为了避免走阿陀斯海角，他还命令在卡尔息狄斯半岛拦腰挖一运河。

在希腊，雅典在民主派领袖地米斯托克利的领导之下，用开采银矿的收入，建设了一支拥有 100 多艘船舰的强大海军。大敌当前，希腊各城邦同仇敌忾，空前团结，以雅典和斯巴达为中心组成了防御联盟，由斯巴达人掌握军事领导权。

公元前 480 年春天，薛西斯亲率号称有 200 万大军、1000 艘战舰的波斯军队，浩浩荡荡向希腊进发，很快就占领了希腊北部地区。希腊联军迅速北上迎敌。斯巴达国王李奥尼达自领重任，主动率以 300 斯巴达人为核心的希腊军队，镇守在北希腊通往中希腊的隘口温泉关上。

温泉关东面是沼泽，沼泽之外是海，西面是高山，中间一条小道，大有"一夫当关，万夫莫开"之势。希腊军队以逸待劳，波斯军无法利用数量上的优势，只能和斯巴达人拼对厮杀,常常被打得大败。薛西斯连攻了五天,甚至把敢死队也调了上来,都没能拿下温泉关。

这时,希腊人的一个叛徒带领波斯军队从小路翻过大山,绕到温泉关背后。在腹背受敌的情况下,李奥尼达命令希腊军队全部撤走,只留下 300 斯巴达战士坚守阵地。最后,300 人全部战死,李奥尼达也牺牲在战场上。

温泉关战斗表现了斯巴达人为维护祖国独立而血战到底的英勇气概,希腊人永远引以为楷模。为了纪念这些英雄,后人在温泉关树立石碑。碑文写道:

> 过路的客人啊,请告诉斯巴达同胞,我们尽忠死守,在这里粉身碎骨。

攻占温泉关后,波斯军队长驱直入,进入中希腊,很快就扫荡了阿提卡半岛,攻下了雅典城,将城内洗劫一空。雅典军民在地米斯托克利率领下,全部退到萨拉米海湾。这时希腊联盟内部发生了分歧,斯巴达主张放弃中希腊,雅典坚持要守住萨拉米。最后斯巴达人被说服。地米斯托克利又设计诱使薛西斯尽快发起战斗,薛西斯果然中计,包围了萨拉米。这样,希腊盟军只有决一死战了,斯巴达人亦无话可说。

9 月 20 日,天刚蒙蒙亮,希腊军队就发动了对波斯舰队的进攻。薛西斯自以为胜券在握,信心十足地带领一批官员坐在高山上观战,还命令史官详细观察记录战斗过程。可战局的发展完全出乎他的意料。波斯船体大,行动不方便,不适宜在浅小的海湾里作战。希腊海军船小,在狭小的海湾里能够行动自如。战斗进行到晚上时,波斯海军几乎全军覆灭。观战的薛西斯不忍看到这样的结局,号啕大哭起来,率领小部分人逃跑了。

萨拉米海战是整个希波战争的转折点,希腊军队从此由被动转为主动,进入了反攻阶段。公元前 479 年春天,占领着北希腊的波斯将领摩多牛斯诱降雅典失败,准备向驻守普拉提亚的希腊军发起突袭。希腊人事先得知了消息,做好了战斗准备。第二天混战之中,摩多牛斯本人被打死,波斯军立即溃散。希腊军一鼓作气,将国土上的敌人全部消灭干净。

希腊海军也乘胜追击,在小亚半岛的米卡尔海角附近消灭了波斯海军的残部。原来已被波斯人统治的希腊海岛,以及小亚沿海的希腊人城邦,都纷纷起义独立，加入了希腊联盟。希波战争的第一阶段便以波斯人的入侵失败而告结束。

波斯人之所以失败，原因是多方面的。它尽管是很大的帝国，但内部涣散；军队中成分复杂，多而不精，据说说着47种不同语言；再加上他们是被迫为皇帝而战，因而士气不很高。而希腊是保卫祖国的战争，激发了公民们的爱国热情；面对波斯的侵略，希腊各城邦又能共同对敌；特别是雅典和斯巴达两个主要城邦，保持了暂时团结，而且还发挥了斯巴达人的军事优势。此外，希腊人运用了比较得当的战术，在敌强己弱的情况下，取得了像马拉松战役、萨拉米海战这样的胜利。

希波战争前，希腊在军事上最强的城邦要数斯巴达。而就在战争第一阶段中的作用和影响来看，雅典要大于斯巴达。而且，虽然斯巴达执掌军队，但它以农业为主，政治上又保守，因而不注意向海上发展。雅典则不同，它注意壮大自己的海军力量，并借战争之机向海外扩张，打通商道，控制市场，适应了工商业者的要求。这样一来，希腊的海陆军领导权就慢慢转移到了雅典人手中。

随着波斯军队被赶出希腊，雅典的对外扩张欲望急剧增长。公元前478年，以雅典为核心成立了提洛同盟。一共有200多个城邦参加了同盟，同盟的会址设在提洛岛上。名义上各城邦国平等，实际上从一开始就操纵在雅典人手中。每个城邦要交一定的盟金作为建造舰队之用，后来又将金库从提洛岛迁到雅典，实际上变成了向雅典纳贡。总之，同盟成了雅典建立霸权的一个工具。所以，希波战争的第二阶段（公元前478年—前449），就是以雅典为首的提洛同盟与波斯帝国之间的战争。

萨拉米海战后，地米斯托克利威望陡增，因此被视为可能对国家有威胁的人而被驱逐。雅典政权落到了西蒙手中。公元前476年，西蒙率希腊联军进攻色雷斯，将波斯势力赶了出去。公元前468年，西蒙率雅典舰队在小亚南部的攸里斯顿河口与波斯舰队大战，波军大败，损失战舰200余艘。这是又一次具有重大意义的战役，波斯军队受到重创，并且丧失了对希作战的小亚前沿阵地。但战后不久，西蒙也被雅典民主派驱逐出国。

公元前454年，由于埃及发生了反波斯人的起义，雅典派舰队去支援，结果在尼罗河河口地区被波军打败，全军覆灭。雅典又请回了西蒙。西蒙于公元前450年率军攻打塞浦路斯岛，在途中得病而亡。公元前449年，希波双方在岛上的萨拉米斯城进行最后决战，雅典海陆军都取得了胜利。波斯被迫求和，雅典派代表卡里阿斯与波斯签订《卡里阿斯和约》，波斯承认失败。

希波战争改变了地中海东部的局势和力量对比。从此波斯帝国这个庞然大物退出了地中海，而且元气大伤，一蹶不振。而雅典则建立了海上霸权，成为希腊最强大、最发达的城邦。

由于希波战争造成的有利条件，希腊各主要工商业城邦在公元前5世纪都出现了发展繁荣的时代，特别是公元前478年以后的大约50年，是希腊城邦的黄金时代。这种发展和繁荣以雅典最为突出。

首先是工商业经济异常发达。手工业中，有使用奴隶上百人劳动的大作坊。劳动中协作加强，技术分工越来越专业化。一些手工业城市成了地中海区域的生产中心。雅典的造船业，科林斯的毛纺织品，米利都的家具，驰名地中海。对外贸易特别发达，雅典的外港皮里犹斯，成了地中海国际贸易中心。由于各国商人云集，货币需要兑换，又使金融银行业发展起来了。

其次是奴隶制得到充分发展。由于希波战争的胜利，雅典等城邦控制了商道、市场和奴隶供应地，这就为奴隶来源提供了可靠保证，希腊的奴隶因此也主要是非希腊人。奴隶数量大大增加，如雅典的公民不到3万，奴隶却有40万人。有些奴隶主甚至还将奴隶出租，获取租金。奴隶市场非常活跃，奴隶被按照性别、年龄、出生地以及技术的差别而有不同价格。如色雷斯人奴隶价格人均为167个货币单位，一个斯基泰人为105个货币单位，一个叙利亚奴为240—301个货币单位，一个有手艺的木工奴隶为500—600个货币单位。参照一下，当时一个普通的四口之家，一年的生活费用约为280个货币单位。

虽然有个别奴隶为主人经营工商业而获得了解放，但大多数奴隶的地位是十分低下的。奴隶主只想如何获取更多的利润，因此千方百计压低奴隶的基本生活条件，或延长劳动时间。矿山上的奴隶最多有每天劳动20个小时的。奴隶被视为"最好的财产"，是"一切工具中最完善的工具"。奴隶可以鞭打，可以绞杀，可以烧死、剥皮、折断关节骨。奴隶不得逃走，抓住后就在脸上打烙印。城邦里还有追捕奴隶的专门职业。

智慧与美

与此同时，雅典的民主政治制度也有新发展。伯里克利执政时代（公元前445—前430），又进行了一些改革：扩大民主机构的权力，使公民会议成为最高立法和监督机关；设立公职津贴，使那些不富裕的平民也有机会担任公职；设立观剧津贴，看了戏还给钱，实际上是对贫困的自由民采取社会救济办法，缓和平民内部的矛盾。至此，雅典民主政治进入了最发达的黄金时代，史称"伯里克利时代"。不过，公民的权利虽在扩大，但取得公民的资格却更难了。还有一点需切记：奴隶是丝毫不能享有民主权利的。

6.7

伯罗奔尼撒战争：两大城邦集团的对抗。十年大战。反复无常的阿西比得。雅典缘何失败？ 城邦大危机

希波战争后，希腊形成了两大城邦集团，即以斯巴达为首的伯罗奔尼撒同盟和以雅典为首的提洛同盟。伯罗奔尼撒同盟虽然出现较早，但由于斯巴达以农业立国，因而不图对外扩张；而以工商业和海外利益为本的雅典，却总是利用提洛同盟极力发展自己的势力。

图6-4
伯里克利像

完全可以说，提洛同盟已成为雅典称霸的工具，其他盟国实际成了雅典的附属国。公元前443年，雅典将所有盟国分成了五个纳贡区，还规定了纳贡数量和纳贡时间，规定这些城邦必须使用雅典的法律、货币和度量衡制，甚至还对它们进行军事移民，强占它们的土地，分给雅典的破产平民。

雅典为首的提洛同盟，与伯罗奔尼撒同盟有着非常尖锐的矛盾。在经济上，主要是争夺海外市场，特别是意大利南部市场。希波战争前，东方的市场较多。战后，波斯紧缩了亚洲内地市场，不让希腊城邦渗入。北方市场又很有限，结果只能向一个方向发展，这就是西边的意大利南部。这里原来是属于伯罗奔尼撒同盟的科林斯、厄齐那等城邦的势力范围。雅典要向西发展，必然与之发生冲突。

政治上两个同盟之间也有矛盾。雅典到处支持民主派，斯巴达则到处支持贵族派。双方都以盟主自居，不遗余力地干涉其他城邦的内政。

矛盾冲突激化的最终结果，是导致战争的爆发。

引发战争的导火线有三大事件。其一是伊庇丹鲁事件。伊庇丹鲁在今天的阿尔巴尼亚境内，是科西纳的殖民地，科西纳又是伯罗奔尼撒同盟成员国科林斯的殖民地。公元前435年，伊庇丹鲁发生民主派政变，失败了的贵族不甘心，向科西纳求援。科西纳同情民主派，不肯出兵。贵族又求援于科林斯，科林斯出了兵，和科西纳发生了战争。科西纳失败后加入提洛同盟，雅典便和科林斯发生了战争。

其二是波提底亚事件。波提底亚是卡尔息狄斯半岛上的一个城市，是科林斯的殖民地，但加入了提洛同盟。雅典为加强控制，强迫波提底亚驱逐科林斯派来的监察官，遭到拒绝。波联合一些城邦退出同盟，雅典便进行讨伐。科林斯派兵援波，结果与雅典发生大战。科林斯失败后，怂恿斯巴达向雅典宣战。

其三是麦加那事件。麦加那位于中希腊通往南希腊的地峡上，处在雅典与斯巴达之间。因与同在地峡上的科林斯发生矛盾，加入了提洛同盟。波提底亚战争中，麦加那同情科林斯，雅典决定惩罚，禁止提洛同盟成员国与麦加那往来，禁止麦加那商船进入雅典港口。结果麦加那与科林斯联合起来，要求斯巴达向雅典开战。

公元前432年，斯巴达主持召开伯罗奔尼撒同盟会议，向雅典提出最后

智慧与美

通牒，要雅典解散提洛同盟，驱逐伯里克利，被雅典拒绝。斯巴达以此为借口，于公元前431年发动了战争。

伯罗奔尼撒战争席卷了整个古代希腊世界，过程错综复杂，战局纷繁迷离。

从战争双方的实力来看，双方军事力量各有所长。雅典方面是海军强大，陆军薄弱，战略上是海上进攻，陆地防守，坚壁清野；斯巴达方面则是陆军强大，海军薄弱，战略上是陆上进攻，海上防守。

战争的前十年（公元前431—前421）为第一阶段。战争一开始，斯巴达便动员盟国积极参战，组织了4万兵力的陆军，侵入了阿提卡半岛。雅典只有1万多陆军，不敢迎敌，便放弃了半岛上的广大农村，并将农村居民全部迁入雅典城内，固守雅典以及通往皮里犹斯港的通道，还将通道用城墙围起来。公元前430年，由于人口太多，拥挤不堪，结果雅典城内瘟疫流行，几天之内便死掉了三分之一的人口，就连伯里克利也在公元前429年染上瘟疫死去。他死后，贵族派和民主派闹开了矛盾，贵族派要和，民主派要战。公元前427年，民主派获胜，领袖克里昂执政，继续进行战争。

公元前425年，雅典舰队征服美塞尼亚西岸的派娄斯城，并煽动希洛人起义。斯巴达人受到很大威胁，便主动求和，遭雅典拒绝。雅典乘机与斯巴达人一战，取得第一次胜利。

公元前424年，斯巴达陆军穿过希腊，向色雷斯进攻。公元前422年，围攻安菲波里城。雅典派将军修昔底德率军驰援。援军未到，安菲波里已被斯巴达占领。修昔底德被驱逐出国。

克里昂再率舰队援助，双方军队进行决战，雅典大败。克里昂和斯巴达主将伯拉西达都战死。此时雅典的主和派与主战派又发生了矛盾，主和派领袖尼西亚掌握了政权。公元前421年，双方签订《尼西亚和约》，交换俘虏和失地，恢复到战前状态。

公元前415年，雅典民主派首领阿西比得取得了政权，继续进行战争。战争进入第二阶段。

阿西比得首先决定率舰队远征西西里。西西里岛是著名的产粮地，岛上的叙拉古是科林斯的移民城邦。但是这次远征遭到了主和派的反对，他们设置阴谋，说阿西比得出发时弄倒了护路神碑，犯了"无神罪"。于是，雅典又剥夺了阿西比得的兵权，交给尼西亚，并召阿西比得回国受审。阿西比得在途中跑掉，投奔了斯巴达，并告之以军情。公元前413年，斯巴达与雅典在西西里大战，雅典舰队失败要撤走时，迷信的尼西亚却要待月食过后再行动，致使全军都被斯巴达歼灭，尼西亚本人也战死。斯巴达又根据阿西比得提供的情报，再次深入阿提卡，还策动雅典2万多奴隶跑往斯巴达，雅典受到沉重打击。

公元前411年，雅典贵族趁困难之机，发动了反民主派的政变。掌权后的贵族取消了一些民主措施，准备与斯巴达谈和。但此时雅典还有一支强大的海军驻扎在萨莫斯岛。他们不承认贵族政权，又去找阿西比得回来指挥舰队。这一年，阿西比得率雅典海军，在赫勒斯滂海峡附近的阿卑多斯大败斯巴达。民主派大为振奋，乘机推翻了国内的贵族政权。阿西比得不孚众望，又在跟下来的几次战役中，连续打败斯巴达海军。雅典人宽恕了他的罪行，欢迎他凯旋。

然而，常胜将军也有失手的时候。公元前407年，阿西比得在小亚的诺丁海战中失败，同时又有人告他有野心，雅典决定审判他，他便跑到了小亚，后来被波斯人暗杀。

自此之后，雅典实力日趋下降，提洛同盟成员国也纷纷脱离雅典。而斯巴达又在波斯人的帮助下，建立了更强大的海军。在公元前405年的羊河大战中，雅典海军基本被消灭。公元前404年，斯巴达用海军断了雅典的粮道，并从陆地上发起军事进攻，雅典极其危险。贵族派压倒民主派，向斯巴达投降。长达27年的伯罗奔尼撒战争以雅典彻底失败而结束。

为什么经济上发达、政治上先进的雅典，反而被保守、落后的斯巴达打败了呢？这似乎有点不正常。但如仔细分析，雅典的失败也就不足为奇了。

正因为雅典的经济有比较充分的发展，社会内部的贫富分化也就更严重，内部矛盾也更尖锐：一方面有奴隶和奴隶主的阶级矛盾；另一方面是公民内部民主派和贵族派的矛盾。特别是后者，不但削弱了雅典的力量，而且常常在大敌当前之际，出现主张上的分歧和行动上的不一致。相反，斯巴达社会发展慢，公民经济和政治地位接近，内部斗争较少，对外时更齐心协力。

军事上雅典也有弱点。陆军是古代军队的主要基础，而这一点恰恰就是雅典的薄弱环节。因此它在陆地上很是被动,农村几次被破坏,经济上遭受巨大打击。斯巴达的内地很少遭受战争破坏,后来又发展了海军,弥补了不足。

雅典对盟国的霸权太厉害,致使同盟内矛盾重重。所以一开战,特别是雅典失败时,很多盟国便退出了同盟,直接削弱了同盟的力量。斯巴达主要是为盟友的利益而战,战争中又注意维护同盟内部的团结,在外部甚至还争取了波斯的支持。正因为这种种原因,斯巴达才取得了最后胜利。

伯罗奔尼撒战争结束了,希腊各城邦元气大伤,很快由繁荣强盛转向危机和衰落。一些大的城邦一蹶不振,特别是雅典。战争结束后,提洛同盟被解散,雅典被斯巴达人强制建立了三十寡头政体,民主势力遭受迫害。流亡在外的雅典民主分子,先后依靠底比斯和波斯的支持,打败了斯巴达人,使民主政治一度复苏。公元前378年,一度组织了第二次提洛同盟。然好景不长,由于内部斗争激烈,在公元前358年时发生了"同盟战争",提洛同盟成员国联合起来,反对雅典。此后雅典一直衰落。

斯巴达虽然取得了伯罗奔尼撒战争的胜利,夺取了希腊霸权,但由于长期的战争,本国的公民人数越来越少,难以对付内部的造反者,即希洛人;对外方面,斯巴达也步了雅典之后尘,加紧压榨本同盟的成员国,同盟内部出现分裂,有的城邦甚至还同雅典联合,打击斯巴达。公元前371年,新起的底比斯接连打败斯巴达,并于公元前368年解散了伯罗奔尼撒同盟,斯巴达也衰落下来。

新兴的底比斯是在与斯巴达的斗争中强大起来的,它还组织了波奥底亚同盟,但也是旋起旋仆,短暂性的强大。公元前362年,底比斯再一次侵入伯罗奔尼撒半岛,打败了斯巴达,但它自己也消耗太大,从这次入侵行动后就衰落了。

希腊城邦制度也发生了严重危机。由于长期的战争,各城邦的公民人数急剧减少,这就动摇了城邦政治的支柱——公民兵制。如雅典,男公民在公元前4世纪比前5世纪少了一半;斯巴达人从公元前480年的9000人减少到公元前371年的2000人,公元前331年时只有700人!公民内部的贫富分化加剧。其时的希腊哲学家柏拉图惊呼:希腊各城邦都分成了两个城,一个是富人的城,一个是穷人的城。社会矛盾尖锐,冲突频频发生。除了奴隶暴动外,平民也不断起来反对富人。公元前4世纪，斯巴达、科林斯等城邦都发生过起义。公元前370年的阿果斯棍棒党起义，一次就打死了1200个富人。

这些情况，表明希腊城邦"小国寡民"制度面对日益尖锐复杂的局面已束手无策，统治者需要更强有力的国家机器，这样就导致了一种超城邦的大帝国出现。

6.8

希腊古典文化繁荣的历史条件。多彩的神话，半人半神的英雄。悲剧和喜剧。《伊索寓言》。逼真的艺术，堂皇的建筑。哲学家的沉思，百科全书式的学者。历史学的发端。奥林匹亚圣火

完全可以说，希腊人创造的精神文明成果极其灿烂辉煌，是古代世界文化发展的最高峰。按照马克思的说法，希腊文化"至今还继续供给我们艺术的享受，而且在某个方面还作为一种标准和不可企及的规范"。

与自春秋至秦汉的中国古代文化、自列国至孔雀帝国的印度文化以及略晚的古代罗马文化一道，希腊古典文化是世界文化发展第一次高潮的重要组成部分。

古希腊文化发展繁荣的历史条件是：一、奴隶制度造成了强制性的社会分工，是希腊文化发展的基本前提。有了成千上万的奴隶去承担社会生产任务，去创造物质财富，才可能使一部分人脱离体力劳动，专门从事精神产品的生产。二、希腊是在铁器时代（即公元前11世纪—前9世纪的荷马时代）踏入文明门槛的。比起其他文明古国一般从铜石并用时代进入文明阶段来，希腊处在一个物质文明较高的历史起点上。三、希腊文化继承了古代东方（西亚和北非）的文化成就。希腊文明的最早出现（克里特文化）受了古代东方的影响，希腊文化的发展高潮最先也出现在离东方最近的小亚城邦里。四、文化科学上的活跃与政治上的充分民主是分不开的。除奴隶以外的自由民都能够参加文化艺术创作活动，这就使文化的发展既有政治环境，又有群众基础。五、希腊城邦居民的思想比较自由，宗教观念淡薄，也不存在一个专门禁锢人们思想的僧侣集团，这是有利于思想文化的自由发展的。

古代希腊的文化成就表现在各个方面，包括神话、诗歌、戏剧、艺术、哲学、史学、科学等各个领域，甚至连体育也可以归入其中。

希腊神话极其绚丽多彩，丰富生动。古希腊共同供奉行多神教，每个城邦都有自己的保护神，也有全希腊共奉的神。希腊神话对西方文化产生了深远的影响。从某种意义上说，不懂得希腊神话，就不可能透彻地理解和把握西方人的思想和文化。希腊神话有一大特点，就是"神人同形同性"，或者说，神并不神，而是人化了，神与人一样有五脏六腑，有七情六欲，只不过是长生不老、本事高强而已。神话实际上成了"人话"，反映了人们战胜自然界的愿望。希腊神话可分为前奥林匹斯神系、奥林匹斯神系和英雄传说。

在前奥林匹斯系神话里，世界本是一片混沌天地。无数万年以后，出现了大神卡俄斯。卡俄斯生昏和夜，夜生光和昼。又过了很久很久，出现了爱洛斯神，他生下了大地女神该亚。该亚生下了天神乌拉诺斯，两者又交合生下提坦诸神。提坦神中的第二代天神克洛诺斯与其姐瑞亚结合，生下第三代天神宙斯。

以宙斯为中心又形成奥林匹斯神系。这是因为他住在希腊北部高达3,000米的奥林匹斯山上。宙斯是众神之王，他的妻子天后赫拉是空气女神，她也是他的姐姐。冥王哈台斯、海神波赛冬、农业女神得墨特尔，都是他的同胞。宙斯还和天上的女神、凡间的女子广为结合，生下了许多小神。战神阿瑞斯、太阳神阿波罗、爱与美之神阿芙洛狄忒等都是他的子女。最有趣的是从他的脑袋里跳出了智慧女神雅典娜。除此之外，还有一些独立的神，如盗火者普罗米修斯、3个命运女神、9个文艺女神等。

希腊神话中还有许多半神半人的英雄，每个英雄都有一段神奇的故事。除了前文已提到过的提修斯、阿喀琉斯、俄底修斯和阿加米农外，这样的英雄还有：

赫拉克利斯，是宙斯与底比斯公主的私生子。他被誉为希腊第一大英雄，力大无比，曾经建立了12件奇功，如捣死猛狮，杀死九头蛇，活捉大野猪，捕捉疯牛，驱赶吃人的马群，杀死巨人克利翁，摘取有百头龙看守的金苹果等。

柏修斯，是阿果斯的英雄，宙斯和阿果斯公主的私生子。长大后，国王要他取来女妖美杜莎的头，柏修斯用计完成了任务，并用美杜莎的头杀死了一大批敌人。

伊阿宋取金羊毛的故事相当曲折。伊阿宋本为王子，但其叔父将王位篡夺后，生怕伊阿宋报仇，因此命令他到遥远的高加索去取金羊毛这一无价之宝。这事本来是不可能做到的，但伊阿宋请来了全希腊著名的英雄参加远航，女神雅典娜也赶来协助。航船历经千难万险，战胜了许多妖魔鬼怪，终于取到了金羊毛。

希腊的文学有诗歌、戏剧、寓言等形式。两部荷马史诗除有极高的史料价值外，其文学价值在古代世界也无与伦比，文字特别流畅生动，塑造的人物性格鲜明，故事情节曲折起伏，结构严密完美，是传之于万代的世界文学瑰宝。早期诗人赫希阿德的作品《神谱》《田功农时》亦有异曲同工之妙，无论思想价值，还是文学价值，都堪称一流。赫希阿德将希腊的历史依次分为黄金时代、白银时代、青铜时代和黑铁时代，认为自己所处的时代只有强权，没有公理，这是耐人寻味的。

希腊的戏剧起源于节日的街头表演活动。每年春秋两季，各城邦都要举行大小酒神节。节日表演活动中有合唱队，有领队，戏剧正是在这个基础上形成的。希腊的戏剧分悲剧和喜剧两种形式。

悲剧是希腊文学的最高成就。原称为"山羊之歌"。春天的大酒神节时，庆祝活动要举行3天，歌唱酒神狄奥尼苏斯为人间带来了春天。合唱队在街头表演，领队是一种半神半羊的怪物。后来发展为2人，最多时为3人。悲剧主要以神话传说为题材，表演时非常庄严。

古希腊有三大悲剧作家。爱斯奇里斯被称为"悲剧之父"。他创作的作品共有80多部，流传到今天还有7部，以《被捆绑的普罗米修斯》《波斯人》最为著名。另一位著名的悲剧作家是幼里披底斯。他以现实生活为题材，善于反映人与社会现实的冲突。他是个最富悲剧性的戏剧家，共写过92部悲剧，传下来18部，代表作有《特洛耶妇女》等。

而索福克利斯的悲剧达到了几乎完美的境界。他的作品擅长反映人与命运的冲突。他写过123部剧作，现存7部完整的悲剧，最著名的是《俄狄浦斯王》

智慧与美　199

三部曲，这是希腊悲剧的最高成就。

《俄狄浦斯王》是根据希腊英雄俄狄浦斯的有关传说写成的。俄狄浦斯是底比斯国王之子。生下来后，他的父母亲便到神庙里去取神示，结果神示上说："杀父娶母。"吓得国王赶紧用铁钉刺穿他的双脚，再捆起来，丢到山里，哪知被科林斯国王的牧羊人拾到。牧羊人看见他脚有伤，给他取个名字叫俄狄浦斯，意思是"肿脚的人"。他抚养了一阵后，将俄狄浦斯送给了主人科林斯国王。

俄狄浦斯长大后，听说自己不是国王的儿子，也到神庙里去求神示，结果神也告诉他："杀父娶母"。他赶紧离开科林斯，前往底比斯。在路上遇到一个老翁，双方都不愿意让路，结果他就把老翁给杀掉了。他当然不知道杀掉的这个人就是他的亲生父亲底比斯国王。

俄狄浦斯来到底比斯后，这里正有一个叫斯芬克斯的怪物在危害人民。怪物上半身是个女人，下半身是狮子，长着鹰的翅膀，尾巴却是条蛇。她专门向路人提出一个谜语，猜不出来就要被她吃掉。俄狄浦斯来到她跟前时，她也向他提了一个谜语："什么动物早晨用四只脚走路，中午用两只脚走路，晚上用三只脚走路。脚最多的时候，也就是他走路最慢的时候"。俄狄浦斯立刻猜出这是"人"。斯芬克斯见谜语被说破，自杀身死。

俄狄浦斯为底比斯除了大害，立刻被人民拥立为王，而且将前王留下的寡后（也就是他的生母）嫁给了他。他们结合后，还生下了两儿两女。后来这件事被发觉，王后因羞愧而自杀，俄狄浦斯也非常愤恨，抓瞎自己的眼睛，逃到深山老林，直至死去。

这个故事反映了人始终不能摆脱命运的捉弄。同时也反映了刚从原始社会过来的人类还留有许多原始时代的痕迹，包括亲子之间的性乱关系。现代心理学家弗洛伊德在分析男性儿童的恋母情结时，还用了"俄狄浦斯情结"一词。

在民俗文学中，寓言可谓一种特有的形式。古希腊的《伊索寓言》在世界流传极广。传说伊索是一个奴隶，由于才智出众而得到了自由。他创作了很多寓言，后人编集成册，同时也加进了一些新的作品。所以，今天所见到的《伊索寓言》，实际上是古代希腊寓言的汇编，是古希腊人的集体创作。

《伊索寓言》共 300 多则，有很多寓意深刻的故事，试举几例：

《行人和熊》：两个朋友一起上路，他们遇到了一只熊。一个人抢先爬上了树，藏起来了。另一个人在快要被熊抓住的时候，只好倒在地上装死。熊走到他跟前，用鼻子闻了闻，他不敢呼吸。据说熊从不碰死的东西，因而就走开了。树上的那人下来了，问地上的人，熊同他说了些什么。这人回答道："熊说，以后千万不要跟那些不能共患难的人在一起。"这说明患难中才见知己。

《农夫的儿子们》：有个农夫，他的几个儿子常常争吵。农夫劝说过多次都无效果，于是决定用事实来教育他们。他叫儿子们搬来一捆树枝，先叫他们把整捆树枝一下折断，结果谁也不能。农夫又把树枝解开，给他们每人一根，他们很容易就将树枝折断了。农夫就说："孩子们，团结起来，战无不胜，相反则会被敌人打败。"这说明团结就是力量。

《农夫和孩子们》：有个农夫，孩子们不太勤劳。农夫临死时，把他们叫到床前说："孩子们，葡萄园里有个地方埋藏着财宝。"农夫死后，孩子们将葡萄园用锄头全部翻了一遍。财宝没找到，可是葡萄却带来了极好的收成。这说明勤劳才能致富。

《农夫和蛇》告诉人们不要怜惜恶人。《狐狸和葡萄》批评办事不成的人自我麻醉。《狼和小羊》谴责恶人们作恶总要寻找借口等。

希腊艺术是希腊文明的主要表现之一。直到今天，一些高超完美的艺术作品还令人们赞叹不已，成为艺术家追求模仿的典范。特别有意义的是，希腊艺术作品以人为塑造的对象，以人与大自然的斗争为主要题材，歌颂人，赞美人，追求人与自然的平衡与和谐，表现人作为大自然最精美杰作的地位。

从艺术形式看，古代希腊艺术家着重于雕塑，也有绘画，表现为黑绿瓶画和红绿瓶画两种技法，现实感略为逊色。

远在公元前 8 至前 6 世纪时，希腊的雕塑艺术就开始发展，只不过受埃及风格的影响较大，人物形象正面而立，僵硬死板，表情严肃，两肩抬平，身体略为后仰，给人的美感享受不大。进入古典时代后，雕刻艺术很快就达到一个新的境界：精确、合理、和谐、逼真。这时候出现了三大雕塑家。公元前 5 世纪上半叶的米隆，善于用写实手法刻画人物，特别擅长描绘在剧烈运动时的人体各部位特征。他的代表作《掷铁饼者》生动地表现了运动员在铁饼掷出前一瞬间的优美姿态。传说他曾创作一个小牛犊雕像，放在街上陈列时，由于太逼真，竟然引起过路母牛的慈爱叫唤声。与他几乎同时的菲迪亚斯，作品特点则是气魄宏大，而局部刻画处理又非常讲究。代表作是雅典帕特农神庙中的雅典娜巨像，奥林匹克神庙中的宙斯神像。第三大雕刻家坡力克利特，擅长表现运动中的人体，代表作《持矛者》，被誉为人体雕塑的典范。

古希腊建筑富丽堂皇。典型的建筑特色都体现在神庙及其他公共场所上。神庙一般呈长方形，四周用柱廊环绕。圆柱的顶部讲究花样，这种花样称为柱式。古典希腊建筑中流行三种柱式。一是多利亚式，即在多利亚人城邦中流行。其风格强健，粗壮，朴素。柱子高度约为柱底直径的4至6倍，柱头上装饰较为简单，仅加上圆形垫石和方形顶板。二是爱奥尼亚式，风格轻快，华丽，柱身较为细长。柱高一般为柱身直径的8至10倍，柱头依曲线向上成涡卷形。三是科林斯式，这是爱奥尼亚式的变种，但更为华丽，柱头多为叶状装饰物。

古代希腊的典型建筑是帕特农神庙。整个神庙全部采用大理石材料，四

图6-5
掷铁饼者

周环以柱廊，东西各8柱，南北各17柱，柱为多利亚式。东西墙的顶部均为三角形。正殿中竖立着雅典娜女神雕像，高12米，由黄金和象牙镶嵌外表，极其庄严、豪华。帕特农神庙至今犹存，是游人观光的著名古代遗景。

古典时代希腊的哲学也是非常发达的，而且唯物论和唯心论两方面的思想都有萌芽和发展。

朴素的唯物论学者有泰利斯，他是希腊第一位哲学家，认为水是万物的本原。他创立了"米利都学派"。同属于该学派的还有阿拉克西曼德，他认为万物的根本是"无限"；他还是西方第一个进化论者，提出人是由水中的鱼慢慢演变而来的。他的学生阿拉克西美尼，则认为万物的本原是"气"。

稍晚一点的以弗所哲学家赫拉克利特，认为世界永远是一团"活火"。他认为万物处于不停地变化和运动之中，事物变化的原因是内部的对立面斗争。这很有点辩证法思想。

集古代希腊唯物论哲学之大成者，是德谟克利特。他第一个把希腊哲学系统化。他提出了"原子论"，认为万物都是由原子组成的，原子是看不见、听不见、无色无味的微小粒子，甚至人的灵魂也是由最精巧的原子组成。

唯心主义学派的早期代表人物是毕达哥拉斯。此人在政治上是贵族派，又是一个数学家，哲学观点认为万物起源于数，由数而有形，由形而成物。

芝诺的"飞矢不动"命题很是引人注目。他这样解释：飞动着的箭，在每一个瞬间总是在某一个点上，而不能同时在另一个点上。因此，箭在路上的每一点都是静止的，而静止的总和还是静止，而不是运动，故而，运动是不真实的。如此，芝诺不愧是诡辩论者的鼻祖。

古希腊最有影响的哲学家有三人：苏格拉底、柏拉图和亚里士多德。

苏格拉底出身下层社会。据说此人其貌不扬，其德高尚。唯心主义哲学在他那里得到很大的发展。他认为理性是人生的根基，概念是世界的根源，万事万物皆由概念而生。认为求得知识的最好办法是有系统的问和答，通过辩论可以得到真理。他反对研究客观规律，提出"认识你自己"，主张把对客观世界的认识转向对内心的求知，认识内在的主观世界。苏格拉底反对民主政治，后来被雅典民主派处死。

柏拉图是苏格拉底的学生，是希腊唯心论哲学的集大成者。政治上也站在贵族一边。哲学上他提出了"理念论",认为现实是虚幻的,万物都根源于超感觉的理念,理念是客观存在的。所以柏拉图是一个客观唯心主义者。他写了一本《理想国》,把公民分成了三个等级。卫国者是国家的统治者,是用金子做的,多是哲学家;兵士是银子做的;普通人是用铜和铁做的。

亚里士多德是古希腊最大的哲学家和思想家,又是一位百科全书式的学者。他不但对已有的许多学科都做过探索,取得了成就,而且还开辟了逻辑学、动物学等新的科学领域。

亚里士多德本是马其顿人,16岁时到雅典就学,成为柏拉图的学生,深受柏拉图的喜爱,被柏拉图称为学园"精英"。公元前343年,他应马其顿国王腓力二世之聘,担任王子亚历山大的教师。公元前335年,他返回雅典办学。他讲课的方式很是自在,经常带领弟子们在校园的林荫道上边踱步边上课,所以他的学派被人称为"逍遥学派"。

在哲学观点上,他常常徘徊于唯心论和唯物论之间,但又不是简单的折中主义。他有句名言,叫作"吾爱吾师,但吾更爱真理"。他认为世界万物有物质和形式两个根源,提出了"四因说",认为一切事物的产生、运动和发展,都有四种原因在起作用,即质料因、动力因、形式因和目的因。

在逻辑学上,亚里士多德对形式逻辑有两大突出贡献。一是创立了三大思维法则,即同一律、矛盾律、排中律。同一律是指人们的思想应该有确定性,对于同一对象在同一关系下只能得出同一的概念,对于不同的对象有不同的概念。矛盾律是指对于同一对象在同一条件同一时间中不能做出两个相互对立、相互矛盾的概念,就是说,不能同时肯定这一事物,又否定这一事物。排中律是说,在两个相互矛盾着的判断当中,必然有一个是对的,不可能在肯定与否定之间还存在第三者。他的第二大贡献是三段法论,即人们所熟悉的大前提、小前提、结论。

亚里士多德的政治态度却是不可取的,他主张由贵族管理国家,反对民主政治制度。

哲学和科学最初在希腊是不分家的,哲学家一般都是科学家。泰利斯是古希腊第一位哲学家,也是第一位科学家。柏拉图的学园门口挂着一块牌子,上书"不懂数学者免进"。泰利斯曾经相当准确地预测过公元前585年的日全食,还能根据金字塔的影子计算塔的高度。阿拉克西曼德是第一个绘测地图、制作地球仪的人。毕达哥拉斯不但发现了月亮的光来自太阳，还演绎证明了著名的"毕达哥拉斯定理"，即勾股定理。德谟克利特的原子论奠定了近代原子科学的基石。柏拉图也对天文学和几何学感兴趣。亚里士多德在自然科学方面的兴趣广泛，尤以生物学上的成就最大。他解剖过50多种动物，提出过"鲸是胎生的"等正确见解。由医生希波克拉底制定的医德规范，被称为"希波克拉底誓言"，直到1949年还被世界医协定为国际医务道德规则，今天西方的医生开业都要按它宣誓。

在希腊神话9位"缪斯"（文艺女神）中，掌管历史的女神克利奥位居其首，可见古希腊人对历史是极为重视的。

"历史"一词的希腊文本意是"调查"，说明历史学是从调查掌握原始材料和史实开始的。开创西方历史学的希罗多德就是这样做的。希罗多德是小亚的希腊城邦人，从小受到了良好的教育，特别是受到了古希腊史诗以及当地一些纪事家的影响，曾经漫游地中海各地，公元前446年回到雅典，公元前443年移居意大利南部的图里，在那里专心著述《历史》一书，长达20年之久，直到公元前425年逝世。

《历史》全称《希腊波斯战争史》。本未分卷，后被亚历山大城的学者分为9卷，每卷冠以一个文艺女神的名字。实际上，全书可分为两大部分，上半部分以波斯帝国的兴起和扩张为主线，逐个叙述了吕底亚、美地亚、波斯、巴比伦、埃及和西徐亚等地的情况，下半部分集中叙述希波战争的经过。全书实际是希罗多德所知的那个世界的历史，内容广博，不但包括政治、军事、外交，还记载了各地的自然地理、经济生活、人种民俗、宗教文化等，为后人留下了珍贵的史料，在史学观点、编纂体例、治史方法和文学价值等方面超过前人，是西方历史上第一部比较完整的历史著作。因此，希罗多德获得了"西方历史之父"的殊荣。

此后不久，前雅典将军修昔底德又写成一部《伯罗奔尼撒战争史》。他在史学方法和史学思想上更为成熟，克服了希罗多德的一些局限。虽然他亲身参加过战争，是战争的见证人，但他还是十分注意对史料进行分辨，注意区分真伪。他还注意研究历史事件产生的原因，揭示事件对历史发展的影响，因此被视为西方第一个"信史"作者,第一个真正的历史学家。

古希腊人也是非常重视体育锻炼和体育运动的,认为这是培养一个完美的人的基本手段之一。可以说,古希腊人是最热衷于体育运动的民族。

除斯巴达人外,雅典也是一个十分重视体育的城邦。男婴出生后,父母就可视其身体状况决定取舍。幼儿时期,双亲要为其安排游戏活动。7岁后接受学校教育时,要进行跑、跳、爬绳、游泳、球类比赛、投标枪、掷铁饼、拳击、角力等许多体育锻炼和竞技活动。小学读完后,要进入专门的角力学校,学习五项竞技即角力、赛跑、跳远、掷铁饼、投标枪以及游泳。有些还继续学习体操。

各个城邦都有与此相类似的做法。每到祭神欢庆之日,各城邦就要举行运动会,有城邦内部的,也有地区性跨城邦的。最初,影响较大的有奥林匹克、品托、伊斯特米亚、尼米亚等运动会,其中,尤以奥林匹克运动会为最。

公元前776年,奥林匹克运动会成为全希腊性的运动会,每隔四年举行一次,参加者来自希腊各城邦。运动会时间一般是在奥林匹亚宙斯神庙大祭的日子。会期之内各城邦之间无论关系如何,均一律暂时停止敌对行动,参加运动会。竞赛在草地上进行,观众在山坡上观看。比赛项目原只有赛跑一项,后设置了不同长度的赛跑及其他项目。在运动会竞赛中的获胜者回国时,常被本城邦的人视为英雄,树碑立传。

第七章

欧亚大整合
亚历山大帝国及希腊化时代

7.1

马其顿：非纯种的希腊人。腓力二世改革：马其顿的崛起。亲马其顿与反马其顿之争。克罗地亚大战。科林斯会议。腓力之死

公元前 4 世纪末叶，城邦危机已将希腊各大小国家推向了崩溃的边缘。大乱必达大治。一个发源于希腊世界以外的国家悄然而起，不到 20 年就将全希腊置于它的卵翼之下。

这就是马其顿王国。

马其顿处在古希腊的最北部，由上马其顿和下马其顿两部分组成。西边的上马其顿即今天的马其顿共和国，绝大部分地方是高原山区，极其闭塞，只有几条关口与外界相通。东边的下马其顿则是沿海平原地区，土地肥沃，特别适合于农业。

马其顿人不能算正宗的希腊人，而是一个混合民族。公元前 2000 年代南下的希腊人中，有一部分留在这里和本地土著杂居。其首领自称是希腊人的后代。希波战争期间，马其顿国王亚历山大一世曾向雅典人通风报信，告之以波

斯人的军情。

马其顿的社会发展步伐要比希腊城邦慢得多。当希腊世界创造着灿烂辉煌的古典文化之时，马其顿还在文明的门槛外徘徊。公元前6世纪至前5世纪时，马其顿虽然有了国王，但实际还处在氏族公社瓦解的军事民主制阶段，国王只不过是一象征而已。战时领兵打仗，平时做祭司，也当法官。王位虽可世袭，但人民仍有权将其废黜。不过，随着时间的推移，马其顿在国家形成过程中，并不像希腊那样出现城邦制度，而是建立起君主政治和统一王国。

进入公元前4世纪后，马其顿走着一条与希腊城邦衰落完全不同的道路，一跃而为重要国家，经济上也逐渐繁荣起来。

国王腓力二世时期（公元前359—前336），马其顿迅速崛起。腓力早年曾在希腊当过人质，了解希腊局势，熟谙希腊政治经济各方面的运作方法。他一上台，便开始进行大刀阔斧的改革。

腓力的改革涉及政治军事财政诸多方面。政治上主要是限制贵族权利，加强并神化王权，他称自己是希腊大英雄赫拉克里斯的后裔。财政上则改革币制，开挖金矿，不但使国家财力大幅度增长，而且有利于与希腊城邦的贸易往来。军事上的成效最大。他建立了一支常备军，进行严格训练，并由国王直接指挥；部队作战时，采用新式的马其顿方阵，战斗力特别强。就是借着这支军队，腓力吞并了东边的色雷斯，西边的伊庇鲁斯，统一了北希腊，再向南方扩张。

公元前352年，腓力二世兵抵温泉关，在雅典引起了轩然大波。大敌当前，雅典内部分成了态度截然相对的两大派：以伊索克拉底为首，是亲马其顿派；以狄莫西尼为首，则是反马其顿派。

在亲马其顿派看来，半个多世纪的城邦危机，表明靠希腊人自身已不能解决任何问题，新兴的马其顿正是解除危机的希望所在。他们特别要求腓力二世领导希腊，进攻波斯，把希腊内部的矛盾向外转移。作为一名雄辩大师，伊索克拉底不厌其烦地发表演说，声称腓力不仅可以成为统一希腊的领袖，而且还应成为征服波斯人的领袖。他近乎狂热地叫喊："让爱国主义思想所感发的斗争精神把希腊化为东方无穷财富的主人吧！……让我们把战争带给亚洲，而把亚洲的幸福带归希腊吧！"

反马其顿派则坚决主张抵抗马其顿，捍卫城邦的民主和自由。他们一般都是工商业者，不愿看着传统的商业势力范围即爱琴海北部和黑海一带都成为马其顿的俎上之食。与伊索克拉底相比，狄莫西尼的演说更加慷慨激昂。他抨击腓力是一个荒淫的暴君，呼吁全雅典人都起来保卫自己的家园。在著名的《第三篇反腓力辞》演说中，狄莫西尼深刻地揭露了腓力的假和平，告诫雅典人不要上当：

> 如果有另一个人手里拿着武器，身边有强大的兵力，嘴里向你们提出和平的要求，实际上却是在进行战争，那么除了自卫而外，还有什么别的办法呢？要是你们也愿意像他那样只是嘴里维护和平，我也就没有异议了。但是如果有人把足以使腓力占领一切城市从而向我们进攻的形势当作和平，那么，首先一点，他准是发疯了；其次，他所说的和平是你们同腓力和平相处，而不是腓力同你们和平相处；这就是腓力耗尽钱财换来的好处——他可以攻打你们而不致被你们攻打。
>
> 要是我们等待他承认他是在攻打我们，那么我们就是世间最愚蠢的人了，因为即是他在向阿提卡和珀赖欧斯进军，他也不会承认这个事实的。

狄莫西尼以其严密的逻辑和雄辩的口才，确实打动了雅典人的心，反马其顿派在民众中很快就占了上风。接着，雅典及一些盟国在北希腊和中希腊等地与马其顿展开了争夺，时战时和的局面维持了十几年。

公元前339年，腓力二世再次深入中希腊，离雅典仅为两天路程。在如此紧急的形势之下，雅典与近邻底比斯结为盟军，仓促应战。公元前338年，雅典和底比斯联军在中希腊的克罗地亚与腓力的军队进行决战，结果联军一败涂地。这次战役是希腊城邦命运的转折点，从此古希腊人再也没能主宰自己。

腓力二世乘机威胁其他城邦，恐吓他们投降。几乎没有谁敢说个"不"字，唯有斯巴达人例外。此时的斯巴达，其势力早已日薄西山，但其勇敢精神仍不减当年。传说，腓力写信给斯巴达人，威胁其投降。信中称："如果我南下进入你们的国家，我将把你们的城市夷为平地。"一向以语言简洁而著称的斯巴达人，这次更不愿多说话，只在回信中写上两个字："如果。"

公元前337年，腓力二世在科林斯举行全希腊会议。除斯巴达外，北希腊奥林匹斯山以南几乎所有的希腊城邦都参加了。会议决定在希腊内部停止战争，建立永久联盟，军政大权由马其顿掌握。会议还推举腓力二世为讨伐波斯的希腊联军统帅，这次会议标志着希腊古典时代的结束。从此，希腊的城邦制度消失了，代之而起的，是以马其顿为中心，包括了整个希腊世界的大帝国。

科林斯会议之后，腓力立即着手征战波斯的准备。公元前336年春，1万人组成的先头部队渡过赫勒斯滂海峡，向波斯进发。然而，正当一切就绪，腓力打算于秋天率军出发时，他却突然在自己女儿的婚礼上遇刺身亡，其子20岁的亚历山大继位为王。

7.2

亚历山大其人。东征的开始。伊苏战役。高加米拉战役。东征的影响。帝国的东方化。短命的帝国

血气方刚的年轻国王亚历山大，经历却颇为丰富。他曾从师于著名学者亚里士多德，从小就有很大的政治抱负。16岁的时候，其父外出征战时，他便留守国内，代行国王之权，在政界崭露头角。18岁时在克罗地亚战役中建立功勋。他继位之后，面临的第一大难题就是国内各地的叛乱。当时，腓力猝死后，希腊全国上下几乎是一片欢腾，反马其顿派尤其兴奋，据说狄莫西尼还为自己戴上了花环。底比斯则打出了起义的旗帜。亚历山大不愧为一代雄主。他运用丰富的经验，并不分兵清剿，而是快速出击，以底比斯为重点打击对象，杀一儆百。攻下底比斯后，亚历山大纵容部下屠城为乐，城市夷为平地，居民一概为奴。如此残酷之手段，令其他城邦不寒而栗，就连雅典人也在一念之差中，差点将狄莫西尼等坚定的反马其顿派送给亚历山大邀功请赏。这样一来，各地的叛乱也就不平自平了。没有了后顾之忧，亚历山大义无反顾，发动了东征。公元前334年的春天，他亲自率步兵3万，骑兵

5000，跨过赫勒斯滂海峡，进入波斯境内。为表示决心，他烧掉了过海的浮桥。全军只备有一个月粮草，唯有迅速取胜，才能补充军队供应。

出兵不久，亚历山大即取得了一连串胜利。他先在格拉尼卡列畔打败波斯军队，又占领小亚重镇萨狄斯，"解放"了小亚沿岸的希腊城邦。其后，他又沿海岸东进，直指叙利亚。

公元前333年，亚历山大与波斯大军会战于叙利亚北部的伊苏。波斯军的统帅是其时的国王大流士三世。亚历山大先击其薄弱的左翼，再直捣大流士所在的中军。大流士临阵胆怯而逃，波斯军一触即溃，亚历山大俘获了大流士的母亲、妻女以及所有后眷。

大流士逃回了国内，亚历山大则一鼓作气，占领了大马士革。继续南下时，在推罗遇到了极其顽强的抵抗。经过7个多月的苦战，推罗方被攻陷，3万多军民全被卖为奴隶。

公元前332年11月，亚历山大进入埃及，埃及人真心欢迎他的到来，还给他加上了诸如"埃及法老"之类桂冠。亚历山大在这里建立了第一座以自己名字命名的城市，这就是埃及著名的亚历山大里亚城。

公元前331年，亚历山大从埃及北上，攻入两河流域。10月，在尼尼微附近的高加米拉原野上，再次与大流士率领的波斯军队会战。此役中，波斯军队号称有百万之众，而且装备精良，准备充分，战场上实行猛打猛冲的战

图7-1
亚历山大

欧亚大整合　211

术。亚历山大避其精锐，攻其侧翼，以五六万兵力之劣势又一次取得重大胜利。此后，波斯军元气伤尽，再也未能组织有规模的抵抗，只有逃跑一条路。大流士成了逃跑的"急先锋"。

亚历山大则是一路攻城略地，所向披靡，先后占领波斯的巴比伦、苏撒、爱克巴坦尼等重要城市。公元前330年，波斯帝国最后一个大城市波斯波利斯也落入亚历山大之手。

亚历山大继续挥师追击大流士三世，大流士被部将杀死。亚历山大自认为是波斯的合法继承人，波斯帝国灭亡。

随后，亚历山大又在中亚打了两年仗，控制了中亚地区。

公元前327年，亚历山大进犯印度西北部。由于士兵厌战等原因，他被迫分水陆两路，于公元前326年沿印度河南下到海边，再沿海岸分两路，于公元前325年撤回到巴比伦。

历经十年征战，亚历山大建立了一个空前庞大的帝国，其版图比过去的波斯帝国还要大，即增加了希腊。这个地跨欧亚非三洲的帝国，领土西起希腊，东到印度河流域，南至埃及，北抵中亚，囊括了旧大陆上除东亚以外的所有文明地区。

亚历山大的成功有多方面因素的作用，但主要在于马其顿正处在发展的鼎盛时期，而波斯则已是一个老大腐朽、日落西山的帝国。亚历山大到埃及时，埃及人把他看成"解放者"就是一例。

相对对手大流士三世的昏庸无能而言，亚历山大个人的军事指挥才能是太杰出了。他擅长集中兵力，打对方的薄弱环节；也不拘泥于成规旧法，善于出奇制胜；始终保持部队的机动性、灵活性，是他的一贯作风。他不打偷袭战的泱泱风度，令他的敌人都五体投地；他一往无前的勇气，身先士卒的精神，宽容大度的气质，坚韧不拔的毅力，无疑是对将士们莫大的鼓舞和激励。据说，是他第一个登上了亚洲陆地，他的全身几乎无处没有伤疤。总而言之，他是古代世界第一个伟大的将领，不愧为第一个世界级的军事英雄。

无论怎么说，亚历山大东征是一场侵略战争，是非正义的，铁蹄所至，文明被摧毁，居民遭杀戮。然而，对于希腊来说，则在一定程度上缓和了城邦危机。大量的财富和奴隶流入希腊，大量的希腊人向东方迁移，这就或多或少将希腊城邦的内部矛盾转移了，甚至多少克服了。

东征所带来的更大的社会影响，是促进了东西方文化的大交汇。很多文人学者随军而行，搜集材料，研究古代东方各国的文化生活。不少希腊人留居东方，东方文化传入希腊，促使希腊文化进一步发展；希腊文化又给东方文化一定影响，希腊文化的中心东移。

社会经济尤其是工商业也在更大的范围内高水平地发展起来了。过去相互比较隔绝的文明中心连接在一个国家里，有助于经济联系和贸易交换。大批工商业者随军队流动。亚历山大在帝国境内新建的几十座新城，慢慢成长为新的经济文化中心。

亚历山大攻占波斯波利斯后，曾让相当一部分盟国军队返回希腊。从那以后，他便以波斯的继承人自居，把统治中心放到了东方，就连他本人也没再回过希腊。虽然说，他在军事上征服了波斯，但他在政治制度和社会生活方面却是有意地波斯化、东方化，或者说，为波斯的文化所同化。

他将波斯原首都苏撒变成了新帝国的首都，作为统治中心。他继承了波斯的政治制度，确立君主专制政体，让属下臣民按波斯传统向他行匍匐礼，只有马其顿人可以例外。为了加强行政管理，他把全国分成许多行省，由他直接委派官员管理；他不仅委派马其顿人、希腊人，同时也重用原有的波斯贵族和波斯官员，以保证帝国机构的正常运行，保持统治的连续性。他甚至还改变军队成分，大胆地召波斯人入伍。

为了缓和种族矛盾，亚历山大采取积极的民族融合政策。他带头学波斯语言，穿波斯服装，娶波斯女子为妻。他的两个新婚妻子，是大流士三世的两个女儿。他命令70个重要的文臣武将都必须娶一名波斯女子，还举行了场面宏大、气氛热烈的集体婚礼。在他们的带动下，希腊—马其顿人的军队中有1万名将士娶亚洲女子。这是世界历史上罕见的现象。

如若历史继续这样发展，不知会成个什么样子。一些偶然的因素往往能够改变历史前进的方向。亚历山大从印度回到苏撒的两年后，即公元前323年，正忙于迁居巴比伦时，突然染上了疟疾，7天后不治身死，时年33岁，真可谓英年早逝。随着他的死去，偌大的帝国迅速地分崩离析了。

7.3

希腊化世界：三足鼎立。埃及托勒密王国。西亚塞琉古王国。希腊—马其顿王国。东方经济的繁荣

亚历山大死后，部将们活跃起来，纷纷挑选自己所喜欢的王子来当王位继承人，结果形成了两派。在相持不下的僵局下，双方共立了两个国王。然而这不过是暂时的妥协而已，而且两个国王因为年幼，实际上都成了傀儡。

部将们乘机划定势力范围，有的当摄政王，执掌中央大权；有的占领埃及；有的占领小亚；有的以马其顿为据点；有的统治色雷斯。经过20多年两个阶段的争夺混战，完整的帝国终于土崩瓦解，最后大致是三分天下，形成三足鼎立之势。

三足分别为：统治西亚的塞琉古王国，统治埃及的托勒密王国，占据希腊—马其顿世界的安提柯王朝。由于三个国家都是由希腊人及后裔所统治，因而从公元前4世纪末叶至前1世纪的西亚北非，被统称为希腊化世界。不过，"希腊化"一词却是19世纪后期一个德国历史学家提出来的。

最先割据的是托勒密王国。它由亚历山大的大将托勒密所建，亚历山大里亚是它的都城。早在公元前312年，托勒密就盘踞在埃及。公元前305年，托勒密正式称王。随后，托勒密与西亚的塞琉古王国长期争夺地中海东岸地区，先后发生了五次"叙利亚战争"，但终因实力不及对方，最后以失败告终。

托勒密虽然在埃及建立了君主制度，并且由中央高度集权，但他非常注意利用当地的上层社会来为自己服务。整个王国按埃及的原有做法，分成40个州，州长职务基本上由埃及贵族充任。但是，它毕竟是外族统治，与被统治者的矛盾不可能调和。因此，公元前3世纪末以后，埃及人的武装反抗频频发生，动摇着王国的根基，国力日趋下降。尽管它的末代国王女王克娄巴特拉极尽风骚之能事，将罗马统帅恺撒和安东尼先后拖下水，但也没有逃脱覆灭的命运，最后在公元前30年被罗马皇帝屋大维所征服。

塞琉古王国的建立者塞琉古，也是亚历山大的一个部将。他于公元前305年称王，以叙利亚的安条克为首都。它的版图相当广大，基本上相当于

亚历山大帝国的亚洲部分，西起赫勒斯滂海峡，东到兴都库什山。国内不像埃及那样是个单一的种族，而是民族众多，文化各异。因而，地方上的独立性较强。

与托勒密王国的统治方式不同，塞琉古王朝主要依靠希腊和马其顿人来进行管理。国王特别注重运用移民方式，来改变各地居民的成分。单是第一任国王塞琉古一世，就建了24座希腊化城市，大都称为塞琉西亚。城市的控制者均为希腊移民。由于它们地理位置优越，因而成长得也特别快：首都安条克居民有50万之多，底格里斯河畔塞琉西亚居民达60万人。

由于国土广大，塞琉古王国的内外矛盾也就格外复杂。辖区内帕加马、帕提亚、安息等属国先后独立。公元前2世纪后，塞琉古碰上了强大的对手罗马，显得力不从心。随着中亚帕提亚王国的西向发展和罗马国家的东进运动，被夹击中的塞琉古地盘越来越小，终于在公元前64年亡于罗马大将庞培之手，叙利亚成为罗马的一个行省。

亚历山大死后，部将安提柯是最早不安分的。他首先把马其顿王权抓在自己手里，公元前306年正式称王。但真正在马其顿以及希腊建立长期稳固统治的，则是他的孙子安提柯三世。从公元前276年起，安提柯王朝治下的马其顿王国维持了100余年。

然而，马其顿的统治始终遭到了希腊各城邦的反对。虽然斯巴达、雅典已无力在反抗运动中继续发挥核心作用，但新的领导力量不断涌现。公元前314年，出现了埃陀利亚联盟；公元前280年，又兴起了阿卡亚联盟。两者都是反抗马其顿的主要力量。不过，斗争常常是旋起旋伏，效果不大。公元前2世纪中叶，先是马其顿（公元前168年），后是希腊各城邦（公元前146年），都被罗马所征服，希腊古代文明至此终结。

三个大的王国之外，原属亚历山大帝国范围内的还有一些较小国家，如安息、克里米亚、皮洛士、莱西罗库、叙拉古等。尤其是小亚的帕加马，政治独立性强，工商业发达，文化事业兴旺，一度成为希腊文学事业的中心地。

希腊化时期一个突出的特点，就是东方世界经济出现了异常繁荣的局面。

首先是希腊化世界的经济联系更加紧密。亚历山大的东征，实际上开辟了一条东西方之间的陆上贸易通道，从爱琴海沿岸、埃及和地中海东岸，经

欧亚大整合　　215

两河流域、波斯，可到中亚的帕提亚、粟特，南亚的印度，东西方之间的货物交流由此可以畅通。海上贸易也有新的发展。托勒密王朝开拓了从红海到尼罗河的运河，货物可以从红海经运河，再沿尼罗河直下亚历山大港口。

因此，希腊化世界的多边国际贸易是相当兴旺的。如托勒密埃及，进出口贸易十分活跃：输出谷物、亚麻布、玻璃、奢侈品；输入的则有地中海地区的金属、木材、大理石、紫色染料，阿拉伯南端和印度的肉桂、药物和香料。亚历山大城法罗斯岛上巨大的灯塔，正是埃及海上贸易发达的见证。塞琉古王国地处东西方之间，贸易也以中介转口为主，东方的丝绸、香料，西亚和希腊的精巧手工艺品，正是经它的商人之手而实现对流的。

经济联系和国际市场的形成，促使生产的专业分工出现。埃及和帕加马成了有名的粮仓。亚历山大城的玻璃，安条克的手工艺品，腓尼基的纺织品，吕底亚的地毯，帕加马的羊皮纸，都是远近闻名的畅销商品。

随着工商业的发达，希腊化世界的城市发展特别引人注目。早年由亚历山大及各个王国建立的那些城市，从某种意义上就是希腊城邦的翻版，保持了希腊城市几乎所有的外在特征，有部落、人民大会、议事会、行政官员、城市法规等建置，有体育馆、剧场、交易市场等设施。经过一两个世纪的发展，首先是这些城市变成了巨大的社会经济文化中心。塞琉古首都安条克在一个世纪里人口增长了4倍；托勒密埃及的首都亚历山大城，居民则有100万之巨，成为古代地中海世界之最！

7.4

希腊化时期文化特点。多样化的艺术。颓废的哲学。辉煌的科学

从某种意义上说，希腊化时期是东西方文化大交汇的时期。所谓欧亚大整合，实质上主要体现为东西方文化的大融合。

希腊化世界的希腊城市，是东西方文化的最初交汇地，希腊化文化主要是在这些城市中产生的。亚历山大城、安条克、帕加马等城市都有大型的图

书馆，特别是亚历山大，图书馆藏书多达 70 万册，希腊和东方的所有图书几乎都可在那里找到。帕加马的图书馆藏书也有 20 万册之多。实际上，这些城市聚集了大量的学者、艺术家、科学家和各类文人，如亚历山大城的博学院里，欧几里得、阿基米德等大学者都曾驻足访问。没有当局对人才的奖掖和吸引，文化是不可能繁荣兴旺的。完全可以说，在希腊化时代，埃及亚历山大城已取代雅典而成为最大的文化中心。

希腊化文化与古典时代的希腊文化有明显的不同。这不仅仅在于它包含了东方文化的因素，而且在于它是对那个扩大了的、变化了的世界的反映。如果说希腊文化主要是一种城邦文化，那么希腊化时期的文化则是一种帝国的文化，明显地带有世界主义色彩，而且还具有丰富的地方性。与此同时，希腊人对东方人、对东方文化的观念也发生了实质性的变化。正是文化的融会与发展、重组，才打破了希波战争以来东西方各自独立发展的模式，使两者又重新合而为一。

希腊化时代的精神文化成果是突出的，在艺术、哲学、科学等方面尤其值得一提。希腊化时代，戏剧仍然是一种典型的文学形式。不过，悲剧已不再有古典时代那样生动、深刻，活力大失。相反喜剧却有较大的创新。喜剧亦源于古典时代。它是从小酒神节的庆祝活动发展而来的，一般在秋收之后举行。这时人们欢乐轻松，笑逐颜开，表演也适应这种场面，诙谐、欢快。喜剧的希腊文原意就是"狂欢游行之歌"，主要以社会生活为题材。古典希腊最杰出的喜剧作家是亚里斯多芬，被称为"喜剧之父"。他写过 44 部喜剧，传下来 11 部，代表作有《骑士》《马蜂》等。

希腊化时代涌现了米南德、菲力门等新喜剧的大师。喜剧的题材大都为中上层市民的私人生活，实际上反映了人们对政治生活的冷淡。而且，人物表演也走向模式化，剧内角色通常是"老人暴躁，僮仆撒谎，女人微笑"。

希腊化时代的艺术，仍然是在雕塑和建筑方面的成就比较辉煌，有许多作品传之万代。《拉奥孔》群像展现了人们内心被煎熬时的痛苦复杂表情。萨摩岛上的《胜利女神像》则给人以昂扬的斗志，催人奋进。《米洛的维纳斯》断臂雕像，被后人视为希腊雕塑的象征，具有无与伦比的人体美感。

希腊化时代的建筑向高大方向发展，而且在希腊化世界遍地开花。古代世界"七大奇迹"中,除金字塔、空中花园和奥林匹亚宙斯神像外,其余四大奇观都出现在这个时期。它们是:一、埃及亚历山大城外法罗斯岛上的灯塔,塔高122米,火光能为数十公里外的夜航船引航;二、小亚罗得岛上的"太阳神"像,由青铜铸成,高30余米,建造共用了12年时间;三、小亚以弗所的阿忒密斯神殿,用白色大理石砌成,廊柱均用金银宝石装饰;四、小亚哈利卡拉苏的摩索拉斯国王陵墓,高约43米,全部用大理石修成。

到希腊化时代,希腊哲学进入了衰老期。与古典时期相比,哲学趋向是越来越消沉,但也有一些有影响的哲学家和哲学派别。

伊壁鸠鲁是这一时期最为重要的哲学家。他从公元前306年定居雅典,买了一座花园办学,因此他的学生常被称为"来自花园的哲学家"。花园门口还这样写着:"客人,你在这里将会生活得很好,这里将给你幸福,最高的美。"事实是,学校的弟子和工作人员都过着十分简朴的生活,常常靠一些有名望的人士提供捐助。但伊壁鸠鲁接受捐助时,仅以能有钱买面包、不至于饿肚皮为限。这也反映了伊壁鸠鲁的伦理思想,即提供精神享乐,排除感觉的诱惑,排除烦恼。这种快乐不是指那种粗俗的物质生活享受。现代有人说伊壁鸠鲁主义是享乐主义,这其实是一种误解。

在哲学上,伊壁鸠鲁是唯物论的又一杰出代表。他在分析自然哲学时,

图 7-2
古希腊剧场遗址

发展了德谟克利特的原子论,认为原子也有大小、形状和重量的不同,物体的差异性就是由这些不同决定的。他还认为,原子运动的过程不是直线的,而是偏斜运动或曲线运动。马克思大学毕业时,所作博士论文就是以此为题:《德谟克利特自然哲学与伊壁鸠鲁自然哲学的差别》。

唯心论方面,则以芝诺为代表的斯多噶学派较为著名。这个学派认为,"逻各斯"(道)即自然发展是一切生活的源泉;主张不要国家法律,人人平等,财产公有,建立世界国家,当世界公民;认为人生幸福是在于使自己的行为符合神的安排,苦行寡欲是最高的道德标准。

但真正在实际生活中奉行苦行寡欲之准则的,则是犬儒学派。这个学派的代表人物狄奥根尼斯,宣传要自然而然地生活。狄奥根尼斯以贫困傲人,不进行生产,生活自然简单。他嘲笑人们去追求财富,否认人的社会生活,否认国家和国家权力,蔑视一切公认的礼仪。他自己常常不穿衣服,住在一个木桶里面。据说亚历山大曾碰见过他,说要帮助他改变生活。他的回答是:"请你走开,不要挡住我的太阳,这是我唯一的生活。"

希腊化时代是欧洲第一个伟大的科学时代,是杰出科学家群起辈出的时代。天文学家阿里斯塔克提出了日心说:恒星不动,地球等行星绕日而行。这比哥白尼早了将近两千年,但当时的人们拒绝接受。埃拉托色尼是地理学创始人,

图 7-3
《拉奥孔》

欧亚大整合　219

他主张地圆说，并曾计算出地球周长约39,690公里，实际误差仅300余公里。

最鼎鼎大名的科学家有两位。一是欧几里得。他虽然壮年英逝，却是几何学之集大成者，编著有《几何原本》。直到现在，欧几里得几何学还是数学的基础课程。

二是阿基米德。这是古代世界最伟大的自然科学家，在数学物理学方面做出了杰出的贡献。在数学上，他曾计算出比较精确的圆周率。他是物理学的奠基人。他的发现有浮力定律、杠杆原理、比重原理、斜面定律等。他曾利用杠杆原理将罗马的兵船抓起来掀翻。他用球形镜和平面镜反射太阳光，烧掉罗马人船只。他甚至说："只要给我一个支点，我可以把整个地球掀翻。"他热爱科学，临死时还斥责罗马士兵打断了他的思路。

第八章

斧头与柴棒
从罗马小城到地中海霸国

8.1

高靴、足球、钥匙、粮仓、火山、海岸。意大利远古文明。母狼之哺：罗马城的起源。王政时代。塞尔维乌斯改革：罗马国家之形成

地中海古代文明进程中一个很有趣的现象，那就是文明的发展不断西指，文明的中心不断西移。

当希腊文明的发展进入高潮时，在希腊以西的意大利半岛上，又兴起了罗马文明。当希腊文明出现危机、走向衰落之时，罗马文明进入了发展的高潮阶段，并且逐渐向四周征服扩张，最后成为一个大帝国，囊括了整个地中海世界。

古罗马文明的发源地和中心区是意大利。打开地图即可知，意大利是欧洲南部一条伸入地中海内的狭长半岛。除这个被称为亚平宁的半岛外，意大利还包括西西里岛、撒丁岛，以及散布在沿海的大小岛屿。它的形状很像是脚穿高跟靴踢足球。北部波河流域是膝盖，半岛中部有"腿肚"，半岛的东南端是靴跟，南端布鲁提亚是脚背和脚尖。"足球"便是西西里岛。意大利

又像是一把钥匙，扼守东西地中海之间的门户。

亚平宁半岛中间有一条脊背式的大山脉，南北走向，也叫亚平宁山。此山越往南走越为低矮，所形成的许多小山丘并不妨碍交通，因此整个半岛宛如一体，难以分割开来。北部的波河是大平原，中部台伯河河谷有肥沃的小平原。波河流域、半岛南部以及西西里岛的地形和气候条件都很好，适合农业的发展。这在地中海区域是不多见的，因此意大利自古就有"地中海的粮仓"之美称。另有一个颇为奇特的自然现象，这就是蔚为壮观的火山爆发。火山灰中含有丰富的有用矿物质。

意大利的北边是阿尔卑斯山。这条欧洲最大的山脉把意大利和欧洲内陆基本上隔开了，只有几个狭窄的山口可在夏季通行。东隔亚得里亚海、爱奥尼亚海与巴尔干半岛相望，西边则有利古里亚海和第勒尼安海与浩瀚的西地中海相接。不过，海岸线虽然长达7000多公里，但却比较平直，优良港湾不多。然而，作为一个孤立性较强的地理单元，意大利走着与欧洲其他地方大不相同的文明发展道路，很早就沐浴着东地中海吹来的文明春风。

实际上，从旧石器时代起，意大利半岛上就有人类居住。

公元前5000年左右，意大利半岛进入了新石器时代。这时候的居民称作利古里亚人。他们是从非洲经过今天的西班牙和法国迁移到意大利的，主要靠捕鱼和打猎为生，后来也学会了饲养家畜。

公元前2000年左右起，一些属于印欧语系的部落，从东北方的多瑙河流域分批进入了意大利。这些人统称为意大利人，包括拉丁人、翁布里亚人、马尔西人、萨莫奈人等分支。刚到意大利时，他们还处在母系氏族公社阶段，学会了使用青铜工具，从事畜牧业和农耕活动。他们将自己的房子建在水面之上：先在水中竖起木柱，再在木柱上造屋子。值得一说的是，这些部落那时候就形成了实行火葬并用坛子保存骨灰的习俗。意大利北部的这种社会生活，被称为"特拉马尔文化"。

公元前10世纪以后，这些部落进入了铁器时代，微兰诺瓦文化是典型代表。人们居住在一种圆形的木结构房子里，墙的内外都涂上黏土挡风。为了保护财产不被抢夺，通常还将几座房子用围墙圈起来，组成一个村寨。微兰诺瓦村遗址还发现了许多来自古希腊和东方的产品，说明这时的意大利已有财富分化和商品交易活动，甚至还有对外贸易。同时，母系氏族公社也在向父系氏族公社过渡。

公元前8世纪至前6世纪，大概是从小亚细亚来的伊达拉里亚人成了意大利半岛的主人。他们建立了12个城市，并且组成自治城市联盟，统治范围北起波河流域，南至坎佩尼亚，甚至罗马城也属于他们管辖。奴隶主贵族称卢库蒙，各城市首领叫拉尔斯，联盟的国王称季拉特。可以说，伊达拉里亚文明是意大利古代文明的萌芽时期。

也是从这个时候起，亚平宁半岛的南部以及西西里岛，出现了许多由希腊人和迦太基人建立的殖民地。特别是希腊人的众多殖民地，属于大希腊的一部分，并且常常卷入希腊城邦内部的政治和经济斗争之中。

意大利最北部的波河流域，在公元前5世纪时，高卢人一涌而入，史称山南高卢。

意大利人中有一支叫拉丁人，他们是罗马国家的创建者。

罗马最早发源于半岛中部台伯河下游离出海口25公里远的地方，也就是今天的罗马城所在。这里土地肥沃，适宜于农牧业生产的发展。

关于罗马的起源，有很多动听的故事，其中以母狼和罗马的故事流传最广。

传说特洛耶城被攻陷后，特洛耶的英雄之一伊尼亚逃了出来，来到意大利当了一个国王的女婿。他的儿子后来在拉丁姆地区建立了一个叫阿尔巴的城市，自立为王。传到努米托尔的时候，王位被其弟阿穆略所篡夺。阿穆略担心努米托尔的独生女西尔维娅留下后代，危及自己的王位，便将西尔维娅送到神庙当贞女。

谁知西尔维娅并不守贞，她与战神结合，生下了一对双生子。阿穆略得知，先将西尔维娅处死，又吩咐仆人把这对双生子丢入台伯河中。仆人出于同情，将两个小男孩放在一个大木盆里，抛在河滩上。哪知他们命大，没被河水淹死。正在哇哇大哭之际，一头下山觅食的母狼路过这里。它先是好奇，旋即不知出于何种动机，让男婴吮住乳头，吸了个饱。这一情景，又被一个牧猪人瞧见。他将两兄弟带回抚养，取名罗慕洛和罗慕斯。拉丁文"罗慕"之意就是奶头。

两兄弟长大后，知道了自己的身世。举兵报仇，杀死了阿穆略，夺回了王位。而后，两兄弟又来到自己幼时被抛弃的台伯河岸边，建立了一座新城。

然而，兄弟俩只能共患难，不能同富贵，很快就发生了内讧。罗慕洛杀死弟弟，将新城取名"罗马"。古代罗马作家瓦罗还推算出，罗马建城的时间是公元前 721 年 4 月 21 日。

这个传说力图说明罗马城的希腊人起源，其真实性曾经被近代罗马史研究者所否定。但是，近些年来的考古发现，使这一传说又得到了某些证实，看来它并不完全是臆造的。

根据考古材料和历史学家的研究，罗马发展的实际情况大概是这样一个历程：

公元前 1500 年左右，在罗马这个地方出现了青铜时代的居民，属于亚平宁文化。

公元前 10 世纪至前 8 世纪，属于微兰诺瓦文化的拉丁人部落在这一带建立了一些村庄，另有萨宾人的一些村落，均分布在 7 座小山上。公元前 7 世纪，以帕拉丁丘的拉丁部落为中心，建立了"七丘同盟"。公元前 6 世纪，七丘用石头城墙围起来，这就是最早的罗马城。有的历史学家认为，罗马城的历史始于公元前 575 年，最初是个商业和宗教活动中心。

从罗慕洛算起，早期的罗马经历了七个王。七王统治的时代称为"王政时代"。实际上，这是罗马从原始公社向文明社会过渡的时代，相当于希腊的荷马时代。

传说在王政时代，罗马一共有 3000 个家族。每十个家族为一个氏族。每十个氏族组成一个胞族，称库里亚。每十个库里亚组成一个部落，称特里布。三个部落最后组成了罗马人公社。公社实行军事民主制。民主机构有库里亚大会，也就是人民大会，所有成年男子都参加，能决定重大问题，但表决时每个胞族仅为一票；还有元老院，由 300 个氏族的首领组成。

王叫"勒克斯"，由库里亚大会选举产生。他是公社的军事首长，又是最高祭司和审判长。传说这七个王中，前四个中有拉丁人和萨宾人，后三个都是伊达拉里亚人。

王政时代的罗马，逐渐出现了平民和贵族的对立。罗马的贵族是指罗马人公社的成员，他们在发展过程中慢慢成了封闭性的集团，是享有全权的公民。没有参加这个集团的统称为平民，他们不能享受公民权，主要是那些外来的居民和周围地区被征服的人。由于平民的人数越来越多，在公元前 6 世纪超过了贵族，因此原有的罗马公社制度就不适应了，结果便出现了第六王塞尔维乌斯的改革。

塞尔维乌斯改革的重大举措，是按财产多少来划分公民的社会等级。全体公民，不论其出身如何，一律按财产划分为五个等级。无财产者称为"无产者"，不入级。每个等级都要提供一定数量的武装力量，并按等级来组编武装队伍。军队以"百人团"（称森都利亚）为基本编制，兵种有重装步兵、轻装步兵和骑兵三大类，共达 193 个百人团。

设立"百人团会议"（森都利亚会议）来决定国家大事，而且后来逐步取代了库里亚大会的职能。不过，由于上层等级组建的"百人团"数量多，在一个百人团一票的情况下，富人总是处于掌权地位。

罗马原来的三个部落是以血缘关系为纽带的，塞尔维乌斯改革时则按照地域重新划分，分成 4 个城区部落和 16 个乡村部落。这样罗马基本上完成了由氏族制到国家的过渡。

8.2

定制共和：元老院、执政官、独裁官。平民的"撤离"。保民官。十二铜表法。李锡尼和绥克斯都

塞尔维乌斯是伊达拉里亚人，但他的改革提高了罗马的国力和威望，所以罗马人对外族统治的不满情绪还不便发作。可是他的继任者第七王塔克文却没有认识到这一点。塔克文诨名高傲者，他踢开元老院和百人团会议这些民主机构，实行专断的统治，横征暴敛，无恶不作，罗马人苦不堪言。

然而，终于有一件事引发了罗马人的怒火。塔克文那不争气的儿子塞克斯图，调戏并强暴了当时罗马最著名的贵妇人卢克雷齐娅，卢氏自杀身死。罗马人的尊严被大大冒犯，愤而在公元前 509 年起来暴动，驱逐了塔克文父子，赶跑了伊达拉里亚人。王政时代到此结束。

发起驱逐塔克文暴动的领导人叫做布鲁图。他看到塔克文这种个人专

暴统治的恶果，自己便不愿当王，而且发誓不许再有任何人为王。这样，由百人团会议和元老院决定，每年从贵族中推选出两名执政官，主持日常政务，一年一任。两名执政官地位相等，他们执掌最高主权，同时也管理民政和司法。为了相互制约，还规定一切决定均须两个执政官一致同意，否则无效。

执政官可谓威风凛凛。他们仍像过去的王那样，身着象征权威的紫红色长袍，佩戴王的徽记。出门时前呼后拥，侍卫有12人之多。每个侍卫的左肩上扛一捆柴棒，上面插着一把斧头，象征着权力，称作"法西斯"。现代的"法西斯"一词正是从这里借用的。

不过，执政官的实际权力并不很大，国家实权基本上落到了由贵族控制的元老院手中。它是国家的最高权力机关，连百人团会议也只是成了摆设。所有的重大议题都由元老院提出，百人团会议只进行表决，而不能讨论。元老院中的元老主要由贵族组成，平民身份的极少。执政官任满后是元老院的当然成员。这样，罗马建立了"贵族共和"的政权体制，以往的罗马人公社从此变成了罗马共和国。

在紧急时期，元老院可从执政官或贵族中任命一人为独裁官，称之为"狄克维多"（西文"专政"一词即从此来）。独裁官统率军队，处理国家大事，权力无限地大，但是，一届任期最多不超过6个月。

罗马共和国既然是贵族共和，平民的地位当然就不可能很高了，甚至还受到种种歧视。政治上，平民按照财产资格，可以参加百人团，同罗马人贵族一样地服兵役，也一样地参加百人团会议，但不能担任国家的高级官吏，不能担任元老，还不能同罗马贵族通婚。在经济上，由于不是罗马公民，平民没有权利享受新征服的土地。由于一部分平民从事手工业和商业，经济势力增强，因而又要求有相应的政治地位；大多数平民则因为土地问题、债务问题等和贵族发生矛盾。这样就爆发了长达200余年的平民和贵族的斗争。正是在这一斗争中，罗马国家制度才得以不断地发展和完善。

在斗争的第一阶段里，平民主要为了争取政治权利。斗争的方式很特别，即采取"撤离"运动。当时罗马正在同周边各部落发生战争，有时罗马也处于不利地位。平民常乘战争危机之时要挟贵族，拒绝参加战斗，带着武器离开罗马撤到东郊的一座"圣山"上，迫使贵族让步，实行一些有利于平民的法案。

　　第一次撤离发生在公元前494年。那年罗马正同附近的优尔西人作战。撤离的结果，贵族被迫允许平民选举保民官。保民官初为2名，后来增加到10人。他们也是一年一任，权力很大，可出席元老院会议，甚至可以否决元老院和执政官的决议。据说他的门日夜都开着，肩负着保护平民的重任，他自己的人身也不可侵犯。有了保民官，罗马政权的性质发生了很大变化。保民官常提出一些有利于改善平民地位的措施，打破了元老院贵族一统天下的政治局面。

　　公元前471年，平民进行第二次"撤离"，结果争取到按地区召开平民会议，由保民官担任平民会议主席。平民会议后来权力越来越大，连贵族也加入了进来，变成了与百人团会议一样对全体罗马人都有法律效力的公民大会。

　　第三次撤离是在公元前450年，结果是颁布了成文法。由于这些法律镌刻在12块铜牌上，历史上称为"十二铜表法"。此法纠正了过去习惯法的诸多缺陷，限制了贵族执法时的随意度。可以说，"十二铜表法"是后来流行于欧洲的罗马法系的最早渊源。

　　具有讽刺意味的是，一年之后，负责制订此法的克劳狄却仗势强占民女，引起公愤，平民又一次撤往圣山。克劳狄被判罪下狱，因羞愧而自杀。

　　公元前445年，保民官卡列狄斯提出，废除平民不得与贵族通婚的法令，这一提案在元老院讨论时几经周折，终获通过。

　　第二年，设置了军政官职务，规定平民也可以担任军政官。不久，军队里的司令官也允许平民担任，这是一个极有意义的变化：平民再不是听从别人的使唤而流血卖命了。

　　这样一来，平民的各种政治要求基本上得到了满足，平民和贵族的斗争也就告一段落。

　　停歇了半个世纪后，平民与贵族的矛盾又激化了。这一次，平民与贵族斗争的主要表现为经济方面：一是土地问题，二是债务问题。公元前390年，一个卓有战功的将领提出要给平民分配新征服的土地，结果贵族诬陷他想当国王，将他处以极刑，从悬崖上摔死。平民们的怒火再度点燃。

　　公元前376年，李锡尼和绥克斯图两人被推选为保民官。他们提出了三

斧头与柴棒　　227

个有利于平民的新法案。一是平民所欠的债务一律停止付息，已付的息款可以抵作本金，剩下的本金分若干年偿还。二是规定了占有土地的最高限额，每户不得超过125公顷。三是取消军政官，重设执政官，两名执政官中必须有一名由平民来担任。这些法案对贵族的打击太大了，所以法案提出后即被元老院否决。平民不甘心，第二年又选举他们两人做保民官，两人又一次提出这三项法案，元老院又加以否决。如此反复，一共折腾了十度春秋，法案终于在公元前367年获得通过。第二年，绥克斯图当选为第一任平民出身的执政官。

平民乘胜进击，继续扩大斗争成果，接二连三地通过了许多决定，规定高级市政官、独裁官、监察官、大法官等许多重要官职都可以向平民开放。公元前326年又通过法令，废除以身抵债当奴隶的制度。公元前287年，平民进行了最后一次撤离。结果，由平民身份出任独裁官的霍腾旭颁布法令，规定平民会议决议不经元老院批准，便可对全体罗马公民有效。于是，平民会议成了最高立法机关，延续了200余年的这场斗争最后以平民的胜利而告终。

平民之所以胜利，原因有多个方面，关键是因为斗争双方的力量对比发生了变化。一是由于经营工商业，平民的经济势力越来越大；二是随着罗马对外作战，被征服的地方越来越多，平民也就越来越多，而且日益成为罗马军事力量的主要部分。相反，罗马人贵族则由于长期战争，人数越来越少，如在公元前477年的维爱战争中，罗马的青壮年每家只留下一人，其余的全部在战场上阵亡。

平民胜利的意义极为深远。它不但使罗马的国家制度不断完备，而且还促使罗马社会发生新的变动和新的组合，尤其是贵族和平民的身份和性质发生变化，即原来意义上的贵族和平民不存在了，平民上层和老贵族融合成了新贵族，平民则是指自由民的下层，特别是那些贫困破产的人。这样，平民与贵族的矛盾渐渐退居其次，奴隶和奴隶主的矛盾开始上升为主要矛盾。

平民胜利的意义更在于：它为罗马奴隶制的发展和对外扩张创造了前提。由于取消债务奴隶制，使罗马放弃了将本国自由民奴役为奴隶的传统做法，从此走上大规模使用外来奴隶的道路，迫使罗马对外扩张。此外，由于立法使土地兼并和集中暂时有所缓和，在一个相当长的时期内罗马的小农经济相对稳定，这就保证了罗马军事力量的兵源，主要由自耕农组成的军队便成了对外扩张的有力工具。

8.3

维爱战争。白鹅报警。轭门之辱。皮洛士战争：得不偿失。罗马统一意大利

罗马共和国本来只是意大利中部台伯河下游的一块弹丸之地。在它建立之后，逐渐开始了对外扩张的过程。

在整个公元前5世纪，罗马人主要是同伊达拉里亚人做斗争。伊达拉里亚人虽被赶出了罗马，但它的势力仍然紧靠罗马，是罗马人向外发展的第一道障碍。同伊达拉里亚的冲突被称为维爱战争，公元前5世纪一共进行了3次。

第一次维爱战争爆发于公元前483年，罗马人取得了胜利。但数年后的第二次维爱战争，却以双方握手言和而结束。虽然如此，罗马人的伤亡却不计其数。一个叫法比乌斯的家族，只留了一人看家，全族306人都血染沙场。

图 8-1
古罗马战士

斧头与柴棒　229

此后40年，双方大小冲突无休无止，终于在40年和约到期时重开战端。这次又是罗马人发起进攻，而维爱人则以逸待劳，筑牢城墙，坚守不出。罗马人发急了，轮换着派出一部分军队驻扎在维爱城外。这一围就是16年，维爱城安然无恙，罗马人心焦如焚，一届届的执政官纷纷被元老院撤换。

卡米卢斯就任独裁官后，想出了一个绝招：从城外掘挖地道，一直通到维爱城中心的神庙之下。维爱人猝不及防，全城居民要么惨遭杀戮，要么被掳卖为奴。整个城市都成为罗马人的土地。是年为公元前396年。伊达拉里亚人失败了，罗马人从此控制了台伯河流域全部地区，成为帕拉丁平原最强大的国家。

然而，强中更有强中手，罗马人也遇到了"克星"。它攻打别人，别人亦攻打罗马。维爱战争取胜后不到几年，从北方波河流域南下的高卢人便长驱直入，锋芒直指罗马城。高卢人本是欧洲内陆的居民，公元前5世纪越过阿尔卑斯山进入意大利北部，史称"山南高卢"。公元前4世纪上半叶，罗马人主要为了保卫自己的城市而抵御高卢人，战略上处于守势。

几乎可以说，罗马是每战必败。公元前390年，当高卢旋风刮来之际，罗马以半岛保卫者自居，主动出兵援助伊达拉里亚邻邦，结果招来高卢人的进攻。罗马派4万大军过河截击，大败，只得退守附近的卡匹托山丘。高卢人入城，杀掉了几个没有撤走的元老，将城内有价值的东西搜掠得干干净净。

又是卡米卢斯拯救了罗马。当年卡米卢斯战胜了维爱人后，有点得意忘形，居然大加张扬，举行了罗马有史以来的第一次凯旋式，这就大大得罪了素以抑制个人声名为事的全体罗马公民。高卢入侵前，卡米卢斯已离开罗马。母邦遭此大难，卡米卢斯摒弃前怨，在外组织了一支不断壮大的抵抗力量，与卡匹托山上的罗马人互为呼应。

高卢人感到不能这样同罗马人僵持下去，决定偷袭卡匹托山。一天晚上，趁着月黑风高，一队高卢兵士悄悄地爬上了城墙。也许是天意，墙边一群白鹅突然发出叫声，罗马人顿时惊醒过来，立即奋力还击，终于打败了偷袭者，保住了卡匹托山。不过，贪婪的高卢人在得到罗马人给的1000磅黄金之后，方肯离去。

读史者每每读到此处，不免要生发出许多感慨：其一曰偶然因素往往也能改变历史发展的方向,倘若不是那几只白鹅,又何有后来的罗马帝国庞然大物呢?二曰罗马总与动物有缘,前者是母狼哺养了罗马的创建人,现在又有白鹅拯救全城居民。两者都成了罗马人崇拜的圣物。

长达一年的高卢人浩劫,给罗马人带来了巨大灾难。战后大约又花了一年时间,罗马人才使自己的家园恢复了原貌。同时,惨痛的教训也迫使罗马人进一步反思。于是,一场军事上的改革也就势在必行了。

这次改革重在战术方面。改革者又是那个卡米卢斯。他先是改变过去那种按财产资格编列步兵方阵的做法,采用军团制和合成军制。每一军团下辖60个百人团,以重装步兵为主,轻装步兵和骑兵为辅。每一个百人团都可作为独立的作战单位。对阵作战时,部队列阵为"三列式",第一列是年轻的新兵,第二列是有一定经验的战士,第三列是富有经验的老兵。新兵在前最有生气,战斗力强;而老兵在后既能稳定军心,又能在战斗的最后关头起决定作用。

罗马军队特别注意保护自己。他们行军每到一处,哪怕是只住一个晚上,也要挖壕沟,筑工事,设岗哨,按建制扎营宿寨。军队里实行严厉而又分明的奖罚制度。临阵脱逃者,站岗打瞌睡者,都要处以死刑。为了加强相互监督,罗马还实行"十抽一"法,即在溃逃的士兵中,十人里任意抽出一人处死。打了败仗的士兵只能吃大麦、住军营外,除非下次立功。如若部队得胜而归,将获得举行凯旋式的殊荣;若战死沙场,不但要举行隆重的葬礼,还要特别优抚其家属。

此后,罗马人开始南下。在这个过程中,他们对萨莫奈人的战争打得相当艰苦。萨莫奈人本来住在罗马东面的亚平宁山区,因垂涎于罗马以南坎佩尼亚地区的富裕,与也在向南扩张的罗马人发生冲突。公元前343年,双方爆发第一次战争,3年后,萨莫奈人失败。第二次战争持续了24年之久。其中公元前321年考狄昂峡谷一战,罗马军全当了俘虏。胜利的萨莫奈人以其人之道,还治其人之身,用罗马人羞辱别人的"轭门下通过"方式来羞辱罗马人:即把两支长矛插在地上,另将一支长矛横于顶上,作一门状,让战俘一个个从下面通过。两名统军的罗马执政官为保全将士们的性命,只好接受萨莫奈人的指令,让5万官兵通过轭门。罗马人几乎绝望,军中一片悲泣之声。最后发生在公元前3世纪初的第三次萨莫奈战争,罗马人取得了彻底胜利,基本征服了意大利半岛中部地区。

占领了这些地方后,罗马军队继续南侵,与久住半岛南端的希腊人以及迦太基人发生了冲突。

希腊移民是从公元前8世纪起来到意大利南部的。他们在半岛南部沿岸和西西里岛建立了许多殖民城邦,统称为大希腊。公元前5世纪上半叶,这里成了希腊波斯战争的西战场,以西西里岛上叙拉古为首的大希腊移民城邦,打败了与波斯帝国结盟的北非强国迦太基,叙拉古成为地中海西部的霸主。公元前5世纪下半叶,希腊世界爆发了伯罗奔尼撒战争,大希腊城邦分别加入了交战双方,并在这一带展开了厮杀。

伯罗奔尼撒战争结束后,大希腊各城邦彼此间的仇恨并没有消失,再加上工商业竞争的矛盾冲突,大大小小的战争从来就没有停止过。这就为罗马人的插手和力量渗透创造了机会。公元前282年,希腊人城市图里受到进攻时,它不向当时大希腊中最强大的他林敦求助,反而求救于罗马。罗马人求之不得,立刻将舰队开进了他林敦湾,双方爆发了战争。他林敦便向希腊本土的伊庇鲁斯求援。

伊庇鲁斯国王皮洛士亦久有扩张之心。得此消息后,他迅即于公元前280年率领步兵、骑兵和战象队,渡海来到意大利。与罗马人连续两次大战后,皮洛士虽然在军事上取胜,但他自己的军队也伤亡惨重,损失巨大。他感慨地说:"若这样的胜利再有一次,我的军队也就完了。"所以历史上有"皮洛士战争"的说法,意为"得不偿失的胜利"。

趁皮洛士休整之机,罗马不惜代价与北非迦太基结盟。双方联军在公元前275年的贝尼温敦战役中将皮洛士击败,皮洛士狼狈逃回希腊。随后,他林敦投降罗马。公元前270年,罗马势力达到半岛最南端的希腊城邦勒吉,与占据西西里的迦太基人隔着墨西拿海峡对峙。至此,除了北部波河流域仍由高卢人占据外,罗马基本上统一了意大利全境。

应该说,罗马能实现对意大利的统一,是占了有利的地理位置优势的。半岛的南北交往必须通过这里,罗马通过台伯河可以实现对意大利的控制,而且与海上的联系也比较方便。当然,罗马社会的发展和分化都比较慢,故而始终能保持一个相对稳定的自由民阶层,由他们组成的军队,比其他城邦的雇佣兵更具战斗力。加上罗马在军事上的战略和策略运用都比较得当，军队的训练、军事技术都很先进，纪律要求也很严格，这些都可看成是制胜的重要因素。

统一意大利后，罗马实际上并没有将意大利变成严格意义上的统一国家。对被征服的地区，罗马一般采取军事殖民的办法，使其成为罗马人的据点，而不是实行直接统治。各个地区，因其与罗马的亲疏关系不同而采取三种政策。一是全权公民城市，待遇和罗马人自己完全一样；二是半公民权城市，财产受到保护，也可与罗马人通婚，但不能参加公民大会，不能任官；三是"同盟者"，不改变原来的机构，可以自治，但必须承认罗马的宗主权，打仗时要为罗马提供军队，也不能有独立的外交关系。

8.4

马末丁事件。汉尼拔战争。征服东方。商业与骑士。奴隶和庄园

统一意大利后，罗马开始向地中海地区扩张，基本战略是先西后东，首先碰到的是迦太基这个强劲对手。迦太基是西亚国家腓尼基建立的殖民城邦，最初建于公元前853年。公元前5世纪中叶，迦太基变成了西地中海的强国，占有北非沿岸广大地区，以及地中海上的撒丁岛等。皮洛士战争后，又占领了整个西西里岛，并企图向意大利扩张。而罗马要向外扩张，夺取西地中海霸权，首先就必须占领西西里岛，这是联系东西地中海的枢纽和要冲，因此势必与迦太基发生碰撞。

战争的导火线是马末丁事件。马末丁，意为战神马尔之子。公元前269年，西西里城邦叙拉古军队中的坎佩尼亚雇佣兵叛乱，自称马末丁，而且还占领了墨萨纳，建立了政权。公元前265年，他们被叙拉古军队包围，决定向外求援。但内部意见不一，一派要去罗马搬兵，另一派要向迦太基求救。争执不下时，只好向罗马和迦太基都发出了求救信。结果迦太基援兵先到，赶走了叙拉古人。罗马人稍经犹豫后，也于公元前264年派出了援兵。两支援军在墨萨纳城外

遭遇，引发了长达 100 多年的战争。由于罗马人称腓尼基人为布匿人，所以这场战争在历史上称为"布匿战争"。

布匿战争前后发生过三次。

第一次战争又称西西里战争，自公元前 264 年开始至前 241 年结束，历时 24 年。在墨萨纳遭遇战中，罗马人打败了迦太基军队，西西里岛上的一些城邦，如叙拉古等，纷纷转向罗马一方。公元前 262 年，罗马在西西里再次打败迦太基。海战中，罗马最初失利，但后来大力发展海军，终于在公元前 260 年后数败迦太基舰队。特别是公元前 256 年，罗马舰队在迦太基城附近登陆，大肆骚扰抢掠，还抓走了两万多迦太基居民送到罗马当奴隶。

公元前 241 年西西里海战，罗马人又一次大胜。迦太基被迫求和，缔结条约，除付给罗马巨额赔款外，还放弃了西西里岛及附近一些岛屿。于是，西西里便成了罗马对外扩张过程中建立的第一个行省，第一次布匿战争以罗马人的胜利而结束。过后不久，罗马又乘迦太基的雇佣兵和奴隶起义的机会，占领了科西嘉岛和撒丁岛，后来也把它们变成了罗马的行省。

公元前 237 年，迦太基在西地中海失利后，将扩张方向转往西班牙，在这里建立了新迦太基城。而罗马也向西班牙扩张，这样两国又发生了冲突。

公元前 219 年，新迦太基总督汉尼拔发动了攻势，占领了罗马在西班牙的一个个据点。罗马人被激怒了，但还是做出先礼后兵的姿态，派出了以费边为首的使团去迦太基交涉。据说费边彬彬有礼，撩起长袍，打了个摺，说："这里我给你们带来了战争和和平。你们喜欢什么，请挑吧！"迦太基人回答："你喜欢什么，任你给吧。"费边宣布给以战争，迦太基人欣然应战。第二次布匿战争由此爆发。由于这次战争与杰出的军事统帅汉尼拔相联系，所以历史上又称为"汉尼拔战争"。

罗马人打算兵分两路，一路南下进攻北非的迦太基本土，另一路从高卢进入西班牙。汉尼拔却出其不意，先发制人，率大军从西班牙出发，越过白雪皑皑的阿尔卑斯山，进入意大利。这是世界军事史上一次罕见的长途跋涉远征。从此，汉尼拔开始了在意大利半岛上长达 15 年的转战。

汉尼拔确实是个具有非凡指挥才能的军事将领。他在公元前 218 年进入意大利后，接连几战，就把罗马人打得几乎全军覆灭，罗马残军只得退守罗马城。

在这一紧急时刻，费边担任了罗马独裁官。费边在这种军事失利的情况下，反复权度形势，决定采取避其主力、坚壁清野的方法，机动灵活，用小股人马牵着汉尼拔军队跑，以图慢慢消耗敌人的有生力量，而不是直接与敌方决战。这种战术能逐渐挫顿汉尼拔军队的锐势，但另一面的后果则是敌军所到之处，田园和村镇遭到了极大的破坏。因此罗马公民们大为不满，讥讽费边为"拖延者"，其战术为"拖延战术"，将费边赶下台。

公元前216年，鲍卢斯和瓦罗当选为新一年的执政官。他们在速战论思想的支配下，率领8万步兵、6000骑兵，在南部的坎尼与汉尼拔决战。汉尼拔的军队为4万人，在数量上只及罗马军队的一半。战斗开始后，汉尼拔将较弱的步兵放在中军，战斗力强的骑兵置于两侧。当罗马军队进攻中军时，汉尼拔令中军后撤，两翼迅速包抄，将敌军团团围住。混乱的罗马军队几乎伤亡殆尽，而取得胜利的汉尼拔，兵力损失不过十分之一。这是世界战争史上以少胜多的著名战例之一，充分显示了汉尼拔卓尔不群的高超军事艺术。

此次战后，罗马人死守罗马城，但时刻都在岌岌可危之中。这时候，意大利的第二大城市卡普亚已同汉尼拔结盟，希腊的马其顿国王也支持汉尼拔，罗马城几乎成了一座孤岛。公元前211年，汉尼拔军队甚至还一度兵临罗马城下，令罗马人惊恐不安，坐卧难宁，成天地提心吊胆。

罗马人虽处于劣势，孤立无援，但仍顽强作战。并且吃一堑长一智，一方面极力限制汉尼拔在半岛各地的流动和发展，号召公民参战；另一方面又重新启用费边，采取费边的拖延战术。而汉尼拔军队远离本国作战，基本上没有后方，粮草供应很困难，而且异地作战也越来越疲劳。罗马人则将战场拉到外线，公元前212年，攻陷了西西里岛上的叙拉古。公元前209年，占领了西班牙的新迦太基城。

公元前204年，罗马大军直捣迦太基。次年，汉尼拔奉召回国。公元前202年，双方在迦太基南面的札玛附近进行决战，汉尼拔失败。这是汉尼拔军事生涯中的第一次也是最后一次失败。

公元前201年，迦太基求和，双方签订了和约，罗马提出了非常苛刻的条件：迦太基在海外的一切领地均得放弃；舰队和战象全部交出，赔款1万塔兰特。还规定，不经罗马同意，迦太基不得与其他国作战。这样，通过第

斧头与柴棒　　235

二次布匿战争，罗马基本上控制了西部地中海。

　　罗马能赢得最后胜利，关键在于它是一个新起的国家，而迦太基则有日薄西山的衰微之象。罗马的自由民军队以及统治层在危机时刻能够一致对外，共渡难关；而迦太基人内部却很不团结，雇佣兵容易分裂，当政集团又忌妒汉尼拔；汉尼拔尽管会打仗，但缺乏战略眼光，行动上有失策，没有及时攻下罗马这个意大利的中心。诸此种种，迦太基焉有不败之理。

　　迦太基人通过半个世纪的恢复，经济上又再度发达起来，一片繁荣景象，罗马人很是担心。元老院中，一个叫加图的资深元老曾受命去非洲调解迦太基和其他部落的冲突，很为迦太基这一派兴旺景象而担忧。回来之后，每次在元老院发表演说时，末尾总是要加上一句："我认为迦太基是必须摧毁的。"这种主战派慢慢占了上风，罗马终于发动了对迦太基的进攻。

　　公元前149年，罗马军队8万步兵、4000骑兵、600艘战舰，猛烈攻打迦太基。迦太基人坚持了三年，终于失守。大部分迦太基人战死，5万多居民被俘，全被卖为奴隶。城市被放火烧毁，大火燃烧了15天之久，并用犁犁出沟来，禁止人居住。这样，第三次布匿战争就以迦太基被彻底摧毁而告终；迦太基地区成了罗马新设立的"阿非利加"行省的一部分。至此，罗马控制了地中海西部的所有地区。

　　向西地中海的扩张活动接近尾声之时，罗马又将扩张的矛头转向了东方。紧靠意大利东边的是巴尔干半岛及南端的希腊，当时处在马其顿王国的统治之下。马其顿曾与汉尼拔结盟反对罗马，史称第一次马其顿战争。公元前200年，罗马寻找借口发动了第二次马其顿战争。公元前197年，双方在北希腊决战，马其顿国王腓力二世失败，被迫接受屈辱的条约，承认罗马有干涉希腊事务的自由，罗马获得了对希腊的实际统治权。公元前171年，罗马元老院得知马其顿国王百尔休组织了一个反罗马同盟，立即向马其顿宣战，第三次马其顿战争爆发。三年之后，马其顿被彻底打垮。整个王国被罗马划分成四个自治区，每年向罗马纳贡。罗马人还疯狂地报复参加同盟的各希腊城邦，毁掉了几十座城市，抓走了15万居民。

　　马其顿和希腊人并没有屈服。公元前148年，一个自称马其顿王子的人率领群众起来反抗，结果被镇压。马其顿自治区被取消，改成了罗马行省。一年后，以科林斯城邦为核心的阿卡亚联盟，又在中希腊和南希腊掀起了轰轰烈烈的反抗运动，但是，由于内部的贵族叛乱投降，这场斗争又失败了。公元前146年，罗马军队攻占科林斯，城市被烧毁，男子全部被杀害，罗马人在这里建立了阿卡亚行省。希腊的独立也告终结，从此长期处于罗马人的统治之下。

从某种意义上说，罗马征服希腊具有一定的反动性。因为在这个时候，希腊的奴隶制城邦已经衰落，而罗马人的到来，则延缓了这一地区奴隶制的瓦解，阻碍了这些地区社会发展的自然行程。当然，希腊城邦国家的衰落，本身也为罗马征服的成功创造了条件。

当马其顿战争正在进行之时，西亚大国塞琉古乘机进入了小亚细亚半岛，并且越过赫勒斯滂海峡向欧洲扩展，这样又同也向这一带扩张的罗马发生冲突。塞琉古王国亦称叙利亚王国，因此双方间的战争史称"叙利亚战争"。公元前191年至前190年，双方军队在中希腊的温泉关及小亚两度开战，叙利亚人均告失败，并于公元前188年同罗马签订和约，除了赔款，还交出全部海军舰只，从此丧失了与罗马作战的能力。罗马势力乘机扩展到小亚细亚和西亚一带。

因此，到公元前2世纪中叶时，罗马地中海霸国基本建成。罗马在意大利以外的各个被征服地区建立了行省制度。到公元前2世纪末，罗马共建立了9个海外行省：西西里、撒丁尼亚、山南高卢、西班牙、阿非利加、伊利里亚、马其顿、阿卡亚、亚细亚。对这些行省，罗马在政治上实行总督制，一般是由退职后的执政官担任，任期一年，拥有无限权力。在经济上，罗马对行省实行包税制，包税者常常任意抬高税额，行省居民苦不堪言。

随着地中海霸国的建立，罗马人眼前打开了一个偌大的市场，罗马商业也异乎寻常地发展起来，罗马成了地中海各地出产物资的集散中心。罗马本土的商业特点突出，即居间中介贸易居于主导地位，商品多为"入超"，因为意大利历来以农业经济为主，手工业并不发达，居民特别是上层社会所需的手工业品多从外地运进。同时，罗马商人也将商品转销到高卢等欧洲内地。由于罗马大规模征服掠夺了大量财富，因而足以补偿这个入超逆差。不过，罗马商业的这种性质，决定它不可能对社会生产力起巨大的促进作用。正如

斧头与柴棒 237

马克思所说:"在古罗马,还在共和制的后期,商人资本已发展到古代世界前所未有的高度,而在工业发展上没有显示出任何进步。"

由于财富的大量集中,又促使罗马的高利贷十分活跃。高利贷的利息率一般都在50%以上,最高的达到78%。有个高利贷者到处放债,利息率为48%,欠债人都非常感谢他,还为他竖立铜像。其实这人是发了大财的。他以3200元起家,不几年就达到了1250万元。他的一句口头禅道出了个中奥妙:他的放债"就像江河不择细流一样"。

随着商业的发展,罗马社会中出现了一个骑士阶层。

"骑士"名称最初来源于塞尔维乌斯改革,军制上有18个骑兵百人团。后来又有公马骑士和私马骑士之分。公元前3世纪后期,骑士从军事性质逐渐变成一个特殊的社会阶层。这时的骑士已不再在骑兵队中服役,骑兵只从罗马的同盟者中去招募。另一方面,只要达到一定的财产资格就能成为骑士,于是一些大商人、包税者、高利贷者纷纷成了这个阶层的主要成员。不过,这些人虽有钱,但在贵族眼中却是暴发户,不能担任高官。骑士虽在对外扩张方面与贵族一致,但由于政治地位的差别,骑士又常常与平民联合,反对贵族。骑士力量的兴起,使罗马共和国后期的政治斗争更加复杂化。

在整个古代世界,提起奴隶制,毫无疑问是以古罗马最为发达、最为典型。罗马奴隶制正是随着对外扩张而发达起来的。在战争与征服的过程中,大量的战俘作为奴隶源源不断地流入罗马。如公元前256年,罗马一次就将25,000名迦太基俘虏全部变为奴隶。公元前209年,他林敦的3万居民全部成为奴隶。撒丁岛上,一次就有8万多人投入奴隶市场。罗马毁掉马其顿后,将抓走的15万居民全部变成奴隶。公元前1世纪恺撒征服高卢后,卖为奴隶的高卢人达100多万。这时,整个意大利半岛有人口1050万,其中奴隶就占了400万。

奴隶是可以买卖的。打仗的时候,商人跟着部队走,边抓边卖。在市场上出卖的奴隶,腿上涂了白粉,头上戴着草圈,胸前挂块牌子,写明出身、年龄等方面情况。价格最低时40个奴隶才抵得上一匹马。奴隶不但用于农业、手工业、采矿等生产部门,也当家内仆佣。进行重体力劳动的奴隶只能工作10年至15年左右。命运最悲惨的是作角斗士,他们须在斗兽场上,或与猛兽拼斗，或与其他角斗士格斗，必以其中一方倒地为止，性命毫无保障，观赏者则以角斗士的生死挣扎为乐。更奇特的是，奴隶还被当作工具一样出租，由奴隶主收取租金。可以说，罗马基本上概括了古代奴隶制度的各种形式。

由于对外扩张，罗马占有的土地越来越多。根据罗马法律，凡新征服的土地都是国有的，公民都有权占领，但必须有资本、有生产工具、有劳动力，要对土地进行开发。这样，占有土地的人只可能是富人。富人占有的土地越来越多，便开始形成大土地所有制，出现大庄园。因此，庄园制从公元前2世纪起普遍流行。庄园称为拉蒂芬丁，一个大庄园的土地往往有几千亩，甚至上万亩。据说阿非利加行省的全部公有土地，仅由六个大奴隶主就分割完毕。庄园的劳动者基本上是奴隶，他们在严格的管制和监督下工作。一个奴隶平均要耕种30亩左右的土地，或者要放牧100头羊或50头牛，必须累死累活地干。

大庄园形成的同时，许多自由小农不断破产。这些破产者流入城市，变成流氓无产者，过着寄生生活，鄙视劳动，逐渐成为罗马社会的累赘和毒瘤。

图 8-2
罗马角斗士雕塑

斧头与柴棒

8.5

西西里奴隶起义。格拉古兄弟改革。朱古达战争，同盟战争。马略军事改革，苏拉的独裁

随着罗马地中海霸国的建立及罗马社会政治经济的发展，罗马国家面临着四大矛盾，这就是：奴隶和奴隶主的矛盾，破产农民与大土地所有制的矛盾，骑士阶层和贵族的矛盾，罗马与被征服地区以及与意大利同盟者的矛盾。这些矛盾的不断激化，使得公元前2世纪末至前1世纪末的罗马社会斗争错综复杂，政治风云变幻无常。

社会矛盾的激化，首先就反映为大规模的奴隶起义。

最初的几次大规模奴隶起义，都是在西西里岛爆发的。西西里素有粮仓之称，使用奴隶劳动的大庄园经济很早就在这里发展起来了。大庄园的生产以供应外地市场为主，带有商品生产的性质。因此，庄园主为了榨取更多的利润，得到更多的剩余价值，必定要加重剥削，降低奴隶生活资料成本，延长工作时间，更加不顾奴隶的死活，这就促使奴隶和奴隶主的矛盾格外尖锐。而且，正因为采用大庄园制，也就使奴隶极为集中。成百上千的奴隶聚集在一个个大庄园里，为奴隶起义的组织工作提供了方便。

西西里大规模的奴隶起义一共发生过两次。第一次是从公元前137年至前132年。起义最初爆发于恩那城。该城的庄园主叫达莫披洛斯，他和老婆加丽达虐待奴隶，简直达到了厚颜无耻的地步。奴隶在地里干完活后，达莫披洛斯不但不给他们起码的衣食，而且还强迫他们去抢劫过往旅客，抢到的东西他们夫妇还要分去一半。公元前137年夏季的一天，一些奴隶抢不到东西，只好裸着身子回来向达莫披洛斯讨衣服穿。达莫披洛斯竟然高声地叫嚷："难道客商们都光着身子在西西里旅行吗？你们不会去找现成的衣服吗？"骂了一通还不解气，又把这些奴隶打了一顿。

奴隶们实在是忍无可忍，在叙利亚籍奴隶优鲁斯的率领下揭竿而起。他们冲进恩那城，杀死达莫披洛斯夫妇。各地奴隶奋起响应，形势发展很快。起义队伍最多时达20万人，建立了政权"新叙利亚王国"，优鲁斯为国王，

国号"安条克"。斗争坚持了 5 年之久，最后在公元前 132 年被罗马镇压。总司令克利昂牺牲在战场上，优鲁斯被俘受折磨致死。1000 多名近卫军不愿当俘虏，用剑互相砍杀而死，场面极其惨烈。

公元前 104 年，西西里又爆发了第二次奴隶起义。这次起义是因罗马的西西里总督停止释放奴隶而引起的。当时，罗马正在非洲进行朱古达战争，需要大量兵员，因而规定凡出身于自由民家庭的奴隶均可释放。西西里总督最初也释放了一些，但他后来收受了当地奴隶主的贿赂，停止释放。消息传开，奴隶们愤而发动起义。起义的领导人为叙利亚籍奴隶萨维阿斯、雅典尼奥。起义者也建立了自己的政权，萨维阿斯为国王，雅典尼奥为总司令。起义坚持了 4 年之久，萨维阿斯病故，雅典尼奥则在同罗马统帅进行单独决斗时被杀。大部分战士阵亡，小部分人受骗归附罗马，结果被卖为角斗士，后来都自杀身死。

罗马国家这时候还处在上升时期，国家力量强大，有能力镇压起义。但是，西西里起义毕竟显示了奴隶的英勇气概，也震撼了罗马的统治，推动了罗马内部改革运动的兴起。

当然，改革的根本动力还是罗马自由民内部反对大土地所有者的斗争，是破产农民争取和要求土地的斗争，同时也包含骑士反对贵族的斗争。西西里奴隶起义期间，粮价上涨，使平民更加感觉到土地的重要性。而农民破产和奴隶制继续发展，也给罗马统治带来了危机：农民破产影响了兵源，削弱了国家的军事力量；奴隶过于集中危险性太大，因此统治者中一部分人企图恢复小农经济作为罗马国家的基础。

破产的自由农民以各种形式表达着自己对土地的要求，他们甚至到处涂写标语。正是在农民运动的推动下，罗马出现了所谓格拉古兄弟的土地改革。

先是其兄提比略·格拉古进行改革。公元前 133 年，提比略当选为保民官，提出了土地改革方案，规定：每人占有公有地最多为 500 犹格（罗马土地面积单位，1 犹格相当于 4 亩），如有儿子，长子、幼子可各加 250 犹格，但每家无论怎样也不能超过 1000 犹格；多余土地由国家收回，划成 30 犹格一块的小份地，分配给无地的农民，这些土地必须世袭，但不能买卖，也不能转让。平民们热烈支持这一方案，并推选提比略本人、其弟盖约、其岳父组成三人委员会来负责实施。

这时,恰逢小亚细亚帕加马国王死,遗嘱将整个国家赠予罗马。提比略又提出,将帕加马国库收归公民会议,而不是元老院,作为新获土地者的生产基金。这就触怒了元老院。一些贵族,甚至一些原来支持改革的温和派,都激烈地反对提比略。提比略反驳贵族说:"野兽尚有洞窟可栖身,为意大利战斗的人们岂能只有空气和阳光?"元老院贵族不甘心,有意在夏天提前举行下一年的保民官选举,使得支持提比略的农民因夏忙而不能进城。他们还诬称提比略有当王的野心。公民会议召开之际,元老院成员亲自出动,率领武装人员,高呼"挽救祖国"的口号冲击会场,提比略及300多名拥护者被杀害,尸首扔进了台伯河里。

十年后,提比略之弟盖约于公元前123—前122年连续当选为保民官。他恢复了其兄的改革方案,还新增了一些措施。如将国家粮食比市场价降一半卖给城市市民,元老院的司法权转交给骑士,小亚等行省的税务包给骑士。这些都得到了平民和骑士的支持。盖约又提出移民法,要向迦太基移民,每人给200犹格土地;同时还提出要将公民权送给意大利人,这两条却遭到了平民和骑士的反对。骑士们害怕意大利商人竞争;平民不愿扩大公民权,则是怕公民增多分掉他们的土地和粮食。

公元前122年,由于反对面太宽,盖约在竞选第三年的保民官时落选。不久后,元老院又一次发动暴乱,冲击公民大会,盖约等3000余人全被暴徒杀死,也被抛尸于台伯河中。

从历史进步这个角度说,这次改革并不符合历史发展方向。在当时情况下,小农经济破产是不可避免的,想挽救也是枉然。同时,格拉古兄弟把斗争看得过于简单,低估了对手力量。尽管如此,改革还是取得了一些成效,政治上或多或少地打击了元老院贵族,使民主派和骑士的地位有所提高。改革过程中,也有近8万农民分得了土地,获得了公民权。改革中提出的要求对以后的民主派斗争产生了很大影响,特别是两大口号深入人心:意大利人争取公民权,骑士阶层的利益。

罗马真可谓内争刚定,外患又起。公元前110年,一场战争又把罗马社会的痼疾暴露无遗。这是罗马同非洲的附属国努米底亚之间的一次战争。努米底亚原依附迦太基。公元前146年迦太基变成罗马行省后，努米底亚成了罗马的附属国。罗马商人、高利贷者纷纷来到此地，敲诈盘剥，肆无忌惮，引起了当地居民的不满和愤恨。努米底亚国王朱古达利用人民的反抗情绪，发动了反对罗马的斗争，把居住在国内的所有罗马人全部杀掉，并与罗马军队展开了激战。战争过程中，朱古达还贿赂元老院成员，贿赂罗马军队的军官，一度取得了胜利。坚持了5年后，才被罗马执政官马略率军镇压下去。

罗马人在征服意大利后，长期采取"分而治之"的政策。大部分意大利城市名义上是罗马的同盟者，实际上沦为了附庸。由于没有公民权，意大利人要像罗马公民一样尽义务，缴赋税，当兵打仗，却不能享受同等的权利，无权分配公有土地。盖约改革提出意大利人公民权问题，曾给他们一线希望，但转眼间即成泡影。意大利人按压住不满情绪，等待时机。

公元前91年，保民官德鲁苏提出法案，要向意大利人授予公民权。这一决定几乎遭到罗马公民上下一致的反对，甚至连亲属也不支持他。据说他的一个9岁的外孙女，一听到他说意大利人公民权，就生气地跑开了。德鲁苏最后还遭到了元老院的暗杀。

意大利人感到，要通过立法和平地取得公民权是办不到的。绝望之余，毅然于公元前90年发动了"同盟者战争"。起义迅速席卷意大利中部和南部的所有地区，队伍联合起来共达十万余众。起义者建立了自己的国家，取名"意大利"，也设立了元老院、执政官、大法官等一系列机构和职务。它铸造发行了一种在全意大利通用的硬币，上面刻着一头公牛将母狼掀翻在地的图案，母狼象征罗马，公牛是"意大利"一词的本来含义，表示意大利一定要战胜罗马。

战争之初，罗马派往镇压的军队屡屡吃败仗。有一次执政官卢普行军时中了埋伏被打死，尸体运回罗马追悼了好几天。为防止人们目睹惨状而不愿从军，元老院下令以后的阵亡者一律就地安葬，不再运回。在军事取胜无望的情况下，罗马采用了分化政策，向那些没有参加起义的同盟国的人，以及放下了武器的起义者赐以公民权，这就诱使了相当一部分人倒戈。公元前88年，"同盟者"失败。不过，争取公民权的目的也基本达到。自此以后，原来在罗马领导下的意大利联盟，现在演变成为全意大利统一的国家，罗马城成了意大利国家的首都，整个国家是罗马贵族与意大利上层社会的联合统治。

随着内外矛盾的交织，罗马的那种共和制形式越来越不能适应统治的需要，统治者要求有更强有力的国家机器，这样，便促使罗马的共和政体逐渐向独裁政体过渡。在过渡的最初阶段，由马略进行的军事改革起了导向作用。

马略的军事改革正是罗马军队日趋腐化的产物。罗马共和国一开始实行的是公民兵制，兵农合一，战时从军，平时务农。公民兵制的基础是小农经济。但由于小农经济并不很景气，特别是破产的农民越来越多，因而常常是兵源不足。而且，随着商品货币关系的发展，铜臭味也开始腐蚀军队，使军队的战斗力下降。而另一方面，由于各种内外矛盾激化，又要求军队进一步强大。这就构成了一对矛盾，要解决这个矛盾，必须进行军事改革。在马略之前，已有一些人在这方面做过努力，但问题没有解决。相反，朱古达战争时，更将军队的混乱和腐朽暴露无遗。因此，军事改革成了当务之急。

马略（公元前157—前86）本为一农家子弟，早年投身行伍，因军功而不断提拔。朱古达战争中表现了杰出的军事才能，并成功地当选为执政官。他在统帅军队的时候，实行了军事改革。

改革中最主要的措施，就是将公民服役制即征兵制改为募兵制。取消当兵的财产资格，规定自由民只要自愿，就可应募入伍。士兵的服役年限可达十余年，退伍后再分给土地。马略还改进了军队的编制和战术，实行联队制的军团结构。每军团有10个联队，每联队辖3连队。联队是能进行独立军事活动的单位。联队制军团仍保持三列队式，10个联队按四三三配置。同时还注意加强训练，严明军纪，统一并改进武器装备。

马略的改革，大大增强了罗马军队的战斗力，但其对政治和历史发展的影响更大。募兵制使得军队职业化，军队长期追随某一军事统帅，很容易变成将领们的私家军。军事将领利用职业军来左右政局，作为政治斗争工具，这为军事独裁的出现创造了条件，留下了隐患。

接踵而至，便出现了苏拉的军事独裁。

这个时候，由于政见不一，罗马发生了激烈的党争：马略派代表骑士阶层，苏拉派站在元老院贵族一边。不到十年的时间里，双方爆发了好几次内战。

苏拉出身于破落贵族家庭，曾跟随马略参加朱古达战争，并且由他活捉了朱古达国王，从而声誉渐起。公元前89年，小亚细亚的本都国国王发动了反罗马的战争。元老派要派苏拉带兵去镇压，骑士派（亦即民主派）则要派马略。公元前88年，苏拉在元老派支持下当选为执政官，统帅军队准备远征。苏拉刚率军出发，马略就在民主派的支持下，怂恿保民官召开公民大会，撤销苏拉的兵权，并且占领了罗马。苏拉在途中闻讯，不但不交出兵权，反而回师进攻罗马。马略毫无准备，措手不及，被苏拉打败，逃往非洲。苏拉宣布马略等人为"人民公敌"，任何人都可以将其捕杀。

苏拉把政权交给元老院，又补充了一些元老，第二年继续出发东征。苏拉走后，马略与党人卷土重来，和执政官秦纳一道占领了罗马，进行血腥报复，大肆屠杀苏拉党羽。马略病死后，秦纳继续执掌罗马大权。

此时苏拉已在国外。在得不到罗马支援的情况下，苏拉苦战三年，终于将小亚细亚和希腊等地的暴动镇压下去。胜利后，苏拉匆匆回国，在罗马与秦纳大战，取得胜利。马略党人多逃往西方行省，意大利又为苏拉所控制。苏拉不分皂白，对民主派大加屠戮，他搞"公敌宣布"，杀掉了几千人。苏拉党人如庞培、克拉苏等则大发其财。

公元前82年底，元老院宣布苏拉为无限期的独裁官。苏拉则投桃报李，进一步扩大元老院权力，把司法权从骑士手中夺过来交给元老院。苏拉还废除了包税制和粮食发放制。他本人也权力无限，可处死任何一个罗马公民，真正建立了独裁。

苏拉独裁有两大支柱，一是老兵，一是新公民。老兵跟着苏拉东征回来后，得到了一些土地。新公民则是被杀"公敌"的奴隶中被解放者，共有1万人之多，他们是极力拥护苏拉的。

公元前79年，苏拉突然自动辞去独裁官职务。第二年病死。

不论苏拉独裁政权巩固与否，它是取消共和制的第一步，是在罗马建立君主专制制度的初次尝试。

8.6

斯巴达克：古代无产者的英雄。起义的爆发。维苏威突围。转战北方。突破克拉苏防线。阿普里亚决战，英雄之死

罗马极其残酷的奴隶制度，迫使奴隶一次又一次起来反抗。这种反抗在公元前 73 年至前 71 年的斯巴达克起义中达到最高峰。

在罗马以南大约 200 公里处的卡普亚城，角斗训练所里有一个叫斯巴达克的角斗士。他本是巴尔干半岛色雷斯人，在一次反抗罗马的战争中被俘，被挑来练习剑术。斯巴达克是一个全才式的人物，他体格强健，智勇双全，在同伴中有很高的威望。

角斗是古罗马社会风行的一种野蛮娱乐。表演时让充当角斗士的奴隶或者彼此格斗，或者与野兽（如狮子）拼斗。统治者为取悦奴隶主贵族，安慰那些无所事事的流氓无产者，到处设立角斗场，观众则以奴隶在搏斗中的生死挣扎为乐。角斗士随时都可能在角斗场上丧生。

这种非人的命运，使卡普亚训练所里的 200 多名角斗士密谋出逃。斯巴达克这样激励同伴："宁为自由而战死，决不为富人的娱乐而丧生！"但是不巧，一个角斗士不慎将消息走漏。公元前 73 年春夏间，经过激烈的搏斗，斯巴达克带领 70 余人冲了出来，武装占据了城外的维苏威山（现为火山）。

消息传开。附近地区的奴隶和农民纷纷投奔。当时，意大利发生了严重的灾荒，破产农民更加增多，民怨沸腾。起义队伍一下子就发展到 1 万多人。斯巴达克被公推为起义军的领袖，克里克苏和恩诺玛伊作他的副手。

罗马统治者起初并不把斯巴达克放在眼里，以为几十个奴隶翻不了天。而且，当时罗马到处都有战争。不但罗马人之间有内战，各地还有反抗活动，这就使罗马军队的兵力分散，对意大利本土的统治反而相对地薄弱。当斯巴达克起义已成燎原之势时，罗马统治者也慌了手脚，派克劳狄率 3000 人的强大军团包围了维苏威山，封锁了下山的唯一通道，企图困死起义军。

这时候，斯巴达克表现了非凡的指挥天才。他仔细察看了地形后，命令部队用山中的野葡萄藤结成绳梯，趁着黑夜从后山悬崖攀缘而下，再绕到敌军背后攻袭克劳狄，罗马军队大败。起义军则声威大振，队伍迅速扩大到 12 万人，很快占领了意大利南部广大地区，并且又打败了罗马派来镇压的两个军团。

这时，在进攻方向上，起义军内部发生了分歧。斯巴达克代表外籍奴隶，思乡心切，主张北上，越过阿尔卑斯山返回色雷斯家乡。克里克苏代表当地的破产农民，不愿离开意大利，希望进攻罗马。意见统一不了，克里克苏便率领 3 万多人离开主力单独行动。罗马军队乘机各个击破，消灭了克里克苏部队，克里克苏阵亡。恩诺玛伊大约也在此前后牺牲。

斯巴达克为战友报仇后，继续北上，一路上连续粉碎了罗马执政官盖里乌斯和林图努斯的围追堵截，进入波河流域。到达木提瓜时，斯巴达克突然又折兵南下。他为什么南下？这在历史上留下了不解之谜。有人认为是斯巴达克看到冬天已经来临，翻越阿尔卑斯山困难太大；也有人说，是斯巴达克不愿看到这样一支雄壮的大军在过山之后作鸟兽散，因而折转进军方向，继续在意大利同罗马军队作战。

惊魂未定正欲庆幸的罗马得知消息，再度恐慌起来，立即宣布全国处于紧急状态。盖里乌斯和林图努斯无法阻挡起义军的进攻锐势，斯巴达克很快就逼近罗马。元老院撤掉两个执政官，但一时间无人敢出来迎战，最后只好让最富有的克拉苏出任独裁官。克拉苏率新组建的 6 个军团死守罗马的东大门，斯巴达克便虚晃一枪，径直南下。

克拉苏无法阻挡，只得尾追不舍。斯巴达克一直下到布鲁提亚半岛的最南端。他的计划是渡过海峡进入西西里，在那里建立据点。然而，原来答应提供船只的海盗没有履行诺言，而他们自己造的木筏又太轻巧，经不住海上的大风浪。渡海不成，斯巴达克军队只好折回。

但是，紧随其后的克拉苏追兵堵住了去路。克拉苏在布鲁提亚半岛的最窄处挖了一条横贯半岛的大壕沟，长 50 公里，深宽各达 4.5 米，还用挖沟的泥土筑成了一道高墙，可谓森严壁垒。一个风雨之夜，斯巴达克乘着罗马士兵守卫疲惫，率部队用树枝柴草以及敌人的尸体填平了一段深沟，胜利地通过了这条"克拉苏防线"。

斧头与柴棒　247

起义军继续向东进发，计划从布林底西渡海去希腊。不料此港已被另一支罗马军队抢先占领。在前后夹击之下，斯巴达克决定在阿普里亚平原上同克拉苏进行最后决战。

公元前71年春天，一个风雪交加的夜晚，斯巴达克身先士卒，冲入敌营想亲手杀死克拉苏，不幸被罗马一军官用投枪刺中了大腿。斯巴达克跌下马来，一个士兵赶忙又为他牵来另一匹马，哪知他斩钉截铁地说："如果打胜了，就能缴获敌人的马，如果打败了，还要这马干什么！"他单腿跪在地上继续同敌人搏斗，奋力拼杀到生命的最后一刻。

在这场战斗中，有6万多起义奴隶血染疆场，6000多战士受伤被俘，只有一小部分人杀开血路，突围出去，在山林里继续坚持战斗，最长的达十余年之久。而嗜血成性的克拉苏，则将这6000个奴隶钉死在从卡普亚通往罗马大道两旁的十字架上。可见罗马奴隶主镇压奴隶是何等的残忍！

起义失败了，然而斯巴达克的英名却万古流芳！古罗马的史学家就称赞他是"绝顶勇敢、聪明和仁慈的人"。马克思称赞斯巴达克是伟大的将军，是"古代无产者的真正代表"。列宁赞扬说："斯巴达克是2000多年前最伟大的一次奴隶起义中的一位最杰出的英雄。"直至近现代，许多进行革命的团体还常以"斯巴达克"命名，以激励自己的革命斗志。

不过，起义如果只是以领袖个人的才能、智慧和组织能力为转移，而没有明确的斗争任务和目标，那它的失败也是必然的。何况在当时，奴隶与自由农民之间的鸿沟依然存在，两者并没有建立巩固的统一战线，奴隶起义得不到自由农民的真心支持。而在罗马一方，虽然统治者内部有种种矛盾，而且斗争激烈，但在镇压奴隶起义这一点上却是完全一致的。但是，无论怎么说，起义毕竟动摇了罗马的统治，加速了共和制的灭亡，奴隶主阶级更加感觉到共和制的无能为力，更加愿意采用独裁制了。

8.7

前三头同盟：庞培、克拉苏、恺撒。两头并立。恺撒独裁。埃及女王克娄巴特拉。后三头同盟：安东尼、雷比达、屋大维。安东尼之死。屋大维当政

在罗马由共和向帝制转变的过程中，中间有一种过渡形态，这就是前后两次"三头同盟"对政权的瓜分。

前三头者，庞培、克拉苏、恺撒也。

由于军事改革和苏拉独裁之例，罗马军人开始各拥重兵，并利用军权来满足个人的政治野心，其中最突出者就是庞培。

庞培出身于骑士之家，原为苏拉的部将。公元前 71 年，他在西班牙平定马略余党叛乱后，凯旋回罗马，拒绝交出兵权。公元前 70 年，他与克拉苏一同当选为执政官。公元前 67 年，在骑士阶层支持下，剿灭地中海上劫掠意大利粮船的海盗取得胜利，声誉大增。公元前 66 年，他又奉命讨伐小亚的本都国王。花了三年时间镇压了本都起义，将其改为罗马行省。此后他举兵南下，灭掉西亚塞琉古王国，建立叙利亚行省。由于东征功绩卓著，庞培的声望极高，成为当时罗马最有名的人。

克拉苏本来也属于苏拉派。苏拉死后，他在政治上失意，转向民主派一方，和元老院对立。罗马大难当头之时，他临危受命，在镇压斯巴达克起义中立下了汗马功劳，因而也有很强的政治势力。克拉苏还是个大财主，非常富有。

恺撒出身于旧贵族，他是马略的妻侄，秦纳的女婿。苏拉当政时，恺撒曾逃到小亚，苏拉死后才回到罗马。他在政治上是激进的民主派，能言善辩，果断而又狡诈。为了拉拢人心，他耗费了大量的钱财，自己则是债台高筑，幸而他与克拉苏关系密切，得到了后者的经济支持。恺撒曾于公元前 62 年担任执法官，公元前 61 年担任西班牙总督。

总之，三人各有特点，人称克拉苏的财富，庞培的势力，恺撒的声誉。这样的三个人走到一块，何愁元老院不低头。

公元前 60 年，为了共同对付元老院，瓜分罗马政权，三人结成了秘密同盟。为了巩固同盟，恺撒甚至还将自己已订了婚的 14 岁女儿，嫁给了比他本人还大 6 岁的庞培。

利用同盟的力量，恺撒当上了公元前 59 年的执政官。就职后，他批准了庞培在东方的一切措施，并给庞培的老兵分配土地。公元前 58 年，恺撒任执政官期满，专任高卢总督。任职期间，他利用高卢人的内部矛盾，征服了高卢全境，将罗马国土扩展到了莱茵河南岸。公元前 55 年和公元前 54 年，恺撒还两次渡海远征不列颠，虽然没有占领那里的土地，但却掠得了大量的奴隶和财富。

恺撒在高卢的胜利，更加刺激了庞培和克拉苏的政治野心：公元前 56 年，三人又在路卡达成协议，对政治权力进行重新分配：恺撒的高卢总督职务再延长 5 年；庞培和克拉苏担任公元前 55 年的执政官，庞培兼任西班牙和利比亚的总督，克拉苏兼任叙利亚总督，任期均为 5 年。克拉苏任执政官期满后，不顾元老院反对，率军到叙利亚就职，结果在公元前 53 年被当地人打死在东方。三头同盟至此瓦解。

克拉苏死后，"三头同盟"便演变成了庞培和恺撒"两头"的并立。

公元前 54 年，庞培任执政官期满，本应去西班牙就职，但他却留在意大利不走。时值罗马城内人民暴动，元老院求助于庞培。庞培便担任了唯一的执政官，还兼任督粮官、西班牙总督和利比亚总督等职务。大权独揽，便想独裁，又对恺撒征服高卢心怀妒忌。元老院也怕恺撒功高震国，认为恺撒是最危险的敌人。于是双方达成妥协，共同对付恺撒。

公元前 52 年，庞培公开攻击恺撒。元老院借机提出将恺撒和庞培的兵权都解除。恺撒未就范，并于公元前 49 年写信给元老院表明态度。元老院视之为挑战书，宣布恺撒为"公敌"，并授命庞培保卫罗马，内战由此爆发。

恺撒以迅雷不及掩耳之势，率军从高卢快速攻入罗马。庞培与元老院猝不及防，匆忙逃到巴尔干半岛。恺撒消灭了西班牙的庞培军队后，又到巴尔干半岛追击庞培。公元前 48 年，庞培兵败逃到埃及，被埃及人所杀。

恺撒追到埃及时，庞培已死。埃及女王克娄巴特拉正在与其弟托勒密十三世争夺王位。恺撒迷恋克娄巴特拉的美色，支持她当了女王。据说克娄巴特拉是一位绝色美人，女人所拥有的一切优点她全都具备，尤其是那长而笔挺的鼻子，令人倾醉。恺撒到埃及时，克娄巴特拉还流亡在国外。她相信自己对男人的魅力，于是在一个漆黑的夜晚，乘船悄悄地赶回了埃及。并买通了托勒密手下人，藏在送给恺撒的一块巨大的地毯内，得以面见恺撒，征服了这个在罗马炙手可热的大人物。

恺撒素有"万女之夫"之称，对玩女人从来就是放荡不羁的。据说罗马的名女人都被他勾引过，甚至包括克拉苏的妻子、庞培的老婆。面对这样一个天赐尤物，恺撒哪里还会犹豫！一阵如痴如狂的欢快之后，恺撒立刻就答应了克娄巴特拉的请求。公元前47年，恺撒用兵杀掉了托勒密十三世。

恺撒滞留在埃及一年多时间。公元前46年，小亚本都又发生暴乱，恺撒依依不舍，离开埃及前往镇压。随后，恺撒又到非洲和西班牙打败了庞培余党。胜利后，于公元前45年回到罗马，罗马举行了前所未有的凯旋式。

从公元前48年起，罗马实际上成了恺撒一人的天下。他先后被宣布为终身保民官、终身独裁官、元帅、大教长，还被授以"祖国之父"的称号，成了没有君主名义的君主。他集中了军政大权，建立了尚披着共和外衣的君主专制政体。他的身体神圣不可侵犯，他的造像和神像摆列在一起，供人民崇拜。

独裁后的恺撒也实行了一些有益的改革。如整顿税务，将元老院人数扩充到900人，铸造金币，制订新历法等。

恺撒独裁，实际上颠覆了共和制，引起了元老院贵族的激烈反对。公元前44年3月15日，恺撒在元老院议事厅遇刺身亡。

然而，其后不久，罗马又出现了"后三头同盟"。

后三头分别是安东尼、雷必达、屋大维。安东尼曾与恺撒一同担任过执政官，是恺撒生前最好的朋友之一。雷必达是恺撒的骑兵司令，屋大维则是恺撒的外甥和养子。所以恺撒虽死，恺撒派依然掌权。

屋大维是恺撒的继承人，恺撒死时他才18岁。据说他也是富有机智，手腕灵活，他把从恺撒那里继承来的财产散发给罗马城的游民无产者和士兵们，赢得了很高的声望。元老院原打算用他来对付安东尼和雷必达，但屋大维权衡再三，决定先与两人合作，等待时机。

公元前43年，屋大维与安东尼、雷必达公开结盟，并且经元老院认可获得统治国家 5 年的权力。三头结盟后大搞"公敌宣布",杀死政敌 2000 多人,并将其土地全部没收。他们还率兵讨伐逃亡在巴尔干的共和派,又镇压了西西里岛小庞培的势力。公元前 40 年,后三头划分了势力范围:屋大维统治西方行省,安东尼统治东方行省,雷必达统治非洲行省,意大利由三人共管。

很快三人就发生了矛盾。屋大维设法剥夺了雷必达的兵权,同元老院复归和好,实力大增,羽翼丰满,开始与安东尼来争夺东方。

安东尼在东方时,原本想讨伐埃及,但女王克娄巴特拉再一次施展自己的姿色魅力。公元前 42 年 12 月,两人开始同居。不久后,克娄巴特拉为安东尼接连生下两子一女。安东尼欣喜若狂,乐不思蜀,不再理睬在罗马的妻子。公元前 34 年,安东尼在埃及宣布和克娄巴特拉正式结婚,而且还立下遗嘱,声称要将整个东方赐给他和克娄巴特拉所生的子女。

这一做法引起了罗马的极大愤慨。元老院和公民大会宣布安东尼为"祖国之敌",剥夺他的一切权力,并宣布讨伐克娄巴特拉。此时,屋大维见机会已到,宣布与安东尼彻底决裂,并严词谴责安东尼和克娄巴特拉的"罪行"。

奉元老院之命,屋大维率大军东征。公元前 31 年小亚阿克兴之战,安东尼和克娄巴特拉兵败,逃回埃及。屋大维追击而至,安东尼自杀。据说克娄巴特拉又故技重演,以美色诱惑屋大维。屋大维不为所动,克娄巴特拉自感羞愧,以毒蛇咬身而死。这个被历史学家说成是"假如克娄巴特拉的鼻子再短一点,世界历史可能是另一副样子"的女人,死时刚 39 岁。

是年为公元前 30 年,埃及被并入罗马版图,成为罗马的又一个行省。屋大维凯旋回国。

第九章

晨钟暮鼓
罗马帝国的兴衰起落

9.1

元首奥古斯都：罗马帝国的开国皇帝。行省的罗马化。整肃元老院。婚姻法和家庭法。收买平民。释奴与扩张

公元前 30 年，屋大维从埃及返回意大利，成为罗马唯一的统治者。他着手实行个人独裁，一步一步地成了不称皇帝的皇帝。

这一年，屋大维成为终身保民官。第二年，他又获得大元帅称号。公元前 28 年，元老院授予他"元首"称号。元首意为"第一公民"或"首席元老"，从此形成"元首政治"。公元前 27 年，元老院尊他为"奥古斯都"（至尊至圣之意）。公元前 12 年，他又担任大祭司职务。公元前 2 年，被称为"祖国之父"。至此，他已把政治、军事、行政、司法、宗教等各项大权全部集于一身，成了一个地地道道的专制君主。只是为了笼络人心，他还保留了元老院这个机构和共和国这块牌子。实际上，罗马共和国已完全转变为罗马帝国，奥古斯都是罗马帝国的开国皇帝。不过皇帝是以"元首"的名义出现。元首政治持续了 300 余年。

为了稳固自己的统治，奥古斯都采取了不少新的措施。

他首先将罗马大帝国视为一个军政统一的国家，对境内所有地区都实行直接统治。为了扩大帝国的统治基础，他推进行省的罗马化，将公民权授予被征服地区的上层分子，并且实行自治市制度。他还改善对行省的管理体制，进行人口和财产普查，实施税制改革。对包税制则严加监督。为减轻和限制对行省居民的盘剥、勒索，行省居民还可以直接向元首控告。他还广置殖民点，让退伍后的老兵得到安置，同时又尽可能地改变行省居民的成分。这些做法，大大地促进了行省经济的发展，当然也获得了行省人民对他的支持。

元老院历来是对抗独裁统治的对手和基地，奥古斯都也下大决心进行整治。他首先把元老院成员的数量从1000人减少到600人，并且限制元老院成员的财产资格和出身资格。如果达不到的话，原有的元老就要降为骑士。而骑士的地位有所上升，可以担任一定职务的高官，可以成为候补元老，及时补缺。元老院虽然还是国家权力机关，但其地位早已今不如昔。它的各项权力几乎都名存实亡，包括外交权、军事权、财政权、立法权、司法权等在内，统统地控制在元首手中。作为民主机构的公民大会更是形同虚设。为了分化元老院，奥古斯都经常召集少数元老举行咨询会议。与此同步，他又逐步建立了官僚制度，帮助治理国家。

为了保证奴隶主阶级有足够的人数，奥古斯都采取了一项比较特别的措施，

图9-1
罗马收税官

即实行《婚姻法》和《家庭法》。规定：凡属于贵族和骑士阶层的人，男子年龄在25—60岁之间者，女子年龄在20—50岁之间者，都必须结婚。多生育子女者受到优待：如生有3个子女的人，即使年龄未到，也可提前做高官；在任职的同僚中，以子女多者为长。

为安抚罗马平民，奥古斯都几近采取了收买政策。每年有20至30万平民免费获得粮食供应。有30万平民分得了土地。他还经常举行大规模的角斗表演来慰问平民，观众有时多达10万人，出场的角斗士最多时也有一两万人。他搞过一次海战表演，在台伯河畔挖了一个大湖，由30艘战舰、3万人的海军参加了这一表演。这种"面包加竞技"的做法，益发助长了罗马平民安于现状、不思进取的寄生心理。

而对待奴隶，奥古斯都则制定了种种法律，极力加强奴隶和奴隶主之间的界限。奴隶主对奴隶有生杀大权，奴隶不得反抗。若奴隶主被家中某奴隶所杀，则他家的奴隶要全部处死。解放奴隶也有限制：要交重税，定数量。拥有30至100个奴隶的人，解放奴隶不能超过四分之一；拥有奴隶100个至500个的人，解放奴隶不能超过五分之一；无论是谁，解放奴隶的数量都不得超过100人。

奥古斯都时时不忘继续对外扩张。他对军队进行了整编，在边远行省建立常备正规军，共25个军团，25万人。其名是巩固边防，其实是威胁他国，随时进攻。在本土则设立近卫军，维护意大利内部秩序。对外侵略锋头一直不减。在东方，在亚美尼亚一带与帕提亚展开了争夺，迫使帕提亚谈和，双方确定以幼发拉底河为边界。对北方，罗马又占领了多瑙河中下游一大片地区，分别设立了里底亚、诺里克和潘诺尼亚等行省。只有对日耳曼地区的进攻颇费周折。先是建立了日耳曼行省，后在公元9年时，日耳曼人掀起反抗，罗马派瓦罗斯率3个军团及一些辅助部队去镇压，结果全军覆灭，瓦罗斯自杀。气得年过古稀的奥古斯都捶胸头顿足，不时大呼："瓦罗斯，还我军团！"从此以后，罗马军队再也没有进入莱茵河东岸。

奥古斯都热衷于罗马城市的建设，他大兴土木，兴建了不少神庙、剧场和水道。他曾经豪迈地说："我接受的是一座砖造的罗马城，却留下了一座大理石的城市。"但他自己的生活却力求简朴，房间的地面上从来就没有用大理石装修,而且 40 年里没有更换过卧房。他设最豪华的宴会,桌上也只有五六道菜。他的这种自律精神,在历代罗马元首中都是少见的。

公元 14 年,76 岁的奥古斯都溘然长逝。

9.2

朱里亚—克劳狄王朝。"元首即人民"的提比略。"军靴"皇帝卡里古拉。叔承侄业的克劳狄。"放火"的皇帝尼禄。短命的弗拉维王朝

奥古斯都死后,他那 55 岁的养子提比略继任了元首职位。从此罗马历史上出现了王位由亲族继承的制度,形成了王朝统治。由于提比略原出于克劳狄家族,因此从他开始的王朝被称为朱里亚—克劳狄王朝。

朱里亚—克劳狄王朝延续了 54 年(公元 14—公元 68),共经历了 4 个皇帝。第一个皇帝即提比略。此人表面尊重共和制,实际极力加强皇帝权威。他常引用《侮辱罗马人民尊严法》,认为皇帝之尊严即人民之尊严,谁反对皇帝谁就是反对人民。他还设立了"元首顾问会议",委任自己的亲戚组成,讨论和决定所有国家大事,使元老院几乎完全失去了作用。为保卫皇帝安全,他把近卫军全部调到罗马城,赐予近卫军统帅仅次于皇帝的权力。结果引来了近卫军左右政局的恶果,他自己也反遭其害,于公元 37 年被近卫军所杀死。提比略在私生活方面也极不检点,虽然年纪不轻,却对蓄养男嬖饶有兴趣。

提比略死后,他的侄儿卡里古拉继位。"卡里古拉"的原意为"军靴",因他从童年起就待在军营里,所以许多士兵习惯于这样称呼他,也有人叫他"兵营之子"。这是一个极其荒淫残暴的人,他要求人民像敬神一样去崇拜他。他也处死过许多无罪的人。他的暴行令人发指:当斗兽场喂养野兽的饲料牛涨了价时,他便挑选罪犯作野兽的食物;他常强迫父亲们赴刑场观看处死他们儿子的场面,看过以后立即设宴招待,还要他们在赴宴时有说有笑;一个骑士在被抛给野兽时大喊大叫,他就命令人把他抬回来,割掉了舌头再抛给野兽。他甚至希望,全体罗马人民只有一个脖子,好让他一刀就砍掉。他的

荒淫也世所罕见：他自己的三个同胞妹妹，都同他暧昧私通，终日淫乱；一个军官妻子的祖母年近花甲，他听说此媪年轻时是一美人，非要她离婚再嫁给他，还令她裸着身子，同他的朋友相聚戏耍；他特别醉心于跑马，据说还将自己的一匹爱马封为执政官。当了4年皇帝，卡里古拉最后也被近卫军杀掉。

卡里古拉在政治上贪心不足，曾经想把元首制改为君主制，只是遭到了太多人的反对方始作罢。

近卫军拥立卡里古拉的叔父克劳狄为元首。克劳狄年事已高，比较有经验、有头脑，做了一些有作为的事情。他在中央建立了一套官僚机构，包括三个主要部门：有掌握内政、外交和军事事务的枢机处，有经管财政和税收的财务处，有处理法律事务的司法处。官员们都不是意大利人，而是由一些被解放的奴隶所担任，他们各司其职，只对皇帝负责。他在对外扩张方面也有建树。他亲率大军于公元43年征服不列颠，将其置为罗马新的行省。他还征服了非洲的毛里塔尼亚，小亚的吕底亚，巴尔干的色雷斯。可是克劳狄的婚姻极其糟糕，最后在其妻子阿格里皮娜发动的政变中被毒死。

公元54年，阿格里皮娜的前夫之子尼禄上台。此人虽年轻，却成了罗马历史上最为臭名昭著的暴君。

尼禄从小就在一种充满阴谋和卑劣的不良环境中长大，因此既阴险狡猾，又骄奢淫逸，且残暴无比。一个荒淫而又暴戾的母亲，不可能培养出善良温和的儿子。继位之后，尼禄年纪尚幼，便将政事交给母后，自己终日与近卫军士兵以及流氓无产者戏耍玩乐，甚至登台演戏。当尼禄开始纵情声色犬马，与女奴男妓寻欢作乐时，阿格里皮娜立即醋劲大发，生怕别的女人将儿子夺走，母子俩开始发生冲突。

尼禄18岁成年后开始亲政。这个阴险场上熏陶出来的小人，自然也不能容忍母后的擅权和专暴，采取了种种排挤母亲的办法。阿格里皮娜失势后痛苦万分，甚至还打算献出自己的肉体，来换取儿子的欢心。此时的尼禄多少还有点人性，未敢与亲生母亲通奸，并且更加厌恶这个毫无羞耻的女人。不久后，尼禄几度设计，终于将母亲谋杀。

此后，尼禄的挥霍纵欲更加无度。荒谬的是，作为一国至尊，他竟然经常到角斗场表演，甚至跑到希腊去参加奥林匹克运动会，还在那里巡回演出一年之久。希腊人对他的表演技艺颇为欣赏，他高兴起来，便赐给他们自治权。

公元64年，罗马城发生大火，燃烧了六天六夜之久，城区绝大部分建筑被化为灰烬。然而，当全城一片火海之时，尼禄居然登楼观火，纵酒行乐，吟唱诗句，极为快活。大火之后，尼禄趁机抢占罗马城中心地区，为自己修了一座新皇宫。而且，宫殿到处装饰着黄金、象牙、宝石和珍珠之类，他自称这是一座"金屋"。因此，民间纷纷传言，说这是尼禄自己故意放的火，为的是欣赏火光冲天的情景，好建新王宫。

尼禄为平民愤，便耍起了无赖，嫁祸于当时还是社会最下层的基督徒，用种种令人发指的手段，杀了一大批人。最残忍的是，他在一些基督徒身上绑上易燃材料，点燃充作火把来给街道照明。基督教史上，称这件事是基督徒的第一次受迫害。

尼禄的淫行暴政，加剧了人民的反抗情绪。在各地起义的浪潮声中，元老院宣布尼禄为"祖国之敌"。公元68年，众叛亲离的尼禄在逃亡途中自杀。据说，直到临死之前，尼禄还在惋惜自己的表演才能，拔出匕首比画了好几次，才狠心下了手。

尼禄死后，朱里亚—克劳狄家族无嗣继承元首职位，各行省军团都拥护自己的统帅为帝，结果不到两年便换了3个皇帝。最后由东方各行省联合打败了西方行省的势力，拥立韦伯芗上台。韦伯芗属弗拉维家族，故新的王朝称为弗拉维王朝（公元69—公元96）。

韦伯芗先把自己的儿子确定为继承人，从此继承权在罗马被正式确认。他还进一步扩大帝国的社会基础，将行省的富人迁到罗马，变成罗马贵族，以补充日益减少的贵族和骑士。这种做法的另一层含义，则是使行省来的人更倾向于支持他。

韦伯芗和他的儿子提图斯是以镇压犹太人起义而出名的。公元69年，西亚巴勒斯坦地方的犹太人，不堪罗马人的压迫而举行武装暴动，并且打败了罗马军队的好几次进攻。起义坚持到公元70年，耶路撒冷被罗马人攻陷，城中居民大多数被杀害，剩下的7万人被罗马人卖为奴隶。整个犹太战争期间有100万犹太人丧生，钉满了十字架。《圣经》上谈到这件事说："没有地方再立十字架，没有十字架再钉人。"

弗拉维王朝可谓短命，总共只经历了 3 个皇帝。最后一个皇帝叫多米香，是提图斯的弟弟。多米香常以"主人和神"自居，不把元老院放在眼里，而且还迫害元老院贵族。他在位 15 年，热衷于穷兵黩武，但又不成功。他率军在多瑙河下游的北岸征讨时，败于达西亚人（今罗马尼亚人的祖先），引发了国内的不满情绪。公元 96 年，多米香在政变中被杀。

9.3

安东尼王朝五个好皇帝：涅尔瓦、图拉真、哈德良、安东尼、马可·奥里略。罗马帝国全盛时代。盛极而衰：长达百年的三世纪危机

公元 96 年，元老院拥护最老的元老涅尔瓦为元首（皇帝），从此开始了安东尼王朝（公元 96—192）的统治。这是罗马帝国的黄金时代。安东尼王朝的前 5 个皇帝是涅尔瓦、图拉真、哈德良、安东尼和马可·奥里略。他们因创造了帝国的极度繁盛，被当时的罗马人和后来的史家称为"五个好皇帝"。其中以安东尼的政绩最多，故而王朝以他的名字命名。

涅尔瓦当元首仅两年，军队就强迫他传位给养子图拉真。图拉真特别喜好军功，因此在他手中罗马再一次开始了对外征服扩张活动。他先占领了达西亚，建立行省，将很多老兵迁居这里，因而今天的罗马尼亚为拉丁语系国家。后来他又进攻阿拉伯半岛，设阿拉伯行省；再侵入两河领域直至安息一带。在位的 20 年里，他的大部分时间都是在对外征战中度过的，最后于 117 年病死于小亚。图拉真时代，古代罗马帝国的版图达到了顶点：东起幼发拉底河和底格里斯河，西至不列颠，南包括了北非沿岸所有地区，北到莱茵河和多瑙河一线稍北，地跨欧、亚、非三洲，地中海成了罗马帝国的"内湖"。

继承人哈德良不再取攻势，而是以守成为重。他在不列颠岛的北边修了一道 100 多公里的"哈德良长城"，用来对付凯尔特人的侵扰；在沿莱茵河至多瑙河一线修了长达 600 多公里的界墙，防止日耳曼人南下。对内，他加强了官僚制度，加强了元首的专制；他还继续吸收东方行省的上层分子进入

元老院,消除他们与罗马人之间的界限。不过尽管如此,罗马的内忧外患仍时时不断。132年巴勒斯坦爆发了犹太人大起义,罗马费时三年,才把起义镇压下去,毁掉了50座城市,屠杀了近60万人。安东尼统治的20多年,罗马帝国达到极盛,他本人被认为是罗马最理想、最温和的皇帝。在他统治的时候,元老院与皇帝之间的对立最终消失。166年,由安东尼派出的使团还曾经访问中国。

马可·奥里略时期,罗马盛极而衰已现端倪。从东方到北边,到处是叛乱和骚扰,使得奥里略顾此失彼,用兵时捉襟见肘。他原想引日耳曼人部落入境"以蛮制蛮",没想到却为外族大规模进入帝国开了方便之门。180年奥里略在战争中染病而死,其子康茂德接替当了皇帝。12年后,康茂德被政变者杀掉,安东尼王朝结束。

罗马帝国的前期,特别是安东尼王朝时期,由于帝国的版图继续扩大,经济活动范围也相应扩大,各地区之间的交通和联系加强,因而促使罗马经济出现繁荣局面。而且,帝国推行行省罗马化运动,又使原来比较落后的地区尤其是西方各行省的经济发展起来了,从而刺激了整个帝国经济水平的提高。这一时期相对稳定的政治环境,也为经济持续发展提供了政治保证。

城市和工商业兴旺,是这一时期经济发展的突出表现。据统计,整个帝国境内,这两个世纪共出现几千个新城市,单是意大利本土就拥有1200个大小城市和城镇。意大利的商业仍以居间商业为主,对外贸易有超乎寻常的发展,甚至还和远东的中国有了交通和交往,通过丝绸之路间接来往。公元1世纪时,意大利本土的手工业发展较快;而到2世纪时,则是行省手工业成长起来,本土手工业则有所衰落。出现了按职业结合的手工业协会,协会会员可世代相传,只是成立协会需经皇帝批准。

共和时期那种相当原始野蛮的奴隶制,现在走向衰落。随着战俘奴隶减少,奴隶的成分也发生了变化:奴隶多来源于北方的"蛮族",他们不懂技术,而东方奴隶则相应减少;同时,家生奴隶增多,占奴隶总数的三分之二。这种变化,又使奴隶的法律地位和社会待遇有所提高。譬如,奴隶生病在神庙治好后,可不再当奴隶;奴隶逃亡时如躲在神庙,或躲在皇帝塑像后面,奴隶主就不能抓他。安东尼曾规定,无缘无故杀自己的奴隶,如同杀别人的奴隶一样，要赔偿，要处罚。就连罗马的思想家们也对此有新的认识。哲学家辛尼加的《问答录》中有这样的对话：问：这是奴隶么？答：这是人，是我们的共居者和温顺的朋友。

大土地所有制在这个时期也进一步发展。据说，有一个解放奴隶出身的富人，他占的土地"老鹰都飞不过去"。但是，现在的大土地占有不再是大规模使用奴隶劳动，不再是大庄园，而是将土地分成一小块一小块，交给破产农民和奴隶耕种，通称为隶农制。劳动者和土地所有者之间的关系，不是人身占有关系，而是有条件的雇佣关系，隶农要向主人缴纳地租，服劳役。这种制度实际上是封建生产关系的萌芽，是中世纪农奴制的先声。这也说明，罗马奴隶制在经过长期发展之后，已经处于烂熟状态，必须要有新的东西来取代它。

罗马帝国的繁荣持续了两个世纪后，终于陷入了一场长达将近百年的政治经济全面动乱，历史上称为"三世纪危机"。这场危机，使罗马奴隶制的罪恶暴露无遗，是罗马帝国总危机、总崩溃的征兆和前奏。

这时候，罗马大规模的对外侵略已经停止，奴隶来源开始枯竭，奴隶价格日益昂贵，使用奴隶劳动几乎无利可图，甚至还很危险，因为经常面临着奴隶的反抗和斗争。这样，奴隶已不可能成为生产的动力。那么新出现的隶农又怎样呢？由于奴隶制占主导地位，因而也给隶农打下了奴隶制的烙印，隶农地位越来越与奴隶地位接近，越来越奴隶化，这就使隶农也越来越丧失劳动兴趣。因此，隶农制虽是新的事物，但对罗马社会并没有多大的刺激和补救作用。至于自由民，则早已习惯于过寄生生活，鄙视劳动。总之，由于罗马的生产劳动者发生了问题，罗马社会也就开始走向绝境。

而另一方面，奴隶主阶级和上层社会又日益腐化，挥金如土，放肆地浪费社会财富。国家机器日益膨胀，开支增大。各种战争不断发生，有镇压战争，也有侵略战争，还有统治者内部的混战，这无疑又大大消耗了社会财富。

不事劳动的流氓无产者也越来越多，到3世纪时，达到了80多万。他们完全靠社会养活，成了社会的毒刺。为了娱乐和游玩，国家还经常举办庆祝活动，罗马的节日越来越多。公元1世纪里，一年中有66天作节日，2世纪增加到126天，4世纪达到175天，几乎每两天就有一个节日，大量的物质财富就在这种玩乐中浪费掉了。

危机过程中，罗马在政治军事上一片混乱状态。192年康茂德被杀后，国内爆发了一场4年之久的王位争夺战。最后由潘诺尼亚行省（今匈牙利一带）总督塞维鲁打败了各路势力，建立了塞维鲁王朝（196—235）。

塞维鲁是总督，也是行省的军团司令官。他是靠军队起家的，因此极力拉拢军队。他率领军队东征西讨，最后自己也死在对不列颠部落的战争中。据说他临死时还嘱咐儿子："别人可以不管，但要让士兵发财。"因此军队势力越来越大，将领们专横跋扈，干涉朝政。塞维鲁王朝的皇帝十之有九是被军队杀死的。

在235年以后的50年中，国内政治极度混乱。50年中，共换了28个皇帝，只有一个皇帝不是被军队杀掉的。在238年这一年里，元老院先后推出4个皇帝，统统都被军队杀掉了。从255至268年的14年间，据说有30个自称皇帝的人（史称"三十僭主"）同时在位。中央政权完全瘫痪，帝国实际上濒于瓦解。

与此同时，在边境地方，北部的日耳曼人从2世纪末就开始构成了对罗马的威胁。3世纪里，法兰克人、哥特人相继进入帝国境内。而帝国内部的人民斗争和反抗也是此起彼伏，有埃及的牧人起义，有西西里的奴隶起义，甚至还有罗马城里的造币工人起义。规模最大、时间最长的是高卢的"巴高达"（意为战士）运动，从269年第一次爆发，直到5世纪还在持续。

整个帝国的经济状况也衰败到了无以复加的境地，农业萎缩、土地抛荒、工商业衰落、城市萧条，物价飞涨，一片破败景象。就连政府也极不负责任，滥造劣质货币，更加剧了经济恐慌。

9.4

基督教：产生于世界性帝国的世界性宗教。《圣经》中的耶稣其人其事。基督教的创立和传播。它在三世纪前后的发展和变化

已有2000年历史、位列当今世界三大宗教之首、仍是现代西方文明灵魂的基督教，就是在罗马帝国时代产生的。

基督教最初是犹太教的一个支派。创始人是传说中的耶稣基督。基督教产生于公元1至2世纪，这是罗马帝国统治了地中海世界后进行民族压迫而产生的结果。基督教超越了民族和地区的界限，这是因为罗马帝国的建立也突破了民族和地区的界限，改变了原有各民族的传统和生活方式习惯，包括宗教观念，加强了相互间的联系和交往。原有的各种宗教信仰已经不能适应于新的帝国的需要。而罗马这种世界性的帝国需要世界性的宗教。

罗马的社会矛盾和斗争状况是基督教产生的社会根源。尤其是被征服地区和民族一次又一次的反抗和斗争，最后都遭到了失败，他们陷入了一种几近绝望的境地。现实希望破灭了，便产生了对来世的希冀，想从精神上寻找安慰和解脱。

犹太教的"救世主"（即基督）思想，是基督教教义的主要思想源流之一。同时，基督教也吸收了希腊斯多噶学派的逻各斯学说，其宣传的一些主张如禁欲、服从、财产公有、人人平等，也演变成为基督教的基本教义。

公元1世纪的时候，传说耶稣开始传道，最初的信徒一般称为基督徒，意思是"追随基督耶稣的人"。基督徒最先出现于巴勒斯坦和小亚细亚半岛一带，后来迅速地遍布罗马帝国东部。巴勒斯坦这块地方，从公元前15世纪就居住着希伯来人（即犹太人），公元前1世纪，这里成为罗马帝国的一部分。犹太民族对外族统治进行了长期反抗，但总是未能取得胜利的结果。特别是公元66至70年的大起义被罗马人镇压，犹太人更感到斗争无望，祈盼能有救世主来拯救自己。以往的犹太教似乎不灵验了，于是产生了新的"救世主教"（"基督"意为救世主）。

2世纪，"基督教"一词出现。这个世纪里《圣经·新约全书》编成，表明基督教作为一个系统化的宗教正式创立。《新约全书》以《福音书》为主，其中《马可福音》《马太福音》《路加福音》和《约翰福音》四大福音书，是《新约全书》的最基本内容。有意思的是，基督教承认自己源出于犹太教，因而《圣经》中包括了犹太教的《旧约全书》和基督教自编的《新约全书》，而犹太教是决不承认基督教的。

四大福音书记载了耶稣诞生和创教、传教的事迹。

按照它们的说法，耶稣算起来也是亚伯拉罕的后裔、大卫王的子孙：从亚伯拉罕到大卫王共有14代，从大卫王到犹太人被掳为巴比伦之囚也是14代，从巴比伦之囚到基督耶稣又是14代。耶稣的父亲叫约瑟，母亲是玛利亚，祖父叫雅各。

玛利亚就是基督教的圣母，在家当姑娘时许配给了约瑟。还没结婚的时候，就受圣灵的感应而怀了孕。约瑟虽是个木匠，但他很讲义气，不愿意公开地羞辱玛利亚，打算悄悄地与她解除婚约。正在筹划着怎样做这件事的时候，上帝派使者托梦给他，说："大卫的子孙约瑟，你不要怕，只管把你的妻子玛利亚娶过来，因为她所怀的孕是来自于圣灵。她将要生一个儿子，你要给他起名叫耶稣，因为他要将自己的百姓从罪恶中救出来。"

约瑟醒来后，就按照天使的吩咐，把玛利亚娶了过来，只是没有和她同房。等她生下儿子，就给他取名叫耶稣。《路加福音》中说，耶稣是在他父母去官府报名登记的路上生下来的。由于没有地方，就将他用布包好，放在马槽里。

耶稣降生在犹太国的伯利恒地方，当时正是希律王的时代。耶稣出生后，有几个从东方来的博士来到耶路撒冷，打听这个将来要作"犹太人之王"的人在哪里，声称他们在东方看见了他的星，特来拜见他。希律王很恐慌，耶路撒冷全城的人也都感到不安。他召集人询问基督的出生地，回答说是在伯利恒。希律王又让人把博士请来，问那星是什么时候出现的，并差他们到伯利恒去，哄骗他们说："你们去仔细寻找那小孩子，寻到了，就来报信，我也好去拜他。"

东方博士就往伯利恒而去。他们在东方所看见的那颗星，就在他们的前头行，行到小孩子家的地方时，星就在上头停住了。他们非常高兴，找进了耶稣的家，看见了耶稣和圣母玛利亚。他们俯伏在地上拜这个小孩子，并打开宝盒，将黄金、乳香、没药等贵重物品献给他。

博士休息时，上帝传梦给他们，要他们不要回去见希律，他们就从别处找条路回家了。

他们走后，上帝的使者又托梦给约瑟，要他起来，立刻携妻将子去埃及逃难，告知他犹太人之王希律正在追杀他们。约瑟马上同玛利亚带着耶稣去了埃及。

希律王见自己被博士所愚弄，大为光火，派人将伯利恒及附近2岁以内的男童全部杀尽。

直到希律死后,天使才又托梦给约瑟,叫他再回以色列。约瑟知道希律的儿子亚基老又做了王,所以不敢再回伯利恒,而是逃到了加利利境内的拿撒勒城,所以后来的耶稣又常被人称为拿撒勒人了。

耶稣长大时,当时正有施洗约翰在传道。施洗约翰身穿骆驼毛的衣服,腰束皮带,吃的是蝗虫和野蜜。他在传道时说:"天国近了,你们应当悔改!"那时,耶路撒冷和犹太人全境,以及约旦河一带地方的人,都来到约翰这里,承认自己的罪过,在约旦河受他的洗。

约翰预言,很快有比他能力更大的传道者。他对受洗者说:"我是用水给你们施洗,叫你们悔改;但那在我以后来的,能力比我更大,我就是给他提鞋也不配,他要用圣灵与火给你们施洗。他手里拿着簸箕,更扬尽他的场,把麦子收在仓里,把糠用不灭的火烧尽了。"

约翰知道这个人就是耶稣。所以,当耶稣从加利利赶到约旦河,也要接受约翰的施洗时,约翰不敢,说:"我当受你的洗,你反倒上我这里来吗?"耶稣不依,坚持要约翰施洗,约翰最后同意了。

后来约翰被当局抓走,耶稣就成了他事业的继承人。他回到了加利利,住在海边的迦百农地方,从此开始了他的传道事业。

最初,他走遍了加利利,在各个会堂里教训人,传递天国的福音,医治百姓各种各样的病症。他的名声很快就传遍了叙利亚,患病求医的,信神受训的,都来找他。还有一些来自四面八方的人当他的信徒,始终跟着他。

耶稣看到人这么多,便上了山,开始教训众人,这就是著名的"登山训众"。这些训词是基督教的基本教义,其中特别表达了基督教的忍让精神:"不要与恶人做对。有人打你的右脸,连左脸也转过来由他打;有人想要告你,要拿你的里衣,连外衣也由他拿去;有人强逼你走一里路,你就同他走两里。"

耶稣说了这些训词之后,便开始到处行医传道,屡显奇迹,有妙手回春之功。他使一个麻风病人变得洁净,使一个瘫子能站起来行走回家。他还医好了患血漏病的女人,使两个瞎子重见光明,使哑巴恢复说话。总之,他是一个治病圣手,无一不灵。

耶稣还有许多神奇的功力。比如有一次,耶稣带领门徒传教,还有5000听众跟着。天色已晚,他们正好来到了前不见村后不着店的野地里,门徒们要去弄吃的，耶稣说不用，拿着门徒手中剩下的 5 个饼、两条鱼，望着天空念念有词，再将饼子传给门徒和众人，结果所有的 5000 人都吃饱了，剩下的零碎还装满了 12 个篮子。

传教过程中，耶稣到处劝人们与人为善，不要吝啬财富。有人来见他，询问要作什么善事才能得到永生。耶稣说："你若要进入永生，就要遵守成命，不可杀人，不可奸淫，不可偷盗，不可做假见证，要孝敬父母，要爱人如爱己。"那人说，这些我都遵守了，还要做些什么呢？ 耶稣说，你若愿意做完全的人，可去变卖你所有的，分给穷人，就必有财宝在天上。那人听到这样一说，就悻悻然地走了，因为他实在舍不得他那殷实的家产。

耶稣由此发感慨，对门徒说："我实在告诉你们，财主进天国是难的。我又告诉你们：骆驼穿过针的眼，比财主进神的国还容易呢！"这话后来就演变成"富人进天堂，比骆驼穿针眼还难"而传谕于世。

耶稣传道时，一共收了 12 个门徒。彼得是他的大弟子，此外还有安德烈、大雅各、约翰、腓力、巴多罗缪、多马、马太、小雅各、达太、西蒙、犹大。

耶稣在同弟子们论道时，还特别善于打比喻，用常见的事物来说明浅显的道理。

耶稣的传教，引起了犹太上层以及罗马统治者的恐慌。他们到处捕捉耶稣，最后终因叛徒的出卖而使耶稣蒙难。

12 个弟子中有一个叫犹大。当他得知罗马人正在捕捉基督时，便决定出卖老师。他跑到祭司长那里，得到了出卖老师的 30 块钱币，然后寻找机会把耶稣交给罗马人。

一个逾越节的前夕，门徒们正和耶稣一起用晚餐，耶稣已经觉察到了犹大的阴谋，于是便对大家说："我实在告诉你们，你们当中有一个人要出卖我。"众人有表示惊讶的，有表示愤怒的，也有表示清白的，唯有犹大惊恐不安。

晚餐时，耶稣叫大家将饼子分开吃，说这是他的肉体；又让大家倒葡萄酒，说这是他的血。基督教的"圣餐制"就是这样来的。

第二天，犹大带着官府的人来了。他给了他们一个暗号："我与谁亲嘴，谁就是耶稣，你们就可以捉拿他。"然后，他径直走到耶稣跟前，道一声安，便和耶稣亲嘴，官府的人一下子就上前拿下了耶稣。

耶稣先被带到大祭司长那里审讯，后来又送到了罗马总督彼拉多跟前受审，他都不愿意多说话。后来罗马兵给他穿上朱红袍，戴上荆棘冠，以苇子作王杖，戏弄他这个"犹太人之王"，然后又虐打他，再把他拖出去，钉死在十字架上，还分掉了他的衣服。这一天是星期五。

三天后是基督教的安息日（星期天），天摇地动，耶稣又作为神而复活，并召见十一门徒，要他们促使万民信教，他将与他们同在。

这就是关于基督教创始人耶稣身世的传说故事。

早期的基督教是作为下层人民的宗教而产生的。最初的教徒是被征服地区的受压迫者，后来又传播到罗马自身的农民、奴隶及其他劳动群众中间，因此，早期基督教教徒大多为下层人民，教义也反映了下层人民的要求，如主张人类平等，不分贵族和平民，也不分奴隶和奴隶主。而且还敢于攻击罗马，将罗马比作藏污纳垢的"巴比伦大城"。教徒们组织成小规模的公社，一律平等地在一起活动，财产公有。公社以十字架做标志，领导人有先知、使徒和长老等。

3世纪后，基督教开始发生变化。随着罗马帝国统治危机的出现，许多富人对现实感到失望，因此也不断加入基督教会，这就使教徒的成分开始起变化。而且他们进了教会后，向教徒公社大量捐款，从而逐步取得统治地位，把持教会，穷人则越来越被排斥。后来还形成了正式的教会制度、繁琐的洗礼、圣餐等仪式，教会慢慢地贵族化了。

基督教的教义也发生了变化，从过去的反对罗马攻击罗马，变为讨好罗马；从反对富人变为容忍富人、容纳富人；从主张人类平等变为保护现行社会不平等制度；最后，还从教义中剔除掉那些反抗因素，宣传忍让哲学，主张逆来顺受。由于基督教成分和主张的变化，罗马统治者对它的态度也开始改变。

9.5

戴克里先中兴。君士坦丁迁都。罗马帝国分裂。"蛮族"南下。"上帝的鞭子"。西罗马帝国灭亡

乱久必治。268年后的15年间，共有五个皇帝，其中四个来自伊利里亚（今

克罗地亚一带），历史上称为"伊利里亚诸帝"。在他们统治期间，罗马政局渐渐地稳定。

284年，近卫军长官戴克里先夺得了帝位。他统治罗马21年，实行了许多改革，基本上改变了政治混乱的局面，历史上称为"戴克里先中兴"。他首先将元首称号改为君主。从此，君主制正式取代了自屋大维以来实行的元首制。戴克里先本人学着东方君王的样子，头戴皇冠，身着皇袍，全身饰满珍珠宝石，臣民们晋见他时必须跪拜行礼，吻其袍服。为了加强对全国的控制，他实行了"四帝共治"制度，即把帝国分成四个部分，由两正帝和两副帝分别治理。两正帝称作"奥古斯都"，两副帝称号是"恺撒"。副帝均应成为正帝的继子和女婿，正帝缺位时，副帝可以补上，以便保持统治者的血缘关系。整个国家分而不割，仍为一整体，最高权力归戴克里先。因此他是帝国的实际统治者，其余三人不过助手而已。

针对地方权力过大的现象，为防止行省闹独立，戴克里先的做法是缩小行省规模，将原来的47个行省重新划分为100个行省，分属于12个大行政区。行省官员中军政分家，总督不再兼军职。所有军队也分成边防军和内地军两种。边防军主要保卫边界，内地军则是机动部队，随时可由皇帝调遣作战。

他颁布了"物价敕令"，规定各种物品的最高价格；颁布了工资最低标准；人头税和土地税合而为一，统一征收，每一成年男子为一"头"，妇女为半"头"；铸造足值金币。这些措施都有助于经济危机的暂时缓解。

305年，戴克里先被迫退位。经过一年多的混战，政权落到君士坦丁手中。

君士坦丁是与戴克里先齐名的后期罗马帝国统治者。他上台后，废除了四帝共治制，独揽大权。他把全国分成了高卢、意大利、伊利里亚和东方四大行政区，下再设行政区、行省。330年，他把帝国的首都从罗马迁到拜占庭，改名为君士坦丁堡（今土耳其的伊斯坦布尔），反映罗马西部正在衰落，统治重心向东方转移。罗马城虽然仍是首都，但实际地位却大大地下降了。

君士坦丁统治的时代，基督教已有很大的发展，并且逐渐形成了东西两股较大的势力。东派通用希腊语，又称希腊教会，主要以埃及的亚历山大城、巴勒斯坦的耶路撒冷以及叙利亚的安条克为中心。330年以后，君士坦丁堡教会渐渐成为东部各教会的最主要的中心。

面对这一事实，君士坦丁一反戴克里先迫害基督教徒的做法。他先于313年发布了《米兰敕令》，宣布帝国境内所有的宗教都能享受信仰自由，不受歧视。基督教由此而取得了合法地位，成为得到官方认可的宗教。325年，他主持召开了尼西亚宗教会议，统一了基督教的教义，并决定在每个行省都设立一个主教。从此以后，基督教就演变成了统治者的精神支柱。392年，皇帝狄奥多西正式宣布基督教为罗马帝国的国教。

当基督教演变成统治者的统治工具后，在下层人民中又出现了一些新的教派，它们被正统的基督教一概斥之为"异端"。

在罗马帝国晚期，奴隶制已处于垂死状态，社会生产重担主要落到了"隶农"身上，隶农最早出现于公元前1世纪，身份类似于后来封建社会的农奴，主要依靠租种主人的土地为生，在人身上也对主人有一定的依附关系。进入4世纪后，隶农的社会地位急剧恶化。他们收获物三分之一要缴纳地租，三分之一作为税金上缴国家，此外还有各级官吏的敲诈盘剥，留下饲料种子后，粮食所剩无几。还要负担国家和地方政府摊派的劳役任务。因此他们在贫困交加之中或远走他乡，或暴动起义。而君士坦丁以后的皇帝，不图政策宽缓，只蛮横地迫害他们。隶农越来越奴隶化，成为社会动乱的根源。

另一方面，大地产制大规模地发展。在国家混乱的局面下，大地主实行庇护制度，接受整村整村的农民，变成独霸一方的人物，掌握领地内各项大权，甚至拥有军队和法庭，成为一种与中央政权相对立的离心势力，造成了无数的国中之国，实际奏响了帝国解体的前奏曲。

人民的反抗斗争风起云涌。这种反抗有两种类型，一是奴隶、隶农、异端教派的起义，二是被征服民族的反抗。高卢的巴高达运动，北非的阿哥尼斯特运动，都坚持了两个世纪。

统治者内部仍纷争不已。337年君士坦丁死，罗马即告分裂。364年正式分裂，出现两个奥古斯都。391年又短期统一。到395年最后分成东西两个罗马帝国。东罗马帝国以君士坦丁堡为首都，西罗马帝国的都城仍是罗马城。

"蛮族"是罗马人对周围地区未开化民族，特别是帝国北方那些处于原始公社阶段的游牧部落的统称。这些部落居住在莱茵河以东、多瑙河以北的广大地区，主要是日耳曼人。

172年，罗马皇帝马可·奥里略允许一支日耳曼部落移居多瑙河以南。3世纪里，法兰克人跨过莱茵河，定居在高卢中心地带；哥特人在多瑙河下游南移，进入爱琴海；阿尔曼尼人穿过阿尔卑斯山关隘，到达意大利北部和中部。同时，罗马军队开始雇佣越来越多的日耳曼军人。

370年，匈奴人越过伏尔加河西迁，由此引起了一系列连锁反应。这一年，他们在顿河东岸进击阿兰人，阿兰人随即西移。374年匈奴人打败顿河西岸的东哥特人，东哥特人同样往西迁逃。375年，匈奴人又在德涅斯特河畔打败西哥特人，西哥特人于是渡过多瑙河，南下进入罗马帝国境内，由此揭开了日耳曼民族大迁徙的序幕。

西哥特人南渡多瑙河，是经过罗马政府同意的。罗马满以为从他们身上有油水可榨，因此对迁来的西哥特人百般盘剥，施以非人的待遇。西哥特人于376年愤而起义。378年，他们在领袖弗里提盖伦的率领下，与罗马军队在亚得里亚堡（君士坦丁堡西北200公里处）进行决战，结果罗马4万人的军队被歼三分之二，率队的皇帝瓦伦斯躲在一间茅屋里被烧死。新继任的罗马皇帝被迫与西哥特人订约，答应西哥特人可定居希腊等地。395年，西哥特人趁罗马帝国分裂之机，在首领阿拉里克率领下进入意大利。410年攻克罗马，在城内掠劫了6天之久。阿拉里克病死后，西哥特人离开意大利进入西班牙，419年建立了西哥特王国。

西哥特人从东打到西，足迹踏遍了罗马帝国境内重要地区，所向披靡。5世纪初，另一支日耳曼部落汪达尔人，从奥得河中游南移，跨过莱茵河进入高卢、西班牙。立足未稳，西哥特人跟踵而至。汪达尔人于429年渡过直布罗陀海峡进入非洲。439年占领迦太基城，建立汪达尔王国，首领盖撒里克成为国王。汪达尔人虽不多，但能和北非正发生的阿哥尼斯特反抗运动相配合，所以很快就占领了北非广大地区。455年，汪达尔人渡海进攻罗马，在城内大肆抢劫了14天，无数珍贵文物惨遭破坏。故而历史上常用"汪达尔主义"一词来指喻破坏性很强的事物。西罗马帝国从此一蹶不振。汪达尔人退回北非后，又于468年在迦太基附近战胜10余万人的东西罗马联军。476年签订和约，王国领土除北非沿岸外，还包括西地中海上的撒丁岛、科西嘉岛等。

紧跟着，匈奴人也对西罗马帝国发动了猛烈的进攻。434年，阿提拉担任匈奴国王。443年进兵君士坦丁堡，东罗马战败求和，答应向匈奴缴纳岁贡。阿提拉回师北上，数年间，将东自伏尔加河西至莱茵河的广大地区都置于自己的统治之下。451年，阿提拉率50万大军进攻西罗马帝国，由潘诺尼亚直指高卢。罗马将领阿埃齐联合西哥特人、勃艮第人和法兰克人，共同抗击匈奴人。双方决战于巴黎城郊的卡塔洛尼平原，阿提拉战败。第二年，阿提拉卷土重来，直接进入意大利，兵临罗马城下。正当罗马派使臣求和之际，匈奴军中发生瘟疫，不得不撤兵。453年，阿提拉在新婚之夜突然暴病而死。匈奴人退回到多瑙河中游，成为后来匈牙利人的祖先。阿提拉对罗马的打击太大了，罗马人一提到他便谈虎色变，惧称为"上帝的鞭子。"

在蛮族大迁徙的浪潮中，进入罗马帝国境内的还有这样一些部落：

阿兰人。本来住在顿河下游地区。370年被匈奴人所逼西移。410年左右进入罗马的高卢地区，后定居在高卢西南部一带。

苏维汇人。原住在今天德国的图林根地区一带，后迁徙到西班牙半岛的西北部，411年建立苏维汇王国。

勃艮第人。原住在奥得河与维斯杜拉河间地区，5世纪初开始向高卢境内迁移。436年被罗马将领阿埃齐打败后，在高卢东南部的罗纳河流域定居。457年建立以里昂为都城的勃艮第王国。

盎格鲁—撒克逊人。5世纪初，罗马军队开始从不列颠岛撤退。5世纪中叶，原住在北海沿岸日德兰半岛的盎格鲁、撒克逊以及裘特等日耳曼人部落，跨海进入不列颠岛东南部一带，建立了许多小国。

法兰克人。原住莱茵河下游。3世纪时开始向南发展，进入高卢地区。西罗马帝国灭亡后，法兰克人转入进攻。5世纪末形成统一的国家。在以后3个世纪中，法兰克发展为西欧最强大的日耳曼人国家。

日耳曼人的进入及其各蛮族王国的建立，把帝国版图撕裂得零碎不堪。再加上统治集团内部的残杀，西罗马帝国已是气息奄奄。从5世纪初起，西罗马的皇帝常常远离罗马城而住到了拉文那，并且还日益受到日耳曼雇佣兵将领的操纵。476年，最后一个皇帝罗慕洛（正好与罗马城的建立者同名），被日耳曼人雇佣兵首领奥多亚克废掉，西罗马帝国宣告灭亡。从此，欧洲古典时代结束，开始从奴隶社会向封建社会的过渡。

9.6

古代罗马的文化成果：法学、文学、历史学、科学、建筑。公历的缘起

古代罗马绵延了1200年之久，创造了灿烂辉煌的文化。古罗马使用的拉丁语，对后世影响极大，今天的意大利语、法语、西班牙语均脱胎于它。古罗马的神话基本沿袭希腊神话体系，神话人物有的改用了罗马名字而流传后世，如天神朱庇特，天后朱诺、爱神维纳斯、小爱神丘比特等。

随着罗马对外扩张的进行和帝国的建立，研究如何进行统治的政治学和法学便非常发达。罗马的法律和法学是古代罗马留给人类的宝贵遗产之一。

公元前449年《十二铜表法》的颁布，是罗马法制建设的第一步。它虽然是以往习惯法的整理和记录，但毕竟规定了明确的条文，使量刑定罪有文字根据。一个多世纪后，罗马又公布了《诉讼程序》。各种决议、命令和法规也逐渐编辑成册。

随着征服地区人民要求公民权的呼声越来越高，希腊斯多噶学派关于所有的人天性相同，都有资格享有基本权利的观点，引起罗马人的注意。公元前1世纪的政治家西塞罗强调："真正的法律应该对一切人有效，应该永远有效，应该是与天性相一致的正常理智。"这就奠定了罗马法的基本原则。

罗马帝国时期是罗马法律和罗马法学的大发展时期，出现了一批法学家。这些人受皇帝之委托，有权在法庭审判案件时发表意见，有权解释法律，并进行法学著作的编定。在这些法学家中，最杰出的是"五大法学家"，即盖约斯、伯比尼安、保罗、阿庇安、莫迪斯5人。他们撰写了许多著作和论文，将各种法学原理具体化，可操作化，成为罗马法学的基础和权威。他们死后，皇帝还规定，若有疑难，要到五大法学家的著作中去寻找答案。

这些法学家论证的内容很广，有关于宇宙普遍存在、永恒不变的自然法，有适用于罗马公民的市民法，有适用于罗马公民和非公民间、非公民相互间关系的万民法，有关于商品生产和交换的经济法以及相关法律概念如所有权、债、契约等的规定，构成了完整的罗马法学系统。

罗马文学的黄金时代是从公元前1世纪到公元1世纪，最著名的文学家有三大诗人和两大散文家。

诗人维吉尔是罗马最重要的作家。他写了3部诗歌作品：《牧歌》《农事诗》《伊尼德》，以《伊尼德》最为著名。这部史诗共12卷，近万行，写作时间长达11年。主要描写特洛耶王子伊尼亚逃出来之后，怎样到达意大利的故事，歌颂了罗马先人创业的艰辛，充满了热爱祖国的激情。贺拉西则主要是讽刺诗人和抒情诗人，其4卷本的《颂歌集》使他享有盛名。《颂歌集》虽以歌颂理想的田园生活为主，但他赞扬统治道德，宣传爱国精神。贺拉西的诗歌以表达准确和恰到好处而著称，他的名言是："如果你安排得巧妙，家喻户晓的字便会有新的意义。"第三个诗人是奥维德，他的主要作品是由250个神话故事组成的《变形记》，实际上就是古代神话的汇编集。

古罗马最著名的散文家是西塞罗。他也是一个政治家、哲学家和演说家。最著名的作品就是那些演说辞。辞中句法考究、词汇丰富，特别擅长于排列对称，强调句尾音调抑扬顿挫，人称"西塞罗式的句法"。他的演说风格历来为后人所仿效。作为一个坚定的共和派，他在屋大维和安东尼所搞的"公敌宣布"中被杀害，但他那充满政治热情的演说辞，为后人留下了可永远品味的文章风范。不妨赏析一段他在元老院会议上对执政官卡提利那的控告词：

事实上，卡提利那，既然夜晚的昏暗都掩盖不了你们的罪恶活动，私人宅邸的院墙都封锁不住你的同谋者们的声音，既然一切都已公开，都已暴露无遗，你还想期待什么呢？相信我吧，是改变主意的时候了；忘掉杀戮，忘掉纵火吧！你已经被紧紧地束缚住了，你的全部计划对我们来说如同白日的阳光一样明显。你现在不妨同我一起来回忆回忆！

你还记得我在10月21日曾经在元老院说过，你的罪恶计划的同谋和助手盖·曼利乌斯将在某一天，亦即10月27日举事？难道我的话没有应验？我不仅知道会发生如此重大、如此令人难以置信的事情，更令人惊异的是，我并且知道举事的确切日期！我在元老院还说过，你计划在10月28日杀戮贵族，当时许多对国家有影响的要人已经逃离罗马，他们逃离与其说是为了自身安全，不如说是为了使你的阴谋不能得逞。

难道你敢否认？那天由于我布置了守卫，由于我的高度警觉，你被困住了，无法危害国家。尽管你曾经声称，在别的人都已纷纷逃离的情况下，只要能把我们这些留下的人杀掉，也就心满意足了。还有，当你认为11月1日夜间一发动进攻，便可夺取普赖涅斯特城（罗马东南不远的一个城镇——引者注）的时候，你曾否发现该城已根据我的命令，由我派去的军队、哨兵和巡逻队设防？无论你干什么，无论你想什么，无论你策划什么，绝不会不为我所听闻，不为我所看见，不为我所觉察！

无疑，西塞罗这一番话义正词严，掷地有声，定令卡提利那无话可说，无地自容！

琉善是古代罗马最后一个重要作家，他是2世纪时人。主要以讽刺散文见长，针砭社会黑暗，揭露时政弊端，批评不着边际高谈阔论的"哲人"，思考人生问题，极富启发性。下文就出自他的一段问答录：

我观察人生，很快就发现人类的一切都是可笑的、卑鄙的、不牢靠的（我是说财富、官职和权力），我藐视它们，认为对这些玩意儿孜孜以求，是从事真正值得为之奋斗的事业的一大障碍，于是我仰起头来观察天地万物。这时，首先是哲人们所说的宇宙使我陷入极大的困惑，我无法弄清楚，宇宙是如何形成的，是谁创造的，宇宙的本原为何物，宇宙的终极何在。我一部分一部分地去观察，更加困惑不解。我发现星辰散布于天空，凌凌乱乱。我很想知道太阳为何物。尤其是月亮，在我看来，样子很是奇怪，完全莫名其妙，我猜想，它的变幻多端的形象一定有着某种神秘的原因。还有，闪闪的电光、隆隆的雷声、雨雪冰雹的降落，都难以理解，捉摸不定。

我既落到这步田地，心想最好是拿这些疑难问题去向哲人请教，料他们必能道出全部真理。于是，我从他们中间挑选出一些最高明的人来。我凭他们脸色的忧郁、皮肤的苍白、胡子的修长而加以遴选。他们立刻在我眼前显得是擅长高谈阔论而又通晓天文的人，我立刻付了一大笔钱，并约定欠下的待学完哲理时一齐付清，我这就把自己完全交给了他们。我一心盼望学会观察天象，弄懂宇宙的布局。可是他们不但没使我摆脱从前的愚昧，反而使我更加困惑，他们每天向我灌输的都是什么本原、终极、原子、虚空、质料、形式以及诸如此类的概念。最困难的是——至少在我看来是如此——尽管他们意见不合，言论彼此冲突，互相矛盾，他们都想说服我，个个都想把我领到他的学说里去。

古代罗马有许多杰出的历史学家和历史著作。

波里比阿，公元前2世纪人，他本是一个希腊人，出身于贵族家庭。父亲和他本人都曾经领兵抵抗过罗马的侵略。公元前166年希腊军队失败，他被当作人质送到了罗马。由于当时罗马正盛行文化上的"希腊热"，因此学识渊博的波里比阿很受罗马贵族西庇阿家族的器重。他目睹罗马征服整个地中海地区，感到很吃惊，决心探究其中原因，写一部罗马通史，他说："罗马以一个小小的城邦几乎征服了整个文明地区并将之置于自己的统治之下，而这种征服事业，是在不到53年的时间内完成的。罗马何以能够如此？它是用一种什么方法制胜的？这些功业是在一种什么政体之下完成的？对于这样的事迹，一个人怎能无动于衷，不予以论述？"正是在这种思想指导下，波里比阿写了一部罗马《通史》，这部书对罗马武力扩张的过程和罗马地中海帝国的建立作了详尽的论述，眼光开阔，叙事真实，表现了一个历史学家的优秀品质，人们称他为"历史学家中的历史学家"。

李维是又一个杰出的历史学家。他的巨著《罗马自建城以来的历史》，创立了"通史"的体例，他是奥古斯都王室师爷，能对历史事件和人物做出客观公正的评价。他的著作文笔优美，描写逼真，被誉为"生动的画卷"，对后世西方史家发生了深刻影响。

稍后的塔西陀，也是著名史学家，后人了解公元1世纪的罗马历史，主要根据他的《编年史》《历史》两书。他还著有《日耳曼尼亚志》，这是完备记载日耳曼人情况的最早的书。此外，如普鲁塔克的《希腊罗马名人传》、恺撒的《高卢战记》《内战记》，都有很高的史学地位。

古代罗马的科学事业也成就斐然。

农业是极受罗马人重视的，因此农学著作较多。加图、瓦罗、科路美拉等都写了农业论著。就连诗人维吉尔所著《农事诗》，也描述了种植谷物、橄榄及葡萄、畜牧、养蜂等农事活动，介绍农业知识。

医疗卫生事业及医学，也在罗马受重视。大医学家盖仑曾编过一部医学百科全书，此书流传后世千年之久。盖仑还发现了血液循环规律，特别指出动脉是血液的输送管，若动脉被切断，全身的血不到半小时就会流光。塞尔苏斯用拉丁文写的内外科论著，也对后世产生了深刻影响，植物学家狄奥斯科理德著有一部药书，记叙了600来种植物及其药性。

天文和地理也是古罗马人研究的领域。著名的地理学家斯特拉波写有一部著名的《地理志》。这本书总结了当时人对地中海地区及其周围的全部地理知识，包括山川形势、民族分布、物产种类、商业往来、风俗民情、历史沿革等，都有很详细的记载，至今仍具有很高的参考价值。天文学家托勒密，也有许多贡献，他绘制过一幅包含欧亚非三洲和太平洋、大西洋、印度洋在内的世界地图。但他确立的地心学体系，却对后世长期产生着错误的影响。

古罗马最著名、最有成就的科学家当推老普林尼。他著有一部长达37卷的《自然史》。这是一部百科全书式的巨著，包括天文、地理、生物、农业、医学、矿物、冶金各个方面。普林尼勤奋好学，知识渊博，更重视观察自然现象，维苏威火山爆发时，他亲临现场观测，不幸窒息，为科学献出了自己的生命。

罗马的建筑艺术在古代达到了登峰造极的地步，至今仍能留给人们美好的艺术享受。古罗马的建筑物受希腊风格的影响较多，主要特点是广泛采用柱廊和石拱门，并配有许多雕刻和绘画，既坚固重实，又华丽宏伟。

现存的古罗马遗迹遍布城内，其中以斗兽场遗址最为壮观，斗兽场又称圆形竞技场，于公元80年建成，可容纳观众将近9万人，占地2万平方米，圆周长527米，上下共分四层，有80个拱形门洞，洞中有一大理石人物雕像，底层共有80个入口。经历了历史上几次大浩劫后，如今仍留下大半边残垣断壁屹立于罗马城中央。登上第四层，罗马景色尽收眼底。它是罗马的象征。不游斗兽场，就等于没到过罗马，正像在中国"不到长城非好汉"一样。

在古罗马市场一带，建筑遗迹更多，有曾被称为当时世界上最漂亮的三大建筑之一的埃米列阿宫殿，有红砖建成的高大的元老院，有恺撒庙，有众多的凯旋门。

圆形广场不远处有著名的罗马万神庙。万神庙始建于公元前 27 年，后数度重修。万神庙大门口有 16 根巨大的圆柱，大圆屋顶直径达 43 米多，由一套穹形支架从内部支撑，墙基厚达近 6 米，圆屋顶上方为一个 9 米的天窗。无论从美学还是从工程学讲，万神庙的设计都是第一流的。

罗马的水道也体现了高超的建筑艺术。古罗马时代共建了 11 条引水道，最早的建立于公元前 312 年，最长者达 91 公里。城区的引水道都建在地下，城外才有部分高出地面。罗马城建设的黄金时代是奥古斯都统治时期。

图 9-2
古罗马圆形竞技场

图 9-3
古罗马引水道

古罗马时期，今天世界所通用的公历正式产生。罗马的历法渊源于古代埃及人使用的太阳历。早在6000多年前，古埃及人就把一年定为365天。一年分12个月，每月30天，年终加5天作为节日。埃及的太阳历与地球绕太阳一周（即一个回归年）相比，只相差5小时48分46秒，这在当时是够准确的了。公元前46年，罗马统治者恺撒在埃及感觉到太阳历非常方便，便请出当时埃及亚历山大城的天文学家索西尼斯，要他以埃及的太阳历为蓝本，编制新的历法，在全罗马境内通用。

恺撒的历法纠正了埃及太阳历中每年将近四分之一的误差，调整办法如下：平年定为365天，每四年置一个闰年，定为366天；逢单月为31天，双月除2月外，均为30天，平年2月为29天，闰年为30天。这样离回归年的误差就很小了。恺撒历法因其姓而称为"儒略历"。又因恺撒生日在7月，故称7月为"儒略"。恺撒的继承人奥古斯都生在8月，所以他就从2月抽出一天加在8月，使8月也成为大月，并将8月称为"奥古斯都"。同时将9、11两月改为小月，10、12两月改为大月，这样就形成了"七前单月大、七后双月大"的历制，大月31天、小月30天，2月在平年为28天，闰年为29天。今天的公历各月天数参差不齐，实则是人为的结果。

325年，君士坦丁大帝在尼西亚会议上规定儒略历为基督教历法，但未规定儒略历的起点年。6世纪时，基督教徒把传说中耶稣诞生那一年，说成是公元1年。"公元"之原意就是"我主纪年"。公元1年以前称"公元前"，意为"基督以前"。但后来人的研究认为，耶稣是在公元前4年诞生的。

9.7

罗马衰亡原因论：吉本：基督教的腐蚀并造成社会混乱；孟德斯鸠：过早对外扩张造成恶果，罗马人过于腐化堕落；唯物史观分析：直接劳动者丧失了生产兴趣

罗马作为一个古代帝国，维持了1200余年。这样一个庞然帝国轰然坍塌，

一般认为有政局混乱极不稳定、大地产发展造成分裂割据、奴隶和隶农起义、匈奴人和日耳曼人打击这四大因素。但不少思想家和学者更有兴趣去揭示罗马帝国衰亡的深层原因，几乎历代都有精彩评论问世。18世纪英国历史学家爱德华·吉本和法国启蒙想家孟德斯鸠的深刻分析最富启发性。

吉本的巨著《罗马帝国衰亡史》，叙述了180年以后罗马帝国衰落和灭亡的历史过程，研究了罗马帝国衰亡的原因。

吉本认为，原来的罗马帝国，是一个世俗的、但对各种宗教都能表示宽容的大国，人民崇尚务实，富于进取，建立了完备的法制和强有力的政府。然而，由于这个领土过大的帝国开始衰落并遭到蛮族入侵之时，基督教也乘虚而入，使那些不满现实的人希图死后得以进入天堂。这一风气一来，罗马人越来越不注重务实，防务日益空虚，基督教越传越广，帝国也越来越弱而不振，直至灭亡。

吉本生当18世纪，理性主义是这一时代的基本思想特征，因此他对基督教颇有微词。他批判了基督教的教义权威、先知权威和早期神学权威；批判了基督教的迷信和所谓"神迹"显现；批判了基督教对现实生活的蔑视，对人的蔑视，认为基督教禁欲断绝人生之乐是违反人性的，办不到的，教士自身不守清规便是明证。禁欲主义闭塞了人的心智，阻止了人对知识的追求，造成了人的愚昧。吉本对基督教的批判归结到一点，那就是蒙昧主义和基督教是历史的障碍，对历史发展造成了危害。他的结论是："我相信，福音的传播，教义的胜利，是同罗马帝国的衰败不可分割地联系在一起的，宗教的胜利就是野蛮的胜利。"

照吉本看来，基督教的恶劣影响不只是思想和精神上的腐蚀，它更引起了罗马社会的极度混乱。吉本认为，罗马本来对宗教采取所谓古老的宽容政策，除了几个专制者（即尼禄、图密善、戴克里先）有过几次大的迫害外，基督徒基本上还是能够分享帝国之下的和平。而基督徒之所以受迫害，也有它自身的原因，如基督徒本身偏狂执拗，斥责罗马原有的多神教，自居与罗马为敌的地位，使罗马统治者不快；社会上流传着对基督徒的误解，如残杀婴儿、男女乱伦等，这类谣言易煽起对基督徒的憎恶；基督教内部教派之间互不相容，互相攻讦，给迫害者留下口实。而基督教在取得官方宗教地位之后，其各地的主教自恃为精神统治者,到处排挤传统异教,毁掉以往希腊罗马诸神庙宇,其做法比以往罗马皇帝对他们的迫害有过之无不及,引起了罗马社会的极大混乱,加速了罗马帝国晚期社会的无序化。

启蒙思想家孟德斯鸠在其名著《罗马盛衰原因论》中,曾专章论述"罗马灭亡的两个原因"。他的一句至理名言意味深长:"罗马失去自己的自由,是因为他把自己的事业完成得太早了"。这句话我们可以理解成:罗马过早地热衷于对外扩张,建立这样一个庞大的帝国,最终埋葬了它自己。这是罗马走向灭亡的基本原因。孟德斯鸠所说的两个原因,实际就是这个基本原因在两个方面的展开。

孟德斯鸠首先分析了共和国灭亡并被帝国所代替的原因。在他看来,是"帝国的伟大毁掉了共和国",也就是说,一方面是庞大国家出现,另一方面统治这样一个庞大国家的国家机器并未成熟,罗马便用帝制来取代共和制,而这种取代本身就成了罗马走向灭亡的第一步。在他看来,当罗马统治局限在意大利的时候,共和国是容易维持下去的。所有的士兵同时又是公民,军队是国家的军队,元老院的监视和控制使军事将领们不可能想入非非。但当罗马向欧洲其他地方扩张,向地中海各地扩张时,士兵们常常就留驻在被征服地区,并且"逐渐丧失了公民们应有的精神"。掌握着军权的将领们拥兵自重,"不想再听命于别人"。于是,士兵们便只承认自己的将领了,他们把一切希望都寄托在将领身上,而与罗马的关系越来越疏远;他们不再是共和国的士兵,而是苏拉、庞培、恺撒这些军事独裁者们的士兵了。在国内,罗马的人民也被那些保民官——所谓人民利益的保护者引向了歧途,他们情绪极易激动,常常从"激昂狂暴的一个极端走向软弱无能的另一个极端"。当人民所拥戴的那些人在外面取得极大的权力时,元老院也就变得不起作用,"共和国也就垮台了"。帝国取代共和国,意味着罗马开始走下坡路。

孟德斯鸠分析的所谓第二个原因,实际上是说,由于过早地对外扩张,罗马又采取了在客观上有损于自身威望和荣誉的做法,使这个庞大帝国逐渐丧失了一个有强大凝聚力的核心,从而加速了帝国的分裂和混乱。为了增强对外征服的力量,罗马把自己的公民权给了它的同盟者,后来又逐步把这种权利给了帝国境内所有的人,帝国境内除奴隶以外的几乎所有人都因之成了罗马公民。这样一来，原来环绕着罗马的那圈神圣光环不见了，罗马不再是过去那座拥有同样精神和同样追求的"人民"的城市。当同盟者即意大利各民族成为罗马的公民后，罗马城就再也不能形成一个统一的整体，"人们就不再用和先前相同的目光看待罗马，人们也不再像以前那样地爱自己的祖国，对罗马的依恋之情也不复存在了"。到了后来，那些"野心家"将别的城市居民甚至整个民族引进罗马，使得罗马极度混乱，"人民本身成了空中楼阁"，成分复杂化，无政府状态达到了顶端。战士们在外征战时傲慢、勇敢，回到国内也就不可能十分温和，而热衷于争斗。因此，引起纠纷，引起灾难并带来内战的，完全是由于共和国的庞大。

这个庞大，当然是对外扩张的结果。帝国越庞大，引起的后果也就更严重。当罗马内部矛盾不能获得解决时，常常企图将视线外移，开始新一轮扩张，最后造成帝国越来越庞大，反过来越来越激化内部矛盾，最终导致罗马丧失统治整个帝国的国家力量。

孟德斯鸠还鞭笞了罗马人的腐化堕落。他认为，伊壁鸠鲁学派的思想（指所谓享乐主义。这是孟德斯鸠对伊壁鸠鲁思想的一种误解，其实伊壁鸠鲁更强调精神享乐，在物质生活方面只要求基本的生活条件而已）传入罗马，腐蚀了罗马人的心灵和精神。这个学派起源于希腊，因此希腊人更早受到侵蚀，更早腐化堕落。在孟德斯鸠看来，到了希腊古典文明晚期，希腊人的社会道德风气已经非常不好，人人都说谎话，因此哪怕是某个人发誓，都是没有人相信的。而罗马也受到了这种不良风气的影响，鲜廉寡耻的人越来越多，单是西塞罗在一封信中就提到了不少这样的无耻人物。罗马出现这样的变化，与它接触希腊的时代有关。就是说，公元前2世纪罗马征服希腊时，希腊的黄金时代早已过去，社会政治混乱，制度腐朽烂熟，思想精神颓败，已无可取之处，但却被罗马人奉为至宝，盲目地崇拜仿效，结果实际上败坏了罗马原本极富进取性的社会风气。

扩张带来了巨大财富反过来也腐蚀了罗马人。孟德斯鸠说，罗马人过去对祖国有深深的爱，并且掺入了宗教情感。但国家的伟大也给个人带来了巨大财富，无限多的财富又引起了空前的奢华和浪费。一方面是上层社会统治阶层穷奢极欲，铺张挥霍，极大地消耗了社会财富；另一方面整个社会也染上了这一风气，纵情于终日玩乐，贪图安逸。这样做的后果，一是消耗了社会财富，导致贫困现象日益严重；二是强化了人的惰性，败坏了社会风气。到后来，"最初由于自己的财富而堕落下去的人，后来却由于自己的贫穷而堕落了"，因为"念念不忘过去豪富的日子并惋惜浪费掉的巨大财产的人，是什么坏事都干得出来的"，破落最易滋生罪恶。于是，在罗马便有了这样一代人，"他们自己不能有财产，却又不能容忍别人有财产"，破坏他人幸福和社会幸福，导致社会摩擦加剧。

罗马的扩张，使得社会把战争奉为高于一切，军事才能是最高的才能、最高的道德。这种取向又导致社会对经济特别是工商行业的轻贱。孟德斯鸠认为，罗马公民鄙视能较快获得财富的工商行业，认为这是奴隶们才干的行当，他们自己决不做这类营生。罗马人只知道战术，只知道谋取军功，这是他们取得高级职位和荣誉的唯一道路。因此，他们身上除了还剩下军事美德，所有其他美德都全部丧失了。同样，他们也只知道打仗这一职业，而把支撑社会大厦的其他职业全都抛之一旁了。

唯物史观从更深层面分析，认为罗马危机并走向衰亡的根本原因，是社会中的直接劳动者丧失了生产兴趣，导致社会生产力几乎瓦解，从而摧垮了罗马社会的生存根基。

罗马是古代奴隶制社会之最，它的主要生产者是成千上万的奴隶。罗马奴隶制是随着其对外扩张而发达起来的，大量战俘作为奴隶源源不断地流入罗马。罗马也概括了古代奴隶制的各种方式。奴隶是罗马的基本劳动力和生产者，以大量奴隶劳动为基础的大庄园，是罗马最为普遍、最为重要的经济形式。完全可以说，是千百万的奴隶支撑着罗马的繁荣！

在罗马上升的时期，虽然奴隶起义造成了罗马社会的危机，但统治者还可利用奴隶劳动所构筑的物质基础，有能力镇压奴隶的反抗，或者对统治方式进行某种程度的改变或改革，抑制激起奴隶起义的因素。罗马由共和向帝制的转变，帝国初期奴隶地位的某种改善包括奴隶解放，就是统治者的一种主动性调整。他们看到了奴隶对于罗马帝国的重要性，因而还不惜提高奴隶的法律地位和社会待遇。帝国鼎盛时期的安东尼皇帝曾规定不能无缘无故地杀自己的奴隶，罗马最重要的哲学家辛尼加也忠告人们要把奴隶当作朋友看待。

但2世纪中叶后，由于大规模的对外扩张已经停止，奴隶来源枯竭导致奴隶价格昂贵，使用奴隶劳动无利可图，甚至还有危险。这样，以奴隶劳动为基础的罗马经济发生了根基的动摇。

当然，罗马又出现了新的生产者隶农。隶农的先驱诞生较早，约当罗马共和国后期。当奴隶起义导致大庄园经济发生危机时，一些大庄园主开始改变经营方式，不再大规模地使用奴隶劳动，而是将庄园土地分成小块，交给破产农民或奴隶分散耕种，这些耕种者被称为隶农。隶农和土地所有者之间不再是奴隶那样的人身占有关系，而是一种有条件的雇佣关系，他要向主人缴地租，服劳役。可以说，隶农是中世纪农奴制的先声。这也说明，罗马奴隶制度经过几百年发展之后，已经处于烂熟状态，必须要有新的东西来取代它。然而，由于奴隶制在罗马社会处于主导地位，奴役他人的观念在统治者中已经根深蒂固，因而隶农地位越来越奴隶化。隶农的劳动兴趣越来越小，他们也不能挽救罗马社会的危机。

那么自由农民又怎样呢？自由农民曾是罗马共和国的支柱力量，罗马正是依靠自由农民组成的公民兵军队，才完成了对地中海各地的征服。但扩张所得来的大量土地，只有富人才有财力占有和开发，从而形成大庄园制。大庄园残酷地榨取奴隶的剩余价值，将生产成本降到最低点，使得大量自由农民在竞争中破产。这些破产者流入城市，变成流氓无产者，过着寄生生活，越来越鄙视劳动，逐渐成为罗马社会的累赘和毒瘤。随着共和后期募兵制实行、公民兵制废弃后，没有土地的自由民更多了。他们整天无所事事，早已习惯于寄生生活。越到后来，这种不事劳动的流氓无产者越多，他们完全靠社会养活，不但不创造财富，反而还要接受统治者的抚慰和招待。后期罗马设有那么多的节日，就有安慰这些流氓无产者、避免他们寻隙滋事的因素。在这种玩乐中，又消耗和浪费了多少物质财富！总之，无论奴隶，还是隶农、自由民，都已不是社会生产的主要承担者，同时也没有其他的生产者产生。正是罗马的生产劳动者亦即物质财富的创造者发生了问题，罗马社会才走向绝境。

下编

中古世界

5世纪
—
16世纪

第十章

文明的沙漠
5 至 10 世纪的西欧

10.1

日耳曼小国林立。法兰克与克洛维。马尔克：西欧封建化之起点。"懒王"和宫相。查理·马特采邑制改革

476 年，西罗马灭亡。偌大一个帝国犹如一块巨大的盘子，迅即被日耳曼人砸得四分五裂：帝国崩溃后的西欧大地上，出现了十来个日耳曼人小王国。

西班牙半岛上，有西哥特王国、苏维汇王国。

北非沿岸，是汪达尔王国。

意大利半岛上，有东哥特王国，后来还有伦巴底王国。

高卢东南部，有勃艮底王国；高卢西北部，则是法兰克王国。

不列颠岛上，盎格鲁—撒克逊人建立了众多小国。

这些小王国，大多数寿命不长。短的仅存在几十年，长的也不过二三百年。它们有的被东罗马拜占庭帝国所灭，有的败在阿拉伯人手下，有的成了法兰克王国的俎中食。

毫无疑问，法兰克王国是这些国家中力量最强大，存在时间最长，对

西欧社会影响也最大的日耳曼人国家。而且，法兰克社会向封建社会的过渡，也在西欧最具有典型意义。

法兰克人本来住在莱茵河的下游。4世纪时，他们迁入到高卢的中北部。最初，他们同罗马人和平地相处，和帝国结成同盟，为帝国提供辅助军队。451年，在罗马将领阿埃齐的指挥下，法兰克人与西罗马军队一道，在巴黎郊外的卡塔洛尼平原将匈奴人阿提拉打败。

西罗马帝国崩溃后，法兰克人毫不犹豫地转入了进攻。481年，墨洛温家族的克洛维成为法兰克各部落的首领。在他的率领下，法兰克人占领的地盘不断扩大。

486年，克洛维在苏瓦松打败罗马军队，很快占领了高卢北部，即塞纳河和卢瓦尔河河间地区。

克洛维对手下的人以威严而著称。苏瓦松战役之后，一个士兵将教堂里的一个广口"圣杯"作为战利品据为己有。教会要求克洛维归还，该士兵不予理睬，并且一斧子砍碎了瓶子。为了不使战士们扫兴，克洛维当时没说什么。一年后，在检阅部队军容时，克洛维借口这个士兵武器保养不善，将其战斧丢到地下。那人弯腰拾取时，克洛维猛然抡起自己的斧子，劈向他的脑袋，还说："你在苏瓦松就是这样对待瓶子的。"众人目瞪口呆，只有死心塌地跟着克洛维干。

因此，法兰克军队当时不过几千人，可这几千人个个都是勇敢而强悍的斗士，战斗力极强。当时高卢的一个罗马诗人这样描述他们：

棕红色的头发披散着，往前垂到了额头上，而把后颈露了出来。海蓝色的眼睛里，晶莹的瞳孔闪闪发亮；剃光的脸上，几缕稀疏的汗毛权当胡须。瘦长的腿上裹着紧身长裤，腰身上则捆束着宽宽的腰带。他们暴露后颈，只是不让自己临阵逃跑……他们的爱好就是打仗，万一寡不敌众，除非死亡，否则是不会倒下的。

靠这样一支军队，克洛维几乎是战无不胜。496年，他东征占领了阿拉曼地区，今天的德国西南部一带。这一年，克洛维率领3000士兵接受洗礼，皈依了基督教。与其他蛮族王国不同，他接受的是正统的基督教。这一举动，使克洛维从此获得了教会的支持，而教会也依靠上了一支强大的世俗力量。

十年后，克洛维便以征伐信奉阿里乌斯教派异端为名，出兵西哥特。很快占领了阿奎丹，508年又攻占了西哥特人的首都。不久，他被东罗马皇帝封为执政官。他戴起了王冠，穿起了王袍，定都巴黎，俨然一副国王作派。

511年克洛维死去，他的后代继续其扩张事业。6世纪早期，他们先后征服了图林根、勃艮第、普罗旺斯、加斯孔等地，而且强迫撒克逊和巴伐利亚两支部落臣属于它。到6世纪中叶时，法兰克王国成了西欧最强大的国家，长期处在墨洛温王朝（481—751）统治之下。

伴随着版图的扩大，法兰克社会的内涵也发生着深刻变化。从法兰克人方面来说，他们在进入高卢之前还处在原始氏族公社阶段；从高卢原有居民来说，高卢原为罗马奴隶社会的一部分。而法兰克人进入高卢后，将自己的社会组织升格为"马尔克"农村公社。这种制度很快又在原有居民中流行起来。

法兰克人在6世纪编纂的《萨利克法典》，为后人提供了此时法兰克人的情况。从法典中，可知法兰克人以农业为主，种植大小麦、豆类等粮食作物，也种植亚麻、葡萄等经济作物。马尔克是法兰克人按地域关系组成的农村公社。耕地归公社全体成员集体所有，分给各个成员使用，由男性亲属继承；若无男性继承人，则转归邻人，或交给公社。粮食收割后，耕地全部开放为公共牧场，休耕地也是公共牧场，森林、河流、道路、桥梁、池塘等也都公有公用。实际上，马尔克公社是土地从公有向私有的过渡，公社的农民都是自由农民。马尔克公社制度的出现，是西欧封建化过程的起点。

为了适应统治的需要，法兰克王国建立了完整的管理机构。在中央，国王的权力高于一切，王宫是国家的政治中心，另有王室的许多家臣如宫相、大法官、传旨官和御马官等协助他。在地方上，各部落的首领演变成了"伯爵"，管理"伯爵区"，替国王征收赋税、处理案件。伯爵区之下有"百户区"，设百户长。再往下的基层组织就是"马尔克"。

历时270年的墨洛温王朝，先后有28名国王，平均每人在位不到10年。而且，法兰克人还时兴土地分产制，国王死后，诸子可平分国土。因此，在

文明的沙漠　289

大部分时候，法兰克王国实际上处在分裂状态。

克洛维死后，他的4个儿子对国家实行了分治。4人都想当国王，展开了内战。到567年，王国最终分成了3个独立王国：西法兰克，又称纽斯特利亚；东法兰克，又称奥斯达拉西亚；勃艮第。3个王国都有国王，但3个国王很快又都变成了傀儡。629年以后，实权都操在宫相手中。国王们则不问政事，称之为"懒王"，成日坐着牛车去乡间游玩。

3个宫相之间长期混战争霸。687年，奥斯达拉西亚的宫相赫斯陶尔·丕平征服了西法兰克和勃艮第，再次统一了法兰克王国，成为唯一的宫相。

715年，丕平的儿子查理·马特继宫相位。此时，一方面有外敌不断威胁，查理感到兵力不济，战斗力不强；另一方面国内的大贵族们由于政治经济势力的膨胀，不把国王和宫相放在眼里，更不听从国家号令。于是，他决定进行改革。

实行"采邑制"，是这次改革的基本内容。过去，大贵族们往往是无偿地得到国王赐封的土地，不须承担任何义务。这些人羽翼丰满后，反而对中央政权构成了威胁。采邑制则不同，它是一种有条件的土地占有制。这种条件，就是为国王服骑兵役。而且，从国王那里领来的采邑，还只能终身享用，不能世袭。由于这种以服骑兵役为条件的采邑制更能保证国王的军事力量，所以一些势力大的封建主也仿效起来。

封授土地的国王、大贵族，称之为"封主"，采邑的领受者一般称"封臣"。封主若死亡，或者封臣死亡，采邑就要归还给封主。如果想继续享受采邑的话，必须重新进行授封仪式，重新履行这一程序，重申接受采邑的义务和条件。

采邑制的受封者，多为一些中小贵族。他们得到土地后，向国王宣誓效忠。以他们为基本骨干，逐渐出现了一种骑士武装。骑士武装比过去的自由农民武装大有不同。他们装备好，训练有素，作战时也不受农时限制，这就大大加强了国家的军事力量。而原来的农民，却丧失了过去作为一个战士所应有的权利，对地方贵族的依附性便越来越强。

10.2

丕平篡位：加洛林王朝开始。查理大帝国。凡尔登条约：帝国三分。加洛林文艺复兴

741 年，查理·马特去世。其宫相职位由他的两个儿子继承：卡洛曼主要执掌奥斯达拉西亚的政务；矮子丕平负责其余地方。747 年，卡洛曼无意政事，退隐到一所修道院里。丕平成了唯一的宫相，于是便生出当国王的非分之想来。

四年后，即 751 年，丕平如愿以偿，正式废黜墨洛温王朝的国王，自己登上了王位。丕平这次篡位成功，借助了罗马教皇的支持。教皇当时正同占据着意大利北部的伦巴底人做斗争，曾经几次求援于法兰克，均被查理·马特拒绝。丕平则很有心计，他先是遣人询问教皇：真正的国王应该是个什么样子，是只有国王名义和权力的人好呢，还是有国王权威和才能的人更好？教皇意外地得到了这样一项被请教的权力，对丕平的用意心领神会，马上告知来人，说现在的宫相应该当国王。

双方取得默契之后，丕平在苏瓦松召开了贵族会议，宣布废黜墨洛温末代国王西尔代里克，并将其囚禁于一个修道院里，自己当上了国王，开始了加洛林王朝（751—843）。754 年，教皇史蒂芬三世亲临法兰克，为丕平涂油、加冕，确认其国王地位。

丕平很快就以多种方式回报了教皇。他先是调整了与国内教会的关系。对过去查理·马特所没收并用作采邑分封的教会土地，丕平承认还是教会的财产，归教会所有，领受这些土地的封臣应该向教会缴纳一定的贡物。不过他又规定，不经国王许可，教会无权收回这些土地。这一做法消除了国王与教会之间的矛盾，大大有利于王权加强。

丕平还特别注意同教皇建立和保持亲密的联盟关系。为了报答教皇，丕平两次远征意大利，打败了威胁教皇安全的伦巴底人，并把从意大利东北海岸的拉文那到罗马的一条狭长形地带献给了教皇。在基督教历史上，此事被称为"丕平献土"。从此教皇有了一块直接的统治领地，这是后来教皇国的前身。

丕平在统治法兰克的近 30 年时间里,对外征战的活动也屡屡不断。他打退过占据西班牙的阿拉伯人对法兰克的进攻,征服了高卢西南部的阿奎丹地区,打败了撒克逊人和巴伐利亚人,法兰克王国进一步强大和繁盛起来。

768 年,丕平死去,法兰克王国再一次分裂:丕平之子查理和其弟加洛曼平分了国土。三年后,加洛曼病死,查理成了法兰克唯一的国王。查理号称"查理曼",意即查理大帝。查理大帝统治之下的法兰克,进入了鼎盛时期。

完全可以说,查理是一个马背上的皇帝。他在位长达 47 年(768—814),发动对外战争有 53 次之多。

继位之初,查理即镇压了西南部阿奎丹人的反叛。

774 年,查理远征意大利,征服了伦巴底王国,将意大利北部并入了法兰克王国的版图。查理出兵意大利的理由很简单,就是要伦巴底国王交出在那里避难的他的弟媳和两个侄儿,也就是死去的加洛曼的遗属。本来查理还是伦巴底国王的女婿,但是与政治斗争相比,亲情就变得无足轻重了,何况婚姻本身又是可以改变的。最后,伦巴底不仅亡了国,而且连国王都被查理抓获,囚禁到修道院里至死。

778 年,查理第一次远征西班牙。西班牙当时已在阿拉伯人的占领之下。查理此次远征失败。据说在撤退途中,查理的一支后卫队在通过比利牛斯山的一条峡谷时,遭到了当地土著巴斯克人的袭击,几乎全军覆灭。而在这次战斗中战死的指挥官罗兰,其事迹被后人编写成中世纪法国的著名英雄史诗《罗兰之歌》。

801 年,查理又一次南征西班牙,占领巴塞罗那城,并且在西班牙的北部设立了一个边防区,名为"西班牙马克"。这样,法兰克的势力伸展到了厄布罗河。

往东以及东南,查理吞并了巴伐利亚、卡林提亚,还有多瑙河中游地区的阿瓦尔汗国。

查理对外扩张规模最大的活动是对撒克逊的侵略。战争前后拖了 30 余年。撒克逊居住在莱茵河下游到易北河之间的地区,他们以粗放的农牧业为生。早在丕平当政的时候,他向撒克逊人征索 300 匹马以及一些母牛,撒克逊人不予理睬,由此爆发了战争。然而撒克逊人勇猛而又顽强,打退了法兰克人一次又一次的进攻。在位期间,查理共对撒克逊发动过18次战争,直到804年,撒克逊才被最后征服。

由于这些征服和扩张,查理时期的法兰克王国拥有的国土几乎和原来的西罗马帝国相当:西南至厄布罗河,北达北海,东到易北河和多瑙河,南面包括了意大利的北部和中部。由于799年查理曾帮助教皇恢复权位,教皇立奥三世为了报答查理,在800年的圣诞节那天在罗马圣彼得大教堂突然为查理加冕,称其是"最虔诚的奥古斯都、伟大的创立和平的罗马人的皇帝"。因此,查理大帝国被认为是古罗马帝国的恢复。

帝国以亚亨为首都,将全国分成98个郡,由皇帝任命伯爵为各郡的行政长官进行治理。同时还派出两名巡按使到各地巡视,实际上是监督伯爵们。

帝国内部的部族成分极其复杂,有法兰克人、勃艮第人、阿勒曼尼人、巴斯克人、意大利人、撒克逊人、伦巴底人、弗里西亚人、巴伐利亚人、图林根人、斯拉夫人以及阿瓦尔人等。帝国内各地区社会发展很不平衡,彼此之间缺乏经济上的有机联系。这些都是造成帝国不稳定的重要因素,因此帝国很快走向分裂是不可避免的。

814年,查理大帝死去,由其子"虔诚者"路易继位,但路易的几个儿

图 10-1
教皇为查理曼加冕

文明的沙漠

子联合起来反对他。他们各据一方,相互混战。路易一死,几个不肖之子便瓜分了查理大帝国。

843年,路易的三个儿子即长子罗退尔、日耳曼路易以及秃头查理订立了《凡尔登条约》,正式瓜分了法兰克。条约把整个帝国分成三份,三人各占一份。

日耳曼路易得到的是日耳曼人居住的东部法兰克,以莱茵河为界。这块地区后来形成和发展为德意志。

在些耳德河和缪斯河以西地区,以高卢为中心的西法兰克,归了秃头查理,后来发展成为法兰西。

罗退尔继承了皇帝称号,所得的国土介于东西法兰克之间,从意大利到莱茵河三角洲的一长条地方:北部称中法兰克,南部是伦巴底,偏西有勃艮第。但到870年罗退尔死时,承袭了皇帝称号的秃头查理又和路易签订了《墨尔森条约》,瓜分了中法兰克。以往的中法兰克王国现在只剩下了意大利的北部和中部,以后发展为意大利。

最初这几个国家都是由加洛林王朝的后裔所统治,但到10世纪后都发生了改变。

西罗马帝国崩溃以后,古代希腊罗马的文化传统几乎被彻底破坏。日耳曼蛮族的到来,将那些古老的城市和文化中心夷为平地;而作为从古代到中世纪的唯一遗存物基督教,也对文化的毁灭起了推波助澜的作用。教会的僧侣们将古代羊皮纸上的字迹刮掉,用来改写经文、教义。这样一来,罗马时代的各种藏书,5世纪—6世纪以后逐渐散失。因此从5世纪起,西方文化进入了最黑暗的时代。那个时候写下的文化典籍,更是微乎其微。据知,除了一些宗教书外,只有法兰克都尔主教格里高利所撰的《法兰克人史》流传后世。

加洛林王朝时,文化开始慢慢地恢复、发展。教会和修道院兴办了一些学校,用拉丁语讲授"七艺"课程,培养宗教神学人员。七艺是:文法、修辞、逻辑、算术、几何、天文、音乐。

查理大帝设立了宫中学院,集中了一批有造诣的学者,最著名者如专攻文法和修辞的阿尔琴,曾写作了《伦巴底人史》的保罗,著下《查理大帝传》的艾因哈德。宫中学院设置后,许多世俗贵族也开始读书写字。同时,随着宫殿的修建，绘画、雕刻等艺术也有所发展。

《查理大帝传》特别值得一提。此书是当时人写当时事，而且此人又深受查理大帝之宠信，因而它不可避免地是一部为查理大帝歌功颂德之作。但作者又明显地表现了作为一个历史家所应有的优良品质，即讲求历史的真实性：对证之不实或无证可依的史料，哪怕是原始的资料，他也宁可不用。在史学受到基督教神学支配的时代，这种精神尤为可贵。因此，后人将其列为世界史学名著之一，是当之无愧的。

尽管查理时代有了一点文化气息，但远远没有达到可称之为"文艺复兴"的地步。无论怎么说，比起同时代的世界其他文明地区来，西欧只能说是一片"文明的沙漠"。

10.3

西欧特色的封建制度：封建领主制、等级制、庄园制、农奴制

9至10世纪，西欧的封建化过程基本完成，西欧封建制度基本确立。在世界中古史上，西欧封建制是最有特点、最具典型性的代表之一。尤其是西欧较早地实现了从封建制向资本主义的过渡，因而对其封建制特色的探讨就更具有意义。

封建领主制是西欧封建制的基础。所谓领主，就是领有土地的人，按照查理·马特改革所确定，领主就是领受采邑的人。最初，领主领有的都是以服骑兵役为条件的采邑，不能世袭和继承。领受采邑的同时也接受国王赐给的爵位封号。到了9世纪后期，先是爵位可以世袭，随后采邑也开始继承，并在最后演变成了封土和世袭领地。封建领地制最终形成，领有领地的封建主也就被称为领主。

在领地形成的过程中，一些自耕农甚至于一些中小地主看到自己的土地面临着被兼并的危险，因此常常把自己的土地以"委身式"的方式献给大领主。然后再把它领回来耕种或经营。但这领回来的土地已不属于自己，而只是终

身使用和占有而已，要为大领主负担一些义务，政治上则受到大领主的保护。这样一来，封建领主的势力就更加强大了。

逐渐地，领地内的行政、司法、财政权甚至军事指挥权都集中到领主手中。中央王权这时还不够强大，对这种现象无能为力，因而被迫采取"特恩权"这种封赏的方式，批准和认可这种既成的事实：即由国王颁布专门的敕令，禁止地方政府官员和行政人员进入领主领地内去执行司法、治安和行政事务，将这些职能全部交给领主或其代理人。

表面上看，特恩权是国王赏赐的，是让领主变成国王在地方的代表，但其实质是国王对领主经济政治权力的法律确认。因此特恩权大大加强了领主对国家的政治独立性，促进了地方势力对中央的对抗，导致了封建割据的产生。

由于层层封受土地，9世纪—10世纪的西欧便形成了一种金字塔式的封建等级关系。

塔尖是国王。在名义上，他是全国土地的最高所有者。

国王之下，臣属于国王的，是从他手中领受封土的大领主，世俗方面有公爵、侯爵、伯爵，教会方面有大主教、主教和修道院院长。这些大领主有极大的独立性，享有特恩权，可以对外宣战媾和，铸造钱币，开设法庭等，实际上根本不把国王放在眼里，不仅相互之间经常混战，有时还敢向国王开战。

再次等的领主，包括子爵、男爵等，他们从属于大领主，不是从国王手里，而是从大领主那里领取土地；而在自己的领地上他们又是全权的统治者。

再往下就是骑士，这是最小的领主，土地是从大中领主那里领来的。

这样，公爵、侯爵、伯爵是国王的封臣，子爵、男爵是大领主的封臣，骑士是大中领主的封臣。封主与封臣要进行受封仪式，称之为臣服礼，通常是封臣免冠跪在封主面前，双手由封主紧握，宣誓效忠于他，尔后封主则将树枝或泥土之类的象征物赐予他。

封主和封臣的关系是领主和附庸的关系。每一个领主，都是他的封主的附庸。附庸对领主有繁重的义务，必须效忠于领主。领主如在战争中被俘，附庸必须出钱，为领主赎身。附庸必须为领主打仗，必须出席领主的法庭；领主长子获骑士称号，或者长女出嫁，附庸必须纳贡，如此等等。领主有时还用武力强迫附庸履行义务。

但是附庸只效忠于自己直接的领主,附庸的附庸不是自己的附庸,或者说,"我的附庸的附庸,不是我的附庸"。这种附庸关系的发展,其结果必然是进一步加剧封建割据。

随着封建制的步步确立,具有鲜明特色的西欧庄园制也逐渐形成。9世纪以后,庄园已取代过去的马尔克农村公社而成为西欧最基本的经济社会组织。庄园的所有者和统治者是领主。庄园有大有小,一般一个村庄为一个庄园。土地被领主领有并演变成庄园后,由自由农民组成的农村公社便演变成农奴公社。虽然公社的组织形式还存在,它的公众活动也存在,但性质已完全变了,已处在领主控制之下,领主派出庄官对庄园进行管理。

典型的庄园,从土地上一般包括三个部分。

一是领主的直辖地,或称自营地、自领地、自用地。这是领主为保证自己生活和奢侈需要的土地,有耕地、菜园、果园、宅地等。耕地一般由农奴带工具耕种;但菜园、果园也有由奴仆耕种的,领主提供工具。

二是农奴的份地。一般是每户有一块长条形的田,住地附近还有菜地、果园。耕地之所以是长条形,是因为要照顾到土地的远近和肥瘠。

三是公用地。包括森林、草地、牧场、荒地、河流、水源等等,由庄园

图 10-2
中世纪西欧农村生活

文明的沙漠　　297

成员共同使用。庄园实行轮耕制，休耕的土地和已经收割的土地可作为共同牧场，集体使用。这一制度被称为"敞地制"。

10 至 11 世纪时候，庄园的土地要占整个西欧耕地的一半左右。典型的庄园中，劳动者主要是农奴。由于耕作份地，农奴要承担许多义务和负担。他们在司法上要受庄园法庭的管辖，要定期缴纳司法税。在土地关系上要为领主耕种直辖地，为领主服劳役地租，一般每周到领主的自领地上劳动 3—4 天。此外，还要缴纳部分实物地租，服杂役，缴杂捐，名目繁多。农奴在人格上也依附领主，向领主缴纳一定的人头税、婚姻税、死手捐（继承税）；还要尽一些义务，如初夜权、乳母捐等。到了后来，领主还获得了一种"独占权"，即庄园农奴必须到领主所设的作坊里去磨面、榨油、酿酒、烤面包等，领主留下一部分粮食或产品作为加工费用。

从性质上说，庄园经济是一个闭塞的自给自足的自然经济单位。这包含有几重意思。首先，从整个庄园来说，庄园的一切生产都是为了满足庄园领主的消费和奢侈需要，满足庄园生产者自己最起码的生活与生产需要，手工业和农业是结合在一起的。只有那些庄园无法生产的东西，如盐、铁、高级手工业消费品等，才通过商人进行交换。

从领主自身经济来说，领主自领地所出，主要是为了满足领主家庭的自身消费需要，一般不具备商品生产性质，只有少量的剩余农产品才拿到市场上出卖。

农奴家庭经济也是自给自足性质，男耕女织，是农奴家庭经济生活的主要基调。

庄园制和农奴制的最后确立，表明西欧封建化过程的最后完成，同时也形成了与世界其他地区很不相同的特点。

10.4

北欧海盗时代：造船与航海。丹麦人入主英国。诺曼人进攻法兰克、意大利。瑞典人骚扰东欧

9 至 11 世纪的西欧，常常又被称为"北欧海盗时代"。

既然是海盗，必然以海洋为生，必然有极为高超的造船和航海技术。据考证，北欧居民很早就建造了船只作为水上交通工具。在丹麦，曾发现有青铜时代的船只图画，有的刻在岩石上，有的刻在武器上甚至男人的剃须刀上。画中的船只船体较长，船首十分高大，类似天鹅颈状，船的中央还画着一竖立起来的树木，颇似桅杆。

中世纪初，北欧船已显示了三个明显的特点。其一是船板搭接法，即船板相叠而成，而欧洲南部地中海船只则是平接，船板合缝拼平，表面光滑；其二是双头，即船首和船尾都高昂，造型上没有什么区别；其三是无甲板，船底尖。

8世纪左右，北欧人的船发展成为帆船。从8世纪末开始，他们驾驶着帆船向各个方向的海域推进。他们迁徙的范围很广，是当时世界上最优秀的航海民族。在英格兰他们被称为丹麦人，在法兰克、意大利他们被称为诺曼人，在古俄罗斯，在爱尔兰，他们被称为瓦里亚格人。他们还敢到远海去冒险，航迹往西到达了冰岛、格陵兰岛。1000年左右，他们甚至到了北美洲的陆地上。

当然他们最主要的活动还是对欧洲各地的侵扰。这种侵扰，对西欧历史产生了重大影响。大规模的航海活动，伴随有大规模的劫掠活动，这在西欧历史上是史无前例的。

图 10-3
北欧海盗船

文明的沙漠 299

骚扰和进攻英格兰的是丹麦人。793年，丹麦海盗袭击英格兰的东北海岸，由此揭开了海盗时代的序幕。随后，丹麦人展开了对英格兰的大规模侵入。英格兰北部、中部和东部的大部分地区都被他们占领，组成了一个叫"丹麦区"的独立王国。871年，他们还占领了伦敦。878年，英格兰的西撒克斯国王阿尔弗雷德大帝阻止了丹麦人的进一步南侵，双方签约媾和，平分了英格兰国土。

卡努特大帝统治之时（1016—1035），丹麦海盗王国发展到了极盛。

卡努特的父亲斯威恩进攻英国时，于1014年死在那里。这时卡努特还只有18岁，英国人乘机摆脱了丹麦人的统治，卡努特只好回到丹麦，而此时他的兄弟哈拉尔德已在丹麦宣告继承王位。他看到无继位希望，又打回英国。1015年，他率领一支由200艘战船组成的舰队，在挪威海军的支持下，在英国登陆。由于国内斗争的激化，一些英国贵族成了卡努特的同盟者。恰好这时英国的老国王去世，其子绰号叫"铁汉"的爱德蒙登位。在埃塞克斯附近，两个年轻气盛的国王进行了一场大决战，结果爱德蒙战败求和。两人再一次瓜分了英国，自伦敦至英格兰西北切斯特的瓦特林大道以北，归丹麦人，以南则属爱德蒙。1016年爱德蒙突然死去，卡努特宣布为整个英格兰的国王，加冕登位。

这时，哈拉尔德也死去，卡努特又成为丹麦国王。后来他还当上了挪威国王，并且染指瑞典。这样，卡努特治下的国家，成了包括英格兰、苏格兰、挪威、丹麦以及瑞典一部分的"北海大帝国"，他本人也被称为"卡努特大帝"。他的主要精力是治理英格兰，同时也镇压了发生在丹麦国内的叛乱。

1027年复活节那天，神圣罗马帝国皇帝康拉德举行加冕典礼，卡努特大帝作为贵宾和见证人出席，来到罗马的圣彼得大教堂，其权势达到了顶点，这是北欧海盗最辉煌的时代。

1035年卡努特大帝突然死去，年仅37岁。由于他在英国实行了比较开明的统治，所以他的儿子哈迪卡努特仍被英国人拥戴为王，但却遭到了丹麦贵族的嫉妒。1042年，哈迪卡努特被人谋杀，丹麦海盗帝国至此终结。

侵扰法兰克和意大利的北欧海盗统称"诺曼人"，意即"北方人"。起初，他们在法国是小规模的劫掠行为，以抢夺财富为主要目的。9世纪中叶以后，则发展成了大规模的武装入侵。除了危害沿海地区外，他们还沿着一些河流如塞纳河、加隆河、些耳德河、卢瓦尔河等深入内地。从9世纪至10

世纪，诺曼人侵入法兰克内地达 40 多次，给当地居民带来了极大的灾难。

842 年，诺曼人乘船上溯塞纳河，占领了法兰克西北部重镇鲁昂。三年之后，又继续沿着这一河流上移，围攻巴黎有日，迫使当时的西法兰克国王秃头查理以重金赎其退兵。在此前后，诺曼人还先后洗劫了南特、波尔多、奥尔良、图尔、图卢兹、亚眠等重要城市。

10 世纪时，诺曼人不愿再回到寒冷的北方，而强行在法国等地定居下来。911 年，西法兰克国王天真汉查理同意了他们的要求，允许诺曼人定居在塞纳河下游及其以西地区，这就是后来著名的诺曼底。

在反抗诺曼人侵扰的斗争中，西法兰克王国的加洛林王朝领导不力，威信大降，因而很快就衰亡了。

诺曼人对意大利的入侵亦开始于 9 世纪。11 世纪初，他们在意大利南部建立了居民点。11 世纪中叶，夺取了巴里等意大利南部城市，1072 年占领巴勒莫，开始了对西西里的征服。12 世纪初，建立了包括西西里、阿普利亚、卡普亚在内的西西里王国，直到这个世纪末被南下的德国皇帝打败。

瑞典海盗主要以东南欧洲为骚扰目标。9 世纪初，瑞典海盗到达了俄罗斯，随后又沿着第聂伯河向黑海和君士坦丁堡推进。第聂伯河中段有一些湍流，不便船只行驶，他们就在岸边拉纤，拖着船只越过湍流地带。古俄罗斯的许多地名如诺夫哥罗德、基辅最初都是来源于瑞典人的命名。以这些地方为基地，海盗们与拜占庭人、阿拉伯人以及中亚商人做起了生意，用北方所产的兽皮，去交换东方的银币和香料。

10.5

10 世纪以后西欧城市的广泛兴起。城市产生的经济社会背景：生产不足。西欧城市的最基本特征。城市兴起的一般过程：时间与空间。城市的大小。城市的类型。城市的经济生活。城市的政治生活

5 世纪，庞大而又衰弱的西罗马帝国在日耳曼人的冲击下终于寿终正寝。

自此之后的四五百年里，西欧大地一片空旷萧条：繁华的城镇转眼成了堆堆废墟，凋敝的农村到处是荒草丛生；闭塞割据，自给自守，听不到手工作坊的叮当锤声，也看不见熙熙攘攘的市井气象。这就是5至10世纪西欧社会经济生活的基调。然而，在这个异常沉寂的历史表象背后，社会内部却正在蓄积起推动变革的巨大力量。故而，从10世纪以后，大大小小的城市和城镇突然像蘑菇般地冒了出来，散布在西欧各个地方。城市的兴起给发展着的西欧社会注入了充满生机的活力，也孕育了更新的经济关系和社会力量，最终导致西欧发生深刻的变化，导致世界历史进入一个新的时代。完全可以说，近代西欧工业文明的诞生，其源流不能不溯之于中世纪时代的工商业城市；也可以说，工商业城市的蓬勃兴起与发展，正是西欧封建社会与同时代的中国或东方相比较而具有的一个最大的也是最重要的不同点，正是西欧较快实现从封建制向资本主义过渡的关键因素。

西欧城市之所以在这个时候能普遍而又迅速地兴起，原因当然有许多，几个世纪来也有不少人对此进行了深入探讨。中世纪城市有一个极为明显的特征，那就是它们都是一些工商业的中心，是"工商业者的聚居地"。因此，只要了解西欧工商业兴起的原因，就不难理解城市的产生。

可以这样说，在中世纪的西欧，由于不同层次的大小经济系统在物质生产上难以满足自我需要，因而必须寻求系统以外的经济养分来填补需求缺口，利用外部经济因素来满足内部需要，工商业的发展和城市的兴起便是这种寻求展开的必然产物。

农业生产力水平尤其是生产技术水平的相对低下，是西欧各层次经济系统不能实现自足的根本原因。比起其他生产部门来，农业尤其是种植农业与自然界有着更多的联系，各种自然条件和地理环境在很大程度上制约和规定着农业生产发展的类型、规模及其水平，即使是现代化的商品农业也无法完全摆脱自然界的摆布，更何况中世纪那种自然经济性质极强的低水平农业了。从总体上看，在中世纪的生产力条件下，西欧的自然条件对农业生产不很有利。

西欧地处中高纬度，北部偏冷；南部地中海式气候则是夏季高温但却干燥。雨热不同期，是西欧气候的典型特点，很不利于需要高温高湿的高产淀粉作物如水稻、薯类等作物的生长。

中世纪的西欧农民，主要种植黑麦、大麦、燕麦等低产量的粗劣粮食作物，以及虽有较高营养价值但产量很低的小麦。产量低到什么程度呢？10世纪前后，一般年成时播种量与收获量之比为1：4至1：6左右，较差年成只有1：2，甚至有1：1.1的。

农奴家庭经济和领主庄园经济，是最基本的经济系统。由于农奴份地不能增加，所以农奴家庭在生产能力上不能维持不断增加的人口的基本生活，便分离出多余的劳动力。而领主庄园经济则在生产结构上不能满足自身的较高需求，如一些高档手工业品和奢侈品，故而为工商业的专门化发展提供了市场需求，也使工商业有了存在的前提。而领主庄园输出的多余农产品，又为专门工商业者的存在提供了基本的生活品保障。因此，由那些多余的农村劳动力去从事专门的工商业便成为可能。工商业者聚居在一个个交通便利的地点，城市特别是广大的中小城镇便因此兴起。

而在西欧的各个大小地区，谁都无法依靠自身的生产来满足本地区内的

图 10-4
中世纪欧洲城市的店铺

文明的沙漠　303

全部消费需要，因而各地区间就要进行交换，于是就有负担交换功能的商业城市出现；要能和别的地区交换，就必须发挥本地区的经济优势，生产有特色的手工业产品，于是就有专业的手工业城市出现。大多数地区性城市就起这个作用。

尽管内部有交换，但西欧作为一个特大的经济社会系统，仍然不能实现自给自足，需要外界的生活必需品和奢侈品来予以补充。这些东西主要依靠地中海贸易和北海波罗的海贸易来从东方和东欧取得，因而11世纪以后，这南北两大贸易区的商业便十分发达，由此而兴起了许多国际性的大商业城市；由这些东方商品的分配，又产生了一些国际性的大集市；要和东方维持稳定的国际贸易，西欧就必须提供可供交换的物质产品，于是就出现了国际性的大手工业城市。这些城市的职能是为整个西欧服务的，因此它们的规模也是最大的。可是，西欧商品实在是太少了，无法和东方维持贸易平衡，于是西欧人就通过十字军东征、条顿骑士团东侵等活动掠夺东方的物质财富，或者掠夺金银来换取东方的物质产品。

城市当然不只是西欧有，东方有，中国更多。与中国或东方的城市比，西欧城市有不少相同点，但更多的是不同点。最基本的不同点有三个。

其一，城市的概念有所不同。从地理意义上说，西欧城市是工商业者的聚居地。同时，西欧城市还是一个社会概念，是一种社会共同体，城市市民组成一个市民阶级。而中国封建社会的城市主要就地理空间意义上说，指的是众多人口的集中聚居地，它包括了各类人等，有官员，有地主，也有工商业者，有农民，但不形成一个社会共同体，没有一个有共同利益的市民阶级。

其二，西欧中世纪城市最先是作为经济中心主要是工商业中心发展起来的，尔后才发展了政治、文化和军事等方面的职能，有些城市甚至没有政治职能。而中国封建城市一般是首先作为政治中心出现的，是官员的驻地，以后才发展了经济职能，有些城市甚至没有明确的经济职能。

其三，在西欧，政治上是农村统治城市，住在城堡里的封建领主统治城市，经济上是城市剥削农村，城市通过商业和高利贷等形式剥削农村居民。而在中国，无论政治上还是经济上，都是城市统治农村，住在城市里的封建地主和政府官员统治和剥削农村。

中世纪西欧城市的兴起，最早从 9 世纪就开始了；10 世纪时是大规模地、普遍地开始，12 世纪—13 世纪达到了高潮。

与国际贸易相联系，城市最早出现在地中海沿岸的意大利，依时间顺序有影响的城市有阿莫菲、威尼斯、比萨、热那亚、佛罗伦萨以及伦巴底城市。同时还有西班牙的巴塞罗那、塞维利亚、科尔多瓦、格拉纳达，法国的马赛等。

在西北欧如法国北部有一些罗马时期的城市复兴，如图尔、鲁昂、兰斯、阿腊斯等，同时在佛兰德尔出现了一大批新城市：杜埃、伊普雷、里尔、布鲁日、根特以及不拉奔的布鲁塞尔、列日等。

11 世纪后，中欧主要是德国的城市开始发展，那些大城市如累根斯堡、斯特拉斯堡、沃姆斯、美因兹、科隆等出现。

图 10-5
今日巴塞罗那

图 10-6
马赛港

文明的沙漠　305

英国城市的发展一般是在 1066 年诺曼征服以后，在 12 世纪—13 世纪时达到了高潮。

在发展的最盛期，西欧的大小城镇、城市大约达到了 1 万个。

不过，不能用现代人的眼光去衡量中世纪的西欧城市，要知道，那时的城市是非常之小的。

从人口规模看，超过 5 万人的城市常被称为"巨大城市"。到中世纪盛期，整个西欧只有不到 10 个城市够上了这一层次，如佛罗伦萨、威尼斯、米兰、热那亚、巴黎、根特、布鲁日等。

2 至 5 万人口的就可称为特大城市，整个西欧也只有 15—20 个。如意大利的罗马、巴勒莫、那不勒斯，西班牙的巴塞罗那、巴伦西亚，法国的图鲁兹、波尔多、鲁昂、里昂，德国的科隆、卢卑克、纽伦堡，英国的伦敦等。

1 至 2 万人口的可称为大城市，整个欧洲大约有 80 个。

2000 人至 1 万人的是中等城镇，2000 人以下的是小城镇。这样的中小城镇在西欧到处都是，大约平均每隔 40 公里就有一个。

按照其经济职能，中小城镇最初大多是作为乡村的工商业活动中心地出现的，手工业是为地方市场的需要而生产，为城镇附近的农村居民生产和提供最基本的手工业消费品。商业的特征有二：一是周围农村的居民相互交换剩余农产品的市场地，二是城镇手工业品与周围农村的农产品相交换的场所。不少城镇还有第三种商业职能，即作为国际贸易商品向农村地区分发的中转站。

由于中世纪城市的兴起主要是周围农村社会经济发展的产物，因此中世纪城市经济生活中的一大特点，就是带有浓厚的农业气息，特别是在初期。居民住宅后面一般都有菜地，大多数居民养猪，经常看到猪在大街上跑。城内还有公共牧场。另外，每到春耕夏忙季节，居民们都要停下自己的工作，到农村去替亲友们干农活。

城内的地理布局明显按经济活动划分。手工业者住一块，商人住一块，集居在市场地的周围。另外还有以封建主城堡为中心的居住区，以教堂为中心的居住区。封建主可以算城内的居民，但不是城市共同体的成员。

大多数中小城镇只有一条街道，稍大一点的也不过横竖两条街道，街道的十字交叉处便是市场地。

城市市民的职业一般有三大类，即手工制造业、日常服务性行业、商业。在中世纪城市里，手工业者最初一般是亦工亦商，前店铺后作坊。商人多为批发商，最初没有专门的零售店主，没有日常经营的商店，城市的商业活动都是在市场地进行，每周开市一两次。

中世纪西欧城市兴起后，都掀起了争取自治的斗争。但是，无论取得自治权与否，城市都有比较完整的市政机构，即主管市政的市长、掌管财政的大总管、市政会、市法庭等。掌管市政的基本上是富商、房地产主等城市贵族阶层，实行寡头统治，有的还是家族统治。

城市产生后，手工业者为了保护自己的切身利益，按照行业联合起来，组成行会。行会调节生产，调节市场和原料，成员间实行互助。在城市兴起的初期，行会对保护手工业、传授生产技术、团结手工业者起到了积极作用。但是，从它产生的那一天起，行会就有消极的一面，即保守性、排他性和浓厚的封建关系。随着历史的发展，这些消极面越来越严重，结果就成了阻碍

图 10-7
中世纪商业中的账务清算活动

生产力进一步发展的障碍。

城市作为一种社会共同体，与外部势力势必要发生较多的交往，特别是与外部的封建势力有相当复杂的矛盾和冲突。城市兴起的初期，主要是反对封建领主的统治，争取自治。大多数城市都取得了自治权，也有少数城市没有获得自治。然而，不管取得与否，或者自治权程度不同，所有的城市都有一些基本相似的方面。城市市民都是自由人，进入城市的农奴只要满了一年零一天，就可以取得自由，原有的领主不能再抓他。所以，西欧中世纪早就有"城市的空气使人自由"一说。

城市内部也有矛盾和斗争。一是普通市民特别是手工业者与城市统治者即城市贵族之间，争夺城市领导权的斗争。这种斗争常被称为"行会革命"，双方各有胜负。二是行会内部行东（即师傅）与学徒、帮工之间的矛盾，以及行会成员之间在生产和市场等方面的竞争。

西欧中世纪城市的兴起，加快了西欧社会商品经济的发展，孕育了新兴的资本主义生产关系，也培育了市民阶级这一新生社会力量，因而具有极为重要的历史地位。

图10-8
中世纪伊普鲁斯市政大楼

第十一章

被遗忘的文明
拜占庭帝国及东南欧

11.1

君士坦丁迁都：罗马帝国统治的东移。成为罗马正统的拜占庭帝国。东罗马特色的社会与经济。5世纪的拜占庭政局

330年，罗马皇帝君士坦丁经过数年筹划之后，决然将帝国首都从罗马迁往东方的拜占庭。这个位于地中海通往黑海的博斯普鲁斯海峡边的前希腊移民城市，从此声名大噪。君士坦丁迁都，反映了罗马帝国的重心东移趋势。然而，与他最初的主观愿望相背离，罗马帝国的统治危机并不因此而减弱；相反，帝国一分为二的局势却日益明朗。

君士坦丁一死，统治层内部争夺权位的斗争愈加白热化。东部和西部，都拥戴自己的领导人做皇帝，偌大的帝国实际处于分裂状态。若干年后，素有大志的狄奥多西一世执政。此人富有机智，善弄权术，以怀柔之策为治国的基本方略，降服了对手，收顺了周边蛮族，还把基督教奉为国教，顿时举国上下一片欢腾，罗马再次恢复了统一。

狄奥多西对身后之事的安排却大失水准。395年他去世时，将整个国家

割成两块，分别给了两个儿子。于是乎，好端端的一个帝国，却被人为地划分成两个国家：以罗马为都城的西罗马帝国和以君士坦丁堡为都城的东罗马帝国。

东罗马帝国亦称拜占庭帝国。帝国地跨欧、亚、非三洲，包括了巴尔干半岛的东南部、小亚细亚半岛、西亚的叙利亚、黎巴嫩、巴勒斯坦和北非的埃及、利比亚海岸，还有爱琴海、地中海和黑海上的一些岛屿。

5世纪时，拜占庭帝国同西罗马一样，都遭到了日耳曼蛮族人的强烈冲击。西罗马帝国在这次冲击下于476年彻底崩溃了，拜占庭帝国则继续存在了将近1000年之久，直至1453年奥斯曼土耳其人攻陷了首都君士坦丁堡。

拜占庭帝国虽是历史上的一个国家，但它的存在对欧洲历史和世界历史产生过重要影响，有着重要的历史地位。它那总共1000多年的历史，大致可分为3个时期：

第一时期，从4世纪末到7世纪初，是罗马奴隶制在拜占庭继续存在和发展的时期。西罗马帝国崩溃以后，东罗马帝国的奴隶制还存在了200余年。东罗马帝国的统治者仍然是过去古罗马统治者的继承人，而且自视为正统，并企图通过种种努力来恢复古罗马帝国的疆域和秩序。

第二时期，从7世纪初到13世纪中叶，拜占庭的封建制度逐渐形成并不断发展。这一时期共经历了5个封建王朝的兴衰更迭，即希拉克略王朝（610—711）、伊苏里亚王朝（717—802）、阿摩里亚王朝（820—867）、马其顿王朝（867—1056）、科穆宁王朝（1081—1185）。第四次十字军东征之后，西欧人又在这里建立过所谓"拉丁帝国"。

第三时期，从13世纪中叶至15世纪中叶，称为"后期拜占庭帝国"，主要处在巴列奥略王朝的统治（1261—1453）之下，拜占庭由衰落而走向灭亡。

拜占庭帝国能有千年寿命，关键的几步是在4至5世纪时顶住了日耳曼蛮族人的进攻。按说，日耳曼人的骚扰最先是从罗马帝国东部开始的，其破坏程度不应该比西部小。然而在事实上，蛮族冲击浪潮过后，东罗马仍然繁荣如故。为什么东罗马能够经受住这一巨大的冲击力，继续维持基本繁荣的局面呢？这与其社会经济发展的特点是分不开的。

在罗马帝国的东部，城市工商业远比西部发达。到拜占庭帝国时代，城市继续保持繁华的势头。君士坦丁堡、安条克、大马士革、耶路撒冷、亚历山大里亚，都是地中海世界首屈一指的大工商城市。商贾云集，物品琳琅，是这些城市的普遍景象。尤其是君士坦丁堡，作为当时地中海世界最大的国际手工业中心，整个城市都被时人誉为"豪华壮丽的手工工场"；由于处于欧亚连接处的优越地理位置，东西方之间的商业贸易大都要经过此地。对此，马克思曾有一说，称君士坦丁堡为"沟通东西方的金桥"。

城市工商业的发达，产生了两个后果：一是使拜占庭帝国境内不易形成独立的自给自足的大庄园经济。大土地所有者都和市场关系密切，城乡联系紧密，很有利于国家的统一。二是使国家财力比较雄厚。一方面政府自身直接控制了许多手工业作坊，另一方面则是私人工商业者都要向国家缴纳税捐。故而国家财政收入充足，能维持一支庞大而有力量的军队，有效地实施对内镇压、对外抵抗蛮族入侵的职能。

拜占庭的农业也很不同于西罗马，在这里，那种奴隶制大庄园经济从来就没有得到充分的发展。虽然说，4至6世纪的拜占庭也存在着这种庄园制度，但其发展程度却远不如西部。即使有这种大庄园，所采取的使用奴隶方式也与西方不一样。它不是把奴隶集中起来劳动，而是普遍采取近似于西部隶农制的那种形式，即将土地分成小块给奴隶耕种，奴隶还可有自己的家庭；还有一部分则租给依附农民，收取地租。正因为集中奴隶劳动的大庄园经济没有发展，所以当奴隶制危机出现时，对农业带来的破坏就没有西方那样严重，从而避免了西方的那种农业衰落现象；而且隶农制广泛流行，能够更好地把奴隶固着在土地上，从而在一定时期内和一定程度上延缓了危机。

其实，拜占庭的奴隶制发展并不充分。虽然奴隶劳动在某种意义上占了主导地位，但并非完全排斥自由民的劳动。小农经济还有相当的数量，自由农民和农村公社的残余还在较大程度上保存了下来，特别是在小亚一带。在城市里，除了在国家开办的矿山、作坊里大规模地使用奴隶劳动，私人的手工作坊则往往以自由人的劳动为主。这样一来，危机对社会造成的冲击也就和缓得多。此外，拜占庭帝国的奴隶买卖也很活跃，不像西罗马那样奴隶来源日益枯竭。

正是由于这样一些有利条件，拜占庭的统治者还有力量抵抗来自外部的冲击，有能力巩固和维持既有的社会秩序，不过，东罗马的真正的保卫者还是君士坦丁堡的市民们，统治层内部的权位之争则往往成了引起政局混乱的触点。

东罗马帝国的第一个皇帝、前述狄奥多西的儿子阿卡第，本是个不肖之才。他将民事权委于一个宦官，军事权交给了一个蛮族头领，自己则优哉乐哉，不闻政事，甘愿当一名傀儡。似此举动，遭到了君士坦丁堡教俗两界的一致反对。民情激愤之下，托勒密主教给皇帝写了一封长信，使阿卡第大有触动：

> 用异族的军队来进行卫国战争是不能获得胜利的。请你从自己的国土上，从自己所统治的城市里去召集保卫祖国的人。他们能够真正地保卫国家的制度和国家的法令，因为他们是这种制度下诞生的，是在这种法令中教养起来的。难道你没有看到那种极端危险的情况吗？难道你没有看到受到你的信托来保卫我们国家的那些异族军人，可能企图统治赤手空拳的居民吗？你要努力增加自己的军队。民气也可以由此而高涨起来，这种民气能够在与入侵敌人进行斗争中赢得胜利。

事实正是这样。当蛮族头领威逼阿卡第时，君士坦丁堡城的"吉莫"（市民军事组织）站了出来。400年的7月中旬，城内市民经过数日激战，将7000多名哥特人悉数歼灭。阿卡第虽过了几年安稳日子，但因疾病缠身，31岁就撒手归西。

其子狄奥多西二世7岁即位。此人在位42年，正值罗马国家动荡不安、帝国统治土崩瓦解之际。他也是个贪图安逸之人，因其醉心于书画美术，被民间戏称为"书写家"，而对当政则未表现出任何才能。在他当政的时候，恰逢汪达尔人、匈奴人大肆蹂躏西罗马帝国，拜占庭曾多次派出军队援助西罗马，大都无功而退。

匈奴人在西欧得手后，反过来又进攻拜占庭所统治下的中东欧地区。色雷斯一战，东罗马大败，不得不按对方提出的苛刻条件求和：除了一次性赔款14,000磅黄金外，每年还得再纳贡2100磅。拜占庭元气大伤，从此再也无力向西罗马派兵。并且，自己的家门也不断被匈奴人侵袭进犯。西罗马帝国崩溃后，拜占庭尤感唇亡齿寒，在相当长一段时期内，采取收缩政策，固守自己愈来愈小的版图。

11.2

查士丁尼其人。蓝党和绿党之争。《民法大全》：罗马法之集大成。贝利撒留西征。罗马帝国的再恢复

拜占庭帝国最为强盛的时期，是6世纪中叶查士丁尼皇帝统治时代（527—565）。

查士丁尼并非皇族，其叔查士丁乃伊利里亚地区一农民，靠军功从百夫长做起，直至被选上皇帝。查士丁尼则是借着叔父的余荫，顺利地登上了帝王宝座。由于从小就受到了良好教育，查士丁尼颇有大志，宣称要恢复罗马传统，建立一个世界性的国家，并将基督教视为世界性的宗教，他的一生都要为此而奋斗。据说此人精力特别旺盛，可以彻夜不眠地工作；他的性格坚毅果敢，为了达到目的，可以不择手段，也可以流血牺牲；待人有时和蔼可亲，有时则暴如魔鬼。

图 11-1
查士丁尼和廷臣

他自以为成了拜占庭"中兴"的皇帝,不可一世,在国内建立了一个庞大的官僚机构,实行极端的中央集权专制统治。他大兴土木,在君士坦丁堡修建了许多大宫殿、大教堂,极尽奢华,劳民伤财。著名的圣索菲亚大教堂,占地达 2400 多平方米,高达 50 余米,建造了 35 年之久。据说,全部费用折合黄金达 18 吨之多。

而首都君士坦丁堡,集聚了各类人员,各种社会矛盾错综交织,市民运动此起彼伏。当时的拜占庭,十分流行马车竞赛。赛车队以"吉罗"为单位,并逐渐以此形成了政见不同的党派。他们在赛场上支持自己那一方的车队,并且依照车队运动员衣服的颜色,分成"蓝党""绿党""红党"和"白党"等,其中尤以蓝党和绿党的势力为最大。

蓝党和绿党中都有一批有权有势的上层人物,他们常常利用赛车集会的机会,以党派为工具进行政治斗争,双方的矛盾和斗争日益尖锐。两党的下层则是一些普通市民,常常不得已卷入了这些斗争。查士丁尼上台后,偏袒蓝党,蓝党更加有恃无恐,横行霸道,任意欺凌绿党成员,甚至侮辱奸淫绿党成员的妻女;在法庭上,绿党成员亦常常处于下风。而绿党则以牙还牙,以暴力对付暴力。由是,君士坦丁堡的形势日趋恶化。

532 年,一场号称"尼卡"的起义终于爆发。有趣的是,这次蓝绿两党似乎是一致行动,共同反对皇帝。1 月 11 日,绿党成员首先在赛马场上发难,从谴责行政官员发展到责骂侮辱查士丁尼本人,并离开赛马场以示抗议。紧接着,蓝党也表示了同样的态度。查士丁尼则自以为是,想利用两党上层之间的对立,用蓝党来打击绿党,结果两党对查士丁尼更加不满。

1 月 13 日,两党联合要求查士丁尼释放两个犯人,遭到拒绝,人民反政府情绪迅速上升,以"尼卡"(意为胜利)为口号发动了起义。特别是绿党人员,在伊巴吉等人的领导下,冲击监狱,释放犯人,还焚烧官宅,袭击皇宫,要求政府撤掉一批贪官污吏,继而还拥立新皇帝。查士丁尼调动了大量军队前来镇压,也未能扑灭这暴乱之火。

尼卡起义持续了 8 天之久。其间查士丁尼曾经亲自出马,向起义者承认自己的罪恶,但没有得到谅解。束手无策的皇帝,吓得几乎要从海上逃命。这个时候,皇后狄奥多拉异常坚定地反对出逃。她出面笼络了一批文臣武将,收买了蓝党上层人物，分化了起义者力量。18 日，军队趁起义群众在赛马场集结之际，冲入场内，挥舞刀剑乱砍乱杀，3 万多手无寸铁的平民死于血泊之中，尼卡起义至此失败。伊巴吉及其他 18 名领导人被斩首。

查士丁尼并非完全无能之辈。为了恢复和重建已经过去的罗马帝国，他以罗马的继承人自居，着手编纂《民法大全》。这部法典包括了四个部分：一是罗马国家自建立以来直至查士丁尼时代颁布的各项法令，二是历代罗马著名法学家对法律问题的专论和对法律文件的解释，三是简明法律读本，四是查士丁尼新订的法律汇编。作为欧洲第一部系统完整的法典，查士丁尼法典对 12 世纪以后西欧大陆各国的立法产生了深刻影响，在法律史上被认为是大陆法系的开端。

查士丁尼的立法，意在维护专制皇帝的无限权力，维护基督教会的地位。他把自己看成是上帝的代表，作为皇帝，是"被上帝行涂油礼者"，是直接从上帝那里获得"天惠"的。据考证，他是西方第一个宣传"君权神授"观点的帝王。在他看来，"没有任何东西再比皇帝陛下更高贵、更神圣""只有他一个人日理万机，为人民的幸福着想"。

法典特别维护已经走向没落的奴隶制度，其中有明文规定所有人分成自由民和奴隶两大部分；同时它也承认了奴隶被解放、隶农受保护等社会进步现象。

对外方面，查士丁尼的政策是对东方和平，对西方战争。对东方各国，查士丁尼特别注意加强相互间的贸易关系。譬如，红海的东北角有拜占庭的两个港口，帝国就通过它们发展同埃及、叙利亚、巴勒斯坦、印度、锡兰、中国以及东亚其他国家的贸易联系。从资料上可以看到，此时的拜占庭与中国的间接经济往来已相当之多，中国的丝绸甚至养蚕取丝技术已经传到了拜占庭。

对西方，查士丁尼意在恢复罗马帝国，因此大张武力，征伐西边的各蛮族国家。著名军事将领贝利撒留是拜占庭帝国军队西征的主要统帅。

查士丁尼选择了非洲的汪达尔王国作为第一个进攻对象。因为汪达尔人作为基督教异端阿利安派，对正统派信徒迫害有加，众怒颇多，进攻它易于得到欧洲人的支持。533 年，贝利撒留率 1 万步兵和 6000 骑兵奉命出征，舰

被遗忘的文明　315

队直接向迦太基挺进，9月13日，拜占庭军队在得齐姆战役中获胜，并不战即占领了迦太基。在随后的特里卡马拉决战中，贝利撒留击溃汪达尔军队，灭掉了这个蛮族国家，并将其统帅黑利默押解君士坦丁堡。

535年冬天，贝利撒留再度受命领兵。他只用了7500人的兵力、6个月的时间，就扫荡了整个西西里岛。536年，他的部队又顺利占领了意大利半岛南部，包括那不勒斯、罗马等大城市在内的意大利中南部广大地区尽入拜占庭人之手。

几乎与此同时，查士丁尼的另一名爱将孟德尔，带兵攻占了东南欧的达尔马提亚地区。

对付盘踞在意大利北部的东哥特人，则穷尽了拜占庭帝国20年的精力。自536年开始，战事几起几落，颇多曲折。先是东哥特国王维提海斯击退了拜占庭盟军法兰克人，并率领15万大军进攻据守在罗马的贝利撒留，无所收获；另一队拜占庭军包抄其后路，占领了米兰，维提海斯被迫撤兵。540年，贝利撒留攻占东哥特首都拉文那，维提海斯等人投降，被遣往君士坦丁堡。

其时，拜占庭与东方的波斯发生战争，东哥特新国王托提拉趁机起兵，率大军南下，扫荡拜占庭军队所占地区。543年攻取那不勒斯，546年攻陷罗马。不久，因战事接连失利，贝利撒留被查士丁尼解除兵权，召回国内。托提拉则再接再厉，其海军于550年夺取西西里，551年占领科西嘉和撒丁岛；甚至连巴尔干半岛上的达尔马提亚、伊庇鲁斯都遭到了东哥特军队的袭击。其时的拜占庭著名史家普洛可比因而有言："整个西方都落入了蛮族（指东哥特人）之手。"

查士丁尼不为所动，拒绝与东哥特人谈和。551年，他授命宦官纳尔西斯组建一支新的军队。纳尔西斯进入意大利，寻找东哥特人最后决战。554年，双方在意大利半岛上的塔金地区会战，东哥特人被彻底击溃，托提拉阵亡，其残余部队也在维苏威火山区被歼灭，东哥特王国灭亡。随后，拜占庭人不顾此前盟约，又将法兰克人全部赶出意大利。

大致同时，查士丁尼又借援助正统基督教徒免遭阿利安异端镇压之由，组织了对西哥特王国的远征活动。由于西哥特人内讧四起，拜占庭军队在这里的行动相当顺手，西班牙半岛东南部各地顷即被攻陷。554年，西哥特选出新国王,其臣民才暂时地团结起来。拜占庭人被迫退走,却把西地中海上的加利阿利等岛屿归入囊中。

至此,查士丁尼时代的拜占庭帝国,其版图包括了地中海东岸、两河流域西部、小亚细亚半岛、北非自埃及至直布罗陀的地中海沿岸地区、西班牙半岛东南部、意大利全境、巴尔干半岛以及地中海上各岛屿等广大地区,地中海差不多又一次成了东罗马的"内湖"。因而此时的拜占庭帝国被认为是古代罗马帝国版图的再恢复。

不仅如此,查士丁尼还逆历史发展之潮流,在新征服地区恢复罗马旧制,譬如,废除东哥特王国原已实行的打击奴隶制的法令和措施,恢复原有奴隶主的各项财产及特权,归还其奴隶和隶农。但这一举动遭到了激烈反对,查士丁尼不得不明智地收回成命,听任过去的法令继续实行。

值得肯定的是,由于版图广大,拜占庭帝国内东西方的经济文化交流亦大有加强。

11.3

帝国的危机。斯拉夫人入侵及后果。若干斯拉夫国家及中东欧简史:波兰、捷克、匈牙利、塞尔维亚、罗马尼亚、保加利亚、阿尔巴尼亚、克罗地亚等

查士丁尼死后,拜占庭帝国的统治危机立即凸现。

长期的战争,既消耗了国家的财力,加重了国民负担,激化了国内各种社会矛盾,又拉长了对外战线,分散了兵力,致使军事上总是顾此失彼,捉襟见肘。

帝国版图的宽大,不过是昙花一现而已。568年,在新一轮的北方蛮族南下浪潮中,伦巴底人进入了意大利,很快就将拜占庭军队赶出了意大利的北部和中部。十余年后,西班牙的东南部地区又被西哥特人夺回。从此,拜占庭帝国的疆域日渐缩小。

至于国内，早已是危机四伏，除了上述各种社会矛盾的激化之外，查士丁尼的统治权发生位移，皇后狄奥多拉擅权，不能不认为是一个重要原因。历史上总有人说："女人是国家的祸水。"这话用到狄奥多拉身上，又适合又不适合。说不适合，一个主要事例是532年"尼卡"起义时，是狄奥多拉决意不逃的坚强决心挽救了查士丁尼。说适合，要举的事例就多得多了。

狄奥多拉本是一歌舞妓女出身。史书上对她从来就没有过好的记载。18世纪的英国大史家吉本，在其名著《罗马帝国衰亡史》中，根据当时拜占庭史家普罗科比的叙述，给狄奥多拉画了一幅颇为生动的淫荡美女像：

> 狄奥多拉的美引起了许多人的百般恭维，也是更为高雅的欢乐的源泉。她五官端正，眉清目秀，她的皮肤虽然显得苍白，但基本上合乎自然色泽；她的各种情绪变化，都会迅速从她的一双灵巧的眼睛中表现出来；她的轻快的动作充分显示出她的娇小的身躯的美；出于热爱或奉承都可能使人宣称，绘画和诗歌都不可能刻画出她的无与伦比的美。但这个美丽的形体却由于经常随便暴露在公众的眼前和无所顾忌地用以满足男人们的情欲，而自甘下贱了。她不惜以她的淫劲的美招揽各种职业和身份的大批乱七八糟的市民和外族人；获准和她睡一夜的一个幸运的男人常常会被一个更强壮或更有钱的人从她的床上轰走；当她从街头走过的时候，许多为避免惹出闲话或害怕经不起诱惑的人全纷纷逃避。幽默的历史学家不以为耻地描绘了狄奥多拉毫不在意在剧院表演的一些裸体场面。

试想，由这样一个女人母仪天下，国内的臣民还会驯服地循规蹈矩吗？于是乎，在查士丁尼的几个继承人查士丁二世、提威里以及提威里的女婿摩利斯统治时期，拜占庭国内的起义、暴动接连不断，此起彼伏。

6世纪70至80年代，巴尔干半岛的北部爆发了"斯卡玛尔"（意为强盗，乃宫廷对起义者的蔑称）起义，其核心力量是奴隶和隶农，同时也有不少自由农民参加。588、601、602年，君士坦丁堡的市民数度暴动，直接震撼着帝国的统治。特别是601年，愤怒的起义者几乎用石块将过路的皇帝摩利斯砸死。

军队的骚乱是引起查士丁尼王朝灭亡的直接根源。由于长期在外作战，特别是查士丁尼死后，拜占庭一直忙于对付北方的阿瓦尔人、伦巴底人、斯拉夫人，东边的波斯人，以及镇压埃及人的起义，士兵们疲惫不堪，骚动频频发生。602年，多瑙河地区一支驻军的百夫长叫福加斯的人，带领士兵起义暴动。起义军向首都挺进，得到了城内人民的支持，因而很快占领了君士坦丁堡，推翻了查士丁尼王朝，杀死了摩利斯，福加斯自己当了皇帝。上层贵族不服，与福加斯展开了争夺皇位之战。经过八年的混战后，福加斯政权被推翻，由正在走向封建化的地方贵族希拉克略家族取得了政权，建立了希拉克略王朝。

内部危机使拜占庭帝国经受了改朝换代之乱，而外部危机却使帝国的根基大为动摇。所谓外部危机，主要指的是新一轮的蛮族大迁徙所带来的冲击力。从6世纪末至7世纪中叶，进入拜占庭帝国境内的外族人，有北方的斯拉夫人和东南方的阿拉伯人两大支。

斯拉夫人本来住在黑海的北岸一带，后有相当一部分逐渐西移。6世纪初进入巴尔干半岛。6世纪前中期，拜占庭帝国还很有力量抵抗，故而斯拉夫人南进的幅度不是太大。6世纪后半期情况就大不相同了。查士丁尼死后，拜占庭国力日渐衰微。577年，斯拉夫人组织10万人的军队，越过多瑙河，进入色雷斯、马其顿、帖萨利亚，并定居在这些地区。589年，他们又一次大举南迁，进入巴尔干半岛最南端的伯罗奔尼撒半岛。7世纪初，一批又一批的斯拉夫人从多瑙河北岸南下，移居色雷斯、马其顿和希腊等地。到7世纪中叶，斯拉夫人布满了巴尔干半岛。在多瑙河一带，逐渐出现了许多斯拉夫人的小国，发展成以后的保加利亚、塞尔维亚等国家。626年，斯拉夫人还一度进攻君士坦丁堡，渡过博斯普鲁斯海峡，进入小亚细亚。

在帝国的东南部，阿拉伯国家于630年在阿拉伯半岛上兴起。未几，攻下了属于拜占庭的大马士革、耶路撒冷等城市，642年又占领了埃及。于是拜占庭帝国境内的西亚、北非地区，基本落入了阿拉伯人之手，后来成了阿拉伯人的世界。

这样一来，拜占庭帝国剩下的土地就不多了，主要只是小亚半岛和巴尔干半岛南部一带，不到原来版图的三分之一。有幸的是，帝国还算经受住了这一冲击，它作为一个国家仍然保持下来了，而不是像两个世纪前的西罗马那样走向彻底崩溃。它那繁荣的工商业和城市也保存下来了，首都君士坦丁堡仍在中世纪时代不断地发展，人口最多时超过50万，成为地中海世界和欧洲世界的最大城市，并且在东西方文明交往之中起着桥梁作用。拜占庭的幸存，也在很大程度上将古代文化、古典文明保存了下来，在古典希腊罗马文明与中世纪以来欧洲文明之间起着承上启下的作用。

帝国的变化不只是这些外观上的表现，还包括了深刻的内在变革，即社会制度和社会组织的根本变化。由于蛮族进入，也由于人民暴动，奴隶制的大庄园、大地产遭到破坏。特别是在巴尔干半岛上，大地产几乎绝迹，庄园也不见了，主人或被杀，或逃走，土地转移到直接的生产者——自由农民等的手中。在此基础上，兴起了自由农民的农村公社。为什么这时反而出现这样一种组织呢？虽然这里残存着农村公社残余，但更重要的因素，是新来的斯拉夫人带来了他们的农村公社组织。

自7世纪起，斯拉夫人开始在中东欧历史大舞台上占据主角地位。除东斯拉夫人即俄罗斯人另有专论外，这里有必要简述中东欧其他国家尤其是斯拉夫人国家至16世纪前后的历史。

波兰：

波兰人是西部斯拉夫人的一支，居住在维斯杜拉河和奥得河流域。9世纪中叶，波兰境内出现了两个部落联盟。一个是小波兰部落联盟，称维斯兰公国；另一个是大波兰部落联盟，称波兰公国。

大波兰的第一个王公叫作梅什科一世。在他统治时期（960—992），不但挡住了德国诸侯向波兰的扩张，而且还统一了除小波兰以外的波兰领土。波列斯瓦夫（992—1025）继续了梅什科的扩张事业，征服了整个波兰，在地理上和民族上实现了统一，并扩展到了摩拉维亚、斯洛伐克和波麦拉尼亚等地。他还数度战胜了东侵的德国人，包括德国皇帝亨利二世率领的军队，迫使亨利在1018年签订布济申和约。同样，他也积极地向古罗斯境内扩张，一度攻占了基辅，但很快又退了回来。1025年，他被罗马教皇加冕为波兰国王。在他的时代，波兰王国的势力达到了强盛的顶峰。

但他死后，形势马上发生了逆转。他的儿子、孙子都费了很大气力才剿除了割据势力，但国力却日渐衰弱。在1039年人民起义中，捷克大公乘机占据了波兰南部的西里西亚。波兰国王则在德国骑士的护送下回到国内，虽然恢复了统治，但却日益仰仗德国人的鼻息。

1138年，国王在遗嘱中将国土分封给自己的四个儿子，从此波兰陷入分裂状态，大大小小领地约有几十块。

12至14世纪的割据时期，波兰有五大公国，即西里西亚、马佐维亚、克拉科夫、大波兰、桑多米尔。各公国同东侵的普鲁士人展开了斗争，这样，条顿骑士团便应邀来到了波兰，这无异于引狼入室，这些骑士们后来建立了独立的国家，从政治上削弱了波兰。13世纪里，蒙古军也好几次蹂躏波兰，虽然最后被打退，但经济上的破坏极为严重。除此之外，德国移民也趁机大量地进入波兰。

14世纪初，库雅维亚公爵弗拉底斯拉夫一世开始了统一进程。他打败捷克王公，平定克拉科夫叛乱，控制了大波兰，1320年加冕为波兰国王，结束了长达200年的分裂局面。他的儿子卡西米尔三世继承父亲的政策，最后完全统一了波兰。

1370年，匈牙利国王路易继承了波兰王位。路易死后，经过两年的纷争，其女雅德维加于1384年继位。1386年，她与立陶宛大公亚盖洛联姻，波兰和立陶宛实现了第一次合并，接着打败了条顿骑士团。

在14和15世纪里，波兰国王的权力微不足道，国家政权都掌握在大小贵族手中。国会分上下两院，上院是大贵族，下院是小贵族。贵族的势力是通过一系列法令扶植的，包括1370年国王颁布的"科息茨特权"，1433年的"克拉科夫特许状"，1454年的"涅夏瓦条例"等。在贵族的干预下，为向西欧市场输出粮食获取高额利润，14和15世纪的波兰出现了"再版农奴制"。

1569年，波兰和立陶宛再度合并，历史上称为"卢布林合并"。此后，波兰的领土极为宽广，并与俄罗斯长期交战。

捷克：

捷克历史上又称波希米亚，是中欧一个比较有影响的国家。6世纪前后，东欧大平原上的斯拉夫人分成西、南、东三支。属于西斯拉夫人的捷克人定居在今捷克境内一带。与此同时,摩拉维亚人、波摩尔人、文德人等部落也居住在易北河上游地区。

捷克历史上出现最早的一个国家叫萨莫公国。据说萨莫并不是捷克人,而是一个在中欧一带进行经商和旅行活动的法兰克商人。623年左右,多瑙河中游的阿瓦尔人侵入了捷克一带,萨莫设法将捷克人和文德人团结起来,组成了部落联盟,称为萨莫公国。萨莫率领捷克人打败了阿瓦尔人,而且还在631年打败由达戈伯特国王统率的法兰克人。658年萨莫死去,公国很快解体。

833年,在抵抗东法兰克人的进攻中,捷克再次出现国家,即由莫伊米尔建立的大摩拉维亚王国。为对付东法兰克人和保加利亚人结成的联盟,摩拉维亚国王拉斯蒂斯拉夫也和拜占庭皇帝结成了联盟。869年,他在战斗中被法兰克的卡尔洛曼俘虏,双眼被卡尔洛曼弄瞎。拉斯蒂斯拉夫在位期间,从希腊请来了两个传教士,一个叫西里尔,另一个叫美多德。他们使捷克人接受了基督教,而且还创造了斯拉夫文字。

拉斯蒂斯拉夫的儿子斯维亚托普卢克统治时期(870—894),大摩拉维亚国达到极盛,除了占有捷克、摩洛维亚和斯洛伐克外,还扩大到西里西亚和鲁日查等地,定都维列格勒,版图相当宽广。

大摩拉维亚国一度被德国控制,封建内讧也不断发生。在这种局势下。906年被匈牙利人所灭。

大摩拉维亚国灭亡之后,捷克境内长期形成了两个政治联盟的对抗。最后,捷克公爵普舍美斯在教会的支持下,战胜了兹里察公爵,统一了捷克,建立普舍美斯王朝(996—1306)。1086年,德国皇帝亨利四世授予捷克王公国王称号,捷克从此成为神圣罗马帝国的一部分。13世纪时,捷克国王成为德意志帝国的七大选侯之一。从此以后,捷克在帝国中的地位迅速增强。1347年,捷克卢森堡王朝的查理一世(1346—1378)当选为德国皇帝,称为查理四世。1356年,查理四世颁布了德国历史上著名的《黄金诏书》,诏书再次确认捷克国王的选侯地位。

10世纪以后,捷克开始向封建社会过渡,经济也走向发展和繁荣,尤其是采矿业发达,古登堡山区的银矿全欧有名。城市兴起,布拉格成为欧洲的大城市之一。14世纪中，捷克经济空前高涨。捷克还是西欧与东方贸易的陆路通道，具有十分重要的商业地位，与西欧有着密切的经济和社会联系。

从12世纪起，德国势力大规模地向捷克渗透。德国僧侣几乎把持了捷克教会，掠夺了捷克三分之一的土地，还以各种名目搜刮老百姓。当时有人揭露说："甚至藏在穷老太婆身上最后一个铜板，都被无耻的牧师搜刮出来"，牧师"比强盗还狡猾、还凶恶"。

与此同时，德国的商人也涌向捷克，经营工商业，成为城市贵族，他们渐渐形成一个特殊的社会集团，享有种种特权，成了捷克的统治者。本地的王公贵族也纷纷以德国的生活习俗为时尚，甚至连国王都只讲德国话。当然，不少德国农民和手工业者移入，对捷克经济发展起了重要的作用。

15世纪初，一场反对罗马教皇和德国皇帝的战争终于爆发了。由于这场战争是因胡斯被害而引起的，所以历史上称为胡斯战争。

胡斯是布拉格大学校长，也是一个神父。他痛恨教会的腐败堕落，特别对教皇出售"赎罪券"的行径进行了无情的揭露。1412年6月，胡斯的学生进行了一场反教皇的示威，为此，教会开除了胡斯的教籍。胡斯被迫离开布拉格，在各地继续宣传反对天主教会的思想，教皇恼羞成怒，于1414年召开康斯坦茨宗教会议，骗取胡斯到会，将他逮捕、迫害。坚贞不屈的胡斯，最后被教会烧死在火刑柱上。

图 11-2
胡斯被处死

消息传到捷克后，人民无比愤怒。1419年7月，4万多来自全国各地的农民，在南部的塔波尔山上揭竿而起。月底，首都布拉格也掀起了市民大起义，国王受惊吓而死。胡斯战争大规模地爆发。这场遍及捷克大地的反抗运动，参加者众多，大致分成了激进的塔波尔派和温和的圣杯派。

1420年夏，德国皇帝西吉斯孟德亲自率领几十万大军，对布拉格进行围攻。塔波尔派领袖杰士卡率领农民军驰援，接连打退了敌人的三次进攻。塔波尔派发明了一种大车战术，用木制大车充作运输工具和防卫工事，特别能对付敌军骑兵。第四次反进攻时，塔波尔派在乌斯提战役中以2万兵力，大败了三倍于己的德军，并乘胜进击，反攻进入德国南方。1431年，起义队伍又粉碎了第五次进攻。1434年，德国人采取利诱手法，使革命阵营的圣杯派叛变，圣杯派反过来又向塔波尔派发起进攻。胡斯战争进入困难时期，但塔波尔派的斗争一直坚持到1452年。

1526年，捷克重新并入神圣罗马帝国，国王仍由奥地利哈布斯堡家族的德意志皇帝兼任。捷克还有很大的自治权，有国会，也有本民族的教会，使用捷克语作为国语。但是，哈布斯堡王朝始终将捷克当成奴役对象，特别是在德皇马提亚统治期间（1612—1619），德国不断干涉捷克的内政，派德国人去捷克做官，恢复天主教在捷克的统治，引起了捷克社会各个阶层对哈布斯堡王朝的不满。在群众运动的推动下，捷克国会公开声明，要求德皇改弦更张，否则不承认他为捷克国王。

马提亚置若罔闻，1617年，反而宣布狂热的天主教徒斐迪南为捷克国王继承人。1618年，斐迪南禁止布拉格的新教徒集会，否定捷克人的政治和宗教权利。5月5日，捷克国会向德皇提出抗议，拒不接受斐迪南担任国王。马提亚不予理睬，反而要对抗议者进行镇压。忍无可忍之下，1618年5月23日，愤怒的群众冲击了王宫，将国王派来的两个钦差大臣从七丈多高的窗口扔了出去，一个摔伤，一个摔昏。这一著名的"掷出窗外事件"，标志捷克人民布拉格起义正式开始，也成为三十年战争的导火线。

三十年战争爆发后，最初以捷克为主组成了反对德皇的同盟。以图伦为首的捷克临时政府，选出德国新教首领巴拉丁伯爵为国王。由于贵族当政的政府不敢发动群众参战，因而捷克在强敌面前很快被击溃。1620年11月，在布拉格附近的白山战役中，捷克军队被敌人彻底打败，巴拉丁伯爵逃走。捷克从此丧失了独立，成为奥地利的波希米亚省，长达几个世纪之久。

匈牙利：

匈牙利位于欧洲中部的喀尔巴阡盆地，多瑙河自北向南穿过国土中央。

匈牙利境内的早期居民是凯尔特人。公元前1世纪后期，罗马帝国征服了这里，将它变成了一个行省，并且根据这里的居民而称之为潘诺尼亚。在4至5世纪蛮族大迁移过程中，有许多部落来到了这里，罗马人只好撤出。5世纪初叶，匈奴人在阿提拉的率领下占领了匈牙利一带，以南部塞格德为中心建立了国家，并且从这里出发去攻打罗马帝国。阿提拉在军事上失利后，又率匈奴人退回到匈牙利一带。他自己最后也埋葬在这里。据说，他的尸体装殓在金、银、铜的三层棺材内，沉葬在蒂萨河底。

后来，斯拉夫人、阿瓦尔人也来到这一带。特别是阿瓦尔人，他们征服斯拉夫人后，还在这里建立了强大的阿瓦尔王国。不过，他们后来又被查理大帝所征服。

匈牙利人原属芬兰—乌格尔人种，住在乌拉尔山一带，后逐步往西迁徙。9世纪末，从南俄草原来到了多瑙河中游地区。在七个部落中，以马札尔部落最强，也正是马札尔部落酋长阿尔帕德领导了迁徙活动，所以匈牙利人又称马札尔人。原有的匈奴人后代，也是匈牙利人的一部分。

阿尔帕德的后代盖萨一世于10世纪后期统一了各部落，建立国家，自号大公，从此开始了阿尔帕德王朝300余年的统治。盖萨的儿子斯特凡一世在1000年由罗马教皇加冕称王，还奉基督教为国教。11世纪后期，匈牙利领土大为扩张，同时封建军事贵族势力大增。13世纪，他们还迫使国王颁布《黄金诏书》，承认他们的势力。

1301年，在军事贵族纷争局面之下，阿尔帕德王朝终结。王位落入了意大利南部的安茹王朝之手。国王查理一世和路易时期，压抑了大贵族的势力，王权有所加强，还进行了一些对外扩张活动。路易死后，他的女婿卢森堡家族的西吉斯孟德在1387年夺得了王位。西吉斯孟德又是德意志皇帝，还是捷克国王，所以主要精力没有放到对匈牙利的统治上，因此国内的政治局面仍

被遗忘的文明　325

然混乱。这个时候，奥斯曼土耳其人开始进攻巴尔干半岛。西吉斯孟德领导了各国盟军反土耳其人的斗争，但却遭到失败。

15世纪中叶，土耳其人的进攻更加猛烈。大贵族们完全对此置之漠然，而国王又屡被土耳其人打败。在这危急的关头，一个叫亚诺什·洪雅迪的英雄挺身而出，领导了匈牙利以至巴尔干各国抵抗土耳其人进攻的斗争。洪雅迪最初是采取守势作战，一次次打退了土耳其侵略军。1443年后，他开始向土耳其反攻，进行了为时半年之久的出征，解放塞尔维亚和波斯尼亚许多地方。国王死于战场后，洪雅迪负起了保卫祖国的重任。1456年，他解救了塞尔维亚贝尔格莱德之围，后来人们常在正午鸣钟来纪念这次胜利。洪雅迪不久染上瘟疫而死，他的儿子马提亚被推为国王，继续领导对土耳其人的斗争。据说这也是一个主持公正、惩罚暴虐的贤明君主，在匈牙利被当成"正义"的代名词。

1514年，骑士乔治·多沙响应教皇号召，组织十字军抵抗土耳其人，农民们踊跃参加，但遭到大贵族们的反对，结果农民们掉转武器举行起义，坚持了4个月之久。1526年，在摩哈赤战役中，匈牙利人大败。此后，中南部被奥斯曼帝国占领，西部划入奥地利。

塞尔维亚：

塞尔维亚人是南部斯拉夫人的一支，6至7世纪在今天的塞尔维亚定居下来。起初主要受拜占庭的统治和文化影响，9世纪后又被保加利亚征服，再后又被拜占庭争夺。

10至11世纪时，塞尔维亚人地区开始进入封建社会，新兴的封建主阶级急需摆脱外族人的奴役，赢得独立和统一。大约从12世纪60年代起，斯蒂芬·尼曼雅在拉什卡地区建立了政权，并且在1186年合并了沿海的泽塔地区，1190年获得了拜占庭承认。尼曼雅因而成了塞尔维亚民族第一位真正的领袖。有趣的是，尼曼雅不愿当国王，进了一所修道院。不过，尼曼雅所创立的江山却传了七八代。1217年，斯蒂芬二世统一了塞尔维亚，并从教皇手中取得了国王称号。

1331年，塞尔维亚历史上一个有名的国王斯蒂芬·杜尚继位，此人仪表威严，雄才大略，同时代人都对他有深刻印象。他的朝代被认为是塞尔维亚历史上最为光辉的时代，他的国家是当时巴尔干半岛上的一个强国。他在即位之初，就平定了发生在平塔一带的叛乱，并且乘机插手拜占庭帝国的内部事务，发起了连续进攻。他占领了马其顿、萨洛尼卡以及巴尔干半岛南部的大部分地方。1346年，他举行了加冕典礼，自称为"塞尔维亚人、保加利亚人、希腊人与阿尔巴尼亚人的皇帝"，并将都城迁往斯科普里。1349年，他还制订了著名的《斯蒂芬·杜尚法典》。正当他为进军君士坦丁堡做准备时，突然得热病而死，终年才46岁。

杜尚死后，塞尔维亚分裂成了许多小国。新皇帝的叔父割据了帖萨利一带，西部的泽塔由巴尔沙家族建立了门的内哥罗王国，北部则有塞尔维亚大公拉扎尔统治，还有一个叫武卡辛的贵族在多瑙河西南岸一带独霸一方，割地称雄。往昔强大的塞尔维亚这时如同一盘散沙。

这个时候，这种分裂状况，不幸又遇上了土耳其人的进军。奥斯曼土耳其人在1360年占领亚得里亚堡后，继续向西北方向进军。先是占领了色雷斯和保加利亚一带，后又于1371年在彻尔门战役中战胜了塞尔维亚贵族联军，武卡辛等人被淹死。紧接着，土耳其人又吞并了马其顿地区，那里的许多塞族王公纷纷向他们俯首称臣，包括武卡辛的儿子马尔科。

1389年，北部塞尔维亚的大公拉扎尔，发起领导和组织了巴尔干各国联军。这支军队包括有塞尔维亚人、克罗地亚人、保加利亚人和匈牙利人等。6月15日，联军与土耳其军队在科索沃平原上的画眉坪决战。虽然顽强奋战，但终因力量悬殊和内部不团结而被土军打败。但是科索沃战役中涌现了许多激动人心的英勇故事，在民间传说和乡间行吟诗人的吟唱中，成了很广泛的题材。塞尔维亚还在每年的6月28日宪法节之日纪念科索沃战役。

从那以后，塞尔维亚版图已缩得很小，而且还必须向土耳其人称臣纳贡。1441年，土耳其人在持续的推进下，占领了大半个塞尔维亚。1459年，土耳其攻下了塞尔维亚最后一个要塞斯梅德雷沃，占领了塞尔维亚全部土地，将其变成了奥斯曼帝国的一个行省。此后350年，塞尔维亚一直由土耳其人统治。

罗马尼亚：

7世纪以后，南下的斯拉夫人来到了罗马尼亚，但很快被本地人所同化，以拉丁语为主要语言。

9世纪时，罗马尼亚开始出现了封建制度。国土分成了三大地区，即瓦拉几亚、摩尔达维亚和特兰西瓦尼亚，但长期为外族所统治。保加利亚、基辅罗斯、匈牙利、蒙古人、波兰等，都曾先后侵入过这里。

14世纪初，瓦拉几亚出现了较大的公国。第一代大公比萨拉布一世，曾在1324年大败匈牙利军队，取得独立，统一了喀尔巴阡山与多瑙河之间的地区。随后他还往东扩张，打败蒙古人，得到了多瑙河口以北地区，并按自己的名字命名为比萨拉比亚。过后不久，罗马尼亚又遭到来自奥斯曼土耳其人的进攻。老米尔查大公领导了抗击土耳其人的斗争。米尔查北与波兰国王签约，西同匈牙利国王订盟，全力对付南来的土耳其。在1394、1397、1400年的数次大战中，米尔查都取得了重大胜利。但在1415年奥斯曼帝国再次发起进攻时，米尔查已无力抵抗，向土耳其纳贡称臣。

摩尔达维亚公国建立于1359年，开国君主是一个叫波格丹的小贵族。他花了好几年时间统一了喀尔巴阡山南部的许多小公国。但这个公国并不完全独立，自认是波兰的附庸。善人亚历山德鲁统治时期（1400—1432），打击了条顿骑士团，挫败了匈牙利瓜分摩尔达维亚的阴谋，大大提高了本国的威望。15世纪后期，摩尔达维亚在斯特凡大公的领导下，英勇地抗击土耳其人。1475年1月，斯特凡突袭奥斯曼军队成功，使他的威名远播欧洲，甚至罗马教皇也写信赞颂他。但是，由于波兰与土耳其议和，斯特凡孤立无援，1487年成为土耳其附庸。

1541年，特兰西瓦尼亚也被迫臣属于奥斯曼帝国。至此，罗马尼亚境内几个公国都成了土耳其人的附属国。不过，它们还有较大的自治权，对土耳其主要是尽纳贡的义务。

1593年，瓦拉几亚公国由米哈伊继任为大公。1594年，米哈伊与特兰西瓦尼亚大公西吉孟德、摩尔达维亚大公阿隆结成进攻联盟，开始反对土耳其人的统一行动。他们先在国内袭击土耳其人，随后又南进打下了多瑙河西岸的土耳其人城堡，甚至把战场推进到了保加利亚境内，消灭了相当多的土耳其军队。

第二年夏天，由辛南率领的土耳其军队发起远征反攻。米哈伊军队人数不多，便选择丘岗森林密布、河沼纵横交织的克卢格雷尼地方作为战场。米哈伊身先士卒，部下大受鼓舞，一举挫败土耳其人的进攻。随后，米哈伊又会合西吉孟德和摩尔达维亚的军队，于10月30日攻下土耳其人盘踞的朱尔朱堡。米哈伊的部下追击敌人，在多瑙河南岸联合当地的人民，到处打击土耳其人。土耳其人无可奈何，在1596年底向米哈伊送上公国旗，承认自己无能推翻米哈伊，只得接受瓦拉几亚公国独立的既成事实。

与土耳其人斗争胜利之后，米哈伊将精力转向罗马尼亚的统一事业。1599年，米哈伊打败了企图采取亲土耳其政策的特兰西瓦尼亚新任大公安德烈。1600年5月，他又征服了摩尔达维亚的叛乱者苏恰瓦，这样，在罗马尼亚历史上第一次实现了三个地区的统一。但在第二年8月，米哈伊被部下刺杀身死。

米哈伊在位虽只有8年，但他赶走了土耳其人，统一了罗马尼亚，伟绩长存，被人民冠以"勇敢者"的英名。

保加利亚：

保加利亚古称麦西亚，最早的居民是色雷斯人。公元1世纪时被罗马征服，建立了麦西亚、色雷斯两个行省。罗马帝国分裂后，这里属于东罗马即拜占庭帝国。

6世纪后期，斯拉夫人开始大规模南下，在巴尔干半岛定居下来，当地居民也纷纷被同化。7世纪后期，来到保加利亚境内的南部斯拉夫人，组成了"七部落联盟"，成为最早的雏形国家。除斯拉夫人外，这时还出现了原始保加尔人，他们属于突厥人种，从中亚辗转迁徙好几个世纪，最后到达了巴尔干。

679年，保加尔人在首领阿斯巴鲁赫的率领下，开始侵扰拜占庭帝国。拜占庭皇帝康斯坦丁四世率兵出征，攻打保加尔人，结果反被打败。阿斯巴鲁赫乘胜追击，占领了多瑙河南岸大部分地方，直到巴尔干山脉。680年，保加尔人与"七部落联盟"达成协议，共同建立斯拉夫—保加利亚国家，历史上称为第一保加利亚王国。681年，阿斯巴鲁赫再度与拜占庭开战，康斯坦丁战败求和，并答应年年纳贡。第一保加利亚王国的土地扩展到巴尔干山脉以南，建都于东北部的普利斯卡。国家的首领称大公。

9至10世纪是第一保加利亚王国最强盛的时期。西蒙大公(893—927)时代，领土包括了今天保加利亚、塞尔维亚的全部地方。他还数次逼攻君士坦丁堡，迫使拜占庭皇帝纳贡。1014年，巴拉迪战役中，保加利亚人战败，拜占庭皇帝巴西尔下令将一万多名俘虏眼睛全部刺瞎。1018年，拜占庭占领保加利亚，并统治了170年之久。

9世纪后期，保加利亚奉基督教为国教，教会势力得到很大的发展。10世纪时，教会和世俗贵族的大土地所有制基本形成，保加利亚逐渐过渡为封建制社会，人民的反封建斗争也开始发展。

10世纪中叶，为了反对国王、教会和贵族的残酷压迫，农民们掀起一场波及全国的运动，因其领导人是波高美尔神父，故而历史上称为"波高美尔运动"。这是一场利用宗教做掩盖，以"异端"教派形式出现的反封建运动。波高美尔教派相信世界同时存在善恶两神，两种神互相斗争。世界上一切有权势者，都是恶神撒旦的爪牙，他们主张废除基督教那些等级森严的教阶制度，减少繁琐的宗教仪式，没收教会财产，恢复教徒普遍平等。他们还组织了人人平等的教友会社，运动长达3个世纪之久，影响范围极广，后来还传播到拜占庭、小亚、意大利甚至法国南部。

11世纪后，保加利亚被拜占庭所统治，波高美尔教派在争取解放的斗争中起了重要的作用，而且还领导了一些起义。1040年，西部爆发了由彼得·迪尔占领导的农民起义，起义者占领了相当宽广的地方。最后由于内部叛徒暗伤了迪尔占的双眼，起义因此被镇压。1072年，贵族伏伊特再次领导西部起义，并且还得到了塞尔维亚人的支持，一年后也被镇压下去。从1074年至1084年，多瑙河沿岸及索菲亚等地都多次爆发起义，表明人民争取解放的强烈愿望。

12世纪初，波高美尔教派再次掀起斗争高潮，拜占庭施用诡计，将运动的领导人瓦西里骗进宫廷，烧死在火刑柱上。运动渐趋平静。

12世纪末，拜占庭帝国四面楚歌，危机四伏，国内的封建领主也拥兵自重，分裂割据。处于水深火热之中的保加利亚人民，乘机起来推翻拜占庭统治。1185年秋，保加利亚著名贵族阿森和彼得兄弟，在东北部发起暴动。起义者占领了北方，又越过巴尔干山脉南下，拜占庭皇帝安格尔惊慌迎战。双方在色雷斯和马其顿地区展开了持久激战。1187年，安格尔被迫与阿森缔结和约，保加利亚获得独立，历史上称"第二保加利亚王国"。

1196年，阿森及彼得先后被国内贵族所谋害，其弟卡洛扬继位，卡洛扬在位虽只有10年，但同拜占庭进行的战争，比以往任何时候都要激烈。他夺回了保加利亚的大部分领土，后来又同十字军骑士建立的拉丁帝国进行斗争，在1205年4月14日的亚德里亚堡战役中，十字军骑士被打得一败涂地，甚至连拉丁帝国的皇帝弗兰德也被保加利亚人俘虏。西欧人惊呼："拉丁骑士之花凋矣。"此后，卡洛扬继续进攻马其顿等地，却在1207年被内部贵族谋害。阿森二世时期（1218—1241），保加利亚成为巴尔干最强大的国家。

随后不久，蒙古人入侵保加利亚北部，国王被迫向蒙古可汗诺盖称臣纳贡。1277年，牧人伊瓦义洛愤而起义。打败了蒙古人之后，起义者又将矛头对准本国统治者，杀死了国王。起义坚持了3年，最后在本国贵族与拜占庭、蒙古人的联合镇压下失败。

1365年，由于内部倾轧，保加利亚分裂为第诺伐、维丁和多布罗加三个小公国。这时，土耳其人侵入了巴尔干。1382年，索菲亚陷落。1393年，第诺伐也被攻占。从此保加利亚全境均属于奥斯曼帝国。

阿尔巴尼亚：

阿尔巴尼亚人是巴尔干半岛上一个古老的民族，最初是古希腊时期伊利里亚人的一个部落。公元前2世纪中期被罗马人征服。但作为当地居民，仍能保持自己的民族特征。罗马帝国分裂后，阿尔巴尼亚成为拜占庭帝国的一部分。后来外族相继入侵。哥特人和匈奴人曾于5世纪在这一带骚扰征伐，后又退出。9世纪后，阿尔巴尼亚先后遭到了保加利亚人、北欧诺曼人、威尼斯人、那不勒斯人、塞尔维亚人的进攻或统治。

14世纪中，阿尔巴尼亚面临奥斯曼土耳其人的威胁。科索沃战役后，土耳其开始侵入阿尔巴尼亚。当时阿尔巴尼亚正处于分裂状态，土耳其人很快于1415年占领阿全境。15世纪中叶，阿尔巴尼亚民族英雄斯堪德培领导了反土耳其人的斗争，在历史上占有光辉一页。

斯堪德培是本地一个贵族之子，18岁时同哥哥一道被送往土耳其作人质。由于他身材魁梧，灵活机警，被土耳其苏丹送进宫廷军事学校，并取了伊斯兰教名字。作为人质，他又不得不参加耳其人的远征行动，并因战功卓著而很受苏丹器重。但他始终不忘自己是阿尔巴尼亚人民的儿子。1443年，在土耳其被匈牙利打败之际，斯堪德培发动了秘密起义，利用里应外合之计占领了军事要塞克鲁雅，并于11月28日宣布光复阿尔巴尼亚，并在克鲁雅城堡升起有一只黑色双头鹰图案的红色国旗。之后，斯堪德培又用诱敌深入等计策，打了许多大胜仗。斗争坚持了30多年，1479年阿尔巴尼亚被土耳其所吞并。

克罗地亚、斯洛文尼亚、波黑、马其顿：

克罗地亚人虽然也属斯拉夫人，但长期信奉罗马天主教。924年，克罗地亚部落首领托米斯拉夫摆脱了对拜占庭的臣属关系，建立了克罗地亚人的第一个政治单位，这个国家竟敢与威尼斯等海上强国交战，因而许多克罗地亚人将开国之初的这几个世纪看作本国的黄金时代。1102年，克罗地亚被置于匈牙利国王的统治之下。

1526年，克罗地亚贵族跟随匈牙利国王，参加了反对奥斯曼土耳其人的摩哈赤战役，结果战败。于是，它的大部分领土被土耳其人占领，剩下的部分国土则与残存的斯洛文尼亚合成一个小国，奉奥地利的斐迪南为国王，并在南方设立了"边屯区"对付土耳其。1573年，克罗地亚农民在马季雅·古贝茨的领导下爆发起义，反对土耳其人的统治。

大约是在6世纪后半期，作为南部斯拉夫人一支的斯洛文尼亚人，就在巴尔干半岛的萨瓦尔上游河谷地带出现。在以后的岁月里，他们先后受到了阿瓦尔人、捷克人以及法兰克人的统治，整个中世纪里很少有关于斯洛文尼亚人的记载。不过有一点是很清楚的，即从法兰克的查理大帝国时代开始，斯洛文尼亚人就皈依了西方的天主教。

11至13世纪，斯洛文尼亚这块地区的隶属关系非常复杂：14世纪后，则长期归属于奥地利帝国的哈布斯堡王朝。15世纪南部的一些省份遭到了土耳其人的入侵。虽然在1478至1573年期间，接二连三地爆发了农民反对地主的起义，但都遭到极为残酷的镇压。16世纪的宗教改革之风也吹到了这里，但新教的领袖们先后被流放，天主教仍在这里独享天下。不过，新教改革运动恢复了斯洛文尼亚的语言文字，激发了他们的民族意识。

波黑国家包括波斯尼亚和黑塞哥维那两个地区。波斯尼亚得名于一条叫博萨纽斯的古老河流，后来便成了进入这一地区的斯拉夫人部落的名称。7至11世纪，对这一地区的统治权多次易手。12世纪后期，一个叫库林的人建立了最早的波斯尼亚国家。他被称为波斯尼亚历史上第一个伟大人物，他的王朝以繁荣昌盛著称。后世的农民一遇到丰年，便要说库林盛世又降临了。

14世纪中后期国王特弗尔特科在位时，波斯尼亚进入了鼎盛时期，他先后征服了塞尔维亚、达尔马提亚、克罗地亚等地。1389年他与塞尔维亚结盟，结果在科索沃战役中败给了土耳其人。1391年他死后，波斯尼亚立刻陷入政局混乱状态，土耳其人乘机大举进攻。1463年，末代国王向土耳其人投降，却被土耳其人斩首。只有个别地区坚持抵抗到1528年。

大约是在六七世纪之交的时候，斯拉夫人开始在马其顿地区定居。9世纪末，马其顿被囊入第一保加利亚王国范围。976年，萨穆伊尔建立了第一个马其顿国家，但很快被拜占庭重新征服。以后马其顿又先后受到第二保加利亚王国、拉丁帝国、塞尔维亚王国的统治。1430年后，马其顿被土耳其人长期占领。

11.4

希拉克略王朝：拜占庭封建制度的肇始。破坏圣像运动。托马起义。铜手瓦西里。"普洛尼亚"采地。拉丁帝国

希拉克略王朝的建立，使拜占庭历史进入一个新的阶段。新兴的地主阶级借助国家政权上层建筑，进一步推行封建化，这就大大有利于新的生产关系建立。8世纪的时候，拜占庭政府颁布了《农业法》，完全体现了当时社会制度的变化。那时，农村公社普遍存在，份地分给私人占有，可买可卖，牧场、森林、草地则归公社集体使用。公社内部分化速度加快，富人侵占土地，

农民破产者却日益增加。随着封建租佃关系的出现，破产的自由农民开始变为依附农民。

作为封建制度基础的封建土地所有制迅速发展，有两个因素在推动。其一是土地兼并。其二是拜占庭国家为了抵抗外族入侵，在皇帝康斯坦斯二世时期实行了军事政治改革。改革的最主要内容就是在全国实行军区制，将土地分给军官和士兵，故而形成了军事封建贵族，以及军事封建土地所有制。与此同时，教会也占掉了总土地的三分之一。这样，王室、高级军官、教会便成了封建主阶级的三大支柱。

虽然新兴的封建生产关系有利于生产力的解放，但从本质上来说仍然是对农民和其他下层人民的不公正，因此他们的反抗也是必然的。最初的反封建斗争披着宗教的外衣。8至9世纪时，小亚细亚一带流行着一种"保罗"教派。它宣传"二元论"，把世界分成善和恶，认为现存社会是恶的化身，现存教会是维护恶势力的代表。他们要求恢复早期基督教的平等思想，力主废除教会的等级制度和偶像崇拜。这一主张，得到了下层群众的广泛响应和支持。人民普遍以反对偶像崇拜形式来反对教会、反对封建贵族，故称为"破坏圣像运动"。

这时，掌握政权的军事贵族对教会土地和财产的膨胀也很为不满，颇有嫉妒之心，他们很想夺取它们的土地来分给军人，因而歪曲地利用了人民反教会的情绪。先后有好几个皇帝组织了破坏圣像运动，使其具有官方性质。他们下令禁止偶像崇拜，封闭寺院，没收教会土地，强迫僧侣还俗，等等。然而，当自己目的达到之后，他们又和教会妥协，直到最后恢复对圣像的崇拜。

破坏圣像运动停止后，一些大军事封建贵族领主——"吉那特"崛起，他们近乎疯狂地掠夺农民，使破产的"赤贫者"陡然增加，因而又一次引起了人民反封建斗争的高涨。821至823年，小亚半岛上爆发了以斯拉夫人托马为首的农民起义，参加者还有城市市民、士兵、奴隶以及保罗派的教徒。起义军曾将君士坦丁堡包围了一年多时间。最后，只是在拜占庭和保加利亚的联合镇压下，托马起义才归于失败。结果，战争"如同尼罗河决口，但淹没大地的不是水，而是血"。

而保罗派的斗争却长期未能平息下来。9世纪中叶时，起义还在各地频频发生，直到9世纪末。10世纪里，932年，小亚细亚农民又发动了起义，"铜手"瓦西里为领导人。起义被镇压后，瓦西里也被活活烧死。

"吉那特"们大权在手，便用各种手段侵占和兼并农民的土地，甚至还觊觎士兵们的份地，使他们变成自己的依附者。与此同时，教会也逐渐恢复了元气，重新开始拥有大片土地。这样，田连阡陌的大封建主阶级势力日见发展。11世纪后期，帝国政权被小亚一个最大的地主家族科穆宁家族夺得，由此建立了科穆宁王朝。可以说，这个王朝已完全是封建主利益的代表。它的一项重大举措，就是颁布"普洛尼亚"即监领地或采地制度。皇帝将一村村的土地以"普洛尼亚"名义分封给担任公职的贵族，特别是军事贵族，颇似西欧法兰克王国的采邑。一般是，受封的人终身享有"普洛尼亚"，最初，他们只是向采邑上的农民征收部分赋税，后来又取得了类似西欧特恩权那样的司法权和行政权，并要求采邑上的农民服劳役。

随着地方封建势力的发展，拜占庭帝国内部争夺王位的封建内战亦愈演愈烈。1057至1081年的短短24年里，便有五个皇帝先后被更换。如此，中央政权权威大大下降，帝国的国力亦日见削弱，拜占庭再次成为外力的进攻和征服对象。11世纪后，帝国北部出现了新的游牧部落，侵入拜占庭。几乎同时，东边的塞尔柱突厥人也进入了小亚。13世纪初，西欧人的第四次十字军东征以拜占庭为主要对象。1204年，他们攻占了君士坦丁堡，建立了所谓的"拉丁帝国"（1204—1261）。该帝国控制的地方虽然不大，但却加速拜占庭其他地区走向分裂。

11.5

后期拜占庭帝国。封建制的强化。工商业的衰退。吉洛特暴动。拉丁还是土耳其？奥斯曼的崛起。君士坦丁堡陷落

在拜占庭所分裂的各个小国中，最强大的是位于小亚细亚境内的尼西亚帝国，它成了反对十字军侵略和拉丁帝国统治的中心。1261年，尼西亚皇帝收复了君士坦丁堡，恢复了拜占庭帝国。13至15世纪的拜占庭在历史上被称为"后期拜占庭帝国"，处在巴列奥略王朝（1261—1453）的统治之下。

这是拜占庭帝国封建制度的最盛时期。在这个时期里，一方面教会的土地财产继续增加，"普洛尼亚"制下的终身领地演变成了世袭领地；另一方面，自由农民的自由份地在大部分地方绝迹，农民还被禁止从一个领地迁徙到另一个领地。领主们还获得了免税权，即国王允许领主在领地内征税，并且可以对依附农民行使审判权和行政权。这种免税权实质上是一种超经济的强制手段。

随着农民的依附程度进一步加强，绝大多数农民演变成了依附农民。农村的公社虽然还有形式上的存在，但内容上已从"自由农民公社"变成了"农奴公社"。既然是农奴，负担就有三重之多：一要向领主缴纳租赋，二要向教会缴纳什一税，三要向国家缴纳捐税。

14至15世纪时，由于社会生产力的进一步发展，商品货币关系开始渗透到社会经济的各个方面，并开始出现了资本主义生产的萌芽，产生了手工工场。但是资本主义关系在拜占庭没有也不可能得到迅速发展。因为在此时，拜占庭有一特殊现象，就是自14世纪以后，它的工商业反而衰落下来了。

工商业之所以衰退，其原因不外乎两方面。一是在封建制度下，一方面小农家庭自给自足的自然经济依然占主导地位，另一方面则是农民破产者日益增多，因而工商业发展所需的国内市场狭窄。二是长达两个世纪的西欧十字军东侵对拜占庭造成了严重后果。意大利商人特别是威尼斯商人和热那亚商人，逐渐控制了地中海利凡特（东方）贸易，拜占庭商人的传统贸易范围被挤占，从而失去了以往的商业优势。

由于各种生存条件恶化，下层人民对社会现实的不满情绪与日俱增，起义暴动方兴未艾。1342年，巴尔干半岛上的马其顿等地爆发了著名的"吉洛特"（意为人民之友）起义。起义者以农民为主，他们一度建立了自己的政权，并实行了一些以土地为中心的社会改革，譬如没收大地产，分给人民；解放农奴，特别是教会的农奴；改革税制，取消贵族和教会的免税特权；取消高利贷债务；组织民众会议，等等，这些都具有明显的反封建性质。虽然起义在坚持7年后，被拜占庭统治者和土耳其人所联合镇压，但对帝国的打击也是显而易见的，拜占庭从此衰而不振。

在东方的奥斯曼土耳其人不断侵入拜占庭的情况下，帝国内部各统治集团之间的内讧却激烈起来，三个政治派别的斗争将宫廷搅得混乱一团。亲拉丁派认为，只有向西方的天主教求援，才能解救拜占庭；正教派则主张坚决维护祖先信仰的纯洁，但他们多是主教，不能和人民的反土耳其斗争联合起来；而亲土耳其派走的是一条投降路线，主张投靠土耳其人。这样一来，拜占庭便在人心上分崩离析，亡国之日屈指可计了。

进入拜占庭的奥斯曼土耳其本是一支突厥人。当塞尔柱突厥向外扩张时，他们也从中亚向西迁移。12世纪时，奥斯曼土耳其部落依附于塞尔柱突厥在小亚一带建立的鲁姆苏丹国。13世纪时，其酋长埃尔托格鲁尔从苏丹手中得到一小块封地，位于小亚的西北部，与拜占庭几乎是隔海峡相望。他的儿子奥斯曼（1290年—1326年在位）继承封地后，将其宣布为独立的公国。其后又逐渐占领了小亚大部分地方。这个国家从此称为奥斯曼帝国，这个部落从此称为奥斯曼土耳其。

14世纪后期，奥斯曼土耳其陆续攻占了巴尔干半岛的绝大部分地方，几乎呈四面包围之势，将君士坦丁堡这个拜占庭帝国的首都陷于孤立。

15世纪初，奥斯曼土耳其遭到来自中亚的帖木儿帝国的进攻。作为连锁反应，从1430年开始，土耳其人又对拜占庭帝国展开了新的攻势。1453年，土耳其苏丹穆罕默德二世率17万大军和数百艘战船，进攻君士坦丁堡。在热那亚人的帮助下，土耳其人铺设了一条涂油滑道，将70艘战舰运抵君士坦丁堡城的"黄金角"地段，最终攻陷了这座古都。随后，又将其改名为伊斯坦布尔，定为自己的首都。从此，在西罗马帝国灭亡之后仍延续了上千年之久的东罗马帝国再也不复存在了，拜占庭成了一个历史名词。更值得注意的是，原本是基督教正教的世界，现在成了伊斯兰教穆斯林的天地。

土耳其人攻陷君士坦丁堡后，继续向巴尔干半岛各地以及东欧、中欧等地扩张、侵略。至15世纪末叶，奥斯曼帝国已经占有了几乎整个小亚细亚和巴尔干半岛，成为当时欧洲最强大的军事封建帝国。16世纪—17世纪，奥斯曼帝国又进一步向外扩张，占领了西亚、北非的大块地方，其版图面积还超过了以往的拜占庭帝国。17世纪后期，土耳其帝国开始衰落。但这个老大腐朽的封建帝国，直到第一次世界大战才最后解体，仅剩下一个以小亚为中心的土耳其国家作为承续体。

奥斯曼土耳其人的征服，对原拜占庭帝国境内社会产生了很大影响，不过这一影响更多是负面的，就是说，延缓了其封建关系的崩溃过程，阻碍了东南欧一带地区的经济、社会和文化发展。同时，土耳其人攻克君士坦丁堡，推翻拜占庭帝国，对东西方贸易也产生了深刻影响，那就是，由于这些贸易完全控制在土耳其人手中，堵塞了西欧人通往地中海东部的商道，欧洲人只好另寻出路。随后不久开始的地理大发现和新航路开辟，在很大程度上有这样一个刺激因素。

11.6

拜占庭文化：从古典文明到近代文明的过渡。史家普洛科比。公主康尼娜。索菲亚大教堂：建筑史上的奇迹

从文化史意义上讲，拜占庭帝国有两重特点，其一，它自视为罗马帝国的继承者，因而处处以罗马正统自居，在文化发展方面更是有意无意将罗马文化的一些特征承续下来，譬如对法律和法学的极端重视。其二，它所征服的地区，实质上是古典希腊文明所辐射的范围，希腊文化在这里有极其深厚的根基，也在拜占庭历史上产生着深刻的影响，譬如希腊语言、希腊文字就是帝国的官方语言和文字。从某种意义上说，拜占庭文化有着极为浓烈的希腊文化色彩。

由于拜占庭帝国所处的时代，正是西欧中世纪的文化黑暗时期，因此古典希腊罗马文明的保存，主要从拜占庭文化中体现出来。汗牛充栋的古籍，不计其数的文物，藏之于帝国的学院和教堂里；叙史论史，探究学术，成为帝国文人雅士们的兴趣嗜好。自文艺复兴以来的西欧人，其有关古典文化的知识，多取自于拜占庭。完全可以说，拜占庭文化，是欧洲古典文明向近代文明的一个过渡阶段。

作为古罗马帝国的继续，拜占庭文化继承了罗马的传统，非常重视与统治之术相关的政治学、法学和历史学等，其中历史学的成就尤为突出。在历史上留名的史家至少上百名，传之于世的史学名篇巨制也不下数十种。

从史学演进来看，拜占庭史学又是在古希腊罗马史学的基础上发展起来的，史家们总是将希罗多德、修昔底德、波里比阿、塔西佗等古代史学家视为自己的祖师爷。一个最显著的特点，就是拜占庭史学继承了古希腊罗马史学的世俗化传统，以发生在人间的事情作为自己记载的对象，这与中世纪西欧基督教的宗教史观是完全对立的，并且要进步得多。

有几位杰出的拜占庭史家特别值得一书。

左西莫斯是5世纪中叶的著名史学家。此人曾任宫中大臣等要职，据有伯爵爵位。他处在日耳曼蛮族人大迁徙和西罗马帝国走向崩溃的年代，因而感受良多，深有所思，最后著成《新历史》一书。书中叙述了上自奥古斯都、下至410年西哥特人占领罗马城的历史，实际上就是罗马帝国由盛而衰的过程，并分析了原因，认为基督教的兴起和传播促使了罗马帝国的衰亡。这一见地颇有历史眼光。不妨比较一下：13个世纪之后，英国著名史家爱德华·吉本写作《罗马帝国衰亡史》，"大胆地"把基督教视为罗马帝国衰亡的罪魁祸首，迄今还被人们赞叹不已。

前文曾提及的普洛科比，被认为是拜占庭最著名的历史学家。他生当拜占庭帝国的巅峰时期——查士丁尼时代，出身于贵族之家，后进入官场，并作为大将贝利撒留的秘书，随军远征，见证了拜占庭对意大利、西西里和北非等地的征服，以及与波斯帝国的抗衡。回国之后担任了重要职务，深得皇帝和皇后的信任，对政事了如指掌。这就使得他写下的史学著作十分可信。

他留下两部主要的历史著作。一部为《当代史》，亦称《查士丁尼皇帝征战史》。顾名思义，此书是记叙查士丁尼是怎样进行征服和扩张的，虽然不违基本事实，但书中夸张不实之词、阿谀溢美之语亦不少见，后人不可尽信。

另一部书为《秘史》。此书原隐姓名，后人于1623年在拜占庭图书馆中发现是普洛科比所作，其历史价值在于极为细致地描绘了宫廷斗争和宫廷内幕。书中先是叙述了贝利撒留与其妻安托尼娜之丑行，后集中描写查士丁尼及皇后狄奥多拉的暴政，披露这一对男女污浊不堪的那一面。他写到查士丁尼如何耍弄阴谋夺取了皇位,写到狄奥多拉入宫前怎样地淫荡放纵,入宫后又怎样与查士丁尼沆瀣一气,施行暴政。普洛科比十分气愤地讲到,以前的元老院成员去晋见皇帝,只需屈右膝行礼即可,皇帝应鞠躬作答;而现在见查士丁尼和狄奥多拉,则要行跪拜礼,要伏首亲吻皇帝和皇后的鞋靴。是可忍,孰不可忍!因此,在普洛科比看来,正是查士丁尼夫妇断送了帝国的前程。

普洛科比的著作立意模仿希罗多德和修昔底德,用希腊文叙述,写当代史,并重视历史的垂训作用,而且有比较敏锐的洞察力,文笔生动,表达能一语中的。但他也有些毛病,即有沙文主义偏见,并过分相信贝利撒留个人的作用,而且有闻必录,不辨真伪,不加考证。

拜占庭历史上有一位杰出的女性历史学家,名叫康尼娜(1083—1148)。她是一位公主,自幼好学,多才多艺,同时亦有政治野心,曾经伙同皇后密谋剥夺其弟的王位继承权,而让自己的丈夫继位。事情败露后,其弟即位,她被贬入修道院。此时,其夫准备写一部有关他岳父的历史书,但只写了个大纲就去世了。她接着完成了丈夫的遗愿,写完了《阿历克塞皇帝政事记》,共15卷之多。该书文情并茂,叙事周详,是拜占庭帝国不可多得的重要历史著作。

君士坦丁堡不愧为一座千年古都。城内艺术瑰宝难计其数,宫殿巍峨辉煌,

图 11-3
圣索菲亚大教堂

教堂庄严高大，置身城中，不亚于进入一座建筑博物馆。尤其是索菲亚大教堂，可谓中世纪建筑史上的奇迹，也完全可作为拜占庭文化的代表作。据说，修建教堂时，动用了一万多名工匠，花费了将近六年的时间。五颜六色的各类大理石，是最基本的建筑材料，贵重的金银、象牙、宝石则充作装饰之物。方形的基柱支撑着三角形的穹隆，其结构独具匠心；地板、墙壁、廊柱、门窗、檐角等各个细部，则无处不是精雕细刻；主厅明亮宽敞，走道曲折幽深，令游者驻足之时，更感觉自身之渺小，而体会上帝胸怀之博大，天堂之美妙。索菲亚大教堂不仅是拜占庭建筑艺术的杰作，而且称得上中世纪欧洲建筑之最。只不过，令基督教徒们略感遗憾的是，教堂后来变成了穆斯林聚集的场所。

第十二章

"天使"与"天国"
中世纪西欧的基督教

12.1

基督教：加速罗马帝国崩溃的文化因素？基督教北上。教皇势力的兴起：从立奥一世到格里高利一世。隐身习道：托钵僧和修道院

4至6世纪的西欧，文明发展的一个突出表象是：人口南下，即日耳曼蛮族各部落大规模地从北向南移动；文化北上，也就是基督教从地中海区域向中欧、北欧、西北欧不断地拓展着自己的精神疆域。

作为常识，人们一般都知道，西罗马帝国是在日耳曼人迁徙浪潮中寿终正寝的，是日耳曼人给了垂垂将死的腐朽罗马最后一击。然而，在研究历史问题的学者眼里，罗马帝国崩溃的深层原因要复杂得多。在他们看来，基督教的兴起和传播，是促使罗马帝国走向死亡的罪魁祸首。

早在5世纪中期，拜占庭著名史学家左西莫斯就认为，基督教的兴起和传播促使了罗马帝国的灭亡。

18世纪西方最伟大的历史学家吉本，在其传世名作《罗马帝国衰亡史》中，深刻地剖析了基督教传播如何加速了罗马帝国的衰亡，其中第15、16章最为

精彩。他认为,原来的罗马帝国,是一个世俗但对各种宗教都能表示宽容的大国,人民崇尚务实,富于进取,建立了完备的法制和强有力的政府。然而,由于这个领土过大的帝国开始衰落并遭到蛮族入侵时,基督教也乘虚而入,使那些不满现实的人生发死后得以进入天堂的愿望。这一风气一来,罗马人越来越不务实,防务日益空虚。基督教越传越广,帝国也越来越弱而不振,直至灭亡。吉本的结论是:"福音的传播、教义的胜利,是同罗马帝国的衰败不可分割地联系在一起的,宗教的胜利就是野蛮的胜利。"

或许,把罗马帝国的衰亡归结于基督教的传播的那些学者,有某种先入为主的偏激或偏执,然而,在罗马帝国衰亡和古典文化被破坏的过程中,基督教异乎寻常地兴旺起来,却是一个不争的事实。无怪乎恩格斯一针见血地指出:"中世纪……把古代文明、古代哲学、政治和法律一扫而光……它从没落了的古代世界承受下来的唯一事物就是基督教和一些残破不全而且失掉文明的城市。"

325年的尼西亚宗教会议上,罗马皇帝君士坦丁与基督教神父攸西比厄斯比肩并坐,开创了政教联袂的先例。自此之后,基督教以不可阻挡之势,迅速传布于罗马帝国境内各个角落。392年,罗马统一帝国的末代皇帝狄奥多西宣布基督教为国教,更奠定了基督教在欧洲的精神统治地位。

侵入帝国的各日耳曼族部落,也先后加入了对耶稣的崇拜行列。不过,这些来自寒漠地带的半游牧人,并没有学到救世主教的真谛,而将其变种——被正统基督徒斥之为异端的阿利乌斯派神学思想奉为圭臬。因此,在西罗马帝国原有版图内相继建立的各蛮族王国,把地中海西部地区变成了异端的世界。

496年,法兰克国王克洛维率3000士兵接受洗礼,皈依正统基督教,使异端世界裂开了一道口子。但各蛮族国家并没有效尤,他们不愿主动地向正统者靠拢。把这道口子再撕开、扩大的,是东罗马拜占庭皇帝查士丁尼。汪达尔人、西哥特人、东哥特人,大都成了拜占庭大将贝利撒留手下的败兵。使他们彻底改变信仰,回归基督教"怀抱",是6至7世纪的事情。

而基督教来到北欧、中欧诸国,则始于5世纪中叶。432年,教士帕提克奉命到爱尔兰传教,使这一本处于初民阶段的蛮荒地区率先沐浴天主的"神恩"。490年,一批爱尔兰人迁到苏格兰,同时也带去了他们的信仰。甚至连英格兰的基督教，最初也来自爱尔兰，特别是中部和北部。6世纪末，罗马教皇格里高利一世派出一个传教士团，以南部的坎特伯雷为基地进行传教活动，用意在于抵消"爱尔兰式"天主教的"不良"影响，纠正某些不规范仪式。

法兰克王国向中欧扩张的过程，也是基督教推进的过程。尤其是查理大帝，在扩张中实行武力与基督教并用之举，被征服地区居民往往被强制改信基督教。由东法兰克发展而来的德意志神圣罗马帝国，亦每占领一地，必在那里造教堂、建修道院。

950年，德意志人征服捷克，从此基督教以布拉格城为中心，向中欧各地扩散。10世纪末，整个匈牙利改奉基督教。

972年，战败的丹麦国王和王后来到德国，在鄂图一世跟前接受洗礼，皈依基督教；很快，丹麦人又将基督教传给了受其统治的挪威人。

西欧、中欧、北欧等地的基督教，均属于所谓"西派"教会，也就是后来的罗马公教，通称天主教。而天主教的最高首领罗马教皇，其势力也是在5至9世纪里兴起来的。

早在罗马皇帝君士坦丁时代，基督教取得合法地位后，帝国境内设立了许多大主教，罗马大主教只是其中之一。

5世纪中叶，当匈奴王阿提拉率领大兵进逼罗马城的时候，罗马主教立奥一世主动请缨，作为皇帝的代表前往阿提拉营求和。匈奴兵退，实则是因为疾病流行，但好像是立奥的功劳，于是罗马主教的政治地位大大提高。立奥一世借此声称罗马主教是耶稣大弟子彼得的继承人，应该位居众主教之首，于是"Pope"（意为爸爸）这个词便成了罗马大主教的专门称号，罗马教皇制因此而初步确立。

立奥一世不愧为巧言令色之徒，凭着那三寸不烂之舌，他又在455年游说了汪达尔人的首领盖撒里克，使在城内已大肆烧杀抢劫了十几天的汪达尔人终于撤出，再一次"拯救"了罗马。立奥声誉鹊起，罗马城渐渐地由皇帝之都变成了教皇之城。

6世纪后期，伦巴底人进攻意大利，相继占领了北部广阔的地区。罗马教皇格里高利一世领导了抵抗伦巴底人的斗争。他在罗马城建立了政教合一的统治，集宗教、政治和军事权力于一身，使罗马城成为阻止伦巴底人南下的一个重要堡垒，保住了意大利半岛中部和南部免遭伦巴底蛮族人的蹂躏和统治，因而教皇的威信大增，并形成了一定的政治势力。格里高利是罗马第一个正式的教皇，他还在解求教义、经营教产、整肃教会组织等方面多有建树。

751年，教皇支持矮子丕平当上法兰克国王，丕平于是"献土"：把从伦巴底人手中夺得的一条从拉文那到罗马的狭长形地带献给教皇。于是教皇成了名副其实的世俗国王。

为了替这一行动制造理论依据，教皇随后伪造了一个被称为"君士坦丁之赠予"的文件。文件说，君士坦丁得了病，罗马主教祈求上帝显灵将其治愈。为了感谢主教，皇帝决定迁都君士坦丁堡，并命令所有留下的神职人员都归附罗马大主教，而且还将"罗马城和所有意大利的或整个西部地区的行省、地区和各个城市"都委托给罗马大主教管理。按文件的说法，教皇得到一块土地进行管辖，只是他本应该得到的一部分。

800年，教皇立奥三世为查理大帝涂油加冕，从此便确立了西欧国王要由教皇加冕的惯例，提高了教皇的地位。

9世纪以后，罗马教皇又为首组织抵抗北欧诺曼人、南方阿拉伯人的进攻，建立了军队，构筑了城堡，成为意大利半岛上一股较大的政治军事势力。

基督教的一大特征，是修道院制度的盛行。修道的目的，是力图通过自

图 12-1
教皇格里高利一世

我节制情欲而达到"灵魂得救",这是基督教为保持信仰的纯洁而具备的自我净化机制。修道制度本来起源于东方埃及,在西方经历了被罗马文化改造的过程,适应了新的社会条件,并且在教义上形成了"依靠自己的工作而生活"、"重视条理和实践"诸项特点。

修道制度在中世纪时期的演变中,先后有本笃派、克吕尼派、西斯妥西安派、法兰西斯派和多米尼克派登场亮相。每一新教派的出现,都是天主教会内部的一次自我扬弃。每一次努力都吹出了一股清新之风,使天主教能够不断产生对社会的感召力和吸引力。

5世纪—6世纪之交的意大利人本笃,一反僧侣们托钵化缘、依靠信徒捐赠度日的惯常做法,特别强调体力劳动,强调修道者靠自己的劳动而生活,而懒惰则是"罪恶之母"。本笃曾制定一修道规程,对劳动时间都有具体规定:从复活节到10月1日的每个白天,僧侣们应在第一小时至第四小时劳动,第四小时至第六小时读经,第九小时至黄昏再劳动。

修道院人员的劳动主要是农业劳动。教会占有大量的地产,但其中相当大部分土地来源于修道院人员的辛勤开发。11至13世纪西欧开垦森林、荒地和沼泽、扩大耕地面积的运动,实际是修道士们起的带头作用。罗马时代的农业知识和技术,也多是通过教会和修道院继承了下来。每一所修道院,基本上是一个个模范田庄。即使是作为中世纪农业技术最显著进步之标志的三圃轮作制,最早也是在教会庄园中流行的,而且其推行过程也离不开修道院的作用。

克吕尼教派秉承本笃派的基本精神,但放宽了对体力劳动的要求。这样一来,教会的俭朴之风很快就被崇尚奢华所替代。于是,11世纪末,西斯妥西安派又以反对奢华为宗旨而崛起。他们矢志于劳动和俭朴,决心恢复体力劳动的尊严,来到偏远之地垦荒种地,自食其力。

而法兰西斯派(亦译圣方济各会)和多米尼克派(又译圣多明我会)则又走向了另一端:恢复了僧侣行乞布道的传统。他们淡泊财产,云游四方,着粗布长袍,托乞食钵盂,赤足而行,宣道布礼,这些举止行为有助于改变天主教士日趋堕落的不光彩形象,但实质还是只治标不及本。13世纪以后,修道院日益成了藏污纳垢的场所,遭俗间千夫所指。

12.2

教权与俗权之争。"封建制度的巨大国际中心"。东西教会分裂。天主教内争

教权,本指一种对于精神世界的统治权力,掌握在宗教领袖手中;俗权,则为对人间世俗事务的统治和管理权,掌握在世俗君主手中。按说,两者所治范围本不相干,只要各司其职,便不会有大的冲突纠葛。然而,在中世纪的西欧,教权却得到了不正常的延伸,致使教皇这一宗教领袖几乎成了西欧的无冕上皇。

客观地说,中世纪罗马教皇权势的增长,是它自身善待机遇、顺应潮流、审时度势、努力塑造自我形象的结果。教皇原本只是罗马城的主教,由于政治上地处帝国都城得天独厚的关系,它特别热衷于"组织和权力"。从立奥一世起,教皇就自视为基督教的首脑。格里高利一世励精图治,整顿教会,规范神职人员行为,从而成功地树起了教皇权威。以后又有尼古拉一世、立奥九世、格里高利七世这样一些有作为的教皇,一步一步地发展着教权。以至于到13世纪英诺森三世在位时,教皇权势达到了顶点,俨然为"世界之王",一统西欧、北欧精神世界之天下。这与当时这些地区四分五裂的封建割据、王权无力的政治状况,形成了十分鲜明的对照。同时,这种状况,客观上也为教权凌驾于王权之上创造了有利条件。

其实,在激烈的教权与俗权之争背后,还有两者相互依赖的关系,尤其是俗权对教权的依赖。从某种意义上说,基督教会给正在兴起中的西欧各国家以政治和精神上的保证。由教皇和教会对世俗国王进行的敷油和加冕仪式,又为国王蒙上了一环神圣的光圈,君权神授观念实际上由教会授予王权以神圣性的做法来体现。某些世俗君主可以攻击和否定某个具体的教皇,但却不敢否定教皇之权威。在更多的时候,世俗君主更要依赖教会和教皇。矮子丕平有了教皇的支持而篡国成功,查理大帝有教皇加冕方成为威加四方的"罗马人皇帝"。天主教会崇尚一个有秩序的社会,在整个西方传播着"上帝的和平"和"上帝的休战"。这种带有宗教动机的努力,为西欧结束封建战争,

争取社会稳定和政治安定的局面，起了不容忽视的作用，也在一定程度上赢得了民心。

11世纪中叶，教权与俗权之争达到了白热化的程度。德国皇帝亨利四世和罗马教皇格里高利七世，就授主教权的问题斗争若干个回合，互有攻守。直到差不多半个世纪后，1122年沃姆斯宗教会议召开，才用折中方法把这一纽结解开。但实际上最终的结果还是俗权失败，德国皇帝在意大利的权势受到了极大的限制，而教皇势力却开始了向德国的渗透。

教皇和教会在努力扩展自己势力的同时，还制造理论依据，宣传"君权神授"，而他们就是"神"的代表，王权来自神权。他们提出了"两把刀子"的说法，称《福音书》中说过，耶稣曾叫门徒预备了两把刀子。这两把刀子就是神权和政权。教会可以将政权这把刀子暂交国王，但国王得到政权须由代表神权的教皇批准。教皇就是上帝在人间的代表，权力高于一切，既可任命一切教会职务，也有权废立世俗的国王和皇帝。这样一来，教皇便成了西欧各国君主的太上皇，罗马教廷便成了西欧"封建制度的巨大的国际中心"。

英诺森三世在位期间（1198—1216），罗马教皇的权势达到了顶点。他建立了教阶制度。教皇是天主教会的最高首脑，下为红衣主教（教廷枢机主教团成员）、大主教、主教等，各有自己的辖区。教会实行中央集权制，各国主教均须听命于教皇。至于教皇对国王的关系，英诺森有一说法："教皇是太阳，皇帝是月亮，就像月亮要从太阳那里得到光辉一样，皇帝要从教皇那里得到政权。"因此西欧大多数国王都要受到教皇摆布。

教皇作为西欧封建统治者阶级的最高代表，他还给封建制度"绕上一圈神圣的灵光"。他告诫农奴们不要反抗，说"上帝要人们之中有些人成为主人，有些人成为农奴，并且使主人爱上帝，农奴敬爱他的主人。"农奴不许直接爱上帝，只许服从主人。

以教皇为首的教会本身还是最大的封建主。它除了占有西欧全部土地的三分之一以外，无论何人，都还得向教会缴纳其收入的十分之一，称为"什一税"。谁触犯教规，教会就要革除他的教籍，他在社会上就没有容身之地。

就在教皇权势上升并在同俗权的斗争中日益占上风的时候，他们又与东部教会发生了激烈的争执，最终又正式导致了东西教会的大分裂。

东西教会的分裂实际上由来已久。当395年罗马帝国分成东西两部分时，基督教也分为东部教会和西部教会两大支。东部有君士坦丁堡、亚历山大城、安条克和耶路撒冷四个大主教区，但由于君士坦丁堡大主教区位于东罗马都城，所以逐渐取得了对其余大主教的领导地位，成为东部教会的领袖。整个西罗马帝国统属于罗马大主教区。罗马大主教从5世纪起自称教皇，成为西部教会的领袖，还想凌驾于东部教会之上。

6世纪中期，查士丁尼成为东罗马帝国皇帝，他又自封为东部教会的元首。这样，有了皇帝做后盾的东部教会，当然不愿意承认罗马教皇为基督教教会的最高首领，双方之间的裂痕逐渐加深。

9世纪后半期，君士坦丁堡大主教佛提乌和罗马教皇尼古拉一世发生争执，双方闹翻后互相辱骂、惩罚对方，基督教历史上称之为"佛提乌分裂"。1054年，双方在崇拜方式问题上又一次闹翻，谁也说服不了谁，最后君士坦丁堡大主教色路拉里乌和罗马教皇立奥九世都将对方开除了教籍，东西方教会因此而正式分裂。

自此以后，西部教会自称公教，即天主教；东部教会自称正教，因处在东边，故又称东正教，因其宗教仪式中主要使用希腊语，所以也称希腊正教，是东罗马帝国的国教。

天主教主要在西欧扩张，而东正教的传播则有很大变化。7世纪时，由于阿拉伯帝国的兴起和伊斯兰教的传播，东正教被赶出了西亚和北非等地。9世纪后，东正教开始向东欧传播，直至俄罗斯。1453年君士坦丁堡被信奉伊斯兰教的土耳其人攻占后，莫斯科成为东正教的主要中心，别称"第三罗马"。

而在西部，罗马教皇既然有如此大的权势和利益，那么谁都想登上那个位子。14世纪初到15世纪初，天主教内部为了争夺教皇职位，发生了长达100多年的斗争。

14世纪初，教皇卜尼法斯四世在同法国国王腓力四世的斗争中失败。1309年，法王将教廷强制性地迁往法国东南部的阿维农，驻在这里达68年之久，而且这期间的教皇都是按法王旨意挑选的法国人，教会史上称这一事件为"阿维农之囚"。1377年教皇格里高利十一世从阿维农迁回罗马，第二年去世，引起了长达40年的"天主教会大分裂"事件。

　　格里高利十一世死后，罗马人选出了意大利人教皇乌尔班六世，结果红衣主教团中的法国人大为不满。他们又回到阿维农另外选出一个教皇，叫克雷芒七世，并宣布乌尔班的教皇职位无效。乌尔班也有办法，他在罗马设立新的红衣主教团。这样就形成了两个教皇并立的局面。两个教皇都得到了一些国家的支持。德、意、英、波兰、丹麦、瑞典等都拥护罗马教皇，而法国、西班牙、苏格兰等则承认阿维农教皇。

　　1409年，经法王倡议，罗马和阿维农两个地方的红衣主教团在比萨举行会议，宣布将两位教皇废掉，另选出新教皇亚历山大五世，但原来的那两位教皇拒绝退位，这样一来反而形成了三个教皇鼎立的局面。1414年，德国皇帝发起召开康斯坦茨会议，对三个教皇施加压力。1417年，两个教皇被废掉，另一个退位。红衣主教团新选出教皇马丁五世，驻地罗马，各方终于接受了这个结果，延续40年的天主教大分裂终于结束。为避免类似事件再度发生，后又规定教皇主要从意大利人中选出。

12.3

十字军东征：一场以掠夺东方为目的的宗教战争。教皇与战争的发动。西欧各社会阶层参加战争的动机。战争的经过。战争的影响

　　东西教会正式分裂后，罗马教皇时时不忘找机会向东边扩张自己的势力。11世纪后半期，信奉东正教的拜占庭遭到了来自东方的塞尔柱突厥人的进攻。无能的拜占庭皇帝向罗马教皇发出了求援信，甚至还答应由罗马教皇统一管辖东正教会。罗马教皇见时机已到，便广泛制造舆论，煽动西欧社会"解放"圣地耶路撒冷，"收复主的墓地"，最终发动了一场长达两个世纪的十字军东征战争。

　　要知教皇如何蛊惑人心，且看第一次十字军东征动员大会上教皇乌尔班在法国克勒芒的摇唇鼓舌：

我……全世界的精神统治者乌尔班，现在以传达神圣训示的使者身份，来到你们这些上帝的仆人之间……现在有一个任务等待你们了！这是一件你们自己和天主同样关心的事情。这就是你们必须去援救那些住在东方的兄弟们……让那些从前经常凶狠地同有信仰的人们因私事而斗争的人，现在去和那些不信上帝的人战斗吧！那些从前做强盗的人，现在去做基督的战士吧！那些从前与自己的兄弟和亲朋争斗不休的人，现在去向蛮族进行正义的战斗吧！那些从前接受微薄的工资被雇佣的人们，现在去获取永恒酬劳吧！那些拼命劳动而身心憔悴的人们，现在去求取劳动的双倍报酬吧！这边所有的不过是忧愁和贫困，那边有的是欢乐和丰足；在这边你们是主的仇敌，到那边你们就成了他们的朋友。凡是要去的人都不要再拖延了，冬末春初的时候，在上帝的引导下，奋勇地踏上征途吧！

你们所居住的这块土地，由于你们人数的增多，显得太狭窄了。这块土地不富饶，耕田的人只能勉强糊口，因此你们才互相争吵，互相厮杀……（而东方）如同《圣经》上说的，遍地流着牛奶和蜜糖。耶路撒冷是大地的中心，其肥沃和丰富超过一切土地，是另一个充满欢娱快乐的天堂……凡是在这里过着悲惨和贫穷生活的人，到那里就可以富裕起来。

乌尔班这番话虽是煽动，却也道出了某些真情。与当时的巴勒斯坦相比，西欧简直是苦不堪言。叙利亚、巴勒斯坦一带非常富有。这里土地肥沃，盛产棉花、小麦、葡萄、橄榄等，城市繁荣，工商业发达，丝绸等高级消费品丰富，这一切都令西欧人垂涎三尺。而此时又是阿拉伯帝国阿拔斯王朝崩溃之后，这一片地区陷入分裂状态，为十字军东征提供了可乘之机。

教皇当然是醉翁之意不在酒。他们在组织这场侵略战争中起了特别恶劣的作用，是发动战争的罪魁祸首。他们的目的除了向外转嫁西欧的社会矛盾外，更主要的意图是企图通过东征来控制拜占庭的东正教，迫使东方的穆斯林改奉基督教，如此而已。

这场战争可以说吸引了西欧社会各个阶层参加，但各阶层参加战争的原因和动机是不一样的。

对封建领主来说，不论其是教会的，还是世俗的，他们的生活日益腐化，对东方的奢侈品和高级手工业品如丝绸、珍珠、宝石、香料等需求越来越迫切，希图以征服东方来满足欲望，占领东方土地，按照自己西方的方式，扩大领地，建立受自己支配的新国家，加强政治军事势力。

小封建主和骑士们更对这场战争感兴趣。他们希望能得到他们在欧洲所不能得到的土地。欧洲盛行遗产嫡长子继承制，许多庶子、幼子往往分不到土地，变成了无地或少地的骑士。他们的收入很少，但生活又很奢侈，以至于债台高筑，不少骑士还经常以抢劫为生。到东方去，对他们有两重诱惑：不仅可以得到那里的土地和财富，还可以逃避所欠的债务。

随着城市的兴起，西欧涌现了富有的商人集团。他们为了自身的利益，积极鼓动征服东方。意大利的热那亚和威尼斯商人在这场战争中起了很大的推波助澜作用。征服东方，可以扩大市场，垄断东方贸易，排斥拜占庭和阿拉伯商人的竞争。他们把希望寄托在武力的征服之上，在战争过程中积极地组织武器和粮食的供应，而且大发战争财。

十字军东征能够成行，也和西欧社会内部矛盾的激化极有关系。相当多的农民参加了十字军，只能从农民生活状况的恶化角度来解释。在当时，由于城市的产生、商品经济的发展，封建自然经济逐步解体，领主对农奴的剥削方式也从劳役地租、实物地租转变为货币地租。这种转变使农民的实际负担加重。农民们为了取得货币，被迫进入市场，于是要受到商人盘剥，或者陷入高利贷者的魔掌，结果导致农民破产速度加快。而且，西欧常常是连年灾荒，走投无路的农民们便把参加十字军当作从封建主压迫剥削下解脱出来的途径。

当他们听说东方文明古国的富裕情形时，一个个喜出望外，因而一心一意要去东方寻找生活之路。教会则利用农民们的心态，极力鼓动农民参加十字军，企图将农民抛向东方，以转移农民对西欧封建制的不满，缓和西欧日趋尖锐的社会矛盾。所以，正是在教皇的煽动下，农民们充当了十字军东征的急先锋。

十字军东征活动延续了将近200年，共达八次，其间还加上一次"童子军东征"。

前三次东征都是向东方的巴勒斯坦进军。

1096年的第一次东征，结果占领了耶路撒冷城，并将全城洗劫一空。耶城居民猝不及防，惨遭屠戮者达7万余人。据说当时的十字军骑士们把已死的当地居民肚子剖开，以便取得他们吞下的金币；后来骑士们觉得这样做速度太慢，便将居民尸体堆起来焚烧。尸体全被烧化，然后他们再从灰烬中去寻找金币、金块。如此惨无人道，实为世所罕见。

随后，骑士们又按照西欧的封建制模式，建立了耶路撒冷王国和若干个小伯国，以作护佑。这些国家在当地极尽劫掠搜刮之能事，故而引起了东方人民的激烈反抗。因此第二次、第三次十字军都是为了支持第一次所建立的耶路撒冷王国而来，不过几无成功。第三次东征规模最大，西欧各主要国家的君主和领主都涌向东方，如英格兰国王理查、法国国王腓力二世、德国皇帝腓特烈以及奥地利伯爵等大小贵族。但是，在阿拉伯领袖萨拉丁的抗击之下，这次行动亦无功而返。

第四次东征本来也是去进攻巴勒斯坦的，但这些穷困潦倒的骑士们经过拜占庭帝国时，垂涎于君士坦丁堡的财富，不愿再往前行了。这次东征将"圣战"的外衣彻底剥下，暴露了抢夺财富的本来面目。强盗们在这里大肆抢劫达一个星期之久。古代艺术珍品和财宝一掠而空；古代的铜像被毁，用作铸造铜币；古代

图12-2
十字军在耶路撒冷抢掠

国王的坟墓被盗挖殆尽。援助和解救"兄弟"的十字军骑士们原来是看中了兄弟的财富！

由于十字军东征四次都未成功，参加者们包括骑士的兴趣渐失，再发动战争便有一定困难。于是教皇散布了一种荒谬论调，说东征的失败是因为成年人罪孽深重，只有天真无邪的儿童才能成功。这样一场"童子军东征"的闹剧兼惨剧便发生了。两万法国少年向着马赛进发。教会发出预言说，海水会分开，海中会出现一条横越地中海的陆路。孩子们到海边一看，预言当然成谎言，沸沸扬扬之中，两个商人将他们装入了7艘大船。在地中海上航行时，两艘船遇到了风浪，葬身鱼腹，其他孩子则被商人拐卖到东方当了奴隶。

从第五次至第八次十字军东征，进攻路线有所变化，北非沿岸、埃及都成了目标。到1291年，西欧在东方占领的据点全部丧失，整个东征最终以失败而结束。

不管怎么说，十字军东征的非正义性质是不容置疑的，它是西欧封建主发动的一场侵略战争。它给东方带来了空前的灾难，使拜占庭文明走向衰落，使地中海东岸文明遭受野蛮践踏，给东方人民留下了惨痛的记忆，"法兰克"一词在东方遗臭万年（因第一次东征的参加者主要是法兰克人）。此外，它也使成千上万的西欧农民当了炮灰，并且还有数十万东欧巴尔干人遭杀戮。但对西欧来说，十字军东征产生了深刻的影响。

东征之时，封建贵族急需钱用，往往让一部分农奴用金钱赎买了人身自由，这就使一定数量的农奴获得了解放。从东方回来后，由于东方文明比西方要先进得多，西欧人大开眼界，封建主生活奢侈起来，追求东方时尚，要穿东方的丝绸服装，要住东方式的辉煌宫殿。而这一切，又必须来源于对农民的进一步压榨，于是又促使社会矛盾进一步激化。

东征也刺激了西欧的经济发展。一方面，意大利商人特别是威尼斯商人打破并承接了拜占庭和阿拉伯商人在地中海的商业霸权，大批商人往东，建立了无数的商业据点，直接与东方发生商业联系，扩大了市场。另一方面，又接受了比西方要高级的一些东方文明成就，客观上促进了西欧社会经济发展。

总之，十字军东征为西欧人打开了了解东方、联系东方的一个窗口，第一次使中世纪西欧人知道天外有天。

12.4

教会办教育。教父哲学：奥古斯丁的"上帝之城"。经院哲学：阿奎那的"宇宙秩序"。死水微澜：经院哲学家中的理性之光。人间地狱。教皇修历

虽然说5至10世纪是西欧思想文化史上的"黑暗时代"，但这决不能简单地归罪于基督教会，应该说，这是粗野的日耳曼人入侵所造成的恶果。当然，教士们将保存古代典籍的羊皮纸刮得干干净净，再写上基督教义，破坏古代文化罪莫大焉。不可否认，中世纪从没落的古代世界承受下来的唯一事物是基督教，但反过来也可说，基督教是将中世纪与古代文明相联系的唯一桥梁。基督教会作为文化的掌握者，是西欧重建新的社会秩序所需要的。野蛮的日耳曼人正是从基督教那里获得"较高层次的文化营养"，才变得有一些教养。

教会和修道院人员保存了大量的罗马文化材料，而且正是他们开创了由修道院储存古代文化知识的先例，并使其能经过动乱不安的社会环境仍能留传于后世。这些教会人士保存古代文明功不可没。而且他们还来到德意志及北欧中欧等地，一面传教，一面逐渐掌控了各地的文化事业。因此可以说，从古代文明衰落到12世纪这几百年中，古代文化传统是通过教会才保留下来的。

鉴于神职人员文化修养普遍低下的状况，教会一些有识之士力主大办教育，并且还寻求世俗政权的支持。所谓9世纪法兰克王国"加洛林文艺复兴"，实际上就是查理大帝延揽修道院出身的学者来办教育、兴文化。当时一些有名的学校也多附设于修道院。修道院教习六艺，培养了一批杰出的人才。11世纪后西欧又一次掀起办教育的热潮，一批新修道院及附设学校兴起，教会和修道院仍然是文化教育的中心。

教会人士还善于从哲学的角度来解释教义，阐述神学，从而树立思想上的权威。由教父哲学到经院哲学的变化，反映了教皇权威取代圣经权威的过程。

所谓教父哲学，是指基督教初期神父们创立的教义信条，以及神父们对这些信条的解释，其创立者是4世纪北非大主教奥古斯丁。此人虽生性放荡，但对基督教信仰却出奇的坚定。他所做的，是用新柏拉图主义哲学思想

来论证基督教教义，提出"理解为了信仰，信仰为了理解"，认为精神是实体，上帝是真理，而且是超越时间和空间的"绝对真理"。上帝创造了宇宙和万物，创造了至高至上的"真、善、美"，只有信仰上帝才是人生的"享受"。

奥古斯丁写了几部影响颇大的著作：《上帝之城》《忏悔录》《三位一体》。其中以《上帝之城》传播最广。

书中提出了一整套基督教的历史哲学。在他看来，世界上存在着两个城，一个是上帝之城，一个是世俗之城。上帝之城的创建者是塞特，居民是上帝所选择的得救的人。这里是完美的、永存的，因为这里是一个善良的世界、光明的世界。世俗之城则是由恶魔撒旦造成的，居民是撒旦的信徒。这里是暂时的、会灭亡的，因为它有种种罪恶，是一个罪恶的世界、黑暗的世界。人类历史就是善与恶斗争的历史，是上帝的信徒与魔鬼撒旦的信徒之间的斗争史。一切世俗的国家都罪孽深重，只有基督教才能带来和平与幸福，因此，光明的世界必将取代黑暗的世界，教会的统治必将取代世俗国家的统治。

由此，在奥古斯丁看来，历史的过程不再是人类目的的实现，而是上帝目的的实现。因此，历史的进程必须以上帝的意志为转移，由上帝做出安排。上帝之城战胜世俗之城，上帝战胜魔鬼撒旦，世俗权力最后屈服于教会力量、神的力量，世界就不断进步。人类是一个整体，都要服从上帝的意志，所有民族都要朝着上帝之城前进，都要成为其中的一分子，执行上帝使命的教会

图 12-3
哥特式教堂内景（法兰克福恺撒大教堂）

必须统治全世界。

奥古斯丁的神学思想虽然是荒谬的，但他指出历史发展有统一性，有基本规律（不断进步），有发展动力（善与恶的斗争），这是很有意义的。

奥古斯丁的弟子奥罗修斯，还试图将奥古斯丁的理论具体化。他说到410年止，世界历史就是巴比伦、马其顿、迦太基、罗马四大帝国相继出现的历史。这些世俗国家终将被上帝之城即基督教会所取代。因而，世界历史就是上帝惩罚恶魔的记载。

教父哲学发展到10—11世纪时，成为经院哲学。此时，哲学完全成了神学的婢女。

经院哲学将亚里士多德的学说奉为经典，但又"扼杀了其中活生生的东西，而使其僵死的东西万古不变"（列宁语）。经院哲学根本不研究新课题，不去发现新规律，而是绞尽脑汁解释教条。他们争论不休的都是一些无聊的问题，譬如，"一个针尖上究竟能站多少个天使？""圣母玛利亚生耶稣时是不是处女？""上帝能不能创造自己举不起来的石头？""天使吃什么？"很多问题又自我矛盾。如讨论"上帝能不能创造自己举不起来的石头？"意在说明上帝是不是万能的。但这个问题无论是正说还是反说，都只能说明上帝不是万能的。

经院哲学之集大成者，是13世纪的圣托马斯·阿奎那。他在所著《神学大全》中，创立了一种"宇宙秩序论"：上帝创造宇宙万物原是有"高级"和"低级"之分的，人类社会也有"上等人"和"下等人"之分，整个宇宙秩序是上帝按照等级体系预先安排好的。就像一个人，灵魂必须统治肉体一样，上等人必须统治下等人。如想改变这一秩序，那就是亵渎上帝，罪不容赦。

当然，决不能一概抹杀经院哲学的积极作用。可以说，经院哲学在教父哲学基础上的这种发展，就是将理性引进天主教神学殿堂的一个突出例证。实际上，经院哲学是天主教会对神学自我反省的结果，是在对亚里士多德哲学有了一些较深入的认识后，将其拿来论证教义、使教义换上新的面目，以适应理性发展的社会潮流。这种不靠神启而靠理性来追求真理的方法，明显具有时代气息。最后，终于由托马斯·阿奎那将经院哲学推向极致，构筑了一个庞大的包含有理性内容的新神学体系，从而结束了此前数百年的盲目信仰时代。

奥古斯丁、托马斯·阿奎那，主要是作为天主教神学卫道者面目出现的。此外，更有不少新思想的拥有者和正统基督教盲目信仰教义的挑战者。9世纪起，对天主教教义发难者不乏其人，而且均来自教会内部。从最初的爱尔兰人约翰·斯各特，到法国的贝伦加尔、罗塞林、阿贝拉德，都是高扬理性旗帜的专门思想家。

约翰·斯各特生当文化最为黑暗的9世纪，但由于爱尔兰保存古典文化传统较多，受罗马教皇影响较小，因而很早就挺身而出反对奥古斯丁的"预定论"，反对"神启是真理的唯一来源"的观点。他认为，独立于神启之外的哲学具有同等的权威，甚至具有更高的权威。而且他对权威有独到的看法，绝不盲目崇信。在他看来，权威产生于理性之中，而不是理性来源于权威，没有被理性所确证的权威是软弱的。

11世纪的法国一教会学校校长贝伦加尔，则对天主教圣餐仪式中将饼和酒视为耶稣的圣体极为反感。他说，信徒享用圣餐时，饼和葡萄酒并没有什么变化，饼还是饼，酒还是酒，并不是耶稣的体和血，领受圣餐只是一种精神上的象征意义。

稍晚的法国神学家罗塞林，以不同意基督教"三位一体"的说教而著称。他认为圣父、圣子、圣灵是三个不同的实体，因此三位一体的上帝，到他这里便成了三个神。这种观点犯了天主教的大忌，因而他曾一度被教会斥为"异端"。

再后一点的阿贝拉德则以思想敏锐、勇于怀疑而见长。他指出，教父们会有错误是毫无疑问的，即使彼得也曾陷入错误中。他甚至还怀疑天主教的许多基本教义，譬如，是否有一个上帝？上帝是否为实体？上帝是否全能？上帝是否有自由意志？诸如此类。针对神学家们声称的"信仰了才能理解"，阿贝拉德明确地提出"理解了才信仰"。阿贝拉德的言论，遭到天主教正统的严厉谴责，他本人也被教会囚禁，直至死去。

后来的经院哲学家中，更有罗哲尔·培根、约翰·邓斯·司各脱、威廉·奥康等宣传理性的大思想家。很巧的是，这几位都是不列颠人。

罗哲尔·培根是经院哲学家中唯名论者的主要代表。唯名论认为概念只是表示某一物体的名称而已，因而它具有唯物主义的倾向；与此相对的还有一个唯实论，认为概念就是实体，这显然是唯心的东西。罗哲尔·培根的另一大贡献,是最先认识到实验科学的意义。他认为,经验是知识的来源之一,希望获得真理的人,就应该让自己献身于实验,实验是"科学之王"。值得一说的是,17世纪那位被称为"现代实验科学鼻祖"的人,也叫作培根,法兰西斯·培根,与罗哲尔·培根同姓。

约翰·邓斯·司各脱,有"明敏的博士"之誉,他与托马斯·阿奎那是思想论争的劲敌。他特别反对将哲学与神学结合,认为各有自己的对象与原则:神学的对象是上帝,哲学的对象是世界上的事物。在哲学问题上,司各脱的论述富含唯物主义思想,甚至连唯物主义大师恩格斯亦倍加赞赏。

威廉·奥康作为法兰西斯派的主要代表人物之一,不但在神学思想上与教皇公然对立,是一个"不可战胜的博士",他还参加了反对教皇的政治斗争。教皇将他开除教籍后,他曾对德国一诸侯说:"请你用刀剑保护我,而我将要用笔保护你。"他对教皇权威坚决持否定态度,认为应以《圣经》为最高权威。威廉·奥康这一思想,对后来的德国宗教改革产生了一定影响。

应该说,这些反天主教传统的主张,促成了天主教会内百家争鸣气氛的形成,推动了天主教神学的自我完善,同时也反映了人类理性反对盲目信仰、反对天主教宗教桎梏的时代即将到来。而且,源自于教会内部的积极的思想因子,是导致天主教变化和改革的重要原因。

但一般地说来,天主教主流在文化上的统治,既荒谬,又野蛮,目的就是为了禁锢人们的思想。可以说,天主教禁锢人们思想有三条绳索,除经院哲学外,还有蒙昧主义和禁欲主义。

教会也宣传《圣经》以外的东西,但多是荒诞不经的谬论,甚至是迷信。如他们描述非洲人"没有鼻子,有的部落嘴唇连在一起,中间只有一小孔通气。有的部落长着四只眼睛"。教会认为人们越愚昧无知越好。有个教皇就公开地声称:"不学无术,是真正的虔诚的母亲。"

按照基督教教义,人生下来就有"原罪",因为人类的祖先亚当和夏娃在伊甸园中偷吃了禁果。因此,人要进入天堂,就必须赎罪,最好的方法是抛弃一切欲念。只不过教会的禁欲是对大众的要求,他们自己则多为男盗女娼。

罗马天主教会绝对容不得任何人对它的冒犯。它把不信基督教的人称为"异教徒",把西欧不服从天主教会正统统治的人斥为"异端"。教会和教皇对异端坚决实行镇压政策。

著名的异端有意大利的阿尔诺德派，法国的阿尔比派，英国的威克里夫派、罗拉德派，捷克的胡斯派、塔波尔派等。异端并不否定天主教，而是希望有一个仪式简朴的"廉俭教会"；异端特别反对教皇权威，要求以《圣经》权威取代之。

英国和捷克的异端运动本书另有阐述。这里特别要提及的是阿尔诺德派和阿尔比派。

阿尔诺德派因其领袖而得名。因攻击教会腐败，揭露教会人员的罪恶，阿尔诺德先后被教皇和法国政权驱逐。1145年，阿尔诺德支持罗马民众的反教皇运动，指责教皇是靠火刑与刀来维护权威，既不能让人信服，也不配受人尊敬。他甚至联合罗马贵族和平民，发动反教皇的武装起义，直至逼走教皇。1155年，起义被德国皇帝和新教皇联合镇压下去，阿尔诺德被处死，而且被焚其尸、扬其灰。

阿尔比派是流行于法国南部阿尔比地区及其周围的城市市民异端，12、13世纪时最为活跃。在这个工商业发达的地区，市民们与教俗领主的矛盾更甚；而且，市民们积累财富不易，尤其痛恨神职人员奢侈贪财的不良行径。阿尔比派因此提出，人生的目的就在于要从世间的罪恶中解脱出来。

阿尔比派还有独立的教会组织，并且常常与当地的天主教会组织发生冲突，致使教皇下决心联合世俗政权对其进行武力征讨，1229年，阿尔比派终于被镇压。

为了迫害异端，教会设立了异端裁判所，也称宗教裁判所。这是一种秘密法庭。谁若有异端嫌疑，便会被宗教裁判所逮捕，施以各种酷刑，最后被处以死刑、流放、终身监禁等惩罚。其手段之残酷，实与人间地狱无异。

意大利科学家布鲁诺反对教会奉守的地心说，结果被宗教裁判所监禁了七年后，又将他活活烧死在罗马鲜花广场上。宗教裁判所的判决书居然还说："本着仁慈的精神，让他不流血而死。"另一个科学家伽利略，已经是一个70多岁的老人了，宗教裁判所还将他关了九年，最后折磨致死。英国的威克里夫死去30多年后，教会还把他的尸骨从坟墓里挖出来，烧成灰扔到河里，方解心头之恨。

成立于 1479 年的西班牙宗教裁判所最为残酷凶恶。从 1483 年到 1498 年的 15 年时间里，它就惩处了 9 万多人，其中 8200 人被处以火刑。它存在了 350 多年（1479—1834），受迫害者总数达 30 多万人，其中以火刑处死的有 10 余万人，真是骇人听闻！罗马的宗教裁判所也不逊色。一个意大利人在 1568 年说："在罗马，每天都有一些人被烧死，一些人被绞死，一些人被砍头。关人的地方都已人满为患。"

　　宗教领域是教会的禁脔之地，它是不可能容许他人染指的。但罗马教皇在文明史上的地位并不能一概抹杀，它的一大功绩，就是对历法的修订。

　　古罗马时期制订的儒略历，每个年度的时间比地球绕太阳转一圈的实际时间要长 11 分 14 秒，也就是说，历法年比实际回归年要慢 11 分 14 秒。时间一长就出了问题。到 16 世纪下半叶时，儒略历已通用了 1300 多年，结果历法上的日期比回归年运行日期晚了 10 天。比如，1583 年的春分应该是 3 月 21 日，而历法上标的却是 3 月 11 日，这显然不符合地球运行规律。而且，教会规定基督耶稣的复活日是春分月圆后第一个星期天，由于春分已相差十多天，耶稣到底在哪天"复活"也成了问题，因此必须改进历法。

　　1582 年，教皇格里高利十三世组织了一批天文学家，依据哥白尼日心说对儒略历进行了修改。修改内容有两点：

　　一、历法上的 1582 年 10 月 5 日至 14 日这十天日期全部取消，10 月 4 日后接着就是 10 月 15 日，这样以后的春分又可回到 3 月 21 日。但这一小小的改动居然也引起了许多保守分子的强烈抗议，不少人声称要向教皇讨还十天生命。

　　二、改变过去 400 年置 100 闰的做法，采取 400 年中置 97 个闰年，以弥补 11 分 14 秒的误差。经过改革后的置闰年方法是：四年一闰，逢四用整数除尽的年份为闰年；逢百年的那一年如能被 400 整除就是闰年，如不能则不闰。如 1700 年、1800 年、1900 年都不能被 400 整除，所以这三年都不是闰年，而 1600 年、2000 年能用 400 整除，所以这些年份的 2 月是闰月 29 天。

　　现在世界通用的就是经过格里高利十三世改进后的公历，又称格里高利历。不过现行的公历也不很完善。一是人为造成的每月天数参差不齐的现象，给人类社会造成了很多不便；二是每过三千几百年后还会有一天的误差。

"天使"与"天国"　　361

第十三章

岛国的勃兴
英吉利国家的形成

13.1

不列颠诸岛。土埂围与巨石圈。东来的凯尔特人。恺撒的入侵。罗马不列颠时代

6世纪以后，欧洲各主要国家逐渐形成。英国无疑是其中最重要的国家之一。今天的英国有4个地理单元，即英格兰、苏格兰、威尔士、北爱尔兰，前三个地区都位于不列颠岛上，习惯上又称为"英伦三岛"。

英格兰是英国的主体，位于大不列颠岛的中部和南部。这里地势平坦、丘陵众多，气候温暖，雨量充沛，特别适宜于农耕生产，很早就成了不列颠岛经济最发达的地区，也是英国人口和城市最密集的地区、政治经济和文化的中心。威尔士位于不列颠岛西部，全区由山地所覆盖，经济相对落后，以发展畜牧业为主。北部称苏格兰高地，气候较为寒冷，经济开发较晚，隔海峡与北爱尔兰相望。英国面积虽不太大，但国内有丰富的矿产和水力资源，对经济发展具有重要的意义。

英国看似孤悬海外，实际上有非常优越的地理位置。东边，它隔着北海、多佛尔海峡、英吉利海峡与欧洲大陆相望。特别是多佛尔海峡，最窄处只有

33 公里，水深约 50 米，使英国人进入大陆非常便捷。同时，这里又扼守欧洲南北海上交通之咽喉，从北海波罗的海去地中海必须经过此地。往西，英国又是欧洲和北美洲交往的门户，成为大西洋贸易区的中心。孤悬海外，还使英国能有效地执行"孤立"政策，使本国免遭国际战争的屠戮，保证有一个安全的环境。

远古时代，不列颠群岛是和欧洲大陆连在一块的。在未与大陆分离之前，这里居住着旧石器时代的原始人类。变为群岛以后，这里又迎来了新石器时代的居民。不过，他们大多是从远方迁移来的。根据传说和考证，这些居民大约在公元前 2400 年（有的说在公元前 4000 年）从地中海迁来的伊比利亚人，他们身材矮小、皮肤呈棕褐颜色。也有在公元前 1700 年左右来自荷兰和莱茵河一带的比克人。他们和原有的土著居民一道，共同创造了不列颠岛上颇有特色的新石器文化。

土埂围是英国新石器时代的一种特有建筑。作法是筑起土埂，围圈 3 至 30 英亩左右的土地，用作牲畜围栏，也作住房用地。土埂围内发现有半地穴的房子，先是单屋，后出现了村落。在斯卡拉岗上发现的一座村庄遗址很有意思：每个公社（母系）都有一个 20 多平方米的长形房子，各房之间有石砌通道相连．房子中间为一大石灶，两旁各有一石床，一大一小，可能供男女分睡。

略晚一些时候，英国各地又出现了一种更特别的建筑，即用大石头竖围起来的巨石圈，分布在从康沃尔到奥克尼斯海的广大地区。巨石圈直径 10 米到 300 米不等，每两块大石上有凸榫，上面再放置有卯眼的第三块大石，形成三石塔。难以理解的是，那时的人们怎样把这些重达 50 吨的石头安放上去。这些巨石阵中，以索尔兹伯里附近的最为著名。学者们考证，巨石阵可能是伊比利亚人的日历，他们利用石块之间的缝线来判断太阳光线的投影，从而测定时令节气。伊比利亚人的另一杰作，长达 200 英尺的墓坑，也是令人惊奇的原始奇观。

公元前 800 年以后，凯尔特人进入了不列颠岛，并逐渐成为岛上的主要居民。与此同时，不列颠也由青铜时代进入铁器时代。

凯尔特人来自欧洲大陆日耳曼地区的南部，即莱茵河上游一带。他们身材高大，金色的头发，白色的皮肤，早先用青铜的武器，后使用铁器。他们先是实行和平渗透方式，后转为掠夺性的进攻，先后占领了英格兰东北部和西南部、爱尔兰、苏格兰等地。为了防卫，他们还建起了被称为"山寨"的堡垒。山寨一般建在山顶，大者达50公顷，小的不过一英亩。著名的多塞特郡的梅登山寨，外有三重土围，入口只有一处，派人把守。实际上，这些山寨就是凯尔特人居住的村庄。

来到不列颠的凯尔特人有好几批。最早的是高特尔部，第二批是不列吞人，最后一批是比尔盖人。比尔盖人大约在公元前2世纪末进入英国，他们还把西欧大陆使用的金币带到这里，引起了当地凯尔特人的仿造。这时候，不列颠岛的南部已经有了一些小国家，著名的如卡图维拉尼王国、科利达尼王国。但大多数人还处在部落制阶段，亲族团体是最基本的社会组织。

凯尔特人以农耕为生，他们把犁耕技术带入了不列颠，犁具比较轻巧，地块常划分成正方形，因此有"凯尔特方田"之称。

东来的凯尔特人仍与大陆的同宗保持了一定联系。特别是比尔盖人，和大陆高卢人关系密切。因此，当恺撒率军进攻高卢时，比尔盖人也派出人马支援高卢，这就为恺撒进攻不列颠岛找到了口实。

恺撒是公元前1世纪的罗马执政官，在他担任高卢总督职务期间，将高卢（今法国）所有地区全部征服。随后他又进一步扩张，两次渡海发动了对不列颠岛的进攻。

公元前55年夏天，恺撒率领100艘船只，1万人的兵力，渡过海峡，在不列颠岛东南海岸的多佛尔登陆。在发现登陆地点不利、军队举棋不定时，恺撒身先士卒，第一个跳下战船，与不列吞人展开了激战。在他的带动下，罗马军人不再犹豫，投入了战斗，兼施火攻战术，打败了不列吞人。不列吞人求和，恺撒逼迫他们交出人质、解散军队。由于暴风雨来临，后续部队无法到达，恺撒害怕上岛的军队孤立无援，只得带领队伍匆匆撤离。

吸取了第一次的教训后，恺撒加紧了入侵不列颠的战争准备，他建造了一些轻便灵活的战船供渡海登陆之用。公元前54年，又一个夏天来临的时候，恺撒率领25,000多人的军队，又在同一地点登陆。随行还有高卢各部落的人质以及几百艘商人船只。登陆后，罗马军队继续向内地进军，先在坎特伯雷附近毕格伯里森林打退了凯尔特人的抵抗，接着又跨过泰晤士河，进攻卡图维拉尼王国的都城。由于风暴袭击，恺撒自己也损坏了几十艘船只，这就使不列颠人的信心大增。在加西维拉努斯国王率领下，不列颠人驾起双轮马拉战车，白天英勇抗敌，晚间偷袭敌人军营。恺撒坐卧不宁之际，高卢那边又发生了暴动。他只好打消了在不列颠长期作战的念头，与加西维拉努斯国王谈和。这样，恺撒的第二次入侵不列颠又以不成功而告终。

恺撒撤走后，不列颠岛上恢复了宁静。卡图维拉尼王国强大起来，特别是国王辛白林时代，还成了不列颠南部的霸主，号称"不列颠之王"。辛白林还鼓励罗马人来不列颠经商，并同罗马帝国的第一、二代皇帝奥古斯都和提比略保持了友好的关系。

但到罗马第四代皇帝克劳狄时，情况就发生了极大的变化。公元43年，克劳狄命令罗马4个军团5万人进攻不列颠。在征战初期失利之后，克劳狄亲临不列颠指挥，相继征服了岛上的各个凯尔特人部落。但是，不列颠人并非甘愿俯首就擒，他们不断掀起反抗斗争，最为激烈的一次要数公元60年诺福克的博迪西亚女王领导的起义。这场斗争坚持了一年多，攻占了科耳切斯特和伦敦城，杀死了不少接受罗马统治的当地人，最后在强大的罗马军队镇压下失败，女王也服毒自杀。自此之后，罗马在岛上的推进更为顺利，由东南向西北，犹如卷地毯一般。凯尔特人或是被杀掉，或是被赶到北部的苏格兰高地，或是渡海逃往爱尔兰。

罗马则开始实行军事移民，但移民的规模较小，只局限于一些居民点，所以不列颠受罗马化的影响并不很大。罗马在这里维持了300多年的统治，以伦敦为中心建立了完整的统治体系，他们所修筑的几条通衢大道都以伦敦为枢纽，最著名的是通往北方约克的黄鼬大道和通往西北切斯特的瓦特林大道。另外一条大道从伦敦通向西部格洛斯特等地，第四条大道则是从东北的林肯通往西南的埃克塞特，称为壕坑通道。为了对付北方高地的凯尔特人，2世纪时，皇帝哈德良还在苏格兰边界修筑了一道长达100多公里的土墙，历史上称为"哈德良长城"。

13.2

盎格鲁与撒克逊。七国争雄。英格兰的统一。阿尔弗雷德大帝。丹麦人入主。忏悔者爱德华

5世纪初，罗马帝国分崩离析，战乱四起，国力衰竭。407年，罗马军队全部撤离了不列颠，"罗马不列颠"时代到此终结。

罗马人撤走后。不列颠岛又回归到了不列吞即凯尔特人手中，但各个部落联盟以及小王国之间纷争不已，纷纷向外寻求支持。这样，正在扩张迁徙中的一些日耳曼人部落便进入不列颠岛东南部。这些部落主要是盎格鲁人、撒克逊人、朱特人以及佛里西亚人和士瓦本人。

日耳曼部落入侵不列颠的活动开始于433年。这一年，不列颠南部的不列吞人本欲请罗马人帮助对付比尔盖人，但罗马人自身危机四伏，顾不上去管别人。不列吞人转而求援于住在丹麦南部石勒苏盎格地区的盎格鲁人。与此同时，不列颠岛东南部的肯特王沃提根也请来住在莱茵河下游地区的朱特人，帮助对付比尔盖人和苏格兰人。如此举动实属不智，从此酿成了千古之憾，不列颠岛的历史开始改变了方向。盎格鲁人和朱特人之后，撒克逊人、佛里西亚人、士瓦本人也相继涌入。这场向着不列颠岛的日耳曼人大迁徙运动，持续了150年之久，直到560年左右方告结束，其时他们已成了这里的新主人。

日耳曼各族到来之后，纷纷取当地凯尔特人的统治地位而代之，不过这一过程也是凯尔特人进行激烈而又坚决抵抗的过程。乱世出英雄。在盎格鲁和撒克逊人看来，这是他们的英雄时代，四下征战成为他们自视光荣的职业，军事领袖成为他们讴歌和崇拜的英雄。7世纪写成的《贝尔武夫》就是描写这类英雄的史诗作品。在凯尔特人那里，也出现了无数的抵抗英雄，《亚瑟王和他的圆桌骑士》正是对这一斗争的文学反映。

6世纪末，日耳曼各部落对凯尔特人的征服基本告一段落，凯尔特人再次退居到苏格兰、威尔士、康沃尔以及海之西的爱尔兰。不列颠岛的东南部则为新入主的盎格鲁—撒克逊人所占据，从此称为英格兰。但日耳曼人相互

争夺地盘的斗争也由此开始。从7世纪初起，英格兰土地上出现了十来个小国，其中最强大的是七个国家。此后200多年中，英格兰进入所谓"七国时代"。七个国家是：由朱特人建立的肯特王国，由撒克逊人建立的威塞克斯、埃塞克斯和南塞克斯，由盎格鲁人建立的东盎格利亚、麦西亚和诺森伯里亚。

最先称霸的是肯特国王埃塞伯特（560—612）。他制订了英国最早的法典，维护正在产生中的封建制度。597年，他接待了罗马教皇派来的特使奥古斯丁，受洗入教，建立坎特伯雷教堂，并任命奥古斯丁为坎特伯雷第一任大主教。在他的带动和说服下，英格兰特别是南部的几个小国纷纷皈依了基督教。

紧接着，诺森伯里亚国王埃德文、奥斯瓦尔德、奥斯威三代称霸50余年。在这一时期，他们协助坎特伯雷大主教完成了英格兰在宗教上的统一，实际上为政治统一创造了前提。当时的诺森伯里亚，成了英格兰乃至整个西北欧洲的学术文化中心。

8世纪初，麦西亚成为霸主，国王奥发（757—796）还被尊为"盎格鲁之王"，甚至连大陆上法兰克的查理大帝也想与他修好，称他为兄弟，希望能让儿子娶得奥发之女。奥发还修了一道"奥发墙"，用以抵御威尔士人。

9世纪初，威塞克斯王国势力兴起。829年，国王艾格伯特打败了麦西亚，其他几个国家也俯首称臣，名义上统一了英格兰。十年后，艾格伯特死了，威塞克斯的国力也随之下降。麦西亚又一次独立，其他几个王国也不服威塞克斯新国王的管辖，英格兰再次进入长约30余年的分散状态。

真正完成了盎格鲁—撒克逊王国统一大业的，是威塞克斯国王阿尔弗雷德大帝（848—899）。

阿尔弗雷德本为一王子，很小的时候就来到罗马朝圣和读书。在他出生之前半个世纪，来自北欧的丹麦人开始发起对英格兰的侵扰。793年丹麦人攻击英格兰东北部的林第斯法恩寺院。796年开始侵入威塞克斯境内。838年，丹麦人被威塞克斯国王艾格伯特打败后，便沿海而上，攻击东海岸一带，甚至还盘踞在泰晤士河口地区。865年国王埃塞雷德继位时，丹麦人发动了又一轮的大举进攻，先后侵入东盎格利亚、约克和麦西亚等地。此时阿尔弗雷德已长大成人，英勇地参加了抗击丹麦人的战斗。在870年的一次战斗中，阿尔弗雷德率领英军，一天之内就打死了丹麦国王和5个伯爵，赢得了国内贵族和人民的普遍尊敬。871年国王死时，贵族们将不是王位继承人的他拥戴为王。上台伊始，丹麦人进攻愈益猛烈，阿尔弗雷德经过7年艰苦抗战，终于在878年的爱丁顿战役中打败了丹麦国王古斯仑，扭转了战局，迫使古斯仑签订《威德摩尔条约》。886年，收复并重建了伦敦城。还同古斯仑签订和约，确定了丹麦占领区和威塞克斯之间的边界，以泰晤士河口到切斯特的瓦特林大道为线，线之东北归丹麦人，线之西南全置于威塞克斯版图之内，从而完成了英吉利王国在西南部的实质性统一。其后不久，丹麦人又发动第三次进攻，威塞克斯军队只能取守势。

阿尔弗雷德还特别热心文化和教育事业，并且制订了统治法典，有助于政治和文化上的统一。他不但被视为民族英雄，而且是此时西欧最伟大的人物之一。

阿尔弗雷德之所以有如此高的威望，除了他拯救英格兰于水火之中的丰功伟绩外，也在于他善于收买邻国的人心：甚至当他攻下了最大的城市伦敦时，他也交给了麦西亚人管理。

阿尔弗雷德死后，其子爱德华继承王位，也继承了其父反抗丹麦人的事业。909年丹麦人再次发动进攻时，爱德华与姐姐麦西亚女王埃塞弗列塔联合，打败了入侵者，并将英格兰王国版图大大北移，丹麦人仅盘踞在以约克为中心的一小块地区，而且内部闹不团结。爱德华的儿子埃塞斯坦，利用丹麦人的内部分歧，一举攻占了约克城。埃塞斯坦还对英吉利王室政治制度做了重大改革，加强贤人会议这一贵族代表机构的权力，分设了行政、财政和秘书三大职能部门。

埃德加大帝在位时（955—975），盎格鲁-撒克逊王国进入了盛世。他把丹麦人占领的地区全部并入威塞克斯王国，还建立了一套完整的地方行政和司法系统。最基层设村，村上设"百户区"，百户区以上为郡，郡是第一级地方区划。每一层次都有相应的法庭或执法机构。

973年，埃塞雷德成为英国国王，这是一个十分软弱无能的人。当丹麦人发动一轮又一轮进攻、并且频频得手的时候，埃塞雷德的对策是以金钱换和平，征收一种后来成了国税之代称的"丹麦金"，缴纳给丹麦人，但丹麦人并不罢休。1002年，埃塞雷德为挽救危机，突然下令将国内的丹麦人全部杀死，结果招致丹麦人的疯狂报复。1013年，丹麦国王斯威恩又一次进攻英国，埃塞雷德带着妻儿跑到法国诺曼底的岳父家去了。1014年斯威恩死去，1016年埃塞雷德也死了。斯威恩年轻的儿子卡努特乘机发动对英国的进攻。埃塞雷德的儿子爱德蒙也无所畏惧，奋勇迎敌。两个气盛的年轻人在阿新顿大战，不分彼此，平分了英国。不出一月，爱德蒙病死，贤人会议便推举丹麦人卡努特做了英国国王。

卡努特虽是丹麦人，但他很懂得取得英国人的信任。1020年，他回丹麦继承了王位，建立了一个包括英国、丹麦和挪威在内的北海大帝国。但他仍把统治重心放在英国，采取一系列调和征服者与被征服者之间感情的政策，大胆任用英国贵族帮助统治。1035年，不到40岁的卡努特死去。

英国国内迅速分化成两派。一派要立卡努特的继承人丹麦国王哈萨·卡努特为国王，另一派则要立卡努特与英国公主所生的儿子哈罗德。哈罗德成为国王后，不出5年又病死。哈萨·卡努特接任，哪知两年后，不到24岁的他也死去，不但丹麦王室绝嗣，英国王位也出现空位。这样，英国国内便支持前王埃塞雷德的儿子、住在诺曼底外公家的爱德华为国王。既然是诺曼底人的亲族，爱德华当然执行一种亲诺曼底的政策，结果英国贵族大为不满。他自己的岳父、英国最大的封建主戈德温伯爵带头发难。爱德华一气之下，将戈德温全家驱逐出国。一年后，戈德温又带领儿子哈罗德打了回来，而且还大受英国人的欢迎。爱德华无奈，只得又同戈德温和好。

爱德华外号"忏悔者"，因他打小就在诺曼底进修道院，成了一个非常虔诚的基督教徒。回到英国当王时，他还带来了许多教士。他对修建教堂特别有兴趣，为了纪念圣彼得，在离伦敦三公里多的地方修建了威斯敏斯特大教堂。为离教堂近点，他又把王宫迁到新修的威斯敏斯特宫。他的这一做法对伦敦的发展产生了重大意义，因为工商业者组成的伦敦自治城市以后可以少受国王监控。1066年爱德华死去，由此导致了英国历史上一件里程碑式的大事件。

13.3

诺曼人征服。《末日审判书》。亨利二世的改革。狮心王理查。无地王约翰。《自由大宪章》。孟福德"犯上"。国会的产生。牛津、剑桥两学府

1066年,国王忏悔者爱德华死,英国本地的贵族推选他的妻弟、戈德温的儿子哈罗德伯爵为国王。而法国的诺曼底公爵威廉是爱德华的表兄弟,声称爱德华生前曾经许诺他为英国国王,不相信爱德华临死时又指定了哈罗德。以此为借口,他在罗马教皇的支持下,于1066年9月率兵6万,分乘百艘舰船,登陆侵入英国。

此时哈罗德刚刚在北方消灭了来自挪威的敌人,兵力已受到很大的消耗,闻知威廉来犯后,亲率部队火速行军四天四夜到达伦敦,旋即又指挥这支疲惫之师投入战斗,在哈斯丁迎战威廉。一天的血战,哈罗德和他率领的亲兵全部战死。威廉大获全胜,成为英国国王,建立诺曼王朝(1066—1154)。历史上称这一事件为"诺曼征服",称威廉为"征服者"。

新入主的威廉一开始就在英国建立了强大的王权。他称王后,很快完成了对北方旧贵族的征服。在征服过程中,他将得到的土地分给了跟随他征战的亲兵和贵族们。每征服一个地方,他便分封一次。这样,每个受封者多次得到封地,因而分散在各个地方,不能连成一片。几乎每个封建主的领地都是零零碎碎的,难以形成能与王权抗衡的独立王国。而且,王室自身所占的土地也特别多,超出了任何一个领主,因此拥有强大的经济势力,大大有利于加强王权。

威廉还于1086年在索尔兹伯里召开效忠宣誓会,不仅要求自己的臣下服兵役、纳贡税,而且还要求臣下的附庸也向他宣誓效忠,"我的附庸的附庸,也是我的附庸"。与当时法国国王只能支配直属附庸不同,英国国王对每一大小封建主都有控制权。

为了巩固统治,威廉将英国本地的贵族几乎全给镇压了,换上了清一色的法国血统的人。他们说着法语,以显示出与说盎格鲁语的普通英国人的身

份区别。在教皇的支持下，威廉还将英国教会进行了彻底改造，所有5个英国主教的职务全被免除，由大陆来的人取而代之。

为了在财政上实行有效统治，保证国库有足够的收入、军队有足够的给养，威廉下令对全国进行土地和财产大调查。他派出许多专门人员，走遍一个又一个郡，询问各地的经济生活状况，有多少土地？谁占有土地？有多少佃户？有多少牲畜？等等。调查极为细致，最后把结果汇集成一部书，称之为《土地赋役调查书》。由于这本调查记录提供了征收赋税的确切依据，实际加重了老百姓的负担，因此人民称它为《末日审判书》。

不过，这本《末日审判书》显示了英国当时在行政管理方面的杰出成就，为后人研究英国历史特别是经济史提供了极其珍贵的原始资料。从《末日审判书》中，可以了解当时英国社会各阶级的构成，比如可以通过它得知英国当时已盛行农奴制，农奴（在英国称为维兰）占了社会总人口的将近40%，贫困的自由小农占了全部人口的三分之一，而封建贵族只在总人口中占4%，此时的英国还留有奴隶制的残余，有9%的男丁人口为奴隶身份。作为农奴的维兰，可以占有20英亩左右的份地，每周必须在领主的庄园劳动三四天。

由于威廉一世的这些措施，从此之后的英国便具有了与以前完全不同的面貌，英国自此完全确立封建制度，英国历史的正统往往也是从这个时候算起。

诺曼人的征服，也是英国工商业经济和城市发展的一个里程碑。虽然说，英国城市在盎格鲁—撒克逊时代就有一些发展，但总的来说还只是零星现象。而从11世纪以后，英国工商业城市的兴起出现了高潮。虽然这些城市一般都很小，小城镇往往只有几百人，"大"城市如布里斯托尔、约克等也不过一万余人，但城市的出现宛如小农经济汪洋大海中冒出了工商业的群"岛"。

诺曼王朝的第三个国王亨利一世时期，英国度过了相对平静的30余年。1135年，亨利一世因吃了过多的八目鳗鱼中毒死去，英国陷入了长达19年的争夺王位的战乱，最后由来自法国安茹的亨利二世夺取王位。

亨利二世是亨利一世的外孙，他当时是法国的安茹伯爵，1154年继承英国王位后，建立了安茹王朝（1154—1399）。由于他父亲喜好金雀花，所以这个王朝又称金雀花王朝。亨利二世还在法国有很多领地，包括从母亲那里继承了诺曼底，从父亲那里继承了安茹、曼恩、布列塔尼，从妻子（阿奎丹

岛国的勃兴

女公爵）爱琳娜那里得到了阿奎丹、波瓦图和加斯孔，这个地跨两国的大王朝，政治军事势力雄厚，很快就将英国大封建主的叛乱和混战镇压了下去。

亨利二世当王时虽然只有21岁，但治政素质超群，又有丰富的外交经历，因此很快就使国内秩序恢复，并迅速将精力转向对大陆的争夺。更使亨利二世留名于后世的，是他实行的一系列改革。改革涉及司法和军事两个方面。司法上，他允许属下臣民直接向国王法庭申诉，使得下层骑士、城市市民以及自由农民能够免遭大封建领主的压迫，从而成为王权的有力支柱。他甚至还让这些人充当陪审员，参加对一些案件的审理。他还废除了神命裁判法，只要证人宣誓证明无罪便可。军事上，他不再要骑士服兵役，只需交出一定数量的免役金，称为"盾牌钱"，他再用这些钱去招募一支常备军，由自己亲自统帅和指挥。这一举措加强了王权，也使得骑士们摆脱了军事义务，转而从事和经营工商业、农牧业。

亨利二世在位30多年，国势强盛，并恃此同天主教会展开了斗争。他几次进行宗教方面的改革，想把英国教会完全置于自己控制之下，但均因罗马教皇和英国大主教的激烈反对而告失败。有趣的是，这个显赫一时的国王，最后栽在自己的儿子理查手中。

理查是亨利二世的第二个儿子，一生尚武好斗，奔波不定，有"狮心"之称。他打小就觊觎父亲的王位。还只16岁的时候，他就联合两个兄弟发动对父王的叛乱，很快被父亲制服。亨利二世饶恕了自己的儿子，令他去镇压阿奎丹地区叛乱，将功赎罪。当他羽翼丰满时，又一次发动对父亲的挑战，伙同法国新王腓力普二世打败亨利二世。1189年，亨利二世死去，理查加冕为国王。他在位共10年，大多数的日子都在外征战，待在国内的时间加起来不到半年，最后还死在国外。

1190年，他和腓力普二世联合发动第三次十字军东侵。性格暴躁的他，一路上与盟友争争吵吵。经过西西里时，他埋怨那里的国王不尊重他的妹妹、西西里前国王留下的寡后。后来又因娶妻之事和腓力普发生不睦。十字军到达巴勒斯坦后，他又与奥地利伯爵发生口角，硬把人家插在城头上庆祝胜利的旗帜强扯下来。1192年战局僵持，他和阿拉伯人领袖萨拉丁签订了停战协定。匆忙回国途中，落到了奥地利人手中。理查被关押了一年，最后由国内的贵族们凑足 10 万英镑才赎了身。回到国内后，看到英国在大陆的许多领地被法王腓力夺走，他又复起战心，对法国进行了连续 5 年的征战，恢复了不少土地。1199 年，他在一场小小的战斗中丧生沙场。

理查连年征战，几乎把国库掏空，但他一点也不在乎，为了钱可以不顾起码的统治道德。他不知羞耻地说："如果感到价钱合适的话，我将卖掉整个伦敦。"因此，亨利二世时代英国的强盛气息，到理查时明显下降，到理查的继任者约翰时更是每况愈下。

约翰是理查的弟弟，是亨利二世的第四个儿子。因为排行第四，所以轮到他时，亨利已拿不出多少封地给他，于是约翰便得了个"无地者"的外号。18 岁时，亨利让约翰去统治爱尔兰，他带了一帮轻浮的朋友随行，打了半年仗，以彻底失败告终，不但没有捞到半块地，而且自己也几乎是爬着回来。理查为王，率领十字军东侵时，约翰在家与法王腓力普共谋不轨，趁理查被囚之机发动叛乱。理查回国后，宽恕了这个已经 27 岁的弟弟，在弥留之际还指定他为王位继承人。

1199 年，约翰当上了国王。这是个治国无方的昏庸之君，可以说他集中了安茹家族所有的坏毛病，既虚伪又残暴，既自私又一意孤行。他所做的事，失败的多，可他却又极其自以为是。他发动了对法战争，结果一败涂地，几乎丧失了在法国的所有领地，得到了"失地王"和"软剑"两个外号。他干涉英国大主教的任命，与教皇发生了冲突。教皇强硬起来，他又赶紧屈服，承认英国为教皇的臣属，每年向教皇缴纳贡赋。这又使他的威信大大下降。他不顾已经形成的习惯，任意增加税收，动辄没收土地，处死反抗他的封建主，结果引起国人的普遍憎恨。为了保住王位，甚至还把自己的外甥杀掉。生活上他也毫无节制，最后竟然暴食致死。他是英国国王中最令人憎恶的一个，以后再也没有国王愿叫"约翰"这个名字。

约翰王治国无方，倒行逆施，引起了英国社会各个阶层的不满。当时英国还存在大封建贵族势力，他们本来就不能容忍王权的强大，国王昏庸的统治正好为他们提供了反对王权的机会和借口。1214 年，约翰在法国的战争由于骑士们厌战而失败。1215 年，国内由贵族发难，教会支持贵族，城市市民也表示拥护，发动了起义，起义者还占领了伦敦。为不使事态进一步发展，各个阶层共同搞了一个大宪章，由兰顿、马歇尔等人起草，25个男爵签字，约翰王签署批准。

《自由大宪章》的核心内容是限制国王的专横，保证社会中上层各阶级的利益。具体内容可归纳为四个方面。一、规定国王不得侵害英国教会的权利，不许干涉教会人员的选定，不得夺取教会的土地。二、国王除按照惯例征收贡赋外，不得向骑士和贵族征收额外的赋税，若国王有特殊需要，须征收额外税的话，必须经全体附庸大会通过同意。三、规定贵族享有同侪法庭的权利，贵族犯法时，只有与他同等爵位、同等权利的人才能审理。经过合法判决，国王不得任意处理。四、确认城市的自治权利，保障市民通商自由，规定全国统一的度量衡制度。

在当时条件下，大宪章的产生确实具有进步意义。它反映的是封建主阶级的整体要求，而不是某个贵族集团或地方割据势力的要求，从而体现了政治集中的原则。它虽然限制王权，但并不反对中央集权，这就有利于国家统一。它也承认了市民阶级势力的增长，承认了市民的一定权利，有利于工商业发展。虽然大宪章的某些规定被后来的资产阶级宪法所援引，但它实质还是封建性文件。

大宪章虽然调整了统治阶级之间的关系，但矛盾并未获得解决。约翰王第二年就死去了，继位的亨利三世当时只有9岁，政权操纵在贵族们手中。亨利三世成年亲政后，情况开始发生变化。他总是力图加强自己的权力，根本不愿意认真地实行大宪章。相反，他还向贵族征收新的赋税。1237年国王与贵族的矛盾再一次公开化。经过20年左右的断断续续冲突，终于酿成了一场长达7年的大内战（1258—1265）。

贵族集团的首领是西门·孟福德伯爵。他本是法国人，来到英国后，与亨利的寡妹爱琳娜坠入情网。经过亨利同意，两人秘密成婚。由于爱琳娜在前夫死时曾发誓保持贞洁，因此再婚引起了教会和贵族的强烈不满。亨利得罪了国人，便迁罪于孟福德，喜怒无常，有时骂孟福德是伪君子，诱惑了他的妹妹，有时又称赞孟福德工作做得好。孟福德也因此对亨利渐生隙意。1258年，亨利征战西西里的计划遭到贵族们拒绝，孟福德斗胆和其他6名贵族一道，武装晋见亨利，迫使国王让步，并由此掀起了反抗国王的"牛津运动"。

1264年，内战正式爆发，贵族中有一半支持国王，另一半则聚集在孟福德旗帜下，以伦敦为首的城市市民也支持孟福德。国王军队战败，亨利三世及儿子都做了俘虏。孟福德为争取人心，提出"英格兰属于英吉利人"的口号，反对有法国血统的英国国王。他自己虽未称王，但成了实际的最高统治者。

孟福德敢于"犯上"的行为，在全国引起了连锁反应，农民和市民的斗争继续高涨。这时，感到恐慌的贵族们转而支持国王同孟福德开战。孟福德战死，亨利三世重登王位。

孟福德叛乱时，为了取得英格兰贵族的支持，加强贵族与社会中上层的团结，于1265年召开了一次全国性会议，参加者有各个大贵族，有教会的高级人员，还规定每个城市派两名代表参加，每个郡派两名骑士参加。这是英国历史上第一次国会，成为以后国会的雏形。

1272年亨利三世死后，其子爱德华当上国王。爱德华倒是很欣赏国会这种统治形式，认为利用它可以更好地了解下情，治理国家。尽管骑士和市民态度都不积极，爱德华还是断断续续地召开过几次国会。1295年，为了筹集军费，同法国、苏格兰和威尔士开战，爱德华召开了一次像模像样的国会。这次国会仿效了孟福德国会的做法，也确定了以后国会的大致形式，因此历史上就把1295年这次国会称为"模范国会"，英国的国会制度正式产生。初时的国会，取得了批准赋税、公布法律、审判政治案件等权利，但还没有脱离国王的控制，国王往往就是国会的主席。

1340年左右，英国国会分成了上下两院。上院称贵族院，由贵族（男爵以上）和教会代表（大主教、主教、修道院长）组成；下院是平民院，由各个郡的骑士代表和城市市民代表组成。1343年，上院成员开始在王宫的白色厅堂议事，下院代表则在彩色会堂集会，下院还产生了第一个议长。

初期的国会，是国王同各社会等级联合进行统治的形式，国王还无力量实行专制，只有采取这种等级君主制的方式。后来，随着骑士和市民的势力增长，国会特别是下院便演变成反对国王的战斗堡垒。

12世纪—13世纪，发生在英格兰的另一个重大事情，那就是牛津大学和剑桥大学两所著名学府的出现。

牛津和剑桥两个城市都位于英格兰中部，均与伦敦相距100多公里。两者都因为拥有著名的大学而享誉世界。

牛津最初是一个临时政治中心，国王在此设有一行宫。11世纪末，这里出现了第一批讲学办教育的学者，一个叫西奥巴德的人至少教过60个学生。1133年，有个叫普伦的人在这里讲授神学课。1167年左右，当时的英国国王亨利二世同法国国王闹翻，坎特伯雷大主教柏克特便号召英国学者从法国返回英国办学，于是，以巴黎大学为样板创立了牛津大学，牛津因此而成为全国的文化和学术中心。

由于大学的开办，牛津很快就聚集了一批为学生服务的工商业者。为使师生免受商人们投机倒把、坑人谋利之害，学校变成一个保护性团体，与不法市民展开了斗争。1209年，一个市民妇女被教会僧侣所杀，市民们迁怒于学校，抓了几个大学生，并将其中2人送交国王处以绞刑。大学师生们强烈抗议，撤出了牛津。一部分人去了巴黎大学，另一批人则来到剑桥，创办了剑桥大学。

由于牛津大学停办，引起了教会特别是教皇的出面干涉。1214年，英王约翰又恢复了牛津大学。罗马教皇出于对学校安全的考虑，指定林肯郡主教派人担任牛津大学校长，牛津因而成为享有特许权的城市。后来，两所大学又逐步建立学院制，1249年创设大学学院，1261年创设巴利奥尔学院，等等。

当时，贵族子弟娇生惯养，不愿进大学受苦，因此初时的大学生要么是出身贫寒的农家子弟，要么是教士、骑士及市民的子弟，这样就广罗了社会上一批有前途的青年，培养了一代又一代的优秀人才。

13.4

吞并威尔士。征伐苏格兰。发动百年战争。罗拉德教派的鼓动，瓦特·泰勒大起义。百年战争败北

俗名"长脚杆"的爱德华一世，在位共35年（1272—1307）。在英国人看来，这是一个外扬国威、内治整肃的有作为君主。有人称他是金雀花王朝中最伟大的国王，有人说他是第一个真正的英格兰国王。因为政绩显赫，他还享有许多誉称。他吞并了威尔士，因而被称为"威尔士的征服者"。他发动了对苏格兰的战争，因而又称为"苏格兰的锤子"。他对内制订了许多行

之有效的法律，因之又誉为"英国的查士丁尼"。

吞并威尔士是爱德华一世在对外扩张中的最为得意之事。威尔士位于大不列颠岛西部，全区多为贫瘠的山地。盎格鲁—撒克逊人侵入不列颠时，残留的凯尔特人逃生到这里。后来，在英国内乱中失败的大小贵族们，也不断蚕食此地，而且还鼓动英格兰人前往移居。无地约翰时代英国王权下落，威尔士掀起了摆脱英国控制的民族复兴运动，北方斯诺登地区的卢埃林家族成为运动的核心。1267年，卢埃林被确认为威尔士亲王，俨然是威尔士众部落酋长的最高君主。

当爱德华要求卢埃林对他宣誓效忠时，遭到了拒绝。爱德华以此为借口，于1277年发动了对威尔士的第一次进攻。他率领15,000多名士兵，以绝对的优势打败了威尔士人，卢埃林俯首称臣。4年后，卢埃林之弟大卫又一次发起反抗，结果又被爱德华镇压。卢埃林被杀，大卫被捕后处以数马分尸之刑，并将尸体到处悬挂示众。1284年3月，被征服的威尔士按英国方式被划分成几个郡。由于爱德华之子爱德华二世正于这一年生于威尔士的卡封那，从此之后英国的王太子都要照例封为"威尔士亲王"。

爱德华一世在位的最后十年里，发动了对苏格兰的战争，但结局很不理想。

苏格兰也是凯尔特人迁居的地方，位于不列颠岛北部，多为高原和山地。7世纪时苏格兰开始独立发展，9世纪时联合成苏格兰王国。11世纪时，诺曼人势力侵入。12世纪—13世纪中，苏格兰各代国王与英国的冲突日益激烈，狮子威廉还在1174年被英国人俘获，不得不向英王宣誓效忠。亚历山大二世时期，苏格兰与英国的关系再度紧张，转向与法国通好。1249年亚历山大三世继位，作为英王亨利三世的女婿，两国维持了一段较长时期的和平。

1286年亚历山大去世，苏格兰爆发争夺王位的内战，有13个人提出对王位的要求，最后由英王爱德华一世仲裁给贝利奥尔。1295年，贝利奥尔想摆脱英国的控制，在丹麦的斡旋下，同法国结盟。爱德华恼羞成怒，以武力远征苏格兰取胜，还把苏格兰加冕石带回英国，自立为苏格兰国王。1297年，他又镇压了由华莱士领导的苏格兰农民和市民的起义。

但苏格兰人民并没有屈服，在一个叫罗伯特·布鲁斯的贵族率领之下再一次起义反抗英国侵略者。布鲁斯是一个坚强勇敢的战士，传说他经过六次

岛国的勃兴　377

战斗六次失败之后，隐蔽于深山密林之中。一个下雨天，他躺在房子里，耳听着雨点滴打着屋顶，眼盯着天花板出神。他看到墙角里一个大蜘蛛正在细心地织网，有一根线牵了六次都告失败，但第七次终于成功。"对！七次"，布鲁斯大受启发，跃身而起，带领留下的部队第七次出战，终于打败英国人。至于爱德华一世，则死在出征的路上。

爱德华一世死后20年，爱德华三世从他父亲爱德华二世手中接过王位。这又是一个在英国历史上倍受赞誉的君主，他最突出的行动就是发动了对法国的百年战争（1337—1453）。

爱德华发动战争的借口是要继承法国的王位。1328年，法国加佩王朝最后一个国王查理四世死去，无子继承。法国贵族便推选加佩王朝旁系华洛瓦家族的腓力普六世继承王位。而爱德华三世是法国老国王腓力普四世的亲外孙，他认为自己有王位继承权，因而也提出了要求，结果被法国人所拒绝。其时，英国在法国还占有许多领地，为这些地方英法间已发生了几个世纪的冲突。特别是法国北部和尼德兰西南部的佛兰德尔，因从事毛纺业而相当富裕，而佛兰德尔毛纺业所用的羊毛又主要来自英国，英国与之有非常密切的联系。若是这块地方被法国占领，必将危及英国利益。出于这两个原因，爱德华于1337年亲自带兵进攻法国，由此开始了英法百年战争。

爱德华三世在位时（1327—1377），英国在百年战争中大占上风。双方共进行了4次大的战役，即1340年的埃克吕斯战役、1346年的克雷西战役、1347年的加来战役、1356年的普瓦提埃战役，最后都以法国惨败、英国胜利而告终。在最后一次战役中，英国黑太子爱德华选择了有利地形，瓦解了法国骑兵的进攻，并用长弓手隐蔽射击，法军伤亡惨重，国王约翰及其幼子都被英军捉拿。1360年法国被迫签订布雷蒂尼和约，承认英国对阿奎丹等地的领有权。约翰答应向英国交纳巨额赎金而获释。约翰回国后无力筹足这笔钱，倒是很讲信用，返回英国再当囚徒，最后老死在那里。

百年战争进行之际，1348年，英国流行了可怕的黑死病，全国人口死掉将近一半。但统治者仍然我行我素，不顾民众死活，对内实行高压政策，对外继续进行战争。人民群众强烈不满，首先以宗教形式表现了出来，产生了称为"罗拉德派"的宗教异端，以要求进行天主教改革为号召，代表人物是威克利夫和约翰·保尔。

威克利夫是牛津大学神学博士和教授。他认为国王和王国都是直接从上帝那里得来的。意思是说,国家同罗马教皇、罗马教会都没有什么关系,实际上就是主张英国脱离罗马教皇控制,建立英国的民族教会。他还主张剥夺教会的财产,使教产世俗化。这样做的目的就是要让所有的教会人员过清贫

图 13-1
百年战争中英军使用长弓获胜

图 13-2
威克利夫布道

的生活，从而提高宗教热情，一心一意修道。威克利夫这种主张符合中下层人民的要求，也对大封建贵族有利，他们渴望将教会财产据为己有，因而经常保护甚至陪同威克利夫传道。教皇曾经大动肝火，发出五道传谕要逮捕审判他，由于市民支持，国王与王太后出面保护，威克利夫一直安然无恙。只是在他死后30年，教会才得以发泄心头之恨，掘其墓焚其尸扬其灰。

约翰·保尔的思想更为激进，他不但主张废除教会征收的什一税，没收教会财产，而且还反对现存不平等的社会制度。他向农民宣传："现在英国的光景很坏，将来也好不了，除非一切都变为公共的，没有什么农奴，也没有什么贵族。""在亚当种地、夏娃织布的时候，谁是贵人啦！"

罗拉德派的宣传，推动了农民斗争情绪的高涨，导致了1381年英国爆发大规模的农民起义。

英国政府颁布"劳工法"，是导致起义的直接原因。由于战争灾难、瘟疫流行，劳动力紧缺，生产下降，粮价猛涨，政府多次颁布法令，规定凡是没有土地的人，12岁以上，60岁以下，不分男女，必须像以前一样受雇佣。若擅自离开，捕获之后就要施以刑罚，关进监狱，甚至还要在脸上烙上痕印。1380年，政府随意大幅度提高人头税征收，把已经处于绝境的人民推向火坑，一场酝酿已久的起义终于爆发。

5月，起义者首先在东南部发难，很快扩及全国大多数郡。起义主要领袖瓦特·泰勒，是肯特郡的一个乡村泥水匠，因女儿被恶霸凌辱而逼上梁山。6月初，起义军攻下坎特伯雷，放出约翰·保尔，并推举为领袖之一。6月中旬，起义队伍攻下伦敦，释放监狱囚犯，火烧贵族住宅。国王理查二世吓得躲进伦敦塔里。14日，他出来和农民进行第一次谈判。农民们要求废除农奴制度，确保贸易自由，大赦起义者。理查满口应允，立即颁布批准书，一部分对国王存有幻想的农民于是走散回家。以瓦特·泰勒为首的一些贫苦农民未轻易上当，15日又在郊外田野进行第二次谈判，提出了更激进的要求。这时，跟随在国王身边的贵族及城市上层的代表，突然掏出短刃，向农民代表发起袭击，瓦特·泰勒被伦敦市长刺死。随后他们又哄骗等候在外围的农民，说已经答应了要求。农民们各自回家时，被他们一一追杀，约翰·保尔被捕牺牲。

农民起义虽然失败了，但对英国历史却有重大影响。许多农奴在斗争中获得自由，到 14 世纪末，英国农奴制基本消灭。

农民起义爆发之时，英国在百年战争中亦连连失利。1396 年，双方签订 20 年的停战协定。国内贵族与国王的矛盾开始激化。1399 年，兰开斯特家族的亨利趁国王在爱尔兰征战之机发动政变，推翻理查二世（黑太子之子，1377—1399）的统治，建立兰开斯特王朝（1399—1461），为亨利四世。

1413 年，其子亨利五世继位。此时国内政治形势因对罗拉德教派的残酷镇压而极不稳定。为了转移视线，亨利五世趁法国发生内乱之机，于 1415 年率领骑步兵 4 万余人，侵入法国，两国再度开战。

战争之初，英军在国王的亲自统帅下，通过阿然古一役，仅以 8000 人就取得对法军的重大胜利，打死对方十多个大贵族，4000 多名骑士。1419 年占领重镇鲁昂。1420 年，勃艮第公爵代表精神失常的法王查理六世，与英国签订《特鲁瓦和约》，英国据此控制法国北方，法国王太子逃往南方，形成了南北对峙的局面。

1422 年亨利六世继位，再次发动对法国南方的战争。英国的侵略和残暴的统治，激起了法国人民的抗英斗争高潮，涌现了一批批英勇的爱国者。1429 年，著名的法国女英雄贞德指挥军队在奥尔良大败英军。她的爱国主义精神大大鼓舞了全国人民，社会各阶层、各派别抛弃前嫌，团结在法王查理

图 13-3
1381 年英国农民起义

七世周围，掀起抗英斗争的新高潮。1436 年，查理七世打回巴黎。1450 年，法国收复诺曼底。到 1453 年，英国在法国所占的土地除一个加来港外，其余全部被法国人收复。历经 117 年的这场战争最后以英国人失败而告终。

13.5

红玫瑰和白玫瑰。都铎王朝的建立。"至尊"的国王。理想的《乌托邦》。"羊吃人"的运动。民族工业毛纺业。血腥玛丽女王

兰开斯特王朝建立时，同是王族的约克家族极为不满。1450 年，它策动骑士凯德起义，结果遭到镇压，凯德也被处死。1453 年，英国在百年战争中最后失败，同时国王亨利六世又精神错乱，无法再执政。约克家族便以此为借口，发动了内战。兰开斯特家族以红玫瑰为标徽，约克家族以白玫瑰为标徽，历史上称为红白玫瑰战争，历时 30 年之久（1455—1485）。

1455 年的圣阿尔班战役，标志着战争的开始，约克派首先取胜。1460 年约克公爵理查失败被杀，兰开斯特派一方将他的首级戴上纸制王冠，悬于城墙示众。但约克派历来实行比较宽大的统治政策，所以更得民心。当兰开斯特方战胜理查南下时，伦敦城门紧闭，而理查之子爱德华赶到伦敦时，则受到各界人士的欢迎。1461 年，19 岁的他宣布自己为国王爱德华四世，随即又在陶顿等战役中多次打败红玫瑰军队，并俘虏原国王亨利六世。1471 年，他又平定沃里克伯爵的叛乱，再次战胜兰开斯特家族，杀掉亨利六世及他的儿子。爱德华是一位有统治手腕和政治头脑的君主，他果敢地摆脱了议会的干扰，实行专制君主制度。为了同法国搞好关系，他允许法王赎走了亨利六世之妻玛格丽特，她原本是法国一贵族之女。

1483 年爱德华四世死去，约克家族内部又为争夺王位而发生冲突，战火再起。结果渔翁得利，兰开斯特家族的远亲都铎家族的亨利七世在博斯沃思战役中推翻约克王朝。1485 年，战争结束，都铎王朝建立。红白玫瑰战争的意义在于，战争双方互相厮杀，两败俱伤，旧的封建贵族大部分被打死，有

利于新王朝在新贵族支持下加强王权。

从封建王族的世系来看，亨利七世是没有资格当国王的，他自己也深知这一点。为了笼络失势的约克家族，亨利七世做出了一个大胆决定，就是娶爱德华四世的女儿伊丽莎白为妻，标徽采用红白两种玫瑰，以示调和。但不服从亨利七世统治、对王位提出要求的贵族大有人在。所以，亨利七世统治初年，主要就是同这样一些人做斗争，巩固都铎王朝的地位。

1486年，他首先镇压了前国王的宫廷总管洛维尔勋爵的叛乱。9月，正当他沉浸在大儿子出生的喜悦之中时，约克派的贵族又发生了叛乱。他们捧出一个假的爱德华六世，在爱尔兰贵族的支持下，还雇佣了2000个德意志兵。1487年6月从兰开夏登陆，向约克郡进军，结果在诺丁汉郡的斯托克村遇到国王的军队，被打得一败涂地。五年后，约克派又弄出一个法国商人，冒充爱德华四世的儿子理查，要求继承王位。支持假理查的还有西欧各个大国的君主。法国的查理八世、奥地利的哈布斯堡王朝皇帝马克西米连、尼德兰统治者腓力都不怀好意地怂恿假理查叛乱。1496年，苏格兰国王甚至还直接出兵帮助他。1497年，假理查率军进攻西南部的埃克塞特，全军覆没，他本人被俘后游街示众，最后以叛国罪被绞死。为取得有利的国际地位，亨利七世还展开婚姻外交，让长子亚瑟娶了西班牙公主凯塞琳为妻。

亨利七世还设立"星室法庭"，专用于镇压旧贵族。到他统治末年，全英国的旧贵族只剩下一个公爵。他还置国会于自己的进一步控制之中，使都铎王朝真正确立了专制王权制度。

王权加强后，英国国王又试图摆脱罗马教皇对英国的控制。由于国家的统一，英格兰人的民族意识迅速增长，不能容忍外来势力过多地干涉英国事务。随着欧洲宗教改革运动的深入，英国新兴的资产阶级也要求在本国建立廉俭教会。所有这些，推动了国王亨利八世实行自上而下的宗教改革。

改革的起因是当时的罗马教皇不批准亨利八世的离婚请求。亨利八世的王后凯塞琳是西班牙公主，原配与亨利之兄亚瑟，婚后不到半年亚瑟便死了。1509年亨利八世继位，遵照父命与比他大6岁的凯塞琳结婚。1527年，亨利八世与王后侍女波琳相好，以凯塞琳未育男嗣、不利王位继承为由而提出离婚。教皇屈从于西班牙国王兼德意志皇帝查理五世的压力，没有同意。亨利趁机发起了宗教改革。

　　1529年11月，亨利召开第一次宗教改革会议，开始对国内的天主教会施加压力。1533年，亨利八世控制大主教，通过他宣布与凯塞琳的婚姻无效，正式与波琳结婚，公开和罗马教皇决裂，禁止英国教会向罗马教廷纳贡。1534年，由国会通过《王权至尊法案》，规定英国的教会从此独立，称为"安立甘教"，即国教，英王是国教教会的最高首脑，不承认罗马教廷的最高权力，这样，亨利八世终于摧毁了罗马教皇对英国的统治，不过新的国教并没有对天主教的教义有任何改变。

　　从1536年至1539年，亨利八世下令解散和关闭全国的600多所修道院，将占全国耕地六分之一的修道院土地全部没收，赏赐给亲信，或廉价出售，而原来耕作修道院土地的农民则被赶了出来，成为流离失所的人。

　　亨利八世进行宗教改革时，国内也有许多反对者，其中一人就是托马斯·莫尔。这个空想共产主义最早的奠基人，出身于大官僚家庭，青年时代专攻法律。亨利八世继位后，莫尔担任过伦敦市政官，驻外使节以及下院议长、大法官等重要官职。对亨利离婚再娶、进行宗教改革，莫尔一直持有异议，而且还公开表示反对意见，结果在1535年被定为言论叛国罪而处死。

　　作为英国的人文主义学者，莫尔写下了著名的《乌托邦》。"乌"意为"无"，

图13-4
托马斯·莫尔

乌托邦也就是"没有的地方"。全书共分两部分。第一部分着重揭露现实社会制度的罪恶，抨击英国当时的社会不平等现象，抨击圈地运动是"羊吃人"的运动，提出废除私有制，建立公有制。

书的第二部分提出了他所理想的国家模式，叫作乌托邦，意为"乌有之乡"。乌托邦是一个岛国，财产公有是乌托邦的最大特点，由于产品非常富足，所以实行按需分配。在乌托邦里，除了少数的管理人员和研究人员外，每个人都必须从事有益的生产劳动，每天劳动 6 小时。生产劳动部门一是农业，二是手工业，都是基本生活品的生产，奢侈品和工艺品是禁止生产的。每一个公民都必须在农村住上 2 年，耕种土地。乌托邦由一些有严格规划的城市组成。城市人口要控制，不得超过 6000 户、10 万人，城区有功能的分工，街道也整齐化。乌托邦人民特别重视卫生健康，有完善的医疗卫生设施，也有环境卫生设备。每人每天还搞一小时的娱乐活动。学术研究和国民教育也在社会生活中具有重要地位。

乌托邦确实不错，但莫尔没指出实现这一理想社会的途径，所以只是空想而已。

所谓"羊吃人"的圈地运动，是从 15 世纪末开始的。圈地运动发生的原因很简单。英国本是一个养羊大国，每年有很多的羊毛供出口。在 15 世纪中

图 13-5
围圈起来的英国牧场

期，由于政府鼓励毛纺业的发展，英国由一个羊毛输出国转变为毛呢输出国。毛纺业的深入发展，特别是乡村毛纺业的普遍兴起，刺激了羊毛价格的提高，养羊变成一桩非常有利可图的事情。那些大土地所有者把土地圈起来变成牧场，或者自己经营，或者租给别人经营。圈起来的牧场一般都有很大规模，往往可养上万只的羊群。

圈地首先是从圈占和掠夺农村的公用地开始的，包括柴林、牧场、草地等，许多茅舍小农因此丧失生计。接着又圈占自由农民的份地。结果，大批村庄被毁灭，农民大破产，离开土地到处流浪。圈地运动一直进行到18世纪，对英国资本主义发展起了刺激作用。

但从土地上赶走的农民命运就很悲惨了。他们到处流浪，使政府税收减少，兵源减少，社会动荡不安，因此国王最初想限制圈地，到后来却颁布许多法令来迫害流浪者。1530年，规定除丧失劳动能力者外可发给特许证，其余人都不得讨饭当乞丐。1536年规定，凡第二次流浪被捕者，要割去半边耳朵，第三次再被抓的话就要处死。以后还规定，凡拒绝劳动的人，要让他去作奴隶，脸上还要打上"S"字样。

圈地运动和政府的血腥立法，逼得农民无生存的机会，所以纷纷揭竿而起，掀起反圈地斗争。其中1549年发生在诺福克郡的罗伯特·凯特起义是最有影响的。

进入16世纪后，英国毛纺工业又得到很大的发展，从业人口达到百万以上，占了英国总人口的三分之一到二分之一左右，毛纺业成为英国名副其实的民族工业。毛纺产品除了满足国内所需，大部分优质呢绒向国外市场输送，为英国换取大量的财富。

毛纺业主要在乡村地区发展。从15世纪至18世纪，英国有三大毛纺业中心地区。一是东盎格利亚，二是西南部各郡，三是北方约克郡的西莱丁地区。控制毛纺业的多为商人资本家和呢绒制造商，进行生产的则有乡村妇女和小孩，以及农闲时节挣钱补充家用的男劳动力。乡村毛纺业的主要生产组织形式是"家内制"。商人资本家将羊毛或毛纱等原料发给生产者，生产者在自己的家里，用自己的工具，按照商人提供的规格，将羊毛纺成纱，将毛纱织成布。产品完成后，按期交给商人，领取计件工资。

在乡村毛纺业发展的基础上，逐渐在一些新兴城镇出现一些大的集中手工工场。纽伯里的约翰·温奇库姆就是这样一个大工场老板，当时有歌谣称他的工场中有一千多工人：

> 一屋宽且长，织机二百张，织工二百人，排列成长行……旁有一巨室，女工共百人。欢笑且整梳，歌声冲霄云。附近又一室，少女二百人……少女体轻盈，纺绩辛且勤……户外又一屋，贫儿一百五。列坐检细毛，不敢辞劳苦……又有八十人，将呢加浆洗。染工八十人，各将颜色施……

温奇库姆因经营毛纺业而远近驰名。有一次国王亨利在路上遇到了他运输呢绒的马车队，惊叹道："哟，纽伯里的杰克这小子比我还富有！"

1547年，亨利八世去世，新继位的爱德华六世不过10岁，由舅父萨默塞特公爵担任护国公摄政。爱德华六世的统治不过6年时间，除了自任英国教会的领袖外，还在教义、教规等方面实行了一些新的主张，反对偶像崇拜，用白色作为教堂的基本色，废除天主教的祈祷书等等。1553年还提出在教义和仪式方面的"四十二条款"，浸透了新教思想。一时间，英国出现新教思想异常活跃的局面，亨利八世时期逃往国外的新教徒纷纷返回英国，还带回了路德、加尔文等新教派别的教义。

1553年夏，16岁的爱德华因患结核病死去，他的大姐玛丽继承王位。玛丽的母亲正是那位被亨利八世所遗弃的西班牙公主凯塞琳。玛丽生性骄横固执，而且因为母亲是受害者的缘故，她对宗教方面的革命非常厌恶，是一个狂热的天主教徒。继位时玛丽已是一个37岁的老处女，便和当时正失偶鳏居的西班牙国王腓力二世结成秦晋之好。结婚后玛丽未能生育，有一次错把腹部水肿当成怀孕，洋相百出。她还追随腓力二世参加西班牙对法国的战争，结果大败而归，英国在大陆的最后一个据点也丢掉了。玛丽荒谬地认为，她的种种不幸是神的报复，是神对英国境内仍有新教徒活动的一种惩罚，因此，她便疯狂地迫害新教教徒，大加杀伐，处死300多人，包括有新教思想的妇孺老幼，其中还有一些著名的新教头面人物。因此她有"血腥的玛丽"之称。

临死前玛丽的态度似乎有所好转，但英国人民不能饶恕她的罪行。1558年11月玛丽病死，整个伦敦市都响起了欢庆的钟声。

13.6

童贞女王。"海狗"将军。贸易与殖民。伦敦的崛起。不朽的莎翁

玛丽死后，王位由她的同父异母妹妹伊丽莎白继承。伊丽莎白的母亲安妮·波琳，原为王宫一侍女，因此她一出生便遭到王族的白眼和欺凌，命运坎坷。爱德华六世时，她几遭怀疑；玛丽执政时，她还被关进伦敦塔监狱，生病了玛丽还不让御医去诊治。但她是纯种的英国人，受到了广泛的拥戴。当她25岁登基时，全国上下一片欢腾，伦敦市民还把桌子搬到街上，开怀痛饮庆贺。伊丽莎白没有愧对人民的期待，在她统治的45年里，英国进入了历史上第一个强盛时代。

图 13-6
伊丽莎白一世女王

执政之初，伊丽莎白便改变前几任国王在宗教方面的极端做法。她不像爱德华六世那样偏袒新教徒，也不像玛丽那样镇压新教徒，而是在两者之间求得和谐。她虽继续奉行宗教改革，但也对天主教徒采取宽容政策，让新的教义具有很大的伸缩性和包容性，绝大多数国民都感到满意，国内政局一直稳定。

对外她进行了反对西班牙的斗争。她继位后，西班牙国王腓力二世又循旧例向她求婚，被她拒绝。腓力二世恼羞成怒，转而支持苏格兰女王玛丽争夺英国王位。伊丽莎白最后设法将玛丽处死。她还大力支持海外殖民贸易活动，甚至半公开地支持本国海盗豪金斯和德雷克抢劫西班牙的商船，这样终于与西班牙爆发了正面冲突。1588年她的海军在英吉利海峡击败西班牙"无敌舰队"，摧毁西班牙的海上霸权，英国开始成为一个世界强国。

伊丽莎白的私生活充满传奇色彩，她终身未嫁，但也有过数度热恋。她追求过年龄小她一半的法国王子阿朗松，痴情于大臣达德利，宠幸过贴身警卫哈顿、风流倜傥的罗利、年轻的伯爵埃克塞特，但最终无一成功。

作为后起之国，英国当然不可能允许西班牙独霸海洋，因此伊丽莎白的英国开始了大规模的海外贸易和扩张活动。受到政府支持的两个大海盗豪金斯和德雷克，在这一活动中扮演着主要角色，人们称他们为"海狗"。

豪金斯是英国最先从事非洲黑奴贸易的人。1562年，他从西非强捉黑人送到美洲，然后再从那里将甜酒运回英国牟利。在后来的贩奴活动中，连伊丽莎白女王也占有股份。女王还动用海军战船为豪金斯护航，豪金斯则利用这种支持进行抢劫。1568年，豪金斯船队在西印度群岛停靠时，遭到西班牙军队的袭击，仓皇逃回国内。伊丽莎白女王闻讯，立即没收西班牙船运送的军队饷银15万磅作为报复，英西关系从此恶化。豪金斯后来奉女王之命建设英国海军，还得到了海军上将的衔位。

德雷克是豪金斯的表弟，早年跟随豪金斯从事三角贸易。1570年以后开始独立远航美洲，兼做海盗勾当，夺得了大量的战利品。他发现西班牙人在美洲运输白银的通道后，决心进行一次环球航行。他于1577年冬天出发，斜穿大西洋，沿南美东海岸南下，到达最南端的麦哲伦海峡时，只剩下他自己的坐舰。然后又沿美洲西海岸北上，不时上岸抢劫陆上的金银矿，最后到达

岛国的勃兴　389

北美的西海岸，再往西航穿太平洋，1580年回到英国。德雷克此次环球航行，掠夺了大约价值50万英镑的财富，其中三分之一给了伊丽莎白。1581年，女王亲临德雷克的坐舰予以嘉奖，授给他骑士称号。后来他也成了一名海军上将。

16世纪里，英国政府也像欧洲其他大国一样，为了谋求国家的富强，实行了重商主义政策。在他们看来，国家要想强，就必须先富起来，而商业贸易正是促使国家富裕的重要手段。早期的重商主义表现为重金主义，主要做法是加强对外贸易，输出货物，换取金银贵金属流入，增加国内财富。

英国的主要出口品是毛纺品，每年输出要达10万匹。此外还有许多有特色的产品，如西部伯明翰和设菲尔德的金属刀、锁，伦敦的肥皂和玻璃等，也向国外市场输出，伦敦是主要的出口贸易港口。由于16世纪欧洲国际商业中心从地中海转移到大西洋区域，英国便处在一个非常有利的地理位置上，既成为欧洲大陆通向美洲的门户，也是欧洲南北交通海上航路的枢纽，国际地位越来越重要。为充分利用这一优势，从16世纪后期起，英国商人获得国王特许，建立了许多海外贸易公司。1554年最先成立莫斯科公司，专营对俄国的贸易。1579年成立东陆公司，专营波罗的海贸易。1581年成立利凡特公司，专营地中海东岸贸易。1588年成立几内亚公司，专营非洲贩运黑奴三角贸易。1600年成立东印度公司，专营好望角以东各国的贸易。这个公司后来成了英国侵略印度的大本营。

哥伦布发现美洲后，英王也支持了海上探航活动。1497年，卡波特从英国出发，横跨北大西洋，到达北美洲东北岸。1553年，威罗贝沿挪威海岸北航，绕过北欧半岛来到俄罗斯北境。17世纪初，哈得逊北航，到达格陵兰和今天的加拿大哈得逊湾一带。16世纪后期，英国开始建立海外殖民地，1583年侵占纽芬兰，1584年在北美建立第一个殖民地弗吉尼亚。

进入16世纪后，伦敦借助大西洋商业区的形成，迅速成为英国通向国际市场的主要窗口，成为国际市场体系中的重要中心。英国进出口贸易的80%以上通过伦敦进行。伦敦也是一个主要的国际贸易转运中心。在正在形成中的世界市场上，到处都可以找到伦敦商人的身影，伦敦也成了英国外贸商人和海外贸易商人的大本营。在国内，形成了以伦敦为核心的统一市场和民族经济体系，国内各地商品朝伦敦源源送来。伦敦商人资本则深入全国各地，投资工商业。总之，伦敦完全成为英国的巨大经济中心。

伦敦人口的增长速度更是惊人。16世纪初伦敦还只有5万人，到16世纪中期则翻了一倍，达到10万人，到16世纪末又翻了一番，达到20万人，成为当时欧洲仅次于巴黎的特大城市。1500年时，伦敦人口只比第二大城市诺里季多4倍，1600年则是诺里季（仍是第二大城市）的18倍。伦敦的财富增长更突出。不包括王室和贵族，光伦敦市民财富就等于全国所有城镇的财富总和。因此，在16世纪英国人与法国人的一场辩论中，法国人讥笑说："在你们英格兰，除了伦敦，其他没有地方称得上城市"。17世纪初，英王詹姆斯一世也不无自嘲地说，伦敦"真像是一个佝偻小儿的硕大的头"。

更重要的是，由于市民力量的强大，伦敦成了英国资产阶级反对封建君主的战斗堡垒。

随着政治经济的崛起，英国文化开始在西欧有越来越大的影响。乔叟（1340—1400）是英国第一个伟大的文学家和诗人、英国民族文学的奠基人、文艺复兴运动在英国的早期代表。

乔叟出生于一个官商家庭，和王室有较多联系，曾当过宫内侍童。在法国作战被俘时，也由国王出资赎回。结婚后，他的妻子又是宫内女官，他本人也多次代表政府出使大陆。他担任过多种公职，因而接触社会面广，熟悉自己时代的各方面情况，对现实有深刻了解。他还有一段访问意大利佛罗伦萨等城市的经历，据说还会见过人文主义诗人彼特拉克，他的作品《坎特伯雷故事》显然也受到了薄伽丘《十日谈》的较大影响。

他的作品很多，《坎特伯雷故事》是其代表作。书中谈到他加入了去坎特伯雷朝圣者的队伍，朝圣者决定用讲故事的方式来打发路途的寂寞，他记下了24个故事。他首先刻画了各个朝圣者的面孔和性格，展示了社会上教士、骑士、农民、学者、律师、医生、商人、水手、工匠、磨坊主等芸芸众生相。他特别鞭挞了那些面善心恶、假仁假道的教会人物。一个修道士居然好吃烧肥鹅。一个女修道院院长竟把"爱情战胜一切"作为座右铭，教会堕落已到何等地步。他也讽刺了世俗社会中的贪婪者。一个商人之妇年纪不小，其貌不扬，耳聋牙稀，已有过5个丈夫，却还想得到第六个。他赞扬了正直的农夫、勇敢的骑士以及有上进心的小地主。

岛国的勃兴

朝圣者讲的故事丰富多彩。有的谈到了金钱带来的罪恶，有的颂扬了机智的人物，也有爱情故事，更多的是涉及夫妻关系和在家庭中的地位，读来令人忍俊不禁，掩卷又可长思回味。

莎士比亚（1564—1616），是世界上最伟大的戏剧作家之一，英国历史上最伟大的戏剧家和诗人。他一生创作了无数作品，发展了英国的十四行诗体形式。他写下37部剧作，都是可传万代的作品。他的戏剧分为喜剧、悲剧和历史剧三大类。

莎士比亚在他创作的第一时期，以写作喜剧和历史剧为主。所有的12部历史剧，莎士比亚都赋予了深刻的思想内容，反映新兴资产阶级的要求，反对封建割据和封建贵族势力的内讧，关心民族命运，维护国家统一。反对暴君和昏君，要求有一个开明的君王，来引导国家走向富强昌盛。他在历史剧中批判了英国历史上的一系列君主，实际上就是在歌颂当时正在把英国引向强大的伊丽莎白女王。他的历史剧还反映了广阔的历史场景，深刻地描绘了历史人物众生相。除帝王将相外，还塑造了一系列普通人物，有士兵、农民、市民，也有仆役甚至流氓强盗。

图 13-7
莎士比亚

莎士比亚的喜剧，则反映了英国市民阶级当时的喜悦心情。他从人文主义角度出发，歌颂仁爱精神，宣扬个性解放，所描写的故事曲折起伏，刻画的人物栩栩如生。著名的喜剧作品有《仲夏夜之梦》《威尼斯商人》《无事生非》《皆大欢喜》《第十二夜》等。有些故事早已家喻户晓。如《威尼斯商人》写到，商人安东尼奥为帮助好友巴萨尼奥，向高利贷者夏洛克借了一笔钱，夏洛克要求按期归还，否则要割掉安东尼奥身上一磅肉。期限到时安东尼奥果然不能还债，夏洛克硬要割走一磅肉。这时巴萨尼奥之妻鲍西娅扮成律师出庭，要求夏洛克只能割一磅肉，不能多割也不能少割，不能流血、更不能伤其性命。夏洛克一听就傻眼了，只好收回自己的无理要求。

莎士比亚的文学成就以悲剧为最高峰。除塑造了爱情的献身者罗密欧和朱丽叶等文学形象外，最重要的有"四大悲剧"。

《哈姆雷特》：哈姆雷特是丹麦的王子。他的叔父克劳狄斯设计毒死他的父王，并娶了他的母后。父亲的鬼魂托梦告诉他实情。哈姆雷特决定伺机复仇。由于心切，他错把自己恋人的父亲、大臣波洛涅斯杀死，结果恋人疯癫自尽。国王克劳狄斯则挑拨波洛涅斯之子雷欧提斯报杀父之仇。结果在最后一场比剑中，哈姆雷特、雷欧提斯、国王、王后全都同归于尽。仇虽报了，但哈姆雷特也逃不出残酷无情的黑暗现实。

《奥赛罗》：奥赛罗是个北非人将军。他坦率、天真、单纯、正直，是一个相信人的人。一次出征中，他把副将职位给了凯西奥，结果遭到另一个军官伊阿古的忌恨。伊阿古诬称奥赛罗之妻与凯西奥有私情，并设计一个场面故意让奥赛罗发现，奥费罗气极，将妻子掐死。奥赛罗沦为一个"正直的凶手"，本出于人际间应真诚相待的愿望，在现实面前只能碰壁。

《李尔王》：李尔王是古代不列颠的国王，他把国土分给三个女儿。长女和次女阿谀奉承，都得了国土。三女考狄利娅出言率直，触怒了李尔，因而远嫁。长女次女后来忘恩负义，使李尔王变疯。考狄利娅兴兵讨伐，最后惨遭失败。剧本明显地表现了正义不能伸张的社会悲剧。

《麦克白》：麦克白是苏格兰大将，出于野心，听信女巫之言和妻子怂恿，杀死国王篡夺王位，但最后也被镇压。麦克白成了一个虽对国家有功，但野心膨胀走向犯罪自取灭亡的悲剧人物。

岛国的勃兴　393

第十四章

六边形之国
法兰西民族的凝聚

14.1

法兰西：六边形之国。加佩王朝："法兰西岛"？旧城与新镇。"白风帽"与"牧人"。路易九世改革。三级会议与等级君主制

　　法兰西，西欧最重要的国家之一，长时期内居于大陆欧洲的领导地位。
　　除了伊比利亚半岛外，法国是夹于地中海和大西洋之间的唯一大陆欧洲国家，标新立异的地理学家们，甚至将其称为"法兰西地峡"。55万多平方公里的国土，近乎一个规则的六边形。东边耸立着巍峨的阿尔卑斯雪山，西南绵延着比利牛斯山脉，东南、东北和西边都是低平肥沃的大平原。从国土中部的中央高原上，一条条水量充足的河流呈辐射状流向大海。很早的时候起，法国这块土地上社会发展就呈现出区域性特点，各个地区之间不平衡；特别是南方和北方之分，在法国人心中从来就有着非常明晰的概念。
　　温暖湿润的气候，使这块土地很早就成为人类栖息的家园。而将蛮人初民带进文明社会的，则是罗马统帅恺撒对这个"高卢"地区的征服。从克洛维到查理大帝，它是法兰克王国的中心区。作为独立国家出现，则始于843

年凡尔登条约之后的西法兰克王国。应引起注意不让人造成错觉的是，西法兰克并非法兰西。法兰西国家之名称是从 10 世纪开始的。

9 至 10 世纪，北欧诺曼人大规模地入侵西法兰克。王国境内遭到前所未有的大破坏，城乡居民流离失所，耕地大面积抛荒。加洛林王朝抵抗不力，威信一落千丈。而加佩家族则率众殊死抵抗，特别是 885 年，他们解救了巴黎之围，声望顿时鹊起。一个世纪后，987 年，西法兰克国王路易死而无后，法兰西公爵休·加佩被诸多贵族拥立为王，加佩王朝的统治（987—1328）正式开始。也就是从这时起，才有了法兰西国家之谓。

加佩王朝建立之初，法国仍然处于四分五裂的割据状态，国王的权力极为有限。他虽然名义上是法国的最高统治者，但实际只能管辖自己那块从南到北的狭长领地，以巴黎为中心的塞纳河至卢瓦尔河的河间地区，所谓"法兰西岛"，总面积不过 3 万平方公里，只及其时全国土地的十五分之一。

即使是在这块直辖领地上，国王也没能充分行使自己的权力：隶属于他的那些小封建主、小领主，并不那么服从他。他们建城堡，设关卡，拦路抢劫，甚至还敢与国王作对。史书上说，蒙特赫利城堡的领主就几次与国王相争，以至于国王腓力一世颇有点无奈地说，这个城堡使他未老先衰了。

这个时候，法国的政局有此一说：北方的小国王，南方的大诸侯。确实如此，当时法国的大小公国、伯国几十个。最大的有佛兰德尔伯国、诺曼底公国、安茹伯国、香槟伯国、勃艮第公国、波尔多伯国、布列塔尼公国、阿奎丹公国、土鲁斯伯国等。

从全国来讲，各地的大领主在政治上、经济上都是独立的，脱离了中央政权，名义上虽是国王的附庸，实际上不向国王尽任何义务，甚至还向国王挑战，一些南方诸侯还看不起加佩家族，称其为"北方的野蛮人"。各大诸侯之间亦相互混战。无疑，这样一种状况是封建制度发展的结果：大地产制和自然经济加剧了割据和分裂。

由于战争频繁，以战争为生的骑士阶层也成长起来，这些小封建主在自己的领地上大建城堡。大约从此时起，整个西欧大地上城堡林立，法国更然。起初，城堡多用木头建造，这显然容易遭到火攻，因而后来发展为用石头建造。今天我们看到西欧残存的中世纪古堡，多建于田野之中，也有在山林深处，这是领主们为了便于统治领地。不要以为城堡作为住宅有多么美妙，其实内部空间简陋得很。史料说，领主的卧室多在二楼，一张床，一个小柜，一盏昏暗的油灯，就是房中的全部设施。

不过，骑士们平时在城堡里花天酒地，无聊时则带着从属出来打家劫舍，惹是生非，以此为取乐之法。

相比之下，国王的境况倒要可怜得多。国王没有自己固定的宫殿，一年四季带着随从武装，从这个领地流到那个领地，甚至于还有国王跑到诸侯领地上替别人打仗。有一个国王就曾在诺曼底公国当兵。有时，潦倒的国王干脆拦路抢劫。这些都说明这时还没有形成什么专制王权。这种状况一直持续到11世纪末才有所改变。

随着农业生产力的提高，农产品开始有剩余，这就使一部分劳动力脱离土地从事专门的工商业活动成为可能。这样，在政治军事要地和文化宗教中心，在交通便利的地方，旧的城市开始复兴，新的城镇逐渐兴起。从11世纪末至12世纪，是法国城市发展的重要时期，许多著名的工商业城市出现了。在南部的地中海沿岸，有马赛等商业贸易城市；在北部，佛兰德尔地区城市成为名遐欧洲的毛纺业中心；在诺曼底，城市麻纺业特别发达；在西南部，随着葡萄种植和酿酒业的发达，形成了波尔多和图卢兹等大城市。这样，法国

图 14-1
中世纪欧洲骑士

各地逐步出现了地区性的固定市场体系，城市就是这些体系的中心地。并且，以巴黎为中心，全国又趋向形成统一的国内市场。经济的统一性趋势，是国家政治走向统一并要求王权加强的物质基础。

由于法国南部原本靠近罗马帝国的中心地区，中世纪时又与先进的意大利联系密切，属于地中海贸易区的重要组成部分，因此经济要比北方发达，新型的商品货币关系建立较早，社会进步速度也快于北方。如从12世纪起，农奴制就已经在下朗格多克地区消失了。

法国东部的香槟地区，则具有特殊的社会经济地位，它是欧洲南部地中海贸易区和北部北海波罗的海贸易区接触的交汇点，是国际贸易商品的集散地。香槟集市于12世纪—13世纪时最为兴盛。集市城市共有4个：拉尼、奥布河畔巴尔、普罗万、特鲁瓦。每年在这4个地方轮流开市共6次，每次6至8周，因此香槟集市实际上是永久性的集市。在这里，意大利人带来了手工业品和香料等东方商品，"西班牙人带来了马匹、钢铁、毛织品、皮革制品和伊斯兰教徒的进口货；德国人带来了毛皮、亚麻和木制品；佛兰德尔人带来了毛织品和亚麻布。欧洲各类名酒和各种产品在这里均有出售"。

然而，大部分城市都是控制在领主手中，领主对城市进行无尽的压榨，使城市不堪忍受。为了争取自由，城市市民一开始就同领主进行了激烈的斗争。这种斗争在整个西欧都存在，其中尤以法国为最典型。

康布雷城可说是城市通过暴力斗争取得自治权的代表。一次，该城市民趁领主外出，发起抵制他回城的行动。几度曲折，并没有使市民的决心消沉。到11世纪中叶，康布雷城终于取得斗争胜利，建立了城市公社，获得自治权。不过武装斗争并不是唯一途径，也有不少城市通过金钱赎买等方式取得，有的甚至是领主迫于无奈主动将自治权给予市民。

城市自治后，与封建领主势力又产生了新的矛盾。为了商业流通得更加顺畅，为了国内市场体系的形成，城市反对割据，要求加强王权，因而成了支持王权的社会基础和重要力量。而在国王方面，因其力量的弱小，也必须依靠城市来与封建主较量。这样，城市和国王，终于相互依靠，结成同盟。

农民的反抗斗争则加速了王权的强化。自12世纪以后，农民的斗争行动此起彼伏。先是在法国南部有"白风帽者"起义，后于1251年，法国北部又发生了"牧人"起义。后一事件的发生甚至有点蹊跷。其时，正是第7次十字军东征期间，法国国王路易九世被埃及人俘虏，便向国内求救。国内各路领主无动于衷。农民们闻讯后，自称"牧人"，组成了十字军，先是称要去解救国王，后又很快把矛头对准了封建主们。起义者在领袖雅克的率领下，还一度攻克了巴黎。

由于到处是风起云涌的农民运动，封建主们便有惶惶不可终日之恐。他们感到自己无力对付愤怒的农民，因而也希望有一个强大的王权来维护自己利益。中小封建主更是这一心态。

这样，大致在12世纪一开始，情况就与加佩王朝前期发生了变化，王权迅速得到了加强。

路易六世（1108—1137）的功劳是，他首先将王室领地上的大小贵族予以消灭，占领其城堡；接着他又将领地向外扩张。据说，他是加佩王朝第一个能干预王室领地以外事务的国王。但也是在他统治年间，法国和英国的领土争端从此开始，英法矛盾日益激化。

腓力二世时期（1180—1223），王室的领地随着曼因、土伦以及布列塔尼等地区的被兼并而扩大甚多；同时在与英国的抗衡中，法国又取得了较大胜利，基本上合并了英国在法国的领地。可以说，腓力二世是法国王权加强的重要时期。

而路易九世（1226—1270）又占领了南部的土鲁斯伯国。这样，法王的势力达到了地中海，整个法国在领土上统一了。

路易九世还进行了加强王权的系列改革。

政治上，他将司法权置于自己的管辖之下，规定一切重大案件都要由国王法庭处理；封建主法庭有权判小案件，但如果当事人对其判决不服，可以向国王法庭上诉。因此实际上司法权都掌握在国王手中。就这一点，历史上戏称路易九世为"铁手套"。

他规定，在国王的领地内禁止贵族私战。还未属于王室领地的其他地方，则实行"国王四十日"制度，即此封建主向彼封建主宣战，须待宣战40天后才能开战，彼封建主可在这40天内向国王申诉。这样，国王实际上保护了一些较弱的中小封建主。

路易还统一了货币，规定国王的铸币通行全国。这一做法，既有利于工商业的发展，又增加了王室的收入，为王权的加强提供了经济基础。

实行募兵制，建立常备军，也是改革的一项重要内容，过去那种人自为战的骑士兵被取代后，国王手中有了一支能够直接指挥的军队，成为王权加强的主要工具。

然而王权的真正强大还是不到时候，因此国王总是运用一切手段，组织和利用一切力量来帮助自己，三级会议就是他一手制作出来的。

把社会各色人等分成三个等级的思想，在法国起源于11世纪：从事精神和灵魂工作的教士为第一等级，管理社会的大小世俗封建主是第二等级，生产产品供养社会的其余大多数人是第三等级。第三等级中以城市市民阶级最有经济势力，也最有时间和精力来过问政事，因而后者实际上成了第三等级的代称。

社会三个主要等级以三级会议形式参与国家政治，始于国王腓力四世时期（1285—1314）。这个被称为美男子的国王，其时正与英国的爱德华一世一决雌雄。长达4年的战争，使腓力在财政上入不敷出，于是他打起了向教

图 14-2
法王腓力四世

六边形之国　399

会征税的主意。教会历来是不向世俗政权缴纳税收的，因此法国国王的做法，自然要引起教会最高代表罗马教皇的强烈抗议，双方的矛盾立即白热化。在几番反复之后，教皇最后还是不同意国王向教士征税。

腓力无奈，于1302年召开了法国历史上第一次"三级会议"。会议虽有教士参加，但力量明显处于劣势。在世俗贵族和第三等级的支持下，国王操纵会议通过了向教会收税的决议；在后来不久的三级会议上，又通过决议废除原来的罗马教皇，选举法国大主教当教皇，并且将教皇的驻地从罗马迁到了法国东南部的小城阿维农。从此之后，教皇在这里住了70年（1308—1378）。这70年里，教皇完全受到法国国王的控制，基督教历史上称此为"阿维农之囚"。

尝到了甜头，国王便经常召开三级会议。三级会议开会及表决的方式比较特别，它以等级为单位分开讨论，而每个等级只有一票表决权。三级会议的召开，使法国的国家政权形式发展到一个新的阶段，即由等级君主制（或称议会君主制）代替了过去的封建割据君主制。

这种变化，反映了当时法国社会的变化，一方面说明新兴的市民阶级开始在法国的社会政治生活中崭露头角，成为不可小视的力量群体；另一方面也反映当时的统治阶级中哪一个集团力量都比较弱，需要建立广泛的联盟。

虽然后来的三级会议脱胎于此，但这时的三级会议并不能限制王权，而只有表示同意和认可国王政策的权力，并以此为条件来换取有利于自身的一些改革。在一般情况下，国王有权解散三级会议，三级会议只是一个执行机关，而不是权力机关，是帮助国王进行统治。

不过，这种三级会议，这种等级君主制，也只是一种过渡形式，它是在王权相对不够强大的情况下产生的，是在王权还没有能力实行专制统治的情况下产生的；同时，第三等级也未能发展到足够强大的程度，还必须依靠国王。因此到一定时候，等级君主制就会向专制君主制过渡；再接下来，当第三等级羽翼丰满时，他们就会与专制君主发生冲突。

14.2

英法之争：百年战争的爆发。各阶段战事。女英雄贞德。战争的后果与影响。扎克雷起义：原因、经过与失败

法兰西和英吉利，两个仅一海峡之隔的西欧大国，直至19世纪中叶以前，总有不尽的仇隙。自从1066年诺曼底公爵威廉征服英国后，两国之间就长期处于战争状态。特别是从1337年一直延续到1453年的英法百年战争，更为西欧封建国际战争之最。从根本上说，这场战争是两国的王权都得到加强后，要求巩固和扩大势力范围的产物。

土地的扩张，往往同权位爵号封地相联系。而西欧以亲缘关系远近来论继承顺序，致使相当多的战争常因继承之争而引发。英法百年战争的直接导火线就是这样。1328年，法国国王查理四世死去，无后嗣，本国的封建主们便选举加佩王朝的旁系华洛瓦家族的腓力六世为国王，但英国国王爱德华三世对此有异议。他认为自己是查理四世的亲外甥，按惯例最有资格得到继承权。这个合法不合理的要求，遭到法国统治集团的断然拒绝。因而，爱德华三世便企图用武力达到目的，从而导致战争。

英国在法国本来就占有许多领地，如西南部的阿奎丹等。为这些地方两国争夺了好几个世纪。此外，法国北部及邻近的佛兰德尔地区是相当富裕的，而这里的毛纺业原料却来自英格兰，英国与其联系非常密切。若是这块地方完全被法国控制，势必危及英国利益。于是，1337年11月，英王爱德华三世亲自带兵进攻法国，百年战争由此开始。

1337年至1360年是战争的第一阶段，前后有几次大的战役。1337年，英军占领了加桑德堡垒后，继续推进。1340年的爱克斯吕战役中，英军打败了法国和西班牙的联合舰队，控制了英吉利海峡，自称"海上霸王"。1346年，英军在佛兰德尔人帮助下，在克雷西击溃法国的骑士军，次年又占领了法国北方港口加来。由于教皇出面调停，以及黑死病的肆虐，两国休战了7年。但到1356年，英国人再一次发动进攻。北边由爱德华三世亲自率兵，渡过海

峡作战；南线则以勇悍著称的"黑太子"为统帅。法国的新国王、外号叫"好心人"的约翰抵抗无力，普瓦蒂埃一战，4万多名法国王家骑兵彻底败在斗志旺盛的英国弓箭手脚下，约翰自己以及一大批贵族都成了俘虏。

第一阶段的战事以法国惨败、英国胜利而告终。1360年，英国强迫法国签订《布雷蒂尼条约》。根据条约，北部的加来港和西南的大块领土都割让给英国，爱德华三世则放弃了对法国王位的要求，法王约翰答应向英国交纳巨额赎金而获释。回国后，因无力筹齐这笔巨款，"好心人"约翰又重返英国，直到1364年病死在异乡。

战争的第二阶段自1369年至1396年。约翰死后，摄政太子贤人查理即位。查理吸取了前一阶段的失败教训，积极进行军事和财政改革。譬如，经过三级会议同意，可以征收经常性的关税、盐税、户口税，使国库的财政收入大有增加。用这些钱，国王招募了大量雇佣军，还建立了一支有1200艘战船的海军，因此这一阶段的战争局面也有所改观。在著名将领迪·盖斯克兰的指挥下，法军接连打了几个大胜仗，逐步收复了西南部国土。至1380年，只有加来、波尔多等5个设防城市还在英国人手中。这一年，英国的黑太子、法国的查理五世和盖斯克兰先后死去。1396年，双方签订了20年的停战协定。这一阶段便以法国胜利而结束。

1415年，20年停战期限刚到，英国新国王亨利五世因国内政治形势不妙而企图转移视线，迫不及待地发动了对法战争。英军4万多兵马，在亨利的率领下侵入法国。阿然古战役中，英军以8000人兵力，打死对方骑士4000余人，大贵族十几人。1419年，英军占领诺曼底重镇鲁昂。1420年，已公开与英王交好的勃艮第公爵，以处在精神失常状态的法王查理六世之名义，与英国签订《特鲁瓦条约》。不久，法国北方领土全部陷入英人之手，法军残余在王太子查理的带领下逃往南方，法国出现了南北对峙的局面。

如果战争就此打住，历史可能会是另一个样子，法国北方或许从此就是英国人的天下。因为直到这时为止，战争并没有引起法国民众的关注。在民族意识还未完全成型的此时，百姓并不在乎哪个封建主更好。然而英国人贪心不足，他们得陇望蜀，觊觎着南方的土地。这样一来，法国人民的生存空间被侵犯，对侵略者的抵抗意识愈来愈强烈。

1422年，英国新王亨利六世即位，再次发动对法国南方的进攻，激起了法国人民的反抗运动，群众性的抗英高潮开始形成，一批批爱国者前仆后继，女英雄贞德就出现在这时。

贞德本为一农村姑娘，1412年出生，青少年时代正逢英军蹂躏法国河山之时。在父辈的教育下，很小的时候起就认识到反抗英国人侵略是自己的天职，因而经常舞刀弄棒，练武习艺。1429年春天的一个晚上，她从家乡法国东北部的香槟地区，赶到中部的什农城，晋见王太子查理。查理为其热情所动，委任她为奥尔良的军事指挥。这一年的4月29日，贞德率领1000兵马开赴前线。守城将士见援兵来到，立刻士气大振，在贞德的指挥下，终于彻底打败围城英军。

奥尔良大捷是十几年来法国军民取得的第一次重大胜利，它使英国人的嚣张气焰第一次受挫，振奋和鼓舞了法军的必胜信心，是法国转败为胜的关键一役。贞德的事迹也因此很快传遍了法兰西，人们称颂她为"奥尔良姑娘"。

不久后，贞德又劝说王太子加冕为王，即查理七世。1430年5月，贞德在贡比涅城作战时，因失利而撤回城内。不知出于何种心理，城内守军就是不为她开门，致使贞德被英军盟友勃艮第公爵俘获。鲜廉寡耻的公爵，竟以一万金币的高价将贞德卖给了英国人。1431年，对贞德恨之入骨的英国人，

图14-3
圣女贞德

六边形之国

以"女巫"之罪名,将这位19岁的女英雄活活烧死在鲁昂广场。

贞德被害了,但她的爱国精神却激励法国人民抗英情绪继续高涨。由于人民的参战,使整个战争的性质发生了根本变化,即从过去的封建战争转化成法国人民反对侵略、保卫祖国的正义战争。也正是因为人民参战,才使法国有了取得最后胜利的决定性力量,战争的局面才因此而改观。

这时候,勃艮第公爵终于和英国分了手,原因在于他害怕英国取胜后再占领已被他占领的佛兰德尔地区。1430年,法国军队收复巴黎。1435年,勃艮第公爵和法王查理七世缔结了和约,法国人内部团结了起来。至1453年,英国在法国所占的土地只剩下一个加来港。百年战争终于结束。

战争所带来的灾难是可想而知的。整个法国如同遭受了长达百年的大浩劫。成百上千的村庄毁于战火,耕地抛荒,满目疮痍,人口减少了三分之一,许多教区甚至空无一人。不少城市被夷为平地,据说连首都巴黎也荒凉至极,城垣周围时有野狼出没。这种残破景象,更加促使社会矛盾激化。百年战争期间爆发农民大起义,就是一例。

然而事物往往有正反两个方面,百年战争也表明了这一点。对法国来说,战争推进了法兰西民族的形成,有利于王权的加强。因为首先,战争唤醒了法国人民的民族感情,最后还以人民爱国情绪高潮而结束。其二,战争前属于英国的法国西南部领土全部被收回,这就为法国政治统一奠定了基础。其三,在战争中,各地的大封建主抵抗无能,有的甚至还投敌叛国,结果使得他们威信扫地,反过来有利于王权的加强。其四,在长期的战争中,王室逐渐表现为法兰西民族的中心,成为号召法国人民的旗帜。其五,在战争中,国王建立了常备军,有了固定的税收,国家收入有了可靠的来源。这些都是有利于国家统一的。

战争也促使了社会的变化。百年战争开始后不久,法国爆发了大规模的农民起义。这次被称为"扎克雷"(乡下佬,统治者对起义军的蔑称)起义的农民运动,在法国中世纪历史上占有重要一页。

农民的起义,根本原因不外乎封建压迫和剥削的加重,而实际导因远不止这些。随着当时商品经济的发展,货币地租取代了劳役地租和实物地租。这种取代对农民产生了两重后果,一方面使农民对领主的人身依附关系削弱了,另一方面则加重了农民的经济负担。因为农民卷入商品货币经济，要受到商人和高利贷者的盘剥，而封建主也在千方百计地提高地租。

不但战争，大瘟疫的流行也造成了直接破坏。1348年，欧洲流行"黑死病"，亦称鼠疫，人口损失了三分之一以上，有的城市甚至死掉了一半的人口。法国是重灾区之一。欧洲人说黑死病起于东方，由威尼斯商船带回几只老鼠，结果引起了这场历史上罕见的灾难。

1358年5月底，麦收季节，起义首先在法国北部的博韦地区爆发，并且很快扩展到北部各地，参加者有农民、下层牧师。起义领袖吉奥·卡尔本系一普通农民，但很有军事才能。起义提出的口号是"消灭一切贵族，直到最后一个"。最初的几天，起义军向各地的领主发起猛烈进攻，取得了一连串胜利。

在此前后，巴黎城也爆发了市民起义，领导人是呢绒商商会会长艾田·马赛。王室逃出巴黎后，又用兵封锁了巴黎的粮道。艾田·马赛请求农民起义军支援，农民军应约解了他的围；而艾田·马赛却不遵前约，抛开了农民军，在其处于困难的时期，不给予任何援助。

6月4日，起义军欲与封建主军队最后决战，国王和贵族采取两手策略，哄骗吉奥·卡尔去谈判后，逮捕了他并将他立即处死，尔后又向农民军发起猛攻，结果，2万多起义者死于血泊之中。农民起义失败后，艾田·马赛领导的巴黎市民起义也未能坚持多久。8月即被统治者镇压，艾田·马赛被手下叛徒杀死。

由于农民的局限性，起义的失败是必然的。一方面，农民本身还缺乏坚强的组织性和斗争目标，轻信国王、轻信敌人；另一方面，起义农民没有可靠的同盟者，实际上如同孤军作战：城市上层同农民离心离德，怀疑、恐惧太多，关键时刻又不给予支持；城市下层（贫民）则力量薄弱，不能给予很有力的支持。

然而，作为法国历史上第一次规模最大的农民起义，虽然失败了，但对社会发展产生的积极意义是不可磨灭的。

从一定意义上说，起义打击了统治阶级，促进了封建关系的某些调整。有相当一部分农民在起义中挣脱或者减轻了人身依附关系；封建领主面对农民的斗争，也被迫改变了某些方面的剥削方式，譬如取消劳役，允许农民赎取自由等，这就加快了法国已经开始了的农奴解放过程。而且，在起义者的打击下，大批的封建贵族被消灭，封建主的势力，城市上层的势力削弱了，这又有利于王权的加强。这些变化，都为法国的政治统一创造了有利条件。

14.3

经济统一：政治统一的物质基础。"市民式的国王"。法兰西民族形成。资本主义的萌芽。法兰西斯：第一个专制君主。意大利战争败北

至 15 世纪后期，法国开始由等级君主制向中央集权的专制君主制过渡。

百年战争结束后，法国的经济开始从萧条中复兴。无论农业还是手工业，不仅从战争中恢复了元气，而且还有了新的发展。农业上，耕地面积扩大，谷物种类增多，农具改进，开始广泛地使用粪肥和灰肥，开始利用休耕地种植牧草，发展畜牧业。手工业方面，采矿、冶金、玻璃制造、纺织业等都有发展，而且还形成了颇具特色的法国奢侈品制造业。15 世纪 70 年代，法国又率先兴起了印刷业。这样，各地区间的经济联系进一步加强，形成了统一的国内市场，巴黎成为全国的经济中心。经济的统一，是全国政治统一的物质前提。

法国王权在百年战争后期虽然得到了加强，但其政治统一的最后完成和专制君主制的最后确立，当在路易十一时期（1461—1483）。

史书上说，路易十一一点也没有帝王之相。他和那些有骑士派头的国王大不相同，长相别具一格，尖下巴，驼背，目光锐利，头戴一顶长檐尖帽，走路一蹦一跳，毫无沉着稳重之感，穿着也极为简朴。可就是这位其貌不扬的"市民式国王"，促成了法国历史具有转折意义的变革。

路易十一在政治上的最大作为，是终于消灭了法国最大的封建割据势力——勃艮第公爵。百年战争后期，勃艮第公爵因与英国人结盟而大发国难财。后虽与法国国王携手，但仍目空一切，尤其不把国王放在眼里。他的地盘从地中海沿岸伸到北海边的佛兰德尔，是全法国最富庶的地方，而且未受到战火的破坏。在自己的驻地夏农，公爵建立了庞大而完整的行政机构，军队和法庭亦一应俱全，宅邸修得不比王宫差，俨然君主一般。更不能令国王容忍的是，他还支持一个所谓"公益同盟"来与国王作对。

路易自感实力不足，避免与勃艮第正面交锋，转而旁敲侧击，时而煽动其辖下的佛兰德尔等地叛乱，时而又鼓动周边领主甚至国家与勃艮第作战，而他自己则采取了谈判的方法，最终合并了勃艮第公爵的领地。后来他又合并了南部的一些小公国、伯国，基本上完成了法国土地的统一，历史上称他为"国土的聚合者"。只有最西边的布列塔尼公国，才于1491年合并到法国。

而更有意义的是路易十一的一系列政治经济措施。

他非常注意在自身力量不足的情况下，和城市结成实质意义的联盟。他吸收了许多富裕市民代表参与国家管理，担任官职。这样，在法国社会中慢慢形成了一个新的阶层——新贵族，因其富有而被称为"穿袍贵族"，以区别于主要以武力、出身为标志的老牌"佩剑贵族"。

他也注意发展工商业。1467年，他在里昂建立了法国第一个丝织厂；1470年，在巴黎设立印刷厂。他废除了过去的封建割据势力所设的一部分国内关卡，并组织了里昂集市，力图重振以往香槟国际集市的雄风。这是规模宏大的国内大集市，意在鼓励本国的产品出口，以换取更多的金银流入国内。

图 14-4
法国北部收割后的麦田

六边形之国

从某种意义上说，这是欧洲各国"重商主义"政策的最早萌芽。

他还效法前几代国王，经常停止召开三级会议，而由国王集权。1489年以后的70年里，法国一直没有召开类似会议。国王集各项大权于一身，通过自己委派的官吏，形成了一套比较完善的统治体系，专制君主政体从此正式形成。这种政体一直维持到1789年法国大革命爆发前夕。

随着国家统一和君主专制政体的建立，近代意义上的统一的法兰西民族也形成了。至15世纪末，在法兰西国土上，近代民族的所有特征都已有了基本体现：分散的封建割据式的领地，已合成为法兰西王国统一的共同领土；除各地区方言外，在巴黎方言的基础上，形成了统一的法兰西语言——"法语"；创造了统一的法兰西文字，出现了不少体现民族意识、争取民族统一的文学作品；过去的法兰西人仅仅指西北部地区的人，现在则把整个法国土地上的人统称为法兰西人，等等。总之，正是在这个西欧社会即将发生重大变革的时候，法兰西也与英吉利、德意志一样，形成了近代意义上的民族。

政治上的统一与稳定，使生产要素得到大大的解放，因而反过来又推动了社会经济的迅速发展。到16世纪前期，法国经济发展的一个明显特点，就是资本主义生产关系的萌芽，以及资本原始积累速度的加快，虽然在这一方面法国比意大利、佛兰德尔、英国等先进国家或地区的发展慢了一个节拍。

虽然行会手工业仍然在工业生产中占有较大比重，但在毛织、丝织、麻织、地毯、花边、玻璃制造、印刷、冶金等部门或行业中，分散的和集中的资本主义手工工场都有一定的发展。法国西南部朗格多克地区纺织业中，最早出现一批分散的和混合的手工工场；布列塔尼、诺曼底、曼恩等地，麻纺业发达；图尔、里昂、奥尔良等地则是丝织业发达。里昂曾有12,000名织造丝绸的工人，而图尔的织机达到8000张。法国产品中，丝绸、天鹅绒、锦缎、玻璃工艺品、珐琅器等，在国际市场上很是畅销。

随着大西洋商业的发展，法国的对外贸易也活跃起来。濒临大西洋的一些城市如波尔多、南特等，慢慢发展为大港口，原来的马赛仍然是法国最大的海港。但总的来说，由于法国西海岸线相对平直，优良港湾少，因此它虽然是个大西洋国家，但其航海贸易发展的速度不如西班牙、尼德兰和英格兰；殖民事业不如西班牙、葡萄牙。毋宁说，大西洋上万帆齐发，岸边的法国却悄无声息，与世无争。

法国也有资本的原始积累，早期也利用了殖民贸易这一手段，但更具法国特点的做法，则是购买公债、包税等行为。1522年政府发放公债时，资产者一次就以8%的利息贷给政府25万里弗尔。法国没有圈地运动，但农民的负担并不轻，要交纳分成制下的地租，要向国家缴赋纳税，还要在市场上与商人、高利贷者周旋。破产的农民虽不少，但小农经济滞留的时间却要比英国长得多，农业资本主义发展极慢。

专制王权在16世纪初大为加强，原因在于它有坚实的社会基础。教会贵族、世俗贵族，这些属于社会第一等级、第二等级的人员，很早就与王权有密切联系。特别是教会，由于罗马教廷态度的松动，这时已为法国国王所控制。国王有权任命大主教，教皇则承认国王对法国国内教会财产收入的支配权。这样，国王实际成了法国的宗教首脑，所有的教会贵族都得听命于他。

世俗贵族尤其中小贵族是王权的主要支柱。由于价格革命影响和工商业发展，靠地租收入过活的贵族越来越入不敷出，经济地位下降，政治上也开始屈就王权，投靠国王，担任军队、地方和宫廷的官职以及王室侍从，以获取各种各样的津贴，或者巨额薪俸，来维持奢侈生活。

甚至连新兴的资产阶级也是专制王权的支持者。由于资本主义在法国不够发展，资产阶级的力量也就相应弱小，对王权的依赖便大，如需要靠政府来进行贷款和包税等。16世纪的法国盛行官职买卖的风气，故而许多资产者通过购买官职，进入政府机构，获得贵族称号，成为穿袍贵族。不难看出，这种穿袍贵族是资产阶级贵族化，很不同于英国，那里的新贵族是贵族资产阶级化。因而此时的法国和英国政权形式也很不相同，英国的都铎王朝是国王与资产阶级的联盟，法国的资产阶级则只是专制王权的支持者，是国王统治的小伙伴。

法兰西斯国王（1515—1547）可算法国第一位专制君主。在他统治时代，国王完全控制了教会，从不召开三级会议，有一支庞大的常备职业军，并选派监督官到各地去加强对地方的控制。另外，国王过问一切大小事务。在中央设立的"御前会议"，集中了国家的最高权力，并分成各个部门分别掌管。国王不受任何约束，巴黎高等法院对国王的"进谏权"有名无实，从来没有"进谏"过。法院院长对国王讲:"您是在法律之上的,法律和命令都不能强迫您,根本没有任何一种权力可以强迫您去做什么。"

从路易十一之后的国王都有"骑士国王"之称。这个刚刚从战争泥潭中拔出腿来的国家,似乎有一种报复欲,寻找比自己更弱的国家来宣泄愁怨。长达半个世纪的意大利战争,就是法国国王们扩张欲的一场拙劣表演。

阿尔卑斯山虽然白雪皑皑,山南的意大利半岛却是常年春色。无尽的财富,奇妙的景色,激起了山北封建领主们的三尺垂涎,跃跃欲试,以身试探者不乏其人。10世纪以来,德意志皇帝数度犯境,小有满足。而12世纪以后各城市共和国崛起,外来势力很难得逞,但北方人的觊觎之心却未见收敛。

15世纪末,当大西洋其他国家开始将目光投到新大陆时,法国人却打起了意大利的主意。

1492年,意大利北部米兰大公卢多维克,派使节来到巴黎,要求与法国结盟,对付在西班牙支持下的那不勒斯王国。法王查理八世以为天赐良机,于1494年率兵2万多人,长驱直入,向意大利杀将过来,很快就到达了那不勒斯城。史书中描述了他出尽风头的那一刻:"身穿帝服,披一件大翻领的猩红色大氅,右手握着滚圆的金苹果,左手拿着长长的皇杖……全体臣民同声高呼,称他为威严无比的皇帝。"

可查理得意得太早了。法国的成功,自然会有人不满。很快,与意大利有关的各种政治势力,包括教皇、威尼斯、米兰以及奥地利的哈布斯堡家族、西班牙军队,都齐集在半岛上。福尔诺沃一战,虽然意大利人付出了高昂的代价,但毕竟将法国人赶出了国土。法国对意大利的第一次侵略就此收场。

查理八世于1498年含恨死去,新王路易十二大有为其兄报仇雪耻之势。他在威尼斯人的帮助下,先解决了米兰问题,后又与西班牙联手,战败了那不勒斯。然而,罗马教皇、威尼斯、瑞士以及西班牙再一次结成反法同盟。虽然善战的将军加斯东在拉文那战胜了盟军,使法国在军事上处于上风,但加斯东的阵亡立即给法国带来了厄运。除继续受盟军进攻外,法国还遭到了四面的敌人:德国人和英国人进入北方,瑞士人翻过汝拉山,阿拉贡人越过了比利牛斯山。1514年,走投无路的路易十二只得承认对意大利的战争再次失败。

1515年法兰西斯即位后，迫不及待地又一次发动侵意战争。起初他是非常得势的。他招募瑞士人为步兵主力，一来扩大了自己的兵源，二来又瓦解了瑞士这支敌对势力。他还和威尼斯人通好，与教皇妥协，与西班牙人联姻，似乎一切都按照他的意愿来安排，意大利已稳稳成了他的口中食。

　　然而，哈布斯堡家族查理五世1518年当选为德意志皇帝，打破了法国人独霸意大利的格局。在巨商富格尔家族金钱支持下的这位新皇帝，与法兰西斯进行了长期较量。四次大战，最后均以法国一方失利告终。法兰西斯之子亨利二世继位后，与德皇签订了和约。1559年，意大利战争以法国彻底失败而结束。

　　战争打了60多年，法国的人力和物力被大大消耗，这就引起了社会各个阶层的不满，国王威信因而大为下降。另一方面，发轫于意大利的人文主义思想，兴起于德国的宗教改革潮流，也开始在法兰西大地上激荡，一场广及整个国家的政治风波悄然而至，并引发了激烈的宗教战争。

14.4

宗教教派之争。胡格诺战争三阶段。亨利四世与《南特敕令》。"重农主义之父"。红衣主教黎塞留

　　由于宗教改革比文艺复兴运动更能刺激政治生活的变革，因而它渗透的社会层面更广，更易于唤起普通百姓的热情，几乎没有一个西欧国家不感觉到这一浪潮的冲刷。

　　法国的宗教改革，就是在德国宗教改革特别是瑞士加尔文宗教改革的影响下进行的。

　　出于自身的利益需要，法国社会各阶层对宗教改革的反映是不尽相同的。由于法国国王曾于1516年同教皇签订了教务专约，法王实际上几乎成了法国教会的最高首脑，因此他完全代表天主教的利益，坚决反对并且无情镇压任何形式的宗教改革；一切与国王有密切关系的封建主和上层资产阶级，是支持王权、支持和信仰天主教的；而城市中的一般市民，包括中小资产阶级、

六边形之国

小手工业者，还有相当数量的自由农民，则支持新教，要求在本国进行宗教改革。

比起路德教来，加尔文教在法国流传得更为广泛，或许这是加尔文原本为法国人、其宗教改革主张更适合于法国国情和法国人心理的缘故。法国的加尔文教教徒被称为"胡格诺"（意即日内瓦宗教改革的拥护者）。至16世纪中叶时，共有2000多个团体，约占全国总人口四分之一的信徒，分布在全国各地，尤其遍布于南部地区。

随着改革大势，一些封建主贵族也逐渐归附新教，这在一方面促进了运动发展，但另一方面也使改革运动内部更为复杂。

就下层民众来说，改革实际上是以宗教的形式来反对封建制度，反对天主教会；而贵族们卷入新教运动，则带有分裂割据的因素，属于封建主集团的内部斗争。由于此时法国已经统一，因而他们的行为明显地具有反动性。国王起初对新教采取了宽宥政策，后察觉到这种宽宥对自己不利，转而残酷镇压。1549年，国王亨利二世设立了专门法庭，专以火刑烧人，人称"火焰法庭"。而且，统治者内部逐渐形成了营垒分明的两大宗教集团：北部的地方封建主和巴黎宫廷贵族组成了"天主教集团"，以洛林贵族介斯家族为首；南部和中部则以波旁家族为首，组成"胡格诺教集团"。国王似乎站在中立立场，时而以出面调解两个集团之间的关系为名，从中渔利。

两大集团之间的斗争逐步激化，终于酿成了长达32年之久的"胡格诺战争"（1562—1594）。战事依其胜负态势可分三个阶段。

战争的最初十年，双方互有胜负。1562年1月国王敕令，允许新教徒有在城外举行宗教仪式的自由，此举立即引起天主教徒不满，他们以武力追捕新教徒、反对新教活动的情况不时发生。3月1日，天主教集团首领介斯公爵，率兵突袭胡格诺教徒在瓦西镇举行的祈祷会，打死新教徒70余人；几乎同时，图尔、安茹和桑斯等地都有类似的屠杀行动；巴黎王室被天主教徒劫持后，太后迅速站到了天主教集团一边。战争序幕由此而拉开。

这个阶段中，双方在全国几乎每一个地区都有对立，大规模的战事发生过三次，两边的核心人物都做了刀下之鬼：安东·波旁在围攻鲁昂时死去，介斯公爵则在进攻奥尔良时遭暗杀，国王的将领圣安德烈元帅死于沙场，新教集团的军事统帅孔代亲王却当了俘虏。1563年,太后放弃摄政,国王查理九世亲政,但天主教徒和胡格诺教徒双方都不愿和解。直至1572年,查理为了援助尼德兰人同西班牙作战,出面极力调和两个集团之间的关系,并且还以促成双方联姻来巩固联盟。第一阶段结束。

"圣巴托罗缪之夜"又很快将战争推向了第二阶段(1572—1585)。在太后卡特琳策划之下,波旁家族的亨利娶她的女儿玛格丽特为妻。1572年8月22日,婚礼在巴黎举行,几乎所有的新教贵族都赶到了首都祝贺。他们万万没有想到,一场灾难就要降临到自己头上。8月24日(圣巴托罗缪节)凌晨,太后卡特琳和国王查理九世突然发动了对新教徒的大屠杀。一夜之间,3000多名胡格诺教徒被抛尸于塞纳河中。紧接着,鲁昂、里昂、奥尔良、波尔多,几乎所有的大城市都有新教徒被杀。几天下来,全国有2万多胡格诺教徒人头落地。据说,远在罗马的教皇得知了这一消息,下令燃放篝火,举杯相庆。

图14-5
1572年圣巴托罗缪之夜大屠杀

六边形之国　413

逃出魔掌的亨利·波旁以及孔代亲王虽然放弃了对新教的信仰，但各地的新教徒不可能就此罢休，战争再次爆发，而且比前一阶段更为激烈，最后形成了南北对峙的局面。南方的胡格诺教徒建立了贵族共和国，北方则正式组成了"天主教联盟"，并且还牢牢控制了国王政府。

第三阶段（1585—1594）的战争常被称为"三亨利之战"，因为三方的首领都叫亨利：北方的天主教集团首领是亨利·介斯，国王是亨利三世，南方领袖是亨利·波旁。战局更为扑朔迷离。先是国王亨利与亨利·介斯联合，共同对付亨利·波旁。但国王不愿被介斯摆布，于是介斯便煽动巴黎市民暴动。国王一怒之下，于1588年年底指使近卫军暗杀了介斯。

正当亨利三世企图对天主教徒重演"圣巴托罗缪之夜"时，其阴谋被巴黎人民察觉。愤怒的人们焚烧了国王的画像，占领了巴黎的所有街区，控制了政权，并将国王的支持者全部逮捕。成了孤家寡人的亨利三世，只好逃出城外，寻求亨利·波旁的帮助。两人联合起来进攻巴黎。

1589年，在进军巴黎途中，亨利三世被一修道士刺杀身死，无嗣继位，华洛瓦家族至此终结。胡格诺教派的亨利·波旁宣称继承王位，是为亨利四世，从而开始了法国历史上著名的波旁王朝（1589—1789）。此时，西班牙派军队帮助天主教方面，亨利四世审时度势，皈依了天主教。亨利有言："为了巴黎，去做弥撒是值得的。"这样，1590年，他以天主教国王的身份，率领由胡格诺教徒组成的军队，开进了巴黎，正式成为国王。

随后三四年里，亨利平定了内乱。1594年，全法国基本统一在亨利四世名下。这位明智的君主，非常懂得如何驾驭民心。1598年，他颁布了《南特敕令》，宣布天主教为法国国教，恢复礼拜活动，退回所没收的天主教教会财产；同时，也给胡格诺教徒以信仰自由，还保留200个城堡、2万多人的军队，以作为监督国王是否严格履行敕令的担保。

《南特敕令》的意义，在于它确立了对异端宽宥的先例。

当天主教势力不服，代表其利益的巴黎高等法院拒绝登记这一敕令时，亨利四世严词厉色地予以警告："现在我要当名副其实的国王，我以国王的身份说话。我要求服从。是的，司法官是我的右臂，但是，如果右臂长了坏疽，左臂就应该把它砍掉。"于是，巴黎法院不得不登记。

亨利四世上台之初，法国经济已因长期战争而残破不堪。他采取了一系列的措施来恢复经济、重整王权。

他任用贵族出身的农业专家秀利为财政大臣，作为他治国的主要助手。秀利认为农业是国家富强的主要根源。秀利可称为法国重农主义的始祖，他说："农业和畜牧是供养法国的双乳。"在他的影响下，政府免除了农民历年所欠下的税，部分地减少了当年应交的赋税，允许粮食贸易自由，等等。

如此一来，农民的状况便得到很大改善，亨利四世很有点志得意满。他说，"如果上帝假我以天年，我将使王国里没有一个农夫锅里弄不到一只鸡。"

亨利和秀利也特别注意发展工商业。秀利继续前几代国王建立手工工场的做法，并使这一做法更加系统，他手中共创办了40个工场。一时间，印刷厂、火药厂、火炮厂、纺织厂、造船厂，等等，在法国煞是兴旺。秀利还实行关税保护，限制外国工业品输入，禁止羊毛、生丝等原料出口，保证自己供应自己，以利于降低国内生产成本。他还注意发展海外贸易，马赛和大西洋沿岸港口再度繁忙起来，法国东印度公司，加拿大"诺曼底商人公司"也先后成立。

亨利实行现实主义的对外政策，不再将寻求国际和平目标理想化。这时，西班牙的哈布斯堡王朝已成为整个欧洲天主教势力的主要堡垒，亨利决定以其为主要打击对象。1608年，他甚至还在德国新教诸侯中策划成立一个针对西班牙和奥地利的"新教同盟"。只不过，亨利追随一个贵妇人的桃色新闻，令巴黎的百姓大倒胃口，他们不愿为"好色淫乱"的国王打仗、纳税。

正当亨利四世准备出征时，1610年5月，他被一个据说是疯子的人刺死。其时，年仅9岁的路易十三继位为王。路易十三时期的前七年，由母后玛丽摄政。玛丽并不具有治国之才，只是有赖于几位大臣辅佐，才得以将政权勉强地维持下来，其间甚是曲曲折折，艰难而又紧张。

亲政后的路易也属碌碌之辈。天主教势力扩张极快，造成国内宗教矛盾再度突出，新教徒甚至又一次举起了反抗之剑。这个时候，捷克发生了"掷出窗外事件"，近代欧洲第一次国际战争——"三十年战争"爆发。路易不知如何利用战争去提高法国国际地位，反而自以为公正地站在德国皇帝一边，错误地放弃了亨利四世以来联合新教诸侯反对天主教的传统，这就置法国

六边形之国　　415

于一个十分不利的位置。

拯救了法国的是近代法国第一个杰出政治家黎塞留。

1624年，在太后玛丽的支持下，枢机（红衣）主教黎塞留就任首相之职，在任共达18年之久。此人虽然身虚体弱，但性格极为刚烈。他操纵了国家实际权力，极力加强专制统治，在法国历史留下了重要的影响。

黎塞留是天主教主教，自然对新教徒不会手软，何况新教徒们在此期间多次暴动起义，目无法纪。1629年，他颁布《恩惠敕令》，废除《南特敕令》，剥夺给予新教徒的军事政治特权，拆毁新教徒所有的堡垒，使其丧失兴风作浪的据点。他亦恩威并行，仍允许胡格诺教徒信仰自由。

他继续同敌对的大贵族势力作斗争，设立了非常法庭，专门惩办违法贵族。18年中，他曾杀掉公爵2人，伯爵4人，小贵族40多人，王太后的复辟阴谋也被他及时发现。为了改变统治者内部结构，他还注意加强从"穿袍贵族"中选拔官吏。

改组国家行政机构，也是黎塞留的一大政绩。他在中央设立各部，由各大臣分别掌管，首相则将行政大权集于一身，使国王的"御前会议"作用减小。他又在各省设总督官，实即"钦差大臣"，对国王负责。故此，又使得地方权力也集中于国王的代理人手中。

他继续执行亨利四世时代的经济政策，除支持工商业外，还鼓励法国人向加拿大和西印度群岛移民，并开始在非洲建立殖民地，如塞内加尔、马达加斯加等。

外交上，黎塞留仍然以打击哈布斯堡王朝为目标，在欧洲纠集反哈布斯堡的同盟。他特别热心参与"三十年战争"。结果，一场发生在德国土地上的战争，最后却是法国成了最大的受益者。

1642年，黎塞留死；1643年，路易十三死，路易十四即位，法国进入了专制王权统治的极盛时代。

第十五章

合分无定常
中世纪德意志和意大利

15.1

**德意志: 欧洲的心脏。早期日耳曼人。德意志的起源。
鄂图一世加冕: 并不神圣的"罗马"帝国**

德国, 欧洲的心脏, 不但由于它处在欧罗巴洲中央的位置上, 同时, 还因为欧洲大多数民族与德意志这块土地多少有点历史渊源关系。

大约在 50 万年前, 德意志土地上就有人类生活, 海德堡猿人基本与北京猿人同时代。10 至 20 万年前著名的早期智人代表尼安德特人化石, 也是在德国境内发现的。新石器时代, 这里的人们开始学会简单的农牧业。

公元前 1500 年左右, 日耳曼人从日德兰半岛一带迁移到今天的德国北部, 以后继续往南移动, 直抵多瑙河和莱茵河上游地区。公元前 1 世纪, 日耳曼人开始和罗马人发生冲突, 被罗马人视为蛮族的日耳曼部落共有 20 多个。古罗马恺撒大帝和历史学家塔西佗, 都曾详细记载了日耳曼人的情况。这时的日耳曼人, 按照恩格斯的说法, "已处在文明的门槛上"。他们已从过去的游牧生活转向定居农业, 土地由氏族大家庭公社共同耕作, 逐渐发展到分配给小家庭耕种。崇尚武力, 部落联盟的军事首领有很大的权力, 并培养亲信卫队。这些人成了后来中世纪贵族的最初来源。

公元1世纪，日耳曼人和罗马人之间的战争日趋激烈，多瑙河、莱茵河以及易北河流域的大部分地区都归了罗马。罗马人的扩张遭到了日耳曼人的极力反抗。公元9年，日耳曼人在阿尔米纽斯的领导下，一举全歼瓦罗斯率领的2个罗马军团。自此之后，罗马人再也没有向日耳曼人居住的地区扩张。

2世纪末，在罗马皇帝的许可下，日耳曼人开始越过边界向南和平地移动。4世纪末，这种迁移形成了高潮。正是由于各支日耳曼人部落的大规模南迁，才促使了西罗马帝国在5世纪后期的最后灭亡。

6世纪以后，德意志这块土地归属于法兰克王国，称为奥斯达拉西亚。相对而言，这里的社会变化不如西法兰克和意大利那样剧烈，社会发展速度较慢，反过来说，也就是社会矛盾不如王国内的其他地区那样尖锐，从而力量更为强大。因此，每当法兰克王国走向分裂之后，再度实现法兰克统一的都是来自奥斯达拉西亚的力量。查理大帝的曾祖父赫斯陶尔·丕平，就是作为这里的宫相，从这里出发，征服纽斯特利亚和勃艮第，统一法兰克的。虽然查理大帝并不以这里为统治中心，但后来有些德国人却毫不客气地将他视为德意志的第一个皇帝。

843年，查理大帝的三个孙子签订了《凡尔登条约》，将帝国一分为三。其中日耳曼路易得到了莱茵河以东部分，称为东法兰克。870年，路易又与西法兰克的秃头查理订立《墨尔森条约》，瓜分了中法兰克王国，他获得北段，即莱茵河中下游西岸的大块地区。正是这个东法兰克演变成了近代德意志。

由于东法兰克王国境内的居民主要是日耳曼人，讲的也是日耳曼语，所以很快就被称为日耳曼王国，有时也叫条顿王国。最初包括了萨克森、士瓦本、巴伐利亚、法兰克尼亚等公国。由于当时东部边界正在受到斯拉夫人和马扎尔人进攻的威胁，各公国为了保护自己领地的安全，极力发展自己的势力，而国王的权力和力量却越来越弱小。

911年，东法兰克王国加洛林世系的最后一个国王去世。这些公国的公爵便策划从他们自己当中推选一人当国王，结果法兰克尼亚公爵康拉德当选，自此意味着德意志历史的真正开始。

德意志原先不属于罗马帝国版图，因此社会经济文化都比较落后。在法意等国的封建制度已经确立之时，德国才步履蹒跚地走向封建化的道路。

919 年，日耳曼王国的宝座落入了萨克森公爵亨利一世之手，撒克逊王朝的统治开始。亨利其人爱好狩猎捕鸟，有"捕鸟者"之绰号。此人当上国王后，进行了军事改革，对内展开了镇压诸侯的活动，欲将各公国置于国王的有力控制之下；对外不断扩张：往西争夺法国的洛林，对东进攻斯拉夫人占领的地区，建立勃兰登堡等城堡，向北则在易北河口一带建立据点，还一度迫使丹麦王纳贡。

亨利一世的儿子，是著名的鄂图一世。此人继位时，年方 24 岁。他长着浓密的头发和胡须，一股"雄狮"般的强悍形象。后来他也着实成了一个叱咤风云的君王。

鄂图一世除了继续乃父的东侵活动外，还特别看好南边的意大利。意大利历来是富庶繁荣之地，此时又兴起了从事地中海东方贸易的诸多大商业城市，其拥有的财富令久居北方瘠地僻壤的德国贵族垂涎欲滴。从鄂图以后，意大利长期遭受德国骑士马蹄的蹂躏。

意大利国内政治动荡分裂，为鄂图的南侵提供了极好的时机。原来的意大利国王死了之后，国内的大小领主乘机发动骚乱，寡后阿德尔海德请求鄂图援助。鄂图见此天赐良机，迫不及待，于 951 年率大军浩浩荡荡南下，不出几年，便征服了意大利大部分地区。已有 39 岁的鄂图，也因此大交桃花红运，让仅仅 20 岁的阿德尔海德投入自己怀抱。

这时候，罗马教皇的权力也已很衰弱。罗马城内的贵族因憎恨教皇之荒淫无道，架空了他，把持着教廷朝政。鄂图出现在意大利，对教皇来说犹如一颗救星，因此他也请求鄂图派兵来解救。于是乎，962 年，鄂图又一次进入意大利。大兵于 2 月 2 日开进罗马城，救了教皇约翰十二的驾。

约翰为答谢鄂图，于这年的圣烛节那天，在罗马的圣彼得大教堂为鄂图一世加冕，称其为"神圣罗马帝国"之皇帝。于是，德意志历史上的第一个帝国就这样诞生了。

这个帝国存在了 800 多年，直到 19 世纪初才被欧洲枭雄拿破仑废掉。不过，它在大多数时候都是一个虚有其名的空架子，既无统一的法律，又无行政机构，也无固定的税收，更没有一支常备军队。难怪 18 世纪法国著名思想家伏尔泰有言，这个所谓的神圣罗马帝国，既不神圣，亦非罗马，更不是帝国。

鄂图南侵意大利时，为免除国内的后顾之忧，先后任命自己的兄弟布鲁诺为科隆大主教，他的儿子威廉为美因兹大主教，王亲亨利为特里尔大主教，还赐给他们大片的土地，连同土地上的行政司法大权。这就是德国历史上著名的"鄂图特权"。鄂图特权的实行，使德国的大主教们也成了名副其实的封建大诸侯，是中世纪德国长期割据分裂的根源之一。

15.2

卡诺沙的屈辱。红胡子腓特烈。觊觎东欧。《黄金诏书》：德国长期分裂的法律认可

1024年，撒克逊王朝的最后一个皇帝亨利二世死去，德国的诸侯们便选举鄂图一世的曾孙、法兰克尼亚公爵康拉德当国王，于是，德国又进入了法兰克尼亚王朝时期（1024—1125）。

法兰克尼亚王朝诸帝中，最引人注目的当属亨利四世了。他与罗马教皇为争夺主教授予权而展开的斗争，已经达到了白热化的程度。

神圣罗马帝国建立后，罗马教会和教皇长期受到德国皇帝的控制。皇帝实行了一项"主教政策"，即皇帝可以不通过教皇而直接任免主教和修道院长职务，主教和修道院长可以担任行政甚至军事职务。如此做法，无非是想利用教会势力来和地方上的领主相抗衡，但同时也排斥了教皇对教会的控制，因此自然引起罗马教皇的激烈反对。

与此同时，教会内部兴起了一场自上而下的"克吕尼运动"。克吕尼本为法国一修道院的名称，这个修道院最先主张要加强和巩固教皇权力，要在西欧建立一个中央集权的教会组织，主教的任命权应该归还给教会组织的最高首脑——罗马教皇，坚决反对德国皇帝任命主教。作为教皇来说，他当然支持这一有利于自己的运动。

亨利在位之时，克吕尼派的高级教士希尔德布罗德就任了教皇，称格里高利七世。皇帝与教皇的斗争公开爆发，政教之争达到了高峰。

格里高利任教皇的那一年，正值德国撒克逊地区人民起义，亨利四世被起义的群众所包围。格里高利抓住时机，逼亨利交出主教授予权，还将亨利的几个亲信开除了教籍。

乘形势稍有好转后，亨利于1076年召开了沃姆斯帝国会议，宣布废除格里高利七世的教皇职务。格里高利七世针锋相对，颁布了"破门令"，即开除亨利四世的教籍，如果他一年之内得不到教皇的宽恕，他的臣民可以不再对他尽忠效力。国内的诸侯们趁此机会大闹独立，要求亨利下台。

陷入困境的亨利走投无路，万般无奈之下，只得在1077年1月的隆冬季节，携妻将子，越过阿尔卑斯山来到意大利，在教皇驻地卡诺沙城堡的门外打着赤脚，光着头，穿着悔过人的衣服，可怜巴巴地等候了3天，终于使格里高利赦免了他。

然而，屈辱的卡诺沙之行对亨利四世来说不过是韬晦之策、权宜之计，一旦形势有所好转，他便翻了脸，再次宣布废黜格里高利七世，另立新教皇。1084年，他还率领军队打到了罗马，把格里高利赶到了意大利南部。

1122年8月，教皇和皇帝都早已更人，他们联合召开了沃姆斯宗教会议，双方签订了协议，达成了折中的处理办法，对主教授予权进行了重新分配：

图15-1
亨利四世的卡诺沙之辱

任免主教，在德意两国应有区别，在德国，先由皇帝赐给土地，再由教皇赐予神职；在意大利，先由教皇赐予神职，再由皇帝赐予土地。于是，皇帝与教皇的斗争也告一段落。自此之后，德国皇帝对教会的影响渐渐消失，他在意大利的权势也受到很大限制。

1138年，德国开始了霍亨斯陶芬王朝的统治。绰号"巴巴罗萨"（意即红胡子）的腓特烈一世，是这个王朝最有影响的皇帝。此人红眉白脸，目光犀利，赤发卷曲，红髯飘逸，生就一副好斗嘴脸。巴巴罗萨，这个意大利人给他取的外号，后来还成了1941年希特勒法西斯发动对苏侵略战争的行动计划代号。

红胡子腓特烈是以发动对意大利的侵略战争而著称的，其目的无非是掠夺意大利的财富。他在位30余年（1152—1190），曾6次征战意大利。

对意大利的第一次侵略，是在1155年。其时罗马教皇遭到城内人民的反对，教皇再次向皇帝求救。这年的6月，两人在苏特尔会见。虽然腓特烈对教皇多有怠慢，没有按惯例为教皇牵马，教皇下马时也未上前为其扶镫，但教皇既然有求于他，也就只得忍气吞声了。

罗马人眼见腓特烈只带有一支1800人的小部队，甚为轻敌，反而向教皇和皇帝提出了更加苛刻的要求，甚至要腓特烈在教皇给其加冕时，交给罗马5000磅黄金。腓特烈不屑一顾，反过来又居高临下地斥责罗马代表："你的罗马昔日荣誉何在？元老院的尊严何在？骑士的作战本领、勇敢和规矩何在？不屈不挠的勇气何在？你看看我的人民！在我们那里一切都保留完整……我们所继承的帝国具有力量和美丽的外观……我们是为了荣誉而来的。"

罗马人得知腓特烈秘密加冕，立即掀起了起义，但终于不敌腓特烈和教皇的联手镇压。史家记载，有上千的罗马人被打死或扔进台伯河里，200多人被俘，受伤逃难者更是不计其数。起义的领导者阿尔诺德被捕后，又被腓特烈送交教皇，最后以异端罪判绞刑而处死。

第二次，腓特烈率领十万大军进攻意大利，主要是镇压北部米兰等城市的反抗。其时，腓特烈滥施其皇帝权力，在隆卡利亚帝国会议上声称帝国内的一切臣民都要接受皇帝的"保护"，言下之意，不外乎取消各地特别是各城市的自治权。米兰率先起来反对，他们痛恨"皇帝所喜欢的一切就是法律"。

在人民的支持下，米兰大主教当着腓特烈的面揶揄道："得到好处的人也必须承担不利，这是理所当然的。你有权命令我们大家，那你的肩上也就承担了保护我们大家的义务。"

米兰人对隆卡利亚决议大为失望。他们赶走了皇帝派来的代表，捣毁了德国人的住所。腓特烈大怒，将整座城市包围起来，同时还围攻与米兰结盟的一些小城市，当然也毫无疑问地遇到了顽强的反抗。

一个叫克雷玛的小城，竟然坚守了7个月之久。凶残成性的腓特烈要士兵们砍下敌人的头当球踢，俘虏们被分尸后，还钉在城墙上，吊在绞刑架上。为了攻城，腓特烈命令士兵抓来一些当地的孩童，绑在攻城的火炮上向城门推进。

米兰城坚守了两年多，终于陷于腓特烈之手。恼羞成怒的这个皇帝，对米兰进行了惨绝人寰的大屠杀、大破坏。士兵们将城市所拥有的橄榄园、果园、葡萄园砍伐殆尽，家畜也被杀光，道路全部破坏，城市四周一片荒芜。为了防止米兰东山再起、再度兴旺，他将大部分居民赶出城外，将城市中心的广场翻耕了一遍，再撒上盐，使之成为不能再长寸草的凋敝之地。

腓特烈的暴行，更激怒了意大利人的反抗决心。1167年，伦巴底平原上的十几个城市结成秘密同盟，宣誓要将反腓特烈的斗争进行到底。而腓特烈的第四次南侵意大利，就是冲着镇压他们来的。可惜时光不再，这次的皇帝却是大败而归，损兵折将2000余人，就连腓特烈本人也落得个化装而逃。

1174年，腓特烈又发动了对意大利的第五次侵略，与以米兰为核心的伦巴底城市同盟会战于林雅诺地方。结果德国军队再次大败，腓特烈本人也受伤投降。为了赎命，他被迫放弃了一些既得的利益。

过了几年，为了得到意大利，腓特烈强迫自己19岁的儿子亨利与已是34岁的西西里王国公主康斯坦茨结婚，以这种并不光彩的方法将德国的势力扩大到了意大利的南部。后来，继了位的亨利还将京城设到了西西里的巴勒莫。

这个穷兵黩武的国君，一生专以征战为事，风头出尽，但有时也顾不得脸面。1174年，为请求国内诸侯帮助他镇压伦巴底起义，他甚至不惜给自己的封臣撒克逊公爵狮子亨利下跪。1177年，他忘却了皇帝的尊严，匍匐在教皇亚历山大三世跟前，吻其脚，请求教皇宽恕，求得教皇谅解。

戎马一生，腓特烈却没有得到善终。在65岁时，他还雄心勃勃地参加了第三次十字军东征，结果在小亚半岛上一条河里游泳时淹死。在场有那么多的臣下，竟然没有人援之以手。

红胡子的孙子腓特烈二世，一改他爷爷的家风，在德国和意大利实行了比较得当的怀柔式统治，结果诸侯归附，国库充盈，大有重振霸业之气象。他还创建了著名的那不勒斯大学。可惜其继承人未能成功地守住基业。他的儿子康拉德在位仅4年，1254年霍亨斯陶芬王朝结束。

当德国皇帝把对外扩张的主要精力放到南面的时候，几乎与此同时，德国北部的诸侯们却极力向东发展，侵占西斯拉夫人、普鲁士人、爱沙尼亚人和拉脱维亚人等东欧民族的土地。

1147年起，撒克逊公爵、后来是红胡子腓特烈在国内最大对手的狮子亨利，连续进击属于西斯拉夫人的奥波德利人和波摩尔人，先后建立了梅克伦堡公国和波麦拉尼亚公国。随后不久，另一诸侯也夺取了西斯拉夫人的一些土地，

图15-2
山腰中的海德堡城堡遗址

建立了勃兰登堡侯国。

13世纪伊始，这种军事扩张活动进一步加剧。1202年，罗马教皇英诺森三世宣布讨伐斯拉夫人异教徒，下令成立立沃尼亚圣剑骑士团。这个骑士团基本上由德国人组成，他们很快占领了波罗的海东岸拉脱维亚和爱沙尼亚的全部土地，强迫当地的居民接受基督教，并充当依附教会的农奴。

1210年，在教皇的授意下，又成立了条顿骑士团。1230年，条顿骑士团应波兰王公之邀，侵入东普鲁士，镇压了普鲁士人的反抗。1237年，条顿骑士团和立沃尼亚圣剑骑士团合并，力量更为强大。1285年完成了对普鲁士的征服活动，占有了波罗的海东岸和南岸的广大地区，成为一个地地道道的骑士团国家。1308年，占领了但泽，威胁着波兰的安全。1410年，骑士团在格伦瓦德被波兰和立陶宛、俄罗斯联军彻底击败。

随着军事征服，封建主和骑士们获得了大量的土地，他们便以各种优厚条件来吸引德国移民，在德国以及西欧掀起了持续200余年的向东欧移民的浪潮，大大改变了东欧北部地区的居民成分、宗教信仰和社会生活方式，使之与西欧发生日益密切的社会经济联系。同时，一些著名的新城市也开始兴起。如1211年建立了里加城，1244年建立了塔林城，还有罗斯托夫、马林堡、托伦等城市。

也是在这个时期，德国向中欧和东欧中部地区的移民也出现了高潮，并且对移居地产生了深远的历史性影响，其中尤以捷克为甚。涌入捷克境内的有社会各个阶层，包括教士、骑士、商人、手工业者和农民等。移民运动造成了捷克境内有一个德国人的社会集团。教俗封建主、城市贵族和矿山主们，成了捷克的新的剥削阶级，引起了民族矛盾的激化；农民和手工业者的移入，则无疑促进了当地经济的发展。此外，移民的另一个后果，是造成了捷克本地贵族的日耳曼化，无论是语言、服饰，还是风俗习惯，举手投足，他们都极力模仿德国人。

霍亨斯陶芬王朝结束后，德国在20年间（1254—1273）出现了没有皇帝的局面，历史上称此为"大空位时期"。其间，虽有荷兰的威廉、英国的理查德、卡斯提的阿方索先后被选为德皇，但都没有得到全德国的承认。由于没有皇帝和中央政权，大小诸侯更加无法无天，趁机独立。大空位时期整个德国分裂成为300多个大小诸侯国。

1273年，在罗马教皇的游说下，众诸侯推选出哈布斯堡家族的鲁道夫继承皇位，"大空位时期"到此结束。哈布斯堡家族地位寒微，诸侯之所以推选鲁道夫任德皇，正在于他没有能力干预诸侯们的独立。从此以后，神圣罗马帝国的皇位基本上是在哈布斯堡家族、捷克的卢森堡家族以及巴伐利亚的魏特尔斯巴赫家族之间转手。皇帝虽然徒有虚名，但他们也极力寻找机会扩大自己的领地范围。有时也出现两个皇帝争位的现象，这个时候罗马教皇往往会出来干涉。

而且，自鲁道夫开始，德国形成了由七大选侯选举皇帝的制度。七大选侯是德国首屈一指的大诸侯，地位特别显赫，他们分别是美因兹大主教、科隆大主教、特里尔大主教、巴拉丁伯爵、撒克逊公爵、勃兰登堡侯爵和捷克国王。由他们选出的皇帝，即使不经过教皇认可也属合法。

皇帝的权势越来越小，甚至连帝国议会都常常不能出席。这样一来，皇帝也无意于帝国事务，只把心思集中于统治、扩大和经营自己的土地，地位已与一般诸侯无异。

1347年，卢森堡家族的查理四世当选为皇帝。1356年，查理四世颁布诏书，再一次确认今后的皇帝要由七个选侯来选举。诏书还承认诸侯在自己的领地上完全独立、拥有行政司法大权，皇帝不对诸侯领地内政进行任何干涉，也不干预诸侯之间的纷争和战争。由于诏书上盖有金玺之印，故在历史上称为《黄金诏书》。《黄金诏书》实际上使德国的封建割据和诸侯分立有了法律上的依据，从而强化了德国的分裂状态，对德国历史的发展产生了极为严重的影响。

15.3

经济与政治相克。城市同盟。经营北海波罗的海贸易的汉萨商人。吹鼓手和鞋会：揭竿而起的农民

中世纪的西欧有一个颇为奇特的怪现象：英法等国，经济发展上比较落后，但政治上却在14世纪—15世纪走向中央集权君主专制的统一的民族国家；

而经济相对发达的意大利、佛兰德尔等地，却始终没有出现政治统一的趋向。作为德国，经济上特别是工商业经济的发展上决不比法国落后，但它也像意大利一样，国家越来越一盘散沙，分裂割据的局面日益严重。

到12世纪时，封建制度在德国已经完全确立，经济发展势头甚为强劲，工商业从农业中分离出来，城市也开始普遍兴起。然而，德国的城市分布很不均衡，主要集中在北部、西部、南部边远地区；而且这些城市的经济利益、经济兴趣主要是对外贸易，并且是中介贸易、转运贸易、过境贸易，城市商人是居间商，与国内市场和国内经济联系不大。如北部汉萨城市主要从事波罗的海北海贸易，这是典型的转运贸易。西部的莱茵河城市与佛兰德尔及法国北部联系较多，而与国内腹地来往较少。南部多瑙河上游和莱茵河上游城市与瑞士、意大利联系较多。所以，这些城市对国内的经济和政治统一兴趣不大。而且，德国还一直没有形成像法国巴黎、英国伦敦那样的全国性的经济政治中心，没有一个城市能成为全国的聚核。

图 15-3
美因河畔法兰克福的中世纪教堂

国内政治分裂的状态严重阻碍着工商业和城市的发展。由于诸侯领地上关卡林立，过往客商要缴纳繁重的过境税，使商人们几乎无利益可得。据说，单是在一条莱茵河上，封建领主设立的关卡就有62处之多。而且，穷困潦倒的骑士们也常常拦路抢劫，使得德国境内几乎没有一条安全的商路。诸侯和骑士们甚至还常常直接抢劫城市。在没有强大国家政权保护的情况下，城市不得不按地区结成联盟来保护自己。先后出现的著名城市联盟有莱茵同盟、士瓦本同盟和汉萨同盟。

莱茵同盟初建于1226年，参加者主要是德国西部莱茵河流域的一些工商业城市，以美因兹、沃姆斯、科隆和法兰克福最为重要。13世纪中叶，参加同盟的城市达70多个，遍及莱茵河上下游地区。同盟为保护城市工商业发展起了积极的作用。它在莱茵河上及所属地区的商路上设立了安全卫队，保护过往商船和商队。由于它施加的压力，封建诸侯取消了多种关税。士瓦本同盟是德国南部多瑙河上游地区城市结成的联合体，成立于1331年，参加者有奥格斯堡、纽伦堡、乌尔姆等大城市。这个同盟也有力地保护了南方地区工商业和城市的正常发展。

但是。封建诸侯不可能容许城市同盟长期存在。在这种情况下，莱茵同盟和士瓦本同盟在1381年合并，以增强对抗领主的力量。但到最后，还是在1388年被德意志皇帝、诸侯和骑士的军队联合击败。

这几个城市同盟中，汉萨同盟最有实力。"汉萨"原文是集团、会馆等意思。德国北部城市的商人在国外进行商业活动时，在住地城市都设有自己的"汉萨"。汉萨同盟就是德国北部工商业城市的结盟。

汉萨同盟城市在地理上处于欧洲北部北海波罗的海国际贸易区的中心位置。北海波罗的海贸易是中世纪欧洲的两大国际贸易区之一，是北部欧洲东西方贸易的生命线。输往西欧的是北欧和东欧的粮食、木材、毛皮、蜂蜜、蜂蜡、鱼类、矿产等基本生活资料和原材料，往东运送的则是西欧各地所产的呢绒、红酒及各种手工业品。不过，东西之间的贸易是非常不平衡，以至于往东去的商船常常装着压舱石空船航行。

由于地理位置优越，从12世纪起，汉萨商人就控制了北海波罗的海贸易。贸易线路是货物在卢卑克等波罗的海港口上岸后，从陆路运到汉堡、不来梅等城市，通过北海运往西欧。后来又逐渐利用了丹麦的松德海峡水路。汉萨的商站遍布沿商路的各个地方，其中以设在伦敦、布鲁日、卑尔根和诺夫哥罗德的商站最为有名。

13世纪中叶，德国北部城市开始建立各种联盟，80年代时正式形成汉萨同盟。参加城市最多时达到200多个，不仅有卢卑克、汉堡、不来梅等从事转运贸易的主要城市，也有与这一贸易相联系的莱茵河、威悉河城市，甚至还有远在东方的但泽、里加、柯尼斯堡等城市。同盟有公共的财政收支，建立了强大的海军舰队，拥有外交、宣战、媾和等重大权力。

同盟最初以垄断贸易、反对海盗、保护商船为主要目的，后来发展到公开与封建国家或封建诸侯相对抗。13世纪时曾和挪威交战，14世纪后期又向丹麦宣战，迫使丹麦国王签订和约，承认同盟在这一地区的贸易特权。

汉萨同盟的鼎盛时期维持了一个多世纪，15世纪以后开始衰落，16世纪曾一度回光返照。

整个中世纪里，德国的皇帝无能统一国家，专以对外征伐为事；封建诸侯则不断扩充自己的势力和地盘；骑士以拦路抢劫为生；城市靠结成同盟来保护自己。只有贫苦的社会下层人民特别是农民走投无路，水深火热。在重重的剥削和压迫之下，农民们发出了愤怒的吼声。

1476年，美因兹地区出现了一个叫汉斯的人。此人早先当过羊倌，做过吹鼓手，人们喜欢叫他"吹鼓手小汉斯"。他到处宣讲反抗的道理："教会和世俗的诸侯们、伯爵和骑士们有这么多的财产，如果这些财产能公有的话，那么大家同样都够吃够穿了。"他号召群众起来，取消所有的地租、税赋，主张自然的财富如森林、水源、牧场等应该完全平等地由大家共享。

诸侯和领主们对汉斯的宣传十分恼火，设计将他抓了起来。结果引起了农民的广泛抗议，并有一万多人发动了起义。由于起义者没有像样的武器，他们很快就被敌人打败，小汉斯也被残忍的封建领主架在柴堆上烧死。

自1493至1513年，又有一个叫"鞋会"的组织三次发动农民起义。他们在打出的大旗上画上一只草鞋做标志，表示要与穿长筒靴的贵族势不两立。起义农民提出了自己的斗争纲领，要求取消债务、取消关税，赋税交多少也要人民自己来规定。他们还要求取消教会的法庭，取消寺院，教会的财产也要加以限制。"鞋会"起义最初发生在阿尔萨斯地区，后来又扩展到了德意志南部的许多地方。

1514年，士瓦本地区又发生了"穷康拉德"起义。穷康拉德意为穷汉子，或者说"穷得没有办法"。据说起义的直接原因就是当地一诸侯结婚，大肆挥霍，庆祝活动搞了14天，消耗了70万古尔登财富，将农民糊口的粮食也搜刮得干干净净，农民不得不揭竿而起。

15.4

中古初期的意大利："蛮族"入主。城市之国。"亚得里亚皇后"。西地中海商业霸主。纺城佛罗伦萨。为什么意大利城市工商业经济会衰落

476年西罗马帝国的灭亡，标志着意大利历史进入了一个新的时期——中世纪时代。中世纪的最初几百年里，意大利成了蛮族的天下。

西罗马帝国的最后一个皇帝罗慕洛，是被自己的日耳曼雇佣兵头领奥多亚克废掉的。随后，奥多亚克建立了日耳曼人的意大利王国。其时的东罗马帝国皇帝虽然对此恨之入骨，但苦于自己无能为力，于是便唆使居住在它北面的东哥特人进攻意大利。

493年，东哥特人在首领狄奥多里克的率领下，攻陷了拉文那，还以和谈为诱饵，抓住并杀掉了奥多亚克，建立了东哥特王国。意大利半岛全部土地以及西西里岛、达尔马提亚等地，均属于它统辖的版图。

东哥特王国存在60多年。为稳定自己的统治，狄奥多里克还任命罗马族人作首相，对罗马人的土地也保留了三分之二以上。这一做法缓和了与罗马人之间的矛盾，但却引起了自己内部的不团结。555年，东罗马皇帝查士丁尼利用这种内部矛盾，出兵灭掉了东哥特王国。

东罗马帝国又称拜占庭帝国，它对意大利的完整统治维持并不久。当时，一轮新的民族迁徙浪潮又再度掀起。558年左右，阿瓦尔人，即源自中国北方的柔然人，从伏尔加河中游往西移动，很快就出现在匈牙利一带，并向四

周扩张。

受到挤压的伦巴底人也开始移动。他们最初住在易北河河口一带，6世纪时移居中欧，568年在国王阿波齐的率领下进入意大利。由于得到当地人的支持，很快就占领了北部和中部，以帕维亚为中心建立了伦巴底王国。自此之后，意大利北部波河流域又被称作伦巴底平原。

伦巴底人后来又占领了意大利南部的部分地区，而南部的大多数地方却仍然处在东罗马人的控制之下。阿波齐于572年死后，伦巴底王国很快分裂，36个公爵争雄称霸，力量大为分散，成了他人的俎上之食。751年，法兰克国王矮子丕平进攻伦巴底，攻占了一大块地方，并将其献给教皇，由此导致了教皇国的出现。774年，伦巴底王国最终被查理大帝所灭掉。

随后，意大利的北部和中部的大部分地方都被纳入了查理帝国的版图，但帝国本身也不过是昙花一现。843年《凡尔登条约》时，查理大帝的大孙子罗退尔继承了皇帝的称号，所领的国土是从莱茵河下游往南直到意大利北部和中部的一长条地方，称为中法兰克王国。870年，北段又被瓜分，中法兰克只剩下意大利的北部和中部，这就是近代意大利的前身。

950年，意大利寡后因内部斗争，请求德国国王鄂图的支持。鄂图早就垂涎于意大利的富庶，借机侵入意大利境内，从此意大利北部和中部又长期处在德国皇帝的控制之下。962年，鄂图大军开进罗马，教皇为其加冕，称之为"德意志民族的神圣罗马帝国"皇帝。不过，意大利各地的封建领主并不服从鄂图的统治，他们相互之间也经常混战，争夺地盘。因此，整个意大利北部和中部陷入了分裂状态。

意大利南部则从10世纪起不断遭到外族人的入侵，北欧的诺曼人、阿拉伯人、德国人、法国人、西班牙人等，先后成了这里的统治者。

国家政治分裂的同时，由于经济的恢复和发展，西欧的工商业逐步复兴。在工商业兴起的过程中，意大利领导了这一时代的潮流。意大利人所从事的通往地中海东部的所谓东方贸易，亦即利凡特贸易，成了西欧的一条生命线。因此，意大利城市异乎寻常地飞速成长起来。在地中海沿岸，在伦巴底平原，"城市像庄稼一样茁壮成长"，商栈遍布，市场繁荣，一派兴旺景象。11至15世纪西欧的5万以上人口的重要城市中，意大利要占去一半，人称"城市

合分无定常　431

之国"。

　　这些城市，由于经济力量雄厚，因此很快就在同封建领主的斗争中占了上风，获得了自治权。有的城市还控制了城郊甚至外围的农村，发展成为完全独立的城市共和国。威尼斯、热那亚、佛罗伦萨、米兰，是当时最为著名的四大城市国家。

　　威尼斯位于意大利的东北部，亚得里亚海岸边。境内港湾众多，河汊交织，大小桥梁就有好几百座，素有"水城"之称，城内以舢板、小船为主要交通工具。因其风景秀美，被誉为"亚得里亚海明珠"。

　　早先的威尼斯是一个小渔村，居民们以捕鱼、晒盐为生。10世纪中叶，随着地中海贸易的复兴，威尼斯获得了崛起的机遇。由于它面对地中海，背靠阿尔卑斯山和欧洲内陆，有得天独厚的地理优势，所以很快就得到了大的发展。

　　十字军东征时，威尼斯极其热心地鼓动，而且为十字军提供了大量的运输船只。十字军之后，威尼斯商人乘机夺取了拜占庭和阿拉伯商人在地中海东部的商业霸权，成为欧洲与东方贸易的垄断者，以从事胡椒等香料的贸易

图15-4
中世纪的威尼斯

为主。亚得里亚海潮流沿东海岸北流，到威尼斯一带时再折返向南，这对它从事地中海东方贸易极为有利。

由于占据了相当广泛的国际市场，威尼斯的手工业也很快地发展起来。威尼斯的丝绸玻璃享誉西欧和地中海世界，威尼斯的船坞是西欧最大的造船工场。它拥有一支巨大的海军舰队，大小舰船达数千艘，海军人员数万人。船队定期在地中海和大西洋上扬帆远航。它是一个巨大的国际性都市，人口最多时达20万，为中世纪西欧之最。经济收入最高时，相当于人口50倍于它的法国全国的收入。威尼斯的货币金杜卡特在整个欧洲通用，有如今天国际市场上的美元。威尼斯的财富令世人倾慕，赞誉它是"亚得里亚皇后"。

威尼斯还发展成了一个庞大的殖民帝国。它的领土除了波河平原大部分外，还有达尔马提亚、希腊南部、克里特岛。统治威尼斯共和国的是城市的商人贵族，由480人组成城市议会，城市议会选出城市元老院，这是城市中最核心的权力机关。国家的元首称为"总督"。

13至15世纪是威尼斯的黄金时代。15世纪末葡萄牙人开辟了经好望角通往印度的新航路，威尼斯的地理位置优势逐渐失去。虽然它也曾想努力改变这一局面，但终于无济于事，商业帝国地位一落千丈。

与威尼斯相呼应，在意大利北部的西面崛起了热那亚城，这是又一个商业帝国。

热那亚坐落在利古里亚海东北海岸上，地方不很大，占据了沿海一条狭长的平原，城后不远即是屏幕般的荒凉高山。亚平宁山脉与阿尔卑斯山在这里相接。它的兴起比较晚，原来是比萨城的小伙伴，由于从这里通过阿尔卑斯山进入瑞士和法国比较方便，因此最后取代了比萨的地位。

热那亚的海上贸易最先是在西地中海上发展，从12世纪起建立了与西至西班牙、南至北非海岸的阿拉伯人的贸易关系。十字军东侵时,热那亚也很卖力,提供了不少船只，因此又向地中海东部渗透了自己的商业势力。他们建立的商业据点从塞浦路斯、小亚半岛沿岸直至黑海岸边，爱琴海上的开俄斯岛是它的主要基地。它经营的商品为明矾、小麦、盐、羊毛等大宗物品。

因争夺商业势力范围，热那亚与威尼斯经常发生冲突。1379年，海军司令多里亚率舰队与威尼斯舰队大战，结果全军覆灭，多里亚阵亡。从此地中

合分无定常　433

海东部商业霸权归了威尼斯。过后不久,两个城市又发生了争夺土地的基奥贾战争,热那亚再一次败于对手。

15世纪中叶以后,奥斯曼土耳其人占领了君士坦丁堡,摧毁了拜占庭帝国,开始威胁意大利人从事的东方贸易,热那亚在东地中海的商业地位首当其冲。1475年,奥斯曼将热那亚人赶出了黑海,接着又把他们赶出了爱琴海。从此之后,热那亚人唯有全力经营西地中海贸易,成了名副其实的西地中海商业帝国。在新大陆发现的过程中,热那亚人也有自己的贡献:新大陆的"发现者"哥伦布就是热那亚水手出身。

16世纪中叶,热那亚发展了金融银行业,为西班牙从美洲将白银输进欧洲起了很大的作用,热那亚曾经一度"再造辉煌",成为此时西欧最大的金融中心。可惜好景不长,到16世纪末,热那亚衰落下去了。

佛罗伦萨位于意大利半岛中部托斯坎纳地区,离海岸较远,但却是欧洲各国通往罗马教廷的必经之路。12世纪初,佛罗伦萨获得了自治权利,13世纪进入了发展的兴盛时期。到14世纪初,佛罗伦萨成为当时欧洲最大的城市之一,而且周围地区的乡村景色也历来为文学家、诗人赞不绝口。

佛罗伦萨是以毛纺织业发达而著称于世的。从事东方贸易的意大利商人为了交换东方商品,便从西北欧地区买来粗制劣质的初级呢绒产品,在意大利进行加工后再投入东方市场。佛罗伦萨最先发展的毛纺业部门,就是这样一些呢绒加工部门。后来又学会了毛纺业生产的全部过程。到14世纪上半叶,佛罗伦萨的全部人口中有三分之一投入了毛纺业,真正是一个巨大的纺织城市。每年生产的呢绒有10万匹之多,全部运往国外市场,包括东方和西欧各地。不过,意大利不产羊毛,佛罗伦萨毛纺业所用的原料主要从英国和西班牙进口。

佛罗伦萨的银行业也很发达。14世纪初,全城至少有80家大银行。这些银行还在欧洲许多地方开设了办事机构。

佛罗伦萨也发展成了一个城市共和国。它和离得不远的比萨城是一对死对头,但最后佛罗伦萨还是占了上风。由于手工业发达,所以佛罗伦萨的统治权掌握在7个大行会手中,实际上由那些被称为"肥人"的商人资本家、银行家控制。15世纪后,佛罗伦萨政权基本上落入了大商人银行家美迪奇家族手中。15世纪晚期洛伦佐·美迪奇统治时,佛罗伦萨进入了政治最强盛的时代，而且也成了意大利文艺复兴运动的主要中心。不过，盛极而衰，此后的佛罗伦萨便走向了衰落。

曾是中世纪欧洲最为先进的地方，曾为中世纪西欧最为富庶的地区，意大利城市何以没能促使本国率先实现向近代社会的转变？城市工商业何以在16世纪以后全都步向衰微、并且一蹶不振？这是一个颇吸引人的历史之谜。

一般认为，意大利工商业城市的衰落，是15世纪末以后国际市场变化的产物。其时新大陆发现和新航路开辟，使西欧的商业中心转移到大西洋沿岸，意大利的地理位置已经不再重要。而这个外部因素，恰恰又击中了意大利城市经济的内在脆弱点。两者相结合所产生的负能量，决定了意大利城市的悲剧所在。可以说，意大利城市的最大优势，是其经济活动的外向性和国际性，而其经济的脆弱点，恰恰也是由这个外向性和国际性过度发展所形成的经济结构偏倚状态。

可以说，意大利城市经济的外向性和国际性是与生俱来的。它们的兴起，它们的发展，是西欧这个整体与外部进行经济交往的产物，是作为西欧的对外窗口而出现的。正因为担负了为整个西欧服务的职能，它们才会如此发达，如此繁荣。然而反过来，它们对国际市场这种强烈的依赖性又酿成了自己的悲剧。

图 15-5
意大利城市商人夫妇

合分无定常　　435

意大利商业活动的核心，是以地中海海上贸易为主体的国际长途转运贸易。海上活动要遭受海暴、海盗等灾难性的影响自不必说，即使是商旅平安，长途转运贸易也要受到许多外部因素干扰，有货物输出地和达到地的政治经济气候，有转运过程中的各种条件如商路变更、气候变化、运输工具的适应力等，无论是哪个环节出问题，都能给这种贸易以毁灭性的打击。

更严重的还有来自别国商人的竞争。既然这类贸易是为整个西欧服务的，那么谁都可以染指其间。同理，可以有地中海东方贸易来为整个西欧服务，也可以开辟新的贸易来满足西欧之所需，故此，大西洋贸易取代地中海贸易也就不难理解了。

意大利城市中最具特色、最有优势的手工业部门，也有这个问题。它们大多是借助远程贸易建立的市场基础发展起来的。一方面，产品以国外为主要销售市场，要受到国际政治经济气候的许多制约；另一方面，手工业如毛纺业、丝织业、皮革业等所需的原材料也主要来自国外，这一点产生的不利影响更为突出。

由于原料进口，手工业比正常情况下便多了一些不利因素。如原料成本扩大，因为进口过程中，要缴纳许多关税，还要加大运费开支，使资本周转的速度慢、时间长，利润减少。原料依赖进口也直接影响和限制着生产规模的扩大，因为大规模的生产必须有原料的充足供应作保证，而依靠进口显然难以做到这一点。

原料进口还制约了手工业的生产方向。由于原料来之不易，所以必须对有限的原料进行最大程度的利用，只有生产高档产品才合算。高档商品面向社会中上层，消费市场面狭窄，生产数量必然受到限制，在15世纪—16世纪欧洲社会大众对中档商品的需求大幅度增加时，意大利的手工业便难以适时转向，并眼睁睁地看着人家挤占自己的传统市场。

更甚一步，若原料供应出现了问题，赖以生存的手工业便会被置于死地，而这种情况随时都可能因为国际政治经济气候的变化而发生。事实上，供应意大利毛纺业的英国羊毛、西班牙羊毛都曾有过这样的事情。

由于经济活动的重点在国外，故而意大利城市对国际市场的关心甚于国内市场，注重海外利益甚于国内利益，在国际商业中的投入甚于对国内生产的投入。它们既然无兴趣于国内的经济活动，也就不会产生建立国内统一市场的要求，也就使意大利不具备实现政治统一的经济前提。这样，当西欧其他国家的商人在国际市场上显示出咄咄逼人的攻势时，缺乏国内有力政治凭靠的意大利商人，只可能节节败退了。

15.5

马可·波罗东行。多里奇诺起义。无产者的初次抗争。外族霸南方。福尔诺沃阴影

意大利城市的工商业活动，不但促进了西欧经济的复兴和繁荣，也沟通了东西方之间的交往。

马可·波罗在欧洲是一个家喻户晓的名字。他是威尼斯的一个商人，生活在威尼斯东方贸易最为兴盛的时期。还在很小的时候，他的父亲和叔父就到过一次中国。父辈对这个神奇的东方古国绘声绘色的描述，使他从小就对中国充满了向往。

1271年左右，年轻的马可·波罗跟随父亲和叔父，跋山涉水，历尽艰辛，经过大约四年的时间，终于来到中国。这时候的中国，正是元朝统治开始时期。元世祖忽必烈对他们三人优礼有加，十分器重，留下他们在元政府供职。马可·波罗当过元朝的钦差大臣，到过西南、西北许多省份进行巡视，其间还奉命担任过三年扬州总管。

在中国生活了17年后，马可·波罗三人思乡心切。1292年，他们搭乘元朝送往波斯完婚的公主之船，从福建泉州出发，经历了两年多的海上航行，终于到达波斯。马可·波罗三人继续西行，第二年回到威尼斯。不久后，马可·波罗参加了威尼斯对热那亚的战争，结果威尼斯战败，马可·波罗被俘。在监狱里，他将在中国及东方各国的所见所闻一一道来，由同监的罗斯常谦记录，这就是著名的《马可·波罗游记》。

《马可·波罗游记》共分四个部分。第一部分记叙了他们三人去中国途中所经各地的风土人情。第二部分记载了元代中国的军事、政治、经济、社

会生活各方面情况。第三部分介绍中国周边一些国家如日本、越南、锡兰、泰国、印度等国的情况。第四部分记叙当时蒙古各汗国之间的战争，以及亚洲北部至俄罗斯的情况。《游记》大开了欧洲人的眼界，特别是他对中国和印度那"黄金遍地，香料盈野"的描述，引起了欧洲人的无比仰慕和垂涎。《游记》因此被称为"世界第一奇书"，他被誉为"伟大的马可·波罗"。据说，哥伦布西航新大陆时，怀中就揣着这本著作。

意大利北部虽然工商业发达、城市繁荣，但是边远的山区和农村仍然实行落后的农奴制，一些中小城市甚至还处在封建领主的统治之下。因此，这里的农民往往受到双重的剥削：一是封建贵族的欺压和剥削；二是由于商品货币关系的渗透，农民们不适应市场，因而在商人及高利贷者的盘剥下日渐贫困。而且，这些中小城市相互之间的争夺也很激烈，因此，这里的人民特别是农民所受的苦难最深。

农民不可能满意这种状况，不断起来掀起反抗斗争。1260年左右，帕尔马地区出现了塞加烈里创立和领导的"使徒兄弟会"。不分男女，都可成为会员，会员彼此间以兄妹相称，财产公有，福难共享，下层劳动群众纷纷加入这个组织。

在斗争烈火愈烧愈旺之际，罗马教皇凶相毕露，解散了"使徒兄弟会"，并把塞加烈里赶出了帕尔马。塞加烈里此后走遍了意大利北部地区，继续宣传自己的主张，号召人民行动起来。最后，他在1300年被贵族所逮捕，用火活活烧死。

1303年，塞加烈里的继承人多里奇诺及其女友玛格丽特，率领农民起义，意大利北部的人民纷起响应。起义军宣传私有财产是一切灾难的根源，预言一个没有私有财产的千年王国很快就要到来，号召这个千年王国要靠被压迫者自己起来实现，起来消灭富人和教士。

起义者的队伍达到了6000多人，他们到处捣毁修道院，破坏庄园。许多妇女也参加了起义。教皇克勒芒五世组织十字军进行血腥镇压。起义军寡不敌众，坚持了四年之后，终于在1307年失败。玛格丽特牺牲在战场上，多里奇诺被逮捕折磨致死。

多里奇诺起义是西欧最早的一次大规模农民起义，是14世纪西欧农民大起义高潮的先声。

不但农民发动起义，就是城市的劳动者也不堪忍受现实生活的不平等，起来进行武装斗争。

由于意大利手工业的发达，资本主义生产关系的最早萌芽也在这里出现了。一般都认为，西欧资本主义生产的最初萌芽，出现在14和15世纪意大利的地中海沿岸城市。

最早的资本主义萌芽出现在毛纺业中，尤其是佛罗伦萨的毛纺业中。这时候，商人资本家已开始渗透和控制手工业生产。由他们组织的资本主义生产有两种基本形式：一种是分散的工场手工业。在这种形式下，商人资本家将原料发放给分散的工人们，工人们住在自己的家里，用自己的工具或用商人借给的工具，按照商人提供的规格进行生产，最后按时将产品交给商人，按件领取工资。技术比较复杂的生产工序如织布、染布等，大多采取这种方法，工人也多是由破产的手工业者转化而来的。

另一种方式就是集中的手工工场。那就是商人资本家自己直接办工场，然后雇佣一些工人在他的工场里做工，所有的生产资料包括工具、厂房都是商人老板的，工人只在工场里干活，然后领取计时的日工资或周工资。除了一些较大的工场主把某个产品的生产全过程都集中到一个工场外，大多都是技术比较简单的生产过程这么做，比如羊毛的梳理工作。而且，佛罗伦萨毛纺业所需的羊毛都是由商人从国外进口的，商人们更有条件这么做。

这样，梳毛工人也就成了世界历史上最早的雇佣工人。他们一无所有，只能靠出卖劳动力谋生糊口。他们工作时间长，劳动报酬低，在工场老板的盘剥下几乎连基本生活都不能维持。他们多次提出要求，希望能有保障自己利益的组织，结果这些起码的要求不但没有被采纳，而且领导人也一再被镇压。

在忍无可忍之际，佛罗伦萨梳毛工人于1378年爆发了起义。他们火烧了呢绒商行会大楼，要求提高工资，延付债务，还选举了自己的领导人，建立了自己的组织机构。虽然起义最后因首领被收买而告失败，但它是无产者反对资本家的第一次斗争，在世界历史上占有特别的一页。

由于政治分裂，孱弱的意大利就给外族以可乘之机，成为外人角逐的场所，南方尤其是这样。

9世纪以后，意大利南部先后遭到了北欧诺曼人和阿拉伯人的袭击。11

合分无定常　439

世纪初，诺曼人在意大利南部建立了好些居民点。11世纪后期，他们夺取了巴里等地，后来又占领了西西里岛，建立了西西里王国。

12世纪末，德国皇帝亨利六世在热那亚和比萨等城市的支持和帮助下，打败诺曼人，成为意大利南部的新的统治者。当地人并不愿接受这个不速之主，他们进行了激烈的反抗。亨利六世则以疯狂的大屠杀来对付暴动者，当时人称，"亨利六世怒吼的北风刮过大地"，他的军队像一支世界末日的骑士队，把西西里的重要人物或绞死，或活埋，或烧死。仅此他还觉得不够，干脆将德意志帝国的首都也设在西西里的巴勒莫。

1268年，在教皇的支持下，法国的安茹王朝又取代了德国人的统治。法王之弟查理在西西里强行推行农奴制，苛法酷刑、横征暴敛，蹂躏妇女，无恶不作，而且还把首都迁到了半岛上的那不勒斯，西西里人民极为不满。

沉积的怒火一待时日，终于爆发。1282年3月31日，一名法国士兵在巴勒莫的教堂门口，当着众人之面，污辱一位刚做完晚祷的西西里妇女，在场的西西里人愤怒至极，当场就将这个流氓打死。起义者敲响了教堂的钟声，号召全城百姓走上街头，杀死和赶走法国统治者，由此揭开了起义序幕。西西里全岛纷纷起来响应，并且建立联盟互相支援，还请求罗马教皇马丁四世的保护和支持。出乎他们的意料，教皇不但不支持他们，反而命令他们向查理投降，起义者的斗争陷入困境。

西班牙的阿拉贡国王彼得三世得知这一消息，立即出兵西西里，帮助起义者。法国人很快被杀死或赶跑，起义者取得胜利。但却是前门驱虎，后门进狼，打着支持起义者旗号的彼得三世夺取了胜利果实，实际上控制了西西里王国。1302年，阿拉贡王国正式确立了对西西里的统治。从此，由西西里和意大利南部组成的两西西里王国（又称那不勒斯王国）长期成为西班牙的附属国，基本上丧失了独立性。

到15世纪—16世纪之交时，随着在国际市场上经济地位的下降，意大利的北方也成了外国人争夺的对象。

1492年，西班牙国王派遣的哥伦布发现了美洲新大陆。而对于意大利来说，这却是个很不幸的一年。

在长期分裂的局面下，各个小邦国总想打击别的国家而称霸意大利。正是在这种动机驱使下，米兰大公卢多维科在这一年派遣密使去了法国，邀请法国国王出兵意大利，打击南方的那不勒斯王国。这一举动，为意大利历史酿成了千古之恨。

法王查理八世正值年少气盛，他抓住这个天赐良机，毫不犹豫地率领2万多名士兵，于1494年从法国启程，一箭不发就越过了阿尔卑斯山，年底即到达罗马城。第二年5月又攻占了那不勒斯，全国都处在法军的铁蹄之下。

眼看祖国遭受践踏而深感痛苦的意大利爱国者，秘密组织了意大利同盟军，终于在北部的福尔诺沃村与法军展开了激烈的决战。虽然同盟军取得了形式上的胜利，虽然查理逃走了，但战场上留下的多是意大利人的尸体。从这以后，外国人在意大利土地上打了一场长达半个多世纪的战争。法国人、奥地利人、西班牙人、德国人、匈牙利人，甚至瑞士人，都在意大利战场上捞足了好处。外国人轮番在这里演出战争狂剧，而屈辱的意大利人还得为侵略者供应粮食、提供营地。

意大利土地蒙受了战争的巨大灾难，城市萧条，村庄残破，田园荒芜，经济凋敝，财产被洗劫一空，饥馑和瘟疫蔓延。人民被大批地屠杀，侥幸活下来者也是苦不堪言，富庶的意大利一片荒凉景象。真是霜雪交加，一面是新大陆发现和新航路开辟使意大利从事地中海贸易的地理优势丧失殆尽，国际商业中心从地中海转移到大西洋，另一面是外国军队在意大利土地上肆虐，把意大利的家底掏空。意大利从此一蹶不振。

第十六章

斯拉夫崛起
从基辅罗斯到沙皇俄国

16.1

斯拉夫人。村社和公国。瓦希之路。从留里克到奥列格：基辅罗斯的建立。索贡巡行

东欧大平原，广阔无垠。位于乌拉尔山和里海以西的整个欧洲，几乎有一半土地属于这个寒冷的大平原。

大约从 2000 年前起，斯拉夫人就生活在这块并不富饶的土地上。

斯拉夫人是印欧民族的一支，他们起源于今天俄国和波兰相接的低洼潮湿地带。在民族迁徙的浪潮中，斯拉夫人也不甘寂寞，6 世纪—7 世纪后，开始往东、西、南三个方向呈弧形扩散，从而形成了东、西、南三支斯拉夫人。

西斯拉夫人分布在欧洲中部，包括居住在维斯杜拉河和奥得河流域的波兰人；定居在易北河上游地区的捷克人、摩拉维亚人和斯洛伐克人；散布在波罗的海沿岸和易北河下游的波摩尔人、波拉巴人和文德人。

南下的斯拉夫人则在 6 世纪—7 世纪里进入了拜占庭帝国境内，定居于巴尔干半岛的北部和中部，包括塞尔维亚人、斯洛文尼亚人、克罗地亚人以及保加利亚人。

东斯拉夫人这一支最大，分布于东欧大平原，即西起德涅斯特河和喀尔巴阡山，东至顿河、奥卡河和伏尔加河，南到黑海，北抵拉多加湖的广阔地区。或者说，囊括了今天俄罗斯、白俄罗斯、乌克兰（小俄罗斯）三大民族地区。

东斯拉夫人原为游牧民族，社会发展起点低，且极其缓慢。6世纪以前，他们还处在氏族公社阶段，共有30多个部落，各部落以酋长为首。

6至8世纪时，由于受到邻近拜占庭社会的影响，东斯拉夫人的经济生活开始得到实质性的进步。这时候，有了铁制的农具，开始学会了用牛或马耕地，还采用了轮耕制。此外，也有了一些零星的手工业和商业。

社会组织也发生了变化，由过去的按血缘纽带组成的原始氏族公社，演变成为由父权制大家族按地域结合而成的农村公社。这种公社，称之为"维尔福"。

维尔福类似于日耳曼人的马尔克农村公社，但又明显不同，它是父权制或家长制村社，颇像东方社会的某些特点。所以，介于东西方之间的俄罗斯，很早就兼备了西方社会和东方社会的两重特征。而且，作为一种社会组织，村社在俄罗斯曾经长期存在，直至19世纪还有影响。这一点，倒与亚洲的印度很相似。

农村公社的出现，亦意味着私有财产的形成，因之，保护财产的国家也应运而生。8至9世纪里，东斯拉夫人的部落纷纷结成联盟，进而发展为国家，称为小公国。部落酋长们修筑城堡，征服四周，自称王公。

就是在这个时候，北欧诺曼人中的一支瓦里亚格人也进入了东欧平原。瓦里亚格人意为"商人"，是斯拉夫人对这些北方人的称呼，也说明了这些人最初是到东欧来经商的。为了保护自己的商业利益，他们也建立了一些小公国。

这些小公国中，有的逐渐强大起来。北方的诺夫哥罗德，南方的基辅，慢慢地成为地区性的中心。

这些小公国走向统一是一个趋势，但又是个长期的过程。

统一的动力，是来自于对商贸道路的开辟与维持。东欧平原虽然地势低矮，但中部则略为凸起，这就造成了平原上的河流从中间向四周，特别是向北和向南两个方向奔流。例如，流入东南里海的有伏尔加河，流入南部黑海的有第聂伯河、顿河，流入波罗的海的有涅瓦河、沃尔霍夫河等。由于河流的源头彼此间相距不远，因此就形成了一条纵贯南北的通商大水路："从瓦里亚格到希腊人之路"，希腊，指的是当时的拜占庭帝国。

瓦希之路的最初开创者无疑是东斯拉夫人。但9世纪的时候，在北欧诺曼人四处迁徙的浪潮中，其中一支直下东欧大平原，很快控制了这条商道，同南方的拜占庭人、阿拉伯人进行贸易活动。基辅和诺夫哥罗德实际上就是作为商贸据点出现的。

瓦里亚格人以武装商队为基本组织，因而机动性强，当然战斗力也强，所以常被请去解决斯拉夫人之间的冲突，或者对付外来人的侵扰。

一种说法是，9世纪前期，瓦里亚格人来到黑海北岸，赶走了盘踞在此已有时日的游牧民族哈扎尔人，建立了一个罗斯汗国。而哈扎尔人则迁到顿河和伏尔加河下游河间地区，形成了一个新的国家，阻断了罗斯汗国与北部之间的交通。罗斯汗国为打通这条通道，便请北方的瓦里亚格人来帮忙。

另一种说法可能更准确，称9世纪中叶时，由于诺夫哥罗德发生内讧，城里的居民决定请北方瓦里亚格人的首领留里克来帮助治理。862年，诺夫哥罗德贵族派出的代表团，来到留里克的驻地，十分诚恳地说："我们的国家富饶辽阔，但却没有秩序，快来管辖和统治我们吧！"

是否讲过这样的话并不重要，事实是留里克真的这样做了。他和他的两个兄弟带领自己的队伍，来到了诺夫哥罗德，平息了城内的叛乱，他也就成了这里的第一位王公。有的史家还考证，他可算东斯拉夫土地上第一个见诸史书的王公。

接着，留里克又要求更多的瓦里亚格人南迁，以支持和扶撑自己。他还将自己的兄弟及亲兵派到附近的城市，成犄角之势，互为呼应，同时又有利于进一步的征服。

在他们以北的芬兰人，称瓦里亚格人为"罗斯"人，于是东斯拉夫人地区便有了"罗斯"这个名称。但也有另外一些说法。如有一种看法就认为，罗斯得名于南方的罗斯河，这是第聂伯河的一条支流。

占领诺夫哥罗德之后，留里克的一些部下并不满足，继续沿第聂伯河南下。到达基辅时，他们受到了当地居民的欢迎，并拥戴他们为自己的统治者。只不过，他们虽是瓦里亚格人,却因羽翼已丰而不愿受留里克的管辖。

留里克无奈,不得不承认这一既成事实,但他的继承人却咽不下这口气。879年,留里克病逝,其亲属奥列格继诺夫哥罗德王公之位。奥列格雄心勃勃,不出几年就开始了他的南征事业。

882年,奥列格率部从诺夫哥罗德出发,沿着第聂伯河,先后占领了河畔重镇斯摩凌斯克、柳别奇,直指基辅。兵临城下之际,奥列格设计杀掉了对方的首领,庶几占领了全城。接着又征服了附近地区。这样,以基辅为中心,奥列格建立了一个大公国,历史上称为基辅罗斯,或古罗斯国。

奥列格继续向四处扩张,10世纪初,几乎占领了所有东斯拉夫人的土地,其版图西起别列津纳河,东至奥卡河,北抵波罗的海,南达罗斯河。这是俄罗斯历史上第一个统一国家,延续了将近3个世纪。

奥列格并不以此为满足。他以拜占庭帝国不愿与其通商为由,率兵两次远征攻打君士坦丁堡,且两次都以拜占庭失败而告终。其时的拜占庭早已是强弩之末,面对强悍的北方野蛮民族竟束手无策,只得在屈辱性条约上签字,答应这些不速之客的种种要求,包括免除商品关税、献纳贡款等等。

不过,奥列格也未必能够善终。据说他是在征战中从马上摔下致伤而死,也有说他是被毒蛇咬死的。

基辅罗斯出现的时间,实现统一的人物,统一的具体过程,如上文所述,历史的行动主体均为外来的瓦里亚格人。问题是,这是个东斯拉夫人的地区,他们在国家形成和统一的过程中又起到了什么作用呢？如果硬说斯拉夫人内部的社会矛盾激化以及与外族斗争的需要,成为统一国家出现的前提,这显然是不顾历史事实的。当然反过来只强调"瓦里亚格人的进入"这一外力而不重视内部因素作用,这实际上是不关注统一发生的原因,因而也是一种片面性。

其实应当充分考虑两方面的因素。瓦里亚格人确实对基辅罗斯的形成起了关键作用,同时也应看到,瓦里亚格人并不像日耳曼人那样,他们虽成了被征服地区的统治者,但最后还是慢慢地被当地的斯拉夫人所同化。

基辅罗斯大公对境内居民所实行的征收税赋的特殊方式——"索贡巡行",即充分地表明了这一点。

每年冬天来临的时候，居民们完成了一年的劳作，将自己辛勤劳动的成果收储在家。大公则率领自己的亲兵在属地内武装巡行，依仗武力而挨家挨户向居民征收各种物品，如毛皮、蜂蜜、蜂蜡等。整个冬天里，大公都在干这个事。等到第二年春天冰冻开封的时候，这些贡物通过水路运到君士坦丁堡出卖，换取纺织品、水果、酒类等生活品和奢侈品。

索贡巡行有一个突出特点，就是它没有固定的税额，收多收少，完全在于大公的武力。大公也不是将土地分封给臣下，而是让他们分享贡物。这样一种形式，实际上和瓦里亚格人的征服方式很有关系。也就是说，这种征服并没有夺取东斯拉夫人的土地，只是表示一种政治上的统治而已。

16.2

马背上的大公。东正教的传入。俄罗斯的封建制：历史横向发展之果。伊戈尔远征。基辅罗斯解体

基辅的大公们既以武力起家，也就不那么热心安邦治国之策。他们最愿做的事，仍然是醉心于军旅行伍，带领或多或少的兵力极尽劫掠扩张之能事，所谓"马背上打天下"。

奥列格的继承人伊戈尔，就是这样一个好掠者。他也曾仿照前任，两次远征君士坦丁堡。打通了商路后，他的物欲大增，几乎是贪得无厌地索求各地的贡赋。945年，他收取了伊斯科罗斯坦的贡赋，打道回基辅的途中，突然觉得不满足，又折回该城，强行作第二次勒索。伊斯科罗斯坦居民忍无可忍，愤而杀死了伊戈尔一行。

伊戈尔遗孀奥丽加知悉，勃然大怒，生生活埋了来使，并发兵讨伐伊斯科罗斯坦。她先是设计诱引该城头面人物赴宴，将之灌醉后全部杀死。后又迫使该城居民每户献上一只鸽子。丧心病狂的她，居然命人在每只鸽子的腿上都绑上易燃品，点燃后再放飞它们，可怜整座城市被烧为灰烬。

奥丽加的儿子更是勇武好战之士。史书上说他是"行军时步履轻捷如豹，出征时不带辎重和炊具，把牛马肉架在火堆上烤熟便吃，也不携带帐篷，夜

间躺在垫鞍的毡布上,头枕马鞍,露宿原野。"他不打偷袭战,每次进攻前都要通知对方:"我马上来找你们!"除了东斯拉夫人大部分部落被他征服外,他还进攻过顿河及伏尔加河流域的保加尔人、哈扎尔人,甚至还打到了高加索山附近地区。

这个在基辅罗斯历史上叫作斯维亚托斯拉夫的大公,还往西南攻入了多瑙河下游的保加利亚王国,甚至差一点将都城迁到了这里。当971年他再度进军多瑙河时,遭到了拜占庭10万大军的重重围困。斯维亚托斯拉夫急率败军撤回国内。行至第涅伯河畔时,遭当地土人突然攻击,大公在战斗中阵亡。一世英名的征战英雄,死时竟连头盖骨都被人用作了盛酒的器具。

由于同邻近的东欧大国拜占庭的来往较多,罗斯国家的文明发展速度自然大大加快。东斯拉夫人原本是没有文字的,正是在拜占庭人的影响下,他们才慢慢地学会了读书写字。由拜占庭僧侣西里尔、美多德兄弟创造的斯拉夫文字,是以希腊字母作为基础的。

罗斯国家受拜占庭文化的影响,最重要、最有深远历史意义的方面,莫过于东正教的进入。罗斯人原也信仰多神教,由于同拜占庭的交往增多,最先有一些大公改奉了基督教。据说,奥丽加是第一个皈依东正教的君王。

她的孙子弗拉基米尔大公,988年迎娶拜占庭公主为妻时,改信了东正教,并将其定为国教,强迫全国人民接受。人民不从,弗拉基米尔便采取强行措施。他派出自己的亲兵队,威逼基辅全城人民来到河边接受洗礼,将原有的神像统统焚烧。高压之下,全国居民噤若寒蝉,只得转教换神。弗拉基米尔并不就此止步,他又在各地设立主教区,在基辅设立大主教区,而且还请来自拜占庭的希腊神父担任大主教等重要神职。

接受基督教,对俄罗斯吸收拜占庭的先进文化与技术起了积极作用。

同世界上任何其他民族一样,东斯拉夫人那里最初也出现了奴隶制。然而奴隶制在俄罗斯并没有得到充分发展,也就是说,俄罗斯没有出现一个独立的奴隶制社会形态,而是一进入文明社会就很快地向封建制社会过渡,或者说,俄罗斯是越过了奴隶社会而进入封建社会的。究其原因,主要是拜占庭的先进文明传入使其然。

由于拜占庭先进文化和技术文明的影响,东斯拉夫人以及瓦里亚格人在原始公社解体时期的社会生产力水平,已经超过了一般国家奴隶制形成时期的水平,因此其文明历史的起点相对较高。而且,在东斯拉夫人的原始公社制度瓦解之时,奴隶制时代在全世界范围内已经结束,特别是邻近的拜占庭,已经形成和发展了封建制度,这就能直接为俄罗斯人所效仿。从这里,我们再一次感受到世界历史横向发展规律的巨大作用。

不过,也由于没有经历一个奴隶制阶段,罗斯封建制度的形成过程也就相对要长,而且还在较大程度上表现出原始性、野蛮性,前述"索贡巡行"正是如此。

由于索贡巡行具有暴力掠夺性质,人民也常用暴力的方式来进行反抗,不少大公因此而掉了命。故而,到了10世纪左右,为了防止杀大公之类的事情发生,国家逐渐将税额固定了下来,取消了索贡巡行。

到11世纪以后,王公贵族们不再满足于收税,而是纷纷强占土地,建立田庄。同时,王公们也改变了习惯做法,不再让部下分享贡物,而是向他们封赐土地,另外,新起的教会、修道院和主教们也得到了王公的赐地。于是,那种标准的封建土地制度在俄罗斯出现了。组成封建主阶层的主要有三部分人,即王公贵族、波雅尔(亲兵)贵族和教会贵族,为他们耕作土地的劳动者则是自由农民、债务依附农、契约依附农和奴隶等。

这样一些情况,我们都能从《罗斯法典》和《雅罗斯拉夫条例》这两部法典中了解到。雅罗斯拉夫是弗拉基米尔的儿子,他同自己的几个兄弟争夺了十余年,最后与姆斯季斯拉夫平分了国土,取得了第聂伯河以西地区。十年之后,后者死去而无继承人,雅罗斯拉夫得到了全部版图,成了真正的大公。

雅罗斯拉夫在位时,基辅罗斯达到了鼎盛。对外方面,他用筑土墙的方式,挡住了南方的佩切涅格人的进犯,并将其彻底击溃,解除了这个草原民族对俄罗斯的长期威胁。内治方面,他仿照拜占庭的君士坦丁堡,把基辅也建成了一座金碧辉煌的漂亮城市。一座大金门,加上其后的索菲亚大教堂13个穹隆式大圆顶,呈现一种堂皇壮丽的大气派。

雅罗斯拉夫善于文治,他编过法典,以用于调节各种社会关系。他积极推进与拜占庭以及西欧国家的接触与联系,甚至还同各宫廷王室广为联姻。诸此种种,使他获得了"智者"之雅号。

盛极而衰。雅罗斯拉夫死后，其三子联合执政，这就埋下了国家分裂的祸根。雅罗斯拉夫临终之时，曾嘱咐长子，赋予他一项特别义务："如果兄弟中有人欺侮他人，你要帮助被欺侮者"。此举实为置长子于到处树敌之不利地位。十余年后，长子伊兹亚斯拉夫因两个弟弟联手，被赶出了基辅城。从此一乱而不可收，罗斯国陷于长期分裂的状态。

以后的一个多世纪里，罗斯也曾几度复兴，可惜都是昙花一现。摩诺马赫大公在位十余年里（1113—1125），他曾83次出外视察，制订了条款达159条之多的《详本罗斯法典》，使罗斯国家在某种程度上又实现了形式上的统一。他还率领罗斯人，数度击退了来自中亚的游牧民族波洛伏齐人的骚扰侵犯，据说，他和对方签订的和约就有19次之多。

后来的半个多世纪里，波洛伏齐人始终是俄罗斯人的心腹之患，而此时的基辅罗斯却早已分裂成为12个小公国，无论哪个小公国都不具备单独抗击波洛伏齐人的力量。这样，1183年至1185年间，基辅王公斯维亚托斯拉夫联合了附近几个公国，两度打败波洛伏齐人，并生擒其首领。

据说，诺夫哥罗德的王公伊戈尔没能参加这几次战斗，自感不光彩，决计自领大兵深入草原，直捣波洛伏齐人的老窝。1185年春末，伊戈尔父子踏上了征途，沿着普肖尔河前进。当他接近波洛伏齐人国家的边境时，天上发生了日食，伊戈尔并不被自然现象的怪异所吓倒，而是乘着夜色跨过顿河，进入对方领土，准备偷袭留守的波洛伏齐人。

然而，伊戈尔没有估计到，正当他打算实施自己计划的时候，波洛伏齐人的主力却从基辅战场上撤了回来，行进的队伍尾随在伊戈尔大军之后，只是双方都未察觉而已。伊戈尔的初次偷袭取得了成功，将波洛伏齐人牧民赶得到处跑。然好景不长，当他们还沉浸在分享战利品的喜悦之中时，由康恰克汗率领的波军主力已来到了他们身边，将其重重包围在卡雅拉河岸边。

一场遭遇大战，持续了整整两天。到第三天时，按俄罗斯著名史诗《伊戈尔远征记》的述说，"伊戈尔的军旗纷纷倒落"，将士们"在急湍的卡雅拉河岸分了手；这时血酒不够了，是勇敢的俄罗斯人结束了他们的酒宴：他们让亲家们痛饮，而自己却为俄罗斯国家牺牲了"。史籍上说，在这次大战中，俄罗斯远征军只有15人逃脱了，包括伊戈尔在内的5000多人全当了俘虏，另有相当多的人血洒疆场。

在别人的帮助下,伊戈尔最后从敌营中逃了出来,经过十几天的奔波后,终于回到了家乡。虽然他的事迹并不怎么动人,然而那部以讴歌俄罗斯民族斗士为题材的史诗《伊戈尔远征记》,却成了传之万代的优秀文学作品。

无论伊戈尔及其他大小王公怎样努力,基辅罗斯的最终分裂已成定局。由于内乱频生,居民们也开始动荡不安,纷纷离开以基辅为中心的罗斯地区,向四周迁徙,寻求新的安生之所。而第聂伯河流域却开始荒凉起来。据说,有的城市"只剩下一些饲犬人和归化的波洛伏齐人"。

居民移动的一个主要流向是东北方向,过去的弗拉基米尔公国一带。王公弗塞沃洛德在位时,弗拉基米尔公国人丁兴旺,势力强大,差不多成了罗斯各公国的盟主,就连弗塞沃洛德本人也是儿女成群,因此而获"大窝"之戏称。以此为中心,后来形成了新的俄罗斯民族。

往西,喀尔巴阡山东麓也是吸引移民的好所在。在这里出现的几个小公国逐渐合并,并展开了向东的攻势,收服了一些游牧民族,在此基础上形成了乌克兰民族,亦称小俄罗斯民族。

西北方向,12世纪存在的波洛茨克公国,到13世纪初被立陶宛灭掉,当地人逐渐形成为白俄罗斯民族。

因此,随着基辅罗斯的分裂,罗斯民族的分化也就这样开始了。到15世纪下半叶,俄罗斯三大民族基本定型。

13世纪,一盘散沙的罗斯国家,在外力的强烈冲击下,立刻成了征服者的俎上之食。

这个外来者正是威震亚欧大陆的蒙古民族。

16.3

蒙古人入侵。拔都与金帐汗国。严酷的"八思哈"。"金帐"的碎裂

蒙古人兴起于13世纪初。1219年,成吉思汗开始率大军西征。

1223年，成吉思汗大军从中亚草原进入东欧，第一次入侵原基辅罗斯境内，部分王公奋起抗击。这年的5月31日，极其骁勇的蒙古军队，在离亚速海不远的卡尔卡河畔，打败了罗斯各国以及波洛伏齐人的联军。不少罗斯王公束手就擒。他们受尽了蒙古人的凌辱，有的被折磨致死。

不过，蒙古人也没有得到好的结局。他们从罗斯继续西进，被保加尔人击溃，只得退回了蒙古草原。在罗斯人眼里，这些突然不知去向的人是一群"鞑靼人"（"野蛮人"之意）。

1237年，蒙古军第二次进攻罗斯，这次是由成吉思汗的孙子拔都带队。蒙古军先占领了梁赞公国，后又征服了其他小公国，最后在1240年12月攻占了基辅。其后，拔都继续西进，远至中欧的波兰、捷克、匈牙利等国以及巴尔干半岛，甚至还在亚得里亚海边驻足。

1242年，拔都得知大汗窝阔台去世，折兵东还。1243年来到伏尔加河地区，以伏尔加河流入里海的河口重镇萨莱为首都，建立了"钦察汗国"，疆域自第聂伯河直至里海以东。这样，原来的罗斯大部分地区便处在蒙古人的统治之下。因蒙古人的帐篷顶为黄色，故而欧洲人又称其为"金帐汗国"。

只有罗斯的西北部地区有所例外。大概与蒙古人入侵差不多同时，或者稍早一点，欧洲的几个封建骑士团以及瑞典人相继侵入，罗斯人王公如诺夫哥罗德王公亚历山大进行了顽强抵抗，但也丢掉了一些土地。

蒙古人对俄罗斯的统治，始自1243年，到1480年方告结束。作为外族，他们对俄罗斯的统治能维持将近240年之久，其中自然有许多因素起作用，然最关键的在于他们采取了比较得当、得法的统治措施和方法。

汗国善于控制并利用当地的罗斯贵族来实施统治。一般来说，每一个公国虽非汗国的直接版图，但都臣属汗国。王公们继续留驻但要接受金帐汗国的敕封，即承认自己是臣属，为汗国承担纳贡、服兵役等义务。而且，他们还须定期觐见萨莱的汗，甚至还要远赴蒙古哈拉和林，觐见大汗。

总的来说，蒙古人并不直接治理各罗斯人公国，而是由各国王公政权管理。这样做的效果很明显：它扩大和加强了蒙古人统治的社会基础，增加了统治力量，同时又拉拢了被征服民族中的上层分子，起到了分化作用。

但蒙古人并非对当地人完全放任，并不只是松散型的名义统治，它还实行了一些相当严厉的措施。其中一个主要手段就是控制全国的土地和人口，进行户籍普查，按调查的结果来规定赋税数额。不过，它对罗斯王公们则实行怀柔政策，让他们免交税赋，这也算一种恩惠吧。

对罗斯王公，它也不直接指挥，而是从中挑选一位，册封为"全罗斯的大公"，代汗国向各公国收税。最初的大公一般都来自弗拉基米尔，但别的王公也觊觎这一位置，因此各罗斯王公之间相互争夺，大大削弱了反蒙力量。

蒙古人对大公也不放心，它又建立了一种称之为"八思哈"的制度。八思哈，意为"征贡使"，或"镇守官"，具体的做法是，将全部居民编成十户、百户、千户、万户的组织，设立相应的军事长官十户长、百户长、千户长、万户长等，形成一个特殊的军事和政治组织，所有的"长"都由蒙古人来担任，最高由八思哈来率领，负责监督各公国居民的纳税。因此，八思哈制度，实际上是蒙古人对征服地区居民的一种极其严厉的政治和军事控制制度，将蒙古人的统治伸到了汗国内的每一个角落，包括各国王公都在它的监督之下。

可见，八思哈是不可能受欢迎的。而且八思哈又贪得无厌，更激起了治下百姓的反抗。尽管蒙古人采取了一些也算得当的措施，但毕竟是外族统治和民族奴役，罗斯人民从心底里是十分厌恶的，不断发动公开的武装起义。1257年，有诺夫哥罗德起义；1259年，罗斯托夫、弗拉基米尔等城市几乎同时起义。至13世纪末，蒙古人迫于压力，将征税权交给了各个小公国代为执行。14世纪初，干脆取消了八思哈制度。

14世纪中叶，金帐汗国自身也开始走向衰落。这一衰落主要源于其内部的争权夺利。

金帐汗国的开国君主拔都，一世英名，死时年仅48岁。拔都之弟别儿哥汗，虽不如乃兄业绩辉煌，但他成功地摆脱了蒙古大汗国的羁绊，成为真正独立的大国。而且，别儿哥汗还使伊斯兰教成为金帐汗国的国教，而将蒙古人原有的原始宗教抛之于一旁，从文明化的意义上说，这是跨进了一大步。

14世纪初，脱脱汗除掉了有篡国之举的那海，金帐汗国再度繁荣起来。月即别汗在位的30年（1312—1342），是金帐汗国的全盛时代。此时，汗国版图辽阔，自黑海岸边直延至西伯利亚地区。都城新萨莱，也建设得堂皇气派，宏伟的宫殿，巍峨的陵墓，一座座高大的清真寺，将这个草原大城装点得分外壮观。其时的阿拉伯大旅行家伊本·巴图塔都对它赞不绝口。

月即别的继承人札尼别维持了乃父的家业，并且还有所扩大，如取得了阿塞拜疆地区。然而，内变使札尼别死于部下之手。从此金帐汗国每况愈下，国无宁日。1360 年至 1380 年间，20 年换了 14 位汗。

14 世纪末，金帐汗国遭到帖木儿帝国的袭击，元气大伤，蹶而不振。15 世纪初，汗国分裂成为许多小汗国。各汗国中，最大的、同时也承续了金帐汗国法统的是大帐汗国。1480 年，大帐汗国被莫斯科大公国打败，蒙古人对俄罗斯的统治至此结束。

16.4

莫斯科的崛起。钱袋伊凡。"顿河英雄"。伊凡三世：拣来的胜利。农民与游历节

在金帐汗国衰落之时，罗斯的各个小国家中，有一个公国逐渐强大起来，这就是莫斯科公国。

莫斯科位于罗斯国家的东北部，1147 年建城，最初只是弗拉基米尔王公的一栋别墅。13 世纪里，弗拉基米尔大公国分裂，莫斯科便成为小公国。14 世纪初年，莫斯科王公尤里成了金帐汗国月即别汗的妹夫，一度还当上了弗拉基米尔大公。

莫斯科的地理位置很重要，它是几条商道的交叉点，周围还有梁赞等小公国作屏障，可免受外族侵略者的威胁和蹂躏。相反，这些小公国的人口还常常往莫斯科迁移。

尤里之弟伊凡一世在任莫斯科王公之时（1325—1340），是莫斯科发展史上的一个关键时期。此人对聚敛钱财很有兴趣，因此人称他为"钱袋"。同时为了取得金帐汗国的信任，他不惜采取重金收买手段。经过他的苦心经营，终于得到了回报。1328 年，他被金帐汗国册封为大公，并取得代表蒙古人在全俄范围内征收赋税的权力。

在征收税赋的过程中，钱袋伊凡无疑得尽了好处，借机中饱私囊。但是，

斯拉夫崛起　　453

有了他代表蒙古人征税，蒙古人横行罗斯也就不像过去那样无度了，因而客观上有助于俄罗斯社会的安宁。

他还帮助金帐汗国去镇压其他小公国，消灭自己的竞争者。他数度参与了对特维尔公国的征伐行动。这样做的目的，无非是借助金帐汗国的力量来扩大自己的势力。

与此同时，伊凡又不断取得新的领地，包括一些小公国，其方法亦多种多样。有的是随大公头衔而受封的，有的是武力兼并的，有的是他以金钱购买的。以莫斯科为中心，大公国的版图纵横各达250公里。

伊凡一世还特别注意同大主教密切关系。大主教的驻地是14世纪初从弗拉基米尔迁到莫斯科的，因此莫斯科又成了全俄的宗教中心，并逐渐成为东正教的最大中心，有"第三罗马"之称。在后来的发展过程中，大主教也给予了莫斯科很多的支持，甚至包括夺回大公这一头衔。

莫斯科公国羽翼渐丰，开始试图摆脱蒙古人的统治。伊凡之孙底米特里一世时期（1359—1389），俄罗斯人以莫斯科公国为中心，掀起了第一次大规模反抗蒙古人的斗争。

底米特里是9岁即位的，在大主教阿列克塞的精心辅佐下，莫斯科很顺利地发展着。底米特里亲政后，推行了一系列明智的政策，如收回兵权，优待工商业，铸造货币等，因而公国尤其得到了经济势力上升很快的城市的支持。

与莫斯科的蒸蒸日上相反，金帐汗国却是内讧不断，政局动荡，政治经济势力日见衰弱。然而，它并不甘心于就此失去对俄罗斯的统治权。一方面，它极力在罗斯人内部扶植莫斯科公国的竞争对手，挑动其他公国与莫斯科相斗；另一方面，它决计亲自出马，与莫斯科决一雌雄。

因此，双方间的大规模战争就不可避免地发生了。

为了取得战争胜利，底米特里尽最大的可能团结俄罗斯人中的抗蒙力量。他采取又拉又打的手法，先后与好几个邻近的小公国包括苏兹达尔、梁赞等结盟。对自己最大的对手特维尔，虽然后者不惜与立陶宛联合进攻莫斯科，底米特里还是各个击破，在分别打败特维尔和立陶宛的基础上，迫使特维尔也承担共同对付蒙古人的义务。

底米特里反蒙古人，有两次主要战斗。

一次是1378年。刚刚平息了内讧而即位的金帐汗国马麦汗，为稳固自己的汗位，转移国内视线，调大军数万，以著名将领别吉乞为统帅，进攻莫斯科公国，与底米特里率领的大军会战于沃查河地区。结果蒙古军大败。

1380年，马麦汗决心与底米特里再决胜负，联合立陶宛进攻莫斯科，他的军队约有6万人（也有说20万人）。底米特里不甘示弱，集结了罗斯各国军队亦达六七万人之多，誓死保卫莫斯科。不过，底米特里并非消极地防守，他亲自率军渡过奥卡河前往顿河，选定顿河上游的库里科沃草原为战场，迎战马麦汗。

9月8日凌晨，莫斯科军队在夜幕的掩护下渡过顿河，进入战场，马麦汗仓促应战。此地丘峦起伏，河港纵横，丛林密布，极不利蒙古人施展骑兵优势，而大大易于步兵发挥作用，加上大雾的帮助，莫斯科军队愈战愈勇。激战一天后，蒙古军队十有九死，马麦汗只身逃离了战场。

库里科沃大捷，底米特里大公顿时为全俄罗斯人所景仰，"顿河英雄"的大名永垂青史。

1382年，另一支蒙古军在新汗脱脱迷失汗的带领下，突然发动对莫斯科的进攻。底米特里未做迎战准备，结果战败，蒙古人再一次统治俄罗斯。

底米特里的抗蒙斗争虽然最后失败，但其精神上的胜利却是无可估量的：俄罗斯人已经看到了自己获得解放、争取独立的希望之光！

1382年失败后，底米特里卧薪尝胆，转而经营国家霸业的稳固与扩张，包括卡卢加—白湖公国、弗拉基米尔公国、乌格里奇公国、加利奇公国和科斯特罗马公国在内的许多土地，都并入了莫斯科公国的版图。直至临终之时，底米特里还念念不忘将反抗蒙古人的斗争进行到底。他留下遗嘱，将大公之位传于长子瓦西里，并提出不须经金帐汗国批准。他还告诫瓦西里说："不应向金帐汗国纳贡。"

瓦西里一世即位后，亦暂时停止了抗蒙活动，而是将大部分精力用来建立和扩大霸业。他用重金买通了蒙古大汗，兼并了尼什哥罗德大公国；他又征服了保加尔汗国一带地区；北方大国诺夫哥罗德，也有一部分土地被他所吞并。莫斯科的势力还南下发展到了伏尔加河流域及德维拿河北部地区。虽然他的扩张遭到了不少地方领主的反对，但莫斯科大公国在往中央集权国家发展的道路上又前进了一大步。

瓦西里之后，莫斯科大公国陷入了长期的内乱之中：有地方势力与中央政权的斗争，更有大公之位的争夺。长时间的内斗，使反抗蒙古、争取民族解放的斗争又被搁置下来。

直待伊凡三世时期，抗蒙斗争才再一次提上日程。

伊凡三世即大公位后，统治手法有许多同"钱袋伊凡"相似。为加强莫斯科的力量，他与罗斯各公国中两个最大的对手诺夫哥罗德及特维尔展开了斗争。诺夫哥罗德本于1456年归属了莫斯科，但其掌权的大贵族不服，排挤莫斯科派去的官员，并企图与波兰立陶宛联盟。1471年，伊凡三世亲率大军进攻诺夫哥罗德，在舍隆河战役中取得了彻底胜利。1478年，伊凡决定最后吞并这个公国，一劳永逸地解决了诺夫哥罗德问题。

对特维尔公国，伊凡三世同样毫不手软，以武力相示。1485年，他以特维尔勾结波兰为借口，亲率大军出征，包围了特维尔。其王公出逃，贵族投降，整个国家并入莫斯科。

如此一来，其他的小公国不寒而栗，一一归顺了莫斯科。

与此同时，伊凡抓住时机摆脱蒙古人统治。为了打垮各汗国中最强大的大帐汗国，伊凡三世不惜与从金帐汗国中分离出来的克里米亚汗国结盟。1478年，伊凡当着大帐汗国使者的面，撕毁了以前的各种屈辱性条约，将使者赶出了莫斯科，公开向大帐汗国挑战。

大帐汗阿合马怒不可遏，立即决定联合波兰—立陶宛，夹击莫斯科。伊凡三世似乎在等待这一时刻的到来。1480年，两军对阵于乌格拉河畔。开战之际，伊凡突然表现反常，贪生怕死的本性瞬间即暴露无遗，一听说对方大兵正在渡河，伊凡掉转马头就往回跑。幸而将士们未受其影响，稳住了阵脚，和敌人展开了厮杀。

伊凡一口气足足跑了好几十里，直待听不见战场上的杀声。惊魂未定、稍作喘息之际，一匹战马扬起尘土，自天边驰来。伊凡以为是敌方士兵，又要打马前跑，来骑早已奔至跟前，向他报告敌人已被打败的好消息。史书上说到这一段时，称伊凡捡来了一个大胜利。

大帐汗国既被击溃，各鞑靼汗国中再也没有能同莫斯科大公国相抗衡者。

从此，罗斯彻底摆脱了蒙古人的统治。

阿合马败回国内，次年在内讧中被杀，大帐汗国从此衰弱式微。1502年，被同族克里米亚汗国所灭。

而伊凡的事业可谓是全方位发展。在西南方向，他与立陶宛展开了长期斗争。通过前后两次战争，给予了立陶宛致命的打击，迫使其签订和约，割划土地。西北方向，伊凡试图寻找出海口，夺取波罗的海沿岸地区，在同立沃尼亚骑士团大战之后，一大块地盘便成了伊凡的战利品。

伊凡善于奉行远交近攻战略，极力同西欧、北欧、东南欧以及东方国家加紧联系，开展政治经济文化各方面的往来。

伊凡三世在位43年，于1505年病死。其子瓦西里三世继续乃父的未竟之业，1510年合并了普斯科夫公国，1521年合并了梁赞公国。俄罗斯的统一大业至此基本完成，这时候，莫斯科大公国拥有的土地达到了280多万平方公里。

国家摆脱外族统治、实现统一的同时，俄罗斯社会内部也在发生着深刻变化。一方面，无论是农业，还是手工业、商业，都有了前所未有的发展，莫斯科逐渐成了全国的经济中心，这也是与它成为政治中心的过程相一致的。另一方面，由于长期战争，以服役人员为主形成了新的地主贵族，他们对土地上的农民实行强制性的控制，农民被固定在土地上，不能随意迁徙，只有在每年11月26日游历节前后的各一个星期才可以离开，而且必须是在还清债务的前提下。

16.5

杜马和政厅。农奴和哥萨克。伊凡雷帝：第一个沙皇。向东方挺进

国家统一后，治理国家的行政机构也逐步完善起来。在中央，过去的贵族"杜马"（议会）现在变成了近臣会议，权力极大，然参加者都是大公最信任的人。行政管理方面，则以"政厅"为核心，组成各个具体政务部门。在地方上设立的行政长官，任期一年，由大公任命，却要当地居民供养。

旧有的土地制度在此时发生了重大变化,过去的世袭领地制,现在改成了以服役为条件的采邑制,土地可占有,但不能继承,也不能转让和买卖。莫斯科大公将征服的各国王公贵族土地,分封给了服役贵族,并由此组成了以他们为骨干的军队。

采邑上的农民自然逃脱不了贵族们的手掌。不仅如此,随着社会经济的快速发展,特别是随着国内市场尤其是西欧市场的需要,俄国的谷物生产受到了强烈刺激。由于粮食能在西欧市场上卖得好价钱,领主们便对直接从事粮食生产和经营产生了巨大兴趣,因而强迫农民到自己的领地上劳动,以取得更大的高额利润。

因此,这种刺激的结果,并不是导致封建制度的解体,而是引起了劳役地租成为主要的剥夺形式,导致农民人身依附关系更为加强,也就是农奴制加强,这便是人们所说的15世纪—16世纪东欧和俄罗斯等地出现的"再版农奴制"。而此时,西欧却在商品货币经济发展的冲击下,封建农奴制和庄园制走向全面崩溃。

面对这样一种变化,俄罗斯中央政权坚定地维护领主利益,直接采取了许多加强农奴制的措施。譬如"禁年"法令规定,某年如若被定为"禁年",农民就不得离开原来的主人,即使是游历节前后的一个星期也是如此。16世纪里,这样的禁年愈来愈频繁。更有甚者,政府还对全国农民进行登记,登在哪个领主名下就成了该领主的永久性农奴。

农奴化的趋势使农民苦不堪言,他们不再奉守那种合法的迁移规定,而是以逃亡来表示反抗之心。当时的南方大草原,正是他们理想的安居之所。为了对付领主们的追捕,防止草原鞑靼人的袭击,他们像军队一样组织了起来,自称"哥萨克"(意为自由自在的人)。在顿河岸边,在捷列克河畔,在沿着库班河的地方,到处都有这种哥萨克人的营寨和村庄。擅长骑射、精壮剽悍的哥萨克,成了后来影响俄国社会政治生活的一股重要力量,谁都不敢小视。

1533年,大公瓦西里三世撒手人寰,指定了3岁的继承人伊凡四世,并托孤于七位重臣,嘱其组成摄政会议辅佐幼主。然而他的尸骨未寒,寡后叶莲娜突然横生枝节,撇开摄政会议另委宠臣揽政,乱政风气由此一开,俄罗斯陷入了长达十余年的争权夺利的倾轧之中。

年幼的伊凡面临这一切，耳濡目染，心灵和性格都受到极大的影响，尤其感觉到作为一个最高统治者应是冷峻而无情的，为了目的，可以不择手段、敢作敢为、无所顾忌。据说，他在13岁时就曾一试权威，居然下令叫出一群恶狗，将自己的保护人活活咬死。

小小的伊凡更懂得治国需要智慧，他拜大主教马卡里为师，发奋读书，掌握治国要领，体会君王之道。看来，俄罗斯乱久必治、国泰民安的时代就要到来了。

1547年，伊凡四世正式加冕亲政，一顶金色的王冠由其师马卡里大主教戴到了他的头上。这顶原本是拜占庭皇帝所赐的贵重礼品，如今成了俄罗斯最高权力的标志和象征。他的一个更有胆魄的举动，是要效法古罗马皇帝恺撒，以其名来改换大公名号，称之为"沙皇"。自此，莫斯科大公国也就变成了实行中央集权君主专制制度的沙皇俄国。

这一年，正好是莫斯科建城400周年。

伊凡四世要加强君王权力，就必须依靠有势力的社会阶层。他看中的是出身低微的现役军人，而对自己的王权构成威胁的世袭贵族则坚决地削弱和打击，这就势必引起后者的不满和骚动。伊凡亲政的前十年，就是与旧贵族不懈斗争的十年。

改革，是伊凡的第一选择。他将"重臣会议"视作股肱，作为协助他的中央机构，并由自己的几位知心至交把持。而重臣会议也以改革为己任，并试图以争得社会各阶层的支持而大力度地推进改革事业。

1549年，由重臣会议主持的俄国第一次缙绅会议召开。会议的参加者包括了相当广泛的社会阶层，虽然是以教俗贵族为主，但也有不少工商界人士与会。从此以后，凡属国家的重大决策，都须征求缙绅会议的意见。

重臣会议主持下的中央政府，还对俄国的军制进行了改革，实行义务兵制和招募兵制相结合。凡拥有150俄亩（1俄亩约为1公顷）土地者，必须出骑兵一人，可多不可少。用新式火枪装备的射击军，则从市民中招募，供给粮草，发给军饷。伊凡四世的皇家卫队就是由3000名这样的士兵组成的。

重臣会议权力一大，难免对沙皇多有怠慢，伊凡也觉察到它有架空自己之不当举动，因而不时流露出不满之意。而重臣会议却依然我行我素，特别是当1554年伊凡四世病重托孤时，重臣会议的几位头面人物似有他图。伊凡奇迹般地病愈后，两者间的矛盾突然激化起来。1560年，伊凡以谋杀皇后之嫌疑，将重臣会议解散，两位首脑被一并流放。

四年后，伊凡又笼络莫斯科市民，支持他镇压了一批企图发动政变的旧贵族。为了便于统治，伊凡对国内的管理区划进行了重大变动。凡是被定为"特辖区"的地方，旧贵族一律迁出，土地由新的服役贵族占领分用。旧贵族自然不服，伊凡便建立特辖军专事镇压。特辖制实行了七年有余，被镇压的旧贵族达数千人，同时也有数万平民在黑色恐怖中无辜丧生。据说，伊凡因此而得了"雷帝"之称号。

也有别的说法，称伊凡四世脾气暴躁，发起怒来就像打雷一样，故而有"雷帝"之绰号。且不说这种说法有多大的可信性，但有一史实确是无疑的：因一次战争的失败，伊凡雷帝与其子发生争吵，一怒之下，他竟用铁手杖将儿子打伤，致使其不治身死。还有史书说到，一次下棋时，伊凡雷帝因输棋

图 16-1
伊凡四世建造的瓦西里教堂

而发怒，结果引起心脏病发作，一病不起，于 1584 年撒手人寰。

伊凡雷帝在位 50 余年，亲政亦有近 40 年。他的统治，在俄罗斯历史上占有重要一章。除建立了中央集权制国家外，俄罗斯在此期间展开了大规模的对外征战和侵略活动，很快就成了世界上版图最大的国家。

向东方挺进，是这一时期直至 17 世纪下半叶俄国人对外大扩张的既定的主要目标。

从俄罗斯通往东方各地区，喀山是一个咽喉之地。喀山汗国是从金帐汗国分出来的，1438 年才成为独立国家。在这个以游牧为主的草原国家里，鞑靼人和保加尔人是主要居民。这个兵家重地，历来为俄罗斯人所垂涎。

在俄罗斯人争取独立的岁月里，喀山人出于自己的某种利益，曾与莫斯科公国结盟，支持了伊凡三世。其后，伊凡三世却视其为自己的属国，在这里扶植亲俄力量。1521 年后，土耳其势力渗入，喀山不再依附俄国。从 1545 年至 1550 年，伊凡四世的大兵曾经三犯喀山，均无功而返，只在两国交界处修了几座前哨阵地而已。而喀山人有土耳其人做后盾，与俄国人血战到底的斗志弥坚。

1552 年，伊凡雷帝亲率 15 万大兵进攻喀山，将该城包围得水泄不通。城内 3 万守军亦浴血死战，坚不弃守。俄军久攻不下，只得掘一长地道直驱城墙之下，填满炸药，引爆后轰坍一大块城墙，俄军一拥而入，喀山终于失守，城内男子几被杀尽。这个存在了 100 多年的伏尔加河畔国家至此终结。

伊凡四世继续前行，四年后又吞并了阿斯特拉罕国。

与此毗邻的西伯利亚汗国，被俄罗斯军力的强大和手段之血腥所震慑，一度向伊凡四世俯首称臣。数年之后，伊凡将对乌拉尔山和乌拉尔河两旁以及西伯利亚的征服权，委给了富商斯特罗加诺夫家族。于是，俄罗斯人开始越过乌拉尔山，进入亚洲。

1581 年，一队不到 1000 人的哥萨克人，在头领叶尔马克的率领下，受斯特罗加诺夫的指派，向着西伯利亚进发。这支装备有近代火枪的武装，令沿途的鞑靼人极为惊恐。他们如入无人之境，一路长驱直入，很快到了西伯利亚汗国首都喀什雷克。次年 10 月，攻陷喀什雷克，西伯利亚汗库丘姆逃往南方。

斯拉夫崛起   461

虽然伊凡四世旋即就派来了援兵，然库丘姆汗并未屈服，与叶尔马克展开了周旋。在一次袭击中，迫使叶尔马克跳河身死。只是西伯利亚汗国的蒙古人发生内讧，才使沙俄最终于1598年征服此地。

沙俄对东方的进军一发即不可收。1586至1594年间，沙俄武装在西伯利亚的土地上先后建立了秋明、托博尔斯克、塔拉、苏尔古特等军事据点，一下子就到达了西伯利亚的中部地区。再过半世纪后，沙俄的所谓远征探险队笔直前行，到达了太平洋的海岸，一个地跨欧亚的大国就这样形成了。

而俄罗斯往西的发展远不如往东顺利。为了从波罗的海夺取出海口，伊凡雷帝发动了立沃尼亚战争。战局多有反复，先是俄国得手，占领了一大片土地，后瑞典、波兰、立陶宛、爱沙尼亚、土耳其等国联合抗俄，俄国不敌，不但未得到新的土地，反而将原有的地盘丧失殆尽。

一代枭雄的伊凡雷帝，却没有留下几个像样的继承人。他死之后，愚钝弱智而又多病的皇子费奥尔多当了十几年的挂名沙皇。此人也未有生育，他于1598年死时，延续了700余年的俄罗斯留里克王朝寿终正寝。

此后，俄罗斯进入了一个短暂的政治混乱时期。

第十七章

《古兰经》和剑
伊斯兰教和阿拉伯帝国

17.1

最大的半岛。闪米特人故乡。商道与贸易。"先知"穆罕默德创教。《古兰经》。五条信仰和五功

亚洲大陆的南端,自西往东横列着三大半岛。最西边的阿拉伯半岛,面积有 300 多万平方公里,为世界之最。半岛三面环海,只有西北方向与西亚大陆相接。

半岛属于西亚北非大干旱地带,除了沿海边缘地带有少量的可耕土地外,内陆大部分地区都被炎炎沙漠所覆盖。因而,这里虽处亚欧大陆南端,却与农耕无缘,居民们只能逐水草而居,放牧着牛羊。恶劣的生存环境,使这个夹生在农耕世界中的游牧区域社会发展极其缓慢。邻近的美索不达米亚、尼罗河流域以及地中海沿岸已沐浴文明春风数千年之久,阿拉伯半岛还是荒漠一片,人迹鲜至。

然而,邻近地区辉煌文明的创造者,恰恰又是从半岛外迁的人。就是说,作为古代西亚主体民族的闪米特人,祖籍却在阿拉伯半岛。公元前 4000 年代,由于人口增多,土地狭小,半岛沿海的闪米特人必须向外寻找生存之地。他

们不能向半岛的内陆发展,因为那里的沙漠不可能提供生存条件;他们亦无法向海外扩张,因为那时的人类还不具备航海的能力。于是,他们便沿着半岛的边缘,向西和北两个方向寻找出路。

往西,公元前 3500 年左右,闪族人从半岛西岸出发,或是北上至西奈半岛后取道南下,到达尼罗河谷;或是先到东非,再向北迁移到埃及。他们与已然住在此地的非洲含族人相融合,成为文明埃及人的祖先。

向北,也是在这个时期里,闪人沿半岛东岸朝北移动,进入美索不达米亚平原。在那里,苏美尔人正在创造文明,闪人加入了他们的行列。两个并无亲缘关系的民族,最终融成了后来的巴比伦人。

当然,也有一些人群继续留在半岛上生息、繁衍。半岛内陆的大部分地区是沙漠,称为"内志"。南部称"也门",适宜于农业,有"福地"之称。西南部沿红海地区的北段也肥沃发达、水草丰盛,称为"汉志"。从事游牧为生的人们,称为"贝都因人"(意即"草原游牧人"或"沙漠之子")。

汉志地区自古以来商业发达。从印度过来的产品往地中海运去时,有一条沿红海的陆上商道经过此地。因此,这里很早就有一些商业城市,如麦加、麦地那等。

当历史发展到 6 世纪—7 世纪时,除也门和汉志少数地区出现一些零星的文明中心外,阿拉伯半岛的大部分地区都还在原始公社阶段,氏族制度普遍流行,连血亲复仇的风气都很盛行,各个部落之间经常发生械斗。

也是在 6 世纪—7 世纪的时候,伊朗的萨珊王朝和东罗马拜占庭帝国为了争夺阿拉伯这条商道,较量了大约一个世纪之久。拜占庭的盟国、非洲的埃塞俄比亚曾控制这条商道几十年,伊朗又控制了几十年。由于战火不断,这条商道实际上废弃了,伊朗转而另辟波斯湾商道。

这样一来,阿拉伯一带的城市就陷入了经济困难之中,特别是原来沿商道以搬运为生的人失业了,社会于是动荡不安。这样,有一个精神支柱来安抚社会,有一个强有力的国家来凝聚社会,便成为一种历史的要求。而且,由于波斯人改变了商道,也使得早已进入文明状态的南部也门地区社会经济倒退。人口大量北移,重新开始半游牧的生活,加剧了社会的不安定状态;另一方面,新迁来的人口也将南部文明带入阿拉伯其他地区,对汉志等地产生了重大影响，麦加开始成为整个半岛的经济文化中心。

伊斯兰教的创始人穆罕默德就是麦加人，他出身于该城的古莱西部落哈希姆家族。祖辈几代都经商，父亲也是个小商人，只是在穆罕默德未出生时就客死他乡。父亲几乎没有留下遗产，母亲带着他艰难地度日。当他6岁时，母亲又去世了。8岁后，伯伯收养了他，让他替人放羊。12岁时，他开始跟随伯伯四处经商。坎坷的童年，艰辛的经历，穆罕默德从小就对这个社会有了一些认识。

25岁那年，作为一名伙计，他同富孀赫蒂澈结婚，这时赫蒂澈已是40岁的人了。结婚是穆罕默德人生道路上的一个转折点，从此他变得非常富有，免除了衣食之虞，他也更有时间和精力来考虑人生的一些问题。

年轻的时候，穆罕默德曾跟随商队去过巴勒斯坦等地，接触过犹太教和基督教。结婚后，受到妻子的堂兄韦赖盖诸多影响。韦赖盖是基督教的"哈尼夫"教派成员，极力主张一神教。在他的导引下，穆罕默德对宗教产生了浓厚的兴趣。

在他40岁的那年（610年），他来到麦加城附近希拉山的山洞里冥思苦想，潜心修行。据说，一次，正当他精神恍惚之际，突然有一个声音传来："你当奉你的造物主的名义而宣读……"过了一段，穆罕默德紧张地跑回家去，刚叫赫蒂澈帮他盖上被子，就听到神的启示："盖被的人呀，你起来吧。"

于是，穆罕默德终于萌发了创造一个统一的新宗教的想法。他综合了犹太教、基督教教义的一些内容，以及阿拉伯人的一些原始宗教和自然崇拜观念，创立了伊斯兰教，并开始在本地传教。

伊斯兰教将原来古莱西部落的主神安拉奉为唯一的宇宙之神，称为"真主"；把穆罕默德看成是"最后的和最伟大的先知"。"伊斯兰"之词为"顺从"之意。伊斯兰教的信徒（教徒）被称为"穆斯林"，意为信仰安拉、服从安拉的人。伊斯兰教不崇拜偶像，相信来世，相信灵魂不灭。

《古兰经》是伊斯兰教的经典，据称是真主安拉通过穆罕默德而对世人的教导，实际上是穆罕默德的言论集，主要是他在610年至632年的23年间的言论汇集，在他死之后，由其弟子信徒整理编纂而成。"古兰"意为"读本"，也就是教徒的必读书，必须遵循的准则。

《古兰经》在穆斯林心中有崇高的位置，是唯一的神圣的经典。穆罕默德本不识字，因此他有几位书记，专负记录《古兰经》的责任。穆罕默德口授，他们就一字一句记在皮子上，或者石块、树枝上，甚至牲畜的肩骨上。穆罕默德逝世后，最后由四位记录者整理、校对。

《古兰经》全书29万字，分成30卷、114章，各章长短不一。在编排上，既不是按内容汇集，也不是按时间先后，大致是长的章在前，短的章在后，有的章多谈教理，有的章则谈教律，谈社会主张。每章都有一个标题，有的标题可用来概括该章的大意，有的章则只是提取文中的某一事物题材，甚至是文中的某一个词作标题。总起来看，是把有关论述政治、经济等问题的章节放在前面。

《古兰经》的语句之间没有必然联系，只是把相关内容的句子放到一起。但其文字、语法、修辞等方面有很高的文学性，是阿拉伯文学中的典范作品。语句虽然浅近易懂，但都含有深刻的思想寓意，历来为阿拉伯人所称道。

伊斯兰教的教义，基本上包括在《古兰经》之中。伊斯兰教的教义有三个方面。一是五条信仰；二是要求教徒所尽的宗教义务，即五功；三是要求教徒遵守的宗教行为道德规范。五条信仰：信仰安拉、信仰天使、信仰经典、信仰穆罕默德先知、信仰后世。

要信仰安拉是宇宙万物的创造者，全知全能，大慈大悲，无形象，无所不在。《古兰经》中，列举出99个美名来表述安拉及其属性。安拉受人尊敬，但也令人感到畏惧。

信仰天使。天使是安拉创造的，是一种精灵，无性别，有翅膀，飞行神速，人的肉眼看不见，它们专为安拉执行各项工作，从各种杂役，到掌管人间事务。它们之间有等级之分，以四位天使长为最高。

信仰先知。先知就是安拉派遣到人间各民族的使者。《古兰经》提到名字的使者至少有28位，如阿当（亚当）、努哈（诺亚）、易卜拉欣（亚伯拉罕）、母撒（摩西）、尔撒（耶稣）以及穆罕默德。穆罕默德是最后的先知，是以往使者的集大成者。但穆罕默德是受命于安拉的，不能成为信徒崇拜的对象。

信仰经典。也就是信仰《古兰经》。据说，安拉向每个使者都给了一部经典，《古兰经》上提到过四部：《古兰经》《摩西五经》《福音书》《大卫诗篇》，又认为以前的"天经"要么被篡改，要么失传，只有《古兰经》才是唯一完美无瑕的。

信仰后世。伊斯兰教认为，人本来是不清白的、罪恶的，但由于真主的宽恕，人在今世已不再带有罪。人的富贵贫贱、生死祸福都是真主安排好的，人们应忍受一切苦难、安于现状。凡在今世信仰安拉、服从先知的人，生命停止时便可升入天堂，作恶者便下地狱。《古兰经》中对天堂和地狱有很精彩的描写：天堂流水潺潺，有乳河、蜜河，树荫浓密，终年不见烈日，也没有严寒；地狱则一片火焰，穿火衣，盖火被，用火刑。这实际上是阿拉伯自然条件绿洲和沙漠的反映。

伊斯兰教要求每个穆斯林都做到的"五功"，具体地说，是穆斯林应该遵守的宗教义务规范。五功可用五个字来概括，即念、拜、斋、课、朝。

念功：即要背诵："安拉是唯一的主宰，穆罕默德是安拉的使者。"

拜功：每天要面向麦加方向祈祷五至七次，每星期五还要举行公众祈祷。

课功：每个教徒要按财产交2.5%的税，用来充实国库，救济穷人，建立清真寺。

斋功：每年斋月即回历9月，白天斋戒禁食，晚上集体吃斋。斋月满后的开斋节（回历10月1日），是伊斯兰教最隆重的节日之一。

朝功：作为教徒，一生中要到麦加的克尔伯古庙朝圣一次以上，参拜那块神圣的"黑陨石"。

穆斯林要遵守必要的宗教道德规范，一定要行善止恶。而且，还要在日常生活中遵守教规。譬如说，《古兰经》中就规定了，不得吃死牲畜，不吃血液，不吃猪肉（因为猪不洁净），不吃未背诵安拉之名而宰杀的禽畜，等等。

17.2

穆罕默德"徙志"。壕沟之战。统一与扩张。"哈里发"之争。逊尼和什叶：教派的纷争

穆罕默德首先在麦加传教，据说，他的妻子赫蒂澈是第一个追随者。虽然一开始信徒并不多，但由于与原始部落神相抵触，遭到了古莱西部落中倭马亚家族的激烈反对。他们指责新教是异端邪说，侵害了部落的经济利益。

不仅如此，他们还近乎疯狂地迫害信徒。早在615年，就有83对信教夫妇离开了麦加外迁。史书上说，"在这个惨遭迫害、暗无天日的期间，穆罕默德虽暂时丧失了这么多的信徒，他并没有被敌人吓倒，他仍然大胆地继续传道，用说服的方法，号召他的人民抛弃杂糅的邪神的崇拜，而专事唯一的真主——安拉。"

然而，迫害仍在继续，终于连穆罕默德也决定离开麦加。622年7月16日深夜，穆罕默德率信徒200人逃出麦加，来到了汉志北部的雅特里布，并将这个曾是他母亲故乡的城市改名为"麦地那"，意为"先知之城"。这一事件在伊斯兰教历史上被称为穆罕默德"徙志"。后来，这一天被当作伊斯兰历元年的1月1日。

麦地那居民出于一些原因，很快就接受了伊斯兰教。于是，穆罕默德以公社的形式在这里建立了神权国家，利用穆斯林及麦地那居民的武装力量，迅速统一了周围地区。从麦加来的穆斯林称"迁士"，麦地那本城居民中的穆斯林叫"辅士"。辅士们为了帮助迁士们生活，在穆罕默德的率领下，打败了由1000士兵护送的麦加商队。这次发生在624年的伯德尔之战，虽然不能说是一个辉煌的大胜，但却为穆罕默德的政治地位奠定了基础。

625年，麦加大兵报复，5000人马进攻麦地那。此役虽穆罕默德略受小伤，但城市未损元气。

627年，麦加7个部落1万余人，分成7路围攻麦地那。穆罕默德利用该城三面有山作屏障的优势，再在城北深挖壕沟，坚守不出。麦加兵从未见过如此战法，茫然不知所措，进攻愈无章法。一个月过去了，战事毫无进展，粮草消耗殆尽，因而只得怏怏而归。而穆罕默德乘胜追击，歼敌数百。

这场"壕沟之战"，大大提高了这个新生神权国家的威望，附近的一些阿拉伯人部落纷纷归顺。

伊斯兰教本身是一个严格的一神教，反映了阿拉伯社会统一的要求，所以它一产生，就成为联系和团结阿拉伯人的精神纽带，促进了统一国家的形成。

630年，穆罕默德率领强大的军队兵临麦加城下，麦加贵族害怕了，于是妥协，接受了伊斯兰教。穆罕默德不计前嫌，大度地收纳了他们。于是，麦加与麦地那统一起来了，开始形成阿拉伯国家。回麦加后，穆罕默德又宣布将城内克尔伯古庙改为伊斯兰教的清真寺，古庙中的黑陨石被宣布为圣石。从此，麦加成为伊斯兰教的圣地。

随后，这个国家又征服了附近其他部落，到632年，基本上完成了整个半岛的统一。

也就在这一年，穆罕默德病死。穆罕默德其人，曾被人排在"影响世界历史的一百个人物"之首，这是就他开创的事业、他创立的宗教对世界历史所起的作用而言。而他的人格力量，在当时就深深地震撼着普通民众的心灵。

他是孤儿出身，从小备尝贫困之苦，因此他制定的法律特别照顾弱者，尤其是穷人。他虽然声名赫赫，但始终过着默默无闻的朴素生活。他住的房子极小，而且是用泥土筑成。他经常在家里缝补自己穿的衣服。他的人民可以在任何时候到他家作客。他的遗产很少，而且立下遗嘱全都献给国家。

据说，他在日常生活中的一切行为，都成了千百万穆斯林刻意模仿的规矩，

图 17-1
麦加克尔伯古庙的黑石

《古兰经》和剑

他被尊为是一切民族完人中最完美的人。

有人津津乐道于他有12个妻子,其实他的婚姻有的是出于爱情,有的则是出于政治原因,为了整个国家的利益。他死后,由他一个妻子的父亲、又是他的好友的伯克尔继承其权位,称作"哈里发"(意为"先知的继承人")。前四任哈里发时期(632—661),是阿拉伯国家发展的一个重要时期。在这30年中,阿拉伯人开始对外大扩张,并且取得了很大的成功。

在伊斯兰的教义中,规定教徒要参加对异教徒的"圣战"(称圣战功),宣称要为真主安拉而献身,战死的升入天堂,没死的则分享战利品:五分之一归先知及家属和死者的家属,五分之一归步兵,五分之三归骑兵。因此,最初的扩张,实际是掠夺性的战争。

从另一方面说,伊斯兰教号召圣战,向外发展扩张,实际上也是将内部的社会矛盾向外转移,为国内下层群众寻找新的生存场所,因此又符合下层的利益,受到下层的欢迎,伊斯兰教也就在这种扩张中迅速地传播。

穆罕默德去世后,半岛一些地区不承认哈里发的统治,称伯克尔是伪先知。因此,哈里发时代的最初两年,精力主要是平息内部的叛乱。

633年,阿拉伯的三支部队共约3000人,向着北方的叙利亚进发,开始了他们的对外扩张行动。其时,从叙利亚到埃及的大部分地区都处在拜占庭帝国的控制之下。"穆斯林的出征,可以看作是古老的近东恢复其早已丧失的领土。在伊斯兰教的刺激下,经过西方统治了千余年的东方现在觉醒了,重新要求自己的权利了。"

阿拉伯人,来自于黄沙遍地的半岛,他们几乎近于赤贫。然而,沙漠和草原也磨砺了他们顽强而又勇猛的品性,他们冲锋陷阵,义无反顾。面对东方已延续了4000年的陈腐文明,他们代表着一种生气勃勃而又精力充沛的民族。他们有燃烧的热情,有征服者的秉性,伊斯兰教对他们的谆谆教诲,使他们更加蔑视死亡。他们有游牧民族的优势,善于使用骑兵和骆驼兵的战术,西亚北非的辽阔草原,成了他们驰骋的疆场。在这样一种全新的打法面前,拜占庭罗马人一筹莫展。

沿着麦加至大马士革商路前进的阿拉伯军队,在死海岸边与拜占庭军队相遇。一场遭遇战,对手大败,但却没有放弃抵抗。双方正处在胶着状态时,伯克尔迅速命令著名将领、被誉为"安拉的宝剑"的哈立德驰援。

哈立德其时正在半岛的东边与一些小国作战，他夺取了希拉城，据说这是穆斯林在半岛以外所获得的第一块地盘，"是从波斯苹果树上落下来的第一个苹果"。

接到命令后，哈立德率领不到800人的队伍，日夜兼程，直接穿过沙漠前进。沙漠里没有水，他们便用皮袋运输；马的饮水，他们就靠骆驼的大胃储藏。最后，带来的水用尽了，他们就在沿途到处掘挖，汩汩的小股清流终于使干渴的军队焕发了生机。

18天的急行军后，哈立德像神兵一样从天而降，出现在大马士革拜占庭军队的背后。两支阿拉伯军队会合后，哈立德担任了最高指挥官。在他的指挥下，联军攻下了一个又一个城市，最后将大马士革包围。635年9月，大马士革在被围6个月后终于投降。

哈立德利用该城人民急于摆脱拜占庭统治的情绪，允之以种种优厚待遇。据说，双方所签之约成了后来各地城市办理类似事宜的范本。大马士革降约这样写着：

> 哈立德答应大马士革居民：倘若他进了城，他答应保护他们的生命、财产和教堂。他们的城墙不被拆除，任何穆斯林不驻扎在他们的房屋里。我们给予他们真主的契约，以先知、哈里发和信士们的保护。只要他们缴纳人丁税，他们就会享受福利。

哈立德立即赢得了民心，叙利亚地区的城市相继征服，前进的道路上，无所阻碍。"人民带着腰鼓队和歌咏队，出城欢迎他．在他前面行跪拜礼"。

拜占庭皇帝希拉克略不甘失败，命其弟西奥多拉斯统领5万大军，欲与哈立德决一死战，而阿拉伯军队只有2万多人。双方在约旦河支流雅穆克河河谷摆开了战场。635年酷夏时节，热风吹得令人窒息，来自沙漠特别耐热的阿拉伯军队求之不得。无论拜占庭人怎样努力，他们中的大部分都被阿拉伯人打死在河谷里，就连西奥多拉斯也命归黄泉。

雅穆克一战，决定了叙利亚的命运：从此脱离拜占庭帝国的版图，成为阿拉伯帝国的一部分。据说希拉克略哀叹道："叙利亚,永别了!在敌人看来,这是多么优美的地方啊!"这地方确实不错,20多年后,阿拉伯帝国的统治中心就转移到了这里,大马士革成为帝国的首都。

从叙利亚出发,阿拉伯军队往西南和东北两个方向展开了进一步的扩张。

最初,进攻的重点是萨珊王朝统治下的波斯帝国。萨珊波斯承继安息帝国之遗产,兴起于3世纪。它与东罗马帝国即拜占庭帝国长期对抗,使欧洲势力无法越过幼发拉底河。萨珊波斯以两河流域为统治中心,版图往东延至中亚地区。然而,几个世纪之后,它已失去了以往的那种锐气,变得老气横秋,呈现出不堪一击之状。

因此,阿拉伯军队对两河流域和伊朗的征服就十分得心应手,636年,在幼发拉底河畔的卡迪西亚击溃波斯军主力,第二年占领波斯首都泰西封。642年,在波斯古都爱克巴坦尼附近发动尼哈温决战,彻底打败对方,萨珊波斯至此灭亡。在继续东进进攻中亚时,遭到当地人顽强抵抗,进展缓慢。

西路大军在大将阿穆尔的统帅下,也是捷报频传。638年占领耶路撒冷,随后将整个巴勒斯坦归入帝国版图。640年进入埃及。642年攻占开罗的同时,亚历山大城的拜占庭海军不战自降,整个埃及迅即被阿拉伯人全部占领。645年,经过昔兰尼加、利比亚,阿拉伯军队到达北非沿岸的黎波里。

15年的时间,阿拉伯国家扩张成了地跨亚非的阿拉伯大帝国。

阿拉伯国家之所以能够迅速取得如此辉煌的胜利,有两个重要因素。一是当时的国际形势极为有利。这一带的两大帝国,即拜占庭和波斯,都在走向衰落,在它们统治下的人民把阿拉伯人当成了"解放者",如埃及人和叙利亚人。二是伊斯兰教作为一个精神支柱,对阿拉伯军队起了很大的鼓舞作用。"古兰经和剑",成了激励阿拉伯军队前进的两个主要工具;在进攻所到的被征服地区,伊斯兰教得到了迅速的、深入的传播。

然而,虽然阿拉伯军队节节胜利,但在战争中大得好处、大发其财的是哈里发及那些贵族,普通的自由农牧民参加了圣战,承担了战争负担,也做出了巨大牺牲,所获却极少极少。7世纪时,一个诗人这样写道:"我们同样参加了远征,同样远征归来,可是为什么那些人过着富裕的生活,而我们却依然穷困。"不过,虽然哈里发极有权势,觊觎其位置者大有人在,但早期的哈里发们都还是明智而又功勋卓著的。

第一任哈里发伯克尔，是穆罕默德的至亲，又是其好友，他人尚不敢发难；况且伯克尔本人又严于自律，不谋私利，颇得民心。他在位时间又很短，还未树立起政敌。

第二任欧麦尔则有极其良好的个人品质。即使任职后位高权重，此人亦仍然兼营商业，谋取生活自给。人们说他过的仍然是贝都因酋长般的简朴生活。传说中，他只有一件衬衣、一件斗篷，而且打了不少补丁；他睡的床，仅只用枣椰树叶铺就。他以维护本教信仰的纯洁和安全为己任。在阿拉伯人看来，欧麦尔是声望仅次于穆罕默德的人。有很多赞美他品行的故事：他的儿子酗酒放荡，被他鞭打至死；而他盛怒之下，打了一个受人欺压的人，懊悔至极，马上要那人还他几鞭子。

欧麦尔在位的10年，是阿拉伯大扩张，征服了波斯和埃及，建立帝国的时期。他建立一套完整的帝国统治机构和制度，还确定穆罕默德"徙志"之日为伊斯兰历的元年元旦。他在国内没有公开的反对者，但却是被征服者的死敌。644年，一个波斯籍奴隶行刺，用有毒的匕首杀死了他。

然而从第三代哈里发奥斯曼开始，阿拉伯陷入了无休无止的内部争斗之中。奥斯曼有两个致命弱点。其一，他是原古莱西部落倭马亚家族人。倭马亚家族早年曾迫害最初的穆斯林，是穆罕默德的对头。被迫改信伊斯兰教后，也对穆罕默德心怀不满，明里暗里行不轨之事。严格地说，他们是正统的阿拉伯人，但不算正宗的穆斯林，因此，奥斯曼虽然是被选举上台的，但并未拥有广泛的社会基础。其二，奥斯曼个人的品质和能力均不能算是上乘。传说此人优柔寡断，懦弱无能，不能摆脱家族的挟制，未使自身跳出家族的阴影，缺乏作为全帝国首领的意识，因而引起了穆斯林特别是下层的不满，国家政治从此处于不安定状态。

由于倭马亚家族明显地具有贵族政权的性质，从而造成了社会不平等，因此奥斯曼就成了众矢之的。656年，奥斯曼被刺，新的哈里发阿里是穆罕默德的女婿。这样，倭马亚家族的统治受到强烈挑战。

政治斗争往往首先以宗教斗争形式反映出来，演变成教会内部的分化和纷争，早期伊斯兰教亦复如此。倭马亚家族当权后，拥护他们的穆斯林被认为是正统，称之为"逊尼派"。而以阿里为首的新的派别，则被称为"什叶派"。"什叶"本意是"追随阿里的人"，含有"改宗""小集团"之意。他们认为哈里发应由穆罕默德的后裔来担任、来继承，否认由其他家族担任哈里发职务的合法性。他们是最初跟着穆罕默德的那些穆斯林，却又很少掌握政权，所以群众基础较为深厚。

阿里当了哈里发之后，什叶派与倭马亚家族的矛盾愈益激化。倭马亚家族坚持认为，奥斯曼是阿里的手下人刺死的。特别是该家族的实力派人物摩阿维亚，居有叙利亚总督之职，拒不承认阿里的地位。阿里兴兵讨伐，双方军队在幼发拉底河畔摆开阵势，决战中阿里取得胜利。然而阿里政治斗争手腕却远不如对手高明。摩阿维亚以《古兰经》代替枪矛，更具阴险，终致使阿里的哈里发职务失去合法性。

从某种意义上讲，什叶派的领导者实际上也是阿拉伯贵族中的一个阶层，未当权时，尚易于取得下层的同情和支持，当了权后，却又不大关注下层的利益。他们在与倭马亚家族的斗争中渐处下风，更使下层越来越失去信心，从而退出什叶派。

退出什叶派的那部分人自称"哈瓦立及派"（意即退出者），他们主张恢复原始的平等和民主，土地归穆斯林公有，战利品平分，哈里发由穆斯林选举产生，等等。就其主张性质而言，他们在历史上又被称为"军事民主派"。对阿里的无能统治，他们越来越不满。

在内外两方的夹击下，阿里的处境日益艰难。661年，哈瓦立及派将其刺死。摩阿维亚乘机夺取了哈里发职位。

教会的分化，教派之间的斗争，在以后的伊斯兰教历史上长期存在。不过，早期的政治斗争色彩日渐趋淡，宗教信条分歧更为明显：什叶派和逊尼派的对立，甚至还是现代伊斯兰教世界的基本宗教分野。

什叶派与逊尼派的最大不同处，是认为除尊奉安拉和穆罕默德外，还要尊奉伊玛目（意为"站在前列者"）。在什叶派看来，穆罕默德去世后，伊玛目是伊斯兰世界的宗教领袖，应由穆罕默德的后裔来担任，阿里是第一个伊玛目。

什叶派亦非铁板一块，内部论争复杂。有十二伊玛目派，有七伊玛目派、宰德派，最走极端的是后来出现的德鲁兹派等。

随着阿拉伯后来的对外扩张，伊斯兰教的教义及其原则也相应有了一些适应性的变化，教法学派就是其中之一。所谓教法学派，实际就是用法理的形式将《古兰经》以及《圣训》的精神进一步推广，即推广到那些阿拉伯人新征服地区。教法学派在7世纪兴起，到8至9世纪时最为兴旺。

伊斯兰教并不主张禁欲，这和世界上其他宗教大不一样。但其内部也逐渐出现了一些奉行禁欲、苦行的流派，最典型的就是7世纪以后出现的苏非主义。

苏非主义，实际上是下层群众对社会地位不平等和宗教地位不平等不满情绪的一种反映，它甚至对安拉神的唯一性也公开表示异议，主张泛神论。有人还提出"我即安拉"，宣布："我即我所爱，所爱就是我；精神分彼此，同寓一躯壳；见我便见他，见他便见我。"

17.3

摩阿维亚：第一个国王？ 向欧洲进军。怛罗斯之役。阿拉伯模式：层次分明的社会。倭马亚王朝覆灭

摩阿维亚当了哈里发后，很快就镇压了阿里派在两河流域和汉志等地的残余势力，并且迁都大马士革。从他开始，哈里发的职位不再选举，而是世袭继承制，这就开始了阿拉伯帝国的倭马亚王朝。

在这个时期里，阿拉伯帝国的统治中心由麦加转移到了大马士革，故在历史上又称为"大马士革时期"。从大马士革时期开始，阿拉伯帝国的政体由神权共和转变为君主专制，摩阿维亚也就成了阿拉伯的第一个君王。

作为统治者，摩阿维亚的素质是第一流的，有人称任何其他哈里发都不如他。传记家认为，摩阿维亚的美德以"容忍"为最。据说，需要用武力的事情，他可以和平解决：面对他那温和的态度，敌人竟不好意思反对他。他有一名言传世："用鞭子就可以的地方，我不用宝剑；用舌头就可以的地方，我不用鞭子。在我和同胞之间，即使只有一根头发在联系着，我也不让它断了。

他们拉得紧,我就放松些;他们放松了,我就拉紧些。"

他既勤奋,又机智;既果敢,又宽容,后来有不少哈里发想效法他,但几乎没有人能做得他那样完美。他不但是阿拉伯的第一个国王,而且可以说是最好的国王。这是史家给他的近乎崇高的评价。

作为专制君王,倭马亚王朝的哈里发将军、政、教大权集于一身。他既是世俗的君主、国王、最高统治者,又是最高的宗教领袖,只不过此时的宗教色彩已渐渐退居次要地位。

帝国的行政机构也逐渐完善起来,愈来愈复杂,专门设有财政官、司法官、税务官及其他行政官,规定在全国范围内来往的公文都要统一使用阿拉伯文。

为了强化统治,帝国还编纂颁行了法典。法典以《古兰经》为蓝本,综合了穆罕默德的门徒所转达的"先知"的言论编辑而成,称之为《圣训》。

倭马亚王朝时期,阿拉伯帝国继续向外大发展。毗邻的欧洲拜占庭帝国首当其冲。帝国与拜占庭的分界线,自幼发拉底河上游延至地中海岸边,双方都建了许多堡垒要塞。摩阿维亚在自己立足未稳时,全副精力对付国内事务,甚至还以向拜占庭皇帝纳贡为代价,换取边境线的相安无事。

一旦国内稳定后,摩阿维亚立即展开了攻势。但是,由于拜占庭军队的固守,在整个倭马亚王朝时期,阿拉伯人的进攻效果不显著。尽管曾经短暂地占领过罗得和克里特诸岛,尽管拜占庭首都君士坦丁堡曾经几次遭到阿拉伯人的袭击,尽管阿拉伯战船常常游弋在地中海上从事劫掠活动,但在实际上,阿拉伯人连小亚半岛上的居民都未曾征服。整个近东地区,最后只有小亚细亚不属于阿拉伯世界。只是,袭击小亚已成了阿拉伯人的一项习惯性动作,每年炎夏时节必有一次"操练"。

可以说,倭马亚王朝的阿拉伯军队,在"为安拉而战"的口号下,一手握《古兰经》,一手握剑,向东向西两个方向展开了进一步的攻势,并且取得了巨大的成功。

往西,阿拉伯人横扫了北非沿岸,征服了当地的柏柏尔人,并使其转信伊斯兰教,这些人后被称为摩尔人。711年,以摩尔人为骨干组成的穆斯林军队,越过直布罗陀海峡,侵入伊比利亚半岛,灭掉了西哥特王国,占领了西班牙全境;然后继续北进,穿越比利牛斯山脉,攻入西欧内地。732年,这支穆斯林军队在法兰克王国的普瓦提埃一战，被墨洛温王朝宫相查理·马特打败，此后再也未向西欧内陆深入。

往东，阿拉伯人于664年攻陷喀布尔；712年从海路占领印度河下游地区。751年，与唐朝的高仙芝军队在中亚的怛罗斯会战，逼近了中国边境。中国军队虽然失败，但遏制了阿拉伯军队继续东进的势头，从此阿拉伯势力再也没有进入中国境内，虽然后来中国西北部也有不少伊斯兰教徒。

到这时，地跨亚非欧三大洲的阿拉伯帝国最终形成。这是当时世界上最大的国家，领土从最东端到最西端将近1万公里，分别与大唐帝国、拜占庭帝国和法兰克帝国为邻。

倭马亚王朝的对外大征服，主要是在麦立克和韦立德两个哈里发时代。辉煌的战绩，大多应归功于哈查只和穆萨·伊本·努赛尔这两位著名的将军。哈查只领导东线军队，无往而不胜；穆萨扫荡了北非沿岸，他的助手塔立格，则将阿拉伯人的影响扩大到了西欧大陆和大西洋东岸。

在这样一个偌大的帝国里，社会发展程度是极其不平衡的。就总体而言，帝国的形成，势必大大加快境内各地区的社会发展速度。从整个帝国看，绝大部分地区是被征服地区，其中大多数地方产生过文明古国，如两河流域、波斯、埃及、叙利亚、巴勒斯坦、印度，早就经历过奴隶社会阶段，并且进入了封建社会。这些地区被征服后，其社会发展的自然行程并没有被打断，封建制依然居于主导地位。

至于阿拉伯人的发源地半岛地区，这里原有个别地区曾经出现和发展过文明，譬如汉志和也门。那么，帝国建立后，在其他先进文明的带动下，这些地区便很顺利地向封建制发展。而半岛的大部分落后地区，在阿拉伯国家形成之初还处于原始公社的解体阶段，奴隶制并未充分发展。但由于受先进地区的影响，在征服其他地区的过程中，奴隶制仍没能发展为占主导地位的生产方式，而是直接向封建制过渡了。

事实上，绝大部分阿拉伯人并没有留在半岛上，他们以征服者的身份移居到了帝国境内各个地区；而且，他们在文化上却被当地居民很快地融合了。当然，这个文化是广义的，包括政治制度、社会生产方式、文化与社会生活各个方面。大马士革时期，外部影响主要来自于拜占庭，因为大马士革处于原拜占庭帝国版图之内；在后来的巴格达时期，则以伊朗文化的影响最为重要，因为阿拉伯新都巴格达城靠近原伊朗波斯帝国的首都泰西封。因此，到8至9世纪时，阿拉伯帝国便出现了综合阿拉伯、拜占庭、叙利亚、伊朗甚至西班牙各种因素的封建制度，并明显具有自己的特点。

阿拉伯帝国的土地制度就明显的是多种因素的综合和杂糅。它的基本土地制度是土地国有制。根据教义，所有的土地都是安拉的财产，只有安拉的使者和"先知"的继承人（哈里发）才有权支配全国的土地；以哈里发为代表的国家是地主，而农民实际上是封建国家的佃户，地租和赋税是合一的。

不过土地又有多种实际占有形式。有的是国家和王室直接占有；有的以军事采邑或封地形式赏赐给了有军功者；清真寺也有不少的土地；一些阿拉伯贵族，波斯、拜占庭地主，拥有相当数量的私有土地。此外，个别农民占有小块的自由份地，某些地方还残留有农村公社土地集体所有制。

阿拉伯社会可谓等级分明。

以哈里发为首的阿拉伯人贵族，无疑是最高等级。他们是统治者，人数不是很多，即使是在最为兴旺的倭马亚韦立德一世时代，也只有不到5万人。阿拉伯人的男人都是战士，是军队中的骨干。只是，阿拉伯人虽多移居于大马士革一带，但其中亦有南人和北人之分：南人是指来自阿拉伯半岛的纯种，北人多为叙利亚地区的阿拉伯人。

一切非阿拉伯血统的穆斯林，称之为"麦瓦利"。他们原是被征服地区的居民，被迫或自愿改奉了伊斯兰教。从理论上说，或是从法律上说，他们与阿拉伯人应是平等的，应该享有作为穆斯林的一切权利，但在事实上，他们的地位要低得多。随着征服的进行，这一阶层的人数越来越多，因此其势力也发展得越来越大。由于阿拉伯人的压制，这类人早期不大卷入政治活动，而热心于进行学术研究和艺术创作。

被征服地区未改信伊斯兰教的异教徒，称为"迪马"。他们是"顺民"，有宗教的自由，但实际上受到歧视。而且，他们往往还被强迫改宗。东部的波斯人和北非的柏柏尔人，就有这样的遭遇：他们刚刚被阿拉伯人征服时，后者让其在三件事情中选择一件：伊斯兰教、宝剑或人丁税。

阿拉伯帝国里，还存在着大量的奴隶。原因很简单，就是在征服过程中大批的战俘变成了奴隶。奴隶一多，买卖奴隶的交易也就非常活跃，好些地方有专门的奴隶市场。据说，有一个哈里发，在他汉志的土地上曾经使用过 4000 奴隶劳动。穆萨征服北非时，据说俘获 30 万人，其中五分之一献给了哈里发韦立德。同期麦加一个著名的爱情诗人欧麦尔，占有 70 多个奴隶。一名参加绥芬战役的小卒，居然亦有 10 名奴隶在服侍他。

奴隶地位之低下，是可想而知的，在阿拉伯社会中犹然，古代奴役奴隶的一切形式都可从这里找到。女奴隶的地位更低。按照伊斯兰教法典，由女奴生的孩子，仍然是奴隶，只要孩子的父亲不是奴隶主。

由于等级分明，阿拉伯社会内部的矛盾也就异常的尖锐。随着财富和奴隶的急剧增加，哈里发们的生活日益荒淫，阿拉伯人贵族也日益沉沦。过去那种旺盛的野蛮性朝气，现在被文明的糜烂气息所侵蚀了；邪恶与堕落，成了上层社会的流行时尚。据查，从叶齐德三世起，接连几任哈里发都是女奴生下的儿子。可见，倭马亚王朝的后期，已埋下了帝国覆灭的危机。

阿拉伯人贵族走向堕落时，在两河流域这个最早的被征服地区，一股新的社会势力却逐渐壮大起来。这就是自称是穆罕默德之叔阿拔斯后裔的阿拔斯派。747 年，与阿拔斯派有联系的穆苏里姆在伊朗东部呼罗珊发动起义；紧接着，西亚、西班牙等地也发生了类似暴动。三年之后，即 750 年，倭马亚王朝终于被推翻，原种阿拉伯人的统治至此终结。

17.4

阿拔斯王朝：巴格达轴心。天堂与宝库。自松巴德至卡尔马特：人民之起义。三个大食：黑衣、白衣和绿衣。"素丹"的由来。帝国大厦之倾覆

倭马亚王朝崩溃了，政权落到阿拔斯的手中。他成了哈里发，建立了阿拉伯历史上的阿拔斯王朝（751—1258）。

阿拔斯随后下令屠杀倭马亚家族。他的继承人、阿拔斯王朝的第二代哈里发曼苏尔更加心狠手辣。他甚至还嫉妒穆苏里姆的威望，派人刺杀了他。

他还追杀倭马亚家族的后裔。

762年，曼苏尔将都城从库法迁到底格里斯河畔新建的巴格达城，因此阿拔斯王朝时期又称巴格达时期。在这一时期里，阿拔斯王朝的主要统治支柱和依靠力量，已不是以往的阿拉伯人贵族，而是美索不达米亚和伊朗的官僚贵族，整个国家的统治重心也由叙利亚转移到美索不达米亚。

阿拔斯的哈里发们，按照过去伊朗波斯帝国的政治制度，建立了中央集权的君主专制主义统治，并且继续过去的政教合一。哈里发独揽军政教权，而且还提高了自己在宗教上的地位，称自己是安拉的代理人。同时他也强调依法治国，作为宗教之经典的《古兰经》和《圣训》，又是治理国家的法律基础，只有通晓它们才有资格担任法官。

从国家机器的运作上看，哈里发治国主要依靠两大支柱：一是一套完善而有效的官僚机构；二是军队。在这个官僚机构中，辅助哈里发的宰相维齐尔权力最大。他是百官的统领，而且还可以任免各行省的总督，职务有时候还世袭。在中央，设立了各种职能部门。征收赋税，也按过去伊朗的方法，编制土地清册，规定统一税率。

对地方，阿拔斯王朝将整个帝国分成了24个行省，这也是模仿古波斯帝国大流士国王的定制。行省由总督全面掌握军政教权，但又受到钦差大臣的监督，而且任期短，经常调动，以免形成割据势力。为了加强中央对地方的控制，加强境内各地区之间的联系，阿拔斯王朝还在全国修筑驿道，建立驿站。

新王朝的军队不再以阿拉伯人为基础，而是不受民族限制，广泛征募，组成训练有素的正规军，其核心是由东波斯人组成的近卫军，兵种分骑兵、步兵和弓弩兵，享有优厚的军饷待遇。

阿拔斯王朝建立之后的最初一个世纪，即从8世纪中叶到9世纪中叶，或者说750年之后的100多年里，是阿拉伯帝国的鼎盛时期、黄金时代，社会经济极度繁荣。社会经济的繁荣，无疑是新的生产关系已经适应生产力发展的结果。在封建关系已经确立的前提下，人民的不断抗争也有助于肃清奴隶制的残余，并促进封建关系的进一步调整。譬如，国家征税制度从过去的按人征税改为按地征税，有利于调动生产者的积极性。地租率由过去的50%下降为40%，依附农民所挂的铅牌被取消，这些都有利于生产发展。

社会经济繁荣的基础是农业。这时的帝国政府，采取了许多促进农业生产发展的措施，例如兴修水利、扩大耕地面积等。由于农业的发展，据称在帝国境内出现了四个可称为"地上天堂"的地方，它们是：中亚锡尔河与阿姆河之间的泽拉夫善河流域；美索不达米亚平原南部，波斯湾东部沿岸地区，叙利亚大马士革近郊。

　　阿拔斯王朝时代手工业的发展也颇令人注目。生产上已普遍利用水力、风力，出现了众多的水磨、风磨，单是在巴格达一地就有水磨坊 100 多家。手工业在毛纺、麻纺、造纸等方面都有较大的发展，闻名遐迩的产品有大马士革的缎子、库法的绢、布哈拉的毯子、叙利亚沿岸城市的玻璃等。巴格达城内，则集中了毛纺、棉纺、玻璃、香水、珠宝等各种手工业。

　　阿拉伯经济的另一突出特点，就是商业贸易特别发达，港口商贸城市异常繁荣。由商业发展而集中了巨大的社会财富。"阿拉伯商人"常被当作富有者的代称，巴格达常常被认为是巨大的宝库，《一千零一夜》中诸多商人与财富故事的流传，更加深了人们的这一意识。

　　阿拉伯商业的繁荣是有其历史原因的。首先，阿拉伯人从来就重视商业。伊斯兰教的诞生，阿拉伯国家的兴起，本身就与麦加国际贸易的发达和波折有密切关系，穆罕默德本人就是商人出身，他提出："商人是世界的信使，是安拉在大地上的忠实奴仆。"这种重商的观念以及采取的相应政策，无疑能大大促进商业和贸易的发展。这是与中世纪的欧洲及封建时代的中国大不相同的，在这些地方，重农抑商是统治者的一贯政策，商人们虽然家有万贯，但没有相应的社会地位。

　　阿拉伯人在对外征服扩张的过程中，并不是将被征服地区原有的工商业城市予以摧毁，而是加以保护，对工商业的发展予以鼓励。尽管这样做是出于财政目的，出于满足自身奢侈生活的需要，但积极的客观效果就不言而喻了。

　　阿拉伯帝国有利的地理位置决定了阿拉伯人在东西方贸易中起着重要的作用，它正好介于西方和东方之间，便于控制和垄断东西方之间的中介转运贸易。阿拉伯商人所从事的这种转运贸易，将当时的印度洋贸易区和地中海贸易区连接了起来。

　　阿拉伯商人的贸易活动，大多是与先进的东方国家进行，特别是与唐代的中国。由经过中亚直达长安的丝绸之路（阿拉伯人称哥拉森大道），阿拉伯人从陆路与中国相联系。同时，阿拉伯人也从海路到达印度、东南亚和中国，横跨印度洋的贸易，基本掌握在阿拉伯人手里。红海岸边的吉达、波斯湾旁的西拉夫、巴士拉，是阿拉伯人向东航行的起点；东方远至中国的交趾、广州、泉州、扬州，都留下了阿拉伯商人的足迹。一种可能夸大了的传说称，中国的广州曾有20万阿拉伯商人及其家眷留居，而泉州的阿拉伯人后代人数之多，延续时间之长，都是惊人的。运到中国的多为香料、宝石、珍珠、象牙等贵重物品；从中国运出的则是丝绸、瓷器等。

沿着波斯湾岸边，再沿着阿拉伯海沿岸（称塞斯坦），阿拉伯人还从陆路到达印度。

往北，阿拉伯商人与东斯拉夫人、瓦里亚格人有频繁的贸易关系，通过中亚陆路、黑海水道，以及高加索地峡，再沿伏尔加河、第聂伯河北上，最后能达到波罗的海沿岸。往南，阿拉伯人主要是同非洲内陆居民发生贸易关系，从非洲运出黄金、象牙和黑奴。

至于欧洲的拜占庭帝国和西欧各国，阿拉伯帝国最初与它们几乎没有经济来往，后来逐渐恢复了，也主要是由阿拉伯商人控制地中海贸易。直至11世纪，来往的渠道一是伊比利亚半岛，二是西西里和意大利。只不过，这时候的西欧太穷了，拿不出什么东西来与阿拉伯人交换。

阿拉伯商人以从事转运贸易为主。有这样一个例子足以说明这一点：一个波斯籍的巴格达商人，在劳碌了半辈子之后，事业上已经取得了很大的成功，但依然壮心不已。他准备在自己的有生之年里，将波斯的硫黄运到中国卖好价，再把中国的瓷器运到希腊，把希腊的绸缎运到印度，把印度的钢运到叙利亚的阿勒颇，将阿勒颇的玻璃运到也门，然后再带着也门的条纹布回到波斯的老家，在那里安度晚年。

阿拉伯帝国的繁荣和强盛，上层社会的奢华生活，都是建立在对境内各族人民的统治和压榨基础之上的，因此也就自然引起人民的不断反抗和起义，尤其是那些被征服地区。

阿拔斯王朝时期，最早的人民起义爆发在呼罗珊，这个被本王朝视作发祥之地的地方，领导者是松巴德。775年，起义者曾经浩浩荡荡地向西进军，到达了离巴格达不远的地方。

776年，中亚发生了由伊本·哈金领导的大起义。伊本·哈金自称是神的化身，脸上发光，凡人都不能忍受他脸上的光芒，因此他必须经常用绿布蒙面，人称"穆康那"（蒙面者）。起义军坚持了7年之后，始被镇压。

南高加索的巴贝克起义，发动于816年。巴贝克是领导者的名字。起义队伍多时有30万人，斗争也持续了22年之久。

差不多同时爆发了札特人起义。札特人是从印度河下游招募来的，他们用自带的水牛在底格里斯河下游耕垦，受到了种种非人的待遇，因而揭竿而起。

9世纪40年代，伊朗的库尔德人，叙利亚、巴勒斯坦等地，都发生过起义和暴动。

869年，幼发拉底河下游巴士拉一带发生了黑奴大起义。这些黑奴来自东非，被阿拉伯人雇来在这一地区排干沼泽，开辟耕地，待遇非常之低。起义的领导者叫阿里，自称是第四代哈里发阿里的后裔。这次起义得到了广泛的响应，人数最多时有20万，时间长达14年。

9世纪末至10世纪初的卡尔马特教派起义最有影响。891年，起义爆发于巴格达以南，尔后迅速扩大到阿拉伯、伊朗和叙利亚等地，并且还在波斯湾东岸、阿拉伯半岛东部建立了国家政权。直到10世纪中叶的时候，他们还在不断地进攻美索不达米亚南部，威胁巴格达。

这些大规模的起义，无疑沉重打击了帝国的统治，加速了帝国的瓦解。然而，阿拉伯帝国瓦解的最根本原因，则是地方上的军事贵族拥兵自重。特别是各行省的总督拥有相对的自治权，使中央无力控制地方，造成封建性割据局面的频繁出现，最后导致帝国的彻底瓦解。

阿拉伯帝国的分裂，实际上早在阿拔斯王朝初期就开始了。

756年，倭马亚家族的后裔在西班牙割据独立，自称哈里发，建立后倭马亚王朝。因其以科尔多瓦为都城，故而又称科尔多瓦哈里发。

然而，这个哈里发的统治时间也不很长，由于内部矛盾冲突激化，11世纪时，西班牙的阿拉伯人的王国分裂成为许多小国。最后一个个被西班牙人所收回。1492年，阿拉伯人在伊比利亚半岛的最后一个小王国格拉纳达也被西班牙人收复。

《古兰经》和剑　483

离巴格达越远的地区，也就越具有离心力。自788年起，西边的北非有什叶派在摩洛哥建立的易德里西王朝（788—985）、突尼斯总督在辖地建立的艾格莱卜王朝（800—909）、有突厥将领图伦占据埃及和叙利亚后建立的图伦朝（868—905）；东边有在伊朗东部出现的塔黑尔王朝（820—872）、在伊朗东南部至印度河下游地区出现的萨法尔王朝（867—908）。如此等等，偌大的帝国9世纪里实际已成崩裂之状。

909年，北非突尼斯兴起了法蒂玛王朝，并于969年东进，占领了埃及，而且以埃及为统治中心，建开罗为首都。随后，该王朝进入了极盛阶段，领土包括了从大西洋岸边到地中海东岸直至幼发拉底河畔的广大地区，甚至还包括了阿拉伯半岛的西部，国王也自称哈里发。这样，在10世纪的时候，原来的阿拉伯帝国境内，有三个互不承认的哈里发国家，即巴格达哈里发（黑衣大食）、法蒂玛王朝（绿衣大食）、后倭马亚王朝（白衣大食），三足鼎立。

1171年，法蒂玛王朝被阿尤布王朝所取代。阿尤布王朝的第一个素丹（国王）萨拉丁，接受了阿拔斯哈里发的册封。这是一个著名人物，他率领阿拉伯人军队收复了耶路撒冷圣地，并且打败了西欧人组织的第三次十字军东侵。

图17-2
科尔多瓦大教堂（原清真寺）和罗马桥

1250年，法蒂玛政权转归马木路克王朝，直至1517年。

这样，到9世纪后期，庞大的阿拉伯帝国基本上四分五裂了，巴格达哈里发的统治区域实际只剩下了两河流域、伊朗西部以及半岛上的汉志地区。而哈里发们好像全然不知已经危机四伏，仍然在花天酒地，声色犬马，生活极端地荒淫糜烂。一个哈里发举行婚礼时，居然能用龙涎香将黑夜照成白昼，用金盘托着上千颗珍珠撒向新人。9世纪还有一个哈里发，后宫嫔妃竟达4000人之多，这恐怕创下了古代世界之最。

由是，哈里发越来越不理政，国家大事任由一些不良之徒胡作非为，最后连哈里发本人也成了近卫军将领手中的傀儡，被他们任意废立。10世纪前期，阿拔斯王朝的第19任、20任、22任哈里发竟然被近卫军剜去双眼，抛向街头。

11世纪，中亚突厥人兴起，其中的一支塞尔柱突厥向西扩张。1055年，攻占了巴格达，强迫哈里发授予他"素丹"（意为有权威的人）称号，赋予最高的世俗权力。以后各伊斯兰国家的国王大都沿用这个名称，而哈里发后来只是成为一个宗教领袖而已。

1194年，花剌子模突厥人取代塞尔柱人，占领巴格达，控制本已名存实亡的帝国。1258年，蒙古人西征，攻占巴格达，在西亚一带建立统治，阿拉伯帝国至此完全终结，寿终正寝。

整体来看，阿拉伯帝国虽然分裂了，但它对世界历史的发展起着极大的影响：帝国版图内的居民经过长期融合，逐步形成了统一的阿拉伯民族，他们有共同的语言，共同的文字，统一的宗教信仰。在当代世界格局和国际关系中，这一因素仍然发挥着举足轻重的作用。

今天的阿拉伯世界，大致包括除土耳其、伊朗以外的西亚各国、阿拉伯半岛、波斯湾南岸各国、北非各国；如果讲伊斯兰世界的话，范围要更宽一些，除阿拉伯国家外，还要包括土耳其、伊朗、阿富汗、中亚五国、南亚东南亚的伊斯兰教国家，以及非洲西部、中部、东部、南部的所有伊斯兰教国家。而阿拉伯世界也好，伊斯兰世界也好，其源流都得溯之于中古时代的阿拉伯帝国。

17.5

阿拉伯文化：兴盛之原因。文化成就面面观：翻译、科学、造船与航海、历史与地理、哲学和教育、文学与艺术。阿拉伯文化的历史地位

辽阔的国土，众多的民族，丰富深厚的文明基础，孕育了中古世界文化史上的一朵奇葩——阿拉伯伊斯兰文化。

可以毫不夸张地说，阿拉伯文化与中国的唐宋文化一道，是世界中古时代最为辉煌的两大文化篇章，形成了继古典文化高潮之后世界文化发展史上的又一次高峰。

阿拉伯文化的繁荣发达，原因是多方面的。帝国境内包括了许多文明国家，阿拉伯文化就是在以往文明的基础上发展的，因此文化特点也具有很大的综合性。文学巨著《一千零一夜》就是一例。它以波斯传说为主，同时又吸收汇编了印度、埃及、巴勒斯坦、西班牙等国的神话传说加工而成，是境内各国各地区文化的集大成。

帝国所处的地理位置，介于东西方之间，而且直接与大唐帝国、拜占庭帝国以及印度等文化昌盛的古老大国为邻，因而也吸收了东方和西方文化中许多先进的东西。

而阿拉伯帝国农业、工商业、城市的发达和繁荣，是文化发展的物质基础。

大规模的翻译是阿拉伯帝国阿拔斯时期一项极为出色的文化活动，在9世纪哈里发马门时达到了高潮。据说马门以重金奖励翻译家们，稿酬极高，即付给与译稿等重的黄金。因此，大量的古希腊、印度以及波斯的科学与文学作品得以保存下来。

与古代文明中科学的发展相似，阿拉伯的科学成就也主要集中在天文学、数学和医学方面。著名天文学家白塔尼制定了《恒星表》，对欧洲产生了深刻影响。比鲁尼则提出了地球自转并绕日运行的理论，这比欧洲学者要早出好几百年。最杰出的数学家是伊本·穆萨（又名花拉子密），他所著的《积分和方程计算法》，第一次将代数知识发展为独立学科。他还改造了印度数

字体系和"0"号，使其成为"阿拉伯字母"而广泛应用。

阿拉伯人特别重视医疗卫生事业，全国有 30 多家医院，仅巴格达一地就有医生 860 多人，医生从业均需严格考核资格。医学是他们最感兴趣的一门学科。著名医师拉齐斯著有《天花与麻疹》及《医学大百科辞典》等专门著作。哲学家阿维森纳也是著名医生，号称"医中之王"。他写的《医典》长期被奉为"医学圣经"，是 12 至 17 世纪欧洲各大学医科专业的主要指南书。

由于阿拉伯人主要从事东方和西方之间的中介贸易，所以，在浩瀚的北印度洋，和边缘海阿拉伯海、波斯湾、红海，以及地中海的东部、南部和西部，到处都航行着阿拉伯人的船只。造船工业是阿拉伯世界的支柱工业之一。在波斯湾沿海，在红海两岸，在利凡特各港口，在入海的各大河岸边，遍布着官方或私家的造船坞。波斯湾岸边的巴士拉、西拉夫、忽鲁谟斯，地中海东岸的阿卡里、推罗，埃及的劳达、亚历山大里亚，北非的的黎波里、突尼斯，西班牙的塞维利亚、巴伦西亚和阿尔梅尼亚，都是阿拉伯世界著名的造船中心。

阿拉伯的船只，有装货上千吨的大商船，有载 1500 人的大战舰。商船一

图 17-3
阿拉伯天文学家

般都是帆船，相对船身长度来说，船幅是比较宽的，所谓"短短胖"，据说这样才能最大限度地装载货物。各种船只无论其大小如何，都具"阿拉伯特色"，即整块的船板从船舷的一边通到另一边。只是船板的组装在阿拉伯世界的东西部有所不同。在东部，船板是用绳子捆扎起来，这样的船只具有弹性，不易碰裂，适合于在多礁滩的沿岸或近海区航行。西部即地中海区域，船板是用铁钉钉紧的。

大三角帆的应用，是阿拉伯航船船上装置最突出的特点，也是阿拉伯人对世界造船技术进步做出的突出贡献之一。不过，这也有一个发展过程。早先，当利用从船尾吹过来的顺风时，普通的方帆须与风向成一夹角。随着船的移动，帆既接受风向与风速，也接受风量与船动的矢量对帆所产生的推力，因此船速可以比风速还快。问题是如何得到这一夹角。中国人和欧洲人的传统做法多是拉动帆索，使帆向前倾斜，形成80°以内的夹角。而阿拉伯人则是拉上方帆的底桁，使之与顶桁成垂直交叉状，让帆面各处受到不同拉力，从而帆便成了一个最佳的曲面。这一做法，最终演变成为大三角帆装置。大三角帆比普通方帆更能充分利用风力，使航船少走弯路，缩短航程。这种三角帆系在一根长横桁上，横桁倾斜，其中部固定于桅杆上，三角帆可以转动，横桁倾斜角可以改变，以便随时调整帆面，适应风向。斜装横桁的使用，既大大加高了桅杆高度，也就是张帆的高度，从而充分利用哪怕是最微小的风，同时又避免了垂直立桅的易折性。阿拉伯世界的西部区，亦即地中海区，最先采用大三角帆，其后很快就为欧洲人所模仿。

导航技术上，阿拉伯人发明了与中国牵星术有异曲同工之妙的"卡玛尔"方法，即用测定北极星高度来决定南北纬度。观测北极星时所使用的工具叫作"卡玛尔"。此物为一正方形板块，板的中心穿系一根绳子。量度单位为"指"和"扎姆"。绳子每隔一指打结一个，观测者将绳子放在鼻下，用牙齿咬住一端，另一端手握方板，手臂伸直，然后前后移动方板，最后使北极星在板的上沿视线，地（海）平面在板的下沿视线。大约一指等于1.5纬度。在得知方板到鼻下之间的绳子长度为多少指、多少扎姆后，便可测定北极星的高度，从而确定航船所在位置的纬度。

航船沟通了东西方之间的贸易，也方便和促发了阿拉伯人游历世界的好奇之心。在帝国境内，有很多著名的旅行家，他们所写的旅行游记，成了研究历史和地理的最好资料。伊本·巴图塔就是其中最杰出的一位。此人游历世界历时30年，行程12万公里，往东过中国泉州，往北去过金帐汗国，往西至西班牙格拉纳达，往南走到了西非马里。他写下的《三大陆周游记》，名噪一时，传之万代。

地理学的研究在阿拉伯帝国内也形成了高潮。前述数学家花拉子密，又是阿拉伯第一位杰出的地理学家。他的一幅"地球形象"图，具有很高的科学价值。另如胡尔达兹贝的《省道记》、麦格迪西的《各地知识的最佳分类》、雅古特的《地名辞典》，亦均属上乘的地理学著作。

阿拉伯人在地理学上有世界性影响的一大贡献，是坚持并发展了古代人的地圆说。他们称世界这个已知的半球，有一个顶点。据说哥伦布正是看到了论述这一观点的一本书，才相信大地像一个梨子，在另一个半球上，有一个地方与这个顶点相对应。

阿拉伯人善写历史，尤以塔巴里、马苏第、伊本·赫尔敦等史学家最为著名。

塔巴里所著《历代先知和帝王史》，乃一部编年体世界通史，所述范围不限于伊斯兰世界，而是旁及周边各民族。该书文字优美，其文学价值不在史学价值之下。

马苏第既是旅行家，又是著名史学家，其旅行为写史服务。据称，他到过的地方有埃及、叙利亚、巴勒斯坦、波斯、中亚、印度、东南亚以及非洲的桑给巴尔等地。他的30卷巨著《黄金草原》，将阿拉伯帝国及东西方各国的历史叙说了一遍，内容广泛丰富，叙事详略得当，尤其保存了许多极为珍贵的原始资料，实为一部总体性的世界文化史。后人称马苏第为"阿拉伯的希罗多德"。

而伊本·赫尔敦，则是世界历史上第一位用社会学和哲学来考察历史的史学理论家，或可称为近代历史哲学的奠基人。他在写作巨著《阿拉伯人、波斯人和柏柏尔人通史》时，作为第一册的《绪论》则阐发了一种历史哲学思想。现代著名史学家希提对之有极高评价：

（伊本·赫尔敦）在这篇绪论里，初次提出一种历史发展的理论，这种理论正确地认识到气候、地理、道德和精神力量等物质条件的作用。伊本·赫尔敦致力于表述民族盛衰的规律，因此，我们可以说他是历史的真正广度和性质的发现者，……他是社会学科学的真正奠基人。没有一个阿拉伯作家，也没有一个欧洲作家，曾经用那样既渊博又富于哲学卓见的眼光来观察历史。所有评论家一致的意见是，伊本·赫尔敦是伊斯兰教所产生的最伟大的历史哲学家，也是历代最伟大的史学家之一。

阿拉伯的哲学也很有特点，其主要特征是将希腊哲学与伊斯兰神学调和起来。著名哲学家有肯迪、阿维森纳、阿威罗伊、法拉比等。

肯迪是一个受希腊哲学影响很深的人。他出身于阿拉伯半岛，是纯种的阿拉伯人，因此他的哲学宗旨是用亚里士多德、柏拉图和毕达哥拉斯等人的哲学观点与伊斯兰神学相调和，论证宇宙是真主创造的，强调哲学家学习科学。

法拉比推进了这一思想，他的看法是"万物唯自安拉出"。安拉流出第一精神，第一精神流出天体精神，天体精神流出最高天体（物体），直至流出最低的人类精神；人类只有借助安拉赋予的认识能力，才能进入精神世界。法拉比还极力赞美政治上的君主专制，认为君王是人的心脏，所有的人都须为他服务。这些观点，甚至对后来的欧洲人都产生了影响。

阿维森纳可以说是上述思想的集大成者，而且在他那里，还萌发了某些唯物论的观点，因此当时遭到了不少伊斯兰神学家的攻击，其著作甚至被宣布为禁书。不过，真理的光辉是遮盖不住的，阿维森纳的思想对稍后的中世纪欧洲文化产生了深刻影响。

事实上，正是从阿拉伯人那里，中世纪欧洲人才知道有亚里士多德和柏拉图等古代欧洲哲学家，才开始对研究哲学发生兴趣。诚如恩格斯所说：在欧洲人那里，"一种从阿拉伯人那里吸收过来，并重新发现的希腊哲学那里得到营养的明快的自由思想，愈来愈根深蒂固，为18世纪的唯物主义作了准备。"

阿拉伯人重视教育的程度，在中古世界也可为最。在他们看来，男孩都得读书；教师的地位也相当高，受尊重，待遇优厚。阿拉伯人创建了世界最早的大学。9世纪的哈里发马门建"智慧馆"，可以说是第一所大学。正规的近代大学最先于10世纪中叶出现于科尔多瓦，而10世纪后期创办的埃及开罗爱兹哈尔大学至今不衰，是现存世界上最古老的大学。

与教育相联系，阿拉伯人特别爱好读书。帝国境内有相当多的图书馆，公共图书馆向所有读者开放，私人图书馆则以藏书为主。藏书成癖，是文化人甚至官员、商人们的一种时尚追求。

曾有一作者在书中绘声绘色地描述了阿拉伯人喜书的故事。他说，他发现了一本非常喜欢的书，而且出了很高的价钱想买下，但有人出的价更高。几番竞价之后，他终于败下阵来。事后他问那个与他竞买的人，回答令他极为意外：

> 我也不知道这本书的内容是什么。但是，我刚建立了一所图书馆，我很重视它，为的是在本城最显贵的人物中间夸耀。我的书架上还有一个空处，我看这本书的大小和厚薄正好能把那个空处填满。我看见这本书的字体很好，装潢也美，我很喜欢，出多大的价钱，我毫不在乎，因为我——感谢真主——是一个财主。

肯受教育、肯读书，自然促使文化和思想的传播速度加快，层面拓宽，使得流传本来很广的文化名著更为家喻户晓。《一千零一夜》（中国又译为《天方夜谭》，天方是中国对麦加的古称，谭即谈）正是这样一部大众熟知的巨著。

《一千零一夜》作为阿拉伯文学的代表作品，享誉全世界。该书主要形成于阿拔斯王朝时期，实际上是一部民间故事总集，只是由编纂者将其汇为一个整体而已。

按照书中所说，在印度和中国之间有一个叫萨桑的岛国，国王山鲁亚尔既荒淫，又残暴，他每天娶一个女子，睡一夜后即杀掉。老百姓纷纷出逃，国王便命宰相四处寻找。宰相女儿山鲁佐德见父亲愁眉不展，自愿嫁给国王。到宫中后，山鲁佐德要求在死之前能与妹妹相叙，国王许可。姐妹俩见面后，山鲁佐德讲起了故事消磨时光。故事引来了国王的好奇心，他命令她继续讲下去。于是，山鲁佐德便一直讲了一千零一个晚上，国王最后终于悔悟。

《一千零一夜》实际上讲了134个故事，其中亦包括了一些寓言和童话。登场亮相的有社会上各色人等，上自帝王将相、才子佳人，下至渔翁裁缝、厨子脚夫，尤以商人及一些小工匠、小手艺人最为活跃。故事反映了社会生活的各个层面，或丰富多彩，或惊心动魄；有的深刻刻画了各种人物形象及心理活动，有的鞭挞了社会的某些丑恶乃至罪恶现象。嬉笑怒骂，皆成文章，相当多的故事极其脍炙人口，成为经典之作广为流传，故事中寓含的道理发人深思。此处不妨撷取一二。

《渔翁的故事》述说了一个渔夫怎样运用智慧，最终战胜了比自己强大得多的魔鬼的故事。这渔夫在打鱼时，捞起了一个黄铜胆瓶。出于好奇他打开瓶盖，瓶口顿时冒出一股青烟，瞬间现出了一个巨魔。渔夫惧怕之中，猛然觉着人更有智慧，完全能够设计战胜巨魔。片刻之后，当魔鬼声称要吃掉他时，他藐然一笑，说这么一个小瓶不可能装下它这么一个庞然大物。魔鬼果然中计，摇身又变小，钻进了瓶里。渔夫赶紧将瓶盖拧上，一场即将发生的惨剧终于化险为夷。

《阿里巴巴和四十个强盗的故事》中，有一个年轻的女仆莱佳娜。她是阿里巴巴得力的助手，忠实而又机智地保卫着主人。有一次，她巧设妙计，将30多个强盗一个个骗进滚烫的油锅中烫死。另有一次，她发现强盗头子装扮成客人，企图行刺阿里巴巴，便先下手为强，带着利器在欢迎宴会上献舞，出其不意地将那个不怀好意的"客人"杀死。

《辛伯达航海的故事》则反映了阿拉伯商人和航海家的进取精神。辛伯达出生于富商之家，从小过着穷奢极欲的生活。当家产挥霍将尽之时，辛伯达动起了航海旅行的念头，实际上，他有不断取得财富、积累资本、东山再起的企图。他的航海活动有七次之多，每次都经历了万般艰难，同样每次都化险为夷，而且一次比一次获得更大的利益。这就歌颂了人类不畏困难、勇往向前的坚定精神，同时也表现了只要努力奋斗，一切事情都能办到的乐观态度。

《阿拉丁和神灯的故事》，是题材的真实性和艺术的想象性结合在一起的典范。阿拉丁是一个穷裁缝的儿子，父亲死后，母子两人相依为命。一次很偶然的机会，阿拉丁得到了一架神灯以及神奇的戒指。如果他们想安享清福的话，神灯和戒指能给他们带来一切。然而，他们更希望通过自己的劳动来过平凡的生活，阿拉丁更愿意学得一身谋生的好本领。只是当邪恶的敌人要剥夺他们生活的权利时，他们才想着用神灯来捍卫自己的利益。

这部文学巨著随处都可见这种充满浪漫、充满幻想的精彩描写。在书中，人们可以见到原始的飞机——飞翔的"乌木马"，可以使用最初的望远镜——两头都装着玻璃片的象牙管，可以看到只要嗅一嗅、百病都能治的奇异苹果，可以见识能够战胜一切神仙和妖魔的神奇拐杖和头巾。诸如此类传奇性的描绘，正是此书的一大特长。故而，直到今天人们还喜欢向孩子们讲述《天方夜谭》的故事，满足儿童们的好奇之心。当然也有不太恭敬的习惯：后来的人们谈论事物时，往往将一些荒诞不经、过于离奇的幻想斥之为"天方夜谭"。

《一千零一夜》最后成书于16世纪。除波斯之外，该书还吸收了伊斯兰教世界各地的各种民间故事，只是略加处理而已。

伊斯兰教文化有一个特点，那就是宽容大度、包容百纳，故而能把各种古老的文化传统联结在一起。

作为一部极有影响的文学作品，《一千零一夜》对东西方文化的发展都起了积极的作用，对西欧文化的影响尤为明显。西方很多作品，其情节、取材、写作手法等，都有效法或直接受影响于《一千零一夜》。即使连文艺复兴时期的著名作品，如但丁的《神曲》、薄伽丘的《十日谈》亦不例外。

阿拉伯人的艺术也是第一流的，特色非常鲜明。除王宫外，艺术上一般没有人物和动物的造型，主要集中在书法、图案及植物的构思上，抽象之法，在清真寺和普通住宅中都有明显体现。清真寺的建筑也有特色，一是屋顶必有塔，只不过塔有高有低；二是外观以圆形为形象标识；三是在每个清真寺的祈祷大厅里，朝着麦加方向的墙上有一缝痕，以指引穆斯林们参拜。

阿拉伯人特别擅长于工艺美术。各种手工艺品极为精致，有草编织品、制陶品、金属品，鼻烟壶尤其是一独创。阿拉伯人在宝石鉴赏、炼金术、书法艺术方面，其成就亦是有口皆碑的。

阿拉伯文化有种种精华，但也有不可取处。在社会生活习惯上，阿拉伯人以及大部分穆斯林男尊女卑观念较重。男女一般隔离。女子地位极低，强调女子无才便是德。选择妻子也是重貌。理想中的女性，据称应像竹子一般苗条，石榴一般丰满，脸若满月，肤色白里透红，眼睛大而黑，脸上最好还有颗黑

《古兰经》和剑　　493

痣，口若樱桃，牙若珍珠，十指纤细，头发比夜还黑。而且，这一切都只能在家中留给丈夫欣赏受用，出门时便要戴面纱。穆斯林实行一夫多妻制，女人在家只能是奴仆的地位。即使是有客人来，女性也须回避，只能吃招待客人后吃剩的饭菜。这样一些传统观念，在今天的阿拉伯伊斯兰世界还根深蒂固。

在世界文化史上，阿拉伯人不但以其灿烂的文化之果丰富了人类文明宝库，他们还做出了一些特有的贡献。

令欧洲人略感惭愧的是，古代欧洲的希腊罗马文化著作却是通过阿拉伯人的大量翻译才保留了下来，然后又传给西方的欧洲人。阿拉伯人翻译的古希腊罗马著作，来源有两部分：一是阿拉伯帝国中心地区，即中近东的两河流域至埃及一带，在公元前3世纪至公元前1世纪曾是希腊人统治的世界，所谓希腊化世界。那时候，希腊文化的中心一度转移到了埃及的亚历山大里亚、叙利亚的安条克等城市。希腊化世界的文化遗产包括有形的大量图书，后来为罗马帝国直至拜占庭（东罗马）帝国所继承，再后就地转入作为征服者的阿拉伯人之手。二是阿拉伯帝国的哈里发们，由于经济上财力雄厚，又重视文化事业，因而花了重金从拜占庭皇帝那里购得大量图书。其时的拜占庭，除因受阿拉伯人和斯拉夫人的进攻而版图日渐缩小外，财政上也日益捉襟见肘，正好需要补充岁入，故而毫不犹豫地就向其转让了。

西欧在中古初期时，由于日耳曼人的野蛮冲击，也由于基督教会的肆意破坏，古典希腊罗马文化实际上已被摧毁得荡然无存。在中世纪里，正是通过阿拉伯人的翻译，西欧人才知道了自己老祖宗的传家珍宝。

阿拉伯人翻译的古典文化，以及阿拉伯人自己创造的文化，中世纪里主要通过三条渠道影响西欧人。一是伊比利亚半岛。半岛上阿拉伯人与哥特人杂居一处，与日耳曼人的法兰克王国亦只有一条比利牛斯山脉之隔。在双方的来往和冲突中，西欧人极易感觉到阿拉伯文化的种种长处，故而自然而然地模仿和学习起来。譬如，当阿拉伯人所建的第一所近代大学——科尔多瓦大学出现后，未过多久，意大利的波洛尼亚大学、法国的巴黎大学、英国的牛津大学即纷纷建立。

第二个渠道是通过西西里岛。该岛长期为阿拉伯人所占领，与欧洲人所居的意大利半岛仅隔一狭窄的墨西拿海峡，因此，这里也是一条十分便捷的文化通道。

第三个渠道是 11 至 13 世纪西欧人发动的十字军东侵。通过东侵，西欧人大开眼界，在刻意模仿阿拉伯人的生活方式和消费方式时，自然也免不了接受阿拉伯文化的熏陶，其中当然也包括将老祖宗的文化遗产请了回来。

东方文化特别是中国的文明成果，例如四大发明，主要是通过阿拉伯人传往西方的。中国文明区域偏处东亚，在历史上，除了同中亚、印度有一些联系外，与西面世界包括西亚、欧洲几乎很少有直接的来往。而阿拉伯帝国的疆界延伸到了中国的中亚地区，这就为沟通东西间的交往、交流提供了极好的机会。但是，这些交往主要是通过阿拉伯人进行的。

除了民间航海通商往来外，阿拉伯官方与中国的唐宋政府交往频繁。如从 651 至 798 年，阿拉伯（大食）使臣来唐 30 余次；宋代自 968 至 1056 年间，阿拉伯使臣也出使中国 17 次。伊斯兰教在唐朝时就传入了中国，并在中国发展得很快，到中国后被称为"回教"。不少阿拉伯人在中国留居了下来。宋代末年，阿拉伯人蒲寿庚还担任过宋朝市舶司的主管；元代时，也黑迭儿父子俩主管元政府的工部事务，设计过北京的许多宫殿。

中国的技术发明，如造纸术、指南针、印刷术、火药，都是先由阿拉伯人接受，后传到西方的。造纸术，就是在怛罗斯战役中被俘的中国工匠带过去的。火药最初传到伊斯兰国家时，阿拉伯人不知为何物，称之为"中国盐""中国雪"。中国发明的指南针，最先也是由阿拉伯人改造为水罗盘的。

第十八章

文明的枢纽
中北亚游牧民族的移动

18.1

中亚：亚欧大陆文明的地理枢纽。游牧民族的栖息之地。游牧民族对农耕世界的第一次冲击。斯基泰、波斯和中亚。希腊人与中亚。安息帝国

亚欧大陆，广袤数万公里，但在地图上用眼光略一搜索就不难发现，远古的文明，近代的国家，其实都是在大陆的东、南、西三个区域发展，而它宽广无垠的中部和北部，在世界文明进程中似乎无足轻重。

因此千百年来，几乎没有人对中亚、北亚付诸应有的注意。直到20世纪初，一个叫哈·麦金德的英国地理学家宣读了《论历史的地理枢纽》一文，中亚在现实政治中的地位才引起人们重视，对中亚的研究才逐步升温。

麦金德在文中大谈"地缘政治"，认为陆权时代世界政治的心脏地带就是当时俄国统治下的中亚地区。这个西起伏尔加河，东至贝加尔湖，北抵北冰洋，南达喜马拉雅山麓的广阔的草原地区，在历史上就是亚洲游牧民族冲击亚洲东部、南部和欧洲的出发地。这片一望无际的低洼地，资源丰富，远离海洋，外人很难攻入，但从这里又很容易进攻周围地区。

在麦金德看来，差不多整个世界就是围绕这个枢纽地的。在枢纽地区以外，有一个巨大的内新月形地带，包括大陆欧洲各国、土耳其帝国、印度和中国，它们和枢纽处在同一个大陆上，是枢纽地区的边缘。在此之外，还有一个岛状的外新月形地带，包括了英国、南非、澳大利亚、美国、加拿大和日本等。如果谁占领了枢纽地并向欧亚大陆的边缘地区扩张，那么力量对比对它会是十分有利的。

麦金德是从现代国际政治关系角度来看问题的。如果以此来反观以往几千年的历史，我们同样发现，中亚也是对文明整体发展进程起着重要影响的地理枢纽。在历史上，中亚同中国、伊朗、印度、两河流域、希腊、罗马、西欧等文明发达地区，以及欧洲东部和北部草原上的各个民族，都有着密切联系。位于咸海、里海、帕米尔高原、阿尔泰山之间的中亚核心地区，是亚欧大陆东西方经济文化交流沟通的必由之路，也是东西方两大不同的文明体系的接触地和碰撞点，自古以来就有世界文明的"十字路口"之称。连接中国和西亚、欧洲的"丝绸之路"就是从这里经过的。

中亚地区在古代世界历史舞台上的枢纽作用还表现在，生活在这一地区的游牧民族，不断地从这里出发，或南下，或西进，其后果，一是侵扰和冲击着周围的农耕文明世界，而且常常打断被冲击地区的文明进程，改写着这些地区的历史；二是这样一些冲击行动，除了使落后的游牧民族自身大都被融进农耕世界外，还在很大程度上成为沟通各个分散的农耕文明点之间的联系、促进世界走向整体化发展的纽带。

最初，中亚和西伯利亚一带，气候温暖湿润，森林葱绿茂密。距今大约一两千万年前，由于剧烈的地壳运动，中亚南部的喜马拉雅山、昆仑山、兴都库什山、帕米尔等山脉隆起，印度洋暖流被阻隔，中亚一带渐渐地草原化、沙漠化，星星点点的绿洲便成了生物活动的主要场所。按有些人类学家和考古学家的研究，中亚可能还是人类的发源地。

同世界其他地区一样，中亚及西伯利亚的原始人类也长期处于旧石器时代，以狩猎、捕鱼和采集为生。由于食物来源的不稳定，人们在打猎或捕鱼时，常常沿着山脉或河流进行较大规模的迁徙。新石器农业革命发生后，中亚南部也有部分地区开始从事简单的锄耕农业，但牲畜饲养业更为重要。由于自

文明的枢纽　　497

然条件的制约，锄耕农业渐渐被放弃，而家养牲畜却越来越多。为了解决饲料问题，人们不得不往北方寻找更广阔的自然牧场，于是，原本是定居的畜牧业便演变成了游牧业，畜牧经济同农业相分离，游牧部落也逐步形成。

中亚游牧民族对人类社会的一大贡献，可能是最早开始驯养马。由于马的家养成功，更加快了游牧民族迁徙的速度和节奏。

然而，寒冷的气候，稀疏的水草，使游牧民族的谋生手段大受限制；草原、沙漠、高山、戈壁，凛冽的北风、无常的气候，给游牧者造成了极其恶劣的生存环境。因此，中北亚游牧民族对大陆南端稳定的农居社会格外艳羡，于是，除了同农耕民族正常的经济交流和物品交换外，他们向农耕世界发起了一次比一次强烈的冲击。

公元前 2000 年代中叶，亚欧大陆北部的游牧民族向农耕世界发动了第一次大冲击。除了巴尔干北部的希腊人冲击爱琴海文明，西亚喜克索斯人冲击古埃及文明外，其余的冲击者多来自亚洲中部和北部。

冲击两河流域文明的是来自亚洲西北部的赫梯人。这个将古巴比伦城几乎捣毁的养马民族，在亚美尼亚高原直到小亚细亚东部地区建立了逐渐农耕化的赫梯帝国，并同新王国时代的埃及长期争夺地中海东岸的巴勒斯坦和叙利亚一带。

这时进入两河流域的游牧民族还有米坦尼人、胡里特人等，他们最初的渊源也在中北亚大草原上。

中亚两支说着印欧语言的游牧民族——米底人和波斯人，大约也是在这个时期迁入伊朗高原。

而另一支操印欧语的所谓"雅利安人"，则穿过兴都库什山口，从中亚来到南亚次大陆。在摧毁了印度河哈拉巴文化后，呈扇形状分布到次大陆各个角落，成为这里的新主人，并在恒河流域创造了辉煌的农耕文明。

即使是这时的中国，也可能是商冲击夏。关于商人的来源，学术界有多种说法，一般都持东来说，但著名学者王国维、金景芳、吴于廑却有异议，认为商人很可能是来自北方的游牧民族。因为商的始祖之一相土是以马驾车的发明者，时间大约在公元前 19 至前 18 世纪。

但这时也有例外，即出现逆向的人口移动。考古发现，从中国北部也有居民往北迁至西伯利亚叶尼塞河和托木尔河流域的。这就是中国古籍所提到的"北狄"，即丁零人，他们移动是因为受到商周王朝的攻击。

第一次冲击农耕世界的游牧民族，其力量优势主要体现在马拉战车上。马奔跑的速度快，远非驭犁的牛类可比。是故，饲牛的农耕民族纷纷败下阵来。

在公元前1000年以后的相当长时期里，亚欧草原东部的游牧部落主要有斯基泰人、月氏人、乌孙人和匈奴人等。

斯基泰人原活动在中亚东部草原上，后受到中国秦逐西戎之影响而西迁。其文化可视为铁器时代游牧文化的代表。史书记载，斯基泰人惯于将敌人的头颅砍下当作饮器，结盟时两方首领常要歃血而誓，喜欢将敌人的头皮挂在马缰上作手巾用，崇拜太阳，以马为主要的祭品，绝对不愿意养猪。斯基泰人的艺术风格甚至是骑马游牧民族文明可达到的最高阶段。

这些斯基泰人，有的学者称其为塞族人，包括巴克特里亚人、乌孙人、月氏人、塞西安人、萨尔马提亚人、马萨革泰人等好几支，他们在公元前8世纪左右都活跃在中亚大草原上，由于互相之间征战不休，多数部落不断迁徙。如塞西安人从锡尔河沿岸迁到了南俄草原地带。萨尔马提亚人则从中亚迁到里海北岸，又北迁至西伯利亚森林地带，最后定居在伏尔加河西岸。巴克特里亚人、安息人（马萨革泰人的一支）则与后来的波斯帝国、塞琉古王国的历史相联系。萨迦人从吉尔吉斯草原以及哈萨克草原南移，在帕米尔至印度西北部一带建立了许多塞种小王国。至于月氏人，其迁徙活动更为有名：他们从祁连山西迁，直至阿姆河流域，其中一部最后南下，在阿富汗至印度西北一带建立了颇为庞大的贵霜帝国。

这个时候的塞种人中，还残存了相当多的原始习惯。譬如在婚姻关系上，塞西安人和萨尔马提亚人实行一夫多妻制，塞西安人尤其流行妻后母的做法。萨尔马提亚人还要求处女须杀死一个敌方男子才能结婚，致使不少妇女至死都未能缔结姻缘，说明游牧部落对暴力的崇尚。巴克特里亚人竟然还鼓励血亲通婚，兄弟和姐妹，伯叔和侄女，甚至母亲和儿子，发生性关系均属合法。马萨革泰人虽流行一夫一妻制，但已婚女子也可自由随便与丈夫以外的男人交媾。

公元前6世纪中叶，波斯帝国在伊朗高原上兴起。其开国君主居鲁士除

文明的枢纽　　499

了西征巴比伦、吕底亚外，也往东发动了征服中亚各游牧部落的战争，将自己的势力一直发展到锡尔河流域。

然而，居鲁士本人却死于与中亚游牧人的战斗中。传说，是马萨革泰部落的女首领托米丽丝使居鲁士丧生沙场。居鲁士见托米丽丝寡居可欺，便向其求婚，托氏不从，居鲁士发动战争，打死了托米丽丝之子。托米丽丝集结所有军队同居鲁士决战，在激烈的箭羽战、肉搏战之后，马萨革泰人取得了胜利，居鲁士被杀死。据说托米丽丝将居鲁士的首级割下，丢在一盛满人血的大皮囊中，奚落地说："让你饮个痛快吧！"

大流士皇帝时代，波斯人镇压了南部中亚人的反抗，对中亚北部即锡尔河以北的草原游牧民却无可奈何。但并不能说，中亚游牧民受先进农耕文明的影响就要小。研究者认为，巴尔喀什湖以东、以南、以北地区，以及阿尔泰地区直至南西伯利亚地区，受中国文明的影响较大。中国的丝绸之路可能正是经过北方的蒙古草原到西伯利亚草原，然后从那里分成两条线路，南往伊朗，西去南俄的。游牧民族拥有的马、驴等大型牲畜，正是商路上运输沉重货物的最佳工具。

考古发现也表明，中亚北部出土的这个时期的墓葬物品，不少就是来自中国的。如乌拉干河畔的巴泽雷克古墓遗址中，就发现有多种样式的中国丝织品、玉器、漆器、青铜器等，属于公元前6至2世纪的中国战国时代。

公元前4世纪后期，希腊马其顿亚历山大征服了波斯帝国，原为波斯帝国臣民的南部中亚人，又一次处于异族统治之下。而且随着东征，大量的希腊人、马其顿人涌向东方，在中亚各地定居下来，希腊文化习惯亦随之而来。希腊人建立的一批新城镇，使中亚与东西方的经济交往更加频繁，有助于打破这一地区的相对闭塞状态。

亚历山大帝国瞬间解体，中亚归属塞琉古王国。与亚历山大的做法不同，塞琉古王国排斥当地文化，因而遭到了中亚人民的反对。同时，中亚北部游牧民族也不断骚扰王国的东部地区，其中以所谓"达赫人"最为活跃。

达赫人本是生活在里海以东、呼罗珊以北的游牧民族。3世纪中叶，在首领阿尔撒西斯的率领下，他们侵入了帕提亚地区，推翻了那里的希腊人小王国，建立了长达将近500年的安息王朝。这个由游牧民族建立的国家，与希腊人建立的巴克特里亚王国一道，成为原塞琉古境内两大国家。

巴克特里亚王国，其建立者是希腊人地方官，公元前256年脱离塞琉古而独立。其时塞琉古国王安条克二世正忙于同埃及托勒密王朝争夺西亚，无暇东顾，18年的时间里未对巴克特里亚有任何镇压表示。巴克特里亚王国虽延续了120余年（公元前256—前135），但它毕竟是农耕世界内部的产物。

安息人建立的帕提亚王国则不同，它是北方游牧民族冲击农耕世界的成果，是中亚游牧民族农耕化并成为农耕世界新主人的典型例证。它存在了将近500年（公元前250—226），是伊朗历史上最重要的时期之一。最强盛的时候，它的版图西至幼发拉底河，东到印度河附近。有意思的是，公元1世纪亚欧大陆上并立的四大帝国（东汉、贵霜、安息、罗马）中，贵霜和安息这两个国家都是由来自中亚的游牧民族建立的。

安息建国后不过两年，阿尔撒西斯便在一次战斗中被敌人长矛穿身而死。其弟提里达特即位后，趁塞琉古国王安条克二世与托勒密三世发生战争之机，占领了里海东南岸的希尔加尼亚，又联合巴克特里亚国王狄奥多托斯，成功地打败了塞琉古二世。

提里达特之子阿塔巴努斯在位时，竟率大军西征，把战争引到了美索不达米亚。安条克三世当然不会因此就范，调集12万兵马反攻安息本土，直至占领其首都海卡顿比勒。阿塔巴努斯殊死抵抗，海城亦几度易手。最后，双方停战议和，安息承认塞琉古的宗主权，但仍保留土地和王号。而当安条克军队继续东去，进攻巴克特里亚之时，安息各代国王则西望塞琉古沃地。弗阿特斯一世曾使安息国界西移了300多公里。

密特里达特斯一世统治时期，安息真正成了一个大帝国。他治理国家达37年之久，其时正值东西两个邻国塞琉古和巴克特里亚内乱频生。他西征东杀，领土日见扩大。而他的继承人弗阿特斯二世却没有这样幸运，他碰上了塞琉古有作为的国王安条克七世。后者的30万东征大军，几乎置安息于死地。只是塞琉古军队军纪混乱，引起了沿途百姓不满并倒戈，才使战局发生根本性转变。史书上说："当各城市看到他们负担供应军队的沉重任务，还受到士兵粗暴的侵害时，他们都转而支持安息人。"

公元前129年，安条克七世与安息国王进行决战，包括王室成员在内的

文明的枢纽　501

30万人马全军覆灭,安条克七世也投崖自尽。安息从此成为称霸中亚和西亚的大国。

塞琉古帝国最后是被罗马人灭掉的,但这并不意味着罗马在西亚建立了稳定的霸权。安息帝国同罗马帝国长时期交战,遏制了罗马帝国的东进,使罗马在东边的边界始终未能越过底格里斯河,而且还常常退缩到幼发拉底河西岸。罗马一些著名统帅,常在同安息人的战争中一败涂地,有的甚至命丧黄泉。两国长达数百年的争夺,是东西方冲突史上的重要一章。

亚美尼亚问题是两国冲突的诱发点。罗马进军西亚过程中,小亚半岛西北部的本都国王密特里达特斯和亚美尼亚国王提拉格涅斯联合抵抗。罗马则与安息订立协议:在罗马人攻打本都时,安息人对付亚美尼亚。安息国王弗阿特斯出兵亚美尼亚,后者大败,反过来又投靠罗马大将庞培。庞培深思熟虑之后,维系了与安息的友好关系,商定以幼发拉底河为界。

而庞培的好友克拉苏却不自量力,一心重温亚历山大的东征旧梦。公元前54年,克拉苏不听罗马元老院劝阻,率大军渡过幼发拉底河,侵入安息境内。两国战争自此爆发。

第二年,双方在叙利亚东北部的卡雷城发生激战,罗马军队大败,2万人被歼,1万人被俘,克拉苏本人也被杀死,其首级被送往安息王宫,为正在进行的一场结婚庆典献上了厚礼。

公元前36年,罗马大将安东尼率大军10万再征安息,亦无功而返。直到115年,罗马帝国皇帝图拉真才略有进展,将与安息的边界推到了底格里斯河畔。226年,安息被新起的萨珊波斯所取代。

18.2

公元前后中北亚的游牧民族。大月氏与贵霜。匈奴西迁:游牧民族第二次冲击农耕世界之内幕。北方民族南下中原。白匈奴移动。阿瓦尔人西去

从公元前一两个世纪起,分布在中亚、北亚广阔草原上的游牧民族,仍

旧过着逐水草而居的流动生活。由于活动范围较大，各游牧族各据一块地盘，基本上互不相扰，相安无大事，虽然偶尔也因牧场之争而不时冲突。

其时，亚洲东部的正北方，即史书所说的大漠草原上，栖息着最大的一支游牧族匈奴人；匈奴人以东，今天的大兴安岭一带，则由南到北驻牧着乌桓人、鲜卑人；匈奴人之西，月氏人和乌孙人居于祁连山下，南北还有羌人、塞人散居；匈奴的北边，贝加尔湖及其以北以西之地，则有丁零和坚昆。

公元前后的中北亚洲游牧民族的迁徙移动，大都和匈奴的活动相关。史载，匈奴人原为中国的一个民族，商周以来就有关于它的记载。阴山山脉是其发祥之地，后来逐渐北扩。公元前3世纪该族最繁盛时，人口有200万之巨，占据着东起大兴安岭、西至阿尔泰山的广大地区。公元前3世纪，匈奴形成了部落联盟，同时也进入了铁器时代。不过，匈奴人的铁器多为武器，因而军队的战斗力很强。

公元前3世纪末，冒顿以不轨手段谋取单于（国王）位，随之将乘虚而入的东胡鲜卑人从辽河流域赶至大兴安岭。公元前2世纪上半叶，匈奴打败游牧于西边祁连山下的月氏和乌孙，结果又引起了月氏和乌孙的西迁。其中月氏的迁徙尤为引人注目。

月氏本来比较强大，能张弓射箭者有一二十万人。冒顿早年曾在月氏当过人质，他似乎总有一般怨气。在冒顿的进攻下，月氏只得西迁，打败乌孙，占伊犁河地区。乌孙王子逃亡匈奴，半个世纪后杀回老家。月氏大败，其王之头骨被敌手当作饮器把玩。举族再度西迁，至阿姆河北岸地区，称大月氏；余部留驻祁连山一带的，被叫做小月氏。

公元前1世纪，大月氏兴兵南下，征服希腊人王国大夏（巴克特里亚）。公元1世纪，大月氏中的一部贵霜人，由丘就却带领建立了国家，其子阎膏珍随后侵入印度。迦腻色迦时代（公元78—102），极盛时期的贵霜成了与罗马、安息、东汉并驾齐驱的世界四大帝国之一，统治中心也由中亚转移到了印度，都城富楼沙（今巴基斯坦白沙瓦）。

而排挤了左右邻舍的匈奴人则开始与中国对峙。战国时期，为防匈奴人骚扰，北方各国都筑起了防守长城。秦末，匈奴进入河套以南地区，对汉政权构成严重威胁。汉与其交兵屡屡失利，因而长期采取"和亲"政策。汉武

文明的枢纽　503

帝时,对匈奴开始进行反击,先遣卫青、霍去病深入其境,收复大块领土;后又派张骞通使西域(中亚)大月氏、大宛、乌孙诸国,联合夹击匈奴。

匈奴败后,内讧连连不断,终于分裂成南北两部。南匈奴与汉朝和好,汉王昭君以公主身份嫁南匈奴单于呼韩邪。北匈奴则继续与汉对抗。公元1世纪后期,北匈奴军队遭东汉军队打击,又受到南匈奴、鲜卑、丁零等部族的夹击和反抗,四面受敌之下,终于在公元91年西迁。

数年后,西走的北匈奴人到达天山西北一带。这时,鲜卑势力兴起,并且乘机填补匈奴西迁后留下的空白。在其威胁下,北匈奴放弃天山一带,再度踏上西进的漫长征途。不久后,来到锡尔河岸的康居,时为2世纪中叶。一个世纪后,迁至中亚粟特。4世纪中叶,再往西迁至欧洲伏尔加河流域。

370年,匈奴人越过伏尔加河,继续西进,由此引起了连锁反应。他们攻击顿河东岸的阿兰人,后者国王被杀,部分人西逃,部分人被匈奴人收服。374年,匈奴人又进攻顿河西岸的东哥特人,后者同样西移。第二年,匈奴人打败了德涅斯特河畔的西哥特人。西哥特人在征得罗马皇帝同意后,进入罗马帝国境内,由此揭开了欧洲日耳曼民族大迁徙的序幕,从而使游牧民族对农耕世界的第二次冲击达到高潮。

匈奴人继续前进,征服了欧洲北部一些零散的日耳曼人部落,占领了多瑙河以北广大地区,并且不断骚扰东罗马帝国的边境。431年,东罗马答应每年向其缴纳黄金350磅,并且还允许他们到帝国境内进行物品交易活动。匈奴人仍不满足。434年阿提拉就任匈奴国王后,向罗马帝国发动了新一轮的攻势。443年,进攻君士坦丁堡,东罗马同意增加年贡。阿提拉回到北方,进一步扩充版图,统治着东起伏尔加河、西至莱茵河的辽阔地域。

450年,阿提拉开始进攻西罗马帝国。451年,与西罗马和西哥特人、法兰克人以及勃艮第人的联军会战于高卢的卡塔洛尼平原,匈奴人战败。452年,阿提拉攻打罗马城,因军中发生瘟疫而撤兵。453年,阿提拉得急病突死,几个儿子为继位而争夺,最后退回到多瑙河平原。其后代以后创建了匈牙利国家,但在欧洲政治生活中不再举足轻重。

匈奴人自东北亚出发,横贯亚欧,一直打到大陆的最西端,铁蹄所至,极大地破坏了各地的社会和经济发展。欧洲人每每言及,惊恐地称其为"上帝的鞭子"。

而中北亚的游牧民族,以留下来的匈奴人为主,则发动了对南方中国的大侵入。自4世纪初起,被中国人称为"五胡"的五个游牧民族,即匈奴、鲜卑、羯、氐、羌,陆续在中国建立了众多的农耕化小政权,史称"十六国"。而中国原有的汉族政权西晋则被迫迁往南方,变成东晋。东晋十六国形成南北对峙局面达一个多世纪。

匈奴即东汉时期内附中国的南匈奴族,东汉末不断南迁。曹魏时匈奴分为五部,每部首领称帅。至西晋初年,分布在山西、甘肃等地的匈奴有数十万之多。其中左部帅刘渊趁西晋八王之乱时机,在今山西离石建国称"汉",为十六国之始。此"汉国"在刘渊之子刘聪统治时期进入全盛,北方大部分地区都成了他的天下,而且也是由他灭掉了西晋。汉后改国号为赵,是为前赵,历26年后,于329年亡于后赵。

后赵为羯人石勒所建。羯族本为匈奴旁支,入塞后盘踞于山西上党一带,石勒即出生此地。其人幼时被掳为奴,造反从军后辗转投奔了刘渊,握一方重兵,手中有10万大军。灭前赵后,石勒于330年称帝,统一了中原大部分地区。石勒为王三年即病死,其侄石虎残其诸子而夺位。石虎是中国历史上一有名的荒淫暴君,征用后宫女子竟达3万多人,民女13至20岁者几无能免。石虎一死后赵便垮,349年被鲜卑族所灭。

从辽河流域来的鲜卑慕容族则建立了前燕政权。鲜卑本在蒙古高原东部游牧,北匈奴西迁、南匈奴内附后,他们乘虚而入,取代匈奴而成为蒙古草原的新主人。东汉末年的鲜卑分成三支,即东部宇文氏、中部慕容氏、西部拓跋氏。慕容氏后东迁至今辽宁锦州一带,时值中原大乱,慕容部广纳北逃的汉族士人,农耕化程度加深。352年,其首领慕容俊称帝,建前燕,管辖今晋冀鲁豫广大地区。370年,前燕都城被前秦攻占,国亡。

前秦也是352年建立的,建立者乃氐族人苻健,都长安。氐族早年居住在今陕西、甘肃交界处,他们并非纯粹的游牧人。因中原大乱而生割据之心。据关中腹地后,基本按农耕中国的传统治理,国家甚是兴旺。354年,一度战胜东晋名将桓温。357年苻坚擅位后,得王猛等名臣辅佐,如虎添翼,国力日趋强大,兼并统一事业亦进行得十分顺畅。至382年,其版图西含龟兹,东达海岸，南至荆襄，北抵大漠，并同60多个国家有往来关系。

苻坚踌躇满志，大有将南边的东晋吞并之势。383年，他发动了历史上有名的淝水之战。可惜他误中晋将谢玄之计，在对方渡河之时不发动进攻，反而命令己军后撤，造成一退即不可收之态，被晋军乘机攻击。淝水之战作为晋军以少胜多的著名战例，在军事史上值得一书，只是它带来的后果却不容乐观。前秦此后很快崩溃，统一的北方立即陷入再度分裂状态，这就延缓了中国实现南北重新统一的进程。

此后，北方小国林立，彼此之间争斗不已。其中大多数是由半游牧半农耕的少数民族建立的。

在河北、山东以及山西一带，先后有鲜卑慕容氏的后燕、西燕和南燕。尤其是后燕，存在的24年（384—407）里，占据了黄河中下游地区以及幽州等地，国力颇为强大，曾与关中的后秦、山西的北魏展开了激烈的争夺。

在辽西，有汉族人建立的北燕。

今陕西、甘肃东部，以及内蒙古西部，羌族姚苌于384年建立了后秦，匈奴族的赫连氏建立了大夏，鲜卑乞伏仁氏建立了西秦。后秦是十六国后期很有影响的政权，它与后燕平分了中国北方，控制着今天陕西全部、甘肃东部、河南西部的宽广地带，存在了34年之久。

青海东部和甘肃西部，有鲜卑秃发氏建立的南凉，氐族吕氏建立的后凉，以及汉族人建立的西凉和北凉。

十六国之外，5世纪初，中国北方出现了一个新的强大的少数民族政权，即由鲜卑拓跋氏建立的北魏。485年前后北魏进行的一系列社会经济改革，可视为游牧民族主动农耕化的典型事例。北魏将中国北方统一起来，是对中国历史发展的重大贡献，为中国实现重新统一打下了很好的基础。

在此时的中亚草原，则以嚈哒人的迁徙最有影响。嚈哒人，本起源于中国长城以北的蒙古草原，后来迁至阿尔泰山以南至天山东部地区。他们自称匈奴人，因其皮肤较白，故而在历史上又有"白匈奴"之谓。其族源关系，可能也与匈奴有关。126年，嚈哒首领八滑曾配合东汉对北匈奴的军事行动。

柔然部的西攻，促使嚈哒人西迁。4世纪的七八十年代，嚈哒人来到了中亚的索格底亚那地区，至5世纪初，据有巴尔喀什、楚河、锡尔河、焉耆之间广大地域。很快又南下攻占贵霜旧地。此后，又征服吐火罗、巴达克山、克什米尔、喀布尔以及印度的犍陀罗甚至旁遮普，往东则占领了塔里木盆地一些地方。从此以后，嚈哒成了中亚一大强国，并因地理位置之故而沟通着东西方之间的联系。

嚈哒人也羡慕西面波斯人的财富，因此曾南渡阿姆河，进攻呼罗珊地区。此时的萨珊波斯国王巴赫兰，是个极有心计的人。他表面上不动声色，暗中却以打猎为名，召大军东奔，突袭嚈哒。库斯梅汗一役，嚈哒人其王被杀，后室被掳，不得不求和。

后波斯人因王位争夺而内讧。太子卑路斯在嚈哒人帮助下，回国登位，他又耻于嚈哒的保护，恐惧于嚈哒的扩张，因而反过来与嚈哒人长期交战。屡战屡败之后，卑路斯游说拜占庭，获得支持，遂再度向嚈哒发起攻击，最终战死于嚈哒人设置的陷阱。从此波斯人以和为先，在向嚈哒人缴纳若干年贡的条件下，得到了后者的谅解，直至6世纪初嚈哒国家衰落。

5世纪中叶，嚈哒人在战胜波斯之后，发起了对印度的进攻。499年，在其首领头罗曼统领下，嚈哒人占领了印度中部。三年后，其子密希拉古拉以印度旁遮普的奢羯罗为都，建立国家。与此同时，嚈哒人还与中国西北部的少数民族如柔然、高车发生了冲突，占领准噶尔等地。这是嚈哒人的极盛时期，但维持的时间却很短暂。528年，嚈哒人被印度西北部的王公联合战败。560年左右，波斯人联合新起的中北亚突厥人夹攻嚈哒，其国随之解体，嚈哒人作为一个民族从此不复见于历史。

在此前后的亚欧游牧民族大迁徙中，有一支阿瓦尔人。对其族属虽有争论，有的说它是中国古籍中的柔然，后来西迁，有的认为他们属高加索人种，但不管怎样，他们作为亚洲中北部的游牧民族这一点是毫无疑义的。他们西迁的最后目的地是多瑙河中游的潘诺尼亚，在那里建立了阿瓦尔汗国。这又是一股令欧洲人寝食不安的游牧力量，日耳曼、意大利以及拜占庭都受到了它的强烈冲击。不过，7世纪末叶，阿瓦尔汗国势力因内讧而日渐衰落，终于在8世纪末年为法兰克查理大帝所灭。

18.3

突厥族大迁徙。东西突厥分裂。阿拉伯、突厥与中亚。
突厥化三王朝。花拉子模沙与西辽

源于中北亚核心地带的突厥族,是中世纪有较大影响的游牧民族之一。时至近现代,突厥族的传人之一土耳其国家还在国际政治中起着一定的作用。

突厥本为匈奴的旁支,最早游牧于叶尼塞河上游至阿尔泰山一带,与坚昆族为邻。匈奴国亡后,突厥因与邻近部落争夺牧场,在战争中失败,从而进行了本民族的第一次大迁徙,南移到了高昌北山(博格多山)。由于生存环境有所改善,加上对冶铁技术的掌握,突厥族逐渐地经济繁荣、人丁兴旺。

5世纪中叶,蒙古高原上的柔然部落强大起来。受他们的挤压,突厥又开始了第二次大迁徙,来到了阿尔泰山的南麓。在这里,他们中不少人成了柔然人的"锻奴",专事铁工,向柔然缴纳铁制工具和武器为贡。当然,他们也不可能甘居这种奴隶地位,曾参与过5世纪末叶高车人反柔然的斗争。

6世纪时,突厥人逐步强盛。546年,回纥族中铁勒部5万余人攻击柔然。突厥族可汗土门奉命阻击,结果大败铁勒。土门恃己有大功,向柔然求婚。柔然国王大怒,斥其野心。土门愤而反叛,率兵于552年大破柔然,从此成为独立国家,并且往东挺进蒙古大草原。

554年,突厥新可汗木杆联合波斯,以嚈哒人为攻击对象,不到10年,嚈哒国灭亡,其国土被双方瓜分,突厥人得阿姆河以东塔什干、费尔干纳、布哈拉、撒马尔汗、渴石、那色波诸地。而向东扩张的突厥人,也不断前行,直达辽河流域。土门之弟室点密等人则征服了天山以南地方,包括著名的高昌古国,后又获得了锡尔河以北地区,阿姆河以南的吐火罗一带。至此,突厥成了一个游牧大帝国,"其地东自辽海(辽河)以西,西至西海(咸海)万里,南自沙漠以北,北至北海(贝加尔湖)五六千里。"

统治这样一个偌大帝国的是一个家族,而非一个君王。尤其是西部各汗国,都有一定的独立性,不必遇事即报。

突厥占据的中亚,正处东西丝绸之路的要冲。用来自中国的丝绸与西方拜占庭帝国做交易，可获巨大利润，历来被波斯人视为禁脔，而突厥人到来势必损害波斯人的这一利益。因此自突厥立国后，波斯与突厥的冲突和争夺就从未停息过，双方互有胜负。只是不久后，萨珊波斯为阿拉伯人所灭，西突厥亦被中国唐朝所收顺。

582年，已成为突厥可汗之妻的中国北周千金公主，为报北周之仇，唆使可汗进攻隋朝政权。583年高越原一战，突厥被士气旺盛、正欲完成统一中国大业的隋军击败。突厥人在隋朝的分化下，很快分裂成东西两部分。以阿尔泰山为界，东突厥统治着蒙古大草原，西突厥占据着里海以东的中亚地区。

起初，两突厥之间争斗不休。东突厥依附中国，向隋朝称臣，隋即援助其屡次击败西突厥。589年，东突厥内讧，其中一部投靠西突厥，另一部在突利率领下争取了隋朝的支持，得隋文帝所赐启民可汗之称号，并再次统一东突厥。然而，启民可汗之后，东突厥与中国的关系却变得紧张起来。7世纪初，连隋炀帝也几乎丧命于突厥人之手。最盛时期，东突厥又往东控制了契丹、室韦和奚地，向西则制服了铁勒、高昌和吐谷浑等族，人丁亦有百万之众，经常南下骚扰中国，掳掠人口和财富。

东突厥的崛起，使邻近的许多民族望而生畏，甚至连初起兵的唐朝开国皇帝李渊也求助过它。唐朝建立后，东突厥仍不断侵扰中国北疆。626年，东突厥可汗曾兵抵渭水河边，迫使唐太宗李世民亲临与其订立盟约后，方始离去。数年后，东突厥内乱，又遭大雪连年。祸不单行之际，唐太宗乘机攻击，630年灭其国，收其地，设置州府。

其后一个多世纪里，东突厥贵族曾数度叛乱，甚至还一度复国，但最后均被镇压。至745年，东突厥残存政权被西边的回纥人所灭，其族人一部分并入回纥，一部分西迁中亚，一部分南下中国归顺唐朝。

占领中亚一带的西突厥的历史则要复杂得多。588年，突厥首领处罗侯率30万大兵西攻波斯，被波斯名将巴赫兰打败。然而，巴赫兰功高弑主，为波斯人所不容，因而逃往突厥人处。突厥利用波斯内乱，乘机征服兴都库什山北的吐火罗之地。史传，突厥一首领还曾致信此时的拜占庭皇帝摩利斯，称自己为"世界七国之主人"，可见其势之盛。不过，西突厥对中亚的统治为松散型，只表示自己对当地居民的宗主权而已。其属下有27国之多，以

文明的枢纽　509

纳缴贡赋来表示对西突厥统治的服从。其时，正值唐朝高僧玄奘西行，《大唐西域记》中对其地情况多有描述。只是西突厥各部落自身仍保持游牧习性，据有锡尔河以北以及楚河、塔拉斯河流域一带草原。

东突厥威胁中国北方时，隋、唐诸朝都欲借西突厥力量来牵制，所谓远交近攻策略，有时效果颇佳。自611年至630年，是西突厥的又一个强盛时期，特别是618年统叶护可汗继位后，内附中国，常向唐朝进贡，献狮子皮，献名马，唐则答应与其结亲，只是路途遥远受阻隔而作罢。640年后，唐开始经略西域；657年唐平定反叛的西突厥十部。至669年，原西突厥所属范围尽为唐之辖土，唐分别设北庭都护府和安西都护府管理。

其时，西亚兴起阿拉伯帝国。庶几之间，阿拉伯军就将奄奄一息的萨珊波斯置于死地，征服了波斯帝国几乎全部版图，《古兰经》和剑直指中亚而来。

中亚各地均发生了激烈的抵抗，其中尤以北部草原的西突厥人为甚。但是阿拉伯大将屈底波成功地利用了中亚的一盘散沙形势，特别是利用了西突厥人的内争，各个击破，因而进展颇大。只是屈底波的胜利也来之不易。如对阿姆河畔沛肯城的进攻就打得异常艰苦。阿拉伯人不断东进，到751年时，与唐朝高仙芝军队会战于锡尔河北岸的怛罗斯。高仙芝虽战败，但唐朝的强大国势却令阿拉伯人不敢妄动，从而终于遏止了阿拉伯人继续东进的势头。

但西突厥人的命运未有好转。中亚南北阿拉伯人所占，西突厥西往的通道被堵塞。他们在偏僻的锡尔河以北草原上，唯有从北线西进。因此随后的几个世纪里，他们沿咸海北岸缓慢地向西迁移。10世纪左右时，分布在从咸海到里海以北的草原上。

9世纪早期，阿拉伯帝国东部出现统治危机。从中亚南部到呼罗珊、锡斯坦、乌克兰、信德等地区，先后出现了萨曼、塔黑尔、萨法尔诸伊斯兰王朝。特别是由波斯人建立的萨曼王朝，北达咸海，南近印度河上游，东至阿姆河和锡尔河上游，西辈里海，成为中亚最强大的国家。它犹如一道巨大屏障，堵住了西突厥人南下的道路。

10世纪后期，萨曼朝开始衰落，突厥人转入进攻。999年，在各个突厥部落和新起的突厥化王朝迦色尼的联合攻击下，萨曼王朝寿终正寝。于是，长期在北方寒冷草原上艰辛度日的突厥游牧人，又一次向南大迁徙。

这是一次前所未有的突厥族大移动，族人朝着多个方向运动。一部分人从锡尔河北岸出发，跨过锡尔河、阿姆河，向着伊朗和更西的美索不达米亚挺进。另一部分从里海和咸海之间通道直接进入伊朗呼罗珊等地。还有一部分突厥人，则沿里海北岸，来到南俄草原，直至巴尔干半岛。至11世纪左右，突厥人活动的场所有北亚的蒙古草原、中亚草原、欧洲的南俄罗斯草原，这些突厥部落仍然主要以游牧为生；而活动在中亚南部、西亚、南亚以及小亚半岛的突厥人，则大多农耕化了。

同时，阿拉伯帝国时代也有一部分突厥人移入境内，从军打仗，因战功而不断提升，有的还当上了阿拉伯大将。最著名者当属一个叫图伦的突厥人将领。他曾于868年占据叙利亚和埃及称王，建图伦朝，直至905年。

当然，在几个世纪的大迁徙中，突厥人人种也发生着变化。纯种的突厥人日见减少，融合了其他民族特征的混血人越来越多。与此相适应，突厥文化也日益复杂多元化。尤其是，一贯信奉中北亚游牧民族原始萨满教的突厥人，大多皈依了伊斯兰教，成为穆斯林。

突厥人或突厥化的民族建立的三个王朝，在中亚历史及亚洲历史上产生了一定影响。这三个王朝是：哈拉汗王朝、迦色尼王朝、塞尔柱王朝。

哈拉汗王朝是在今天中国新疆境内出现的突厥人王朝，他们信仰伊斯兰教，约在9世纪中叶建立。正是他们成了推翻萨曼王朝的主力，因此又在以后一段时期里入主阿姆河和锡尔河河间地区。13世纪初，东西两支哈拉汗朝都在蒙古人的打击下同时走向灭亡。

迦色尼王朝则以今阿富汗为统治中心，还包括伊朗北部、花拉子模、中亚南部和印度北部，最盛时版图接近了两河流域的下游地区。建立者是萨曼王朝的反叛将领突厥人特勤家族。在这个农耕国家里，实行土地国有的封建制和君主集权制。它在962年建立后，于该世纪末参与了推翻萨曼王朝的斗争。11世纪前期，受到北来的塞尔柱突厥人的威胁。1186年被阿富汗兴起的廓尔王朝所灭。

塞尔柱帝国的崛起，将突厥人的冲击作用推向了高峰。这部分突厥人原住在中亚北部草原。1000年时由酋长塞尔柱带领移至锡尔河下游，过后再迁至呼罗珊地区。1037年，它打败了迦色尼王朝，占据了伊朗大部分地方。

1055年，塞尔柱大兵进入阿拉伯帝国阿拔斯王朝的首都巴格达，奉哈里发为傀儡，自己作为"素丹"而成为世俗国王。以后塞尔柱人继续西进，打败各处阿拉伯人以及拜占庭人，攻克大马士革、耶路撒冷等要地。

马立克时期（1072—1092）是塞尔柱帝国的全盛时期。其版图极为广阔，东起中亚锡尔河和阿姆河上游一带，西至小亚细亚半岛，今天的土耳其、叙利亚、黎巴嫩、伊拉克、伊朗的几乎全部，中亚大部分地区都是它的领土。只不过，它毕竟是走向农耕化的游牧人，政权未能保持严格的统一。

1087年，首相莫尔克仿阿拉伯人制度，实行军事采邑制。因塞尔柱人的来到，引起了拜占庭皇帝的极度恐慌，拜占庭向罗马教会求援，由此引发了长达两个世纪的西欧十字军东征，塞尔柱人亦与之进行了多次交锋。不过，帝国自身在11世纪—12世纪之交时即开始分裂。12世纪—13世纪之交，被东来的花拉子模沙王朝征服。

依附于塞尔柱突厥而从中亚一直跟到小亚西北部的奥斯曼土耳其（即突厥）人，14世纪—15世纪里征服了巴尔干半岛上的欧洲人，推翻了拜占庭帝国，并在16世纪—17世纪发展成为地跨亚欧非三洲的庞大帝国。

而花拉子模沙王朝，又与塞尔柱突厥有着极为密切的亲缘关系。按照史家说法，它是在塞尔柱王朝内部崛起和强大起来的。

花拉子模是位于咸海以南、里海以东的一块地方，很早的时候就出现了文明。迦色尼王朝曾多次进攻，均未能收服其地。塞尔柱帝国于1043年征服花拉子模，委派一奴隶出身的突厥人做当地行政长官。其人有一后裔叫忽都不丁摩诃末，治花拉子模凡30年，使此地政局泰平，经济富足，他对塞尔柱帝国却忠心不渝。其子阿即思却有他意，于1140年脱离了塞尔柱，为花拉子模沙王朝的建立和强大奠定了基础。12世纪末，花拉子模沙王朝正式出现。至1220年，在同西侵的蒙古人激战后，为蒙古所灭。

也是在这个时候，中亚心脏地区又出现了一个新的游牧民族政权，这就是从中国北部西移的西辽国。

西辽的建立者是辽朝贵族后裔耶律大石。此人在辽被金国所亡的前一年（1124年）从辽国出走，逃到了荒凉的漠北之地，希图积蓄力量，来日重返故国。他历尽艰辛，经叶尼塞河上游，再往西到回鹘地区，最后来到中亚北部突厥人聚居处，只用了一年工夫，他就使这里的所有突厥人归附了他。西辽统治中亚总共不到百年，但其影响却非常深远。由于他们来自中国腹地，"契丹"一词便成了中亚各族对中国的代称，甚至欧洲人也沿用了此词，如俄语之"中国"词就是"契丹"之音转换而来的。

18.4

蒙古人的崛起。蒙古人西征：游牧民族对农耕世界的第三次大冲击。四大汗国：察合台汗国、窝阔台汗国、伊尔汗国、钦察汗国。忽必烈与元朝

就在突厥人的迁徙和冲击接近尾声之时，世界历史上游牧民族一次最大的移动正在揭开序幕，这就是发源于东亚北部大草原的蒙古族人横扫亚欧大陆。

蒙古利亚人种早在二三万年前就形成了。作为一个民族的蒙古人出现在历史舞台上，却只是七八百年前的事情。几乎所有的黄种人面上都有蒙古人的痕迹：短而圆的头，宽而扁平的脸，颧骨高耸，鼻梁矮凹，鼻孔大，眼睛黑，眼缝细眯而外角斜吊，实在算不上堂堂的英雄形象。可正是这些貌不惊人的草原汉子，使世界许多文明地区和国家的历史重新改写。

蒙古人的祖先可溯之于古代东北亚的室韦族，其中"九姓达怛"可能与后来的蒙古人最有直接亲缘关系。隋唐时代的"蒙兀室韦"，宋辽时译作"萌古"或蒙古。这时，蒙古高原上的100多个部落，虽然名称繁多，但到后来形成了统一的蒙古人。

对于游牧民族，畜群是最初的私有财产。以后，由战俘变成的奴隶、牧场也变为私有。11世纪—12世纪时的蒙古各部，奴隶制已经非常流行。同时，由于争夺牧场，各部贵族之间冲突角逐，战争无休无止。蒙古人的一代天骄成吉思汗正是在这样一种历史条件下始领风骚的。

其时蒙古高原上共有五大游牧集团，即塔塔儿部、克烈部、乃蛮部、蔑尔乞部、蒙古部，其中塔塔儿部是蒙古部的主要对手和仇敌。

从史书可知，成吉思汗的曾祖父合不勒，是蒙古史上第一个正式称汗的人。

其父也速该，是孛儿只斤氏的首领，只不过此时家道已趋中落。1162年成吉思汗出生时，恰逢也速该俘获塔塔儿部一酋长铁木真，遂以其名为儿子取名，以示庆功，况铁木真又有"铁"汉之意。

也速该被塔塔儿部毒害而早死，成吉思汗随其母颠沛流离，备尝艰辛。特别是本部的泰赤乌氏族乘机强占了他家部众，甚至还羁押了铁木真本人，铁木真视为奇耻大仇，没齿难忘。

铁木真长大成人后，先是投靠父亲的盟友、克烈部的首领王汗，尊其为义父，后又与本部札只剌氏首领札木合结为把兄弟。1189年，铁木真被孛儿只斤部贵族推举为汗，从此开始了他统一蒙古和征服世界的宏大事业。

在王汗和札木合的支持下，铁木真首先打败了蔑儿乞部。

1201年，铁木真与札木合翻脸。在王汗的支持下，铁木真与札木合会战于海拉河畔，札木合大败，逃往西边的乃蛮，后被擒处死。这次战役中，铁木真收服札木合部将哲别。此人后来成为成吉思汗远征军中骁勇善战的四大先锋之一。

随后，铁木真与金朝配合，消灭了东面的宿敌塔塔儿部以及泰赤乌部。

1203年，铁木真与王汗关系破裂。王汗在其部将的怂恿下，发起了对铁木真的进攻。这年秋天，铁木真乘王汗大设宴会之机，突然包围其驻地。经过三昼夜激战，王汗败，独骑西走，被乃蛮人捉住杀死。史书上说，这是成吉思汗一生中打得最艰难的一次战斗。

第二年，铁木真与乃蛮部太阳汗在鄂尔浑河畔的纳忽山决战。太阳汗败亡，乃蛮地亦归蒙古。

至此仅仅十余年，铁木真就完成了蒙古统一大业。

1206年，蒙古各部在斡难河（今鄂嫩河）畔集会，推举铁木真为统治全蒙古的大汗，尊称"成吉思汗"（意为强大的大汗）。蒙古国家由此诞生。

这时的蒙古，其版图东起兴安岭，西至阿尔泰山，南抵阴山山脉，北近贝加尔湖，极为广阔。

成吉思汗建立了军、政、经济三者合一的国家组织，所有臣民均按十户、百户、千户、万户进行编制，全国共有95个千户。国家还编辑了成文法典《大札撒》，编辑了成吉思汗训话集《必里克》，这是治国的最高法律。军事上，成吉思汗挑选了一批勇猛青年,组成了称为"怯薛"的近卫军。这支一万人的精锐部队,成了蒙古军远征的中坚力量。

游牧民族的掠夺习性和坚毅品格,新兴国家的勃勃朝气,加上成吉思汗个人的英雄豪气,促使草原上的这只雄鹰振翅而飞,冲向文明世界。望着南边、西边的广袤沃土,成吉思汗鼓励儿子们说:"天下土地广大,江河众多,你们尽可以各自去扩大营盘,占领国土。"正是在这种动机的驱使下,成吉思汗和他的子孙们从辽阔的东北亚草原出发,开始着征服亚欧大陆的宏大壮举。

游牧民族对农耕世界的大冲击,因此而进入了第三次高潮,冲击的作用与影响也因此而达到了顶点!

南边的中国,是成吉思汗觊觎的第一个目标。

其时,中国仍处在南北分裂之中,呈宋、金、夏三国鼎立状态,尤其是宋金对峙。南宋王朝偏安东南一隅;靠蒙古较近的中国北方及中原,属于也是游牧民族南下的女真族金朝;党项族西夏则占有西北的一个角落。

这样,西夏和金便在成吉思汗的征服活动中首当其冲。

1209年,蒙古迫使西夏俯首称臣。西夏尚平静了几年。然而好景不长,因西夏不愿出兵助成吉思汗西征,蒙古人迁罪于斯。1226年成吉思汗发兵南下,

图 18-1
蒙古骑兵在作战中

消灭了西夏军主力。次年成吉思汗死于军中，蒙古人密不发丧，继续围攻夏都。西夏主被迫投降，旋即被杀，夏亡。

蒙古对金朝的征服颇为曲折。在先，蒙古人虽臣属于金，但对金的压迫早就"怨入骨髓"。1211年，成吉思汗亲率大军，发动了对金战争，当年便歼金军30万人。1213、1214年，蒙古军又二度入侵，重创金军，掳掠财富，迫使金人献出美女、奴隶、财宝和马匹。1217年，蒙古大将木华黎统大军又征金朝，金移都河南汴京，黄河以北大片土地尽入蒙古版图。

成吉思汗死后，第三子窝阔台于1229年继大汗位。次年他亲领大军攻入金境。三路人马分别出济南、山西和陕西，直奔汴京而来，三年中攻城略地无数。1232、1233年，蒙古谴使与南宋通好，两国议定共击金朝，宋军随后出兵，1234年春，金在蒙宋双方夹击之下灭亡，但其地多为蒙古人所占。

与南下相穿插，成吉思汗在世时即开始了西征行动。蒙古人西征前后共有三次，即成吉思汗西征、拔都西征、旭烈兀西征。

成吉思汗西征的打击对象主要是中亚大国花拉子模。此时的花拉子模有如日中之天，占有北起咸海、南至波斯湾、东达印度河源、西近两河流域的广大地区，对东方新起的蒙古并不放在眼里。其守军为贪财宝，还对蒙古商队和使者肆意残杀。这就让成吉思汗找到了兴师问罪的口实。

1218年，成吉思汗遣先锋哲别进军西辽，消灭了盘踞在此的乃蛮部大将屈出律，扫除了西征路上的障碍。

1219年春，成吉思汗亲统大军西行。次年便占领了花拉子模都城撒马尔罕，国王摩诃末和王子札兰丁逃遁。成吉思汗追至印度河上游一带，因气候炎热而停止进军。大将哲别和速不台奉命继续追击。这一去，便开始了蒙古人的第一次亚欧大远征。三年半时间里，哲别和速不台转战阿塞拜疆、格鲁吉亚、高加索山，进入南俄草原，1223年5月歼罗斯联军8万人于乌克兰境内。年底，两位大将胜利班师，回到蒙古。

蒙古灭金后，窝阔台决定再次西征。成吉思汗长孙拔都挂衔领兵，各房长子均遣长子从征，故有"长子西征"之谓。除拔都外，不里是成吉思汗二子察合台之长孙（其父已去世），贵由是窝阔台长子，蒙哥是拖雷长子。骁勇善战的速不台，为此次西征的先锋。

西征军于 1237 年进入俄罗斯南部，先后战胜此地的保加尔人和钦察人，1240 年攻陷基辅。然后继续西进，1241 年兵分两路，进攻波兰和匈牙利，捷克、奥地利亦遭到威胁。蒙古军从中欧南下巴尔干半岛，掠亚得里亚海岸而过。因传来窝阔台的死讯，西征军很快东返，以靠近伏尔加河河口的萨莱为都，建立了钦察汗国，亦称金帐汗国。

往西南方向，窝阔台派大将绰尔马罕再征花拉子模。前述札兰丁返中亚后所复之国，于 1230 年被蒙古人再度灭亡。

1251 年，成吉思汗幼子拖雷之长子蒙哥继大汗位。1253 年，蒙哥遣其弟旭烈兀征讨西亚。大军一路顺风，将波斯土地尽数囊括。1258 年，旭烈兀军队攻占巴格达，推翻了苟延残喘的阿拔斯王朝，延续了 600 余年的阿拉伯帝国寿终正寝。旭烈兀继续西进，1260 年占领大马士革，但在随后的阿音扎鲁特战役中遭到了埃及军队的阻击，故而未再西行。在以波斯为中心的西亚地区，蒙古人建立了伊尔汗国。

蒙古人横扫亚欧大陆，对世界历史造成了重大影响。按照其游牧民族的战争惯例，每占一城，必将当地居民屠戮殆尽，因此，势必对广大被征服地区造成严重破坏，给人民带来极大的灾难。但是，这个世界历史上前所未有的大帝国的出现，又大大地便利了东西方之间的经济和文化交流。西欧马可·波罗能够游历远东，就是这种交流和往来的突出一例。对东方的视野被打开，或许正刺激了西欧人对东方沃地的向往。而作为征服者，蒙古人也逐渐接受了被征服地区早已存在的先进文化，逐步使自己同化于农耕民族。

农耕化的显著标志，就是蒙古人在被征服地区建立了四大汗国，尤其是承继了中国历史的封建体统。

四大汗国分别是：窝阔台汗国、察合台汗国、钦察汗国和伊尔汗国。

窝阔台汗国据有额尔齐斯河和巴尔喀什湖以东地区，都叶密里。蒙哥继大汗位，遭到了窝阔台子孙们的反对。后又与元朝长期争执，曾大败忽必烈。1310 年，窝阔台被察合台所败，其地也被后者兼并。由于地理环境的关系，窝阔台居民仍以游牧为生。

察合台汗国在窝阔台以南。自天山南北至阿姆河、锡尔河河间地区，都由其领属。并窝阔台汗国后，察合台进入全盛时期。但不久后即分裂成东西两部分。东据天山一带，西领中亚河中之地。后西察合台被帖木儿帝国所灭，东察合台则益加分小，16世纪后走向衰亡。

钦察汗国原仅领咸海、里海北部地区，因原有居民钦察人而得名。拔都征服俄罗斯后，钦察汗国便成了全俄的统治者。因宿营帐篷为黄色，故又被俄罗斯人称为"金帐汗国"。其实，金帐属下，还有拔都庶兄斡鲁朵的白帐汗国、拔都之弟昔班的蓝帐汗国。钦察汗国与大汗（元朝皇帝）一直维持良好关系，从萨莱直达北京的驿道，成为亚洲和欧洲交往和交流的一条重要渠道。14世纪后，钦察汗国内讧不断，而俄罗斯反抗蒙古贵族统治的运动却逐渐高涨。内外交困之际，钦察汗国于15世纪—16世纪之交在莫斯科大公国和克里米亚的双重打击下灭亡。

伊尔汗国统治着已有数千年文明的波斯和西亚地区，幅员辽阔，民族成分复杂。起初，蒙古人拒绝农耕化，坚持游牧生活，对当地居民奉行掠夺政策，常常竭泽而渔，致使社会长期不得安定，经济日见衰退。合赞汗时（1295—1304）实行了一系列经济社会改革，从信奉萨满教改奉伊斯兰教，改革税制，鼓励开荒，兴修水利，实行军事封建制等等，使社会经济有所恢复和发展。合赞汗特别强调文治，发展文化事业，尊重学者文人，因而此期间涌现了一批重要的文化成果。如志费尼所著《世界征服者史》，就将成吉思汗及其后人的征服事迹传之于后代。

合赞汗之后，伊尔汗国陷入长期内乱。1388年，被中亚新帝国帖木儿王朝所灭。

旭烈兀西征后，大汗蒙哥又命另一弟忽必烈南下。为了顺利灭掉南宋，蒙古人迂回包抄，1253年入四川，进攻云南的大理国。1257年又从云南进入越南，完成了对南宋的包围。

1259年蒙哥死，忽必烈继大汗位，虽享正统名号，却已不能号令其余各汗。1260年，忽必烈都城南迁。1271年定国号为"大元"。1272年，迁都北京（称大都）。1279，元灭南宋，再次实现了中国的统一，其领土北括西伯利亚大部，南达南海，西含新疆，西南包括了西藏、云南。这是中国历史上版图最大的时期。

以一个社会发展落后的游牧民族，来统治一个有几千年不间断文明史的古老大国，元统治者采取了一种强制性的错误政策。它把早已过时的奴隶制生产方式再度引进中国，造成了社会经济发展的无序和混乱。它在中国暴力跑马圈地，把上等良田变成牧场，破坏了社会生产力的进一步发展。它还把全国居民分成蒙古人、色目人、汉人（原属金朝统治下的居民）、南人（原南宋居民）四个等级，人为地造成和扩大了社会鸿沟，制造了社会隔阂，酿制了社会的不安定因素。

从某种意义上说，蒙古人以野蛮方式对文明的统治，是中国社会发展进程中的一次倒退。不过，从国家和民族发展这个意义上讲，元朝的建立为统一的中国多民族近代国家的形成奠定了基础；同时，元朝设立的行省制度，是中国地方行政区管理体制的一大进步，为以后历代中国政府所沿用。

元朝统治者继续奉行对外扩张政策。1277年，元军从云南侵入缅甸，无功而退。占领朝鲜半岛后，元军又于1274年和1281年两次入侵日本，遭到了九州武士的顽强抵抗而未能登陆，战船均遇强烈海暴而葬身鱼腹。从1283至1293年，元海军长途航行，骚扰越南中部沿岸和苏门答腊、爪哇诸岛。

18.5

帖木儿帝国：游牧民族冲击农耕世界的尾声。游牧世界与农耕世界对峙的结束

蒙古帝国衰亡后，在察合台汗国和伊尔汗国统治下，从中亚到小亚的广大地区，可谓"群雄割据、混战不息、遍地烟云、人民遭难"。在这个大乱的时代里，游牧民族建立的又一个帝国崛起于中亚草原，并且再次发动了对农耕地带的征服行动。

这就是帖木儿帝国。从世界历史发展的意义上说，它对中亚西亚和俄罗斯的进军，是游牧民族冲击农耕世界的尾声。

1336年，帖木儿出生在中亚名城撒马尔罕以南40公里处的一个村庄里。这个时候，统治中亚地区的蒙古察合台汗国已经分裂，突厥化了的两个蒙古部落分据着西部河中地区和东部河中地区。帖木儿即属西边的巴鲁剌思部。

年轻时的帖木儿，投奔在巴鲁剌思部迦慈汗帐下。迦慈汗死后，仅为一

小小千夫长的帖木儿以为机会已到,开始招兵买马,积聚力量。初时由于势力弱小,他投靠了东部汗国。

一次,帖木儿出于正义,释放了一批囚徒,惹恼了东部汗也里牙思火者。帖木儿仓皇逃走,投奔阿富汗的忽辛,两人从此开始了联合军事行动。

帖木儿兵出兴都库什山,经喀布尔、坎大哈,来到了锡斯坦。虽然战胜了锡斯坦人,但其右手右脚均受伤致残,从此他有一个"跛脚帖木儿"的外号。但身残未能阻挡他继续进军的决心,在随后几年里他与忽辛金戈铁马,南北转战,取得了一连串胜利。石桥一役,将蒙兀儿人杀得尸横遍野,道路塞断。1366年,帖木儿和忽辛占领了撒马尔罕城,并以此为都城。

为瓜分被占土地,两人很快发生了冲突。1370年忽辛被杀,帖木儿成为中亚的最高统治者。为掩人耳目,他声称自己是成吉思汗的继承人,起初还奉蒙古王室为名义上的汗。

1371年后,帖木儿马不停蹄地进行对外征服战争,所到之处,无坚不摧。

自1371年至1388年,往东北方向,帖木儿进入了中国新疆地区,打败察合台汗国;正西方向,征服了花拉子模;西南方向,推翻了伊尔汗国,占领中亚阿富汗和西亚的伊朗、两河流域以及高加索以南地区。

1380至1395年,帖木儿3次进入南俄草原,进攻钦察汗国。1380年的耶列茨战役,1391年的伏尔加河中游战役,彻底击溃了钦察汗军队,并将其都城萨莱夷为平地。

1398年,帖木儿南下侵入印度北部,占领了德里城。

1399年,帖木儿从两河流域攻入小亚细亚。1402年安卡拉一战,奥斯曼土耳其军队溃不成军,连苏丹拜牙即都当了俘虏。

至此,帖木儿大帝国最终形成,其疆域东起德里,南临波斯湾,北抵高加索,西至幼发拉底河西岸,甚至小亚半岛上还有它的南北两块飞地。

帖木儿1405年死后,庞大的帝国迅即瓦解。诸子争权夺利,是造成瓦解的直接因素,而帝国只是一个以军事力量来维系的暂时性统一体,内部缺乏有机的政治经济联系,则是帝国瓦解的根本原因。帝国解体后,中亚大部分地方仍处在帖木儿后代的统治之下,历史上常称为帖木儿王朝。

1409年,帖木儿第四子沙哈鲁平定其他各部,差不多将帝国原有领土再次统一，呼罗珊、中亚、阿富汗尽归其辖下。至1420年时，他还将版图西扩到了阿塞拜疆一带。但是，沙哈鲁恢复父王故业的雄图未能如愿。1447年沙哈鲁死后，新王朝又一次分裂。以后，虽有其余人一两次统一的实践，但帝国最终还是一分为二：长子的后裔占有呼罗珊，第三子的后裔则据河中之地。

这两个对峙的帖木儿系王朝，寿命都不过三四十年之久。16世纪初，两个帖木儿王朝均被南下的又一个游牧民族——乌兹别克人消灭。乌兹别克的昔班尼汗1501年攻占河中帖木儿王朝的都城撒马尔罕后，又于1507年前后将呼罗珊帖木儿后裔几乎彻底灭绝。

帖木儿第六代孙巴布尔，力图在中亚恢复祖宗故国，但终归失败。无奈之中，他率领部众南下印度，在恒河流域建立了强大的莫卧尔帝国。这个半游牧半农耕的民族，终于在南亚次大陆上走向完全的农耕化。

随着莫卧尔帝国的建立，游牧民族对农耕世界的第三次大冲击宣告结束。这时，虽然游牧民族在中北亚地区还有零零星星的存在，但再无能力向农耕世界发动强有力的攻击。同时，农耕世界虽然是被冲击的对象，政治上和军事上处于劣势，但其经济和文化上的优越性却在被冲击的过程中被游牧半游牧民族所吸收、所模仿，农耕地带因此而不断地向北推进。农耕世界的扩大，游牧世界的收缩，地域力量的悬殊使两者已不再成为对立的两极。因此，当世界历史进入15世纪—16世纪之交时，亚欧大陆上游牧世界和农耕世界的对立已不复存在，世界历史的发展也面临一个更新的矛盾运动。

第十九章

吸纳与传播
中古印度和东南亚

19.1

笈多王朝：从月护王到超日王。印度封建社会之始？白匈奴侵入。戒日帝国。种姓制的嬗变。庞杂的印度教

5世纪的第二个年头，中国高僧法显进入了佛国天竺。他遍访印度，历时15年，回国后即将所见所闻写成《佛国记》一书。这是中国人对南亚次大陆的第一次详细记载，是今人了解印度极为珍贵的古代资料。

其时，正值印度笈多王朝的鼎盛时期。

笈多王朝兴起于4世纪。当贵霜帝国分裂成众多小国之际，印度人进行了有效的抗争。发祥于恒河中下游摩揭陀地区的笈多王朝，因此而成为印度北部的统治者。

笈多家族本起源于恒河上游的比哈尔地方。其始祖室利笈多征服周围小国后，自感势力强大，能够号令一方，于是打出了"众王之王"的旗号。室利笈多的孙子旃陀罗笈多，以联姻为手段，接过了著名的梨车族之统治权，使华氏城及其周围地区都处于自己的控制之下。320年，在著名古城吠舍离，

旃陀罗笈多正式建立了笈多王朝。

旃陀罗笈多，法显称作月护王，他在位不过十余年，却为新王朝奠定了坚固的基业。印度北部的比哈尔、奥德、孟加拉等地区，大多成了他的囊中物。然而他却功成身退，将王位禅于其子沙摩陀罗·笈多。

沙摩陀罗无愧于父亲的继承人，王朝的大规模扩张事业正是在他手里达到了顶点。他先是西征，占领了恒河上游和印度河以东土地，接着又东进，将恒河下游直至河口囊入帝国。往南，他攻击过德干高原上至少12个小邦国，以及南印大国帕瓦尔；在西印度，他兼并的诸侯小国也不下于9个。北边的尼泊尔、西北的阿富汗、南方的锡兰岛，国王们纷纷与他通好。他的势力还到达了东南亚的马来半岛、苏门答腊和爪哇岛。

沙摩陀罗之子超日王更是一代英主。一方面，他继续乃祖乃父的扩张事业，将帝国西边的国界扩大到了阿拉伯海沿岸；另一方面，他更致力于帝国的稳固。面对西边的三大政治势力，即贵霜人、塞种人和西南德干人，他区分对待，和战有别，使边境始终保持在安定状态。超日王的统治是在4世纪—5世纪之交，法显正是此时游历印度的。

超日王时代的文治武功，几乎臻于一种完美状态。整个国家在政治上实行中央集权制。王位世袭，国王称大王，还被看成最高的神。大臣都是国王的助手，职位也世袭，不过文武官吏之间没有明确区分。对地方则设省、县、村三级行政体制。省由国王直接派出官员管理，重要的地方还派王亲。县一般属省管，有的也直属国王。村设村长。除此之外，一些土邦王公及部落则为半独立状况，中央不过问其辖地内部事务，但必须臣属国王。

经济上的繁荣昌盛也是一大表现。由于重视兴修水利，也由于大力推广铁制农具，农业生产有大的发展。无论是粮食作物的种植，抑或是家畜家禽的饲养，都出现了前所未有的兴旺局面。手工业出现了许多新部门，如造船和航海。印度的造船术极富特色：先用索和藤将船板绑合，再用油灰捻缝，而不使用铁钉。这样的船在印度洋近海多礁海域航行时，遭遇风浪撞击时就有韧性，不易断裂。

商业有国内贸易和国际贸易两大类。无疑，国内贸易随着征服进行和统一的完成而有了新的环境。国际贸易则主要是连接亚洲东西部之间的航

吸纳与传播

海贸易。

令印度古国幸甚的是，笈多王朝极重视文化事业，连国王都是"诗人国王"，因此帝国的文化成就非常突出，特别是诗歌。大乘佛教寺院是文化创作的主要中心，国王亲自主持修建的那烂陀寺，是全国的最高学府。

文化的各个方面，如哲学、政治学、天文、数学、医学、冶金等，笈多王朝都有杰出辉煌的成就。甚至还有人提出地球是一个球，这在当时确实了不起。

从社会发展阶段看，笈多王朝已进入了封建时代。关于印度封建制的起源问题，学术界看法不一。有说佛陀诞生的年代（公元前6世纪）印度就形成了封建制的，有说笈多王朝就已是完完全全的封建社会的，这都有一些道理。但于稳妥起见，不如说笈多时期印度处在向封建制过渡的阶段更合适。这时候的印度，农村公社制度仍占主导地位，但也出现了公社自由农民转化为依附农民的倾向。法显在《佛国记》中提到的"民户"，其地位就是依附农民。同时，国王也将越来越多的土地分封给官僚和贵族，让其食邑，并可以永久世袭，这就带有封地的性质。

对印度封建制起源时限问题之所以有众多观点，而且时间上差别跨越上千年，是因为印度社会从奴隶制向封建制的转变，本身是一个长期的、缓慢的、也不很明显的过程，而且印度奴隶制又不具典型性，加上文献资料又特别缺乏，这都增加了对问题认识的难度。

笈多王朝强大和统一维持的时间并不长。5世纪中叶，先是有西部一些部落脱离帝国而独立，后又有称为白匈奴的嚈哒人入侵。起初，笈多帝国尚有力量多次打败嚈哒人的进攻，但到5世纪后期，便显得力不从心了，嚈哒人占领了印度河上游；到5世纪末，笈多王朝实际上只能控制摩揭陀以东以南地区。

6世纪初，嚈哒人大举进攻印度，以旁遮普的奢羯里为首都，建立了嚈哒帝国。其时，中国人宋云和僧人惠生正在印度求经，他们拜见了嚈哒王。从他们的描述中，可知嚈哒十分强大，有40多个小国向它朝贡。不过，这也说明嚈哒人并没有完全征服印度各小国，只是让它们承认自己的统治权或霸主地位而已。

538年，印度北部各王公在马尔瓦王耶输陀曼率领下起义，反抗嚈哒人。

嚈哒人失败，其王逃往克什米尔。567年，嚈哒残余被波斯和突厥人联军消灭。570年，位于恒河下游一隅之地的笈多王朝也灭亡了。

嚈哒国和笈多王朝相继灭亡之后，印度北部又一次分裂，出现了许多小国。小国之间互相兼并，形成了四个略为强大的小王国，并且结成了两个对立的集团。一是坦尼沙国，它和曲女城即穆克里王国联姻结盟；一是高达王国，与摩腊婆结为一个集团。

7世纪初，曷利沙继承坦尼沙王位，号称戒日王。他当政40余年（606—647），先用了6年时间征服北印度，打败高达和摩腊婆的联盟，将坦尼沙和穆克里合二而一，称戒日帝国，定都曲女城，以恒河中上游为统治中心。后又分别向南、向东、向西三个方向扩张。虽然受到了一些挫折，但更多的是成功，其国土在东西两个方向都达到了海边。

中国高僧唐玄奘正是在戒日王时代访问印度。从629年启程，到642年回国，玄奘在印度待了14年，在帝国境内住了8年，而且受到了戒日王的最高礼遇和接待。唐玄奘回国后撰写的《大唐西域记》，对沿途所到地区进行了极为详尽的记述，是研究印度及中亚历史不可多得的重要史料。

戒日王时代的印度，工商业发达，经济繁荣，唐玄奘描述其都城曲女城时说，此城"城隍坚峻，台阁相望，花林池沼，光鲜澄镜，异方奇货，多聚于此，居人丰乐，家室富饶……（其人）容貌妍雅，服饰鲜绮，笃学游艺，谈论清远"。

戒日王统治期间，印度的中央集权和君主专制程度达到了一个前所未有的高度。国家有完整的行政管理机构，有强大的军队，按玄奘的记载，帝国有"象军六万，马军十万，步军五万"。除帝国的核心地区（即坦尼沙和穆克里两国）外，印度境内的其他小国都臣属于它，向它缴贡纳赋，戒日王亦经常率领百官巡视各地，以示王威。同时它们也有一定的独立性。只是这样一来，很难防止地方势力的割据和分立。因此，戒日王一死，印度帝国也就很快分崩离析了。

进入中世纪后，作为印度社会根基的种姓制度也随之发生了新的变化。从其成分看，第一等级婆罗门、第二等级刹帝利仍然高踞于其他等级之上，是社会的统治者。作为基本劳动者和经营者的第三等级吠舍则变化较大。此时的吠舍只包括了商人、高利贷者和富有的手工业者。农民由于变成了封建主们的依附农民，便从吠舍阶层转到第四等级首陀罗中去了，甚至连一些普通的手工业者也被排斥在吠舍之外。

种姓制度在中世纪的最大嬗变,是从两个下层等级中进一步分化出了按行业集团划分的"阇提"。按照阇提制度,职业要世袭,相互之间不能混杂,婚姻也只在阇提内部进行。每个阇提有共同的管理机构,共同遵守的规则。各阇提按照职业也有社会地位高低之分,地位最低的是从事最卑贱职业的。随着社会分工的发展,阇提的数目亦越来越多。

作为种姓制度的变种,阇提是在劳动者中按照职业不同而形成的具有等级差别的特殊集团。它实际上起着两方面的作用。一是把各阶层的劳动者都固定在阇提之内,就像把农民固定在土地上一样,这样就为社会经济的发展,为全社会在物质产品上的各方面需要,保证了足够的劳动人手;其二,是在这些下层人群之间,在这些处于被统治地位的人民之中,人为地造成隔阂,破坏了下层人民的团结,这就有利于统治者的统治,有利于他们对被统治者实行分化政策。

4世纪以后印度社会的另一大突出现象,就是宗教信仰上的又一次巨变。这时候,印度原有的宗教婆罗门教、佛教都先后走向衰落。特别是佛教,向外虽有越来越广泛的传播,在国内却从贵霜帝国以后越来越不景气。法显和玄奘去印度时,虽然瞻仰了不少佛寺,取了不少"真经",但同时也看到了佛教圣地到处荒芜残破的景象。4世纪以后,印度各地普遍兴起了一些新的教派,泛称为印度教。

印度教本身是一个有点含糊的广义概念。它是一种多神教,信仰三大主神,即创造之神大梵天,保护之神毗湿奴(释迦牟尼是它的化身之一),破坏之神湿婆。各地教派的信仰后来逐渐出现局部的一致,最后形成了4个主要教派。

一是传统主义派,即秉承古代婆罗门教义和仪式,奉行泛神论的人。这一派在印度教徒中居于多数。

二为毗湿奴派,将毗湿奴神奉为最高神。这是一个无处不在的神,号称"遍入天",化身极多,这一派的教徒多从佛教徒转化而来,流行于印度北部和西海岸地区。

三曰湿婆派,以湿婆为最高神。湿婆虽为"毁灭",但更深的意思是"再生、重建",湿婆的象征物就是男性的生殖器。湿婆有地、水、火、风、空、日、月、祭祀等八大化身，称大自在天。这一派主要流行于克什米尔和印度南部。

第四派称性力派，原是湿婆派中的一支，特别崇拜某个女神，反对歧视妇女，但带有一定的色情色彩。

印度教的教义有三个基本点，即信奉《吠陀》经书，信奉多神教和泛神论，相信业报轮回说和灵魂解脱说，但究其实质，主要是吸收婆罗门教和佛教两方面的因素。如佛教的不抵抗主义、禁欲主义、作孽报应等，并承认释迦牟尼是印度教的主神之一。它也吸取了婆罗门教关于种姓制度的那一套说教，主张轮回转世，信奉吠陀经书。

由于来源复杂，信徒们的成分也异常复杂，教派又特别的多，所以印度教教义实际上不成体系，或者说是一个非常庞杂而又自相矛盾的体系。如它一方面要人们安分守命，一方面又宣传人身官能上的享受，这实际是为上层社会挥霍享乐、纸醉金迷的生活制造依据。故而马克思有言，印度教"既是纵欲享乐的宗教，又是自我折磨的禁欲主义的宗教"。不过，在印度教中，婆罗门教的成分还是要多一些，因此常常有人将二者视为同一。

宗教大师商羯罗（788—820）为印度教的发展起过重大作用，可以说，印度教最终是由他定型的。到10世纪时，印度教在全国占了统治地位。印度教作为一种多神教，在7至12世纪时普遍流行，是与其时印度全国长期分裂割据的政治状况相适应的。

图 19-1
印度教毗湿奴神

19.2

分裂和割据：7 至 12 世纪的印度。印度文化向东南亚传播。东南亚各国简史：柬埔寨、老挝、缅甸、泰国、印度尼西亚、越南

戒日王死后，无子继承王位，大臣之间的权力争夺便激烈起来，最后由阿罗那顺夺得了王位。然而各地封建领主不服，他们趁机称王称雄，割据一方。于是整个国家陷入混乱，四分五裂。尤其是在西北地区，出现了许多封建小邦，首领多为武士出身，自称"拉奇普特"（意为王孙贵族）。因此，从 7 世纪到 12 世纪，整个印度都处于分裂割据状态之中。

8 世纪初起，印度又不断遭到外族入侵。从某种意义上讲，印度是各主要文明国家中外族进入最多最频繁的地方。一批批来自中亚、西亚的游牧或农耕民族，大多在印度大地上沉淀了下来。他们的到来，打断了印度自身的文明进程，但也带来了新鲜空气，为印度文明的更新激起了股股活力。形象地讲，印度成了一个偌大的熔炉，世界几种主要文化将触角延伸到了这里，并在这里相碰撞、相融汇。

这次入侵高潮是由信奉伊斯兰教的穆斯林掀起的。最早来的是阿拉伯人。711 年，阿拉伯倭马亚王朝大将卡西姆从海路进攻印度，夺取了印度河下游信德地区。随后，他又率军沿河北上，占领了印度河东南部一些地方，直至 8 世纪中叶。

10 世纪初，属于伊斯兰教异端的卡尔马特人来到印度河畔，在这一带建立了两个小国。

10 世纪中叶，在今天的阿富汗境内兴起了迦色尼王朝。这个由突厥人建立的王朝，信奉的也是伊斯兰教。在 1001 年后的 26 年中，迦色尼王朝一共 17 次进入印度，使印度大地上长期战火纷飞，城市农村严重破坏。1019 年，迦色尼人还一度攻占印度的政治中心曲女城，将该城夷为平地。1025 年，迦色尼人攻下了印度西海岸劳姆那特城的湿婆庙，据说他们用了三四万头骆驼运输抢劫来的财宝。印度西北部的旁遮普地区，一度还并入了迦色尼王朝的

版图。从 10 世纪以后，伊斯兰教开始在印度传播。

7 世纪—12 世纪，印度北部、东部和南部出现了一些势力强大的割据者。8 世纪中叶，有巴利哈尔王朝占据曲女城，统治恒河中游大部地区。西边，有 11 世纪初在达哈尔建立的旃德尔王朝。东面，有孟加拉的波罗王朝，这是印度历史上历时最久的一个王朝（8 世纪—12 世纪）。南方的德干高原上，有拉什特拉库塔王朝，最南端则有朱罗王朝。

一个阿拉伯旅行家，曾将拉什特拉库塔国王与巴格达哈里发、拜占庭皇帝、中国皇帝并称为当时世界上最强大的四个君主。

印度偏处南亚，是一个相对孤立闭塞的地理单元，因此其文明的发展进程中，接受外来的因素多，向外输出的文化少。上古时代，除了佛教对外传播至中亚、东亚而有较大影响外，其余则屈指可数了。而到中古时代，情况发生了很大的变化，印度文化向外特别是向东南亚一带的传播，成为一大趋势，最终使东南亚地区成了印度文化体系的覆盖范围。

这种传播，与印度向东南亚一带的移民运动密切相关。尤其是在戒日王之后，也就是 7 至 12 世纪印度长期分裂的时候，印度国内政治混乱，社会不安定，去东南亚的移民数量日益增多。所以，印度有的历史学家干脆把这一移民活动称为印度人的"殖民"运动，称东南亚一带为当时印度的"殖民地"。

确实如此，在越南以外的东南亚其他地区，无论是社会经济、政治制度，还是文化技术、风俗习惯，都大大地受到了印度文化的影响。在东南亚地区建立的许多国家政权，都多多少少留下了印度文化的痕迹。有的统治者本身就是印度人，或者是印度人的后裔。在这些地区出现的民族文化，很多就吸收了印度文化，如柬埔寨的"吴哥文化"。直至今天，东南亚还有许多印度文化的痕迹，如地名上有"印度支那半岛""印度尼西亚"等。

印度文化向东南亚的传播，其中最重要的方面是佛教的传播。小乘佛教从印度南部，南下锡兰（斯里兰卡），直到缅甸、泰国、老挝、柬埔寨、印度尼西亚。公元后几个世纪，这种传播就开始了，7 世纪以后达到了高潮。东南亚大部分国家的开国史，多与小乘佛教的传播相联系，只有越南稍有例外。

柬埔寨：

古称扶南。公元1世纪时有传说中的柳叶女王，后柳叶与混填结婚，混填代为首领，反映了从母系制向父系制的过渡。3世纪初，国王范曼自称"扶南大王"，反映其国家形成过程。这时扶南与中国、印度等有交往。5世纪初，出身印度的扶南王侨陈如改革，佛教开始在柬埔寨流行。

7世纪，扶南被北部兴起的真腊所吞并。8世纪真腊分裂为水、陆真腊。8世纪末，被爪哇控制。9世纪初重新独立，建立吴哥王朝（802—1431）。著名的吴哥石窟建立于12世纪前期，有研究者称其与埃及金字塔、中国长城、印度尼西亚婆罗浮屠为世界四大奇迹。1431年后与暹罗（泰国）长期争战。1434年迁都金边后一蹶不振。

老挝：

9世纪以后有许多小国，其中南掌国最大，受印度文化影响较深。国王范甘（1353—1383）时代，小乘佛教传入。此时国家比较强大，但人口不多，老挝王国一般从这时算起。后先后受越南和暹罗的控制。

图19-2
柬埔寨吴哥窟

缅甸：

约于公元前后出现文字和国家。著名者如骠国等，与中国有一些交往。849 年，建蒲甘城。蒲甘王朝（1044—1287）之初，缅甸实现了统一，实行封建制度，信奉佛教。1287 年由于元军入侵，缅王投降，出现了小国分立局面，称掸族统治时期（1287—1531），南部的勃固国与北部的阿瓦王朝相对峙。1531 年，缅甸由东吁王朝实现了重新统一。

泰国：

1238 年，泰族人打败高棉，建立国家，都城在速古台，故称速古台王国，中国称其暹罗。1350 年，暹国投降南方的罗斛国，中国史书从此称其为暹罗。统一政权叫阿瑜陀那王朝。15 世纪时，暹罗过渡为封建社会。15 世纪后期国王戴莱洛迦进行改革，促使泰国强大起来。

印度尼西亚：

由数千个岛屿所组成，居民自 4000 多年前就开始移入。3 至 7 世纪出现

图 19-3
泰国佛庙

吸纳与传播　　531

了许多小国。7世纪时，苏门答腊岛上兴起了室利佛逝（三佛齐）。爪哇岛西部有强国诃陵。750年，中爪哇的夏连特拉王朝灭诃陵，控制三佛齐，征服南洋各地，甚至真腊。

800年，建造著名的婆罗浮屠塔。

10世纪，东爪哇兴起马打蓝国。

1222年，庚安洛建立新柯沙里王朝。

1293年，在反抗元朝军队侵略的斗争中，罗登维闭耶建立满者伯夷王朝（1293—1478），这是印度尼西亚历史上最强大的王朝，大体上奠定了今天印尼的版图，还包括马来半岛南部。

13世纪末，伊斯兰教开始传入印度尼西亚。1478年满者伯夷衰落后，伊斯兰封建主建立了许多小国。

越南：

越南处在印度支那半岛的东部，为一狭长形国家，南北长约2000公里，东西最窄处不足50公里。地理上分为三个部分，北部是红河下游地区，古称交趾；中部为南北向的长山山脉；南部是湄公河下游，古称占婆。越南北方的居民以越族（西瓯、雒越）为主，公元前几个世纪里就已移入越南境内，其时处于原始公社解体时期。

公元前215年，秦朝在中国南方建立南海、桂林、象三郡。公元前207年，秦将赵陀割据三郡，以广州为中心建南越国。后南越政权于公元前180年征服雒越，将其划分为交趾、九真二郡。公元前111年，汉武帝灭赵氏南越国。直至10世纪，越南都处在中国政权的统治之下。由于受到中国封建制度和中国文化的影响，越南社会发展进程明显加快，封建关系较早形成，没有经过充分发展的奴隶制阶段。同时，越南的生产技术水平也提高较快。

906年，越南本地封建主曲承裕及子曲颢先后为当地节度使，建立了事实上由本族自主的政权。939年，将军吴权打败了中国南汉的军队，越南赢得了独立。

其后70年间，越南陷入了内乱之中。最后由一个叫李公蕴的军人夺取政权，建立李朝（1009—1225）。1054年改国名为大越，都升龙（即今河内），李朝的社会经济政治制度均仿照中国。

独立后的越南与中国宋朝不断发生战争。在976年以后的将近100年里，越南军队经常侵入中国境内，抢劫破坏。1075年，李朝军队分海陆三路进攻中国，占领了不少地方。1076年，宋军反击，进入了越南境内，在富良江战役中大败越军，但自己也伤亡严重。1079年双方议和，宋军撤出越南。

越南对南方的战争则以胜为多。南方的占婆国，6世纪前后就进入了封建社会。10世纪后期，越南开始进攻占婆。11世纪里，李朝多次攻击占婆，1044年杀掉占婆国王，俘5000余人。1069年，占婆进攻越南，李朝还击，又活捉占婆国王，吞并了占婆北部的一部分领土。

李朝王位被权臣陈氏家族所篡夺。陈朝（1225—1400）时，越南经济文化发展迅速。都城升龙有60多坊街区。民族文化有显著发展。黎文休撰写的《大越史记》，是越南的第一部正史。13世纪末，在利用汉字的基础上，越南创造了本国文字，称为"字喃"（意为南方的字），取代了以往长期使用的汉文。

陈朝曾打败了元朝蒙古人的三次进攻。1257年，忽必烈派使臣劝降，遭拒绝，使臣还被关押。元统治者以此为由，从大理沿红河南下升龙。陈国王出走，元兵遭抵抗退回云南，但陈朝答应每三年进贡一次。

1284年和1287年，元军又两次侵略越南，均被越南军民赶走。1288年白藤江战役，元军几乎全军覆灭。这两次打退元朝进攻，都与爱国将领陈国峻的领导有关。陈氏抵抗决心之坚定，从一事即可看出：其时国王准备议降，陈国峻大义凛然地说："你先把我杀了，再投降吧。"

14世纪以后，越南内政全面混乱，外戚黎氏试图进行改革，引起陈氏不满，密谋杀黎。黎在挫败这一阴谋后，废掉陈氏皇帝，自己夺取政权，陈朝至此灭亡。但新建的胡朝亦仅存在了7年。

1406年，明朝借口恢复陈氏政权，出兵越南，1407年灭掉了胡朝。越南北方被明朝统治了20年，南方则由陈氏政权控制。

1418年，黎利在蓝山起义，用了十年时间，终于迫使明朝退出越南北部。1428年，越南重新独立。国号大越，定都河内，开始了后黎朝的统治（1428—1789）。

从黎利建国到1527年，为后黎朝的前期。在这个时期里，越南政局稳定，

吸纳与传播　　533

政治经济都有较好的发展。特别是行政方面，越南继续加强中央集权，中央设六部，地方分12道。任官实行科举制，三年考试一次。立孔庙，设国子监，修史书，修地理书，还制订了法典。对外方面，与明朝关系缓和，集中力量向南发展。1470年，用兵20万攻占婆国，占其首都，俘其国王，将占婆北部并入越南版图，其余部分分为三个小附属国。

1527年，大臣莫登庸夺王位，以河内为都，割据北方。黎朝百官大多逃往南方，以阮氏为首，支持黎氏，于是出现了南北朝（1527—1592）。1592年，黎氏将军郑松夺回北方，重新统一。但郑、阮发生矛盾，阮于1600年退回南方，定都顺化，建广南国，越南又一次分裂。此时，早在16世纪初中期就已渗入越南的西方荷兰和葡萄牙殖民者，分别支持郑、阮势力。17世纪初，法国耶稣会士也开始进入越南。

19.3

穆斯林的世界：德里苏丹各王朝。政教合一的国度。宗教之争。虔诚教派

12世纪中期，阿富汗的迦色尼王朝衰落，又兴起了也是突厥人建立的廓尔王朝。廓尔王朝同样向印度北部扩张，势力最甚时达到了孟加拉一带。

1206年，廓尔王朝的苏丹穆罕默德遇刺身亡，王朝开始发生分裂。它在德里的总督库特卜·乌丁自称苏丹，以德里为中心建立了独立政权，从此在印度开始了德里苏丹国的统治。

德里苏丹国自1206年建立，直到1526年灭亡，历时三个多世纪，历经五个王朝，这都是伊斯兰教王朝：

奴隶王朝（1209—1290），因其前两位苏丹都是奴隶出身而得名，其中第二代苏丹征服了相当广的地区。

卡尔基王朝（1290—1320），在占领印度北部之后，开始向南推进，征服了德干高原。

图格拉王朝（1320—1414），这是德里苏丹国的全盛时期。特别是苏丹穆罕默德·图格拉在位时，德里苏丹国领土囊括了整个印度半岛，东至孟加拉，西达印度河。

赛义德王朝（1414—1450）。

罗第王朝（1450—1526）。

整个德里苏丹国时期，伊斯兰教亦随着穆斯林的征服而在印度广泛传播，最后形成了伊斯兰教和印度教尖锐对立的局面。德里苏丹主要统治印度北部，南方大多处于分裂状态，并且以印度教徒为主。因此，即使苏丹有时实现了南北统一，那也是暂时的、根基不深的。同时，苏丹对北方的统治也不算很牢固。

从王朝的频繁更替即可看出，德里苏丹国统治层的权力争夺是很激烈的。可以说，没有几个苏丹的上台是通过正常的继承或推选的，反过来，上台后的苏丹们往往又立即沉湎于声色犬马和寻欢作乐之中，未能很好地担当起甚至忘记了治理国家的重任。如奴隶王朝的末代苏丹凯库巴特，本是一个"好苗子"：他从未瞧过一眼美女，也从未尝过一杯美酒。可是当他18岁被推上苏丹尊位后，"他的明智的约束都消失了"，国家也就立刻陷入了混乱与不安之中，以至于他自己也不过在位三年，就和自己的儿子一道，先后被政敌杀死。

德里苏丹稍微值得称道的一事，是在13世纪里两次成功地抵挡了蒙古人的

图 19-4
印度德里苏丹

进攻。1221年，成吉思汗率大军来到了印度河岸。幸而苏丹未予接纳正被蒙古人追击的中亚花拉子模王子，才使印度免遭了一场劫难。当然，对这个神秘的佛国，成吉思汗也着实不了解，因而未敢轻易迈过印度河。然而60年后，成吉思汗的子孙却不再犹豫了。1285年，塔马尔领大兵侵入旁遮普，苏丹之子亲自迎敌。拉合尔一战，王子遭伏击身死，然蒙古军也未敢再往前行。王子被人民誉为沙希德（烈士）。

14世纪末中亚枭雄帖木儿的进攻，则使德里苏丹一败涂地。帖木儿大兵直下德里，在这座著名古都抢劫了半个月之久，回师时又将所经之地洗劫一空，"使印度遭到了比以往任何一个征服者在一次侵略中所带来的更多的苦难"。帖木儿之后，德里苏丹国最强大的图格拉王朝即告终结。

作为伊斯兰教国家，德里苏丹国实行政教合一的神权政体。苏丹是政教两方的最高统治者，但在名义上他还得接受哈里发的册封。苏丹任用的官员是清一色的穆斯林军事贵族，印度本地的王公贵族基本上被抛开不理。统治体制也沿用阿拉伯国家制度，中央设备部，官吏由作为税务长官的维齐尔（首相）统领之。地方则划为省、舍克、巴尔加那、村社等各级行政区。

苏丹作为国王，他是全国土地的最高所有者，但自己支配的土地则只是其中的很小的一部分。大部分土地掌握在伊斯兰教军事贵族手中，称为"伊克塔"（即采邑），不过不能世袭、继承。伊斯兰教长阿訇和清真寺也占有不少领地。土地占有者向生产劳动者即农民征收实物税，旱地一般征纳收获量的三分之一到二分之一；而有灌溉设备的水田最高者收到了三分之二，可见当时印度农民的负担之重。

伊斯兰教传入后，使这个本已是笃信宗教的国度宗教问题和冲突更加复杂。

首先是形成了印度教与伊斯兰教的尖锐对立。这一对立，是促使印度社会矛盾激化的一个重要因素，也是印度宗教斗争的一个主要方面。两大宗教长期对立和冲突，一直延续到近现代。

其次，印度穆斯林的组成本身也很复杂。印度的伊斯兰教教徒有三个主要来源：一是阿拉伯人的后裔，二是突厥人的后裔，三是皈依伊斯兰教的本地印度人。虽然他们没有分成明显的教派，但毕竟是不同的社会集团，相互间的矛盾冲突势不可免。

后来,伊斯兰教内部的对立教派什叶派也在印度传播开来,尤其是在城市市民中广为流行。1237 年,德里的下层群众在什叶派的领导和组织下反对逊尼派。14 世纪初,什叶派起义,一度建立政权,推选了自己的苏丹。

15 世纪里,纺织工匠出身的喀比尔创建了"虔诚"教派。喀比尔生母是印度教徒,养父是穆斯林,他本人虽是伊斯兰教徒,却又代表了南方的部分印度教徒。建虔诚教派的目的,实际上是调解印度教和伊斯兰教之间的矛盾,至少是消除两者之间的对立。他在一方面反对印度教的种姓特权,反对崇拜偶像,但也不赞成伊斯兰教崇拜圣典和朝圣。他认为梵天和安拉就是一个上帝,认为不管属哪一个种姓,只要他虔诚地信奉教义,就应当同等看待。这是很符合低级种姓愿望的,所以它一出现就很快地被下层群众所接受。

19.4

莫卧儿帝国建立。阿克巴的辉煌。扎吉达尔和柴明达尔。"救世主"与"弟子"。西方殖民者的侵入

16 世纪初,德里苏丹国分裂、次大陆上一片混乱之际,印度又为外族所觊觎。统治中亚的帖木儿帝国之后人巴布尔,被北方的乌兹别克人所驱赶,乘印度分裂之机而侵入。1526 年,巴布尔打败罗弟王朝,建立了莫卧儿帝国(1526—1857),并且很快统一了印度北部。

莫卧儿即"蒙古人"的变音。巴布尔是帖木儿的第六世孙,其母系出自成吉思汗家族。巴布尔虽有此自称,但他及他的军队都不是蒙古人。

巴布尔的孙子阿克巴统治时,帝国进入全盛时期,其领土又一次包括了德干高原、阿富汗、克什米尔、孟加拉、巴基斯坦这样一些地方。阿克巴还实行了全面的改革,对帝国的统一和发展起了重要作用,在印度历史上产生了深远的影响。

行政上,阿克巴在中央设宰相和各部大臣,对地方,则把全国分为 15 个

省，省设总督管理行政事务，另外再派出司法官、财政官，由中央直接管辖。这些措施反映了中央集权制的加强，也反映了印度在政治上的统一性。

财政上，莫卧儿王朝对全国土地进行了全面丈量，并按产量将土地分等，按等级来确定地租标准，地租率为收获物的三分之一，以货币缴纳。这反映了阿克巴对农民开始实行宽柔政策，有利于农民生产积极性的发挥，促进了社会经济的发展，同时也反映此时商品货币关系在印度已有一定的发达程度。16世纪中叶以后，达卡、拉合尔等工商业城市出现，但总的说来，自然经济仍然占统治地位。

在宗教和民族事务上，阿克巴希图以各种方法来协调伊斯兰教和印度教两大宗教之间的矛盾和关系。他废除了非伊斯兰教人的人头税，并娶印度教的公主为王后。他选拔官吏也采取两个宗教教徒相兼杂的办法。他还糅合两个宗教，创立一个新宗教，称"神圣宗教"，自任教长。这种做法，自然有助于缓和统治层内部的矛盾，缓和人民对伊斯兰教的不满情绪，同时也掩盖了莫卧儿帝国的外族和异教性质。

在社会生活方面，阿克巴禁止了印度教的寡妇殉葬习俗，禁止童婚习俗，承认了在丈夫死后，寡妇可再嫁的合法性，等等。

作为异族统治，阿克巴特别注意团结本族人作为统治的中坚力量。莫卧儿帝国继承了德里苏丹时期的封建国家土地所有制，皇帝是全国土地的最高所有者，并且直接占有全国土地的三分之一，其余土地则以军事采邑的形式分封给军官和贵族们，称之为"扎吉尔"，封地的领有者称"扎吉达尔"，以军事服役为条件，按封地多少向皇帝提供相应数量的骑兵和战车。

扎吉达尔对封地享有收取租税的权利，他们常常巧立名目。因皇帝不让封地世袭，而且还将封地经常更换，一般不超过3年，扎吉达尔们于是竭泽而渔，在享有期内提高租税，因此势必加重农民的负担。扎吉达尔彼此间也没有从属关系，一律由皇帝来统管。

阿克巴还注意拉拢和控制印度本地的上层人物，对他们实行"柴明达尔"制度就是一例。这一制度主要保留在边远山区，柴明达尔就是那些地方王公。其领地可以世袭，但要承认是皇帝的附庸，向皇帝纳贡。17世纪以后，随着中央政权的削弱，柴明达尔制度在印度广泛流行，成为一种主要形式。

无论是哪种形式，都建立在对农民的剥夺之上。当时的农民仍生活在自给自足的农村公社里，但公社已依附于封建主们的控制，农民须以连环保形式向国家和扎吉达尔缴纳税赋。

不平则鸣。在反对当权者的斗争中，下层群众往往结成教派，以增强自身力量。

马赫迪意为"救世主"，这是在德里苏丹时期就已出现的教派，参加者多为手工业者和下层群众。教义内容与虔诚教派颇为相似，不同的是只包括伊斯兰教徒。这个时期里，他们曾将教徒武装起来，举行起义，占据了一些城市，建立了自己的统治，大力宣传"救世主统治就要开始了，正义的社会秩序就要建立了"之类信念。

锡克（意为"弟子"）教派也是此时兴起的。这一教派最早产生于喜马拉雅山南麓的山区，主张一神教，反对种姓区别，认为所有教徒在神面前一律平等，提出要摆脱轮回制。信徒以下层的阁提和贱民为主。17世纪以后，这一教派与政府之间的矛盾日益尖锐，不断举行武装起义，延续到18世纪。锡克教徒至今仍在印度有相当多的活动，同印度政府的矛盾非常突出。20世纪80年代还刺杀了首相英·甘地夫人。

17世纪中叶以后，随着社会的动荡、统治者内部的混战，莫卧儿帝国逐渐衰落，而此时西方殖民势力正进入印度。

图 19-5
1650年建成的印度泰姬陵

早在 16 世纪初，葡萄牙人在印度西部和南部沿海建立了许多军事据点，其中以 1510 年建立的果阿最为重要。16 世纪后期起，荷兰人也侵入东方。1602 年，荷兰设立东印度公司，与葡萄牙人在印度各地展开了竞争，也在印度东南海岸建立了一批据点。英国人 16 世纪末来到印度，1600 年成立东印度公司。后来，这个公司拥有军队，还从英国国王手中取得了在印度铸造钱币、宣战媾和等方面的特许权，逐渐成为英国侵略和掠夺印度的大本营。法国人在 1644 年成立东印度公司后，也开始在印度强占地盘。

第二十章

中古文明巅峰
自南北朝至明朝的中国

20.1

南北朝：中国走向再统一的前奏。民族大融合：北魏孝文帝改革。南北朝科技文化成就。隋朝统一中国和制度变革。连接南北的大运河。隋炀帝的暴虐。隋末农民大起义

420年刘裕取代东晋、建立南朝宋后，南方朝廷改朝换代相当频繁。自420年至589年，南朝历经了四个短暂的王朝，即宋、齐、梁、陈。

刘裕统治期间，实行了一些改革，惠及社会多个方面。其继承者刘义隆在位20余年，对政治有所整顿，对教育颇为重视，对经济特别是农业也有所作为，还在一定程度上减轻租税负担，改革货币制度，因而出现了"元嘉之治"。

479年，将军萧道成效法刘裕，逼迫宋帝禅位于己，建立南朝齐。齐朝也维持了较好的经济状况，但由于国家整顿户籍，引发了规模较大的唐寓之起义。

齐宗室混战不休，曾在8年内换了5个皇帝。502年，皇族萧衍杀掉自立的齐帝后即帝位，改国号为梁，史称梁武帝。梁武帝是中国历史上崇佛的

皇帝之一。佛教自两汉年间传入，在中国不断发展，但也较为曲折。一些统治者的尊佛，是推动佛教在中国传播的重要因素。梁武帝还平定了祸害长江下游地区的"侯景之乱"。但过后不久又陷入了宫廷内乱。

557年，州刺史陈霸先废黜梁皇，自立为帝。陈朝经济虽有一定发展，但宫廷奢乐之风盛行，尤其是最后一任皇帝陈后主，不理政事，沉迷诗歌，醉生梦死，终于在589年被南下的隋军俘获，陈亡，南朝结束。

在南方王朝更迭的同时，北方逐渐走向统一，并出现王朝兴替的局面。

由鲜卑族拓跋氏建立的北魏王朝，完成了对中国北方的统一事业。拓跋氏起源于大兴安岭北端，东汉后期迁至阴山一带。东晋初年曾建代国，但很快夭折。386年，其后代建北魏，随后进攻中原北地，先后灭夏、北燕、北凉等国，于439年统一黄河流域，结束了北方分裂局面，与刘宋南北对峙。

485年北魏孝文帝改革，是中国历史上的重大事件之一。北魏在完成北方统一后，如何处理胡汉间的民族矛盾，如何使具有游牧生活背景的"胡"人融入农耕世界，并促使社会稳定、经济发展，是统治者面临的头等大事。这是改革的基本背景。改革实际上也是从这几点出发的，具体措施包括：实行均田制，计口授田；实行三长制，五家设一邻长，五邻设一里长，五里设一党长，由此构建国家的基层行政系统；实行租调制；迁都洛阳，实行汉化政策，穿汉服、改汉姓，用汉礼等。应当说，这些改革达到了最初目的，大大促进了中国的民族融合，对中国历史具有深远影响。

人民起义和宫廷权力之争，引发了政治的混乱局面，结果北魏于535年分裂为东魏和西魏两个王朝。两魏虽然相互抗衡，但谁也没有被对方吃掉，倒是两魏各自内部出现了政权更替。东魏于550年被高洋的北齐取代；西魏皇帝则在557年由宇文觉废掉，代之以北周。北周最终在576年灭掉北齐，再次统一北方。但北周政权却在581年被外戚杨坚夺走了皇位，杨坚建立了隋朝。589年，隋军南下灭掉南朝陈，中国再次实现了全国统一。

南北朝时期，中国在科技与文化方面有较大成就。祖冲之求得圆周率在3.1415926和3.1415927之间，是世界上第一个将圆周率定在小数点后7位数的人。他创制的新历法"大明历"，测得一年为365.24281481天，比实际时间仅相差约50秒。郦道元所做《水经注》，是中国第一部地理学专著。贾思勰的《齐民要术》，是中国最早的一部较为完整的农学书籍。在宗教方面，佛教有较大发展。这期间翻译了大量佛经。僧人法显还到印度取经，著有《佛国记》，记录了沿途从中亚到印度再到东南亚的见闻、风俗和其历史地理。佛像艺术这一时期大放异彩，集中体现为大规模建造三大佛像石窟即甘肃敦煌石窟、洛阳龙门石窟和大同云冈石窟。在哲学方面，范缜的《神灭论》系统而又精辟地论述了唯物论思想。文学方面，刘勰的《文心雕龙》是中国第一部文学理论和文学批评专论。北朝民歌《敕勒歌》将各种景物组合，构绘了草原的苍茫景色：

> 敕勒川，阴山下，天似穹庐，笼盖四野。天苍苍，野茫茫，风吹草低见牛羊。

588年，隋朝大军50多万人，分成八路南下，在千里长江上向南朝陈发起攻击。陈后主君臣先是自以为有长江天堑为屏障，对敌军不予理会；后又仓促应战，破绽百出，陈军迅即溃败。589年，隋实现了对中国的统一，随后又平定了南方的一些兵乱。

隋从581年开国，到618年灭亡，仅经历三帝、38年。隋的历史与秦朝颇为相似：实现了对中国的统一，但又是个短命的王朝，而其创立的制度却又在历史上影响深远。隋文帝杨坚在中央实行三省六部制。三省中，内史省是决策拟诏机构；门下省是审议复核机构；尚书省是执行机构；三省长官均为丞相。尚书省统管六部。六部中，吏部掌管官员，户部掌管民政，兵部掌管军事，礼部掌管礼仪，刑部掌管司法，工部掌管建设。三省六部制，是秦以来三公九卿制的发展。

隋初的另一重大改革是实行科举制，即通过考试的方法选拔官员。这一制度的优越性是能更好地识别和选拔人才，有利于集中优秀人才管理国家；也能使社会下层有才能者通过读书和考试进入国家管理阶层，开辟了一条社会向上流动的新途径。但在另一方面，也使中国社会最优秀分子的精力和取向放到了读书为仕这一点上，分散了他们对思想文化和科学技术的思考，不利于社会进步。中国自隋以来社会前进的步幅不大且慢，与科举制有密切关系。

隋朝还针对南北朝时期政治、军事、经济等方面的许多弊端进行改革。如改州郡县三级区划制为州县二级制，实行州县官吏的回避制度，建立兵农合一的府兵制，制定隋律等，都有利于促进社会稳定和经济发展。从隋初开始，还开凿大运河，其初衷主要是出于政治需要，便于国家运粮调兵。大运河从北到南连接了海河、黄河、淮河、长江、钱塘江五大水系，形成了一条南北大通道，大大促进了全国范围内的经济和社会联系。这是中国古代堪与长城媲美的伟大工程。

然而，当统治者将这些发展视为满足私欲的工具，纵情声色犬马，贪欲无度，挥霍无度的时候，必将引起全社会的切齿痛恨。隋文帝的继承者隋炀帝杨广，就是这样一个无比荒淫残暴、激起全社会无比愤怒的君王。他通过弑父手段登上了国君之位，也"猜忌臣下"，既杀掉薛道衡这样的鸿儒硕士，又诛灭了助其夺取皇位的杨素，重用奸佞之臣。他大兴土木，除了营造东都洛阳和开凿运河外，还修建了五大工程，其中只有修长城和开驰道对保卫国家安全或勾连交通交流有一定作用，余者都是为了满足他自己的骄奢淫逸、游乐挥霍。据称，隋炀帝统治期间征用男丁达1000万人以上，这对于全国5000万人而言，基本上抽空了农业劳动力，对生产造成了极大破坏。隋炀帝还数度从中原巡游至江南，三次发动了征伐高丽的战争，大量消耗了人力和财力。苦难最为深重的还是普通民众。当时人这样唱道：

> 我兄征辽东，饿死青山下。今我挽龙舟，又阻隋堤道。
> 方今天下饥，路粮无些小。前去三千程，此身安可保！
> 寒骨枕荒沙，幽魂泣烟草。悲损门内妻，望断吾家老。
> 安得义男儿，焚此无主尸。引其孤魂回，负其白骨归。

一幅何等悲凉凄楚的乱世惨景！隋末农民大起义浪潮就是在这样的背景下掀起的。

山东长白山的王薄，以一首《无向辽东浪死歌》，表达了"譬如辽东死，斩头何所伤"的起义决心，611年率先发动起义。响应者如云，大小队伍几十支。最著名的是瓦岗寨起义军，其领导人有翟让、徐世勣、单雄信、李密等。李密善于谋略，又能广纳人才，因此瓦岗军中又延揽了秦叔宝、魏征等文武人才。数年之中，瓦岗军数度大胜。但由于内部矛盾激化，瓦岗军又逐渐走向了分裂和失败。与瓦岗军齐名的是窦建德领导的河北起义军。窦建德建立了政权，自称长乐王。此外，杜伏威和辅公祏领导的起义军，也曾威震江淮，建立政权，据有大片土地。隋末农民起义中各路英雄的可歌可泣故事，为后来的中国民众广为传颂和演绎。

当农民起义达到高潮之时，隋朝的一些将领和官吏、各地地主也乘机起兵，指望大乱之时火中取栗的投机者大有人在。割据一方的地方势力，有称霸涿郡的罗艺，自称西秦霸王的薛举，据有两湖的萧铣，称霸江南的沈法兴，自封唐王的太原李渊等。618年，隋炀帝亲信宇文化及等人发动兵变，缢死炀帝，隋亡。

20.2

唐朝的建立。贞观之治。武则天：中国唯一女皇帝。从开元之治到天宝之乱。唐后期藩镇割据。唐与西域。李白与杜甫：传颂万代的唐诗。佛教本土化运动

隋朝灭亡后，正统政权并没有转到农民起义军手中，而是最终为唐王李渊获得。李渊为汉人，其祖辈是西魏战将，但其母独孤氏出自胡人。其家族正是中华民族融合的最好标本之一。李渊早有僭越之心，但故意终日纵酒，不问政治，以麻痹隋炀帝。当隋朝灭亡指日可待时，李渊立即起兵，由其子建成、世民分领两路大军，向南杀来，一路攻城略地，攻克长安，立傀儡隋代王。618年炀帝被杀后，李渊迅速废隋代王，自立为帝，国号唐，都长安。

李唐本只是全国几十支队伍中的一支，唐高祖李渊大约花了10年时间削平了各地势力，还获得了房玄龄、令狐德棻、李靖等一批贤臣良将。在唐军与各支力量的较量中，李渊次子李世民起了重要作用。这也引发了唐室内部的矛盾和倾轧。李世民发动"玄武门之变"，诛杀了其兄建成和其弟元吉无奈之下，李渊将皇位让给了李世民，即唐太宗。

李世民此举虽然有悖封建道统和伦理，但他认为自己目的是为了天下，因而是合理的。他在位20余年，也确实履行着"拯天下"之任。在稳定国家、发展经济、注重民生、开拓疆土、民族融合等方面，唐太宗时期均达到一个新的阶段，史称"贞观之治"。这些成就与李世民重视农业、重视法治、重视人才的眼光是分不开的。一方面，他知道人民对国家、对统治者的意义，"国以民为本"，君为舟，民为水，"水能载舟，亦能覆舟"；另一方面，他也知道君王个人见识总是难免片面性，因而颇为欣赏大臣魏征"兼听则明、偏听则暗"的谏言，广纳臣下建议甚至不同意见。唐太宗是中国历史上最为开明、最有作为的君王之一。

李世民死后，其子唐高宗在位30余年。虽然高宗才干平庸，但一方面是贞观时期确立的国策仍在发挥作用，另一方面则是其后期有聪明能干的皇后武则天介入朝政，故而其统治亦有"永徽之政"声誉。不过，武则天是一位颇有政治雄心的女人。高宗死后，其子继位，权力却操纵于母后武则天手中。她先是敢于由自己来废立皇帝，后公然自己做起了皇帝，将国号改名为"周"。只是到了晚年，她似乎有所悔悟，在朝臣逼宫下退位，恢复李唐王朝。武则天是中国历史上唯一的女皇帝。

虽然武则天以周代唐，乱了封建法统；虽然她任用酷吏、宠幸佞臣，滥杀了不少忠良无辜，冷落了许多肱股贤臣；虽然她个人生活糜烂、纲纪失常，但她仍是一个有作为的君王。在她统治的50多年里，中国社会还是比较稳定并有所发展的。

贞观之治以来的唐朝兴盛局面，经过一个世纪左右的发展，到8世纪前期达到了顶峰，唐玄宗的"开元之治"就是这一鼎盛期的代名词。"开元之治"的政绩表现在很多方面，诸如政局稳定、吏治清明、人尽其用、农业发达、人民富足，"四夷来同，海内晏然"等等。唐朝大诗人杜甫，本以批判现实中的阴暗面为长，却非常怀念并描绘了开元盛世景象：

忆昔开元全盛日，小邑犹藏万家室。
稻米流脂粟米白，公私仓廪俱丰实。

然而，盛极而衰的历史规律似乎在这里演绎得最为彻底。唐玄宗末年，一场安史之乱将开元盛世迅速转化为天宝乱世。

乱世的到来与唐玄宗自身因素是极为相关的。他可能太陶醉于自己的统治成就了，逐渐变得荒于朝政而纵情享乐。最为荒唐的，是他将自己的儿媳杨玉环纳为贵妃，成天与其嬉戏于深宫之中，"春宵苦短日高起，从此君王不早朝"，将朝政抛之脑后。为了博得杨贵妃欢心，他不惜花费大量物力财力，修建温泉行宫；用驿站接力运送岭南荔枝，"一骑红尘妃子笑"；重用杨氏家人等。他还唯宦官高力士谗言是听，唯"口蜜腹剑"宰相李林甫决断为用，致使朝纲混乱，政治黑暗。安禄山、史思明等镇守地方的节度使趁机形成割据，并起兵谋反，逼摄朝廷。杨玉环被当成引发祸乱的替罪羊，被愤怒的军民逼死于马嵬坡，唐玄宗也被迫退位。唐明皇（玄宗）与杨贵妃的故事，虽然后来被白居易演绎成"在天愿作比翼鸟，在地愿为连理枝"的凄美爱情故事而流传，但其产生的政治恶果是难以估量的。它也反映了封建体制下国家的兴衰起落命运太系于君王个人一身了。

尽管安史之乱终被平定，但这一事件却促成了两个转折。其一，它是唐朝由盛而衰的转折点。从8世纪中叶起，唐初那种生气勃勃的景象已再难觅踪，统治者所努力去做的，只是千方百计地维系固有的状态而已，社会几乎已不再向前迈步。其二，中国的经济发展重心开始向南方转移。这是由于中原和北方长期战乱，生产受到严重破坏；而南方未受战火所扰，社会相对稳定，并且水稻耕作等适合南方气候的农业生产技术有较大进步，如曲辕犁的广泛推广。南方在中国政治中的地位也日益增强。

安史之乱平定后，唐朝政局趋于稳定，但埋下了三个祸根。一是形成了藩镇割据局面，即各地节度使形成了割据一方、控制地方军政财权的强大势力，并以此对抗中央。虽然朝廷不断展开对藩镇的斗争，但一次次的平藩战争，使唐王朝耗竭了财力和精力，造成国势日衰。而且藩镇势力对民众实行暴政统治，加剧了社会矛盾，最终激发了人民大起义。

二是朝廷里的宦官专权乱政，致使朝纲混乱，政令不一，仕途阻塞，贤人受气。皇帝曾联合朝臣与宦官进行斗争，在"永贞革新"中致力打击宦官，但却遭到宦官反击，制造了"二王八司马事件"，将改革的十位朝廷官员或杀害，或贬放。宦官还发动了"甘露之变"，再次挫败皇帝与朝臣的联合行动。宦官专权使得唐后期朝政陷于黑暗状态。

三是朝臣内部的朋党之争，以"牛李党争"最为突出。以牛僧孺为首的官僚集团均为由科举而晋身为官之士，以李德裕为首的集团则多为门第士族出身。虽然两党中都有些有识之士，一些政治主张或治政措施也很有见地，但党争是一种非正常的派系斗争，严重损耗了朝廷内具有正能量的政治资源，加速了唐王朝的衰落。

不过，唐王朝中期后的统治之所以还能勉强地维持，并不时出现诸如"兴和中兴""大中之治"之类较好气象，也在于一些皇帝或能够自我审时度势，或能够重用贤臣，进行改革。如唐代宗时期总管全国财政的刘晏，通过改革盐法，改善漕运，实行种种平抑物价的措施，整顿了已经紊乱的经济秩序，增加了国库收入。唐德宗于780年采纳宰相杨炎建议，废除租庸调制，改行两税法，将各种正税、杂税等合为地税和户税，一年分夏秋两次征收。两税法主要按田产征税，改变了以人丁为计税依据的传统做法，有利于减轻百姓负担，也能更好地保证国家税源。两税法虽然存在着缺陷，但在中国一直沿用了700多年，可见其在一定程度上符合中国封建时代实际。

然而这些改革并不能扭转唐王朝的颓势。由于封建统治主要基于君王个人的品行和能力，因此皇帝的英明或昏庸常成了政治成败的决定性因素。当皇帝个人沉溺于享乐生活甚至骄奢淫逸时，其统治的根基也就基本动摇了。唐朝末年的一些皇帝如懿宗、僖宗就是这样的既昏庸又荒淫的帝王。他们肆意消耗社会财富，其负担最终都转嫁到了民众身上。当朝就有大臣指出"民有八苦，国有九破""富者有连阡之田，贫者无立锥之地"。深重的苦难势必导致人民起来反抗。

唐朝末年的黄巢农民大起义，在中国农民战争史上可谓极具特色。黄巢本为山东曹州殷实人家，习文练武又有丰富阅历。875年响应王仙芝起义，投奔于其门下。王仙芝战死后，黄巢继为领袖，带领起义军东征西讨，转战十数省，斗争近十年，一度还攻占唐都长安，建立了大齐政权，但最终被唐军所剿杀。黄巢起义失败的原因，在于其流动作战，未能建立比较稳固的根据地，故而一旦某次作战失利，便无后方可退。黄巢起义虽然失败，但其大无畏的英雄气概长留在中国人的心头。黄巢的一首诗作也常为人们吟诵：

> 待到秋来九月八，我花开后百花杀。
> 冲天香阵透长安，满城尽带黄金甲。

黄巢起义摧毁了唐王朝的根基，20来年后，唐王朝就覆灭了。

唐朝是中国历史上最为强盛的朝代之一。直到今天，国外的华侨社区还以"唐人街"命名。就疆域扩展来说，唐的版图往西达到了巴尔喀什湖。从对外交往来说，以长安为起点的丝绸之路上，常年流动着来自中亚、西亚各地的商旅。阿拉伯商人将中国的文化和发明带到了西亚和欧洲，唐也吸吮了西亚和南亚的文明养分。从民族关系来看，唐与吐蕃（西藏）、南诏（云南西部）等兄弟民族通好，奠定了中华民族大家庭的基石。

唐代的文化成就极为突出。唐诗是中国古典诗歌的巅峰，在某种意义上是后世不可企及的。中国诗歌讲求意境、精炼、韵律等，这些都在唐诗中得到了最高体现。

初唐四杰即王勃、杨炯、卢照邻、骆宾王，扭转了魏晋骈文清谈旧风，抒发对生活的感受，描写对现实的观察，开启了唐代诗歌的创作新风。王勃《滕王阁序》中"落霞与孤鹜齐飞，秋水共长天一色"，是最具描景意境的千古名句。

盛唐时期，李白和杜甫是诗人中最杰出的代表。李白的诗见景而生发想象，用夸张的手法描写自然界杰作和人类活动精神，其浪漫的格调中饱含着对大好河山的深情和挚爱，吟读时令人极有飘逸之感，故而其享有"诗仙"之美誉。李白诗《早发白帝城》：

> 朝辞白帝彩云间，千里江陵一日还；
> 两岸猿声啼不住，轻舟已过万重山。

与李白齐名的杜甫，则以揭露社会阴暗面，描写现实中民众所受的苦难为主。其诗作是唐代历史的真实反映,因而有"诗史"之谓,其人也被誉为"诗圣"。他最著名的代表作"三吏"(《石壕吏》《潼关吏》《新安吏》)"三别"(《新婚别》《垂老别》《无家别》),就是对安史之乱期间社会动乱的写真。杜甫"朱门酒肉臭,路有冻死骨"的诗句,更是深刻揭示了社会巨大贫富差异的残酷现实。

李白杜甫之外,盛唐诗坛群星闪耀。如崔颢《黄鹤楼》:

昔人已乘黄鹤去,此地空余黄鹤楼。
黄鹤一去不复返,白云千载空悠悠。
晴川历历汉阳树,芳草萋萋鹦鹉洲。
日暮乡关何处是,烟波江上使人愁。

众多边塞诗给后人留下深刻意象。如王焕之的《凉州词》:

黄河远上白云间,一片孤城万仞山。
羌笛何须怨杨柳,春风不度玉门关。

边塞诗人还有王昌龄、王维、高适等。

白居易做诗也效法杜甫,以写实为主,他认为"文章合为时而著,歌诗合为事而作"。他与同期诗人元稹发起了"新乐府运动",将现实作为诗歌创作的题材。更为难得的是,白居易认为诗歌一定要易懂。据说他每写成一首诗,先要读给不识字的人听,不断修改,以听者能懂为止。白居易的《长恨歌》《琵琶行》,流传极广。他的《卖炭翁》,更是通俗而深刻地揭露了百姓所受的欺压和苦难。

中唐时期同样是诗人辈出。如刘禹锡《竹枝词》:

杨柳青青江水平,闻郎江上唱歌声。
东边日出西边雨,道是无晴却有晴。

贾岛《寻隐者不遇》：

　　松下问童子，言师采药去。
　　只在此山中，云深不知处。

、

晚唐政局迷茫，诗人更是充满伤感失意愁绪。如杜牧《泊秦淮》：

　　烟笼寒水月笼沙，夜泊秦淮近酒家。
　　商女不知亡国恨，隔江犹唱《后庭花》。

聂夷中《伤田家》：

　　二月卖新丝，五月粜新谷。医得眼前疮，剜却心头肉。
　　我愿君王心，化作光明烛。不照绮罗筵，只照逃亡屋。

　　不过，也有诗人如温庭筠、韦庄等追求唯美，在诗中表达审美情怀。《商山早行》和《虢州涧东村居作》。

　　唐朝政治经济的强盛，使人们在精神上的追求探索更为深入，宗教尤为突出。自东汉传入中国的佛教，在魏晋南北朝时期磕磕绊绊地传播着，在唐朝也曾因其寺院占有过多土地影响朝廷财政收入而出现了晚唐的"唐武宗灭佛"，但大多数时候唐统治者还是大力扶植佛教。佛教也在中国实现了本土化，揉进了许多中国的传统思想观念。唐代佛教宗派迭起是其繁荣的主要标志，著名的佛教宗派有天台宗、法相宗、华严宗、禅宗、三论宗、律宗、净土宗和密宗等。唐朝既有贞观年间玄奘前往西天印度取经，又有晚唐鉴真和尚六渡东海，将佛教传到刚刚进入文明时代的日本。李唐自认为是老子李耳的后裔，自然对道教也极为尊崇。源自西亚的祆教、摩尼教、景教、伊斯兰教等也都是在唐代传入中国的。

20.3

五代更迭：梁、唐、晋、汉、周。十国小史。黄袍加身：赵匡胤建立宋朝。与辽、夏的对抗。王安石变法

907年，唐大将朱温废掉唐朝最后一个皇帝，唐亡。朱温自立为帝，国号梁，定都开封，史称后梁。朱温本为黄巢起义军将领，后投唐，因帮助镇压农民军有功，获封节度使和梁王。在唐朝的最后20年里，他消灭了各地割据势力，基本恢复了中国北方的统一。

朱温开始了中国历史上的"五代"时期。他称帝后所实行的措施，使唐朝后期以来的政治混乱、经济萧条局面有所改观。但与盘踞在山西的李克用、李存勖父子长期作战，大大消耗了国力。朱温本人荒淫失伦，最后被儿子杀掉。宫廷内乱未已时，923年李存勖攻破开封，后梁亡。李家的后唐取而代之，以洛阳为都。

李存勖属西突厥沙陀人，父李克用曾封晋王，割据了黄河流域相当宽阔的地区，而且还领有四川，故而版图较大。后唐存在14年，其中以唐明宗较有治理之才，出现过"小康"社会局面。936年，后唐被河东节度使石敬瑭所灭。

石敬瑭建后晋，都开封。他以割让幽云16州、并认契丹王为父为条件，借助契丹力量消灭了后唐，故在历史上有"儿皇帝"之臭名，也为当时朝臣所鄙夷。后晋主战派与契丹为敌，结果遭契丹军南侵，灭掉了后晋。契丹改国号为辽，都开封，但不久后即北撤。

947年，后晋部将刘知远在开封称帝，建后汉。但不过四年，后汉即被部将郭威取代。

郭威于951年建后周，都开封。郭威出身贫寒，扭转了腐败混乱的政治局面，北方社会走向安定。其继位者周世宗是较有作为的皇帝，但不几年便病亡。960年，大将赵匡胤在开封之北陈桥驿发动兵变，黄袍加身，取后周而代之，建立宋朝。

五个小王朝延续时间短暂，加起来也只有53年，而且统治区域也仅限于

北方地区。而此期间的南方则先后出现了9个小政权，其中多建于唐朝末年，加上北方山西境内的北汉，合称为十国。十国多为宋朝所灭。

891年，王建在成都建前蜀国，925年被后唐所灭。

892年，杨行密在广陵（今扬州）建吴国，937年被南唐所灭。

893年，钱镠在杭州建吴越国。吴越延续时间较长，共经历5个国王，直至978年才为宋朝灭掉。

893年，王审知在福州建闽国，945年被南唐灭。

896年，马殷在潭州（今长沙）建楚国，951年被南唐灭。

905年，刘隐在番禺（今广州）建南汉国，971年被宋灭。

907年，高季兴在荆州建南平国，963年被宋灭。

925年，孟知祥在成都建后蜀国，965年被宋灭。

937年，李昪在金陵建南唐国，976年被宋灭。

951年，刘崇在晋阳（今太原）建北汉国，979年被宋灭。

赵宋王朝也正是在灭亡这些小国的基础上，统一了中国，并且逐渐强盛起来。但是赵匡胤也总担心在征伐各国中建立功勋的将领们，会效法自己兵变做法，威胁皇帝权力甚至帝位，因此他采取了种种措施强化自己的集权统治。他给有功将士优厚的待遇，解除一些将军的兵权，此所谓历史上著名的"杯酒释兵权"故事。他还加强对中央机构的控制，削弱地方官员的财权等。为了分割各级官吏的权力，宋又设置了过多的官员。为了防止将领将军队作为实现政治野心的工具，宋还实行了"兵无常帅，将无常师"。为了分散兵权，宋设置了诸多兵种，采取"养兵"政策，增加兵员人数。官员多、兵员多，自然又需要庞大的经费开支，从而形成了"冗官、冗兵、冗费"的局面，最终造成了宋代"积贫积弱"的状况。

积贫是相对财政收支而言，积弱则是相对外部敌人而论。在北宋王朝160多年的历史里，先后遇上了北部西部三个强劲的对手：辽（契丹）、西夏和金。在北宋的前中期，辽、西夏与宋朝鼎足而立，演绎了一幕幕征战杀伐、惊心动魄的历史场景。

建立辽国的契丹族，本为游牧民族。获得幽云十六州后，农业也有一定的发展，故而国力日益强大，成为宋朝的主要对手。在多数情况下，辽居于上风。

中古文明巅峰　　553

宋在灭北汉、得到杨业等杰出将领后，有所扭转弱势，但一直采取"守内虚外"国策，所谓"内既理，则外自安"，长期被动防御。即使是在1004年取得了些许胜利，也和辽国结成"澶渊之盟"，与其以兄弟相称，且答应每年送给辽银10万两、绢20万匹。不过，这种看似颇为屈辱的行为，有效地阻止了北方游牧民族屡向中原的进犯和骚扰。

西夏为党项族所建，版图以今宁夏为中心。建国前，曾长期采取联辽抗宋战略。李元昊于1038年正式称帝后，西夏的制度建设、皇权统治都大为加强，并奉汉学为国学，加快了文化上的汉化。但宋不能容忍西夏称帝，两国关系再度紧张。1044年，宋在处于上风的情况下，迫使西夏称臣，但以年赐西夏大量的银、绢、茶等物，以示安抚。此后宋夏关系曲折反复，有战有和。西夏与辽的关系亦复如此，战和交错。

积贫积弱的状况，致使宋王朝对广大民众的剥夺加剧，从而导致人民的反抗斗争。993年，蜀地爆发了王小波、李顺农民起义，并在中国历史上第一次提出"均贫富"口号。庆历年间，各地农民的反抗斗争再一次掀起。虽然最终都被镇压，但却引起了统治集团中有识之士的思考，从而出现了北宋中后期的变法改革运动。

范仲淹的庆历新政，是变法的第一次高潮。这次新政以整顿吏治、选拔人才为重点，共颁布了10项改革方案。但改革必定触动一些既得利益者，因此新政实行不过一年多时间就被废止，范仲淹等改革派均被贬职外放。这位"以天下为己任"的政治家，只能空怀"先天下之忧而忧，后天下之乐而乐"的理想抱负。

改革仍然是大势所趋。20多年后，宰相王安石将改革运动推向了高潮。这位曾被列宁称誉的"中国11世纪的改革家"，几乎进行了全面的政治、军事、经济改革，历史上称为"王安石变法"。变法内容包括青苗法、均输法、农田水利法、免役法、市易法、方田均税法，以及保甲法、养马法和将兵法等。可以看出，改革的重点是经济和军事。改革的主要目的是富国安民。如青苗法就是向农户贷放生产资金，春贷夏还；市易法则是平抑物价；方田均税法则清查丈量土地、按实际田亩收税，既保证朝廷财政收入，又减轻少地农民负担，显然这要触犯田产较多而且有所隐瞒的地主豪强利益。因此，变法同样遭到了保守派阻挠和反对，王安石被两次罢相。新法后来虽有所选择地推行，但已大打折扣。

北宋末年，朝廷政治愈加黑暗，农民起义频繁发生，此起彼伏。宋江领导的山东梁山水泊起义，方腊发动的浙江农民起义，是最重要的两支起义队伍。

就在宋朝统治有风雨飘摇之忧时，来自外部的打击更为惨烈。这就是北方新起的金国军队南下侵宋。金为女真族所建政权，五代时始见其踪迹，原活动于松花江流域，以畜牧为生。由于受辽国欺压索取，其首领完颜阿骨打开始起兵反辽，数败辽军。1117年建女真国，1122年改国号为金。随即征战辽国，并一度与宋联手，南北夹击辽国。1125年，金终灭辽。随后不久，金又找借口发两路兵进攻北宋。宋徽宗退位，子宋钦宗登位。大臣李纲领兵抗金，各路勤王军也汇集开封，金军北撤。1127年，金军再次南下，攻破宋都开封，俘徽宗、钦宗，北宋亡。金军回到北京，成为中国北方的强大王朝。

北宋自960年建国，1127年亡，凡167年。虽然在对外较量中始终呈守势弱势，但北宋社会经济文化极为繁荣，达到了中国封建社会发展进程中的一个高峰。

20.4

金兵南下，宋王室南迁，南宋军民抗金。蒙古人南下与元灭南宋。两宋时期经济重心南移、城市与工商业发达，农业精耕细作。科学技术发展。理学的兴起。辉煌的文化成就

宋朝二帝被金军北掳后，宋徽宗第九子赵构称帝，为宋高宗，重建赵宋王朝。由于中原已多陷于金人之手，军民到处掀起抗金斗争，北方一片战乱之象，于是宋王室逐步南迁，而金兵则在兀术的统领下一路追击，直至浙东海上，才因不习水战而离开杭州北撤。1138年，宋王室终于安顿下来，定都临安（杭州），史称南宋。

南宋初年，由于金兵南下给人民带来了极大灾难，各地军民掀起了此起

彼伏的抗金斗争。在河北河南一带，有王彦领导的义军，将士脸上均刺有"赤心保国，誓杀金贼"字样。马扩领导五马山义军。山西河东地区则有红巾军。山东有张荣领导的梁山水泊军等。属于官方的，则有南宋著名的"中兴四将"，即韩世忠、岳飞、张浚、刘光世。尤其是岳飞的岳家军，所向披靡，战无不胜，为时人和后人歌颂传扬。

值得一提的是，南宋初年在洞庭湖地区爆发的钟相、杨幺起义，矛头直指妥协投降的南宋朝廷，其打出的"等贵贱、均贫富"口号，在农民战争史上具有里程碑意义。

为了苟安南方，宋高宗和投降派秦桧主张与金议和，并以称臣纳贡为和议条件。这自然遭到了岳飞、韩世忠等将领的反对，他们力主北伐中原、收复北方。1141年，秦桧以"莫须有"的罪名杀害岳飞。岳飞成为爱国民族英雄的象征，秦桧成了中国历史上最臭名昭著的卖国贼奸臣。南宋与金正式议和，形成宋金南北对峙局面。

南宋延续了150多年，其政治状况不足论道。在对外关系上，虽然国内不断有收复北方失地的呼声，并且曾数度出现过北伐举动，但主和派始终占上风，且常以屈辱条件向金求和，南宋皇帝甚至自称与金国皇帝是"侄叔关系"。南宋朝廷政治更为黑暗，常见奸人当道。除秦桧外，朝臣韩侂胄、史弥远、贾似道等，也都是中国历史上臭名昭著的奸佞之臣。

南宋后期，蒙古族在大漠南北兴起，成吉思汗建立了世界上最大的游牧民族帝国。它在向南扩展时，富饶的中原无疑首当其冲。1227年，蒙古人灭掉西夏。1234年，蒙古人与南宋联合，南北夹击，灭掉了金国。1267年，蒙古人发动对南宋的进攻；1271年，蒙古人建立元朝；1276年，南宋投降；1279年，南宋的残剩势力最终被元军消灭。至此，延续了320年的赵宋王朝覆灭。

两宋时代，中国在经济、科学、思想、文化等方面的发展，大有可圈点之处。

经济上，首先是中国经济重心已移至南方。这既与北方长期战乱，辽、金不断南下，人口大量南迁有关，也离不开生产技术改进、南方优越自然条件得到更为充分的利用。其次，城市高度发达，其经济功能日益突出。城内坊墙被拆除，"市""坊"合流有利于商业交易。北宋张择端的《清明上河图》

反映了东京汴梁市场繁荣、百业兴旺的景象。南宋都城临安居民高达120万人。再次，农业上，出现新的生产工具如扬水的"筒车"，新粮食作物品种如"占城稻"，修建水库和堤坝等水利工程，扩大耕地面积，造圩田、梯田，广泛种植果木、桑麻、棉花等经济作物，讲究精耕细作技术如晒田、一年两熟制等，南宋稻田产量最高有达七八百斤的。

两宋的工商业经济也发展到一个新高峰。手工业中，采矿冶炼技术达到新水平，纺织形成了丝麻毛棉四大部门，瓷器制作有定汝钧官哥五大名窑。造船业达到世界最高水平，出现了尖底福船、平底沙船以及广船三大船式，大船航于海上时，"巍如山岳浮动波上"。除了形成许多重要的商业贸易中心外，集市贸易遍及全国乡村。对外贸易中与阿拉伯商人联系较多，泉州、广州等东南海港是"海上丝绸之路"的出发地，并有专门管理对外贸易的"市舶司"。由于商品经济和商业交换的发达，北宋出现了世界上最早的纸币——"交子"，南宋的纸币会子还在不同地区有不同形式。

两宋的科学技术也取得显著进步。中国古代四大发明中，有三大发明出现在宋代，或在宋代有较大改进。在隋唐雕版印刷术基础上，宋代毕昇发明了活字印刷术。印刷业中的"宋"体字，至今仍是使用最广的汉字字体。指南针发明后，还创造了多种使用方法。火药广泛运用于军事和社会生活中。宋代科学进步也反映在天文学、数学、物理学、医学、博物学、建筑学等方面，其时沈括所著的《梦溪笔谈》对这些成就有详细的记载和评论。

思想的发展也是宋代一大特征。理学将儒家思想予以一定改造后，最终演变成了长期束缚人们头脑的精神枷锁。理学的创立者是周敦颐，中经程颐、程颢兄弟的发展，朱熹成为集大成者。后来明代的王阳明对其也有一定新发展，故理学常被冠以"宋明理学"之谓。从某种意义上说，儒家思想从春秋以来直至隋唐，主要体现为人生说教。而理学将其哲学化，使改造后的儒家思想更能符合统治者的要求。

宋代也是中国文化发展的一个重要时期。譬如史学，北宋司马光所著编年体通史《资治通鉴》，是中国最有影响的史学名著之一，因而他也与司马迁一道被誉为中国史学"二司马"。又如书法，宋代形成了影响深远的蔡、苏、黄、米四大家。而"新古文运动"的继续深入，使得欧阳修、王安石、曾巩、苏洵、苏轼、苏辙与唐代的韩愈、柳宗元合称为"唐宋八大家"。宋诗在唐诗基础上有自己的创新。除了西昆体和以黄庭坚为代表的江西诗派外，南宋爱国主义诗人陆游应是宋诗创作最突出的代表。陆游诗有《示儿》等：

　　死去元知万事空，但悲不见九州同。
　　王师北定中原日，家祭无忘告乃翁。

　　陆游对农家习俗风情也有形象描写，如《游山西村》。南宋范成大也描绘农家生活情趣。杨万里则以写景为长。
　　当然，宋代留给后人最为宝贵的文化遗产是宋词。词是唐代在诗歌基础上发展起来的一种新的文学体裁，长短句型，可歌唱，后逐渐演变为固定格式，称为词牌，作词称之为"填词"。与诗歌常在偶句押平韵不同，词多押仄韵。发展到宋代时，词的创作分为婉约派和豪放派两种风格。婉约派词风委婉，多用于表达作者的愁思情感。著名的婉约派词人代表有柳永，其代表作有《雨霖铃》。
　　南宋著名女词人李清照也属婉约派，其表达的情感更体现了女性的细腻，如《声声慢》：

　　寻寻觅觅，冷冷清清，凄凄惨惨戚戚。乍暖还寒时候，最难将息。三杯两盏淡酒，怎敌他晚来风急？雁过也，正伤心，却是旧时相识。
　　满地黄花堆积，憔悴损，如今有谁堪摘？守着窗儿，独自怎生得黑？梧桐更兼细雨，到黄昏、点点滴滴。这次第，怎一个愁字了得！

　　豪放派则是因为其词的风格豪迈而奔放，气魄宏大，视野开阔，题材多为国家和社会大事。豪放派最著名的代表是苏东坡（苏轼），其词作代表有《念奴娇·赤壁怀古》：

　　大江东去，浪淘尽，千古风流人物。故垒西边，人道是，三国周郎赤壁。乱石穿空，惊涛拍岸，卷起千堆雪。江山如画，一时多少豪杰。

遥想公瑾当年，小乔初嫁了，雄姿英发。羽扇纶巾，谈笑间，樯橹灰飞烟灭。故国神游，多情应笑我，早生华发。人生如梦，一樽还酹江月。

豪放派哪怕是触景生情，也是让思绪遨游无限，如苏轼《水调歌头·中秋》。抗金英雄岳飞的《满江红》，更具英勇豪迈气概：

怒发冲冠，凭栏处、潇潇雨歇。抬望眼，仰天长啸，壮怀激烈。三十功名尘与土，八千里路云和月。莫等闲、白了少年头，空悲切！

靖康耻，犹未雪；臣子恨，何时灭？驾长车，踏破贺兰山缺。壮志饥餐胡虏肉，笑谈渴饮匈奴血。待从头收拾旧山河，朝天阙！

南宋辛弃疾的词，也饱含了拯救河山的炽烈的爱国主义情感，如《破阵子》。

醉里挑灯看剑，梦回吹角连营。八百里分麾下炙，五十弦翻塞外声，沙场秋点兵。

马作的卢飞快，弓如霹雳弦惊。了却君王天下事，赢得生前身后名。可怜白发生！

辛弃疾也善于描写农家乐趣，如《清平乐》：

茅檐低小，溪上青青草。醉里吴音相媚好，白发谁家翁媪。

大儿锄豆溪东，中儿正织鸡笼；最喜小儿无赖，溪头卧剥莲蓬。

宋代还有不少风格手法各异的词人，如严谨有余的格律派代表周邦彦、姜夔。

20.5

文天祥等抗元。元代经济与文化。行省设立。民分四等。元末红巾军大起义

元朝灭宋，经历了一个较长过程。即使是1276年南宋皇帝上表降元之后，残宋还有一部分抵抗力量在与元军搏斗。其杰出代表文天祥，在抗元斗争中坚持到底。哪怕是被元军俘获、面临死亡之际，文天祥还做《过零丁洋》诗，表白自己坚定的内心世界：

人生自古谁无死，留取丹心照汗青。

1279年，南宋丞相陆秀夫抱宋流亡皇帝端宗跳海而死，南宋灭亡。

元朝虽是游牧民族蒙古人所建，但自改国号为元后，就以中国的正统自居，在统治政策上尽可能效法"汉法"，仿照金朝制度建立统治体系和各项基本制度。这是该民族长期与农耕民族打交道，感觉农耕世界制度、经济、文化之先进的结果。元在征服南宋后，也基本承袭宋制。同时进一步采取重农政策。元朝第一个皇帝忽必烈曾经昭告天下，"国以民为本，民以衣食为天，衣食以农桑为本"，可见其深谙农耕王朝统治之道。

因此，在元朝统治不到一个世纪里，经济发展并不比以往各代落后。尤其是农业得到了特别重视，从王祯所著《农书》即可知道当时各项农业生产技术都有提高。由于大力推行屯田和垦田，耕地面积大有增加，粮食产量和人口数量也不断增长。黄道婆引进了棉纺织技术，棉花作为经济作物得到推广。元朝的对外贸易也是世界之最，与中国商人有贸易关系的国家和地区上百个。欧洲商人旅行家马可·波罗，阿拉伯旅行家伊本·巴图塔，都对中国商业贸易的繁荣有详尽描述。由于经济发达，也使元代的文化发展不逊于其他时期。元代戏曲是其标志性的文化成就。关汉卿的《窦娥冤》，王实甫的《西厢记》，马致远的《汉宫秋》，均是流传万代的中国文化瑰宝。

元朝虽是南下的蒙古族人所建，但其对中华多民族国家的统一、国土疆

域的确立起了巨大作用。最重要的是，元设立了宣政院专管西藏事务，并在西藏设置了三个分支机构具体实施管理功能。从此西藏由中央政府直接管辖，结束了吐蕃王朝瓦解后西藏的分裂割据状态。元代史籍《岛夷志略》记载了中国对"万里石塘"（南海）的发现和管理。在行政区划方面，元设立了行省制，将全国版图划分为13个行省。这一设置对中国历史发展影响深远，省（行省）从此成为中国的第一级行政区划。

元统治者以少数的游牧民族管理着广大的农耕民众，必然实行强制性的民族分化和民族压迫政策，其意图无非是抑制多数民族的反抗。故而，元从一建立，就将全国所有人口分成四等。第一等是蒙古人，这是统治民族，享有无限权利。第二等是色目人，即西北部的少数民族，他们曾是蒙古人的同盟者。第三等为"汉人"，指原金国统治下的北方各族，以及被蒙古人较早征服的西南各族。第四等是"南人"，指原南宋统治区内的人民。四等人在法律上是不平等的，享有的权利也有巨大的差异。第四等的"南人"获得的权利最少，受到的歧视和限制最多。

元朝统治者中，对于采取何种统治方式，曾有过激烈的争论和冲突；对于权力的分配，也不乏争夺、阴谋、行刺和政变。而统治者对民生的关注却越来越少，以至于到元朝末年，政治极端腐败，对接踵而至的自然灾害却无能为力。朝廷试图以疏通黄河、更换钱钞等手法来摆脱困境。人民所受困难益发深重，终于引发了农民大起义。其时一首小令道出了农民起义的根本原因：

堂堂大元，奸佞专权，开河变钞祸根源，惹红巾万千。官法滥，刑法重，黎民怨。人吃人，钞买钞，何曾见？贼做官，官做贼，混贤愚，哀哉可怜！

韩山童和刘福通最早于1351年发动起义。他们预先以民谣"石人一只眼，挑动黄河天下反"来鼓动人心。起义军头裹红巾，故称红巾军。因其活动区域主要在北方，所以又称北方红巾军。韩山童牺牲后，刘福通扶助其子韩林儿称帝，建立政权，国号宋。红巾军曾兵分三路北伐，甚至还攻占过汴梁。

起义立刻得到全国各地响应。南方白莲教教主彭莹（彭和尚）领导了淮西起义。其教徒邹普胜和布贩徐寿辉领导了湖北红巾军起义，并建立政权，徐称帝，势力遍及鄂湘赣川诸省。赵普胜、李普胜则转战江淮地区和皖江沿岸。河南及湖北西部则有"南琐红军"和"北琐红军"起义。此外，还有不属于红巾军系列的浙江方国珍起义、江苏张士诚起义等。

各地起义风起云涌，元军也加紧了对起义者的镇压，因此南方地区是战火一片。刀光剑影之中，也有各支起义军间的争斗厮杀。而元统治集团内部更是内讧不已，互相倾轧。较有能力的脱脱相、孛罗帖木儿先后被贬杀和刺杀，大大削弱了元的镇压力量。十余年混战后，形成了三四支比较强大的武装。最后由朱元璋于1363年战胜陈友谅，1367年先后击败张士诚、方国珍。1368年，朱元璋称帝，建立明朝，定都南京。

20.6

朱元璋的杀戮。君主专制顶峰。文字狱与八股文。靖难之变。设立内阁。宦官弄权擅政。土木堡之变。农民起义频发。张居正一条鞭法。商品经济发展与新市镇。资本主义萌芽及其命运。郑和七下西洋。抗倭斗争与海禁解除。东林党人情怀。李自成起义与明朝灭亡。明代的思想、文化和科技成就

朱元璋是中国历史上由草根农民通过起义上升为至尊皇帝的典型例子。他出身寒微，父母早亡。自己也很小就做和尚。农民起义发生后，朱元璋投身于郭子兴手下当兵，因军功而一步步获得擢升。郭子兴死后，朱元璋曾采纳了朱升"深挖坑，广积粮，缓称王"的建议。后来先做吴王，后称皇帝。建立明朝后，朱元璋又花了20年时间，北伐元军，占领北方全部地区；南灭东南至西南的割据势力，完成全国统一。

朱元璋也被视为登基建国后杀戮功臣的一个代表。明朝初期的胡惟庸案、蓝玉案，即是这方面的突出表现。两案中受株连者达数万人，其中有大量因功受封的公侯。只有功勋卓著的徐达、刘伯温不曾遭受杀身之祸，还能安度

晚年。

作为农民出身的皇帝，可能有一种急切的心态，要将一切大权都抓到自己手中，因此明朝是中国封建社会君主专制达到最顶峰的时期。虽然看起来是因为胡惟庸案促使朱元璋废除丞相职位，但实际上是他认为丞相制度威胁着皇帝专权。在他看来，"自秦以下，人人君天下者，皆不鉴秦设相之患，相从而命之，往往病及于国君者，其故在擅专威福"。废丞相后，中央的六部尚书直接对皇帝负责。在地方，明也废除行省，改为布政使司，在每个司设布政使（管民政、财政）、提刑按察使（管司法）和都指挥使（管军事），三使互不相属，这样，地方上实现了军、政、法三权分立，便于中央直接控制。

朱明王朝维护皇帝个人专制的措施奇多。

设立特务机构。先有直接由皇帝控制的锦衣卫，后还出现了东厂、西厂等恐怖性机构。

大兴文字狱。凡是对联诗文中被怀疑有讥讽朝廷或朱元璋本人的词句，作者都要遭大难。有人文中有"天下大道"，"道"被认为可说成"盗"；有人文中有"睿性生知"，"生"被认为与"僧"同音，是讥讽朱元璋；"藻饰太平"被说成是"早失太平"。这些作者都被杀害。

改造科举制度。其一是"考试必由学校"，即参加科举者必先进各级学校。学校有国子监、府县学和乡学三类。科举考试分三级，童生参加州县考试，中选者称"生员"（俗称"秀才"）；生员可参加省级乡试，中选者称"举人"。举人参加中央级的"会试"，中选者再经过皇帝亲自主持的"殿试"，取中者称进士。进士分三甲。一甲共三名，即状元、榜眼、探花。进士即可做官，由朝廷直接授予职务。其二是考试方式大变。考试内容就是四书五经，仿照古人语气来作文，谓之"代圣贤立言"。明中期还规定了严格的"八股"作文格式，即破题、承题、起讲、入手、起股、中股、后股、束股。八股文严重禁锢了中国知识分子的思想，其对中国思想文化的阻碍和破坏程度，不亚于秦始皇焚书坑儒。因为除了儒家思想及程朱理学，其余的书读了对考试无益，故"天下之书不焚自焚矣"。

为了维护朱明王朝的家族统治，朱元璋还实行了分封制，将自家子孙封为亲王，镇守各地，以此来支持中央朝廷。然而这种分封实际上是在走汉朝的老路，因为大权在握的诸王必定就地坐大，最后威胁中央皇权。果然，朱元璋死后不久就发生了这种变故，即所谓靖难之变。据守北方的燕王朱棣（朱元璋第四子），经过四年战争，推翻了才刚继位的年轻的建文帝（朱元璋长子之子），自己取而代之，成为明成祖。出于防御北方游牧民族的需要，明成祖于1421年迁都北京。

明成祖做的另一件事是在中央设立内阁制度。由于废除了丞相制，使得皇帝事无巨细，都要事先深思熟虑，决策中做最后决断，皇帝再聪明能干，脑子也管不了那么多事，何况还有些皇帝并不那么聪明有智慧。因此设立内阁可专替皇帝处理琐碎政事，以及拟定诏书等。明规定内阁大学士官位低至五品，因而不至于在"一人之下，万人之上"。内阁大学士有好几个，彼此间还有争斗，最后还分成了首辅、次辅、群辅。首辅主持内阁，协助皇帝决定大政方针，处理朝政诸事，成了实际上的首相。

明朝宫廷政治中臭名昭著的宦官专权，缘起于明成祖时代的宦官参政。这是因为宦官曾帮助朱棣夺取了帝位，他以重用宦官而报答之。明英宗以后，明朝皇帝大都不理朝政，政事常交予宦官或内阁处理，于是便不断出现宦官专权局面。而且，专权时的宦官还常常控制皇帝所设的锦衣卫、东厂和西厂，

图 20-1
明成祖像

这样，宦官和特务统治便成了明代政治中最为黑暗的部分。名声恶劣的宦官有王振、刘瑾和魏忠贤等。

宦官专权造成的恶果，当以"土木堡之变"为甚。明英宗年间，北方的蒙古人被瓦剌部统一。瓦剌部首领也先企图效法元朝一统中国，进犯北京。擅权的宦官王振竟接受瓦剌贿赂，杀害主张防御的官员。在也先大举进攻之下，王振挟持英宗率大军抵抗，略一小败便惊慌失措，在土木堡（北京怀柔境内）遭瓦剌袭击，明英宗被俘。将领于谦率北京军民抗敌，击退也先。也先放回英宗。英宗发动政变重夺皇位，反将于谦等人杀死，并追思王振。土木堡之变是明朝走向衰落的转折点。而于谦则以爱国将领扬名于世。他以一首"石灰吟"表明了自己的心迹和志向：

千锤万凿出深山，烈火焚烧若等闲。
粉骨碎身浑不怕，要留清白在人间。

明代的黑暗统治，使社会底层百姓处于水深火热之中，明中叶后农民起义频发。重要的有1445年浙江叶宗留起义，1448年福建邓茂七起义，1448年广东黄肖养起义，1456年广西大藤峡姚民起义，1465年荆襄"流民"起义，1508年四川刘烈起义，1510年河北刘六刘七起义，1511年江西各地人民起义等。起义打击了明朝统治。

内阁大学士中，严嵩当为明代第一奸臣形象。此人连同其子严世蕃，贪污成风，贿赂公行，卖官鬻爵，搜括财物。严家被抄时，拥有黄金30万两，白银200万两，田地数万亩，房屋几千间，珠宝玉器无数。内阁首辅中最有作为者，当属明晚期的张居正。除了整顿吏治、整饬边防外，张居正最突出的贡献是赋税改革，实行一条鞭法。一条鞭法是在对全国土地进行丈量的基础上，将丁所应负的徭役与田赋合并，赋役都以白银征收。这是对自唐以来所实行的两税法的重大改进。

张居正的"一条鞭法"改革，既是封建国家为了保证财政收入的一次赋税改革，也是这一时期社会经济发展尤其是商品货币关系发展的一定反映。可以说，到了明代晚期，中国的商品经济已经形成了一定气候。无论是剩余

中古文明巅峰

农产品的商品化率，还是面向市场的商品化农业，都有很大程度的提高。15世纪—16世纪之交新大陆发现和世界市场雏形形成，其所产生的冲击波也传递到了中国。美洲作物玉米、番薯、烟草传播到了中国，中国的传统对外贸易商品丝绸、茶叶、瓷器等向西亚和欧洲大量出口，美洲金银经欧洲大规模流入中国。金银增多，反过来又加速了商品货币关系的发展。

商业和商品经济的发展，使得江南地区开始诞生一批新的市镇。在以往封建时代，中国城市最初多是作为政治中心出现的，以后才发展了经济和社会中心等功能，一般是先有"城"、后有"市"。而明代江南市镇则不一样，它们首先是作为工商业中心兴起来的，先有"市"、后成"镇"。明代中后期，江南拥有千户以上直至万户人家的市镇达50多个。这类新市镇是经济发展中的一种新气象，但其自身还具有传统性质，而且在整个封建中国只是零星几个"孤岛"，对中国经济、社会、政治传统结构难以产生多大影响。

商品经济不断发展，城市工商业日渐繁荣，促使新的生产关系即资本主义萌芽产生。马克思所说的资本主义产生两条道路，即生产者变为商人和商人直接支配生产，在中国江南和沿海地区都有出现。特别是纺织业，有雇工几十人的"织户"（老板），也有"朝不保夕，得业则生，失业则死"的机

图20-2
中国明代街头繁华景象

工（雇佣工人）。一些城镇还有专门的劳动力市场，受雇者每天在市场上等待人雇作临时日工。明中期以后中国出现资本主义萌芽，这是不存在疑义的，这与西欧资本主义萌芽基本同时。只不过，中国的这些新兴关系萌芽既遭到了封建制度和重农抑商政策的极力扼杀，也遇到了传统农本经济的不容和排挤，因此它没有获得适合生长发育的良好条件，始终只是萌芽状态而已。由于没有形成很好的文化土壤，资本主义关系在中国很难自然而然地成长起来。

明代所处的15世纪—16世纪，是世界历史开始走向整体发展的关键时期；海道大通，是世界连成一片的关键要素。而首开大洋航海活动的，正是中国明朝的郑和船队。从1405年起，郑和奉明成祖之命，先后七次率庞大船队通过南海，横越印度洋（西洋），到达今天的红海海口和非洲东海岸一带。这一行动，从人与大自然的关系角度来说，是人类征服海洋的伟大壮举；从人类各地区间的联系来说，打通了中国与东非的海上通道，对后来达·伽马开辟非洲通往印度新航路具有启发意义。郑和下西洋有宣示明朝"天威"的含义，但毫无疑问推进了印度洋沿岸国家与中国之间的贸易联系和文化交流。

而在家门口，中国的海境和海岸却遭到了主要源自日本的倭寇等海盗的袭击和劫扰。横行东海海域的倭寇，主要来源于日本自南北朝至战国内乱中失势失意的武士等阶层。在抗倭斗争中，明朝涌现了戚继光、俞大猷这样的民族英雄。随着抗倭的胜利，自明初以来实行的海禁政策，即禁止私人出海进行贸易活动的政策，这时也开始取消。明末至清初，中国与欧洲之间的贸易活动增多。这种贸易有助于西欧资本主义成长，也有利于中国对白银的积累，因而有人认为此时中国的经济发达程度高于西欧，16世纪—17世纪是中国历史上的"白银时代"。

明朝内部所积累的矛盾却日益尖锐。由于政治黑暗腐败，一批知识分子官僚开始激烈抨击朝政，并且结成集团，从而出现了明朝末年激烈的党争。主张改革的是东林党人。他们反映了工商市民阶层的要求，为民请命。其名言"风声雨声读书声，声声入耳；家事国事天下事，事事关心"，体现了知识分子为国为民的理想和抱负，被后人当作座右铭，用以表达关心国家、关心社会的情怀。东林党人反对当政者胡作非为，尤其是反对宦官弄政，遭到了魏忠贤阉党的残酷镇压。

在镇压东林党时，阉党控制的朝廷依然不顾百姓死活，面对内忧外患，为了维护自身统治，除了征收常态的赋税外，另外加征"三饷"，即为对付新起的后金的辽饷，为了镇压人民反抗的剿饷，做练兵之用的练饷，完全置人民与水深火热生死线上于不顾，终于引发了将明王朝彻底埋葬的轰轰烈烈的农民大起义。

明末农民战争以1627年陕西白水王二起义为序幕，以李自成和张献忠各自率领起义军南北转战、所向披靡为高潮，以1644年李自成进军北京、明崇祯皇帝上吊自杀、明王朝覆灭为落幕。李自成是陕西米脂人，早年投身闯王高迎祥起义军，屡立功勋。高迎祥牺牲后，李自成继闯王位。他在进军中提出了"均田免粮"等口号，吸引了大量农民投入起义队伍。民间传扬着"杀牛羊、备酒浆，开了出门迎闯王，闯王来了不纳粮"的歌谣。闯王还制定了"公平交易"的商业政策，深受城市市民欢迎，他们纷纷参加起义军，起义队伍人数最多时达到了50多万。1643年，李闯王在襄阳建立了政权，号称大顺；并且继续北征，直捣明都，1644年攻破北京，灭掉明朝。同年，张献忠也在四川建立了大西政权，定都西京。

进入北京后的李自成起义军，领袖们开始安享胜利成果，骄奢淫逸思想很快抬头。牛金星等文官忙于筹建新朝，刘宗敏等将领则开始享乐腐化。而新政权对于旧朝官吏过度追赃助饷，施以酷刑，致使京都普遍怨声载道。刘宗敏抢占明将吴三桂爱妾陈圆圆，还对吴父严厉追赃比饷，致使已有归降举动的吴三桂终于打开三海关大门，将清军放入关内，与李自成争夺亡明之天下，最终导致满族人成为中国的新主人。

满族人最初是女真族的一支，从黑龙江北岸逐渐南移，16世纪时完成了从游牧向农耕的过渡。1616年，努尔哈赤基本统一了女真各族，建立后金，其版图大致相当于吉林以北地区。随后，后金与明朝展开了对辽宁一带的激烈争夺。1621年，夺取辽东多地；1625年，迁都沈阳。明军在袁崇焕率领下进行了殊死抵抗。1626年努尔哈赤死，皇太极继位。1636年改国号为清。1641年，攻占了山海关以东几乎所有地方。明军则以吴三桂镇守山海关。

1644年4月，李自成亲率军队与吴三桂对阵山海关。吴三桂多次乞求清军援助，清军统帅多尔衮未予应允。正当吴三桂精疲力竭即将溃败之时，清军突然参战吴三桂一方。大顺军猝不及防，遭遇惨败。李自成且战且退，回到北京；29日，登基称帝；30日即撤出北京。清兵长驱直入，5月2日进入北京。10月，清幼帝在北京举行登基大典，宣布君临天下，年号顺治，从此开始清王朝对中国的统治。

明朝从1368年朱元璋称帝，到1644年被李自成推翻，尽管其政治状况不敢恭维，但它在经济方面的发展比较突出，其思想、文化与科技的发展亦可一书。

在思想方面，王阳明在反程朱理学的旗帜下发展了理学。王阳明曾为明朝重臣，镇压过农民起义。他秉承宋代陆九渊的"心学"思想并加以发扬，认为"心即理也"；要破除心中出现的叛逆念头，使其符合"天理"；要"存天理，灭人欲"；然而"破山中贼易，破心中贼难"。王阳明的理论是在世界已出现重大变化时来挽救封建统治思想危机的，但其"反传统"的做法却在客观上刺激了真正的启蒙思想产生。以王艮为代表的泰州学派被认为是中国最早的启蒙学派。而李贽则进一步展开了对儒学的批判，其"天不生仲尼，万古长如夜"的讥讽，锋芒直指儒家老祖宗孔子。

明代文化成就最突出的是长篇章回小说的问世。中国最为著名的四部古典小说，有三部是在明代创作的。罗贯中的《三国演义》，是一幅东汉末年至魏蜀吴三国时期的政治军事斗争长卷画，故事情节引人入胜，人物形象生动鲜活。尤其是诸葛亮、曹操等政治家、军事家的韬略与智慧，刘备、孙权等统治者的宽厚仁爱和知人善任，关羽、张飞、赵云等人的忠肝义胆，均为后世读者所乐道，甚至效仿。施耐庵所作的《水浒传》，描写北宋末年山东梁山水泊农民起义场景，诉说了一个个英雄是如何被朝廷黑暗残暴统治所"逼上梁山"造反的故事，其中如宋江、李逵、林冲、武松、鲁智深等好汉形象特别深入人心。《西游记》由吴承恩创作，叙述孙悟空大闹天宫，后来跟随师父唐僧到西天取经的故事。师徒四人虽历尽千辛万苦、千难万险，但终成正果。书中最突出的是体现了造反精神，曲折表达了对现存秩序及统治者的不满。此外，《金瓶梅》也是一部反映明代市民生活场景的长篇小说。反映城市生活的短篇小说集，则有冯梦龙所著的《喻世明言》《警世通言》和《醒世恒言》等。

中古文明巅峰

在科技方面，徐光启的《农政全书》是对各种农耕技术的全面总结，集中国古代农学成就之大成，同时还反映了当时农业新发展，以及对西方水利工具的介绍。他还和西欧到中国的天主教传教士利玛窦合译出版了欧几里得的《几何原本》。《徐霞客游记》则是地理学方面的代表性成果，记载了他所到之处的山川、地貌、地质、气候、物产、民俗风尚等，也是世界上最早记述和研究喀斯特岩溶地貌的著作。宋应星的《天工开物》是对中国古代手工业及农业技术的全面记述，外国学者誉其为"技术百科全书"。李时珍的《本草纲目》是中国古代中医药学的最高成就。

第二十一章

日出之国
自远古至 16 世纪的日本

21.1

弧形岛国。兄妹创世。天照大神。通古斯人：日本人的祖先。绳纹文化。弥生时代。邪马台国。大和的统一

太平洋的西北角上，自北至南分布着一列弧形的岛屿。这就是人称"太阳最先升起来的地方"——日本。

日本本土由四个大岛组成，即北海道、本州、四国、九州，其中以本州为最大、最重要。四个岛本来是连在一块的，它们和大陆原本也是连在一起的，只是在两万年前左右才最后分开。周围密布的小岛大约有 3000 多个。

日本本土南北狭长，跨纬度大，南北之距约有 3500 公里，气候条件殊异。当北海道还是白雪皑皑、滴水成冰之际，四国和九州地方早已春意盎然了。

日本国的东边是茫茫无涯的大海，北边是人烟稀至的寒漠荒岛，它最近的邻居实际上只有朝鲜半岛和中国大陆。由于地理位置异常偏僻，所以，在漫长的古代岁月中，日本仅与中国、朝鲜发生了较多、较密切的联系。

日本的内部自然条件亦不优越。整个国家的四分之三是高低山地，地形

破碎，崎岖不平。虽有四分之一的国土为平原，但多沿海散布，只有一两个略见广袤。河流虽多，但流程过短，水流湍急，落差太大，既不利航行，也阻隔了各地区之间的往来。地表之下，矿产资源相对较少，储量不够丰富，缺乏开采价值。

日本还常常面临大自然恶魔的肆虐，特别是火山活跃，地震频繁。地震造成了生命和财产的巨大损失，但它也馈赠了人类某种礼物：著名的富士山，呈标准圆锥体直上天外，给人以大自然杰作的美感享受；火山还造成了丰富的地热资源。

太平洋的黑潮暖流环绕着日本，使这个岛国的气候温和而又湿润。而且，暖流又与北太平洋的寒流在日本东北海岸相遇，海中各种鱼类聚集在这个冷热俱备的地方，沿海居民很早就靠捕鱼为生。不少人还以鱼虾命名。

正是因为这块土地与大陆隔绝，孤立、闭塞，联系不便，因而日本文明的开化也要比邻近的大陆晚得多。

传说中，日本最早的创世之神是伊邪那歧命和伊邪那美命。

他们是兄妹。一天，两人站在天国的浮桥上窥望下界的深渊，想知道下面有没有土地，结果什么也看不到。他们便用一支很长很长的长矛试探，发现下面是无边无际的海水。他们提起了矛，矛尖上一滴水掉下来，逐渐地凝结，变成了一个叫"淤能基吕"的岛。

两人从天上下来，在岛上树起了一根柱子，称为"天神御柱"。两人嬉戏着，从同一地方出发，反着方向绕着柱子转。过一会儿两人相遇了，伊邪那美命高兴地说："我遇到一个可爱的少年！"

而伊邪那歧命并不高兴，说："这话不该由你说，你是女人。我是男人，应该先说话。我们再绕柱子走吧。"于是两人又绕柱子转，这次相遇是他先说话了，她接受了他的求婚。

两人结婚后，共同创造了组成日本的八大岛屿，称之为"大八洲国"。接着又创造了岛上的河流与草木，最后还生出了众神。最高的神是女神，称"天照大神"，也就是太阳神。她是"世界六大神"之一，统治的地方叫高天原。她长得非常美丽，也善于治理国家。

天照大神有两个弟弟。一个弟弟是月神，为她的配偶，但两人因不和而分手。

另一个弟弟作恶多端,被赶出高天原,到日出地方当了国王。后来,他的儿子继承王位,激怒了天照,她派自己的孙子前往接管。孙子的继承人彦火火出见,被日本人认为是开国之王,后世称为"神武天皇"。

神话传说自然反映了日本先民们社会生活的许多实际,譬如兄妹婚配、母权制、氏族制度等等。

传统上认为日本人的祖先是从外地迁来的。日本民族在远古时代有六个来源,即属于白色人种的旧阿夷奴人,属于黄色人种的南通古斯人、印度支那人、汉人,属于黑色人种的尼格利陀人,以及混合了黑白黄三类人种血液而以白种人较多的印度尼西亚人。他们大多是3世纪左右来到这里的。故而,日本文化有三大要素,即以西伯利亚(通古斯)文化为根基,加上中国文化和印度文化。

近年的研究,也表明通古斯人是日本民族最主要的来源。来到日本的通古斯人一共有三批。最早的一批从黑龙江河口一带跨海峡进入库页岛,再南下到北海道,进入日本东北部的出羽和越后一带。第二批来自中国东北,从朝鲜半岛渡海,到达九州的出云一带,故而早期日本人常被称为"出云人"。第三批通古斯人称天孙族,原住亚洲北部,后举族迁居日本,先在九州一带,后进入大和地方,成为后来大和民族的核心。

日本人属于通古斯语系,日本人的宗教亦明显具有北亚游牧族萨满教的特色。日本人特别善于模仿,据说非常像通古斯人中的黑斤族。看来日本人学习别人,可溯源于远古始祖。

大约十万年前,日本列岛上就有原始人类生息了,甚至还在岛上发现有七八十万年前的兵器。旧石器文化遗址,已遍布各岛。

一万年前,日本也进入了新石器时代,各地的遗址中都发现有手工制作的大量黑色陶器,因其器具外沿带有草绳留下的花纹,故而被称为"绳纹式文化"。

此时的日本,奉妇女为氏族的权威,家庭也以女性世系而构架。女人常被视为丰产的象征而大加颂扬,或被当作劳动的楷模而备受欣赏。出土的陶俑多为女人。有的怀抱幼儿,有的拥壶劳作。有的全身赤露,一丝不挂,双乳鼓胀;有的腹部明显呈妊娠之状,有的还特别突出女性的生殖器。有的女性雕像头戴王冠，目光犀利，具有无比的威慑力量。

婚姻关系也有杂婚痕迹：男人将姐妹和妻子一律称作"妹"，女子把兄弟和丈夫全都叫作"兄"。

绳纹时代晚期，即公元前3000年以后，日本九州出现了粗放的稻作农业。日本种植水稻肯定是从中国传过去的。路线可能有三：从长江中下游地区直接渡海，从长江中下游经华北、朝鲜到日本，从长江流域至珠江流域后，经东南亚再传入日本。

公元前2世纪至2世纪，是日本的"弥生时代"。之所以这样命名，是因为在东京附近的弥生町最先发现用陶轮制作的褐色陶器。

弥生时代的最大进步，是接受了来自大陆的青铜器和铁器制作技术。铁制工具的使用，使日本种稻技术大为提高。弥生人甚至还构筑了块块排列整齐的水田，田块之间用木板和木桩相隔，水渠纵横，木管交错，成为古代农业文明高度发达的一大奇观。公元1世纪时，日本境内出现了100多个部落小国。按中国史籍记载，中国的汉朝已与北九州的30多个小国通了往来。它们都受邪马台国的统治，国王卑弥呼是个女王。她与中国的曹魏有密切联系，魏明帝还赠予她"亲魏倭王"的金印。

邪马台此举无非是借助中国支持而壮自己的国威。然而，西晋短暂统一后，中国再次陷入北方民族南侵、国家分裂的局面。邪马台与中国的联系日渐见少，从此走向了衰落。

与此同时，在本州岛的大和平原上，一个新的国家迅速崛起。这个土地肥沃的大和国，地理位置正好也处在日本的中央，优越的自然条件历来为人们所赞颂。邪马台衰落之际，大和国却东征西讨，很快完成了对全日本的统一事业。

大和统一后，传说又出现了一个著名的神功"女皇"。她先后以丈夫和儿子的名义号令天下，进行统治。据说她还发动了进攻朝鲜的战争，统治韩国达数十年。

5世纪以后，大和国版图东至关东，西含九州，并且建立了系统完整的国家制度。整个国家以皇室为中心，联合氏姓贵族来进行统治。氏是氏族的称号，姓是氏族内部各小集团的世袭称号。拥有氏姓，成为贵族享有政治经济特权的根据，才能担任国家的官职。

大和国征服了许多国家，将那些被征服的居民变成部民。部民带有奴隶的性质，是社会的基本劳动者。他们的地位极为低下，除了要从事沉重的劳动，其生命往往还操在贵族手中。

女部民的处境尤惨。她们常被逼着脱下衣裙，赤身露体在地里相扑为戏，供贵族把赏。无耻的贵族有时还命令赤裸的女部民排坐在平板之上，牵来发情的雄马故意凌辱她们。有时，他们还剖开孕妇的肚子观看腹中的婴儿。各种酷刑残忍无比，令人发指。

对外，此时的大和国采取远交近攻政策。近则进攻朝鲜半岛，但屡屡失败。远则结交当时中国的南朝宋。这样一来，国家的文治武功臻于极盛。一派兴旺景象。

21.2

苏我氏专权。圣德太子改革。大化改新。"养老"定制。奈良与平安。民族文化初成

协助皇室统治的日本中央贵族，可以分为两大派系。一派以苏我氏为首，他们是大和平原的人；另一派以物部氏为首，他们的势力伸展到全国，控制着各地的手工业生产。两派争权夺利的斗争，是6至7世纪大和政治史的主要内容。

587年，苏我氏独揽大权。苏我家族的苏我马子专横跋扈，藐视皇室，引起了刚继位的大王崇峻的强烈不满。一次，有臣子向崇峻献上新捕的野猪，触发了崇峻的联想，说道："什么时候能像砍断这个猪头一样，去掉我所厌恶的那个人呢？"

此话传到苏我马子那里，他设计杀掉了崇峻，扶持自己的外甥女推古女皇上台。同时，国都迁往飞鸟地方，日本历史自此进入了飞鸟时代，直至8世纪初。

推古女皇即位时已近40岁。她自感精力不济，便立侄儿厩户皇子为太子，让他以"摄政"名义辅佐国家大事。

厩户皇子即后人所赞颂的圣德太子。关于他的出身有一个神话般的传说。据说,一个金色小和尚跳入他母亲口中,她因此怀上了孕。当她走到马厩前时,忽然分娩生下了他。他是一个极其聪慧的人,小时曾拜朝鲜僧人为师,接触了不少外来先进思想。长大后怀有雄心壮志,立志改变社会现状。但在苏我氏与物部氏残酷斗争的形势下,他韬光养晦,等待时机,尽量避免与骄横暴戾不可一世的苏我氏正面冲突。

圣德太子摄政时虽然只有20岁,但他有贤明的推古女皇作靠山,便按照自己的构想,大胆进行了改革。

603年,他推出了"冠位十二阶"制度,将各类官员分成12个等级(阶),不同的等级穿戴不同颜色的冠帽和官服。冠位制的意义在于根据现任职务来授予各级官员的阶位,而不是根据出身。这一做法改变了以往氏姓贵族的世袭制特权,打击了贵族势力,有利于加强皇权。

第二年,圣德太子又颁布了《十七条宪法》。这部宪法运用中国儒法各家理论,严格规定人的名分等级和权利义务,指出"君是天,臣是地",提出:"国无二君,民无二主",土地上的人民,必须奉天皇为主;各级官吏,都是天皇的臣下。在圣德太子看来,天皇是凛然不可侵犯的,日本国家就是天皇的国家。这一观念实际上成了日本人忠君意识的肇始。

《十七条宪法》还把为官之道、从政之道规定得特别详尽。譬如,官员们作为政府的人员,不得为了私人的目的而向人民征收赋税、摊派劳役;遇有重大事情都应同公众协商,不得独断专行;官员要无条件地服从天皇的命令;要懂得礼仪是法律的基础;要执行法律;要诚实、正直;要为公众利益而执行公务;要不接受贿赂;要用人得当;工作要努力;办事既要稳妥,又要快;不要嫉妒别人;不要在农忙时节役使农民。

总之,圣德太子特别强调吏治的意义。"事无大小,得人必治,时无急缓,遇贤自宽"。"贤哲任官,颂音则起,奸者有官,祸乱则繁"。而且,不能以势居官,更不能以官势压人,"为官以求人,为人不求官"。种种规定和措施,显示了圣德太子是一个具有哲学家气质的改革者。

圣德太子改革的另一个重大举措,就是积极恢复5世纪以来中断了的日中国交。607年，他派使者前往中国的隋朝，向隋炀帝送上国书，称"日出处天子致书日没处天子"。隋炀帝派臣子护送日使者回国，双方往来相送，日本又有几名留学生随行。圣德太子在第二次国书中，又称"东天皇敬白西皇帝"。据说这是日本第一次使用"天皇"名称。

后来，圣德太子又数次派出"遣隋使""遣唐使"，同中国进行着频繁的来往。

622年，圣德太子去世。628年，推古女皇也离开人世。日本又一次处于大风暴的前夕。

由于同中国和朝鲜往来，大陆的先进文化不断传入日本。这种文化，包括了物质文明和先进的生产技术，促使日本在7世纪以后广泛地使用铁器。而在精神文化方面，遣隋使和遣唐使在中国的观摩，留学生在中国的学习，大大有利于日本输入和引进中国的文化和政治制度，有利于日本的进一步改革。

然而，以苏我氏为首的旧贵族成了实行社会变革的绊脚石。

推古女皇将死之时，曾先后召见圣德太子之子山背大兄等人，表示要让他继承王位。苏我氏的虾夷借机制造混乱，声称女皇已将皇位另有所托，借此打击圣德的后人，重掌国家大权。

其后，虾夷和入鹿专权十余年。他们任意扩张自己的领地，任意征用天皇和其他贵族的部民，引起了统治层的普遍不满。他们提倡佛教，大修寺庙，大兴土木，加重了百姓的负担，民间一片怨声载道。这也说明了旧的氏姓贵族，以及旧的部民制度已经成了社会进一步发展的阻碍，需要进行改革。特别是当中国联合日本的宿敌新罗，在半岛上进攻日本的盟友高句丽时，苏我氏毫无反应，束手无策，这就为推翻这个家族的统治提供了一个很好的时机。

其实，在上层内部，早就形成了一个反苏我氏的集团，其核心就是皇子中大兄和大臣中臣镰足。中大兄本是皇极天皇之子，但经常受到苏我氏的排挤和冷落。中臣镰足也是一个正直之人，不愿在苏我氏手下为官。两人相识之后，志同道合，经常在一起求教于从中国归来的留学生，从他们那里了解和学习唐太宗的治国方略，制订推翻倒行逆施的苏我氏之计划，并联络了一批大臣在自己的身边。

645年6月12日，中大兄设计，率众在上朝时杀死苏我入鹿，又迫使苏我虾夷在家中自焚而死。政变大功告成。随后，他又迫使其母皇极天皇退位，自己并不即位，而是拥立舅父轻皇子为新的天皇，称为孝德天皇。

孝德亦久有改革之心，上台后即仿照唐代制度，在中央设立了一系列官职。中大兄皇子以太子身份摄政，中臣镰足担任内臣。天皇还任用从中国留学归来的高向玄理、僧旻为国博士，供天皇咨询、参谋。6月19日，仿照中国制度，制订年号为"大化"，并决定迁都难波（今大阪）。

646年元旦，孝德天皇正式颁布"改新"诏书，进行四个方面的改革。

其一，废除过去的部民和田庄制度，将私有领地和私有部民都变成国家的公地和公民。官吏食封户，不给地。

其二，实行班田制，并相应地统一税制。按"班田收授法"规定，每三年按人口颁给"口分田"一次，男子二段（每段约合中国1.5市亩），女子得三分之二，奴婢得良民的三分之一。田地终身占有，死后归公。受田人要负担租（每段交米二束二把，每束约米五升）、庸（每人每年服徭役10天）、调（每户每年交布或绢一丈二尺）。

其三，仿照唐朝制度，建立和健全中央集权制的行政机构。在中央设立二官、八省、一台，几乎是照搬中国的三省六部制。在地方，仿中国郡县制，设国、郡、里三级。国有国司，郡为郡造，里设里长或里正。里下还有保，五户为一保。

其四，废除由大豪族世袭控制军事的特权，实行征兵制。中央设卫府，地方设军团，规定21岁至60岁的"正丁"都要服兵役，每年按三分之一的比例轮换去当兵。

大化改新是日本历史上一次重大变革。它瓦解了氏姓贵族的统治，废除了旧贵族私人占有土地和部民的制度，建立了以天皇为中心的统治体制，完善了上层建筑国家制度，从一定程度上解放了生产者，为生产的进一步发展创造了与之相适应的生产关系，创造了一个良好的社会环境。这是日本国走向封建时代的标志。

然而改革的道路上决非一帆风顺。改革派和保守派的斗争，在大化改新之后仍然持续了半个多世纪。

649年，孝德天皇在旧贵族的压力之下，以谋害罪名逼迫改新的有功之臣苏我石川麻吕等人自杀。中大兄与孝德天皇之间出现裂隙。

655 年，孝德病死，中大兄之母皇极重登皇位，称齐明天皇。661 年，齐明天皇去世，中大兄总揽朝政，名为"称制"。

第二年，日本卷入朝鲜半岛的战争。中大兄支持百济，得罪了新罗及其支持者唐朝。663 年 3 月，唐与新罗联军在白村江埋伏，与日本和百济的水军大战，日军惨败而归。中大兄随后修筑四道防线，固守本土。由于对外战争的失利，国内保守派乘机闹事，迫使朝廷一度恢复了部民制。

668 年，中大兄正式继位，称天智天皇。他又进行了好几方面的改革，尤其是将大化改新以来颁布的诏书整理成《近江令》，这是日本历史上第一部正规的法典。

但天智天皇也越来越保守，生活上又沉湎于安逸与享乐，从而引起了更激进的改革派的不满。他死后，其弟大海人发动了争夺皇位的"壬申之乱"，成为天武天皇。

天武天皇进一步推进改革事业。675 年，他下诏再次废除贵族特权，彻底废除了部民制度。

684 年，改革又出现了小的反复，规定贵族的身份，恢复了授予官职的氏姓限制，但改革的趋势已不可逆转，故在授予新的姓氏时，主要依据当时的功绩，而不是根据出身，这就使得跟着天武天皇立下了战功而出身卑微的人，能够晋级、升位。

701 年，文武天皇在大宝元年修订了《大宝律令》，将大化以来的变化用法律形式固定了下来，标志大化改新的最后完成。718 年，即养老二年，又对《大宝律令》进行了修改，称为《养老律令》，终于在法制上健全了改革制度。日本从此便成了律令制国家。

710 年的时候，元明女皇将都城从飞鸟地区迁到平城京，即今天的奈良城。奈良时代持续了将近一个世纪。794 年，桓武天皇又将京城迁到平安，即京都。平安时代一直持续到 12 世纪末。

这将近 500 年的历史，是最高统治者天皇实实在在执掌朝权、按照大化改新所确定的法律体制进行统治的时代。

奈良时代，再加上平安时代的最初七八十年，是日本封建社会历史上少有的太平盛世。社会安定，经济发展，政治清明，一派歌舞升平的景象。社会经济的繁荣，政治环境的稳定，又为日本民族文化的形成创造了良好的条件。

但是应该说，日本文化的形成，首先就得益于它同中国政治经济文化联系的加强。

日中两国之间直接的人员往来非常频繁。从日本来到中国的有遣唐使、留学生、学问僧三大类。中国去日本的也有使节、僧侣、商人、学者、工艺匠各色人等。

遣唐使是代表国家而出行，负有政治使命，一般都由朝廷大员担任。史籍上说，日本国一共任命过19次遣唐使，只有一两次未能成行。随使者有一至数船，人员少则一百多，多时达五六百，包括了各种身份的人。除政治任务外，遣唐使还要为天皇带回国内缺乏的珍贵物品，考察唐人的文化制度。

而留学生、学问僧则是一些民间的使者。他们是为求得真知、学习先进文化而去唐朝的，学得的东西也最多，回国后为发展日本的宗教、科学、文化、艺术做出了巨大的贡献。

中国大诗人李白和日本晁衡的故事，家喻户晓。晁衡本叫阿倍仲麻吕，19岁时赴唐进国子监学习，成绩优异而中进士，唐玄宗赐以"朝衡"之名，并委其公卿之荣。在唐30余年，晁衡思乡心切。玄宗命其伴送日本大使回国。途中遭遇海难，消息传到长安时，李白不胜悲痛，写下了千古名篇《哭晁卿衡》：

日本晁卿辞帝都，征帆一片绕蓬壶。
明月不归沉碧海，白云愁色满苍梧。

吉备真备，又一位杰出的遣唐留学生。他在唐时，研修过天文、法律、音乐、建筑各方面知识，而且还将唐政府的赏赐积攒起来，搜买了大量图书和礼乐工具，回国后捐给朝廷。人们称他是"空手而去，满载而归"。他直接参与了《养老律令》的修订。

至于从中国去日本的友好使者，传颂最多的莫过于六次东渡的鉴真和尚了。他以66岁的高龄，在历经5次失败、双目失明之后，仍顽强地漂洋过海，来到日本，为日本佛教律宗的发展竭尽余生，获得了"日本文化的恩人"之美誉。

日中两国看起来只有一衣带水距离，但波涛汹涌的大海使两国使者历尽了千万艰险。为了寻找来到中国的通途，日本人先后开辟了四条航道，然而没有一条航路是风平浪静的。

随着日中文化交流的频繁进行，从奈良时代起，日本文化进入一种前所未有的繁荣状态，日本文化的民族独特性也开始显现。

"日本"之名称开始广泛使用。起初日本被中国人称为"倭国"或"倭奴国"，连日本人自己的文献也沿用这个名称，即使是圣德太子都自称"大倭国"。汉学兴盛后，日本人发现"倭"有顺从之意，国家以此为名有伤体面，于是改称"日本"。据考证，"日本"二字最早见于奈良初期所撰写的《日本书纪》。

这个时期，日本人也开始创造自己的文字。日本语言属于阿尔泰语系，但在上古时代一直没有文字。5世纪的时候，日本人开始用汉字之音来表达自己的语言，这种作音符的汉字称为"真名"。日本最早的史书《古事记》和诗集《万叶集》就是用这种汉字写的。

8世纪—9世纪时，日本借用汉字创造自己的文字，用汉字作字符来表达日本的口语，这就是"假名"，与汉字字同、意同、音不同。到后来，又发展了"平假名"和"片假名"。平假名用汉字的草书，创造者是留唐学问僧空海和尚。片假名用汉字的偏旁或部首，创造者是吉备真备。后来，还创造出一些日本式的汉字。

佛教的发展和传播，是此时日本文化最为昌盛的一个方面。大化改新后，佛教寺院成了国家机构的一部分，几乎没有不崇佛的天皇。在吸收中国佛教的时候，日本形成了自己的教派，俗称南部六宗，即三论宗、成实宗、法相宗、俱舍宗、华严宗，以及律宗。8世纪，唐招提寺等一批著名寺院建立。普通百姓虽然不懂深奥的佛经，但在求佛除灾消祸之心的驱使下，也很快地接受了佛教。

10世纪后，日本社会动乱频生，民众渴望精神寄托，佛教因而再度兴旺，新的教派颇为流行。其中有空海创建的密宗，最澄创建的天台宗，以及中国传入的禅宗、净土宗，还有日本人自己创造的日莲宗（法华宗）。日本的佛教走向本土化。

随着以天皇为中心的国家意识的加强，日本人开始重视历史。

712年，太安麻吕奉诏编成《古事记》三卷，这是日本第一部古代史著作，内容自远古神话至推古女皇时代。720年，舍人亲王修成《日本书纪》30卷。这是一部编年纪事体史书，各代天皇列以"本纪"，内容直至8世纪初。由此以后，日本修史出现了高潮。

平安时代以后，日本文化的本国特点越来越突出，在与唐风文化相融合的基础上，形成了所谓"国风文化"。国风文化最突出成就是各种体裁的文学作品大量涌现。

《万叶集》有"日本的诗经"之誉，最后汇成于奈良时代中期。书中收录了民间诗歌4000余首，均由汉字记录。全部诗歌可分为相闻、挽歌、杂歌三大类。相闻即互相闻问，表达男女相爱、长幼相亲之情。挽歌是哀悼死者。杂歌则范围极广，有长歌、短歌等，句式行式多寡不定。诗歌作者上自天皇、贵族，还有官吏、诗人，下有兵士、农民，甚至乞丐、妓女，几乎包括了社会各阶层的人。不少诗歌精品至今仍能让人感觉无穷韵味。

在世界文学史上占有重要一章的《源氏物语》，也是在平安时代问世的。这是世界历史上最早的一部长篇小说。此书乃宫内女官紫式部所作。她长期在皇后身边服务，熟悉朝廷钩心斗角的权力之争，也了解后宫腐朽糜烂的污浊生活，因此，她的作品着重刻画了皇室贵族社会众生相，反映了贵族阶级腐化堕落及其衰亡的历史。

书的前半部主人公是源氏，后半部主人公是源氏名义上的儿子薰君，书中主要描写了这两个人物的沉沦史。

《源氏物语》对日本文学语言和文学形式的发展，都起着里程碑的作用。它的问世，表明日本文化已经超越了对汉文化的简单承续和效仿，开始在世界文明之林中独树一帜。

21.3

良民、贱民和班田。日本式的庄园。武士、武家、武士道。藤原家族：摄政和关白。上皇与院政

在大化改新的条令中，有一个重大的举措，那就是实行班田制。从理论上讲，

凡是属于国家治下的公民，都能得到一定数量的土地，不同程度地满足基本生活的需要。

然而，民众却有三六九等之分。在律令制时代的日本，国家人为地将全体居民分成良民和贱民两大类。良民中有皇族、贵族和官僚，这些都是社会的统治者。同时还包括大量的平民，其中主要是班田制农民，他们虽有公民权，但却是被统治者。贱民有"五色"，即五种人，包括为皇室守墓的"陵户"，为朝廷服役的"官户"，为贵族服役的"家人"，以及朝廷所有的奴隶"公奴婢"，个人所有的奴隶"私奴婢"。良贱之间有着非常严格的界限，两者甚至不准通婚。

只要是良民，都可以得到国家班给的"口分田"。然而，贵族在此之外还能得到其他名目的土地。只要是贵族，就可以得到"位田"；只要担任了一定的官职，又可以得到一份"职田"；如果有军功，还可以得到一份功田，并且可以世袭。因此，贵族仍可占有较多的土地。

农民则无此好事。由于口分田数量少，破产的农民日见增多。靠口分田，最多只能解决一家人一半左右的粮食。此外，为国家所服庸役一般也超过了十天，常常要达二个月。因此班田制下的农民身份虽然要比过去的部民高，但实际境况却好不了多少。结果，农民往往将自己以及自己小量的土地托庇于贵族或寺院，把土地寄进贵族庄园里。寄进庄园的农民称为作人、寄人或庄人。

由于现有的土地被兼并，可拿来给国家班的土地便愈来愈少，班田的时间间隔则越来越长，从最初的三年一班，到后来改为6年、12年、20年，甚至是50年一班。至10世纪中叶，完全停止了班田。

与此同时，庄园普遍兴起。庄园最初起源与开垦新的土地很有关系。为奖励垦荒，政府实行了"三世一身法"，即开生荒可以传三代后再交给国家，开熟荒的则由本人终身使用。到了后来，凡是垦荒都归私有，这就大大促进了私有土地的增加。然而，能够大规模垦荒者，当然是那些最有财力的贵族们。由于垦荒，加上农民带土地寄进，贵族大庄园经济很快出现。

平安时期，庄园已遍布各地。后来，大庄园又逐步获得"不输不入"的特权。"不输"，即不向国家交租；"不入"，指不许地方官吏进入庄园管事，庄园于是成了国中之国。

一些中小封建地主为了取得"不输不入"特权，往往也将自己的小庄园寄进到大豪族门下,自己则担任庄官,保持对庄园的管理权。地方大豪族称为"领家",领家又依靠京都更大的封建主贵族"本家"。

封建时代的日本庄园与中世纪的西欧庄园有不少相似之处。庄园里的土地分三类。一类是领主的自营地,称"佃",由领主的奴隶劳动耕种,此外还要求庄园农民都服丁役。"佃"占庄园总面积的20%左右。

第二类土地称"租",实际上就是农民的份地,耕种权比较稳定,但必须按期向领主交纳年贡和服丁役。

第三类土地是散田。即领主将"佃",或农民将多余的份地租给别人耕种,一年一散。耕作者是流民中的定居者,称为"在家""寄作人",耕作权不稳定,还要受几重剥削。

日本庄园的领有权多元化。这是由于层层寄进而引起的。往往一个庄园,既属中小领主,又属领家,还属本家。这就使庄园中的矛盾非常复杂,农民所受的剥削也越重。但同时,也使得庄园制的统治变得很脆弱。结果,庄园还在其未得到充分发展时就开始步向衰落和崩溃。

强大的地方庄园主为了对抗中央、对抗中央在地方上的代表国司,为了相互之间争夺领地、争夺权势,也为了保护寄进在自己门下的庄民,当然,目的是为了维护和巩固自己的势力,开始蓄养武士,扩大自己的武装,从而在日本社会中逐渐形成了一个武士阶层。

最初的武士来源于多个社会阶层。有的是各地中小封建主为中央及地方的大贵族担任警卫,从而成为武士。有的是失势的中央贵族及其子弟,到地方来为他人作武士。地方豪族之子弟当武士的也比较普遍。此外,一些富裕的农民开始脱离农业劳动,成为武士阶层中的成员。

出身于武士的大地主和拥有较多武士的地方豪族,称为"武家"。与武家或主人有血缘关系的武士叫作"家子",与主人无血缘关系的武士则叫作"郎从""郎党"等。武家和家子、郎党结成封建性的主从关系。

到了后来,皇室、贵族、寺院都依靠武士来进行战争。武士们通过联合,则形成了武士集团。从平安后期起,武士集团开始左右国家的政治,并且在更后的时期出现了由武人执掌国家政权近700年的局面。

武士的习武之道,渐渐演变成了"武士道"。武士道是武士们道德规范和生活礼仪的综合和概括，后来演变为日本民族的一种特有精神，成为日本国民的一种深层文化心理。

武士要有精湛高强的武艺，生死度外的精神，还要有临危不惧的勇气，谦虚礼让的美德。

在后来的发展过程中，武士道又综合了中国的儒家思想，特别是宋明理学，还吸收了佛教禅宗的一些观念，如抛弃欲念，参禅得道等，要求武士做到忠义守信，不事二主，重名轻死，以"忠、义、勇"为本。特别是在对待死的态度上，武士们追求壮怀悲烈，痛快淋漓，不苟活残生。

武士剖腹殉死的行为，被认为是武士道精神的最高表现。这一举动源于平安后期。其时一个叫源为朝的武将兵败后，倚着家里的柱子，先切自己的肚腹，未死，复又砍断自己的背骨，方倒地而死。此事传出后，效法者越来越多。

后来的武士切腹，都须按严格的仪式进行。切腹者先要沐浴全身，剃掉胡须，梳理头发，穿上白色长衣，往左摺上，再披上红黄色礼服，然后盘腿端坐在铺了6尺白布的席子上，由家属举着水杯与其行告别之礼，并让他斟酒自饮。然后，切腹者用刀子自上而下将肚腹慢慢割开，再用刀将自己的咽喉砍断。为防备万一一时不死，旁边有亲朋好友用刀子将其头砍掉。

武士道中还有一种复仇精神。这种被武士甚至百姓视作忠义和正义的行

图21-1
日本武士

为，成了后来日本军国复仇主义情绪的一种文化上的根源。

庄园的形成，武士的出现，使平安时代以后的日本统治层出现了多极化政治格局：四大集团为争夺最高权力而你纠我缠，分化组合。四大集团分别是：以藤原氏为首的外戚集团；由上皇、天皇、朝廷和地方官吏组成的官僚系统；武士集团；寺院势力。

最初，左右朝政、执掌大权的是藤原氏家族。

藤原氏是大化改新头号功臣中臣镰足之后代。中臣镰足将死之时，天智天皇（中大兄皇子）授予他最高官阶大织冠位，并赐姓藤原。藤原氏后发展为南家、北家、式家、京家四大势力，尤以北家为盛。他们最初是绝对服从天皇权威的，但进入9世纪以后，藤原氏权力欲望萌动，终至发动了架空天皇、图谋篡政的变乱，以期实现其完全把持朝政的野心。

858年，藤原良房立一9岁儿童为天皇，自己出任"摄政"。为打击朝廷中的异姓大臣，他后来还策划了火烧应天门事件。应天门是朝廷议事大厅的正门，大火焚烧有损于皇府威仪。良房伙同其弟良相，以此事为借口先后逼走了一些重臣。

9世纪末，宇多天皇在位时，诏令天下，奉太政大臣藤原基经为"关白"。意思是"关白"可以先于天皇阅读奏章，提出处理意见，并为百官之统领。

于是，摄关政治形成，一直延至11世纪末。凡在天皇年幼时称太政大臣为"摄政"，在天皇长大亲政后摄政便变成"关白"。摄关政治持续200来年，都由藤原氏一族专任，虽然藤原氏内部也有争权夺利的龃龉。这期间，天皇大多由藤原氏所立，并且是藤原家族的外甥、外孙，所以藤原氏的"摄关"地位几乎没有动摇过。藤原氏的家成了国家实际的权力中心，朝廷只是成为举行仪式的场所而已，天皇统治体制基本瓦解。

藤原道长父子擅权时，藤原氏的势力达到极盛。道长有三个女儿先后成为皇后。

可是，纵然有鲜花着锦之势，也会有花落锦褪之时。贵为人主之尊的天皇，不可能容忍这种尴尬的地位，势必要以各种方式来努力摆脱藤原氏的控制。平安后期的"院政"就是在这种情况下产生的。

藤原氏能够长期专权，在于它依靠了与天皇家族联姻这一最基本的纽带。

天皇要打击藤原氏，就是不维持这种婚姻。1068年即位的后三条天皇便这样做了。可惜他在位仅四年，未来得及给藤原氏进一步的打击就撒手人寰。

继位者白河天皇起初比较沉寂，听任藤原氏得意。过了14年后，即1086年的冬天，白河天皇突然推出惊人之举，宣布8岁的太子继天皇位，他自己却跑到寺院去当和尚，称为"法皇"，即上皇。

上皇并非是放弃大权，他不过是为摆脱藤原氏而设立新的机构而已。这个新的统治机构就是所谓"院厅"。虽然日常事务仍由太政官为首的朝廷百官处理，但国家大权实际是由上皇掌握。上皇发布的"院宣"比天皇的诏书更有权威。院厅中的官员都是上皇的贴身近臣，大都出身于地方的中下级官僚。由上皇指挥的这个院厅，实际上是与由官僚贵族公卿组成的朝廷相对峙的又一个权力中心。上皇在院厅当政被称为"院政"。院政时期延续了100多年。以后的天皇一成年便出家，听政掌实权。

藤原氏见大权逐渐旁落，不肯甘心俯就，企图联合早已放权的崇德上皇推翻后白河天皇。后白河洞悉内情，早有戒备。1156年，后白河天皇依靠著名武士平清盛、源义朝，一举攻占了藤原氏谋反的据点。藤原氏的权势从此彻底衰落下去。平氏和源氏两大武士集团开始在政坛上崭露头角。

图21-2
中古日本贵族家庭生活

21.4

武士集团干政：平氏独裁。源平大战。源氏内争。源赖朝篡制。北条氏专权。抗击元军。南朝和北朝。室町的兴起

院政后期，武士正式登上日本政治舞台。关西平氏和关东源氏是两个最大的武士集团。

源氏和平氏早先都是皇族子孙。源氏很早就有"天下第一武勇之士"美称，武士们纷纷慕名投奔。而平氏的势力更强。平氏发迹始于11世纪末的平正盛。此人带着自己的领地投于白河上皇门下，找到了踏进政治舞台的门槛。其子平清盛为镇压藤原家族叛乱立下了汗马功劳，颇得白河的重用。然而，同样也立下了战功的源义朝却因未受同等待遇，拂袖而去，进而勾结藤原起兵，拘禁上皇和天皇。平清盛得知消息，立即率兵进攻源氏，整个家族均遭屠戮，只有13岁的源赖朝流放于伊豆。

平清盛当然不是真心地崇奉天皇，而是借机既打击源氏，又抬高自己，平氏家族势力急剧上升。他自己当了太政大臣，他的家族中，中央和朝廷大员有50多人，地方和军事官员60多人。

他的女儿有的是皇后，有的同权贵联姻。有一半以上的地方机构被平氏的亲信所控制。他拥有的庄园达500多所，还垄断了对宋代中国的贸易活动。时人说他是"扬州之金，荆州之珠，吴郡之绫，蜀江之锦，七珍万宝，无所不有"的巨富。

平清盛威高盖主，日益骄横。后白河上皇忍无可忍，曾几次密谋行动，指望削弱平家势力。平清盛得知，干脆一不做二不休，武装进入京都，软禁了后白河，不许其过问政事。院政至此结束，取而代之的是平氏独裁。

然而，平清盛这一步走得太过了，触犯了众怒，全国一片对平氏的谴责声。销声匿迹已久的源氏乘机东山再起。

1180年，宫廷武士源赖政父子首先打出了讨伐平氏的大旗，号召全国，各地源氏纷起响应。这时，20年前流放于伊豆半岛的源赖朝早已羽翼丰满。

20 年的卧薪尝胆，如今终于等到了复仇时机。这位 34 岁的豪迈壮士，迫不及待地组织了队伍，奔赴讨平战场。

在众多的讨平队伍中，平清盛独独感到源赖朝可怕，这或许是一种预感。他胁迫天皇宣旨讨伐源赖朝。这年 10 月，两军相遇于富士川。

富士川之战成了源平之争的转折点。10 月 20 日晚上，赖朝大军偷袭平军营寨。本来是人衔枚，马摘铃，静悄悄地行走，哪知惊动了一群歇息在沼泽地里的水鸟，鸟群振翅急飞，忽拉拉一阵巨响。平氏军不明就里，错以为源氏大军无数，立即闻风丧胆而逃，器械盔甲遍地丢弃。据说，原本浩浩荡荡威风神气的平氏队伍，回到京都时只剩下十几个人。

源赖朝并不一鼓作气、乘胜追击，而是打道回府，扎扎实实地经略关东地区，使关东成为绝对可靠的根据地和大本营。平清盛死了之后，源赖朝也不急于出山，只向上皇表示忠顺之心。

直待时机成熟，赖朝才奉上皇之命，先杀掉攻京都、拘上皇的源义仲，后征讨已逃至关西的平氏集团。大阪一战，平氏受重创。1185 年 3 月，双方在四国的坛浦海面最后决战。源氏以 800 艘战舰包围平氏海军，平氏全军覆没，将帅兵卒以及大部分船只都沉入海底。平氏裹胁下的安德天皇以及皇位正统的象征物玉剑，也淹没在滔滔海浪之中。

灭掉平氏后，赖朝又把矛头对准了自己的同宗兄弟。他的亲兄弟源义经，同宗源范赖，都在与平氏的斗争中立下了赫赫战功，但最后都成了冤鬼。

源赖朝一直想获得"征夷大将军"称号，而后白河法皇就是不给。直待后白河死后，1192 年，赖朝才遂心愿，建立了幕府政权。由于幕府位于镰仓地方，故称为镰仓幕府。日本自此进入了长达 670 多年的幕府政治（武人政治）时代。

幕府，本意是指将军在作战出征时所住用的营幕。从源赖朝设立幕府起，这个词就被专门用来指由军事将领建立的日本中央政权了。从性质上讲，幕府是军事独裁政权。镰仓幕府的社会支柱是武士阶层。武士有两种，直属于将军的称为"御家人"，不直属于源氏的是"非御家人"。将军与武士特别是御家人结成主从关系。将军有责任保护武士和武士的土地，或者赐给武士新的土地；而武士则要承担相应的义务，向幕府交纳贡物，并随从将军出征。

幕府有一套完整的统治机构，基本上与朝廷及地方的官僚体制相并行。在幕府里（即中央）设置了三所：掌管行政的政所，掌管军事的侍所，掌管司法的问注所。三所的长官都由御家人担任。

对地方，将军向各地的"国"派出"守护"，名曰帮助国司，实则监督；向庄园派出"地头"，帮助庄官管理庄园。渐渐地，守护控制了地方行政，地头取代了庄官和庄园主。

两个并行的统治体系之间关系颇为微妙。朝廷实际上是由幕府控制的，但在名义上将军还得由天皇任命，布政诏书还要以天皇的名义发出。将军是"挟天皇以令天下"，而天皇的背后往往还有一个甚至数个"上皇"。

源赖朝一世英名，死得却有点意外。1198年年底，他从马上掉下来，一病不起，第二年初魂归西天。他一死去，源家刚刚建立的幕府将军地位便发生了动摇。

不到20岁的源家长子源赖家继承了将军之职。他既无战功，又无才能，故而在御家人中没有威望。而且此人少年气盛，行为武断，武士们甚是反感。他驾驭不了这些御家人，更加倚重自己的岳父比企能员。御家人则越来越不把赖家放在眼里，彼此争斗，相互倾轧，幕府政权出现统治危机。

关键时刻，赖家的母亲、源赖朝的遗孀北条政子挺身而出，力挽狂澜。

北条政子是一位很有个性的女子。她曾违抗父命，同自己倾心仰慕的源赖朝私奔，并在后来为赖朝征战南北出谋划策，深得御家人信赖。赖朝英年早逝后，政子悲痛不已，毅然出家，削发为尼。但赖家就任将军之后的所作所为，令她难以忍受，决心对幕府政制进行改造。

她设立了十三元老执权"合议"制度，意在防止可能出现的比企能员擅权。进而又将幕府的领地和权力一分为二，削弱赖家的权势，最后又废黜了赖家的职位。

后来，北条政子见源家未有合适人选，便与其弟北条义时合谋，奉源氏的远亲2岁的藤原赖经为将军，政子亲自垂帘听政，人称"尼姑将军"。从此之后，北条氏世世代代都把藤原氏的将军当作傀儡，自己则兼任政、侍两所的长官，称为"执权"，实际操纵了幕府。北条氏专权持续了100多年。

1221年，后鸟羽上皇发动了武装倒幕。北条政子以其65岁高龄，出面支持北条义时。在她的鼓动下，御家人团结一致，齐发各路大军。20多万的人马，一个多月的时间，幕府军攻入了京都，打败了后鸟羽。这次史称"承久之乱"的事件，表明天皇朝廷企图摆脱幕府控制的努力又一次失败。

北条氏专权，在北条泰时、北条时赖父子两代执权时代达到了高峰。

北条泰时是极富计谋的，善于笼络人心。起初，他不愿接受执权之职，只是政子等极力"劝告"，他才勉强就任。这就在人心上得了一分。上台后，他又一改以往执权专断的作风，推行所谓"民主政治"。他组成了所谓"联署"，一切军政大事皆由联署商议决定。实际上，这是借助老臣的支持来稳固自己地位。老臣们谢世后，泰时便毫无障碍地推行改革，不过他的改革仍是朝着民主政治以及法规政治的方向发展。他做的两件大事都对日本历史和社会制度发生了深刻影响。一是他设立了"评定众"制度，其职权仅次于执权和联署，实际上是统治集团上层的集体合议制。

二是于1232年制定了被称为幕府施政纲领的《贞永式目》。"贞永"是年号，式目是法规的意思。这部法规贯穿了以法治国的思想，奖功罚罪，人人平等。全部共51条内容，涉及行政、民事、刑事、诉讼等各个方面，特别是对武士的行为道德规范做了细致规定。因此，《贞永式目》成了以后武士遵守的准则，成为武家的法典。

北条时赖则进行了政制改革。他十分注意加强廉政措施，禁止武士向将军赠送礼品，禁止武士挥霍浪费，禁止用公马外出办私事，不准武士出门带仆从，等等。为了缓解武士们的抵触情绪，他又决定将武士赴京都守卫的时间，从半年改为3个月。

时赖最有意义的一项改革，是设立"引付众"制度。引付众是一种审判官，选择富有经验的武士担任，由他们来执行一种严格的诉讼与审判制度，各种程序都固定化，减少了错判和误判的可能，受到百姓的欢迎。

北条时赖在任10年，镰仓幕府出现了少有的政治清明、社会安定的局面，历史上称为"镰仓盛世"。

然而，当内部危机逐渐缓和之时，一场来自外部的更大的劫难却不期而至。这就是元朝忽必烈发动的对日本的侵略。

忽必烈在1271年建立元朝后，一时还不便继续南下进攻南宋王朝，因为南宋作为它的盟友，曾经联合灭掉了金国。为了宣泄扩张野心，忽必烈决定征伐日本。在他看来，征服日本是件轻而易举的事情。他自负地说："日本则朝发而夕至，舟中载米，海中捕鱼而食之，则岂不可行乎？"在派出使节赴日、威胁日本臣服遭到拒绝后，忽必烈决定用兵。

1274年，元军第一次东侵日本。这年10月，他派出900艘战船、30,000多兵力，从朝鲜半岛出发，很快就进入了北九州地区。10月20日，元军在博多登陆，遭到日本骑兵的抗击。两军激战一天，元军疲惫不堪，退回船上歇息。哪知这天晚上狂风大作，海浪汹涌，数百艘元军舰只被风浪掀翻，13,000多人马沉入海底，元军大败而归。

忽必烈并不甘心，后又好几次派使臣赴日劝降，然镰仓幕府抗元之心已定，将这些使节全部杀掉。同时又加强戒备，构筑要塞，修筑石墙，号召民众，调配兵力，严阵以待。

1281年5月，忽必烈调动14万大兵，从朝鲜和浙江两地出发，再次征日。6月，到达北九州海面。由于日军防守紧严，元军多次登陆未成。闰7月1日深夜，元军正在船上静静地安歇，突然海风大起，巨浪滔天，雷鸣电闪，山呼海啸，元军4000艘战船全部翻入海底，尸体漂满了海面。十余万大军，最后仅有3人生还。忽必烈的第二次侵日又以惨败告终。

在日本军民抗击元朝侵略的斗争中，镰仓幕府起了领导作用，但并不很得力，主要是各地武士的自发抗元成为关键因素。然而，在反元斗争中表现最为突出的武士阶层，特别是九州岛上的武士，却得不到幕府的犒赏，这就引起了武士的不满。御家人开始分化和没落，镰仓幕府的社会基础自此开始动摇。

镰仓幕府后期，武士的势力进一步扩张，特别是那些在地方上担任守护的御家人，势力更为强大。他们的职位世袭，往往还兼领了多处守护。同时，在地方的庄园里，地头势力急剧上升，武士、庄官、地头之下又有名主，这是些实际的地主。地多、武士多的名主称为"大名"，势力越来越强大，常常成为地头，与守护对抗。以往的那些公卿贵族、高级僧侣，现在却越来越穷困潦倒，到处流浪，常常成为大名们家中的食客。

守护、大名等地方武士势力的兴起，使得中央的幕府势力逐渐衰落，这就给天皇摆脱幕府的控制提供了极好的机会。

1318年即位的后醍醐天皇就是这样想的。上台伊始,他便着手自己的倒幕计划。他把一批反对幕府的人,包括豪族、贵族、僧侣和非御家人武士等召到自己身边,名曰讨论诗歌、音乐,实则商量讨幕计划。史书上说,为不使外人生疑,与会者一律摘帽进场,僧侣们还脱去袈裟。人们在会场里狂欢作乐,饮酒放歌。就是在这种被称为"无理讲"的活动中,后醍醐的讨幕计划日益成熟。

1326年,后醍醐让两个皇子以寺院僧兵为核心,建立倒幕武装。此事被大臣向幕府告发,后醍醐急逃出京都,旋被幕府军抓获,将其流放到隐歧岛。

数年后,后醍醐在武士们的策划下,逃出了隐歧岛。其时,北条氏控制的镰仓幕府已处在山穷水尽的境地,几乎没有家臣再听将军和执权的指挥。因此,当天皇的讨幕诏令一发,四方勤王志士无不响应。

1333年5月7日,幕府重要家臣足利尊氏反戈背主,攻陷了京都。5月22日,倒戈的第一名幕府家臣新田义贞攻陷镰仓,北条家族数百人自杀,镰仓幕府灭亡。

后醍醐重入京都,复天皇之职,仿照中国东汉光武帝灭王莽后所用的年号,称自己实行的"新政"为"建武中兴"。

新政内容包括,首先是整顿统治机构,取消院政制度,不再设摄政、关白,而由天皇自己裁决一切大事,下设若干机构辅佐天皇。其次是在地方上恢复早年的"知行国"制,即让公卿权门能继续支配地方各国。再次就是将已没收的幕府领地重新分配,特别是用来奖赏那些倒幕过程中的有功之士。可惜,新政实行仅仅两年就夭折了。

后醍醐错以为加强天皇权威乃众望所归,民心所向,所以一心一意往这方面努力。实际上,参加倒幕运动的社会各阶层都有自己的算盘。农民们希望天皇能轻徭薄赋,领主们希望排除北条氏专横,武士们甚至想取北条氏而代之。他们都想借助天皇的名号,暂时地汇集到天皇旗帜之下。倘若天皇想借机恢复自己权势,重振皇威,武士们自然又有新的企图了。这就是"新政"失败的基本原因。

1335年,足利尊氏奉命去镇压镰仓的北条氏叛乱。平叛之后,尊氏本应返回京都复命，但他却赖在镰仓不走，而且自称"征夷大将军"。随后，他又打败后醍醐派来镇压的军队，并于1336年年初打入京都。后醍醐仓皇出逃，尊氏拥立光明天皇。

光明天皇没有象征皇统的神器，尊氏迫使后醍醐回京交出，并将他软禁起来。无奈之中，堂堂天皇只好化装成女性，乘夜色再次逃离京城。不久后，他来到南方的吉野，宣布光明天皇为伪帝，自己以"天子尊治"之名义建立南朝。日本历史上出现了南北对峙的局面。

北朝处于足利尊氏控制之下。1336年，足利尊氏公布新的武士法规《建武式目》，认为当务之急是"安民"，要求禁奢侈、行俭约；要求镇暴行、止贿赂；要求选贤者任官，惩戒懈怠官吏。还规定要受理穷人的诉讼，要兴办土仓，进行金融借贷活动，规定禁止兼并私人住宅和庄园。《式目》的问世，标志新的足利幕府正式建立。

新幕府仿照镰仓幕府的形式，设立了相同的机构，只不过过去的"执权"现在改称为"管领"。1338年，北朝任命足利尊氏为"征夷大将军"，尊氏终于如愿以偿。

然而，在巨大的权力诱惑面前，足利家族内部发生了激烈的争斗，手足相残，同胞不义，尊氏感到心灰意冷，主意不定，常常在南朝和北朝之间徘徊。1353年，足利尊氏终于回到京都，但不过二三年，尊氏便病重归西。

足利幕府的全盛是在第三代将军足利义满时代。1378年，义满在京都北郊室町地方建立幕府驻所，因此后人便称足利幕府为室町幕府。

义满最大的功绩，是使南北朝重新实现统一。他的做法颇为可取：先兵后礼，即先用重兵平定南朝周围的屏障，再派使节劝说南朝天皇，结果有条件地实现了南北朝合并。持续将近60年的分裂局面终于在1392年结束。

功高震国的足利义满，现在连将军也不愿当了，居然效法天皇出家当上皇的做法，38岁即将一切职务辞掉，出家当了和尚，法名道义，将军职位则传给了9岁的儿子。他俨然是日本的太上皇，根本不把天皇和上皇放在眼里。据说，他竟敢与天皇对斟痛饮，破了天条。

足利义满恢复了已断绝100多年的日中邦交。他在给中国的信中，自称"日本国王臣源"，中国明朝政府也不知内情，在回信中称义满为"日本国王源道义"。

在同中国的往来中,义满为了对付倭寇的侵扰,防止倭寇冒充日本国使,保证正常的官方贸易,与明政府实行了"斟合贸易"制度,即由明政府制订贸易许可证,骑缝分解为二,中日各执其一,贸易时须交验此凭证咬合。斟合贸易实行了150余年。

晚年的义满极尽奢华,居然在自己豪华的住邸建造更为豪华的"金阁"。这座三层楼阁的建筑,表面全部镀以金箔,世所罕见,至今仍是游人观赏的美景胜地。

21.5

义政失治。战国大乱。大名称雄。土民一揆。织田统一。秀吉外侵

15世纪以后,已有200来年历史的幕府政治开始发生全面危机。一方面,幕府将军僭越天皇权力,打破了天皇在国人心中的偶像地位,而两个多世纪的幕府统治政绩平平,又未能将将军作为新的偶像树立起来。因此,日本国内普遍出现信任和信仰危机。另一方面,作为室町幕府社会基础和支柱力量的各地守护大名,也纷纷效尤幕府,开始发展地方势力,加强政治割据,不听幕府号令,甚至觊觎将军职位,诸侯称雄的格局逐渐生成。

第三方面,由于统治者之间各种派系斗争激烈,战乱频生,所有战争负担最后都落到了百姓头上,统治者越来越加紧对人民的搜刮,处在生死线上的农民及其他劳动者不得不揭竿而起。因此,15世纪中叶以后,日本历史上经历了100年左右的分裂和战乱时代。

足利义满之后,足利氏的后代为了谋夺将军之职,相互之间明争暗斗。刀光剑影之中,不断有幕府将军的头颅落地。虽然将军仍由足利氏家族担任,但其威望早已今非昔比。第八代将军足利义政的所作所为更激起了朝野上下的愤慨之声。

义政不务国事,沉湎于酒色淫乐之中,特别是耗巨资修建极其豪华的"银

阁",意欲与足利义满的金阁一比高低,人民更加怨声载道,连当时的天皇都不无怨气。更奇特的是,富甲天下的义政之妻日野富子还特别敛财,放高利贷,囤积大米,哄抬米价。

著名的一休大师,晚年时遭遇了义政的荒暴统治,耳闻目睹其时的社会丑恶现象,做诗数首,予以抨击。一诗描写了因战乱和瘟疫而尸堆如山的悲惨之状:

> 吞声透过鬼门关,豺虎踪多古路间。
> 吟杖终无风月兴,黄泉境在目前山。

一诗揭露了在京都几为废墟之时,统治者仍然笙箫琴歌,醉生梦死:

> 请看凶徒大运筹,近臣左右妄优游。
> 蕙帐画屏歌吹底,众人日夜醉悠悠。

足利义政也曾试图改变一下混乱的政治局面。他知道各地的守护大名渐成气候,必须去努力抑制他们。因此,他着力加强足利氏同族的势力,让他们轮流担任幕府的管领。可这种权力分配的办法并不奏效。1467年,由将军以及管领的继承权问题,在幕府内部武将中引起了激烈冲突,终于导致了一场长达十年的"应仁文明之乱"。

十年大乱虽是统治者内部的相互倾轧,但给社会经济带来了巨大的灾难,尤其是对京都地区破坏惨重。

然而更严重、更深刻的影响是,由于战乱,幕府不能控制局势,其威信一落千丈。各地大名割据称雄,相互混战,日本进入了长达100多年的分裂战乱时期,史称"战国时期"。

战国时代称雄四方的是200来个战国大名。战国大名不同于室町幕府之下的守护大名。守护大名尽管也是威震一方的豪强,但他们都直属于幕府,要听候幕府的调遣和征召,服从幕府的指挥,他们与幕府将军仍有名义上的主从关系。战国大名则不同,他们与幕府无关,并敢于与幕府对抗。他们凭借着军事实力，割地为王，占城夺地，不须听从任何人号令。

有不少战国大名是由守护大名转变而来的。他们趁幕府政权失控之机，宣布独立。更多的战国大名是地方领主上升而成的，有些甚至是守护大名的家臣，杀守护而夺地，扩张势力。有的大名是商贾出身财力雄厚崛起而成。

为了发展自己的势力，大名们都能在自己国内实行一系列有利于民心稳定和国力加强的措施。鼓励人口增加，鼓励逃亡农民返回故里。遵守农时，农忙季节决不相互开战。改革税收制度，革除苛捐杂赋，统一税种，固定税率（最低者仅二十五税一），固定交纳日期，减轻农民负担，提高农民的生产积极性。大名还亲自抓兴修水利事业，开山渠，修塘堰，筑河堤，造新田。至战国末期，日本全国的水田面积居然还比室町时代初期增加了将近四分之三。

众多大名中，不少人智勇双谋，文武兼备，善于治理一方土地，不断涌现出治国安邦的奇才。著名者如经略伊豆的北条早云，名将武田信玄等。

战国时代日本政治的突出特点就是"下克上"。各地守护、大名反对中央的幕府、皇室；中小封建领主纷纷扩充势力，反对守护大名和其他大封建主；而处在社会最底层的农民们也树起了起义斗争的大旗，反对一切封建统治者。

农民的起义在日本被称为"土一揆"。土即土民，就是农民，"揆"有"法则""计划"含义，"一揆"的意思就是"一致行动"。

农民起义从15世纪起大规模爆发，原因固然有很多，但最基本的有三点：一是封建领主阶级对农民的沉重的剥削和压迫；二是商品货币经济的发展使许多农民负债累累，走向破产；三是封建混战给农民带来了巨大灾难。

统治者们，无论是将军幕府、皇室宫院、贵族官僚，还是诸侯大名、武士领主，还是寺院庙堂，都向农民伸出了罪恶之手。要生存，农民们只有斗争反抗这一条路。早在室町时期，农民们就开始了要求减免年贡、减免赋税及劳役的斗争。他们组成了自治组织，依靠集体的力量来达到斗争目标。集体请愿，集体逃跑，是最为普遍的斗争方式。

15世纪以后，农民则以暴力起义来达到自己的目的。史书记载，在15世纪里，日本一共爆发了60多次较大规模的农民起义。

15世纪后期开始，农民的起义又披上了宗教的外衣，同时也使得斗争更有组织性。

这个外衣就是佛教的一向宗。一向宗是净土宗的一支，主张凡人不分老幼贵贱，都可步入极乐世界。这样一种平等思想当然最受底层百姓欢迎。一向宗常以"讲"的形式举行集会。在它的旗帜下汇合了一大群具有反抗意识的斗士。一向宗组织的农民起义称为"一向一揆"，大多发生在近畿等经济发达的地区。

16世纪后，农民起义仍然不断发生。从1500年至1575年，日本全国共爆发了29次大规模的农民起义。这些农民起义，打击了各地的封建贵族，为全国走向重新统一扫平了道路，也改变了许多农民的悲惨命运。

而大名的崛起与混战兼并，客观上又为重新统一创造了条件。

旧的封建性贵族大都在混战中丧生，代之而起的新兴武士地主阶层"国众"，又被各地的大名收编为家臣。少数战国大名逐渐成为能够号令一方的大诸侯，实现了各个地区的局部统一，这就奠定了全国统一的基础。

更为重要的是，战国时代工商业的发展和城市的兴起，使统一成为一种不可抗拒的历史趋势，成为顺应社会经济发展的历史潮流。

室町后期，随着农民起义和庄园制崩溃，农民对领主的那种人身依附关系和土地依附关系变得松弛，工商业经济有了较大程度的自由发展。15世纪—16世纪之际，日本全国出现了200多个工商业城市。

这些城市大致可分为两类。一类是类似西欧中世纪城市那样的自治城市。从政治上看，这些城市有自己的武装，有自己的行政设施。它们都享有守护和领主不入权，排除了国家以及领主势力对城市内部事务的干涉。它们拥有独立的行政机构，执行人员由全体町人（市民）选举产生，他们自主地管理城市，行使着征收租税、调解纠纷、颁布法规、主持公共事业、承担防务等职能。

它们还拥有独立的检察和司法权力，建有独立的司法机构，根据城市的习惯和法令对城内事务进行审判，只有特别重大的案件以及城市与外界的纠纷才由幕府出面裁决。

在经济上，自治城市都是商品生产和交换的场所，都拥有发达的工商业。它们大多位于交通要地，是物资集散中心，集中了大量的商人、运输业者和手工业者，后来还产生了金融业。因此，自治城市都有工商业积累起来的巨大财富作经济后盾。

故而，自治城市大都出现在京都附近的畿内和近畿地区。著名的自治城市有堺市、奈良等，甚至京都在16世纪30年代也成了自治城市。

另一类城市称为"城下町"。"町"意为"市"。城是附近领主们的住地，"城下町"就是他们在城的附近设立的市集。各地的大小封建主为了增强自己的经济势力，为了吸引人口，增加财政收入，纷纷在自己的领地内建立这一类城市。城下町数量特别之多，规模大小不一，它们虽然没有政治自主权，但促进了工商业经济的发展和繁荣。

正由于工商业的发展，城市的经济力量、市民阶级的力量迅速增长。工商业发展的范围越来越广，特别是自治城市如堺市的经济活动，还将国内商业与国外贸易连接了起来。市民们要求全国统一，废除关卡，形成畅通无阻的流通网络，他们也因此而成为实现统一的支柱力量。

完成统一大业的，是织田信长和丰臣秀吉两人。

织田信长，本州中部尾张国（今名古屋）大名。18岁时继承父业，但最初并不改粗暴放纵的恶习，与近臣整日戏玩，不思霸业，直至家臣以自杀相谏，信长才幡然悔悟，发誓要"励行改过"。嗣后6年时间里，他平定了同宗叛乱，将一个个同胞兄弟逼死，稳定了自己的地位。

尾张国位于京都和关东之间，历来是兵家必争的战略要地，战国诸雄都有觊觎之心。织田打退了一次次的进犯，尤其是1560年的桶狭间之战，将不可一世的远江国今川义元4万大军打得人仰马翻。这次战斗，显示了织田信长的军事奇才，也是他征伐天下迈开的第一步。其时信长年28岁。

信长随后采取了比较稳妥的方法，加强同附近几位大名的联盟，并分割势力范围。1567年，织田信长占领美浓国，仿中国周文王岐山起兵的故事，建立岐阜城，以示他统一天下的决心。

随着织田信长的声名大振，天皇和幕府都纷纷写信夸他，请他帮助恢复皇室领地和幕府权威。这些举动，更增强了信长称霸全国的信心。1568年，信长的大军进入京都，从此挟天皇和将军以令天下。1573年，信长废掉将军足利义略，室町幕府灭亡。

织田信长能够在征战中无往而不胜，原因固然有很多，其中不可忽视的一点，是他输入了来自葡萄牙人的西洋火枪。在1575年同名将武田信玄之子武田胜赖的作战中，尤其体现了这一优势。武家军素以骑兵战著称，凶狠异常，行动又格外地敏捷。信长针对这一特点，在河岸筑起了防御工事，将3000火炮手埋伏在工事后面。由于火枪尚不能连发，信长便将他们分成三拨，轮流安装火药、射击。在密集的炮火下，武田的骑兵攻势迅速瓦解。

作为统治者的织田信长，对下层群众中的反抗斗争异常仇恨，多次进行空前残酷的镇压。1571年，织田信长镇压长岛的一向宗起义军失败后，复仇之心更为强烈。1574年，他亲自率兵再攻长岛，义军坚守两个月后失败。织田信长将抓获的2万多人用铁栏围起来，用火活活地烧死，其手段之残忍，令人发指。1575年，织田信长又杀死越前国的一向宗起义军4万多人。1576年，他开始攻击一向宗的总部大阪本愿寺，花了5年时间才最后攻克，将该寺焚为灰土。

这一年，织田信长在日本最大的琵琶湖修建安土城，作为其统治的本部。其城之宏伟，时人将之比喻为秦始皇的阿房宫。

1582年，信长命丰臣秀吉西征。秀吉遇当地豪强围攻，情势危急，织田率部支援。行至途中，停住京都的本能寺，家臣明智光秀突然叛变，包围该寺，信长指望不来援军，最后放火烧寺自焚。战国一代枭雄就这样死在自己人手中。

织田信长共掌权14年。他采取了一些有益的统治措施，鼓励工商业的发展，鼓励农业生产。但又限制市民势力的上升。他开创了统一事业，但并没有完成统一。在所有的66国中，他控制了30国，掌握了半壁河山，只可惜壮志未酬就命丧黄泉。

信长事业的继承人丰臣秀吉，是一个颇为复杂、颇多争议的历史人物。他完成了统一大业，使日本从大乱走向大治，功莫大焉；然而他又数度侵略朝鲜，甚至梦想霸占中国，开创了日本帝国军事扩张主义的传统。

秀吉出身卑微。8岁时，当农民的父亲病死，母亲改嫁，秀吉亦到继父家生活。因家境贫寒，营养不良，瘦弱的他少时就得了个"猴"的绰号。

20岁时，秀吉投奔织田信长，做一小卒。其时织田氏的驻所有一段城墙坍塌，许久不见修补，秀吉甚为感慨。信长便命秀吉负责此项工程。秀吉将城墙划成数段，分包于人，不到两天即全部完工。办事干练利索的他很快得到了信长的重用。

1566年,秀吉奇迹般地完成了在十分困难条件下筑建墨般城的任务,为信长攻占美浓国立下了汗马功劳。1569年,他受信长之令,担任京都守护要职。1573年,他获得信长赐给的大片领地,成为名副其实的大名。之后,秀吉继续跟随信长出生入死,在战争中表现了杰出的战术才能,屡战屡捷。

得知信长被刺,秀吉立即巧妙地停止了战事,返师回京,讨伐明智光秀。6月13日,秀吉与光秀两军遭遇,后者战败,逃亡中负伤自杀。仅仅11天,秀吉就为主子报了仇。旋即,秀吉以信长后继者身份召集织田氏家族开会,引起普遍不满。秀吉先后平定了信长各子的挑战,镇服了一批重臣。不出几年,他又先后征服四国、九州,1587年,基本实现全国统一。

尽管威风八面,秀吉也有两大难言之隐。一是没有牢固的基地;二是出身低贱,难服众家族之心。

为弥补第一点,他于1583年兴建了大阪城。这个后来成了日本第二大城市的地方,据河口,面向平原,交通便捷,北可达京都,西扼濑户内海,南与著名商城堺市相依。

为了弥补第二个缺陷,秀吉着力追求官位。他渴望得到"征夷大将军"之职,但无人理睬他的要求。他改求"关白",朝廷公卿也议论纷纷,斥其为非分之想。只有天皇慑于他的威力,最后满足了他的要求。1586年,天皇还赐秀吉"丰臣"之姓。秀吉为使自己的身分更为合理,命人编撰了有关他出身的书。书中称秀吉之母曾在皇宫服侍过天皇,回乡后即生下了秀吉,暗示秀吉也是龙种。

出身低下的丰臣秀吉,更了解民间的疾苦,因此他实行的一系列统治措施,也是有利于经济发展和社会稳定的。

颁布《刀狩令》,规定民间武器统统要上缴,将其打制为各种农具。秀吉在令中说,农民的责任是"精耕农桑",应该"专事耕种"。此举可谓一举两得,既获得了劝农扶农的美名,又解除了统治者的心头之忧。

实行检地,整顿土地所有权。通过丈量土地,确定土地耕种者,把农民固定在土地上,保证了劳动人手和土地不荒芜,同时掌握了全国的土地情况。在检地过程中,秀吉乘机将许多土地记于自己名下,使丰臣氏的直辖领地占了全国土地的八分之一。

统一度量衡，解决了战国以来规格不一、方圆不同的问题。

兴修水利、开垦荒地。曾在海东郡20天筑堤150公里。对开垦荒地者有奖，并强迫游手好闲之人归田务农。

秀吉还改革了行政管理制度，目标是巩固集权制政体，维持行政机构高速、有效、和谐地运转。最初他设立了"五奉行"制，分管行政、司法、财政、市政及土地普查等要务，各负其责，遇大事则五人合议。后又设置"五大老"，制约五奉行。

秀吉着实是一个治国之才，不出十几年，他就把一个政治混乱的日本治理得井井有条。也许他觉得自己太能干了，可以治理一个更大的世界。于是，他就开始了对外扩张的行动。

丰臣秀吉很早就萌发了要当亚洲霸主的思想。在他跟随织田信长西征时，看到来自中国和朝鲜的丰富产品，非常羡慕。那时，西洋葡萄牙人已来日本经商，耶稣会传教士也到日本晋见天皇，使秀吉误认为日本已强盛无比，也应让亚洲各国前来朝圣献贡。为此，他还专门去信印度、菲律宾等国，敦促他们向日本纳贡。他还向台湾派去使节。称霸之心，溢于言表。

1592年，丰臣秀吉第一次侵略朝鲜。日军总兵力达18万人之多。不到20天，汉城（今首尔，后同）被占。6月，平壤陷落。7月，朝鲜两王子被俘，国王出走，三千里江山沦陷大半。日军沿途烧掠，无恶不作，仅晋州一地就有6万余人死于屠刀之下。

秀吉得意忘形之际，扩张野心急剧膨胀，为自己谋划着更加"美好"的前程。他给家中写信，称自己将乘船过海，到大明国的宁波府居留，因为那里离印度近。他叫其子丰臣秀次第二年初进攻北京，占领北京周围百县，并在1594年迁都北京，让天皇住到那里。

这真是一个如意算盘，可惜很快就落空！朝中两国的联合抗日使秀吉的侵略计划成为一枕黄粱。日军在陆上的进攻虽然频频得手，但海军却遇到了毁灭性的打击。著名爱国将领李舜臣，率朝鲜水军在南部水域连连告捷。李舜臣发明的一种龟船战舰，坚固小巧，可深入敌人舰阵作战，敌军无可奈何。

危难之际，朝鲜政府向明朝求援。明政府认为丰臣氏侵朝，目的是"图中国"，中国去救朝鲜也就是保中国，因而立即发出援兵。1592年年底，4

万明军跨过鸭绿江奔赴朝鲜战场，不久即收复平壤、开城、汉城，光复大部分国土。

次年4月，日本提出谈和，但又提出极为无理的要求，譬如要求明朝将公主嫁给日本天皇，要求朝鲜向日本赔偿500万两白银，朝鲜要宣誓作日本的附国等。面对丰臣氏的不自量力，中朝代表嗤之以鼻，也提出了议和的基本原则：日本军队全部退回国内，永远不再侵犯朝鲜。

和谈破裂后，丰臣秀吉再度发动侵朝战争。1597年，日军14万余人水陆两路并进，而且特别注意对付朝鲜的海军。而朝中海军在李舜臣、陈璘、邓子龙等人的指挥下，在鸣梁海和露梁海海战中两败日军。

由于战场失利，日本国内群情激愤，丰臣秀吉一病不起，于1598年8月18日不治而死。

秀吉即死，丰臣家的霸气黯然而收。同为织田信长大将的德川家康乘机崛起。1600年关原一战，家康成为全国新的霸主。1603年，家康当上征夷大将军，建立了新的幕府统治。因其家族名，新幕府史称"德川幕府"；因其驻地在江户（东京），故而又称"江户幕府"。

21.6

半亚半欧：日本古代社会发展特征小论

当历史发展到16世纪末叶时，古代日本社会逐渐形成了自己的独有特点。这个处在世界最东方的岛屿国家，历史给它铸就的是一种半西欧半亚细亚的社会模式。

人类历史发展具有基本的共同规律，那就是不断由低级向高级阶段发展。然而，地理环境、经济结构、社会条件、文化背景，诸多方面的差异，必定使各国各民族的社会形态呈现不同特征，从而构成人类丰富多彩的历史图景。

就向近代资本主义社会过渡而言，社会有西欧型和亚细亚型之区别。毋庸置疑，古代中国的发展将人类封建社会推向了极其成熟的阶段。而到16世纪时，先进的东方与落后的西方开始对换位置，西欧迅速实现从封建制向资本主义的过渡，从传统农业社会向近代工业社会的转变，而以中国为代表的东方世界却裹步不前，仍旧在几乎烂熟的封建自然经济生活中徘徊。两种截然不同的结果之出现，根本原因在于东西方封建社会有着迥然相异的社会形态结构和政治经济文化传统。

在地理上，日本是一个东方国家。在长期的历史发展过程中，日本又深深地受到中国物质文明和精神文明的影响，在整体上说，应该属于亚细亚型或东方型社会。然而，由于它在19世纪以后学习西方取得成功，人们往往在探讨日本崛起的原因时，较多地谈论日本是如何向西方学习的。其实这是不全面的，还应该充分注意漫长的封建社会里日本所形成的固有特点，寻找历史的足迹。

也就是说，在西方先进的近代文明还未传到这个遥远的东方岛国时，日本就已具备了不少与西欧封建中世纪社会颇为相似的特点。

从地理文化带意义上说，日本民族的远祖与欧洲人的远祖同样来自于寒冷的亚欧大陆北端的游牧民族区。按照地缘人类学的观点，由于地处寒冷地带，植物的生长特别缓慢，人类的生活资料不易取得，因而造就了这里的人们勇敢冒险的特性。

日本虽在东亚，但它是一个岛国，属于温带海洋性气候，与朝鲜和中国的大陆性气候大不一样，倒与西欧很相似，温暖湿润，降水量丰富，没有严寒，更没有酷暑。而且比西欧更好，日本的冬天气温与欧洲差不多，但夏天要高。欧洲的农业因南方夏旱和北方夏凉而受到限制，日本农业则因高温和降雨同时而大受裨益，因此需要高温高湿的高产作物大米便成了日本人的主食。而且，日本以海洋为屏障，很少发生外族入侵骚扰的情况，处于一个相对孤立而又平安的环境中，有利于社会的自然发展。

日本封建社会的产生与西欧封建制的起源也十分相似。日本虽然是在中国文明的影响下跨入封建时代的，但在发展中却日益偏离东方封建社会模式，形成了类似西欧的庄园领主制和多元的社会政治结构。尽管在大化改新中，日本完全模仿中国的官制建立自己的政治体制，但却没有形成中国那种以科举制为基础的士大夫阶层，从而缺乏一个稳定的官僚集团来维持中央集权统治。相反，在庄园制下形成的武士阶层，却与西欧的骑士有许多相似之处，并且比西欧骑士扮演更重要的角色。他们比西欧骑士更有文化，依靠对主人的依附关系而保持了独立力量，经营领地，扩张势力，最后成为牵制中央和地方权力的社会基础和支柱力量，有些还成长为地方诸侯势力。

从日本社会经济结构看，日本的庄园制明显具有西欧特点。不但庄园内部的土地经营惊人相似，如同前文所析，而且在庄园占有的分割形式上也几乎是西欧的翻版。日本封建庄园分属三个系统。一是皇室和担当朝廷大员的所谓公家系统庄园，要占庄园总数的五分之一左右。这个系统类似西欧各国的国王领地。二是寺院神社领有的庄园，属于该系统的庄园要占总数的一半，这类似西欧的天主教会领地。三是以幕府将军为首的武家系统领有的庄园。这是领主势力最强的一股。这个系统类似西欧的大小封建主。

庄园的政治地位演变也一如西欧。日本庄园先是有免除杂役和不输租的特权，后又取得地方官吏不得进入庄园行政的权利。这种"不输不入"权与西欧庄园的采邑制及"特恩权"如出一辙。庄园成了领主的独立王国。随着庄园制的发展，上级领主的领有关系名存实亡，庄园逐渐为庄官地头等地方领主的单一领地。地方领主后来成长为战国大名，成为独立于国家之外、独霸一方的诸侯，这与西欧大封建主的成长也极为相似。

由于政治结构逐渐分散，政权统治也出现了多元形式，公武二重政权长期并存，强大的寺院势力也介于其间，地方上还有独立的大名领国，一元化的集权统治好几个世纪里都未能维持，统一的政府和权力几乎难觅踪影。各种法律并存，司法权严重分立，朝廷法、国衙法、幕府法、领主法、寺社法，还有各大名颁行的分国法，使黎民百姓无所适从。

在政治混乱的局面下，广大群众为了维护自己最基本的利益，保护自己的财产和人身安全，同各种封建势力做斗争，不得不自发地组织起来，组成一个个像西欧社会那样的民众共同体和自治体。村民中有"惣""讲"，手工业者中有"座"（行会）。至于几十个工商业自治城市，更是在东亚绽开的"西欧式"奇葩了。

当然，不能对这些"西欧式"因素估价太高，日本毕竟是一个东方传统根基极深的国家，"亚细亚"因素所占的比重更大，足以抑制"西欧"因素的成长。17世纪初建立的德川幕府，就再一次将"亚细亚"因素培育到了极致。

女王伊丽莎白一世加封海盗德雷克为骑士

伽利略展示天文望远镜

签署《威斯特伐利亚和约》

路易十四设立科学院和天文台

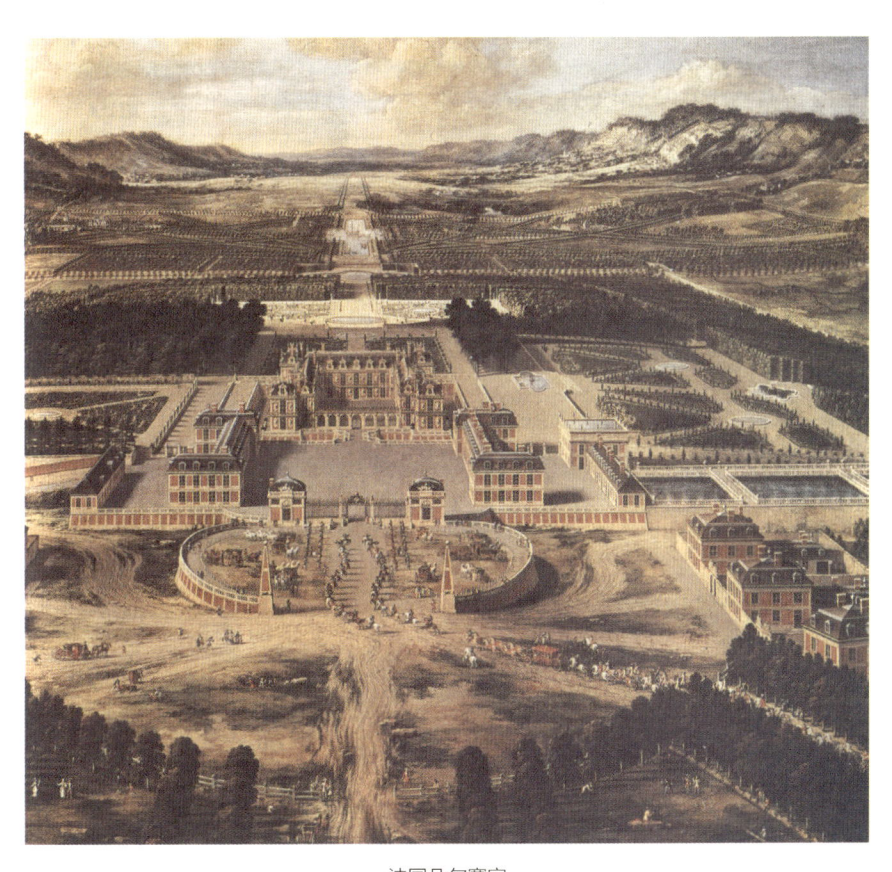

法国凡尔赛宫

中国清代套马图

网球场誓言

欧洲的早期炼钢厂

19世纪欧洲的成衣作坊

1851年第一届世界博览会（伦敦水晶宫）

加里波底领导的意大利红衫军

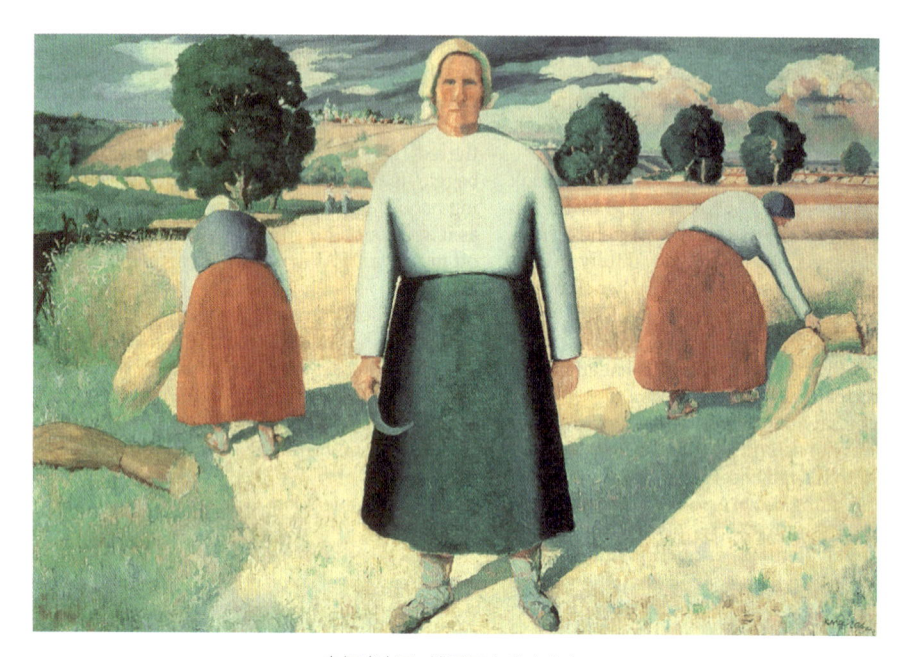

农妇（油画，俄国马尔维奇作）

访问西方的日本使团出发

20 世纪初美国福特汽车生产线

苏联集体农庄的拖拉机站

航船通过巴拿马运河船闸

二战中美军登陆所罗门群岛

纽伦堡审判中的德国战犯戈林等人

1989年法国大革命200周年庆典场面

柏林墙

1990年代美军在海地

比利牛斯山区的羊群

下

人类六千年

16 世纪
至今

刘景华 / 著

中国青年出版社

序一

齐世荣

人类已经进入 21 世纪。今天，国际社会日益成为一个你中有我、我中有你的命运共同体。在这样的国际背景下，正在实现中华民族伟大复兴的中国人民，迫切需要了解世界，不仅要了解世界的今天，还要了解今天的世界是如何演变而来的，这也就是说，我们需要具备世界历史的知识。

广义的世界史包括地区史、国别史、专门史等等。但对于广大的中国人民来说，我们尤其需要一部简明的世界通史。世界通史的作用是区域史、国别史、专门史代替不了的。前者是林，后者是一棵棵的树。在历史走向全球化的今天，我们尤其不可只见树木，不见森林。弗兰克说："几乎所有的历史学家只喜欢看具体的历史树木；他们忽视、甚至否认树林的存在，尤其是全球树林的存在。但是，树木是在树林里生长的，必须在树林里才能存活和繁殖。"（《白银资本——重视经济全球化中的东方》中文版前言，中央编译出版社 2000 年版第 18—19 页）

编写世界通史，有两种办法。一种是集体合作的办法，由专家们各写自己所长的部分，然后由主编统稿，把各部分集合在一起。这样写出的世界通史，优点是各段都会有比较精确的叙述和独到的见解。缺点是全书难免观点分歧，文风各异，不是一个高度统一的整体。另一种办法是一人独撰。这样写出的世界通史，优点是全书在观点上和文风上都能保持一致，首尾通贯。缺点是一个人的知识有限，难免出现"硬伤"。但我们不可因害怕"硬伤"而不敢写。其实，即使是专家写自己擅长的那部分历史，要想无一处"硬伤"，也是几乎做不到的。总之，两种办法各有优缺点，都应尝试。但集体编写的世界通史一般篇幅很大，不便于一般读者的阅读。个人编写的世界通史，则篇幅较小，如能下一番功夫，做到内容简明，文字生动，将会发挥更大的作用。

刘景华同志有志于一人撰写世界通史多年。十几年前，他就出版过一本《人类六千年》，颇获社会好评。2000年，在南京全国书市上被读者评为"最激发读者购买欲望的图书"之一。2009年，又被评为"广东省百种社会科学优秀理论读物（1949—2009）"之一。现在，他将该书加以修订，又有新的进展。我已年近九十，旧业既荒，新知更乏，岂敢对他的大作妄加评论。但读后也有几点小建议，聊供今后再版时参考，以报征序的雅意。1.增加简要参考书目，以便读者进一步研究世界史；2.适当增加插图（包括历史地图），力求图文并茂，引起读者兴趣；3.篇幅再做精简，以便更多读者阅读；4.编制索引。书末附索引，用处很大，已成为国际学术界一项规范，望能注意及此。

最后，我要再次强调：编写一本简明的世界通史，是时代的需要，是走和平发展道路的中国人民的需要。这项工作的难度很大，但无论多么困难，我们也要知难而进。景华同志勇于知难而进，而且敢于挑起一人独撰的重担，精神实在感人，我谨以这篇不成其为序的"序"祝贺他的大作《人类六千年》出版。

2015年6月

序二

钱乘旦

一本好书必须有特色，而我们现在看到的这本书的确有其特色。首先，一本世界文明史，上下几千年，纵横全世界，厚厚两大卷，一百多万字，作者却仅仅是一人，这在当代中国读书界，应该是看不到的。但刘景华教授的确是一个人写出了这本书，而且洋洋洒洒，严严谨谨，俨然是一部完整的世界通史。当代中国读者太习惯于"集体创作"了，因此拿到一个人写的这么大一部书，便不禁要发问：一个人写，是否能写好？其实，一个人写通史并不是什么创造，由一个人写一部通史教科书在国外是司空见惯，在中国也有几千年的传统，只不过最近几十年来人们觉得不习惯了，总以为"厚书"总得由好多人写，一个人写一段才算是"专家写书"，否则就写不好。然而事实却是，好多人写的东西经常却是写得不好，特别是当好多人不断地重复别人写的东西时，就一定写不好。写作是一种创造，创造必须有思想，一个人比较容易体现一种专一的思想，而许多人要把思想完全统一成一个样子，就很不容易。在这种情况下，有特色的东西就很难出现，重复现成的说法就成了无奈的选择，于是一本没有特色的书就出现了，这是"集体创作"很不容易取得成功的一个重要原因。刘景华教授敢于突破陈规，尝试一个人写一部世界通史，这本身就代表着一种特色，因此是很值得尝试的。

其次，这本书试图突破说教的模式，尽量使用叙述的手法，使行文显得生动。历史本来是最生动的一种知识，因为它记载着人类活生生的过去。"历史"本来和"故事"分不开，离开了人类以往经历的那些"故事"（即"过去的事"），历史也就没有了。但在一段时间中，历史的"故事"性被取消，历史成了干巴巴的说教,成了几条固定的公式,这就违背了历史学自身的特性,使它成为不受欢迎的学科。近年来,史学界深感面临的危机,亟想改变这种状况,许多人作了极好的尝试,也出现了一些较好的成果。刘景华教授的这部书就是在这种思想指导下写作的,因此,他尽量使用叙事手法来表达思想,刻意着墨于重要的人物和事件,努力追求生动。在这方面,他的成功是可以感觉到的,读者们翻开这本书,可以看到有些章节写得很有感染力。

再次,历史本身是多方位的,它决不仅只包括一两个方面。它记载着人类过去的经历与活动,其内容之丰富,超出人们最大胆的想象。然而当历史变成干巴巴的条文之后,它的丰富性就收缩了,只剩下人们蓄意保留的某些方面,甚至只剩下精心挑选的几件事。历史变成了用几根干枯的棍棒搭起来的一个架子,你不用学历史,也能够一目了然,也能够把历史的"规律"讲得头头是道。中学的历史考试就是这样的,结果,考完之后,学生就从此不看历史书,因为他自以为已经学透了历史书,历史不就是那么几句公式,背会了公式,也就背会了历史!这种看法虽说荒谬,却很真实,在当代的中国广为流行。于是,我们这个历史的泱泱大国就变成了历史的贫瘠之地,人们不懂历史,也不懂历史学为何物。这样一种状态是必须改变的,改变的方法是还历史的本来面目,让它显示出丰富多彩的本性。刘景华教授的这部书在这方面也做了很大的努力,它涉及的面比较广,希望能展示人类活动的各个方面。

总之,这是一本很好的书,值得希望了解世界的人们看一看。历史是一门有趣的学问,它能给人以智慧。在一个功利色彩太重的时代,历史产生不了实在的好处,却能给无视历史的人以历史的教训,读一读历史还是必要的。今天,我们生活在一个结为一体的世界上,要了解历史,就不能只知道中国史,还需要知道外国史,刘景华教授的这部书给读者提供了一个新的窗口,让人们一窥世界历史的真貌。历史的知识是无穷的,历史书的创作当然也无穷无尽。每一本历史书都会有它的局限性,至少它有限的篇幅就是一种局限。刘景华教授的这部书虽难免有局限,却有其相当大的特色。在这短短的前言中我只能简单地提出其中几点,但我相信读者们在读完这本书之后,自然能体会出其中的特点。

目 录

上编 近代世界
（16世纪—1945年）

003 — 第一章 熹微晨光
　　　　　　西欧资本主义的产生

016 — 第二章 从"神"到"人"
　　　　　　终结"黑暗"的文艺复兴运动

043 — 第三章 蓝色的诱惑
　　　　　　地理大发现和大航海时代

066 — 第四章 人的发现
　　　　　　一场反对天主教的改革运动

090 — 第五章 开放的大海
　　　　　　近代西方第一批殖民帝国

112 — 第六章 "世界工厂"
　　　　　　日不落帝国的兴盛

144 — 第七章 欧陆之霸
　　　　　　17世纪以后法国的崛起

179 —　第八章　新生的西半球
　　　　　　　南北美洲的独立浪潮

218 —　第九章　群雄并起
　　　　　　　17 至 19 世纪的奥、普、俄、意

253 —　第十章　正义者之声
　　　　　　　社会主义运动兴起及国际化

276 —　第十一章　脱亚入欧
　　　　　　　日本国走向富强

311 —　第十二章　世纪末躁动
　　　　　　　走向帝国主义的西方列强

335 —　第十三章　睡狮渐醒
　　　　　　　西方崛起时和冲击下的东方

371 —　第十四章　星河璀璨（上）
　　　　　　　近代西方的精神成果

428 —　第十五章　星河璀璨（下）
　　　　　　　近代西方的精神成果

456 —　第十六章　列强鏖兵
　　　　　　　第一次世界大战

475 —　第十七章　作茧自缚
　　　　　　　两次大战之间的西方世界

502 — 第十八章　红星闪耀
　　　　　　　苏俄社会主义国家诞生

529 — 第十九章　邪恶与正义
　　　　　　　第二次世界大战

下编　现代世界
（1945年以后）

575 — 第二十章　对立的世界
　　　　　　　战后初期的冷战时代

616 — 第二十一章　从两极到多极
　　　　　　　　冷战后期世界格局变化

651 — 第二十二章　变革与彷徨
　　　　　　　　20世纪末叶的世界

673 — 第二十三章　21世纪钟声
　　　　　　　　当今世界的新格局

上编

近代世界

16 世纪
—
1945 年

第一章

熹微晨光
西欧资本主义的产生

1.1

15、16世纪：世界历史发展的重大节点。资本主义：与传统农耕世界迥然相异的社会。西欧资本主义产生两阶段

人类历史发展到15、16世纪时，进入了一个重大的转折时期。在这个时代里，两个重大的事件具有世界性的意义，给世界文明进程带来了极为深远的影响。

这两个事件，其一是西欧资本主义的兴起。可以说，西欧资本主义的产生，使得亚欧大陆古老的农耕世界中绽现出一种崭新的气象，一股特别具有生机、具有活力的气象。正是这股崭新的气象，以后逐渐由西欧向东西两个方向扩展，一扫几千年的封建农耕世界的陈腐气息，促使全世界走向资本主义生产方式占统治地位的新时代。

正是由于西方资本主义的兴起，先进的东方和落后的西方开始调换位置。

其二，与资本主义产生相适应，主要由西欧人开展的地理大发现和新航路开辟，使整个地球通过海洋连成了一片，世界从此走向整体发展。而且，紧

跟而来的西方殖民扩张，逐渐将全世界置于西方人的统治之下。从此之后的好几个世纪里，在某种意义上就是以西方为中心的世界，西方人当霸主的世界。

这也在于西方人具有资本主义发展的优势。

资本主义制度的确立，是人类历史上最为重大、最具意义的变革之一。资本主义生产方式的出现，将人类导入了近代社会状态，导入了工业化时代，引起了人类生存状态的最深刻、最全面的革命。

资本主义首先使社会经济的发展进入到一个崭新阶段。奴隶制社会的出现，封建制社会的产生，都没能改变农本经济社会的本质。在农耕社会里，生产的周期完全依自然条件而定，在空间上和时间上人类对此难以改变，因此生产力发展的速度始终受到限制。只有资本主义及其工业化的出现，才使社会生产力的进步一下子产生几乎飞跃的速度；也只有资本主义制度的出现，才第一次使科学技术转化为巨大的生产力。

资本主义也从根本上改变了人类的社会关系，改变了社会政治制度。从此之后，在意识上和法律上确定了人与人之间的平等关系，尽管在实践过程中还有种种距离；从制度上确立了民主政治，并使其深入人心，尽管这种制度在两千多年前就已诞生；从政治体制上看，资本主义又带来了上层建筑国家机器和行政管理机构的完善，以及民族观念的强化；法治成为所有现代人的共识，专制行为、个人统治被坚决地抛弃。

资本主义也促使了人自身的完善和进步。旧的时代里，人自身的价值、人自身的潜能，始终没有被充分认识、充分发掘，无论是统治者还是被统治者，无论是愚弄别人的人还是被别人愚弄的人，概莫能外。而资产阶级创造的新文化，使人重新认识了自己，肯定了自己，发现了自己的伟大力量。人们因而懂得，社会的近代化，首先就是人自身的近代化。

而这个使人类社会发生深刻变革的资本主义，最先正是产生在亚欧大陆的西北角上，即西欧。

西欧资本主义的产生有两个阶段。

14 和 15 世纪是第一阶段。这时，西欧的封建关系已经得到充分的发展，在封建社会内部孕育了资本主义生产关系的最初形态，特别是"在 14 和 15 世纪的地中海沿岸某些城市里，已经稀疏地出现了资本主义生产的萌芽"（马克思语）。

16世纪为第二阶段。资本主义生产关系得到较大发展，西欧出现资本主义发展的第一次高潮，进入了封建制度解体、向资本主义过渡的时期。或者说，按照马克思的话，是在16世纪"开始了资本主义时代"。

1.2

资本主义产生的前提。西欧中世纪手工业发展的特点。水力：最关键的技术进步。手工业的专业化。经济的区域性分工。商品生产发展的后果

资本主义首先是一种生产关系。生产关系产生变化，是生产力发展和变化的结果。资本主义生产关系产生的经济前提，除了生产力发展外，还须有商品生产的一定程度的发达。资本主义作为一种高度发达的商品经济，它是从一般商品经济（包括商品生产和商品交换）发展而来的。

应该说，资本主义生产关系最早是从手工业中产生的，而中世纪西欧的手工业则很有特点，不但比较发达，而且手工业部门分布较广，包含了各个方面。

中世纪西欧手工业之发达，可从多个角度分析。

从生活资料的生产结构看，单纯作为消费品而生产的农牧产品劳动链较短。如：淀粉植物→食物，饲料种植→牲畜饲养→食物，植物种植→纺织→衣物。中国封建时代主要属于这一类型，西欧中世纪也有相当大部分生产属于这一类。相反，作为手工业原料而生产的农牧产品劳动链较长。如：饲料种植→牲畜饲养→毛纺织→衣物，饲料种植→牲畜饲养→奶酪品制造→食物。这一类型在中国封建时代基本没有，而在西欧中世纪则占有很大的成分。

这样，西欧中世纪的手工业同中国封建时代比起来，在面上就要广得多。同样是纺织，毛纺织就比植物纤维纺织（如麻纺）要复杂得多，工序多得多。

从农业经济生产结构看。和中国一样，西欧中世纪也是以农业为本。无论是统治者的政策，还是普通人的观念，都是重农抑商，农是本，商是末，重本轻末。四民是按"士农工商"排列，中国是儒士，日本是武士，西欧是

教士。中国的儒家、法家，西方的基督教，都是这样主张。

农本经济是谋生的经济，谋衣谋食，耕织结合。在这一点上中国和西欧没有什么区别，但是也有差异，这就是在牲畜的饲养和利用上有明显的不同之处，即西欧的畜牧业在农本经济中占的比重要比中国大得多。

为什么中世纪西欧的畜牧业发达呢？原因至少有三点：

一是西欧的土地黏性较重，特别是西北欧，翻耕时需用重犁，要使用八牛一组或四牛一组的犁队，因此必须饲养大量的耕畜。

二是西欧天气比较寒冷，为了御寒需穿着厚重的衣服，而毛呢和皮革要满足这方面要求，因而必须多养牲畜。

三是西欧人还保留了日耳曼半游牧人食肉、饮乳酪的古老习惯，也必须多养牲畜。

由于畜牧业发达，因而有足够的原料来进行生产，所以西欧毛纺织业发达。这样，虽然都是耕织结合，但西欧在织的那一方面比重就要大些。

而织又有两个特点。一是弹性大。消费者对衣物需求的弹性比较大，早期穿衣是为了御寒、蔽体，后来则还有追求美观的目的，由此，纺织业的发展弹性或前景也要大些。相反，对食物的需求弹性相对要小些，以饱为度，只是到了很饱的时候才讲究点口味。

二是可流动性。织不像耕，它可以不固着在某一地方，而可向着交通便利、生产便利的地点移动和集中；此外，织的各个工序几乎可以同时集中于一个地方进行，而农耕不同，须待上一个环节结束后再进行下一个环节的生产。这样一来，以纺织为主的手工业的发展便为中世纪城市的兴起和兴旺创造了条件。城市兴起后，反过来又促进了手工业的发展和繁荣。

从经济生产能力来看，可以说，在西欧的任何地区，虽然都是自给自足的自然经济，但任何一个地区都无法依靠自身的生产来满足本地区内各种物品的消费需求，必须与别的地区进行产品交换。要能和别的地区交换，就得利用本地区的优势，生产有特色的手工业产品。而这种有特色的产品，又只是到手工业生产发展到一定高度的时候才会出现。

到15世纪—16世纪时，经过几个世纪的发展，西欧的手工业生产技术有了明显的改进。如在纺织业中出现了手摇纺车、自动纺车、卧式织布机等新的机械，兴起了丝织业和棉纺业；采矿业使用了抽水机、绞车、通风设备，使矿石产量大有增加；冶金业中有大熔炉、风箱；金属加工业中有锻打水力锤、拉丝机；航海事业上使用罗盘、天文表，造出了千吨快速帆船；计测时间的大小钟表、各种精密仪器、火药的应用、造纸、各类新式机床等，也是这一时期先进技术广泛运用的表现。

但这一时期生产技术最大最关键性的进步，是水力作为动力的广泛应用。14世纪以后，靠流水自上而下推动的"上击式水轮"，代替了从水轮下部推动的旧式水轮，这就产生了两个结果，一是使能量增大，二是水轮的安装可以不再局限于河边溪畔，只要用渠道引水，造成一定的落差，即可安装水轮。这样一来，水力便得到了广泛的利用。

而水力的广泛利用产生了双重意义。其一是大大促进了生产力和社会经济的发展；其二，动力设施设在水源充足的地方，这些地方大多是乡村和边远山区，这就有利于某些手工业部门如纺织业脱离行会和城市的控制，打破它们对纺织等行业的种种束缚，从而有利于新的生产关系的萌芽和发展。

生产技术的进步促进了社会劳动的分工，使分工越来越细。分工又促进了商品生产和商品流通、商品交换的增加。

由于生产技术越来越复杂，因而要求生产者具有一定的技术特长。然而要具备特长，就不能要求每个生产者从事过多生产过程，而只是从事一两门专业性的工作。一项产品的全部生产过程就会分解成许多细小的环节，每一环节逐渐发展为一个专门的行当、专门的行业，便于劳动者掌握。由于劳动者对自己所从事的那项工作非常熟练，因此大大有利于劳动生产率提高。

行业也因此大量增加。有时候，即使是一种产品的生产，也分成了多个专门生产部门。如到15世纪时，呢绒的生产，必须经过20多道专门化的工序，其中最重要的有：

剪毛：把羊毛从羊身上剪下来，这是一项专门性的技术工作。
梳毛：把剪下的羊毛梳理、分类，如分成长绒、短绒。
纺纱：将羊毛纺成毛纱，或搓成绒线纱。
织布：将毛纱织成呢布。

漂洗：将呢布中的油脂等漂洗、捶打干净，让呢绒缩紧。

染色：将本色呢绒染成所需要的颜色。

剪呢：将染好色的呢绒最后整理成形，包括起毛、去结、补洞、压光、镶边等。

由于分工，一些原来与农业联系密切的手工业，如纺织、酿酒、烤面包、农具制造等，现在成了越来越独立的手工业生产部门。这种独立还有一层含义，那就是生产产品不再是作为农业和家庭经济的补充，不再只是为了生产者自身的需要，更主要的是适应日益扩大的国内外市场，因而具有商品生产性质。

随着商品经济发展，国内市场网络和国际市场体系逐渐形成，因此，地域性的经济分工越来越明显，形成了一个个有特色产品的工业中心。就整个西欧看，英国是毛纺业发达和呢绒出口，佛兰德尔也是毛纺业城市众多；尼德兰的北部即荷兰造船工业有特色；德国有麻纺业、木器产品、冶炼业、银和铜的开采；法国的奢侈品工业、酿酒业有名；意大利的特色产品更多，如佛罗伦萨的毛纺业，威尼斯的造船业、丝织业、玻璃制造业，米兰的兵器和甲胄制造业。

农产品和工业原料的出产，各地亦有特色：英国有羊毛，尼德兰的奶酪、靛青（染料）、渔产品，西班牙有卡斯提尔的美利奴羊毛、格拉纳达的生丝，法国有地中海沿岸以及以波尔多为中心的西南部的葡萄种植，意大利半岛南部和西西里岛则有粮仓之称。

某些国家内部还形成了地区性分工。如英国，中部密德兰地区盛产羊毛和粮食；以伦敦为中心的东南部以产粮、航海、造船、捕鱼为主；西部、西南部以及东部产羊毛，并有发达的毛纺业；北部发展有低档的毛纺业、棉麻混纺业，西北部以伯明翰为中心是冶金业。

商品生产发展的后果是积极性的。

首先，加速了封建主阶级力量的削弱，促使封建土地制瓦解。在商品经济发达的情况下，封建主阶级对生活需求的档次越来越高，而他们自身的收入由于地租额的固定，因而相对地越来越低，这种入不敷出的情况，迫使他们越来越依赖商人和高利贷者，结果是债台高筑，经济实力大减。

在这种情况下，他们只好以土地作抵押，这样就使得商人和高利贷者手中的大量财富转化成了地产，封建的土地所有权也就随之转移，封建制度生存的基础被破坏。到15世纪时，封建土地领有制、封建庄园制、封建农奴制基本上瓦解了。

其次，促使封建人身依附关系松弛，并加剧了农村的两极分化。起初，由于商品经济影响，劳役地租被货币地租及实物地租所取代，农民不再每周到领主庄园里劳动几天，因而也就在人身上摆脱了领主的控制。这样，农奴制、庄园制解体，农奴大多成了自由小农。在商品生产进一步发展的情况下，这些自由小农越来越频繁地卷入了市场，从而受到商人和高利贷者的盘剥。农民因此而日益分化，少数小农富裕起来，成长为大农。

至于资本主义生产关系的萌芽，更是商品生产发展的最重要的后果。

1.3

亦工亦商的手工工匠。剥夺商人职能：资本主义大规模进入手工业的突破口。手工业中资本主义关系产生的两条道路

资本主义关系最先是在手工业中出现的。

在中世纪城市，手工业生产均由行会组织下的手工工匠所进行的。那时的手工工匠其作用远不是单纯的，他们有五种职能。

首先，他是一个工作者、劳动者，亲自在作坊参加劳动。特别是那些技术性很强的劳动，或者那些生产过程中最重要、最关键的环节的劳动，都由他担任。

其次，他又是一个监工，即在劳动的同时，又监督本作坊里的帮工和学徒的劳动，包括劳动技术、过程及效果，劳动态度和时间，都在他的监督范围之内。

第三，他又是一个雇主、老板，帮工和学徒在某种意义上只是他的雇员。他作为一个老板，要承担整个作坊的生产责任，要提供资本，要满足本作坊及其劳动者在原材料、工资和食物等方面的需求。

第四，他还是一个商人，由他自己负责组织本作坊所用的原材料的供应。

第五，他也是一个店主，在作坊的前面开设铺面来销售自己的产品，所谓"前店铺后作坊"，是最典型的手工工匠生产组织形式。

实际上，这五种职能可以归纳为两大类，即生产职能（一、二、三）和商人职能（四、五）。因此，中世纪的城市手工业者，一般都是亦工亦商，一身二任。

资本主义大量进入手工业生产部门，首先就是以将手工业者的两种职能相分离为突破口的。也就是说，将这种商人职能从手工业者那里剥夺出来，再由某些人将商人职能予以垄断，使得生产者最后从属于、依附于这些垄断了商人职能的人，这样就演变成了商人资本家与雇佣劳动者的关系。

垄断商人职能的这部分"某些人"，要么是商人资本家，要么是由手工业者转变过来的商人资本家。

商人职能怎样被剥夺呢？一般有五条途径。

一是行会内部成长起来的手工业资本家控制本行业，从而成为指挥和组织本行业生产的商人资本家，而同行业的其余工匠则逐渐依附于他们，当他们的雇工；并且，这些雇工逐步地由"暂时的雇佣劳动者变成了终身的雇佣劳动者"。

二是大行业的手工业资本家控制甚至吞并相邻的小行业。在同一个手工业部门中，生产过程的最初环节（原料加工行业）和最后环节（制成品行业），最先有可能取得对本部门原料或产品的经营权，从而上升为大行业。譬如在毛纺业中，剪毛工（最先与原料打交道）、织呢工（将原料制成初级成品）、剪呢工（对产品进行最后加工）成为控制毛纺业生产的呢绒制造商的情况最多。

三是由纯粹的商人控制了与其经营商品相关的手工业行业。这是商人资本家支配手工业的最广泛的表现形式，在毛纺业中也最为突出，如呢绒商（拥有呢绒的销售权）、羊毛商（拥有羊毛的销售权）对毛纺业的控制。

四是商人资本家吞并与其经营商品相关的手工业行业。在这种情况下，商人资本家甚至还直接渗入生产领域，对手工业的控制更加严密。不过这种情况相对较少。

五是商人资本融化手工业资本，进而通过后者来控制手工行业。这种情况有助于商人资本家对手工业的渗透，但还未完成商人资本家对手工业的完全支配。

其实这五条途径，可概括为马克思所说的两条道路，一是"生产者变成商人"，二是"商人直接支配生产"。

所谓生产者变成商人，就是生产者成长为手工业资本家，这是手工业中小商品生产者分化的结果。

随着商品经济的发展，市场扩大，行会手工业者必然要展开竞争。这样，肯定有一部分人在资本、生产条件等方面占有优势，在竞争中逐渐占上风，逐渐富有。于是，他们千方百计地想摆脱行会控制，扩大生产规模，增加帮工和学徒数量，变成资本家。后来，行东们自己逐渐脱离劳动生产，成为专门剥削雇佣工人的职业资本家。那些破产的大多数小手工业者则沦为雇佣劳动者。

按马克思的说法，这种方式是一条革命的道路，因为它使生产发生了重大变化；但它又不是条主要道路，因其发展速度特别慢，马克思称之为"蜗牛爬行的方式"。

而商人直接支配生产，变成商人资本家，则是通过手工业者逐步从属于商人资本而产生的。具体过程有如下图所示：

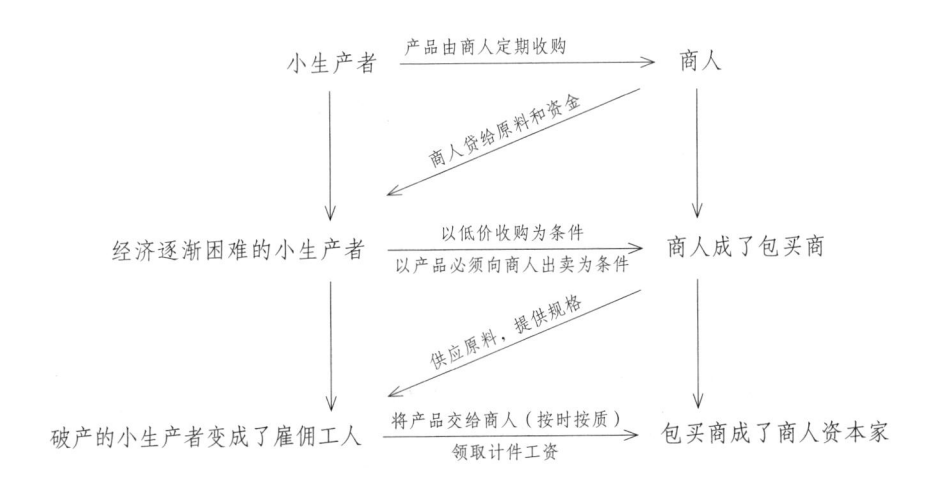

```
小生产者 ──产品由商人定期收购──▶ 商人
   │         ◀──商人贷给原料和资金──         │
   ▼                                          ▼
经济逐渐困难的小生产者 ──以低价收购为条件──▶ 商人成了包买商
                      以产品必须向商人出卖为条件
   │         ◀──供应原料，提供规格──          │
   ▼                                          ▼
破产的小生产者变成了雇佣工人 ──将产品交给商人（按时按质）──▶ 包买商成了商人资本家
                              领取计件工资
```

熹微晨光　011

虽然这不是一条革命的道路，因为它基本上没有对生产过程有任何触动，商人资本不能创造任何新的生产方式，但却是一条主要的道路。而且，不但商人资本家走的是这条道路，大多数由手工业者上升的资本家也主要按照这条路径来控制手工业部门。

1.4

早期资本主义生产的组织形式。资本主义发展的前提：原始积累。城市资本向农村的转移：乡村工业兴起。农业资本主义关系的产生

从生产的组织形式来看，按照马克思的说法，资本主义的工业生产经历了三个阶段，即1.简单协作阶段；2.手工工场阶段，或称工场手工业阶段；3.机器大工业生产阶段，或称工厂制度阶段。

简单协作阶段包括作坊扩大、工人数量增加等现象，作坊内的工人劳动时各有不同环节，相互间直接进行配合协作。从理论上讲，简单协作是一个阶段，但在实际中只是很短暂的一个过渡阶段，很快就向工场手工业阶段转变。所以，资本主义生产出现后，生产组织形式主要是工场手工业。因此从16世纪至18世纪，可称为资本主义工场手工业时期。

工场手工业有两个基本特点，即仍以手工劳动为基础，但生产过程按工序分工。

工场手工业有两种形式。一是分散形式。在这种形式下，劳动者在自己家里劳动，由商人供应原材料，有的还提供生产工具，小生产者按一定的加工费（实际上是计件工资）向商人送交产品。生产者之间互不联系，但有一定的劳动分工。这是16至18世纪西欧资本主义生产的最广泛形式，有"家内制"（因工人在自己家里劳动）、"发放制"（商人将原材料发放给工人）、"委托制"（商人将任务委托给工人）等多种名称。

二是集中形式。在分散的基础上，先是某些工序集中在一个地方，如毛纺业中的漂洗集中于水力坊附近；最后全部工序集中起来，形成集中工场，

工人无须带任何生产工具即可在工场里劳动，领取计时工资。16世纪后期英国的一首歌谣，提到16世纪初期一个大毛纺工场里有1000多个工人在工作，虽然数字有夸大，但歌谣中描述各生产环节集中在一块的形式无疑是真实的。

有时候，分散和集中两种形式结合了起来，如佛罗伦萨的毛纺业，羊毛梳理是集中工场，纺、织等则是分散形式。

手工工场有分工，有协作，工人们共同来完成某一产品，生产效率要大得多；而且工人只从事某一环节的操作，生产方法和工具固定化了，技术更容易熟练，生产技术提高更快；随着分工越来越细，操作也就愈来愈简单，这就为机器的出现创造了条件，因为机器工作的实质就是简单快速地重复某一动作。

资本主义生产关系的萌芽和产生并不难，在封建关系和商品经济发展到一定程度时，都会有类似现象，譬如明末清初的中国，也譬如16世纪的日本。然而资本主义生产要得到发展，则需要一定的前提条件，特别是两个主要条件。这两个条件的创造过程就是资本的原始积累过程。

两个条件分别是：一、一部分人手里积累了相当数量的货币，也可以说，货币财富的积累和集中，这是资本条件；二、存在着两种意义上的自由的工人：其一是人身自由，可以自由地出卖劳动力；其二是脱离了土地和生产资料的自由，也就是自由得一无所有，毫无牵挂，必须出卖劳动力，这是劳动力条件。

在西欧，这两个条件主要是靠暴力实现的。原始积累有各种形式，但最基本的具体形式有两种。一是圈地运动，它一方面使生产资料和土地集中，为资本主义农牧业生产创造条件；另一方面造成了大批农民失去土地，成为资本主义雇佣劳动的后备大军。二是殖民贸易和掠夺，主要在16世纪以后进行，有赤裸裸的暴力抢夺，更有大规模的殖民贸易，大量财富流回西欧，转化成为资本。所以，谈论西欧资本主义的发迹，一定不能忘记这"血与火的历史"（马克思语）。

尽管资本主义关系很早就在城市萌芽，但它要想得到自由的发展，就会受到城市内部封建行会制度的阻碍。一方面，行会严格限制成员扩大生产规模，使行会内部人员成长为手工业资本家的现象微乎其微；另一方面，行会也"竭力抵制商人资本这种与它对立的、唯一自由的资本形式的任何侵入"（马克思语）。因此城市资本要想进一步发展，就必须寻找新的天地、新的世界。

而农村此时正具备许多有利条件，吸引着城市资本。

农村的农奴制、庄园制等已经崩溃，封建关系已处于解体状态，因此这时的农村相反还没有城市那么多的封建性限制。

农村的小农经济逐渐分化，许多小农面临破产，缺衣少食，需要寻找工作来补充收入，因此可提供大量的廉价劳动力；同时他们又有少量的土地，只能是离土不离乡地从事工副业。

水力作为动力广泛使用后，农村，特别是那些靠近河流的农村，对发展工业更为有利。

城市资本向农村的转移，主要结果就是促进了西欧各地乡村工业的发展。从16世纪到18世纪，西欧工业的发展实际上进入了乡村工业时期，甚至连工业革命的发生最初也是乡村现象。

工业生产的许多部门都有乡村工业的存在。著名的乡村工业有英国的毛纺业、尼德兰的纺织业、德国和法国的麻纺业等。

乡村工业兴起的意义表现在许多方面。

乡村工业的兴起，推动了资本主义的发展。乡村工业大多由城市资本所控制，采取分散工场手工业形式，这就使资本主义以最快的速度深入农村，深入每一个偏僻的角落，资本主义才真正有了面上的普遍发展。所谓16世纪开始了资本主义时代，正是与乡村工业的发展相联系的。

乡村工业兴起，也促使乡村经济关系和经济结构进一步变革。非农业人口日益增多，工商业活动日益增多，粮食及其他农产品越来越商品化。

乡村工业的兴起，反过来又为城市的发展提供了生机，乡村工业是在城市资本的控制下进行的，因此财富大多又回流到城市。

当手工业中资本主义关系从萌芽到广泛发展的时候，农业资本主义关系也几乎同时产生了。

随着14、15世纪农奴制和庄园制的崩溃，西欧英法等国农村，小农经济在或长或短的时间里成为主体。但是，小农阶级也随之逐渐分化，其中一部分人成长为"大农"，也就是富裕农民。他们在生产规模有所扩大后，开始雇工，进行资本主义性质的经营。这是农村中最早出现的资本主义萌芽，时间大约是在15世纪上半叶。

紧跟着，一部分向农村转移的城市商人资本也购买大地产，或者租种大块土地，从事资本主义经营。他们也雇用农业工人进行生产，自己则变成农业资本家，或租地农场主。

随着这些变化，有的封建贵族也开始在自己的领地上按资本主义方式经营农牧业，他们被称为"新贵族"，即资产阶级化的贵族。有的土地所有者则把土地租给别人，自己收取地租，但是，这种地租已不是封建地租，而是资本主义性质的地租，属于资本主义经济范畴。

乡村工业发展后，农业资本主义关系进一步成长。这是因为有大量非农业人口出现，粮食等生活资料的生产越来越商品化，越来越纳入国内市场体系范畴。因此，资本主义关系和商品经济关系如同双胞胎，在农村成为一种共生伙伴。

然而，不同的国家由于政治经济背景的不同，农业资本主义的发展前途大相径庭。在英国，由于乡村毛纺业的飞速发展，养羊变成一件极为有利可图的事情，因此领主们纷纷将租给农民的土地收回，圈起来养羊，这就是著名的圈地运动。虽然圈地运动在15世纪末才开始发生，在16世纪里也只是殃及农民占有土地的最多四分之一，但其社会影响非常之大，并且由此而形成了农业资本主义发展的"英国模式"。

而在法国，则由于政府致力于保护小农经济，也由于实行分成制地租，即按产量的一定比例来交租，因而农业资本主义的大规模经营受到了重重障碍。小农经济虽然长期存在，但他们并没有兴趣对土地进行较大的投入。这种情况直到19世纪才改变过来。

第二章

从"神"到"人"
终结"黑暗"的文艺复兴运动

2.1

文艺复兴的意义。意大利的社会背景。复古还是创新？从"神"到"人"：人文主义的贡献。文艺复兴两阶段

"这是一次人类从来没有经历过的最伟大的、进步的变革，是一个需要巨人而且产生了巨人——在思维能力、热情和性格方面，在多才多艺和学识渊博方面的巨人的时代。"不少人都熟悉恩格斯的这段名言。

文艺复兴就是这样一场终结"黑暗时代"的新文化运动。可以说，文艺复兴是西欧新兴的市民阶级在精神文化领域反宗教、反封建专制的运动，是一场早期资产阶级文化运动；同时也是一场思想解放和理性启蒙运动，是西欧封建社会解体，并向资本主义过渡时期所出现的伟大事件，无论对西欧历史的发展，还是对世界文明的进程，都产生了巨大影响。

从6世纪到11世纪，罗马天主教会实行文化专制，西欧除了那点教会文化外，几乎看不到多少文化和教育现象，历史上称这一时期为"黑暗时代"。12世纪，西欧出现了罗马法复兴，希腊科学和哲学复苏，艺术风格由罗马

式转向哥特式,加上拉丁经典著作再现,方言文学兴起,第一批大学创立等,这些现象,已被某些学者称为"12世纪文艺复兴"。不过,这还是局限在教会世界,很少惠及世俗大众。

随着西欧城市的兴起,城市工商业经济的发展,新兴的市民阶级感到必须有代表自己阶级利益的新型文化,必须有为本阶级利益服务的意识形态。于是,一场反宗教、反封建专制的早期资产阶级新文化运动便发生了。

文艺复兴运动开始于14世纪中叶,至16世纪时达到了高潮。它是从意大利发源的,也以在意大利发展得最为充分、最为典型。

"一定的文化是一定的社会政治和经济在观念形态上的反映。"(列宁语)作为资产阶级文化运动的文艺复兴,当然是资本主义经济发展的产物,是正在兴起和形成的资产阶级的政治要求和经济利益的最初反映。意大利是资本主义生产关系最早萌芽的地方,正因为最早,意大利才成了文艺复兴的策源地。

14和15世纪时,意大利城市已有资本主义萌芽,主要出现在热那亚、威尼斯、米兰、佛罗伦萨等地。特别是佛罗伦萨,14和15世纪时成了意大利中部最大的工商业中心,它的毛纺业手工工场达300余家,每年生产毛呢达10万匹左右。它的银行业也很发达,14世纪有银行百家以上,著名的银行家美迪奇家族,成了15世纪欧洲最大的银行家,许多国王和主教都向他借钱。正因为佛罗伦萨资本主义经济最发达,所以它成了文艺复兴的最初发源地。

然而这个时候,意大利的资本主义发展受到国内和国外封建势力的双重压迫。意大利的北部被来自德国的神圣罗马帝国皇帝所控制,中部则处在教皇统治之下,南部包括西西里岛变成了德、法、西等国相互争夺和角逐的地方。外族的长期压榨掠夺,无休止的战争,严重损害了资本主义的发展。而且,作为教皇的大本营,意大利天主教的统治比其他任何国家都要严重。所以,新兴的市民阶级除了一般的反封建之外,还必须制止封建内乱,统一国家,驱逐外国势力;因此,他们也很自然地更集中地把天主教会作为攻击的主要目标。这种尖锐的社会矛盾,强烈的政治经济要求,促使文艺复兴在意大利最早发生。而且,这种情况也在意大利文艺复兴代表人物的思想观点上打下了深深的烙印。

从形式上看,文艺复兴是从收集、发掘和研究长期被湮没的希腊罗马古典文化开始的，故有"文艺复兴"之称。为反对宗教神学，反对加在普通人身上的愚昧无知，文艺复兴的早期代表人物努力去研究和复制古典作家的各种手抄本和艺术品，所以复古风在意大利渐趋盛行。

那个时候，热心的手抄本收集者比比皆是。薄伽丘曾走遍各地寺院的图书馆。尼古理不惜耗费大量钱财，到处购买，最后招致自己破产。他开办的个人图书馆，最后全部赠送给了佛罗伦萨市政当局。

有趣的是，早期的文艺复兴借助了教会的力量和条件，教堂、修道院往往成了活动场所，而且起初并没有打出反宗教、反天主教的旗号。教会给予了支持和帮助，甚至有好些教皇热心这些活动。

为何要打"复古"旗号？这与古典文化本身有一定关系，或者说，古希腊罗马文化的特点能被新兴市民阶级所利用。这种特点主要是在发达的工商业经济和民主政治基础上产生的城市文化，具有异教的精神；此外古典文化中的朴素哲学思想、现实主义、自由思想和个性独立这样一些因素，也很得新兴市民阶级的赏识。因此对希腊罗马古典文化的发掘，促进了意大利文艺复兴的到来。

但是，由这种复古风兴盛而成为文艺复兴的发端，只是一种形式上的表现。文艺复兴绝不是简单的复古，而是"请出亡灵，来给他们以帮助，借用他们的名字、战斗口号和衣服，以便穿着这种受尊敬的服装，用这种借来的语言，演出世界历史的新场面"。（马克思语）

借古典文化中有利于新兴资产阶级的因素，来作为同封建制度和天主教会战斗的思想武器，以复兴古典文化为发端，按照自己时代的要求和需要，创造资产阶级的新文化，这就是文艺复兴的实质。

因此，文艺复兴是资产阶级的文化运动，文艺复兴文化是资产阶级意识形态的萌芽和最早表现。

文艺复兴运动虽然在科学、哲学、文学、艺术、教育、史学等各个方面全面展开，但都体现了一个集中的思想内容，那就是"人文主义"。所谓人文主义，就是要以人为中心，以人性为中心，以人的解放和自由为中心，完全摆脱"神"的束缚。因此，文艺复兴就是将人们的目光从"神"转向"人"。

人文主义最基本的特征，就是它的世俗性。新兴市民阶级完全是靠世俗活动来发财致富的,他们开办事业、海外冒险、事业竞争、殖民掠夺,都是世俗行为。天主教的禁欲主义、来世说教,和他们的行为格格不入。他们相信的是金钱万能,信奉的是金钱拜物教,想的是发财,是用金钱在今生今世得到尽可能多的欢乐,"干你所愿意干的事"。(法国人文主义者拉伯雷语)

因此,人文主义者认为,人生的目的不是死后去升入天堂,而是追求现实的幸福,主张一切为了人的利益,强调人是生活的创造者,是生活的主人,一切都要以人为中心;要求文学艺术能表现人的思想感情,科学能为人服务,教育能解放人的理性。

也可以总结说,人文主义的基本内容是:主张今世,反对来世;提倡人性,反对神性;提倡人权,反对神权;提倡个性自由,反对宗教桎梏;提倡理性,注重科学,反对宗教神学和迷信盲从。

总的看来,人文主义思想是与时代要求相适应的。它复兴和继承了古典文化遗产,动摇了中世纪长期居于统治地位的教会特权地位和权威,打破了禁锢人心、束缚思想的封建愚昧无知和宗教迷信,这就必然为新兴的市民阶级登上政治舞台,并最终夺取政治上的统治权作了思想启蒙和舆论准备,同时也为近代自然科学和各种学术的发展清除了障碍,开辟了道路。

人文主义毕竟是当时的产物,用今天的观点来看,它也有一些不足甚至局限性。譬如,它反对蒙昧主义、禁欲主义,但并不反对宗教和上帝本身;它反对封建制度和等级特权,但又希望自己也受到某种特别保护和优待;它赞赏的,是所谓对历史发展有贡献的"精英"人物,而对社会大众则持轻视甚至藐视态度,斥为"多头兽";它鼓励为了个人的目标而不择手段地打击对手,认为最大的美德是不顾一切困难达到个人目的,而一切道德都是不必要的。他们的原则是"人人为我,我不为人",因此他们的以"人"为中心,常常又演变成了以"我"为中心,个性解放有时也因此成了极端个人主义的代名词。

从整体看,欧洲文艺复兴有两个发展阶段。第一阶段是指这一运动在意大利发源,时间是14和15世纪;第二阶段是16世纪,此时文艺复兴运动向西欧各个国家扩展,同时在意大利形成了发展的高潮。

2.2

巨人辈出。佛罗伦萨文学三杰：但丁、彼特拉克、薄伽丘。批判"中世纪"和教会的人。现实主义绘画的诞生。建筑风格的嬗变

时代造就了巨人，巨人推动着时代。按照恩格斯的说法，是冒险精神推动着文艺复兴代表人物，使这些人物多才多艺，"差不多没有一个著名人物不曾作过长途的旅行，不会说四五种语言，不在几个专业上放射出光芒"。

在早期意大利文艺复兴运动中，几乎每一个代表人物的名字都是在史册上熠熠生辉的。其中以"佛罗伦萨文学三杰"为最，即但丁、彼特拉克、薄伽丘。

但丁（1265—1321）是文艺复兴运动的先驱，出生于佛罗伦萨。他有强烈的政治责任感，1295年参加了佛罗伦萨人反对教皇的组织"白党"，热烈主张佛罗伦萨的独立和自由，还一度成为佛罗伦萨最高政权机关的成员。后来，拥护教皇的势力黑党在佛罗伦萨得势，但丁被放逐。放逐期间他完成了不朽诗篇《神曲》。

《神曲》是但丁的代表作，这是文艺复兴运动的第一部作品。全书分为地狱、炼狱（净界）和天堂三部分，共100篇，描写作者在梦中由罗马诗人维吉尔和但丁自己的恋人碧雅特丽丝带领，遍游三界的故事。

但丁描写的地狱像一个大漏斗，底在地球的中心，口开在北半球，漏斗的内壁是一圈圈的圆环，越往下越小，共九圈，称为九层地狱。罪人死后，其灵魂按照生前罪恶的大小来定所居位置的深浅。从上到下依次是异教徒、贪色、贪食、吝啬及浪费、愤怒、邪教徒、强暴（同类相残、自杀等）、普通的欺诈（阿谀者、贪官污吏、伪君子、盗贼等）、特别的欺诈（谋杀亲族、卖国、卖恩主、暗算宾客等）。第九圈是一个冰湖，罪犯都被冻在里面，地狱中心有一个魔王，让罪犯的灵魂时时感到恐惧。但丁还为当时活着的教皇卜尼法斯八世在地狱中安排了一个火窟，可见他对教皇和教会的万分憎恶。

炼狱是人们进行灵魂忏悔的地方。人生中有许多罪恶，必须在炼狱中净化后，才能升上天堂，否则就要被打入地狱。所以炼狱是灵魂受煎熬的地方。

天堂则有九重天，最上的天府是灵魂"永居"之处。到天堂的灵魂有行善人、多情人、学者、尽忠的战士、贤明的君主等。

《神曲》虽然重复了中世纪关于禁欲和来世的观念，但更重要的是反映了开始形成的市民阶级的新思潮倾向，揭露了教皇和教会的黑暗腐朽和贪得无厌。它的最大特点是按照个人憎恶、而不是按照教会的标准来判别人物的好坏，赞扬人的意志自由，肯定现实生活的意义，主张人生的目的是追求真理。这就打破了教会的神学标准，反映了人文主义世界观和新思想。因此，一般都把《神曲》作为文艺复兴开端的标志；也正是这样，恩格斯称但丁为"中世纪最后一位诗人，同时又是新时代最初的诗人"。

也就是说，但丁是一位跨时代的人物，而比他晚出生约半个世纪的彼特拉克（1304—1374）则完成了这一跨越。

彼特拉克也是佛罗伦萨人。其父和但丁是好友，曾与但丁同被流放。他本人早年旅居法国，并游历了西欧各地。他特别喜欢钻研古代罗马作家的著作，尤其推崇西塞罗和维吉尔。正是他首先提出了"人学"和"神学"的对立，故而历史上都认为他是第一位人文主义者，充分表现了以个人幸福为中心的新的人生价值观。

彼特拉克写下了许多诗歌，其最优秀的作品是十四行体的抒情诗集《歌集》。他是将这部诗集献给少年时代的恋人绿拉的。他在诗中抒发真情实感，语言贴近生活。在诗集中，他充分表达了自己的无限欢乐与痛苦，自己体验着自己，而且还能强迫读者跟着体验他那种个人感情，充分显示了人文主义者重视个人情感世界的鲜明特征。

还在当时，就有一位传记作者这样评述他："彼特拉克在自己漫长的一生中，除了绿拉之外，只爱自己，只为自己读书写作，只研究自己，只为自己一个人而感到惊讶。"

彼特拉克也把绿拉作为美的化身，在她身上寄托了关于美的理想，同时特别喜爱和歌颂绿拉的形体之美。他也特别热爱和欣赏自然之美，其中一首叫《清凉甜蜜的水》的诗，就把赞美绿拉和歌唱自然完美地结合起来。1341年，彼特拉克获得了桂冠诗人的称号。他的十四行诗也传之后代。

对于现实政治生活，彼特拉克也表现了正义的精神。他对中世纪教会的禁欲主义世界观进行过激烈抨击，谴责罗马教廷是"万恶的巴比伦"，是"野心狼的寺院"，说罗马有数不清的悲伤，是野蛮凶狠的庙堂，是黑暗的监狱，是充满欺骗的地方；他还要求抛弃对神学的研究，转到对人的研究。

1374年，罗马群众起义反对贵族的黑暗统治，70岁高龄的彼特拉克立即写信表示支持。面对意大利四分五裂、经常遭受外族侵略的状况，他痛心疾首，格外悲伤，希望意大利能像古罗马帝国一样，统一起来，成为强大国家。

佛罗伦萨的第三个文学家是薄伽丘（1313—1375），他与彼特拉克基本同时，也写有许多作品，代表作是散文故事集《十日谈》。

《十日谈》说的是在1348年左右，佛罗伦萨发生了黑死病瘟疫。城里有3男7女共10个青年，为躲避灾难，来到乡下住了10天。为打发时光，每人每天各讲一个故事，共100个故事。该书就收集了这100个故事。这些故事取材广泛，绝大部分是日常生活中的奇闻趣事。有城市市民寻欢作乐的笑话，也有青年男女情深意真的爱情故事，多以聪明机智为主题，情节曲折，结局常常出人意料，语言生动，善于讽刺，可读性很强。

也有不少故事将教会僧侣们的伪善面貌、堕落腐化暴露无遗，把封建贵族们的高傲愚蠢作为笑料无情讽刺。在薄伽丘眼中，披着法衣的牧师、修士、修女是最无耻、最下流的人物，而商人、手工业者、市民，在他的笔下则是聪明的、勇敢的、机智的，形象栩栩如生。

《十日谈》中的芸芸众生相，直至今天还为读者所称道；其妙笔生花的情节设计，常常令人捧腹不已，不得不佩服薄伽丘的匠心独运。

如忠于爱情、矢志不渝、为爱情献身的男女青年，有公主绮思梦达（第四天第一个故事）：当其父王将她的情人杀死，取出心脏，放在金杯里送给女儿时，绮思梦达把毒汁倾注在心脏上，和着泪水饮下而死。

有男青年纪洛拉摩及恋人——一个穷裁缝的女儿（第四天第八个故事）：纪洛拉摩是富商的儿子，他爱上了裁缝的女儿，但是迫于母命，只得前往巴黎。归来时，裁缝的女儿已经嫁人。他闯进她家，死在她身边，他的尸体停放在教堂里，她亦异常悲恸，猝死在他的身边。

有女青年高丝坦莎（第五天第二个故事）：她听说情人死了，悲痛欲绝，驾了一条小船，漂泊海上，以图自尽。由于船被大风吹到岸边，她打听到情人仍然活着，便历尽千辛万苦，设法找到了他，终成眷属，衣锦还乡。

具有聪明机智终于战胜困难险恶、化险为夷的市井小人物，更是薄伽丘的着墨重点。如敢于冒充国王与王后睡觉、最终又逃脱了处罚的马夫（第三天第一个故事）：马夫冒充国王同王后睡觉，国王发现后不动声色，当夜就把那马夫查了出来，暗中剪去了他一把头发，准备次日再予惩罚。而马夫却乘夜将同室其余人的头发全都剪掉，结果第二天国王无可奈何。

又如逃脱了国王陷害圈套的犹太人麦启士德（第一天第三个故事）：阿拉伯国王萨拉丁欲夺走犹太富翁麦启士德的钱财，便出了个问题为难他，问犹太教、伊斯兰教和天主教三个宗教中，哪个最正宗？结果麦启士德讲了三个戒指（其中一个是真的，另两个是仿制品）的故事，说三个宗教也难以分出谁最正宗，无从下判断。萨拉丁无言以对，后来待他为上宾。

薄伽丘尽情鞭挞了满嘴仁义道德、一肚子男盗女娼的教会人物。如第九天第二个故事：一个小修女因为怀春而违犯教规，女修道院院长来到大厅审问，哪知她慌乱中错把正在与她偷情的教士的短裤当帽子戴在头上，结果被小修女当众揭发而出尽丑相。

第三天第六个故事：一个修道院长爱上了农民的妻子，便用一杯药酒，使这个农民不省人事。他被关在地窖里，醒来之后，还以为自己在炼狱中受罪，院长便和农民的老婆趁机私通。直到那女的怀了孕，院长怕事情败露，便把农民放回"人世"，不知情的农民还高高兴兴地做了爸爸。

《十日谈》强调人人生而平等，反对封建特权，揭露教会丑恶，反对禁欲主义，具有浓厚的现实生活气息和现实主义色彩，将文艺复兴运动推进了一大步。不过，其内容也有一些不健康的东西，有不少庸俗的低级趣味以及渲染过分的地方。

除文学外，早期意大利文艺复兴在其他方面也有一些代表人物。布鲁尼：人文主义教育体系的创始人；瓦拉：哲学家兼语言学家，曾就许多教会文献进行考辨，从语法等方面证明教会所谓"君士坦丁的赠予"之文件是伪造的，从而有力地批驳了教皇占有世俗领地是合法的说法。

文艺复兴开创了欧洲现实主义绘画风格。壁画家乔托，在画中创造富有现实感的男女形象；玛萨乔，发现了远近透视规律，这是绘画走向现实主义的重要一步。而雕刻家吉伯尔提和多那台那，则研究解剖学，了解人体结构，并在作品中忠实地描绘人体。

建筑家布鲁涅列斯奇，将中世纪西欧先后流行的罗马式和哥特式两种建筑风格结合起来，创造了文艺复兴式风格。罗马式自然源于古代罗马，其建筑以半圆拱门为特征，墙厚，窗户小，圆屋顶，屋形低矮，采光不足。哥特式则自12世纪起流行，尖形拱门，墙薄，窗户大，屋内宽敞明亮。屋顶有尖塔，很符合教会要求：尖塔可将人的目光引向虚缈的天空，使人忘却今生，幻想来世。西欧一些著名的哥特式建筑至今犹在，如法国的巴黎圣母院、德国的科隆大教堂、英国的坎特伯雷大教堂和意大利的米兰大教堂。

2.3

后期意大利文艺复兴。佛罗伦萨艺术三杰：达·芬奇、米开朗琪罗、拉斐尔。风情画派。狮子与狐狸。太阳之城

自15世纪后期始，至17世纪初止，可称作后期文艺复兴。此时的意大利仍是运动中心，其成就主要体现在造型艺术上，同时也有政治思想发展上的飞跃。

佛罗伦萨艺术三杰，成了文艺复兴的代称。三杰即画家达·芬奇、雕刻家米开朗琪罗、画家拉斐尔。

达·芬奇（1452—1519）是一个全才，他"不仅是大画家，而且也是大数学家、力学家和工程师，他在物理学的各种不同部门中都有重要的发现。"（恩格斯语）他是现实主义绘画的真正开创人。达·芬奇绘画特别重视基本功的训练，他在幼时学画蛋的故事家喻户晓。他一生绘出了无数优秀作品，最重要的代表作是世界艺术宝库的珍品《最后的晚餐》和《蒙娜丽莎》。

《最后的晚餐》创作在米兰一所修道院的墙壁上，画了四年多，取材于圣经故事。耶稣在被捕的前一天，与12个使徒共进晚餐时，察觉其中有一人已将他出卖，便说了句："你们当中有人要出卖我。"画面表现和刻画了

耶稣说这句话时，12个弟子的心理和表情：有的惊愕，有的愤怒，有的悲叹，有的互相议论，有的则急于表白自己。叛徒犹大则在恐惧中仰向后方，右手不自觉地紧握住他出卖老师而获得的那袋金币。所有13个人物中，只有犹大的脸是阴暗的，显示出形象的阴险和卑劣。据说为了画犹大，达·芬奇在广场上观察了四年，始终找不到合适的原型。恰巧该修道院的副院长向米兰大公告密，说达·芬奇绘画拖拉。达·芬奇闻知，恍然觉得这个副院长正是犹大形象的最好模特儿。

《蒙娜丽莎》被认为是世界美术史上最优秀的人物肖像画之一。这是一个人间青春少妇的形象。她的嘴角流露出一丝使人刚刚可以察觉到的微笑。她的那双眼睛特别有神采，显示了正在上升中的市民阶级的一种内心喜悦。她那右手被称为美术史上最美的一只手，极富立体感和质感，充满着生命力。她那两肩后的远处背景，右边的看似向上移动，左边的又好像在向下移动，这是画家独有的技巧。

米开朗琪罗（1475—1564）也是一位非常全面的艺术家。他写过诗，作过画，但最杰出的成就是在雕刻作品方面。他曾参加过佛罗伦萨反对暴君统治、

图 2-1
运用远近透视法的文艺复兴绘画

反对外族入侵的斗争，所以在作品中经常反映出一种战斗情绪。他著名的雕刻作品有《哀悼基督》《大卫》《摩西》《被捆绑的奴隶》等。

《哀悼基督》描刻圣母玛利亚带着忧思和慈爱，伸开双臂，似乎想护卫安卧在她膝上的死去的儿子基督。实际上这是作者在暗暗悼念他所崇敬的英雄萨伏那罗拉。萨伏那罗拉曾经领导佛罗伦萨人民起义，但在1498年被教皇处死。作品表现了一种强烈的爱国主义精神。

《大卫》将以色列王大卫描绘成一个青年巨人，他英勇无比，充满活力，两眼注视前方，一种时刻准备参加战斗的姿态。其意在于号召意大利人民起来，像大卫一样英勇斗争，一定能够打败入侵者。

《摩西》则是一个智者兼力士的形象。坐着的摩西威严赫赫，愤怒地盯着丑恶事物，似乎要立即起身来与之战斗。作品表现了作者对祖国前途和人民苦难的无比关怀，盼望能有摩西那样的勇士来挽救意大利的命运。

《被捆绑的奴隶》，强烈反映了人民要解脱压迫、挣脱枷锁的斗争精神，任何人观后都能为之振奋，产生一种拯救人类苦难的强烈责任感。

米开朗琪罗雕刻的人物栩栩如生，极有力度。他也是一个大画家，绘过《最

图 2-2
哀悼基督

图 2-3
米开朗琪罗雕塑《解放了的奴隶》（罗浮宫藏）

后的审判》等名画。为了艺术的逼真，米开朗琪罗曾雕刻了许多裸体像，画了许多裸体画。一些正统的宫廷画家视之为洪水猛兽，请求教皇同意给裸体人像穿上裤子，遭到了米开朗琪罗的拒绝。这群人被人们取笑为"穿裤子的画家"。

第三个大画家是拉斐尔，他虽然只活了37岁（1483—1520），但却是文艺复兴时期意大利最走红的画家。他的画优美、典雅，被后世的古典主义者认为是不可企及的典范，是西洋绘画史上的一块里程碑。

他的代表作有《雅典学派》。这幅画被认为是反映文艺复兴时代人文主义者仰慕古典文化的鸿篇巨制。画中以纵深宏伟的拱形房廊为背景，运用非凡的想象，让不同时期的学者欢聚一堂，既有古代希腊学者柏拉图、亚里士多德，也有古代罗马学者，还有波斯拜火教的创始人琐罗亚斯德，甚至还把自己以及一些同时代人也画在上面。人物虽多但不乱，分成一个个组合在分别讨论学术问题。画面和谐统一，说明作者对人文主义思想家的推崇，也寓意人文主义一定能够战胜经院哲学。

拉斐尔以描绘圣母像而著称。在他画中的圣母，完全是温柔美丽又善良的人间母亲形象，平易近人，富有生活气息，而不是那种高不可测的女神。《金翅雀圣母》中，圣母坐在青苔满布的岩石上，双膝护着站在面前的圣子，慈爱地将手捉金翅雀的幼儿圣约翰拉过来，圣子也伸出小手抚弄鸟儿，画面置于大自然的和谐背景中。最著名的是《西斯廷圣母》。西斯廷是一个教堂的名称，此画画在教堂的正壁。画中的圣母怀抱圣子基督，自云中徐徐降落，眼里含有哀伤悲悯的神情，准备把婴儿基督奉献给多灾多难的人间。怀中的婴儿虽然肥胖可爱，但眼中似乎也露出了远超出普通婴儿的严肃和忧虑，好像已决心为拯救人类作出牺牲。画中的圣母披着农妇围巾，穿着普通衣服，完全是一位人间的母亲。后世有人评论，这幅画"即使到人类停止信仰的时候，也不会失去价值"。

15世纪—16世纪之际，不愧为意大利画家辈出的时代。在佛罗伦萨，还有一个叫波堤切利的画家，他的代表作《维纳斯的诞生》和《春》一点也不比上述大画家的作品逊色。在威尼斯，则形成了所谓"风情画派"。两位最著名的代表人物一是乔尔乔涅（1477—1510），一是提香（1489—1576），他们擅长于描绘人体美和大自然美。乔尔乔涅的《暴风雨》《睡着的维纳斯》，提香的《忏悔的玛格达林》《酒神与阿丽亚德尼公主》，都是传世佳品。

当文艺复兴掀起高潮的时候，意大利先后出现了两个著名的政治思想代表人物，即马基雅弗里和康帕内拉。

马基雅弗里（1469—1527）作为一个政治理论家，是新兴资产阶级在政治思想领域中的主要代表人物。他也是佛罗伦萨人，从小好学，成年后进入过政界，后来由于遭到统治者美迪奇家族的迫害，便隐居乡下埋头著书立说。他既是一位政治理论家，又是一位杰出的历史学家。在政治学方面的代表作是《君主论》，在历史学方面的主要著作是《佛罗伦萨史》。由于他在政治学方面的影响特别大，因而被后来的西方学者誉为"西方政治学之父"。

作为一个意大利人，马基雅弗里深知分裂内乱和外族入侵给国家和民族带来的灾难。因此他的著作反映了希望国家统一，消除封建割据，加强专制统治的情绪，把政治学从宗教的束缚下解放出来。他坚决主张建立强大的国家，统一意大利，只有统一是当务之急。他本来是十分欣赏共和政体的，但他认为，为了统一，意大利必须有强有力的君主政权，甚至军事性的政权也行。他着重研究了15世纪—16世纪英法等国专制王权的形成过程，总结其经验。他还特别指出，要统一国家，要使国家富强，靠的是人的力量，而不是什么神的力量。意大利更是这样，罗马教会和教皇根本没有为意大利做什么好事，相反却经常引狼入室，使德国人、法国人接连成为意大利土地上的统治者，应该坚决反对教皇和教会对国家政治的干涉。

马基雅弗里还强调，君主完全可以不择手段、不讲道德来达到自己的目的，在外交上要靠实力，不必去遵守信义和诺言。强大而又聪明的君主应该具有狮子和狐狸双重本领，要有狮子般的凶猛，使人望而生畏；又要有狐狸般的狡猾，善变多谋。君王行事必须以利己为原则，"为了达到目的，可以不择手段"，"君王恪守信用当然值得称道，但是，欺骗、虚伪、尔虞我诈、阴谋诡计，对巩固政治统治更为重要"。要善于玩弄权术、霸术。这些马基雅弗里思想的消极面，人称"马基雅弗里主义"，恰好被后世的统治者们所喜爱和援引，特别是被那些君主们奉为圣典。

至于康帕内拉（1568—1639），则是一位可与英国托马斯·莫尔相媲美的空想社会主义者,他虚构的《太阳城》一点也不比"乌托邦"逊色。

康帕内拉出生于意大利南方,15岁时到修道院当了僧侣。早年沉醉于钻研学问,但由于没经过教皇同意使用了修道院的图书,结果被惩罚,送到罗马宗教裁判所监禁。获得自由后,他积极投身并组织了反对西班牙外族统治者的斗争。后因叛徒告密而被捕,在那不勒斯的监狱里被囚禁了整整25年,受过无数酷刑,有一次还被活活扔进一个大坑里折磨。

就是这样一个不屈的斗士,仍然在逆境中不忘对人类命运的思索。他在狱中写了许多著作,最优秀的就是描绘了一个理想国家的《太阳城》。

《太阳城》是用对话体裁写成的,称一个旅行家偶然来到一个不为人所知的新国家。这里正实行他理想中的那种完美的社会制度。这个国家叫作"太阳城"。

在"太阳城"里,没有私有财产,没有富人,也没有穷人。每个公民都是社会的公仆,分别进行艺术工作、劳动和其他工作,每个公民的工作主要是根据他的爱好来分配的,所以全体公民都工作得很愉快、很认真。劳动者生产出来的一切东西都要送入公共仓库,这些东西都是大家共有的财产。每个手工业部门生产都由专人监督,看这些工作是否符合社会需要。农业是义务性劳动,每个公民都必须从事,要出城参加。妇女也为社会工作,但要根据妇女的生理特点安排,使她们轻松而不损害健康。

由于每人都要从事劳动,因此每个公民每天的劳动时间不能太长,只需四小时就行了。其余的时间可以用来从事科学工作,或者体育运动。体力劳动和脑力劳动应该结合起来。劳动没有高低贵贱之分,各种劳动都同样受到重视,每一项工作都是光荣的工作,每个人都能争先完成交给他的工作。在太阳城里,有手艺的人是最受尊敬的人。

劳动产品要全部交公,同时每个公民又都能取得他所需要的东西,也要实行必要的监督,防止公民对某种产品提出过多的要求。由于这样分配产品,太阳城里也就没有了交易、没有了货币,现有货币主要是对外贸易所用。公民住在公共建筑里,六个月换一次房。大家都在公共食堂吃饭。男女性生活要加以节制,使下一代更好地成长。所有的儿童,不分男女,都要受到良好的教育。幼年的时候主要是游戏教育,由老师率领孩子在城市里散步和游戏,使他们获得最简单的科学知识。到了一定年龄后，就要改为与劳动相结合的普通教育和职业教育，学会各种手艺。

由于消灭了私有制，太阳城里的人们已没有各种恶习，都热爱公社，又互相友爱，没有仇视和敌对，也没有争讼和欺骗，不会出现穷人劳动过度、富人游手好闲的现象。大家都从事力所能及的劳动，有利于公民身体健康，也保证了他们的幸福。全体公民都是爱国主义者。

太阳城的管理人员是由公民选举产生的。最高的统治者是司祭，叫作"太阳"，由具备大智大才的哲学家担任。他是世俗和宗教界一切人的首脑，一切问题和争端都要由他作出最后的决定。在他之下有三位助手，即"威力""智慧"和"爱"。"威力"掌管有关和平与战争的一切事务，是战时的最高统帅，指挥军队和士兵，管理一切军事事务。"智慧"管理艺术、手工业和科学部门，领导这些部门的工作人员和科学家。"爱"掌管有关衣、食以及性关系的各种工作，并且有男女教师听从他的指挥。国内的一切大事，都由这四个人讨论，"太阳"最后决定。

很显然，《太阳城》反映了社会下层劳动人民的美好愿望，已经远远超出了资产阶级思想的范畴。

2.4

文艺复兴运动向西欧各国的扩展。德国：伊拉斯谟《愚人颂》、版画家丢勒。法国：拉伯雷《巨人传》，博丹论国家。西班牙：《堂吉诃德》之梦。捷克：近代教育学之父

从16世纪起，文艺复兴开始从意大利向其他国家传播，西欧各个国家都出现了许多著名的人文主义代表人物。

紧邻意大利、并与之同在神圣罗马帝国统治下的德国，其新文化运动也是如火如荼，伊拉斯谟、丢勒是最杰出的代表。

伊拉斯谟（1466—1536）出生于尼德兰的鹿特丹，后加入德国籍。他长

期在德国新文化运动的中心爱尔福特大学任教。早年因双亲去世,进了修道院,在那里刻苦用功,读了不少书,后被授予神职。后来的岁月里,他游历了英、法、荷兰、瑞士、意大利等国,受人文主义思想的较大影响。其人精通七八种欧洲的古代语言和近代语言,出版过《圣经》希腊文本,并加上拉丁文的注解。他还在哲学、神学、逻辑学、文学、教育学等方面有很高的造诣,成就卓著,是人文主义学者的楷模。年轻时他曾写过一部《格言集》讽刺社会问题,特别是讽刺教会人物,结果遭到了厄运,生活时时艰难。40岁以后,他被奉为欧洲人文主义运动的领袖人物,在全欧洲都有很大的影响。

正是在这个时候,他写下了代表作《愚人颂》。这是一部讽刺作品,描写一个骄傲而又懒惰的愚人,夸耀自己的品质绝伦,说世界上所有的人在生活上都要遵循她的"忠告"。她劝告人们尽情地狂欢,不要顾忌。实际上这个愚人是很聪明的女子,伊拉斯谟主要是讽刺教会人物对她的迷信盲从,揭露教皇和主教们的虚伪愚昧,揭露经院哲学家的无知轻信,谴责封建贵族的荒诞、虚荣,抨击商人的欺诈和招摇撞骗行为。不过,他也对下层群众有鄙视和害怕情绪,称之为"多头兽"。他特别指出,如果世间的人们少一点愚昧,

图 2-4
伊拉斯谟

少一点轻信，宗教是不能存在下去的。

此书出版后，在教会引起了轩然大波，神学家们极为愤怒，教会要对他进行惩罚。在他死了以后，教皇仍宣判他为"异端"，他的书被查禁。

文艺复兴时代德国的艺术家中，丢勒（1471—1528）是最著名的了。恩格斯曾赞誉他是多才多艺的巨人之一，说他是画家、铜版雕刻家、雕刻家、建筑师；此外他还发明了一种筑城学体系。当然他最主要的成就是版画。

丢勒出生于纽伦堡的一个金饰匠家庭，从小就学画。早先在家乡拜名师学版画，后又漫游德国各地，数访意大利威尼斯，学习绘画和雕塑。他的作品既有意大利威尼斯画派的风格，又保持了德国画的传统特点。据说他共创作了100多幅铜版画，250幅木版画和1000多幅素描画，有许多传世佳作。

铜版画中，《亚当和夏娃》既表现了人体健康之美，也体现了丢勒研究比例匀称学的成果，其对称美尤为明显。《骑士·死亡和魔鬼》也是著名作品。骑士作为被讽刺的对象，脸色难看，死亡和魔鬼的形象更是可怖。著名的铜版画还有《忧郁》《书房里的学者》等。

木版画。1498年创作木版组画《启示录》，共16幅，其中以《四骑士》《天使斗恶龙》两幅最为有名。稍后几年完成的木版组画《玛丽亚的故事》也是著名的作品。完全可以说，正是丢勒首创了木刻版画，他是后世木版画的始祖。

绘画。丢勒擅长于肖像画，画了许多自画像，也为许多贵族和皇帝作过画，绘画时擅长于描绘人物的胡须。在德国宗教改革运动中，出于对英雄的敬仰和对真理的热爱，他以满腔热情绘出了油画《四使徒像》。作品表现了人文主义同宗教的斗争，表现了为真理而献身的思想家形象。这是一幅享誉世界的作品。

丢勒还精心钻研绘画理论，对人体比例和透视原理均有造诣。他还崇尚自然为艺术之源泉，坚信艺术应"包括在自然之中"，才会更有活力。

法国的文艺复兴运动受意大利以及德国的影响较大，特别是在意大利战争中，法国国王和贵族从意大利带回了大量的古典作家手稿和人文主义作品，大大促进了法国的文艺复兴运动。

拉伯雷（1494—1553）是人文主义最杰出的代表，具有一定的民主倾向。他早年以行医为主，中年以后转向了文学创作。他的代表作是政治性小说《巨人传》。

全书分为5部,叙述了巨人国王卡冈都亚和他的儿子庞大固埃打败入侵者,建立"德廉美修道院"等的故事。题材来自民间故事,用夸张手法嘲笑了教会的愚昧和无知,贵族们的饱食终日、无所用心,揭露经院哲学的荒唐无稽,相信知识的力量,相信科学知识能把人武装成巨人,拥有改造社会和自然的力量。书中反映了市民阶级发展资本主义的要求,注重现实和科学,表达了他们对个性解放的要求,提出"干你所愿意干的事"。他还第一个代表资产阶级提出了"民主与科学"的理想王国。只不过,他还是把希望寄托在有知识、有教养的帝王身上。

与拉伯雷相左,法国还有一些贵族性的人文主义运动,作品带有浓厚的贵族情调,只注重形式,而轻视内容。龙沙(1524—1585)领导的"七星诗社"即是代表。蒙台涅也有类似倾向,他做过市长之类的官,但无意于官场而隐居写作。其散文体的《随笔集》以冷静反思人生、怀疑神学和其他学术而著称。

地位不在拉伯雷之下的,当属政治思想家让·博丹(1530—1596)。此人曾作为市民等级的代表参加过三级会议,也担任过律师,因而对国家机构和法律制度有比较深刻的了解,而且能作一些思考。他在1576年发表的《国家论》,正是其多年思考和实践的一个总结。

《国家论》是近代资产阶级政治思想家关于国家主权学说的第一次系统论述,从国家的概念开始,表达了君主专制观点。

在他看来,国家首先是家庭的集合体,家庭是国家的基础。国家离开家庭绝不可能存在。家庭稳固了,国家才有可能得到巩固。如果每个家庭都良好地和平安地治理,整个国家就能国泰民安。而且,像家庭一样,一家只能有一个家长,国家也就只能有一个统治者,一个首脑,否则就会发生混乱。

国家的主权是一种永久的权力,也是一种绝对的权力,掌握主权者可以永久地支配整个国家以及国家内的所有人,这种权力不应受到任何限制和制约。说得更明白点,这种权力就是中央集权和君主专制的权力。

不过,博丹所说的君主,并不是那种封建式的专制君主,这个君主还应服从上帝的法律,服从自然的法律,尊重公民的权利,保护公民的财产。

博丹是提出地理环境决定国家政治形式的第一人。在他看来，任何政治家都应该研究气候，因为国家最可靠的基础在于国家形式要适合人民的天性和气质，而人民的天性和气质又是受气候条件影响的。在他看来，法国属于世界的中部地区，与世界上的南部地区和北部地区不同，中部的人最富有正气，也很有理性，因而也最适宜于建立君主制的国家。

博丹还论述了公民的权利。他说，所有的人都是公民。既然是公民，每个人都有自己的权利，同样，每个人都有自己的义务。不过，公民的权利不可能平等，总是有高贵和微贱之分。如果大家都坚持要平等的权利，这个国家肯定一片混乱。

博丹表达的虽然是一种不成熟的近代国家观，但他的君主专制理论，确实为17世纪法国君主专制制度的鼎盛铺垫了理论基础。

16世纪中期以后，受文艺复兴运动的影响，西班牙也出现了人文主义文学创作的黄金时代。最著名的作家和作品是塞万提斯和他创作的《堂吉诃德》。

《堂吉诃德》描写了堂吉诃德及其侍从桑丘的故事。堂吉诃德本是一个穷乡绅，他读骑士传奇入了迷，便想当游侠。他拼凑了一副破盔甲，骑上一匹瘦马，仿照骑士上了路，并物色邻村一个养猪女为意中人，决心终身为她效劳。他先后三次出游，后来还带上了邻居桑丘同行。堂吉诃德满脑子怪念头，行为疯疯癫癫，荒唐可笑。他把风车当恶魔攻打，把羊群当敌人驱赶，把旅店当城堡，把铜盆当头盔，闹出了不少笑话，弄得自己头破血流。但他总是执迷不悟，直到临死时，才幡然悔悟。

作为一个文学典型，堂吉诃德是一个复杂的人物。他的行为虽然荒唐，但动机却是善良的。他主持正义，向往自由，见义勇为，保护孤儿寡母，置个人生死于不顾，把消除人间的不平等作为自己的天职。他是一个理想崇高、学识渊博的人，大多数时候思想清醒，谈吐深刻，关心社会问题。但是，他想恢复的是过时的骑士制度，因此脱离实际，到处碰壁，善良的动机总是得到相反的效果。

书中的另一个主人公桑丘，是一个典型的西班牙农民，贫困潦倒，贪图小利，胆小怕事，目光短浅，处处为自己打算。但他也健康乐观，语言诙谐，头脑清醒，面对现实。桑丘做到了总督之后，尤其体现了智慧和才能，断案英明，办事公正，为人民做了许多好事。

作品描写了六七百个人物,勾画了城乡复杂的社会生活场景,反映了当时西班牙的社会现实,也揭示了西班牙开始衰落的趋势。

在中欧国家,捷克的夸美纽斯(1592—1670)则开创了近代人文主义教育体系。

夸美纽斯出身贫寒,小时候父母就双双病故。他是在得到一个宗教组织的资助后,才顺利接受了从小学到大学的全部教育。由于他的杰出才干,22岁大学毕业即担任了好几年学校的校长,从事教育工作。在长期的教育活动实践中,夸美纽斯提出了一整套教育思想和主张,为近代教育学理论奠定了基石,后人誉之为"近代教育学之父"。

在夸美纽斯看来,人之所以成为人,主要是在最适当的年龄期即儿童时期能够获得教育。他提出教育有两大基本任务,一是认识自己和周围世界,即智育;二是自我约束,即德育。人接受教育的过程可分为四个时期,每个时期都是6年,并由相应的教育机构来完成教育任务:0至6岁时,为幼儿教育,由母亲在家实施,应该使每一个家庭都成为一所母育学校;7至12岁,为初等教育,学习本国语文,小学成为普及教育的主要场所;13至18岁进中学读书,学生要掌握各门知识;18岁以后为大学教育,学习某种专长学科。夸美纽斯

图2-5
马德里西班牙广场堂吉诃德和桑丘塑像

的这一划分,今天仍是教育体系的蓝本。

夸美纽斯还提出了一系列教育原则,如直观性原则、循序渐进原则、系统性原则、量力性原则等。他还提出用学年制来规范和组织教学工作,提出了班级授课制,建立了分科教学方法和课程体系,编写了许多优秀的教科书。总之,近代学校教育制度的各个方面,都可以从夸美纽斯那里找到源头。

总的来说,文艺复兴运动作为一场资产阶级思想文化运动,它冲击了天主教所提倡宣传的宗教性的封建文化,砸烂了阻碍社会进步的旧的精神枷锁和思想桎梏,充当了欧洲社会政治和经济变革的思想先导;文艺复兴也解放了人,是一场思想上的启蒙运动;文艺复兴杰出的文学艺术思想成就,今天仍然为我们提供艺术享受和思想启迪。

2.5

> 近代自然科学和哲学兴起。哥白尼与日心说。鲜花广场的殉道者。两个铁球同时落地。开普勒行星运行三定律。哈维发现血液循环。"知识就是力量"。"我思故我在"。磨镜片的哲学家

随着文艺复兴运动的深入,近代自然科学和近代哲学亦悄然兴起。

或许是历史的巧合,像远古文明中的科学萌芽一样,近代自然科学最早也在天文学、医学等方面取得成就。或许在宗教神学看来,"天"是最敏感的话题,而近代自然科学最先就是冲击基督教这一"禁区"。

西欧先后出现的四位杰出天文学家,都作出了自己的特有贡献。

波兰天文学家哥白尼(1473—1543)是一个划时代的人物。他创立的太阳中心说在科学史上具有不可动摇的地位。太阳中心说的提出,更重要的意义是对天主教教会的精神权威进行了毫不留情的挑战。

哥白尼很小就失去了父亲,由舅父抚养成人。在克拉科夫大学读书期间,他在著名教授勃鲁采夫斯基的引导下,对天文学产生了浓厚的兴趣。后来,哥白尼在意大利留学10年,受到了文艺复兴运动的熏陶。回国后担任了教士,

仍然坚持对天文学的观测和研究。历经30年的琢磨，终于在1543年出版了《天体运行论》这部科学巨著。据说此时他已病情严重，书出版后还来不及细读一遍，只摸了摸书的封面，便溘然辞世了。

太阳中心说这一提法，实际上很早就有人提出。古希腊阿里斯塔克就有类似说法，但在当时无一人承认和接受。几千年来，一直是亚里士多德和托勒密的地球中心说占统治地位。哥白尼在《天体运行论》中，对太阳中心论进行了系统的阐述：一、太阳是宇宙的中心，所有行星都围绕太阳运转；二、地球不是宇宙中心，只是绕太阳运转的一颗普通行星；三、太阳的东升西落，并非太阳在移动，而是地球自转造成的感觉；四、火星和木星等行星也按各自的轨道绕太阳运转；五、月亮是地球的卫星，一个月时间绕地球转一周。

尽管这些说法有的并不准确，但是它大大冲击了教会所坚决主张的地球中心说。当时，出版者为免遭天主教会的迫害，特意声明此书不过是一种人为的设计。即使如此，也不能使教皇不动肝火。书出版后不久，便遭到了教会的查禁。

科学每前进一步，必将受到落后守旧势力的阻挠和扼杀。许多科学家为了捍卫真理，不惜献出自己宝贵的生命。意大利天文学家布鲁诺（1548—1600），就是一位这样的科学家。

布鲁诺出生在意大利南部那不勒斯城，从小就热爱学习，年轻时进了修道院当神甫，在这里他读到了许多哲学和科学的书籍，也开始对宇宙和世界进行观察和思考，写了很多哲学著作，抨击天主教会宣扬的神学思想，批判教会的信条，结果被开除了教籍，宣布为异教徒。从此他开始在西欧流浪，在日内瓦、巴黎、伦敦等地以教书为生。

1592年他回到意大利，立即落入了天主教会之手，被宗教裁判所判处监禁。布鲁诺坚持不放弃自己的观点，决不向邪恶势力低头。教会恼羞成怒，最后判处布鲁诺火刑。布鲁诺大义凛然，嘲笑前往宣判的教会人员："你们宣读判决书时，要比我听宣判更感到害怕。"1600年，布鲁诺被教会烧死在罗马鲜花广场，年仅52岁。

布鲁诺在科学上的重要功绩，是坚决捍卫和进一步发展哥白尼的太阳中心说。布鲁诺认为，太阳并不是宇宙的中心，太阳只是太阳系也就是人类所在星系的中心，而太阳系只是宇宙的一部分。宇宙是无限的，是无中心的。宇宙也是物质的、是永恒的。宇宙不是被上帝创造的，宇宙之外再没有外来的推动力量。地球只是无限宇宙中的一个小小尘埃，地球围绕太阳转，太阳也不是静止不动的。布鲁诺的这些看法，直到今天还是基本正确的。

布鲁诺永远留在了人民的心里。为了纪念他，罗马鲜花广场上树起了他的雕像，人们对这位为真理而献身的科学家深表敬意。

布鲁诺被教会烧死，并没有吓倒科学真理的追求者。不久后，意大利又出现了一位伟大的科学家伽利略（1564—1642）。

伽利略出生于意大利中部的比萨城，青年时代学过医学、数学和物理学。因家境贫寒退学后，坚持自学钻研，成就斐然，25岁时被比萨大学聘为教授。这时候，伽利略在比萨斜塔上做了一个试验：两个铁球同时落地，打破了古代科学权威亚里士多德的结论。他通过反复的观察和试验，发现了许多物理学规律，如自由落体定律，物体惯性定律，摆的等时定律，物体抛出后的运动规律等，为物理科学的发展作出了重大贡献。

在天文学方面，伽利略继续坚持和发展哥白尼的学说。1609年，他制成了第一台天体望远镜。他用这台望远镜观测到了木星的卫星，还看到了月球和太阳表面的状况，发现月球上也有深谷和高山，太阳表面有黑斑，银河里有无数的星星，再一次证明了哥白尼天体运行学说的正确性。1610年，他将自己的观测结果汇集成《星际使者》一书出版，叫作。当时的人们就称赞道："哥伦布发现了新大陆，伽利略发现了新宇宙。"1616年，伽利略受到教会的严重警告，但他不予理睬。

1632年他出版《关于两种世界体系的对话》一书，支持哥白尼的日心地动说，再次触犯了教会。第二年，宗教裁判所判他终身监禁。虽然他被迫在"悔过书"上签了字，但即使签字之时他还在喃喃自语："地球还是在转动。"在狱中他双目失明。78岁时，伽利略终于被教会折磨致死。

20世纪80年代，由于伽利略学说的正确性已被人类所确认，罗马教廷不得不对300多年前的这一冤案宣布平反。

中世纪晚期欧洲的四大天文学家中，开普勒（1571-1630）是德国人。

开普勒出生于斯图加特附近的一个破落贵族之家，从小就体弱多病，4

岁时因患天花，致使双手残废，目力受损。少年时代先后进过拉丁语学校和修道院学习，1587年后进入杜丁根大学读书。在老师麦斯特林教授的影响下，开普勒逐渐对天文学产生了浓厚兴趣。1594年，他到一所中学教书，讲授天文学和数学。在此期间，他开始了对天文学的研究工作。

1596年，开普勒发表了第一部天文学著作《神秘的宇宙》，用带有宗教色彩的语言叙述来阐发科学见解，用心可谓良苦，但巧妙地捍卫了哥白尼的日心说。1600年他到布拉格天文台工作，并于第二年应邀而成为德国皇帝的御用数学家。后来他又到意大利的波洛尼亚大学任教。几十年里，他发表的天文学著作有十几部之多。由于开普勒的理论违犯了基督教教条，所以天主教会不断迫害他。1630年，一代科学巨人居然在贫困交加中死于德国南部的累根斯堡。

开普勒一生最重要的天文学著作，是1609年发表的《新天文学》、1619年出版的《宇宙和谐论》。在这两部书中，他论证了著名的行星运动三定律。

第一条定律是：行星沿椭圆形轨道绕太阳运行，太阳处于两焦点之一的位置。这条定律发展了日心说理论，而且修正了哥白尼等人行星绕太阳作圆周运动的错误。

第二条定律称为面积定律，认为行星绕太阳运行时，速度是不均匀的，离太阳近时速度快些，离太阳远时速度慢些。但不论是远还是近，由太阳到行星的连线在相等时间里扫过的面积是相等的。

第三条定律叫作谐和定律，即行星绕太阳公转周期的平方，与行星椭圆轨道半长轴的立方成正比，所以行星公转的速度是一种和谐。

这三条定律至今还为科学界所承认，可见开普勒的贡献所在。

开普勒还在光学方面有重大成就。他在前人的基础上进一步揭示了近视和远视形成的原因，还制作过多种光学望远镜。

基督教顽固地认为，人是上帝创造的。既然人体是天赐之物，那就是神秘的，就不能容许对其有亵渎的举动，对人体结构组织的研究也被视为禁区。不仅如此，教会还搬出了古代医生盖仑的学说，称食物在肝里转换成血液后，作只有起点和终点的直线运动，然后消失于全身。盖仑还说，肝脏产生"自然灵气"，肺产生"活力灵气"，脑产生"动物性灵气"。这就正好为神学所利用，将统一的世界一分为三：人类有僧侣、贵族和平民；自然界有动物、植物和矿物；动物分鱼、兽、鸟；连上帝都是圣父、圣子、圣灵三位一体。

哥白尼向托勒密地心说发起挑战的那一年，一个叫做维萨留斯的意大利医生也向教会所维护的盖仑医学理论展开进攻，出版《人体构造论》。西班牙医生塞尔维特亦紧随其后。但最具影响力的，属英国医生威廉·哈维提出的血液循环论。

哈维虽是英国人，但青年时代在近代科学的故乡意大利就读大学，29岁时当选为英国皇家医学院院士。1628年，他发表医学名著《血液循环论》，将维萨留斯、塞尔维特等人的新医学思想发展为系统严密的科学理论。他的主要观点是：

其一，心脏这块肌肉是中空的，它有收缩和扩张两种运动，扩张时吸入血液，收缩时排出血液，正是这种有规则的收缩和扩张，使得血液在血管中循环。

其二，心脏每小时大约跳动4000下，通过心脏循环的血液量在一小时中就大于人体血液总量，因此并不是所摄入食物立即转化的，而只能是血液不断循环的。

其三，血液大循环规律是，从左心室出发，经过主动脉、动脉、静脉、腔静脉到右心房和右心室，再通过肺动脉、肺、肺静脉到左心房，最后回到左心室。

其四，动脉血总是沿离开心脏的方向流动，静脉血总是沿朝向心脏的方向流动，如此往复，直至生命终止。

哈维的贡献是巨大的，后人给予他崇高的评价。在他的墓碑上这样刻着："他是数千年来第一个发现血液每时每刻的运动规律的科学家。他给世界以健康，他给自己以英名。他是把动物的起源和产生从伪哲学中解放出来的唯一的一个人。"

而将人类的思想从天主教的伪哲学中解放出来的，则有一大批哲学家。科学家追求真理的勇气，又转化成了哲学家们的理性沉思。

弗兰西斯·培根（1561—1626），就是这样一个将科学和哲学结合起来的里程碑式的人物。

培根出身于官宦人家，本人也在官场上甚为得意，仕途顺畅，25岁就成了国会下院的议员，后来还担任过掌玺大臣、大法官等高官要职。然而，宦海风云也曾使他几度沉浮，为了保住官位，他做了一些不很光彩的事情。到了晚年他似有所悟，专心致志地从事著述。他有影响的著作包括《广学论》《新工具》，以及由几十篇政论文汇成的《培根论说文集》，其中《新工具》在科学史上具有较大影响，传之万代。

在《新工具》中，培根提出了归纳法作为科学研究的基本方法。所谓归纳法，就是要从一大堆现象材料中归纳总结出科学真理。归纳法的基础是必须认真地观察事实，因此科学真理的获得必须重视实验，重视经验。所以说是培根创立了现代实验科学，他因之成了"现代实验科学的鼻祖"（恩格斯语）；同时，培根也开创了英国人经验主义的思想风气。

毫无疑问，归纳法的提出是对科学发展的一大贡献，培根也正是将此称为"新工具"的。然而培根却由此而否定几千年来一直流行的演绎法，指责亚里士多德的三段论法，这是不正确的。应该说，两者在科学研究中的作用是相辅相成的，各有所长，都不可缺。没有演绎推理，科学就难以具有创造性；而没有经验的归纳，任何推理都只会是假想而已。

培根特别重视人类知识的积累和学习。在《广学论》中，他提出了"知识就是力量"的著名格言，是激励人类学习进步的巨大鞭策。他还阐述了各学科对人类智慧和理性的不同意义，提出了"哲学使人深邃，数学使人严密，历史使人明智"等传世名言。

与英国人的经验主义传统迥然相异，17世纪的法国是唯理论的发源地。这一新的哲学流派的创始人是笛卡儿。

笛卡儿（1596—1650）其人也出身于旧贵族家庭，年少时受过很好的教育，在教会学校学过古代语言和经院哲学。16岁时，因对教会思想不满而离开学校，18岁后，他游历欧洲各地达9年之久，最后于1626年定居荷兰。以后20年间，他一直在荷兰从事著述，完成《方法谈》《形而上学的沉思》和《哲学原理》等重要著作。1650年他在瑞典做女王的客座学者时去世。

笛卡儿以怀疑而著称，不但怀疑权威，而且怀疑经验，认为经验不可靠、不真实，而主张唯有理性才是最可靠的，只有理性才能找到不证自明的真理。他有一个著名的命题，即"我思故我在"，也就是说，只有我的思维存在，我们所能认识的一切事物才是真实的。他是一个哲学家，同时又是一个数学家、物理学家和生理学家，因此，他又把数学研究方法看作是研究哲学的最可靠的方法。这样，他实际上又成了一个机械唯物主义者，认为整个世界的运动只是一种机械运动。

笛卡儿在荷兰逗留期间，荷兰的一位哲学家也来到了人世，这就是著名的唯物主义思想家斯宾诺莎（1632—1677）。这个犹太商人的儿子，因在年轻时怀疑上帝存在，怀疑灵魂不死，结果被犹太教会开除了教籍。他一生与贫困为伍，靠磨镜片来维持起码生活。45岁时他得了肺病，无钱治疗，不日而死，留下了《神学政治论》等著作让后人琢磨。

在政治思想上，斯宾诺莎认为，保护自身是每一个人天赋的自然权利。为了尊重这一权利，就必须彼此互相尊重，这样人们就订立了契约，形成了国家。国家一旦形成，就具有绝对权力，人人都必须服从它。

在哲学上，斯宾诺莎认为世界只有一个实体，那就是自然。上帝也好，神也罢，其实都是自然，并没有什么超人的意志，而只是按照自然的规律在运动。自然这个实体有两个主要属性，一是心灵，一是物质，两者并非互相独立，而是统一在自然实体之下。因此，斯宾诺莎坚持了世界是物质的这一唯物论的基本观点。

至于知识，斯宾诺莎将其分为三种。第一种是感性的知识，比如水可以灭火，油能助燃。这是通过个别经验得到的知识，无须提炼思索即可形成，因此不能算作真正的科学知识。

第二种是理性的知识，按照他的说法，这是由一件事推知另一件事的本质而得到的知识，这种知识虽然已经深化，但仍不圆满，也可排斥。

第三种知识被斯宾诺莎叫作直观的知识，这是"从事物的本质考察事物"。他举例说，如果两条直线都与第三条直线平行，那么这两条直线必定平行。他认为这才是正确的最高级的知识。不过，他认为要获得这种知识只能靠"天赋的工具"，却是一个错误的结论。

文艺复兴时代的科学家和哲学家们，向从中世纪过来的迷茫中的人们打开了一扇窗口，一片自然世界和精神世界的崭新天地已展现在人们眼前，一个新的伟大时代即将如一轮红日喷薄而出了。

第三章

蓝色的诱惑
地理大发现和大航海时代

3.1

隔绝的世界。美洲印第安人三大文明：阿兹特克、玛雅和印加

地球，这个人类居住的小小行星，表面积的 29% 是陆地，71% 则为蓝色的海水所覆盖。从某种意义上说，陆地是人类生活栖息的主要所在，而海水则成了早期人类交往的阻隔物。

七片大陆，人们称之为七大洲，散布在东西两个半球上。然而，只有亚欧大陆及其毗邻的东北非洲领风气之先，早早地成了人类文明活动的主要中心。农耕和游牧，国家与文明，最先都是从这里发源的。

而在事实上，西半球的美洲早就有了人类活动的痕迹。虽然这里至今未见到猿人、古人留下的遗物，但新人的足迹却踏遍了南北大陆。大约在三四万年前，来自亚洲的蒙古利亚人种，沿着太平洋西北海岸艰难前行，通过当时还是陆桥的白令海峡，进入今天的阿拉斯加，然后一直南下，分布在北自阿拉斯加南至合恩角的广大地区。这些后来被称为"印第安人"的亚裔黄色人种，就成了西半球的最早主人。

亚欧大陆的文明时代里，是否有人也去过美洲？不得而知。中国古代流传有梁人东渡扶桑之说。"扶桑"所指何处？有琉球、日本诸种说法，也有人认为就是南北美洲。

即便如此，旧大陆去的人们也未对美洲发展起到任何实质性的作用。美洲印第安人如同大海上的一叶孤舟，自生自灭，与世隔绝。当15世纪末叶亚欧文明世界的不速之客"闯"进来的时候，美洲印第安人已经发展了辉煌的文明，而且颇具独特性：现代人类享用的玉米、可可、西红柿、马铃薯、木薯、辣椒、花生等农作物，以及烟草，最先都是美洲印第安人种植的。

据估计，在15世纪末欧洲人来到之时，南北美洲的印第安人总数大约在1400万至2000万之间。

由于气候寒冷，北美洲印第安人并没有完成向农耕文明的过渡。易洛魁人等七大部落集团，大多以采集和狩猎为生。只有靠近南方的很少一部分人从事比较简单的原始农业，处在氏族公社向农村公社的过渡阶段。

中南美的印第安人则有三大文明中心，即位于今天墨西哥中部的阿兹特克文明、位于中美洲的玛雅文明、位于南美安第斯山区今秘鲁一带的印加文明。值得注意的是，不仅美洲文明同外界没有联系，就是这三大文明中心之间也很少有交往。由于缺乏历史的横向发展，故而这些文明大大落后于亚欧大陆。

玛雅文明是印第安人文明中最为发达的，覆盖范围包括了今天墨西哥的尤卡坦半岛，以及中美的危地马拉、萨尔瓦多和洪都拉斯等国。在这里，定居农业大约出现于公元前1000年。此后，大大小小的城邦此兴彼落，迭次称雄。其中由玛雅作霸主的时代为12世纪末至15世纪中叶。

玛雅社会盛行奴隶制，但社会组织仍以农村公社为基本单位。刀耕火种的原始农业，保证了人们的基本生活。奇怪的是，除火鸡外，玛雅人不饲养任何家畜。要想吃肉，全靠平时的渔猎活动。

举世闻名的玛雅文化，成果极为辉煌。玛雅人创造的太阳历，一年分365天，其精确程度达到误差不超过1分钟。玛雅人以人的四肢20个指头为基础，创造出20进位法，显示了非凡的想象力。玛雅人的象形文字有800多个符号，可惜至今未能有人解读。玛雅人也重视历史，常将重大事件刻在石柱石碑上。现存的数百个石柱石碑中，最大的一个高达35英尺，重达65吨。玛雅人的神庙宫殿建筑，其构思之精巧，规模之宏大，令人叹为观止。这些建筑一个突出的特点是，置于层层台基之上，四边都修有阶梯相通。

阿兹特克人住在玛雅人之北。今天的墨西哥城，就是其首都特诺奇蒂特兰的旧址。先他们而来的托尔托克人早已在这里创造了夺目的文化。托尔托克人所建造的"太阳金字塔"，分为四级，标准的棱锥体，除高度略低外，其底部边长竟与埃及最大的胡夫金字塔无二，都是220—230米。

阿兹特克人是1325年在这里建国的。他们不断扩张，最终在15、16世纪之交形成了一个版图广大的帝国，并将其分成行省管理。阿兹特克人的农

图 3-1
太阳金字塔遗址

图 3-2
尤卡坦半岛上玛雅人天文观测台

业很为奇特，他们不是利用天然的土地耕作，而是将人工编织的芦苇筏浮于水面，上堆泥土，种植农作物和果树。他们也不大喜欢动物，家中只饲养狗和火鸡。至于制作各种用具、工艺品，对他们而言只是雕虫小技。城市宽阔市场上到处都摆着用来交换的这类器物，只是要用金砂、可可豆方可购得。

首都特诺奇蒂特兰建设得非常规则，非常美观。全城有四区，每区分五街。水面是主要的来往通道。城内有堤坝，有吊桥，还有食用水的引水道。金字塔式的神庙，城内就有40座之多。宫殿宏大的墙面上涂满石膏，银光炫目，煞是壮观。

阿兹特克人也奉行太阳历，一年365天，还在闰年加上一天。特诺奇蒂特兰城中心广场的"太阳石"，将历法镌刻其上，供人们利用。与太阳石相似的"月亮石"，却诉说着一个月亮企图谋杀地球母亲而被太阳哥哥杀死并肢解的神话。

在南美洲的安第斯高原上，则诞生了印加文明。12世纪，印加人以今天秘鲁南部的库斯科为中心建立国家。自15世纪初开始扩张后，至16世纪早年，印加已成为一个偌大的帝国，其领土大致包括今天的秘鲁、厄瓜多尔、智利北部，以及玻利维亚、哥伦比亚的一部分地区，南北长达5000多公里，所辖居民约为1200万。

印加帝国实行典型的国王统治。国王被认为是太阳的化身。军队和官吏，

图3-3
印加帝国古城遗址

是他实施统治的两个支柱。国家的基层组织是农村公社。农业是最基本的经济部门。印加人所种植的马铃薯、玉米、南瓜、甘薯、西红柿、可可、菠萝、花生等，后来传到了其他大陆。印加人也驯养家畜，主要是骆驼和羊。此外，印加人的手工业和工艺业也堪称一流。

印加帝国的首都库斯科位于高原盆地。城中心的巨大广场上，矗立着用黄金和宝石装饰的太阳神庙。据说，构建神庙的石块，全是叠砌而成，未用灰浆捻缝，但却插不进刀片。最重的石块有 2000 吨之重，不知是如何开凿和搬运的，令人不可思议。全城此类建筑比比皆是，宛如一座黄金之城。

印加帝国的交通系统，在当时看来，堪称世界一流。全国有两条南北大道，一条沿太平洋海岸，一条在内地，两条大道平行延伸，长度均达 3000 公里以上，最后在南端相接。以两条大道为基干，还有许多支线道路四通八达，形成了完整的交通网络。路旁还设有驿站、烽火台等，传递情报与信号。据说，在没有马匹的印加帝国，信号由人工接力传送，速度最快时一天可达 200 多公里。

印加人也有天文、历法、医学等方面的杰出成就，但遗憾的是没有发明文字。然而正当印加等印第安人文明兴旺发达之际，西方殖民者闯入了美洲。从此，美洲的历史便被改写了。

3.2

地理大发现的背景：地中海商道的堵塞，西欧人对黄金的渴求，造船和航海技术的进步，资产阶级进取精神的孕育，西班牙和葡萄牙政府的支持

改写美洲历史的是西欧人。他们把自己 15 世纪末叶来到西半球的事件，称为"地理大发现"。与此同时，他们又开辟了通往亚洲和远东的新航路。地理大发现和新航路的开辟，是西欧社会内部经济政治文化发展的必然结果。

这样一个影响世界历史的重大事件，其出现的背景也是极为广阔的。

所谓地理大发现，实际是西欧人寻找通往东方航路的偶然结果。在 15 世纪以前的三四个世纪里，欧洲与近东、印度以及中国有着相当多的经济贸易

联系。由于西欧农业生产量及高档手工业品和奢侈品难以满足本地区的需要，因此它必须得到来自东方的产品，这样，与东方的贸易线往往就是西欧的生命线。

在中世纪时代，从欧洲去东方有三条主要商道。一条是陆路，从小亚细亚沿黑海、里海和中亚，一直通到印度、中国；两条是海路，其一从地中海边的叙利亚，经两河流域到波斯湾，横渡印度洋到印度，其二是从埃及的亚历山大里亚穿过西奈半岛到红海，再穿过印度洋到东方。

奥斯曼土耳其帝国在地中海东部兴起后，这几条道路的陆路完全封闭了。1453年土耳其人攻占君士坦丁堡，阻断了西欧城市与地中海东部的来往。1480年金帐汗国崩溃，使东西方之间的最后一条商道，即以黑海北岸的塔那为起点、横穿亚洲大陆到达中国的商路，也受到了阻隔。海路也基本上被奥斯曼土耳其人控制，或被阿拉伯人所控制和垄断，要经过的话，必须付出沉重的过境税，使得东方贸易变得极不合算。但是，同东方的贸易又是西欧社会经济生活的必要方面，故而，此路不通之时，必须开辟通往东方的新道路。

由于西欧社会商品经济的发展，金钱越来越成了支配一切的巨大的社会力量，有了黄金就有了一切。商人资本家需要积累大量的黄金和白银作资本，封建领主日益奢侈挥霍的糜烂生活，也需要大量的金银来购买奢侈品。而西欧本身的黄金产量是很有限的，且在15世纪里还有减少的趋势。并且，在同东方的贸易中，由于东方的商品很值钱，西欧的黄金还大量地东流。

那么，到哪里去寻找黄金呢？《马可·波罗游记》上的一些描述，使西欧人的眼光放到了东方的中国。马可·波罗曾较长时期地住在中国，还做过官，在他回国后，他描写东方的繁华和富裕，说印度和中国是"香料盈野，黄金遍地"。这就让西欧人垂涎三尺，引起他们的"黄金梦"，促使冒险家们去探险、去远航，一心一意要到中国和印度去。如哥伦布就曾在日记中写道："他在日夜祈求上帝赐给他产金的土地，因为黄金是一个可以令人惊叹的东西，谁有了它，谁就能支配他所欲的一切。有了黄金，就是要把灵魂送到天堂也是可以做到的"。

科学技术的新发展，为地理大发现和新航路开辟创造了必要的物质和技术条件。地圆之说为向西航行寻找东方大陆提供了理论依据。地圆说早在古代希腊就有人提出。2世纪的罗马大地理学家托勒密也主张地圆说，他的著作《地理学》在15世纪时被译成拉丁文，使地圆说理论在这时的西欧广为流行。佛罗伦萨的地理学家托斯坎内里据此还绘制过一幅世界地图。

欧洲人的航海技术在15世纪有了巨大的进步。中国发明的指南针，在12世纪左右就传入了欧洲，13世纪之后普遍应用于航海事业之中。此外，如航海图、仪器、星表、航行方位图等资料，也开始广泛地运用。

这个时候，欧洲人的造船技术也大有进步，不但造出了桅杆多而大的大帆船，而且还有既安全又轻便的轻型平底船。对于远洋航行来说，并不是非要船大，关键是耐波性和续航性要强。此时的欧洲船基本上做到了这一点。

面对茫茫大海，面对一无所知的陌生世界，探航者是需要有非凡勇气的。而西欧人敢于冒险进取的精神，则是促使航海活动能够成行的文化因素。在地理大发现开始的年代，文艺复兴运动传播的人文主义思想已经深入人心，世俗人们对现实美好生活的追求，鼓励着开拓，也鼓励着冒险。在另一方面，西欧人在向神学挑战的同时，又对基督教本身有着异常的偏爱，向外传播基督教福音成了教徒们始终不渝的事业，大洋彼岸正是他们一展身手的地方。

在地理大发现和新航路开辟的整个过程中，两个大西洋国家西班牙和葡萄牙起了最重要的作用。历史的这一角色由他们来扮演，当然有种种的因素使然。这两个国家都在15世纪赶走了半岛上的阿拉伯人，完成了收复失地运动，完成了政治统一和中央集权化的过程。这样一来，过去那些以战争为专业的贵族们便显得无所事事，纷纷转向海上寻求出路，寻求新的发财之道。同时，这两国的城市商人也不满于意大利商人继续垄断欧洲的东方贸易，希望发展自己的贸易事业，因而支持海上探险。两国的专制政府尤甚，它们为了开拓更宽的疆土，为了增加财政收入来源，也支持海上探险，而且特别热心。并且，两国在同阿拉伯人斗争的过程中都建立了强大的海军，所以有足够的力量来装备和保护海上探险活动的进行。

从某种意义上说，地理大发现和新航路开辟还有一个更深层次上的经济原因，那就是西欧社会内部生产不足以满足日益增长着的人口的消费需要。不论是寻找去东方的道路，还是去寻求黄金，都与西欧生产经济水平不高有关，需要从外部补充物质生活资料。因而当一条道路不通时，必须去寻找另外的道路；当黄金大量东流时，又幻想去寻找黄金来源，以填补这个不足。这是带有必要性的、强迫性的，非这样做不可。否则同样是堵死了商道，为何不是亚洲商人去寻找新航道与西欧沟通，而一定是西欧人迫切需要打通东西方道路呢？

坚冰开始打破，条件已经具备，现在需要的是勇气，需要有人来迈出第一步。历史的重任将由谁来担任呢？

3.3

哥伦布首航美洲。葡萄牙人西非探险，达·迦马开辟印度新航路。麦哲伦环球航行

哥伦布，一个划时代的名字，欧洲人对新大陆的真正"发现者"。

他本是意大利热那亚的一个水手，从小对航海探险和旅行活动很有兴趣。他曾向当时的大地理学家托斯坎内里请教。托斯坎内里告诉他，日本是印度洋上的一个岛，中国和日本的金银、珍珠、宝石特别多，到了那里可以发大财。相信地圆说的托斯坎内里还给哥伦布一张示意图，告诉他从大西洋一直向西航行，就能够到达印度和中国。他还告诉哥伦布，从里斯本往西到中国的杭州，大约有6300英里，到日本则不足5000英里。尽管这些说法是不准确的，但却大大激发了哥伦布从西边去探航东方的愿望。

1484年，哥伦布向葡萄牙国王申请西航资助。葡萄牙人有自己的看法，他们认为去东方的印度和中国，绕过非洲大陆应该是最近的航线。所以他们忙于在西非沿岸探险，而没有理睬哥伦布。哥伦布转而求助于西班牙国王。西班牙王室内外简直是一片嘲笑声，说西班牙已经是世界的末端了，再往西航行真正是痴人说梦。哥伦布没有动摇自己的信念，仍不断地向国王请求。直到1492年，西班牙统一完成，女王伊莎贝拉决定资助哥伦布，赐给他三只远航帆船和大部分航海费用，并且授给他海军大将军衔，预封他为新发现土地的总督。这样，哥伦布的探险之路终于成行。

1492年8月3日，人类历史上一个值得永远纪念的日子。

这天早晨，黎明前半小时，哥伦布下令远洋航队起航。组成这支远洋探险

船队的"品塔号"等三艘航船，从西班牙南端的巴罗斯港下水出发。船上共有90名水手，携带着粮食、航海仪器资料和淡水，开始了向西航行探险的活动。

为了航行的顺利，哥伦布采取对位导航法，向南航行六天后，船队到达加那利群岛，估计与印度的纬度差不多时，方将航向对准正西方前进。直到今天，海员们还说这是一条最佳的西航路线。

经过60天的航行，天空中出现了飞鸟，海水里漂浮着树枝、木棍和甘蔗棒，这正是出现陆地的标志，大家一下子兴奋起来。10月12日，船队到达了巴哈马群岛中的一个小岛，哥伦布称之为"圣萨尔瓦多岛"（意为救世主）。

哥伦布带领随行人员，手拿西班牙国旗下船登岸。一群土著居民立刻围了上来，他们不理解坐船来的白人为什么要穿那么多的衣服，以为是一群长尾巴的人。哥伦布郑重其事地举行了占领仪式，声称代表西班牙国王占领了这片土地，土人们以为这是在搞什么巫术。在哥伦布看来，他们所到达的地方就是印度，这些当地居民就是"印第安人"。随后，船队继续南行，占领了古巴和海地。1493年3月15日，哥伦布带着黄金回到了巴罗斯港。

哥伦布"发现"新大陆，在欧洲引起了强烈反响，但也有不少人嗤之以鼻，认为这是很简单的一件事。据说一次宴会上，当嘲弄者又在极尽攻击之事时，哥伦布拿来一个鸡蛋，请人把它竖起来。没有人能做到。哥伦布走了过来，将鸡蛋敲破，将蛋壳竖了起来，全场大哗，哥伦布微微一笑，说道："事情就这么简单，但蠢瓜是做不来的。"

1493、1498和1502年，哥伦布又连续三次航行美洲，陆续发现了许多新的岛屿，还接触了中美大陆的边缘。遗憾的是，哥伦布也有他的固执，至死还认为他到的地方就是印度。

直到1504年，一位参加过美洲旅行的意大利人亚美利哥，在回到欧洲后写了一本书，说这个地方并非印度，而是一块新大陆。1507年，这块新大陆便以他的名字命名，从此称作"亚美利加州"。

哥伦布本意是去印度，发现美洲只是西欧人意外的收获。而真正开辟了去东方新航道的，是相邻的葡萄牙人。

早在1270年，葡萄牙人就开始探索非洲西海岸。1340年，马洛塞洛发现了大西洋上的加那利群岛。这个世纪末，与阿拉伯人的战争告一段落，葡萄牙国家最终形成。而以战争为业的贵族和骑士不甘寂寞，城市和商人则希望发展贸易事业，经济历来落后的葡萄牙，向外扩张的要求更为迫切。然而，它地处半岛一隅，周围是比它强大得多的西班牙，因此便把扩张目标对准了海之南的非洲。

1415年，在亨利王子的带领下，葡萄牙人占领了直布罗陀海峡南岸的休达城。以此为据点，几乎每年都进行探航活动。从科学探险的意义上说，葡萄牙沿西非海岸南下探险，面对的是一片完全陌生的天地，没有明确的目的地；从自然条件来看，西非探航要经历复杂的天体现象的变化，难度远比后来的哥伦布同纬度航行要大。但是，葡萄牙人利用太阳校订南北方位，准备了足够先进的航海图、罗盘针、星表等仪器和资料，使南航能够顺利进行，步步推进。

1419年，葡萄牙人占领了大西洋上的马德拉群岛。1432年占领了亚速尔群岛。1455年到达佛得角。1460年亨利王子去世，探航事业并没有中止。1471年，葡萄牙人到达几内亚，在加纳一带建立据点，开采金矿。1483年到达刚果河口。1488年，探险家迪亚士率领的船队到达非洲的最南端，通往印度的航路看来大有希望，故将此处命名为好望角。

由于哥伦布发现了美洲，西班牙和葡萄牙两国便为争夺新的土地发生了纠纷。其时葡萄牙已经到达了非洲最南端，找到一条绕过非洲大陆通往印度

图3-4
葡萄牙里斯本特茹河滨贸易广场

的新航路已经有望。哥伦布声称自己发现了印度，一下子引起了葡萄牙人的恐慌。而西班牙人则担心葡萄牙人提出对新大陆的要求，便先下手为强，敦促教皇亚历山大于1493年5月4日作出决定，在大西洋的亚速尔群岛和佛得角群岛以西600公里处划一条直线，这条线以西的地区，凡是在1492年圣诞节之前还不曾为基督教徒所占领的土地，所有权一律归西班牙。

葡萄牙人当然不服。在他们的强烈要求下，再次由亚历山大教皇裁决，1494年6月7日，葡萄牙和西班牙两国签订了托尔德西拉斯条约。条约规定，在佛得角群岛以西2200公里处画一条线，称之为"教皇子午线"。线东新发现的土地属于葡萄牙，线西新发现的土地则归西班牙。

从此葡萄牙人加速了向东探险的步伐，最终找到了通往印度的新航路。

1497年7月，葡萄牙人达·迦马率领4艘船的船队，171人，怀揣国王的命令和《马可·波罗游记》，从里斯本出发，穿航大西洋。11月，绕过好望角，到达印度洋。1498年3月到达肯尼亚的马林迪。在这里，达·迦马请到了阿拉伯著名的航海家马杰德为向导。马杰德为达·迦马从东非航行到印度作了细致具体的指导。当达·迦马向他炫示自己的航行工具时，马杰德大不以为然，并告诉达·迦马，这些东西已在阿拉伯船上用过多时了。只不过马杰德未曾想到，他在马林迪踏上达·迦马的船板，带领其船队顺利渡过印度洋，此举实为终

图 3-5
麦哲伦航海出发地：西班牙塞维利亚

结了阿拉伯人在印度洋上的辉煌时代。

1498年5月20日,达·迦马船队抵达印度西南海岸的卡利库特。在这里将香料和宝石装满了船,结果遭到本地居民和商人的强烈反对,8月29日仓促离开,又被当地海军所追击。他们赶紧驶往东非,1499年1月到达摩加迪沙,3月驶过好望角,9月回到里斯本。最后只剩下2条船、44人,而带回的香料却获得了极大的利润,是全部航行成本的6倍!

1500年3月,由卡布拉尔率领的13艘船又向印度进发,意图开辟葡萄牙与东方的贸易。在大西洋上,船队遇到了风暴,便顺风折向西南航行,结果在巴西停靠了10天。卡布拉尔宣布巴西为葡萄牙国王的土地,又继续向印度前进,9月到达卡利库特。船队装载胡椒和其他香料,安全返回里斯本。从此,葡萄牙船队定期前往印度,里斯本成了东方产品输入西欧的主要口岸。

1509年,葡萄牙人打败阿拉伯人,确立了对印度洋海域的控制,封锁了红海航路,使西欧与印度之间的贸易必须绕道好望角。

在西边,哥伦布发现美洲之后,西班牙人迅速在那里进行殖民活动。1513年,一个叫巴尔波亚的西班牙人率领一批移民越过美洲的巴拿马地峡时,从山顶上看到了西面还有一片汪洋大海,他称为"南海"。这一发现,为不久后的麦哲伦环球航行打下了基础。

麦哲伦本是葡萄牙人,出生于没落贵族家庭。1505年曾经跟随葡萄牙远征队去过印度和马六甲等地。1513年,麦哲伦回到葡萄牙,要求国王派兵远

图3-6
麦哲伦船队通过麦哲伦海峡

征亚洲东南部的香料群岛（即今天的摩鲁加群岛），结果未得到支持。他转而求助于西班牙国王。但是，由于西班牙和葡萄牙之间已有协议，东去的航路已经属于葡萄牙人的控制区，麦哲伦要依靠西班牙，就必须向西寻找新的航路。

这样，1519年9月20日，麦哲伦率领由5艘船和265人组成的远征队，从西班牙出发，穿过大西洋，于1520年3月到达南美的阿根廷。这时船队发生了内讧，最终麦哲伦取得了胜利，继续沿岸向南航行，于10月进入了南美洲最南端的海峡（后称为麦哲伦海峡）。11月进入"南海"后，由于一路上风平浪静，麦哲伦便将南海改称为"太平洋"。经过三个多月的艰苦航行，船队终于在1521年3月16日到达菲律宾群岛。在这里，麦哲伦看到了不少中国商船和中国商人，自认为已经完成了环球航行。

为了得到这块新土地，麦哲伦企图干涉岛上人的内争，来建立自己的统治，结果反被当地人杀死。他的同伴慌忙往南逃到香料群岛，换取了一船香料后迅速逃窜，横渡南印度洋，于1522年9月回到西班牙，船员仅剩下18人，但完成了人类历史上首次环球航行的壮举。

麦哲伦向西环球航行到达了菲律宾和摩鲁加群岛后，西班牙和葡萄牙两国的争端又一次发生，双方都认为这一带属于自己的势力范围。于是，两国又于1529年订立了萨拉戈萨条约，规定了西班牙和葡萄牙之间扩张范围的东边界线，为摩鲁加群岛以东17度。这就是西方殖民者对世界的第一次瓜分。根据两次协议，葡萄牙进行殖民活动的主要地区，是东面的非洲和亚洲；而西班牙则主要以西面的美洲，尤其是中部和南部美洲为殖民扩张的对象。

3.4

地理大发现对西欧的影响：资本原始积累，商业革命，价格革命。地理大发现的世界历史意义

地理大发现和新航路开辟，是世界历史上最重大的事件之一。它对欧洲历史和世界历史的发展都产生了不可估量的影响。

新航路的开辟，对欧洲带来的经济后果是显而易见的，而且表现在多个方面。

地理大发现，为欧洲人进行世界范围内的殖民扩张、殖民贸易、殖民掠夺创造了条件。用马克思的一段话足可以说明这一点："美洲的发现、绕过非洲的航行，给新兴资产阶级开辟了新的活动场所。东印度和中国的市场、美洲的殖民化、对殖民地的贸易、交换手段和一般商品的增加，使商业、航海业和工业空前高涨，因而正在崩溃的封建社会内部的革命因素迅速发展。"就是这样，西欧人进行的殖民贸易和殖民掠夺，所得来的大量财富便滚滚流回国内，转化为资本，因此无论如何也不能忘记，近代西方的最初发展，是建立在对其他地区财富占有的基础之上的。

就西欧自身的变化来说，新航路开辟引发了欧洲的"商业革命"。这一革命的范围也是十分广泛的。首先，是商业范围和数量的扩大、商品流通品种和种类的增多。原有的商品如粮食、白糖、香料等都有大的增加；同时一些新商品也出现在欧洲市场上，例如美洲的烟草、可可，非洲的咖啡，中国的茶叶。其次是商业经营方式的变化：一方面是许多商业金融机构的建立，有信贷机构、殖民贸易股份公司、交易所等；另一方面商业投机现象日益盛行，买空卖空，形同赌博，经商者突然暴富、顷刻破产的事例司空见惯。

更主要的是，欧洲的国际贸易格局因新航路的开辟发生了极大变化，商业中心从地中海沿岸转移到了大西洋沿岸。中世纪时代兴旺发达的地中海贸易成为明日黄花，威尼斯、热那亚等城市的商业地位一落千丈，繁荣的意大利从此一蹶不振。而在大西洋沿岸，许多地方成长为重要的国际商业中心，如里斯本、塞维利亚、伦敦、安特卫普和阿姆斯特丹等。

安特卫普尤其是一个突出的例子。它迅速崛起为西欧最大的国际商业中心和金融中心，完全可称为欧洲的"商业之都"。整个16世纪前中期是安特卫普的风云时代。

安特卫普原是尼德兰地区些耳德河畔的一个商业集市，15世纪后期成了低地国家仅次于布鲁日的第二大城市。在16世纪安特卫普兴起的过程中，葡萄牙人起了关键作用。1501年8月24日，一艘葡萄牙货船满载从印度卡利库特运来的胡椒和肉桂，缓缓驶进了安特卫普港口。从此葡萄牙人将安特卫普当成了东方香料的主要集散地。到1520年,葡萄牙运到安特卫普的胡椒每年达100万磅左右,通过这里再输往英、法、德等国。他们又从这里得到德国商人的铜和白银,运往印度。到1521年,葡萄牙人从这里运走了6000多吨黄铜和数千万磅白银。

1535年,尼德兰成为西班牙的属地,安特卫普又一次掀起了经济发展的高潮。随后的20多年里,西班牙将大量的美洲白银送到了这里,为安特卫普经济输入了新的血液。各国商人也纷至沓来。据估计,安特卫普每年的进出口贸易总额要达6000万金佛罗林,各国商人在这里设立的商行和代办处上千家,每天来往的外国商人五六千人,港口内有时同时停泊大小船只二三千艘。在贸易活动的刺激下,安特卫普还有外国银行和金融机构数百家。城市人口也在1566年达到10万人之多,成为欧洲第一流大都市。

1566年后,由于西班牙统治者拒不付债,致使安特卫普蒙受巨大的损失。尼德兰革命爆发后,安特卫普迅速衰落,黄金时代从此去而不返。

地理大发现另一非常有影响的后果,那就是引起了欧洲的价格革命。

16世纪20年代后,西班牙在美洲开始大规模开采金矿银矿,这样就使大量的贵金属流入西欧。西欧市场上的货币流通量大大增加,远远超过了商品交换所需要的货币流通量,结果引起了价格的高涨,西欧人称之为"价格革命"。

西班牙流入金银最多,但其国内的生产却没有大的发展,产品没有大的增加,因此物价的涨幅也最大,16世纪里平均为4—5倍。即使英、法、德等国,平均也上涨了一倍至二倍半。

由于价格革命,掌握了产品生产的那一部分社会阶层因此而发大财,手中积累了越来越多的资本财富。这些人多为工商业资产阶级,从事工商业经营的新贵族,以及富有经济头脑的富裕农民等。

由于物价上涨,靠固定地租生活的封建主阶级则愈来愈入不敷出,经济地位每况愈下,封建势力进一步被削弱。

物价上涨了,而劳动者的工资并没有同步增长。例如,法国的物价在一个世纪里上涨了120%,而劳动者的名义工资则只提高24%,因此实际工资大大下降,劳动者难以维持基本生活,越来越贫困。这样,又为资本主义生产进一步发展提供了更多的廉价劳动力。

因此，价格革命实际上也是资本原始积累的一种经济手段。

地理大发现和新航路开辟是世界历史发展的一个重要里程碑，具有重大的世界历史意义。

从世界发展为整体世界史意义上说，地理大发现和新航路开辟具有根本转折性的意义。作为整体的世界史是历史发展的结果，是历史发展到一定阶段的产物。在人类发展的历史长河中，各个社会群体在大多数时候是孤立的、分散的、隔绝的，并且长期存在农耕世界与游牧世界的对立。虽然游牧民族曾经对农耕世界发动过三次大的冲击，但这些冲击没有解决根本问题，农耕地带依然闭塞如旧，人类世界依然分散如旧。只是到了1500年前后，分散的世界才发生了根本性的变化。在15世纪的初期，有中国的郑和率领庞大的舰队七下印度洋，沟通了中国与西亚、东非的联系。而地理大发现，则将一大片陌生的大陆展现在欧洲人的眼前。由于海道打通、新大陆发现，整个世界因此而连成一片，浩渺的大海变成了坦荡通途，世界在地理上第一次成了一个整体的世界，这就为世界历史走向整体发展创造了起码的前提。

由于地理大发现和新航路开辟，世界市场体系得以初步形成，这反过来又促进和推动了欧洲内部的发展和变革，加快了欧洲资本主义的发展，加快了欧洲从封建主义向资本主义的过渡。诚如马克思所说："由于地理上的发现而在商业上发生的并迅速促进了商人资本发展的大革命，是促使封建生产方式向资本主义生产方式过渡的一个重要因素。世界市场的突然扩大，流通商品种类的增多，欧洲各国竭力想占有亚洲产品和美洲富源的竞争热，殖民制度——所有这一切对打破生产的封建束缚起了重大的作用。"

由于有了广阔的市场，便为欧洲工业品生产的发展提供了巨大的推动力，因此大大刺激了欧洲工业的发展；又由于海外贸易和掠夺，为资本主义发展积累了大量资本，这样，欧洲社会内部便发生着最深刻的变化，这就是资本主义化和工业化。近代工业文明得以最先在欧洲产生，并且由欧洲向四周、向东方扩张，使世界各个地区都卷入资本主义旋涡，逐步建立资本主义的世界经济体系。这样，全世界方在经济内涵上走向真正的整体性发展。

作为地理大发现和新航路开辟本身，它不是偶然因素作用的结果，而是世界历史发展到这时候的必然产物。它的出现，反过来又大大推动了世界历史前进的步伐，这就是它所具有的世界历史意义。

3.5

大航海时代：太平洋上的西班牙人，海盗们的环球航行，北美探险，北冰洋试航，寻找"南方大陆"

新大陆的发现，使欧洲人产生了无限遐想。商人、殖民者、探险家们蜂拥而出，雄心勃勃，踌躇满志，义无反顾地向着未知海域前进。蔚蓝色的大海也给欧洲各国的君主们打开了诱惑之瓶，谁都想在这个占地便为王的时代分一杯羹；海上霸权也好，势力范围也罢，确实是太吸引人了。因此，几乎每一个西欧国家都在大航海时代有自己的行动计划和目标。

由于麦哲伦的环球航行成功，西班牙将整个太平洋都视为自己的禁脔之地。然而它不能光说说而已，必须实际占有洋中的岛屿，于是它派出了众多的探险家。

1544 年德雷切斯发现了"新几内亚"。这是由于他觉得岛上的土人皮肤黝黑，与西非几内亚人无异，故取此名。

1563 年，西班牙将军勒加斯从美洲西航太平洋，第二年占领菲律宾，以其国王腓力二世之名命名。一年后，他派乌尔达涅塔回美洲搬援兵。乌尔达塔涅不从原航路返回，而是先将航船北上，到今天日本北海道以东洋面时，再乘西风顺利地渡过太平洋，到达加利福尼亚一带，然后循岸南下至墨西哥。这是人类有记载的第一次成功地由西向东穿航太平洋。

1568 年，明达尼亚发现了所罗门群岛。

1605 年，托雷斯发现了新几内亚和澳大利亚之间的托雷斯海峡。

然而，出乎西班牙人意外的是，太平洋上并没有几块很有价值的陆地，而西班牙人又不愿让别国人知道，因而把这些消息严密地封锁了起来。有的岛屿直到 100 多年后才被人们重新发现。

西班牙人以及葡萄牙人建立的庞大殖民帝国，它们掠夺的巨大的金银财富，着实令西欧其他国家的人垂涎欲滴。占地不成，他们便使出了强盗手段，对西班牙、葡萄牙的运金船甚至藏金地进行抢劫。其中始作俑者当属英国海盗德雷克。此人在英国女王伊丽莎白的支持下，活动在从西班牙本土沿岸至太平洋上的广大海域，到处寻机抢劫西班牙运金船。1570年后，德雷克多次远航美洲。他通过细心观察，发现产自美洲的西班牙白银，是经过秘鲁由海船运至巴拿马地峡，然后由骡群驮着送到大西洋一侧的西班牙船上。掌握了这条路线之后，他决心要对西班牙的白银骡队进行一次劫掠。

1572年3月24日，德雷克率领3艘小船从普利茅斯出发，横渡大西洋，在地势险要但又是白银运输队必经的巴拿马地峡，抢劫了西班牙白银30吨。但德雷克并不就此罢休，他也要来一次环球航行，以打破西班牙在太平洋上的独霸地位。

1577年，由他率领的5艘船的船队从英国出发，越过大西洋，穿过麦哲伦海峡，进入太平洋。他抢劫了西班牙的殖民地智利和秘鲁，沿岸北上，最后来到了北美西海岸，开始抢占殖民地。他在登陆的地方树起了纪念碑，碑上刻着英国女王伊丽莎白的名字，并将此地命名为阿尔皮翁。此后，他横穿太平洋、印度洋，绕道好望角，于1580年11月回到了英国。这是人类历史上第二次环球大航行。

这次航行使德雷克大有收获，他掠得了5箱金子，40万磅银子，还有许多奇珍异宝。女王大悦，亲往海港迎接德雷克，并为他举行了凯旋庆典。德雷克也很卖乖，将掠来的财物大都献给了女王。

第三次环球航行是荷兰人进行的。1615年，荷兰合恩城商人探险船在威廉·斯豪滕的带领下，从大西洋往西航行，经过合恩角，穿过德雷克海峡，跨过太平洋，来到摩鲁加群岛，最后回到了荷兰。

1642至1643年，荷兰人塔斯曼到达了太平洋上的新西兰和塔斯马尼亚等地。

德雷克到达的是北美西海岸，而东海岸早已有了欧洲人的足迹。

1497年，热那亚人卡波特奉英王亨利七世之命，从英格兰西部港口布里斯托尔出发，横跨北大西洋，两度到达北美的东北海岸。

从1534至1541年，法国水手卡蒂埃曾经三次西航，到达了北美大陆的加拿大一带。

1576年，英国成立了中国公司，企图从北美找一条通往中国的航路。公司派出的探险家马丁，经过格陵兰，结果到达巴芬岛。此后两年里，马丁又两次西航，发现了哈得逊湾。

约翰·戴维斯继续探寻这一通道。第一次航行时，戴维斯发现了格陵兰与巴芬岛之间的海峡，即后来的"戴维斯海峡"。第二次和第三次航行，戴维斯继续在格陵兰岛一带绕航，最远时到达北纬72度多的地方。

17世纪初，英国人哈得逊几次企图探索通过北冰洋而到达中国的航路，但都未成功，还是在格陵兰岛及哈得逊湾一带探航，最北绕过西斯匹次卑尔根岛，这是人类第一次航行到80度以上的高纬度海区。有趣的是，哈得逊返航时，船员哗变，他和手下的几个人被赶上一条小船，从此音信杳无。后来的人们继续探航，除了进一步增加对北美的了解外，无甚大的收获。

与此同时，西欧人又试图从东北方向另辟通往印度和中国的新航路。1548年，英国伦敦成立了"商人探险协会"，计划探索这条"东北通道"。1553年，在他们的支持下，威洛贝和钱塞勒率三艘航船沿挪威海岸北行，绕过斯堪的纳维亚半岛，来到了俄罗斯海域。但大多数人被冻死，包括威洛贝，还损失了两条船，只有钱塞勒继续航行。"他最后到了一个地方，发现那里没有黑夜，太阳的光辉始终照耀着浩瀚无际的海洋。"不久后，他在白海海岸登陆，和俄罗斯建立了贸易关系，从莫斯科取道回国。

后来，曾是钱塞勒同伴的斯蒂芬·巴勒到达了新地岛，而皮特和杰克等人则在1580年到达了鄂毕河口。

1594—1597年间，荷兰人巴伦支为了找到一条从北方通到中国和印度的航路，曾三次航行北冰洋。到达新地岛后，在后来以他的名字命名的巴伦支海作考察。

从17世纪起，沙皇俄国也开始探找西伯利亚北岸一带。1725年，丹麦人白令奉彼得一世派遣，最后到达白令海峡。

大航海时代的最后一幕，是对所谓"南方大陆"的探测。

"南方大陆"，是古代罗马地理学家托勒密向世人描绘的。17世纪后期，当荷兰人因海上势力衰落而对太平洋探航渐失兴趣时，英国人的兴趣却与日俱增。1688年,威廉·丹皮尔这个海盗,环航时因遇风暴而飘流到澳大利亚西北海岸。1700年,他再度来到这里,并先后发现了丹皮尔群岛和俾斯麦群岛。1767年,重新发现塔希提岛的沃里斯则称,他在这里的落日余晖中已望见了南方大陆上起伏的群山。两年后,英国人委以海军军官库克秘密使命,借观测"金星凌日"之机探测臆想中的"南方大陆"。

库克18岁就当水手,不但体力充沛,而且富有航海经验和航海知识,有一手过硬的航海技能。1768年,库克驾船从英国出发,第二年4月即登上了塔希提岛。这年的6月3日,天气晴朗,库克有幸观测到了金星从太阳表面越过的全部过程。随即,库克开始执行寻找"南方大陆"的任务。

10月上旬,库克的座船"努力号"到达新西兰东部,由北转向西,再往东南,弄清楚新西兰北部是一个大岛;然后,"努力号"又东出库克海峡,先往南,再绕过南角和西角,证明新西兰南部也是一个岛屿。这样一个"8"字形大环航,使英国人找到了比自己母国本土还要大的地方。英国移民很快接踵而至。

不久后,库克又来到了新荷兰的东海岸,遇上了长达两千公里的大堡礁。"努力号"最终转危为安,并继续北航,绕约克角,进入托雷斯海峡,然后直航爪哇,最后回到了英国。

1772年,库克再次探航南方。到开普敦后,继续南行,开始了人类历史上第一次航穿南极圈。由于海况不明,库克在南极圈边缘兜了好几个圈子,没有发现陆地。只是在回航新西兰途中发现了新喀里多尼亚岛。1775年7月,库克回到了英国。

库克的第三次探险是在1776年。这次是从好望角、新西兰进入南太平洋,并在东太平洋绕了一大圈子,发现了桑威奇群岛。然而1779年初,库克在桑威奇群岛中的夏威夷岛上与土著发生冲突,结果被杀死。

库克的成就,在于他排除了传说中的"南方大陆"的存在。他自豪地宣布:几百年来人们对南方大陆的讨论至此可暂告结束。

库克完成了对新西兰和澳大利亚的发现,还发现了太平洋上的许多岛屿,并给不少岛屿及海角命名。后来的人们为了纪念他,也把不少岛屿、海峡、海湾甚至山峰命名为"库克"。1803年,英国的弗林德斯完成了环绕新荷兰大陆的航行;1814年,他将新荷兰改名为"澳大利亚",意思就是南方大陆。

3.6

大三角贸易：大航海时代的怪胎，英国的例子

大航海时代给西欧带来的最大利益，就是殖民贸易的特别兴旺。其中以"大三角贸易"为影响最大。

所谓"大三角贸易"，是指 16 至 18 世纪，西欧海上贸易商人将价格低廉的手工业小产品运至西非，从那里换取甚至暴力掠夺黑人，贩运到美洲卖为奴隶，再把美洲的棉花、烟草、糖料等运回欧洲出卖。在这一过程中，欧洲殖民贸易商人赚取了巨大的利润。

几乎所有的西欧海外商人都卷入了这一三角贸易，西欧各国政府几乎都支持本国商人的三角贸易。英国人是其中最大的行动者和受益者。

早在 16 世纪 30 年代，英国海盗威廉·豪金斯就开始从非洲掠夺奴隶，运往美洲贩卖。1530 年，豪金斯来到非洲西南海岸的塞斯河口，掠买象牙和黑人。1537 年，第一批英国船只来到几内亚湾的贝宁海岸，将非洲所产的胡椒贩运到欧洲。1552 年，英国人又开始在这一带掠夺黄金。

1563 年，威廉·豪金斯的儿子、也是海盗的约翰·豪金斯来到西非，开始了英国人贩运黑人到美洲的活动。这一年，他从塞拉利昂一带抓走了 300 多名非洲黑人运往美洲。虽然最后只剩下 100 多人在海地出卖，但他仍有不薄的利润。为此，豪金斯还受到了伊丽莎白女王的特别嘉奖。

1564 和 1567 年，豪金斯又连续进行了两次贩运黑奴的活动。此后 100 年左右，英国官方暂时停止了奴隶贸易。

17 世纪中叶以后，随着英属北美殖民地的建立，使用黑奴劳动越来越普遍，从而也使英国人贩运黑奴的活动进入活跃时期。1660 年，英国政府向皇家非洲开发商公司颁发了特许状。后来，英国政府还要求该公司每年向西印度运送 3000 名奴隶，以供应西印度种植园之所需。从这时起，英国政府正式介入了奴隶贸易。

1713 年，英国人通过《乌特勒支和约》，从西班牙手中夺走了经营非洲和美洲之间贩卖黑人的特权。

从贩奴开始,到英国宣布废除奴隶贸易的1807年止,由英国人贩运的黑奴,比所有其他国家贩运黑奴数量的总和还要多四倍!他们获取的暴利就可想而知了,18世纪末,单是利物浦商船进行的贩奴贸易,每年获利都要在百万英镑以上。

英国人掠夺非洲黑人的手段,可谓是拐蒙抢骗俱全。他们常用枪支和廉价消费品换取黑人,一支枪换一个黑人。在18世纪奴隶贸易高潮时期,光是从伯明翰输往西非的枪支,每年据说要达10万支以上。有时,一匹马居然可以换到十几个奴隶。

当这种不平等的欺骗性交易越来越不奏效时,他们便诉诸暴力掠夺,进行猎奴战争。夜深人静之时,居民们还在熟睡,猎奴队悄悄包围了村庄,设下了埋伏,然后鸣枪放火,制造混乱,趁机抓捕从村子中逃出来的人们。

为了从事奴隶贸易,掠夺非洲的象牙、胡椒和黄金,英国人在西非沿岸建立了不少商站和堡垒,这是他们在非洲的第一批殖民据点。1618年,冈比亚河口一座小岛上,出现了英国人在非洲的第一个堡垒——詹姆斯堡。到这个世纪末,单是黄金海岸一地,英国的据点就有十几个。

奴隶贸易是大三角贸易的核心。英国一个重商主义者说,奴隶贸易是"其他一切事物的本源和基础,是运转所有轮子的动力"。要推动奴隶贸易,必须要有足够的商品,这样就促使欧洲各国加紧生产,也促使欧洲各国加强相互之间的经济联系。例如,奴隶贸易刺激了英国的工业发展,由英国销往非洲的布匹质量越来越好。而伯明翰这座城市几乎就是在为非洲贸易供应大量的火器和冷兵器而成长起来的。自1690至1700年,单伯明翰的一家工厂就向皇家非洲公司提供了40万把刀、7000把剑。18世纪最初的四年,公司向非洲运去了3万多支长短火枪。

三角贸易也为英国产品如铁器、炼糖炉等提供了西印度的市场,西印度则向英国供应蔗糖和热带产品。巴巴多斯这样一个小岛,它对英国的价值超过了北美殖民地中若干重要州之和。于是,巴巴多斯人很是自豪地说:"往前干吧!英国!有巴巴多斯给您撑腰。"西印度被看成是英国王冠上一颗最大的宝石。人们说起富人时,往往说:"富得像西印度的种植园主。"

18世纪的英国经济学家查尔斯·达尔南特估算,17世纪末英国的贸易利润约200万英镑,其中60万英镑来自殖民地贸易,12万英镑来自殖民地产品再输出,因此三角贸易至少带来了英国商业利润的36%。西印度的劳动者一人创造的价值,等于7个人在英国所赚的钱。1798年,英国从西印度种植园获得的收入,约为400万英镑。

整个18世纪里,英国人贩运了61万人到牙买加,25万人到巴巴多斯,至少是15万人到弗吉尼亚。无疑还有不少黑人被贩卖到其他殖民地。在贩运至美洲的过程中,至少每3个黑人中要闷死,或饿死,或病死一人。

贩奴船的收入从下列事实中可见一斑。1720年,皇家非洲公司所属"所罗门王号"船,载有价值4252英镑的货物出发,在非洲换取黑人296名;在美洲的圣基茨卖得9228英镑,利润为一倍多。1698至1707年,皇家非洲公司从英国发送货物价值达30万英镑,换得黑奴17,000多名运往西印度,若按每黑奴平均价格30英镑计算,共可得50万英镑,利润高达66%。

大三角贸易使英国的一批城市迅速发展起来。除伦敦外,英国西海岸港口城市布里斯托尔、利物浦最为典型。在布里斯托尔,几乎没有一个商人不在开往美洲的船上有货物。18世纪里,从该城开出的贩奴船达到2700多艘。利物浦则完全是靠三角贸易崛起的。这本是个小渔村,是三角贸易使它变成了大都市。从1709年利物浦第一艘贩奴船驶往非洲,至18世纪末,它的贩奴活动占了英国的八分之五和欧洲的七分之三。因此有人说,利物浦的街道是用非洲奴隶的锁链划分出来的,它的房屋墙壁是用非洲黑奴的鲜血粉刷的。

19世纪初,奴隶贸易和三角贸易的十分之九掌握在英国人手中。然而,英国人也感觉到了奴隶贸易的危害和不人道,因而于1807年正式宣布废除奴隶贸易。从此这一西方资本主义早期发展史上最无耻、最卑鄙的一幕终告结束。

第四章

人的发现
一场反对天主教的改革运动

4.1

宗教改革和文艺复兴：近代西方崛起时期的思想文化之双璧。宗教改革发源地——德国：经济和政治条件。"教皇的奶牛"。社会矛盾的突出。人文主义的呐喊

正当文艺复兴运动渐入佳境、从意大利向西欧各国扩展的时候，另一场规模更大、波及面更广、轰轰烈烈的思想文化运动，又在紧靠意大利的德意志兴起，并且很快地向西欧各国推广。这就是反对天主教的新教改革运动。

文艺复兴和宗教改革，这是近代西方崛起之时资产阶级新思想新文化运动的一对"双璧"。两大运动都产生了深远的历史影响，都在近代欧洲的发展史上留下了辉煌一章。

然而两大运动的历史作用是各有侧重的。就其对人的思想解放和理性启蒙将人类从宗教和神学的枷锁下解放出来这方面来说，可能文艺复兴的作用更明显些；但就对欧洲资本主义精神和制度的发展，对欧洲当时的历史运动所产生的影响，特别是对上层建筑国家机器的变革、宗教信仰的转换等方面

的影响来说，宗教改革运动决不亚于文艺复兴。

文艺复兴树立了人的自信、自尊和自重，肯定了人对今世幸福生活的追求，张扬了资产阶级积极进取的精神意识，它作为思想文化运动的特征极为明显；宗教改革则是资产阶级进攻封建势力的精神堡垒即天主教会，建立自身统治地位的一次大实践，路德教、特别是加尔文教的新的信念、信条、信仰，成了资产阶级强有力的精神武器。因此，宗教改革更多的意义上是一次社会政治运动。

值得指出的是，两者作用历史的方式也是各有特点的。文艺复兴，就运动本身来说，是一部分先进知识分子对真理的探求，对人性的探求，社会其他阶层一般很少介入，也没有能力介入，他们多是被动地接受文艺复兴贤哲们的思想成果。而宗教改革不一样，运动的推动者和领导人虽然是先进的知识分子，然而参加者却涵括了几乎所有的社会阶层，既有广大的城市市民阶级、农民阶级，也有骑士等下层贵族以及部分大中封建诸侯，个别国家的君主亦热衷其事，甚至还有天主教会自身内部的教士。这就使得宗教改革运动的社会性比文艺复兴更为广泛。当然，各阶层的动机是千差万别的。

因此，文艺复兴主要作为思想文化运动，它对历史的作用是渐进式的、潜在式的；而宗教改革运动由思想运动而发端，以政治运动而终结，它对历史的作用则主要表现为疾风骤雨式的、外在式的；同时，由于它对资本主义基本精神的孕育，因而也有深层次的思想作用。

当然两者并非截然相反，而是有着极其密切的内在联系。特别是文艺复兴对宗教改革有先导和开路的作用，它推动或促成了宗教改革的发生。由于文艺复兴人文主义者对天主教教会之黑暗腐败的百般谴责，这就为宗教改革派提供了攻击天主教的依据；人文主义者对《圣经》原著以及基督教原始教义的精心研究，又为宗教改革运动中各种新教教义的形成提供了思想基础和思考材料。有的人文主义者，还成为宗教改革运动的杰出代表。当然这并不具有普遍性。因为也有的人文主义者，演变成了鄙视甚至攻击宗教改革运动的急先锋，例如德国的伊拉斯谟，英国的托马斯·莫尔。这要视其人其时其地其事的具体环境和背景。

从时间上看，文艺复兴长达三个世纪，从14世纪持续到17世纪初；而宗教改革发端于16世纪10年代,到该世纪的70年代就基本上告以结束。因此,反过来看,宗教改革也对文艺复兴运动的深入发展具有一定意义。因为宗教改革打破了西欧封建统治的政治枷锁,创造了更为宽松自由的政治环境,这就使思想和文化能够更为自由地发展,促使后期的文艺复兴活动创造出更加璀璨夺目的思想文化成就。莎士比亚的戏剧就是英国最突出的例子。

有趣的是,文艺复兴也好,宗教改革也罢,它们的历史作用往往是全欧洲性的,甚至还有一种"墙内开花、墙外结果"的情趣。作为文艺复兴发源地和资本主义萌芽起源地的意大利,作为宗教改革发源地的德意志,在文艺复兴和宗教改革运动之后反倒成了西欧最落后、最无力量的两个国家,而且直到19世纪才缓缓地发生社会变化。奇怪的历史现象确实常常令人百思难得其解。

宗教改革运动之所以发觞于德国,毫无疑问是因为德国有着促使改革发生的种种内外部条件。而在德国,与宗教改革相联系,很快又发生了中世纪西欧历史上一次最大的农民战争。何以如此,必须对德国的社会经济政治情况有全面的了解。

15世纪以后,尽管德国还有大片的地区停留在落后的农业生产阶段,但它的工商业经济也有了长足的进步。纺织、采矿、冶金、造纸、印刷等行业都很发达。在采矿业中,已经广泛地使用了水力抽水机,这就为开采较深的矿层创造了条件。据统计,德国的矿工有十几万人之多,位居全欧之首。德国的采矿技术在西欧是第一流的,德国的银铜产量在西欧居第一位。15、16世纪,德国有不少熟练的矿工和冶炼工匠以及技术人员移民英国等西欧国家,带去了先进技术。

1456年,德国的工匠古登堡独自发明了印刷术,这就使欧洲的书籍印刷业得到前所未有的发展,大大加快了文化和知识传播的速度。

德国的商业仍很发达。虽然汉萨同盟城市在新航路开辟之后日见衰微,但由于德国是西欧陆地的交通要道,故而在其西部和南部,许多大工商业中心仍然继续发展,如法兰克福、科隆、奥格斯堡等。

虽然行会手工业仍然占统治地位,但资本主义生产关系的萌芽也在德国绽现。城市中的手工工场一天天增多,而商业资本更习惯于渗透到农村的家庭手工业之中。纺织业中出现了不少包买商。奥格斯堡的福格尔家族,是此时西欧屈指可数的大商人资本家、大银行家，只有意大利佛罗伦萨的美迪奇家族可与之匹敌。

然而，德国经济发展有一个致命的弱点，那就是地区不平衡性。除西部和南部外，其他地区尤其是东部和中部非常落后。在那些地方，自然经济仍然占统治地位，商品经济极不发达，与外界的商业联系少，各地区之间的联系也很少。"在德国境内，只是在几个工商业中心及其附近地区才有文明可言"。（恩格斯语）因此，整体上看，与西欧各国相比，德国的经济是落后的。

经济发展的不平衡性还反映在工商业中心一般都分布在全国的边远地区。这些中心在经济上往往同外界联系较多，而与国内却联系较少。"南方有另外的贸易联系和销售市场，与北部完全不是一回事。东方和西方又几乎完全没有交易，没有一个城市像英国伦敦一样能够发展为全国工商业中心"。（恩格斯语）

经济上的不平衡性、分散性、闭塞性，决定并加深了政治上的分裂。这时候的德国，有七大选侯、十几大诸侯、200多个小诸侯、上千个骑士领地，还有数百个拥有自治权的城市。全国到处关卡林立，交通阻塞。至于那个神圣罗马帝国的皇帝，完全是有名无实。

相反，罗马教皇和天主教会却在德国拥有特殊的地位。在当时，英国、法国等国由于本国的统一王权和专制统治得到加强，教皇和教会的权力、势力的扩张便大大受到限制。而在德国则不同，由于德国无强大王权，那个徒有虚名的神圣罗马帝国皇帝，过去又因宗教事务之争而屡次败在罗马教皇手下，因此德国便成了除意大利之外教会势力扩张最厉害的国家，成了罗马教皇和天主教会任意欺压和搜刮的主要对象。

在德国，全国有三分之一以上的土地归教会占有，天主教的一些上层人物变成了帝国的大诸侯，七大选侯中有三个是教会诸侯：科隆大主教、美因兹大主教、特利尔大主教。他们凭借着政治和宗教特权，肆意奴役德国人民。教皇除了统治自己的领地外，还用各种手段来满足自己的私欲。出卖所谓"赎罪券"，就是最卑劣的手法之一。此外还出卖教会职务，如主教一职可值1—2万金币；甚至还伪造圣徒的"遗物"到德国来出卖。这样，大量的金银钱财就从德国流入了罗马，据估计，每年要达30万古尔登，这是德国皇帝每年税收额的20倍左右。德国人的血汗养肥了教皇和教会，时人因而称德国是"教皇的奶牛"。

而在德国的教士们，生活又是极端腐化，荒淫无耻，可以说，这里的教士都是男盗女娼，私生子成群。种种情况，激发了德国人反对罗马教皇与教会的民族意识，德国人最痛恨的教会和教皇也就成了众矢之的。

然而，整个德国又远非行动一致。这时的德国，社会结构极为复杂，由此，社会矛盾也格外地错综交织，各个阶级、阶层都有不同的利益要求。

世俗诸侯和教会诸侯是德国封建统治者中最有势力的上层。大诸侯们往往能任意对外宣战、媾和；他们在自己的领地内极力加强集权，而在国内他们则坚决反对皇帝集权，因此，这些诸侯实际上是德国政治统一的最主要障碍。同时，诸侯之间也有矛盾、有斗争，有不同的利益集团之分。尤其是世俗诸侯们，他们对教会诸侯的富有极为不满，对教皇的控制也有不满。所以，当宗教改革开始后，不少世俗诸侯往往还鼎力支持。

教会人员则分为两个截然不同的阶层。特权阶层是大主教、主教和修道院长，他们同世俗封建主一样，是人民反对的主要对象。而低级教士则是那些城乡普通的神甫和牧师，他们一般出身于平民，收入不多，生活上和普通人接近，平时又常常和农民、市民们住在一起。他们反对教会的腐化，同时也想接收教会财产，故而他们在后来的宗教改革中起了积极的宣传鼓动作用，其中一些先进分子还成了宗教改革和人民斗争的发动者和领导者。

骑士作为小封建主，本属于封建统治者的阵营。但由于15世纪以来火药和火枪的使用，骑士们的武艺用场愈来愈小，因而其社会地位和经济收入亦每况愈下。他们往往入不敷出，濒于破产，常常靠抢劫为生。他们嫉妒教会的财富，在人民斗争高涨的时候，有的骑士也投身到了起义者的队伍中。

德国城市里的市民实际上也分成了三部分。其一是城市贵族，包括大商人、高利贷者、房地产主等，他们是城市里的最富有者，也是统治者。他们的政治态度往往与诸侯们一致。

城市中的中产阶级，或称市民阶级，可包括富裕的小手工业者、中小商人、新兴的手工工场主等。他们是正在形成中的资产阶级。他们受诸侯的压迫，也不满教会的奢侈，不满骑士的拦路抢劫，不满城市贵族的专横。他们渴望国家在政治上统一，实现中央集权化，要求建立廉俭的教会，然而，他们作为一个力量集团还只是在形成过程中，本身所具有的经济力量和政治力量都很弱，而且他们出于对自己经济利益的考虑，往往对斗争具有两面性：高潮时期参加斗争，希望利用运动来达到自己的目的；但一旦斗争失败，他们往往就投靠了封建势力。

城市平民是市民中的最底层，包括破产了的手工业者、作坊里的帮工、手工工场里的工人、时工、零工，流入城市的破产农民等。这些人的处境十分困难，生活朝不保夕。他们一无所有，最具斗争性，但没有能够形成为独立的政治力量。他们是斗争的积极支持者和参加者，而且表现得特别英勇。

德国社会的绝大多数人是农民，约占总人口的80%。他们处在社会的最底层，他们与封建主之间的矛盾是社会的主要矛盾。15世纪以来，农民的生活越来越恶化，社会一切重担最后都压在他们身上。本来从13、14世纪就已从农奴解放变成了自由农的农民，现在又面临着重新变为农奴的危险。特别是教会强征"什一税"后，农民的斗争锋芒首先就指向天主教会。

15世纪末至16世纪初，德国农民发动了多次起义，这些情况表明，德国已处在一场大风暴的前夕。

人文主义思想的传播，对德国宗教改革的兴起和农民战争的爆发起了积极的鼓动作用和先导作用。

德国文艺复兴运动中，伊拉斯谟和丢勒是思想和艺术界的主要代表人物，但他们的成就多限于文化界，而对社会大众的直接影响不是很明显。在大众中很有影响的当属"勒克林学派"。该学派的代表人物勒克林，是一个语言学家。他带领本派学者同经院哲学家进行公开论战，发表了《愚人书信集》二卷，指责神学家无知，揭露教会和教皇的腐败。这些思想为宗教改革运动提供了理论依据。

这个学派的另一名代表人物是胡登。此人出身骑士家庭，进过修道院，上过大学，写过诗。他是个激进人物，不但敢说，而且敢于行动。他尽情地对罗马教会和教皇进行抨击："在罗马，有三项东西是过剩的：古老、毒药、废墟。有三项东西遭到抛弃：简朴、文雅、贞节。还有三项东西供养罗马的富翁：穷人的血汗、暴利和掠夺。"他主张用暴力推翻教皇和诸侯的统治，建立以骑士为主体的帝国新政府，政治上统一德国，实行改革。

从人文主义者的宣传可以看出宗教改革的气息。这种宣传把德国人反抗天主教会的情绪已激发到了饱和点。

因此，无论怎样看，16世纪初期的德国，已成为一座一触即爆的火山。

马丁·路德点燃了这座火山。

4.2

路德发难：《九十五条论纲》。"因信称义"：路德教的真谛。路德译经

德国宗教改革的导火索，是教皇在德国兜售"赎罪券"。

"赎罪券"是教皇敛取钱财的一种最无耻的做法。起先为了掩人耳目，教会做得还有点隐蔽：兜售对象主要是那些真正的罪犯。犯罪的人如向教会交一定的钱，他们的罪就可以赦免。如赦免杀人罪交7个金杜卡特，赦免抢劫教堂罪交9个杜卡特，赦免谋杀双亲和兄弟姐妹罪交4个杜卡特。后来教会觉得如此敛财的速度太慢，便声称人人都有原罪，人人都应该赎罪，赎罪的最好办法是购买"赎罪券"。

1517年，教皇立奥十世借口要修缮罗马的圣彼得大教堂，在德国大肆兜售赎罪券，特令美因兹大主教负责在德国包销。为了得到皇帝的同意，教皇还答应将出卖赎罪券的收入分出一部分给他。同时，由于修缮彼得大教堂时借了富格尔家族大笔银钱，所以在富格尔的支持下，教皇还派特使特兹尔专程来德国推销。特兹尔宣称：只要购买赎罪券的钱一敲响钱柜，罪人的灵魂就可以从炼狱跳上天堂。这种荒唐无耻的行径，终于引发了德国人民的反抗怒火。

首先向教皇和教会发起攻击的是马丁·路德（1483—1546）。

路德出身于比较富裕的市民家庭，自己又是维登堡大学的神学教授。1517年10月31日，这天是基督教的万圣节。当特兹尔推销赎罪券正起劲的时候，路德在维登堡教堂大门口贴出了《关于赎罪券效能的辩论》（通称《九十五条论纲》），德国宗教改革运动正式开始。

不妨看看《论纲》中的若干论条：

第27条 他们宣传说，当钱币扔在钱柜中叮当作响的时候，灵魂即会应声飞入天堂。

第28条 很显然，当钱币投入钱柜中叮当作响的时候，增加的只是利得心和贪欲心。至于代祷之是否有效，完全只能以上帝的意旨为转移。

第36条 每一个基督教徒，只要感觉到自己真诚悔罪，就是不购买赎罪券，也同样可以得赦罪或全部免罚。

第45条 必须训示基督教徒，如果他们看见一个贫苦困难的人置之不顾，而使用自己的钱去购买赎罪券，那么他所得到的不是教皇所应许的赦罪，而是上帝的愤怒。

第50条 必须训示基督教徒，假使教皇自己知道推销赦罪符者搜括的情形，他宁肯将圣彼得教堂焚为灰烬，也不愿意用尽信徒们的皮、肉、骨来建筑它。

第81条 这种对赎罪券的荒谬宣传，使得那些纵有学问的人，对于保持大家对教皇的尊敬，也确实感到困难。对于俗人的怀疑和非难更加难以回答。

第82条 例如：既然教皇为了募款修筑教堂这样一件极不重要的事情而解救了无数的灵魂。那么，他何以不为神圣的慈悲以及解救灵魂的

图 4-1
马丁·路德

人的发现 073

最高需要,而索性将一切灵魂解脱,使炼狱中不留一人呢?

第86条 又如:教皇是一切富人中的最富有者,为什么不用他自己的钱来建造圣彼得教堂,而必须花费可怜的信徒们的钱呢?

第89条 既然说教皇赦罪的目的,是为了拯救人们的灵魂,而不是为了金钱,那么从前所发过的那些赎罪券也就应该具有同等的效力,为什么又说那些文件是没有效力的呢?

无疑,《论纲》言辞犀利,痛快淋漓,将教皇的赎罪券论调批驳得体无完肤。最具意味的是,路德在表面上似乎是在替教皇辩护,是在维护教皇的权威。

路德以特兹尔为攻击对象,还不敢公开指责教皇本人,路德的本意也不是鼓动人们起来反对教会和教皇。但是,由于德国社会各阶层痛恨教会和教皇的情绪已到了极点,所以《论纲》的发表"就像火花落到了火药桶一样",起到了点火作用。人民极力支持路德的呼声,反过来又使得路德的态度更加坚决起来,越来越尖锐地谴责教会制度。

1519年,路德在莱比锡同教皇的代表、天主教神学家约翰·艾克进行辩论,公开否认教皇的权威,宣布同教皇决裂,并且还替一个世纪前的宗教改革先驱、捷克的胡斯翻案。

1520年,路德号召德国人民起来与教皇作斗争,这就使他在人民中的声望大增。正像当时的教皇特使战战兢兢所说:德国人都激动起来了,十分之九的人高喊路德,剩下的十分之一则高喊罗马教廷该死。

这一年,路德发表了3篇论文,系统地阐述了他的宗教改革纲领以及政治纲领。3篇文章分别是:《致德意志民族的基督教贵族书》《基督教自由》和《教会被掳于巴比伦》。

在《致德意志民族的基督教贵族书》中,路德特别呼吁皇帝和诸侯们支持他:

以我这样一个渺小不足道的人,而竟敢上渎皇帝陛下和老爷们的尊听,并不是由于我胆大妄为,实在是因为整个基督教世界(尤其是德意志)的各阶层都遭受着无比的痛苦,陷于凄惨的境地,人人都要大声呼喊,请求援助，不只是我个人……我愿上帝帮助我来揭露这些阴谋诡计，使某些人再不敢为非作恶，阻碍改革……

罗马教廷方面人士很巧妙地建筑了三堵墙来抗拒改革，使基督教走向毁灭。

第一堵墙是：当世俗政权向他们施用压力时，他们便声言：世俗权力没有过问他们的权力，相反地，宗教权力是在世俗权力之上的。

第二堵墙是：假使你引用圣经向他们加以指责时，他们便说：只有教皇才有解释圣经的权利。

第三堵墙是：假使你要用宗教大会来威胁他们时，他们又发明了一种说法，即是，只有教皇才有召集宗教会议的权利。

……

但是罗马教廷人士们硬说：世俗权力不是在精神权利之上，管不着它，——请问这是什么基督教义？这就是等于说：无论眼睛怎样痛，但是手不许摸它；一个人不准帮助别人，眼看他走向死亡，也不加以援助。请问这是否合理？请问这是否符合基督教义？不是的。所以我说：世俗权力是受上帝的委任来惩治奸邪，保护善良的。因此，我们应当让世俗政权在整个的基督教世界中执行它的职务，不要加以任何阻碍。

路德宗教改革纲领的核心点，是他的"因信称义"学说。除《九十五条论纲》外，路德在上述论文中亦阐发了这一思想。所谓"因信称义"，是说人的灵魂能否得救，靠的是个人自己的虔诚的信仰，而不需要教会和教士这个中介环节，也不需要对教会的献纳，不需要举行烦琐的仪式。他主张废除封建的教阶制度，宣传教会不需要有教皇，主张建立一种没有烦琐仪式、没有挥霍铺张的"廉俭教会"。他还主张平均教产，使每个教士都能占有教会财产。很明显，这些主张代表了中产阶级利益，反映了新兴资产阶级改变教会统治的要求。

路德的行动激怒了罗马教皇。1520年，教皇颁布诏令，宣布路德的学说为异端，开除路德的教籍，限期路德悔罪认错。路德根本不予理睬，并且当着维登堡大学学生的面，烧掉了教皇的诏书。

这个时候，德国皇帝查理五世正在与法国进行意大利战争。为了得到教皇的支持，他于1521年召开了沃姆斯帝国会议，讨论宗教问题。路德在数百名大学生和骑士的簇拥和护卫下，应召参加会议。当时的沃姆斯城里万人空巷，居民们都涌到路上，以期一睹路德之风采。路德的肖像画，也被抢购一空。

在会上，查理五世向路德施加压力，路德则毫不退让，称只要谁能引用圣经上的话来说明他是错误的，他就放弃自己的观点。诸侯们的力量很大，他们与皇帝抗衡。这年5月，查理五世颁布敕令要逮捕路德。而诸侯们却对宗教改革很感兴趣，最后由萨克森公爵保护了路德。

路德死里逃生，使门徒们备受鼓舞。而路德则藏匿在萨克森公爵的瓦德堡城堡里，静心地着手翻译《圣经》。他要将《圣经》从希伯来文和希腊文翻译成德文，要使德国的每个普通群众都能直接利用《圣经》中的语言，来为斗争服务。

在翻译的过程中，路德倾注了自己巨大的心血和精力。为了找一个标准的词语，他常常要琢磨好几天时间。有时候他走街串巷，听路人说话发音。他还经常在几种德语方言中反复挑选和比较，斟酌最好的词语。这样，他译出的《圣经》是一部发音清晰的标准德语经典，对德语的统一及推广起到了巨大的推动作用。路德所译的《圣经》，不到几年便普及到了全德意志，这不但为斗争中的人民提供了思想武器，而且使这个政治上四分五裂的国家很早就实现了语言的统一。

沃姆斯帝国会议之后，德国宗教改革的热潮方兴未艾。在这种形势之下，德国社会也逐步形成了三大集团。一端是保守的天主教徒，另一端则是激进的农民和市民，而中间是由诸侯和城市一部分富裕市民组成的温和派。这一派的主要目标是促使德国教会与罗马教皇分离，不受其控制。他们还主张将教会财产转归为世俗，对教会进行组织上的一些改造，而对社会改革却不感兴趣。

由于受到诸侯们的许多恩惠，也由于家庭出身和个人的经历，路德成了这一派的代表，慢慢成为诸侯的代言人，希望能在诸侯的领导下合法地、和平地改革。即使如此，路德也一再被教皇发布逮捕令。但是，当普通群众斗争热情继续高涨，将改革推向高潮之时，路德却站到了对立面。1523年，路德发表论文《论世俗权力及人们对世俗权力应服从到什么程度》，公开要人们服从诸侯。农民战争爆发之后，路德还要求诸侯镇压农民。

4.3

闵采尔其人其思想。小试锋芒的骑士。德国农民战争三中心：士瓦本、法兰克尼亚、萨克森和图林根。农民战争的不利后果

路德宗教改革宣称"因信称义"，即因个人信仰而得救，这其中就隐含着极为深刻的个人自由的新观念。这是最能激起当时人们的思想热情的。可惜路德在这一点上没能进一步地走下去。

当路德热衷于在上层社会进行宗教改革时，下层群众中也出现了改革的热潮，领袖人物就是托马斯·闵采尔。

闵采尔（1490—1525）出身于小手工业者家庭，从小与普通劳动群众有较多的接触。青年时代上过大学，受过良好的教育，获得过神学博士学位，也游历过城乡许多地方，深知民间疾苦。起初他是赞成路德的改革主张的，支持过路德，还被路德介绍到茨威考城当神甫，和这里的路德派信徒关系处理得很不错。

茨威考一带的下层平民和农民中，流行着再洗礼派。再洗礼派主张基督教徒在成年之后再举行一次洗礼，这意味着让每个有意志的人再选择一次自己的信仰。他们还主张废除圣像、废除繁杂的教会仪式，宣传人世间的千年天国就要到来，这就体现了越来越明朗的社会革命特性。这些主张，与路德思想大为相悖，因此与路德派的矛盾亦愈来愈大。

1521年，再洗礼派在茨威考发动起义，遭到了路德派的指责。闵采尔则站在再洗礼派一方，为之辩驳。事情闹大后，城市当局进行了干涉，闵采尔等人被迫离开了茨威考。

随后，闵采尔到了布拉格、阿尔斯特德等地宣传自己的主张，与路德派作针锋相对的斗争。在布拉格，他还与捷克的胡斯教派建立了联系。由于他的主张有越来越强的政治性质，因而他常被各地当局不容留。此后，他还在缪尔豪森、南德意志等地游说传道。

在宗教观念方面，闵采尔既攻击天主教僧侣阶级，也攻击世俗的封建主、

诸侯和富人。他认为信仰的主要源泉不是《圣经》，而是"活的启示"，即人的理性。通过信仰，通过生动活泼的理性，人人都可以具备神性，人人都可以升入天堂。很明显，这一宣传完全破除了天主教的神秘性，是反天主教的。

在社会改革方面，闵采尔进一步发挥了再洗礼派的"千年王国"思想，认为这是一种"没有阶级差别，没有私有财产，没有高高在上和社会成员作对的国家政权的"（恩格斯语）理想社会。闵采尔还主张用暴力来实现这种千年王国。他说："整个世界必须忍受一次大震荡，这是关于不敬上帝的人垮台而卑贱的人翻身的事情。"他所指的"不敬上帝的人"，正是那些诸侯、骑士和城市贵族等富人们。闵采尔激进的政治态度，被路德所指责，说他是魔鬼的工具。闵采尔毫不相让，反唇相讥，斥路德向诸侯献媚恰如"行尸走肉"。

宗教改革运动向前发展，自然而然导致了农民战争的爆发。因此可以说，宗教改革是农民战争的先导，为后者作了思想上甚至组织上的准备。

大规模的农民战争爆发前，低级的封建贵族骑士也曾小试锋芒，发动了以改变自身命运为目的的武装暴动。暴动正是由著名骑士胡登和济金根领导的。济金根武艺高强，是众望所归的首领人物，曾率领武装保护过路德。他在政治上也有比较进步的主张，想依靠骑士的力量，建立以皇帝为首的中央政权，废除诸侯统治，摆脱教皇控制，统一德意志民族。

正是这样两位勇敢分子，领导发起了著名的骑士暴动。1522年8月，胡登和济金根邀集莱茵、士瓦本和法兰克尼亚的所有骑士开会，缔结了"兄弟同盟"，将德国中部的骑士联合成一个整体，同时还广泛地招兵买马。9月，济金根率部队向特利尔大主教宣战。由于得不到其他社会阶层的支持，骑士军队很快陷入孤立状态，而诸侯们却纷纷支援大主教。1523年4月，骑士的大本营被诸侯军队包围，济金根受重伤身亡，看来，重担非落到农民肩上不可了。

1524年，酝酿已久的德国农民战争终于全面爆发。这次西欧中世纪历史上最大规模的农民起义，席卷了德国绝大部分地区，有三分之二的农民投入了战斗。起义有3个主要中心：士瓦本、法兰克尼亚、萨克森和图林根。

士瓦本地区的农民起义爆发最早。1524年8月，一支3500人组成的士瓦本农民队伍，在汉斯·米勒的领导下，揭开了德国农民战争的序幕。年底，闵采尔来到这里予以直接指导。起义队伍写成了《书简》作为自己的纲领，要求用暴力来推翻现存制度。第二年初，士瓦本已形成了6支农民起义主力军，领导人多为闵采尔的门徒。3月，6支队伍的代表在门明根城集会，通过了《十二条款》。这是一个农民反封建的纲领，要求废除农奴制度，减轻劳役和地租，取消教会的什一税。然而，会议之后，各支起义队伍仍然各不相属，各自为战，没有联合成为一支整体力量，结果在1525年4月被统治者各个击破。

法兰克尼亚地区的农民起义规模最大，斗争也最激烈。这里的农民起义爆发于1525年3月。参与者除农民外，还有城市的市民和骑士。起义者攻占了封建领主的几百个城堡和修道院，尤其是盖尔领导的"黑军"特别地英勇善战。法兰克尼亚起义军的领导者是中产阶级，由他们主持制定的《海尔布琅纲领》，即主要反映了他们的利益要求，如废除国内关卡、统一货币与度量衡等。这个纲领如能实行，有利于德国向资本主义过渡。6月，诸侯运用分化瓦解手段，向这里的农民军发起猛攻。7月，法兰克尼亚农民军完全失败。

萨克森和图林根地区的农民起义最为坚决。这里的起义是在闵采尔和再洗礼派直接领导下进行的，以缪尔豪森城为中心，起义军人数也达万余人。然而，由于起义军的军事素质太差，又没有很好的装备，也缺乏作战经验，故而坚持了两个月，便于1525年被诸侯军队打败，缪尔豪森城陷落，闵采尔本人受伤被俘，慷慨就义。

农民战争的余波在10年后还在激荡。1534年，闵斯特城的再洗礼派聚集了数以万计的人再度起义。他们建立了自己的政权"闵斯特公社"，废除财产所有权，推行《圣经·旧约全书》中允许的一夫多妻制。一个叫约翰的荷兰工匠成为起义的领导人。据说路德对这次起义特别紧张，他指示门徒，哪怕是与天主教徒联合，也要把起义镇压下去。最后，约翰被活活打死。

这样一次农民战争，它发生在资本主义兴起的时代，新兴的资本主义和腐朽的封建主义之间的矛盾已成为社会的主要矛盾。因此在这样的条件下，这种农民战争已超越了单纯的农民战争范畴，而在一定程度上具有资产阶级革命的性质。既然如此，就需要一个强有力的领导阶级。

既然是资产阶革命，按理说，斗争的领导权就应当落在新兴的资产阶级身上。但是，这个时候的德国资产阶级无论是经济上，还是政治上，都是很脆弱的。他们还没有完成从中世纪城市市民向近代资产阶级的转化，因此不能承担这一领导重任。而且,当革命高潮来临的时候,他们往往还反对革命。作为最有切身利益的城市市民的不坚决,是造成农民战争失败的最重要原因。

农民阶级承担了本应由资产阶级承担的领导重任,但农民的局限性又是显而易见的。而且国家分裂割据所造成的地方狭隘性,又进一步加深了农民的分散性。三个中心地区的农民军没有能汇成一股强大的洪流,即使是各个地区内部也缺乏统一的组织和统一的领导,这就使得农民军缺乏战斗力,更容易被对手各个击破。

富于戏剧性的是,这次农民战争所产生的后果与本来的愿望完全相反。农民战争的主要目的有两个:一是统一德国,二是消灭封建制度。而后果却是恰恰相反的两个,即分裂割据加深、农奴制加强。

而且,在整个过程中,社会的大多数阶级都受到了不利影响:农民们被置于农奴制的重新奴役之下,富裕农民大部分也破产;教会和教士受到了农民战争的很大打击,许多寺院和教堂被捣毁,金银财宝被夺走;骑士们的独立政治地位越来越下降;城市市民阶级也受到很大挫折。只有封建诸侯得到了好处。他们夺取了教会的财产,对农民反攻倒算,还把从前的一些独立的帝国城市置于依附地位,后来他们中一部分还支持路德教派,自己逐渐成了领地内教会的首脑。同时,其他阶级的力量被削弱,相对也就是诸侯力量的加强。

不管怎么说,这次农民战争毕竟强烈地震撼了德国的封建统治和教会统治,显示了人民群众的巨大力量和英勇气概,因此,1524 和 1525 这两个年头,在德国历史上常被称为"英雄年代"。

4.4

"教随国定":德国的新旧教大分野。瑞士:宗教改革的又一源头,苏黎世的慈温利。加尔文教:资本主义精神的孕育。天主教的反改革。耶稣会的出现

德国宗教改革开始以后,欧洲逐渐出现了新教和旧教之争。凡是反对罗马

天主教的皆称为新教，原来的天主教则称为旧教。新教又有"耶稣教"之谓。

新教在欧洲占有相当广阔的地区，特别是欧洲北部，这是随着宗教改革运动的推广而出现的结果。同时，随着宗教改革在越来越广的范围内盛行，天主教会也进行了许多反宗教改革的活动。

一般来说，新教反映了资产阶级反封建的思想情绪，旧教则是维护封建统治的工具。随着新兴资产阶级的成长，新旧教之间的斗争日益激烈。从某种意义上说，这是在宗教外衣掩盖下的新旧社会制度的斗争。

作为宗教改革的发源地，德国的新旧教之争极其白热化。由于马丁·路德的宗教改革思想越来越迎合德国诸侯们的需要，因此，在农民战争过程中趁机夺取了天主教会财产的一部分世俗诸侯，便接受了路德的新教思想，在自己的领地上建立了新教教会，他们不要教皇，由自己来当教会的首领。这样，路德新教实际上成了诸侯们加强政权、扩充势力的工具，尤其是中部和北部的诸侯。而在南方的诸侯们心态则不同，他们受农民起义的打击较大，而且看到了农民起义和宗教改革之间有一定的联系，因此他们仍然愿意信奉旧教。于是，德国的诸侯们便分成了两大阵营。

1529年召开的施佩耶尔帝国会议上，诸侯们为宗教问题争执不休。会议最后通过决议，计划在1530年召开新的宗教会议。新的宗教会议召开前，任何废弃天主教弥撒、宣布新教仪式的做法都是不允许的。决议还要求制止新

图4-2
新教教堂仪式

教诸侯将天主教教产还俗的做法。参加这个会议的新教代表都对这个决议提出抗议（因而新教的西文辞原意为"抗议者"）。第二年，不顾新教徒的抗议，预定的宗教会议召开了。会上强调要严厉惩罚违反天主教信仰的做法。

1531年，新教诸侯们组成士马尔卡登同盟，在24个城市以及法国国王的支持下，反对德国皇帝和天主教诸侯。双方大战了20余年，最后皇帝查理五世战败，于1555年缔结了《奥格斯堡和约》，确定了"教随国定"的原则，承认了新教的胜利。从此以后，德国北部和中部的许多诸侯和居民便信奉新教，南部仍然信奉天主教。

几乎与此同时，路德新教也传入了北欧。挪威、瑞典、丹麦等国都进行了自上而下的改革，改奉路德新教，连英法也有一些路德教徒。

在路德宗教改革开始之后不久，中欧小国瑞士也出现了宗教改革运动，而且其所产生的影响比前者还要大得多。

瑞士乃一山地之国，阿尔卑斯山横卧南际，西边则隔着汝拉山与法国为邻。早在四五万年前，瑞士境内就有人类居住。公元前1世纪后，瑞士先后被囊入罗马帝国、法兰克王国和德意志神圣罗马帝国的版图。12、13世纪，瑞士分解为许许多多的封建领地，同时巴塞尔、苏黎世、日内瓦、伯尔尼等著名城市也开始兴起。

中世纪，西欧南北两大商业贸易区，即地中海意大利贸易区和北海佛兰德尔贸易区，正好主要通过瑞士这条陆上商道而接触。圣哥达大道开通后，瑞士与西欧各地的经济联系更加密切。工商业的发展，推动了城市的繁荣，城市及其周围地区的自治倾向日益增强，要求摆脱神圣罗马帝国统治的呼声越来越高。

1291年8月初，瑞士的乌里、施维茨和翁特瓦尔登三州联合成立了"永久同盟"。这是瑞士联邦的最早形式，因此8月1日被定为瑞士的独立日。

同盟遭到了德国皇帝的反对和干涉。他不断派出军队来进犯，同盟也一次次地打败了侵略者。特别是1315年的莫尔加滕之战，瑞士民兵1000多人伏击了德军2万余人，取得了罕见的胜利，德皇不得不承认同盟的自由。

15、16世纪瑞士人既要抗击德国人，又要抗击法国人。1499年的"士瓦本战争"，使瑞士人与德国侵略者的斗争又一次达到高潮。尽管德国皇帝亲自出战，仍不能扭转德军失败的命运。9月，双方签订《巴塞尔和约》，结束了战争。1511年，德皇正式承认瑞士的独立。瑞士各州不断加入永久同盟。到1513年，瑞士联邦已拥有13个州。

德国皇帝被赶走后，罗马教皇和教会势力又伸向瑞士。1515年，在教会的干预下，瑞士在同法国的战争中大败。于是，瑞士人开始思考宗教改革的问题。

最先举起改革旗帜的是慈温利神父。

慈温利出生于1484年，上大学时受到天主教经院哲学家托马斯·阿奎那和邓斯·斯各特思想的较大影响。1518年年底担任苏黎世大教堂神甫职务，开始谋划宗教改革事务。1522年，慈温利发布《六十七条目》，作为宗教改革的纲领，声称要用圣经权威来取代教皇权威。他说，天主教的许多教仪教规，在《圣经》中找不到什么依据，全都是罗马教皇作出的决定，完全可以不予理睬，或者不遵照执行。

慈温利还用自己的行动来表示对教规的抗议：在大斋期间，他和一个朋友公开吃香肠，支持教士们申请结婚的请愿书，他自己也秘密地与一个年轻寡妇结成百年之好，圣餐权准许世俗人执掌，鼓励修士、修女离开修道院等等。

苏黎世城的市议会支持慈温利的改革主张，并具体组织了实施，废除了那些烦琐的宗教仪式，教徒可直接阅读《圣经》，建立新的教会组织，实行民主管理，由公众推选神职人员。慈温利及其一批门徒到处传播宗教改革思想。他们编排的一些戏如《教皇和他的一帮教士》《教皇与基督的对立》，深刻地揭露了教会的奢侈豪华及对基督教导的违背，以喜闻乐见的形式进行宣传，大得民众的欢呼喝彩，推进了各地的宗教改革。

但也有一些乡村地区不思改革，慈温利便试图以武力强行传教。1531年，慈温利在与天主教徒作战时牺牲，苏黎世宗教改革转入了低潮。

慈温利失败后，瑞士的另一个著名城市日内瓦成为宗教改革的中心。改革的领导者是加尔文。

加尔文本是法国人，27岁时发表了《基督教原理》一书，进行反对天主教的宣传，成为当时的著名人物。1536年，他29岁，被日内瓦人邀请去领导宗教改革。此后长期住在日内瓦，创立了"加尔文新教"。

加尔文教吸收了德国路德新教的"因信称义"原则，还加上了一个"前定论"：认为人能否得救是由上帝早就定好了的，上帝将它的信仰者分成了"选民"和"弃民"；人能否发财致富，也是由上帝定好的，只有"选民"才能致富。虽然这是一种宿命论，但它反映了新兴资产阶级的要求。

加尔文还对教会组织进行了改革，不再服从罗马教皇和天主教会的统治，而是组成自己的"选民公社"。公社采取民主共和的形式，教职由成员选举产生，政教合一。这样，宗教改革演变成了一场政治改革和社会改革，这也是德国路德宗教改革所不能及的。

加尔文非常注意将公社建设成为道德高尚、秩序良好的模范社会，制定了一套严格的生活规范，要让天主教在比照之下感到自惭形秽。这样，市民的日常生活也由教会按规定实行监督。如星期天不准娱乐，不组织舞会，年轻姑娘也不能穿漂亮衣裳，否则要同其母一道被拘留。奇形怪状的发式、奇装异服，都被禁止，甚至惩罚违禁者。奢侈挥霍的生活，行为不当的娱乐，背离宗教的歌曲，统统都在斥责之列。

由于改革带来剧烈的变化以及这些规定的实施，引起了一些人的不满，反对派则伺机捣乱。如1538年的升天节那一天，加尔文照常去教堂讲道。教堂里人头攒动，一些反对派分子混在人群中喧哗，有意制造混乱。加尔文怒不可遏，大声叫骂："滚出去，你们这些醉鬼。"话音未落，捣乱者抽出宝剑朝他扑来。顿时，教堂里刀光剑影，血肉横飞，一场白刃战持续了好几个小时。这种情况加尔文经常遇到。

加尔文的宗教改革在欧洲是影响最大的，特别是政教合一的组织形式，有利于各国摆脱天主教会的统治，因此在西欧广泛传播，日内瓦被称为"新教的罗马"，加尔文被称为新教的教皇。

加尔文教主要在英、法、尼德兰等国流行。16世纪后期的尼德兰资产阶级革命，就是以加尔文教为旗帜的；差不多同期的法国宗教战争中，胡格诺教徒就是法国加尔文教徒的别称。

然而这个教皇也同样的专制，同样地不能容忍不同思想，有一种宗教偏执狂。他对西班牙医生塞尔维特的镇压就是例证。塞尔维特不赞成加尔文的宗教观点，于1546年出版《再论基督教原理》一书，公开批评加尔文的《基督教原理》，并说要到日内瓦与加尔文辩论。加尔文极为愤怒，声称："他如果真来,我决不会让他活着离开。"后来塞尔维特从天主教的监狱中逃出,结果反在日内瓦被加尔文抓获。加尔文判他犯下38条罪状,以火刑处死。

加尔文教对近代西方社会所产生的影响,评价甚多。其中19世纪末德国社会学家马克斯·韦伯的观点最具代表性。韦伯认为,西方资本主义之所以兴起,在于西方文化中含有"资本主义精神",而这种"资本主义精神"就是来源于加尔文教的所谓"新教伦理"。这种新教伦理可大致归纳为:

其一,加尔文新教的伦理教义中,包含了若干鼓励日常生活习俗中理性、勤勉和苦行倾向的行为规范,正是这种规范培育了教民在"世俗"经济事务中的俭朴、勤勉、苦行等文化价值观念。

其二,加尔文教注重考虑这种伦理教义所引起的心理结果,特别重视这种虽然是来源于基督神学,但却用世俗教诲所表达的,主要是针对日常生活行为的心理约束。所谓世俗表达,就是平常教堂牧师的宣道劝诫。

其三,在世界几种主要宗教中,新教伦理最有利于资本主义精神的孕育和发展。非西方文化之所以未能产生资本主义精神,就在于它们的宗教中缺乏这种对社会活动的世俗性约束。

随着宗教改革的推广,改奉新教的地区和国家越来越多,天主教的统治出现全面危机,天主教会的挽救行动也大为加快,而且很有效果。

为调节与各世俗封建君主的关系,天主教会的政策有很大的松动,作出很多让步。如对各地的教会,教皇就允许其中一部分可受当地封建主阶级,甚至诸侯、国王的控制。例如,教皇同意法国的神职人员由法国国王任命,教会的绝大部分收入归国王支配等。

同时,天主教会也采取了一些加强控制的反动措施。譬如,在16世纪40年代至70年代,召开了一系列宗教会议,通过了对新教徒不再妥协的政策,宣布一切新教徒为异端,重申教皇在宗教事务上的最高权威,重申教义、仪式,严格检查出版物,大列禁书,加大宗教裁判所对异端的迫害,等等。

在天主教反新教改革的活动中,西班牙人罗耀拉一马当先。此人因创立了作为天主教别动队组织的耶稣会而扬名欧洲。罗耀拉起初立志要改变伊斯兰教的信仰,活动行踪诡秘无常,就连西班牙的宗教裁判所也怀疑他是异端,两次将他抓了起来。

后虽放了他，但不准他在西班牙搞宣传。他便离开了西班牙。在巴黎，他与九名追随者立誓要去耶路撒冷，让那里的穆斯林皈依基督教。1537年，他们在步行去巴勒斯坦的途中经过罗马。第二年教皇接见了他们。1560年，教皇正式批准成立以罗耀拉为首的耶稣会。

罗耀拉规定了耶稣会的宗旨：要"永远毫不迟疑、奋不顾身地听从现在和将来的教皇对我们发布的命令"。他还要求耶稣会士做到，在"服从上级方面，应当像死尸一般可以三翻四覆地随意处置，像一根手杖一般任凭上级耍弄、挥舞，像一个蜡球一般可以随意揉搓。"可见其对教皇的忠心程度。

耶稣会成立后，没有辜负教皇的重托。在1555年特兰特宗教会议上，教皇代表团里就有两个耶稣会士。他们在会上巧言令色，反对新教，博得了教皇的赏识。1574年，又在普阿西城的辩论中，解了教皇的围。耶稣会组织严密，纪律严格，他们借传教、办学等途径，深入到社会各个层面，有的还当上了高级官吏。后来他们中有不少人还深入到世界各地活动。譬如，近代到中国来的第一批西方人即利玛窦、汤若望、南怀仁等，就是耶稣会士。

4.5

三十年战争：由宗教之争引发的国际争端。战争四阶段。《威斯特伐利亚和约》：第一个国际条约

由宗教之争所引起的国内纠纷，逐渐发展为国际争端，结果在17世纪上半叶，爆发了欧洲近代史上第一次大规模的国际战争，这就是所谓"三十年战争"。战争主要在德国土地上进行，也是因为德国问题而引起。

宗教改革和农民战争之后，德国经济出现低落，手工业和商业全面衰退，农村则恢复了农奴制。政治上诸侯势力更为增长，新旧教两大集团的斗争越来越激烈。七大选侯中，有三个属于新教，即萨克森公爵、勃兰登堡侯爵和巴拉丁伯爵，其余四个则属于天主教。皇帝与诸侯之间的矛盾也越来越尖锐。1608年，以巴拉丁选侯为首组织了"新教同盟"。第二年，巴伐利亚公爵领头成立了"天主教同盟"。两者针锋相对，皇帝站在天主教同盟一边，欧洲

各国也因各种利害关系而分别支持两个集团。其中，法国、英国、荷兰支持新教集团，教皇、西班牙支持天主教同盟。

1618年，捷克发生了反对德国皇帝的人民起义。捷克当时属于神圣罗马帝国版图。1609年，捷克人民不再承认帝国皇帝兼任国王。八年后，皇帝另派斐迪南为国王，又遭到捷克人民的抗议。愤怒的群众于1618年举行起义。他们冲进皇宫，将国王派来的两个钦差从七丈高的窗口扔了出去。这一"掷出窗外事件"，便成了三十年战争的导火线。

三十年战争从1618年一直打到1648年，欧洲前后共有十几个国家卷入。战事可以分为四个阶段。

战争的第一阶段（1618—1624），是捷克—巴拉丁时期。捷克人民起义后，组成了临时政府，并且推举新教同盟首领巴拉丁伯爵担任国王，从而摆脱了哈布斯堡家族的统治。天主教同盟立刻出兵，西班牙也出兵进攻巴拉丁。在1620年的白山之战中，捷克—巴拉丁联军被打败，捷克王国陷入敌手。

战争的第二阶段（1625—1629），是丹麦时期。哈布斯堡皇帝和天主教同盟取得胜利后，法国和荷兰都不能容忍，英国国王詹姆士一世更是关心自己女婿巴拉丁选侯的命运，企图占领德国北部领土的丹麦和瑞典等北欧国家，也不希望德国统一在皇帝之下。在英国和荷兰的怂恿下，丹麦国王克里斯丁首先采取军事行动。

丹麦自11世纪卡努特大帝死后，后来的国王都想重振北海大帝国的旧时雄风。12至13世纪的瓦耳德玛王朝倒是有乃祖气象，不但使丹麦再次成为偌大帝国，而且还将德国北部的一片又一片土地置于版图之内，德国皇帝居然不得不予以认可。14世纪后期丹麦女后玛格丽特以太后身分执政，丹麦达到最鼎盛的时期。1397年她宣布成立卡尔马联盟，将瑞典和挪威都置于丹麦的领导和控制之下，丹麦国王兼任其他两国国王。这一联盟一直维持到1523年瑞典脱离。此后，丹麦与瑞典展开了长期的较量。然而，无论是1563年爆发的北方七年战争，还是1611年进行的卡尔马战争，最后结果都是以丹麦失败而告终。

丹麦是否欲从其他行动中去补偿，动机不得而知，不过三十年战争确实给它带来了机会。1625年，丹麦出兵，联合新教同盟一起反对德国皇帝和天主教诸侯，结果败于瓦伦斯坦率领的德国雇佣兵手下，丹麦部队往回一直退到哥本哈根。1629年，双方签订和约，丹麦保证不再干涉德国国内的事务。不但如此，到战争后期，丹麦反而成为德皇一方的附属国。

战争的第三阶段（1630—1635），是所谓瑞典时期。德国皇帝战胜丹麦后，计划在波罗的海建立一支强大的海军。这又引起了已在波罗的海建立霸权优势的瑞典的担心，瑞典立即投入了战争。

此时的瑞典，早已在与丹麦的恩怨纠葛中脱身而出。瑞典历史上的第一个统一国家出现在11世纪里，后在宗教纷争和王朝战争中度过好几个世纪。1250年后的100多年里，福尔孔王朝的中央王权得到了很大的加强。然而，由于内乱，丹麦人趁机介入，从14世纪末起，瑞典处在丹麦统治之下。1523年，瓦萨领导瑞典人民推翻了丹麦人统治，瑞典重新获得独立，瓦萨成为国王，这就是历史上有名的古斯塔夫一世（1523—1560年在位）。

古斯塔夫二世时代（1611—1632），瑞典开始了对外大扩张。在波罗的海争霸中，瑞典最初主要同波兰展开争夺，间或也取得一些不大不小的胜利。三十年战争爆发，古斯塔夫二世认为向南扩张的绝佳时机已到，不可错过，立即参加了反对德国皇帝的一方。

为了适应战争，古斯塔夫进行了一系列军事改革，实行义务兵役制，严明军纪，对贵族课以重税，用经济实力来增强军事实力。他还改进了作战方法，引进了荷兰人的先进战略战术，采用新式武器，注重实战训练，结果这支军队成了当时欧洲最精锐的部队，在国际战争中屡战屡胜，欧洲人惊呼为"瑞典奇迹"。

为了对付德国皇帝，瑞典国王古斯塔夫二世亲自披挂上阵，率领大军从波美拉尼亚登陆，很快占领了德国北部和中部大块地区。1632年，瑞典军队在诺德林根受到重创，古斯塔夫阵亡。瑞典便与法国订立盟约，联合对德作战。

战争的最后阶段（1635—1648），是法国—瑞典时期。法国过去一直是借人家的手与德国皇帝作战。丹麦、瑞典相继失败后，法国不得不直接出兵。它和瑞典达成了协议，首先向西班牙开战。瑞典则继续在德国境内作战。1642年，瑞典军队在莱比锡附近大败德军，1645年又在捷克境内再败德军，1646年，瑞典军队占领了中欧重镇布拉格。

这时候，站在法国和瑞典一方的有荷兰、威尼斯、匈牙利等，站在皇帝一方的有西班牙、德国的天主教诸侯，后来还有丹麦。战场也超出了德国。最后，德军战败，皇帝求和，1646年双方停战。

从1644年起，战争双方就开始在德国威斯特伐利亚地区的两个小城市进行和谈。1648年，双方签订了《威斯特伐利亚和约》。和约规定，瑞典和法国各占德国的一部分领土，同时承认诸侯有独立的政治权力；加尔文教徒要享受与路德教徒同等的权利。和约沉重打击了哈布斯堡王朝，使神圣罗马帝国更加分崩离析；和约划定了欧洲大陆各国的国界，在国际关系史意义上开创了由国际会议解决国际问题的先例，因此在某种意义上是近代第一个国际条约。此后，法国在国际事务中占据主导地位，瑞典也成为一大强国；而神圣罗马帝国和西班牙则完全被削弱，特别是西班牙，从此丧失了在欧洲的大国地位。

三十年战争主要是在德国土地上进行的，无疑给德国民众带来了重大灾难，使德国蒙受了巨大损失。从下述事实即可窥见一斑：一个叫做马格德堡的城市前后被围过10次，莱比锡被围过5次；一个战前有6000人口的波希米亚毛纺织小城，战后第八年还只恢复到850人；在另一个小城里，据说进攻者瑞典骑兵除了狼以外，什么也没找到。此类情景，在德国各地俯拾皆是，不一而足。

然而，对于德国历史和欧洲历史的发展，和约还有更深刻的意义。和约从法律上阻止了反宗教改革的运动，从此以后，欧洲的新教和旧教之间的地域性分野，已成为事实，即使教皇也未再对此有何异议，宗教之争到此终结。和约使哈布斯堡家族大受挫折，这就使能够统一德国的政治力量受到打击，使德国民族统一的趋势更加暗淡，前景更加渺茫，德国的分裂状态因此又多延续了两个世纪。和约作为第一个国际条约出现，也表明近代欧洲的主权国家体制诞生，任何超国家的力量，譬如中世纪时代的教会、教皇和教廷，已不可能再凌驾于主权国家之上指手画脚了。

第五章

开放的大海
近代西方第一批殖民帝国

5.1

早期殖民时代。大西洋门户：伊比利亚半岛。哥特人的故乡。阿拉伯人入主。收复失地运动。联姻合国：西班牙的崛起

美洲的发现，通往东方新航路的开辟，在欧洲人眼前展现了极为广阔的众多地域。欧洲人迫不及待，无所顾忌地向这些陌生世界挺进。

于是，由大西洋岸边的西班牙、葡萄牙以及荷兰最先掀起了近代西欧殖民扩张的第一次浪潮。这三个国家因之成了西欧的第一批殖民帝国。

从16世纪到17世纪中期，正是这三个殖民帝国在世界各地叱咤风云的时代，不过这一个半世纪里，各国的扩张重点又略有不同，呈现着明显的阶段性。

16世纪前中期，葡萄牙人向东、西班牙人向西展开了殖民贸易和扩张；葡萄牙人在亚非沿海建立了东方殖民帝国，西班牙人则建立了美洲殖民帝国。

16世纪后期，西班牙兼并了葡萄牙，独霸天下。

16世纪末开始，北海岸边的荷兰、英国和法国崛起。起先，在海洋上是英、荷两国联合战胜了西班牙，在陆上是法国战胜了西班牙。至17世纪中叶，西

班牙迅速衰落，荷兰海上势力强大起来，成为"海上马车夫"。

17世纪中期后，英、荷之间连续发生海上冲突，英国战胜了荷兰。荷兰逐渐走向衰落，进入了所谓"假发时代"。至此，第一代殖民帝国退出了历史舞台。

在三个国家中，西班牙无疑是执牛耳者。

作为西欧大国，西班牙位于欧洲西南部的伊比利亚半岛上：北边隔着一条比利牛斯山脉与法国相连，南边隔着直布罗陀海峡与非洲相望，扼守地中海通往大西洋之门户，地理位置极为重要。

伊比利亚半岛曾发现过20多万年前的欧洲尼人化石，说明这里很早就有人类居住。新石器时代有许多洞窟壁画遗留至今，其中以阿尔塔米拉洞窟壁画最为有名。壁画由多种颜色涂成，画了30多头动物，包括牛、马、猪以及驯鹿等。动物有奔跑的、跳跃的、躺卧的，生动逼真，具有运动感。动物的体态描绘得非常准确，野牛中箭就是在关键部位，表现了写实的特点。

已知半岛上最早的居民是伊比利亚人。在公元前9至前8世纪时，中欧地区有一部分凯尔特人迁入半岛，逐渐与当地的伊比利亚人混杂并融合，形成了凯尔特伊比利亚人。公元前3000年至前5世纪，半岛的东部和南部发达地区出现了文字，形成了伊比利亚文化，包括了相继出现的阿尔梅里亚文化、钟形杯文化、阿尔加尔文化、铁器文化等。公元前5世纪时，西班牙东部和南部的许多地方成为腓尼基人和希腊人的殖民地。腓尼基人曾在直布罗陀海峡以西建立了卡达尔城，并将此作为向大西洋北部不列颠岛等地区扩张的据点。希腊人在地中海岸边建立了赫来罗斯科派翁和恩波里等移民城邦。

公元前3世纪后期，罗马人和迦太基人都往西班牙地区扩张，结果爆发了第二次布匿战争，迦太基人战败。从此西班牙成为罗马国家的属地。公元前133年，西班牙人民反抗罗马的斗争最后失败，西班牙成为罗马的一个行省。

在4至5世纪日耳曼人大迁徙高潮中，先后有几支蛮族人部落来到了西班牙。首先来到西班牙的是属于日耳曼族的苏维汇人、汪达尔人和属于突厥族的一小部分阿兰人。苏维汇人原住在今天德国的图林根一带，406年跨过莱茵河，409年进入西班牙。后被西哥特人排挤到半岛的西北部，于414年建立了苏维汇王国。8世纪时，苏维汇领土的大部分被阿拉伯征服，小部分为法兰克查理曼帝国占领。汪达尔人也是在409年进入西班牙的，411年和阿兰人共同建立了汪达尔—阿兰王国。由于受到南下的西哥特人的威胁,汪达尔人和阿兰人先是被赶到了半岛的南部,后又于429年在首领盖萨利克的率领下,渡海去了北非。在那里打败了迦太基人,建立汪达尔王国。

在西班牙半岛上建立了比较稳固统治的是西哥特人。西哥特人是4至5世纪日耳曼民族迁徙高潮的发动者。他们在376年进入罗马帝国。378年在亚德里亚堡战役中打死了罗马皇帝,接着又南侵希腊,401年进入意大利。410年攻陷罗马。412年北移,来到了高卢西南部的阿奎丹地区。419年他们以土鲁斯为中心建立第一个强大的蛮族国家。随后国王瓦利亚等又不断扩张,南边到达伊比利亚半岛。国王攸里克统治时期(466—484),西哥特王国达到鼎盛。507年,法兰克人将西哥特人逼到了比利牛斯山脉以南,西哥特的中心便迁到西班牙。

从6世纪至8世纪,西哥特王国开始向封建制度过渡,王国内部矛盾尖锐,斗争激烈,不能一致对外,这就给阿拉伯人可乘之机。他们从北非越过海峡向西班牙半岛进军,于711年灭掉了西哥特王国。

711年,西进的阿拉伯人在北非当地居民柏柏尔人首领塔贝克的带领下,跨过直布罗陀海峡。西哥特最后一个国王罗德甲克在瓜达莱特河一带进行抵抗,被阿拉伯人彻底打败,西哥特王国灭亡。随后,阿拉伯人又接连夺取科尔多瓦以及西哥特首都托莱多等城市。714年,西哥特王国的所有领土几乎都转入了阿拉伯人之手。719年,西哥特人退居到半岛西部和北部的山区,建立了阿斯土里亚国。

阿拉伯人继续北上,进攻法兰克王国。732年图尔一战,阿拉伯人被查理·马特率领的法兰克军队打败。759年,阿拉伯人退出了法兰克。过后不久,法兰克查理大帝又带兵南下进攻西班牙的阿拉伯人。经过20多年的战争,查理曼占领了西班牙东北部一带,在那里建立了"西班牙边区"。

阿拉伯人初入西班牙时,在半岛上建立了隶属倭马亚王朝哈里发的总督统治区。756年,倭马亚王朝被阿巴斯王朝所取代。西班牙总督阿卡德·拉赫曼一世作为倭马亚哈里发的后裔,不愿服从阿巴斯王朝,率先闹独立,自称倭马亚王朝,历史上称为"后倭马亚王朝",中国史书上称为"白衣大食"。在阿卜杜·拉曼三世(891—961)时,后倭马亚政治、经济、文化发展到了一个高峰。1031年，后倭马亚王朝解体，半岛上出现了许多阿拉伯人的小国，彼此争斗不已。

10至12世纪的后倭马亚王朝都城科尔多瓦，是当时欧洲一个最大的文化中心。城内的大学和学校达27所，还有很大规模的图书馆，西欧很多国家都派人到科尔多瓦留学，从阿拉伯文转译古典时代的作品。

在科尔多瓦哈里发时期，北方还有一些基督教徒的小国家。除阿斯土里亚王国和那瓦尔王国外，半岛东北部的"西班牙边区"，在查理大帝国瓦解后，也分裂成阿拉贡王国和巴塞罗那伯国。它们逐渐开展了反阿拉伯人的斗争。

11世纪后，由于科尔多瓦哈里发国家分裂成为23个小国，阿拉伯人的力量大为削弱，这就为西班牙人民反抗外族统治提供了极好时机。因此，西班牙人的"收复失地运动"迅速掀起了高潮。

先是阿斯土里亚国向南推进。8至9世纪时不断扩张，10世纪初占领雷翁城，910年改称"雷翁王国"。西班牙人继续构筑堡垒，步步南进，到达杜罗河流域时，收复的土地上已经堡垒林立，因此1037年建立的新国家被称为卡斯提，意即"堡垒"。1143年，在杜罗尔下游即卡斯提西部的一部分属地独立，称为葡萄牙。1230年，雷翁和卡斯提最后合并成卡斯提王国。这是反阿拉伯斗争的中心。

东北部的阿拉贡王国也向南推进。1137年，阿拉贡兼并了巴塞罗那伯国，日益强大。这样，半岛上形成三个与阿拉伯人对峙的基督教国家：卡斯提、阿拉贡、葡萄牙。

阿拉伯封建主当然不甘心失败，他们又从北非调来了大军进行镇压。1212年，在卡斯提国王阿方索八世的率领下，西班牙三国联军在托罗萨同阿拉伯人的北非军队进行决战，结果大获全胜。自此以后，三国迅速南进，卡斯提占领了科尔多瓦和塞维利亚等要地，阿拉贡占领了巴伦西亚等东部沿岸地区，葡萄牙沿西海岸前进到达瓜的亚纳河口。到13世纪末，收复失地运动基本结束，阿拉伯人只在南端还有一个小小的格拉纳达王国。

随着收复失地运动的进行，西欧的封建领主制度也开始在半岛上流行。从阿拉伯人手中夺回的土地，大部分为封建主所占有，因此封建领主势力越来越大。同时，那些在作战中立有战功的骑士们，也慢慢形成了一个个小贵族集团。农民们也参加了反阿拉伯人的战争，得到了部分土地，摆脱了农奴地位，获得了人身自由。城市在收复失地运动中常常是作为据点堡垒出现，很早就享有自治特权。而且城市互相结成同盟，捍卫自己的权益。王权在收复失地运动中是一面旗帜，因此比较强大。收复失地运动完成后的西班牙半岛，实际上是各种社会力量角力竞争的场所。

只有农民的处境要差些。特别是阿拉贡的农民，他们仍然要受到各种封建陋习的剥削和凌辱。15世纪中后期，加泰罗尼亚地区的农民曾多次举行大规模武装起义。

卡斯提和阿拉贡是半岛上两个主要国家。相比之下，卡斯提的国力更强大些。但阿拉贡也充分发展了自己的近海优势。13世纪时，它兼并了地中海上的巴利阿利群岛和西西里，后来又占领了撒丁尼亚，1435年还统治了意大利南部的那不勒斯王国。由此阿拉贡发展为一个海上强国。

1469年，阿拉贡王子斐迪南和卡斯提公主伊莎贝拉联姻成亲。1474年，伊莎贝拉成为卡斯提国王。1479年，斐迪南成为阿拉贡国王。两国在这一年正式合并，形成统一的西班牙王国。在城市的支持下，他们又平定了大封建主的叛乱。1492年，收复了阿拉伯人在半岛上的最后一个据点格拉纳达。至此，收复失地运动取得最后胜利。1512年，北部那瓦尔王国也合并于西班牙王国，西班牙完成了统一。

图 5-1
托莱多—西班牙王国合并时的都城

5.2

科泰斯征服中美。皮萨罗入侵南美。西班牙殖民大帝国。与土耳其的较量。无敌舰队的覆灭。西班牙衰落原因论

1492 年,哥伦布在西班牙国王的支持下,发现了美洲新大陆。西班牙人认为,新大陆理所当然就是他们的。

但是,自哥伦布发现美洲起,直至 1520 年左右,西班牙在美洲的殖民扩张规模并不很大,主要只是占领西印度群岛一带。这时候,西班牙人觉得美洲并不像欧洲人想象中的那样富有,因而一度很失望,没有积极地展开探险和扩张。在相当长的一段时期内,哥伦布虽担任总督,但对美洲的统治甚为不力,故而遭到国内一些人的攻击和非难。

直到 16 世纪 20 年代后,西班牙殖民者才加紧了征服美洲大陆的步伐,而中美洲的墨西哥成为它的第一个目标。

墨西哥是印第安阿兹特克人所生息的地方。殖民者到来之前,阿兹特克人创造了灿烂的文化。西班牙人最初到来时,阿兹特克人还以友好的态度接待了他们。但是,西班牙人胸藏杀机,要消灭他们,使自己成为这里的新主人。

1519 年 2 月,由殖民者头子科泰斯率领的小船队,离开古巴开往墨西哥的尤卡坦半岛。这支队伍人数并不多,不过 500 来士兵。但科泰斯鼓吹他们是"在十字架的旗帜下战斗",是正义的事业,上帝会保护他们,从而激起了他们的侵略决心。远征队登陆后,逐步深入到墨西哥内地。他们施用诡计,挑拨印第安人各部落间的团结,分化拉拢。11 月,墨西哥皇帝孟蒂祖玛愿意同侵略者讲和,但不许他们进城,科泰斯便发动进攻。在抵抗无望的情况下,孟蒂祖玛同意强盗入城,科斯泰却把他扣为人质,还掠走了价值 150 万英镑的财富。

1520 年 5 月,西班牙政府以未经授命之名,派兵讨伐科泰斯。科泰斯前往海岸应战,留下部将镇守特诺奇蒂特兰。待他一月后返回时,驻留的军队早已同当地阿兹特克人闹翻。

6月底，被围困的西班牙殖民军在科泰斯的率领下，趁风雨之夜逃跑，卷走了大量的金银财宝。阿兹特克人知悉，迅速追击。西班牙人仓皇之中，大多掉入路旁的科科特湖中。阿兹特克人用石头、箭矛等器具投掷打击，西班牙人死伤无数，只有科泰斯等少数几个人逃脱。这一"悲惨之夜"，在西班牙殖民者来说可谓刻骨铭心。

1521年，科泰斯再一次发动对墨西哥的侵略。阿兹特克人在新国王格蒂墨金的领导下，与侵略者进行了殊死搏斗。经过三个月的苦战，墨西哥城终于陷落，格蒂墨金被俘。科斯泰占领了阿兹特克。

随后二三年间，科泰斯又占领了墨西哥以南的中美洲各地。他成了西班牙在这里的第一位殖民总督。

占领中美洲后，西班牙又侵入了以秘鲁为中心的南美洲广大地区。

侵入秘鲁的头子是皮萨罗。早在1524年，他就与阿马哥罗等人制定了征服秘鲁印第安人印加帝国的计划。1531年，他和阿马哥罗带领180人的队伍在秘鲁登陆。狡猾的侵略者知道自己的兵力太少，便效仿科泰斯的阴谋。他把印加国王请来参观他的兵营，然后出其不意杀掉国王的随从，俘虏了印加国王。在皮萨罗的威胁下，印加国王被迫派人募集了价值350万英镑的黄金赎身，加上数量巨大的白银。不守信用的侵略者收下这笔巨额财富后，仍然编织"组织反抗西班牙人"的罪名，将印加国王处死。

不久后，皮萨罗扶植国王孟可登位，想让孟可成为一个傀儡。1535年，他还决定将利马作为新的都城。这时，孟可国王趁机逃走，很快就带领20万印第安人大军，进攻已被西班牙人占领的库斯科。这是一次异常激烈的战斗。印第安人采用火攻方法，将西班牙人逼到了城市的中心。缺食少粮的殖民强盗又等不来援兵，只有苦苦死守。播种季节来临时，印第安人大军都撤退回家种地，西班牙人乘机突围，将印加帝国征服。可是，为了瓜分地盘，殖民头子皮萨罗家族和阿马哥罗家族都在内讧中被消灭。西班牙派来新的使节收拾残局，建立了对南美的殖民统治。

除秘鲁外，1535年，阿马哥罗占领了智利北部，1538年侵占了玻利维亚。另一个殖民头子奎沙达先后侵占了哥伦比亚和委内瑞拉。还有一支侵略军在门多萨的率领下，1535年侵占了乌拉圭和巴拉圭，1549年占领了阿根廷。至此，中南美大陆除巴西外，全被纳入了西班牙殖民帝国的版图。

西班牙殖民统治在美洲建立了两大总督区。一个是新西班牙总督区，管辖墨西哥及墨西哥以南中美洲各地，加勒比海岛屿以及南美的委内瑞拉，以墨西哥城为首府。另一个是秘鲁总督区，以利马为首府，统治除委内瑞拉和巴西以外的南美各地。总督都由西班牙国王任命。还在马德里设立印度事务委员会，专门负责制订殖民政策，形成了一套完整的殖民统治体系。

西班牙对美洲的殖民统治政策，是实行赤裸裸的血腥掠夺。他们对当地的印第安人进行大肆屠杀，企图使他们灭种绝代。其方式惨无人道，有杀死、烧死、活埋，甚至还叫狼狗撕裂活人。他们常常整村整村地杀人。16世纪上半叶，共屠杀印第安人1200万人以上。欧洲人带来的天花等流行病，也使得毫无免疫力的印第安人大量死亡。海地原有6万印第安人，到1548年仅剩下500人。牙买加原有30万人，1548年几乎灭绝。墨西哥中部原有1900万人，16世纪末仅存250万人。

由于印第安人大量死亡，殖民者便从非洲捕捉黑人运到美洲当奴隶，西班牙人从1501年起便开始做这种人贩子生意。

殖民者还在美洲土地上发展大庄园、大种植园，种植甘蔗、烟叶等经济作物，驱使印第安人在种植园做无偿劳动，产品运往欧洲。同时，又禁止在这里种葡萄和橄榄，以便将西班牙的葡萄酒、橄榄油运到美洲卖高价。

西班牙人去美洲，最初的目的是掠夺黄金、白银。所以他们征服美洲后，大肆洗劫王宫神庙。后又大规模开采金银矿，强迫印第安人到矿区劳动。从1545年至1560年，每年从美洲运往西班牙的黄金达5000公斤，白银达25万公斤。16世纪末，世界贵金属的开采量将近80%来自美洲。

麦哲伦环球航行成功后，西班牙殖民大帝国的版图已不限于美洲，亚洲的菲律宾以及太平洋列岛也逐渐为其所霸占。

除此之外，西班牙还是欧洲的头等强国。16世纪前期的哈布斯堡家族查理一世，即是神圣罗马帝国的皇帝查理五世。西班牙在欧洲拥有的地盘，除了尼德兰，还有意大利的南部。查理一世的儿子腓力二世时期（1556—1598），西班牙还向地中海东部扩张，与奥斯曼土耳其争夺地中海霸权。1571年，西班牙和威尼斯海军联合作战，在勒颁多战役中打败了土耳其舰队，制止了土耳其向西欧的扩张。

但到16世纪末叶，西班牙帝国出现了衰微征象，国内工商业日趋衰落，国外领地尼德兰等又掀起了反西班牙的斗争。

最为严重的挑战来自正在崛起中的英国。西班牙与英国本有世仇。英王亨利八世在位时，寻找借口与王后亦即西班牙的公主离婚，使西班牙王室一直耿耿于怀。1557年，作为西班牙外甥女的玛丽上台为英王，因实行血腥屠杀新教徒政策，结果又被英国人所痛恨。女王伊丽莎白时期，英国海外势力迅速增长，甚至敢于染指西班牙统治下的南美洲。种种因素，促使腓力二世决定发动对英战争。

腓力二世建造了一支庞大的海上舰队，称之为"无敌舰队"，包括60艘大型战舰，一些小舰艇以及3万水兵。1588年7月，无敌舰队开到了英吉利海峡，向英国宣战。英方早已做好了战斗准备。7月22日，海战正式开始，英国舰只灵活自如，轰击敌舰，西班牙舰队船体过大，航行转向迟缓，成了英军大炮的瞄准目标。一连数天战斗，无敌舰队损失极大，退走多佛尔海峡。7月28日，英军施用火攻，西班牙船只或燃烧，或逃跑时相撞。29日，双方舰队又在格雷夫兰斯附近海面展开激战，西班牙损失官兵数千人，大多数船只失去战斗力，几艘残余战船只好往北逃窜。

无敌舰队的覆灭，使西班牙丧失了海上霸权，是西班牙由强转衰的标志。

从16世纪末起，西班牙帝国开始走下坡路。在17世纪前期的欧洲三十年战争中，西班牙势力被大大削弱，丧失了大国地位。1640年，葡萄牙脱离西班牙独立。1655年，西班牙在西印度群岛中的殖民地牙买加被英军攻占。1658年对英战争中，西班牙又失去位于法国西北部的敦刻尔克海港。曾为殖民强国的西班牙，开始成为欧洲强国宰割侵吞的对象。

一个如此庞大的西欧头号殖民帝国，为何仅仅一个多世纪就完全衰落，沦落为西欧的二流国家呢？

个中因由，为之探询者不为少见。

看起来，哈布斯堡王朝治下的西班牙，是近代欧洲第一个最大的民族统一和君主专制的国家。它的版图之广，令西欧其他国家望尘莫及。然而这一点反而不利于西班牙在社会经济政治各方面的全面进步。它在很大程度上依赖美洲的收入，这就阻碍了中央的财政和管理改革，也扭曲了自身的经济结构：农业从耕作业转向羊毛、橄榄和红酒的生产。由于需要大量进口粮食，造成了经济的致命弱点。更甚的是，贵金属的流入助长了西班牙自恃财力到处进行对欧洲的战争。如腓力二世时，西班牙在低地国家同荷兰作战，同时又武力干涉法国宗教战争，从海上进攻英国，还同奥斯曼帝国争夺地中海霸权。战争规模之大、耗费之巨，使其最后无法支撑下去。

西班牙人也搞过自上而下的改革，也有过集中中央权力的做法，但都失败了。原因即在于这时从美洲输入的金银越来越少，王室几度发生财政危机。这样一来，一方面向人民加征消费税，另一方面又未能取消上层社会的财政豁免，从而使社会矛盾更为加剧。至17世纪，西班牙哈布斯堡王朝只有行将就木的命运。

从更深层次看，西班牙的殖民活动看起来轰轰烈烈，实际上大有替人做嫁衣裳之悲剧。由于自身不去主动地发展工商业，它的美洲金银都流到西欧其他国家了，它的大西洋港口也只是成了别人的贸易地点。因此，西班牙的衰落，其实质是经济衰落。

17世纪一位法国部长说：

> 荷兰和西班牙的主要贸易通过加的斯（西班牙港口）来进行；和秘鲁维持活跃的贸易关系的船只正是在这个著名的港口内装备而且再回航；由墨西哥和新西班牙启程的船队正是到这里来，它们曾运来，而且现在还在运来几乎我们在欧洲看到的金银。不过实在可以说，西班牙人领有如此丰富地向外流出贵金属的土地，而他们自己拥有的却比其他民族少。事实证明，黄金的丰富并未使国家达到像在商业中那样致富的程度……显然，西班牙经受衰落只是由于它忽视商业和没有在国内广大的地方建立多数的手工工场。

18世纪西班牙著名的重商主义者乌斯塔利兹也说：

> 自身生产的不足以及必须购买国外的商品，致使由西班牙的美洲领

地运来的贵金属经常大量流出，这些贵金属并没留在西班牙，而是转到它的更勤劳的邻人的手里，使得他们致富，同时也成为西班牙人破产的原因。

有学者更形象地说，美洲金银流入西班牙，好比雨水打在瓦片上，很快就流走了。因此，西班牙的迅速衰落，也就不难理解了。

1700年，西班牙国王查理二世去世，由于他自己没有继承人，便留下遗嘱要将王位传给法国国王路易十四的孙子腓力，又规定法国不得将西班牙合并。1701年，法国宣布腓力为西班牙国王，并且占领了尼德兰南部。这时与查理二世同为哈布斯堡家族的奥地利皇帝利奥波德一世，也想让自己的儿子查理大公继承西班牙王位。英国和荷兰为防止法国称霸欧洲，支持奥地利的要求，并与之结成反法联盟，加盟的还有普鲁士、葡萄牙及德国大多数诸侯。西班牙则和法国及德国一部分诸侯结盟。这年3月战争爆发。

战争的初期阶段，反法同盟取得了莱茵战役、都灵战役等一系列的胜利，英国还夺走了西班牙的直布罗陀。加泰罗尼亚爆发了拥护查理大公的起义，1706年，查理大公进驻马德里。1707年，法军反攻，腓力实际上统治了西班牙。反又打败了再次进入马德里的查理大公。查理大公继承了奥地利王位和神圣罗马帝国王位后，英国和荷兰不再支持他获得西班牙王位，战火渐息。1714年，西班牙王位继承战争结束，双方签订了《乌特勒支条约》和《拉施塔特条约》，腓力被承认为西班牙国王，法国实力被削弱，英国的地位增强，而西班牙则将尼德兰南部和它在意大利的领地割让给了奥地利。

庞大的西班牙海外殖民帝国，最后在19世纪中步步解体。

19世纪初，除了加勒比海上的几个岛屿被英法夺去外，西班牙仍占据着除巴西以外的中美和南美大陆的所有地区，实行封建专制的殖民统治。国王将拉美当成他个人的财产，下设"印第安事务院"，专门掌管对美洲殖民地的统治。所有的美洲殖民地被划分成四个总督区：以墨西哥为中心的新西班牙区、哥伦比亚一带的新格纳达区、秘鲁区、阿根廷一带的拉普拉塔区。

1810年，西班牙本土被拿破仑所控制，推动了西属拉美殖民地掀起独立战争的浪潮。从这一年起，几乎所有的殖民地都发动了起义。1820年，西班牙革命的消息传到拉美，反抗殖民统治的斗争再度出现高潮。各地纷纷脱离西班牙殖民体系，成为独立国家。1821 年，墨西哥独立。1823 年，中美洲联邦成立，后于 1838 年分解为危地马拉、洪都拉斯、尼加拉瓜、萨尔瓦多、哥斯达黎加五个主权国家。在南美，1816 年，阿根廷宣告独立。1818 年，智利独立。1819 年，由委内瑞拉和哥伦比亚组成"大哥伦比亚共和国"。1821 年，秘鲁独立。1822 年，厄瓜多尔独立。1825 年，玻利维亚成立，至此，拉美大陆所有地区都脱离了西班牙。

1898 年，美国借口"缅因号"战舰在驶往西班牙殖民地古巴的途中爆炸，发动了美西战争。腐朽的西班牙殖民军根本不是新兴帝国主义美国的对手。战争进行了 70 天，以西班牙失败而告终。西班牙承认古巴独立，并将波多黎各、关岛和菲律宾群岛转让美国。至此，西班牙的海外殖民地全部丧失。

5.3

弹丸之地：葡萄牙的起源。葡萄牙的东方帝国。葡萄牙人征服巴西

伊比利亚半岛的西南部，有个只与一个国家为邻的弹丸小国，这就是在近代早期殖民活动中扮演重要角色的葡萄牙。

葡萄牙是在中世纪半岛人民"收复失地运动"中诞生的。1055 年，雷翁与卡斯提国王斐迪南，从阿拉伯人手中夺取了杜罗河下游地区，组建了一个伯国，以科英布拉为首府。1093 年，勃艮第的亨利带领一队骑士来到西班牙，参加与阿拉伯人的斗争，卡斯提国王阿方索六世将女儿特里萨许配与他，并将葡萄牙伯国作为嫁妆赐给他。

1115 年亨利死去，他的儿子阿方索·亨里克斯继位，年仅 3 岁，由母亲特里萨摄政。不久后，葡萄牙伯国卷入了同卡斯提的战争，结果战败，被迫接受卡斯提的统治。1128 年，阿方索长大成人，取得了权力，打败了卡斯提人，还将母亲放逐。1139 年，阿方索在奥里克战役中，打败阿拉伯人，声望大增。1143 年，阿方索宣布成立葡萄牙王国，在教皇的斡旋下，葡萄牙和卡斯提签订了萨莫拉条约，葡萄牙正式独立。1147年，葡萄牙人又从阿拉伯人手中夺取里斯本，将南部边界推进到特茹河畔。建国以后，葡萄牙长期处在勃艮第王朝统治之下。

王朝内部的争权夺利斗争从未间断。国王阿方索四世令人刺杀了儿子彼得的妻子，结果导致彼得叛乱。费迪南一世则为了爱情，与卡斯提不睦。1340年，葡萄牙参加了由卡斯提国王指挥的萨拉多战役，打垮了阿拉伯人。1385年，若昂一世建立阿维什王朝，并在阿尔儒巴罗塔战役中打退了卡斯提的干涉。1411年双方缔结和约，葡萄牙从而真正摆脱了西班牙干扰的阴影。

由于国土过于狭小，葡萄牙人希图向海外发展自己的势力。他们相信，往南绕过非洲大陆，能够找到通往东方的航路。因此整个15世纪里，葡萄牙人在非洲西部海域的探险活动，可谓是步步推进，最终达到了非洲的最南端。这样，就为其向东方的扩张活动奠定了基础。

在新航路开辟的过程中，葡萄牙人作出了重要贡献。达·迦马发现的好望角航线，在相当长的时期里成了西欧通往亚洲的主要航线，有时还是唯一航线。

由于新航路开辟导致对殖民活动范围的纠纷，葡萄牙和西班牙先后签订了托尔德西拉斯条约和萨拉戈萨条约。按照条约规定，葡萄牙殖民活动的主要地区是非洲和亚洲。

非洲大部分地区尚处在原始阶段，所以葡萄牙人很快就征服了西非沿海地区，到16世纪初基本独霸了中部和南部非洲的沿海一带。他们在这里移民，建种植园和金矿，掠夺黑人奴隶贩运到美洲，进行欺骗性的不等价交换，用小工业品如玻璃镜、别针等来换取奴隶、黄金及其他有价值的商品。西非沿海有不少地方因此称为"黄金海岸""象牙海岸""奴隶海岸"和"胡椒海岸"等。东非海岸的莫桑比克、基尔瓦等地，也成为葡萄牙东方航线的补给站。

而亚洲大多数地区是早已高度发展的文明社会，葡萄牙人不可能用武力征服广大内地，便在沿海或岛屿上建立了许多殖民据点。1503年，以阿尔布凯克为司令的葡萄牙海军舰队，受国王委派，前往印度开辟殖民基地。他们是在印度甚至东方建立殖民地的第一批西方人。

1509年，葡萄牙人在印度西海岸的第乌附近，击败穆斯林舰队，初步确立了在印度洋上的霸权。

1510年,葡萄牙人占领果阿,该地从此成为他们在东方实行殖民贸易、进行殖民活动的大本营。

不久后,葡萄牙人又侵入了锡兰岛。

1511年,他们夺取了马六甲,这是通往东南亚和远东的交通咽喉。随后又占领了印度的孟买,以及苏门答腊、爪哇、摩鲁加群岛等盛产香料的地区。

1543年,葡萄牙势力到达了日本沿岸。

1553年,葡萄牙人借口上岸翻晒货物,又强占了中国南部沿海的澳门。

形象点说,葡萄牙人在东方建立的众多据点,犹如匍匐在池塘边的一只只青蛙,意在使自己的过往商船有航行中的停泊之地,能补充食物和燃料,修补船只。因此,葡萄牙的东方殖民帝国就是由一些岛屿和航道附近的据点或商埠组成。帝国以保证殖民贸易得以进行为目标。

葡萄牙国小民寡,居然能够在遥远的东方如此顺手,原因固然不少,但有几点格外重要。一是葡萄牙人有坚船利炮,东方各国的传统海军不堪一击。二是东方一些国家如印度正内争激烈,为葡萄牙人的进入提供了空隙。三是固守传统农耕经济的东方国家,对海洋、对商业无甚兴趣,对海边的偏远小地或荒芜之地不屑一顾,任其取之。不过,葡萄牙人人力有限,他们不敢向内地再作进一步深入。

这个庞大的殖民帝国,由葡萄牙设在果阿的总督府实行直接统治,下有五个省督府。为维持这一统治,葡萄牙又建立了强大的海军,以霍尔木兹、果阿和马六甲三地为基地,依靠海军优势,垄断印度洋和西太平洋的海上贸易。这是16世纪葡萄牙对亚洲进行殖民贸易和掠夺的基本途径,通过好望角到达东方的航路,则成了相当一段时期里欧亚贸易的主要通道。

葡萄牙人本来专注于向东方的扩展,然而一个偶然的机会,使它又得到了西半球南美洲的将近一半土地,这就是后来成为南美第一大国的巴西。这块原由印第安人生息的热带丛林地区,又变成了欧洲冒险家的乐园。

1500年,葡萄牙航海家卡布拉尔率领船队,前往印度。在大西洋上向东南方向航行的途中,遇到赤道海流的冲击,结果船队偏离了航道,漂流到了西南方向的一片陌生大陆。意外的收获,令船员们兴奋激动不已。卡布拉尔

开放的大海　103

在这里升起了葡萄牙国旗，宣布这片新发现的土地属于葡萄牙国王所有。

由于海岸边有一片绿色的林木，远远看去就像一排排耸立的十字架，因而最初这个地方被他们命名为"圣十字地"。不几天，船队在沿岸航行时发现了一种"巴西木"，后来又从巴西木中提炼了一种红色染料。于是，"巴西"这一名字便广为流传。

最初，葡萄牙人也不把这块土地放在心上。卡布拉尔之后20余年里，除了一些流放犯、失事水手定居于此外，葡萄牙王室仅进行了一些勘察活动，未作进一步行动。当法国人、西班牙人也觊觎此地，并进行相应的渗透活动时，葡萄牙人急了，决定大力开拓巴西。1531年，葡萄牙贵族苏沙尔率远征船队来到巴西，赶走法国人，建立据点，分封土地，向内地大肆扩张。庶几之间，葡萄牙对巴西的殖民统治便已奠定，南美大陆上葡属殖民地和西属殖民地的分界线也已明晰。1549年，葡萄牙任命了统治巴西的第一位总督。

巴西地广人稀，原有的印第安人又被殖民者捕杀殆尽，因而葡萄牙人很快从非洲输入了大量黑人，同时将对印第安人的屠杀政策改为迫其为奴的政策，因此，在很长一段时期里，巴西事实上是葡萄牙殖民者统治下的奴隶制国家。

葡萄牙人欲壑难填，仍不满足原有的帝国版图，于1578年发动对摩洛哥的战争，然而，克比尔一战，在指挥无方的年轻国王塞巴斯蒂安率领下，深入内地的葡萄牙军队被摩洛哥人打得一败涂地。国王被杀，一两万葡兵当了俘虏。

据称这一事件差不多是葡萄牙历史上最大的灾难之一。一方面，国王死后无继承人，反倒由老朽多病的其叔继位，国内政局立即出现混乱；另一方面，为了赎回那些俘虏，葡萄牙的国库完全枯竭，几乎所有的铸币、首饰、宝石都被运往摩洛哥。结果摩洛哥国王突然暴富，人称"镀金的人"。

由于继承权关系，西班牙国王腓力二世对葡萄牙王位也提出了要求。1580年6月，西班牙军队深入葡萄牙境内，势如摧枯拉朽，占领了陆地一个又一个城镇，同时西班牙舰队也占领了葡萄牙的沿海港口，控制了河流。仅仅4个月时间，葡萄牙就被西班牙所吞并。第二年，腓力二世兼任了葡萄牙国王。

在西班牙人统治下，葡萄牙的财富大量流入西班牙。葡萄牙的海上军事力量也被大大削弱，在海外的一些殖民地纷纷落到了英国和荷兰人的手中。

从此，葡萄牙的强盛时代一去不复返。

1640年，葡萄牙贵族布拉干萨公爵，趁三十年战争中西班牙受沉重打击之际，发动起义，赶走了西班牙总督，建立了布拉干萨王朝。18世纪，由于巴西金矿和金刚石矿被发现，葡萄牙再一次成为富有的国家。但财富往往不是用来发展经济，而是被统治者挥霍一空，所以，近代葡萄牙始终是个落后的国家。

葡萄牙殖民帝国的崩溃始于19世纪初。1822年，在拉丁美洲独立运动中，国王若昂六世的一个儿子，在巴西宣布脱离葡萄牙而独立。

19世纪后期，葡萄牙人也加入了西方列强瓜分非洲的狂潮，在南部非洲占领了不少的殖民地。

20世纪60年代后，葡萄牙所属各殖民地独立运动日趋高涨。1961年，葡萄牙将果阿交还印度。1973年，几内亚比绍独立。1975年，莫桑比克、佛得角、圣多美和普林西比、安哥拉先后独立。1999年12月20日，葡萄牙将占领了446年之久的澳门交还给中国。

5.4

低地之国。第一次资产阶级革命：联省共和国诞生。"17世纪的模范国家"。假发时代。海上马车夫何以落伍

从年代上说，荷兰作为殖民帝国，要晚于西班牙、葡萄牙。它的殖民事业的兴起时间，当与英国、法国相差无多。16世纪中期，当西班牙殖民事业正如日中天的时候，包括荷兰在内的尼德兰还在饱受西班牙国王腓力二世暴虐之苦。17世纪的前半叶，是荷兰在世界舞台上叱咤风云的时代。不过，荷兰的衰落却不比西班牙晚许多，其海上霸权又是被英国所夺走的，故就其在西方殖民史上的地位来说，荷兰与西班牙、葡萄牙列入一类，似乎更为恰当。

历史上的荷兰，曾与比利时、卢森堡合称"尼德兰"，全境地势低平，河汊海湾密布，气候湿润，适合于农业生产。海岸线曲折，港湾众多，也适合于航海贸易及捕鱼业的发展，因此自11世纪以后，这里就成为欧洲经济发达的先进地区之一。

早在公元前11世纪，这里就有凯尔特人和日耳曼人居住。公元前1世纪时，成了罗马帝国的一个边远省，但受罗马的影响较小。公元67年，罗马皇帝克劳狄曾率军到此，但被当地居民赶走。5世纪以后，荷兰成了法兰克王国的属地。11世纪后，分割为许多封建领地，其中以荷兰伯爵势力最强。15世纪里，荷兰先后被勃艮第大公和德意志帝国哈布斯堡王朝所统治。16世纪中期，荷兰同南部比利时一道转属西班牙哈布斯堡家族腓力二世国王。

到16世纪中期时，荷兰境内有7个主要地区。其中以荷兰省和西兰省最为重要。除了渔业发达外，荷兰盛产黄油和奶酪，并且从波罗的海沿岸地区大量进口谷物粮食，运往本地以及南边的比利时等地。同时也发展了造船业、毛纺业等，阿姆斯特丹成为荷兰的主要工商业中心。随着工商业的发展，不仅资产阶级力量在增长，而且资产阶级化的新贵族也多起来了，他们从事商业、航海业，经营农场，成了企业主和农场主。但是，西班牙的统治使荷兰资本主义受到极大的妨碍。荷兰本与西班牙没有很多的经济联系，因此，在受到西班牙统治者的野蛮掠夺和专制统治时，要求独立的革命愿望更加强烈。

西班牙统治者把尼德兰当成一块肥肉，越榨越有油。尼德兰面积不过西班牙本土的八分之一，却负担了西班牙国库收入的将近一半。更甚的是，腓

图5-2
阿姆斯特丹

力二世国王还拒绝偿还国债，使尼德兰蒙受巨大损失。在这种空前尖锐的矛盾冲突中，尼德兰革命终于爆发。北方的荷兰成为革命的主要中心。

1566年，以奥兰治亲王为首的一部分新贵族，利用人民高涨的情绪，组成了"贵族同盟"。4月5日，他们向西班牙派驻尼德兰的玛格丽特总督递交请愿书，要求废除宗教迫害，召开三级会议，撤换总督助手格兰维尔的职务，结果被西班牙所拒绝，并责骂他们是一群"乞丐"。后来，贵族同盟干脆以乞丐为正式名称，把讨饭的袋子作为同盟标记，自称"乞丐党"，将革命推向深入。同时全国各地人民开始组织武装，都以"乞丐"命名，北方的称"海上乞丐"。

1572年4月，"海上乞丐"的一支小队攻占西兰岛上的一座小城，从而掀起北方大起义的高潮。这年夏天，荷兰、西兰两省摆脱了西班牙的统治。到第二年年底，北方各主要城市都获得独立，奥兰治亲王被推选为荷兰等省的总督。而西班牙总督阿尔发由于无法挽回败局，被腓力二世召回，换上了列揆生。

列揆生疯狂地围攻莱登城，守城军民几乎弹尽粮绝，但决不向敌军屈服投降。他们回答敌人说："只要你们还听得见城里有狗和猫的叫声，就知道城市守得住。"为了自由，"我们每个人会吃掉自己的左手来保全右手"。在农民起义军和海上游击队的支持下，莱登军队最后决堤放水，淹死了列揆生的大队兵马，列揆生只好狼狈退却。

1576年列揆生得瘟疫死后，尼德兰革命再一次形成高潮。10月，南北各省的代表汇集根特，召开全尼德兰会议，达成根特协定，决定联合起来，共同反对西班牙。

正当革命形势高涨之际，南方的贵族和僧侣们恐慌起来，南方的资产阶级也害怕与西班牙失去经济联系。因此，1579年年初，南方成立了"阿腊斯联盟"，承认西班牙国王腓力二世为合法君主，确立天主教为唯一合法宗教，并且还和西班牙军队联合起来镇压革命，南北从此分裂，走上了不同道路。

半个月后，北方各省以及南方的安特卫普等城市宣告成立乌特勒支同盟。同盟实行共同的经济、政治和外交行动。1580年6月，西班牙国王腓力二世宣布同盟为非法，还宣布奥兰治亲王是叛徒、国事犯。第二年，乌特勒支同盟针锋相对，宣布在北部成立联省共和国，废除腓力二世。

西班牙为了报复，先派特务暗杀了奥兰治亲王，接着又派大军和阿腊斯

开放的大海　107

联盟军队展开了武装进攻。西班牙军队攻占了南方的安特卫普、布鲁塞尔等大城市后，继续向北方进犯，结果被奥兰治亲王之子摩里斯指挥下的北方联军所击退。这时，国际形势对革命愈来愈有利，西班牙的无敌舰队被英国打败，英法还直接支持和援助北方联省共和国。西班牙对尼德兰革命的镇压宣告失败。

1609年4月，西班牙与联省共和国缔结了停战12年的协定，事实上承认了联省共和国的独立。三十年战争结束后，西班牙在1648年的《威斯特伐利亚条约》中正式承认荷兰独立。荷兰便成为世界上第一个资产阶级共和国。

由于联省共和国中以荷兰省经济最为发达，又由于荷兰是全国的政治中心，所以联省共和国又称荷兰共和国。

16世纪末，荷兰海军在同西班牙海军的战争中，控制了大多数海域，荷兰的商船队逐渐取代西班牙的海上贸易霸主地位。17世纪前期，荷兰与英国联合，彻底摧垮了西班牙的海上势力，这就为荷兰的造船业和航海贸易业创造了良好的条件。荷兰造船业位于世界第一位，商船总吨数占全欧商船总吨数的四分之三。欧洲的船大多数由荷兰人建造，西班牙用的大型船，英国用的平底船、渔船，甚至运煤船，都是出自荷兰船厂。荷兰商船多达万艘，为许多国家转运货物，遍航世界各大海洋，被称为"海上马车夫"。

也是从16世纪末起，荷兰对外进行了大规模的殖民扩张，主要方向是渗透东方，排挤西班牙和葡萄牙甚至英国的势力。1597年，荷兰远征队到达印度；1602年成立荷属东印度公司，主要对印度尼西亚进行殖民掠夺，还侵入了锡兰、马来亚、毛里求斯和澳大利亚等地。他们在占领区建立种植园，搜刮当地财富和珍贵物产。1624年，荷兰殖民者还侵入中国的台湾岛，掠夺台湾人民达40年之久，直到1662年郑成功将他们赶走。荷兰势力同时也侵入了日本，成为17至19世纪初进入日本的唯一西方势力，"兰学"成了此期间日本人接受的唯一的西方思想文化。

往西，荷兰人成立了西印度公司，夺取了西印度群岛的一些岛屿，以及在北美建立新尼德兰殖民地，在南美占领圭亚那的一部分。

往南，荷兰人取代了葡萄牙人，在南非开普敦扎下了根，成为南非当地白人的主要来源。

荷兰的兴盛在17世纪中叶达到了顶点。这个时候的荷兰，人称"17世纪的模范国家",或称"17世纪标准的资本主义国家",或曰"17世纪欧洲资本主义世界的核心地带"。总之,17世纪西方可称为"荷兰时代"。

荷兰为何能在列强林立的欧洲独执牛耳,个中因由,言不及尽,但至少有这几点是值得思索的。其一,当大西洋海域成为世界商业贸易体系的中心区域时,荷兰占尽了地理之便。荷兰面对大西洋以及英国,背后又有广阔的大陆作腹地,是陆海连接的重要枢纽。自古以来,欧洲的两条主要海上航线都要经过荷兰:一是自北欧斯堪的那维亚至南欧直布罗陀以及地中海的沿大西洋航线;一是自波罗的海东岸至英国的航线。因此,比斯开湾的盐,北海的鲱鱼,地中海的红酒,英国的呢绒,瑞典的铜铁,波罗的海沿岸的粮食、麻类、木材,都成了荷兰人经营的商品。以商业发家立国的荷兰人,很自然地干起了将来自西班牙和葡萄牙殖民地的商品转运到欧洲各地的行当。

其二,16世纪的尼德兰革命过程中,安特卫普的大量财富和大量工商人员转移到荷兰的阿姆斯特丹,这也为荷兰工商业的发展加强了资本条件。

其三,荷兰有当时世界最先进的造船技术,荷兰人造的平底船因而垄断了世界的航运贸易业。

其四,荷兰运用了贸易独占公司这一特有的组织形式。这些公司是由具有冒险精神的加尔文教商人组成的,不受政府支配,因而具有极大的自由度。他们拥有各种特权,可组织军队,可宣战媾和,可成为管理殖民地的当局。而他们所取得的巨大利润,大都可用于发展公司的事业,而不是像西班牙、葡萄牙那样被政府将财富挥霍一空。

然而,荷兰在世界、在西方的领先地位并不久长。在此时也取得了资产阶级革命胜利的英国,开始同荷兰争夺海上霸权。从1652年至1674年,英国同荷兰进行了三次战争,不但荷兰对海上贸易垄断的局面被打破,而且它的一部分殖民地也被英国人夺走。如荷兰人1622年在北美建立的新阿姆斯特丹,就在1674年转归英国人之手,改名新约克即纽约。荷兰的国际地位因而迅速下降。

到了18世纪,荷兰这个"海上马车夫",已被对手完全挤出了世界各海域。荷兰工商业全面衰退,沦落为三流国家。因此18世纪常被称作荷兰的"假发时代"。

作为17世纪西欧经济领先发展的典范,荷兰是以商业贸易的特别发达和商品经济的普遍繁荣著称于世的。人们似乎只要闭目一想，荷兰那千帆竞发、通行全球的"海上马车夫"形象便会跃然眼前。然而，这个"海上马车夫"却从18世纪走起了下坡路。当北海对岸的英格兰转动着隆隆响声的机器之时，荷兰这边却悄无声息，踟蹰不前，直到19世纪中叶后才尾随西欧各国步履蹒跚地踏进工业革命时代。近代荷兰的殖民大帝国为何落到了这般田地？荷兰商业资本为何未能有力推动向近代工业社会转变的步伐？

荷兰的商业化和商品经济化，是世所闻名的，而且荷兰商品经济化的起点是在生产领域。正是商品经济的高度发达，才使商业贸易十分繁荣。正是以国内商品生产为基础，荷兰的商品流通才成功地进行国内和国际两种循环。这本是一种良性的经济运行机制，但它又存在着先天性的缺陷。一是纺织业、造船业等支柱工业在城乡联系上不密切，城市工业缺乏乡村作广泛的支撑，乡村工业则得不到城市的导引而难以进步。双方之间的互利影响不足，互抗效应却有余。这就大大弱化了荷兰产品在世界市场的竞争力。这种情况恰与此时英国城乡工业普遍发展互为呼应呵成一体的态势成相反对照。

二是由商品市场而生发出来的商品流通，在运行与扩展过程中愈来愈超出国内商品生产基础所能承载和容纳的限度，致使对外贸易中因出口品匮乏而导致单边性贸易结构，受到世界市场的反向冲击，造成了大量金银财富的

图 5-3
荷兰家庭主妇

外流。17、18世纪的荷兰成了西欧最大的金银输出者，这不会不对国内经济产生不良后果。

即使是商品生产这块基石，在荷兰也发生了问题，即出现了逆向运转趋向，特别是已经大众化的主要工业生产部门又回复到高档消费品生产。在自然经济向商品经济转变的过程中，占领大众市场是使社会全面商品经济化的必要条件，而只有大众消费品才具有占领最广大消费市场的特有能力，高档品的消费只能局限于社会上层的一部分人。本来荷兰的工业已经逐步大众化了，但由于工业的城市性质并未发生变化，城市总是固守旧习，愈来愈以生产高档品为事，结果，既有的市场在竞争中逐渐丧失。

同西欧各国一样，近代早期荷兰的商人资本是全部经济生活的支配者。但商人资本具有较强灵活性，照马克思的话来说，商人资本很容易改变自己的用途。荷兰的商人资本虽然也热心投资于工业，转化为产业资本，但这种投资和转化是为其商业活动服务的，是为了谋取更多的商业利润。哪里赚取财富的可能性大，商人资本就易于向哪里转移，从而对经济发展带来一定的波动性。

荷兰商人资本就发生了两种消极性转移。一是从产业资本向商业资本转移，用经营手工业活动所得投入到商业活动之中。这种转移虽有助于商业贸易的繁荣，但却须以对工业投入的减少为代价，造成商盛工衰。二是从产业和商业等职能资本向金融资本即借贷资本转移，资本基本上离开了经济活动领域。这是一种典型的资本非职能化，结果，使荷兰由商业资本主义演变成了借贷资本主义。而且这种借贷资本或参与国际投机，或向各国政府放债，愈来愈同本国的经济发展相背离，从而损耗了荷兰工业化和近代化所需的资本力量。

荷兰的商业无疑是发达的，但是，海外贸易形成后，独立发展性愈来愈强，与国内生产日益脱节，因此虽能达到极度繁荣的状态，但却因丧失国内生产根基或根基不牢而相当脆弱，经受不了竞争对手的打击。这样，近代荷兰商人也就重蹈了中世纪意大利商人的覆辙，仅仅只是充当中间商、转运商而已，最终难于逃脱衰落的命运。

因此马克思有一说："商人资本的独立发展与资本主义生产的发展程度成反比例这个规律，在例如威尼斯人、热那亚人、荷兰人等经营的转运贸易的历史上表现得最为明显。"

第六章

"世界工厂"
日不落帝国的兴盛

6.1

斯图亚特王朝。太子求婚。国会与国王。清教徒造反。纳斯比战役。"圆颅"和骑士、长老派与独立派、平等派与掘土派。断头台上的查理。克伦威尔独裁

　　1603 年，一代女王伊丽莎白去世。因无子嗣，临终前她指定侄外孙苏格兰国王詹姆士继承英国王位。自此，英格兰开始了斯图亚特王朝的统治。

　　詹姆士继承王位后，改变了英国同西班牙对抗的传统政策，急于妥协。当时德国境内已爆发三十年战争，詹姆士的女婿巴拉丁选侯和西班牙成了对手。为了帮助女婿，詹姆士同西班牙进行谈判，但西班牙总是不理不睬。詹姆士只好使出最后一个招数，派王子查理秘密去西班牙向公主求婚，想靠联姻来与西班牙通好。

　　1623 年 2 月，王太子查理乔装打扮，在白金汉公爵的陪同下，秘密开始了西班牙之行。渡海时被船夫怀疑，惹来了一次小小的麻烦。经过十几天的旅途劳顿，秘密到达了英国驻西班牙大使的住地。

西班牙国王腓力四世在骨子里是不愿与英国通婚的，16世纪西英联姻的几度风波最后都是西班牙失利，这个教训已深深地嵌入了他的脑海。但他还是给了查理面子，以最隆重的礼仪和规格接待这位英国王子。他还设法满足查理的愿望，特意安排一次大郊游，让公主坐在御车上，臂挽天蓝色挽带，使查理得以一睹她的芳容。查理喜出望外，以为婚事必成。哪知这是腓力的拖延之策，查理待了半年多，最后还是讨了个拒绝，只好悻悻然回到英国。

1625年查理继位后，白金汉公爵出面促成了他与法国公主的婚姻。为报一箭之仇，英国舰队远征西班牙南部，遭到惨败。后来卷入法国的战争，也以失败告终。当白金汉公爵准备再度出征时，终于被人暗杀而死。

对外政策均告败北之际，国内冲突又趋于白热化。查理一世继位后不久，与议会的对抗完全公开。

议会与国王的矛盾由来已久。都铎王朝建立后，由于资产阶级力量不够强大，国王将议会一直置于自己掌握之中，使它成为帮助国王统治的工具。伊丽莎白后期，资产阶级经过一个世纪的发展，羽翼渐渐丰满，不再满足于为专制王权御用，双方渐生怨隙。伊丽莎白将商品专卖权赐给大臣，妨碍了工商业的自由发展。在议会的一再抗议下，专卖政策才被取消。詹姆士一世继位后，议会中逐渐形成与专制王权对立的反对派，而詹姆士却不恰当地强化王权。他声称君权无限，强调国王高于法律，王室高于法庭，取消议会的立法权，否定国会对国王权力的限制。在议会开会时，他肆无忌惮地挑衅："除了上帝，国王不对任何人负责。"

查理一世的专横更是有过之无不及，议会的态度亦日益强硬。1625年，国会不同意白金汉伯爵卷入欧战，拒绝批准战争费用。查理则针锋相对，不经议会批准就擅自征税。1625年和1626年的两次议会都表示对国王和白金汉伯爵的不信任态度。

1628年，查理召集第三次议会，议员们指责查理不该为了法国而同西班牙开战，也反对国王对英国教会的态度。在上院的支持下，下院向国王递交了《权利请愿书》，要求国王不经国会同意不得征税，不出具证据不得任意捕人，不得随意在居民家中驻军。查理勉强批准了请愿书，但事后又进行曲解任意征税。国会号召人民抗税，查理便解散议会，无议会的国王个人统治达 11 年之久。

查理一世解散议会后，反动的专制统治进一步加强。1635 年，他在全国各地强征船税，又对清教徒进行残酷迫害，他的两个助手斯特拉福伯爵和劳德大主教特别为群众所痛恨。清教徒纷纷逃离英国，但更多的是留下来同国王作坚决的斗争。清教兴起于 16 世纪后期，它不满国教中的保守因素，要求清除天主教残余，建立廉俭教会，在清教徒周围聚集了广大的革命者，清教因此而成为英国资产阶级革命反抗封建专制王权的一面旗帜，群众的革命情绪也被清教徒的宣传而激发到了极点。

1639 年苏格兰爆发反对查理的起义，引发了英国资产阶级革命。苏格兰起义后，查理要派兵镇压，只得召集停开了 11 年的议会，商讨军费问题。议会不愿配合，要求议会的正当权利。查理一气之下将它解散。这届存在不到一个月的议会，历史上称为"短期国会"。

苏格兰的起义者不断南下，占领英格兰北部港口纽卡斯尔。英国国内人民的暴动斗争也此起彼伏。形势迫使查理与苏格兰人谈和，并且再次召集国会，筹措付给苏格兰人的赔款。1640 年 11 月新国会再次召开后，存在了 13 年之久，历史上称为"长期国会"。长期国会的召开，标志英国资产阶级革命正式开始。

革命在最初阶段表现为政治斗争。长期国会作为领导革命的中心，取得了一系列胜利，在伦敦群众的支持下，处死了斯特拉福，逮捕了劳德，提出了反对国王的"大抗议书"。查理企图用武力逮捕议会领袖，未成，只好带着随从在 1642 年 1 月离开伦敦逃往约克。

1642 年 8 月 22 日黄昏时刻，在诺丁汉郡的卡塞尔山顶，一群王党分子簇拥在查理周围，升起了王军旗帜，宣布对议会进行讨伐，内战正式开始。全英国迅速分成两个阵营。北部和西北部地区由王党所控制，东南部地区则掌握在议会手中。战争的双方各有优势，议会治下的东南地区，经济发达，人口众多，控制海军和海港，有充分的财源。王党军队则训练有素，作战凶猛。

内战一开始，议会军接连败北，王党军则迅速控制了北方，并以牛津为大本营，分三路进攻议会所在的伦敦。到 1643 年底，全国大半地区落入王党之手。频频告急的议会军，求助于苏格兰人。1644 年 7 月，议会军队和苏格兰军队南北夹击，终于在马斯顿荒原一战中打败王党，取得了开战以来第一次大胜利。由于内部缺乏统一指挥，议会军坐失良机，未能乘胜追击。

马斯顿荒原之战中，出现了一支作战勇敢的部队，这就是由克伦威尔领导的东部联盟军队，这支军队是从坚信清教的小农中招募的，为加强战斗力，还装备有相当精良的武器。在议会军纷纷失利之际，这支军队却能连战皆捷，无往不胜，人们誉之为"铁军"。1645年，议会所有的军队都按它的模式进行了改组，称为"新模范军"，由克伦威尔亲自指挥。

6月，新模范军与王党军在英格兰中部的纳斯比交战。议会军左翼被王军鲁波特率领的骑兵打败，克伦威尔即率部下冲散王军的左翼，只派出一部分兵力去追击，然后全力回抄对方中军，结果王军大败，全军覆没。这次战役奠定了议会在内战中的胜利。不久后查理国王也落入议会手中。

随着革命深入，围绕斗争目标和方法等问题，革命阵营内部出现了派别之争，主要的政治派别有长老派、独立派和平等派。

长老派是新贵族和大资产阶级的代表。在长期国会的最初阶段，长老派和独立派一道，同属于议会中反对国王的"圆颅党"，和拥护国王的"骑士党"针锋相对。长老派与独立派的名称都出现于1641年春天。长老派在政治上比

图 6-1
克伦威尔

较保守，不希望革命继续发展，他们独吞了第一次内战的胜利果实后，希望局面就此固定，革命就此止步，迫不及待地与被俘的查理屡次谈判，企图实行君主立宪制。

独立派则代表中等新贵族和资产阶级的利益。早年他们和长老派一起反对国王和王党，后来则因利益要求不同而同长老派闹开了分歧。以克伦威尔为首的独立派虽然掌握了军权，但国王、经济专卖权、宗教信仰权却全控制在长老派手中，他们特别不满意长老派独吞胜利果实，用手中的军队为工具展开了斗争。

城乡劳动群众中则形成了平等派，李尔本为领袖。他们是革命的主力军，但他们的政治经济状况却没有因内战的胜利而得到丝毫改善。他们提出了人民享有最高权力、人人平等、信仰自由的主张。平等派代表了人民，因而也就得到了广泛的支持，1647年8月以前，独立派联合平等派，战胜了议会中的长老派。但那以后的几个月里，平等派又遭到了独立派的镇压。当1647年冬天内战再度爆发时，独立派又不得不与平等派联合，战胜了王党军队。那以后不久，各地又出现了"真正平等派"，亦称掘土派，温斯坦利是领袖，在伦敦远郊垦荒种地，后被克伦威尔军队驱散。

革命阵营内部纷争不休之时，王党分子卷土重来，于1648年2月发动了第二次内战，从西部、东部和北部三条战线发起了进攻，猝不及防的议会军连吃败仗。大敌当前，革命队伍各派再度携起手来，特别是独立派和平等派又恢复了团结，迅速扭转了败局。8月，在北部普雷斯顿战役中取得了决定性胜利。月底，攻占王党盘踞的最后据点东部的科耳切斯特，第二次内战胜利结束。

正当议会军在前线浴血奋战之时，议会里的长老派为满足私欲，置革命大义于不顾，又同国王秘密接触谈判，人民群众对此强烈不满，平等派的中下级军官提出了抗议，并且要求解散议会，当议会拒绝后，他们于12月2日将军队开进伦敦。6日，军官普莱德上校带兵占领议会大楼的各个门口，拿出议会名单，宣布哪些议员不得再进入议会，这样一共清洗了100多名长老派议员，剩下的议员还有200多人，基本上是独立派。这届议会后来得了个"残余国会"之称，普莱德的这次行动，历史上称为"普莱德清洗"。

"残余国会"开始讨论对国王的审判问题。国王不死,王党分子总是保有一丝希望。由于上议院只剩下 16 名议员,并且一致否决对国王的审判,因此下议院于 1649 年 1 月 4 日作出决议,指出国家是人民的,人民选出的下议院就是最高权力机关,所以下院决议不经上院批准亦可生效。1 月 6 日,下院决定成立 135 人组成的最高法庭。1 月 30 日,查理一世被最高法庭定为"暴君、叛徒、杀人犯和我国善良人民的公敌"之罪,在白厅前被斩首处决。5 月 19 日,国会正式宣布建立英吉利共和国。

新成立的共和国,掌握国家政权的是独立派领导人。行使国家行政权的机构国务会议共有 41 人,大多数是独立派人物,克伦威尔和费尔法克斯起着关键作用,是独立派当权集团的核心。

取得国家政权后,以克伦威尔为首的独立派便把枪口掉转来对付平等派。由于独立派的政策没有给社会中下层带来利益,平等派代表人民发出了强烈的呼声。1649 年 2 至 3 月,平等派领袖李尔本发表《揭露英国的新枷锁》,指责克伦威尔等人表面上说为人民谋福利,实则为自己抢夺政权。克伦威尔咆哮如雷,大叫大喊要粉碎平等派,下令将李尔本等四人送进伦敦塔监狱,还带到国务会议审讯。平等派的士兵们不服独立派的调遣,克伦威尔即下令镇压,逮捕了 15 人,并将士兵洛克叶枪决。士兵和市民们闻知大哀,数千人排成长队,佩戴黑纱和平等派的标志海绿色飘带,为洛克叶举行隆重的葬礼。各地都发生了平等派士兵的骚动,在牛津郡还形成了大规模起义。镇压起义有功的克伦威尔和费尔法克斯,居然被牛津大学授予博士学位,一大批军官获得硕士学位。

后来,克伦威尔还驱散掘地派,镇压爱尔兰人民起义,打败苏格兰,发动对荷兰的争霸战争,在国内的权势炙手可热,而国内的反对派也越来越多,即使是独立派内部也不断有人抨击他。野心膨胀的克伦威尔感到了专权的必要。1653 年 4 月,他解散了不听话的"残余国会",12 月又解散新组的小议会。12 月 16 日,高级军官会议通过新的宪法草案,宣布克伦威尔为终身护国公。1654 年,他又将新议会解散,完全实行个人独裁。

6.2

斯图王朝复辟。辉格和托利：政党政治起源。从"光荣革命"到《权利法案》。驱赶"海上马车夫"。弥尔顿《为英国人民声辩》。洛克论政府

1658 年 9 月，克伦威尔得病而死，其子理查·克伦威尔袭任护国公职位。理查是一个懦弱无能的庸人，政务完全被那些高级军官操纵，迫使他不得不于第二年辞职。最高权力出现了真空状态，军官内部的争权夺利斗争加剧，同伦敦大资产阶级的矛盾也激化了。于是，一部分大资产阶级和旧贵族便积极策划旧王朝复辟。1660 年 2 月，驻苏格兰军队的将领蒙克，借机恢复过去的长期国会，率领军队武装占领了伦敦，1660 年 5 月，扶持查理一世之子查理二世在伦敦复位，斯图亚特王朝复辟。

查理其人生于 1630 年，12 岁时跟随父亲投入了内战。14 岁时担任了王军西路军的司令，后长期流亡国外，20 岁时曾在苏格兰担任联军统帅，与克伦威尔展开激战。1651 年伍斯特战役失败后逃往大陆。1660 年蒙克占领伦敦后，即派人同他进行复位谈判。查理紧紧抓住这一命运赐给的机会，装出一副宽容心肠，发布《布雷达宣言》，声称不追问内战期间王室和教会被没收的土地，尊重宗教信仰自由，只追究那些直接参与处死他父王的人。他的信誓旦旦，骗取了公众的信任。他有意选择 30 岁生日那天返回伦敦。

一登上王位，他便甩掉了那假惺惺的面具，疯狂地对革命者进行报复迫害。他把克伦威尔等人的尸体从棺木中拖出来，吊上绞架，然后又将头颅砍下来，拴在高竿上，悬挂在议会大厅之上示众，儆戒革命党人。为维持王朝统治，他还重用五个贵族组成的小集团，实行恐怖政策，人人惶惶不安。他生活放荡，与国会常闹摩擦，笃信天主教。查理二世做了 25 年国王后，于 1685 年死去。

复辟王朝时期，随着与国王斗争的进行，国会内部逐渐形成了两大政治党派，这就是辉格党和托利党的产生，英国政治两党制也自此起源。

查理二世复辟王位后，虽然泄了杀父之恨，但革命的余波尚在，人民的威力仍起震慑作用，他还不敢肆无忌惮地反攻倒算、倒行逆施。复辟王朝虽然

是封建的君主统治，但资本主义仍得到了较大发展，英国在国际争霸中也屡占上风，资产阶级势力不断强大，他们不能容忍君主个人专制继续下去，于是在国会议员中渐渐形成了一个反对国王的反对派，这就是辉格党的最早起源。

1679年，辉格派议员在选举中获胜，他们在国会中提出《人身保护法》法案。法案针对查理的暴政，提出保护在押人犯的正当权利，运用法律程序进行审理和判决，不得将犯人送海外监禁。此法案提交议会讨论时，曾三次被上院贵族所否决，最后国王被迫批准。此法后被誉为人权保障的奠基之石。

在这一届国会中，围绕查理之弟约克公爵詹姆士能否继承之事，议员们分成了明显对立的两派。反对国王的辉格党人提出了"排斥法案"，否认詹姆士的王位继承权。另一批议员则认为詹姆士有继承权，反对"排斥法案"。"辉格"和"托利"均是双方对敌方的贬称，"辉格"为苏格兰盖尔人语"马贼"之意，"托利"是爱尔兰语"歹徒"的意思。一般来说，托利党代表大地主、金融贵族和高级教士，政治态度更保守些，19世纪后演变为保守党；辉格党代表大资产阶级和新贵族利益，政治上要激进些，后演变为自由党。在查理二世的迫害下，初期的辉格党徒遭到了捕杀，余者大量逃亡国外。

查理二世死后，其弟詹姆士二世在托利党人的支持下继位。此时登基的新国王，年纪却有52岁，满脑子对革命的仇恨，自己也是一个狂热的天主教徒。当上国王后，他立即抛却对议会所做的处罚天主教徒的承诺，也抛却了其兄在位时严格禁止天主教徒担任公职的"宣誓条例"，不但重用天主教徒担任军政要职，而且还接二连三地颁布宽容宣言，允许天主教徒信仰自由。此举在素有反天主教传统的英国是一大犯忌，犹如一石激起千层浪，立刻引起了全国上下舆论大哗，连托利党人也极力反对，要求国王收回成命。

正在这时，詹姆士那信天主教的第二个妻子生下一个儿子，人们害怕他成为王位继承人。几个头面人物便写了一封密信去荷兰，邀请詹姆士的女儿玛丽和女婿威廉这对新教徒夫妇，来英国执掌政权。1688年11月，威廉率军在英国西南部登陆，詹姆士在伦敦混乱之时，匆匆逃往法国，英国国民便拥立威廉和玛丽夫妇双双为王，这是一次不流血的政变，历史上称为"光荣革命"，标志英国资产阶级革命最后结束。

1689年2月，议会提出《权利法案》由新国王批准。它规定国王无权废除法律，国王征税须先经议会同意，议会必须定期召开，议员的选举不受国王干涉，等等。法案从宪法上限制了王权，终于在英国确立了君主立宪制的政体形式。

1701年，威廉又批准国会提出的《王位继承法》，规定威廉之女安妮继位后，如无子嗣，王位便由德国的汉诺威家族继承，以打破斯图亚特王朝对王位的垄断。1714年安妮死后，开始了汉诺威王朝的统治。

17世纪前期，英国与荷兰联合摧毁了西班牙的海上霸权。尔后，荷兰成为"海上马车夫"，其商船遍航世界各大海洋，欧洲船舶总量的三分之二以上出自荷兰的工场。对这一格局，英国大为不满，在17世纪中后期展开了同荷兰争夺海上霸权的斗争。

为打破荷兰对海上贸易的垄断地位，1651年，英国克伦威尔政府颁布《航海条例》规定，凡是各国或各殖民地输往英国的货物，都只能由该国或该殖民地和英国的船只运送，英国自身的渔业进出口贸易和英国国内沿海贸易，也只能由英国船只负责进行。这一规定沉重打击了荷兰人作为中间转运商的地位，荷兰迅速作出反应，要求英国废除《航海条例》，英国人拒绝。第一次英荷战争遂于1652年7月爆发。双方的海战几乎在欧洲各海域甚至印度洋上进行，由于英国舰队数量更多、装备更好，因而处处占上风。1653年，英海军还封锁了荷兰海岸，这给主要依赖外贸的荷兰带来了灭顶之灾。1654年，荷兰被

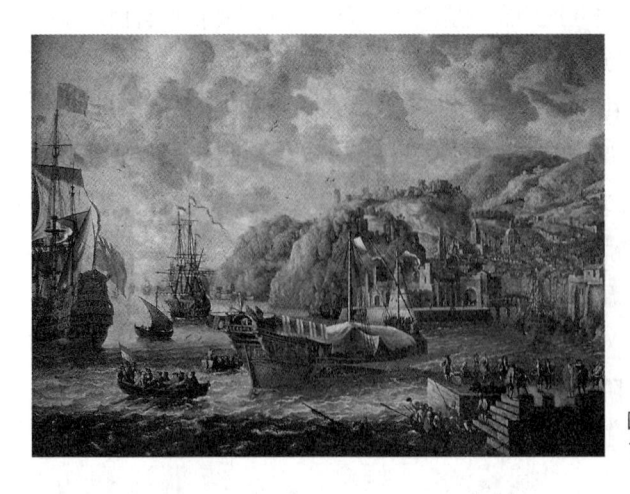

图6-2
1700年左右繁忙的英国海港

迫签订和约，承认了英《航海条例》，标志荷兰海上霸权开始让位于英国。

1660年，查理二世再次颁布《航海条例》，三年后又颁布了《主要产物法令》，基本上垄断了北美殖民地贸易。荷兰不能容忍，以英国强夺它在北美的殖民据点为由，于1665年发动了第二次英荷战争。战争双方互有胜负，最后于1667年签订和约，荷兰承认了英国对北美新阿姆斯特丹（后改为新约克即纽约）的占领，英国则退出了东方的印度尼西亚。

1672年，英国与法国结盟，卷入了法荷战争，对荷兰海军进行袭击，称为第三次英荷战争，最后荷兰按照英国条件签订和约，英国的海上霸权从此建立。

在将近半个世纪的英国革命中，不少先进的思想家都竭尽全力为革命摇旗呐喊、欢呼叫好，为革命的深入大造舆论声势。弥尔顿就是其中最突出的一位。

弥尔顿生于1608年，父亲是伦敦一位笃信新教的中产阶级人士。家境殷实，使弥尔顿在青年时代能到欧洲作广泛的游历。他也从小感染了父亲的反抗精神，进剑桥大学求学时，还不时与自己的导师发生冲突。他的婚姻几经波折，第一位夫人回娘家久而不归，使其自尊心大伤，写出几篇论离婚的文章，招致满城的流言蜚语。第二位、第三位夫人与他年龄相距太大，情趣难合。中年后双眼失明，生活写作极不方便，但他始终不忘一个斗士的职责。

弥尔顿经历了英国革命高潮时期那腥风血雨的时代。他始终站在斗争的第一线，用手中的笔作武器打击敌人，捍卫革命。革命开始时，他写出《论英国的主教制》，抨击国教。1644年，他发表《论言论自由》，呼吁国会废除书报检查制度，指出："谁若是毁了一本好书，那就是消灭了理智本身。"1649年查理被处死，王党分子高登写了《圣容》一书缅怀查理，弥尔顿针锋相对，发表《反对偶像崇拜》，指出查理之死是罪有应得。法国一学者应查理之子请求，抛出《为查理一世声辩》，号召在英国恢复君主制。弥尔顿则写出《为英国人民声辩》，指出国王不过是人民的公仆，国王如变成暴君，人民当然有权处死他。这是弥尔顿最重要的政论作品。

晚年，双目失明的弥尔顿口授了《失乐园》等诗歌作品。《失乐园》讲述了撒旦反抗上帝、最后被打入地狱的故事，歌颂了撒旦不甘屈服的反抗精神，暗指诗人对复辟王朝的愤慨。

洛克（1632—1704）是英国革命后期最重要的政治思想家。他出身于商人家庭，父亲是一个清教徒，很小就受家庭影响同情英国革命，成人后还参加了克伦威尔领导的议会军。后毕业于牛津大学，与牛顿等科学家相交甚厚。复辟王朝时期，追随后来成为辉格党创始人的沙夫茨伯里伯爵，一度逃往荷兰。1688年光荣革命后回国任职。

洛克的著作有《论宽容异教的通讯》《人类理智论》等，其中最重要的政治著作是《政府论》。这部书首先批判了菲尔麦在《家长》一书中鼓吹的君权神授论。菲尔麦曾经认为，君主权力可溯源于《圣经》中的亚当，而亚当正是从上帝手中取得对人类的统治权的，因此君主专制是合理的。洛克还批判了当时英国著名哲学家霍布斯在国家问题上的错误观点。霍布斯认为人民应该绝对服从国家，而洛克指出国家是人民为了保护自由和财产而缔结契约建立的，国家的君主必须履行契约，否则人民可以推翻他。

什么样的国家最好呢？洛克把国家的政体形式分为三种：由大多数人行使立法权的是民主政体，由少数精选的人行使的是寡头政体，由一人行使则是君主政体。君主独揽立法权和执行权，则成为君主专制政体。在他看来，既保留君主制，又由民选国会掌握最高立法权最好，这就是已经在英国确立的那种君主立宪政体。

洛克还提出了分权的思想。他把国家权力分成立法权、执行权、对外权三大类，三类不同权力分别由不同的机关行使。最高权力是立法权，归于民选的国会。执行权和对外权可联在一起，由国王行使。这种分权观为后来的立法、行政、司法三权分立学说奠定了基础。

6.3

与"太阳王"较量。内阁与首相。四代乔治王。
七年大战。独眼纳尔逊。威灵顿在滑铁卢

英国战胜荷兰，成为海洋霸主后，法国也取代了西班牙的大陆霸国地位。经过一个世纪的苦心经营，特别是"太阳王"路易十四的文治武功，法国成为英国的强劲对手。一进入18世纪，两国就展开了激烈角逐。18世纪成了英法两强争霸世界的世纪。

1700年，西班牙国王查理二世去世，留下遗嘱让法国的腓力普公爵继位。法王路易十四乘机宣称英国商人不得从事对西属美洲的贸易，同时还承认1688年下台的英王詹姆士之子为詹姆士三世。面对法国的挑衅，英国决定建立一支8万人的海陆部队，并任命足智多谋、具有杰出指挥才能的马尔伯罗伯爵，担任英国与荷兰联军的总司令。

马尔伯罗战争经验丰富，熟悉步兵、火炮兵和骑兵的各种战术。但他面临的战略任务却十分繁重，北面要保卫荷兰不被法国攻击，南线要对付从伊比利亚到意大利的西班牙军队。当9万法军切断荷兰与奥地利的联系时，英军发起了大规模的攻击。布仑汉战役中，马尔伯罗以伤1万多人的代价，歼灭法军4万余人，俘获1200名军官，缴获大量的装备。战争的捷报传来，英国上下一片欢腾，国王和国会决定为马尔伯罗修建一座大宫殿，并用描绘战役的图画和挂毯予以装饰。这次大会战的意义更在于，法国陆军常胜的神话也被打破。

与此同时，法国海军也连告失利。1705年，法国舰队配合陆军，进攻英国在直布罗陀海峡的据点，结果几乎全军覆灭。1708年，法国在敦刻尔克策划70艘舰船登陆英国的计划，也告夭折。自此法国海军势力下落了半个世纪，英国则保住了海上霸主地位。

1689年《权利法案》确立了君主立宪制，但实际上君主权力下落要快得多。在18世纪里，过去君王所掌握的行政权逐渐转到了新起的内阁和首相手中。

内阁源于中世纪晚期的枢密院。到17世纪复辟王朝时，查理二世特别宠信枢密院中数人小集团，枢密院形同虚设，小集团则成了决策性机构。威廉三世以后的国王继续了查理的这一做法，经常在一个秘密小房间（内阁）里同小集团商讨政务，人称内阁会议。待到乔治一世和乔治二世为国王时，这两个外国人听不懂英语，开会成了一种负担，因此常常不肯参加，于是国王不出席内阁会议成为惯例。但内阁会议还是需要一个召集人，主持会议并将情况向国王通报，这个人的地位越来越突出，人称首相。最初，充任"首相"这一虚职的大多是财政大臣。

安妮女王死后，由于托利党曾几次扶持斯图亚特王朝复辟，所以不得人心，逐渐失势，辉格党人自1714年后长时期把持朝政，辉格党的领导人沃尔波也长期占据当权地位。沃尔波本为普通大臣，"南海泡沫事件"的发生和处理使他威望大增。当时，一批国债持有人建立了南海公司，专营金融投机事业，并大肆贿赂政府大臣。1702年，公司取得承包全部国债的特权，乘机大量发行股票，迅速形成南海热。转瞬间有人发生疑问，立即将公司股票抛售，结果股价一泻千里，许多人破产。人们讥讽此事为"南海泡沫"。混乱之际，未受过贿赂的沃尔波奉命整顿，刹住了股价下跌势头，博得了一片喝彩声。1721年3月他被任命为财政大臣，很快又升任第一财政大臣，成为英国历史上第一位实际上的首相，一直执政到1742年。

18世纪的英国政坛，有一对父子首相，这就是老皮特和小皮特，两人都是狂热的战争分子。

老皮特年轻时是辉格党内的少壮派，34岁时趁沃尔波下台之机取而代之。由于坚决主张同法国争夺海外殖民地，因此人称"爱国娃娃"。他主持的政府毫不犹豫地投入了奥地利王位继承战争，以打击法国为目的。有趣的是，在他的影响之下，61岁的英王乔治二世居然亲自率军奔赴战场，冲锋陷阵。后来，皮特又一手鼓动对法国的七年战争，建立了英国的殖民霸权。由于战争费用较大，人民负担加重，在一片反对声中，新王乔治三世迫使老皮特辞职。1766年，老皮特又一度组阁执政，但两年后因病下野。

15年后，小皮特子承父志，出现在英国政坛，1783年后长期担任首相职务。任职期间，法国大革命爆发，小皮特认为削弱法国的机会来临，前后三次组织反法同盟，成为法国人民的死敌，也给英国人民带来了灾难，就连乔治三世也对他心存芥蒂。1801年国王的疯癫症复发，他把发病归咎于皮特，皮特无可奈何，只得辞职。1804年皮特再度出任首相，又一次与拿破仑争夺欧洲和海上霸权，虽然取得了特拉发加海战的胜利，但却无法制止拿破仑在大陆上的胜利进军，差一点还招致了拿破仑渡海征伐英国。在反对派的呼声中，皮特1806年1月在忧愤中死去，年仅47岁。

皮特在任期间，英国还完成了对印度的殖民侵略战争。他还使内阁制度发生了改变，开创了由首相遴选内阁成员，并可以解散国会进行重新选举的先例。

1714年，英国女王安妮去世。按照1701年国会所通过的王位继承法，王位由来自德国的汉诺威公爵乔治·刘易斯继承，称为乔治一世，由此开始了汉诺威王朝的统治（1714—1901）。有趣的是，王朝的前四代国王都叫乔治。

乔治一世的母亲索菲娅，是英王詹姆士一世的女儿。乔治出生于1660年，继位时已有54岁，担任了多年的公爵。据说他是一个勇敢的战士，在1683年反对土耳其人的维也纳保卫战中，尤其表现突出。他个人的婚姻并不美满，其妻多萝西娅曾与一瑞典龙骑兵私通，他一怒之下，将姘夫碎尸万段，埋于宫中地板之下。与多萝西娅离婚后，他还将她监禁32年，直至她60岁死去。这个外国人来继承英国王位时，全英国异常平静，"反对他的连一个耗子也没有"，朝臣们争先恐后地讨好新主子，初登龙位的乔治却一副乡下人做派，常常弄得臣下和侍卫啼笑皆非。

1727年乔治二世继父王之位，此人生性暴躁，继位之时也有44岁，但却当了33年国王。他也是从小在德国长大，对英国的事情茫然无知，只好像他父亲一样撒手不管，因此18世纪以后王权越来越衰落，不过是国家象征而已。乔治二世死得有点滑稽，因患便秘，大便时用力太猛引发心脏病，竟然死在马桶上。

乔治三世22岁做了国王，是乔治二世的孙子。他倒是一位尽职尽责的君主，也是一个虔诚的宗教徒。他人很老实，有点死板，但却敢于整肃宫廷风气。他在位50年，人称是汉诺威家族中唯一正直而高尚的人。

乔治四世只当了10年国王，有过一些政绩，但生活无度，给后人留下了许多笑料。

18世纪中期，英法之间的小战不断，最后终于酿成七年战争。这次战争的主角和对立面是英国和法国，另外，在欧洲大陆上，普鲁士站在英国一方，奥地利站在法国那边。

英法之间的战争几乎在世界范围内进行。就英国一方来说，它在与法国相望的地区采取以攻为守的战略，封锁法国沿海地区，炮击法国的沿岸城市，以此防止法国把战火推向不列颠岛；同时将主要力量放在对北美和印度的争夺上。

英军在北美的进攻颇为得手。战前，法国除了占领加拿大外，还建造一条碉堡线，试图将加拿大和北美南部的路易斯安娜联结起来，限制北美英国殖民地向西扩张。战争开始后，英军只集中兵力进攻法属加拿大地区，犹如卷地毯一般，攻克了一个又一个地区和城市，1763年占领加拿大全部领土，法国彻底失败。

在印度，英法的争夺更加激烈。1752年前，英法已在印度科罗曼德海岸一带爆发过两次大规模战争，互有胜负，英国最后在特里奇诺波利战役中战胜法国人，却遭到了法国同盟者孟加拉人的打击。黑洞事件的发生，使123名关在一间小黑屋里的英军俘虏窒息而死，加深了英国人对孟加拉人的深切仇恨。1757年在决定性的普拉西战役中，英军利用孟加拉一些封建王公的倒戈，只以72人的代价，战胜了孟加拉的7万大军。接下来，英国又发起了对印度法军的第三次战争，法国基本上丧失了在印度的属地，仅仅保留了五个沿海城镇。

七年战争的胜利，显示了英国资本主义制度在政治和经济上对法国的优势。英国得到了大片殖民地，开始迈向大不列颠帝国之路。

然而，英国与法国之间的争夺，在19世纪初年更加激烈。英国出面组织了好几次欧洲反法同盟，纠集了欧洲各国的反法势力，与法国皇帝拿破仑展开了殊死搏斗。

在反对拿破仑的战争中，英国海军上将纳尔逊可谓出尽风头，被认为是英国历史上一位难得的名将。

纳尔逊自幼性格刚强，才12岁的时候就开始了海上生活，还到过北极探险。20岁时成了英国海军的上校舰长，率领军舰在美国东海岸一带巡逻，从海上封锁正在进行独立战争的美国。1793年后调到英国的地中海舰队，参加对法国的海战，在进攻土伦和科西嘉的战斗中屡立军功，但右眼在战斗中受伤失明，因而得到"独眼龙"之外号。

然而这条独眼龙却是越战越勇，军功卓著，不断加官升衔晋爵。1797年的圣文森特海战中战胜法军，纳尔逊声名大振，被英王封为爵士。1798年，拿破仑率军出征埃及，却散布消息要穿过直布罗陀海峡进攻英属爱尔兰，守候在海峡的纳尔逊准确地判断了法军的真实意图，立即率地中海舰队追击法军。在埃及开罗河口的阿布基尔湾，两国舰队展开了激战，法军彻底失败，13艘军舰只剩下 2 艘逃走，英舰队由此控制了地中海。此次战后，纳尔逊又被英王加封为男爵。1801 年纳尔逊担任波罗的海舰队副帅后，又带领舰队进攻法国盟友丹麦，在哥本哈根摧毁了丹麦舰队，他再一次被英王加封，升为子爵。

1805 年的特拉发加海战是纳尔逊海战生涯的顶点，也是终点。他在 1803 年担任地中海舰队总司令后，不断寻找机会袭击法国海港和海军，终于引发了两军在特拉发加海角的大决战。纳尔逊坐镇指挥，灵活战斗，猛烈攻击死守传统线式队形战术的法国和西班牙联合舰队，取得了重大胜利，但纳尔逊自己也在战斗中中弹身亡。后来，英国树立了他的铜像予以纪念。

在反对拿破仑战争中能与纳尔逊并驾齐驱的名将，是率领反法联军在滑铁卢战役中最终打败拿破仑的威灵顿元帅。

威灵顿出生于爱尔兰贵族家庭，自幼研习军事，18 岁时成为军官。他原本叫作韦尔斯来，是英国驻印度总督韦尔斯利的弟弟。1799 年，他已是一个年轻的上校，跟随其兄来到印度，气势汹汹地要镇压印度土邦迈索尔王提普，声称："捕获提普的罗网已经准备好了，这个野兽无法挣脱了。"5 月 2 日，韦尔斯来的军队攻占了迈索尔首都塞林加帕坦。贪婪的强盗将城池洗劫一空，单是宫廷财物就达 1200 万金卢比，韦尔斯来本人获得了镶满钻石的勋章。为了斩草除根，韦尔斯来深夜还擎着火把，在尸体堆中寻找提普的尸首。

1805 年，这个双手沾满印度人民鲜血的刽子手回国，立刻晋升为少将，担任爱尔兰事务大臣，不久又率领英军两度赴伊比利亚半岛与法军作战。1814 年，他率领所属英国军队参加了由俄国沙皇领导的反法同盟，打败了拿破仑。威灵顿指挥部队长驱直入，一直打到法国西南部的波尔多城。他又因此而封为公爵和元帅。

1815 年 2 月拿破仑卷土重来，威灵顿受命指挥反法同盟军队。6 月，两军在法国北部的滑铁卢进行最后决战。威灵顿先是按兵不动，等待法军主力到来后，突然转向进攻法军侧翼，法军措手不及组织反攻时，威灵顿又将军队北撤；退至一高地上，背靠森林，左右以庄园作屏障，并故意暴露左翼。17 日，拿破仑调动 7 万大军进攻威灵顿。18 日，进攻因大雨而受阻，英军迅速转入反攻，拿破仑部队阵脚大乱，伤亡一大半，威灵顿取得滑铁卢大战的胜利。此后，威灵顿长期成为英国军政界的首要人物。

6.4

工业革命起因：政治革命前提，国际市场刺激，圈地运动和农业改革，毛纺业和煤铁工业基础，工场手工业的制度准备，科学的应用和技术发明

1851年夏天，英国首都伦敦，海德公园，一座银光闪闪的拱形水晶宫里，第一届世界博览会正在举行。参观者川流不息，每天有10万人在这里进出。馆中陈列的工业产品琳琅满目，显示了大不列颠帝国在工业生产和世界市场上的绝对优势，英国自此获得了"世界工厂"的美称。

这是英国进行了将近一个世纪的工业革命的结果。这次革命，使这个偏居欧洲西北一隅的海岛之国率先跨入近代工业社会，英吉利人成为世界上第一个工业民族。

工业革命是人类生产手段变革的一次重大突破，是生产技术提高的一次质的飞跃。这是世界历史上具有深远影响的重大事件。这样一次革命，为何最先发生在英国呢？

这当然不是偶然的。而是此前一两个世纪中，英国出现了使工业革命能够发生的前提和条件，具备了进行工业革命所需的各种基础。

17世纪中期，英国资产阶级革命成功，作为新生产方式代表的资产阶级，通过暴力夺取了政治上的统治地位。政治上层建筑国家机器的变革，反过来推动经济基础的变革，极大地解放了生产力。同任何政治大革命一样，英国资产阶级的政治革命成功，必然要促使社会经济发展来一次飞跃。革命之后所制造的"自由放任"的宽松环境，更进一步鼓励和刺激了人们的创造欲望，激起了整个社会的经济热。

从16世纪初起，英国在国际贸易体系中占据了愈来愈重要的地位，并于17世纪后期成为世界市场的霸主。16世纪末以后，英国开始进行大规模的海外殖民和扩张。至18世纪后期，历史上所谓的"第一大英帝国"基本形成。海外贸易、殖民和扩张，对英国的发展产生着极为重要的影响。通过这样一些活动，英国人攫取了大量的财富，如单从印度所得到的利益，最高一年达

到 1 亿英镑。这些财富源源不断地流回国内，为英国经济的进一步发展输入了血液，更为工业革命的进行提供了充分的资本条件。

同样，有了比本国面积还大几十倍的殖民地，又为英国的工业产品创造了巨大的销售市场，满足了生产所必需的市场条件，同时还可为工业生产提供极为廉价的原材料。因此可以说，正是海外扩张刺激了工业革命在英国的最早发生。

但英国人也发现，在海外殖民贸易和扩张事业中，自己并不占技术上的优势。亚洲等地区的商品往往因其制作工艺的讲究而更具竞争力。在与包括中国在内的远东地区进行贸易往来时，英国常处在入超的地位，拿不出许多东西来同对方交换，或者质次价廉的产品打不进当地市场。因此，英国人从美洲贸易中得来的白银，又源源不断地送往亚洲。要扭转这一局面，维持东西方贸易平衡，就必须在生产技术上实现突破，降低生产成本，提高产品质量。这也是工业革命发生的深层原因之一。

为了进行对外扩张战争，英国政府还不断地发行国债。到 18 世纪中叶，政府的债务达到了 2 亿英镑。国债的承购者是商人和资本家，他们因而从政府获得了十分丰厚的利息。而政府又将这些负担转嫁到劳动者身上，征收更重的赋税。因此，这也加速了资本积累和集中的过程，加剧了社会的两极分化。

17 世纪以后，英国的圈地运动仍在进行，而且规模越来越大，圈占土地越来越多。到 18 世纪末，英国农村可耕地的 80% 已被圈占。不过，后期的圈地已改变了用途，不再是用来养羊，而是从事大农场经营。而且，后来的圈地都是政府行为，由国会批准实施。从 18 世纪初到 19 世纪初，国会批准的圈地达 200 万公顷。圈地将农村人口赶往城市，乡村一片人烟稀少的景象。流浪的人口则成了工业革命所需的生产劳动力。

从 17 世纪后期起，英国的农业改革也热火朝天，农业技术和农业经营方式不断改良。著名的贵族改革家汤森勋爵提出了四年轮作制：头两年种大小麦等粮食作物，第三年种三叶草，第四年种芜青。三叶草和芜青既可增强土壤肥力，又可给羊作饲料。羊吃后排下粪便留在地里，又利于第二年种粮食。这样，粮食产量大大提高了，牛羊也越长越壮。后来，还培养了牛羊的优良新品种。据说在整个 18 世纪里，牛羊个体的体重增长了一倍。

有的热心人则致力于农业工具的改良。播种机的发明大大节省了人力，也节省了种子。由于需要更多的牛肉食用，有人便发明了马耕法。总之，农业革命的进行，成了工业革命的前奏曲。

既然是工业革命，那就必须建立在广泛的工业生产基础上。这样一个基础条件也在16至18世纪的英国形成。作为民族工业的毛纺业，早已遍及全国城乡，棉纺业也在西北各郡兴起。据估计，全国至少有二分之一的人口卷入了各种工业活动，工业在生产总值中所占的比例也越来越大。

除了以纺织业为主的传统手工业部门外，英国又从16世纪中叶起发展了许多新兴的大工业，包括有采煤、冶铁、制铁、明矾制造、玻璃制造、造纸、造船、制皂等部门，其中尤以煤铁工业发展最快。英国的采煤业到1750年时，产量达到了430多万吨，比整个欧洲大陆煤产量的总和还要高二至三倍。冶铁工业在工业革命前两个世纪中也是稳步上升的。煤铁等大工业的发展，为工业革命的发生保证了能源基础和机器用材基础，而且还成为以后大工业部门的前身。无怪乎有人说，英国工业革命就是煤铁革命，工业革命之所以最早发生是因为英国有煤有铁。

资本主义工场手工业制度的流行，则为工业革命的顺利进行创造了生产组织上的准备，为用工厂形式来组织近代机器大工业生产铺平了道路。中世

图6-3
英国麦田

纪的手工业是作坊式经营，而当资本主义产生后，在简单的劳动协作基础上，出现了分散的和集中的两种形式的手工工场。在 16 至 18 世纪的英国，除城市个别部门仍沿袭作坊制外，工场制度是手工业生产的基本组织形式。走遍英格兰各地，到处都可以看到矗立在河边溪畔的水力坊。

在手工工场里，劳动者有分工，有协作，生产效率大幅度提高，而且有利于生产技术的进步。由于每个工人只从事某一个环节的操作，生产工具和生产方法固定化，这就使得技术更容易熟练，熟则能生巧。同时分工越来越细，操作也就越来越简单，这又为机器的出现创造了条件，因为机器运作实际就是简单快速地重复某一个动作而已。此外，工场里集中了较大数量的劳动力，资本家逐步积累了管理和经营的经验，这也为日后管理工厂奠定了基础。总之，手工工场发展到高级阶段时，势必促使生产手段变革，势必要向现代机器工厂制过渡。

科学技术是第一生产力。任何一次重大的技术革命出现时，必有先进的科学理论作引导。18 世纪的英国工业革命也是这样。从 16 世纪后期起，英国人开始注意到科学技术的作用。弗兰西斯·培根提倡科学实验，从而成为近代科学的鼻祖。17 世纪的欧洲科学革命中，伦敦成为一个主要的活动中心，云集了来自欧洲各地的一大批杰出科学家。1662 年英国皇家学会成立，这是西欧出现的第一个科学家组织，并且受到了政府的大力支持和鼓励。正是在这样一种环境熏陶下，英国才产生了牛顿这个近代最伟大的科学家。正是科学思想和科学精神的传播，使英国成了孕育新技术、新发明的最好的摇篮。

因此，也是从 17 世纪后期起，英国进入了生产技术的革新时代，发明创造日渐增多。据统计，从 1680 年到 1689 年，英国登记了 53 个发明专利。1690 至 1699 年，达到了 102 项。1700 至 1759 年间，发明专利共达 379 项。以至于当时就有人评论说："几乎每一个制造商都有自己的新发明，几乎每一天都有在别人发明创造基础上的新改进。"也就是说，在工业革命到来之前，英国就已掀起了一个生产革新的高潮。

这些新发明成为工业革命的技术基础。当它们累积到一定程度时，必将在某个部门引发突变性的飞跃。这个部门正是在西北部刚刚兴旺起来的棉纺行业。

6.5

棉纺业革命。蒸汽机发明。砸机器的卢德。彼得卢屠杀。英国议会改革开始。人民宪章运动。欧文的"新和谐公社"

工业革命是从棉纺行业开始的。棉纺业在英国是一个新兴工业，16世纪末从国外传入，17世纪有小量发展。由于较少受到旧生产关系的限制，在18世纪上半期有较大的发展，吸引了越来越多的资本和劳力，也吸引了不少人来思考生产手段的提高，因而成了新发明创造的突破口。

1733年，一个叫凯伊的织布工发明了飞梭。以前的织工靠双手来掷接梭子，速度非常慢，而且又费力，布幅的宽度也受限制。飞梭安上轮子后，装在滑槽里，再用细绳牵动织机两边的木槌敲击，它便能沿滑槽快速地往复。这一新发明引起了别人的忌恨，有人起哄捣毁了他家，但飞梭技术还是很快传出去了，织布的速度快了一倍左右。

织布速度提高后，棉纱却供不应求了，于是又有许多人琢磨提高纺纱的

图6-4
英国德比世界第一个工厂遗址

效率。1765年，织布工哈格里夫斯发明了多轴纺纱机，用同一辆纺车同时带动8根纱，一下子将工效提高6倍。他用女儿的名字将这一新机械命名为"珍妮机"。后来他又对珍妮机加以改造，一次同时能纺出80根纱。差不多同时，理发师阿克莱特造出了水力纺纱机，并建立了第一个纺纱厂。1779年，工人克隆普顿将珍妮机和水力纺纱机的优点结合起来，制成了"骡机"。

为了赶上纺纱的速度，1785年，卡特赖特发明了机器织布机，织布速度提高了40倍。这样，棉纺业的生产革命基本上完成。

随着各种机器的发明和使用，带动机器的动力发生了深刻革命，这就是作为动力装置的蒸汽机的发明和广泛应用。

在最初的手工业中，一般都靠人力作为主要的推动力。到了13世纪，以往靠流水在下面驱动的水轮被上击式水轮所取代，只要开渠引水造成水的落差，即可建立水轮装置，因而水力作为动力得到了广泛利用。直到18世纪第一批机器发明时，也主要靠水力来发动。利用水力还是有很大的局限性，一是英国湍急水流不多，水流能量较小；二是地理位置上受限制。这就迫使人们去寻找新的动力来源，从而引起蒸汽机的发明。

最初发明蒸汽机装置的是纽康门，他在1705年制成了一种沸水蒸气冷凝推动汽缸内活塞的机器，用于矿井抽水。后斯密通曾将纽康门机加以改进，但用途仍无改变。后来，由于瓦特进一步改进，蒸汽机才成为可牵动一切机器的动力机。

瓦特自幼好学多思，关于他小时看到壶水烧开后水蒸气推动壶盖转动的故事流传很广。长大后他成了一个仪器制造工人。他发现纽康门机的汽缸设计浪费了大量的热，便设计了一种活动阀门，使冷凝器与汽缸接通。1781年他制成第一台大型蒸汽机，输出的功率是纽康门机的4倍，不过也主要用来抽水。1782年他又设计了双向发动机，进一步改进了杠杆和活塞杆的连接关系，成为"万能蒸汽机"。1800年以后，这种蒸汽机成为最普遍的动力机。

蒸汽机的出现是第一次工业革命成功的标志，从此人类社会进入了"蒸汽时代"，也即近代工业文明时代。1825年史蒂芬森发明蒸汽机车，引起了人类交通手段的重大进步，英国率先进入"铁路时代"。

随着工业革命的进行，社会生产出现了巨大的飞跃，劳动生产率大大提高，工业产量成番地增长。但是，它给劳动人民带来的并不是福音。

由于机器使用和操作过程的机械化，生产并不需要很高的技艺和体力，因此，贪婪的工厂主们便在劳动力上做文章，大批地雇佣妇女和童工，大幅度地压低工人工资，工人的生活和健康状况大大恶化。有些材料说到，在19世纪初英国的所有工厂工人中，成年男工不到四分之一，其余都是女工和童工，童工中大部分人只有5至10岁，每天要工作16小时以上。体力的摧残使大多数童工畸形发展，甚至未成人就夭折死亡。在英国西部大城市利物浦，工人平均寿命只有15岁。工人的名义工资和实际工资也越来越低。1806年棉纺厂工人的周工资为200便士，30年后却只有90便士，50年后也不过100便士。工资最低的童工，劳动一天十几小时只得一便士。工人的居住条件极其简陋，

图 6-5
马和火车赛跑

图 6-6
1868年的机车（伦敦自然博物馆）

只能说有一个栖息之地而已。很多家庭祖孙三代挤在一间小矮房子里，家中一贫如洗。有的工人家"是一间又湿又低的地下室，家具只有两把旧椅子、一张三条腿的圆桌，一只箱子，没有床。墙角堆着陈麦秆，上面铺有两条脏床单"。

纯朴的工人们不明白，为什么生产的东西越多，自己的生活却越来越差？他们当然不知道是资本家在榨取自己的血汗，只以为是这些可恶的机器给他们带来了灾难，因此便用捣毁机器和破坏工厂的做法来发泄对这个邪恶社会的怒火。捣毁机器最先是一个叫卢德的工人干的，所以人们习惯称此为"卢德运动"，这是产业工人最早的自发斗争。

由于工业革命和对法战争，英国劳动人民身受的灾难加重。再加上托利党内阁长期奉行保守政策，英国社会要求进行政治改革的呼声越来越高，在19世纪初期掀起了激进派运动，出现了许多激进派组织。

激进派中包括了工人激进派和中产阶级激进派。许多著名的激进派领袖到处发表演说，抨击议会，抨击政治腐败、财政弊端等黑暗行为，要求实行普选。在这些演说家的鼓动下，群众迅速形成了斗争高潮，起义暴动、游行示威活动此起彼伏。1817年3月10日，曼彻斯特的"毛毯党"举行饥饿游行，数千名织工背着毛毯赴伦敦请愿。走到路上时，遭到政府的镇压，领导者被捕，请愿队伍被驱散，只有一小部分人夺路而出，逃到了德比郡，最后仅剩下一个人到达伦敦递交请愿书。6月9日，又发生了德比郡村镇工人武装进攻诺丁汉市的事件，很快也被政府一队轻骑兵所镇压。

1819年8月，激进派再次发起全国性的抗议运动，要求改革议会，取消1815年颁布的谷物法。8月16日，北方大城市曼彻斯特的激进派在圣彼得广场举行大会，有8万人到场。当人们正在静听著名激进派演说家亨特的演说时，政府突然出动民团逮捕了亨特，紧跟着一队骑兵冲入人群，挥动马刀在人群中乱砍乱刺，仅仅几分钟，就有11名手无寸铁的群众被杀死，400多人受伤，造成了当时英国一件最大的流血惨案。由于镇压者有一队士兵曾参加过滑铁卢战役，人们因而称这次事件为彼得卢屠杀。事件之后，许多激进派领袖要么被捕入狱，要么流亡国外，政府的专制统治进一步加强。1820年后，激进派运动转入低潮。

随着工业革命的进行，英国的社会结构发生着重大变化。特别是工业资产阶级力量上升，他们要求有更高的政治地位，要求在国家最高政治权力机关议会中有更多的发言权，打破18世纪里贵族对议会席位的垄断。正在上升的中等阶级则要求选举权。在这种大潮的驱动之下，1832年英国进行了第一次议会改革。其大致内容是将全国选民总数增加了1.3个百分点。对议席进行重新分配，取消了一些衰败城镇的议席，增加了伯明翰等新兴工业城镇的议员。不过，英国的政治改革是一个长期过程，涉及诸多方面，贯穿了整个19世纪。

维多利亚登位前后，英国工人为了争取普选权，掀起了轰轰烈烈的宪章运动。运动持续20多年，出现过三次斗争高潮。据最新研究，宪章运动的主要参加者是独立的手工工人。

1836年英国发生经济危机，工人生活陷入困难。6月16日，伦敦工人协会成立，提出要以合法手段取得平等的政治和社会权利。1838年，协会公布了进行政治改革的《人民宪章》，宪章运动由此得名。5月21日，格拉斯哥20万工人举行集会，伦敦和伯明翰工人也派出代表参加，宪章运动正式开始。1839年全国工人运动实现了大联合，并向会议递交了请愿书。政府在否决请愿书的同时，对工人进行血腥镇压。7月15日伯明翰惨案后，当局大肆逮捕宪章运动领导人。11月3日夜，为拯救关在监狱中的文森特，纽波特附近的千余矿工，手执长矛大棒进行武装劫狱。第二天与军队发生激战，工人死伤60余人。第一次高潮结束。

1841年英国农业歉收，开始了"饥饿的40年代"，宪章运动又一次兴起，1842年又提出新的请愿书，其中特别提到女王每日有165镑收入，而劳工家属每天靠四分之三便士为生。宪章主义者还发起了挨户签名运动，将一份征集了330万人签名的请愿书递交给国会。政府却再一次使用暴力镇压合法斗争，第二次高潮很快完结。

1848年，第三次高潮兴起。3月13日，警察在伦敦特拉法加广场镇压集会群众。4月，运动在南方和北方形成了两个中心。5月底以后，伦敦数千工人与军警冲突，群众以石头和砖块为武器，同情群众的居民也从窗户用开水淋浇警察助阵。9月，运动最后失败，全国宪章协会直至1860年解散。宪章运动的斗争为工人阶级争到了一定的政治经济权利。

工人的悲惨境况，也引起了人们的思索和同情，一些社会先进分子纷纷起来，为改变工人们的命运而斗争。空想社会主义者欧文（1771—1858）就是其中之一。

欧文出生于一个小手工业者家庭,很小的时候就独立谋生当学徒,18岁后开始与别人合伙经营一家小厂,后又担任了一家大工厂的经理。目睹工厂制度给工人带来的苦难,加上他自己的亲身经历和感受,欧文在工厂开始进行社会改革实验。他缩短工时,为工人办起了一整套福利和服务设施,工厂变成了一个"模范新村",他也因此获得大慈善家之誉,驰名欧洲。1823年他又提出建设共产主义"新村"的构想,次年还将这一构想付诸实践,来到美国创办"新和谐公社",实行财产公有、按劳分配、共同劳动、人人平等等制度,结果失败。回英国后,他又试办公平交换商场,也未成功。

欧文不但是一个社会改革的实践家,而且在空想社会主义理论方面也多有建树。他的主要著作有《新社会观》《论工厂制度的影响》《新道德世界书》等。他认为,建立理想社会的主要障碍是私有制、宗教和资产阶级婚姻制度,尤其私有制是万恶之源,是世界上一切灾难和罪行的唯一原因,私有者常常"利欲熏心",是一群衣冠禽兽,过去的政府都是暴力和欺骗的政府。

欧文的"新和谐公社",是一个由3000人组成的劳动公社,是社会的基层组织。这个社会中,没有阶级差别,只是按照年龄段而分成8个层次的人群,每个群体有相应的学习和工作任务,公社内部也有政府机构,人人都有担任公职的机会。不过,欧文坚决反对用暴力实行社会变革,而是指望现行政府来推行他的改革。

6.6

北美独立:第一英帝国的悲剧。吞并印度:四战迈索尔,三攻马拉塔,镇压全印起义。觊觎中华:两次鸦片战争。最后的结盟。女王的盛典

总的来说,英国自16世纪后期开始殖民扩张事业后,是比较顺利的。到18世纪中期时,英国已在西半球占有了相当广大的地区,历史上有"第一大英帝国"之称。然而,这个帝国存在了不过几十年,就遭到了北美殖民地人

民的挑战。

1584 年，英国策划在北美买下一块殖民地，并为尊奉伊丽莎白女王而取名"弗吉尼亚"（意为处女）。1607 年，弗吉尼亚殖民地正式建立，从此开始，直到 1763 年，英国控制了北美东部大部分地区，其中主要是 13 个殖民地。移居这些殖民地的除了英国人外，还有不少人来自大陆其他国家。

英国在北美实行的殖民统治，除了政治上程度不等的控制外，经济上实行的是一种掠夺政策，完全把它们当作本国工业的原料产地和商品市场，压抑殖民地在经济上的独立成长，不准同别的国家进行直接贸易，不准建立工业企业。1764 年后，又颁布一系列法令，对北美课以重税，而且还对反抗的群众残酷镇压。在高压之下，正在形成中的美利坚民族掀起了要求独立的革命活动。

1775 年，北美独立战争爆发。4 月 19 日凌晨，殖民地民兵在列克星敦袭击了英国殖民军队，打响了独立战争的第一枪。战争初期，英国虽有强大的海军优势，但陆地上却处于被动状态。1777 年萨拉托加战役中，英军 5000 人战败投降。国际形势也对英国极不利，法国、西班牙、荷兰直接参加对英作战，俄国、丹麦、普鲁士等组织中立同盟，打破英国对北美殖民地的经济封锁。1781 年 10 月，英军在约克镇再次大败，7000 人全部投降，不得不签订和约，承认美国的独立。

但英国并不完全死心，总是不断找机会来削弱美国。在 1812 至 1814 年的第二次英美战争中，英军封锁了美国海岸，而且还曾登陆成功，一举攻占华盛顿，火烧了白宫等建筑。美国人民又一次掀起反抗热潮，战胜英军，巩固了美国的独立。

有道是，西方不亮东方亮，英国人的殖民扩张事业也正应了这句话。北美丢失了，但几乎同时，英国人又在印度得到了相当可观的"补偿"。

七年战争中英国夺取了孟加拉，这只是它吞并印度的第一步。稍事休整后，英国便发动了对印度其他地方的大规模进攻，遇到了印度最强大的迈索尔邦的英勇抗击。

当时的迈索尔邦有一位杰出的领袖，叫作黑德尔，这是一位意志坚强、勇力过人、智力超群、精力充沛的人。在莫卧儿帝国分崩离析之际，黑德尔开始了对邻邦的征服过程，因而遭到一些印度王公的忌恨，他们和英国人结成联盟。英军于 1767 年出兵参战,发动第一次对迈索尔的战争。

1771 年,黑德尔参加了各邦联合的反英同盟,正式向英国宣战,第二次英迈战争爆发。1780 年 7 月,黑德尔集中 8 万人的绝对优势兵力,打败了英军,夺取了重镇阿尔科特,又在法国海军帮助下战胜英国舰队。英总督哈斯汀一面派出军队对黑德尔构成威胁,一面又瓦解黑德尔联盟。黑德尔病死后,其子提普继续作战。战争以双方签订和约、承认现状而告终。

1789 年,第三次英迈战争爆发,提普显示了杰出的军事指挥才能。他机智地粉碎了两倍于己的英军的进攻,英军不得不撤退。一年后,英军再次发起对迈索尔首都塞林加帕坦的围攻。由于外围防御工事被破坏,提普为保存实力,只得与英军和谈。按照 1792 年签订的和约,英国殖民者得到了一大片土地,300 万英镑赔款,还要来提普的两个儿子作人质。

1799 年,英军发动了第四次战争。迈索尔人在提普的指挥下进行顽强抵抗,提普三次受伤,血流如注,但仍挺立在城堡的缺口。残忍的英兵从提普身上摘下宝珠,结果了他的性命。迈索尔最终沦为英国殖民地,价值数千万的财富被掠夺。

印度的许多小邦国中,迈索尔和马拉塔最为强大。英军在征服迈索尔的同时,也发动了对马拉塔的三次战争。

1770 年,马拉塔国王凭借手中的力量,控制了德里的莫卧儿皇帝,他挟天子以令诸侯,引起了其他邦国的不满。当由于王位继承而发生内乱的时候,英国人认为战争时机已到,千方百计地寻找借口。1777 年,马拉塔政府与法国人达成协议,准备出让一个海港。英国人认为这一做法损害了自己的利益,便组织了 4000 多人的军队进攻马拉塔首府浦那。1779 年浦那之战,英国人受挫,但他们却在其他战场上取得了胜利。双方只得言和,恢复战前状态。过后不久,马拉塔人的杰出领袖马哈达吉患热病去世,实力有所衰落。

1798 年韦斯利就任印度总督,处心积虑地干涉马拉塔内部事务。此时,马拉塔人正发生内讧,各酋长争斗之中,又把国王巴吉·拉奥赶下了台,巴吉便请求韦斯利的保护。英军立刻利用这个送上门的机会,于 1803 年发动了第二次马拉塔战争。人数上英军处于劣势,大约 5 万人,只及马拉塔军队的五分之一。但韦斯利一方面分化瓦解对方,同时也把战场分成五个中心,一个一个地打。战争的结果是英国人又获得大片土地，把从孟加拉到马德拉斯的领土联结了起来，还控制了莫卧儿帝国的挂名皇帝，使一大批土邦俯首称臣。

19世纪最初的25年里，英军又取得了第三次马拉塔战争的胜利，同时还相继征服了尼泊尔、中印度和旁遮普等地，并且赶走了法国人，独霸了偌大一个印度次大陆，使印度成为英国一个完完全全的殖民地。

英国在印度殖民地实行的统治政策，最大限度地将印度变成了英国的工业原料产地和产品销售市场。1813年英国取消了东印度公司对印度的贸易垄断权，印度更直接地被英国政府所控制，大量的财富从印度流向英国，印度人民的血汗养肥了英国的资产阶级。英国殖民者还逼迫普通劳动者为他们当炮灰。民族矛盾已经达到极其尖锐的地步，终于爆发了印度民族的反英大起义。

涂油子弹事件是1857年印度民族大起义的导火线。在英属印度的军队中，绝大部分士兵是伊斯兰教徒和印度教徒。殖民当局无视他们的宗教习惯，将涂有牛油或猪油纸包装的子弹发下来，使用时必须用牙咬开，这正是犯了伊斯兰教的忌，士兵们非常愤慨，拒绝领用新子弹。5月，士兵们打死前来镇压的英军官兵，揭开了全民族起义的序幕。

起义遍及印度广大地区，北方恒河中上游为主要中心。起义者一度还占

图6-7
英国殖民官员在印度

领德里，拥立了新的莫卧儿皇帝。在声势浩大的起义队伍面前，英国殖民者惊魂未定，良久才组织起军队进行反扑。9月19日，在付出了5000多兵力的代价后占领德里。从7月到1858年3月，英军四次围攻另一个中心勒克瑙，与起义军激战近一个月才勉强得手。

中印度的詹西女王巴伊，对英军发动的猛烈攻势毫不畏惧。她身着戎装，亲赴前线指挥作战，军民们在她的率领下斗志格外旺盛，就连妇女也参加了卫城之战。在著名起义将领托比率军驰援下，詹西保卫战打得十分出色。城池陷落后，女王和托比又率军转战恒河南北，还在瓜辽尔建立了政权。直到1859年底，英军才将这次大起义镇压下去。

英国霸占了印度后，又将殖民势力进一步伸向远东地区。18世纪至19世纪初，英国在正常的对华贸易中一直处于入超地位，因而便采取了最无耻的走私方式，将在印度殖民地种植的鸦片毒品大批输入中国，掠取大量白银。可恶的鸦片走私影响了清政府财政收入，更危害了中国人民的身体健康。在人民和禁烟派的呼声中，朝廷下决心禁烟。

1839年6月3日，在广州奉命禁烟的林则徐，将从英商等外商手中收缴的237万斤烟土在虎门海滩当众销毁。消息传到伦敦后，英国统治者和资产阶级一片叫嚣，要求发动侵华战争。在政府的支持下，由鸦片贩子和银行家等组成了专门的九人委员会策划战争活动。在大臣帕麦斯顿的主持下，辉格党内阁公然决定发动对华战争。1840年6月，从印度出发的40多艘英国军舰载着4000多个侵略者进入中国海面，第一次鸦片战争正式爆发。在两年多的战争中，虽然中国军民英勇抗敌，沉重地打击了侵略者，但清政府软弱无能，在英军大炮的威胁下，签订了不平等的《中英南京条约》，英国成为用大炮轰开中国国门、掠夺中国财富的第一个西欧殖民国家。

12年后，英国又是第一个提出修约要求，妄图进一步扩大在华侵略权益，遭到了清政府理所当然的拒绝。目的没有达到，英国又借口"亚罗号事件"制造事端。又是那个帕麦斯顿，此时已担任了首相职务，伙同法国发动了第二次鸦片战争。战火曾两度燃起，从1856年持续到1860年。两个侵略者打进了北京，将圆明园的金银珠宝文物洗劫一空后，还放火将园内建筑焚烧殆尽。英国的在华权益也得到了进一步扩大。

在向亚洲进行侵略扩张的时候，英国人开始对自己的欧洲政策进行反思。在传统上，英国作为一个岛国，对大陆的事务干涉过多，拿破仑战争时期组织几次反法联盟将这种干涉发展到最高峰。然而，英国并没有从这种干涉中得到多少好处，特别是普鲁士、奥地利和沙皇俄国，对英国的所作所为虎视眈眈。1815年维也纳会议之后，三国组成的"神圣同盟"几乎把持了对欧洲一切事务的处理，不让英国人染指大陆。于是英国人渐渐生出嫌隙，开始奉行孤立主义政策。

克里米亚战争是英国在19世纪的最后一次结盟。战争的一方是以英国为首，包括了法国和土耳其的联盟，另一方是沙皇俄国。

到19世纪中叶，土耳其帝国已如日薄西山，气数将尽，邻近的沙俄便打起了它的主意。从40年代至50年代，沙皇好几次向英奥提出了瓜分土耳其的企图，而法国也久有渗透土耳其的打算。两者都借口要保护各自所奉守的天主教会和东正教会在"圣地"耶路撒冷的利益，对土耳其政府施加压力，双方的矛盾迅速激化。英国站在法国一方，并与土耳其结成同盟。1854年3月26日，英法正式对俄宣战。

9月，英法土联军进攻俄国在克里米亚半岛上的军港塞瓦斯托波尔。英法军队并不强大，虽然装备好，但总兵力不过6万余人，而且战斗能力也不强。特别是英军，几十年没有进行过陆战，管理混乱，后勤供应也跟不上，军中还大量流行瘟疫，许多兵员不战而亡。幸亏被誉为"战地救护之神"的南丁格尔到来，才控制了这一现象的继续。俄军有8万人马，不惜任何代价进行抵抗，使此城久攻不下。第二年初，意大利的撒丁王国参战加入英法一方。经过一年苦战，才攻下塞瓦斯托波尔。

英国国内对克里米亚战争意见不一。维多利亚女王态度并不坚决，其夫艾伯特王子还被谣传为俄国间谍，有人要求以叛君罪审判他。新任首相帕麦斯顿则坚决主战。战后在1856年召开的巴黎和会上，帕麦斯顿也异乎寻常地倔拗，定要沙俄向土耳其割让土地，主张黑海中立化，俄国不得在黑海留驻舰队。不过，英国也没有从战争中得到好处，战时的盟友法国反与俄国在和会上共同对付自己，英国很为失望，从此放弃了结盟政策。

也许是历史的巧合，英国历史最引人注目的时代是两个女王在位时期。

16世纪后期伊丽莎白一世统治时，英国一跃而为欧洲的大国和强国。19世纪中后期维多利亚女王在位时，英国成了"世界工厂""日不落帝国"，成为资本主义世界头号强国。维多利亚在位64年（1837—1901），是英国在位最长的君主，也是世界历史上为数极少的在位60年以上的君王之一。

　　维多利亚登基时，只是个刚满18岁的姑娘，即位最初几年非常信任老派首相梅尔本，几乎事事都听从他的意见，结果遭到了反对派的公开责骂，有人甚至喊她是"梅尔本太太"。年龄老成后，女王同首相的政治关系就很微妙了。有时她非常支持首相的政策。1843年皮尔内阁执政时，她对缓和的外交政策极为欣赏，并且身体力行，数访法国，打破了300年来英国国王未曾出国拜访外国君主的局面。对有些首相她感到难以理解，一面她觉得帕麦斯顿没权利抗议别国君主镇压国内革命，一面她又对英国上下欢迎意大利英雄加里波底的热情表示愤慨，竟然不理解这种姿态是提高英国地位的需要。在位的晚年，她又与三度执政的自由党首相梅拉德斯过不去，指责他是国家的叛徒。

　　维多利亚的个人婚姻本来是很不错的。1840年与小她3个月的表弟艾伯特王子结婚。艾伯特成了她政治上的左右手。他促成1851年的第一次伦敦万国博览会，还成功地避免了美国内战期间的一场英美纠纷，避免了两国爆发战争。艾伯特在1861年底死后，她得到了臣仆约翰·布朗的照料，但却招致了流言蜚语攻击。1876年，维多利亚又获得印度女皇尊号。

　　1887年6月初夏季节，伦敦成了鲜花和欢乐的海洋。一个庄严而又盛大的庆典，使全城乃至全英国人民的脸上都洋溢着喜庆之色。维多利亚女王登基50周年大庆，正以前所未有的规模隆重举行。雍容华贵的女王，乘着精心装扮的彩车，前往威斯敏斯特教堂出席盛典。眼前是狂欢如醉的人山人海，左右簇拥着当朝显贵，身后紧随着各国来宾，俨然一个征服世界的"胜利者"（"维多利亚"词之本意）的形象。

　　10年之后，女王在位60周年的庆典更为热烈。当威仪万端的女王驾临圣保罗教堂时，万民欢呼，山摇地动，似乎又一次向世界展示着大英帝国的威严和力量。

　　这就是日不落帝国登峰造极的时代！可是参加庆典的狂呼着的人们，有谁去想乐极生悲、盛极而衰的古训箴言呢？

第七章

欧陆之霸
17 世纪以后法国的崛起

7.1

马扎然与投石党。"太阳王"的专制。西班牙王位继承风波。七年大战。"不管洪水滔天"的国王。法国向资本主义过渡缓慢原因分析

1643 年，年仅 5 岁的路易十四即位为法兰西国王。路易十四时代是法国崛起为欧洲大陆霸国的时代。

路易十四上台之前 20 余年，法国在枢机主教黎塞留的治理下，国势已渐趋强盛。三十年战争中，黎塞留运筹帷幄，纵横捭阖，与欧洲大多数国家结成同盟，终于将老牌帝国西班牙制服。

1642 年黎塞留弥留之际，推荐马扎然为他的继承人。不愧是惺惺惜惺惺，马扎然不负黎塞留重托，任首相期间在国内继续实行"大臣专制"政治，对外则迫使西班牙人最终签署和约。

然而，马扎然的重税政策显然得罪了人民，全国有一半以上的地方公开半公开地发生了骚乱。反对"大臣专制"的贵族和大领主们乘机而起，制造了一场"投石党之乱"。以高等法院法官为首，投石党于 1648 年进攻马扎

然和王室，甚至连一些王公也兴风作浪。几经周折之后，投石党运动终于在1852年平息。

西班牙人收留了投石党头领孔代亲王，并以他为西班牙军队统帅，领兵进逼巴黎。马扎然四处奔波，开展积极外交，游说英国、意大利以及德国的新教诸侯站在法国一边。战争进行了10年之久，西班牙最终失败，"赔了夫人又折兵"。法国不但得到了西班牙割让的大片土地，路易十四还娶了西班牙公主为妻。

马扎然的地位终于稳固了，但他心有余悸，倾全力对年轻的国王进行政治教育。1661年，一代权臣马扎然去世，遗嘱中谆谆教导路易十四：独揽大权，国王要统治一切。

23岁的路易十四亲政后，不再因袭前朝旧例委任首相，而是事无巨细一手独揽，他自称"太阳王"，名言是："朕即国家。"

亲政伊始，路易十四即采取果断措施，强化王权，打击各种分权势力。三级会议、教士会议形同虚设。为了强化中央集权和个人专制，路易十四从中产阶级中选拔官员，委以重任，直接由自己控制。至于那些国家元老和教俗贵族，路易十四表面上对他们尊重，实际上把他们排除在国家权力之外。

其时，教会理论家博叙埃主教对专制学说进行了充分论证。他从基督教

图 7-1
路易十四

欧陆之霸　145

理论出发，认为一切权力来自上帝，一切掌握权力的人都要对上帝负责。国王是上帝在世间的代表，王权应该是专制的，但不是专横的。法律应是符合上帝意志的，也是符合国王意志的。很明显，这种"君权神授"的学说，奠定了路易十四专制制度的理论基石。

在经济上，路易十四重用财政大臣科尔柏，推行重商主义政策，国家直接干预经济生活。他兴办王家工场，发展地方经济，修筑公路，改善河道，开凿连接地中海和大西洋的朗格多克大运河，在国内设立自由贸易区。为扩大海外贸易，他还组建东印度公司、西印度公司、近东公司以及北方公司，同时建立强大的可供商业和军事需用的远洋舰队。因而在17世纪里，法国在经济方面成了英国的主要竞争对手。

在文化上，路易十四广延人才，奖掖学术，先后成立了法兰西科学院、法兰西建筑科学院和法兰西喜剧院。在他的鼓励下，法国的古典主义文学尤其是喜剧发展到最高水平。路易十四时代修建的凡尔赛宫，"规模宏大，举世无双，宫内镶嵌面面明镜，悬挂盏盏枝形吊灯，闪闪发亮，陈设华丽多彩的花毯，点缀着一座座喷水池，交织着一条条林荫小径"，被人称为"人间豪华的一座丰碑"。

在军事上，路易十四大力扩军，步兵最多时达到40万人，骑兵将近5万骑。他好大喜功，希图称霸欧洲。他扩大了对海外的殖民侵略，同时也在欧洲范围内频频出征，虽然并不是每次都达到目的，但却显示了法国强大的军事优势。路易十四挑战的主要对象是英国。

路易十四将先王亨利四世的"欧洲帝国"计划牢记于心，声称要维护法国的"天然疆界"。他夺取了富庶的西属尼德兰（即后来的比利时），进而又觊觎更富有的荷兰。他不能容忍荷兰与英国的大西洋霸权，更对荷兰曾帮助西班牙反对法国耿耿于怀，因而拿荷兰"祭刀"。1672年，路易十四亲率30万大军直取荷兰。但在荷兰军民的殊死抵抗下，两年后无果而返。

1686年，荷兰与西班牙、萨伏依、神圣罗马帝国以及瑞典结成反法的奥格斯堡同盟，1688年后又有英国成为核心力量。它们与法军较量厮杀达9年之久。几次战役虽然互有胜败，但1692年的奥居角海战却使法国舰队元气丧尽，路易十四海上霸权的美梦因此而成为泡影。

18 世纪一开始，法国又同差不多整个欧洲开战。1700 年，西班牙国王查理二世死去，因无子嗣，王位必得传给旁系亲属。路易十四是查理的姐夫，后者曾在遗嘱中指定路易之孙安茹公爵作为自己的继承人，还要求保持西班牙本土及殖民地的完整。路易十四自然高兴，但欧洲各国本已对强大的法国心存忌惮，如果西班牙再并给波旁王朝，岂不是为虎添翼？这样，一场"西班牙王位继承战争"因而爆发。

这场战争历时 11 年，不但全欧洲，甚至海外殖民地都被卷入。由于英国马尔博罗伯爵的卓越指挥，反法联军一方接连取得了四次重大胜利。双方终于在 1713 年和 1714 年签订了乌特勒支条约和拉施塔特条约。安茹公爵保留了西班牙王位，但同时必须放弃对法国王位的继承权。

再过一年，"太阳"落山了，世界上在位时间可能最长的国王路易十四，于 1715 年 9 月溘然长逝。

路易十四时代是法国有史以来最辉煌的时代，也是封建王朝由盛而衰的转折点，表面的强大隐藏着封建专制制度危机的即将来临。路易十四一死，各种社会矛盾马上激化起来。

其时的法国，社会仍分为三个等级。然而，第一、第二等级仅占全国人口的 2%，却拥有全国耕地的 30%。王室拥有的土地又占全国的 10%。教俗贵族们几乎不承担赋税义务，但却占着大大小小的职位，霸占一切教俗权力。他们身着绣金镶银的华丽服装，乘坐名贵的马车，宴客打猎，看戏跳舞，及时行乐，不务正业。国王路易十五更是花天酒地，纸醉金迷，还不知羞耻地说："我死后，哪怕它洪水滔天。"

而占人口 98% 的第三等级，所占土地只有耕地面积的 60% 左右，许多农民少地甚至无地。然而压在他们身上的负担却很重，名目繁多的赋捐杂税几乎将他们全年的收入盘剥干净，因此他们对法国的政治和经济现状强烈不满。农民要求增加土地减轻赋税，工人及手工业者要求改善境遇，资产阶级要求限制王权，限制贵族特权，要求取消政府对工商业的干涉，启蒙思想家则高举起反对君主专制、还主权于民的理性大旗。总之，法国社会内部怨声一片。

统治者依然我行我素，醉死梦生，对内大举国债，大肆杀伐；对外则争土夺地，大兴干戈。18 世纪 40 年代的奥地利王位继承战争几乎是 30 年前那场国际战争的翻版；50年代开战的七年大战则把战火烧到了海外，作为主角的英法两国几乎拼得个你死我活。

七年战争有三个主要战场。

在欧洲战场上，一方是英国和普鲁士结盟；另一方是法、奥、俄、瑞典等国联手，两大阵营壁垒分明。陆战中，普鲁士国王腓特烈出尽风头，创造了一个个战争奇迹。而海战中，先是法军将英国地中海舰队击溃，后反由英军制造机会，在直布罗陀附近重创法国舰队，自此法国海军再也无力进行海战。

其他两个战场均有类似战况，法军先胜后败。在美洲，法军最初占领了宾夕法尼亚，致使英国首相纽卡斯尔引咎辞职。而新任首相皮特改变方略，在欧陆出钱支持普鲁士，让腓特烈拖住法国，自己则全力投入美洲和印度战场。

皮特这一着果然奏效。不久，英军即攻占了法属加拿大。而在印度，英将克莱武施以"围魏救赵"之计，不但救出了被包围在特里奇诺波利的英军，而且还将法军反包围，并迫使其投降。皮特还派克莱武和海军上将华生征服了孟加拉。由于英国控制了制海权，加上克莱武的机敏指挥，法国在印度苦心经营百余年的殖民地大厦终于土崩瓦解。

1763年，这场世界性的大战终于画上了句号。英普联盟演了一场天衣无缝的"双簧"：一个在陆上，一个在海中，轻而易举地就将法国制服了。11年后，做了将近60年国王的路易十五死去，其子路易十六即位。路易十六此时年届20，治国安邦之术却全然无知，吃喝玩乐倒是样样在行，铺张挥霍，坐吃山空，不顾国家正在恶化的财政状况。因此，在路易十五时期早已衰败的法国，到路易十六时则已经风雨飘摇了。

法国向资本主义过渡比较缓慢，主要原因在于其封建庄园制崩溃后长期盛行小农制经济，同时还有多方面因素起作用。

其一，到16、17世纪时，法国的统一国内市场没有完全形成。从中世纪以来，法国各地经济在一定程度上是相互隔绝的，各地被国内关税制度人为地分离和孤立，致使法国实际是由30多个分隔的市场区域所组成。地区市场是有限的，市场关系的扩大和培育受到限制。

其二，法国国家政策具有双面影响。专制王权对资本主义有某种促进，但其一系列的经济和财政改革只是为了辅助专制主义政权在西欧称霸。在这种背景下的重商主义，只是国家政治膨胀的工具，而专制主义政治膨胀的最终效应却是阻止资本主义发展。战争机器运转的巨大财政负担落到了农民身上，大土地贵族阶层抵制农业改革，是这种膨胀的恶果。虽然法国能有效地建立中央集权统治，但国家政治结构并未理性化。

法国的财政政策也有问题。国家为了增加王室收入而出售公职，而任官职者又可免除很多税收，这在实际上又减少了国家收入。国家为了增收，又实施行会垄断政策，由行会向国王购买垄断权。因此16、17世纪法国出现了一个奇怪现象，别的国家这时都是行会制度走向崩溃，法国的手工业行会却异乎寻常地发展起来。这对法国手工业发展产生了不利后果：1.劳动力流动受限制，进入一个行业困难重重；2.资本流动也受限制；3.创新活动常受行会的生产条例限制；4.价格也受限制。

各社会阶层的态度使土地变革受阻，农业资本主义发展缓慢。政府对土地改革不大热心，土地贵族阶层缺乏改革精神，尤其是农民的态度不利于资本主义农业发展。

法国土地关系的特点是小农占有土地，是绝大部分土地由小规模经营的农民耕种，领主大农场生产极其有限。这种土地关系对农业资本主义发展构成了阻碍。因为：1.领主自领地经营的小规模化；2.农民能够抵制领主将土地圈占起来的企图，因此法国的圈地极为少见。这样两点，使得法国难以出现"自上而下"的农业资本主义倾向；而且国家还保护农民这个国家的主要财政来源。3."自下而上"发展农业资本主义也很难。一是大多数农民领有地相当安全，也没有面临为占佃而竞争的问题；二是农民的资本积累受到限制，这主要是由于国家税收增加；三是农民析产继承制习惯，地块越分越小；四是农民佃有地稳定阻碍了劳动力流动和工资劳动制发展；五是农民的自给自足影响了市场关系的发育。法国实行的分成制地租也起了不好的作用。由于收获物要按固定比例分给地主，因而农民不愿意追加投资，因为追加投资所多得到的产出中，地主至少要分去一半。由于缺乏投资刺激，影响了对土地投入资本量和劳动量。因此，法国农业经济直到18世纪中叶才发生变化，而且主要是重农主义思想所发生影响的结果。

7.2

三级会议：革命者的营垒。网球场宣誓。攻占巴士底狱。《人权宣言》。"祖国在危机中"。路易十六被送上断头台

18世纪后期法国国王路易十六最头疼的问题是财政危机。尽管他一再更换财政大臣，但由于债台高筑，王公贵族挥霍无度，财政问题这一死结越勒越紧。据统计，从1774年至1789年，国债增加三倍，每年偿付利息相当于国家岁入的一半。

财政危机直接导致社会的不稳定。粮食短缺，物价飞涨，城乡居民处于饥寒交迫之中，群众暴动频频发生。1788年至1789年，农民暴动几乎席卷全国，其中以诺曼底、布列塔尼、阿尔萨斯等地区的声势最为浩大。同时，里尔、敦刻尔克、马赛、土伦等城市爆发市民起义。

在因财政危机所导致的社会危机面前，路易十六一筹莫展。财政大臣卡伦进谏说："再加税更会引起人民造反，天天借债只会导致破产，唯一的办法是向特权等级征税。"路易十六听取了这一建议，于是召开显贵会议，要求他们拿出钱来，帮助国家渡过难关。然而，长期以来享受免税特权的贵族们群起而反对，一毛不拔。

路易十六在走投无路的情况下，不得不召开175年前便已废止的三级会议，希望这一具有民主性质的机构能够帮助他从贵族手里挤出些钱来。1789年5月初，三级会议准备就绪，5月5日在凡尔赛宫正式开幕。由于财政总监内克的讲话、掌玺大臣巴朗登的致辞和路易十六的开幕词均未提到政治改革，又由于会议仍按传统的方式举行，即三个等级的代表分别开会，表决时按等级投票，所以会议一开始，第三等级代表就与特权等级发生了冲突。大革命的序幕就此拉开。

第三等级中，人数最多的是律师，其次是法官、商人和土地所有者，他们是法国资产阶级的代表。三级会议一开幕，他们就仿照英国，自称为下院。

起初，第三等级主张三个等级一起开会，共同进行资格审查，以个人表

决代替等级表决，但遭到了特权等级的反对。双方争执一个多月而不能达成妥协。6月10日，第三等级决定单独审查代表资格。6月17日，根据西哀耶斯的提议，第三等级宣布他们代表全体国民，组成国民议会，以巴伊为主席。三天后，路易十六以内部整修为借口封闭了第三等级的会场。在巴伊的领导下，国民议会转移到附近的网球场继续开会，并在此举行庄严的宣誓：在没有制定出法兰西宪法之前，国民议会决不解散。这就是法国历史上著名的"网球场宣誓"。

两天后，网球场又被封闭，国民议会转移到圣路易教堂开会。第三等级的行动使王室大为震惊，路易十六于23日亲自主持三级会议，并发表了带有威胁性的讲话，命令解散国民议会，一个等级仍然保留分别开会的旧例，否则将解散会议。讲话完毕，路易十六扬长而去，离开会场，同时宣布散会。这时候，特权等级的代表均遵命退席，只有第三等级拒不从命。米拉波即席发表演讲，号召第三等级务必信守网球场誓言，将斗争进行到底。几天之后，路易十六被迫同意三个等级共同开会，三个等级分开开会的旧例从此结束。7月9日，国民议会更名为制宪议会，决定创建一种新型的政治制度。

第三等级在议会斗争中的胜利，使得特权阶级惊恐万状，他们力劝路易十六采取行动，以免被动。6月26日，路易十六暗中调动军队集结于巴黎和凡尔赛宫，准备实行暴力镇压。7月11日，路易十六又下令驱逐带有改革倾向的财政总监内克，并撤换各部大臣。

7月12日，内克丢官的消息传遍巴黎，全城激愤。巴黎市民认为，国王对内克开刀将是对爱国者实行大屠杀的信号。是日，人们抬着内克的雕像举行大规模的游行。7月13日，巴黎市民冲进武器库和军械厂，用抢夺来的武器组成国民自卫军。

7月14日，巴黎的主要街区已掌握在人民的手里。但这时候，作为封建统治象征的巴士底狱还在王室手里，而且巴士底狱城堡上的大炮正对准圣安东街，随时可以向人民开炮。巴黎人民被王室这一残暴的举动激怒了，他们高喊着"到巴士底去"的口号，成千上万人涌向这座关押政治犯的监狱。从上午9时起，武装的巴黎市民将城堡团团围住。城堡司令德·娄内率领守军抵抗。经过四个多小时的激战，巴黎人民终于以200人的死伤代价，攻克了城堡，处死了德·娄内，并将这座可憎的监狱铲为平地。

攻克巴士底狱标志着法国大革命的正式开始。自此以后，革命运动迅速在全国开展起来，许多城市以巴黎为榜样，建立起常务委员会，组建国民自卫军。

早在7月9日，当国民议会更名为制宪议会时，就有人提出，在制定宪法之前必须发表一个宣言，以说明制宪所应遵循的基本原则，此事因攻占巴士底狱和尔后各地革命而被搁置下来。8月12日，制宪议会开始讨论宣言问题。8月26日，正式通过《人权和公民权宣言》，简称《人权宣言》。

《人权宣言》以启蒙学说为理论蓝本，集中所论的是"自然、不可剥夺的和神圣的人权"，提出"在权利方面，人生来是而且始终是平等自由的"口号。它宣布：自由、财产、人身安全和反抗压迫是天赋不可剥夺的权利；人们享有言论、信仰、著作和出版的自由，每个公民都有纳税的义务。在国家事务方面，《宣言》强调国家主权属于人民，政权组织采纳代议制，实行立法、司法和行政三权分立的原则，并明文规定法律面前人人平等，不允许有任何超越法律的行为产生。

《人权宣言》是法国资产阶级正式登上历史前台的政治宣言，它以法治

图7-2
今日巴士底广场

取代人治，以天赋人权取代封建特权，以人民主权和代议制取代封建专制制度，并在一定程度上承认人民革命的权利，具有无可否认的历史进步意义。对于当时的法国来说，它像一面鲜艳的旗帜，极大地鼓舞了人民群众的革命热情。

但是，作为资产阶级的政治宣言，《人权宣言》有着明显的阶级局限性，它所宣扬的"平等"与"自由"并非具有全民性，而是受财产因素制约的，所以随后的选举就提出了财产资格限制问题。

《人权宣言》公布后，由于危及特权阶级的利益，激起了他们对革命的敌视和反抗，而王室也几次想调集军队镇压革命。1791年6月20日，路易十六携家眷化装外逃，次日在离边境不远的瓦伦镇被发现，25日被押回巴黎。

国王外逃激起群众的公愤，原来拥护国王的人，大多转而赞成共和，主张废黜国王。这时候活跃于巴黎的科德利埃俱乐部变成了共和运动的大本营，而另一政治群体雅各宾俱乐部也力主共和，废黜国王。但是他们的主张却遭到了制宪议会的反对。制宪议会为路易十六开脱，说其不是外逃，而是被劫持，并宣布恢复国王职权。7月中旬，数千名群众聚集马尔斯广场，强烈要求废除国王实行共和，遭到了君主立宪派的镇压，死伤50余人。

这时候，历时两年的制宪工作初告结束，9月14日，国王到议会宣布接受宪法。由于该宪法是在1791年批准生效的，故称"1791年宪法"。

宪法规定法国为君主立宪国，保留君主制，但君主必须服从法律，国家主权属于人民。在国家机构的设置方面，实行立法、司法、行政三权分立。立法权属于一院制立法议会，这是国家最高权力机关。行政权属于世袭国王，国王有权任命各部大臣、驻外使节和高级将领。司法权属于选举产生的法官。

1791年宪法是法国历史上第一部资产阶级宪法，是资产阶级按照自己的面貌改造法国的根本大法。

君主立宪政体出台之后，法国面临多方面的危机。在国内，反抗派教士煽动农民暴动；在国外，以王弟阿图瓦伯爵为首的逃亡贵族伺机复辟。更重要的是，奥地利、普鲁士，西班牙、俄国等封建势力对法国革命深感恐惧，企图进行武装干涉。而且这时候，新诞生的立法议会内部分歧颇大，各派政治势力都想左右革命航向。

立法议会共745名议员，斐扬派占264席，他们满足于君主立宪政体，力图将革命限制在1791年宪法的范围内，是立法议会的右派。中派人数最多，占345席。左派大体上是雅各宾俱乐部的成员，占136席。他们一部分集中在布里索周围，后来形成吉伦特派，另一部分以罗伯斯庇尔为代表，属于资产阶级民主派。

在当时，路易十六和斐扬派、吉伦特派都主张对外战争。1792年4月20日，路易十六来到议会，提议对奥皇宣战，结果在议会获多数票通过，一场持续二十几年的大战就这样开始了。

战争一开始，由于指挥失当，法军节节退败。6月，为挽救败局，内阁改组，罢免吉伦特派大臣，代之以斐扬派。但是这并没能挽救败局，因为法国不仅仅是军事指挥失当，而主要是以路易十六为首的大贵族里通外国。

7月11日，立法议会宣布"祖国在危急中"，规定：全国上下必须处于战备状态，日夜办公；凡能够拿起武器的公民都必须领取武器，保卫祖国。数日之内，全国都被动员起来，各地组成的义勇军纷纷开往巴黎，保卫革命果实，其中来自马赛的义勇军，高唱战歌，步行27天进入巴黎。这首战歌就是著名的《马赛曲》。1879年正式定为法国国歌。

1792年7月26日，普奥联军指挥官布伦瑞克公爵以奥皇和普皇的名义发布宣言，声称联军的使命是结束法国的无政府状态，恢复法王的权力和镇压叛乱者。他警告法国人民，如果法王和王室受到伤害，他将把巴黎夷为平地。

图7-3
处死路易十六

这个狂妄的宣言激起了法国人民无比的愤怒,他们纷纷向立法议会呈送请愿书,要求立即废黜国王,同时准备暴动。

8月8日,巴黎圣安东区成立起义指挥部。次日,起义队伍占领市政厅,成立新的巴黎公社,即1792年公社,同时逮捕市长佩狄翁,处死原国民自卫军司令芒达。8月10日,起义队伍攻占王宫,在武装群众的压力下,立法议会通过决议,停止国王职权,撤换各部大臣,召开国民公会。路易十六被抓,监禁于丹普尔狱,等候审讯。自此,短命的君主立宪政体退出历史舞台。

8月10日起义之后,吉伦特派一直拖延对国王的审判。11月,从王宫一个秘密壁橱里发现大量的文件,证明路易十六有里通外国、破坏革命复辟旧制度的罪行。巴黎群众怒不可遏,纷纷上书要求处死国王。然而这时候,国民公会中就国王是否拥有人身不可侵犯的权利问题展开激烈争论。

审判开始于12月,由国民公会主持。1793年1月中旬投票表决,表决结果是:361票主张无条件判处死刑,26票主张判处死缓,384票主张监禁或放逐,5票弃权。投票结束后,议长宣布:"国民公会判处路易·波旁死刑。"

1793年1月21日,路易十六被送上了断头台。

7.3

共和国的诞生。吉伦特与雅各宾。罗伯斯比尔的"恐怖"。热月党人政变。巴贝夫密谋。督政府的统治

8月10日起义胜利后不久,普奥联军侵入法境,并攻下凡尔登,打开了通往巴黎的大门。此时的法国人民刚推翻王位,斗志昂扬。9月20日,在凡尔登附近的瓦尔密高地,两次打退敌人的进攻。几天以后,法军转守为攻,将普奥联军赶出了法境。

瓦尔密反击战的第二天,即1792年9月21日,由普选产生的国民公会代替了原来的立法议会。国民公会共有749名代表。坐在会议大厅右边的是吉伦特派,占165席,领袖人物有布里索、佩蒂翁、韦尼奥提、罗兰、孔多

塞等；坐在会议大厅左边最上方的称作山岳派，他们也就是历史上通称的雅各宾派，占100余席，领袖人物有罗伯斯比尔、丹东、马拉、圣茹斯特、库东、德穆兰等；坐在会议大厅最低处的称作平原派（或称作沼泽派），约500席。他们虽然人数居多，但政治上无定见，摇摆于吉伦特派和山岳派之间。

9月22日，国民公会采用了"共和国"的名称。这一天标志着法兰西第一共和国的诞生。国民公会成立时，吉伦特派在其中占据绝对优势，佩蒂翁担任第一任议会主席，布里索、孔多塞、韦尼奥担任秘书。由于国民公会在性质上代表全体国民，拥有一切权力，所以其他政治势力也不得不表示服从。

共和国的建立，吉伦特派的功绩最大。革命开始时，他们也曾同其他派别一样拥护君主立宪制，但随着革命的深入发展，他们又是各派中最早主张共和的一个派别。正是由于他们的努力，才跨出了由立宪到共和这关键的一步。

在国民公会里，吉伦特派虽然占据优势，但却时常遭到雅各宾派的攻击。1793年初，由于土地问题，法国政治舞台上又出现一个代表城乡下层群众利益的忿激派。他们要求平分土地，实行限价，甚至号召武装起义，试图推翻吉伦特派统治。

然而，吉伦特派最棘手的问题是外国军事势力的威胁。路易十六被送上断头台，引起欧洲各国君主们的恐惧。加之此时英国插手进来，形势变得更

图7-4
巴黎共和广场

为严峻。1793年2月，以英国为首的第一个反法同盟组成，加盟国除法国的宿敌奥地利和普鲁士外，还有西班牙、葡萄牙、撒丁王国、那不勒斯王国以及德意志诸邦。革命的法国处在外国军事力量的包围之中，随时都有被消灭的可能。

在危急的形势下，国民公会采取了一系列的非常措施，主要内容是加强国内治安，严惩叛国行为，同时设立各种各样的临时机构，如"革命委员会""救国委员会""公安委员会"等等。

这时候，雅各宾派联合巴黎公社和忿激派频频对吉伦特派发起攻击，试图抢夺国民公会的领导权。5月26日，罗伯斯比尔号召人民起义。6月2日，起义队伍包围国民公会，用大炮对准议会，逮捕了31名吉伦特派的主要领导人。

6月2日的起义宣告吉伦特派统治的终结，同时标志着雅各宾专政的开始。1793年6月的巴黎人民第三次起义，把雅各宾派推到了大革命的前台。

雅各宾派统治的重要机构是公安委员会。该机构本来是1793年4月由国民公会下令组成的，其使命是在非常时刻以非常手段保卫革命。它的成员起初主要是国民公会中的中派，后几经改组，雅各宾派被逐渐补充进去。尤其是罗伯斯比尔参加进去后，公安委员会的大权就完全操在雅各宾派手里了。

雅各宾派掌握政权的头几个月，法兰西共和国处在最危急的关头，外有反法同盟的军事包围，内有饥荒所迫。为保护革命成果，雅各宾派采取一系列措施，稳定国内局势。首先，他们把没收过来的逃亡的反革命分子的土地分成小块出售，分10年付款，使无地的农民有可能购买一小块土地；其次，将各地公共土地按当地居民人数实行分配；其三，无偿地废除一切封建权利，解除农民所负担的封建义务。

1793年7月，一个名叫夏洛特·卡黛的妇女伪装请愿，混进马拉的住宅，刺杀了马拉。此事发生后，雅各宾派借故实行恐怖统治，大量的嫌疑犯被逮捕，有的被监禁，有的被处死。为打击吉伦特派，还处死了20多名吉伦特派领导人。与此同时，又将原斐扬派人士和忿激派领袖送上断头台。事实上，这其中许多人都是为革命作过重大贡献的。

在经济方面，雅各宾派严惩囤积居奇的商人，颁行限价法令，规定最高工资限额，曾一度稳定因饥荒所导致的社会混乱，在一定程定上有利于革命

欧陆之霸　157

的深入发展。

罗伯斯比尔是雅各宾派的领袖，法国大革命时期的重要人物，以"恐怖统治"而著称。

1758年5月，罗伯斯比尔出生于阿腊斯城一个律师家庭，年轻时在巴黎大学学习法律，追随卢梭的思想，极富革命造反精神。20岁时，就曾写过《致阿尔图瓦郡人民的呼吁书》，受到第三等级的拥护，并被选为代表到巴黎参加全国三级会议。到巴黎后，罗伯斯比尔参加了雅各宾俱乐部。

尔后几年的革命实践，罗伯斯比尔一直表现积极，而且观点激进，深受下层群众的拥护，并逐渐成为雅各宾派领袖。

1793年6月的巴黎人民起义之后，罗伯斯比尔成了雅各宾专政的灵魂。7月，他加入救国委员会，并成为该委员会的实际领导人。此时，救国委员会是一个强有力的机构，拥有无限权力。它对内镇压王党叛乱，对外抵御入侵之敌。为了打击敌对势力，罗伯斯比尔实行恐怖统治，扩大镇压面，滥杀无辜，许多对革命作过重大贡献的人或政见不同者都被他送上断头台。据统计，雅各宾专制时期，因政见不同而被处死的达3.5万—4万人，贵族占8.5%，教士占6.5%，而原来的第三等级占85%。

血腥的镇压和群众的狂热，使罗伯斯比尔的威望与日俱增。1794年6月，

图7-5
罗伯斯比尔

罗伯斯比尔当上了国民公会主席。6月8日，他亲自主持了最高主宰节仪式，参加庆祝活动的约50万群众。人们把他比作希腊神话中的音乐之神，向他高唱赞美诗。

1794年7月，罗伯斯比尔见雅各宾专政即将覆灭，开枪自杀未遂，随后被送上断头台，年仅36岁。

雅各宾派通过铁的手腕，稳定了时局，但由于内部不和，又决定了它不可能将这场大革命领导到底。

自从取得执政权后，雅各宾派便分裂为三派，即埃贝尔派、罗伯斯比尔派和丹东派。埃贝尔派是最为激进的派别，主张实行极端的恐怖政策，认为解决法国的唯一办法就是断头台。丹东派较多地继承了吉伦特派的政治主张，实行宽容政策，主张"爱惜人类的鲜血"。罗伯斯比尔对这两派分别采取镇压办法，并先后把埃贝尔和丹东等人送上断头台。

罗伯斯比尔的恐怖政策渐渐失去了群众的支持。正如恩格斯所批评的："对他来说，恐怖成了保护自己的一种手段，从而变成了一种荒谬的东西。"

1794年7月，罗伯斯比尔感到自己势单力孤，情绪一度低落，不再出席救国委员会的会议。同时把圣茹斯特从前线召回，决定对反对派发起武装攻击。热月8日（7月26日），罗伯斯比尔在国民公会发表演讲，扬言要清洗救国委员会，改组公安委员会，惩治叛徒。这次演讲使国民公会成员人人自危，亦加速了反对派的反击行动。热月9日，经过密谋策划，国民公会完全被反对派所控制，在"打倒暴君"的呼喊声中，当场逮捕了罗伯斯比尔、圣茹斯特和库东等人。当晚，巴黎公社曾把罗伯斯比尔从狱中救出，但随后又被国民公会的军队逮捕。

热月10日，罗伯斯比尔等22名雅各宾派首领未经审判即被送上断头台。自此，雅各宾专政画上句号。

热月政变时联合起来反对罗伯斯比尔派的国民公会议员，通常被称作"热月党人"，包括平原派、丹东派和埃贝尔派残存分子以及政变后被召回的吉伦特派。

以往教科书常常将热月党人的执政称作"热月党的反动"，实际上不是公正的评价。如果称其为"反动"的话，也只是对恐怖的反动和对雅各宾激进措施的反动,在当时的历史条件下,是有积极意义的。他们所做的是想恢复1789年的革命原则,重建一个正常稳定的政治制度以代替雅各宾的战时制度,从而结束动荡和恐怖的岁月。其具体措施是:一、对各类反动派和政敌采取宽容和赦免政策;二、改革政权机构,削弱或取消雅各宾专政时期建立的专政机器,如救国委员会、公安委员会等;三、打击雅各宾派的残余势力。

热月党人虽然想恢复社会的正常秩序,但由于内外交困的形势不可能短时期好转,故人民暴动依然时有发生,如1795年的芽月暴动和牧月暴动就是一例。然而,由于他们有效的措施,革命成果并没有受到损失,其中最突出的贡献便是击败外国敌对势力,使第一次反法同盟瓦解,同时平定王党叛乱,使政权得到一定程度的巩固。这些都是值得肯定的。

1795年8月,国民公会通过新宪法,即"共和三年宪法"。此时又遇上王党分子再次叛乱。国民公会起用年轻将领拿破仑·波拿巴,用大炮镇压了叛军。叛乱被镇压之后,热月党人根据新宪法,宣布国民公会结束,代之以由五位督政官所组成的督政府作为共和国最高权力机构。

督政府统治初期,法国形势曾一度平缓发展,王党叛乱被镇压,第一次反法同盟瓦解,恐怖统治被消除,人们开始从公共生活退身,以谋求平静的私生活。在此背景下,只有为数很少的人还在继续谋求革命,这就是巴贝夫平等派密谋。

巴贝夫是一位空想共产主义者,1760年出生于圣康坦城一个教师家庭。由于家境清贫,巴贝夫15岁便开始独立谋生,没有受过系统的学校教育。大约在16岁的时候,形成了一种粗糙的共产主义思想。1789年7月,巴黎人民起来革命,攻占巴士底狱,巴贝夫欣喜若狂,自此以饱满的热情投身革命,在吉伦特派执政和雅客宾专政时期,巴贝夫对于资产阶级的软弱性很不满意。热月政变时,他曾为雅各宾倒台而欢呼,但过后不久他觉得热月党人并没有给人民多少好处,转而承认自己批评罗伯斯比尔是错误的,并猛烈反对热月党人,在报纸上撰文公开号召推翻国民公会。1795年2月巴贝夫被捕,9月押回巴黎。在狱中,他结识了许多革命者。10月,热月党人宣布大赦,巴贝夫出狱。

出狱后的巴贝夫斗志更为坚决,撰写文章,发表演说。督政府查封了他的报纸,封闭了他的主要活动地万神庙俱乐部,迫使他不得不转入地下。

1796年5月，经过长时期的"平等派密谋"活动，巴贝夫准备武装起义，推翻督政府。由于叛徒告密，起义的前一天，包括巴贝夫在内的"平等派密谋"的主要领导人均遭逮捕，密谋失败。5月26日，巴贝夫被送上断头台。

1795年10月到1799年11月，为督政府统治时期。

督政府成立之初，法国所面临的形势极其严峻。社会混乱，权力瘫痪，经济萧条，国库空虚，物价飞涨，饥荒频作。为了稳定社会和发展经济，督政府作了一系列努力。在政治方面，重建从中央到地方的行政系统，五名督政官分管不同事务，下设七个部，并录用一批专门人才，提高了管理能力。地方按郡、区、公社三级建制，一方面加强郡府的行政自主权，另一方面又派专员监督和牵制，以确保中央的控制权。在经济方面，督政府实行币制改革，统一税收制度，在大幅削减行政开支的同时，规定对历年所积欠的公债及利息均只减付原定数目的三分之二，从而基本上达到了财政收支的平衡。为了鼓励经济的发展，继续拍卖国有土地，同时停止分配农村的公有土地，在一定程度上保护了小农的利益。

但是，督政府执政四年时间里，时常面临着来自左面和右面的威胁。以雅各宾派残余分子为主干的激进分子，对于督政府的温和政策大为不满，试图颠覆政权。而立法团里面的保王党又伺机想控制权力，为复辟王政作准备。对于这两种反对派势力，督政府采取果断措施，分别于1797年果月18日和1798年花月22日发动政变，粉碎来自两方面的叛乱。

然而，由于第二次反法联盟的建立，督政府执政后期已无力对付外国入侵者，终于在1799年雾月18日，被拿破仑为首的执政府所取代。

7.4

矮个子拿破仑。雾月政变。拿破仑加冕。奥斯特里茨战役。大陆封锁。帝国从极盛到崩裂。滑铁卢之辱

拿破仑·波拿巴，科西嘉人，1769年8月出生于一个家道衰落的律师家庭，

青年时代崇拜恺撒、卢梭和伏尔泰。10岁时入布里埃纳军校学习，因乡音难改，且家境不殷，颇受贵族子弟歧视。15岁进入巴黎军校，学习刻苦，尤其喜爱数学、军事和历史。

大革命开始时，拿破仑在军中服役。1791年升为中尉，拥护共和参加雅各宾俱乐部。1793年，面对第一次反法同盟对法国领土的威胁，国民公会实行全国总动员，虽然这时法军连连得胜，但盘踞于土伦的王党在英国和西班牙舰队支持下负隅顽抗，久攻不下。1793年6月，拿破仑参加法军攻土伦之役，任炮兵指挥，并晋级少校。在此战役中，拿破仑表现十分出色，使王党失去海上支持，土伦被攻克。拿破仑亦因其战功破格提为准将。

1795年10月，巴黎王党暴动，国民公会任命巴拉斯指挥镇压，拿破仑为助手。他率领5000军队，用大炮击溃2万王党叛军，事后被升为"内防军"副司令。此时，他结识年青寡妇约瑟芬，并于1796年春与其结婚。婚后第三天，受命为意大利方面军司令，离开巴黎，前往威尼斯。在意大利，拿破仑同奥军作战，连连获胜，且身先士卒，极受将士拥戴。同时又从意大利搜括大量的黄金、钻石和艺术品运往巴黎，讨得法国大资产阶级的欢心。1798年初，拿破仑又决定远征埃及，"举行一次威胁英国和东印度之间贸易的东征"。5月，

图7-6
拿破仑

身为东征军司令的拿破仑率3万法军300艘军舰离开土伦，开赴埃及，同样捷报频传，充分显示了法国的军事力量和他个人的军事天才。

尽管拿破仑战场得胜，但却很难挽救当时法国的军事困局。1799年春，在德意志境内，奥军直逼阿尔萨斯边境；在意大利和瑞士，法军接连败北，俄奥联军乘胜追击，法国的各附庸国相继灭亡；在荷兰，英俄联军已经登陆。战争又一次逼近法国本土。

面对外敌压境的严峻事实，督政府束手无策。大资产阶级要求建立一个强有力的政府，督政府也想依靠军队来安定局势，维护统治。用新当选的督政官西哀耶斯的话说："我需要一把利剑。"这把"利剑"就是拿破仑·波拿巴将军。8月22日，拿破仑率领少数部众离开埃及，10月9日在法国南部登陆，10月16日赶回巴黎。沿途群众和巴黎显贵名流像欢迎凯旋的英雄一样欢迎拿破仑。

拿破仑一回到巴黎，马上就同西哀耶斯等人策划政变。雾月18日（11月9日）早上7时，元老院集会。会上有人借口发现雅各宾派阴谋恢复国民公会和救国委员会，元老院在紧张气氛中任命拿破仑为巴黎卫戍司令。于是，他迅速用武力控制巴黎，逮捕两名反对派督政官，迫使另一名督政官辞职。督政府实际上被推翻。次日，召开两院联席会议，西哀耶斯陪同拿破仑到会，500名议员齐声高喊"打倒独裁"，几名议员冲到拿破仑面前，扯住他的衣领猛烈推拉。在士兵的保护下，拿破仑退出会场。随后，拿破仑的助手克莱尔将军率领士兵冲入会场，强行驱逐议员。当晚8时，几十名议员被召回，在拿破仑的胞弟吕西安议长的支持下，通过了废黜督政府、成立临时执政委员会的决定。政变成功。

雾月政变后的第三天，拿破仑随即同西哀耶斯、罗歇·迪科组成临时执政府，自任第一执政。一个月后，又匆忙制定出一个新宪法，即"共和八年宪法"。宪法规定第一执政具有绝对权力，可以公布法律，任免官员，决定战和，第二第三执政只有发言权，起咨询作用。这样，整个国家权力就集中在拿破仑一人之手了。为了进一步强化个人权力，拿破仑规定议会实行由四院组成的多院制，事实上是架空议会，使议会形同摆设。1802年，拿破仑又下令修改宪法，明文规定自己为终身执政，并有权任命后继人。

拿破仑不仅是一位军事天才，而且具有出色的行政才能。他敢于改革，善于用人。为弥补自己治国经验之不足，他亲自挑选几十名专家组成参政院，分海军、陆军、财政、立法、内务五个小组。除此之外，中央设立12个部，各部部长均由具有真才实学的专家担任。他不避亲疏，不分党派，只要是有用之才，都得到重用。

在经济方面，拿破仑首先对财政系统进行改革，尤其重视对税收的改革。同时厉行经济紧缩政策，健全会计制度，打击贪污行为。这些措施使国库收入大为增加，财政状况有明显的改善。在军事上，他建立起当时欧洲最强大的一支军队，还创立了绝对忠诚他的近卫军。对国内反对势力，不管是王党复辟力量还是民主力量，均采取镇压和安抚两种策略。对于国外反法同盟，拿破仑予以坚决抵抗，但同时又有扩张侵略争夺欧洲霸权的一面。总之，执政府统治时期，法国内外形势均朝着稳定和壮大的方向发展。

拿破仑从共和国的临时执政发展到帝国皇帝，只在短短的5年时间便完成了这一过程。

根据共和八年宪法，拿破仑只是第一执政，任期10年。1802年的共和十年宪法规定其为终身执政，他的生日被定为全国节日，其肖像出现在1803年的货币上。然而拿破仑并不以此为满足，不愿听群众高呼"公民拿破仑·波拿巴"，而是要人民匍匐在他的面前，山呼万岁。

1803年对英重新开战和王党的叛乱加速了执政府向帝国的转变步伐。此时的法国军威赫赫，拿破仑不仅征服了欧洲大片土地，而且把势力扩大到美洲、亚洲和非洲，与英国利益直接发生冲突。1803年5月12日，英国召回驻法大使，并开始截击法国商船。5月18日，英国向法国宣战。战端重开后，王党分子活动猖獗。拿破仑派兵搜剿，被捕的王党分子供出他们将推出波旁家族一位王子作为未来的王位继承人。拿破仑不加核实，便处死了这批王党分子。

拿破仑身边的追随者利用这一事件，宣扬建立波拿巴王朝，以打破波旁王朝的复辟梦。1804年5月18日，元老院以法令形式修改共和十年宪法，并就设立"法国人皇帝"问题举行公民投票。投票结果，赞成者350万人，反对者只2500人。为了模仿1000年前查理大帝的前例，拿破仑要求教皇主持加冕仪式。1804年12月2日，加冕仪式在巴黎圣母院举行，拿破仑从教皇手里接过皇冠戴在自己的头上，从执政官一变而为法兰西帝国皇帝。

拿破仑的一生是在马上度过的，黑格尔曾经称他是"马背上的绝对精神"。他一生打过无数次漂亮仗，而最惊心动魄最能显示他军事天才的是奥斯特里茨战役。

1805年4月，在英国的鼓动下，欧洲一些国家又组成第三次反法同盟。拿破仑迫使西班牙同自己站在一边。10月，法国和西班牙舰队在地中海的特拉法加海角与纳尔逊指挥的英国舰队发生遭遇战，法西联合舰队几乎全军覆灭。拿破仑只好放弃渡海进攻英国的计划，把重点放在欧洲大陆以对付俄奥联军。在俄奥合兵之前，拿破仑率24万大军，分兵10路，很快就进入奥地利境内，并占领了其首都维也纳。

1805年12月2日，即拿破仑加冕的周年纪念日，在维也纳以北120公里的奥斯特里茨，法军与俄奥联军展开了举世闻名的血腥大战。法国方面投入7.3万兵力，俄奥联军为8.7万兵力。拿破仑亲自指挥这场战役，敌方的总指挥为俄皇亚历山大和奥皇弗兰茨。拿破仑预料对方一定会设法截断法军去维也纳和多瑙河的退路，于是他一边命令前锋佯退，一边派人同俄皇议和，表现出临阵畏缩的假象。俄奥联军果然上当，把主力撤离战略高地而去包抄法军的退路。法军见对方撤去，迅速占领高地，并把俄军逼到半冰河里去。大批俄军或被击毙，或被淹死，幸存者全被俘虏。俄奥联军惨败，丢下尸体3万具，而法国损失仅仅9000人。

奥斯特里茨战役是世界军事史上的典范，也是拿破仑军事生涯中最闪光的一次战例。为纪念这次战役，法国政府历时30年，在巴黎市中心建造凯旋门。这座建筑至今仍是法兰西民族荣誉的象征。

18世纪末19世纪初的欧洲，英法两国的势力最为强大。为争霸权，争市场，争殖民地，两国一直进行着你死我活的搏斗。1805年，拿破仑准备渡海入侵英国，试图一劳永逸地除掉他的主要对手。然而事与愿违，特拉法加海角一战，法国舰队全军覆没，更谈不上渡海远征英国了。

特拉法加海战的失利，使拿破仑认识到，对付英国要比对付其他欧洲国家困难得多。于是他改变策略，决心在经济上打击英国。1806年11月，拿破仑颁布《大陆封锁令》，宣布"不列颠群岛处于封锁状态"，"禁止与不列颠群岛的任何贸易和任何交往",并下令在欧洲各地搜捕所有的英国人,没收他们的财产。第二年,又颁布《米兰法令》,禁止中立国同英国发生贸易往来。

拿破仑的封锁政策,是想禁止欧洲大陆各国同英国的贸易往来,进而使英国经济陷于瘫痪和破产,在饥饿恐慌的情况下不得不向法国投降。封锁令实行后,也的确给英国带来了巨大的困难,但是英国并未因之而屈服。它凭着强大的经济实力和海上优势,很快就恢复了元气。相反,由于大陆一些国家同英国经济联系密切,封锁令直接影响了它们的工商业发展,所以对拿破仑的封锁政策强烈不满。为了有效地贯彻他的大陆封锁令,拿破仑决定夺取比利牛斯半岛。因为这里是英国同大陆进行贸易的主要途径之一,葡萄牙和西班牙的港口经常停泊着大量的英国商船。然而,拿破仑出兵比利牛斯半岛,不但没有达到如期效果,反而陷入其中不能自拔。

奥斯特里茨战役后,以英国为核心又组成第四次反法同盟。1806年9月,普鲁士国王通牒拿破仑,要求法军在10月8日之前必须撤出德意志。拿破仑先发制人,在耶拿重创普军,10月27日率大军进入柏林,柏林市长被迫献上首都的钥匙。踏平普鲁士后,拿破仑于1807年6月又击败俄国,沙皇亚历山大被迫求和,两国签订提尔西特和约。第四次反法同盟瓦解。

1809年初,奥英密谋,又组成第五次反法联盟。4月,奥军不宣而战,向法军发起攻击。拿破仑以闪电般的速度,五天之内接连展开五次血战,连连挫败奥军,5月13日,攻占奥地利首都维也纳。5月,奥军击败法军于阿斯佩思—埃斯林。7月,奥法双方又举行会战。奥军利用有利地形等候法军的进攻。拿破仑选择新的渡河地点,在一个风雨交加的夜晚,以迅雷不及掩耳之势直捣奥军营地。奥军大败,被迫求和,第五次反法同盟又被粉碎。

第五次反法同盟粉碎之后,拿破仑帝国达到极盛时期,领土包括比利时、皮埃蒙特、热那亚和德国西部的一部分,还有罗马城和教皇的领地。拿破仑还兼任意大利国王、瑞士的统治者和莱茵邦联的保护人,其兄弟分别担任那不勒斯、荷兰、威斯特伐利亚的国王。帝国从原来的88个郡扩大到130个郡,人口7500万,是大革命前的两倍。

拿破仑的对外战争,除了掠夺和屠杀之外,以血与火的方式将法国革命成果推向欧洲各国。他传播革命原理,宣传自由平等,摧毁封建势力,革除封建弊端，同时在各地兴修道路，架设桥梁，建立学校，发展经济，促进了资本主义的发展。

提尔西特和约签订之后，拿破仑的野心更为膨胀，为了统治欧洲，进而称霸世界，他决心先打败俄国，然后再回过头来收拾英国。

对俄作战，拿破仑调集了70万人组成远征军。1812年6月，法军渡过涅曼河，不宣而战，俄军全线撤退。8月7日会战于斯摩棱斯克，双方均伤亡惨重。9月，法军进入莫斯科。10月，拿破仑决定战略撤退，不料这一年寒冬提前，大军行走于冰天雪地，饥寒交迫，且时常遭到俄军袭击。从莫斯科出发时，法军尚有10万主力军，一个月后，能够战斗的只有4万人了。

入侵俄国的失败，是拿破仑帝国由盛而衰的转折点，1813年3月，俄、英、普等国又一次结盟，组成第六次反法联盟。1813年10月16—19日，16万法军与32万反法联军在柏林西南的莱比锡决战，史称"民族之战"。此时，不仅力量对比悬殊，而且法军士气低落，终于失败。此后，联军分道进攻法国。拿破仑身先士卒，声东击西，一次又一次地击败了敌人。联军鉴于拿破仑的成功，决定改变策略，各路人马直逼巴黎。1814年3月31日，巴黎被攻克，前外长塔列朗组成临时政府。4月3日，法国元老院和立法院联名宣布拿破仑退位。4月6日，拿破仑同意退位。11月发表退位诏书，并与普、奥、俄签订枫丹白露条约，正式退位。但退位后仍保留皇帝称号，并拥有厄尔巴岛的主权。28日，拿破仑登上英国军舰，一星期后到达地中海上的厄尔巴岛，名为皇帝，实为囚徒。

经过塔列朗的策划，路易十六之弟、流亡中自称路易十八的普罗旺斯伯爵回到巴黎作了国王，波旁王朝复辟。

路易十八回国后颁布"宪章"，承认大革命的两个主要成果：废除封建制和出售国有资产。旧贵族、教士和跟随路易十八回国的逃亡者对此不满，他们要求全面复辟，甚至收回被没收的土地财产，从而引起一部分资产阶级分子的恐惧仇恨。而且这时候，王党分子又恢复了路易十六被处死的纪念日。

1815年2月26日，拿破仑利用人民对复辟王朝的仇恨心理，带领1000人，逃离厄尔巴岛，3月1日在法国儒昂港登陆。在向巴黎挺进的途中，得到了法国人民的广泛支持，"皇帝万岁"的欢呼声不绝于耳。3月20日进入巴黎，路易十八仓皇出逃。拿破仑又重新登上王位，统治法国近100天，史称"百日王朝"。

百日统治期间，拿破仑首先在政治上采取各种措施，以安定人心和重振法兰西国威，同时致函欧洲各国君主，表示用和平取代对抗和无条件地尊重欧洲各国民族独立的诚意。然而，正在维也纳召开分赃会议的各国君主，对于拿破仑的东山再起，惊恐万状，匆忙拼凑了第七次反法联盟，动员上百万的军队围攻法国。拿破仑组织50万人迎敌。1815年6月18日，在比利时的滑铁卢镇展开决战，法军失败。6月22日，拿破仑再次退位，并被流放到大西洋的圣赫勒拿岛，法兰西第一帝国最终覆灭。

1821年5月5日，拿破仑逝世，享年55岁。1840年，遗骸运回巴黎安葬。

7.5

波旁王朝复辟。七月风暴。里昂工人起义。铁腕人物基佐。二月革命。第二共和国。流血的六月

拿破仑滑铁卢失败后，逃亡国外的路易十八迫不及待地踏上回国的路途，想以既成事实使反法盟军放弃扶植奥尔良公爵的念头。7月8日进入巴黎，第二次复辟实现。

路易十八进入巴黎的第二天，组成了新内阁。这届内阁不再由王室成员充当各部部长，而是代之为共和时期和第一帝国时期的社会名流。塔列朗任政府首脑兼任外交大臣。然而这并没有阻挡王党分子的反攻倒算。一时间，整个国家笼罩于白色恐怖之下。他们大肆杀戮革命党人和拿破仑军队的官兵，连进步的市民和工人也不放过。

1824年9月，路易十八去世，67岁的王弟阿图瓦伯爵袭位，称查理十世。他更加站在王党分子一边，变本加厉推行反动政策。在议会里，极端君主派占绝对优势。1825年4月，查理十世颁布《赔偿亡命者10亿法郎的法令》，国家用10亿法郎赔偿逃亡贵族在大革命中的财产损失，其数额相当于大革命时期他们被没收财产的19倍。

至 20 年代末，复辟王朝终于陷入无可救药的危机。政治上，内阁和议会的冲突加剧，资产阶级力量壮大；经济上，银行倒闭，工厂关门，谷物歉收，物价猛涨。在这种局势下，人民多次起来反抗政府。在农村，农民自发起来袭击粮车，或者痛打政府官员；在城市，工人罢工频繁，从 1825 年到 1828 年，先后爆发过白铁业、丝织业、烟草业、印刷业的工人罢工。资产阶级对波旁王朝的倒行逆施更为不满，他们怀念大革命时期的平等和自由。这一切仇恨的种子终于在 1830 年破土而出，从而导致了复辟王朝的颠覆。

法国人民对波旁王朝的怨恨终于在 1830 年 7 月像火山般地爆发出来。

3 月 18 日，议会通过一份由 221 票赞成递交国王的《致辞》，公开反对查理十世的专制，要求内阁必须同议会的政治观点一致。对此，查理十世十分恼火，于 5 月 16 日解散议会。然而在新产生的议会里，反对派仍占绝对优势，而且由原来的 221 人增加到 274 人。查理十世恼羞成怒，于 7 月 25 日签署四项敕令，试图用高压手段压制民主势力。这四项敕令史称《七月敕令》，具体内容是：一、取消出版自由；二、宣布新的选举无效，解散新议会；三、实行根据纳税情况而规定的新的选举法；四：规定 9 月 6 日和 13 日召集选区和郡的选民团，9 月 28 日两院开会。

《七月敕令》颁布后，立即引起了巴黎人民的强烈反对。7 月 26 日晚，一些印刷工人和青年学生高喊反政府口号，并用石块猛砸财政大臣办公室的玻璃窗。27 日，许多工厂罢工，店员罢市，人们涌向街头，捣毁带有波旁王朝徽章的标志，并同前来镇压的国王军队发生武装冲突。晚上，巴黎人民砍倒树木，揭起铺路的石块，设起路障，筑起街垒。28 日，起义规模更为扩大，参加者达到 8 万之众。人们举起三色旗，高喊"打倒波旁王朝""共和国万岁"，起义群众占领了市政厅和巴黎圣母院。29 日，起义群众向罗浮宫和杜伊勒里宫进发，许多国王军队倒戈。中午时分，整个巴黎已控制在人民手里，波旁王朝实则停止了统治。这就是法国历史上光荣的"七月革命"。

七月革命的成果是巴黎人民用鲜血换来的，但却被大资产阶级窃夺而去，建立起"七月王朝"，以奥尔良公爵路易·菲利浦为国王。

七月王朝比起波旁王朝来虽要开明得多，但却不能代表人民的利益，只是资产阶级统治人民的工具。劳动者本来指望这个由革命产生的政权会给他们改善生活状况。这个指望很快落空了。工人愤怒地说:"我们摆脱了世袭贵族的束缚,却沦于金融贵族的压迫之下。我们赶走了有称号的暴君,却遭受着百万之富的暴君的统治。"而且这时候,随着资本主义经济的发展,工人们产生了初步的阶级意识,1831年和1834年里昂工人两次起义,标志着法国工人运动进入一个新的阶段。

1831年11月,里昂丝织工人因厂主拒绝执行已达成的增加工资的协议,举行罢工。遭到镇压后,工人们毅然拿起武器举行武装起义,把战斗口号"工作不能生活,毋宁战斗而死"写在他们的黑色旗帜上。经过三天奋战,工人攻占了市政厅,占领里昂达10天之久,于12月初被镇压下去。

两年多后,即1834年4月,里昂工人又举行第二次起义。工人奔向街头,修筑街垒,散发传单,并提出建立共和国的政治主张。政府派军警镇压,双方发生武装冲突,工人死300多人,伤600多人,持续四天的起义终于失败。两次里昂工人起义是世界历史上最早的工人武装起义,它标志着无产阶级作为一支重要的革命力量开始形成。

七月王朝时期的政体是君主立宪制,把持政府的君主立宪派分为"运动派"和"抵抗派"两股政治势力。运动派主张扩大选举权,把民主运动引向深入。抵抗派强调政府统治秩序,主张镇压一切反政府力量。七月王朝建立之初,内阁曾把持在运动派之手,但不到一年,政府就转到抵抗派手中,此后,运动派长期处于次要地位。

七月王朝的头几年,内阁更替频繁,首相走马灯般地替换。但是,真正掌握政局的是布洛伊公爵、梯也尔和基佐,人称"三驾马车"。1840年以后,基佐独揽大权,一直延续到1848年二月革命。

基佐是抵抗派的中坚人物。在对内政策方面,他以维护金融贵族的"秩序"为宗旨,极力鼓吹七月王朝的君主立宪制是法国最理想的社会制度。他发给各种商业公司、工业公司巨额津贴和奖金,把大量资金投入金融信贷,而不愿意用于改善国民生活和劳动条件。另一方面,基佐对工农群众和其他民主力量极端仇视,不仅剥夺他们的选举权,而且用贿买的办法控制议会选举,把议会变为政府的驯服工具。

基佐的立场完全站在金融资产阶级一边,引起了社会各阶层的普遍不满,连工商业资产阶级也起来反对他的政策。当时以梯也尔和巴罗为首的一大批议员，要求扩大选举权，进行社会改革；以马拉斯特和拉马丁为首的工商业资产阶级，鼓吹共和思想，反对七月王朝的君主制，极力主张社会自由和经济自由。以布朗基为代表的社会主义派要求推翻资本主义制度，消灭一切压迫和剥削。

七月王朝时期，法国的工业革命虽得到了迅速的发展，资本主义经济日益壮大起来，但是除金融贵族以外的各阶层仍然处在无权的地位。工业资产阶级受排斥，小资产阶级和农民陷入贫困和破产，无产阶级被剥夺了一切政治权利。尤其是在基佐统治时期，社会矛盾更进一步激化，人民反对七月王朝的声浪日益高涨。

1847 年夏，君主立宪派和共和派联合起来，利用人民的革命热情，发起了反对七月王朝的聚餐运动。国王对此采取镇压政策，下令禁止 1848 年 1 月 19 日在巴黎的聚餐活动。资产阶级反对派决定把这次聚餐活动改在 2 月 22 日，同时准备在这一天举行示威游行，抗议政府破坏集会自由。是日，巴黎人民聚集于聚餐地点，高喊："打倒基佐""改革万岁"，并同政府军队发生了冲突。傍晚时分，示威者分散各处构筑街垒。第二天，示威游行的规模更大，大批的政府军队不仅不镇压群众，而且倒戈支持革命。

国王路易·菲利浦惊慌失措，赶忙把基佐免职，授命素有自由主义声望的莫尔伯伯爵组织新政府，作为缓兵之计。资产阶级为此而欢呼，以为革命达到目的，但人民并不满意，斗争仍在继续。24 日晨，起义群众占领了巴黎所有的兵营和武器库，在"共和国万岁"的口号声中直捣王宫。路易·菲利浦见势不妙，逃往英国。起义群众占领王宫后，把国王的宝座搬到巴士底狱广场的烈士纪念柱前焚烧，并冲进波旁宫，驱散立法会议，结束了君主立宪制的统治。二月革命成功。

正当巴黎人民在巴士底狱广场焚烧国王宝座的时候，资产阶级趁机窃取革命果实。2 月 24 日晚，临时政府宣告成立。临时政府中绝大部分成员是资产阶级的代表，重要职位均被他们所占据。律师杜旁为临时政府首脑，诗人拉马丁为外交部长，共和主义者赖德律—罗兰为内政部长，股票经纪人加尔涅—帕热为财政部长，律师克莱米约为司法部长，物理学家阿拉贡为海军部长。参加临时政府的小资产阶级社会主义者路易·勃朗和工人代表阿尔伯不过是资产阶级的尾巴，根本不可能起到代表人民利益的作用。2月25日，在人民的强烈要求下，临时政府宣布成立法兰西共和国，即法国历史上的第二共和国。这个共和国自然不是无产阶级所希望的"劳动共和国"或"社会共和国"，按照马克思的说法，它"只不过是旧资产阶级社会的一件新制舞衣罢了"。

临时政府除宣布成立共和国之外，还通过了一些改革性的法令，主要内容有：一、保证工人能够靠劳动维持生活，每个公民都有工作可做；二、为了调解劳资纠纷，成立卢森堡工人委员会；三、缩短工作日1小时；四、废除选民财产资格限制，实行普选权；五、宣布出版自由和集会自由。

可以看出，上述改革性的法令对工人阶级是有利的。因为这场革命是工人阶级为主体的，临时政府不得不作出一些让步。但是，就在他们作出这些让步的同时，又加紧了对工人运动的镇压，从而又引起了工人阶级的武装起义。

临时政府建立之初，资产阶级迫于人民的压力，实行了一些有利于工人阶级的改革，但一旦统治秩序得到初步稳定，便开始压制工人。1848年5月4日，临时政府解散，由拉马丁等五人组成执行委员会行使政府权力，排除了路易·勃朗和阿尔伯。5月15日，执行委员会下令逮捕工人领袖布朗基等人，并调集大批军队进入巴黎。紧接着，宣布关闭"国家工厂"。工人面对政府的倒行逆施，愤燃走上街头，举行抗议示威，并随即发展为武装起义。

6月22日，工人迅速在巴黎构筑起大大小小的街垒，街垒上空飘着红旗，上书"打倒人剥削人的制度""共和国万岁"等字样。6月23日，工人同政府军发生武装冲突。24日上午，起义者占了绝对优势，巴黎的四周郊区都掌握在起义者手里。在市区，起义队伍分四路进攻市政厅。在接近市政厅的时候，遭到了政府军的炮击，大批工人倒在血泊里。到25日，优势转到政府军一边。但是，起义者宁死不屈，战斗仍在继续。26日，政府军向起义者的最后阵地圣安东郊区发起猛攻。内政部长、巴黎副市长、国民议员先后到阵地督战。起义工人在敌人重炮的猛攻下，终于寡不敌众，到黄昏时刻，最后一个街垒被攻破。六月起义失败。战斗结束后，政府军还在各处搜捕工人代表，一万多人被草率审处死刑。

六月起义被镇压后，一切社会和民主共和国的希望都随之成了泡影，法国工人运动暂时转入低潮。

7.6

路易·波拿巴政变。第二帝国：自由帝国？色当惨败。第三共和国。高利贷资本主义

六月起义被镇压后，双手沾满工人鲜血的卡芬雅克成了政府首脑。这位"血腥亲王"为了从法律上巩固其统治，于1848年颁布法兰西第二共和国宪法，即1848年宪法。该宪法规定，立法权属于一院制的议会，三年改选一次；行政权属于总统，四年一任，由选民直接选举产生。1848年12月进行总统选举，候选人有六人，其中呼声最高的是卡芬雅克和路易·波拿巴。

路易·波拿巴是拿破仑的侄子。波旁王朝复辟时期，他流亡国外，浪迹天涯。在意大利，他参加过当地秘密革命组织；七月王朝时期，曾两次组织暴动，先后被流放和监禁，后越狱逃到英国。二月革命之后，他卷土重来，希望登上政治舞台，在法国建立一个新的帝国。为了竞选总统，他四方许诺，耍尽各种手腕，终于以500多万票的绝对优势击败卡芬雅克，坐上法兰西第二共和国总统的位子。

就任总统之后，波拿巴选用巴罗组阁。该内阁的中坚力量为秩序党，故又称为秩序党内阁。这是二月革命以来第一个完全没有资产阶级共和派参加的内阁。于是，新政府的领导权也就从共和派手里转到了秩序党手里。紧接着，

图 7-7
拿破仑三世会议室（罗浮宫内）

秩序党又控制了警察总署、邮政总署、总检察署和市政机关，并且任命自己的党徒担任国民自卫军的最高指挥和巴黎卫戍司令，从而使军权完全控制在自己手中。

秩序党的大权独揽，引起了立法议会的强烈不满，从而导致了长达几年的议会与内阁的摩擦。

秩序党虽然曾为波拿巴所利用，但大权独揽则又是波拿巴所不能容许的。他借人民的不满情绪，乘机打击秩序党，从而为自己复辟帝制扫清障碍。他四处网罗亲信，组织"十二月十日会"。该组织是波拿巴特有的一支政治力量。

为了夺取军权，波拿巴不惜采用卑鄙的收买手段，在爱丽舍宫的大厅里用雪茄烟、香槟酒、冷盘禽肉和蒜腊肠款待军官和士兵，同时组织一个隶属于总统办公室的特别"军事小组"。1851年初，波拿巴撤换了巴黎驻军司令尚加尔涅的职务。尚加尔涅的撤职标志着军权从秩序党手里转到了波拿巴手里。

一旦军权在握，波拿巴便加紧了恢复帝制的步伐。1851年5月，波拿巴授意保守派议员向议会提出修改宪法和取消限制总统连任的提案，结果被否决。波拿巴见提案被否决，便准备发动军事政变。为确保政变成功，他一方面调动军队集结巴黎，另一方面安插亲信把持军队要职。一切准备就绪之后，他选定拿破仑一世奥斯特里茨战役纪念日（也是拿破仑政变之日）的雾月18日（12月2日）发动政变。

1851年12月2日凌晨3时多，在警察总监莫帕的指挥下，巴黎全城戒严，大逮捕行动开始，78名被捕者以破坏国家安全罪被关进监狱。议会大门被封闭，立法议会被解散。到早上7时，政变结束，同时标志着法兰西第二共和国终结。第二共和国从1848年到1852年12月只存在4年多时间就被颠覆，故而史称"短命共和国"。

路易·波拿巴政变成功之后，改第二共和国为第二帝国，而自己由共和国的总统摇身一变而成了帝国的皇帝，称拿破仑三世。

第二帝国从1852年至1870年，历时18年。其间又分为专制帝国（1852—1858）和自由帝国（1859—1870）两个时期。

专制帝国时期，波拿巴实行的是赤裸裸的高压统治，其主要表现为：一、大力强化军队、警察和官僚机构的统治职能。帝国军队从 40 万扩充到 60 万，国家和地方行政官员的人数从 47 万增加到 62 万，并建立起一套严密的警察监视和告密系统，严惩政府反对派；二、严禁出版、集会、结社自由，取消一切民主成果；三、集国家大权于皇帝一身。根据第二帝国宪法，皇帝享有全部行政权，一切文武官员均由皇帝任免，并须对皇帝宣誓效忠；法律创议权和颁布权等立法关键环节亦归皇帝掌握；司法以皇帝名义实施；皇帝还有权对外宣战、媾和、签订商约和其他条约。更为极端的是，参议院、国务会议和立法团的议员资格均由皇帝直接或间接指定。

波拿巴第二帝国的统治为军事独裁统治。他深知武装力量的重要性，不仅将全国军队的最高指挥权操在手里，而且建立一支近卫骑兵军，作为他的私人卫队。为控制议会，他又把参议院中四分之一的名额分配给军队。然而，这位军事独裁者却能以全民利益的代表来掩盖自己的独裁。他总是喜欢这样自我标榜："我不相信任何人比我更能代表人民。"全民表决是他最喜欢玩弄的把戏，他的最拿手好戏就是把一切都披上合法的民众认可的外衣。

波拿巴的高压统治，必然引起社会各界的不满，尤其在议会里面，政府反对派的人数越来越多。面对民主力量的增长，波拿巴从 1859 年开始改变统治策略，从高压统治转而采取软硬兼施的"自由化"政策，向共和派和人民群众作某些让步。

1859 年 8 月 15 日，波拿巴以其叔父拿破仑 90 诞辰为由发布大赦令，对政治犯一律赦免。1860 年 11 月，又以法令的形式宣布扩大两院权力，允许参议院和立法团可以对皇帝的意见持不同政见，报章可以公布两院讨论情况，以提高政治透明度。第二年 11 月又规定，未经立法团讨论通过，政府不得擅自追加特别预算，从而保障了立法团对国家财政的监督权。1864 年 5 月，波拿巴通过参议院立法宣布放宽对结社罢工的限制，允许工人在批准的情况下进行罢工和结社，政府还免费提供办公场所和其他必用物品。60 年代后期，波拿巴又再度扩大了参议院和立法团的权限，增强了议会对政府的监察权。1870 年 1 月，第一个责任制内阁组成。同年 4 月，以参议院法令形式公布了 1870 年宪法，并从宪法上确立了从 1860 年以来的一系列自由化措施。新宪法在原有的基础上进一步强化了议会权力，给帝国涂上了代议制色彩，所以不少历史学家把第二帝国后期称为"议会帝国"。

由于自由化程度的提高,第二帝国的社会经济得到了全面的发展。还须指出的是,路易·波拿巴从上台之后就一直注重发展经济,且有清醒的经济头脑,在雾月政变之前,还发表过《食糖问题分析》和《论消灭贫困》两部经济学著作。

波拿巴缺乏其叔父拿破仑的军事才能,但却像拿破仑一样具有称霸欧洲乃至全球的扩张野心。在统治法国的十几年里,他先后发动了侵略意大利、中国、越南、阿尔及利亚等地的战争,并同英国争夺美洲殖民地和太平洋诸岛,穷兵黩武。对外战争耗去了大量的人力物力,尽管经济有较快发展,但最终还是陷入国库空虚入不敷出的经济困局。而且60年代后半期,工人运动又再一次高涨起来,社会各阶层的反政府力量亦日益增大。波拿巴决定发动一次新的对外战争,以转移国内人民的斗争视线。1870年,终因西班牙的王位继承问题同普鲁士宣战。

战争开始的时候,欧洲各国普遍相信法国将赢得胜利,法国政府也自认为胜券在握。然而当法军主力到达普鲁士边境时,波拿巴举棋不定,错失良机。一个月后,优势和主动权转到对方。8月4日,普军攻击法军右翼前哨维桑堡,首战告捷,打开了通向法国阿尔萨斯的门户。两天后,双方又在维尔特会战,法军败北,普军乘胜追击,战争移到法国境内。

8月16日,法军20万人被普军围困于麦茨。8月底到9月1日,法军突围,经过30多小时的苦战而失败。奉命解围的麦克马洪援军被普军阻截,无法接近麦茨。自8月30日起,普军猛攻色当,法军伤亡惨重,军无斗志。9月2日,法军在色当城举起白旗。随麦克马洪而来的波拿巴以及元帅、将军,军士总共10.4万人做了俘虏。色当投降标志着普法战争的第一阶段结束。

路易·波拿巴色当投降的消息传出之后,9月4日,巴黎爆发革命,人民群众起来推翻了第二帝国,宣布成立共和国。这就是法国历史上的第三共和国。

第三共和国从建立之日起,就一直处在激烈的党争之中。1871年选出的国民议会,保皇党占三分之二的席位,其中拥护波旁王朝的正统派200席,拥护路易·菲利浦的继承人的奥尔良派200席,另外波拿巴派30席。保皇党尽管同床异梦,但都想推翻共和,恢复帝制。

1871年，镇压巴黎公社的"功臣"梯也尔当上共和国的总统。两年后，保皇党迫使梯也尔辞职，改选色当惨败的麦克马洪为总统。麦克马洪上任后，支持保皇党的政治主张，图谋改制，但因保皇党各派矛盾重重而未能达到目的。而且，在同保皇党的斗争中，共和派的势力越来越强大。1875年，国民议会通过了法国1875年宪法。宪法规定：总统任期七年，由两院联席会议选举产生。总统拥有统率军队、签订条约、任免文武官员、实施大赦的权力。议会分参众两院。众议院由普选产生，参议院由地方自治机关选出选举人团，再由选举人团选举议员。

宪法的颁布，使法国共和政体得以确立，但共和派与保皇党的斗争并未结束。1877年夏，麦克马洪解散众议院，企图发动政变。但在该年的选举中，共和派赢得胜利。麦克马洪失去人心之后，于1879年初辞职，两院共同推选温和派共和党人茹尔·格雷维任总统。这时，法国才真正有一个共和派的政府。

19世纪后半叶，法国的工业生产有一定程度的发展，但其速度却是缓慢的，不但比不上美国，而且不如英国和德国。19世纪60年代末，它的工业生产仅次于英国，居世界第二位；而到90年代，则被德国和美国先后超过，下降到世界第四位。

随着社会的发展和国际大环境的变化，法国各行业之间的竞争亦日益激烈起来，从而促进了生产的集中和垄断组织的产生。大垄断公司首先出现在冶金工业。1877年成立的龙维辛迪加，联合了全国13家最大的铸铁企业。

图7-8
波旁宫－国民议会大厦

1887年出现的西克列达辛迪加，垄断了全世界铜销售量的30%。与此同时，化学工业中也出现了垄断组织。

然而，法国垄断资本的特点是银行资本即金融资本的发达，而不是工业资本的集中。19世纪下半叶，许多新银行相继创立，如1872年成立巴黎荷兰银行，1875年成立东方汇理银行，1901年开办法国工商银行以及西非银行。1874年，一些主要银行联合组成巴黎银行，1904年改为巴黎联合银行。大银行的出现，使金融资本迅速集中。据统计，1914年，全国银行资金总额为110亿法郎，其中最大的5家银行拥有资金为80亿法郎，占全国银行资本的三分之二。

法国银行资本的高度集中，带来了多方面的巨大经济利益，最突出的是利息收入，放高利贷成为一件有大利可图的事情。不仅大资本家乐于此事，就连广大的中小资产阶级也靠利息生活。这样，就在全国范围内形成了一支庞大的食利阶层，故而列宁称法国为"高利贷帝国主义"国家。

第八章

新生的西半球
南北美洲的独立浪潮

8.1

从吉尔伯特到纽波特。"处女"殖民地。"五月花"：移民者的旗帜。不幸的"十三"？ 美利坚民族

哥伦布西航，为欧洲人找到了"理想"的乐园。这片最初由他"发现"的大陆，却因其至死认为是印度而失去了冠其名的机会。于是，他的意大利同乡、佛罗伦萨人亚美利哥·韦斯普奇对"新"大陆的渲染性描述，却使自己的名字"永垂青史"：亚美利加州或美洲，立即为欧洲人家喻户晓。

美洲发现后，欧洲人对它的殖民活动迅速掀起了高潮。西班牙人之后，葡萄牙人、法国人、荷兰人纷至沓来。英国人虽然行动迟缓，但却成了北美殖民活动的最后胜利者。

英人对北美的探险殖民，始于一个叫吉尔伯特的人。此人当过爱尔兰女王的卫士，曾设想在这里安置英格兰移民，后来又将兴趣转移到了北美大陆。他说服伊丽莎白女王，取得开发北美的特许状。可惜他在 1578 年和 1583 年的两次西征都未成功，最终连人连船都不知去向。

他的同父异母兄弟沃尔特继续了乃兄的事业。1585年和1587年，沃尔特两度派出考察队，在北美沿岸的一个海岛上建立了定居地，而且还安置了100多个男女及儿童。只是当1590年第三次船队再去时，这100多人却踪影全无了。

17世纪初，一批冒险家在那些海外贸易殖民公司的支持下，取得了英王詹姆士的特许，获权去北美建立殖民地。根据特许状的要求，那片假想中的广阔的北美土地，叫作"弗吉尼亚"（英文"处女"之意），以纪念"处女"国王伊丽莎白。特许状还划分了各公司的活动范围，规定了移民们经营自由。不过有一点，那就是，如果移民发现了贵金属矿藏，必须将采挖量的五分之一上缴给英王。

1606年12月，伦敦公司派出的3艘船，在纽波特的率领下，朝着理想中的"弗吉尼亚"进发。半年的航程后，剩下的100余人在北美东岸的一个小小的半岛上登陆，在这里建起了小小的村庄"詹姆斯敦"。

开创基业的工作是非常艰苦的。在这个荒凉的半岛上，沼泽密布，荆棘丛生，蚊蝇飞舞，风雨无常，疾病折磨着这些可怜的人们，半年中竟有一半的人拥抱了死神。虽然后续的移民不明就里，依然翩翩而来，但到来后几乎个个都极为后悔。紧跟而来的"饥荒年代"里，总共500名移民中只有60人保全了性命。

对于这些远涉重洋的人来说，他们来到美洲绝不只是为了简单谋生，而是要圆自己的发家之梦。到了弗吉尼亚后，他们既未找到黄金，也没看见白银，只有一种新的作物——烟草，使这里具有了生机。1616年，弗吉尼亚向英国输出了烟草2500磅，到1618年便成了5万磅，两年增长了20倍！

于是，弗吉尼亚变得更有吸引力了。1619年，一船妇女来到了这里，在这里生儿育女，操持家务。再后来，荷兰人又把非洲黑奴贩到了这里。霎时间，弗吉尼亚人丁兴旺起来。

这时，英国国内的宗教政治斗争日益激烈。国王詹姆士一世一意孤行，一改前任伊丽莎白女王的宗教宽容政策，站在天主教的立场上，对清教徒疯狂地迫害、镇压。为了求得一块栖身之地，有的清教徒去了荷兰，有的则奔北美而来。

想去北美的大都是社会底层的穷人。他们付不起昂贵的旅费,便要求商人在弗吉尼亚建立种植园,以便他们做工劳动,再和资助者一块分享种植园的收益。

102 名移民,于 1620 年 7 月登上了"五月花号"航船。此时正是大西洋上的多风季节,"五月花号"颠颠簸簸,终于在 4 个多月后靠上了北美海岸。然而,由于海暴干扰着航程,他们没有找到预定的目的地弗吉尼亚,而是在一个后来叫科德角的地方上了岸。移民中的一员、后来成了总督的威廉·布雷德福,颇为动情地描写了登陆时的情景和移民的心态:

> 他们双膝跪下,感激上帝带他们越过了浩瀚汹涌的大洋,把他们从危险和苦难中解救出来,使他们安全无恙地又一次踏上了坚实的大地……现在他们越过了茫茫大洋和苦难之海之后……没有亲朋来欢迎他们,没有旅店来招待他们,为他们洗尘,也没有房屋,更没有城镇可以让他们歇脚,向他们提供帮助。

他们沿着海岸略作考察后,决定在这里定居下来,不再去找寻弗吉尼亚。12 月,他们将这个新的定居地取名为普利茅斯,这是他们从英国出发港口的名字。

移民们生活的艰辛是难以想象的,严酷的现实使他们生存下来的代价比谁都要大。他们有枪支,有渔具,可是没有人会干这些活。面临着苍茫萧条的荒凉大陆,他们不知能怎样谋生,也不知怎样度过即将来临的瑟瑟寒冬。回头远望,滔滔大洋已将他们同文明社会阻隔开来。前途何在,人人心里都忐忑不安。

要想活下来,唯一的希望就是鼓起勇气,迎接挑战。然而,大自然却不停地折磨他们。第一个冬天过去,居然还有一半人挺了过来。次年开春后的 4 月,"五月花号"决定返航,移民们没有人愿意上船回家。他们甚至向资助者写信,表达自己的决心:"我们不像别的人那样,会因一点小事而丧失勇气,或者稍不如意就想返回家乡。"

是当地的印第安人向他们伸出了援助之手。这年春天,附近的印第安人

新生的西半球　181

教他们种玉米，教他们捕鱼，他们活下来了。到了秋天，玉米又获得了好收成，11月，他们在住地举行了感恩节晚会，真诚地感谢这些无私的印第安人。

普利茅斯远离弗吉尼亚，移民们便根据"五月花号公约"建立了自己的政府。这一公约，是船靠岸之前由41名成年男子共同签署的。条约的基本原则是：移民必须服从大多数人所通过的决议，直到他们的殖民地有了永久性的规定为止。

根据公约，移民们推选了自己的总督。作为第二任总督，威廉·布雷德福连任了30余年。在他的领导下，普利茅斯终于发展成了一个生产生活均有较大改善的村落。虽然受到某些条件的制约，譬如移民们一般都没有雄厚的资金，无法进行大规模的开发，但普利茅斯移民的奋斗勇气，以及"五月花号公约"内在的民主精神，却成了后来美国人津津乐道的传统。

在普利茅斯人艰难求生的时候，17世纪里，英国移民在北美东海岸相继建立了十几块殖民地。普利茅斯后来合并于其中的马萨诸塞殖民地。

到18世纪30年代，这些殖民地通过各种组合，共发展成为13块殖民地，分别是：弗吉尼亚、马萨诸塞、罗德岛、康涅狄格、新罕布什尔、马里兰、纽约、新泽西、特拉华、宾夕法尼亚、南卡罗来纳、北卡罗来纳、佐治亚。

马萨诸塞最初也是由清教徒建起来的。英国国王查理一世于1625年上台后，对清教徒的迫害比其父更为变本加厉。于是，在1630年的夏天，17艘船只，载着1000个移民，横渡大西洋，来到了普利茅斯以北的马萨诸塞海湾。在这个完全陌生的世界里，他们辛勤劳动，建设新的家园，马萨诸塞海湾周围，波士顿、多切斯特等数座城市拔地而起。仅仅十年的工夫，马萨诸塞便拥有了2万多人口。

1636年由马萨诸塞殖民地政府创建的哈佛大学，最初几乎完全循牛津、剑桥之制，现在已是世界上最有影响的高等学府之一。

17世纪30年代，从马萨诸塞又分出了罗德岛和康涅狄格两个殖民地。前者系威廉斯等人创建，1663年，罗德岛获英王特许状，成为居民自治的一块新殖民地。后者的创始人是胡克牧师。1635年，胡克率领一群人离开马萨诸塞，迁往康涅狄格河流域，强占当地印第安人土地。1662年取得英王特许状，正式成为自治殖民地。

新罕布什尔原是英王赐给贵族梅逊的。后马萨诸塞境内一批遭受宗教迫害的人迁居此地，并建起了一些城堡，发展了商业。1679年，新罕布什尔脱离马萨诸塞，成为英王直辖的独立殖民地。

马里兰的建立者是英王宠臣巴尔的摩勋爵，建立于1632年。这块殖民地由业主代表英王占有。业主可以指派总督，可以建立法庭，设立立法议会。他还有处置领地和征税的权力，等等。

纽约原为荷兰所属殖民地，称新阿姆斯特丹，于1624年由荷属西印度公司建立。1664年，英军战胜荷兰，占领了哈得逊河流域的广大地区。英国王查理二世将其赐予约克伯爵，故名"新约克"。1685年，纽约殖民地为英王直辖。

新泽西与纽约几乎同时建立，原分为东泽西和西泽西，1702年，两个泽西合并，成为英王直辖殖民地。

特拉华殖民地本是由瑞典人建起的，后转归荷兰，1664年被英国人夺了过来，1682年英王赐予威廉·宾为业主殖民地。

宾夕法尼亚也是由英王赐予威廉·宾的。此人是教友派人士，由于当时教友派正在英国遭受迫害，在北美其他殖民地也受到排挤，因而宾夕法尼亚便成了教友派的避难之所。18世纪上半叶，一些异教徒也投奔宾夕法尼亚而来。

南北卡罗来纳境内拥有幅员广阔的未垦土地。1660年以后，英王查理二世将其赐给了8个支持他复辟的大贵族。1711年，卡罗来纳分成了南北两部分，二者最初都是业主殖民地，后都改为英王直辖。

佐治亚建立于1733年，这是最后出现的一块殖民地。英国贵族奥格尔索曾经英王特许，将其当作流放英国罪犯和新教徒的地方。1752年，转为英王直辖殖民地。

这13块殖民地，后来成了组成美国最初的13个州。13，在西方文化中常被当成一个不吉利的数字，而在美利坚的发展史上却凸现了无穷的力量。

随着这些殖民地的定型，美利坚民族也逐渐形成了。

直到18世纪中叶，北美殖民地的居民还很少将自己看成为独特的民族。他们当中，除了印第安人和黑人外，其余都是来自欧洲的移民，包括英国人、法国人、荷兰人、德意志人、瑞典人、瑞士人、苏格兰人、爱尔兰人等等，当然以英国人居多。那时候，他们还没有作为一个统一的民族来行动，也没有一个所有殖民地都参加的共同管理机构，人们甚至连这样的意识都没有。就他们来说，北美仍然只是一个地理上的概念。

但是，这种局面很快就因殖民地之间经济、文化的发展和联系而改观。

13块殖民地的经济，显示了各自的特点。南部沿海岸线一带，为平原地区。海湾曲折，冬天风和日暖，夏季温和湿润，空气清爽，土壤肥沃，以种植某一特种作物为主的种植园，是这里的主要生产组织形式。如弗吉尼亚和马里兰种植烟草，南北卡罗来纳种植稻子或蓝靛。种植园里大量地使用契约奴或黑奴劳动。

北部的新英格兰地区，包括马萨诸塞、新罕布什尔、康涅狄格和罗德岛等，也是沿海，但平原狭窄，土壤多为黏土，且夏季短暂，冬天漫长，空气干燥，不适宜大规模的农业生产。然而居民们仍以农业为生，小农家庭经济占据主导地位，农作物以玉米为主，辅之以大麦和裸麦等。

新英格兰也有自己的优势，那就是矿藏丰富，且交通条件优越。这里河流湍急，良港众多，木材及林木产品如松蜡、焦油、树脂等充盈，铁矿石多。因此，其工商业发展的速度较南方要快。波士顿、纽约、费城等逐渐发展为著名的工商业中心。

中部包括新泽西、宾夕法尼亚、特拉华等，其经济特点更接近北部。这里平原广阔，河流密布，可适合多种农作物的生长，包括大麦、小麦、裸麦和亚麻等，农产品供自己需用外，还向欧洲及西印度群岛出口，有"面包殖民地"之称。

殖民地贸易在17世纪后期有较大发展。这里的商人利用英国所颁布的《航海条例》，到处压制荷兰商人，夺取荷兰商人在西印度群岛和北美各地的市场。他们用自己造的商船，将西印度群岛的糖和北美南部殖民地的烟草运到中部殖民地，再将中部的原料产品直接运往欧洲换取工业品。商船返航时，它也不遵守《谷物法》规定在英国停留，而是漏税偷运，进行"走私贸易"，将欧洲工业品运往北美殖民地出售，牟取暴利。

由于贸易和交换，再加上日常生活的彼此接触，甚至相互通婚，他们使用了共同的语言——英语,而且还产生了共同的政治生活和文化生活。虽然他们还不时地记忆起自己是英国人,或法国人、德国人,但他们的习俗制度、道德伦理、价值观念等,已经和原先的祖国大相径庭了。他们从自己母国的文化财富中只是选择了适合于他们情况的部分,并将其发扬光大,而把其余部分予以丢弃。

尽管大部分人还没有意识到,北美殖民地人已经具有了某种"美洲特性",然而到18世纪中叶后,后来成为美国民族主义象征的那些思想观念和文化精神确已出现了,这是一种基本独立于欧洲的新的民族概念。一个崭新的民族正在崛起,这就是美利坚人。

8.2

暴虐的英王:从《糖税法》到《印花税法》。波士顿茶党案。莱克星敦枪声。《独立宣言》。走向胜利

在同英国国王的关系上,北美13个殖民地大致可分为三类:8个是英王直辖殖民地,各殖民地总督须由英王直接任命;3个是业主殖民地,即土地由英王赐给某贵族(业主),殖民地总督由业主任命,但仍须英王批准;两个自治殖民地,总督由殖民地人民选举,但也须英王批准。

在英王看来,所有的北美殖民地都属于他,他也就将这些殖民地当作自己的一大财源,百般地挤榨,一刻也没放松过对它们的统治权,总督则是他在殖民地的代表。

1756至1763年,英法七年战争以北美大地为主要战场。战争的最后结果是英国取胜,占领了阿巴拉契亚山脉以西大片的土地。英政府把这块地盘视为禁脔,蛮横地阻止阿山以东的13州人民过山开发。不仅如此,由于在七年战争中耗费了大量财力,英政府又打起了殖民地人民的主意。

1764年,英国财政大臣格伦威尔颁布了《糖税法》,对输入北美的糖、糖蜜、靛蓝、咖啡、辣椒、酒和纺织品等生活必需品课以重关税,无疑大大加重了

新生的西半球

北美人民的经济负担，社会各阶层怨声载道。纽约殖民地议会首先发难，向英国议会递交请愿书，声称减免纳税负担，"必须成为每一个自由领地的重大原则"，如不能满足这一点，"就不可能有自由、幸福和安全"。

然而，英国政府依然我行我素，置殖民地人民呼声于不顾，在第二年3月又出台了《印花税法》。按照这一法案，凡在北美殖民地出版的报纸、图书、年历、纸牌，以及执照、商业文件、毕业文凭等印刷品，均须加贴印花，缴纳数便士至数英镑不等的印花税。

这不啻扔下一颗重磅炸弹，引起了殖民地人民的强烈抗议。弗吉尼亚议会声称，不经本议会同意，任何人都无权向本地人民征税。9月，9个殖民地的代表聚会纽约，慷慨陈词，并第一次提出了"统一的美利坚人"之口号。

而英国当局却未觉察到已经危机四伏，反而又抛出了"驻军条例"，要求殖民地人民协助英军驻扎北美。看来，英王已打算沿着专制暴政的道路走下去。而北美人民同英国人的对立情绪却越来越强烈。

一场火山眼看就要爆发。

波士顿，北美早期最重要的城市之一，此刻正酝酿着一场大的风暴，英国人似乎也有察觉。1766年9月，荷枪实弹的英军两个团官兵开进了这个港口城市。1770年2月，英国税吏开枪打死一个小孩，引发了当地居民与驻军的冲突；3月，一名学徒又被英兵所凌辱，殖民地人民再也无法忍受，在大

图 8-1
今日波士顿

街上向英兵投掷雪球泄愤。英军向手无寸铁的群众举起了火枪,11人中弹倒地,5人当场丧命。

波士顿惨案后,双方的敌意与日俱增,殖民地表面上沉寂下来,实际上各自都在积聚力量。

1773年12月16日,冬日的夜幕早早就降临了。月黑风高之时,数名化装成印第安人的殖民地青年悄悄地爬上了停泊在波士顿港湾的3艘货船,数小时内,价值100多万英镑的300多箱茶叶被尽数倾入海中。这些茶叶,系东印度公司商人直接从印度运来,英国殖民当局让其免交进口税,这就大大损害了殖民地商人的利益。在多次抗议无效的情况下,殖民地人民不得不采取最激烈的行动。

与此同时,在纽约,在新泽西等地,类似的倾茶事件亦相继发生。殖民地人民与英国当局的冲突完全白热化。

英政府则越来越反殖民地人民的愿望而行之,企图以高压政策迫使后者就范,连续颁布了五道令殖民地"不可容忍的法令",并对波士顿和马萨诸塞殖民地实行全面封锁,这就将殖民地人民的愤怒情绪激发到了极点。

1774年9月5日,第一届大陆会议在费城召开,参加会议的有12个殖民地的55名代表(仅佐治亚未派人员)。会议一致同意支援马萨诸塞,声称要采取除战争以外的一切手段。会议之后,各州开始组织民兵,随时准备展开武装斗争。

波士顿附近的莱克星敦村,打响了北美独立战争的第一枪。

1775年4月19日凌晨,春日的薄雾笼罩着寂静的田野。一队英军轻步兵在约翰·皮特凯恩少校的率领下,正急行在通往莱克星敦的道路上。他们是奉马萨诸塞总督盖奇之命,前往镇压不满分子的。他们原想以偷袭取胜,哪知村子里的人们早已得知了消息,此刻正严阵以待,等候着敌人的到来。两军相遇,互有死伤,但一场大战的序幕却由此拉开。

当莱克星敦的枪声还在天际回荡时,5月10日,第二次大陆会议再次在费城召开。这是一次盛况空前的会议,北美各地的知名人士济济一堂,杰斐逊、华盛顿、富兰克林等一代英豪,都在这次决定北美命运的大会上正式露面。会议委派华盛顿为大陆军总司令,华盛顿拒绝接受薪俸,但要求报销他的开支。

会议虽向英王表示了不打算独立的意愿，但却为英国当局所鄙夷，它决心要以武力使殖民地无条件地绝对屈服。然而英军没有能为英王争光。6月的邦克山一战，英军虽然最后占领了山头，却使2200人的队伍死伤了一半。至于殖民地方而，民兵们显示出惊人的战斗力和英雄气概，打破了民兵不能与英国正规军作战的神话，这是一个精神上的胜利。

美利坚人已别无选择了。把希望寄托在英王身上，指望他能改弦更张，照顾殖民地人民的权益，那只会变成失望。正当人们脱离英国而独立的意识蒙眬生成时，一本叫作《常识》的小册子将北美人民的激昂情绪调动了起来。

《常识》的作者托马斯·潘恩，是一个刚刚移居北美的英国人。他认为，北美人民以自己的生命财产作为赌注，押在力争取消英国议会若干法令这一点上，实为失当。他说："斗争的目的，应该永远是与付出的代价大体相称……如果我们所采取的一切，仅仅是为了取消这些法令，那么我们所付的代价未免过高。"

潘恩特别驳斥了不少人心中的"母国情结"：

我听见有些人硬是这样说：既然北美在以前同大不列颠发生联系时曾经繁荣过，那么为了它将来的幸福，同样的联系是必要的，并且总会产生同样的效果。没有任何论证比这更错误的了。你还不如说，因为一个孩子是吃奶长大的，所以他永远不该吃肉，或者说，我们一生的开头20年应该成为第二个20年的先例。可是这也是强词夺理的说法；因为我可以断言地说，假如当初没有一个欧洲强国照顾它的话，北美照样能够繁荣，或许还更兴旺……

可是有人说，这个欧洲国家曾经保护过我们。不错，它曾把我们放在它的垄断操纵之下，而它花我们的钱和它自己的钱来保卫北美大陆，这也是事实；不过，出于同样的动机，也就是说为了贸易和统治权，它也会保卫土耳其的。

……

可是有人说英国是亲国。那么它的所作所为就格外丢脸了……

可是，即使我们承认自己是英国人的后裔，这有没有意义呢？ 没有。英国现在既然是一个公开的敌人，那它就取消了其他一切的名义和头衔……

我们由于同英国联合而遭受的危害和损失是不胜枚举的，我们对全体人类以及对我们自己的责任教导我们要拒绝这种同盟……

潘恩坚定地说：“时候到了，殖民地必须坚决地与英国作彻底的决裂；没有理由能使殖民地人民仍旧受英王的统治。”"被杀死的人的鲜血和造化的啜泣声在喊着：现在是分手的时候了。"

他最后号召人们："你们这些热爱人类的人！你们这些不但敢于反对虐政而且敢于反对暴君的人，请站到前面来！"

《常识》说出了殖民地人民隐藏已久的心里话，人们争相传诵，数月之内即印行了10多万册，北美独立的思想也随之日益深入人心。

与此同时，大陆会议也愈来愈像一个独立国家的政府机构。一系列反英抗英的法令从这里签发。终于，1776年的7月4日，一个具有世界历史意义的文件在这里面世，这就是由杰斐逊起草的《独立宣言》。

《独立宣言》极其富有战斗精神，具有强大的号召力，鼓舞北美殖民地人民反对英国的殖民统治，决定自己的命运，在美国历史上产生了深远的历史影响。

《独立宣言》一开头，就阐述了殖民地人民要求独立的原因，那就是取得民族独立，并在世界列国中获得平等的地位。《宣言》说，在人类历史事件的进程中，当一个民族必须解除它与另一个民族所存在的政治联系、而在世界列国之中取得由"自然法则"和"自然神明"所规定给他们的独立与平等的地位时，就有一种真诚的尊重人类公意的心理，要求他们一定要把那些迫使他们不得已而独立的原因宣布出来。

《宣言》认为，人人生而平等，这是一个不言而喻的真理。每个人都从"造物主"那里被赋予某些不可转让的权利，其中主要是生命权、自由权和追求幸福的权利。正是为了保障这些权利，才在人们中间成立政府。

因此，在《宣言》看来，政府所拥有的权力，是来自被统治者的同意。如果有的政府不是保障而是损害人民的权利，人民就有权利改变它、废除它，

新生的西半球　　189

直至建立新的政府。

一般来说，人民是很能容忍的，不会为了轻微的过失而把现任政府随意废除。只要那些罪恶尚可容忍，人类总是宁愿默默忍受。"然而，当一个政府恶贯满盈、倒行逆施、一贯地奉行着那一个目标，显然是企图把人民抑压在绝对专制主义的淫威之下时，人民就有这种权利，人民就有这种义务，来推翻这样的政府，而为他们未来的安全设立新的保障"。

《宣言》说，北美殖民地人民过去一直忍气吞声，现在却奋然地站起来改变现状，是因为现今英国国王乔治三世就是实行那种怙恶不悛、倒行逆施的做法，在北美各州建立一种绝对专制的统治。

接着，《宣言》列举了英国国王对北美人民犯下的 27 条罪状。

这些罪状包括：拒绝批准有利于公共福利的法律；拒绝将广大地区供人民移居垦殖；经常驱使立法团体东奔西跑、疲于奔命；屡次解散各州议会；不让人民进行选举；蛮横地抑制各州人口增加；拒绝设立司法机关；滥设官职，派员控制人员，吸食民脂民膏；在各州驻扎常备军队；将军队凌驾于地方之

图 8-2
签署《独立宣言》

上；割断北美与世界各地的贸易；强迫征税；剥夺北美人民在司法上的陪审权；废除北美人自己的宪章和法令，关闭北美人自己的立法机关；掠夺海上船舶，骚扰沿海地区，焚毁市镇，残害人民生命；煽动内部叛乱，还调集大量的外籍军队，企图把北美人民斩尽杀绝，等等。

《宣言》说，对这些高压政策，北美人民曾多次呼吁改革，但得到的只是国王的侮辱。《宣言》严正地说，像英王这样"一个如此罪恶昭彰的君主，其一切的行为都可以确认为暴君，实不堪做一个自由民族的统治者"。

《宣言》还说，虽然对英国兄弟曾多次警告，但他们置若罔闻。因此，北美人民不得不与他们为敌，战时为仇敌，平时是朋友。

因比，《宣言》宣告要名正言顺地成为自由独立的合众国，要解除对于英王的一切隶属关系，废止与英国的一切政治联系，拥有一个独立国家所应有的全部主权，并以生命、财产和荣誉来作出保证。

《独立宣言》的发表，标志着一个崭新的国家——美利坚合众国在地平线上诞生，这是地理大发现以来在西半球出现的第一个主权国家。7月4日，成为美国人民永远庆祝的日子。

然而，走向独立的道路却是历尽艰辛的。一纸宣言不可能将英国殖民势力赶出北美，只有在真刀真枪的战场上才能与英国人一见分晓。

北美军队在某种意义上不啻于一群乌合之众。他们虽然作战勇猛，有些人甚至枪法精良，但毕竟未接受过正规训练，尤其是缺乏称职的带兵军官。不少战士愿意应召出战，但不愿成为正式的军人。他们家中有地，房中有妻，农忙时常常归心似箭，平时也不习惯于军旅的艰苦生活。据说华盛顿受命之后，第一件事就是竭尽全力组织军队，可是效果实在不佳，直到1776年年底才有1万余人成为正规军的兵员。

因而，战争初期的北美军队步履维艰，几乎是每战必败。在1775年秋天的魁北克攻击战中，美军非但没有攻下这个英军的堡垒，相反还损失了大量的兵力，主将蒙哥马利和阿尔诺德一死一伤。而《独立宣言》签署后的4个月里，华盛顿的主力部队也未能保住纽约，剩下不足4000人的队伍，士气低落，在寒冬的逼迫下退走宾夕法尼亚。此举造成人心惶惶，连大陆会议也准备离开费城而迁往巴尔的摩。

特伦顿之战使北美人重新燃起了希望。1776年岁末，圣诞之夜，驻守在特伦顿的英军里的德国雇佣兵一个个烂醉如泥。而在9英里外的一条河边，华盛顿正迎着刺骨的寒风，一拨一拨地将队伍运到对岸，神不知鬼不觉地接近了敌军营房。拂晓时分，队伍分南北两支，直扑敌营。睡梦中的德国兵措手不及，大部分做了俘虏，而华盛顿的大陆军仅损失了4人。

然而这只是一个小小的胜利，真正对战局起着决定意义的，是萨拉托加战役和约克敦战役。

1777年，英军司令威廉·豪决定打击华盛顿大陆军的主力、进攻费城。在他看来，费城有如英国的伦敦、法国的巴黎，一旦攻取，殖民地就会束手待毙。然而，他的行动却使从加拿大南下的另一支英军失去了接应。

这支英军在柏高英的率领下，孤军深入，险象环生。9月19日柏高英进入萨拉托加以南的一片开阔地，遭到了北美民兵的袭击。10月7日，柏高英试图向贝米斯高地的美军发起进攻，却再次落入了美军布好的口袋。柏高英无奈，逃往萨拉托加，部队中的德国人和印第安人早已开了小差。面对三倍于己的美军，柏高英走投无路，率5000士兵，于10月17日向美军投降。

萨拉托加战役成了北美独立战争的转折点，它不但坚定了美国人民推

图8-3
费城独立宫

翻英国殖民统治的必胜信念，而且产生了重大的国际影响，令世人刮目相看，尤其是促使英国的宿敌法国以及荷兰、西班牙站到了美国一边。1778年2月，美国同法国签订了同盟条约，相互承诺联合作战，直至取得最后胜利。随后，荷兰和西班牙也加入了同盟，英国人四面受敌。

战役之后，英军更换了主帅，由克林顿取代了威廉·豪的职务。克林顿将战事重心南移，仅一年就占领了南方重镇查尔斯顿港口，并控制了佐治亚地区。克林顿自以为乾坤已定，美国人不敢再反抗，因而只留下平庸的康沃利斯看守战果，自己则返回了纽约。

说起来，英军是训练有素的，而美军打仗则显得毫无章法。受到攻击时往往一哄而散，躲在大树后，趴在草窝里，打一枪换一个地方。然而，在地势险要、林木丛生的蛮荒之地，这一弱点反倒成了长处。这种游击式战术使康沃利斯大为头疼。1781年，他先是被格林将军的南军痛打一顿，接着又在北卡罗来纳的考彭斯战役中败北，把克林顿的战果丢失殆尽。退到弗吉尼亚后，他被紧紧包围在背靠茫茫大海的约克敦。

康沃利斯起先并不在意，认为自己背后的大西洋正是英国军舰的天下，援军会源源不断地从海上而来。然而他的这一心思早已为对手所洞察，华盛顿火速通知西印度群岛的法国舰队，请其截断英军的通道。不日之内，法国舰队便出现在约克敦附近的海面上。康沃利斯情知大势已去，终于在10月19日解下佩剑，率7000英军开出约克敦，向华盛顿缴械投降。

北美独立战争武装斗争至此落下帷幕。

8.3

巴黎和约：北美终于独立。邦联还是联邦：美国人的两难抉择。开国总统的心愿。再战英吉利

约克敦战役结束了，但英国人的势力仍然盘踞在纽约、底特律等不少地区，英国的海军又开到了北美沿海。军事上英国人暂时占优势。然而，英国人的心理防线却崩溃了。据说，当约克敦失败的消息传到英国时，朝野震动，舆论哗然，

大不列颠人怎么也想不到装备精良的皇家军队居然会输给一群乌合之众。时任首相的诺思痛苦地叫喊："老天，一切都完了！"国王乔治三世甚至一度想退位。

老资格的罗金厄姆只得出来收拾局面，他以允许北美独立为首要条件而组阁，并决定立即同殖民地和谈。1783年9月，双方在巴黎签订和约，英国承认北美13个殖民地独立，其地域范围北与加拿大为邻，南到北纬31度，西以密西西比河为界。

殖民地人民梦寐以求的愿望终于实现了。弹冠相庆之余，建立一个什么样国家的问题便提上了日程。

革命的年代里，人们朦朦胧胧地感觉到，英王的专制是可鄙的，与此相似的中央政府也未必可靠。大陆会议虽然集中了某些权力，但它毕竟只是一个松散的机构，是共同的信念将13州人民团结在一起。然而，战争中的团结并不意味着战后继续组成共同的政府。《独立宣言》表达了人民脱离英王统治的愿望，但它来不及指出摆脱英国统治之后北美的政治前途，所以"联合"一词往往就代表了一切。

大陆会议在处理战事的空隙里，倒也不时地讨论起建立统一政权问题。1777年11月15日，会议通过一个所谓"邦联条例"。然而，虽然按照条例建立的联盟是极其松散的，基本没有触动各州的主权，但也不是很受欢迎，直到1781年才获各州全部批准，邦联国会得以建立。

在人民看来，中央政权不该有过多的权力；而各州政府也越来越迷恋于自己的权力，而对国会的事务则漠不关心。有的州甚至不大愿意派代表出席会议。似此局面，大大不利于美国对外一致行动。华盛顿、约翰·亚当斯等有识之士看出了问题的症结所在，开始为筹划建立更集中的中央政权而奔走呼号。

谢斯起义加快了建立强有力的中央政权的进程。战争之后，虽然迎来了胜利和和平，但给老百姓带来的并不是福音。由于战争，生产受影响，经济无序，通货膨胀，普通人民的基本生活出现危机。一些地方的群众纷纷不满，有的还发动了武装斗争。谢斯起义就是其中一次大规模行动。谢斯本是贫苦人出身，因参加独立战争而提升为上尉军官。战争之后，他也同样陷入了生活无着的状况。1786年秋，他在马萨诸塞揭竿而起，要求取消债务、重新分配土地。在谢斯看来,"美国的财富是由于全体人民的共同努力才免于英国的劫掠,因此,这些财富就应当成为全体人民的共同公有的财产"。

起义者捣毁政府机构,释放监狱囚犯,声势大振,各地响应者如云。华盛顿目睹这一切,忧心忡忡地说:"每州都有引火的材料,随时都可能发生燎原之火。"杰斐逊的调侃更意味深长:"不时有点小小的叛乱并非坏事,自由之树须常用爱国者和暴君的鲜血来浇灌。"

谢斯起义虽然在次年1月被镇压,但给邦联制带来的尴尬却难以尽说。其时,马萨诸塞州政府请求邦联帮助镇压起义。而邦联却是心有余而力不足,它一无军队,二无经费,只好向私人募捐,将起义镇压下去。

于是,1787年5月25日,除罗得岛外,所有12州55名代表聚会费城,共商建立美利坚联邦制国家大事。这是一次群贤毕至的大会,聚集了12州的精英人士。年高德劭的富兰克林、战争英雄华盛顿、民主斗士杰斐逊,自然成了会议的领导人物。所有的代表中,最年轻者只有26岁。

三个多月的激烈辩论,最终的结果就是推出了《联邦宪法》。这部迄今已历经200多年历史而未作大修改的美国根本大法,常常成了后来不少国家制宪的范式。

9月17日这天,新诞生的宪法就像一轮红日,照耀着每一个与会人员的心。富兰克林抑制不住激动的心情,指着座椅上刻着的半轮红日缓缓地说:"在这次会议的进程中,我怀着希望和忧虑的心情,曾一再凝视着它,却无法说出它究竟是在上升还是在降落。现在我终于有幸得知,它是一轮旭日而不是落日。"

富兰克林说出了代表都想要说的话。是的,一个年轻的国家就要迈出历史性的一步,此情此景,谁会不激动呢?

《联邦宪法》高于各州法律,根据它制定的一切法律通行全美。按照《联邦宪法》成立的全国政府,有权管理美利坚范围内的一切大事。

宪法确立美利坚合众国政府的三权分立制度。全国最高立法机关为国会,分参议院和众议院两院。参议员由各州立法机关批准,每州2人,任期6年;众议员则按各州人数比例选出,每3万人选一名议员,任期2年。不过,众议院通过的法律,不经参议院同意,就不能成为法律。

新生的西半球

最高行政首脑即总统，由各州选出的"选举人团"选出。选举中，得票最多者为总统，次多者为副总统，副总统同时兼任参议院议长之职。总统也是国家元首，全国最高军事统帅，任期4年。总统可以任命官员，可以对外缔约，但需经国会批准。当总统和国会发生争执时，他有权否定国会的议案，但无权解散国会。

最高法院则掌管司法权，它由一批终身大法官组成，可以解释宪法和联邦一切法律。

美国式的三权分立，是西方资本主义自由民主政治制度的模式之一，常常为其他国家所效仿。

宪法于1788年6月正式生效。次年2月，美国举行了建国以来第一次总统大选，开国元勋华盛顿被来自10个州的选举人一致选举为美利坚合众国第一任总统。

1789年4月30日，一个阳光明媚的日子，美国临时首都纽约，第一任总统在他向参众两院发表的就职演说中，表露了颇为忐忑的复杂心情：

> 人生在世难免经历种种隐患沉浮，但这些所带给我的焦虑不安较之于我于本月14日接获的奉诸位之命而送达的通知（即当选为总统的消息），则未免显得微不足道。一方面，我出于个人热切的偏好，怀着令我欣悦的希望，抱定不可改变的决心，业已选择退隐来安度自己的风烛残年；由于我在爱好之外又已习惯这种生活，加上体弱多病的困扰也使我的健康随时光流逝而渐次衰退，这就使得退隐的生活对我日益显得弥足珍贵而且不可或缺；可是这次我又蒙祖国之召而复出，而对于祖国的声音，我向来都是满怀敬爱之情加以倾听的。另一方面，祖国的声音召唤我担当的职责既艰且巨，即令国内最为睿智和经验丰富的公民，对此也会为自己能否胜任而顾虑重重；何况我天赋原本不济，而且又缺乏担任文职的经验，自当更感才穷力绌，这种重托只会使我深陷灰心丧气之中。

华盛顿不愧是"战争中第一人，和平中第一人，国人心目中第一人"，这番演说词即可见其高贵品格之一斑。他的祖先原本是英国人，1657年移居弗吉尼亚，父亲为一种植园主。1752年，华盛顿继承遗产，在自家的弗农山庄耕耘了20余年。其间他也应召在英国殖民军中担任下级军官，并与富有的寡妇玛萨结为秦晋之好。后者15,000英亩土地和150多名奴隶的丰厚嫁妆，使华盛顿陡然成了当地最大的种植园主之一。

时势造英雄，革命的浪潮将他推上了历史舞台，使他成为叱咤风云的伟大人物。由于他有从军的经历，故而在第二次大陆会议上被推举为大陆军总司令。在6年多的战火里，华盛顿运筹帷幄，指挥若定，多次化解了艰难形势，扭转战局，转败为胜，为独立战争的最后胜利作出了巨大贡献。

战争之后，华盛顿功成身退，解甲归田，又回到弗农山庄。然而他仍然是身在乡村，心忧天下，始终关注着美国的前途和命运。谢斯起义震撼了他的心灵，在他看来，必须建立一个"牢不可破的联邦"。费城制宪会议上，担任大会主席的华盛顿，不负众望，将美利坚带进了民主自由的新时代。

作为总统，华盛顿的工作是尽责的；作为美国总统，他的工作又是开拓性的，因为没有任何先例可循。他有卓越的才干，更有充沛的精力，而且还特别具有办事的条理性、规范性。因此，1792年举行第二届总统选举时，他又再度当选。4年任满时，朝野人士无不希望他继续竞选，但他深感精力不支，拒绝了作为总统候选人的提名。

华盛顿的引退，结果使美国形成了一个惯例，即任何人出任总统一般不超过两届。迄今为止，只有第二次世界大战期间的罗斯福例外，他连续4届当选。

1796年的9月19日，华盛顿以其充满深切真情的《告别词》，再次打动了美国人民的心。除了敦促国民团结，放弃党派之争外，他还针对美国的外交政策，语重心长地告诫国民，要反对把美国的命运"与欧洲任何部分的命运纠缠在一起，以致使我们的和平与繁荣卷入欧洲的野心、争夺、利益、情绪或反复无常的罗网中去"。美国应该向欧洲表明，"我们是为自己而行动，不是为别人而行动的"。

华盛顿这一做法，实际是确立了美国的孤立主义外交政策，意在使美国避免卷入欧洲的战事。

华盛顿之后，约翰·亚当斯继任其职，总统府亦移至了新建首都华盛顿城的白宫。4年之后，1800年，杰斐逊当选总统，并且也连任了两届。然而，在建国时期有"宪法之父"誉称的麦迪逊为第四任总统期间，美国又开始卷入欧洲的战争，并且和英国展开了第二次交锋。

19世纪初年，欧洲大战正酣，一代枭雄拿破仑正与反法同盟力量杀得难解难分。战争的冲击波亦殃及了大洋彼岸新生的美国。随着英法相互实行海洋封锁政策，使同任何一方通商的国家都备受灾难。至1812年，美国被双方劫掠的商船即达1500艘之多。

英国对美国独立虽然耿耿于怀，但它仍坚持认为美国人"曾为英国人，永为英国人"，认为美国人也有义务共同对抗法国。在这种毫无道理的原则下，英国战舰不断检查美国船只，强征美国海员服役。美英矛盾开始激化。

加拿大事态扩大了两者之间的积怨。1803年，美国仅花1500万美元，就从拮据的拿破仑手中买下了路易斯安娜地区。这块80多万平方公里的土地，其西北部与加拿大接壤，然界线却不甚明了。英国人自己无暇西顾，便武装当地印第安人来与之对抗。而美国人其志远不只是这里，他们不但要西进，而且还觊觎着英国人统治下的加拿大，独享北美大陆。

杰斐逊想了个自以为两全其美的办法，既避免同英国发生正面军事冲突，又能使国内人民满意，那就是禁运，不让美国原料和粮食向英国出口。然而，这一招并没有使英国人低头，受损害者反倒是美国人自己：美国出口骤减了80%。杰斐逊在遗憾中离开了白宫，美英矛盾依然尖锐如旧。

图8-4
杰斐逊纪念堂

在俗称为"战鹰"的西部扩张主义者支持下,新任总统麦迪逊正式对英宣战。然而态度强硬的麦迪逊并没有作好战争准备:陆军仅7000人,海军刚刚组建。而参战的英军则不仅兵力充足,而且个个身经百战,战技娴熟。双方力量对比,优势显然在英国一方。

美国人似乎有愈战愈强的老传统。初时,英军节节胜利,美军则最多有一些小胜而已。而到1814年欧战告一段落,英国腾出手来,以较大兵力投入北美时,美国人也亢奋起来。是年12月的新奥尔良之战,美国名将杰克逊指挥民兵,将8000名登陆的英兵干掉了2000人。英人无心再战,遂与对方签订作为暂时停战条约的《根特协定》。美国终于彻底摆脱了英国的羁绊。

8.4

向西部挺进。门罗之梦。黑奴吁天。第二次革命。林肯之死

美国独立后,越过阿巴拉契亚山,向西部挺进,便成了历届政府的基本国策。19世纪的上半叶,是美利坚合众国版图向西大扩张的时期。

1803年从拿破仑手中购得的路易斯安娜地区,成为后来的阿肯色、密苏里等12个州。

1810至1818年,美国几次动用武力胁迫,使西班牙将北美最南端的佛罗里达地区划归己有。

1835至1845年,美国策动得克萨斯从墨西哥分裂出来,尔后又施展手段,变得克萨斯为美国的第28个州。

1846年,美国挑起对墨战争。三年之后,美国取得胜利,属于墨西哥的亚利桑那、加利福尼亚、新墨西哥、科罗拉多等广大地域尽入美国人囊中。

1846年,美国人又从英国手中夺得俄勒冈。

1867年,美国以1美元1平方公里的低价,从沙皇俄国购得寒冷的阿拉斯加地区。

至此,1783年《巴黎和约》规定的205万平方公里的美国领土,已发展

新生的西半球 199

为777万平方公里。从大西洋到太平洋，美利坚已成了地地道道的北美大国。

但美国人的贪心是不足的，它还想往南伸展势力，把整个美洲大陆都变成自己的控制范围。曾任华盛顿政府财政部长的汉密尔顿有一说，称要建立"伟大的美洲体系"。杰斐逊更是因为得到了路易斯安娜而跃跃欲试，他这样规划："我们必须把联邦看作是一个根据地，从这里开始，向整个南北美移民。"

不过，他们想得也过于简单："正像成熟的果子一样，一旦脱离了西班牙，必将投入美国的怀抱。"

这在当时无疑是痴人之梦。其时，西班牙、葡萄牙殖民势力正死死地控制着从中美到南美的广大地区，虽然其气势已是日薄西山，但所谓"百足之虫，死而不僵"，余威未减。此外，英国、法国、德国也趁机渗入了拉丁美洲。

自18世纪末至19世纪最初20余年，拉丁美洲掀起了轰轰烈烈的民族解放独立运动，武装斗争遍及大陆几乎每一个角落。欧洲列强打着支援旗号，纷纷向拉美渗透。北方的美国人也按捺不住焦躁心情，于是就有了著名的"门罗主义"出台。

门罗是美国第五任总统，在职八年（1817—1825）期间，正值拉美独立运动高潮时期，墨西哥、秘鲁、委内瑞拉、智利、阿根廷、玻利维亚纷纷脱离西班牙而宣告独立。新独立的国家，都要求美国承认，可是门罗政府迟疑再三，才予以正面的回复。

这就是所谓思想上的巨人，行动上的矮子。而英国的做法恰恰相反。它乘西班牙势力被打败后，拉美形成势力真空之机，不遗余力地维护其已在这里的立足，决心反对任何国家对拉美事务的干涉。英国外交大臣向美国公使表示，英国深信西班牙已无力恢复它的殖民地，这些殖民地的独立只是时间问题，而大英帝国对其中任何殖民地国家均无企图，但也不允许其任何部分转移到另一国家手中。显然，这是担心美国会因地理之便而独霸拉美大陆。这位大臣还向公使试探地问，如果美国有此同感，"为什么我们彼此之间迟迟不互相表明态度，并公之于全世界呢？"

美国人感到自己已被逼到了墙角，必须要有明确的态度，而且决不能像"一只尾随在英国军舰后面的小破船"。国务卿亚当斯声称："我们至少要使自己在万一发生紧急情况时，有自由行动之权。"

在众人的操作之下，总统门罗于 1823 年 12 月将美国对拉美政策宣之于众。这篇言词扭捏的外交咨文，通篇啰唆之词实际只表达了一个意思："美洲是美洲人的美洲，美洲事务不要美洲以外的人来干预。"言下之意，欧洲人尤其是英国人应该退出拉丁美洲，美洲事务只能让是美洲人的美国人来管理。

这一"门罗主义"被美国认为是一个"国际法"，是此后一百多年里美国对拉丁美洲外交的基本指南。只不过，国际关系中的实力原则在任何时候都是最有效的。门罗总统此时也不过是说说而已，美国还没有力量来管理美国以外的事情。故此，门罗主义之后的半个多世纪，美国在拉美问题上并没有取得发言权。门罗总统的美梦要想成真，美国人还得首先把自己的事办好。

而美国的事情在相当长的时期里确实不很好办，这主要是因为南北裂痕日益加深。

尽管 19 世纪上半叶美国的西部边疆大为扩大，但美国的经济活动仍然集中在东部海岸地带，即最早的 13 州。然而，由于地理位置和自然环境的不同，东海岸区的发展又明显呈现出地区性的差异：北部工商业经济占主导地位，南部则发展种植园农业；北部实行资本主义生产方式，南部则流行野蛮的奴隶制度，劳动力即是来自非洲的黑人。

图 8-5
美国国会大厦

新生的西半球

由此，黑奴解放问题成了南北斗争的焦点。

这个时候，全美国的黑人奴隶已达400万人。在种植园里，黑人是主人的财产，是"会说话的工具"，奴隶主对他有生杀大权。南部各州的《奴隶法典》规定，奴隶是"和其他有形财产一样，可以继承和让与的"，基本无行动自由，亦不能反抗，其命运之悲惨，绝不亚于古代的奴隶制度。

在这样一个以维护自由和人权为宗旨的国度，在这样一个标榜"人人生而平等"的国家，如此非人的行径自然不可容忍，因此，黑人以及白人中的正义之士，一次又一次地掀起了废奴主义运动。他们利用讲坛、报纸、小册子，对奴隶制进行强烈抨击。他们也采取了合法的手段，游行、请愿、演讲，发动越来越多的人投入斗争。黑奴为了自由，白人出于人道，更多的人投入了帮助奴隶逃跑的"地下铁道"组织。

著名的黑人废奴主义者道格拉斯，创办了《北斗星》，它真正成了南方黑人逃奔北方的指南针。道格拉斯在《北斗星》上振臂呼吁：

> 黑人兄弟，拿起武器！
> 机不可失，时不再来。
> 要获自由，必须战斗！
> 宁可为自由而死，
> 不要当奴隶求生！

于是，一首流行歌曲在北美大地上回响：

> 在那冰冷阴暗的南方，
> 我受尽了奴隶主的鞭伤。
> ……
> 我正在去北方的道路上，
> 北斗星在前面指引方向。

"一个妇人写了一本小册子，结果引起了一场战争"。这个妇人就是斯托夫人,这本小册子就是《黑奴吁天录》,这场战争就是美国内战,北方和南方之间的一场殊死较量,史称为美国的"第二次资产阶级革命"。

斯托夫人出身于富有同情心的牧师家庭。青少年时代所居住的辛辛那提市,是废奴运动的著名中心之一。斯托夫人的家里也经常安置着从南方逃过来的黑人,这就使她有不少机会倾听黑奴们诉说自己的悲惨遭遇。她的弟弟是一个商人,常常去南方贩运货物,也常常向她讲述南方黑奴的非人待遇。终于有一天,斯托夫人的嫂嫂给她来了一封信,信中鼓励说:"写点东西吧,让全国人民都能知道可恶的奴隶制是什么样子。"

斯托夫人怎么也坐不住了,她要拿起手中的笔,为黑人奴隶呼吁,向全世界呼吁。在激情冲动之下,不到几天工夫,她就写出了《汤姆叔叔的小屋》(又译《黑奴吁天录》)的第一章,登载在主张废奴的周刊《民族时代》上。斯托夫人原打算分三至四期刊载,但一动笔即不可收,居然整整连载了一年!她说:"这小说是上帝自己写的,我只不过是他手里的一支笔。"

《汤姆叔叔的小屋》故事梗概如下:

肯塔基州。农场主谢尔比股票投机失败,为偿还债务,准备将汤姆等几个男奴转卖给奴隶贩子哈利。一个叫伊莱扎的女奴偶尔偷听到了两人的谈话,得知自己的儿子哈里也要被卖掉,便连夜带着哈里逃走。在邻近农场为奴的丈夫,也一起跑掉。在废奴组织帮助下,一家三口终于到达加拿大,以后又辗转去了非洲。

汤姆是谢尔比的"家生奴隶",从小就侍奉主人,小心翼翼,忠心耿耿,逆来顺受,从无"二心"。他没有逃跑,而是抛妻弃子,被转卖给哈利,到了新奥尔良地方。一次偶然救了小爱娃,颇得爱娃之父圣·克莱好感,将其从哈利手中赎买过去。汤姆过了两年像人的日子,可是爱娃不幸病死。当圣·克莱决定解放汤姆等黑奴时,却被他人害死。圣·克莱夫人将汤姆等人送到奴隶市场,他被一个凶残如魔鬼的种植园主莱格利买走。

种植园有两个女奴打算逃跑,躲了起来,莱格利认为是汤姆帮助了她们,便将汤姆毒打了一顿。汤姆遍体鳞伤,死去活来,但也不肯为自己辩解。过了几天,谢尔比之子乔治·谢尔比赶来赎买汤姆,可是汤姆已经气息奄奄,很快就告别了人间。谢尔比怒不可当,将莱格利狠狠地揍了一顿。回到肯塔基后，他以汤姆叔叔的名义解放了他所有的全部奴隶，并投身于方兴未艾的废奴运动之中。

此书很快被出版，据说一年之内就销掉了不下30万册，几乎每一个识字的美国人都读过这本小说。而在南方，这本书却成了禁书。

当斯托夫人用笔杆子讨伐奴隶制的时候，约翰·布朗则用枪杆子向奴隶制度公开挑战。

布朗也是白人，种过田，经过商，经历丰富。他是个坚定的废奴主义者，曾参加过"地下铁道"活动，帮助不少南部黑人获得自由，还仔细认真研究过历史上黑人起义的经验教训。

1856年，他曾率领7名勇士（其中5名是他的儿子）干掉了堪萨斯州劳伦斯镇的几个镇压奴隶的凶手，声名大振，但却遭到联邦政府的通缉，布朗被迫上山打游击。

布朗起义发动于1859年的秋天。由于兵力悬殊，加上行动计划事先暴露，布朗起义军很快被镇压。布朗本人虽被判处了极刑，但他在法庭上的慷慨陈词却震慑了法官：

> 我想，法庭是承认上帝法旨的效力的……我认为，去维护他那些被人看不起的穷人，像我所做的那样，是对的。如果为了正义的胜利而需要我的生命——就让它这样吧，就让我的鲜血同我儿子的鲜血以及这个奴隶之国其他千千万万人的鲜血混合在一起吧。在这个奴隶之国里，人权是被那些令人憎恶的、残酷无情的、毫无公道的法律所忽视的。
>
> ……
>
> 我，约翰·布朗，现在坚信这个罪恶的国土的罪恶，只有用鲜血才能涤净。我曾经自以为不用流很多的血，就可以做到这一点，现在我认为这是不切实际的。

布朗起义加速了美国内战的爆发。

面对日益炽烈的废奴运动，美国政坛的执政党派发生了变化。1850年前的两大党，是民主党和辉格党。民主党较多地受到南部种植园主控制，辉格党则主要代表北方工商业资本家的利益。很自然，民主党不会支持废奴运动，其党内的一部分人就会对主流派不满，他们和大多数辉格党人一道，于1854年组成了主张反对奴隶制的共和党。

1860年，共和党人亚伯拉罕·林肯当选为总统。林肯出身于农民家庭，其父是一个木匠。林肯本人也是劳动者出身，只读过一年书，自幼从事体力劳动，当过雇工、船夫、店铺伙计，也做过乡邮员和土地测量员，后来成了律师。平凡的经历，平庸的相貌，加上他平民总统的气质，使他更易于倾听民众的呼声。他虽不是个废奴主义者，但他对奴隶制的憎恨却不亚于任何人。

林肯当选，南方七个州的分裂主义分子立刻大哗，宣布退出联邦，另组南方邦联。南北矛盾完全公开化、白热化，内战一触即发。

面对南方的挑战，林肯毫不退缩。他在就职演说中，向分裂主义分子提出了义正辞严的警告，态度坚定地说：

> 我们不能把南北两地从彼此的位置上挪开，也不能在它们中间建起无法逾越的城墙。夫妻可离婚，国家不容分裂！……各位心怀不满的同胞，内战这个重大问题，不系于我们手里，而是系于你们手里。政府不会攻击你们。只要你们不当侵略者，你们便不会面临战斗，你们没有对天发誓要毁灭政府，但是我却将做出最严肃的誓言，要保存、保护和保卫它。

南方人当然把林肯的话当作了耳旁风，他们以为林肯软弱可欺，因而悍然打响了内战的第一枪。1861年4月15日，林肯宣布征召志愿军，消灭南方叛乱，维护国家统一。

对比战争双方的力量，北方具有很明显的优势。北方人口达2000万，而南方包括奴隶也不过900万人；北方工业产值占全国的90%。南方的报纸说："除了面包和肉，我们所用的一切都要依靠欧洲和北方，一旦关系断绝，我们将寸步难行。"

最关键的，是北方拥有人心上的优势。北方的事业是正义的事业，正义的事业往往是受到人民支持的。何况在战争进行过程中，林肯总统颁布的两道法令，又极大地调动了北方人民参战的积极性。

一是 1862 年 9 月 22 日公布的《解放黑奴宣言》。《宣言》宣布将所有南部 7 州的黑人奴隶全部解放，"立获自由并于以后永保自由；合众国政府包括陆海军当局将承认和维护他们的自由"。

国际舆论予以高度评价，黑人群众为之欢欣鼓舞，几十万黑人踊跃加入联邦军队，为北方的胜利作出了贡献。

二是《宅地法》，1862 年颁布。《宅地法》规定，公民如在某地定居和耕种 5 年以上，只要象征性地付出 10 美元，就可占有 160 英亩公共土地。这一法令，鼓励了公民开发西部。结果内战期间，大约有 30 万居民移居加利福尼亚等地，这就使北方所拥有的物质基础更加雄厚。

不过，南方也有一些优势，那就是它拥有一批作战经验丰富的军事将领，而且是在本地作战，地形熟识，易于防守；北方却恰恰相反，将领中庸才居多，而且又是进攻战，人地生疏。故此，初期的战事往往是胜在南方，只有平时看来并不出众的格兰特才打了几个小胜仗。

1863 年 7 月的葛底斯堡战役，成了整个战争的转折点。北方的米德率军在此地迎战名将李将军麾下的南军，后者受到重创。

四个月后，为纪念在葛底斯堡献身的北军将士，林肯在公墓落成典礼上发表了那篇比《解放黑奴宣言》更有名的演说。

这次典礼，原定主要由当时最有名的演说家埃弗雷特发表演讲，林肯作一简短讲话。一切都按照这一程序进行着。然而，林肯两分钟演说词最终成了脍炙人口的不朽文献。连起先不把林肯放在眼里的埃弗雷特也去信祝贺："如果我在两小时内所讲的东西能稍微触及你在两分钟内所讲的中心思想的话，那么我就感到十分欣慰了。"

林肯的演说一共是 10 句话：

> 87 年前，我们的祖先在这个大陆上缔造了一个新的国家，它孕育在自由之中，奉行人人生而平等的原则。
>
> 现在，我们正在进行一场伟大的内战，以考验这个国家，一个如此孕育而又奉行如此原则的国家，是否能够长期存在。

我们相会在这场战争的一个伟大的战场上。我们相会，是为了将这个战场的一部分奉献出来，作为为这个国家能够永存而献身的将士们的最后安息之地。

我们这样做，是完全应该的、恰当的。

但是，从一个更大的意义上说，我们无能奉献这片土地，我们无能神化这片土地，我们无能圣化这片土地。在这片土地上战斗过的人们，无论是活着的还是牺牲的，已经神化了它，远非我们的力量再能为它做点什么。

世界将很少能长久地记住我们在这里说了什么；但它永远不会忘记他们在这里所做的一切。

然而，对我们这些生者来说，我们应献身于他们所从事的如此高尚的未竟之业。我们要从这些光荣的死者身上汲取更多的献身精神，来完成他们曾为之竭尽全部忠诚的事业；我们要在这里下定更大的决心，使这些死者不至于白白牺牲；我们要使这个国家在上帝的护佑下得到自由的新生；我们要使这个民有、民治、民享的政府永世长存。

与葛底斯堡战役几乎同时，格兰特率领联邦军队与南军大战于密西西比河畔的维克斯堡，南方再次惨败。自此之后，联邦军队主动出击，胜利已成定局。

第二年春天，联邦军谢尔曼将军开始"向海洋进军"。攻下萨凡纳后，即从陆上穿过卡罗来纳向北推进。1865年2月17日，攻占南卡罗来纳首府哥伦比亚。次日又攻占查尔斯顿。3月，谢尔曼与格兰特率领的主力部队会师于彼得斯堡，这个通往南方邦联首都里士满的重要屏障。

此时，格兰特所发动的"荒原战役"，已将李将军围困在里士满9个月有余。虽然双方互有胜败，但格兰特能得到后方源源不断的兵力和军备的供应，而李将军却无这一幸运。4月9日，李将军终于向对手升起了白旗。两位身经百战的将军会晤了，互致问候。格兰特接受了28,000人的南军投降，而让其所敬佩的李将军打马离去。

此后，各地南军约20万人相继缴械，四年内战以北方彻底胜利而告结束。
战争结束了，北方胜利了，人民欢呼雀跃。然而暗中的较量并未完结。大凡战场上的失败者总是想以卑劣行径报复对方。总统林肯就成了这一报复行动的受害者。

　　1864年11月，由于成功地领导了反对南部叛乱诸州的战争，林肯作为共和党候选人再次当选总统。林肯当选，北方人大受鼓舞。一位诗人这样写道："林肯毫无疑义地当选了，我们呼吸得更为轻松了，这个国家将得救了。"然而，南方的奴隶主却在策划暗杀林肯的罪恶阴谋。

　　1865年4月11日，战争结束后的第三天，林肯发表了他的最后一次演说。他是作为全美国的总统在说话，他认为，不要再记叛乱的账，南方州只要有十分之一的人愿意服从联邦，就应该将它们接纳进联邦。

　　4月13日，在忙完了一天国事之后，林肯偕夫人前往福特大剧院，观看喜剧《我们的美国表亲》。

　　晚上10点半，演出进入高潮。突然一声枪响，紧接着，从总统包厢跳出一个黑影，直奔舞台中央，挥手狂叫："我给南方人报了仇了！"随即跳窗而逃，消失在浓浓夜色里。

　　林肯就这样倒在了血泊之中。

　　林肯死后，美国人民特别怀念他。著名诗人惠特曼饱含激情，写下了诗歌《啊，船长！我的船长》，表达了人民的心愿：

图8-6
19世纪美国的年轻煤矿工人

啊，船长！我的船长！

起来听听这钟声，起来吧。

旌旗为你招展，

号角为你长鸣。

为你，岸上挤满了人，

为你，人们准备了无数的花束和花环，

为你，这雀跃的人群在欢呼，

他们殷切的脸正对着你看；

这里，船长，亲爱的父亲！

让你的头枕着我的手臂！

真像是梦，躺在甲板上，

你已浑身冰冷，

心脏停止了跳动。

林肯死了，但他作为最杰出的美国总统之一，英名永存。林肯之后，"重建"中的美国虽然仍小有曲折，但内战已扫清了资本主义发展的一切障碍。美利坚这匹挣脱了缰绳的"黑马"，在19世纪后期迅速成长为资本主义的强国。

8.5

海地革命：拉美独立运动的序幕。多洛雷斯的呼声。"解放者"玻利瓦尔。"祖国之父"圣马丁。巴西的独立。拉美为什么长期落后

当北美殖民地争取独立的斗争取得决定性胜利，新生的美利坚合众国屹立于北大西洋西海岸之时，西半球的南半部——整个中南美洲的民族解放运动亦方兴未艾。一场连绵30余年的大陆战争，改变了拉丁美洲的政治格局，17个新兴的国家由此诞生。

拉美独立浪潮，是从法属殖民地海地发轫的。

海地乃加勒比海上的一大岛屿。原为西班牙占有，17世纪末转归法国。由于此地气候湿润，雨量充足，法国人在这里建起了种植甘蔗和咖啡的大种植园。种植园无疑需要劳动力，而当地的印第安居民早已被殖民者屠杀殆尽，法国人只得从非洲大批运进黑人，充作种植园奴隶。据说，至1779年时，海地总共不过50来万居民，然而白人统治者与黑奴之比例却为1∶12。由此可见，白人要得心应手地对付黑人，非采取非常规的残酷手段不可。

1789年法国革命的爆发，给海地人民带来了希望。在海地人民看来，法国《人权宣言》弘扬的自由平等原则，对海地的居民也应该完全有效；革命的阳光，应该一无例外地普照法国所属的各个殖民地和殖民地人民。

这一年，奥赫领导了混血种人的起义。这是一次小试身手，旋即被殖民地当局所镇压。

1791年，一场席卷全岛的大规模起义爆发。仅仅两个月的时间，就有1400多个种植园被捣毁，2000多个奴隶主被杀死，法国军队也被打得狼狈而逃。起义的领导人是青史留名的黑人领袖杜桑·卢维杜尔。此人虽出身低下，但好学善研，颇通兵法，指挥作战素来有勇有谋，甚为起义军士兵所敬仰。

在杜桑·卢维杜尔的领导下，起义军还先后打败了法国、西班牙和英国派来的镇压军。1801年建立了自己的政权。

此时，法国局势正发生着戏剧性的变化：拿破仑发动了政变、掌握了政权。他力图恢复法国在海地的统治，于1802年派遣妹夫黎克勒进击海地。大敌当前，群情激昂，为保卫自己的祖国，杜桑向人民发出了震撼人心的号召，表达了斗争到底的誓死决心：

> 我的孩子们！法国派人奴役我们来了。上帝给了我们自由，法国人就没权利把它抢走。我们要把城市烧光，把粮食毁掉，用大炮把道路轰断，在井水下毒，让白种人看看他们到这儿来一手造成的地狱。

遗憾的是，杜桑虽然作了周密的部署，而且也在军事上打了不少胜仗，但终究没能识破狡诈无比的黎克勒的诡计，在谈判桌上被敌人逮捕。1803年，杜桑在法国人的狱中被折磨致死。面临死神，杜桑毫无畏惧，大义凛然地说：

"他们毁灭我，只会使圣多明各（海地所在岛屿）奴隶的自由之树得到更加充分的浇灌。这棵树会重新成长起来的，因为它的根很深、很多。"

杜桑的战友们没有辜负他的期望，与法国殖民者继续战斗。1803年10月，法军终于投降。1804年元旦，海地正式宣告独立。"海地"之名称，即印第安语"多山"的意思，表明其与欧洲殖民者誓不两立之决心。

这是拉美的第一个独立国家。

值得一提的是，推翻法国殖民统治虽然是海地革命的任务，然而拿破仑法国的活动，却又在客观上为拉丁美洲独立运动的大规模开展提供了有利机会。1808年，法国军队进入西班牙，西班牙对美洲的统治由此出现了危机，殖民地人民反抗西班牙、争取独立解放的斗争迅速掀起高潮。

将近20年中，西属拉美殖民地的独立战争先后在三个中心地区进行，即墨西哥及邻近的中美洲地区，南美洲的北部地区，南美洲的南部地区。

墨西哥是西班牙殖民者最早占领的地方，也是它在拉美的主要统治中心。这里的居民中，有较多的印第安人和墨斯提佐人。他们已不堪殖民者专制的统治和野蛮的掠夺，更深切地感受殖民统治的黑暗，因而也最先发动了起义。

1810年9月16日凌晨，瓜那华托州多洛雷斯山村教堂的钟声打破了黎明的寂静，这是起义的信号。顷刻间，数千名起义者聚集在教堂，神父米格尔·伊达尔哥率领他们，打开监狱，释放囚犯，追捕西班牙人。

群情激愤之中，伊达尔哥向身边几千印第安人慷慨激昂地高声呼问："你们愿意成为自由人吗？300年前可恨的西班牙人夺走了我们祖先的土地，你们同意他们夺去吗？"在场群众齐声呐喊："绞死西班牙强盗！""打倒坏政府！""独立万岁！"这就是历史上著名的"多洛雷斯呼声"。

伊达尔哥虽为神父，但早年受到良好教育，法国启蒙思想对其影响很大。传教中，因深知民间疾苦而受到底层人民拥戴，声望很高。而且对起义工作，他亦筹划已久，准备充分，因此多洛雷斯呼声之后不久，起义军很快就发展到了8万余人，声势颇为壮观，初时战事亦颇为顺利，很快控制了北方广大地区，直逼墨西哥城。

1811年，由于伊达尔哥作战经验不足，被叛徒出卖而遭到敌人伏击，陷身敌手。7月，伊达尔哥慷慨就义。后来，他被墨西哥人民尊为"墨西哥独立之父"。9月16日这天,则被定为墨西哥的国庆节。

伊达尔哥虽死,墨西哥独立战争依然如火如荼。在伊达尔哥培养下的一批新的领袖迅速成长,其中以军事将领莫雷洛斯最为突出。

莫雷洛斯也出身底层,与伊达尔哥有相似经历,做过天主教神父,了解民间疾苦。伊达尔哥死后,他成为起义军的主要领导人。他有出色的军事指挥才能。起初,他以游击战为主要手段,既保存了自己力量,又寻机打击了敌人。他曾坚守夸奥特拉城三个月之久,虽粮尽弹绝也不放弃,令西班牙军无可奈何。

自1812年下半年起,莫雷洛斯转入进攻,一年不到,几乎征服了墨西哥南部所有地区。1813年11月,起义者召开议会,宣布独立。莫雷洛斯的成功,连其时的欧洲枭雄拿破仑也极为钦佩,他说:"我要是有5个莫雷洛斯,就可以征服全世界。"

然而,拿破仑在滑铁卢失败后,西班牙国内局势也发生了逆转,镇压墨西哥革命的殖民者更加凶恶,兵力更为集中。1815年11月,莫雷洛斯起义军被打败,他本人被俘,一个月后被秘密处死。

虽然声势浩大的起义失败了,但民族独立的思想已深入人心。1820年,西班牙发生革命,国王同意实行君主立宪制。美洲殖民地的当权者们也乘机摇身一变,开始同仍在坚持游击战争的起义者谈判。1821年,墨西哥正式独立,只不过政权一度为殖民者旧军官篡夺。1824年,墨西哥成为共和国。

墨西哥独立后,1823年又出现了独立的"中美共和国联邦"。由于各种原因,这个联邦后来分解为危地马拉、洪都拉斯、哥斯达黎加、尼加拉瓜和萨尔瓦多等5个国家。

打响南美独立第一枪的,是北部委内瑞拉的独立运动领袖米兰达。米兰达出生于土生白人家庭,经历颇为丰富,青年时代曾参加过美国独立战争和法国大革命。为了委内瑞拉的独立,他曾长期流亡在国外,争取国际社会对独立事业的支持,并在纽约组建了一支远征军。

早在1806年,米兰达就率领远征军在委内瑞拉数度登陆,几经曲折,这次行动被西班牙人所镇压,米兰达再度流亡欧洲。

1810年西班牙被拿破仑军队占领,委内瑞拉的土生白人乘机发动起义,赶走了西班牙殖民者,成立临时政府。米兰达被推选为革命的领导人。第二年,正式宣布成立委内瑞拉第一共和国,与西班牙殖民政府分庭抗礼。然而,天不作美,一场前所未有的大地震使共和国辖下地区惨遭破坏。西班牙军队趁机出动,革命力量失败,米兰达被俘,不久后死于狱中。

米兰达的战友西蒙·玻利瓦尔继续扛起了斗争大旗。1813年,玻利瓦尔率领一支义军,越过安第斯山开进委内瑞拉。他的口号"与西班牙人战斗至死",大大地激励了群众,人民纷纷给予起义军坚决支持。玻利瓦尔连战皆捷,胜利进入加拉加斯城。1814年成立委内瑞拉第二共和国,他本人被授予"解放者"之称号。

而在此时,西班牙国王已经复位,形势又发生变化。在殖民军的几路进攻下,玻利瓦尔战败,第二共和国也很快夭折。

然玻利瓦尔并不气馁。他在海地共和国支持下,又从国外打回,在委内瑞拉海岸登陆,在东部建立了根据地。他的一些措施,如解放奴隶等,调动了群众参加革命的积极性,队伍迅速壮大。在两年多的艰苦战斗中,解放了委内瑞拉大部分地区,建立了第三共和国。

1819年,玻利瓦尔从委内瑞拉挥师西进,穿越极为险峻的安第斯山,进

图8-7
玻利瓦尔

新生的西半球　213

入今天的哥伦比亚地区。其时,该地人民反抗西班牙殖民者的独立斗争已进行了将近10年,备尝艰辛。玻利瓦尔的到来,使得革命者的力量与信心倍增。

8月7日,在波哥大附近博亚卡河的一座桥边,玻利瓦尔率2600名起义军将士与人数略多于己的西班牙军队一场激战。玻利瓦尔沉着指挥,将敌军分割后分别歼灭,西班牙军队彻底失败。不日,起义军进入波哥大。12月,哥伦比亚共和国宣告成立,玻利瓦尔亲任总统。

玻利瓦尔乘着大好形势,扩大战果。1821年,出兵委内瑞拉,分东西两路夹击加拉加斯。西班牙总督闻讯,遣军5000人驻守卡拉波波要地。两军遭遇后,玻利瓦尔兵分三路,分别进攻敌军的右翼、后方和中路,西军力不能敌,溃不成军,兵力损失五分之三。起义军开进加拉加斯城,很快解放了委内瑞拉全境。

1821年,玻利瓦尔派大将苏克雷援助厄瓜多尔的起义者,自1810年以来就已进行的基多和瓜亚基尔等地的革命,胜利形势立即明朗。1822年5月,苏克雷将西班牙军队主力包围在基多附近的皮钦查火山。24日,经过三小时的激战,殖民军主力被歼。苏克雷胜利进入基多城。不日,解放了厄瓜多尔全境。

其后,玻利瓦尔也来到基多。包括哥伦比亚、委内瑞拉和厄瓜多尔在内

图8-8
圣马丁

的统一的"大哥伦比亚共和国"诞生。南美北部都获得了解放。

南美大陆的南部地区是拉美独立运动的又一个中心。这里是西班牙殖民者所设立的拉普拉塔总督区。除秘鲁外，其余均为殖民统治薄弱的地区。这里的革命运动最早也开始于1810年。当时西班牙被法国占领的消息传到拉美，阿根廷、巴拉圭、乌拉圭、智利、秘鲁都发生了革命，到处出现了革命的"洪达"（议会），建立了临时政府。但到1814年时，随着波旁王朝在西班牙复辟，殖民势力又嚣张起来，各地的独立运动进入了低潮。

1816年，南部各地独立运动再掀高潮。这时候，一位著名领袖在斗争中起着愈来愈重要的作用，这就是何塞·圣马丁。

圣马丁从青年时代即投身革命，立志为美洲人的自由独立而奋斗。1812年他从西班牙回国，旋即领导了保卫阿根廷独立的斗争。在他看来，要真正保卫革命成果，维护阿根廷的独立地位，必须进军秘鲁，捣毁这个西班牙殖民者的堡垒。他设计的从阿根廷进攻秘鲁的路线是：先解放智利，然后从智利沿海路北上。

1817年春天，圣马丁亲率一支5000人大军，从海拔3000多米的雪山口，跨过安第斯山，进入智利，和当地的革命者联合行动，很快就消灭了这里的西班牙殖民军。1818年，智利宣告独立。

在智利政府支持下，圣马丁组织了一支海军，向秘鲁出发。1821年攻占了秘鲁首都利马，秘鲁独立，圣马丁成为共和国"保护者"。西班牙军队退入秘鲁东部山区。那里山高林密，交通不便，对新生的共和国构成极大威胁。

为将秘鲁境内的敌人全面肃清，圣马丁设法与玻利瓦尔建立了联系。1822年的7月，南美大陆两位最伟大的独立战争领袖人物相会在瓜亚基尔。然而，两人的会晤是完全秘密的，没有任何其他人参加，会谈的具体内容后人也难知其详。只有玻利瓦尔留下的一些记载反映，两人在不少问题上存有分歧。

会晤之后，圣马丁辞去了一切军事和行政职务，返回阿根廷，后来又去了欧洲，隐居于此，最后在1850年善终于法国。英雄虽死，英名永存！圣马丁被阿根廷、智利、秘鲁等三国人民共尊为"祖国之父"。

而玻利瓦尔不负圣马丁重托，两年之后，率大军一万余人与秘鲁的西班牙军队决战，在胡宁平原上摆开了战场。西班牙军队失败，元气大伤。

与南美西班牙军队的最后大决战，要数名将苏克雷指挥的阿亚库乔大战。1824年12月，苏克雷率5700多人行军途中，遭遇西班牙军队9300余人。敌人以为势众，又占据了地形优势，从高地上直冲起义军而来。苏克雷巧妙指挥，兵分三路：一路拦截左翼；一路猛攻右翼；主力则全力围歼中军，敌军很快陷入混乱。仅仅两小时，苏克雷就解决了战斗。西班牙的秘鲁总督、4名元帅、10名将军、2000多名士兵，统统当了俘虏。阿亚库乔高地成了独立英雄们欢庆胜利的舞台。

从军事史意义上说，这是世界历史上以少胜多的著名战例之一；从政治意义上说，这是西班牙人在南美大陆上300年殖民统治终结的一场"滑铁卢战役"。

第二年初，原秘鲁东部地区独立，国名命名为玻利维亚，无疑是纪念玻利瓦尔。1826年1月，西班牙在秘鲁的最后一个据点的守军投降。至此，南美大陆全部解放，西班牙在拉丁美洲的殖民体系寿终正寝。

诚然，在南美大陆上还有一片极其广袤的土地，这就是葡萄牙殖民者统治下的巴西。这里地广人稀，不多的人口中却有一半以上是奴隶。因此，在这里不仅要反对殖民统治、争取民族独立，还要反对和废除奴隶制度。特别是当葡萄牙王室被拿破仑赶出本土、逃到了巴西后，巴西中下层人民更加感受到殖民统治的野蛮性和残酷性，摆脱奴役的愿望更为强烈。

当西属拉美独立运动方兴未艾之时，巴西人民也不断掀起反葡萄牙统治的斗争。除黑人奴隶的起义此起彼伏外，1817年伯南布哥州起义更有几乎各个社会阶层参加。起义的领导者是资产阶级和军官，起义的主力是士兵和城市市民。起义者采取了众多措施，包括组建政府、颁布宪法，但终于没能顶住殖民当局的疯狂镇压，坚持了70多天后终告失败。

葡萄牙摄政王玩弄政治阴谋，或声称巴西独立，或发动对外战争转移国内人民视线，而独立运动则缺乏像玻利瓦尔和圣马丁那样的核心人物，所以，一段时间里，巴西独立运动没有能够形成群众性的大气候。

1820年，葡萄牙国内发生革命，国王若昂六世回国。面对巴西正在酝酿中的革命形势，若昂将其子佩德罗留在巴西，出任摄政王，而且面授机宜，要他找机会宣布巴西独立。这样，在土生白人的支持下，佩德罗于1822年宣布巴西独立，实行所谓君主立宪制，自任皇帝，称佩德罗一世。

巴西这种实际上的君主专制制和奴隶制，不可能长期地存在下去。1889年，巴西最终成了共和制国家。

波澜壮阔的拉丁美洲解放战争，与北美殖民地人民的独立运动交相辉映，使差不多整个西半球从欧洲殖民主义的枷锁下挣脱出来，将近20个主权国家因此诞生，以独立自主的崭新面貌跻身于世界民族之林，奠定了近现代美洲的政治格局，也改变了世界政治力量的空间分布，打破了旧有的平衡。

然而，独立后的南北美洲，在发展的道路上却迥然相异，成为鲜明对照。美国有如脱缰野马，沿着资本主义的道路狂奔，一个世纪里便成长为世界上首屈一指的发达国家；而拉丁美洲则长期在落后的状态中徘徊不前，后来还一再成了欧洲人甚至美国人宰割和肆虐的对象，变成美国势力的"后院"，依附于美国，有的国家还唯美国马首是瞻。

这无疑是一个悲剧。那么，拉美为什么长期落后呢？

在美国，独立战争同时又是一场革命运动，在争取民族独立的同时完成资产阶级的民主革命，推翻一切封建制度和封建关系，并且在南北战争中发展了这一成果，铲除了阻碍资本主义发展的最后障碍——南部种植园的奴隶制度。而拉美则大不一样，虽然也建立起许多独立国家，虽然也废除了许多封建性的义务，废除了奴隶制度，限制了教会权力，建立了一些资本主义式的农场，但由于领导独立战争的是土生白人和官吏，他们手中掌握了较多的大地产，他们不可能损害自己的既得利益；而工商业者以及资产阶级在拉美并没有形成坚强的力量，更没有成为革命中的领导者，他们无法也无力改变旧有的经济基础。因此，独立运动后的拉丁美洲，大地产经济仍然占据主导地位，资本主义工商业没有获得充分发展的条件，这是造成拉美长期落后的基本根源。

由于战争主要是由军队进行的，因此在军队中慢慢滋生出一种干预政治的不良倾向，反动的军人独裁政权不断出现，这就是拉丁美洲历史上著名的"考迪罗主义"。考迪罗主义不但维护旧有的经济制度，而且还造成政变不断、政局动荡的社会局面，使资本主义经济缺乏顺利成长的良好环境。

新生的西半球

第九章

群雄并起
17 至 19 世纪的奥、普、俄、意

9.1

奥地利的起源。巴奔堡家族。哈布斯堡王朝。维也纳保卫战。特蕾西娅女王。神圣罗马帝国的丧钟。梅特涅主政。风暴之年。奥匈二合帝国

在中欧的心脏地区，阿尔卑斯山的北麓，多瑙河南岸，有一个叫奥地利的国家。今天的奥地利面积不大，人口也不多，但历史上却曾经显赫一时。

至少在 18 万年前，奥地利境内就有了人类活动。旧石器时代末期，这里的居民已建立了窝棚式的住宅。新石器时代里，奥地利广泛流传钟形杯陶器文化，又学会种植大小麦和其他谷物，开始驯养家畜。公元前 1500 年左右，奥地利进入青铜时代。在公元前 9 世纪开始的铁器时代里，以哈尔施塔特文化最有影响。上古的奥地利居民中，有里提亚人、诺里孔人、卡尔纳人、陶里斯克人，大都属于凯尔特人部落。

公元前 15 年，罗马军队兵分两路，从高卢和意大利分别进攻里提亚。尔后，罗马军又占领了诺里孔和潘诺尼亚等地。公元 1 世纪，罗马皇帝克劳狄将诺里孔变成了罗马的一个行省。罗马军队在这里建立了许多营寨、堡垒，甚至还

有随军家属村。老兵们后来定居于此，按军队方法来管理地方行政。这里同时又是一个各部族来往的舞台，马尔科曼人、阿拉曼人、东日耳曼人、伦巴底人都先后在这一带活动，骚扰和打击罗马帝国的统治。

西罗马帝国灭亡后，6世纪，拜恩人成为奥地利境内的主要居民。法兰克王国最初也向这一带派出传教势力。8世纪中，拜恩人的奥迪洛公爵被丕平打败，被迫臣服法兰克王国。奥迪洛的儿子塔西洛，趁法兰克国王四顾无暇的机会，进行了摆脱依附地位的种种努力，但终究未取得成功。788年，查理大帝委任自己的亲戚为拜恩的管理人，实行对拜恩的直接统治。查理帝国分裂后，拜恩划入了东法兰克王国版图。

911年，东法兰克王国终结，在此基础上形成的日耳曼王国，处于萨克森王朝的统治之下。962年，鄂图一世在罗马加冕称帝。976年，他任命柳特波德为拜恩边区行政长官，从此开始了巴奔堡家族对奥地利长达270年的统治。994年，柳特波德被人误杀。他的儿子亨利执政期间（994—1018），"奥地利"的名称正式在文件中出现，意为"东方之国"。

巴奔堡家族执政初年，追随德意志皇帝几度征伐东边的摩拉维亚和匈牙利。为了防止外人干预本地事务，巴奔堡家族特别心存疑忌。1000年，一个爱尔兰朝圣香客科洛曼，被奥地利人当作匈牙利间谍抓起来杀死，引起了轩然大波。在东征的过程中先后建立的"波希米亚边区"和"新边区"，也都归到了巴奔堡家族统治下。在德国皇帝亨利四世与罗马教皇格里高利七世的主教授职权之争中，巴奔堡家族利奥波德二世采取变幻无常的政策，在皇帝与教皇之间摇摆。本来他已得到了皇帝赏赐的大块地产，但后来却又站到教皇一边。结果皇帝指使波希米亚公爵来对付他，利奥波德不得不屈服。他儿子就谨慎多了，积极与皇帝联姻，娶了亨利五世的妹妹为妻子。1156年，皇帝红胡子腓特烈正式封赐巴奔堡家族为奥地利公爵，以维也纳为新首府。

12世纪末年，奥地利公爵参与第三次十字军东征，结果与英国国王理查发生了矛盾。理查从敌人城楼上取下奥地利的旗帜，公爵则趁他回国路经维也纳时，将他抓了起来，理查被迫答应交换十万马克以赎身。这是巴奔堡家族最为兴盛的时期。过后不久，巴奔堡家族同国内外的关系紧张起来。1246年，公爵腓特烈战死，无嗣继承。

由于巴奔堡家族男性世系断绝，奥地利政局立即混乱。国内外众多的竞争者都将之视为觊觎目标。由于两位女系后裔玛格里特和格特鲁德都有一定的继承权，所以国外的王公纷纷争取与她们联姻。结果捷克国王奥托克尔，与比他年龄大得多的玛格里特结婚；格特鲁德则嫁给了匈牙利的哈利奇侯爵。奥托克尔继承了奥地利公爵名号，并与匈牙利人瓜分了奥地利领土。

1273 年，哈布斯堡伯爵鲁道夫当选为德意志皇帝，他不能容忍作为斯拉夫人在德意志帝国境内占据大国地位。1276 年，他发动对奥托克尔的战争，1278 年战胜了对方，收复了奥地利领土，从此开始了哈布斯堡家族对奥地利的长期统治。皇帝美男子腓特烈三世统治之时，哈布斯堡家族反倒失去了原在瑞士和巴伐利亚的领地，从此便把奥地利当作了自己的领国。

1335 年，哈布斯堡王朝不断往西南两个方向扩张。从 1438 年起直到 1806 年，奥地利哈布斯堡家族的统治者，始终保持了"德意志民族的神圣罗马帝国"皇帝称号。而它作为奥地利的统治者，则一直延续到 1918 年。

15 世纪后期，哈布斯堡王朝的领土扩张进入新的阶段。1482 年，马克西米连一世皇帝通过联姻继承领地方式，得到了勃艮第和尼德兰。后又通过子女的联姻，获得了西班牙极其庞大的西属殖民帝国，再加上意大利南部的那不勒斯和西西里王国。16 世纪前期，奥地利哈布斯堡王朝有"日不落帝国"之称，版图达到了顶点。1522 年后，哈布斯堡家族分成奥地利—德意志和西班牙—尼德兰两个支系。

16 世纪后期，哈布斯堡王朝的统治有所加强，但仍只是对奥地利而已。在德意志帝国境内，各封建领地虽然名义上都服从皇帝个人的统治，但整个国家却依然四分五裂，皇帝对此也无可奈何，只有对外发展和扩张势力，矛头对准东边的匈牙利。

而匈牙利的东南方也不断遭到土耳其的蚕食鲸吞。在 1526 年的摩哈赤战役中，土耳其人打败匈牙利军队，将匈牙利国土一分为三。其中西边的一块承认奥地利哈布斯堡家族的统治权。之后，奥地利和土耳其对匈牙利进行了长期的争夺，延续了一个半世纪之久。因此，16、17 世纪中，奥地利在东线面临着土耳其这个强大的对手。奥土冲突在 1683 年达到了最高潮。

这一年被奥地利人称为"土耳其年"，意即与土耳其人斗争的年头。1681 年，匈牙利人的领袖特克利决定与土耳其联合。这一举动引起了匈国内亲哈布斯堡势力的反抗。奥地利军队企图在土耳其出兵之前抢占一批要塞。但土耳其人出其不意，迅速以大军围困了奥地利首都维也纳。维也纳军民奋力苦战，用手中有限的武器，打退了土耳其人一次又一次的进攻。战斗从7月14日进行到9月3日，土耳其人不过攻下了维也纳外围一个小小的城堡。这时候，德国各地诸侯增援部队接连赶到，奥军实力大增，总兵力达到6万多人。9月12日，发动了对土耳其围城部队的反攻，土耳其人被击败溃逃。奥军乘胜进击，又攻下了土耳其人所占领的许多城市。到1697年，基本上确立了对匈牙利的统治。由欧根亲王率领的奥地利人，在这一年的9月11日突袭正在渡河的土耳其人，取得了最终的决定性胜利。

在奥地利历史上，特雷西娅女王是一位不多见的有作为的君王。她和她的儿子约瑟夫锐意改革，使奥地利在经济、社会、文化多方面都取得了巨大进步，人称"开明专制"。

18世纪初，西班牙王位继承战争爆发。通过十几年的战争，奥地利获得了大片新的土地，逐渐成为一个强国，与普鲁士同为德意志帝国境内两个最有实力的邦国。为争夺霸权，普奥两国展开了长期的较量，但奥地利往往处于下风。在1733—1735年的波兰王位继承战争、1741—1748年的奥地利王位继承战争、1756—1763年的七年战争中，奥地利均以失败告终。同时，国内的民族矛盾、阶级矛盾日益激化，农民起义不断发生。为了缓和矛盾，挽救危机，女王玛丽娅·特雷西娅进行了一系列改革，她的继承人约瑟夫二世继续了她的改革事业。

特雷西娅认为，普鲁士之所以常常能在战争中取胜，是因为普鲁士实行了中央集权制，所以她首先着手改革的就是国家组织，成立了"国务会议"作为最高指导机关，这一措施得到了热心改革的考尼茨公爵、豪格维茨伯爵的支持和实施。她还实行了土地改革，宣布减少农民的劳役地租。约瑟夫还宣布解放所有农奴，使之成为自由劳动力，这样就大大缓和了农民的反抗斗争。她和约瑟夫还实行了教会改革，解除国家与罗马教廷的关系，要求境内所有的天主教徒都必须向国王效忠，各派基督教徒都享有同等的权利和地位。

这些改革往往只是表面文章，没有能够得到充分实施，因而效果并不大。

特别是利益受到触犯的封建贵族极力反对，因此，两个改革者死后，奥地利立即恢复到以前的状态。

法国大革命爆发后，作为邻国的奥地利成了反对革命的急先锋，从一开始就参与了欧洲各国反法同盟。

1792年，以普鲁士和奥地利为首组织了第二次反法同盟。由于法国军队起初没能顺利攻下比利时的要塞，以致奥普联军狂妄已极，声称只要作一次军事散步就可开进巴黎。如此之嚣张，反倒激起了法国人民同仇敌忾。瓦尔密一战，迫使奥普联军开始退却。11月6日热马普之役后，整个比利时都落入法国军队手中，1797年，拿破仑又把奥地利人从意大利伦巴底地区赶走。1800年，雾月政变后上台的拿破仑，再次率领军队在意大利打败奥地利。1807年，奥地利被迫与法国签订吕内维尔和约，将尼德兰等地区割让给法国。

1805年，奥地利参加第三次反法同盟。10月，由马克将军率领的奥地利军队，在沃尔姆一带被拿破仑围困，全军23,000多人投降。11月，拿破仑占领维也纳。12月，由奥地利皇帝弗兰西斯二世和俄国沙皇亚历山大二世亲临督战，奥俄联军在奥斯特里茨与拿破仑军队大会战，拿破仑显示了杰出的军事指挥才能，以7万人打败了联军的8万多人，奥地利被迫签订《普列斯堡和约》。1806年，弗兰西斯取消了神圣罗马帝国皇帝称号，只成了奥地利的皇帝。

1809年，奥地利又成为第五次反法同盟的主将。卡尔大公爵指挥下的奥军，趁法军渡多瑙河之机出击，使拿破仑吃了第一次败仗。半月后，拿破仑又在瓦格拉姆会战中大败奥地利，奥地利被迫签订《维也纳和约》，向法国割地赔款。

1809年，正当奥地利内外形势日益恶化的紧急关头，梅特涅被任命为外交大臣。梅特涅出身贵族家庭，此前曾多年担任驻外使节。此后，主持奥地利政坛达40年之久，成为奥地利历史上最有名的政治家和外交家，是19世纪上半叶欧洲政治舞台上的风云人物。

上台后，梅特涅从挽救国家命运大局出发，一改奥地利长期坚持的反法立场，撮合了公主玛丽亚·路易丝与拿破仑的婚姻，使奥地利获得了喘息之机。

1812年法俄战争爆发后，梅特涅玩弄两面手法，避免卷入战争，坐山观虎斗。拿破仑在俄国失败后，梅特涅立即摆脱与法国的结盟，参加了第六次反法同盟，并且在同盟中占据了领导和指挥地位。

拿破仑失败后，梅特涅又一次施展外交手腕，使维也纳成为战后国际会议的召集地，大大抬高了奥地利的国际地位。会议召开时，梅特涅担任会议主席，奥地利帝国的影响也达到了顶点。

通过维也纳会议的召开和梅特涅的周旋，奥地利实际成了欧洲的中心国家。它既与英法签订了秘密的三国同盟，对付俄普的扩张，又与俄普签订了"神圣同盟"，并与英、俄、普三国组成"四国同盟"。总之，在所谓维也纳体系中，梅特涅是一个举足轻重的核心人物。他以"扑灭革命之火的消防队长"自居，咒骂人民革命运动是一条"九头蛇"，在此后30多年的从政生涯中，梅特涅充当了镇压欧洲革命运动的刽子手角色。

在1815年成立的德意志联邦中，梅特涅又取得了联邦议长职务，奥地利再次成为德意志的领袖国家。

这个时候的奥地利，是一个多民族的封建专制帝国，版图除了奥地利本土外，还包括波希米亚、匈牙利以及意大利北部地区。占统治地位的是德意志人。其他民族2700万人，都处在哈布斯堡家族统治之下。奥地利资本主义虽然有所发展，但封建制度的束缚，使奥地利经济仍远远落后于英法等先进国家，甚至还落后于普鲁士。新兴生产关系的冲突和民族矛盾交织在一起，斗争十分复杂。

1848年，奥地利帝国境内燃遍了反对封建统治的革命烈火，民族解放运动和资产阶级革命相互推进。这一年被称为奥地利历史上的"风暴之年"。

革命首先在首都爆发。1848年3月初，以大学生为主体的群众，递交了要求建立代议制度的请愿书，被皇室和政府驳回。3月13日，人群集合在议会大厦前，高呼"打倒政府！打倒梅特涅！"冲进院子和楼道。政府调集警察和军队进行镇压，街头堡垒密布，巷战异常激烈地进行。这时候，皇室为了防止事态进一步发展，决定将梅特涅作为牺牲品。为宫廷效劳几十年的声名显赫人物就这样被抛弃了。这个倒霉的首相，只好连夜乔装打扮，在第二天逃出了维也纳。15日，皇帝斐迪南宣布改组内阁，召开议会，制定宪法。

政府的做法不过是换汤不换药，激起了人民的愤怒。5月15日，维也纳人民再次发动起义，皇帝吓得逃离维也纳。但是资产阶级以为革命已经成功，封建势力不再可怕，便开始与皇帝及宫廷妥协，把他们接回了首都。8月，维也纳革命以失败而告终。

维也纳三月革命引发了奥地利其他地区的革命，波希米亚、匈牙利等地都掀起了民族解放运动，动摇着帝国的封建统治。

1848年革命运动，对奥地利封建统治的打击是非常沉重的。奥地利统治者虽然一方面继续推行专制政治，废除了1849年宪法，但各民族的独立解放运动对它所造成的震撼也相当强烈，因此在另一方面，它也逐渐松动了原先的僵硬作法，给非德意志人国家以一定的自由度，成立奥匈二合帝国就是典型的一例。

1848年匈牙利起义后，奥地利皇室抛出"权益丧失论"，声称由于匈牙利要反对奥地利，所以它的一切特权全都取消。在匈牙利人民和社会上层的压力下，这一理论不得不废除。奥地利国内也有一部分开明人士主张实行二元体制，让匈牙利成为一个基本独立的国家。双方就体制问题反复谈判，终于在1867年达成协议，决定将奥地利帝国改组成由奥地利和匈牙利两个国家组成的二元帝国，捷克、摩拉维亚、的里亚斯特、达尔马提亚等仍属奥地利，匈牙利王国还包括了特兰西瓦尼亚、阜姆、克罗地亚—斯洛文尼亚等地区。

按照协议规定，新国家的全称叫做"奥地利—匈牙利君主国"，奥地利皇帝同时也是匈牙利的国王，称作"奥地利皇帝兼匈牙利国王"。匈牙利属于皇帝统治，而和奥地利政府是平等关系。两国各有自己的宪法、国会和政府，大多数政府部门分别设立，只共同拥有一个外交部、一个陆军部和一个财政部，而且公共的财政部也只管理两国共同事务经费的预算。两国议会选举相等的代表，组成共同委员会，协定其他有关的共同事务，例如发行国债、征收关税、发行货币和建设国境铁路等。共同事务的经费开支，匈牙利承担30%。奥匈帝国存在了50年，直到第一次世界大战后瓦解。

9.2

普鲁士的兴起。腓特烈大王。抗击拿破仑。施泰因和哈登堡。革命与制宪

三十年战争之后,德国在政治上完全处于分崩离析的状态。在各个小邦诸侯越来越独立化的过程中,德意志境内兴起了两个比较强大的邦国,除奥地利外,还有普鲁士。

普鲁士是在条顿骑士团国家领地的基础上发展起来的。条顿骑士团自1466年后,一直臣属于波兰。1525年,骑士团首领阿尔布雷希特宣布将骑士团国家改为普鲁士公国,仍从属波兰。1618年,普鲁士公国转入德意志选侯勃兰登堡侯爵霍亨索伦家族手中。在选侯腓特烈·威廉统治时,他趁波兰和瑞典发生战争的机会,于1660年取消了波兰对普鲁士的领主权。这样,普鲁士公国实际上就与勃兰登堡侯国合并为一个国家,由霍亨索伦家族统治。为了壮大自己,普鲁士不惜采用各种手段,甚至接受土耳其盟友法国的贿赂,反对德国皇帝与土耳其作战。1701年西班牙王位继承战争爆发之际,普鲁士将自己的军队出租给德国皇帝作战,得到了一笔很大的收入。作为报答,皇帝答应将普鲁士改为王国,从此普鲁士王国便作为正式的邦国国名出现。

普鲁士王国的第二个国王腓特烈·威廉一世在位28年(1713—1740),以军事征服和扩张为己任,开创了普鲁士军国主义传统。当时普鲁士的人口居欧洲第14位,领土居欧洲第11位,而军队人数却在欧洲各国中居第5位,国家军费要占去每年收入的90%以上。农奴的儿子14岁就得去当兵。对不愿从军的年轻人,采取哄骗和抢丁两手做法。当兵服役要25年以上,其间进行严格而又残酷的训练,甚至连国王自己都常常拿着棍子殴打士兵。士兵们难以忍受,经常开小差逃跑。正是在这种军国主义思想支配下,普鲁士逐渐地强大起来。

腓特烈·威廉的儿子腓特烈二世,继位前曾受到启蒙运动的影响。他曾经跑往英国,结果被他父亲发现后关了起来,只好表示顺从。他在位达46年(1740—1786),军国主义成了国风,"强权即公理"是其奉行的原则,比起

他父亲来真是有过之而无不及。他的军队达到20万人，占居民的21%。他把"进攻"看成是"军队特有的精神"，严格训练。与此同时，他还用管理军队的方法来管理国家。仗着这支实力雄厚的军队，腓特烈展开了对外侵略扩张。

1740年，腓特烈继位伊始就发动了第一次西里西亚战争，与奥地利展开争夺。三年战争奥地利失败，将西里西亚让给了普鲁士。不久奥地利战胜法国军队，又想夺回西里西亚，于是爆发了第二次西里西亚战争。奥地利再次战败，1748年签订的《亚琛条约》确定了普鲁士对西里西亚的占领。

七年战争（1756—1763）期间，普鲁士站在英国一方，又一次向奥地利发起进攻。开始是普军偷袭成功，占领了布拉格。双方很快进入了拉锯状态，各有胜负。这时俄国介入了普奥之争，从东普鲁士一直打到勃兰登堡。1759年，俄奥联军几乎全歼普军，1760年甚至占领普鲁士首都柏林。幸而俄国的新任沙皇是亲普鲁士的。他下令俄国退出战争，普鲁士才免遭灭顶之灾。

普鲁士东侵之心不死。在腓特烈的倡议下，普俄奥于1772年第一次瓜分波兰。1793年和1795年，普俄还两次瓜分波兰。

嗜好武功的腓特烈，却有"开明专制"之美誉。他与法国学者伏尔泰等人相交甚厚，纵谈哲学和艺术。他还叹惜自己"误入了帝王之家"，窒息了他当艺术家的才能。

1806年，侵入德意志的拿破仑宣布建立以杜塞多夫为中心的伯格大公国，并任命妹夫缪拉元帅为大公。7月，拿破仑将他所占领的德国西部和南部地区组成"莱茵邦联"，自任保护人。8月又宣布莱茵邦联退出德意志帝国。这样，存在了900多年的神圣罗马帝国实际上解体，哈布斯堡家族放弃了皇帝称号。

普鲁士国王威廉三世深感威胁，在英国和俄国的支持下，以普鲁士为核心组成了第四次反法同盟。10月1日，普鲁士向拿破仑发出最后通牒，要求法军撤到莱茵河西岸。随后，便以三路大军14万人马向德国中部的图林根集中，企图阻止拿破仑的东进。10月14日耶拿一役，普军损失了近5万人，后又被法军追击歼灭了2万多人。法军乘胜进击，10月27日进入柏林。之后，拿破仑声称从柏林的档案中，发现普鲁士王后同俄国沙皇亚历山大之间关系暧昧，结果引起了俄国人的愤怒，决定立即出兵攻击拿破仑军队。双方在普鲁士境内持久大战。第二年 6 月 14 日，法军终于在埃劳大会战中战胜俄普联军。由于拿破仑与沙皇达成秘密协议，普鲁士的大部分领土丢掉了，人口也减少了一半，还要向法国付出巨额的战争赔款。

普鲁士国将不国，唤醒了德国民族意识，人民从对拿破仑的崇拜变成了对他的憎恨。一些著名人士纷纷发出号召维护民族尊严。大哲学家费希特 1807 年在柏林发表《对德意志民族的演说》，在普鲁士引起极大的反响。黑森地区发生人民起义，波麦拉尼亚和普鲁士经常有人袭击法军。著名抗法组织"道德协会"拥有 20 多个分会，宣传抗法思想的各种小册子广泛流传，拿破仑对德国的统治岌岌可危。

耶拿战役普鲁士在对法作战中的惨败，屈辱的提尔西特和约之签订，使普鲁士的统治危机迫在眉睫。一些有识之士觉察到了普鲁士失败的内在原因，觉醒了的人民群众要求有利于政治自由和经济发展的环境。拿破仑担心普鲁士崩溃，将不能完成对法国的赔款，从外部施加压力。几方面的因素，促使普鲁士统治者实行了一场改革。

改革的领导者是首相施泰因男爵。此人骑士出身，早年接触过英国的古典政治经济学和法国革命的进步思想。当过厂长、省长和普鲁士的财政部长。1807 年初被国王革去职务，但在拿破仑的压力下，国王又把他召回做首相。当时的普鲁士在政治和经济上都已处在法国的控制之下。正是出于拯救国家和民族的政治责任感，施泰因开始了艰难的改革。

1807 年 10 月，施泰因颁布了《十月敕令》，实际取消了普鲁士的农奴制度。接着他又颁布法令，使各个城市都获得自治权。1808 年他改革了国家行政机构，在中央设立外交部、内务部、财务部等职能部门，在地方设置了代表中央的省、县、区、乡长。这些举动大大触犯了容克贵族地主的特权。他们设置圈套，有意让拿破仑得知施泰因在改革中所流露的反法情绪，结果拿破仑大为光火，下令捉拿和枪毙施泰因。施泰因只好逃到了俄国。

但施泰因的事业后继有人。1810 年，新任首相哈登堡继续进行改革，并把改革的内容推进了一步。他还创立了柏林大学，推行义务兵役制，这些都加强了普鲁士的国力，有利于资本主义发展。只是为了减少改革的阻力，他为容克地主贵族保留了许多特权。因此 19 世纪上半期的普鲁士仍主要是封建性国家。

拿破仑帝国覆灭后,由俄英奥普操纵的维也纳会议决定建立德意志邦联,奥地利担任邦联主席,德国仍然保持分裂的局面。1815 年,俄奥普三国君王宣布成立"神圣同盟",以镇压欧洲人民的革命运动为己任。1834 年,以普鲁士为首的 18 个邦国建立关税同盟,使拥有 2500 万人口的北方地区成为一个大的经济区。工业革命开始在德国发生,铁路线总长达 2000 多公里。但是德国的分裂局面,严重阻碍了资本主义的顺利发展。因此,清除封建割据,实现国家统一,是德意志民族的头等大事。1848 年革命就是因此而爆发的。

在法国二月革命的推动下,首先从西南地区开始,革命风暴迅速席卷全德意志。3 月 18 日,在革命的中心普鲁士首都柏林,起义群众包围了王宫,政府军兵士纷纷倒戈,国王威廉四世只得宣布将军队撤出柏林,召开制宪会议,改组政府。3 月 29 日,国王任命了由资产阶级组成的新政府。

在此之后,德意志各个小邦都出现了资产阶级的政府。

各邦选出的代表齐集法兰克福,召开了全德国民议会。议员们有的主张以奥地利为首统一德国,称"大德意志派";有的主张排除奥地利,以普鲁士为首统一德国,称"小德意志派"。在两派旷日持久的争论之时,封建反动势力东山又起,疯狂反扑。

1849 年 3 月,法兰克福议会选举普鲁士国王为帝国皇帝,然而威廉四世却拒绝接受皇冠。作为封建势力的代表,他忌讳资产阶级革命的成果。如此一来,其他帮主亦纷纷效尤。人民愤怒,又一次掀起了武装起义。可法兰克福的议员们却退却了。在反动势力的恐吓之下,他们要么与议会断绝了关系,要么奉本邦政府之召而回邦,剩下的一部分人也被反动军队所驱散。1848 年的德国革命终以失败而结束。

9.3

铁血宰相俾斯麦。"超人"的哲学。联手战丹麦。普奥之争。爱姆斯急电。德意志统一

19 世纪 50 年代里,德国资本主义经济得到较大发展,统一成为势不可

当的趋势。这时，势力强大的普鲁士政治舞台上出现了一位铁腕人物——人称"铁血宰相"的俾斯麦（1815—1898）。

俾斯麦出生于容克地主家庭，大学毕业后即担任公职，1845年后步入政界，先后担任州议员、邦议员、驻外使节。1848年革命中，他坚决要求普鲁士国王用武力镇压起义，而且还自己组织反革命武装，因此被称为"头号保守派容克"。1862年9月，在著名军事家洛思推荐下，普鲁士国王威廉召见俾斯麦。因两人的见解不谋而合，威廉当即任命俾斯麦为宰相。从此俾斯麦主掌普鲁士和德国政坛达30年之久。在任期间，他发动了三次对外战争，完成了德国统一大业，使德国资本主义在19世纪后期迅速发展，一跃而为欧洲强国。

俾斯麦是个崇尚实力的人。他感到德国必须统一，才能在欧洲和世界有一席之地。要统一，就必须依靠普鲁士的实力，所以，一切都要从增强实力的原则出发。在成为宰相之后的演说中，他称普鲁士的实力和威力就是要靠"铁和血"来实现，也就是靠暴力和专制来实现。他认为议会的空谈是没有意义的，上台伊始就抛开议会，实行军事独裁统治。德国统一后，他执行一切为德国利益的政策。他采取多面外交手段，成功地为刚统一的德国获得了相对稳定的国际环境。同时大力加强经济实力。对内地疯狂镇压工人运动，压制民主思想。融残忍、狡诈、高傲、果敢为一体的俾斯麦，因成为统一德国、发展德国的头号功臣而三次晋爵。但在1890年与新皇帝闹翻，离职下野，老死故里。

俾斯麦出现在德国是有思想基础的。19世纪后期德国哲学体现了一种推崇个人作用的倾向。叔本华（1788—1860）的意志哲学和尼采（1844—1900）的超人哲学就是代表。

叔本华出身商人家庭，青少年时代随父亲遍游欧洲。1818年出版《作为意志与表象的世界》，建立了独特的哲学体系。因在柏林大学讲课不受欢迎，他放弃了当哲学教授的打算，愤而离去，在法兰克福隐居，潜心学问，直到病逝。他的哲学思想之核心是意志论。他认为意志是生命和一切事物的根源，世界只是自我意志的表象。人的意志使人能够认识世界的本体。意志中最重要的是"生存意志"，人的活动都是生存意志推动的结果，幸福和苦难都是如此。人死了，人类意志并不泯灭。他又认为，若意志满足不了，就会得到痛苦的结局，悲观失望，甚至自杀。这是一种消极的人生观。

尼采生于教士家庭，年轻时受叔本华思想影响较大。教大学时出版过许多著作，特别是因提倡"超人"哲学而闻名欧洲。所谓超人，在尼采看来，实际上就是英雄人物、杰出人物。作为超人，首先是在产生时要有精心的安排，使超人能在高贵家族的结合中诞生。这种说法，流露了种族意识和血统意识，排除了普通人群中产生英雄的可能。其次，超人要经过艰苦磨炼和培养，无论智力上，还是体魄上，都应是第一流的，要有特别强的自控能力。超人还应有高傲的意志，既能超脱，又善于驾驭。强者就是善，弱者就是恶。世界应由超人来支配。上帝死了，诸神也不存在了，引导人类生活的就是这些超人。这种超人哲学显然是对俾斯麦这类强腕人物的哲学概括。

正当俾斯麦雄心勃勃，要以普鲁士的实力来实现德国统一的时候，德意志和北邻丹麦发生了领土纠纷。

石勒斯维格和荷尔斯坦两地位于丹麦和易北河之间，都属于丹麦王室领地，但荷尔斯坦参加了德意志邦联，历来和石勒斯维格结成联盟。居民也很复杂，荷尔斯坦以德意志人为主，石勒斯维格则以丹麦人为主。所以两地的归属长期存在很大的争议。1863年春，丹麦国王推翻了让两地独立的承诺。11月，丹麦吞并石勒斯维格。这一做法立即引起了德国的强烈反响，全国各地到处都举行集会，各种社会团体和学术组织纷纷要求德意志邦联采取行动，将两地兼并，甚至还有人要求参加对丹麦作战。

心计颇多的俾斯麦看准了这一时机，积极准备对丹作战。在他看来，对丹战争不仅能提高普鲁士和他本人的声望，而且还能乘机制造与奥地利的争端。而奥地利也不愿意在这样一场全民对外的行动中甘居落后，遭国人唾骂，因此也决定实行与普鲁士联手战丹麦的计划。1863年年底，普奥联军22万人占领荷尔斯坦。1864年1月，普奥向丹麦国王发出最后通牒。遭拒绝后，6万多人的大军在普鲁士元帅弗兰格尔的率领下，仅花半个月时间就占领了石勒斯维格全部土地。7月，丹麦军队的抵抗彻底失败。10月30日，正式签订和约。

战后，普奥瓜分了两地。石勒斯维格归普鲁士。荷尔斯坦属奥地利，但给普鲁士修建交通通信设施的权利。这是俾斯麦的有意安排，为的是以后找借口为难奥地利。通过战争，俾斯麦还大致搞清了奥地利的军事实力。可以说这次战争是几年后普奥战争的预演。

俾斯麦想统一德国,最大的竞争对手是奥地利。奥地利的哈布斯堡家族,长期是神圣罗马帝国的皇帝。帝国解体后,1815年维也纳会议所决定成立的德意志邦联,又以奥地利为邦联主席,首相梅特涅在任期间,奥地利实力得到很大的增强。因此,俾斯麦的政策是通过各种手段把奥地利排挤在统一的德意志之外,对丹麦战争一结束,他就大幅度地开展外交活动,疏远奥地利同英法俄等国的关系,订立与意大利的同盟,营造一个不利于奥地利的国际环境。

时机成熟了,俾斯麦开始寻衅生事。1866年4月,普鲁士提出全德普选,引起了奥地利和大多数邦的反对,德意志境内形成对立态势。6月4日,普奥战争正式爆发,三天内普军就将奥军赶出了荷尔斯坦。战争爆发后,意大利立即加入了普鲁士一方,而德意志的大部分小邦却站在奥地利一边。普鲁士利用强大的军事实力,不出数天就占领了德国中部和北部的广大地区。7月3日,普奥双方在捷克境内的萨多瓦村决战,普鲁士取得了决定性胜利。7月14日,普军逼近奥地利首都维也纳,奥地利被迫求和,此时普鲁士国王以及普军将领们都主张乘胜进军,把奥地利彻底打垮,并占领南德各小邦。头脑清醒的俾斯麦却主张适可而止,免得招致国际国内对普鲁士人的仇视。在法国皇帝拿破仑三世调停下,双方于7月20日签订停战协定。奥地利放弃了荷尔斯坦,普鲁士得到了北德意志大片土地。俾斯麦又一次表现了相当的灵活性,没有要奥地利一寸土地,赢得了奥地利的好感。

随后,以普鲁士为首的北德意志联邦建立,德国实现了初步统一。

北德意志联邦包括了德国北部和中部的大部分地方,而德国南部的几个邦曾站在奥地利一方反对过普鲁士。现在普鲁士胜利了,它们自然很恐惧,同时也担心加入北德意志联邦会丧失自己的独立地位。俾斯麦再次表现了杰出政治家的灵活手腕,他没有强迫它们,也没有惩罚它们,而是想方设法促使他们改变态度。

南德意志各邦邻近法国。猛虎在侧,它们怎能安睡,时时刻刻都在提防法国的吞并。恰巧,在普奥战争结束后,法国皇帝拿破仑三世自以为没有干涉普奥战争,向俾斯麦索要莱茵河西岸土地作为酬答。俾斯麦拒绝这一要求后,又把拿破仑三世的野心告知了南德各邦。为了求得保护,南德各邦纷纷和普鲁士订立盟约。俾斯麦分析了形势之后，认为只要打一场普法战争，就可以用民族感情来激发和推动南德加入北德意志联邦，实现德国统一。

于是，他便制造对法战争的借口。当时，正值西班牙女王伊莎贝拉被起义者赶走，王位空缺。普鲁士提出了继承王位的人选，但拿破仑三世不同意，数度派出特使拜会正在爱姆斯休养的普鲁士国王威廉，进行交涉。威廉拒绝了法国的要求，并将他和法国特使会谈的内容，用急电从爱姆斯发往柏林，告知俾斯麦。俾斯麦认为这是一个极好的机会，便伙同陆军部长罗昂和参谋总长毛奇，对电文进行篡改，加上了拿破仑三世对德国有傲慢之举和侵略野心的内容，特别带上了国王对法国挑衅的口气，向国内外公布。拿破仑三世得知后非常气愤，以此为借口宣布对普鲁士开战，1870年7月19日，普法战争正式爆发。

法国的挑战，激起了德意志民族巨大的爱国热情。在民族情绪的压力之下，南德意志各邦积极履行盟约，派出军队与普鲁士共同作战。奥地利迫于压力，在战争中宣布中立。在这种有利形势下，普鲁士展开了政治和军事两方面的攻势。政治斗争主要由俾斯麦进行。他施展外交手腕，排除了第三国

图9-1
威廉一世在凡尔赛镜厅宣布建立德意志帝国

干涉的可能，迫使法国求和，并且分别和南德巴伐利亚等四个邦举行秘密谈判，促使他们加入北德意志联邦。

政治斗争的基础是战场上的胜利。参谋总长毛奇体现了卓越的军事指挥才能。战争开始后，法军分两路出击，巴赞和麦克马洪各任统帅。普军则分三路迎敌。毛奇指挥第一、二路军紧紧咬住巴赞部队，迫使巴赞退困于梅斯要塞。尔后，毛奇又命令一支队伍迅速进击巴黎，另一支部队则堵截来解梅斯之围的麦克马洪，将其重重包围于色当附近。9月2日，麦克马洪被迫投降，俘虏中竟然还有法国皇帝拿破仑三世。9月4日，巴黎发生人民革命，成立了第三共和国。9月19日，普军兵临巴黎城下。10月27口，梅斯的17万法军宣布投降。1871年1月28日，法国国防政府与德国签订停战协定。2月26日，梯也尔新政府在凡尔赛与德国签订和约。和约规定法国向德国赔款50亿法郎，以北方6省作抵押，将阿尔萨斯以及洛林区的部分土地割让给德国。

随着对法战争的节节胜利，全德意志统一的步伐迅速加快。1870年11月，南德各邦与北德各邦合并，德意志德国正式成立。1871年1月18日，普鲁士国王威廉一世在所占领的法国凡尔赛宫镜厅正式即位为德意志帝国皇帝。德国的统一最后完成，德国历史从此进入一个新的阶段。

9.4

俄国的罗曼诺夫王朝。彼得大帝改革。七年战争倒戈。叶卡捷琳娜女皇。普加乔夫起义

16世纪末，俄国留里克王朝绝嗣，国内政治出现了短暂的混乱局面。

先是鞑靼后裔、前沙皇的妻兄戈杜诺夫当选为沙皇。然此人虽有治国之才，却天道不佑，登位两三年后，即碰上持续三四年的大灾荒，据称其时俄国有三分之一的人成了饿死之鬼。

正当各地饥民揭竿暴动时，一个自称是伊凡雷帝之子底米特里的青年，在波兰国王的支持下，杀向莫斯科。沿途不明就里的饥民纷纷加入。蹊跷的是，戈杜诺夫突然死亡，伪底米特里得以顺利进城，1605年7月加冕为沙皇。不过，他专横暴戾，不得民心，九个月后即被莫斯科人杀死。

1606年5月，新当选的沙皇瓦西里即位，然而他的运气也同样不好。上台还不到一个月，俄国爆发了历史上第一次大规模的农民战争。7月，起义领袖鲍洛特尼科夫率数万大军进攻莫斯科失利，先后撤至卡卢加和图拉，与另一支农民军汇合，声势更为壮大。沙皇瓦西里亲自统兵，前往镇压。起义军坚守数月之后，图拉城终被敌人用水攻之法所破，不得已而放下了武器，鲍洛特尼科夫被发配北方。

然而半年以后，又一个"底米特里"从波兰杀将过来。因苦于连年战争和灾荒，农民们都希望有一个"好沙皇"来解除他们的苦难，因而纷纷投奔"底米特里"而来。哪知这个"底米特里"乃一庸才，不会打仗，与沙皇军队一交锋，即全军溃散，他本人也被部下杀死。

此时，波兰国王西吉斯孟德早已按捺不住，直接出兵侵入俄国境内。由于俄军主帅突然死去，波军势如破竹，不几日便到达莫斯科城下。1610年7月，政变的贵族杀死沙皇瓦西里，与波军谈判。结果俄国人答应由波兰王子即沙皇位，条件是新沙皇须改宗东正教。

这一丧权辱国协定，引起了全俄罗斯的愤怒。以人民为主的抗波力量在全国迅速形成，离莫斯科最近的梁赞成为抵抗运动的中心。通过两年多的战争，俄罗斯人民终于光复了莫斯科。

按照俄国传统，1613年2月，米哈伊尔·罗曼诺夫被选为新沙皇。7月，17岁的米哈伊尔正式加冕，俄国历史上的罗曼诺夫王朝因此而建立。该王朝一直延续到1917年。

对于米哈伊尔来说，这真是莫大的"幸运"从天而降。得知这一喜讯时，他还远在外地躲避战乱。他的家族因与留里克王朝沾亲带故，他的父亲因与波兰人长期斗争而蒙受牢狱之苦，他才有了入主皇宫的今天。只不过，登基之后，实权却牢牢操在其父手中，他仅在1633年父亲死后当了十来年名副其实的国君。

罗曼诺夫王朝的第二个皇帝叫阿列克塞。此人1645年登基时年纪尚少，政权被他的老师莫罗佐夫所左右。而莫罗佐夫欲壑难填，大肆搜刮民财，向城市征收高额税赋，结果引发了市民暴动。愤怒的人们要将莫罗佐夫碎尸万段，阿列克塞只得出面求情，暴动才平息下来。

然而农民却不给皇帝脸色看。1649年俄国颁布一部新法律，确认农奴制度，农民们的处境恶化，因此而爆发了一场大规模的农民战争。

领导这次起义的领袖叫斯杰潘·拉辛。此人行伍出身，军事经历丰富，又了解社会，见多识广，深知民间疾苦，富有同情心，在民众中很有号召力。他本为活动在里海一带一支劫富济贫的哥萨克队伍领袖。1670年后，正式向沙皇军队发起进攻。不到一年的时间里，起义部队先后攻占了察里津、阿斯特拉罕等重要城市十余座，令官方军队闻风丧胆。拉辛在战斗中身先士卒，冲锋陷阵，最后终于不幸身负重伤落入敌手，就义于莫斯科红场。而数万起义大军或遭围剿，或被驱散，坚持了一年多的农民斗争至此失败。

当西欧社会正发生前所未有的变化之时，落后的东欧俄国还在中世纪的黑暗年代里徘徊。然而，一切旧有的事物在17世纪末的俄国突然得到了些许松动。这是因为，一个后人称之为"彼得大帝"的沙皇，其所作所为，改变了俄国历史发展的面目。这是俄国历史上少有的杰出人物之一。

彼得是阿列克塞第二个皇后的儿子，1672年出生，1682年继其兄之位而为沙皇，称彼得一世，在位40余年（1682—1725）。他不算是幸运儿，初登皇位便磨难重重。起初，他因为长得高大英俊而被东正教大牧首扶上皇位的。而其异母同父姐姐索菲娅不服，策划了一场政变，结果，彼得成了第二

图9-2
彼得大帝

群雄并起

沙皇，第一沙皇由他的异母同父哥哥伊凡占据，索菲娅则垂帘听政。彼得年小无奈，只得与母后闲居京城郊外韬光养晦。长大成人后，才敢与索菲娅公开对抗。1689年的一场冲突中，索菲娅被幽禁，彼得成为执政的沙皇，伊凡形同傀儡，7年后死去。

在俄国历史上，彼得一世是以大胆进行欧化改革而著称的。正是他的改革，将俄国与西欧的差距大大缩小了。

彼得实行改革，有他的个人基础。史传，由于复杂易变的宫廷斗争，幼时的彼得并没有很好的生活环境，因而也没有受过系统的正规教育。请来当他老师的人，亦非饱学之士，最多只能进行基本的启蒙教育，传授一鳞半爪的知识而已。可能正是这种环境磨砺了他，使他从小就养成了勤奋好学的刻苦精神，孜孜不倦的求知欲望，同时也培育了他不法祖、不法天、敢于反抗的叛逆性格。

与莫斯科郊外日耳曼村西欧侨民的接触和交往，使他大受启迪。居住在这个侨民村的外国人，来自德国、英国、意大利、荷兰、丹麦、苏格兰等国，各业人才，均有身手。年轻的彼得数度造访，其异域情调，令他流连忘返。与他们的倾心交谈，也使他受益匪浅。亲身感受，耳闻目睹，彼得对西方先进的科学文化、发达的工业、繁荣的商业甚为向往。对比起俄国的落后来，彼得"看到了这个国家身上的祸害症结……多于牛毛的弊端"，决心除旧布新，锐意改革，为俄罗斯塑造一个全新的天地。

从1697年至1698年，彼得隐匿身份，微服而行，率领250人组成的"高级使团"，周游了西欧各国。在君主之身被视为万金之躯的时代，这一举动本身就是对封建道统的强烈挑战！

一年半的旅程里，彼得的足迹几乎踏遍了西欧大地。他对各国的一切事物都感到新奇。在瑞典，他绘图记数，研究地形。在普鲁士柯尼斯堡，他学得了炮兵技术，还和腓特烈三世纵论国际大势，缔结俄普协定。在荷兰，他向这个"海上马车夫"学习造船技术，他装扮成一求学木匠，虚心请教，受到老师赞扬，称他"勤奋而聪明"。荷兰的桥，荷兰的风车，甚至连荷兰人的医疗乃至拔牙之术，都成了他仰慕和学习的对象。

在伦敦，他学航海知识，学船体几何学，参观皇家学会、牛津大学、格林尼治天文台以及各类工厂。他甚至学会了装修钟表。对仰慕已久的牛顿等科学家，他曾专程造访。为了解英国的政治制度，他还亲身旁听了英国上院的一次讨论。此后，他又去了奥地利等国。

据说彼得一世是第二个走出国门的俄国国王。西欧之行，使他眼界大开，回国后即按西欧模式进行大刀阔斧的改革，改革后的俄国可谓发生了前所未有的变化。

军队是君王维持统治的基本工具，因此，彼得一世在军事上的改革成了他全部改革的基础。他强制实行征兵制，解决了俄国正规军的兵源问题。而正规军又分为野战军和守备军两种，前者长于对外作战，后者专司地方治安，平时各负其责，战时皆上前线。改革战斗编队，以步兵居中为主力，骑兵和炮兵在侧翼配合。作战时采取线式战术，以两翼包抄敌军两翼。此外，彼得还整肃军官队伍，严明军队纪律，加强军事训练，建立统一指挥军队的"陆军院"等等。更具意义的是，向往大海的彼得一世大事海军建设，俄国从此逐渐进入欧洲海上强国行列。

彼得的行政改革重点是取消以往的"杜马"（议会）和"衙门"，代之以"院"。彼得在西欧访问时，德国大学者莱布尼茨曾向他面授机宜，称国家为一部大机器，要由一个一个构造严密的"院"组成。彼得心领神会，前后共设立了12个院，稳稳地掌握了中央政权。此外，他还调整了地方行政机构，以加强中央集权，保证地方服从中央，保证君王统治的绝对性。

俄国的落后，尤其表现在经济上，彼得一世深知这一点，在出访西欧的过程中尤其感触良深。他知道，西欧国家之所以富强，主要是扶植了"商界、各种艺术家和手工业"的缘故。只有工业发展了，才能在根本上摆脱困境，军队真正强大起来，国家真正独立。因此，彼得的改革一直以经济为重点。他成立了工场手工业院和矿业院，专门掌管工矿业事务。他还鼓励从国外引进资金和人才，鼓励外国人在俄国投资办厂，并由国家出资建立官营工场；为保证工业所需的劳动力，彼得还承认逃亡农奴有在工场劳动的权利，这就在一定意义上动摇了俄国的农奴制度。

尤其值得注意的是，彼得在仿效西欧物质文明建设的同时，特别注重在精神文化方面学习西方。改革前的俄国，人们极少受教育，文盲充斥，文明程度低下，文化生活贫乏。而彼得一世深谋远虑，把发展文化教育事业当作振兴俄国的一项基本措施。他剥夺了教会的教育大权，开设各类学校，培养各种人才。由于本国条件有限，他便派出了大量的留学生奔赴西欧，学习语言和技术等。彼得深信，只要有人才，俄国必将在不久的将来能屹立于世界强国之列。

彼得在发展文化事业上可谓下了相当多的功夫。他改革俄文的书写体，采用阿拉伯数字，亲手创办了国内第一张报纸，还创办了数家印刷厂，大量翻译出版外国的科学文化书籍。博物馆、图书馆、科学院，也是在彼得一世时代建立了起来。他还打破本国传统，采用公历。他最为大胆的举动，是革除各种陈规陋习，移风易俗。一次宴会中，大家正兴致勃勃饮酒作乐时，他突然操起一把剪刀，将一位武将的大胡子咔嚓剪掉。他还号召剪长袍着短装，日常举止行为全都欧化。他还在俄国大兴跳舞之风，让人们尽情地相聚、娱乐。

彼得还针对青少年教育，特意制定了《青年正镜》，要旨就是教导青少年如何养成文明礼貌的日常举止行为。他要求男青年必须具备谦逊、和蔼、讲礼貌三种美德；而未婚的女子们，则应该温顺、勤劳、仁慈、节俭、贞节、忠实、腼腆、沉静、整饬，如此等等，羞涩要成为闺秀们的最高美德。

为了打开出海的通道，彼得一世从瑞典人手中夺得了涅瓦河至芬兰湾一带地区。1703年，他在涅瓦河边开始修建一座新的城市。十年之后，新城落成，取名为彼得堡，彼得一世迁都至此。这座充满西欧风情的新都，从此成了俄国面向西欧的主要窗口。

但是，不能将彼得一世的改革估价太高。从一定意义上讲，彼得的改革措施，只不过是对西欧国家重商主义政策的刻意模仿而已，而且在模仿中还多有扭曲。俄国最为顽固落后的农奴制，彼得一世的改革不但未能触动它，而且还被移植到国家和贵族所办的手工业工场之中。具有人身依附关系的农奴的劳动，直至彼得死去100年后还占工场劳动的将近一半比例。经济体制和生产关系的原封未动，自然维持社会面貌依然故我，要使俄国发生根本性变化，必须有一场大风暴的洗礼。

不论怎么说，彼得一世的改革，改变了俄国一向被西欧诸国摒之于西方之外的状况，改变了西欧人视俄国为东方国家的习惯观念，俄国开始参与欧洲国际事务，日益成为角逐欧洲霸权的重要力量。18世纪中期的七年战争中，俄国人即摩拳擦掌，小试了一番身手。1756年开战的七年战争，以英国和普鲁士为一方，法国和奥地利为另一方，与俄国利益本无干系。然而，普鲁士为俄国之紧邻，俄国对普鲁士的崛起和扩张有理由不安，诚所谓卧榻之旁，容不得猛虎安睡。于是，俄国急与法奥结盟。1757年夏天，俄国大军8万人马挺进东普鲁士，倏忽之间就占领了东普鲁士全境。1759年8月，俄奥联军又在法兰克福附近大败普鲁士，数万普军全军覆灭。联军乘胜进击，一度攻占柏林，令刚勇善战的普鲁士国王腓特烈二世威风扫地。

然而，统治者个人的好恶在专制时代往往能起到决定作用。这时的俄国女皇伊丽莎白突然故世，新即位的沙皇彼得三世是在德国出生和长大的人，而且长期受教育于普鲁士王宫，狂热崇拜腓特烈二世。他登上皇座的当天就下令俄军停止进攻普鲁士，旋即又与腓特烈二世缔约，掉转枪口对准奥地利。俄国态度的突然转变，致使普鲁士迅速摆脱困境，赢得了欧洲大陆这场战事的最后胜利。

彼得三世是半个德国人，又娶了一位德国血统的皇后，即叶卡捷琳娜。这个德国公爵的千金，却不同乃夫的亲德倾向，特别尊重俄国的文化传统和习惯风俗，颇得上层社会的好感。彼得在七年战争中不顾国家利益而支持普鲁士，被俄国军界所厌恶。早就野心勃勃的叶卡捷琳娜，乘机发动政变，登上了皇位。在位不过半年的彼得三世成了其妻的刀下之鬼。

叶卡捷琳娜二世是俄国历史上最有争议的一个女皇。她以实行"开明专制"而著称。由于自幼生活在德国，受到了法国启蒙思想的较多熏陶，当上女皇后，她与伏尔泰、狄德罗等启蒙思想家相交甚厚，经常向他们征求改造俄国的意见。对此她很是自得，自诩为"君主和哲学家的结合"。

开明专制之目的当然是专制，但既然标榜了"开明"，必然就要有一些开明举动，叶卡捷琳娜对此可谓颇有心计。她在各种场合大谈特谈自由和平等，大谈建立公正的法律制度；她还废除专卖制度，允许自由开设工厂，发展教育等等。应该说，这些措施还是有利于俄国社会进步的。但是，像彼得一世一样，叶卡捷琳娜也未触动根深蒂固的俄国农奴制度。而且，她动辄向大臣和贵族赐予农奴和土地，实际上又大大恶化了农奴的法律地位和生存状态，使农奴制成了俄国社会发展的最大障碍。

而贵族们则在叶卡捷琳娜二世的治下大为风光。她在位34年，赏给贵族的农奴达80万人之多，贵族得到的土地有5000万俄亩。一些显赫的贵族家庭，各拥有农奴竟达数万之众。

叶卡捷琳娜生性淫荡，整个皇宫弥漫着污浊不堪的糜烂风气，这可能是封建时代女皇的共同特点。不过，既然男性皇帝可以三宫六院、嫔妃成群，女皇帝的风流逸事再多，也就不足为奇了，着意费笔墨渲染似乎多余。

大凡当政的女皇，多半是心黑手辣之辈，叶卡捷琳娜也不例外。尤其是对待被统治者，她的暴力镇压更是毫不留情。

俄国的起义和暴乱发生，总有一个传统，即起事人常假借前沙皇后裔甚至前沙皇之名义。叶卡捷琳娜统治时亦是如此。1773年，斯杰潘·拉辛家乡的叶·普加乔夫，率领顿河哥萨克和叶克河（乌拉尔河）哥萨克队伍起义。他自称前沙皇彼得三世，投奔者蜂拥而至，瞬间起义军就扩大至5万余人。

普加乔夫的大军数月内连克喀山、察里津等要地，震撼了整个俄国。叶卡捷琳娜惶惶不安，调集精锐部队前往围剿。普加乔夫终于失败，被捕后在莫斯科当众斩首。

然而叶卡捷琳娜的江山未必稳固。"内乱"方平，"外患"又至。叶卡捷琳娜统治的晚期，恰逢法国大革命爆发。欧洲各国封建君主如叶卡捷琳娜之辈，极度地恐慌和仇视，疯狂地举起了反对法国革命的大旗。当法王路易十六被革命者送上断头台后，叶卡捷琳娜如丧考妣，竟然一病不起，在抑郁的心情中了此残生，1796年死于中风。

9.5

与拿破仑较量。十二月党人起义。赫尔岑和别林斯基敲响《钟声》。忠实的"欧洲宪兵"。克里米亚战争败北。亚历山大二世农奴制改革。沙俄大帝国形成

继承叶卡捷琳娜皇位的保罗二世，对待法国革命的态度比其母有过之而

无不及，直接卷入了对法武装干涉。不过，对手已是强腕人物拿破仑。1798年，保罗纠集英国，结成第二次反法同盟，在陆海两路与拿破仑进行较量。

保罗二世借重了一位旷世将才，即虽然年迈，但雄心不已的苏沃诺夫。1799年，69岁的苏沃诺夫兵出意大利，肃清了境内的法军，接着又挥师北上，仅用半个月时间就翻越了陡峭险峻的阿尔卑斯山脉。只是因为奥地利军队不予配合，才使这一远征壮举无果而终。

保罗刚愎自用，性格无常，粗鲁的做派常令身边人战战兢兢，宫廷内外对他均生发了隙意。1801年的一天凌晨，一群军官闯入皇宫，逼死保罗，拥立太子亚历山大一世即位。

初登基时，亚历山大试图在英法之间求平衡，两不得罪。然而这种骑墙态度立即破产。1804年，拿破仑加冕称帝，俄国的利益受到威胁，亚历山大遂与英奥等国组织第三次反法同盟。

拿破仑亲率大兵向中欧进军，亚历山大一世亦领兵驰援奥地利。1805年，俄奥联军与法军在奥斯特里茨决战。亚历山大指挥失误，俄奥联军不战自乱，拿破仑乘机出击。是役，法军取得大胜，而俄奥联军4万人连死带伤，损失了九成有多，就连亚历山大本人及名将库图佐夫也差点当了俘虏。

拿破仑继续进军。耶拿一役，又歼灭了普鲁士的精锐之师。尔后夺柏林、战华沙，俄军连连败退。1807年2月，本尼格森率领的8万俄军在艾劳战役中失败，阵亡者就达2万多人。7月夏季战役中本尼格森再次损兵折将，战火迅速烧到了俄国边界。

7月7日，亚历山大一世与拿破仑在提尔西特附近小河的一条船上单独会晤。两个皇帝的谈话内容至今无人知晓，史称"提尔西特秘密"。不过会谈的一个重要结果就是和约的签署。根据和约，普鲁士成了最大的牺牲者，其大片国土归了拿破仑建立的华沙大公国，一部分领土给了俄国。俄国人则从反法转变成为反英，参加拿破仑对英国的大陆封锁行动。

15个月后，亚历山大又与拿破仑再次见面，重申提尔西特和约的有效性。而在事实上，两国都心怀鬼胎：拿破仑已占领整个欧洲大陆，制服俄罗斯无疑是他进一步的目标；而俄国也只是把同法国谈和作为权宜之策，它在暗中仍与英国往来。

1812年6月下旬，拿破仑40余万大军进入俄国，其势锐不可当。此时，俄国67岁的库图佐夫受命于危难之际。这位与苏沃诺夫齐名的沙场老将，具有丰富的军事经验和娴熟的作战艺术。他不与法军主力正面交手，而是坚壁清野、焦土抗战，诱敌深入、伺机出动，一直退到莫斯科附近。

9月7日，俄军与法军略一交手，库图佐夫立即感觉到力量的悬殊，决定放弃莫斯科，连市民一起撤走。10万法国官兵在莫斯科这座空城里，欲战找不到对手，欲守又缺衣乏食。寒冬即至，拿破仑无奈中只得撤兵。沿途，法军又不断遭到俄国军民袭击，人员死伤多半，仅剩三成兵马逃出了俄国。莫斯科战役的受挫，成了拿破仑军事生涯由胜转败的转折点，库图佐夫则成了挫败这个欧洲枭雄的头号功臣。

俄军乘胜追击，许多欧洲国家纷纷加入反法行列。1813年10月莱比锡一战，俄普奥20万军队将15万法军击溃。3个月后，俄军长驱直入，渡过莱茵河，打到法国本土。1814年3月31日，沙皇亚历山大一世以胜利者的姿态进入巴黎。一星期后，拿破仑退位，被流放到地中海上的厄尔巴岛。

一年后，拿破仑从法国南方登陆，卷土重来。英俄普奥再次组成反法同盟，在滑铁卢战役中将其彻底击溃。一代盖世英豪又一次被流放，最后病死在大西洋上的圣赫勒拿岛上。

在重新安排欧洲命运的维也纳会议上，沙皇可谓出尽了风头。亚历山大一世发起成立"神圣同盟"，普奥两国君主立即响应。从此之后，沙俄政府便将"欧洲宪兵"这顶"桂冠"戴到了自己头上，专以维持欧洲秩序、镇压人民革命运动为事。

然而，令沙皇意想不到的是，俄国国内的改革、暴动和政变活动却一浪高过一浪。十二月党人的起义，是俄国统治层内院最先烧起的一把火。

十二月党人主要由青年军官和贵族青年组成。这是一批热血志士，在随军征战法国的时候，耳闻目睹西欧社会的先进发达，不禁为俄国的黑暗落后、前景黯淡而忧心忡忡，立志要改造俄国社会。他们成立了许多秘密团体，提出了激进的改革纲领，坚决主张用君主立宪制代替专制制。在他们的宣传鼓动下，一股革命和改革的思潮逐渐在俄国社会各阶层中涌动。

1825年12月，沙皇亚历山大一世暴疾而死，其弟尼古拉一世嗣位。此人一上台，就露出了专横暴戾的本性，要求臣民向他宣誓。民怨顿起，秘密团体的负责人决定乘机起义。12月26日，当3000名军人正聚集于广场等待起义命令时，尼古拉一世突然调集军队向广场发起猛攻，起义者猝不及防，除阵亡者外，其余人四散逃走，起义失败。这是一次发生在12月的起义，故起义者被冠以"十二月党人"之谓。

在十二月党人的鲜血中登上沙皇宝座的尼古拉一世，事后还曾恶狠狠地说："只要我还有一口气，革命就进不了俄国。"

十二月党人起义失败表明，面对强大顽固的封建势力，俄国要实现社会变革，单靠几个人或秘密小团体是不可能的，必须发动广大社会成员，必须使整个社会觉醒过来。

这一任务历史性地落到了先进的知识分子肩上。除了"天才诗人"普希金在诗歌中喷发出了对专制暴君的无比愤恨外，赫尔岑和别林斯基则更多地拿起理性批判武器，抨击沙皇专制统治，抨击落后野蛮的农奴制度，传播进步思想，宣传革命道理，如同在漫漫长夜中为人民敲响了警醒的钟声。

别林斯基（1811—1848）乃一介平民，上大学时曾因思想激烈而被除名。他在《祖国纪事》和《现代人》这两个当时俄国最先进的杂志上，以文学评论为武器，"入木三分"地揭露俄国丑恶的社会现实，常常通过分析作品来抨击社会黑暗。因患肺病，别林斯基仅37岁就离开了人世。在他生命的最后几年里，他预见俄国人民很快就会奋起，推翻专制统治，砸碎身上的枷锁，这对正在黑暗中苦苦挣扎的人们不能不说是一个鼓舞。

赫尔岑（1812—1870）出身于贵族家庭，但从小就受到十二月党人精神的激励，立志废除俄国的专制制度和农奴制度。上大学时，他组织了革命活动小组，大学毕业后遭两次流放。回到莫斯科后，他致力于研究哲学和文学，其精深程度被列宁誉为"领会了黑格尔的辩证法"，而且"超过黑格尔而跟着费尔巴哈走向了唯物主义"。

1848年欧洲革命失败后，赫尔岑长期旅居国外。他在伦敦创办的《北极星》和《钟声》杂志，成为俄国的革命舆论阵地，每期都通过秘密渠道运回国内，在俄国广泛传播。杂志办了10年，培养了整整一代革命者。赫尔岑的《谁之罪》的长篇小说，通过对三位青年人消沉过程的描写，鞭笞了封建专制和农奴制这一罪魁祸首,促人深思,发人深省。

而沙皇尼古拉一世则仍然热衷于充当欧洲宪兵的角色。1830年法国七月革命时,尼古拉本准备出兵干涉,但波兰爆发的革命改变了他的计划。维也纳会议曾决定沙皇兼任波兰国王,因而尼古拉认为自己镇压波兰起义责无旁贷。1831年9月,沙皇军队攻占华沙,起义者惨遭迫害,波兰再次国不为国。

1848年欧洲革命爆发,尼古拉一世异常活跃,认为在欧洲耀武扬威的机会已到。据说传来法国二月革命的消息时,俄国皇宫里正在举行舞会,尼古拉闻讯立即狂叫:"先生们,备马吧!法国宣布共和啦!"在这一年里,俄国先是平定了罗马尼亚的摩尔多瓦和瓦拉几亚两地起义,后又出兵匈牙利,武装干涉科苏特领导的匈牙利革命,终至将其镇压。

俄国所以对欧洲特别是东欧事务感兴趣,其中自然包含了不轨动机,即将东欧视为禁脔之地,归入自己的势力范围。其时,东欧巴尔干半岛正处在土耳其帝国的统治之下,沙皇的一个惯用手法,就是别有用心地支持巴尔干人民反对土耳其,以达到控制东欧之目的。

因此,每当巴尔干出现动静时,俄国总是不失时机地跳了出来,或拨弄是非,或激化矛盾,或直接干涉,以实现其不可告人的狼子野心。每次它都捞到了好处。

1821年,希腊发生反土大起义,俄国联合英法,出兵干涉。结果,土耳其被迫接受俄国拟定的条约,不但要向俄国赔款,还同意俄国商船自由出入黑海两海峡。

1832年,埃及人掀起反土运动,俄国借支持苏丹政府之名,陆海军队进入土耳其境内,并且迫使土耳其接受俄国的武装"保护",还要土耳其不允许他国军舰开进黑海。

俄国势力在东欧的扩张,引起了英法等西欧大国的不满。而尼古拉一世却不知深浅,铤而走险,建议与英国共同瓜分土耳其。被英国人拒绝后,俄国人发动了对土耳其属国的进攻,土耳其则于1853年10月对俄宣战,克里米亚战争由此爆发。

战端一开,土耳其很快就陷入了不利局面。11月30日小亚北岸的锡诺普海战,土耳其舰队全军覆灭,俄国进而控制了整个黑海水域。英法两国震惊之余,派出了联合舰队进入黑海,参加土耳其一方作战。

1854年3月，英法对俄宣战，奥地利乘机要挟俄国。9月，近20万英法联军在克里米亚半岛登陆，进攻俄国黑海舰队基地塞瓦斯托波尔。4万守城俄军孤军奋战，殊死抵抗，居然坚守了11个月之久，最后将城市炸毁而撤走。英法以死伤7万官兵的代价始得占领该城。战争虽然也暴露了英法军政制度的许多弊端，但毕竟以俄国的失败而告终。

1856年3月，尼古拉一世蒙羞自杀，其子亚历山大二世即位。新任沙皇清醒地看到，克里米亚战争实际上已将俄国政治经济制度的落后性暴露无遗，不对农奴制进行改革，俄国可能会发生一场更为猛烈的革命。于是乎，在他亲自主持下，历经5年时间，一纸废除农奴制的法令终于在1861年问世。

按照这一法令，农奴有了人身自由，也有了支配财产、选择职业的自由。农民可以使用地主的份地，也可以赎买份地。经过村社同意，农民还可以离开土地。改革之际，地主们趁机抬高赎金，农民的经济负担一度加重。但是，2000多万农奴通过改革而获得了人身自由，这就大大解放了劳动力这一最根本的生产要素，推进了俄国资本主义发展进程。因此，农奴制改革在俄国历史上具有划时代的意义，俄国正是从此时进入"从旧制度到新制度的过渡"时期的。

与此同时，俄国的工业革命也在紧锣密鼓地进行。解放农奴法令公布不过20年，至1880年，俄国棉纺织品生产增长了76%，生铁增长190%，熟铁增长116%，煤增长131%，铁路从1861年的1000余公里，增至1894年的32,000公里。足见此时的俄罗斯帝国，正在大步地走向工业化。

至19世纪末，俄罗斯帝国的庞大版图也最终形成。俄国的大扩张开始于17世纪。几乎在每一个时期，它都有领土上的收获。

请看俄国在领土扩张上的日程表：

17世纪中叶，俄国远征队到达太平洋岸边，亚洲北部的西伯利亚地区全被囊入沙俄帝国版图。

18世纪末至19世纪初，俄国与普鲁士、奥地利瓜分波兰，吞并芬兰，兼并了比萨拉比亚和高加索的一部分，占领了黑海北岸全部土地，其版图从东欧一直伸展到北美的阿拉斯加地区。

19世纪50年代至80年代，沙俄向中亚扩张，占领了中亚广大地区（即后来的哈萨克、乌兹别克、塔吉克、吉尔吉斯和土库曼等中亚五国）。

19世纪60年代至80年代,沙俄通过一系列不平等条约和协定,夺走中国东北黑龙江以北、乌苏里江以东大片土地,以及新疆地区大块领土,总面积达150多万平方公里。

19世纪后期,俄国开始向帝国主义过渡。不过,俄国帝国主义不是资本主义经济高度发展的产物,而是具有强烈的军事扩张性和浓厚的封建落后性,换言之,具有显著的侵略性、野蛮性和腐朽性。

9.6

铁蹄下的意大利。烧炭党人。马志尼革命。1848年的觉醒。运筹帷幄的加富尔。加里波底与红衫军。意大利统一

16世纪以后,意大利的北部仍然四分五裂,而南方则依然受外族人的统治。当这几个世纪里西欧其他地区发生着翻天覆地的变化之时,意大利却还在落后状态中沉睡。即使是波澜壮阔的思想解放启蒙运动,意大利也只有历史哲学家维柯等极少数先进分子作出了积极反应。

18世纪后期,意大利民族日益觉醒,反对封建制度和国家分裂的情绪渐渐形成。正在这时,法国拿破仑军队的铁蹄踏遍了意大利,开始了对意大利长达20年的统治。

1800年,奥地利将军梅拉斯率领13万大军,在意大利与拿破仑亲自统率的4万人马大战,结果奥军大败,战后和约承认了拿破仑对意大利大部分地区的占领。1804年,拿破仑将意大利共和国改为王国,自任国王,继子博阿纳为副王,同时将中部卢卡地区赐给妹妹埃丽莎。1806年,他取消了西班牙对意大利南部的统治,任命自己的兄长约瑟夫为那不勒斯国王。为了笼络意大利贵族,拿破仑还将新寡的妹妹宝丽娜改嫁给意大利显赫家族卡米洛亲王。宝丽娜年轻貌美,与年龄大许多的卡米洛情趣不投,为了兄长的大业,只得屈就这桩不般配的婚姻。罗马城至今保留有她请人为自己雕刻的出浴后半裸的大理石卧像,其自然之美态令观者赞叹不已。

长期受封建压迫的意大利人民，在同情法国革命的情绪支配下，最初还欢迎拿破仑军队，并乘机起义，在中部和北部建立了一系列共和国。在拿破仑的统治下，意大利也实行了一些资产阶级性质的改革，广泛打击封建贵族和教会势力，从实质上摇动了意大利封建制度的根基。但是，拿破仑毕竟是一个来自外族的掠夺者，他把意大利当成附属国殖民地，要意大利向法国输送生丝羊毛等工业原料，要购买法国商品，要向法国输送兵员和军费。这些掠夺政策自然引起了意大利人民的不断反抗。

1807年在意大利南部出现的烧炭党，是一个著名的秘密革命团体。参加者为避免当局和统治者的迫害，常常避入那不勒斯王国南部山林中，以烧炭为掩护进行活动。

1815年拿破仑帝国崩溃后，意大利又被重新置于奥地利和西班牙的统治下，并且分裂为8个大小国家，封建制度死灰复燃。烧炭党人的斗争也进入一个新阶段，他们的活动几乎遍及整个意大利半岛。他们的目的是消灭封建专制制度，赶走外国侵略者，争取全意大利民族的统一和独立。成员多是资产阶级、士兵、先进的知识分子，领导者是自由派贵族。组织内部规定了严格的等级制度，任何人不得逾越。出入都使用假名和暗语，以防暴露。参加者经过非常复杂的手续程序，严格审查。

烧炭党人举行了多次武装起义，以推翻封建政府和外国侵略者的统治为己任。1817年6月，卡尔莱蒂领导了马切拉塔人民武装暴动。1820年7月，那不勒斯的烧炭党人在莫雷利和西尔瓦蒂领导下起义。迫于起义军的强大声望，那不勒斯国王斐迪南一世只得同意制订资产阶级性质的自由宪法，但是这次起义遭到了奥地利军队的干涉。1828年6月发生了奇伦托起义。1831年2月，以中部的博洛尼亚和莫德纳地区为中心，烧炭党人在法国七月革命的鼓舞下，发动了又一次大规模的起义。由于烧炭党人热衷于密谋行动，不广泛发动群众，没有取得人民群众的理解和支持，因此历次起义都很快就失败了。从30年代初开始，烧炭党人退出了政治舞台。

当烧炭党人起义屡遭失败之际，资产阶级民主派组成的"青年意大利党"应运而生。组织这个党的是著名革命家马志尼（1805—1872）。

马志尼出生于热那亚一个医生家庭，父母亲均是有进步政治倾向的人。

他大学毕业后，经常在刊物上撰文呼吁祖国统一、独立和自由。1830年加入烧炭党，不久因叛徒告密而被逮捕，被迫离开意大利。流亡期间他在法国马赛组织了"青年意大利党"。这是一个资产阶级民主派的政党，绿白红三色的党旗上，一面写着自由平等博爱，另一面写着独立和统一。1833年他在热那亚军队中密谋发动起义，后策划在海军中起义。他组织200人的队伍远征萨伏依，因力量太弱小，成员皆因信心不足而走失。1837年，青年意大利党瓦解，马志尼流亡伦敦。

1840年，马志尼宣布重建青年意大利党。接受以往的教训，马志尼开始注意发动群众，特别是受苦最深的工人群众。在1848年革命高潮中，马志尼成为新生的罗马共和国政府的实际首脑。革命失败后，马志尼再次流亡国外，始终不忘为意大利人民的解放事业而奋斗。50年代里，马志尼回到国内组织和发动了一系列武装起义和军事行动，反抗奥地利人和西班牙人。但由于规模太小（有时仅30至40人），每次起义均告失败。迟至1857年，马志尼远征意大利南部失败，人民的反应冷淡。马志尼从此丧失了在民族解放运动中的领导地位。在1860年以后十年的意大利统一战争中，马志尼未能参加领导，终于抑郁而终。但是意大利30多年的革命运动，始终是同马志尼的名字连在一起的，正是他唤醒了意大利民族的解放意识。

意大利民族解放运动，在1848年遍及大陆的欧洲革命中掀起了第一个高潮。革命呈现出两个明显的阶段。在革命的第一阶段中，大资产阶级和资产

图9-3
马志尼

阶级化的贵族掌握了领导权，他们奉行一条依靠教皇或萨伏依王朝，在外国帮助下实现国家统一的路线。

1848年1月20日，西西里的巴勒莫人民首先举起了起义的旗帜。经过两个星期的战斗，起义者打退了国王派来的军队，解放了全西西里岛。在西西里起义的影响下，全意大利的革命运动风起云涌。在这种情况之下，意大利各地的封建王公也宣布实行宪法，实行民主化的统治。

3月份，米兰和威尼斯两大北方城市先后爆发起义，狠狠打击了奥地利的统治，都灵、佛罗伦萨、罗马、那不勒斯等大城市的人民群众声援响应。在人民的压力之下，北方的撒丁王国宣布对奥战争，跟着那不勒斯国王和教皇也作出了反奥姿态。反奥情绪弥漫整个意大利，"日耳曼人滚出意大利"的呼声与日增高。

这时候，奥地利内部发生了人民革命，反动的哈布斯堡王朝来不及分出精力对付意大利的起义者。这本是一个大好的机会。但到了这个关键时刻，那些领导革命的大资产阶级害怕人民群众将革命推向深入，因而把希望完全寄托在教皇和各个封建王公身上。而这些封建王公各有自己的算盘，他们都想趁机扩充自己的势力和地盘。特别是教皇庇护二世宣称战争不符合教会鼓吹的"仁慈友爱"之教义。在民族阵营混乱分裂之际，奥地利军队司令拉德斯基向反奥军队发动了突然袭击。意大利军队节节败退，北部重归奥地利统治。

当封建王公向奥地利屈膝求和时，意大利人民把革命推向了新的高潮。资产阶级民主派登上了舞台，他们决定实行自下而上统一意大利的纲领。全意大利人民热烈响应马志尼"国王的战争结束了，民族的或者人民的解放开始了"的号召。8月，威尼斯人民在曼宁等人的领导下发动起义，宣布成立威尼西亚共和国。紧跟着中部大城市里窝那也爆发起义，以孟泰涅里为首的资产阶级掌握了政权。11月，罗马红衣主教罗西被杀，教皇庇护九世出逃。翌年2月，加里波底建议罗马成立共和国，以马志尼为首的三执政为共和国政府的首脑。新政府推行了诸多有利于人民群众的改革措施。1月底，封建大公利奥波德逃出佛罗伦萨。群众集会成立了马志尼等三执政掌权的新政府。

在革命运动高涨的新形势下，撒丁国王阿尔伯特企图收买人心，于1849年3月宣布废除同奥地利的停战协定，匆匆忙忙宣战，结果又在3月23日的

群雄并起　249

诺瓦拉战役中被奥军打得一败涂地。阿尔伯特无脸见人，逃出葡萄牙，王位让给了他的儿子艾曼努尔二世。新国王与奥地利再签协定，第二次反奥战争不过打了十几天，又告失败。5月，封建王公在大部分地区恢复了反动统治，革命的两大堡垒罗马和威尼西亚同时遭到了反革命的围攻。在法国、西班牙、奥地利等国军队的进逼下，罗马城于7月3日被攻破，教皇又恢复统治。8月22日，威尼西亚共和国也最后失败，1848年的意大利革命至此结束。

但是，意大利人民争取民族独立和统一，反对外国侵略者和本国封建势力的斗争决心并没有被消灭。十年后，意大利人民再一次掀起了统一浪潮。

在争取意大利统一的运动中，有三位杰出人物起到了决定性作用，人称意大利统一"三杰"。除马志尼外，另两位是加富尔和加里波底。

加富尔（1810—1861）出生于都灵一个贵族家庭，从小却对家庭及其亲属的贵族世界观很反感。青年时期担任过军职，后长期从事经济和实业工作。1848年革命后，撒丁国王艾曼努尔开始实行君主立宪政治。加富尔相继担任议员、财政大臣和首相职务。担任首相后，撒丁王国成了意大利人民革命的根据地和大本营，都灵和热那亚等撒丁王国城市成为意大利民族解放运动的中心。1857年，加富尔筹建并领导了"意大利民族协会"。

撒丁毕竟是一个小国，要对付奥地利这样一个强大的封建王朝，力量显然太弱小了。加富尔审时度势，决定利用外国力量来对付奥地利。1858年，他与法国皇帝拿破仑三世达成协议，法军出兵20万帮助撒丁对付奥国，撒丁国割让部分土地给法国作为报答。1859年对奥战争爆发，加富尔还设法刺激奥军打响第一枪，从而赢得了舆论上的主动与支持。意法联军很快获得重大胜利，奥地利退却。同时，在前线胜利的鼓舞下，各地民族解放运动又掀起热潮。狡猾的拿破仑三世不愿看到一个强大的意大利诞生，因而背信弃义单独与奥国谈和。加富尔随即辞职。

1860年，加富尔再度担任首相，组织公民投票，使意大利中部各地区合并于撒丁王国，完成了意大利北部和中部的局部统一。但是，在随后的时间里，他却反对资产阶级民主派领导的革命斗争，到处鼓动用温和与外交的手段来完成统一。1861年，南部的那不勒斯并入撒丁王国，意大利王国成立。6月6日，加富尔突然病逝。

意大利统一运动中最杰出的军事将领，要属加里波底。他的谋略和胆识，使他的军队常常战无不胜。

加里波底（1807—1882）出生于劳动家庭，了解人民要求祖国统一的愿望，立志为此奋斗终生。1833 年，他在马志尼教育下参加了青年意大利党。曾被派遣去发动热那亚海军起义，失败后逃往国外。在流亡期间，他为南美各国人民的独立和解放，参加并领导了许多军事行动，立下赫赫战功，赢得了世界性声誉。

1848 年意大利革命爆发后，他立即返回祖国参加斗争。他招募了几百名志愿军，带领这支队伍参加了第一次反奥战争。国王的军队失败后，加里波底率领自己的部队继续战斗，运用小股部队不断出击的游击战术，使奥地利军队经常挨打。

在 1849 年保卫罗马共和国的战斗中，加里波底显示了充分的军事才能。他坚守罗马城两个多月。近 10 万法军向罗马城发动了几十次进攻，均被浴血奋战的加里波底部队给打退。一次罗马议会开会时，加里波底直接从前沿阵地来到会场。他一身血汗交加，衣服被子弹洞穿了几个窟窿，被刺刀撕成了条。弯曲的军刀只有一半能插入刀鞘。与会者为这位英雄的气概深深感动，当他出现在会场门口时，全体起立向他鼓掌致敬。

1859 年，加里波底率领红衫军在意大利南部转战，为意大利统一立下了汗马功劳。

1860 年 4 月，西西里人民不堪西班牙波旁王朝的统治，奋起反抗，掀起大规模的武装起义。西班牙统治者立即进行血腥镇压。西西里人民的处境引起了意大利北部人民的同情，他们纷纷要求所仰慕的英雄加里波底去支援。

加里波底指挥着一支穿着红衫的千人志愿军，5 月 11 日渡海到达西西里。这是一支坚强的部队，个个能征善战，进攻中所向披靡。5 月 14 日攻占萨拉米，15 日攻占卡拉塔非米。此时，西西里敌军已退守龟缩巴勒莫城周围，兵力达到 2 万多人。在敌多我少情况下，加里波底声东击西，佯攻西南方向，将大部分敌军调出城外。加里波底且战且退，咬住敌人分股吃杀。敌军被磨耗掉差不多一半兵力时，加里波底突然改变行动方向，调集主力强攻东南方向，在城内居民配合下，5 月 27 日解放了这个西西里首府和最大城市。在千人志愿军不断胜利的鼓舞之下，人民起义烽火遍及全岛。几个月内又有 2 万多志愿者来到西西里加入加里波底的队伍。7 月初，解放了西西里全境。

8 月 18 日，加里波底不顾加富尔阻挠，率领 16,000 人的志愿军越过墨西拿海峡，登上意大利半岛，向西西里王国的首都那不勒斯挺进。西班牙军队被加里波底的威名所震慑，纷纷不战而降，或者狼狈逃窜，20 天后，加里波底队伍开进那不勒斯，意大利南部所有地区全部摆脱了西班牙的统治。但加里波底并不居功自傲，也不恃强占权，他以意大利的统一为大局，同意撒丁国军队南下进入那不勒斯，随后又接受加富尔建议实行公民投票。11 月初，撒丁国王艾曼努尔在加里波底陪同下进入那不勒斯，意大利基本实现了统一。

分裂了 1400 年之久的意大利，终于在经过 40 多年的革命和民族解放运动后，于 1870 年实现了全国的统一。

维也纳会议后的意大利，曾分成八个国家和领地，其中只有西北部皮蒙特地区的撒丁王国是独立的，其余都处在外族和教皇的控制下。北部是奥地利哈布斯堡王朝的势力范围，南部是西班牙的天下，中部为教皇辖地。马志尼革命和 1848 年运动虽然唤醒了意大利民族独立解放意识，但统一的任务并没有完成。1859 年后，经过十余年的斗争，意大利一步一步地完成了统一事业。

统一运动的中心是撒丁王国。1859 年至 1860 年期间通过公民投票，将北部和中部的伦巴底、帕尔马、莫德纳、罗曼纳、托斯坎尼并入了撒丁王国。1860 年红衫军解放了西西里王国（包括西西里岛和那不勒斯地区），又通过公民投票，意大利南部并入了撒丁王国。

1861 年 3 月，意大利王国宣告成立，撒丁国王艾曼努尔成为第一个意大利国王。加富尔提出应使罗马成为意大利的首都。但他不久便去世，意大利王国出现政治上的不稳定，据说平均每年换一个首相，所以没有能从政治上解决这个问题。加里波底曾多次想用武力统一，但遭到了国王和政府的阻挠。

1866 年普奥战争爆发，意大利加入普鲁士一方作战，加里波底志愿军在战争中不断获胜。奥军失败签订和约，威尼斯地区归还意大利。1870 年普法战争爆发，法军从罗马撤走，意大利政府军和加里波底于 9 月 20 日占领罗马。又通过公民投票，将罗马及教皇领地全部合并于意大利，教皇从此退居梵蒂冈，意大利统一最后完成。1871 年，首都从佛罗伦萨迁到罗马。

第十章

正义者之声
社会主义运动兴起及国际化

10.1

大同社会：人类梦寐以求的目标。三大空想社会主义者：圣西门、傅立叶和欧文

漫长的蛮荒时代里，原始初民们与世无争，他们没有财产，没有贫富分化，没有等级差别，似乎过着一种虽然食不果腹但也其乐融融的日子。

财产权的出现，私有制的形成，大大推动了人类社会前进的步伐。为了口中之食、蔽体之衣，人类潜在的巨大能量一如火山喷发。从而，数百万年的人类历史，只是到了最近一万年才显现出蓬勃的生机和活力。然而，与之俱来的，是社会矛盾的突然加剧。人与人之间，便有了富有和贫穷之分，有了地位高低之别，有了不同利益集团之斗。生物界的弱肉强食、优胜劣汰规律，在进入文明时代的人类那里表现得特别充分。

于是，就有了古代希腊人认为世风日下的悲叹。他们将人类历史分成黄金时代、白银时代、黄铜时代、黑铁时代，认为一代不如一代。"黄金时代"是他们幻化而成的人类远古图景，而他们自己则生活在只有强权、没有公理的"黑铁时代"。

于是，无论东方西方，都不断地有智者在呼唤寻求"大同社会"，建立"千年王国"。

于是，没有剥削、没有压迫、人人平等生活的"乌托邦""太阳城"被描绘出来了，向在黑暗中苦苦挣扎着的人们展现了一幅幅理想王国的诱人蓝图。

可是没有人找到通往理想王国的金色桥梁。

人类进入资本主义社会后，财产不平等、社会不平等的现象更为突出，也被人类先进分子所更自觉地认识。富者愈富、贫者愈贫的不合理社会，被他们激烈地抨击。对资本主义制度的罪恶，他们不遗余力地予以揭露和批判，同时，他们开始思考如何改造这个邪恶的世界，思考人类未来的命运。

法兰西，这个理性主义最先闪光的国度，启蒙思想家梅叶留下了《遗书》，表达了用"共产主义"的原则组织社会生活的愿望，他因此而成为法国空想社会主义者的先驱。

而圣西门、傅立叶作为著名的空想社会主义者，他们的活动，使法国成为近代社会主义运动的故乡。

圣西门（1760—1825）本出身于一个贵族家庭，青年时代受启蒙思想影响，还投身过北美独立战争，后参加了法国大革命，在革命中主动放弃了贵族头衔。以后他又从事过经商活动，直至破产。40岁以后，他已一贫如洗，每天靠打工糊口，晚上从事写作著述，主要著作有《一个日内瓦居民给当代人的信》《论实业制度》《实业家问答》《新基督教》等。

圣西门对自己所处时代的黑暗深为忧虑。在他看来，15世纪以后，作为生产阶级的"实业家"和代表科学的"学者"作用愈来愈大，社会的财富主要是由他们创造的。然而掌握财富的人却是旧的僧侣和贵族。这正是法国革命发生的原因。但是这次革命虽然推翻了旧的封建制度，却并没有建立由实业家和学者掌握权力的新社会。政权落到了"中间阶级"手中，由他们建立了一种"新封建制度"，中间阶级本身也演变成了"新贵族"。因而，社会上两种对立力量的冲突仍然十分激烈，社会仍然处在不合理状态，仍然是一个"黑白颠倒的世界"。

圣西门按照他自己那一套所谓"新基督教"的哲学体系，构造了一个理想的"实业制度"社会。他的"新基督教"实际上是一种披着宗教道德外衣的空想社会主义体系,照他自己的说法,这套体系能够引导社会最迅速地改进最穷苦阶级的命运。

这个实业社会,是对一切社会阶级都有利的,能够实现普遍的幸福。实业阶级既然是指生产阶级,那就包括了工人、农民、商人、工厂主以及银行家。一切人都要劳动,不容许寄生虫存在。工厂主、商人一类人也是在从事有益的劳动,也应归入生产阶级范畴。在新的实业社会里,人人都是平等的,劳动是平等的基础,才能是决定社会地位和收入的关键性因素。有产者也是"劳动者阶级",而且还是这一阶级的"天然领袖"。

在这个实业社会里,仍然必须有王权,但分成世俗权力和精神权力两类。世俗权力由实业家委员会行使,精神权力由学者组成的科学院行使。由这两个组织对社会阶级实行计划管理,没有现行资本主义社会的生产无政府状态,社会经济按计划实行。产品的分配,也是"按能力计报酬,按工效定能力",人人劳动,没有失业现象。旧社会制度中,政治机构是以维持社会秩序为主要职能的,新社会制度要将这一点完全改变,社会的目的是增进共同的福利,"政治学是关于生产的科学"。

实现这一理想社会,只能采取和平的手段,即"商量、证明、说服的手段"。暴力手段破坏性太大,而爱好和平的实业阶级更应采用"建设性"的和平手段,甚至连法国大革命也是不能推崇的。面对暴力问题,他认为应该逆来顺受,即使当敌人气势汹汹地使用暴力,也只能忍受,不要以暴力来对付暴力,而且,要特别防止"穷人使用暴力来反对富人、反对政府"。为了不诉诸暴力,他主张实业家阶级要同王朝联合起来,让国王成为"第一实业家"。

因此,无论怎么看,圣西门的社会主义学说都是空想的。

而圣西门的同乡傅立叶(1772—1837)也未出其右。傅立叶出生于法国东部城市贝藏松的一个大富商家庭。成人之后,他自己也常年经商,先后做过售货员、会计、推销员和经纪人等工作。由于他经常往来于法国各地,以及英国、德国、荷兰等国的城市,因而对社会上层阶级的奢华生活、下层人民的悲惨处境,都有比较深刻的了解。

后来,傅立叶卷入了法国大革命,派系之争使他数度破产,而且几次被抓,从此一直与孤独和贫困为伍。他痛恨现行的资本主义制度,但又觉得不宜采用剧烈的暴力革命,因而从19世纪初以后,他开始专心探讨社会问题,从事著述。

据说,正像一只苹果使牛顿悟出了万有引力定律一样,也是一只苹果使傅立叶走上了探索社会问题的道路。18世纪末的一天,他来到巴黎的一家饭馆就餐,发现这里的苹果价格居然比外省要高出100倍,他实在是太惊讶了,于是开始怀疑这个令人难以捉摸的社会。

他写出了一系列著作,构筑了一个社会主义的思想体系。这些著作中有《四种运动论》《论情欲力学》《经济的和协作的新世界》《全世界统一的理论》等。

傅立叶认为共有四种运动,即社会运动、动物运动、有机运动、物质运动。物质运动的规律是万有引力,社会运动的规律是情欲引力。

根据情欲引力学说,他展开了他学说中最有价值部分的论述,即对资本主义社会的深刻揭露和批判。在他看来,资本主义是一个颠倒了的世界,是一个社会地狱,是危机、无政府状态、贫困、堕落和罪恶丛生的社会。这个社会就是使个人利益和集体利益尖锐对立,人人都把自己的幸福建立在别人的痛苦之上,医生希望人人都生病,律师希望家家打官司,建筑师希望城市化为灰烬。在这个社会里,有三分之二的人不劳动,成为寄生虫,工人的劳动也是被迫的。虽然社会财富不断增加,但劳动者的生活水平却不断下降。在这种文明制度下,"贫困是由富裕产生的"。

因此傅立叶认为,现代社会必须由新的理想社会所代替。他理想中的社会,是"和谐制度",或者称为"协作制度"的社会。在这个社会里,人们共同劳动、共同生活,个人利益和集体利益是一致的。这种生活的基层组织叫作"法郎吉"。每一法郎吉有1600至2000人,下面又按劳动性质分为各种"谢利叶",凡法郎吉成员均可以按爱好分别加入各个谢利叶。这是一种自由劳动,可以为满足人的创造欲和竞赛欲创造条件。在这个理想社会中,傅立叶还有很多美好的设想,如集体组织生产和消费、劳动竞赛、消灭城乡对立、妇女解放、男女平等、教育和生产劳动相结合等。

但是傅立叶并不主张消灭私有制。甚至富人也可以加入他的法郎吉,投入资本,然后不劳而获,收取利润。在产品分配中,资本可以占去三分之一。

他太将理想社会的实现寄托于富人了。据说他曾张贴公告,声明自己每天上午在家恭候富人们前来捐助,结果当然落空。他还认为他的这个社会里,富人会积极地参加劳动,穷人通过劳动会成为富人,穷人与富人能够密切地合作。这真是太理想化了,根本不会有实现的可能。

法国之外,英国的欧文(1771—1858)也致力于建设理想的社会。作为三大空想社会主义者之一,欧文规划的"新和谐公社"与傅立叶的法郎吉大同小异。这种数千人的组织里,人人劳动,按需分配;劳动者按年龄段分成八个组,各个组都有相应的学习和工作任务;年满30岁以下的人,人人都有机会担任公社的管理职务。

不过,欧文认为实现这种理想社会,只能用改良的方法、和平的方法,而不是暴力的手段。他近乎天真地认为新社会带来富裕、幸福、道德高尚和相互团结,因而应该能得到统治者和被统治者双方的完全赞同。这显然是不可能达到的。

10.2

科学社会主义诞生:源泉和基础。马克思和恩格斯。《共产党宣言》。1848年革命与社会主义者。第一国际。《资本论》的问世

19世纪中叶,西欧各主要国家都已基本完成或接近完成工业革命。资本主义机器大工业在一个世纪内所创造的生产力,"比过去一切世代创造的全部生产力还要多,还要大"(马克思恩格斯语),从根本上改变了人类社会的面貌。

但是,"资本来到世间,从头到脚,每个毛孔都滴着血和肮脏的东西"(马克思语)。资本主义剥削不同于奴隶制和封建制,它是一种经济性剥削,隐蔽性很强,受剥削者不易觉察自己的被剥削地位及其程度。但资本主义生产的后果又极为显著,即贫富分化现象前所未有的突出,金钱流入了不事劳动的老板腰包,而工人们劳动之后却两手空空,越来越贫困。因此,最初的工人常常破坏机器以泄心头之恨。

当空想社会主义者对资本主义的罪恶大力抨击,同时又感觉回天无力亦无方的时候,科学社会主义应运而生。

由马克思恩格斯创立的科学社会主义理论,揭示了资本家发财的秘密,也指出了资本主义生产从一开始就隐藏着无法解决的深刻的基本矛盾,即生产资料的私人占有和生产的社会化的矛盾。

这个基本矛盾要获解决,只有使生产资料公有化来与之相适应,只有实现社会主义,而无产阶级正是这一历史使命的承担者。由于科学社会主义理论阐明了工人受剥削的根源,为推翻资本主义剥削制度提供了科学的武器,因而很快为工人阶级所接受,社会主义思潮从而在西欧迅速发展,社会主义运动蓬勃兴起。

科学社会主义是马克思主义的思想核心。马克思主义的诞生,是西欧社会发展到一定阶段的时代产物,有其历史的必然性。尤其是当1825年,资本主义生产开始发生周期性的经济危机以后,促使社会先进分子更深刻地思考资本主义的前途,思考人类社会发展的方向。在各种纷繁芜杂的思想流派中,马克思主义以其深刻的科学性脱颖而出。

马克思主义产生的阶级基础,是其时西欧工人运动的蓬勃发展。主要国家三次大规模的工人斗争,显示了无产阶级登上历史舞台的伟大力量,也表明无产阶级的斗争已进入一个新的阶段,即由为改善生活条件的经济斗争,

图 10-1
卡尔·马克思

转变为改善社会政治地位的政治斗争。无产阶级斗争的继续发展，急需正确的、科学的理论来作指导。

这三次大规模的工人运动是，1831年和1834年法国里昂丝织工人起义，1836—1848年英国全国范围内的工人运动——宪章运动，1844年德国西里西亚纺织工人起义。

里昂从中世纪后期起就是法国著名的丝织业中心。19世纪30年代时，这里的丝织工人有9万人之多。然而工人的待遇之低令人难以想象。据说，一个工人每天劳动达18个小时，而领取的工资竟然换不到一磅面包，自己尚且不能果腹，更谈不上养活家人了。1831年11月，里昂工人从发动罢工，进而发展到武装起义，控制城市达10天之久。1834年，丝织工人又一次发动了起义。

麻纺业是德国的传统工业部门，西里西亚是亚麻纺织中心之一。纺织工人受到了双重盘剥，一面是工厂主的剥削，一面还有封建地主勒索的"纺织税"，工人们时时发出不平的吼声。1844年6月的一天，一些织工聚集在企业主家门口唱反抗歌曲，军警无情地镇压，激起了工人的愤怒。用石头和工具为武器的起义者，同前来镇压的军队展开了激烈搏斗。

持续了13年之久的英国宪章运动最具有政治性。宪章运动的领导者是工人组织"伦敦工人协会"，参加者以手工业者和工厂工人为主。斗争的目标是争取人民的普选权，废除旧立法，改善工人的生活条件等。这次斗争掀起了三个高潮，最后也以失败而结束。

完全可以说，正是工人运动的呼唤，推动了科学社会主义理论的产生。

马克思和恩格斯都是学识极为渊博的睿智学者，他们善于吸收人类历史上一切优秀的思想文化成果，汲取对自己有利的精神营养。因此马克思主义又有三个理论来源，即德国的古典哲学，英国的古典政治经济学和法国的空想社会主义。

德国是一个出大思想家、大哲学家的国度。从18世纪后期到19世纪中叶，德国古典哲学得到了空前的发展和繁荣。德国古典哲学的开创者是康德，经费希特、谢林，由哲学大师黑格尔和他的学生费尔巴哈推向了顶峰。其中黑格尔的辩证法和费尔巴哈的唯物论，成为马克思主义哲学的两个直接来源。

英国是资本主义经济最为发达的国家，因此，研究经济的学术也最先发展起来。早期的重商主义，有许多英国的代表人物。伴随着工业革命而出现的古典政治经济学，则将资产阶级的经济理论发展到了顶点，至今仍被视为西方经济学的正统。它由威廉·配第创立，亚当·斯密发展，大卫·李嘉图完成，其思想核心劳动价值论，是马克思剩余价值理论的基石。

空想社会主义者圣西门、傅立叶、欧文的社会改革思想，也给马克思主义的创始人以良多的启发，使马克思和恩格斯完成了社会主义思想从空想到科学的发展。

除此之外，19世纪初期法国一些历史学家即基佐、梯叶里、米涅等人的阶级斗争学说，也是科学社会主义的思想渊源之一。如被马克思称为"阶级斗争之父"的梯叶里，第一次把阶级斗争作为解释中世纪以来全部历史的钥匙；基佐虽然在《共产党宣言》中被列为反动势力的凶恶代表人物之一，但他也曾被马克思称为"天才的历史学家"，他的主要贡献是从经济和财产关系角度解释阶级斗争的起源。

马克思主义的产生还有坚实的自然科学基础。这就是19世纪初中期的自然科学三大发现，即细胞学说、能量守恒与转化学说、达尔文的生物进化论。

卡尔·马克思（1818—1883）和弗里德利希·恩格斯（1820—1895）都是德国人。这是德国历史上最辉煌的两个名字。

马克思1818年5月5日诞生于德国西部莱茵省特利尔城的一个律师家庭。这里是德国中世纪三大主教城市之一，旧思想弥漫，宗教氛围浓厚，但却孕育了旧世界的最大的反叛者。

良好的家庭教育，使马克思从小就勤奋好学，善于思考，17岁以后先后在波恩大学、柏林大学攻研法律、历史和哲学，19岁时参加了"青年黑格尔派"俱乐部。1841年，23岁的马克思写下《德谟克利特的自然哲学和伊壁鸠鲁的自然哲学的差别》论文，获得了耶拿大学的哲学博士学位。

大学毕业后，马克思放弃了当一名哲学教授的打算，投身政治，在《莱茵报》上发表了一系列激进文章，抨击普鲁士的反动统治。1843年与青梅竹马的燕妮结婚。燕妮不顾家庭的阻挠和反对，毅然与马克思结合，成为马克思志同道合的终身伴侣。1843年，马克思迁居巴黎。

恩格斯比马克思小两岁，1820年11月28日出身于莱茵省的巴门市。他的父亲是一个纺织厂老板，母亲是一位很有教养的贤淑女子。恩格斯天资聪颖，中学时代就掌握了多种外语，涉猎广博。父亲迫他辍学经商，他便利用业余时间刻苦自学。1841年恩格斯应征服兵役，其间还不断去柏林大学听课，也参加了青年黑格尔派。

1842年，恩格斯奉父命赴英国，参与经营曼彻斯特的一家棉纺厂。途经巴黎时，与马克思第一次相见。到英国后，与那里的工人群众广泛接触，并与女工白恩士濡沫相爱，后成眷属。

1844年8月，恩格斯来到巴黎拜访马克思。两位巨人如同故友，畅谈远大志向，从此开始了无双的友谊，共同开创无产阶级的革命事业。

这次会见后，马克思和恩格斯立即合作从事革命的理论工作，很快就发表了合写的第一部著作《神圣家族》。1846年，两人合著的《德意志意识形态》问世，这部著作第一次系统地阐述了唯物史观。其后马克思发表《哲学的贫困》、恩格斯出版了《英国工人阶级状况》，进一步确立了无产阶级的科学世界观。

与此同时，马克思和恩格斯着手创建革命的组织。1847年，两人加入德

图 10-2
卡尔·马克思的故乡特利尔

国秘密组织"正义者同盟",并领导了对同盟的改组活动。1847年6月,正义者同盟改名为共产主义者同盟。1847年11月,马克思和恩格斯受同盟第二次代表大会委托起草纲领。这个文件于1848年2月以《共产党宣言》的名称公开发表,正式宣告了马克思主义的诞生。

《共产党宣言》说:

>至今一切社会的历史都是阶级斗争的历史。
>
>自由民和奴隶、贵族和平民、领主和农奴、行会师傅和帮工,一句话,压迫者和被压迫者,始终处于相互对立的地位,进行不断的、有时隐蔽有时公开的斗争,而每一次斗争的结局都是整个社会受到革命改造或者斗争的各阶级同归于尽……
>
>从封建社会的灭亡中产生出来的现代资产阶级社会并没有消灭阶级对立。它只是用新的阶级、新的压迫条件、新的斗争形式代替了旧的。
>
>但是,我们的时代,资产阶级时代,却有一个特点:它使阶级对立简单化了。整个社会日益分裂为两大敌对的阵营,分裂为两大相互直接对立的阶级:资产阶级和无产阶级。
>
>……
>
>资产阶级在历史上曾经起过非常革命的作用。
>
>资产阶级在它已经取得了统治的地方把一切封建的、宗法的和田园诗般的关系都破坏了。它无情地斩断了把人们束缚于天然首长的形形色色的封建羁绊,它使人和人之间除了赤裸裸的利害关系,除了冷酷无情的"现金交易",就再也没有任何别的联系了……总而言之,它用公开的、无耻的、直接的、露骨的剥削代替了由宗教幻想和政治幻想掩盖着的剥削……
>
>资产阶级撕下了罩在家庭关系上的温情脉脉的面纱,把这种关系变成了纯粹的金钱关系……
>
>资产阶级用来推翻封建制度的武器,现在却对准资产阶级自己了……资产阶级不仅锻造了置自身于死地的武器,它还产生了将要运用这种武器的人——现代的工人,即无产者。

《宣言》指出：

过去的一切运动都是少数人的或者为少数人谋利益的运动。无产阶级的运动是绝大多数人的、为绝大多数人谋利益独立的运动。无产阶级，现今社会的最下层，如果不炸毁构成官方社会的整个上层，就不能抬起头来，挺起胸来。

《宣言》最后发出了鼓舞人心的战斗号召：

共产党人不屑于隐瞒自己的观点和意图。他们公开宣布：他们的目的只有用暴力推翻全部现存的社会制度才能达到。让统治阶级在共产主义革命面前发抖吧。无产者在整个革命中失去的只是锁链。他们获得的将是整个世界。

全世界无产者，联合起来！

总之，《共产党宣言》阐述了人类社会发展的客观规律，揭示了资本主义必将被社会主义所取代的历史命运，标志着科学社会主义理论的正式诞生。从此，社会主义运动成为一股汹涌澎湃的历史洪流在大地上激荡。

《共产党宣言》发表时，1848年全欧革命运动正揭开序幕。虽然这次革命要完成的是资产阶级革命任务，但却发展为广大下层群众包括无产阶级踊跃参加的民主运动。如何引导这次革命，是社会主义者面临的一次考验。

在法国，路易·勃朗和布朗基等一批著名的社会主义者站到了斗争的前列，将巴黎二月革命继续向前推进。路易·勃朗本是小资产阶级社会主义者，认为资本主义的自由竞争和生产的无政府状态，造成了工人们的贫困和受苦状态。在二月革命建立的临时政府里，仅有他主张建立劳动部，以维护工人的合法利益。布朗基则是一个坚定的社会主义者，是工人阶级的杰出代表。他领导巴黎工人，发动了反对临时政府的六月起义。这样，无产阶级就从二月革命时作为资产阶级的盟友，转而掀起了反对资产阶级的运动，这是"现代社会中两大对立阶级间的第一次伟大战斗"（马克思语）。

在反对普鲁士的德意志革命中，年轻的恩格斯甚至亲身参加了好几次街头巷战，同起义群众一道与反动军警搏斗。为此，恩格斯还被马克思一家人戏称为"将军"。

在整个革命过程中，共产主义者同盟为运动输送了大量的有生力量。特别是科隆地区，同盟还发动了工人和农民起来革命，产生了极大的影响。同盟的领导者约瑟夫·莫尔站在斗争的最前线，被科隆当局视为最危险的敌人。1849年6月，莫尔在维护帝国宪法的战斗中英勇献身。

反动当局早就对这样一个革命组织恨之入骨，必欲除之而后快。普鲁士政府曾经多次派遣间谍密探打进同盟内部，在同盟成员中挑拨离间。

1848年革命失败后，反动政府气焰更为嚣张，同盟成为他们既定的消灭对象。1851年5月，由于同盟内部分裂分子大肆招摇，致使同盟的科隆中央委员会特使诺特莱克在莱比锡被普鲁士警察当局逮捕。特使携带的大量秘密文件也被查收。随后，又有10余名同盟成员被捕。

1852年11月，科隆法庭对被捕者进行审判。他们派人到伦敦找同盟的分裂分子沙佩尔等人索要材料。沙佩尔为了借机压制别人，提供了反动当局求之不得的情报。最后，法庭罗织了叛国罪、阴谋罪，将大部分被捕者判了监禁。

马克思立即站出来，撰写《揭露科隆共产党人案件》一文，揭露普鲁士当局玩弄阴谋，陷害和镇压共产党人，同时亦严厉批判了沙佩尔等人在科隆审判案事件中所扮演的不光彩角色。沙佩尔很快意识到了自己的严重错误，痛心疾首，在法庭开庭审判之际，向马克思悔过。

然而，这一事件造成的损失是无可挽回的，破坏了共产主义者同盟的整体性，特别是使马克思和恩格斯领导的伦敦分部与欧洲大陆的共产党人中断了联系，同盟实际已不复存在。1852年，马克思建议同盟宣布自行解散。

在1848年革命高潮中，马克思和恩格斯均以极大的热情鼓励和支持革命，为革命而摇旗呐喊，并始终指导了革命运动中的无产阶级斗争。革命失败后，马克思和恩格斯又发表了《1848年至1850年的法兰西阶级斗争》《路易·波拿巴的雾月十八日》《德国的革命和反革命》等重要文章，对革命的经验和教训进行总结，阐述革命的意义。

1850年以后，马克思在形形色色的敌人诽谤和攻击下，几乎被所有的报纸刊物拒之门外，生活陷入极度困难之中。但他矢志不移，埋头进行经济学研究。为了从经济上支持马克思，恩格斯作出了极大的自我牺牲，重返曼彻斯特从事自己所厌恶的经商活动。马克思极为感动，甚至内疚，几乎天天都同恩格斯通信，虚心征求意见，坦诚地交换研究心得。

50年代里，社会主义运动处于积蓄力量阶段，暂时地沉寂下来。而在这个时候，欧洲资本主义却获得了一个相对稳定的发展时期。至此，英国工业革命已经完成，欧洲大陆的工业革命也掀起了高潮，各个主要资本主义国家相继转变为工业国，资本主义的世界体系渐趋形成。面对正在高涨的社会主义运动，西方资本主义开始结成一股国际势力。在这种局面下，无产阶级要取得对资产阶级斗争的胜利，必须实行跨国大联合，用工人阶级的国际力量去战胜资本主义的世界体系。于是，在马克思、恩格斯的亲自领导下，统一领导西欧工人斗争和社会主义运动的国际组织便应运而生。

1864年9月，西欧2000多名工人代表在伦敦集会，声援波兰人民的民族独立斗争。大会决定成立国际工人协会，史称第一国际。马克思被选为第一国际领导机构的成员，实际上是公认的领袖，也是国际的灵魂。国际的重要文件如《成立宣言》《共同章程》等都出自他手。在《成立宣言》中，"全世界无产者，联合起来"的口号又一次响彻云霄。

1870年，恩格斯从曼彻斯特来到伦敦，同马克思一道领导了第一国际的斗争。

第一国际成立后，一方面建立和健全在各国的分支组织，积极领导和支持各国工人的经济斗争和政治斗争，支持被压迫民族的解放运动；另一方面，也在国际内部开展了反对各种错误思潮的斗争，正是在这种斗争中，马克思创立的科学社会主义理论越来越深入人心，成为工人阶级的战斗武器。马克思和恩格斯自始至终地领导了这些斗争。

最初反对的，是法国的蒲鲁东主义。这是一种小资产阶级的社会主义。蒲鲁东要建立的，是一种小私有制的社会，一种介于资本主义和共产主义之外的第三种社会。这个社会在经济上是以"个人领有"为基础的互助制社会，小生产者联合起来建立合作社、小工厂，进行直接的公平的产品交换；在政治上则是"各人只管自己""个人绝对自由"的无政府社会。显然这是行不通的。第一国际的1866年日内瓦代表大会、1867年洛桑代表大会、1868年布鲁塞尔代表大会上，都同蒲鲁东主义者展开了激烈的斗争。布鲁塞尔大会之后，蒲鲁东主义集团解体。

英国的工联主义，对工人斗争和社会主义运动也是有害的。工联主义只以获得"公平工资"为目标，不要求推翻资本主义，这显然是一种政治近视病。他们过分夸大工会的作用，夸大经济斗争的作用，忽视政治斗争，遭到了马克思的批评。

在第一国际的后期活动中，开展对巴枯宁主义的斗争成为一项重要任务。巴枯宁是俄国人，出身于贵族家庭，投身于革命活动，曾被沙皇政府逮捕，流放于西伯利亚，后来到欧洲。他主张用密谋方法发动暴动，在24小时之内消灭国家，摧毁一切。更不能容忍的是，巴枯宁还策划分裂国际。马克思领导了坚决反对巴枯宁主义的斗争。在1869年的洛桑代表大会上，巴枯宁分子的地位下落，没有进入国际的领导机构；1872年的海牙代表大会，将巴枯宁及他的追随者开除出国际。

后来，德国的拉萨尔主义也成为斗争的对象。

1871年巴黎公社革命失败后，欧洲的革命形势迅速恶化。1872年，第一国际决定迁往美国费城，实际停止了活动。1876年，第一国际举行最后一次会议，宣告解散。

在进行革命实践的同时，马克思倾注了更多的心血从事革命理论的研究工作。从50年代初起，马克思在恩格斯无私的帮助下，专心从事科学巨著《资本论》的写作。为了研究的需要，马克思常年在大英博物馆的图书室里阅读资料，是馆里最早到最晚走的读者之一。据说在他固定座位的地板上，居然磨出了一个坑印。

《资本论》共三卷，马克思在世时，第一卷于1867年问世。第二、三卷则在马克思去世后由恩格斯整理出版。

《资本论》的理论体系博大精深，论证严密。第一卷研究资本的生产过程，阐明剩余价值是怎样产生的；第二卷研究资本的流通过程；第三卷研究资本主义生产的总过程。

《资本论》是世界历史上一部划时代的不朽著作，它揭露了资本家发财的秘密是占有工人劳动的剩余价值，从而在经济学意义上动摇了资本主义制度的基础，揭示了资本主义必然灭亡、社会主义一定胜利的历史规律，成为无产阶级反对资本主义最有力的理论武器。

　　就连资本主义制度的维护者也感到了《资本论》的威力。一本由当代美国人写的小册子，将《资本论》列为影响世界历史进程的16部著作之一。

10.3

巴黎公社：无产阶级夺取政权的尝试。3月18日起义。公社的革命举措。保卫公社：五月流血周

　　要改变工人阶级的悲惨命运，首先必须砸碎资产阶级的国家机器。这是科学社会主义的原理。在马克思主义的指导下，工人们无时不想着将这一理想变成现实。

　　1848年的六月起义，法国巴黎工人阶级与资产阶级进行了第一次较量。

　　23年之后，也是在巴黎，工人阶级利用资产阶级国家面临的危机，正式发动了武装起义，建立了世界历史上第一个无产阶级政权——巴黎公社。

　　1870年7月，普法战争爆发。仅仅一个多月，在国人面前常常不可一世的法兰西第二帝国皇帝拿破仑三世，就在色当向普鲁士人举起了白旗。

　　色当投降的消息传到巴黎，激起了巴黎人民的愤怒。9月4日巴黎爆发革命，建立了法兰西第三共和国。然而政权却掌握在资产阶级政客手中：特罗胥为政府首脑，甘必大任内务部长，法弗尔任外交部长。

　　然而，新政府虽然自命为"国防政府"，意思是要将与普鲁士的战争进行下去，保卫法国，但在实际上却将国内人民当作他们的主要防范对象。特罗胥自以为审时度势地说："目前情况下，巴黎要打算挡住普鲁士军队的围困，那简直是一件蠢事。"而法弗尔干脆就撩开面纱，赤裸裸地声称，他要"防御的不是普鲁士的士兵，而是巴黎的工人"。

　　在这种情况下，普鲁士军队在法国土地上几乎没有遇到什么抵抗，长驱直入，直奔巴黎而来。而以工人为主体的巴黎人民群众，爱国热情前所未有地迸发，他们自动组织了数十万人的武装，称为国民自卫军。

一方是人民的革命热情高涨，一方是国防政府的卖国活动加速。1871年2月，以梯也尔为首脑的新政府取代了国防政府。但梯也尔同样奉行对外投降、对内镇压的政策。2月26日，梯也尔正式签订对德和约，不但将法德交界处的阿尔萨斯和洛林地区割让给德国，而且还答应向德国赔款50亿法郎。

是可忍，孰不可忍！巴黎人民决心用自己的斗争来保卫祖国。3月15日，国民自卫军中央委员会正式成立，这是与梯也尔政府相对峙、相对抗的工人阶级政权。梯也尔心焦如焚，迫不及待地向人民武装发起了进攻。

3月18日凌晨，梯也尔政府军按照事先计划，悄悄占领了城内的蒙马特尔高地。这里是国民自卫军的停炮场。附近的妇女发现政府军队要拖走自卫军的大炮，立即敲响了警钟。自卫军将士闻讯，迅速赶到高地，围住了偷袭者。

上午，国民自卫军中央委员会决定在全城范围内发动武装起义，用革命的武装来对抗反革命的武装。不到一天的激战，起义者占领了全城大部分地方。傍晚时分，梯也尔率领政府机关逃往近郊的凡尔赛宫，起义取得彻底胜利。

图 10-3
蒙马特尔高地（现圣心教堂）

巴黎成了工人阶级和人民群众的巴黎，国民自卫军中央委员会成为实际政府。这是世界无产阶级革命取得的第一次胜利。

中央委员会毕竟是代表人民利益的。它在革命胜利的第二天就发布公告，宣布他们"无意于谋取刚被群众风暴推翻的那些人的位置"，要求人民返回各自所在的城区，进行选举，要让政权真正掌握在人民相信的人手中。

3月26日，选举如期进行。最后共有81人成为公社委员会的委员。他们中有相当数量的工人代表，也有记者、教师、医生等代表工人利益的知识分子。委员会也汇集了各种革命派别的领袖人物：布朗基派的里戈、费雷等人，第一国际的瓦尔兰、瓦扬等人，蒲鲁东派的代表，老雅各宾派的德勒克吕兹等人以及瓦莱斯等无政府主义者。

3月28日下午，在巴黎市政厅，公社成立的盛大典礼隆重举行，有数十万人参加、十几万自卫军将士护卫的典礼上，红旗飘扬，欢声雷动，催人奋进的《马赛曲》又一次奏响，人类历史上第一个无产阶级政权正式诞生。

"巴黎公社"是这个政权的正式名称。公社委员会之下，还设立了10个执行不同职能的委员会，即执行委员会、军事委员会、粮食委员会、财政委员会、司法委员会、治安委员会、对外联络委员会以及教育委员会等。这是一种全新的国家机器，贯彻立法和行政合一的原则。

作为人民的政权，巴黎公社采取的一切行政措施都是从人民利益出发的。它将资产阶级统治工具全都摧毁，甚至连对人民进行精神麻醉的教会势力，也严格限制其权力范围，不准它再干预政治，也不许它再办学校教育。

新政权特别注意防止作为社会公仆的政府工作人员变成社会的主人，它的三项措施尤为引人注目。其一，公职人员大多数实行民主选举制，仅部分职能人员实行任命制。选举形式为普选，实行无记名投票；即使是任命制，事先也要在一定范围内充分讨论、磋商。其二，保证人民能对公职人员实行监督，行使罢免权，发现有失职者或不称职者，立即撤换。其三，高级官员不再实行高薪制，最高薪金不能超过熟练工人的工资。

公社实行了许多经济改革措施，旨在尽一切可能保护工人的利益。如禁止面包房的夜工制，禁止任意克扣工人工资，取消债务利息等。更重要的是，公社没收了逃亡业主的工厂，交由工人组织管理，这实际上是将生产资料返还给劳动者，具有所有制改造上的意义。

管理这些工厂，公社也引进了民主制度。先由厂里的工人选出一名"工厂代表"，对工厂负总责；下设车间主任、工长等多人，亦由工人推选；另选工人代表数人，三方面合组工厂"理事会"，决定工厂之一切大事。

为了保护劳动者利益，公社还数度下发专令，规定粮食、面包、肉、油、酒、鱼等基本消费品的价格，对囤积居奇、哄抬物价之行为，公社坚决予以严厉打击。

为解放劳动者，减轻劳动者的经济负担，公社还作出规定，凡属价值不高的日常基本生活品，一律不得作为典押之物抵偿债务，如已典押，亦须悉数退还原主。

公社还在文化教育、社会生活各方面进行了诸多改革。譬如规定应使每个受教育者受到"全面教育"，提高教师的地位和待遇，要求学生尊敬教师，听从教师的教导，将教师工资由原来"低得可笑的程度"增加数倍。它还成立艺术委员会，开放博物馆，举办展览会，提高民众素质。

公社是一面无产阶级斗争的大旗，吸引了许多外国战士投奔旗下。波兰、匈牙利、奥地利、比利时、俄国、意大利等国均有人成为公社的一员，单是

图10-4
拉雪兹神父公墓

波兰战士就有500余人。匈牙利革命家弗兰克尔甚至还当选为公社委员。

巴黎公社存在了72天。它的每一天，都是在同国内外统治势力进行惊心动魄的斗争中度过的。梯也尔政府从逃到凡尔赛宫的那一天起，就在不断地聚集反对革命的力量。为了镇压公社，梯也尔甚至不惜丧权辱国，于5月10日同德国俾斯麦签订和约，换得对方释放10万名战俘。梯也尔兵力大增，遂于5月20日向巴黎发起总攻。

5月21日，政府军队攻入巴黎。随后的七天，是巴黎人民为保卫公社、捍卫革命成果而浴血奋战的七天，它以"五月流血周"之名称，载入了社会主义运动和无产阶级斗争的史册。

几乎所有的巴黎人都投入了战斗。每一栋建筑物，每一条街道，甚至每一道墙壁，都是抵抗敌人的堡垒。激烈的战斗发生在城内的每一个角落，特别是梭蒙高地、拉雪兹神父公墓等处，更成了双方殊死较量的地方。至28日晚，巴黎全部陷于梯也尔政府军之手，公社完全失败。

血腥的报复跟踵而至。3万人在白色恐怖中被屠杀，5万多人被投进了监狱。然而公社战士表现了视死如归的大无畏精神。"公社万岁"，成为许多战士就义前的壮烈口号。那个叫费雷的公社领导人，虽已70多岁，但在法庭上凛然正气，令审判者为之胆战。他说："我是巴黎公社的委员，现在落在征服者的手里，他们要我的头，让他们拿去吧！我决不会忍辱贪生，我已经自由地活过，也要自由地死去。"

巴黎公社虽然失败了，但它无疑表现了无产阶级的力量。它用暴力推翻现行资产阶级政权的尝试，将19世纪欧洲社会主义运动和无产阶级斗争推向了最高峰，在社会主义运动史上具有划时代的意义。

但是，由于公社最后失败了，一些真假社会主义者纷纷出来说长道短，认为武装起义和公社的斗争是不合时宜的，是一个行动错误。霎时间，这些"先知先觉"的"事后诸葛亮"们泛起了一片指责声。

只有马克思和恩格斯始终在真正地关心革命的全过程。革命爆发前，马克思和恩格斯认为起义时机并不成熟，曾多次去信巴黎，力劝暂不要发动武装斗争。但当起义爆发后，他们则予以满腔热情的关怀和支持，撰文宣传巴黎公社革命的伟大意义，帮助公社领导出谋划策。公社失败后，马克思没有去一味指责,而是写作《法兰西内战》一书,歌颂巴黎公社人民的英勇精神,强调武装斗争对于工人获得解放的重要意义。

10.4

晚年的马克思。《反杜林论》:社会主义的百科全书。各国工人阶级政党的出现。第二国际

70年代后,马克思已经抱病在身。但他仍然关心各国工人运动和无产阶级政党的发展,同时也继续从事革命理论的研究工作,撰写了《哥达纲领批判》等科学社会主义理论宝库中的重要著作。

晚年的马克思,特别醉心于大量的读书活动。人类学研究的最新材料,社会史研究的名篇佳作,都引起了他的极大兴趣。在读书过程中,他做了大量的读书笔记。

在马克思晚年所作的《人类学笔记》中,他对东方社会付出了更多的注意。或许,由于巴黎公社的失败,对西欧工人运动需要进行更广泛、更深刻的思考,马克思把自己的目光投向了落后的东方。

随着古老的东方被卷入资本主义世界经济政治体系,马克思感到,工人阶级的革命斗争不仅需要自身的国际团结,更需要联合东方各民族,因而不能不研究东方社会。而且,当西欧社会主义运动一再遭受挫折、胜利难度越来越大的时候,能不能在包括俄国在内的东方找到一条新的道路呢?

于是,晚年的马克思放下他的主要著作《资本论》后几卷不去整理,而是将自己的研究重点,从西方转到东方,从资本主义社会转到古代制度。他研究氏族社会和农村公社,研究印度和爪哇,研究美洲印第安人的部落和俄国人的村社,读书笔记达3万多页。他提出了著名的跨越"卡夫丁峡谷"的理论设想,即认为俄国可以不通过资本主义阶段,直接在古老的村社基础上过渡到社会主义社会。不过,可能马克思认为这仅仅只是他自己的初步研究体会而已,未将其公之于众,更未将其付诸实践。

马克思在晚年还对欧洲古代特别是中世纪的历史进行了细致研读,所著

的四大卷《历史学笔记》达180万字。或许马克思在以往更多地从经济角度重点研究资本主义的兴起，揭露资本主义社会的弊病，揭示资本主义必然灭亡、社会主义必然胜利的历史规律，因此《历史学笔记》侧重于研究西欧古代中世纪的政治历史，研究西欧封建社会的矛盾和危机运动，及其对资本主义兴起的关系。这是马克思最专门的历史学著作。

在西欧各主要国家封建制度形成的背景、特点，以及外来影响之作用，封建统治者对矛盾和危机的反应，西欧封建社会的国际环境和国际关系，世俗封建统治者之间的矛盾斗争，宗教斗争与政治斗争之关系等方面，马克思都有自己独特的见解。

与此同时，马克思的亲密战友恩格斯则继续在全面发展马克思主义理论上作出新贡献。恩格斯进行了持续10年的自然辩证法研究，提出了"劳动创造了人"的著名论断。恩格斯的《家庭、私有制和国家的起源》《费尔巴哈和德国古典哲学的终结》等著作，丰富了马克思主义理论宝库。

在反击各种非马克思主义思潮的斗争中，恩格斯挺身而出，撰写了《反杜林论》这部著作，对马克思主义的三个组成部分——哲学、政治经济学和科学社会主义作了系统阐述，被誉为社会主义的"百科全书"。

1883年3月14日下午2点3刻，马克思坐在自己书房的椅子上与世长辞。在马克思的葬礼上，恩格斯概括马克思有两大贡献：发现剩余价值规律，创立历史唯物主义理论。伦敦近郊公园里的马克思墓，成为后人永远景仰的地方。

为了使《资本论》早日问世，恩格斯放下了自己的研究工作计划，着手整理亡友的手稿，呕心沥血12年，使《资本论》第二、三卷得以出版。

70年代后期开始，欧洲国际工人运动再次高涨。

由于巴黎公社被镇压，大批工人倒在敌人屠刀之下，法国工人斗争和社会主义运动遭受了巨大的损失，暂时转为低潮。反动的梯也尔政府兴高采烈地说："人们不再谈论社会主义了，社会主义这些词已在我国永远被埋葬了。"

但法国工人并没有屈服。巴黎公社失败后不久，他们就组织了各种形式的反抗。70年代后期，各种工人组织纷纷成立，罢工斗争亦如火如荼。工人领袖盖德和拉法格等人，积极宣传马克思主义，开展建党活动。

1879年10月，法国工人代表大会在马赛召开，会议决定成立法国工人党。

会后，盖德专程到伦敦，在拉法格的引见下，拜见了住在恩格斯家里的马克思，请教建党问题。马克思极为重视，对法国工人党党纲逐句逐条地推敲和修改。1880年11月，法国工人党第一次代表大会召开，工人党正式建立，盖德和拉法格等当选为党的领导成员。

但工人党领导层内部分歧颇大，以布鲁斯和马隆为首，出现了所谓"可能派"，主张工人运动应局限在资本主义制度下可能办到的范围内，反对激进行为。盖德等人与可能派进行了坚决的斗争，两派在1882年终告分裂。

德国工人最早的党是爱森纳赫派，创建者是威廉·李卜克内西。70年代中期，以爱森纳赫派为核心组建了德国社会民主党。最初该党十分活跃，但反动统治者的残忍政策，使其革命活动受到很大局限。

俾斯麦政府虽然也打击天主教会，但他更害怕的是工人和民主派的斗争。当工人运动高涨之时，俾斯麦于1878年10月颁布了《反社会党人非常法》。当时德国曾发生了两次谋杀皇帝威廉一世的事件，俾斯麦硬说是社会民主党干的。虽然社会民主党人用事实澄清了与这两起谋杀事件毫无关系，但俾斯麦仍然一意孤行，肆意要扑灭工人运动，把社会民主党置于非法的位置。

《非常法》实行了12年，社会民主党的一切组织机构，所有的工人团体以及由他们办的报刊文件，全被查禁，900多人被流放，1500多人进了监牢。对于工人阶级和革命者来说，《非常法》实行的12年，是暗无天日的12年，党的组织瘫痪了，领导者也不见了。

然而，优秀的革命者依然在坚持地下斗争。在马克思和恩格斯指导下，党的卓越领导人倍倍尔和李卜克内西终于重建了党组织。各级组织也纷纷以养鸟协会、旅游协会、储蓄协会等合法名目组织起来。

具有讽刺意味的是，《非常法》在1890年取消时，德国工人政党的力量比以前更壮大了。

法、德以外，美国成立了社会主义工党，英国有工联，工人运动继续高涨。但其中也有不主张暴力斗争、希望通过社会改良来改善工人命运的声音，如英国的"费边社"。它以古罗马因拖延战术而著称的执政官费边之名命名，以示其改良之决心。著名作家萧伯纳即是该社的成员。

在各国工人政党领导下，社会主义运动再次出现高潮时，斗争的需要使欧洲工人再次联合。

1889年7月14日,法国大革命100周年纪念日的那一天,第二国际在恩格斯的亲自领导下成立。成立大会上,还确定每年的5月1日为"国际示威游行日",即后来的国际劳动节。

起初,在恩格斯的指导下,第二国际开展了对无政府主义的坚决斗争。但是,在反"左"的无政府思潮之时,第二国际又出现了右倾机会主义的倾向。1895年,恩格斯在伦敦逝世。此后,以伯恩斯坦为代表的修正主义逐渐成为国际现象。

1900年之后,第二国际的先后几次代表大会,就是否参加政府问题,殖民地问题,反对军国主义与战争等问题展开了激烈的争论,以伯恩斯坦、饶勒斯、米勒兰等右派为一方,倍倍尔、卢森堡、梅林等左派为另一方,国际领导人考茨基为首的中派则和稀泥,把重大原则说成是策略问题。

当各大国积极备战,世界大战行将爆发之际,第二国际的领导者们却极力为本国政府辩护。比利时工人党领导人王德威尔德赞成比利时侵占刚果。法国社会党领袖吹嘘英法俄协约国集团是"和平的保障"。奥地利的社会民主党人认为奥匈吞并波斯尼亚和黑塞哥维那是正当的。德国党的右派扬言要参加"保卫祖国"的战争。甚至连考茨基也反对进行反战宣传。第二国际似乎已成了帝国主义的辩护士。

第一次世界大战爆发后,第二国际社会民主党人追随本国政府,支持战争。德国、法国、英国、奥国、俄国的社会党人议员,纷纷投票赞成政府的军事预算,有些右派社会党人还帮助本国政府四处游说,寻求支持。至此,第二国际完全瓦解。

第十一章

脱亚入欧
日本国走向富强

11.1

东方的"西方"。幕藩体制。岛原起义。从禁教到锁国。沉沦的武士。兰学的渗入

人类文明的发展常常有惊人的巧合。在近现代世界大舞台上,最早在西方成长为现代工业化国家的,是亚欧大陆西北端的岛国英吉利;与此相对应,最先在东方追随西方世界走向现代化道路、迅速成为发达工业国家的,则是亚欧大陆东北端的岛国日本。

人们往往百思难得其解:缘何历史悠久、文化积淀盈溢的古老的亚欧大陆所未能迈开的第一步,却是由两个地偏一隅、孤悬海外的岛国来完成?

英国的起飞还比较好理解,因为它毕竟有一个很好的周边环境,有一个几乎与它同行的西欧,它只不过是稍稍突出了一点,充当了西欧现代化进程中的先锋而已。

而日本不具备这个环境条件。它本来是个非常典型的东方国家。它是从古老而又停滞、明显具有陈腐气息的东亚文明圈里脱颖而出、腾空而起,迅速成长为近现代世界叱咤政治经济风云的大国强国,成长为位于东方的"西

方国家",所谓"脱亚入欧",充作西方世界的一员。

无论东方人还是西方人,无不为日本国的数度崛起而惊讶、而诧异。日本崛起,是一个巨大的历史之谜,不断引起世人的思考和探索。

有一点必须肯定,即日本崛起为东方的"西方国家",绝不是一蹴而就的事情。它有一个历史的发展过程。

其实,到16世纪末叶时,日本社会通过自身的发展,已形成了半西欧半亚细亚的特点。但是17世纪以后的两个多世纪里,虽然日本受到了来自西方的不少影响,但就社会发展步伐来说,实际上还可说有所倒退。

这一切,都是由德川幕府执政造成的。

1600年关原大战后,德川家康霸业既定。1603年,家康获征夷大将军称号,旋即在江户(今东京)设立幕府机构。江户幕府又叫德川幕府,统治日本长达260余年。

第三代将军家光,是德川幕府共15代将军中最有影响的一人。他在执政时期所制订和奉行的一系列政策和做法,构筑了日本封建社会后期一种特有的统治体制,即所谓幕藩体制。

幕藩统治体制由幕府和藩两级构成。在中央,幕府将军是实际上的最高统治者,法统上的最高权威仍是天皇。在形式上,将军仍需天皇来任命,而在实际上,天皇不过一偶像而已。完全可以说,德川家族的将军们挟天子以令诸侯,超过了此前两届幕府。甚至天皇的一举一动也都在幕府的监视之中。皇室的一切开销,均由幕府拨给。仰人鼻息的天皇,经济上也常常是捉襟见肘。民间曾传言:某某天皇"欲做诗,而无纸"。

相比之下,将军却把国家的财产紧紧地抓在自己手中。全国最好的城市,最富的乡村,采掘量最大的矿山,都是将军的俎上之食。将军的直辖地上,年产大米达700万石。国家的铸币权,对外贸易活动,也都操在将军手中。至于其他政治军事财政之类大权,无一不属将军。因此可以说,德川幕府的将军,比以往任何时期都更像无冕之皇。而且,在国民们看来,整个国家服从将军的统治而不是天皇,是不争的事实。

"藩"即领国,由将军赐给土地。凡拥有1万石以上土地的直属将军的武士,称为大名,共有200多家,史称"三百诸侯"。藩国大小不一,有一定的独立性,拥有的权力涉及行政、司法、军事等方面。各藩国互不相属，彼此隔绝。

按照与幕府的亲疏关系，"藩"分成三类。一类是德川家康的子孙，称"亲藩"；一类是德川家的旧臣以及在关原战前归附德川的人，也就是将军的老部下，称为"谱代"，这些人可担任政府要职；第三类是关原战后归附德川的，称"外样"，这一类大名不能参与幕府的政权，必须留妻子或儿子在江户作人质，大名本人还必须定期到江户去参见将军。大名的军队严格禁止越出国境。大名要修筑城池，要相互联姻，都必须事先得到将军同意。

直属幕府的武士中，比大名地位低的还有"旗本"、御家人等，幕府常从直辖土地中分一些土地或赐一些禄米给他们。而在大名手下，他们又都各有大批家臣及其下级武士。与中世纪西欧封建等级制中"我的附庸的附庸，不是我的附庸"相类似，大名手下的武士们只服从大名，而不对将军和幕府尽义务。

在幕府的统治下，整个社会的居民严格分为四个等级，即士、农、工、商。很明显，这是中国社会等级结构在日本的翻版。不过比起中国的原创来，日本的这个等级制度很有点自己的新意。其一，士，是指武士，而不是儒士、书生；其二，中国的社会等级多在观念上，而日本的等级意识渗入到社会生活的各个方面。

严格地说，只有"士"才真正地凌驾于其他等级之上，是统治者。而占人口90%以上的农工商三个阶层，则是被统治者，几乎没有什么权利，不过他们还有一个"良民"的名义地位。在他们之下，还有不少贱民，从事的也是最卑贱的职业。

德川家族对农民有一种天生的仇视情绪，对农民的压榨剥削也特别地残忍贪婪。家康有言曰："农民就像芝麻一样，越榨越有油。"在幕府将军看来，农民们既然常常起义反抗，那就要将他们置于一种"不死不活"的状态，加重他们的负担就是一种"可取"的做法。按照幕府的统一规定，农民要将收成的三分之二交给领主。

日常生活中，幕府也规定了许多清规戒律来约束农民：不许他们吃大米，而只许吃萝卜叶；只能穿棉布、麻布，不能穿丝绸服装；不许喝茶、饮酒，不能串门、聚餐，诸如此类，不一而足。

农民们当然不可能忍受这样一种痛苦,只要有机会,他们就会发出愤怒的吼声。德川幕府建立不久,就在九州发生了著名的岛原起义。

起义的农民是用天主教作为自己的思想武器的。天主教是随着西方葡萄牙人的到来而于 16 世纪传入日本的。它那"上帝面前人人平等"的思想,对农民尤其具有吸引力,因而在农民中传播的速度亦异常惊人。还在德川幕府初年,日本的天主教徒就达到了 70 万人之多。

而且这些教徒主要集中在西南部的九州一带,远离都城,极易被组织成反抗政府的武装,因此,德川前几代将军多有恐惧和警惕之心。1616 年,幕府发布了禁教令,甚至说要杀尽天主教徒。事实是,从 1614—1635 年,遭到杀害的天主教徒竟达 28 万人之多。

岛原为九州西南的一个小半岛。由于此地大名也信奉天主教,再加上又远离京都,因此历来被视为天主教的世外桃源。然而,后来的岛原城城主却一反常态,不遗余力地执行禁教令,镇压天主教徒。农民们忍无可忍,愤而于 1637 年发动起义。

起义的领导人是一个 16 岁的少年,此人年纪虽小,却有超常的军事指挥才能。起义形势发展很快,队伍几近 4 万,城池攻占数座,甚至还打死了幕府中的一些重要将领。可惜起义者满足于在本地行动,固守岛原,没有发展有利的局面;及至醒悟过来时,幕府的 20 多万大军已将孤城层层包围,并使用西洋火炮攻城。1638 年 2 月,岛原农民起义彻底失败。

从岛原起义可以看出,从西方传来的基督教已对日本社会造成了威胁。最早踏上日本国土的西方人是葡萄牙人,他们于 1543 年来到九州南边的种子岛。紧随其后的是西班牙人。最早来的西方人多负有双重使命,或传教,或经商。传教方面的效果最为显著,对日本社会造成的冲击力也最大。

天主教盛行和可能对日本社会秩序造成危害,日本略有头脑的统治者都有清醒认识,丰臣秀吉就是极力打击天主教势力的。他曾宣布禁教,限令传教士在 20 天内必须回国,甚至连对外贸易也实行统制,由国家统一管理,不让民间染指。

德川幕府建立初期,家康的态度有所松动,虽然继续奉行禁教政策,但放宽了对外贸易方面的限制,而且还给予一定的奖励。这样,德川幕府初期的日本，同中国、朝鲜等邻国，同葡萄牙、西班牙、英国、荷兰等西方国家，都有较多的贸易往来。日本人还走出国门，在东南亚等地从事商业活动。

然而，实际受益的并不是幕府政权，而是最先沐浴西来之风、占尽地利之便的西南各国大名，特别是九州的各国诸侯。他们不但在经济上受惠，而且在军事上也因最早采用西洋枪炮而壮大了势力，构成了对中央政权的威胁。

这样，幕府日益感觉到形势的严重，对禁教令的执行亦愈来愈坚定，并大肆屠杀教徒。然而效果不佳，幕府干脆一不做二不休，从单一的禁教上升为全面的锁国。1633年，幕府颁布第一道锁国令。至1639年不过6年时间，却连续颁布了5道类似法令。可见幕府锁国决心之大。当然，日本锁国有一定的客观条件，它四面是海，无任何陆地边界，只要把守住各地港口即可。

1633年的第一道锁国令，禁止日本船只进行远海贸易，偷渡者一经抓获，处以极刑；已在国外生活的日本人，则不许其回国。1635年颁布的锁国令更为严厉，凡日本人和日本船，一律不得出海，定居在海外的日本人亦一律不能回国，有违禁者，一律处死。有西方人评价说，日本的这一条规定，受益者是中国：因为在中国东南沿海活动甚为猖獗的倭寇，自然而然地就销声匿迹了。

后几道锁国令则主要是针对西方人。1638年的法令，要求全国都来检举清查天主教传教士和教徒，不让天主教在日本有立身之地。1639年的最后一道锁国令，则最终禁止一切西方人来日本进行贸易活动。事实上，英国、西班牙、葡萄牙同日本的贸易往来早在此前后就被幕府先后终止了。

对于已在日本的欧洲人，除传教士要被驱逐外，对其余人等也采取了一种非同寻常的隔离措施。幕府在长崎附近以人工填海方式，造了一个数万平方米的小岛，名曰出岛，强令欧洲人迁居此岛，以避免与日本国民的接触。先后到此岛居留的有葡萄牙人、荷兰人。

锁了国的日本，宛若与世隔绝，日本人不能出去，欧洲人也不许进来。以这种闭关自守、拒绝接受外来文明的方式，来保证日本国内的表面稳定、安定，实际是一种愚蠢的、得不偿失的行为，日本民族为此付出了沉重的代价：16世纪日本社会本已出现的变革活力，很快就被窒息了。德川幕府，江户时代，它们所延续的200多年，成了日本民族落后时期的代名词。

幕府、将军，作为日本武士阶层的最高代表，在国家的前途和发展问题上表现了一种极其短浅的目光，致使日本民族深受其害。而武士这个阶层，此时也因国内的暂时安定而愈来愈无所事事，并且日渐沉沦。17、18世纪中，武士们都挂刀弃靴，不习武艺，成日沉湎于玩乐游耍、声色犬马。歌舞场上，酒馆青楼，凡纵乐嬉戏之地，无处不闪现武士们疲惫不堪的身影。

第五代将军德川纲吉可谓作了这方面的"表率"，此人身为最高统治者，却以"狗将军"之大名而"名垂青史"。据说他有个人的不幸，生而无子嗣，自认为是前世的报应，因而要多"积善"。他属相为狗，因而对狗产生了格外的怜悯之心，甚至还发布了一道《怜悯生类令》。他曾下令将全江户城的大约10万只狗集中起来喂养。如果说，他是出于保护动物的善心，这还无可厚非；但若因宠狗而害人，则不能不说是昏庸了。然而他恰恰这样做了。据估计，大约有六七千人因打死了咬人的狗而锒铛入狱，这真是天下奇闻！

或许这是纲吉走火入魔了。其实他在有的方面还是有所建树的，他特别奖掖学问，他在任期间，日本的学术和文艺很有点欣欣向荣的气象。

武士的沉沦也与经济生活的变化极有关系。与中国一样，尽管"商"的社会地位最低，但他们的经济实力却最为雄厚，经济发迹的势头最为强劲，令其余阶层特别是武士阶层倾慕万分。"商"中的工场主、包买商、经销商正在形成新兴的类似于资产阶级的集团，大商人、金融家、高利贷者更是成了"豪商"阶层。上到大名，下至普通武士，无不拜倒在他们的金钱面前。当时的民谣说，"大阪商人一怒，天下诸侯皆惧"。

更有甚者，这些有钱阶层公开蔑视等级制度。仗着金钱，他们买下了武士的身份标志——专用佩刀，摇身成了武士。于是，过去以门第和出身为基础的社会等级制，就在孔方兄的冲击之下土崩瓦解了。

原有的武士却走着相反的道路。首先是武士赖以生存的物质基础发生了危机。普通武士本是过的寄生生活，他们基本上没有自己的领地，生活在城市中，靠大名赐以禄米维持生活。当然他们不可能只消费粮食，其他消费品的取得须将禄米拿到市场去换取货币，这样一来，必然受到商人以及高利贷者的盘剥。而随着大名财政的日见短绌，给武士的禄米也得不到保证，有时甚至数年不给；而且，随着战事减少，武士的重要性也日渐失去，经济上并不景气的大名也没有兴趣继续供养他们。

因此，18世纪以后，下层武士的贫困化日见突出。从前衣冠楚楚的武士们，现在只得放下斯文。"冬穿单衣夏穿袄"，成了游荡于城市街头的武士们的一道特有景观。为了活命，不少武士只好将自己身份的标志佩刀待价而沽了。

有的武士为谋一生计，放下了架子，或经商，或从教。有的以写作换取稻粱，有的为西人做翻译员，武士变成了"文士"。

与外来文化接触相对较多，体验着西方文明的种种优越性，促使这些人的思想观念发生了新的变化，因此他们又成了倡导日本社会革新的一批先驱者。

日本锁国之后，还留下了唯一的一个对外交往通道，那就是允许在九州的长崎同中国商人，在出岛同荷兰商人贸易往来。中国是日本的传统友好邻邦，享受这一待遇无有不当；荷兰乃西洋之人，日本对其为何如此青睐？个中缘由，难以一语道破。但有一点是明确的，即荷兰是新教国家，对传教并无兴趣，在海外以追求经济利益为目的。故而，到了日本后，荷兰人曾发誓不在日本传教，甚至还支持幕府镇压天主教组织下的农民起义。

由于有这一丝缝隙，西方文化终于慢慢地渗入了日本。在锁国令的执行过程中，凡荷兰的实用性书籍都不在禁止之列，如医药、外科、天文学、兵学、航海等类书籍。于是，在17世纪中叶至19世纪中叶的两个多世纪里，"兰学"即以荷兰文化为载体的西方文化在日本很是兴旺。

荷兰商人得到出岛作为立身之处后，对幕府很是感恩戴德，立即前往江户，极尽献媚讨好之能事。他们在将军面前穿日本衣服，行日本膝礼，唱西洋歌，跳西洋舞，行为笨拙，煞是可笑，令将军及在场的日本人大为开怀。

然兰学对日本社会真正造成影响，当在18世纪以后。1720年，第八代将军德川吉宗在激烈的社会矛盾促使下，希望能通过对实用科学和技术的振兴，来维持幕府的统治，因而对西方来的东西采取了比较开放的态度。荷兰语言和文化、有关荷兰情况的介绍和研究，真正地成了一门学问，并且异常兴旺。

兰学研究的先驱者是新井白石、青木昆阳等人。兰学最先被注意的方面是医学。1754年，山胁东洋发表了人体解剖报告，可视为从医学上揭开了日本文艺复兴的序幕。后来，由研究荷兰文化到研究整个西方文化，法国学者的经济学著作，哥白尼、牛顿等人的科学思想，都在日本得到了传播。

尽管在对西方文化怎样评价和怎样运用上，日本思想界、学术界出现了很大的分歧，兰学对日本社会特别是文化界造成的冲击已不可估量。这一点，连幕府本身也有所感觉，认为兰学"为好奇之谋，或生恶果"，从放任变为严加管制。1828 年，在兰学传播中异常活跃的德国学者西博尔德回国时，幕府吏员在其行李中发现有日本地图，还有德川家族的族徽，当即将其逮捕，并驱逐出境，送这些东西给他的有关日本人被处以更严厉的死刑，株连了好几十名著名的兰学家。

自此之后，兰学逐渐步入低潮，幕府谈"兰"色变，兰学家们噤若寒蝉。虽然如此，应该说兰学完成了自己的历史使命。在日本闭关锁国的 200 多年中，兰学似一股清新的海风，将这个死水般的与世隔绝的弹丸岛国，吹起了微微波澜。在日本的西学东渐史上，兰学传播占有独特的一章，它打开了日本人昏睡的双眼，开始认识到西方世界的优越，并由此动摇了对幕府制度的信念。

11.2

幕末日本。觊觎东洋：美利坚之梦。黑船炮声。日美亲善？ 荷国忠告。解禁，还是锁国？ 告别中华

幕府统治后期，西方社会已发生了举世瞩目的变革。经历了一个世纪的工业革命，西欧资本主义创造的社会生产力比人类过去的总和还要多。西欧人从前几个世纪的制度优势、思想和文化优势，转化为对世界其他地区特别是古老亚洲的经济和技术优势。凭借这种优势，西方人对非西方世界尤其是亚洲展开了猛烈的进攻，以往的西学东渐变成了西力东侵。

1840 年，英国人通过鸦片战争，用大炮轰开了天朝帝国中国的大门，整个亚洲都震惊了，整个亚洲都处在危机中。然而，日本人特别是上层社会还沉浸在锁国的表面安定环境中，特别是压制兰学所带来的片刻宁静，使幕府统治者更加孤芳自赏起来，更加藐视外面世界的精彩与变化，其最后结果可

想而知：无视世界亦无视国民的幕府终于走向了穷途末路。

稍后曾为清朝驻日参赞的中国诗人黄遵宪，在一首诗中入木三分地刻画了日本的这种心态及其命运：

> 承平以来二百年，不闻鼙鼓闻管弦。
> 呼作花王齐下拜，至夸神国尊如天。
> 芙蓉毒雾海漫漫，我自闭关眠不动。
> 一朝轮舶炮声来，惊破看花众人梦。

此处花王，当指日本的国花樱花，而芙蓉则是鸦片的别称（罂粟花异常妖艳）。在英国侵华战争的隆隆炮声中，日本人居然能够安睡不动。

当然，最先敲开日本大门的也不是英国人。带来"轮舶炮声"的，是与日本有一洋之隔的美国佬！

作为后起的一个国家，美国人的扩张欲望更为强烈。可是，当它刚刚摆脱大英帝国的阴影、成为一个独立国家之时，各西欧国家早已建立了世界霸业。美国人并不急于参加国际竞争，而是一心一意经营自己的陆地扩展事业。建国以后，美国不断开拓西部边疆，仅仅半个世纪，就从大西洋岸边推进到了太平洋岸边。

往西发展难道成了美国的既定国策？或许在美国人看来，要深入亚洲，何必一定要舍近求远，过大西洋，绕好望角，穿印度洋呢？太平洋虽然浩渺无际，但航路毕竟要直接得多。况且洋上还有数不清的岛屿作为中间接转之站。

结果，日本也成了美国人心目中的中间站了，他们先是试探性地向日本提出了自己的愿望。1837年，游弋在太平洋上的美国军舰"摩里逊"号，以护送日本漂泊渔民为由，要求进入浦贺港，日方未予理睬。1846年，美国东印度舰队司令毕德尔率两艘军舰到达浦贺，意图和日本建立通商关系，又遭幕府拒绝。

其后，美国决定用大炮轰开日本国门。派兵的理由是：护送国书。在国书中，美政府"恳切地请求"日本供给燃煤和粮食，保护美遇难船员，声称美的目的不过是建立通商关系，甚至可以先试验一段时间："如果陛下认为废除禁止对外贸易的古法于安全不利而不能应允时，则可以五年或十年为限进行试验。"

送此国书的人是美国东印度舰队司令培理。此人富有作战经验，而且精通海军技术，对日态度也非常强硬，主张恃武力为解决问题的法宝。为了增加威慑感，他还特意将随行的 4 艘军舰全部涂成黑色，令人一望顿生恐惧。

黑船于 1853 年 7 月 8 日驶进了离江户（东京）不远的浦贺港口。黑船的到来，引起的震动不下于在东京湾发生了一场战争，日本国上下一片恐慌。美军的 4 艘船、500 兵，东京人传成了 10 艘船、5000 兵，京都人则说有百艘船、10 万兵。可见，日本人实际上还是心理很脆弱的。

幕府更是惊慌失措，连忙召开会议商量对策。商讨的结果是暂时委曲求全，接受美国国书。传统的锁国之法虽然被冲击，但日本不愿意同培理商量任何实质性问题。

培理怀恨而去，声称来年春天再来听取答复。果然，1854 年的 2 月，虽是隆冬季节，培理如期而至，这次带来的舰队更为庞大，其中护卫舰"波瓦坦号"吨位达 2182 吨。行前，培理向海军部长表示："如果日本政府拒绝谈判……我则准备以抗议其对美国人民的侮辱与非法行为为由，把日本帝国之属国大琉球岛置于美国国旗的保护下。"

图 11-1
培理的黑船

在他的武力威胁下，幕府只得答应与其谈判，但是态度并不软弱，只同意培理四点要求中的两点，即供煤供粮、保护遇险船只。培理认为自己的目的基本达到，也就退让了一步。

谈判的结果以签订《日美亲善条约》的形式而固定了下来。这是日本近代历史上与外国签订的第一个国际条约。随后，英、法、俄、荷等国也要求日本幕府如法炮制。长达220多年的日本闭关锁国时代宣告结束。

1858年，在美国第一任驻日总领事哈里斯的要求和胁迫下，双方缔结了《日美友好通商条约》。虽然条约冠之以"友好"字样，但实质上是完完全全的不平等条约。条约规定神奈川、长崎、新潟、兵库为通商港口，江户、大阪为开放城市，进行自由贸易，承认美国的领事裁判权，在通商口岸设立出入自由的外国人"居留地"等等。

荷兰、俄国、英国、法国依旧如法炮制，同日本签订了类似不平等条约。

外国人在日本有出入自由的"居留地"，又享有治外法权，因而胡作非为者愈来愈多，令日本国民切齿痛恨。其时，日本有著名启蒙思想家揭露说："试看今日都下之情景，骑马乘车、趾高气扬、令人回避者，多是洋外之人。偶有巡逻、行人抑或驭者车夫，与之发生口角，洋人则旁若无人手打脚踢。而（我国）怯懦卑屈之人民竟无还手之力。洋人即使为非作歹，但忍气吞声者不去诉讼者也不在少数。或有因商卖交易等事前往五港之地起诉者，其结局由彼国人裁判而定，实不能申冤。由是人人相告，与其诉而重冤，莫如忍气吞声为易。其状恰如弱小之新妇在老悍之姑婆身边一样。"

外国人有居留地，实质上损害了日本的领土完整；外国有治外法权，使日本的主权受到了损害。除了政治上的沦落，日本在经济上也有半殖民地化的趋势。日本的关税自主权丧失，全国都成了倾销西方商品的市场，日本传统的经济结构受到了巨大冲击。

西方国家中，有一个国家比较特别，那就是荷兰。由于200多年来它一直被允许与日本通商，因此，它也企图永远维持这样一种优待。其余西方国家的举动，从某种意义上说，或多或少分割了荷兰的既得利益。因此荷兰人总是有心地关注发生在日本的一切，同时也尽可能给日本一些支持。

在中国的大门被西方人轰开以后，荷兰人预料到下一个可能就要降临到日本，因此他们忧心忡忡，荷兰国王威廉曾修专书一封，令海军带给幕府。

威廉在信中纵论鸦片战争以后的世界大势，谈及了鸦片战争对中国的巨大危害，以此为例，告诫幕府，"贵国今日亦将罹此灾害"。为使日本不蹈中国之覆辙，必须开国，"今如欲使贵国成幸福之地而不为兵乱所荒废，则严禁异国人之法殊应放宽"，"夫和平在于敦睦友谊，而敦睦友谊则在进行贸易"。而且，"通观古今之时势，宜速使天下之民相近，其势非人力可以阻挡"。

幕府在经过一番激烈的争论之后，最后还是锁国派继续占上风。半年多后，幕府回了荷兰一信。信中先是感谢荷兰的好意，称威廉"深察我国之利弊，提出忠告一事，所言极为恳切"。接着马上表示不接受忠告，声明，"盖祖法既定，子孙不可不遵，今后希停止来往，如其不然，则虽再三前来，亦不能接受"。

幕府一意固守旧制，而且希望荷兰不要再送类似文书。荷兰也对幕府的警告置若罔闻，继续向日本人阐发自己的看法。美国培理军舰赴日之前，荷兰已得消息，即派其东印度总督再次送信到日本，称日本再不开国，必将引起军事冲突，那样蒙受的损失可能更大。

这次"忠告"又被幕府所拒绝。虽然说，荷兰人的忠告有自己的某种目的，但日本如能采纳，及早采取主动，那么对外形势可能会大不相同。

但是，世界大势，浩浩荡荡，身处孤岛的日本人不可能不感受到这种变化。于是，日本国中有头脑的知识分子，有远见的统治阶层人士，早在18世纪就开始了解禁还是继续锁国的争论。

早期的争论围绕锁国之不利而进行。林子平认为，日本作为海岛之国，看来是便于锁国，其实不然，在近代交通条件下，海洋不对西方国家构成屏障，反而成了他们的坦荡通途。本多利明则从经济角度批评锁国，他认为，通过海上进行对外贸易，与别国互通有无，是成为富强之国的必行之道，"与外国之交易，乃为提高自身之国力"。

而志筑忠堆翻译了德国一学者的《锁国论》，更揭露了锁国政策的种种危害。据此，一些思想家称，造物主并没有给人类设置边界，国家互相之间人为地设置障碍，实际上隔断了人类的自由交往，于人性不合，于天理难容。

而官方支持的锁国论派，口气要强硬得多，特别是在19世纪20、30年代甚为活跃的后期水户学派,其宣传的"日本至上"论,很有市场。他们也批评幕府,但却是批评它锁国不力,结果使"唱夷教""煽惑民心"的耶稣教传入。他们认为日本是世界的中心,日本的制度、国体都是一流的,因此应该坚决地"拒夷狄之邪教",锁好国门。

1825年,但会泽正斋所写的《新论》一书,将日本至上论推向了顶点。他把日本的文化说成是"神州、大地之元首","万国之纲纪",负有皇化万国之任务。外船来日通商,似乎事小,其实是"戎狄之道"与"神圣之道"的殊死斗争,必须改变外来思想,否则就会被它们改变。

锁国论在一段时间内颇得国民认可,它至少在一定程度上强化了日本人的民族意识。但是,随着培理航日,随着民族危机加深,人们对这一观点又开始重新审视,感觉继续锁国害莫大焉。于是,从探寻解救民族危机道路的愿望出发,开国论者再度活跃起来。

"象山"和"小楠"是这一时期开国论者的主要代表。"象山"即佐久间象山,他特别推崇俄国的彼得大帝,赞赏他亲自考察和学习西欧,终使俄国成了"不在他国之下"的强国。象山的学生吉田松阴,甚至还身体力行,在老师的安排下,打算偷渡出国,前往西方。

吉田的开国理论,更是铿锵有力:"夫以战为主者,锁国之说,以和为主者,航海通商之策。以国家大计言之,如欲发展雄图而驭四夷,非航海通商又何以为之耶?如仍闭关锁国,坐以待之,则势屈力缩,非亡又何待耶?然航海通商本有助于发展雄图,乃祖传之法,锁国本为苟偷之计,乃末世之弊政。"他惊呼,若不开国,则"三千年之皇国,今亦将成美夷之属国矣!"

"小楠"则是横井小楠。从某种意义上讲,他是日本的魏源。他正是从魏源的《海国图志》中受到启发,提出了"以夷之术防夷"的思想。他的贡献还在于,他已触及了日本国内的幕藩统治体制,力主进行国内改革。在他看来,必须"抛弃建国以来天下威权尽归德川幕府之私心,改革恶政,与天下共同治理天下"。

据说象山曾将自己的思想归纳为"东洋道德,西洋技术",这和中国的洋务派"中学为体,西学为用"确有异曲同工之妙。不过,解禁与锁国之争的胜负还未见端倪之时,培理的黑船已撞开了日本国门,这种争论也就顿然失去了意义。

当西方文化和思想蜂拥而来时，日本的文化体统也开始受到冲击。日本人长期受惠于中国文化，直到 17 世纪德川幕府初年才有较大改变。那时，中国的儒学、西方的兰学，再加上日本的国学，使日本出现了中西日文化的大碰撞。但是，在接受更为遥远的西方文化时，日本人对中国文化产生了某种怀疑。在 16 世纪丰臣秀吉成功地在政治上摆脱了中华世界后，这时的日本人意欲脱离中华文化圈的羁绊。

只不过，早年的日本主义论者或许想矫枉过正吧，他们的言论未免太坐井观天了。17 世纪后期一个叫山鹿素行的人说，中国算不了"中国"，那里战乱频频发生，江山频频易主；真正称得上"中国"的应是日本。日本皇位"正统相继，未曾易姓"，"本朝当天之正道，得地之中枢，正对南面之位，背北阴之险。上西下东，前拥数州，有河海之利；后据绝壁，濒临大洋，每州皆可漕运。故四海虽广，犹如一家，万国之化育同于天地之正位，终无长城之劳，亦无戎狄袭扰之虞。更何况鸟兽之美，林木之材，布缕之巧……无不毕备"。

18 世纪的一批国学家，则直接抨击或歪曲中国文化。他们称，中华文化是"唐心"，虚伪，无人性，而日本传统中，则隐含着"大和心"，具有活生生的思想感情。

而本居宣长则将对中华文化的这样一种抨击发展到最极端！他说，中华世界，虚伪狡诈，是霸道之产物。中国人杀妇人婴儿而食之，市上卖人肉，政治不修明，学习中国，甚谬。而日本，"犹如春日明净，山里花草繁茂，万事渐复于古，成为诚足庆幸日益繁荣之时代，遥远各国皆来进贡"。

一些走极端的文人甚至为日本过去仰慕中华文化而痛苦、惭愧。一个叫大规盘水的人说："腐儒庸医，不知天地世界之大，不知其所以然，妄自眩惑于支那学说，效彼而唱中国或称中华之道，此差矣。"

在如此巨大的变革时代，中华文化在封建而又腐朽的旧思想蒙盖下，对西来的近现代先进文化视而不见，一概予以排斥，然而又无法挡住其猛烈的进攻和全面的渗透，这确实不能不令日本人深思。他们急切地要将其抛弃，是不难理解的。或许他们能从西学那里得到有用的东西。

11.3

大盐平反幕檄文。尊王攘夷讨幕：武士的选择。
壬辰战争：幕府的倒台。明治维新

国难当头，全民族处于危机关口！最先站在挽救危难第一线的，是下层武士大盐平八郎领导的起义。

大盐平八郎为政府一警官，任内秉公执法，对几件大要案的处理果断公正，曾博得上自幕府、下至公众的一致好评。可正是这样一位富有同情心的正义之士，目睹社会的混乱、人民的痛苦、政治的黑暗，愤而辞去了官职，办了一个取名叫"洗心洞"的私塾，决心以教育来唤醒人民。

大盐平八郎深察民间疾苦。某一新年，当他穿着新衣、吃着年饭时，想到不少饥寒交迫的贫苦百姓，不禁黯然神伤，作诗一首，曰：

着得新衣祝新年，羹饼味浓易下咽。
忽思城中多菜色，一身温饱愧于天。

他还抨击封建地主不顾农民的死活：

田混池沟稻腐坏，村村拱手只空哀。
莲虽君子无情甚，出水红颜一笑开。

八郎平时也倾尽全力救助百姓，但他感到，这不过是杯水车薪，对改变穷人命运无济于事。经过充分准备之后，1837年，他在大阪发动了武装起义。

起义军浴血奋战了一月有余，终遭镇压，然而大盐平八郎发布的起义檄文，却是日本国民第一次打出反幕的旗帜。

檄文宣告起义军是"奉天命，行天罚"，无情揭露了幕府统治下的日本社会之黑暗："达官要人之间，贿赂公行，交相增纳，甚至不顾道德仁义，以内室裙带之缘，奔走钻营，得膺重任，于是，专求一人一家之私肥，课领内百姓之重金。""际此民生艰难时节,彼辈依然锦衣玉食,游乐于优伶娼妓之间,一如往昔";"或则山珍海味,妻妾围侍,或则饮宴无度,一掷千金"。

檄文亦提出了起义者的斗争目标和行动纲领,声称要"做到逐步减轻赋税和各种徭役,百废诸兴,实行神武帝的政治,对人民宽仁大度;希望荡涤骄奢淫逸之风,使四海万民偕感谢天恩,父母妻子有所养,拯救其生前之地狱,死后则成佛于极乐世界……回到尧舜与天照大神的时代"。

八郎虽死,但檄文使大盐平的英名永存,直到20世纪初还被造反者尊奉为祖师。

被迫开国之后,武士们把自己的仇恨主要集中到在日本土地上胡作非为的外国人身上。以下级武士为主体,日本国内兴起了尊王攘夷派。先是攘夷,再是尊王,后来还加上了讨幕。

攘夷派人士最初以刺杀外国人为主要活动,实际上是以此为手段,来恐吓外国人,赶走外国人。遭到暗杀的有俄国人、美国人、英国人等,一些外国使领馆也经常被骚扰、焚烧。

攘夷者起初还对幕府抱有一点幻想。当幕府签订了《日美友好通商条约》后,这一丝幻想立即破灭。他们迅速树起了天皇作为国家的偶像,还在京都的天皇朝廷,很快就成了能与东京幕府相抗衡的又一个权力中心。

一旦天皇的政治地位有所恢复,改革派们便感到幕府是日本社会进步的最大障碍,于是,他们又将"尊王攘夷"的口号变成了"倒幕开国"。

目标既定,与幕府之间的较量也就随之公开化、尖锐化,甚至可以说是残酷化。幕府政权察觉到了倒幕派的密谋,企图先发制人。1858年9月,幕府突然大肆逮捕改革派人士,是为"安政(年号)大狱"。入狱者百余人,其中四分之一被处死。著名的改革行动家吉田松阴也蒙难牺牲。

倒幕派也加紧实行自己的行动计划。1860年3月女儿节那天,由水户、萨摩两藩武士组成的行动队,埋伏在江户城外的樱田门外,趁将军设宴招待大臣之际,突然将倒幕派的头号死敌井伊直弼杀死。虽然此举使幕府略觉吃惊,有所震动,但它并不因此动改革之念头,反而是镇压之习弥坚。

而倒幕派也注意发展自己,特别是在西南各藩,一批有头脑、高素质的改革派武士很快崛起。其中,长州藩的高杉晋作、木户孝允、伊藤博文、山县有朋,萨摩藩的大久保利通、西乡隆盛等人,后来都成了明治维新的领袖人物。

高杉晋作尤其值得一提,此人乃吉田松阴的学生,曾到中国考察,目睹了清王朝的腐败和英法在中国火烧圆明园的暴行,发誓不让日本重蹈中国之覆辙。他于1863年掌管长州藩,厉行改革,推选下级武士组织"奇兵队",使长州很快就成了倒幕派的基地。高杉晋作殚精竭虑,过早地因病去世。后人有诗赞他,曰:

军谋终夜剪青灯,晓闪旌旗气益增。
凛冽寒风面欲裂,马蹄踏破满街冰。

1864年,长州藩向幕府发动了第一次进攻,可惜实力不济,很快就被幕府镇压。一个月后,幕府大军"征讨"长州,英美法荷四国舰队前往助阵,长州立刻陷入困境。此时,藩内保守势力突然抬头,愿意"恭顺"幕府。

旋即,倒幕派又夺回政权。他们感到势孤力单,决定联合萨摩藩共图大业。从此之后,长州、萨摩,似乎两面大旗,所有的倒幕志士全都集合在它们之下。

1866年底,年仅15岁的睦仁天皇即位。这个日后的明治天皇,使倒幕派看到了胜利的一线希望。

次年6月,倒幕派商定了著名的"船中八策",实际上就是明确提出了斗争纲领。"八策"中,包括要将天下之政奉还朝廷,政令出自朝廷;设立类似于西方议会两院的上下议政局;选用有才干的诸侯或公卿做顾问;与外国人重新订立平等条约;编制宪法大典;扩充海军;设置亲兵,守卫天皇所在的京都;为方便对外经济来往,在金银、物价等方面制订与外国相应的法律。

10月,天皇降赐讨幕密诏于大久保利通、西乡隆盛等人以及长州藩的代表。密诏明确诏示众人:"不讨此贼(即将军),何以上谢先帝之神灵,下报万民之深仇耶?"于是,讨幕派出师名更正、言更顺了。

1868年,元旦刚过,倒幕派即发动了京都政变,在天皇的首肯之下,设立了由"总裁""议定""参与"组成的所谓"三职"政府,并以天皇名义发布"王政复古大号令"。"大号令"称,幕府将军德川庆喜必须"辞官纳地",即交出兵权,归还领地和领地上的人民;而且还说,非如此不能使"百事一新"。

据说，这个"一新"在日语中也可读成"维新"。

幕府当然不可能俯首就范。庆喜火速赶到大阪，要与倒幕力量决一雌雄。月底，主要由长、萨二州人马组成的天皇军，虽然不过幕府军的三分之一，但他们士气高昂，武艺精湛，在京都附近的鸟羽、伏见两地，一举击败了貌似强大的幕府军。此次以少胜多的胜利，大大鼓舞了倒幕力量，也增加了天皇和倒幕派的吸引力。战后，投奔的人蜂拥而至，天皇军一下就达到了5万之众。

3月，天皇军出发东征江户。兵临城下之时，德川庆喜见大势已去，遂打开城门，表示顺服。至6月，各路人马剿清了所有的幕府余党。

4月6日，睦仁天皇率众公卿诸侯举行祭拜大典，当众宣读了《五条誓约》：

一、广兴会议，万机决于公论；
二、上下一心，大展经纶；
三、公卿与武家同心，以至于庶民，须使各遂其志，人心不倦；
四、破历来之陋习，立基于天地之公道；
五、求知识于世界，大振皇基。

宣读完毕，天皇发誓说："兹欲行我国前所未有之变革，朕当身先率众誓于天地神明，以大定国是，立保全万民之道。"

《五条誓约》可看成天皇政府对国是方针的确立。与此同时，天皇又阐述了对"外是"的基本目标："开拓万里之波涛，布国威于四方。"

天皇在后来的诏书中再次强调了自己的使命："汝亿兆若株守旧习，徒以推尊朝廷为事，罔知神州之危急，朕一举足则惊骇非常，群生疑惑，万口纷纭，使朕志不遂，是不特使朕失为君之道，且将失列祖之天下也。"

6月，天皇又颁《政体书》。这部"明治政府最初的宪法"，对原有幕府机构进行了重大改革，将年初建立的"三职政权"体制进一步调整、完善。

"太政官"即中央政府，系三职政权转换而来。为使政出一门，强化中央集权，规定"天下之权力皆归太政官"。太政官有七类：议政官、行政官、神祇官、会计官、军务官、外国官、刑法官。各官（府）职能一望即知。

脱亚入欧　　293

官职名称有太政大臣（总摄政务，类似首相之职）、左大臣、右大臣、参议等。下又设若干"省"（即部），各省长官称"省卿"有如今天的部长。议政官实是"议会"，分设"上局"和"下局"。任太政官各府之大员者，多为在倒幕运动中立下汗马功劳的萨摩、长州、土佐、肥前四州人士，如大久保利通、木户孝允、西乡隆盛、大隈重信、坂垣退助、井上馨、伊藤博文、山县有朋等。

新政府明确地奉行立法、行政、司法三权分立这一来自西方的近代政治原则。立法官不得兼任行政官，而立法机构的两局又各有分工。上局的职责是创立政体、制订法制、决定机务、明赏罚、定条约、宣战、议和。下局则主要议决租税章程、内外通商章程、开拓疆域、与外国缔约、造货币等项事宜。

行政官由辅相二人组成，专门辅佐天皇，奏宣议事、督办国内事务之类。

刑法官有知官事一人，掌司法权。

1869年10月，睦仁天皇更名为明治天皇。据说，此名来自中国古籍《易经》之语："圣人南面听天下，向明而治。"回过头来，又将1868年作为明治元年。而且还规定，以后一个天皇只用一个年号。

11月，明治天皇巡视江户，见此城濒临大海，地势宽坦，又位于全国的中心位置，遂产生了迁都之意。

次年4月，正式迁都江户，名曰东京。从此之后，东京就成了日本政治经济和文化的中心。

11.4

和魂洋才：维新人的心愿。废藩置县。改造四民。岩仓出使。殖产兴业。土地与赋税

幕府的倒台，明治政权的建立，为日本社会的发展扫除了障碍，创造了条件。但是，新政权下的日本究竟向何处去？日本到底该走一条什么样的发展道路？这一紧迫的问题，摆在每一个日本人面前，当然更是维新改革派领袖们最需考虑的当务之急。

其实，早在戊辰战争开始前后，倒幕维新派就多多少少进行了一些改革活动。推翻了幕府，阻碍社会进步的上层建筑国家机器已被完全打破。旧的既去，新的必立。新政权毫不犹豫地选择了以西方先进国家为样板。在他们看来，西方的技术、西方的思想、西方的文化，都可以为日本所用，所谓"和魂洋才"，其目的无非是使日本摆脱民族危机，解除外侮，成为能在世界民族之林中有一席之地的强大国家！

为此，新政权实行了一系列具有资产阶级改革性质的政策和举措，"富国强兵""殖产兴业""文明开化"三大政策，成为指导整个改革的总方针。

改革从何着手？新政权正确地看到了旧有制度的束缚与影响，决定首先消除诸侯藩国地方势力过于强大所造成的割据局面，维护中央政府权威，建立中央集权制统一国家。具体做法是"奉还版籍""废藩置县"。

所谓"奉还版籍"，就是叫地方各藩的领主交出领地和领地上的人民。"版"即版图，也就是领地，"籍"指有户籍的人民，或称领民。幕府倒台之后，各藩诸侯仍是自己藩国的主人，甚至没有了幕府的约束，各藩诸侯更可自行其是。这是新政权最大的心头之患。然而，真让诸侯们奉还也绝不是易事。明治政权略施小谋，先说动了萨、长、土、肥四大强州作一表率。四州欣然照办，而且上书朝廷："今谨收版籍而奉上，愿朝廷善为处理。当与之与之，当夺之夺之。凡列藩之封土，更宜下敕命而重定。"四强藩如此，其余各藩哪还敢说话！

不过，明治政府亦注意安抚各藩诸侯，而不是只取不予，先是让诸侯们在自己原领地上改任藩知事，为中央在各藩的地方官，并得原领地收入的十分之一作为俸禄。这样，虽然在名义上各诸侯不再是一方霸主，但实际上他还是能够控制本藩事务。

接下一步，新政府决定"废藩置县"。这就是将原来的藩国全部废除，在全国重新统一划分行政区，分成三府（东京、京都、大阪）和72县，府、县长官均称为知事，由中央统一任命。这样就使地方政权完全控制在中央政府手中，完成了实质意义上的中央集权制。为慰藉各藩原有领主，政府让他们都迁居东京，发给他们俸禄，供养起来。

诸侯统治的社会支柱是武士。无论从动摇诸侯的基础出发，还是从取消社会等级角度着手，都必须触动已有近千年历史的武士身份制度。因此，新政权又适时地对原有的"四民"制进行改造。过去的诸侯、公卿，统统称为"华族"，地位仅次于皇族。过去的普通武士、下层吏员，现在统称为"士族"。过去的农、工、商以及僧侣，现在统称为"平民"。稍后，又取消众多的贱民，允许其成为平民。

这样一来，社会上主要分成了三大阶层，而不是三个社会等级，因为三个阶层之间可以通婚。武士的某些身份象征，譬如佩带刀剑的制度，都被取消。

对众多的武士如何安置，明治政府可谓动了一番心思。解散和改造武士，虽是潮流使其然，但若处理不周，他们也会成为新的不稳定源。其时，日本的武士连同家属将近200万人，而他们所能产生的能量更是远非其人口比例可比。政府先是基本承担了武士们的全部经济开支，但造成的财政负担之重，最终使政府不得不痛下决心，将武士们的俸禄，从全额开支，到逐步削减，再到让武士献出俸禄，后来又将武士的禄米改成货币，最后将现金支付货币俸禄改为发行公债。

于是，原先过着寄生生活的武士，现在拿着公债债券，不得不谋取求生之道。富裕的武士可能会将债券作为投资资本，以赚取更多的钱，普通武士也会用债券来从事小规模的经营投资活动，变成自食其力的劳动者。

然而，更多的武士缺乏生存能力。史书上说：兵库县的武士"恃公债为生者百分之七，靠技能谋生者百分之八，每日出卖劳力以糊口者百分之三十，其余百分之五十五尚无谋生之路"。

作为一个旧的封建阶层，武士终究要被消灭，这是历史的必然。但武士中真正能够理解这一点的人极为少见；况且，任何改革，只要具体触动了某个社会阶层的切身利益，他们多少会有一些抵触情绪，严重的会公开反对甚至反抗。这个时候的日本武士也不例外。

这样，曾经在倒幕运动中效过劳的武士，在明治初年反倒成了一大不安定因素。他们主要采取暗杀、行刺等恐怖手段，来对付各地执行朝廷命令的官员；同时也不时地发动小规模的叛乱，袭击政府所在地，袭击兵营。

最令人惊心动魄的是由西乡隆盛带领的大规模武士暴动。西乡曾是"维新三杰"之一，在倒幕运动中大功不可没。然而，他从一开始就不赞成新政府的改革措施，拒绝在朝中任职；并在一气之下，带领3000萨摩兵，返回鹿儿岛。随后，他很快就控制了萨摩州。该州成了中央权力不能渗入的唯一的州，中央废藩置县时派来的县知事也被当地武士拒绝接受。

西乡实际上在萨摩建立了一个独立的"西乡王国"，这是个下级武士的政权，一切为了武士利益。虽然中央政府对此多有异议，但西乡仍我行我素，与政府对着干。如此局面发展到1877年时，西乡终于走上了武装反抗中央政府的道路，发动了一场其规模甚至超过了戊辰战争的战争。战争的结果不言自明，萨摩军被彻底击败，西乡亦死于鹿儿岛。

西乡之败，说明武士逆历史潮流而动，终将被历史所抛弃！

明治维新立志学习西方，但西方究竟是怎样一个社会，单凭对来到日本的外国人之了解是远远不够的，同时，新日本应该在国际社会中有一个新的形象。正是基于这样几重考虑，日本决定派出庞大的使团访问西方。

1871年11月，使团正式成行。团长由德高望重的右大臣岩仓具视担任，副团长则是木户孝允、大久保利通、伊藤博文等4位著名的维新派人士。随行人员48人，另有59名出身显赫家庭的留学生。

为了能够深入细致地了解西方文化和制度，使团作了具体分工，有的专门负责研究政治制度、法律体系，以及政府的组织结构与运行；有的负责考察经济运作机制如贸易、邮电、铁路等；有的专门研究教育制度。

扬日本国威，敦促各西方国家重新认识日本，修改先前的不平等条约，当是这次出使的一个主要目的。这一点，在11月23日伊藤博文于旧金山发表的"日之丸演说"中表达得清清楚楚。伊藤这样说："我们国旗中央的红色圆形，将不是以往人们所说的封盖我帝国的封蜡。将来人们会清楚地懂得其真正的含义：它象征着值得尊敬的初升太阳。日本必将与世界各文明国度为伍，犹如不断向上升起的一轮红日。"

但是一到了西方，从各国的态度来看，修改条约的可能性几乎不存在。有道是，强权即公理，弱国无外交，出使的日本人深深地感受到了这一点。他们还深深地体会到，只有国家强大了，才可能在国际舞台上有一席之地，说话才会有分量。于是，他们打消了修约的念头，一心一意研究西方世界崛起的奥秘。

脱亚入欧　297

使团于当年11月起程，横跨太平洋，从美国开始，由西往东，21个月里，先后访问了12个发达的西方国家，包括美国、英国、法国、比利时、荷兰、德国、丹麦、瑞典、意大利、奥地利、瑞士等。一路上，考察团对西方文明或走马看花，或精心调研，眼界大开，思想观念发生了深刻的变化。

耳闻目睹之时，他们对西方文明巨大成功的态度是"始惊、次醉、终狂"。看得越多，他们越觉得自己离先进的文明有太大的差距，再也没有了过去的那种井蛙之见、夜郎之狂。木户孝允感慨地说："我国今日的文明不是真正的文明，我国今日的开化不是真正的开化。"

这与同期的中国清廷形成了多么强烈的反差！

使团绝不只是去游山玩水，在饱赏异国风光、领略西洋情调的时候，他们更多的是想到自己所负的责任。他们将自己的考察所得进行反复比较，得出的结论是：经济上要学英国，政治体制上学德国，教育上学美国，军事上应以德国为师。看来，近现代日本与德国有很多相似之处，可溯源于这一次西方之行了。

但是，维新改革人士始终懂得这一点，一个国家能否强大，最关键、最基础的还是经济上的强大。经济不上去，其他一切都免谈。而发展经济，必须要有最先进的制度、方法，寻找最快的速度，因此，他们确定了"殖产兴业"的经济发展总方针，用效法西方来追赶西方。

"殖产兴业"本是幕末一位有识之士提出来的，明治政府赋予了它新的含义，那就是按照西方的样板发展资本主义性质的工商交通业。

为了筹集大量的资金来"殖产兴业"，明治政府成立了国家银行，发行大批纸币和银行券。虽然引起了大幅度的通货膨胀，但激活了经济，刺激了商品的货币化。利用这些资金，政府实行"劝业"政策，向有关私人和公司强制性地大量放款，帮助它们办企业。

在幕府原有工矿企业的基础上，明治政府大办国营企业。最初的国营企业大都是兵工厂及相关企业，关口制造所、长崎制铁所、东京炮兵工厂、横须贺海军工厂等四家军事工厂，成了早期国营企业的中心。后来又发展了机械、造船等重工业。

这些军事工厂所生产的武器装备，为日本军事力量的壮大起了重要作用。

更重要的是，它们作为一种主导力量，带动了一批民用企业和私有企业的诞生。国营的民用工业企业，被政府树为各工业部门的"模范工厂"。最有名的是四大纺织工厂，即富冈缫丝厂、新町纺织厂、千住呢绒厂和爱知纺织厂。

私有企业中，起初是机械工具生产比较发达，一些私人企业家、发明家涌现出来。一个叫田中久重的人，就创办过机械厂，发明过机床设备以及农业机器、食品工业机器，还有处理生丝的机器、电报机等等。

国家办的企业，几乎是无偿地送给私人，这在别的国家可能是不敢想象的，而日本的明治政府就敢这样做。当国营企业因为多种原因而对国家财政形成亏损时，政府就果断地将这些企业廉价地"处理"给了私人公司。如三井公司得到了新町纺织厂、富冈缫丝厂等大企业，三菱公司得到了一大批煤矿、金矿和银矿，川崎正藏得到了兵库造船厂，西村胜三得到了品川玻璃厂。

这种处理方法，实际上是国家对私人资本主义的一种鼎力扶持，使日本形成一个拥有特权的"政商"阶层，这样，既运用了国家力量，又发挥了资本家个人的积极主动性。这是促使日本资本主义从一开始就快速发展的重要原因之一。

在发展资本主义的同时，明治政府注意改变旧的生产关系和经济制度，在土地问题上进行了重大改革。

在封建土地所有制下，领主经济在农村居于绝对统治地位，占全国人口五分之四的农民只有极少量的土地，却要负担占收成三分之二左右的租贡赋税。他们支持了倒幕运动，当然也应该分享斗争成果。

作为政府，它要稳定自己的统治，必须顾及大多数农民的利益。明治政府考虑的不光是这一点。在它看来，要使新兴的资本主义能够顺利成长，就必须消灭一切不适应它的旧的制度，而封建土地所有制不改造，很可能会使其他一切改革成果都付诸东流。因此，解决土地问题实质上是解决所有问题的前提。

新政府在这个问题上的做法是稳步而又成功的，循序渐进，一步步地取得阶段性成果。1870年，统一全国的土地税。1871年，允许农民自由种植农作物。1872年，解除禁令，允许自由买卖土地，同时规定租税统一用货币交纳。

1873年，正式实行地税改革，其中最重要的内容就是按照土地价格来确定课税标准，只要拥有土地就必须交税，税率为地价的3%，后又减少为2.5%。

地税改革，实质上是确认新兴地主、富农和自耕农对土地的所有权，使土地成为一种商品，可以自由买卖。这是纯粹意义上的私有财产，是完完全全的近代土地所有制。只要土地能进入市场流通，资本主义就可以在社会经济的各个领域里畅通无阻。而且，地税改革又使政府的财政收入稳定下来，大大巩固了新政府的统治，其意义十分深远。

11.5

福泽谕吉：日本的伏尔泰。教育：立国之本。鹿鸣馆外交。自由民权运动。宪法的诞生

自从明治政府提出"求知识于世界"之后，西方思想文化潮水般涌入日本，"文明开化"成了日本社会上下最为时髦的口号。一批充满激情的知识分子更是走在时代的前列。

福泽谕吉，就是其中最突出的代表。此人有"日本的伏尔泰"之誉。他少时熟习汉学，成年后曾多次周游欧美，深受西方文化熏陶，平生以推进日本社会开化为己任。他曾著《劝学篇》，开门见山第一句就是："天不生人上之人，也不生人下之人，天生万人皆平等，贵贱上下无区别。"实际上，这是把西方文化中的平等观更通俗地告诉了国人。据说，此书出版后，立即引起了轰动，销量达 80 万册之巨。

他在另一名著《文明论概略》中，认为日本文明远远落后于西洋文明，为了国家和民族的独立，日本必须向文明进军。

一时间，宣传"文明开化"之主张的个人和团体布满了整个日本，其中一个叫"明六社"（因成立于明治六年，即 1873 年，故名）的学术团体之活动尤为令人注意。这个由一流的学者、思想家、教育家组成的组织，创办了《明六》杂志，100 多篇论及文明开化的文章，被认为是为日本带来了"启蒙之光"。

于是，英国的穆勒、边沁、达尔文、斯宾塞，法国的卢梭、孟德斯鸠，等等，他们的著作都被翻译介绍给了日本人，近代西方文化中的精髓如自由主义、个人主义，也在日本流行起来。

就连明治政府也忙于这类事情。数年间，政府组织编写了几十种阐述文明开化思想的小册子，诸如《文明开化》《开化问答》之类，使开化思想日渐深入人心。

然而，"开化"的基本任务之一就是要将人民从过去的那种"愚钝"状态"解放"出来。要完成这一任务，就必须大办教育。这一点，维新派的领袖人物之一木户孝允体会最深。还在国外访问期间，木户孝允就在给国内的信中说道："吾人今日之开化非真正之开化，为防十年后之弊病，唯在于兴办真正之学校……确立…牢不可破之国基者唯在于人，而期望人才千载相继无穷者，唯真正在于教育而已。"

木户之言，可谓一语中的。教育的功能有二：一曰开发人的心智，提高国民素质；二曰培养一批各方面的专门人才，加快经济发展和社会进步的速度。

为此，明治政府从一开始就确立了教育改革的三条指导性方针。一是普及初级教育，提高国民文化水准，做到"邑无不学之户，家无不学之人"；二是加紧培养科技人才；三是通过教育来更快地学习西方文化中的先进东西，尤其是先进的科学技术。为了办好教育，政府设"文部省"专司教育之事。

仿照法国和美国的教育体制，政府将全国分成了8个大学区，各区都有一所大学；每个大学区又分成32个中学区，每区设一所中学；每中学区分为210个小学区，各有小学一所。如果按这样发展，全国就会有8所大学、256所中学、53,760所小学，平均每600人一所小学。

1872年，明治政府颁布《学制》，明确了办教育的基本方针，指出："学问堪称立身之资本"，"国之所以富强安康，无不缘于世间文明人才艺之巨大发展。而文明之为文明者，实有赖于一般人民之文明"。故此，整个日本的教育，是非常重视国民教育的，而且下决心从小学教育抓起。

对小学教育，日本政府规定，除了以政府为主兴办普通小学外，还可采取多种办学方式和学校形式，如开办女子小学、贫民小学、残疾人小学、私塾等。普通小学学制6年，学习的课程为14门之多。后不久，政府又先后实行了3年、4年以及6年的义务教育制，义务教育期间不收学费。

中等教育在日本后来也成了一种"高级国民教育"。教育目标最初是就业和升学兼顾，后来逐步确定以升学为主。教学内容主要是西方近代思想文化和科技知识，课程有算术、地理、外语、博物、测量学、矿山学、天文学等。中学教育的发展，又为办好大学教育打下了基础。大学开设了理学、文学、法学、医学等方面的课程。

明治政府特别重视实用型的实业教育，也就是技术教育。文部省的一个文件称："尽管我国文明确有进步，然而这种科学知识和技能尚未渗入普通人民中间，教育和劳动截然分开，农业及工业等诸般事业大部分因袭陈规陋习。今天，国家如欲充实未来之实力，必须努力向国民之子弟施以科学技术和实业一致并适当结合的教育。"从现在的观点来看，这实际上是强调全民都应普及科学技术知识。

而在另一方面，明治政府又非常注意培养科技专门人才，在推进科技进步和经济发展中起骨干性作用。文部省称："今天学术上已颇为进步，因而拥有成为一种工业的统帅而推进事业的人，但是没有成为他们手足的人，譬如军队虽有将帅，却没有担负所谓中士下士那样下级士官职务的人。我们的宗旨，首先是造就这样的人。"

此期间日本兴办的实业教育，实际上是由初等、中等和高等三级配套的综合性技术教育，并由此形成了一个庞大的网络。初等的包括手工科、实业科等；中等的最为重要，除了师范学校外，还有相当多的中等实业学校，普通中学里也开设实业课；高等的相当于专科大学。开设课程原先多为实业课，后来予以纠正，增加了文化课和素质课的分量。

课程得由教师来上，学生得由教师来教，因此培养人才的关键还是在于教师，教师的素质如何，必须引起重视。明治政府规定：小学教师必须是师范学校毕业，中学教师必须是大学毕业，大学教师必须是学士学位获得者。为了保证有合格的师资，政府在东京、大阪、京都等地开设了十来所师范学校，在东京还特设了女子师范学校。

不过，明治时期的日本教育也在某些方面走上了邪路。在反对封建传统文化的同时，又出于统治需要，极力宣扬"皇道"思想，规定从小学起就要实行"尊皇爱国"教育。1890年，天皇还专门发布《教育敕令》，规定人民必须崇拜天皇和皇室，要肝脑涂地地维护天皇制度。在学校，特别是师范学校，普遍进行军事教育，规定向小学生进行"武勇思想教育"，要"振奋尊皇爱国志气"。教育大纲上还规定，各种教材均须以"大和魂""大日本帝国精神"为思想基础。看来，近代日本的军国主义思想是由来已久了。

到了80年代，经过十余年的维新改革，日本国内的面貌焕然一新。这个时候，当权派人物觉得有必要再在国际舞台上争一席之地了。尤其是随着日本的变化，西方各列强国家也开始对日本刮目相看，在对日问题上，各列强的态度出现了分歧和矛盾。

明治政府很快就觉察到了这一点，希图利用列强间的矛盾，重新修订过去的不平等条约。为了博得西方人的认可，政府决计修建一座完全欧化的堂馆，专供接待欧美高级官员之用。这座专请西欧专家按文艺复兴风格设计，耗资巨大，修建历时二年多的建筑，名叫"鹿鸣馆"。其意出自中国古籍《诗经》："呦呦鹿鸣，食野之苹，我有嘉宾，鼓瑟吹笙。"无非是表示友好而已。

据说，此馆落成后，一时间成了达官贵人与外国官员社交来往的主要所在。杯盏交错、轻歌曼舞之际，政治的、经济的，各种交易一一达成。有的人甚至头脑发昏，建议日欧通婚，提高日本人的素质。任首相的伊藤博文，余兴难尽，还将好几百人的化装舞会搬到自己官邸里开，山县有朋化装成骑兵，伊藤本人则打扮成威尼斯贵族，三条实美的夫人做起了乡下姑娘。霎时间，可谓是群魔乱舞，丑态出尽。时人评议道，此种鹿鸣馆热，可谓是"羡杀、笑杀、惊杀、恼杀"了整个都城。

这种媚洋外交，可惜并没有打动西方洋大人，修约的大事在十几年间没有任何实质性的进展。直待19世纪的末年，日本已然崛起为强国之时，西方国家才十分不情愿地答应了它的要求。

作为统治者来说，明治政府需要的是如何学习和利用西方人的先进技术，虽然有种种维新改革的举措，但富国强国是主要目标。至于普通人民应有什么样的权利，他们的地位该有什么改善，它是决不会关心的。因此，当天皇、政府忙于内治和外交之时，民间则掀起了声势浩大的自由民权运动。

"自由""民权""平等"之类观念，明治政府是不感兴趣的，却是日本的启蒙思想家们不遗余力宣传的东西。除了福泽谕吉、中村正直外，留学法国归来的中江兆民，更致力于介绍法国革命中所体现的民主自由思想。据说，他翻译的卢梭《社会契约论》影响了整整一代青年，时人有诗赞曰：

> 天下朦胧皆梦魂，危言独欲贯乾坤。
> 谁知凄月悲风底，泣读卢梭民约论。

出于各种动机，呼唤自由与民权的有三支社会力量。

一是农民，这是明治维新改革中受益最少的一个社会阶级。而且，维新后发展资本主义所必须进行的大规模的原始积累，实际上是以不顾农民的利益为代价，把农民当成了牺牲品。因此，农民的反抗斗争不断发生，而且主要以武力行事。据统计，从1869至1873年的5年中，农民大小起义平均每年达30起。

二是中小工商业者和中小地主，所谓"豪农豪商"们。他们积极地参加了倒幕运动和维新事业，但新政府对他们的利益要求视而不见，他们得不到充分的参政权，也得不到自由发展经济的良好条件，因此他们也有怨气。

三是武士阶层。俸禄制度改革后，武士的政治地位和经济地位都一落千丈，有的甚至成了无产者。他们不可能甘愿这样下去，肯定要寻找新的出路。

自由民权运动，在统治上层也有其代言人。著名维新派人士坂垣退助就曾向政府提交《设立民选议院建议书》，内称："盖今日之事态，皆专制组织之罪过，欲拨正人心，发扬举国一致之精神，图国计民生之隆昌，须先建立公议舆论制度，开辟亿万人民与国家共忧之路。"

但是，自由民权运动本身也有分化，形成了"上层民选论"和"下层民选论"两种截然对立的派别，使斗争力量大为分散。虽然后来又出现了一些致力于该运动的团体，如"立志社"以及以它为基础建立的"爱国社"，并使运动进一步向纵深发展，但终归是做无用之功，在经历了几次波折后，到1888年时，自由民权运动便偃旗息鼓了。

不过，在它的刺激和鞭策下，日本政府最后选择了一条君主立宪制的道路，人民多少获得了一些民主权利。

1881年3月，政府开始将"立宪"事项列为议题。

10月，天皇颁布诏书，宣布将在1890年开国会，制宪法。诏曰，"兹定于明治二十三年召议员，开国会，以成朕之初志……倘有故意操切，煽惑事变，危及国安者，当明正典刑"，对民间的自由民权运动进行威吓。

与此同时，明治政府派伊藤博文赴欧洲考察。此人早在岩仓使团中就专负考察欧美政制，曾提出要以德国宪法为样板。此次他在外周游了一年有余，着重钻研普鲁士和奥地利的政体，愈加认为德国的做法更适合于日本。他将英、法、德三国的宪法作了比较，认为英国的国王只有王位没有权力，不适用于日本。而德国的"君王亲掌立法行政人权，不经君主许可，一切法律不得实行"，德国的一套完全适合日本。为此，他还专请德国专家来日本作指导。

伊藤力主的天皇制，符合日本的传统。因为正是在天皇的旗号下，才将幕府最后推翻。但天皇制肯定也免不了有弊病。中江兆民就说："君主专制，愚昧而自身尚不知其过；立宪制虽知其过，但也仅改了一半；民主制光明磊落，胸中没有半点污染。"

伊藤博文们不可能接受这类意见。为了提高天皇在日本人民心中的形象，天皇还被频繁安排去巡视全国各地。

经过将近8年时间的运作，明治宪法终于出台。1889年2月11日，传说中神武天皇即位的日子，明治天皇向全国发布文告，公布《大日本帝国宪法》，即明治宪法。

宪法确立了天皇制，规定"大日本帝国由万世一系之天皇统治之"，天皇是神圣不可侵犯的。作为国家元首，天皇拥有一切重大权力：宣战、媾和，任免一切高级官吏，召开和解散国会。天皇还是武装部队的最高统帅。

国会则分成贵族院和众议院。贵族院的成员是皇族、华族和"敕选议员"，权力大于众议院。众议院由300名经选举产生的议员组成。年满25岁的男子才有选举权，并且还加以财产资格限制。30岁以上的男子才有被选举权。议员任期4年。

作为立法机关，国会可以通过或者否决政府的法律，可以自己制定法律、批准政府预算。国会如休会，天皇可以直接就重大事务发布命令。

内阁也是对天皇负责，首相和大臣必须"辅佐"天皇，内阁成员亦由天皇选定。

天皇还设有枢密院作顾问府，权力往往还高于国会和内阁，一切重大决议均须枢密院批准。

在天皇之下，另设军部，军部不对内阁负责。天皇还控制了由各类高级军事将领组成的军事参议院。军部独立于内阁,使日本后来很快就走上了军国主义道路。

看起来,日本是君主立宪制,但实际上还有很多的封建制和专制制度的残余。天皇的权力无所不在,天皇的地位至高无上。天皇制下,少数军政巨头掌握了国家命运,而一般国民之民主权利并没有真正解决,他们得到的只是纳税和服兵役的义务。他们甚至还不被称为公民,而依旧叫作臣民。

尽管明治宪法较少民主的东西,甚至可说只是天皇治国的法律依据,但它毕竟是亚洲第一部宪法,"曾为当时亚洲其他封建国家的进步人士所憧憬或效法"。

11.6

脱亚入欧之梦。强兵富国之道。对外侵略初试锋芒:吞并朝鲜。甲午岁风云。日俄黩武

作为一个亚洲国家,明治时代的日本似有耻辱之感。因而,脱亚入欧论者颇多。曾为启蒙思想家的福泽谕吉,在这个方面可称是始作俑者。他曾作《脱亚论》一书,书中说,"我日本国虽地处亚细亚东陲,但其国民精神却已摆脱亚细亚的固陋,而移向西洋的文明"。"我国不可犹疑,与其坐等邻邦之进步而与之共同复兴东亚,不如脱离其行伍,而与西洋各文明国家共进退。对待支那、朝鲜之办法,不必因其为邻邦而稍有顾虑,只能按西洋人对待此类国家之办法对待之"。

如果说,在振兴民族和国家上,以欧洲先进国家为样板,急起直追,这是无可厚非的,而且还应该赞赏。但如果在处理国家之间的关系上,也学着欧洲人的做法,实行强权政治,那就是想赤裸裸地充当侵略者,侵害邻近亚洲国家特别是中国和朝鲜的利益。

要脱亚入欧,国家必须富和强。在明治政府的三大方针中,"富国强兵"才是真正的目标。

怎样"富国强兵"? 政府内有种种设想,其中尤以山县有朋之论最具代

表性。此人虽出身寒微，但到1876年时，却升上了陆军卿之高位。1880年，他提出"军事立国"之思想。他说，兵在强而不在多，清廷有百万之兵，能管什么用？日本必须将强兵放在第一位。"兵强则民气始可旺，始可语国民之自由，始可论国民之权利，始可保交往之对等，始可得互市之利益，而国民之劳力始不积，国民之富贵始可守"，"强兵为富国之本，而非是富国为强兵之本"。

作为军事家的山县有朋，在考察了欧美各国的军制之后，主张日本的陆军宜采用法国体制，海军则效法英国体制。在他的主持下，日本进行了军制改革。

军制改革的重要内容之一，就是像西方一样实行征兵制，建立常备军。1873年初发布的《征兵令》，向人民灌输了当兵尽义务的思想："凡天地间一事一物无不有税，以充国用。然则，凡为人者本应尽其心力以报国焉。西人称之为血税，以其鲜血保国之谓也。且国家如有灾患，人人皆须有分，是故各尽心力以防灾患，则为一己防患之基。苟有国，则有兵备，有兵备，则人人须服其役。"

按《征兵令》，日本的陆军有常备军、后备军和国民军之分。常备军称为"皇军"，意为效忠天皇，满20岁的男子均有入伍义务，服3年役，期满后编为后备军。其余40岁以下男子编入国民军。这种全民性的义务兵制，打破了武士对军事的垄断，从根本上建立了近代军队。

军事管理机构也进行了改革。所谓军部，实由陆军省、参谋本部和监军总部三大部门组成，它们独立于内阁之外，直接对天皇负责。这样，至19世纪末20世纪初时，以军部高于内阁为特征的军国主义体制最终形成。

对部队士兵的军国主义教育也加强了，并且再度搬出了武士道这一封建军人的道德规范和行为准则。1871年制定了军人"读法"七条，要求军人做到忠节、信义、勇武、素质以及服从。1873年的《军人训诫》，强调军人必须绝对效忠天皇，士兵必须忠义、勇敢、服从。1882年以天皇名义颁布的《军人敕谕》称，作为军人，应绝对遵守尽忠节、正礼仪、尚武勇、重信义和崇俭朴的武士之道。

军国主义实际上成了日本军人尤其是高级军人之魂。他们在受到西方人蔑视时，往往想通过对亚洲邻国的扩张来予以"弥补"，称之为"失之欧洲，取之亚洲"。他们甚至还设计了扩张进程表，将对外侵略分为五大步：一、征服中国的台湾；二、征服朝鲜；三、征服中国的满蒙（即中国的东北和内蒙古）；四、征服亚洲；五、征服世界。

首当其冲者就是朝鲜。

与日本只有一道海峡之隔的朝鲜，不但战略位置重要，而且还是进一步进攻中国和亚洲大陆的跳板。当然，自中国明朝以来，朝鲜与中国一直保持着友好关系。16世纪末年，中朝两国军队曾联合击败了日本丰臣秀吉的两次侵略。19世纪中期以后，由于中国遭受西方列强凌辱，朝鲜也紧闭了国门，战战兢兢地看着这个世界所发生的事情。

而日本正是以"大修邻好"为由向朝鲜提出了开国要求的，它把西方列强强加于它的做法，又用到了自己的邻邦身上。当得知朝鲜拒绝了这一要求时，日本国内征朝论甚嚣尘上。

面对日本的恐吓，朝鲜内部出现了严重分歧。1873年，朝鲜国王大院君被其女儿闵妃赶下台。闵妃彻底改变了乃父的锁国政策，向日本献媚讨好。而日本政府则得寸进尺，进一步提出无理要求。朝鲜当局稍有迟疑，日本便以武力相威胁。

1875年，"云扬号"等3艘日本军舰，先是在釜山等地以武力示威挑衅，后又于9月来到汉城（今首尔，后同）附近的江华岛，开炮轰击岸上的朝鲜军炮台，并一度登陆抢劫烧杀。其后，强盗反倒以此为借口，派出一支海军舰队前往兴师问罪。

在日本的炮口之下，1876年2月，朝鲜被迫同日本签订了第一个不平等条约《江华条约》，向日本开放釜山等三个港口，日本还被允许派遣领事并享有领事裁判权、治外法权等，朝鲜从此开始沦为日本的半殖民地。

1880年，日本在汉城设立公使馆，并开始在朝鲜培植亲日势力。1883年，迫使朝鲜签订一连串条约，取得许多殖民特权。过后，它又趁朝鲜一批青年要求"开化"之机，豢养了一批亲日分子。1884年，在日本公使的参与和指使下，朝鲜国王被挟持，下诏杀掉了6位股肱大臣。开化派组成了新政府，宣布同中国断绝宗主关系，朝鲜"完全独立"，其实质是投入日本人怀抱。可惜"好景"不长，两天后，这一政变即被朝中联手挫败。

但到次年，朝鲜局势又变。在伊藤博文的坚持下，中国的李鸿章与其签订了《天津条约》。条约规定中国和日本在朝的军队都撤走，如遇朝鲜发生变乱，两国无论谁出兵，均需先行文告诉对方，征得同意。这样，在朝鲜问题上，日本取得了与中国平起平坐的地位。

1894年的中日甲午战争，1905年的日俄战争，日本都是胜利者，因此中国和俄国都不再成为日本吞并朝鲜的障碍。于是，日本加紧了将朝鲜变为完全殖民地的步伐。

1905年，伊藤博文武力迫使朝鲜签署《日韩协约》，规定朝鲜外交由日本外务省管理。伊藤被派为日本驻朝鲜统监，实际上就是朝鲜的太上皇。朝鲜成为日本的保护国。

伊藤博文在朝鲜土地上为所欲为，激起了朝鲜人民无比的民族仇恨。1909年10月，伊藤博文在中国的哈尔滨车站被爱国志士安重根刺死。

1910年，日本决定吞并朝鲜。8月22日，在日本人的刺刀下，朝鲜"总理大臣"李完用在《日韩合并条约》上签字，朝鲜被宣布为日本帝国的一部分，一切统治权永远交给日本天皇。日本在朝鲜设立了总督，作为其统治的代理人。

日本的下一个目标是中国。1894年的甲午中日战争，正是这两个东亚国家的初次大交锋。

其实，在鸦片战争以后，中国的国门虽然被西方列强轰开，统治者也试图进行某些改革，洋务运动就是一个例证。只不过，中国人对西方文化的学习和效仿，太过于强调"中学为体，西学为用"了，固守传统的封建文化，没有丝毫要推进社会现代化的意图。因此，尽管引进了不少的洋枪洋炮，甚至还组建了完全现代化装备的北洋舰队，但由于社会本身没有什么变化，所以不可能真正地使军队强，使国家强，致使刚刚在近代化道路上起步的小小日本也敢对中国动武。

早在1874年时，日本就因所谓台湾高山族人杀了琉球遇难渔民而发难，冒险发动了侵台战争。当时，两国国力相当悬殊，几乎所有的外国人都估计日本要失败。哪知结局恰恰相反。日本在战事上虽然败了，但最后在谈判桌上却反败为胜，还得到了中国支付的50万两白银的赔偿。

日本人愈益嚣张，第二年即明目张胆地将本为中国属地的琉球群岛据为已有，并改为冲绳。

中国毕竟太大，日本人深知，要征服中国决非易事，因而扎扎实实地做起了侵略战争的准备。1894年的那场战争，日本人蓄谋了10年之久，而清政府却仍是大梦未醒，根本没想过要来同这个东洋岛国开战。但是，战争的结果又不得不接受，无可奈何的李鸿章，不得不在中国近代史上最为丧权辱国的《马关条约》上签了字。从此，这个老大腐朽的中华帝国，已不可能成为日本称霸亚洲的阻碍了。

然而，随着日本的突然崛起，与它也有疆域相望、并同它争夺中国东北的俄国再也按捺不住了。俄国人自从19世纪中叶在中国得尽了好处以来，仍然将矛头继续南指，这势必与觊觎朝鲜和中国的日本发生冲突。

而且，日本人早就有北望之心。日本一外交官赠诗日军参谋总长，明确表达了这一心愿：

　　赠君此磁石，磁针常北指。君心亦如之，旦夕朝北思。

《马关条约》之后，以俄国为首，俄、法、德演出了一场"三国干涉还辽"。俄国人虽然不是出于对中国有什么好心，而是不让日本染指东北这块它自视的"禁脔"之地。日本人自然怀恨在心，迟早要还以颜色。俄国也察觉到这一点，时时枕戈待旦。

1905年，两国间的恶战终于爆发。战争在海陆两个战场全面展开。在陆上，双方各投入了几十万兵力。不幸的是，陆战是在中国土地上进行，战争变成了对中国人民的大屠戮。辽阳会战、旅顺口会战、奉天会战，成千上万无辜的中国人死于炮火之下。陆战中，日本略占优势，拼死取得了一些胜利。而海战中，日本的战绩更为辉煌。对马海峡一役，日军将远途赶来、疲惫不堪的俄国波罗的海舰队几乎全歼，创造了海战史上的一个奇迹。

此时，俄国内爆发革命，双方急急地结束了战争。虽然战争也使日本筋疲力尽，但一个刚刚崛起的东亚小国居然打得偌大的沙俄帝国几无还手之力，这不能不令西方列强刮目相看。这一点，可以说是日俄比武为日本带来的最大收获，从此日本真正地跻身于世界强国之列。

第十二章

世纪末躁动
走向帝国主义的西方列强

12.1

列强侵入前的非洲各文明。瓜分非洲狂潮：两次柏林会议。英、法、德诸国：探险与争夺。英布世纪之战。意大利侵略埃塞俄比亚失败

仗着工业革命形成的经济技术军事优势，至19世纪中期时，西方国家已将毗邻地区征服完毕。美洲早已纳入西方世界，古老的亚洲大多成了殖民地、半殖民地。

于是，列强的目光盯住了下一个目标——非洲。

非洲，世界第二大洲，人类远祖——古猿的最早栖息之地。当代学者研究认为，非洲可能是人类的起源地。6000年前，非洲又最先诞生了人类文明。屹立在尼罗河畔的胡夫金字塔等，饱经风雨沧桑。它们比现存世界上任何一个国家的文明史都要长。

可是，文明的春风长时期里似乎主要沐浴着这块大陆的北端，即从非洲之角到地中海沿岸一带。而烈焰喷火的撒哈拉以南，则是一个神秘的混沌世界，淹没在漫漫黄沙后面的点点文明区块，循着自生自灭的道路行走。欢乐、痛苦，争斗、厮杀，改朝换代之事，渔牧农耕之趣，外人几乎无以知晓。

撒哈拉沙漠以南的非洲，主要居民是黑人，大致可以分为两大族群：撒哈拉以南、赤道以北的中部非洲，属于苏丹语系；赤道以南的南部非洲地区，属于班图语系。西方列强进入非洲前，两大地区都已出现了文明。西方人的侵入，使非洲文明独立发展的道路被扰乱，而且逐步被纳入西方人的殖民体系。

在中部非洲的东部，最早出现文明的要数苏丹。它与古埃及文明毗邻，古称努比亚。公元前12世纪，形成了独立的纳巴塔王国，其国力之强大，曾在公元前8世纪初占领了整个尼罗河流域，在埃及建立第25王朝。后退至苏丹境内，称为麦罗埃王国。公元1世纪时最为昌盛，与四方甚至中国俱有贸易文化联系。阿拉伯人在13世纪征服了努比亚，也把伊斯兰教传播到这里。

埃塞俄比亚也在很早就出现了文明。公元前后曾有阿克苏姆国家，因靠近红海，发展国际贸易而兴旺，农业、手工业都有较高水平发展。4世纪达到鼎盛，国土北抵埃及，南达索马里，西至尼罗河上游，东跨过红海包括也门，国王自称"万王之王"。居民信奉基督教。1137年，南来的阿高人建立了札格维王朝，1270年被所罗门王朝所取代。16世纪初，埃塞俄比亚同时遭到北面奥斯曼帝国和南面游牧民族的威胁。紧跟着葡萄牙人也来到了这里。

索马里位于印度洋岸边，因此很早就与国际贸易联系较多，兴起了一些

图 12-1
典型的非洲圆顶草屋

城市。8世纪后，伊斯兰教开始传入索马里。北部的伊法特人逐渐强大起来；16世纪摆脱外族人统治，建立阿达尔国家；17世纪又被游牧族所灭。

索马里以南的东非沿岸，班图黑人建立了桑给巴尔国家。作为众多城邦的联合体，桑给巴尔发展成为帝国，以基尔瓦为中心。国际贸易极为发达，中国郑和船队曾到过这一带多地。15世纪末，达·伽马开辟通往印度新航路，正是从帝国境内马林迪出发横跨印度洋的。

欧洲人进入前，西非也诞生过加纳、马里和桑海等三个文明国家。

加纳并非今日加纳之地，而是塞内加尔河和尼日尔河上游之北地区。传说7世纪前就经历过22位君主。8世纪末，建立了黑人的通卡尔王朝。这是西非历史上第一个强盛大国。盛产黄金，经济富足，国王被称为"黄金之王"，有很高权威。尚有母系氏族社会残余，王位由舅父传给外甥。加纳战略位置重要，经济上又很富有，因而是外部势力争夺对象。1240年，加纳被新起的马里王国所征服。

马里原为尼日尔河上游一黑人小国，信仰伊斯兰教。其强盛始于13世纪，14世纪早期曼萨（众王之王）·穆萨时期达到极盛，版图广大，经济发达，文化教育事业兴盛。14世纪末以后，内乱外侵频仍，17世纪中叶灭亡。

桑海起源于尼日尔河中游，9世纪在上游建立国家。15世纪后期强大起

图 12-2
西非古城

来；15、16世纪之交阿斯基亚（大王）·穆罕默德时期达到极盛。版图广大，统治机构完备，商业和手工业发达，重视文化和教育，兴办了近代性质的大学，收容了一大批从西班牙格拉纳达逃出来的学者和科学家。首都廷巴克图、巴格达、开罗并称为伊斯兰世界三大文化中心。其后，桑海长期发生内乱。16世纪末又遭摩洛哥军队侵略劫掠，国力衰减。1680年灭亡。

在南部非洲的班图人地区，也曾出现刚果、津巴布韦等文明中心。

刚果王国建立于14世纪前后。15世纪后期，刚果王国很是繁荣，版图广大，自然资源丰富，手工业和贸易发达，行政机构相当完整。不过王位继承制度还有母系公社因素。但1482年葡萄牙人的到来，很快就摧毁了刚果的文明。

津巴布韦意即"石头城"，6世纪开始建设，建成于13—14世纪。古国名为"莫诺莫塔帕"，是13—16世纪非洲南部的强大国家。不但版图广大，还基本实现了对南部非洲的控制。农业和畜牧业发达，其山坡梯田宽达近万平方公里，并因采炼金银铜而富有。16世纪后期，津巴布韦成为葡萄牙觊觎对象。人民虽奋起反抗，但最终被葡萄牙人控制。

可以说，葡萄牙人南下，沿非洲海岸探险，打碎了中部和南部非洲这块贫瘠大陆上的宁静之梦。葡萄牙人几乎用了一个世纪时间，沿着非洲的西海岸，终于到达了大陆的最南端，并开辟了往东通往印度的新航线。于是，顷刻之间，

图 12-3
非洲古建筑

非洲的东西海岸布满了欧洲人的移民据点。他们在这里肆虐作恶，掠物捕人，非洲人从此开始了苦难的岁月。

只是由于地理知识的缺乏和技术工具的不发达，欧洲人才不敢贸然地向非洲内地深入。

19世纪后期，随着工业革命全面完成，欧洲列强掀起了瓜分非洲的狂潮。不过20来年的时间，3000多万平方公里的广袤土地就被强盗们宰割完毕。

1876年，比利时国王利奥波德二世在布鲁塞尔发起召开了国际地理会议，比英法德奥俄6个国家与会。会议成立"国际非洲协会"，揭开了欧洲列强大规模侵入非洲腹地的序幕。

1884年11月，英、法、德等15个欧洲国家举行了90多天的柏林会议，调整了各国在非洲的利益和矛盾，由此加快了瓜分非洲的进程。

实际上，早在柏林会议之前，一些国家就紧锣密鼓地展开了对非洲的争夺。仅以英国为例，它侵入非洲虽然起步不算很早，但步伐却比别人快得多。仗着经济技术和政治优势，它最终成了瓜分非洲中受益最大的殖民者。

英国人最早来到非洲大陆，是在16世纪里。1530年，海盗威廉·豪金斯曾到西南海岸的塞斯河口掠夺象牙和黑人。1537年，英国船只来到几内亚湾贩运胡椒。1552年开始在这一带掠夺黄金。1563年，老豪金斯之子约翰·豪金斯来到西非，开始了英国人贩运黑人到美洲的活动。从这时起，到英国宣布废奴的1807年止，由英国人贩运的黑奴，比其他所有国家贩奴数量之和还要多4倍！他们所得的暴利就可想而知了。

18世纪末以后，英国人开始了对非洲内陆的探险活动，主要是3个地区。

西非的尼日尔河是最初的重点考察区。著名探险家蒙哥·帕利的三次尼日尔河之行最有成效。1795至1799年的第一次探险，他确切地了解到尼日尔河的东流走向，所著《在非洲内陆旅行》一书引起了西欧人的普遍兴趣。至1849年，欧洲人终于掌握了西非内陆的基本情况。

对东非的探险和考察活动也主要由英国人组织。早在1770年，英国外交官声称发现了青尼罗河的源头。而19世纪的东非探险则集中于寻找白尼罗河的发源地。40年代里，由英国教会派遣的德国传教士克拉普夫和雷布曼，走遍了肯尼亚和坦噶尼喀，看到了终年积雪的非洲第一高峰——乞力马扎罗山。

欧洲人惊诧不已。至60年代，维多利亚湖和尼罗河源的关系也被探清。

几乎与此同时，著名探险家利文斯敦对中南非洲内地进行了考察。1849年后，他先后4次深入中南非腹地，历时25年之久。他数度横跨中南非大陆，从印度洋岸来到大西洋边，中南非几乎每一个地区都留下了他的足迹。

伴随探险考察活动，欧洲人在非洲的传教活动也渐起高潮。传教活动具有强烈的文化同化力，往往比强制性的军事征服更为有效，更具有深层次的力量。英国人说："一个传教士抵得上一营军队。"而非洲人则说：欧洲人刚来时，他们有《圣经》，我们有土地；而现在，我们有了《圣经》，他们却拿走了土地。

在19世纪后期瓜分非洲的浪潮中，英国人制定了一个庞大的"二C计划"，即要把从开罗到开普敦（两地英文词的第一个字母均为C）的非洲土地连成一片，从北至南全部贯通。

东北非洲是英国的首选目标。1869年埃及苏伊士运河通航，运河对英国尤其具有巨大的经济意义，因为从伦敦通往印度的航程因此而可缩短5000公里。从运河通航中得尽了好处的英国人，迫不及待地企图及早控制埃及。由于埃及国王大肆铺张，国库掏空，外债沉重，财政危机，英法两国趁机渗透。先是经济，后是政治，激起了埃及人民的激烈反抗，反对欧洲人的民族主义新内阁上台。英国政府立即出兵，于1882年发动战争，终于将埃及置于自己的实际统治之下。埃及名为独立，其实已沦为英国的殖民地。

1896年，英国镇压了苏丹发生的马赫迪起义。因其总督戈登（率洋枪队镇压过中国太平天国革命）曾被马赫迪义军杀死，英国人为解心头之恨，居然掘马赫迪尸体而焚之。1899年，苏丹实际沦为英国殖民地。

著名的法绍达事件也在此时发生。这是英法两国军队争夺非洲的一次遭遇战。

与英国的"二C计划"相似，法国也制定了侵略非洲的"二S计划"，即由西非海岸的塞内加尔横跨大陆联通东非的索马里。法军的一支远征队从法属刚果出发，历时两年，跋涉万里，于1898年7月抵达苏丹南部的法绍达村，在这里升起法国国旗，宣布苏丹南部归法国所有。

英国人闻讯后，镇压苏丹起义的一支军队星夜兼程，不几天便赶到了法绍达。两军对垒，剑拔弩张。由于英国政府的态度格外强硬，法国不得不撤走在法绍达的军队。双方就苏丹问题最终达成了妥协：法国放弃了尼罗河沿岸，英国则承认苏丹以西的赤道非洲为法国势力范围。

英国的重点虽然是东非和南非，但为了开拓市场、掠取原料，它也加紧了对西非内地的扩张。黄金海岸是英国人在西非的进攻重点。这里的当地居民阿散蒂人，和英军进行了数十年浴血奋战，终于在19、20世纪之交丧失了独立。黄金海岸自然盛产黄金，还有钻石、锰、铁等丰富的地下矿藏。同时，英国人还在耕地上大种可可，使这里最终成了世界上最大的可可生产国。不用说，获取巨大经济利益的只能是英国人。

尼日利亚是非洲人口最多的国家，英国人的征服活动持续了50余年。据说，面对英军的进攻，当地人民举行誓师大会，国王问战士："异教徒要我投降。我应该战斗，还是屈服呢？"回答是："拼死也要战胜英国人！"当然，在英军的强大攻势下，非洲人拼死也没有战胜英国人。尼日利亚三大地区，在世纪之交的时候都落到了英国人手中。

19世纪的最后几十年，英国还征服了东非的桑给巴尔、肯尼亚和乌干达3个国家。

而在南纬10°以下的非洲大陆上，10个国家中先后有7个在19世纪里被纳入英帝国版图，即南非、博茨瓦纳、莱索托、津巴布韦、斯威士兰、马拉维、赞比亚，面积共达310万平方公里。

南非最早的主人是当地的布须曼人和霍屯督人。1652年，一批荷兰殖民者在开普敦建立了南非第一个西方人殖民地。由于此地土地肥沃，适宜耕作，又吸引了荷兰布尔农民接踵而至。布尔人消灭了当地居民，盘踞了开普敦附近很大一块地方。

1814年，英国扶持下的荷兰国王，接受了英国付给的600万镑出让费，将这一风水宝地的统治权永久地给了英国。布尔人不愿接受这一事实，于1836年后开始向北大迁徙，在50年代里建立了德兰士瓦和奥兰治两个独立国家。与此同时，英国人也在这两个国家的东面建立了纳塔尔殖民地。

1870年后，由于在奥兰治和德兰士瓦先后发现了巨大的金矿和金刚石矿，英国人与布尔人的矛盾立刻白热化。以罗得斯为首的英国金融家，在南非建立了一批大公司，垄断了南非黄金和金刚石的全部开采。这些特大资本获取了特大利润。1890年，罗得斯从金和金刚石的开采中，个人利润就达500万美元以上。

但是，这些金矿、金刚石矿，都处在布尔人的统治区，使英国人总感到利益得不到保障，因此，占领两个布尔国家的呼声甚嚣尘上。英国那个贯通非洲南北的"二C计划"，就是由这个罗得斯提出来的，首要目标就是要占领这两个布尔国家。

英国人先打外围战，将布尔国家周围的地区全部占领，使布尔国家成为"孤岛"。布尔人则打悲情牌，希望英国不要占领德兰士瓦和奥兰治。英国人不允，布尔人将两个国家联合成为南非共和国，决定武装反抗英国。

第一次英布战争，布尔人取得了胜利。1880年12月14日，当两连英兵踏着乐曲、行进在乡间小道上时，埋伏在路旁的布尔人武装突然发起袭击。英国人毫无准备，惊慌失措之中被彻底击溃，200人的部队有86人被打死，83人被打伤，20人当了俘虏，而布尔人只有一人战死。

尔后的几个月，英国人也是连战皆败，不得不坐下来同布尔人谈判，德兰士瓦赢得了暂时的平静。

以罗得斯为首的英国大资本家，不可能满意这种结果。1895年12月，罗得斯的"英国南非公司"派出一支军队，在圣诞节的前夕进入了德兰士瓦境内。这次被称为"詹姆斯袭击"的事件，是英布更大规模战争的信号。

1899年10月，布尔人兵分三路，进攻英国在南非的殖民地。英军在初期失利之后，调集大批援军开赴南非。到1900年初，英国在南非总兵力达到25万人，形势迅速向英国方面倾斜。

这年的6月底，两个布尔国家的主要地区都被英国人占领。布尔人转移到了乡下，开展游击战争。他们日息夜作，神出鬼没，搅得英军坐卧不宁。英国人也采取极端手段，实行"分区扫荡"，兼之堡垒战术，使游击队无处容身，终于瓦解了布尔人的反抗。1902年，英布双方签订和约，两个布尔人国家不复存在，南非成了英国的殖民地。

至此，不到30年，英国人的"二C计划"基本完成。英国在非洲的各类殖民地、保护国、自治领共有16块，面积达950万平方公里，占非洲总面积的近三分之一。而且它所占的地区人口最多，经济价值最高，资源极为丰富。

第一次世界大战结束后，德国所占的坦噶尼喀又划归英国。这样，从开罗到开普敦全部打通，英国人终于圆了"二 C"之梦。

法国人的"二 S 计划"也大致实现，它占领的非洲土地最为宽广。

小小的比利时，也把刚果河流域的大部分地方归为已有。

葡萄牙则在南部非洲占领了好几块殖民地。

德国人也收获不小。在西非，德国的私人贸易公司分别于 1864 年和 1866 年在多哥和喀麦隆建立了一些商站。1884 年，多哥发生了酋长继位之争，德国借口"保护"臣民的利益和恢复秩序，派遣军舰前往，7 月占领了多哥，正式宣布多哥为德国保护国，接着继续进犯内地，于 1885 年 12 月占领了多哥全部土地。

1888 年，德国人又在喀麦隆海岸升起国旗，此后花了 20 年时间征服了这个国家。德国人在这里建立了可可种植园，修建铁路和公路，强行征募外地人去种植园当劳工。

在东非，德国趁马赫迪起义英国遇到困难之机，于 1883 年派遣探险队前往乌干达，然而遇非洲人抵抗。1884 年，德国探险队又在桑给巴尔登陆，同时出动海军舰只保护，结果桑给巴尔和坦噶尼喀的大部分土地归了德国。1885 年德国东非公司成立。1891 年德国宣布东非的德占土地为殖民地。1898 年和 1903 年，德国又分别将卢旺达和布隆迪变成殖民地。德国在这些地方实行直接统治制度，由德皇委派的总督进行管理。

在南部非洲，德国宣布自葡属安哥拉南部边界至奥兰治河口的大块土地为殖民地，称之为德属西南非洲。

在非洲土地上的活动最不得意的欧洲国家，要属意大利。它的侵略最后以失败而告终。

统一后的意大利，经济和国力都得到了一些发展，但比起英法等国来说，它是一个"贫穷的帝国主义"国家。为了夺得市场和殖民地，它急不可耐地加入了瓜分非洲的大合唱。1884 年前，它强占了红海港口阿萨勒和马萨瓦。1889 年，在英国支持下，将非洲之角的大部分地区变成了"意属索马里"，在此种植香蕉、甘蔗和棉花。这一年还取得了东北非沿岸许多港口。

世纪末躁动

意大利政府不甘心在广阔的非洲大地上只得到东北一隅，因此时时策划新的侵略，终于发动了侵略埃塞俄比亚的战争。

1885年，意大利开始向埃塞俄比亚内地推进。最初几年取得了一些小胜利，但因遭到埃军抵抗而未敢轻进。1889年，孟尼利克任埃塞俄比亚皇帝，意大利乘机支持孟尼利克统一了埃塞俄比亚。作为回报，孟尼利克与意大利签订了乌查利条约。但意大利却在条约文本上做手脚，将埃塞俄比亚在与其他列强交涉时，"可以向意大利请求协助"中的"可以"二字改为"必须"。孟尼利克非常愤慨意大利的这种做法，宣布条约作废，并向意大利提出抗议。意大利于1894年悍然发动了侵埃战争。

在民族存亡关头，孟尼利克发表《告全国人民书》，号召国民保家卫国。人民同仇敌忾，团结在孟尼利克周围。1895年12月，意大利军队遭受第一次失败后仍继续进攻。1896年3至5月，双方在阿杜瓦展开决战，埃军将侵略军分别切割、各个击破，意军几乎全军覆没，最后无条件承认埃塞俄比亚独立，并向埃方赔款。埃塞俄比亚人民通过自己的斗争捍卫了民族独立，这是非洲人民在反抗欧洲侵略者中唯一一次取得最后胜利的战争。

图12-4
埃塞俄比亚孟尼利克皇帝

12.2

"日不落"大帝国。自由主义：英国人的高明？
"殖民"的帝国主义。保守的"绅士"：世纪末的英国病

19世纪后期，随着第二次工业革命的进行，欧美各主要国家经济政治发展愈来愈不平衡，大国之间的力量对比开始发生明显变化，各个国家的自身发展特点亦愈来愈突出。

无论怎么说，尽管受到种种挑战，英国仍然执西方世界之牛耳，仍然在世界政治经济体系中居核心国家地位。

通过三个多世纪的向外发展，特别是18世纪以来的大规模扩张，到1914年第一次世界大战爆发前夕，英国所占的殖民地达到3350万平方公里，这是它本土面积的130倍。殖民地的人口将近4亿，相当其本土人口的十多倍。英帝国的领土遍及东西两个半球，分布在除南极以外的世界六大洲，自称"日不落帝国"。

在当时情况下，英帝国的版图占去了全世界陆地总面积的四分之一，人口也占全世界总人口的四分之一。英国所占有的海外殖民地，是其余西方国家所占殖民地的总和。而且，英国的殖民统治也最具典型性，最具解剖意义。

英国的殖民地大致包括三个层次。第一类是各白人自治领，如加拿大、澳大利亚、南非、新西兰等。在这些自治领里，要么国民主要是欧裔白人，要么由欧裔白人居于统治地位。英国国王是名义上的国家元首，任命总督来实行象征性的权力。不过，当后来这些自治领取得独立、仍尊英王为国家元首的时候，不尴不尬的事情就发生了。譬如，英王在理论上既可作为澳大利亚国王或加拿大国王向新西兰宣战，甚至向英国宣战，又要作为英国国王或新西兰国王而接受挑战。

第二类是直辖殖民地，大多是英国在世界各地建立的殖民据点，也包括那些整个国家都被征服的地方，如直布罗陀、印度、香港等，由殖民部派员（总督）进行直接管辖。

世纪末躁动

第三类是保护国。这些地方还没有解散原有的国家组织，主要只是在军事上接受英国的"保护"，即控制。内政权仍由当地政府执行，外交权则交给了英国。属于此类的如亚洲的马来联邦和文莱等国。

英国的影响还远远超出了帝国的范围。尤其是在亚洲，如中国，英国建立了许多租界，圈定了势力范围。全世界的海面上无处不游弋着悬挂"米"字旗的英国皇家海军舰艇。正像列宁所说："地球上没有一块土地不处在这个资本的魔掌之中，没有一块土地不被英国资本用千百条绳索缠住。"

地偏一隅的不列颠小岛，居然能向全世界伸展千百条绳索紧紧缚住每一块土地，这其中必有无穷的奥秘。英国政府在扩张和统治中所倡行的自由主义政策，无疑是一条极其得体的措施，一个极为重要的因素。

整个19世纪里，代表工业资产阶级的自由党在大多数的时候掌握着政权。自由主义政策的核心是自由贸易，而自由贸易就是取消任何商业限制和垄断，将英国这个"世界工厂"的廉价工业品推向殖民地的广大市场。这一政策的要害就在于表面上的公平交易取代了赤裸裸的暴力掠夺，使宗主国对殖民地的经济剥削变得十分隐蔽，从而钝化了殖民地人民对殖民者的反感情绪，同时也激发了他们对欧洲文明的学习和移植。

这样一来，英国的商品便几乎毫无阻挡地占领了各殖民地甚至整个世界。1870年，英国贸易占世界贸易总额的三分之一还要多。棉织品、毛织品、机器，这些来自英国的产品，以及来自英帝国各殖民地的工业原材料、粮食，充斥着世界市场。

英国也是世界的金融中心。历史悠久的英格兰银行，简直成了"银行的银行"。伦敦金融街的老板打个喷嚏，足可使世界金融市场晃动好几天。英国在世界各地开设的分行，1910年达到5500家之多。英国对外投资也在世界上居第一位，占世界各国对外投资总额的一半。

志得意满的英国人，把整个世界都看成了自己的天下。一个英国经济学家不无得意地写道：

> 北美和俄罗斯的平原是我们的粮田，芝加哥和敖得萨是我们的粮仓，加拿大和波罗的海沿岸是我们的木板生产者，在澳大利亚和新西兰放牧

着我们的羊群，在阿根廷和北美的西部大草原逐牧着我们的牛群，秘鲁运输给我们白银，黄金则从南美和澳大利亚运至伦敦，印度和中国替我们种植茶叶，在东西印度扩大了我们的咖啡、甘蔗和香料园，而西班牙和法国是我们的葡萄园，地中海沿岸各国是我们的菜园地，我们的棉田长期以来分布在美国南方，而现在则差不多扩展到地球上各个热带地区了。

然而，大凡人的得意之时，就是他走向背运之日。大英帝国也不外乎这一铁的规律。

19世纪后期，第二次工业革命浪潮席卷欧美世界。以电气、化学、石油采炼为代表的新技术出现，使各个工业生产部门再次出现了突飞猛进的发展。然而，曾经是第一次工业革命急先锋的英国人却无动于衷，眼光仍盯着不断扩大的殖民地版图。德法等大陆国家因采用新技术而出现的日新月异景象，英国人简直不屑一顾。

英国人太满足于"世界工厂"的昔日荣耀了，也太满足于不断增多的殖民地所带来的巨大利益了，以至于在新浪潮的冲击下仍然踯躅不前。在他们

图12-5
英国乡村景色

世纪末躁动　323

看来，有那么广阔的销售市场，有对世界市场的垄断地位，何愁旧机器生产的产品没有销路，不更新设备照样能获取丰厚的利润。因此，无论民间还是政府，都不再对国内的工业化进程继续保持兴趣和热情。

相反，在英国资本家眼里，进行技术改造和设备更新需要投入大量的资金，而且还要呕心沥血，甚至还要冒很大的风险，远不如投资殖民地获得现成的财富来得轻松、便捷。为满足资产阶层的这一需要，英国政府又不得不将主要精力和财力放到海外扩张和殖民地经营上。传统的自由经济政策，也使政府无力量集中企业资本发展新兴工业。

种种因素的作用，使英国经济发展速度在19世纪最后30年逐步放慢了，先后被美国和德国超过，从世界第一退居到欧洲第二。

于是，昔日郁郁葱葱的英格兰田野，如今已任其荒芜；昔日机器轰鸣、浓烟蔽日的工业城镇，如今走向破败。由于殖民地利润的不断输入，愈来愈多的人员离开了生产部门，转变为靠"剪息票"分红的食利者阶层，终日无所事事。据说，这样的人在19世纪后期英国有100万人之巨。

种种糜烂的社会风气，也弥漫在19世纪后期的英国社会。猎狐、赛马、打高尔夫球成了时尚，成为身份和地位的象征。有人宁愿用50个钱币来画自己的马，而不愿出十几个钱币来为自己的夫人留下倩影。有的议员开完会后，还要连夜赶回家中，为的是不耽误第二天的狩猎。而且，英国人玩乐的兴趣，还不满足于本岛，玩乐的花样也不断翻新。

贵族们的这种生活，对社会造成了极大危害。他们追逐声色犬马，追求悠闲舒逸，自恃血统和门第，自以为高贵典雅，气度不俗，待人傲慢矜持，不屑顾人。他们嘲弄繁杂吵闹、烟雾弥漫的城镇工业区，鄙夷为生计或金钱而奔忙的实业阶层。令人难以理解的是，由他们造成的这种浮华不实的风气，反倒成了19世纪英国大众的价值取向。

甚至连那些暴富发家的工商巨子，也以这种生活方式为模仿的样板，常常在事业飞黄腾达之时急流勇退，见好就收，将在工商实业赚来的大笔钞票投到猎场和田庄上。这样，进取心和创造力被磨蚀，节俭廉朴的美德荡然而去。在这种所谓"绅士风度"铸就的另一面，形成的是保守自大的痼疾。

英国人自以为守住了一方天下，因而不再愿意和其他国家竞争。尤其是当"光荣孤立"政策实行后，更强化了英国绅士们那种"莫管他人瓦上霜"的心理。

英国人似乎不大懂得"沉舟侧畔千帆过，病树前头万木春"的道理，总是以自己的尺子去度量别人的步伐。他们始终陶醉于从殖民地获取的巨大利益，而不去注意欧陆和北美国家在工业生产上的巨大革新和进步。他们仍然满足于用老式产品去"自由地"占领市场，殊不知德美等国已借助国家的力量，用新开发的技术产品到处排挤英国货。

19世纪后半期，德国的科技成果竟比英国多了一倍！1880年，当英国殖民扩张处于高潮，大片大片市场落入英国人之手时，英国对外贸易的增长率反而被美法德俄等国超过！

不但从横向比较，美德两国先后超过了英国的工业产量，而且如作纵向对比，英国的工业生产也呈衰落趋势，工业增长率明显下降。1820年以后，英国工业年增长率长期保持在3%以上，1880年下降为2%，1890年更下降为1%。对外贸易中，出口增长缓慢，进口则急剧增加。1880年后的十余年间，进口额的增长率比出口额的增长率大了7倍，英国反而成了国外商品的销售大市场！

这种"英国病"更表现在，英国人没有从这种严峻的现实中警醒过来。他们总是为"日不落"大厦耀眼的光彩所眩目，津津乐道于绅士生活，整个民族仍向上流社会看齐。传统成了评判事物的标准。四平八稳，老成持重，循规蹈矩，温文尔雅，成为评判人的标准，同时也成了英国民族的特有性格。附庸风雅、矫揉造作，成了"上流社会"人物的通病。

谦谦风度的英国绅士们作为既得利益者，他们希望永远能过平静的生活，甚至希望能在慵懒安逸的状态中度日，希望能远离欧洲大陆那喧闹的嚣尘，可惜这只是一厢情愿而已。拥有四分之一世界的大不列颠当然想以守业为重，但无业或少业的欧洲邻居却不一定耐得住这种事实的折磨。在他们看来，英帝国那宽广的版图，无论如何也是一个巨大的诱惑。

12.3

条顿人的挑战：德意志"经济飞人"。三皇同盟。三国同盟。长驱直入巴格达。美国"黑马"

最想啃大英帝国这块肥肉的，是和英吉利民族既有远亲渊源、又有近亲关系的德意志土地上的条顿人了。

德国的统一，扫除了资本主义发展的障碍，仅仅20年时间，它便一跃而为欧洲经济强国。

德国的工业发展是在19世纪五六十年代起步的，那时克虏伯、西门子等大公司相继出现。1870年以后，德国赶上了第二次工业革命的浪潮，并在化学、电气等工业方面处于领先地位。19世纪最后30年里，德国工业发展速度居于世界第二、欧洲第一。30年中，工业生产总指数几乎增加了3倍，煤开采量增加3倍多，钢产量翻了5番多。化学工业从60年代的几乎是空白，跃升到1900年的世界第一位。这时，世界所用染料的五分之四是由德国制造的。电气工业在1891年至1913年的22年间增加了28倍。1866年，德国工程师西门子制成发电机，使世界能源利用开始了一个新的时代。西门子兄弟还发明了平炉炼钢法。以石油为原料的内燃机，也是德国人发明的。奥托发明了煤气内燃机，戴姆发明了汽油内燃机，狄塞尔发明了柴油内燃机。作为一个后起国家，德国一方面积极补上第一次工业革命的课，另一方面又直接利用第二次工业革命的新技术，所以少走了英法等国已经走过的弯路，生产出现了跳跃性的进步，经济实现了"起飞"。

德国资本主义从一开始大规模发展，就走上了集中和垄断的道路。德国的垄断组织初期叫卡特尔，1905年时发展到385个，遍及冶金、采矿、电气、化学、纺织、食品等主要工业部门。20世纪初，更高级的垄断组织辛迪加出现。不过，德国资本主义的发展和垄断又具有浓厚的封建性。专制君主的统治，军国主义的传统，后起国家对殖民地的垂涎，使其特别具有侵略性和掠夺欲。

普法战争之后，德意志帝国崛起，法国被大大削弱，欧洲的力量格局发生很大变化。俾斯麦将欧洲局势喻为一辆车中的陌生旅客，个个都提防着别人，要是有人伸向口袋摸枪，别人就会先扣响扳机。特别是新近崛起的德国，更成为众矢之的。所以俾斯麦认为，德国要想立稳脚跟，必须采取孤立法国的基本方针。

　　在这样一种思想指导下，俾斯麦到处寻觅盟友。首先找到的是奥匈帝国。此时的奥匈渐呈衰微之象，因普奥战争的失败，对德国深怀恐惧，政策也从仇视转变为讨好。德国的另一个传统伙伴是俄国。当时的俄国正在同英国争夺近东，同奥匈争夺巴尔干。它感到要靠德国力量来与英国抗衡，也感到要与奥匈从对抗转为妥协，又不愿德奥关系过于亲密，所以积极与德奥接触。1872年9月，奥匈皇帝访问德国柏林，沙皇深感不安，也要求参加会见，于是德奥俄三国走到了一起。1873年6月，俄奥两国皇帝签订协定，10月德国威廉一世也要求加入，从而结成"三皇同盟"。

　　三皇同盟实际是一个松散的同盟，三国之间的矛盾其实很深，到了关键时刻立即暴露出来。同盟签订后不久，爆发了法德危机。法国通过外交努力，使俄国允诺来调解法德冲突。沙皇甚至还威胁说，如果德国发动战争，就得担负起全部责任。后来俄国又同英国一道，对德国施加压力，表示不容许德国发动新的战争。俾斯麦认为自己蒙受了屈辱，被俄国人在背后踢了一脚。在这样一种钩心斗角、面和心不和的局面之下，三皇同盟终于在1878年到期自动瓦解。3年后，三国又走到一起，签订新的三皇同盟，不过完全是一种过场罢了。

　　海涅曾经评论，英国有海上优势，法俄有陆地力量，德国人只能在梦的天空中漫游。19世纪末叶，德国在经济上强大起来以后，便称自己"缺乏空间"，"领土太小"，首相标洛夫公开宣称"我们要求阳光下的地盘"。一些民族沙文主义分子，要求把日耳曼人居住的所有地区都合并到德国。1891年成立"泛日耳曼同盟"。德国的侵略扩张野心急剧膨胀。

　　德国的主要对手是英国。为打破英国的海上优势，争夺海上霸权，德国前后制定了好几个海军方案，扩大海军舰只数量和吨级。第一次世界大战爆发前夕，德国的各类战舰已达到232艘，仅次于英国而成为世界上第二大海上强国。

　　和俄国的关系日益疏远后，德国又开始拉拢意大利。意大利本为一弱国，同奥匈有矛盾，国内又有与教皇的摩擦，因此感到有必要加强同德国的联系。这正符合俾斯麦的需要，但他却又在意奥之间搞调和，声称："从罗马到柏林的道路是要经过维也纳的。"意大利迫于压力也只好与奥匈接近。1882年5月，德奥意三国在维也纳签订同盟条约，规定签约的任何一方在遭到法国进攻时，其他两方都负有援助的义务。如同法国以外的大国交战，另外两方要恪守善意中立。"三国同盟"的结成，标志以德国为首的军事集团开始形成。

同时，由于同德国的矛盾逐渐加深，俄国也开始寻找新的盟友。1887年，法国满足了俄国人借款的愿望。1892年，法俄签订了战争情况下互相支援的军事协定。1894年初，法俄同盟正式建立。于是另一个军事集团也已形成。

德国地处欧洲大陆北部，要从陆地展开对东方的进攻，远不如英法等海洋国家便利，因此它处心积虑地寻找机会向东方渗透，争夺巴格达铁路修建权就是突出一例。

巴格达铁路是奥斯曼帝国境内西起君士坦丁堡，穿过小亚，经过巴格达，直到波斯湾巴士拉的一条主干铁路，全长5000公里。为了争夺铁路的修建权，各欧洲列强进行了激烈的斗争。1878年柏林会议上，担任会议主席的俾斯麦调解了英俄冲突，挫败了俄国侵吞巴尔干的设想，从而赢得了土耳其的好感，德土双方开始接近。1892年，由德国银行家承建的君士坦丁堡至安卡拉铁路竣工。第二年，土耳其又授权德国人经营的小亚铁路公司修筑安卡拉至科尼亚的铁路。德国人仍不满足，要求将铁路线继续延伸，经过巴格达直抵波斯湾。1898年，德皇威廉二世亲访君士坦丁堡和大马士革等地，自称他是全世界3亿穆斯林的保护人。1899年底，德国获得巴格达铁路筑路权，连带沿线开矿、修建港口等特权。

这条铁路的修建，不仅加强了德国对近东地区的经济侵略和征服，更重要的是对德国具有重大的战略意义，即成为德国向东方推进的大动脉。这样，从柏林到波斯湾，可以沿铁路线长驱直入。无怪乎筑路权取得之时，德国舆论格外兴高采烈，欢呼道："开足马力到幼发拉底河、底格里斯河和波斯湾去吧。从陆上到印度的道路已落入理当据有这条铁路的人的掌握，已落入喜欢战斗喜欢劳动的德国掌握了。"

但是，这条铁路却大大危害着英国在东方的殖民利益。本来已与德国有着尖锐矛盾的英国人,不再对德国人存有妥协的妄想,转而投入反德的法俄集团中去了。

和英国人有更为亲密的血缘关系的美国,在19世纪后期也突然飞跃发展。但它并不把矛头对准同宗英吉利,而是在欧陆以外从老而腐朽的西班牙殖民帝国口中夺食。

美国是19世纪后期第二次工业革命中受惠最多的国家之一。电力、钢铁、石油、汽车等工业,成了美国经济的支柱产业。爱迪生发明电灯,从此改变了人类的生活质量。他申请的与用电相关的各种发明专利,高达1300多件,留声机、电影放映机、电报传送机等,都是他的杰作。贝尔发明的电话,大大改变了人类远程通信方式。据说当巴西皇帝参观电话展览时,竟然大惊小怪。

福特大规模地生产汽车,导致了交通运输业的重大革命。当有人埋怨汽车可能会引起公路上的马受惊吓,造成社会问题时,福特淡然一笑,告之自己的理想:"我根本不是要造成什么社会问题,我是要使汽车民主化。我的工作一旦完成,每个人就能买得起一辆汽车,马将会从公路上消失,不会造成任何问题。"

莱特兄弟发明了人类历史上第一架飞机,使人类像鸟儿一样翱翔在天空的梦想变成了现实。

世纪之交的美国进入了"发明的时代"。1860至1890年,美国国家专利局登记的专利证达44万件。

美国的经济以前所未有的速度发展,工业年产量超过英国、德国而成为世界第一。在19世纪后半期里,美国工业总产值增长了12倍。农业也因增加了科技含量而焕然一新,大农场成为农业经营的主要形式。经济综合实力与日俱增,美国的社会面貌大大改观,城市化进程明显加快,一幢幢摩天大楼拔地而起。

在美国步向工业大国的时候,工业生产组织也发生了质的突变。一个个特大的托拉斯,几乎垄断了本行业的全部生产活动。于是,便有了石油大王洛克菲勒、钢铁大王卡耐基、汽车大王福特、金融巨头摩根等等,他们操纵了国家的政治经济命脉,也怂恿着政府不断对外扩张。

美国地处西半球,并且占领了北美南部从东海岸到西海岸的全部土地,因此陆上的扩张不再是美国人的目标。于是，在80年代里，便有马汉的"海权论"出台。马汉为海军一上校，他在所著《海上实力对历史的影响》《美国的海权利益》中，明确表达了向海外扩张的思想。他说："不管美国人愿意不愿意，现在他们必须开始目光向外看。"

在他的倡议下，美国政府开始建设强大的海军，并且着手在中美巴拿马地峡开凿运河，以便进行"两洋战争"。马汉还鼓吹建立"太平洋帝国"，夺取菲律宾及太平洋和远东其他地区，并扩大在中国的势力。从某种意义上说，1899年美国要求中国实行所谓"门户开放"政策，就是这一论调的结果。

太平洋是美国的必争之地，而统治太平洋地区的西班牙殖民势力又早已走向衰落，这正给美国的进入提供了良机。1898年，美西战争正式爆发。

战争的导火线，是美国军舰"缅因号"开进它早已垂涎的古巴哈瓦那后，突然爆炸沉没。于是，"牢记'缅因'号事件"成为美国朝野普遍的挑战口号。4月底，美国对西班牙正式宣战. 一日之间，美军就将停泊在菲律宾马尼拉附近的西班牙舰队击沉。7月又在古巴海域打败西班牙海军。接着又在波多黎各登陆，西班牙守军只作象征性的抵抗就向美军投降了。

不堪一击的西班牙帝国，开战不到4个月就急急忙忙要求停火。12月，两国在巴黎签订和约。按照和约规定，古巴沦为美国的保护国，波多黎各、关岛、菲律宾均由西班牙转让给美国，这是一场典型的帝国主义战争。新起的帝国主义国家美国，显示了对老殖民主义国家的强大优势。

对于欧洲，美国毕竟离得太远了。虽然它要做的事很多，但它更愿意"坐山观虎斗"，希望欧洲各列强在拼杀中消耗实力。后来的事实表明，这一战略运用得太成功了。

12.4

英日同盟：英国孤立政策的收场。法国的烦恼。
协约国的形成。两次摩洛哥危机：大战的前奏

在欧洲大陆上，德国完全以世界头号强国英国为挑战对象，要求能与英

国分享世界霸权。德国首相标洛夫就毫无顾忌地挑衅说："如果英国想吃一个弱国盘子里的东西，那它就应该让我们德国同它一起吃。"言下之意，德国人就是看中了英国人的口中之食。因此。英德之间的矛盾是欧洲列强间的主要矛盾。

英国开始惊醒过来，面对强有力而且气焰嚣张的对手，不得不放弃传统的孤立政策，寻找盟友。

然而，作为英国人来说，最初还不想放下脸面，从欧洲寻觅盟友，只得舍近求远，放眼东亚，于1902年同日本结盟。

英日走到一起不是偶然的。日本是亚洲新起的资本主义国家，明治维新后国力渐盛。甲午战争中一举打败中国，侵略和扩张的野心与日俱增。然而它要霸占中国，第一步棋就是要占领中国的东北，而恰好在这里遇到了强劲的对手沙俄。至于英国，也嫉妒俄国在远东咄咄逼人的扩张势头，总是千方百计地予以遏制。

早在1894年，英日两国就开始接近。1898年，英国公开谈到要与日本合作。1901年，两国进行实质性的合作谈判。英国鼓动日本占领中国的辽东半岛，以此为诱饵，挑起日俄对抗，从而加强日本对英国的依赖。

而日本也有自己的算盘。它的主要目的就是要求英国公开地支持日本夺取朝鲜，并以同俄国谈判来迫使英国答应条件。

经过数度讨价还价，英日两国终于在1902年签订了同盟条约。两国协商在干涉中国和朝鲜内政时，在发动对俄战争时，要一致行动，要限制第三国在远东形成海军优势，在必要时，双方海军还可联合行动。

有了这次结盟的经验，英国又开始在欧洲主动出击。为了对付德国，英国主动与法国通好，英王爱德华七世甚至亲自出马访问巴黎。

此时的法国政府，正被一大堆丑闻事件搅得焦头烂额，政局混乱，社会骚乱。几个主要的事件是：布朗热事件、巴拿马丑闻和德雷弗斯冤案。

布朗热曾为法国政府陆军部长，他以左派面孔出现，打着爱国主义旗号，一方面进行沙文主义宣传，另一方面则在军队内部实行改革，改善士兵待遇，改善军民关系，博得了将士和群众对他的信任、支持甚至崇拜。利用这一点，他取得了1888年的大选胜利，人民对他的个人崇拜也达到了几乎狂热的地步。

世纪末躁动　　331

据说，有几千种布朗热的肖像在国内流行，有数百首歌曲颂扬他。

然而，布朗热是一个个人野心家，他在暗地里结党营私，甚至同保皇党人勾结，试图推翻共和，建立他的独裁统治。其阴谋败露后，法国政府遂于1889年将其逮捕，国内流行了3年之久的布朗热崇拜狂热方告结束。不久后，法国最高法院判处布朗热终身监禁。1891年，布朗热自杀身死。

几乎与此同时，巴拿马运河丑闻事件又在法国发生。这是一起特大的贪污受贿舞弊事件。1879年法国人得到巴拿马运河开凿权后，运河公司资金严重不足。为获准发行新的股票，公司不惜用重金贿赂政府要员、国会议员以及新闻界人物。然而当大量股金流入公司腰包后，公司又突然宣布负债破产，这就将上百万股东推入了火坑，许多企业因此而破产倒闭。

1892年，公司破产的内幕终于被曝光。接受过贿赂的数名内阁总理，以及一大批政府高官、议员、记者不断被揭露出来。然而，政府为了遮丑，在审判时仅将行贿者判以徒刑和经济处罚，议员和要员们则全部逍遥法外，未加任何追究处理。一场如此恶劣的诈骗案件就这样不了了之，使法国人民更进一步认清了资产阶级政权的性质。

德雷弗斯是一现职上尉军官。1894年，法国军方在查一间谍案时，认定案犯就是犹太人军官德雷弗斯。尽管德雷弗斯及其家属百般申辩，拒绝认

图12-6
凯旋门和香榭丽舍大街

罪，法国军事法庭还是我行我素，执意将他判处无期徒刑，流放魔鬼岛。据说，这一案件的审理过程，将反犹太人的情绪调动到了极点。一个犹太人新闻记者目睹法庭上一片"绞死犹太人"的狂呼声，萌发了应使犹太人有个家园的念头，从此开始了犹太复国主义运动。

一年后，法国军方有关人员在复查中，发现德雷弗斯确为冤枉，真正的罪犯是另一人，上书总参谋部希望复审，遭到拒绝，终至这位官员也被撤职。舆论大哗，社会各界要求重新审理此案。然而，当军事法庭再度开庭时，真正的罪犯被判处无罪，这位被撤职的官员反倒以泄密罪而被捕。该案直到1906年才得以纠正。

英王爱德华七世正是在这个时候来到巴黎的。据称爱德华是18世纪以来最有政治眼光的英国国王。他审时度势，又善于结交，人称"有魔力的国王"。当他1903年抵临巴黎受到当地人奚落时，他仍能不失风度，面不改色，在马车上向人群点头微笑致意，称自己早就敬慕巴黎。这一招当然"赢得了所有法国人的心"，两国很快就签订了3项协约。

至于俄国人，英国人是常常怀有芥蒂之心的。英国人19世纪在欧洲大陆的最后一战，即克里米亚战争，就是同俄国人进行的。当俄国在亚洲同英国的竞争中越来越得势时，英国人曾愤怒地说："与鬼共餐，需用长匙。"

日俄战争之后，俄国力量被大大削弱，英王爱德华转而极力倡导英俄亲善，并联合法国向沙皇贷款。其目的很显然，就是要使德国陷入东西两面受敌的处境。

俄国人心领神会，决定摆脱与英国世代为敌的状况。当英法缔约之后，久为法国盟友的俄国人立即声称："我们朋友的朋友，就是我们的朋友。"英俄迅速地接近，终于在1907年签订了"英俄协约"。这样，英法俄三国终于结成了与德意奥同盟相对抗的协约国集团。

欧洲两大军事集团的对抗，最后引发了第一次世界大战。大战的前奏，是发生在摩洛哥的两次危机。

德国虽然占领了撒哈拉以南非洲的许多地方，但它侵略非洲的重点是西北角的摩洛哥，而这里正是法国的传统势力范围。

第一次摩洛哥危机发生于1904年。在当时英法达成的协议中，英国承

世纪末躁动

认了法国在摩洛哥的利益。德国资本家对摩洛哥的铁矿垂涎已久，而英法协议中却完全没有照顾到这一点，因此克虏伯等大公司纷纷要求政府采取武力。1905年3月，德皇威廉二世在摩洛哥城市丹吉尔发表演说，声称他是摩洛哥的保护人，拒绝了法国就摩洛哥问题磋商的建议。后来，在1906年召开的国际会议调停下，出于国内局势和自身军事准备不足的考虑，德国退让了。1909年，德、法、摩洛哥签订了卡萨布兰卡条约，德国在摩洛哥得到了一些经济利益。

1911年，法国借口非斯地区发生起义，出兵占领了摩洛哥首都，从而在实际上将摩洛哥置于自己的控制之下。德国人借口保护德国人在摩洛哥开设的矿山和工厂，将军舰"豹号"和"柏林号"于7月1日开进了摩洛哥的阿嘉底尔港。历史上戏称这一事件为"阿嘉底尔的豹的跳跃"。第二次摩洛哥危机发生。

正当德国人挑衅之时，英国明确表示，倘若法国遭到德军的攻击，英国将在军事上支持法国。英国人傲慢地警告德国不要忘记法国的背后有英国。财政大臣声称："如果英国在国际大家庭中被轻视……那对于我们这样一个大国是不可忍受的屈辱。"外交大臣则明确地表示："倘若德国主宰了大陆，那我们就会和别的国家一样不舒服。"

英国的强硬态度迫使德国又一次退缩。1911年11月，德法又一次缔结协定，德国承认摩洛哥为法国的保护国，法国则将刚果的一部分给德国作"补偿"。

此时，巴尔干爆发了反土耳其的民族解放运动。随着各国纷纷摆脱土耳其而独立，推动了波黑人民要求摆脱奥匈帝国统治的斗争，奥匈和塞尔维亚的冲突白热化，巴尔干成了欧洲的火药库。

第十三章

睡狮渐醒

西方崛起时和冲击下的东方

13.1

奥斯曼帝国的强大。17世纪末奥斯曼开始走向衰落。18世纪两次俄土战争。19世纪末触动根本的改革。奥斯曼帝国的最后解体

近代欧洲兴起过程中,还向东方的亚洲发起了冲击。这一冲击有两个明显阶段。16世纪起,欧洲人凭借冒险开拓精神,开始向亚洲扩张。但由于亚洲古老文明积淀深厚,西方的冲击仅停留在亚洲的边缘地带,未能深入腹地,也未能动摇亚洲帝国之根基。18世纪工业革命开始后,欧洲人的经济技术优势日见显著,他们不再满足于在边缘地带徘徊,而是力图深入亚洲各帝国的核心区域。而古老的亚洲帝国因其各自不同的传统和现实因素,在西方冲击下饱受折磨。不妨可以说,18世纪—19世纪的亚洲历史,是其六千年文明历程中最屈辱、最黑暗的时代之一。

欧洲之东是伊斯兰世界。由西往东排列的三大穆斯林帝国即奥斯曼土耳其帝国、伊朗帝国和印度莫卧儿帝国,在西方人的冲击下饱受苦难。

首先是奥斯曼土耳其帝国。自1453年攻占君士坦丁堡以后,奥斯曼土耳

其迅速崛起为地跨亚欧的庞大帝国，国土面积最大时超过了以往的东罗马拜占庭帝国。欧洲的巴尔干半岛，亚洲西部的绝大部分地区，东地中海的北非沿岸，都属奥斯曼帝国的版图，其范围西北至匈牙利的布达佩斯，西南到达了摩洛哥，东到两河流域的巴格达，北及黑海北部的克里米亚半岛，南达埃及尼罗河第一瀑布。看起来，奥斯曼帝国好像一面巨大屏障，挡住了西方人的东望视野。相反，当16世纪西欧开始崛起之时，忧虑的还不是如何向它进攻，而是如何才能阻挡土耳其旋风西进。奥斯曼骑兵叱咤风云，令西欧人几近闻风丧胆。土耳其的海军也在地中海上掀起风浪，迫使海上霸主威尼斯、热那亚甚至与教皇国联合起来对付，但终于在1572年勒颁多海战中失利。在维也纳城下，奥斯曼人战争机器停止了运转，疲惫地停歇在匈牙利平原上。

17世纪是奥斯曼帝国与欧洲人较量由强转弱的时代。中欧的奥地利、东欧的俄罗斯，都是奥斯曼的劲敌。它们对巴尔干的激烈争夺，迫使奥斯曼人逐渐从欧洲撤退。1606年，奥斯曼帝国第一次签订其扩张史上的平等条约，承认奥地利皇帝是"罗马皇帝"，而不再以征服者自居。1683年，奥斯曼大

图 13-1
奥斯曼帝国苏莱曼大帝在战斗中

军最终败于维也纳城下。随后，奥斯曼人又在 1687 年莫哈赤等战役中败在奥地利人及盟军之手，很快还让俄国沙皇夺走了亚速海。1699 年，土耳其人接受屈辱条约，向奥地利哈布斯堡王朝割让了匈牙利、斯洛文尼亚和克罗地亚大部，向波兰、威尼斯、沙皇俄国也割让了宽广的版图。这次条约是奥斯曼第一次作为战败国签订的条约，是退出与欧洲的竞争、走向衰落的重要标志。

18 世纪初，虽然奥斯曼在与奥地利、威尼斯的战争中一再失利，但法国人却为了保护东方的基督徒而给予它有力支持。这个世纪里奥斯曼真正的对手不是西欧人，而是紧邻沙皇俄国。在该世纪后半期不到 30 年时间里，两个大国进行了两次战争。

第一次俄土战争打了 6 年（1768—1774），有多瑙河、高加索和克里米亚三大战场。最后结局是土耳其军队惨败，签订屈辱条约，亚速、克里米亚、第聂伯河与布格河间大片土地被俄国人割占，从此黑海不再是土耳其的内海，而为俄土两国所共有。俄国还获得商船自由通过博斯普鲁斯海峡和达达尼尔海峡的权利。条约还规定俄国是土耳其境内东正教徒的"保护者"。俄国对

图 13-2
奥斯曼海军封锁法国马赛港

土耳其的战争，当然是"解放"幌子下的侵略。不过，这也促使土耳其放弃帝国梦想，逐步走上民族、民主和近代化之路。

俄国沙皇继续南下，引起了第二次俄土战争（1787—1792）。在这次战争中，欧洲各列强或参与俄方，或态度暧昧。沙皇俄国抓住法国革命爆发、各列强注意力西移之机，全面击溃土耳其的防线，迅速结束了战争，迫使土耳其再次接受屈辱条约。俄国占领了格鲁吉亚等地，控制了黑海制海权，获得对奥斯曼帝国境内东正教会的"保教权"。从此，土耳其成为西欧列强与俄国争夺东地中海和黑海地区的棋盘上的棋子，被欧洲大国所操纵和利用，主权日益丧失。曾几何时的奥斯曼帝国，演变成了"欧洲病夫"。

土耳其日后还继续被欧洲列强宰割。1812 年将比萨拉比亚割让给俄国；1878 年把波黑割让给奥地利，把巴统和卡尔斯割让给俄国等。面对奥斯曼帝国内的民族独立运动，欧洲列强提出"不让土耳其灭亡，也不让土耳其强大"的口号，纷纷侵入帝国境内；法国人控制了阿尔及利亚和突尼斯；英国人控制了苏伊士运河和巴勒斯坦；德国人获得了巴格达铁路修路权。由此奥斯曼帝国连连丧失主权，走向崩溃边缘。

图 13-3
凯末尔及牵马女战士

危急关头,土耳其也出现了学习西方的改革运动。尽管土耳其人奉行伊斯兰教,极端蔑视基督教思想和文化,但西方先进思想和科学技术的不断涌入,也使他们从中看到了有用的东西可借鉴。因此早在18、19世纪之交,土耳其素丹塞里姆三世就开始了改革运动。不过,虽然塞里姆阅历丰富,尤其是熟谙欧洲事务,并效法法国,以法国名词"新秩序"作为改革方案的总称,但其首要目标是"强兵",不愿触动其封建制度的根本。即便如此,改革也遭到了保守派的激烈反对,塞里姆最终退位,改革以夭折告终。

继塞里姆素丹之位的马茂德二世,继续举起了改革大旗。马茂德有"土耳其的彼得大帝"之称。他的改革虽然也是从军事入手,但涉及的面却要宽得多。他在行政管理方面大刀阔斧改革,废除旧体系,选用新官员,维持文官队伍,设置外交、内务大臣等官职。还在帝国进行第一次人口普查和土地丈量,以为征兵、抽税服务。他还加强社会公益事业,改革传统习俗,引进电报、铁路、邮政、报纸等,加强文化建设。马茂德之子即素丹位后,继续改革事业,尤其是为政教分离铺平了道路。此外,改革派还宣传"法律面前一律平等"思想,颁布了不少法规;深化教育改革,建立奥斯曼大学,建立自初等至高等的教育体系,等等。毫无疑问,这些改革使土耳其人走上了现代之路。但由于没有触动封建农本经济体制这个根本,对西方的学习只是停留在学"技"这个层面上,因此不可能改变土耳其的落后面貌,也不可能扭转奥斯曼帝国之衰落趋势。

20世纪初年,改革在青年土耳其党人领导下继续进行,1908年最终取得了立宪制改革的胜利。然而,由于第一次世界大战中土耳其站在德奥同盟国集团一方,奥斯曼帝国因之成为战败国,在巴黎凡尔赛和会上任由战胜国宰割。偌大的帝国版图被分割得零零碎碎,西亚北非的新兴国家诞生在帝国境内,只留下包括小亚半岛和伊斯坦布尔附近一小块欧洲土地,后来变成了土耳其共和国。20世纪20年代凯末尔当政时期进行了改革,学习西方,走上资本主义发展道路。

13.2

伊朗高原数度崛起。萨菲阿巴斯朝的强盛。18世纪伊朗政局。西方势力进入伊朗。巴布教徒起义。达吉汗变法。伊朗沦为半殖民地

亚洲西部的伊朗高原,是波斯民族世代生息的热土。从地理位置来说,这是一块开放性区域,是亚洲陆路交往的要冲。从东亚、中亚通往西亚、欧洲、非洲,从欧洲、西亚去往南亚印度,这里都是必经之地。因此,在古代世界的几千年历史里,当陆路来往还是主要交通手段的时候,这里常常成为东西方人员和文化交流融汇的场所。如中国与西亚交往的"丝绸之路"上,伊朗就处在关键位置。也由于这里是连接东西方的走廊,因此它又是各民族冲突厮杀的重要舞台,外族的劫掠和入主更替极度频繁。

而波斯民族的顽强和执着,在世界历史上也是罕见的。2000多年的时间里,伊朗曾经数度崛起,在内外较量中四度出现了强大国家。

古代波斯帝国兴起于公元前6世纪,它发展到顶峰时,征服了西亚北非古代文明的全部地区,并往东占领印度西部,向西进入欧洲,成为历史上第一个地跨三大洲的世界性帝国,也是当时世界上最强大的国家。公元前5世纪在与希腊人的大战中走向衰落,后又在风雨飘摇中维持了一个多世纪,于公元前330年被来自希腊马其顿的亚历山大所灭。

在反对马其顿希腊人的斗争中,伊朗东北部游牧民族于公元前3世纪中叶建立了安息王朝,并很快发展为帝国。安息与罗马并峙,将罗马势力始终遏制在两河流域以西,是当时世界上并立的四大帝国之一。内部分裂导致了安息衰弱,终被波斯人的萨珊王朝所取代。

萨珊波斯又称新波斯帝国,兴起于3世纪,长期与罗马帝国、拜占庭帝国对峙,国力衰弱后,于7世纪被阿拉伯帝国所灭。此后,伊朗民族虽然在文化上皈依了伊斯兰教,但仍凸显了自身独有的特征。

当16世纪欧洲开始崛起之时,正值伊朗高原第四个帝国——萨非王朝的兴起。该王朝源起于阿塞拜疆地区,1502年建立后即开始对外扩张。为了笼

络伊朗贵族，萨非家族改变原所信奉的伊斯兰教正统逊尼派，将长期在伊朗流行的什叶派定为国教。这一做法，使伊朗从此有脱离阿拉伯正统控制的趋势，成为伊斯兰世界中一支独立性较强的力量。

萨非伊朗的真正强大是在阿巴斯一世时期（1587—1629）。阿巴斯继位于伊朗内外交困危难之际。他实行先安内、再改革、再抗外的政策，伊朗因此强大起来。由于政局稳定，伊朗的手工业和商业都有较大发展，对外贸易繁荣。首都伊斯法罕人口达50万之多，与东西方国家都保持了密切的贸易联系，经常有来自中国、印度、中亚、土耳其，以及欧洲国家如俄、英、荷、法、意等国的商人。

由于地理位置关系，伊朗这个地方历来民族成分复杂，社会矛盾常常与民族矛盾交织，起义暴动不断。起义频发给了萨非王朝沉重打击。阿巴斯死后，萨非王朝便走向衰落。17世纪中期后，其国王日益昏庸腐化，宫廷斗争激烈。同时统治者对人民的剥削加重，末代国王侯赛因竟将赋税提高了一至二倍。1722年，阿富汗军队侵入伊朗，侯赛因向其献出王冠，萨非王朝灭亡。

18世纪伊朗政局发生了重要变化。1730年，突厥系将领纳迪尔沙将阿富汗人赶出伊朗。后又战胜土耳其人。1736年，纳迪尔沙加冕为王。他虽然企图建立一个强大帝国，但又倚靠外来人员，因而得不到伊朗贵族集团支持，战争负担也触发了人民不断起义。1747年，纳迪尔沙被近卫军杀死。伊朗由此陷入混乱，群雄并起。多年混战后，终于出现了卡扎尔王朝（1794—1925）。此时伊朗国势已衰，封建性的卡扎尔王朝没有回天之力。西方对伊朗的渗透和干涉日紧，伊朗最终沦为西方控制下的半殖民地国家。

西方势力自16世纪就开始进入伊朗。最先来的是葡萄牙人。1514年，葡萄牙的果阿总督攻占波斯湾口的忽鲁谟斯（霍尔木兹），设立商站和城堡。忽鲁谟斯很快成为葡萄牙东方贸易的重要中心，还是葡萄牙舰队最重要的东方基地之一。

16世纪后期，英国和荷兰开始进入东方，步葡萄牙人后尘向亚洲扩张。它们与阿巴斯伊朗通好，阿巴斯也企图借英荷之力对付土耳其帝国，赶走葡萄牙人。1622年，伊英军队联合攻下葡占忽鲁谟斯，但这不过是前门驱狼，后门进虎，英国乘机向伊朗索要商业特权。结果英属东印度公司在伊朗设立商站，并获进口免税权。17世纪中叶，荷兰东印度公司也获得类似特权，并在伊朗的对外贸易中取得首要位置。

18世纪末以后，随着工业革命进行，西欧展开了对东方的新一轮扩张。伊朗成为英、法、俄等列强争夺的对象。伊朗与俄国有南高加索地区疆域之争。而英法远离伊朗，在伊朗看来当无领土威胁，英法揣摩了伊朗统治者心理，企图借伊朗反俄的力量和时机，一方面抵制俄国，另一方面扩充自己在伊势力。从此，伊朗陷入了西方列强争夺的旋涡之中，饱受折磨，再也不得片刻安宁。由于需借助外力抵制沙俄南侵，伊朗常常在英法两强之间徘徊，结果造成"联英则英国获利，联法则法国获利"，伊朗已很难自主。

法国大革命和拿破仑战争期间，英法成为对手，它们都试图与伊朗结成同盟，都曾派出使团游说伊朗国王。伊朗经过权衡，最终与英国缔结了条约。条约规定英国有援助伊朗的义务，但伊朗却为此付出丧失部分主权的代价。而且，当1804年第一次伊俄战争爆发时，英国因与俄国已缔结反法同盟而不愿开罪俄国、援助伊朗，伊英两国关系迅速恶化。拿破仑立即劝说伊朗与法国结盟。整个19世纪上半叶，伊朗无力应对英、俄、土耳其接二连三的挑衅和挑战，被迫签订了一系列不平等条约，大大损害了自身的领土和主权完整。尤其是英国，凭借条约通过商品输入进一步控制伊朗经济。19世纪30年代后，外国商品流入伊朗的数量剧增，如英国纺织品涌入伊朗，几乎占到伊全国进口的90%。英国还享有领事裁判权，输入商品关税仅5%，内地税全免。奥、法、美也迫使伊朗签订类似不平等条约，伊朗逐渐走上半殖民地化道路。

外国商品涌入，破坏了伊朗原有经济结构，也加剧了伊朗的社会矛盾。19世纪的伊朗，可谓社会黑暗，民不聊生，激起了人民不断反抗。1848至1852年的巴布教徒起义，将这一反抗推向了高潮。

巴布教从伊斯兰一教派演变而来，巴布意为"门"，意思是救世主的旨意通过此门而传达给人民。教派创始人阿里·穆罕默德自称巴布，他说人类社会是依次发展的，后代一定超过前代，各个时代都有自己的制度和法律，而且要由"先知"制定。他自己就是这样的先知，要由他来重新制定新时代的制度和法律。

巴布设计了没有压迫、人人平等，都过着幸福生活的社会制度。这种理想寄托，符合伊朗苦难大众的心态。因此巴布教得到了极快传播，信徒众多。1848年，巴布教徒利用统治者内讧的时机发动武装起义，波及全国多地，坚持了4年之久。巴布教徒斗争的主要锋芒虽然针对国内统治者，但由于外国商品进入导致了农民和手工业者破产，因此他们提出经济要求实际上又具有反抗西方殖民势力的性质。

巴布教徒起义也惊醒了统治者中的有识之士，推动了一场由宰相达吉汗主持的改革。这场改革在政治上除弊政，裁冗员，减课税；在军事上整肃军纪，增强军备，扩充组织；对外则试图在英俄矛盾中游刃取利。但改革未能触动农本经济社会的传统体制，治标不治本，因而不能对伊朗的衰落命运有丝毫有力的扭转。达吉汗本人，也因改革变法触动了某些利益集团，反而被国王处以死刑。

此后伊朗局势每况愈下，西方势力则加紧了对伊朗的掠夺。

19世纪50年代，英国对伊朗的争夺加快。为了夺取中亚重镇赫拉特，英国直接向伊朗发动战争，于1857年迫使伊朗签订条约。此后英国在伊朗的势力日盛，夺取了各种特权。1863年取得电报线铺设权。1872年取得在伊朗修铁路、开矿藏、办银行、伐森林、凿运河等特权，只是在伊朗人民的坚决反对下，这些特权才被停止。1889年在伊朗开办"帝国银行"，实际控制伊朗财政。1890年取得烟草专卖权。1901年，取得伊朗几乎全境的石油开采权。20世纪初，伊朗的南部和中部都归入了英国势力范围。1909年英伊石油公司成立，这是伊朗一个"国中之国"。1933年签订的《英伊石油协定》，将伊朗南部26万平方公里油田"租借"给英国，为期60年，伊朗法律不能管辖这里，政府每年只能收20%的石油利润。

沙皇俄国则因地理关系主要控制了伊朗北部，几乎获得了各种经济特权。在政治上，英俄实际上也瓜分了伊朗：王位继承取决于沙俄的态度；北方各省长官由俄国人挑选；南方各省则是英国人几乎变成直接的统治者。20世纪初，新起的德国也企图进入伊朗，分享英俄的禁脔，但遭到了两国抵制。

19世纪后期起，伊朗民族掀起了一波又一波的救亡图存运动，包括19世纪80—90年代的改良主义运动，19世纪末的反伊斯兰主义运动，1891年反对烟草专卖权的斗争；20世纪初年的"饥饿暴动"；1905—1911年的立宪革命等。这些运动虽然不能改变伊朗的命运,但也阻止了伊朗沦为西方列强完全的殖民地。

13.3

黄金与香料之国印度。葡萄牙人在印度首建殖民地。英法对印度的争夺。英国独霸次大陆。印度民族大起义及失败。印度精英争取政治权利的斗争

与奥斯曼土耳其和伊朗的命运不同,另一个穆斯林帝国莫卧儿印度则最终沦为了西方列强完全的殖民地。

印度是世界五大古代文明中心之一。这片三面临海、气候湿热的次大陆,很早就是农耕民族的乐土。公元前3000年后期,印度就诞生了文明。与别的文明发源地不同,印度人最早使用的金属是珍贵的黄金,因此很早就有"黄金之国"美称,令外人尤其是西方人艳羡不已。史料记载,波斯帝国达到了印度河流域,印度是大流士设立的20个行省之一。其他行省都是向波斯政府上交白银作为税赋,而对印度他却要收黄金。

关于印度富庶、黄金遍地的传说不断西传。从中亚到西亚,到地中海沿岸,不少部族都以印度为攻击目标。中世纪里,西欧人对印度的了解主要来自西欧人的东方贸易。东方贸易名为西欧与地中海东岸(即利凡特,西欧人所说的东方)之间的贸易,实则是中东阿拉伯商人为中间商的西欧与印度及远东的贸易,主要贸易货物是胡椒、肉桂等香料。香料是西欧社会中上层的生活必需品,其用途是让被腌渍好的腊干肉在食用时再鲜亮起来,去掉异味,因此占有较大的消费市场,价格也特别昂贵。威尼斯等城市的意大利商人,因从事香料贸易而富甲天下,使西欧人对香料来源地的印度无比向往。在13世纪的《马可·波罗游记》中,印度简直就是"黄金遍地、香料盈野"的天堂。西方人对这个神秘东方国家充满了好奇。

当15世纪奥斯曼土耳其人攻占君士坦丁堡、堵塞了西欧到印度的贸易通道时,西方人为了能圆自己的黄金梦,不惜代价寻觅通往印度的新航道,于

是就有了以哥伦布为代表的地理大发现和开辟新航路的活动。令人回味的是，哥伦布发现的是一块新大陆，但他认为就是东方的印度，于是在西半球出现了现在还叫"西印度"的地方。临死，哥伦布还以为自己找到了那个天堂般的印度。

真正找到了通往印度新航路的是葡萄牙人。先是大航海家达·伽马于1497年绕道好望角，第二年到达印度西南海岸，在那里装载了香料和宝石回到欧洲。后有1500年卡布拉尔率船队再次到达印度，满载胡椒等香料返回里斯本，在安特卫普市场上向全欧销售，获利颇丰。自此之后，葡萄牙船队定期前往印度，香料也源源不断地从印度运往西欧。

接着，葡萄牙海军以护航为名开往印度。1510年，他们占领了印度西海岸重镇果阿。这是西方人在印度建立的第一个殖民据点。随后，葡萄牙人又占领了印度西海岸一连串港口。他们以果阿为中心，建立了庞大的葡萄牙东方殖民帝国。果阿是他们最重要的海军基地。葡萄牙的殖民统治有一明显特点，即由于其国家小、人口少，军事力量有限，因此未敢深入印度内陆腹地。

随葡萄牙人而来的，有英国人、荷兰人和法国人等。香料买卖的巨大利润，是驱使他们来到印度的主要诱惑。特别是1580年葡萄牙并入西班牙后，其在海外的军事势力大为削弱，对印度沿海的殖民统治出现了一些空档。

在这种有利时机下，最先是英国殖民势力渗入印度，商人在此过程中充当了打头阵的角色。1600年成立的英国东印度公司，最初计划在印度西海岸建立一些商馆，将这里的纺织品和香料等商品转运至西欧，但立即遭到葡萄牙人及印度本土商人的反对。1608年英国使臣赴印，要求互为通商，但未取得许可。1612年东印度公司船队在苏拉特海面上打败葡萄牙船队，引起了印度莫卧儿帝国皇帝贾汉吉尔关注。第二年他颁布敕令，同意英国人在苏拉特设立商馆。1615年，莫卧儿皇帝同意英商在帝国内进行贸易活动。

从此之后，东印度公司在印度的活动日益活跃。它在沿海许多地方设商馆，租土地，建要塞，形成一个个殖民据点。1634年，在孟加拉建立商馆。1639年租下马德拉斯。1662年，英王查理二世与葡萄牙公主结婚，获得葡在印度的贸易据点作为陪嫁。1688年，英王将其中之一的孟买租给东印度公司，每年仅收10英镑租金。孟买后来成了英国在印度西海岸的殖民总部。1698年，英国人又在加尔各答修建军事基地。这样，到17世纪末，英国人在印度形成了三个主要殖民据点，即东北海岸的加尔各答，东南海岸的马德拉斯，西海岸的孟买。这些地方后来都演变成了印度著名的大城市。

英国人在印度的扩张起初没有引起莫卧儿帝国的足够注意。莫卧儿皇帝也有至尊自大的姿态，而且初来的英国商人亦小心有加。但到羽翼丰满，自以为可依恃武力之时，他们便迫不及待了。1688年，东印度公司蠢蠢欲动，用武力封锁印度港口，攻击和扣留印度商船时，这就触犯了皇帝龙颜，盛怒之下，他下令驱逐所有的英国人。东印度公司自感力量不强，向皇帝赔款求和，接下来半个世纪未敢轻举妄动。

18世纪中期印度莫卧儿帝国急剧衰落，全印度陷入分裂割据状态，给了英国人可乘之机。莫卧儿实即蒙古人的变音。16世纪闯入印度，建立了外族人王朝。他们信奉伊斯兰教，与当地印度教徒水火难容。虽然他们很快征服了全印度，但其强有力的中央集权统治只不过昙花一现。17世纪后，印度原有土邦王公势力重新上升。到18世纪时，中央政权衰落，群雄并起，诸侯混战。南方马拉特成为最强大的霸国，阿富汗的纳狄尔沙也几度攻击印度。

这时候的印度成了一片混乱土地。马克思很形象地说：莫卧儿帝国被各省总督打倒，总督被马拉特人打倒，马拉特人又被阿富汗打倒，正在大家混战的时候，不列颠人闯了进来。正是在这种十分有利的形势下，英国人发动了对印度的全面征服战争。

但英国人碰到了法国人对手。18世纪初，法国人在印度东南部占领了较多地盘，统称卡蒂纳克。法国人善于利用印度本地人对付本地人，为弥补兵源不足，它们大量雇佣印度本地人当兵，让他们按法国军队那样来着装，进行训练，听从殖民当局直接指挥。英国人也效法法国人，将当地人作为殖民军队的主要兵源。英法七年战争中，法军在印度全面失败，基本上退出了印度。随后，英国军队又四战迈索尔，三攻马拉塔，基本上占领印度全境，最后在1859年又镇压了印度民族大起义。

还在1858年印度民族大起义过程中，英国政府就解散了东印度公司，而由女王直接统治，印度总督代表女王进行管理。1877年，英国维多利亚女王戴上"印度女皇"皇冠，正式成为这个直属殖民地的国家元首。印度被称为英帝国"王冠上的明珠"。英国在经济和政治两方面实行对印度的全面统治。

经济上,印度基本上是农产品和原材料的生产输出地。1871年,原棉和鸦片作为最大宗出口品,占了出口总值的55%。白银源源不断流向印度,1868—1887年的20年中,流入印度的白银价值达到18亿卢比。19世纪最后20年,粮食等农产品出口比例增大。1901年,小麦、大米和茶叶等出口超过了出口总值一半。英国资本在19世纪下半叶投资办棉纺厂、麻纺厂,棉纺织品和黄麻织品在19世纪末的出口也达出口总值的大约1/4。当印度广大乡村遭受饥荒蹂躏时,英国殖民者仍然不顾人民死活,坚持将粮食出口。为了维持汇率水平,英印政府还经常实行通货紧缩,使得负债农民"因债务增值而更加不堪重负"。有人这样形容英国对印度的掠夺:"像海绵一样,从恒河里边吸取财富,又挤出来倒在泰晤士河里。"

英国在印度大量投资修铁路,这当然是掠夺印度物资的需要,客观上似乎也有助于印全国的经济联系。但事实上,铁路建设并没有促进印度民族工业兴起,反而导致了印度的去工业化。因为印度劳动力众多,不需要用机器来提高生产能力。除了在孟加拉等地就近建设一些黄麻纺织厂,除了印度籍

图 13-4
漫画:迪斯累利首相将印度皇冠献给维多利亚女王

工业家塔塔创建了最早的钢铁厂,殖民地时期印度主要还是依靠大量工匠生产各种手工业品。东印度是这个殖民地经济的中心,如孟加拉、比哈尔是靛青、鸦片和黄麻等出口的中心,阿萨姆则是主要的茶叶产地。出口贸易都由英国企业来组织,它们拥有茶园、煤矿、航运和黄麻工厂等。在加尔各答的英国人集团对英印政府有巨大影响力。西印度的孟买等中心,印度民族资本也有较大发展,孟买因之有"印度门"之称。

政治上,女皇委派"总督"对印度进行管理,总督又称为"副王",可见其地位之高和权力之大。为了防止总督坐大,一般只让总督任期5年,很少延长。1860年后,英国在印度建立一整套统治机构,并且是立法、司法和行政三权分立。立法机构"帝国立法局"的成员由总督提名,主体是英国人。英国在印度设立了大量的行政官,也主要由英国人担任,包括低至基层县的税收员、地方治安官;殖民当局还貌似公平地举行行政人员(文官)录用考试,但将年龄放低到19岁,考试也放在英国进行,结果基本上只有英国人才能被选中。

为了维护殖民统治,英国在印度维持了强大的军队。19世纪最后20年,英印殖民政府军队达21万人,其中英国人(主要是军官及士兵骨干)占7万人。这支军队进行了阿富汗战争、征服缅甸战争、镇压印度西北边省部落战争。

印度知识精英分子很早就展开了争取政治权利的斗争,如马德拉斯和孟买出现了印度人"管区协会",加尔各答成立了"英属印度协会",一些年轻激进的人士成立了"印度协会"。1885年,印度"国民大会党"第一次在孟买召开大会。1892年,为了笼络印度精英,英国殖民当局进行了有限的宪法改革,允许印度人进入立法局。但由于人数少,因此基本上无力阻止某项法令的通过。1906年,印度穆斯林联盟成立,目的也是争取政治权利。1909年,年轻的激进民主主义者掀起政治恐怖主义,加快了第二次宪法改革到来。印度人在立法局的人数有所增多,各省立法机构的席位还在国大党和穆斯林联盟之间进行了一定的分配。

除这些自由派民族主义分子外,印度又逐渐形成了民族革命派。两者对印度民族的看法完全不同。自由派愿意在英国统治下进行民族建设,认为印度民族是着重于未来,而不是过去与当前,因此欢迎殖民当局立法,实行宪政改革。民族革命派认为印度民族远古就已形成，现在需要唤醒民族意识，摆脱外国统治；不要殖民当局恩赐改革，那是对外国统治锁链的强化。1905年，英印当局企图将孟加拉分成东西两省，促使激进民族主义产生。

国大党内很快出现了两派对立，以郭克雷为代表的是自由派民族主义或"温和派"，以提拉克为代表的是"极端派"。提拉克1908年被捕入狱，国大党由温和派掌控。提拉克1914年出狱后，也逐渐转向温和，并在1916年与穆斯林联盟领导人真纳达成勒克瑙协议，两人决定每年会晤，按照共同的路线行事。

1915年，常年在南非的甘地回到印度。印度民族独立运动新的一页即将揭开。

13.4

中国：清入关后的野蛮。康乾盛世：多民族统一国家的巩固，专制统治体系的强化，摊丁入亩与人口流动和增长。清初启蒙思想家。文字狱与"万马齐喑"。马戛尔尼使华

当17世纪—18世纪西欧社会在横向扩展和纵向变革两方面都渐入高潮的时候，中国的清朝也在自己的道路上步履蹒跚地前进着。

清兵入关后，仅花了二年时间，就镇压了李自成农民军主力和四川张献忠政权基本武装；花了五年左右的时间，消灭了残喘的南明政权，平息了各地人民抗清斗争。在抗清运动中，涌现了史可法、何腾蛟、李定国等著名的民族将领。清军在进攻各地时，也进行了"扬州十日"之类的血腥镇压。这是清王朝创建初期的罪恶污点。

作为少数民族对多数民族进行统治，作为游牧民族对农耕民族进行管理，清王朝似乎一时还不能适应这种突然而至的身份角色转换，于是将那种近乎原始的野蛮统治方式照搬了过来，致使清初的满汉民族矛盾极为尖锐。清朝贵族大规模圈地，就是一种极其野蛮的掠夺方式。圈地虽从所谓的"无主"

地开始，但实际上更多的是将有主地变成"无主"地而圈之，连同霸占土地上的房屋等不动产。圈地造成的最终结果是地被圈占后无人耕种，失去土地的人则流离失所；既极大地破坏了生产力和经济发展，又造成了社会的极大不稳定。与圈地相似的，是原有的田主带房地"投充"于清贵族门下。看起来是寻求庇护，实际上是演变为奴仆，丧失人身自由。为防止他们逃亡，清政府制定了严厉的逃人法，对逃亡者予以严厉镇压。

清王朝还强令被征服的汉人改变服装和发式，尤其是颁布剃发令，强令全体人民剃发。这种伤害汉民族感情、违背儒家"发肤受之父母"信条的行为，自然遭到了普遍抵制和反抗，而清政府毫不留情地予以镇压，由此酿成了"江阴屠城""嘉定屠城"等残暴血案。剃发和留辫，是清王朝落后守旧的标记。

当清王朝对中国的统治基本稳定下来的时候，中国历史上有作为的帝王之一清康熙帝也开始亲政，"康乾盛世"逐渐形成。"盛世"表现在政治、经济等多个方面。

平定三藩之乱是统一国家得到巩固的重大事件。所谓三藩，是指被清王朝分封的三个诸侯王，即平西王吴三桂、平南王尚可喜、靖南王耿仲明。他们虽然都属汉人，但与不屈服于清人侵略、举兵抗金的南明政权有本质的不同。三藩其实都是清朝功臣，因而受封；他们是在封地坐大，拥兵自重，形成不服从清廷统治的独立王国。在清初政局已趋稳定的情况下，他们这种举动显然是一种对抗朝廷、破坏统一的分裂行为。他们在其封地内对百姓实行极为残暴的掠夺政策，如吴三桂曾将昆明附近300里内全部圈为牧场，对生产力造成极大破坏。1673年，当康熙意识到三藩的危害性、下令撤藩时，吴三桂公开举起了叛乱旗帜，数月之内，云贵川湘鄂闽桂诸省尽在三藩掌控中，分裂国家的态势已然出现。三藩之乱于1681年最终平定。这一事件大大锻炼了年轻康熙的治乱理政能力，提高了清帝权威，也促使他逐步改变清初对汉人的野蛮政策，汉人对清朝统治者的对立和仇视情绪有所扭转。

自此开始，康熙、雍正、乾隆三代执政的120多年盛世期间，他们为维护和巩固统一的多民族国家进行了不懈努力。

统一台湾。台湾从来就是中国的领土。明代末年，荷兰殖民者侵占了台湾。1661年，民族英雄郑成功渡过海峡，赶走荷兰人，将台湾作为抗清基地。1662年，郑成功得知南明末帝被杀,竟忧愤而病死。郑氏家族驻台期间,虽然清廷实行严厉的禁海政策,但仍有大量大陆临海难民及南洋华侨迁居台湾,使岛内得到迅速开发。然而,由于郑成功之子郑经与三藩之乱有染,1683年,清政府派大将施琅率军攻台,郑经归附朝廷。在施琅的坚决建议下,康熙设立了台湾府及相应军政机构,对台湾实行与大陆完全一样的管理。

确立与俄国边界。俄国本为欧洲国家。16世纪后期向乌拉尔山以东扩张。17世纪40年代,一支哥萨克人队伍到达太平洋边,由此将整个西伯利亚全部囊入俄国版图。随后,俄国人又南下进犯中国黑龙江领域。1685年,中俄军队发生雅克萨之战。1689年两国签订《尼布楚条约》,划定两国东段边界。1728年,两国签订《恰克图条约》,确定了中段边界。这两个平等条约的签订,调节了两国关系,尤其保证了边境地区贸易的和平进行。

统一西北。1696—1697年,康熙皇帝三次率兵亲征,平定了准噶尔部的噶尔丹叛乱,统一了漠北地区。由于此地离中国腹地较远,给清军镇守造成了较多困难,所以这一带后来一再发生变故。乾隆中期,准噶尔又发生叛乱。清廷于1757年将其平定,随之又镇压了大小和卓布叛乱,完成了对西北地区的统一。1771年,由于清朝国势强盛所具有的强大吸引力,远在伏尔加河下游的土尔扈特蒙古部,不远万里,艰苦跋涉,回到祖国新疆,这是清朝完成国家统一的重大标志之一。

确立西藏喇嘛册封制度和金瓶掣签。西藏自元朝以来就由中央宣政院和相应地方机构管理。明代时达赖和班禅两股势力兴起。清入关前,皇太极与达赖通信,宣布信奉藏传黄教。顺治年间,清赐予达赖五世喇嘛称号,并从此确立达赖喇嘛由清廷册封的制度。1713年,又确立由清廷册封班禅喇嘛制度。清与西藏之间的中央与地方关系性质完全明确下来。18世纪里,清廷平定了西藏地方上的一些小规模叛乱,包括青海和硕特叛军,击败了尼泊尔廓尔喀兵对西藏的进犯。18世纪末,清廷颁布《钦定藏内善后章程》,规定朝廷驻藏大臣的职责和权力,其中包括监督举行达赖、班禅灵童转世的"金瓶掣签"仪式。

西南地区"改土归流"。西南部云贵等地虽然长期承认中央政权领导,但各地少数民族土司一般都视自己辖地为禁脔,国家权力难以进入。清朝改变了让土司自行管理的惯例，普遍推行明代就已尝试的"改土归流"，即朝廷派出官员（流官）到少数民族地区，实行与内地同样的管理。改土归流有利于强化中央对西南地区的统治，防止土司称霸一方，也有利于促进这些偏远地区与内地的交流，加速少数民族地区的经济社会发展。

在多民族统一国家得到巩固的时候，中国的疆域范围和面积也完全稳定下来。清朝疆域北起漠北和外兴安岭，南达南海的中沙、西沙和南沙群岛，西抵巴尔喀什湖和葱岭，东至库页岛和台湾。领土总面积达到1300多万平方公里。

清朝中央集权的专制主义统治体系也得到进一步强化，皇帝掌握着全国一切军政财法大权。雍正年间设立了军机处，并从协助辅佐皇帝演变为决定国家大政方针的中枢机构。同时还有专门协助皇帝处理日常政务的内阁，有专门处理民族问题的理藩院。地方行政则明确为省、道、府、县四级。省设总督和巡抚，道有道员，府设知府，县设知县，边疆地区则专门设置代表朝廷的将军或大臣。由此，中央对地方的一元化控制和驾驭大大加强。可以说，在康雍乾三代统治下，中国封建主义政治体系已经发展到了极致。

由于政局稳定、社会安定，康乾盛世下的中国经济也发展到了传统农本经济体制下所能容纳的最大程度。这和清朝赋税制度的重大改革有密切关系。清朝在明代一条鞭法将赋役统一征收银两的基础上，实行"摊丁入亩"，即完全将按人口征收的丁银摊入土地，所有的赋税役都按地亩征收。这样一来，直接结果是简化了征赋程序，保证了国家税收，也减轻了缺地失地人口的负担。而从实质上看，这是对作为农本经济基础的封建土地占有制的确认，也是对土地财产权利的确认，有利于产权明晰，对社会经济发展有一定意义。由于不按人丁收税，国家对人口的管制就不再像以往那样严厉，这就为人口流动创造了条件。而且非地亩不征税，也刺激了与土地无直接关系的工商非农行业的发展。而工商业深入发展有利于孕育新的生产方式，因此清初江南等发达地区出现了不少资本主义性质的生产部门和手工工场。

由于不再按人丁征税，加上社会长时期安定，在一定意义上刺激了人口的增长。中国人口数量的翻番正是从康乾时代开始的。中国虽然地大物博，但由于战争、灾荒、疫病等原因，几千年人口发展徘徊不前。最早的比较明确的人口数字,是汉武帝时期,人口普查为5900多万人。两宋时期,加上辽(或金)、夏,全国人口将近一亿。清初人口只有5300万左右;1685年突破1亿大关;1741年普查为1.4亿;1762年,超过2亿;1793年,突破3亿;1836年,达到4亿。人口的发展是经济发展的结果,但从另一面说,当经济形态的传统性质没有使生产技术发生重大进步时,对人口的容纳量就要受到限制,从而产生人口过多、民众生活水平降低的问题,引发社会的不稳定。

社会不稳定局势更会因为统治者逐渐腐化、地主劣绅横行乡里、霸占土地、剥夺农民而恶化,最终导致农民的反抗和斗争。自乾隆末年起,全国各地不断发生天理会起义、白莲教起义,表明康乾盛世开始由盛转衰。

思想文化界的这种变化要更早些。清朝初年,在清统治尚未强固的南方地区,产生了三大思想家,即黄宗羲、顾炎武、王夫之。加上18世纪的戴震,中国思想界几乎像西欧的法国那样,出现了一个短暂的启蒙时代。

黄宗羲曾为南明大臣,著有《明儒学案》《明夷待访录》等。他是君主专制制度的激烈抨击者,认为君主是"天下之大害者",君主专制是"君为主、天下为客",是"以一人之私为天下之大公",违背了常理;认为宋明理学"存天理、灭人欲",扼杀了人的权利。他主张政治上分权,经济上重视工商业,"工商皆本",法律上废除"一家之法",文化上兴办学校。这些思想体现了中国先进分子对封建制度弊端的认识和改革呼声,具有一定启蒙作用。

顾炎武也曾进行抗清斗争,著有《日知录》等。他的主张体现在对治学的认识上,反对空谈学风,认为治学目的应该是"经世致用"。这一思想对中国学术界影响深远,他自己也以此为指导完成了《天下郡国利病书》。在治学方法上他重视考证。在政治思想上,他也反对君主专制,主张天下应是"众治"。

王夫之的成就主要在哲学方面。他发展了古代的朴素唯物主义,从哲学高度批判了程朱理学和陆王心学,认为"气"是构成宇宙的物质实体,是理(精神)之所依;认为"器"(物体)是第一位的,"道"只是器所体现的规律;认为"知行合一"并不准确,知(认识)、行(实践)不能并立,行是占主导地位的,知必须用行来检验;认为不能将"天理"和"人欲"对立起来,两者有统一性。若人欲能得到满足,天理自然就有了。王夫之也反对君主专制，主张"不以天下私一人"，提出"耕者有其田"，维护劳动者基本权益。

戴震着重批判程朱理学，尤其斥责"灭人欲"思想，认为理是用来满足天下人的情和欲的，而宋明理学是用理来杀人。他还在哲学上再一次重申"气为体""理在气中"的唯物论思想。

曹雪芹的长篇小说《红楼梦》也体现了进步的思想倾向。小说描写了贾王薛史四个封建大家族由盛而衰的命运变迁，描写贾宝玉和林黛玉的爱情悲剧，如同一部百科全书，展现了封建社会的各个方面，揭示了封建制度必将衰亡的历史命运。

康雍乾时期，清王朝文化专制倾向日益严重。据统计，在康熙时期，因文字而招来杀身之祸的"文字狱"为10起，雍正年间增加到20起，乾隆统治60多年里达到100多起。这种残酷的文化迫害，使得清中期以后思想文化领域出现了沉寂局面。许多优秀学者不再在思想方面积极思考，而是转向纯粹的学问研究，以考据为特征的乾嘉学派兴起，促进了学术发展。只有极少数学者如龚自珍还在冒着生命危险呼唤新思想，呼吁变法和改革，呼吁具有新精神的人才，见其《己亥杂诗·过镇江》：

> 九州生气恃风雷，万马齐喑究可哀。
> 我劝天公重抖擞，不拘一格降人才。

然而，清统治者似乎为所谓盛世光环所炫目了，不能正视体制内正在蓄积着的弊病和矛盾，而是愈加不思进取，沉浸于腐化堕落的生活享乐之中。更为严重的是，以乾隆为代表的清统治者闭目塞听，似乎不知西方正在发生深刻的变革，不知先进的东方正在与落后的西方调换位置；而且，他们对来自西方的各种事物一概取排斥态度，最终导致中国与西方的差距越拉越大，无法抵御来自西方的经济、政治和文化入侵。

近代西方人进入中国，始自16世纪的耶稣会传教士。不过那时的传教士主要局限于与中国社会上层包括皇帝和朝廷要员以及知识层的接触。康乾年间，一些传教士成为皇帝的座上客，而皇帝们只是一种居高临下的姿态予以对待，只是把玩他们带来的钟表之类奇珍异宝。当西方发生工业革命，急需寻找产品市场，寻求与中国进行双边贸易的时候，清统治者却对此不屑一顾。1792年英国使臣马戛尔尼访华，试图希望清政府开放市场的时候，乾隆虽然看出了马戛尔尼背后的不良用心，但他的那段回答"天朝物产丰盈，无所不有，原不藉外夷货物以通有无"，成了中国统治者以"天朝"自居、拒绝开放的样本。

然而，这种拒斥所招致的，是西方殖民者更为阴暗蛮横的手段。在世界东方独立发展了5000年的中华文明，不得不面临西方势力的侵入和西方文明的冲击了。

13.5

鸦片战争：英军轰开中国大门。开眼看世界。太平天国起义。第二次鸦片战争。洋务运动：中体西用。边疆危机和中法战争。甲午战争之辱

1840年鸦片战争爆发，将中国拖入了西方统治下的资本主义世界经济政治体系，中国像西亚的奥斯曼和伊朗一样，在西方冲击下最终演变为半殖民地半封建社会。所谓半殖民地，是指中国被西方列强当作其实施经济侵略的对象，成为西方工业的原料及农产品输送地，成为其商品市场、投资场所；政治上还在名义上保留了国家独立，但国家政权机构已演变成为列强的傀儡。所谓半封建，是指在西方先进的经济技术文明冲击下，中国也发展了微弱的资本主义经济，但不足以动摇中国传统社会的经济基础，以封建土地所有制为代表的旧生产关系仍然在中国广大农村流行。

当19世纪初英国工业革命进入高潮、法美等国相继开展工业革命的时候，西方对世界其他地区包括古老亚洲的经济技术军事优势很快形成，古老中国自然成了它们觊觎的对象。1816年英使阿美士德再次使华，要求清政府开放通商口岸被拒绝后，中国对外贸易仍处于出超地位，因为中国的茶叶、丝绸和瓷器是西方人喜爱的商品。到1820年代，欧洲商人输入中国的白银不下5

亿元。自给自足的中国广大农户，却又能抵制英国棉纺织品的进入。英国人转而改为鸦片走私，作为平衡对华贸易的卑劣手段。他们以印度为鸦片种植基地，专向中国进行走私活动。1838—1839 年间，英国通过走私输入到中国的鸦片达 35,500 箱，价值 2,000 万元，远远超过同期中国茶和丝出口值之总和。

鸦片走私输入中国，既让中国白银大量外流，造成清政府国库空虚、财政困难，又极大地毒害了中国人民的身体健康。走私者大肆贿赂清廷上下官员，严重毒化了本已腐败的官场风气。因此统治集团中的有识之士，以林则徐为代表，形成了坚定的禁烟派。1839 年，受道光皇帝派遣的钦差大臣林则徐，在广州虎门销毁了从英美商人手中收缴的 2 万多箱鸦片。

1840 年 4 月，英国派出远征军开赴中国，正式发动了对中国的侵略战争。广州林则徐早已作好了应战准备。英军见此便转而北上，相继袭击厦门、定海，进逼天津。道光帝惊慌之余，先派琦善赴津，再赴广东与英交涉，并撤了林则徐之职。英军乘机袭击，琦善乞降，英条件苛刻，谈判破裂。道光再撤琦善职，派奕山率兵赴广东。英军再攻广州，奕山居然竖白旗投降。英军再度北上，攻陷厦门、定海、吴淞炮台等处。虽然在抗英斗争中广州关天培、定海葛云飞三总兵、吴淞口陈化成等将领殉国，但由于英国军队船坚炮利，两年多的鸦片战争以清军失败而告结束。

1842 年 8 月，中英两国签订《南京条约》，1843 年 7、8 月两国又签订附约《五口通商章程》和《虎门条约》。这是中国历史上最早的不平等条约。条约规定了中国须向英国侵略者割让香港，赔款 2,100 万元，广州、厦门、福州、宁波、上海等五口通商，双方协定关税，领事裁判权，片面最惠国待遇，以及在通商口岸建立租界等一系列丧权辱国的条款。

美国也效法英国，与清政府签订《中美望厦条约》，法国与清政府签订《中法黄埔条约》。比利时、西班牙、荷兰、瑞典、挪威、葡萄牙、丹麦等国，也与清政府订立通商条约。葡萄牙还趁机完全霸占中国领土澳门。从此之后，中国的国门被列强的大炮强行打开，西方的政治经济文化势力蜂拥而入。

鸦片战争爆发和清军失败，促使中国先进知识分子开始思考西方所具备的优势，因而中国出现了第一批"开眼看世界"的仁人志士。林则徐和魏源是其中最突出的代表。早在广州禁烟期间，林则徐就组织翻译西方书刊，编译介绍世界各国情况的《四洲志》，对中国思想界有启蒙作用。魏源曾与龚自珍是好友，鸦片战争时参加过抗英斗争。战后，他在思考清军失败原因的基础上，几经修订，最终完成了100卷本的《海国图志》，全面介绍西方国家的历史地理和科技知识，提出了"师夷长技以制夷"的口号。耐人寻味的是，魏源出生于湖南西南邵阳一个偏僻小山村里，却在中国率先提出了要通过学习西方来强国御侮。

鸦片战争后，西方商品涌入中国，破坏了自给自足的中国传统经济结构。英国的机织棉布，在与中国传统土布织造行业竞争时具有物美价廉的明显优势，侵蚀着男耕女织的小农家庭经济模式。此外，沉重的军费开支和战争赔款，最终都被清政府转嫁在人民身上。因此，民怨民愤不断增长。尤其是离鸦片战争发生地和通商口岸较近的两广和湖南等省，人民感受的苦难最为深重。鸦片战争后，这一带的农民反抗斗争接连发生，最终爆发了中国历史上最大规模的农民起义——太平天国农民战争。

太平天国起义的领导人洪秀全，出身于广东，受到了西方宗教文化的一定影响。他在几次参加科举考试失意后，受一本传教书籍《劝世良言》的影

图13-5
鸦片战争

响，成立了"拜上帝会"。他和冯云山在广西桂平紫荆山区传教，积聚反清力量。1851年1月11日，洪秀全等人在广西金田村发动起义。8月在永安分封诸王，建立太平天国农民政权。1852年4月从永安突围，确定北上进军路线。6月攻克全州，随后进入湖南。9月攻占长沙，继续北上。12月攻克岳州（岳阳），建立水师。旋即又相继攻克汉阳、汉口、武昌，兵力大增。1853年2月，从武汉兵分水陆两路，沿江而下，很快攻克九江、安庆、芜湖。3月攻占南京，立南京为都，改叫天京。随后又攻占附近的镇江、扬州等城市，以作天京的犄角之守。

定都天京后的次月，太平军派出北伐部队，一路征战，历时二年，最终止于天津城郊，1855年最后失败。与北伐同时，太平天国又举大兵西征，相继攻入赣皖鄂湘诸省，在江西湖口大败曾国藩湘军。1856年4、5月，太平军连破清军江北大营和江南大营。太平天国运动进入全盛时期。

太平军节节胜利之时，全国各地都爆发了农民起义。最重要的有以上海小刀会为代表的江南天地会起义，北方捻军起义，西南地区各族反清起义。他们与太平军互为呼应，相互支持，在全国形成了农民革命运动的高潮。

可以说，太平天国将中国传统农民战争推向了最高峰。同时也可以说，太平天国也将传统农民战争所要达到的目标和要求推向了最高点，尤其是极其浓厚的皇权思想。无论"皇帝轮流做，明年到我家"，还是"王侯将相宁有种乎"，都表明皇帝身份与皇帝权力在农民心目中具有至高无上的地位，农民领袖的最高目标就是登上那个最高位置，而不是要进行社会和制度的改造。因此，农民战争就成了改朝换代的工具，当上了皇帝的农民领袖如朱元璋也会立刻显现出其真正目的。他们可能会对前朝引起民怨的若干政策进行调整，但主观上决不是利用这个最高地位和权力来为农民谋利益。他们的斗争纲领是在农民狭隘目光下所能制订出来的。这些都可从1855年太平天国高潮时期颁布的《天朝田亩制度》中反映出来。这一制度的核心是建立绝对平均的公有制社会，实现"有田同耕，有饭同食，有衣同穿，有钱同使，无处不均匀，无人不饱暖"的"大同"理想。这可能是人类社会最终要达到的最高目标，但在这个时代尚只是小生产者的美好幻想而已。

农民起义的局限性，在"天京事变"中突出地体现出来。定都天京后，太平军领袖滋生了享受腐化的思想，多数领导人终日骄奢淫逸。领导人之间相互猜忌，争权夺利，最后导致互相残杀的局面。先是东王杨秀清擅权，架空天王洪秀全；与杨秀清有矛盾的北王韦昌辉，借机杀死杨秀清等2万多人。翼王石达开劝阻韦昌辉，反遭韦杀害全家，石愤而起兵讨韦；洪秀全捕杀了韦昌辉等人，但又不信任石达开。1857年6月，石达开率10万人出走，分散了太平军力量，并且最终在6年后败北于四川大渡河。

天京事变是太平天国由盛而衰的转折点。内斗不仅削弱了军事力量，而且也大伤精神元气。而清军则以曾国藩湘军为主力，开始对太平军进行反扑，甚至围困了天京。1857年后，太平天国由两位青年将领即英王陈玉成和忠王李秀成主持军事，具有一定新思想的干王洪仁玕主持朝政，一度出现了中兴气象。但很快遭到中外反动势力的联合绞杀，由戈登带领的外国洋枪队成为镇压太平天国的罪魁之一。1864年7月，湘军攻破天京，太平天国覆亡。余部坚持活动4年之久。

在太平天国后期主持朝政的洪仁玕，曾推出名为《资政新篇》的改革计划。提出要学习西方资本主义，发展近代新式工业、交通、金融业；制定法律、制度，保护私有财产；兴办学校、医院和社会公益事业，革除社会陋习；与外国平等往来、自由通商等。然而，由于这些建议还难以获得传统意义上的农民起义军的理解和认同，加上后期的太平天国运动已处于守势劣势，缺乏实施这些措施的时空条件，因而最终只是一番美好的设想而已。

中外反动势力之所以走到一起，与其时发生了第二次鸦片战争大有关系。

第二次鸦片战争是英国和法国联合发动的对中国的侵略战争，其实质是西方列强要求在中国稳固并扩大侵略权益。《南京条约》届满（1854年）后，英法等国联合提出"修约"要求，遭到了清政府拒绝。于是列强决定再次以战争形式来迫使清政府屈服。1856年，中国军队查获一艘中国人的鸦片走私船"亚罗号"，英国硬说这是条英国船，由此向清政府发难。这年2月，法国神父马赖潜入广西，打着传教幌子胡作非为，被中国地方政府处死。法国以此为借口，联合英国发动了侵略中国的战争。这次战争起因与英法要扩大第一次鸦片战争所获侵略权益有关，又因战争导火线与鸦片走私相联系，故而史称第二次鸦片战争。

1856年10月，英军进攻广州，被击退。1857年12月，英法联军5000多人攻占广州。1858年2月，英法美俄四国分别向清提出相关无理要求。5月，英法联军攻陷大沽炮台，逼近天津。6月，清政府被迫与英法美俄签订《天津条约》，内容有公使驻京、开放沿海沿江一批港口、外国商船可在长江自由航行、向英法赔款等。1859年6月，英法联军再次进攻大沽炮台，遭到惨败。1860年，英法再派出2.5万人的侵略部队，先后攻占烟台、塘沽。9月占领天津，进犯北京。10月5日兵临北京城下，6、7、8日三天里，英法士兵闯入圆明园，大肆抢劫，掠走和破坏了无数珍宝，并将这座融合了中西建筑艺术的宫殿式园林付之一炬。圆明园遗址从此成为中华民族饱受屈辱的象征。

英法联军随后进城，清政府与其议和，除批准《天津条约》外，还签订了《北京条约》，中有开放天津、割让九龙司、增加赔款等内容。两个条约的签订，使西方列强在中国的侵略权益大大增加，加速了中国社会半殖民地化。由于侵略者要求得到了暂时满足，它们也应清政府请求，以保护自己的侨民和商人为借口，组织洋枪队，参与对太平天国的镇压活动。

中国近邻沙皇俄国在第二次鸦片战争期间运用狡诈手段，煽风点火，乘人之危，趁火打劫。1858年，沙俄强迫清朝黑龙江将军奕山签订《中俄瑷珲条约》，割占了黑龙江之北、外兴安岭以南60多万平方公里的中国领土。1860年，俄国认为自己在清政府与英法之间"调停有功"，强迫清政府与其签订《中俄北京条约》，夺走了乌苏里江以东40多万平方公里的中国土地。1864年，又强迫清政府签订《中俄勘分西北界约记》，夺走了巴尔喀什湖以东以南44万多平方公里的中国领土。至此，沙俄从中国割占土地达144万平方公里。它是列强侵略中国过程中获益最大的强盗。

第二次鸦片战争失败，中国领土和主权不断丧失，惊醒了清朝廷。统治集团中有一定头脑的人，认为中国之所以失败，是因为西方人的洋枪洋炮具有绝对优势。他们还看到了洋枪队的枪炮在与太平天国作战时所表现的巨大威力，因而感到中国要想"自强"，必须要向西方学习生产"利器"的方法。于是，以奕䜣、曾国藩、李鸿章、左宗棠和张之洞为代表的清朝官僚，倡导并掀起了洋务运动。张之洞在后来的《劝学篇》中，将洋务派的主旨总结为"中学为体，西学为用"。

洋务运动是从开办近代化军事工业、仿照西方技术制造新式枪炮轮船开始的。1861年曾国藩为镇压太平天国而设立的湘军安庆军械所，是洋务派创办的第一家军工厂。1865年后，一批大型的近代军工厂出现，即李鸿章在上海创办的江南制造总局，在南京创办的金陵制造局，左宗棠创办的福建船政局，北洋大臣崇厚建立的天津机器局。各地则兴建了一批规模较小的地方机器局。

为了解决举办军工企业所需的资金问题，洋务派又得出了"必先富而后能强"的认识，认为发展民用企业是获得利润财富、支助军工企业的最好途径。因此，洋务派又在20余年里创办了20多个民用企业，雇佣工人近3万人，涉及多种工业部门，著名企业有轮船招商局、开平矿务局、汉阳铁厂、湖北织布局等。洋务派的军工和民用企业有官办、官商合办、官督商办等多种投资经营方式。管理上虽然有浓厚的封建色彩，但其雇工方式在一定程度上体现了资本主义性质。在洋务派企业以及外国商人在华企业中劳动的工人，标志着中国产业工人阶级的诞生。

洋务企业尤其是民用企业所带来的可观利润，又刺激了中国少数富有者如商人、买办等也投资创建工商企业，民族企业开始发展，民族资本主义和资产阶级也由此产生。

第二次鸦片战争后，中国与西方列强的来往，已由较为单一的通商，上升到层面较广的日常关系，因此需要大批新式的外交、军事和科技人才。于是在洋务派的主导下，清政府开始兴办洋务学堂。1862年设立的北京同文馆是最早培养外语翻译人才的学校。洋务派还在各地开办了一批科技学堂和军事学堂，著名的有福建船政学堂（1866年），天津北洋水师学堂（1880年）、湖北自强学堂（1893年）。同时，政府还用官费资助，选拔一批学生赴欧美留学与考察。容闳是中国第一个赴美留学毕业生。严复自英国留学归来后，成为西方思想的宣传家。

清政府还模仿西方，建立了一套近代外事体制。如中央设"总理各国事务大臣"，即外交大臣；又如展开出国访问考察制度，既有礼节性的拜会与沟通，也有就具体事务与对方进行双边商谈；还在重要国家设立驻外使节，名士郭嵩焘是近代中国第一位驻英使节，也是第一位驻外使节；在国外重要城市设立领事馆，处理与侨民相关的事务，保护侨民利益。不过，"弱国无

睡狮渐醒　361

外交",中国外交是在不平等状态下进行的,外交人员与欧美列强打交道时常以低人一等的姿态寻求对方谅解。

随着洋务运动的展开,中国社会生活、思想观念等也开始近代化,不过,这主要发生在少数重要地区和少数阶层中,绝大多数地区、绝大多数人口还生活在传统状态之中,奉行的还是传统的伦理道德。正是因为存在这样一种文化土壤,使得洋务派坚守"中体西用"的基本宗旨,不去触动中国的传统社会体制。

洋务运动期间,中国的边疆危机频繁发生。

在东南,日本于1874年进攻台湾。那时的日本羽翼未丰,因此清政府完全有能力战败日本,但它却在英美法等国的压力下,反倒与日本订立条约,不但向其赔款,还用言辞抚慰日本。这是一次打了胜仗却又退让的屈辱行为。不过,事后清政府设立台湾省,加强了台湾的防御地位,也有利于台湾与内地的联系。1879年,日本吞并了琉球王国,改为冲绳县,将其侵略魔爪伸至中国的家门口。

在西南,1874年,英国远征队从缅甸入滇,英使馆官员马嘉理前去接应并企图为其引路,遭阻拦后竟然施暴于中国民众,结果被中国军民打死。英国以此为借口,于1876年迫使清政府签订《中英烟台条约》,攫取了更多侵略权益,包括增开宜昌等通商口岸,扩大领事裁判权等。1888年,英军从印度入侵西藏,被中国军民击退。但事后清政府却在英国压力下,连续签订若干条约,使英国势力进入西藏。

在西北,沙俄和英国对中国新疆均抱有觊觎之心。1865年,英国支持下的阿古柏侵入新疆,并在新疆建立政权称王,横行新疆数年之久。沙俄则于1871年举兵占领新疆北部九城。1876年,左宗棠奉命入疆,扶棺进军,仅一年时间就剿灭了阿古柏,收回新疆几乎全部领土。清政府与沙俄的谈判几经曲折,终于收回了伊犁九城。然而沙俄仍然强迫中国签订边界议定书,割走了中国7万多平方公里土地。

1884—1885年的中法战争,其结局最令清政府屈辱。

1873年,法国在侵占越南南方后,又攻陷越南北方河内等地。中国边境义兵刘永福黑旗军,应越南政府之邀入越作战,打退了法军,1883年再败法军。越南国王病死后，法国将越南变成了自己的殖民地，并将侵略矛头指向中国。1884年，法军分海陆两路进攻中国。法海军以欺诈手法，赢得了马尾海战，但在进一步攻击台湾和浙江时受到打击。法军陆路进攻广西初次得手后，中国将领冯子材在镇南关前线与法军激战，打退了法军进攻并追击之，收复了谅山等地。刘永福在临洮亦大败法军。然而，前线大获全胜之时，清廷却与法国达成停战条件，从越南撤走清军和黑旗军。随后两国签订《中法新约》，同意越南为法国的"保护国"，同意在中越边境开埠通商。

1894—1895年甲午中日战争清军彻底失败，清政府签订了丧权辱国的《马关条约》，也宣告洋务运动最终破产。

日本的崛起始于1868年明治维新，在时间上其实还晚于中国的洋务运动。但由于明治维新从根本上改变了日本的政治经济体制，故其军事经济实力迅速增长。这和洋务运动只是使中国在传统封建体制下取得皮毛层面的军事技术进步形成巨大反差。明治维新后不过20来年，日本不但挡住了西方势力的进入，而且其对外侵略野心也膨胀起来。由于特殊的地理位置，日本的侵略矛头首先指向近邻朝鲜和中国。

1894年初，朝鲜爆发农民起义。日本以保护侨民为名，乘机派兵进入朝鲜，其兵员数量远超清政府应朝鲜之邀派出的军队。7月，清政府再派兵船运送军队赴朝时，遭到了日本舰队的偷袭，陆上日军也袭击了驻朝清军。8月1日，清政府被迫向日本宣战。9月15日，日军攻占平壤。9月17日，日舰队在鸭绿江口黄海上偷袭中国北洋舰队。虽然中国海军仓促应战，但全体官兵英勇战斗，表现了中国人民反对外来侵略的英雄气概。壮烈牺牲的邓世昌等人，成为弘扬中华民族爱国精神的光辉典范！

当清统治集团还在为战争失败争吵不休的时候，日军于10月兵分两路，陆路偷渡鸭绿江，长驱直入，连占辽东多地，直逼辽阳；另一路从海上登陆，袭击大连和旅顺，几乎将旅顺军民全部杀光。1895年1—2月，日军又从陆海两路包抄威海卫，彻底击溃北洋海军。3月，日军占领整个辽东半岛。甲午战争以中国一方彻底失败而告结束。

无能的清政府在取得战争胜利时尚且向敌人摇尾乞怜，战败时中国命运之悲惨就更可想而知了。1895年，李鸿章代表清政府赴日进行求和谈判。这个一直主张同日本谈和的清廷重臣,在日本遭遇行刺而身负重伤。两国最终签订了《马关条约》。这是中国近代史上极为屈辱的条约,包括割让辽东半岛、台、澎及附属岛屿给日本,赔偿日本军费2亿两白银等内容。《马关条约》的签订,标志中国已经成为任人宰割的羔羊,沦为半殖民地,中华民族面临着空前严重的危机。

13.6

列强瓜分中国狂潮。戊戌变法:百日维新。义和团运动。八国联军侵华与《辛丑条约》。立宪派与革命派之争。孙中山与黄兴:革命党在行动。辛亥革命成功

甲午战争失败,产生了两类反响。战争的失败和屈辱的条约,唤起了中华民族的觉醒,全国上下一片抗议浪潮,尤其是知识分子。最有代表性的是在京参加科考的各省举人,联名上书光绪皇帝,反对与日本签约。据说,这篇由康有为起草的上皇帝万言书,签名的举人达1300人,历史上称为"公车上书"(公车指应考举人)。请愿书中要求清廷"拒和、迁都、练兵、变法",变法是根本,包括富国之法、养民之法、教民之法等三大内容。公车上书阻止不了《马关条约》的签订,但唤醒了民族爱国意识,推动了改良主义运动兴起。

甲午战争失败的另一面反响,是诱发了帝国主义列强瓜分中国的狂潮。这样一个偌大的中华帝国就这么轻易地被小岛国日本打败,使得西方列强更感觉到了清帝国的虚弱,于是它们狮子大张口,要求追加侵略权益,从而掀起了瓜分中国的狂潮。

沙皇俄国是首先触动侵略野心的,它最希望能独霸中国东北。因此,它联合德、法两国,要求日本放弃辽东,这就是所谓"三国干涉还辽"。日本迫于压力,最终放弃割占辽东,而代之以增加3000万两白银赔款。从此,沙俄以中国的"恩人"自居,通过《中俄密约》,与中国结成对日同盟。其后,沙俄又获得了在中国东北修建铁路等权力,还"租借"了旅顺和大连,修建

南满铁路,并在东北驻扎数万军队。整个东北变成了沙俄的势力范围。

德国则于1897年用武力强占胶州湾,"租借"胶州湾99年,将山东全省作为势力范围。法国将两广和云南当作自己的势力范围。1898年,英国租借整个九龙半岛（新界）,租期99年;它还强租威海卫;并把整个长江流域视为自己的势力范围。日本除在中国多地设立租界外,还于1898年迫使清政府承认福建为它的势力范围。仅有意大利提出的"租借"要求被清政府拒绝。美国在1898年提出"门户开放"政策,实际上是让整个中国市场都能对它自由开放。

面对民族危机,先进人士开始探索救亡图存、改造中国的道路。随着近代工商业的产生,中国也出现了代表民族资产阶级的早期改良主义者,冯桂芬、王韬、薛福成、郑观应等就是其中的代表。他们反对签订不平等条约,要求维护国家领土和主权,要求取消片面最惠国待遇、领事裁判权等西方列强享有的侵略特权;主张改变社会政治制度,像西方那样实行议会政治。在他们看来,洋务派那种只学西方技术的做法只是学点皮毛而已,而应学习西方的根本,即西方的代议制度。

甲午战争之后,这种维新变法思想开始转化为宣传维新变法的运动。康有为是这一运动的领路人。康有为很早就向皇帝上书主张变法,但却被封建顽固派所阻挠,并取消了他的进士资格。此后他在广东办学,宣传维新思想,培养了梁启超等维新运动骨干。为了取得维新变法的合法性,他还借中国儒学经典大发变法议论,著有《新学伪经考》《孔子改制考》及《大同书》等著作。康有为再次上书取得了光绪皇帝支持,变法运动迅速高涨。

从1895年至1898年,当时的中国形成了四大维新运动的中心,即北京、上海、天津和湖南。在北京,康有为等创办了变法报纸《中外纪闻》,创立了主要由开明官吏和知识分子组成的强学会。康有为到上海后,又出版《强学报》,成立上海强学会,吸引了张謇、黄遵宪、章炳麟、陈三立等著名人士参加。黄遵宪等还在上海创办《时务报》,梁启超在报上发表了大量宣传变法的文章。1897年,严复等人在天津创办《国闻报》。严复早在1895年就连续发表论文,用西方学说阐述变法的必要性。他翻译出版了西方先哲著作《原富》《天演论》,使人们更多地接触西方思想的真谛。天津成了系统宣传西方学说、批判君主专制的主要舆论阵地。在湖南,巡抚陈宝箴首开变革之风，改造了安保、教育等部门，将变法思想付诸实际行动，并设立时务学堂，培养变法人才。谭嗣同、唐才常等人创办了宣传变法的《湘学报》《湘报》等，成立了变法组织南学会。

光绪帝虽然自1887年开始亲政，但始终受到慈禧太后控制。他在老师翁同龢的影响下，对新思想有较多了解。甲午战争时力主抗战，与主和的慈禧、李鸿章发生过激烈冲突。战争的惨败结局更使他痛彻心骨，极为向往"变法图强"，康有为的维新主张颇受他欣赏。1898年6月11日，光绪颁布"明定国是"诏书，宣布变法。三个多月里，光绪颁布了数百条变法诏令，内容涉及经济、政治、军事、文教各个方面。如若这些改革真能实行，必将有利于中国资本主义发展，有利于近代文化科学传播，有利于营造政治民主气氛。虽然戊戌变法新政并没有实行"君主立宪"的意图，但无疑是在往这一目标走。

然而这第一步也没能走好走完。以慈禧和荣禄为首的封建顽固派千方百计阻挠和干扰变法，暗地还图谋发动政变。光绪企图借袁世凯来反击顽固派，但这个善于伪装的人却向荣禄告密。慈禧知悉后发动政变，于9月21日将光绪囚禁，她恢复临朝"训政"。紧接着，一切新政均被废除，仅保留建立京师大学堂等新式学堂这一项，一切旧制全都恢复。从6月11日至9月21日，

图 13-6
漫画：瓜分中国的列强：法德英俄日

戊戌新政仅维持了103天，故而史称"百日维新"。

参与变法的维新派人士，除康、梁先后在英、日帮助下逃脱外，谭嗣同、杨锐、林旭、刘光第、康广仁、杨深秀6人被杀于北京菜市口，史称"戊戌六君子"。谭嗣同本可出逃，但他坚定地说："各国变法，无不从流血而成，今中国未闻有变法而流血者，此国之所以不昌也，有之，请自嗣同始。"临刑前，谭嗣同还吟出诗句："我自横刀向天笑，去留肝胆两昆仑。"何等豪迈、视死如归的英雄气概！

在统治集团和社会中上层有识之士危机意识加深、希望变法图存的时候，广大社会下层民众也深切感受到列强侵略所带来的灾难，如基督教传教士在各地的活动就激起了普遍民愤。中国文化本来是个大熔炉，能接受并融化各方来的宗教。但基督教不一样，它以一种强势地位进入中国，不但以居高临下的优越感而活动在中国民间，更有不少传教士扩占财产，为非作歹，并且常凌驾于清官府或官吏之上。一些教民还横行乡里，仗势欺人，激起民愤。基督教的信仰习俗与中国传统大不相同，也易于引起民众的不满或猜忌。因此自鸦片战争后，全国发生的教案成百上千起。特别是甲午战争中国呈现出虚弱之态后，教会甚至胆敢干涉中国内政，或视中国法律于不顾，屡屡侵犯民众利益，因此反洋教运动在全国普遍兴起。华北地区的这种斗争，最后汇成了义和团运动。

义和团最早于1898年10月兴起于山东，原名义和拳，后来席卷直隶（河北）和京津地区。清政府最初采取镇压政策，但越剿义和团越兴；而义和团打出"助清灭洋""兴清灭洋""扶清灭洋"之类旗帜，也促使慈禧等当权派认为其有利用价值，于是改变态度，从"剿"变"抚"。于是，大量义和团成员涌入京津，义和团运动发展到高潮。义和团没有形成统一的组织和领导，信仰中带有一定迷信成分；受阶级的局限，他们的政治眼光和思想认识也比较狭隘，因此他们在斗争过程中难免存在一定盲目性。但他们"灭洋"的口号及行动，表达了中国人民反抗外国侵略的坚定决心。对此，帝国主义列强必欲除之而后快。

1900年，先是有俄英美日德法意以保护使馆为名，派兵400多人进入北京。紧接着在6月10日，英美法俄日德意奥八国组成联军2100多人，进犯北京受阻。

6月11日深夜，大沽口外各国军舰猛攻大沽炮台。17日凌晨，清军虽沉重打击了敌人，但大沽炮台失守。八国联军登陆后，7月14日攻陷天津。8月14日北京陷落。义和团退出京津继续战斗，慈禧则裹胁光绪往西逃出北京。

八国联军一面在北京城内大肆抢掠，一面迫使清政府与其进行求和谈判。经过几个月的蛮横要价，八国以及西、比、荷与清政府签订了《辛丑条约》。条约规定清政府向各国赔款4.5亿两白银，在东交民巷设立使馆界，拆除大沽至北京沿途炮台，天津周围不准驻扎中国军队，外国可在北京及附近的天津、唐山、秦皇岛等12处战略要地驻军等。《辛丑条约》是中国近代史上最为丧权辱国的条约，大大加深了中国人民的苦难。而以慈禧为代表的清统治者，却要"量中华之物力，结与国之欢心"，甘愿充作外国列强统治中国的傀儡工具。中国完全沦为了半殖民地社会。

《辛丑条约》的签订，将中国社会旧制度的腐朽和弊端暴露无遗。20世纪初，清政府开始在政治、军事教育等方面实行一些"新政"；1906年后还发展为一定程度的政治改革、法制改革、地方自治改革，称为"预备立宪"。因此，中国社会逐渐有了一点近代化新气象。但这些改革并未打算摇动封建君主体制，而只是在旧体制框架内修补，因而社会面貌不能得到根本性改变。

图13-7
义和团运动

这时，外国列强对中国的侵略加深，进一步加强对华资本输出，掠夺中国的修路权和开矿权。日俄两个帝国主义国家在中国境内发生战争，使中国生灵涂炭。英国则发动了侵略西藏的战争。人民对清王朝甘当外国主子之奴才的面目认识更清，河北雄县祁子刚、广宗景廷宾，湖南邵阳贺金声，四川巴县红灯教掀起了"扫清灭洋""反清灭洋""灭清剿洋"的农民起义斗争。

最后将清王朝送进坟墓的，是孙中山领导资产阶级革命党发动的辛亥革命。

孙中山早年在国外读书，接受新思想较多。在澳门、广东等地行医时，开始探索反清救国救民道路，也曾希望清政府进行自上而下的改革来发展资本主义。1894年冬，孙中山在檀香山（夏威夷）成立第一个资产阶级革命团体，提出"驱逐鞑虏，恢复中华，创立合众政府"的斗争目标。1895年曾组织武装起义，但未正式发动就遭泄露。

20世纪初清政府实行"新政"期间，中国资本主义得到进一步发展，资产阶级力量有所壮大，这就为发动资产阶级革命提供了社会基础。同时，民主革命思潮也在全国各地兴起。1902年发生的南洋公学退学风潮，表明新式知识分子在政治上走向成熟。1903年后，宣传民主革命的报刊如《苏报》相继涌现，一批革命思想的宣传家站到了时代潮头。章炳麟《驳康有为论革命书》指出流血的革命不可避免。邹容的《革命军》宣传西方的自由平等和天赋人权思想，宣告要用革命来推翻清王朝，建立一个独立、民主的"中华共和国"。陈天华的《猛回头》《警世钟》揭露帝国主义给中国带来的苦难，号召人民起来反抗列强侵略。为了唤醒国人和激励青年学生，陈天华在日本投海自杀，演绎了"难酬蹈海亦英雄"的英勇壮举。

在革命运动发展的大好形势下，各地诞生了一批反清革命团体，著名者有黄兴、宋教仁建立的华兴会、蔡元培为首的光复会等。1905年，孙中山在日本东京成立同盟会，将国内各支革命力量联合了起来。同盟会以三民主义为政治纲领，其入会誓词就是三民主义的具体体现。"驱逐鞑虏，恢复中华"就是民族主义，以推翻清王朝、建立汉族政权为斗争目标；"建立民国"就是民权主义，提出在国民政府里，凡国民都有平等的参政权。"平均地权"是民生主义。在这样一个比较完备的纲领指导下，同盟会和革命者有了更为明确的奋斗目标。

与革命派对立的是康有为和梁启超为首的立宪派。他们多是由维新派转化而来，在以前的维新变法主张上再加上一顶"君主立宪"大帽子，认为这是最符合中国国情的政体，并与革命派展开了论战。

论战所涉及的问题，实际上代表了中国知识分子对中国前途的认识分歧。一是关于"种族革命"。革命派认为清政府是异族统治，必须推翻；立宪派则认为满洲也是中国国土，满族早已同化于汉人，所有的人在法律上已经平等。二是关于"政治革命"。立宪派认为中国不能建共和政体，因为国民的素质太低，"共和"会导致天下大乱；革命派认为凡国民都有自由平等博爱之天性，可以通过教育和革命去激发这种天性，还可用美、法共和制作借鉴。三是关于"社会革命"。立宪派认为中国不像欧美，贫富不很悬殊，不用革命；革命派认为即使贫富差距不大，也应尽可能平等，革命并非是夺取富人财产，而是除掉富人获取不当财富的机会。其四，革命派坚持认为必须采取革命手段，立宪派则主张和平道路。

革命党人不是停留在与立宪派打口水仗，而是付诸行动。1906年后，同盟会在孙中山和黄兴领导下，在中国南方发动了一系列武装起义，即1906年的萍浏醴起义，1907年的潮州黄冈起义、惠州七女湖起义、钦州防城起义、镇南关起义，1908年的钦廉上思起义、云南河口起义。其他革命团体也在国内多地发动起义。1911年广州黄花岗起义虽然失败，但对革命党人起到了巨大的鼓舞作用。

立宪派也成立了许多立宪团体，积极进行立宪活动。他们前后发起了三次请愿行动，要求清廷实行改革，但清政府并未满足他们参政的愿望。

各地民间也纷纷掀起了收回采矿权、修路权的斗争，以四川保路运动最有影响，将民主革命斗争以及地方自决运动推向了高潮。

正是在革命浪潮高涨的形势下，1911年10月10日，武昌起义爆发，辛亥革命达到高潮。武昌首义后，陕西、湖南首先响应，全国各省相继宣布独立，不再服从清政府统治。1912年1月1日，"中华民国"宣告成立，孙中山被推选为临时大总统；1月22日，6岁的宣统皇帝退位，中国最后一个封建王朝被推翻，中国人民反帝反封建斗争取得了重大阶段性胜利。

第十四章

星河璀璨（上）
近代西方的精神成果

14.1

科学与哲学。牛顿的经典力学。休谟论人性。莱布尼茨单子论。霍尔巴赫建立自然体系。康德开创德国古典哲学。黑格尔的辩证法内核。费尔巴哈的人本主义。达尔文的进化论

科学、哲学，人类社会进步史上的一对孪生子。哲学，人类思想前进的开路先锋，为科学的向前发展提供了思想和方法的指导；科学，推动社会前进最强劲的动力，同时又验证着哲学思想的无形威力。

古代希腊，哲学家和科学家常常兼于一身。泰利斯，希腊第一位哲学家，也是第一位科学家；毕达哥拉斯定理（即勾股定理）的发现者，同时又有"万物起源于数"的哲学思想；大哲学家柏拉图所办学园的大门上则悬挂着："不懂数学者免进"。

而到近代，哲学和科学的联系更为紧密、更为内在。17世纪早年的英国哲学家弗兰西斯·培根，为近代实验科学的出现开辟了一条大道。而在这条大道上走出最坚实的第一步的，也是一个英国人，即近代经典物理学的创立

者艾萨克·牛顿（1643—1727）。

进入17世纪后，英国的科学研究已是蔚然成风。1660年英国皇家学会正式成立，这是科学家们的第一个组织。从此科学研究事业得到了政府的鼎力扶持。一大批优秀的科学家就在这样一种良好的氛围中涌现，牛顿无疑是其中最伟大的。

牛顿出身寒微，年幼时因家贫而多次辍学。18岁时进剑桥大学读书，学业优异，毕业时即发现高等数学中的微分和积分。24岁时分析日光成功，由此奠定了现代光谱学的基础。26岁后担任剑桥大学的数学物理学教授，长达30年。29岁时成为英国皇家学会会员，1703年当选为皇家学会会长，1705年受英国女王封为爵士，成了第一个享有此项殊荣的科学家。

由于在物理学、数学、光学、天文学等方面所取得的里程碑式的辉煌成就，牛顿被誉为自古希腊亚里士多德以来最杰出的科学家。然而他却非常谦逊地说："如果我比别人看得稍微远些，那是因为我站在巨人的肩膀上。"

为了科学事业，牛顿终生未娶，平常总是废寝忘食、不知疲倦地待在实验室里。有一个流传很广的小故事。一天，一个朋友去看他，打算与他共进晚餐。时间已过了，牛顿还在实验室里没出来。于是朋友自己吃了饭，想开他一个小玩笑，把鸡骨头扣在碗里就走了。牛顿出来后揭开碗，发现已是一堆骨头。

图14-1
牛顿

他抬头看了看钟，发现早已过了晚餐时间。"我真糊涂，早就吃过饭了。"他自言自语，又回实验室去了。

《自然哲学的数学原理》是牛顿的代表作，也可以说是近代欧洲科学史上最伟大的著作。此书的问世颇为有趣。1684年，皇家学会的几位科学家讨论一个天体运行问题时发生分歧。半年多后，其中的哈雷与牛顿谈及此事。哈雷问牛顿，一个受平方反比力的作用的行星应划出什么样的曲线，牛顿说是椭圆。这正合哈雷所需要的结论，他立即要求牛顿证明。牛顿先是写了一篇论文，后又将论文扩充为一部书，于1687年正式出版。

书中第一部分证明宇宙引力即向心力的普遍存在，并论述向心力作用下的物体运动；第二部分论述有阻力媒质如气体、液体内的质点运动及规律；第三部分讨论行星、卫星、彗星以及海洋潮汐等自然现象，并论述万有引力定律。牛顿提出了运动三定律。

运动第一定律，即惯性定律：任何物体在没有受到外力作用时，总保持它原有的静止状态或匀速直线运动状态不变，直到有外力迫使它改变这种状态为止。物体这种保持原来静止状态或运动状态的属性称作惯性。

运动第二定律，即加速度定律：物体在受到外力作用时，运动状态就会改变，产生一定的加速度；加速度的大小与物体的质量成反比，与物体受到的外力成正比，如果有多个外力，加速度则与合外力成正比；加速度的方向与外力或合外力方向相同。

运动第三定律，即作用与反作用定律：当甲物体给乙物体一个作用力时，乙物体同时给甲物体一个反作用力；作用力和反作用力的大小相等、方向相反，并在同一条直线上。但结果不尽相同，要视作用的对象与反作用的对象而定。

万有引力定律：任何两个有一定距离的物体之间都有引力，或者说，一切物体都能吸引其他物体。据说，这一定律的发现，是因为牛顿一次坐在树下休息时，受到了苹果落地的启发。

当各门学科的基本理论框架相继确定时，作为人类思想灵魂的哲学也向纵深拓进。

18世纪英国的休谟，是经验论哲学的主要代表。休谟是苏格兰人，出身贵族，担任过国家要职，间或进行哲学和历史研究。其所著《英国史》，至今仍在西方拥有众多读者。而他在哲学上的成就更加突出,哲学史上甚为流行的"怀疑论""不可知论",他为始作俑者。在他看来,人类关于因果关系的知识只不过是期望一种事件跟随另一种事件的习惯,而事件之间并没有必然的联系,因此有充足的理由怀疑凭借理性或在感觉经验的基础上得到的全部结论。

休谟最有影响的哲学著作是《人性论》。书中声称,这部书是"在精神科学中采用实验推理方法的一个尝试",声称要将牛顿的实验方法引入人类精神领域,建立一门"人的科学",而对人性的探讨又是这门科学确立的基础。因此,对人性的认定和研究从此成了西方的传统,而且,休谟本人对人性中的知识、因果、经验和感觉诸方面的研究,也是极有深度的,至今仍为西方学者所称道。

与休谟的经验论哲学相对立,略早一些的德国莱布尼茨则是典型的唯理论学者。他在所著《人类理智论》中,指出人有天赋观念,真理和观念是人类的一种天生的潜在能力,无须用经验来归纳真理。

莱布尼茨是一个大学者,经历丰富,当过外交官、宫廷顾问,做过图书馆馆长,创办了柏林科学院并任首任院长,他在哲学、逻辑学、数学、语言学、历史学、物理学诸方面均有很深造诣,文理兼通,博古知今。《单子论》是他主要的哲学著作。

莱布尼茨认为,组成世界的本原是单子,单子是不可分的。单子数目无限多,物体所含单子只有量的多少,没有质的区别。单子的产生或消灭由上帝决定,而单子的发展变化则是内在因素作用的结果。单子有四等,最低一等单子构成无机物、植物;第二低等的单子构成动物,有感性灵魂;较高一级的单子构成人类,具有理性灵魂,具有更清楚的知觉;最高级的单子就是上帝。

按照莱布尼茨的说法,上帝在创造每一个单子时,还预先考虑了它的定位和发展情况,因此,每一个单子都在以各自的方式反映着宇宙。于是,宇宙万物就显得和谐、有秩序。

莱布尼茨还认为事物在发展过程中不会产生"飞跃",事物的发展只是量变,因为在事物原有的胚胎中已有"预存形构";所谓发展,实际上就是这个"预存形构"的发展及增大,如死,则是它的隐蔽和缩减。就像橡树,种子胚胎中原本就有个"小橡树","预存"的小橡树长大,就是树的生长。

在英国和德国的哲学都体现唯心主义的倾向时,18世纪的法国哲学则表现了越来越明显的唯物主义倾向,霍尔巴赫是其中最杰出的代表。

霍尔巴赫本出身德国商人家庭,因是法国其舅的继承人而长期在法国生活,是"百科全书派"的主要代表之一。他一生写下无数著作,《自然体系》是其代表作。

霍尔巴赫以批判宗教信条和宗教神学为己任。他斥责宗教是"神圣的瘟疫",是人类理性的枷锁,是蒙蔽真理的迷雾。他说,上帝实际上是乌有的东西,谁也没有感觉到它的存在。由于无知和恐惧,便产生了宗教,而宗教出现后,其传播也是依靠欺骗和轻信。宗教的目的,无非是让暴政永存。必须用理性来消灭宗教。

霍尔巴赫对自然世界付之于较多的注意和研究。在他看来,自然是由不同的物质、不同的配置和不同的运动组合而产生的大整体。物质是刺激人们感官的东西,它永恒存在,无始无终,自我运动。决定一切的运动又有两种:一是物体位置的移动,二是自发运动。由于运动的多样性,造成了自然的多样性。宇宙永恒运动,自然界也就不会永恒不变。宇宙的运动有自身的规律。

在霍尔巴赫看来,人也是自然的产物,也要受普遍自然规律的支配。灵魂是肉体的一部分,当然是比较特殊的一部分,有特殊的作用和机能。

霍尔巴赫认为,一切概念都是作用于感官的客观对象的反映。没有对象的作用,就没有感觉,更不会有观念。"人的一切观念、概念、存在与思维方式,都是获得的",没有与生俱来的"天赋观念"。"天赋"的东西,都是教育特别是习惯的结果。至于理性,则是各种感觉能力的"总称"。在这里,他实际上阐述了唯物论的反映论。

霍尔巴赫又认为人是社会环境的产物,社会环境中又以人们的意见为最。脱离了社会的人不可能幸福。但他又把社会与自然混为一谈,把精神现象与物质现象混为一谈,这就走向了谬误。譬如他说,某些人物的特殊生理特征,可以导致一些重大事件发生。某个人的胆汁多些,某个女人的幻想,都可能导致战争。因此,他反复强调,意见是"支配人的皇后"。

真正将近代哲学推向发展高峰的,是德国的古典哲学。从某种意义上说,德国是大思想家、大哲学家辈出的国度，而德国古典哲学对此有不可磨灭的贡献。从18世纪后期到19世纪中叶，德国古典哲学空前地发展和繁荣。

康德（1724—1804）是德国古典哲学的开创者。他出生在东普鲁士的哥尼斯堡小城，晚年正逢一个动荡的年代，欧洲和美洲的革命风起云涌。康德的家庭虽然卑微，但他个人天资聪颖，且勤奋用功，因而自小成绩优异。家中无钱供其念书，结果大学断断续续读了7年。51岁时获得硕士学位后，他担任了大学教授及大学校长，荣膺柏林科学院等好几个科学院的终身院士。

在贫困的生活中，康德甚至无钱结婚，终身形单影只，直到60岁才有一个固定的住所。作为一个学者，有人说康德的全部生活就是三个部分：著述、讲学和散步。他讲学，每周达20多个小时，内容涉及逻辑学、哲学、数学、力学、物理学、自然、地理学、人类学、矿物学等。他的日常生活极有规律，每天按时工作，按时休息散步，散步的时间和路线始终不变，准时程度使得邻居常拿他的作息活动来对钟表。

深居简出的康德，却一点也不孤陋寡闻，在自己的书斋里按着自己的思维创造着一个哲学体系。他的哲学著作是"三大批判"，即《纯粹理性批判》《实践理性批判》和《判断力批判》。其余著作还有《论对活力的正确评价》《论地球从生成的最初起在引起日夜交替的过程中是否发生过某种变化以及怎样才能证实这种变化问题的研究》等。

康德在哲学上的巨大成就世所瞩目，他的许多观点至今仍在西方哲学界产生影响。他最著名的学说有二。一是二元论，二是二律背反论。二元论认为有一个必然的自然世界，也有一个超自然的自由的意志本体，上帝创造世界就是为了调和这两个世界。二律背反是指认识同一事物时，常常可得到两种完全相反的结论。譬如可以说，"世界在时间上是有开端的，在空间上是有限的"，也可以说，"世界在时间上是无开端的，在空间上是无限的"。

康德还写过《一个世界公民的历史观》等著作，论述他关于人类历史发展的思想。他认为，人天生有两种倾向，一是个人主义，一是集体主义。个人主义虽然自私自利，但常常具有创造性，这种创造性能够促进社会进步。集体主义舍己为群，这是保持良好的社会秩序所必需的。理想的社会必须建立在这两者的平衡之上。作为政治家，作为国家的领导者，任务就是要设法求得这种平衡。康德这一思想确实是很有眼光的，就是在今天都有指导意义。

德国古典哲学经费希特、谢林的发展，由哲学大师黑格尔以及他的学生费尔巴哈推向了顶峰。

费希特（1762—1814），亦出身寒微，全靠自身努力方上得大学，当上大学教授、校长。他是个社会活动家，其精彩的演讲词就成了著名的著作。他最有代表性的著作《论学者的使命》，就是由5篇演讲词汇成，分别是："论自在人的使命""论社会的人的使命""论社会各阶层的差别""论学者的使命""试论卢梭关于艺术和科学影响人类幸福的主张"。

对人的研究，尤其是对人作为主体的地位、作用、目的和使命的研究，是费希特思想的主要点。他认为，其一，人是纯粹的自我；人是精神和肉体的统一，是自我和非我的统一；人作为理性动物而存在，是自由的；人作为感性动物而存在，则受外部事物决定，是不自由的。

其二，人是社会的人。人如果与外界隔绝，离群索居，那就不是一个完整的人，一个完善的人；人只有在社会中，才能实现自己的价值，体现人的本性。社会中的人是平等的、协作的，每个人都应该造福于社会、造福于他人。

其三，学者的使命，就是要保证人的天资的全面发展，就是要以人类的全部知识作为自己的研究对象。学者的使命就是："高度注视人类一般的实际发展进程，并经常促进这种发展进程。"

费希特的人道主义精神和民主意识是显而易见的，他呼唤为社会而贡献出学者的一切包括生命，即使到了21世纪的今天，也是有号召力的。

黑格尔是德国古典哲学的集大成者。他出身显贵家庭，长期担任大学教授、校长，是典型的学者。他认为一切事物都包藏着矛盾，矛盾的双方既对立又统一，最后经过冲突得到解决。一切事物都在发展、运动和变化之中。矛盾是事物发展的根源。黑格尔的这一辩证法思想，成了马克思主义哲学的思想来源之一。

黑格尔的哲学体系是庞大的。他的思想内核是辩证法，他的体系外壳却是客观唯心主义。他的总看法是"理性创造世界"，但他又看不到理性在现实中究竟为何物，因此就给理性取了个特殊名称，叫作"绝对观念"。在他看来，绝对观念无所不在，无时不在，一切事物都是它的表现，它是一切事物的本质。绝对观念经历了三个基本阶段，即逻辑阶段、自然阶段和精神阶段。

三个阶段是由浅入深的过程，是一个肯定、否定、否定之否定的过程。因此，黑格尔的哲学体系也与三个阶段相适应，由逻辑学、自然哲学和精神哲学三部分组成（见下图）。黑格尔的巨著《精神现象学》《美学》《逻辑学》《小逻辑》《法哲学原理》《哲学史讲演录》《历史哲学》等，都是围绕这三个部分展开的。

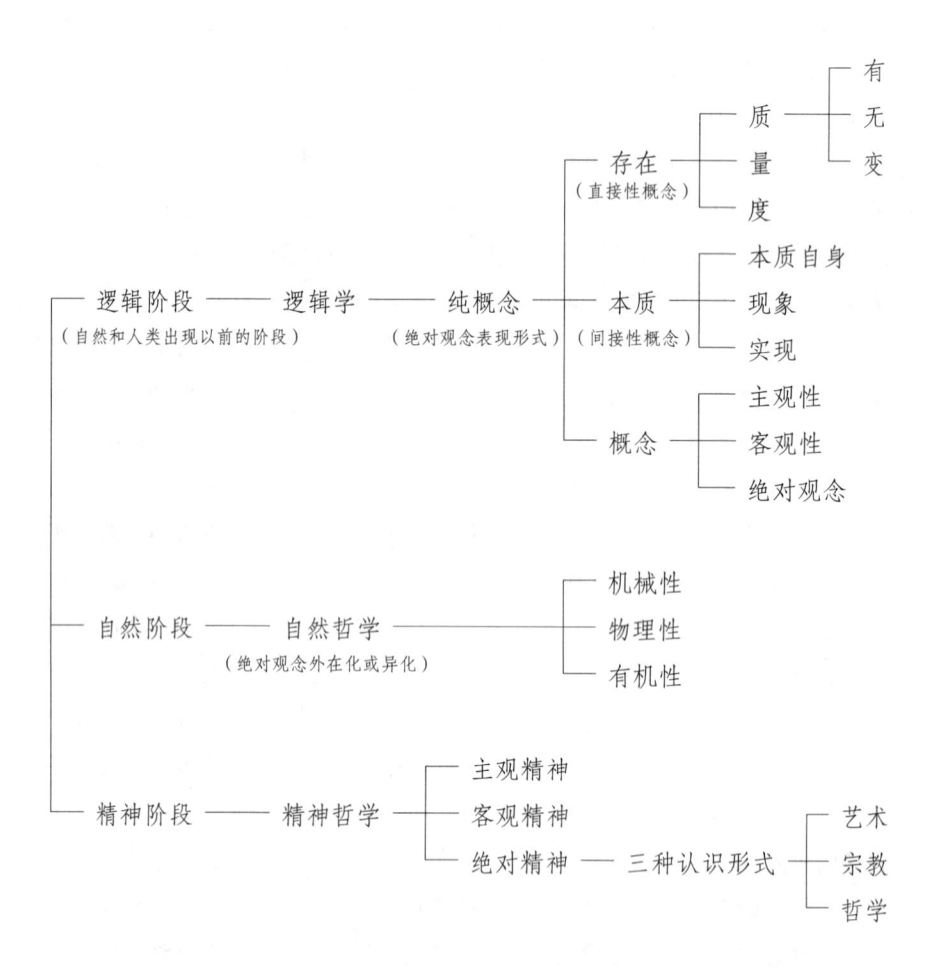

```
┌─ 逻辑阶段 ─── 逻辑学 ──── 纯概念 ──┬─ 存在 ──┬─ 质 ──┬─ 有
│  (自然和人类出现       (绝对观念    (直接性  │ (直接性 │      ├─ 无
│   以前的阶段)          表现形式)    概念)   │  概念) │      └─ 变
│                                            │        ├─ 量
│                                            │        └─ 度
│                                            │
│                                            ├─ 本质 ──┬─ 本质自身
│                                            │ (间接性 ├─ 现象
│                                            │  概念) └─ 实现
│                                            │
│                                            └─ 概念 ──┬─ 主观性
│                                                      ├─ 客观性
│                                                      └─ 绝对观念
│
├─ 自然阶段 ─── 自然哲学 ──────┬─ 机械性
│              (绝对观念外在化   ├─ 物理性
│               或异化)         └─ 有机性
│
└─ 精神阶段 ─── 精神哲学 ──┬─ 主观精神
                          ├─ 客观精神
                          └─ 绝对精神 ─── 三种认识形式 ┬─ 艺术
                                                       ├─ 宗教
                                                       └─ 哲学
```

在黑格尔众多的学生中，费尔巴哈是最为出类拔萃的人物。他虽然身受黑格尔的教诲，但并不对黑格尔的哲学思想顶礼膜拜，而是渗入自己的思考，怀疑甚至否定老师的某些见解。最后，正是他抛弃了黑格尔的唯心主义体系，创造了唯物主义哲学。因此他是继黑格尔之后德国最重要的哲学家之一，德国古典哲学发展到他这里宣告终结。费尔巴哈的唯物论也是马克思主义哲学的直接来源。只不过，诚如列宁所说，费尔巴哈在抛弃黑格尔唯心主义外壳时，把黑格尔的辩证法的合理内核也抛弃了，就像泼洗澡水时，将澡盆里的小孩也一起泼掉了。

费尔巴哈的主要哲学著作是《黑格尔哲学批判》《基督教的本质》和《宗教的本质》等。对宗教神学的批判，对人本主义的张扬，是费尔巴哈哲学的最突出特征。他对宗教的批判，火力点是神。在他看来，人崇拜神，实际上是人自我崇拜的一种形式，神是人的本质的虚幻反映。人在崇拜神时，又把神视作了一种超人的存在，这是人的本质的自我异化。费尔巴哈将人以及人的自然基础宣布为哲学的唯一对象，将宗教的哲学称为人本学，这在思想史上是极有意义的，对后世影响尤大。

牛顿以后，近代自然科学迅猛发展。19世纪英国科学家达尔文（1809—1882）提出生物进化论，是近代科学史上又一座里程碑。达尔文出身书香门第，自幼受到良好教育，后来成为剑桥大学的神学学生。22岁时跟着科学勘探船出海考察，5年间周游了大半个世界。回伦敦研究所搜集到的标本，兴趣转向生物学领域，于1859年出版《物种起源》。

达尔文认为，人类对生活在自己周围许多生物之间的相互关系是"无知的"，物种和变种的起源还是一种暧昧不明的状况，没有人能"解释某一个物种为什么分布范围广而且为数众多，而另一个近源物种为什么分布范围狭而为数稀少"。在他看来，所谓每一个物种都是独立创造出来的观点绝对是错误的。他完全相信，物种不是不变的，"所谓同属的物种都是另一个普通已经绝灭的物种的直系后裔"；他还相信，"自然选择是变异的最重要的、虽然不是唯一的途径"。

达尔文在书中专门讨论了自然选择或最适者生存问题。他认为，人类并不能创造新的物种，也不能防止新物种的出现；人类所能做到的，只是把已经发生了的变种加以保存和积累而已。人类在无意中把生物放在新的和变化中的生活条件下，于是就发生了变异；然而生活条件的相似变化也可以而且确实在自然条件下发生。达尔文发问："既然对于人类有用的变异肯定发生过,那么在广大而复杂的生存斗争中,对于每一生物在某些方面有用的其他变异,难道在连续的许多世代过程中就不可能发生吗?如果这样的变异确能发生,那么较其他个体更为优越的个体具有最好的机会生存和繁育后代,这还有什么可以怀疑的呢?"

达尔文认为,人类既然用有计划的和无意识的选择方法,的确产生了伟大的成果,为什么自然选择就不能发生效果呢?人类为自己的利益而进行选择;自然也一样,"为被她保护的生物本身的利益而进行选择"。"物竞天择,适者生存",自然选择是生物进化的基本方式。动植物是在不断变化发展的,是由简单到复杂、由低级到高级而进化的。

1871年,达尔文发表《人类起源和性的选择》,论证了人类起源于动物,人类是由已经灭绝的某种古猿进化而来的。

14.2

构筑近代国家:政治学和法学的探讨。霍布斯"海兽"论。斯宾诺沙的自然法。国际法之父格劳秀斯。梅叶著《遗书》。孟德斯鸠《论法的精神》。卢梭:法国最杰出的启蒙思想家。边沁的功利主义

当近代国家兴起之时,关于国家起源和国家本质的政治学理论,关于治理国家以及处理国家间关系的近代法学,也应运而生。文艺复兴时代意大利马基雅弗利的《君主论》,是政治学开始独立形成的基本标志。法国著名政治思想家让·博丹对国家机构和法律制度有比较深刻的了解和思考。此后,对政治学和法学的研究,可以说是并驾齐驱。尤其是政治学,很快冲破了宗教神学的桎梏,抛弃了神灵的外衣,甚至还摆脱了道德的羁绊。近代西方政治学和法学形成后,探索的中心问题无非是对国家的管理,应该是主权在民,还是君主统治?应该实行法治,还是仍推崇人治?

霍布斯(1588—1679)是近代英国第一个政治思想家。此人在英国革命初期本是拥护王权的,但后来在政治学著作《利维坦》中有自己独特的观点,

结果遭到来自保王党和革命党两方面的攻击。克伦威尔曾请他出任共和国行政部长职务，被他拒绝；复辟时期，他又受到迫害，其著作也被焚毁。

霍布斯从人性论出发，论述了"自然状态"、国家起源、国家主权等基本问题。

在霍布斯看来，在国家产生以前，人类是处在"自然状态"之中的，每个人都享有自然权利。然而，他认为人的本性又是自私的，常常寻求"自我保存"，而人的能力却大致是相等的，对每一件事都能享有平等的权利。这样一来，人们之间就产生了利害冲突。当两个人在同一时间里想要得到同一件东西时，他们彼此之间就会成为敌人，甚至处于战争状态。他还对引起人们争端的原因进行了区分：由于竞争，使人们争利；由于猜疑，使人们争安全；由于荣誉，使人们争名。

在这样一种互相冲突、互相仇视的"自然状态"下，所谓勤劳、文化都不知为何物，人类的"生活是孤独、贫困、讨厌、粗野和短命"的。认识到这一点，于是人类的理性就促使他们去发现并接受自然法。自然法的作用就在于，它"是由理性所发现的一种律令或一种规则，用来禁止人们毁灭自身或放弃保生手段，并命令人们必须去做他认为最好应加保持的东西"，即自然法的目的，就是促使人类过和平幸福的生活。自然法有三个基本原则：第一，谋求和保持和平；第二，己所欲者，亦施于人；第三，必须履行契约。

为了使这些基本原则得到实现，必须有公共权力来保证，这就产生了国家。这种公共权力可以是一个人，也可以是一个会议，但必须代表人们的意志，必须担当起一种人格。"国家就是一个人格，一大群人通过相互的契约，使他们每个人自己成为这个人格的一切行为的创始者，目的是使担当这个人格的人在他认为适当时可以利用他们大家的力量和手段，来谋求大家的和平与共同防卫"。

那么作为国家，自然就享有主权。霍布斯认为国家的主权应包括：为了国家的和平与安全而制定法律、征收赋税、进行审判、对外宣战媾和等等。而且这些权力不可转移，不可分割，必须统一。如若主权分开，国家也就"不成其为国家了"。

国家采取什么政体？霍布斯认为，在君主制、民主制和贵族制三者之中，以君主制为最好。他从四个方面作了一些对比，阐述君主制的好处。一是君主的私利与人民的公利往往是相统一的；二是君主可向所有的人征求意见；三是君主一人的判断不会有什么矛盾之处；四是君主不会自己否定自己，不像一个会议中常有一部分人反对另一部分人。

采取君主制之目的，就是为把国家建设成为一个"伟大的'利维坦'"。这个"利维坦"，是圣经中提到的巨大海兽，力量异常强大，霍布斯以此希望国家也具有绝对强大的权力。这是新兴资产阶级的愿望，但强调由君主来实行专制统治，实不可取。因而，霍布斯的理论很快就遭到了洛克的强烈抨击。

稍晚于霍布斯，荷兰哲学家斯宾诺沙也阐述了自己的政治学思想，但得出的结论却完全不同于霍布斯。

《神学政治论》是斯宾诺莎阐述政治学说的主要著作。和同时代的西欧思想家一样，斯宾诺莎也是用自然法理论来说明国家的起源和目的。在他看来，在国家产生以前的"自然状态"之下，人类和其他一切动物都是受自然法支配的，都具有天赋的自然权利。譬如，鱼儿生来就能游水，人类生来就有自由平等的权利。"自我保存"是人的本性，人人都会自觉地关心，这是社会生活的规律。每个人的自然权利之大小，取决于每个人的实际力量。因此为了争夺同一个目标，人们便有可能发生纠纷和冲突。只是在自然法的指导下，人们才各自放弃部分自然权利，交给社会，按照契约建立国家。

国家的最高统治者既获得了这些权利，人人都必须服从他。但他的权力并不是绝对的。一是他的权威须以他个人的力量为基础，二是人们的天赋权利并没有完全交出。这部分权利统治者不能侵犯，如有侵犯，人们可以重新订约更换统治者。

在斯宾诺莎看来，人的本质特征是要为自己谋求利益的。凡人认为有利的，他必不会等闲视之，除非是希望获得更大的好处，或是出于害怕更大的祸患；人也不会忍受祸患，除非是为避免更大的祸患，或获得更大的好处。也就是说，人人都是"两利相权取其大，两害相权取其轻"。"鱼在水中快乐，大鱼有最大的天赋之权吞小鱼"。每个人"应竭力保存自身，不顾一切，只有自己，这是自然的最高法律与权利"。

国家出现后，斯宾诺莎认为有民主制、君主制和贵族制三种形式。他认为，在所有的政体之中，民主政治最自然，与个人自由最为相合。在民主政治中，没人把他的天赋之权转交给别人，他只是把天赋之权交给社会的大多数，而他自己也是那个社会中的一分子，因此所有的人仍然是平等的。

但是，由于每个人都谋自己的利益，所以必须有政府、法律来压抑人们无节制的欲望和冲动。因此，法律就是人们为了国家的安全和社会的安宁而给别人或自己所立的一种手段，并靠一些人的权威加之于人。总的来说，法律的制定都经过全民的同意和认可，并没有外界加来的权威，因此人民应是自由的，而不是服从的。但是，如果实行君主制，君主的命令变成了法律，情况就会走向反面。因此，必须强调"在法律面前人人平等"，执法者应该把所有的人都看作是平等的，对每一个人的权利都要一样地加以保卫。

斯宾诺莎还特别强调言论自由，大声疾呼要给每一个人言论思想自由权。在他看来，自由思想，自由发表意见是每个人天赋的不可转让的权利。每个人都是他自己思想的主人，人人生来就有自由，任何政府都不得剥夺，政治的目的应该是自由。专制绝对不可能既控制人的舌头，也控制人的心。

同为荷兰人，格劳秀斯（1583—1645）则擅长于研究国家与国家间关系的处理原则，在国际法及海洋法等领域卓有建树。

格劳秀斯出身于书香门第。在良好家庭环境熏陶下的格劳秀斯，自幼聪慧异常，11岁便上了大学读书，15岁到法国奥尔良大学留学，只用了一年时间便获得法学博士学位，回到海牙当律师。18岁时，他担任了荷兰省政府的检察长，还担任过《荷兰战史》总编、鹿特丹市的市长。因其在法律上的声望，他曾作为荷兰政府的代表与英国人谈判处理贸易纠纷。1618年后，他和荷兰王族权贵人物发生了矛盾，先后被判处终身监禁和死刑。1621年，他越狱逃跑成功。以后长期流亡在法国、德国和瑞典，仅回过一次国。晚年他被瑞典政府任命为瑞典驻法大使。

格劳秀斯写下了许多法学著作，最著名的是《论海洋自由》。他在法学上有两大贡献。一是提出公海航行自由理论，为西方国家通过海洋向世界各地扩张提供了法理依据。二是系统阐述自然法理论，进一步完善了古希腊罗马以来的西方法学体系。

格劳秀斯的自然法理论相当复杂。他认为，人是一种社会动物，出于和平与发展的需要而组成社会，这是人类共同的理性。任何法律都必须符合理性，都必须以自然法作为制定法律的基础。自然法绝对不能变，甚至上帝也不能改变它。在自然法的基础上，便有了"制定法"。制定法又分为国内法和国际法两种。格劳秀斯还提出了许多国际法原则，如对战争及战俘的处理等，大都成了现代国际法的公认准则。

近代西方政治学在法国启蒙思想家那里发展到了高峰。

让·梅叶（1664—1729），18世纪法国的空想社会主义者。他出生于工人家庭，长期在乡村担任低级神职人员，对下层群众特别是农民遭受封建压迫的痛苦状况深有了解，并寄予深切的同情，希望能帮助他们过上幸福的生活，由此他构造了一套比较完整的思想体系。但由于迫于政治上的考虑，他生前一直没有把自己的主张提出来，只是到临终前才用《遗书》的形式表达了自己的全部政治思想：一是对黑暗的旧制度加以无情的揭露和彻底的否定，二是描述了他自己所构想的理想社会制度。

梅叶写遗书，并不是自己有所求，主要是想在弥留之际唤醒社会上的受苦人民，认识笼罩在人间的可恶的"谬误、弊端、迷信、欺骗和暴政"，号召人民从宗教和迷误中解放出来。他认为，教会应是斗争的首要目标，虽然他自己当过神父，但他是被迫的。他说自己从来不是一个有宗教信念的人，是他父母希望他成为一个宗教人物，所以他在年轻时为了讨父母喜欢而轻率地同意做了教徒。他对宗教的本质进行了种种的揭露，认为宗教是最大的欺骗，是毒害人民的工具，是国王的帮凶。

在梅叶看来，现实社会中各种祸害丛生。第一种祸害是不平等现象，这是最不公平的。一些人仿佛生来就应该成为统治者，享尽人间富贵；一些人生来就是奴隶，是下等人，永远贫穷、不幸，受人鄙视，在劳动中受苦。第二种祸害是严重的寄生现象。这些寄生者包括教士、僧侣、修女、各级官吏、包税人等。特别是贵族，他们只知道嗜人之血，破坏法律。第三种祸害是私有制的存在。这是现代社会最为普遍的祸害，是劳动者受苦的根源，是其他各种祸害的根源。第四种祸害是国王的残暴统治。梅叶斥责国王和诸侯是一些"不公正的残酷的掠夺者，是伪善的骗子，是最凶狠的暴君"。他特别谴责了路易十四，认为这个号称"太阳王"的人并不是因为做过伟大的事业，而只是到处进行大抢劫、大侵略、大毁灭、大破坏、大屠杀。

梅叶提出了自己的理想社会方案。他认为，首先必须废除私有制，建立公有制社会，土地和财富"应当根据平等权利归全体人民公有，应当根据平等地位归他们共同享用"。建立公有制是人们的天然权利，社会的自然财富应由大家共同享受而不是归哪一个人。其次，要消灭社会寄生现象，要使人人都参加对社会有益的劳动，这是共同享受社会财富的基本前提。在他看来，劳动出众的人是品德最完善的人，"流汗是道德之源，劳动是光荣之本"。第三，要用"共产主义"的原则来组织社会生活，要在公有制基础上实行集体生产和消费。一个城市，一个乡村教区，全体居民应当组织得像一个家庭，大家要像兄弟姐妹一样互相友爱，共同生活，吃同样的食物，住同样的房子，穿同样好的衣服。分配上要实行平均主义。教区中的领导人，要经过选举产生，要贤明，又要有经验，甚至还可由老年人来担任。在这样的社会里，人人都享有和平生活所应有的一切，不必为自己和子女的未来不安，也不必担心有欺骗、盗窃、抢夺之类的事发生。

梅叶描绘的理想社会，确实符合法国农民们的愿望，对人民反封建斗争起了很大的鼓舞作用。

孟德斯鸠（1689—1755）是18世纪法国著名的启蒙思想家。他的主要著作是《波斯人信札》和《论法的精神》。

《波斯人信札》通过两个波斯商人之口，用通信的方式对法国的封建制度、宗教统治、贵族专横和人民贫困的现象进行深刻的揭露批判，尤其批判了法国的君主专制统治。

《论法的精神》是孟德斯鸠的代表作，倾注了他的毕生精力。该书内容十分丰富，涉及政治、经济、法律、教育、哲学、伦理道德等几乎所有的学科，在近代政治思想发展史上具有重要地位。

孟德斯鸠的政治法律思想也是从探讨国家的起源和本质开始的。他认为，国家产生之前，自然法对人们的生活起支配作用。在这种自然状态条件下，人们只有获得知识的能力。由于人们的知识不多，每个人都很自卑，并不搞互相攻击，因此和平成了自然法的第一条。自然法的第二条是寻找食物。自然法的第三条是由于互相畏惧而使人们互相亲近。第四条则是既获得感情又逐渐得到知识。这样人们感到有必要结合起来,过社会生活。因此便产生了国家和政府。

国家产生之后,可以按国家的政体分成三类,即共和政体、君主政体和专制政体。"共和政体是全体人民或仅仅一部分人民握有最高权力的政体;君主政体是由单独一个人执政,不过遵照固定的和确立了的法律;专制政体是既无法律又无规章,由单独一个人按照一己的意志与反复无常的性情领导一切"。在孟德斯鸠看来,三种政体各有不同的性质和原则。共和政体的原则是品德,君主政体的原则是荣誉,专制政体的原则是恐怖。他虽然赞扬共和政体,但却认为君主立宪政体最好,因为这种政体能保证政治的自由和安全。

孟德斯鸠认为,要使公民有充分的政治自由,就必须建立三权分立的国家政体。三权是指立法、行政、司法权。三权中任何两权如合并,就会出现滥用权力,就会侵犯公民自由。三权必须分立,互相制约。三权要由不同阶级来掌握。人民要掌握立法权,并且能监督行政权。行政权由代表贵族的君主行使,君主可以对议会的立法行使否决权,但无权自行立法,只能按法律办事,不得违背法律,这就是对君主权力的一种限制。至于司法权,须由独立的专门机关来行使。

在孟德斯鸠看来,一个国家制定的法律必须适用于本国的实际情况,因此立法者制定法律时必须充分考虑本国的具体因素,包括地理条件、气候因素、国民职业、生活方式、宗教信仰和宗教习惯等。气候条件尤其是首要的因素。在法国,南方气候炎热,人们容易懒惰,炎热的气候还会使人疲惫无力,削弱人的勇气,因而容易产生奴隶制。土壤条件也重要。土壤肥沃,使人们埋头于农业生产,而不去维护自己的自由。相反,贫瘠的土地和寒冷的气候会使人们具有坚强的性格、勇敢的行动,使人们辛勤地劳动,磨炼人的意志。甚至连山地和岛屿也有利于促进自由,因为地势险要使外部的侵略者难以侵入国土。孟德斯鸠这种地理环境能决定政治制度和社会发展的理论,在西方思想家中产生了很大的影响。

让·雅克·卢梭(1712—1778),18世纪法国最杰出的启蒙思想家。早年生活艰辛,很小就靠打工当学徒为生,一生都不得志。在政治思想方面,他的著作《论人类不平等的起源和基础》和《社会契约论》可进入对世界最具有影响的著作行列。

在《论人类不平等的起源和基础》中,卢梭也推崇自然法理论,而且还把"自然状态"更加理想化。在他描述的"自然状态"下,人人都是自由、独立与平等的,从来就不存在天生的奴隶和天生的主人,没有服从和被服从,也没有奴役和被奴役。大家都有着纯朴的道德,洁白无瑕,没有"善"与"恶"的概念。每个人天生就有怜悯心和同情心,生性而善,决不是性本恶。

这种自然的东西非常好,而后来的文明则是人为的造作,将自然的本性破坏了。本来是好的人,却被文明制度给弄坏了。因此,"自然人是幸福的,文明人是不幸的"。因而,要"回到自然去",要提倡"自然道德""自然教育""自然宗教",要谴责文明。不过,卢梭这里只不过是要借这一对原始自然状态的回复,希望推翻腐朽堕落的封建制度而已。

卢梭认为,人类不平等的起源经历了三个阶段。

第一阶段是私有制的出现。本来人类都有原始的自我保存思想。然而,要自我保存就要具有改善自然环境的能力,从而创造和使用了生产工具。在生产和生活过程中,人类为避免孤单而互相接近,经常举行集体活动,越来越注意自己在众人中的位置。随着那些"最善于歌舞的人、最美的人、最有力量的人、最灵巧的人、最有口才的人"变成最受尊重的人时,人们就产生了虚荣心、自尊心,平等的自然状态遭到了破坏,人类走向了不平等的第一步。特别是人们从事耕种,一人能生产两人吃的粮食,有些人发现不劳动也可以占据别人生产的粮食时,平等就消失了,私有制就出现了。

私有制出现和平等的消失,必然导致混乱。于是就有贫富的巨大差别,就有穷人和富人之间的仇恨和冲突,人们以贪婪和邪恶为事,社会进入了可怕的战争状态。私有制是人类偶然的悲剧现象,它的出现又助长了富人的贪欲。"富人们好像狼一样,尝过一次人肉之后,便厌弃一切别的食物,而只想吃人了"。而且,富人特别害怕自己的财产受损失,便说服穷人签订契约,建立国家,制定法律,把国家当作公正的裁判者。卢梭指出,国家的成立实际上是富人的一个阴谋,因为国家的统治者是富人,穷人则是被统治者。这样,人类社会中起初的社会地位的不平等,这时又发展成为政治地位的不平等。

国家建立后,不平等不但没有被消灭,反而越来越加深。因为国家的统治者利用法律来维护自己的特权和利益，并且剥夺人民的自然权利，大多数人被奴役，越来越贫困。人们寄予希望的君主们，反过来变成了奴役人民、践踏法律的专制君主，变成独裁者和暴君，这是人类社会不平等的第三阶段，是不平等的顶点。

《社会契约论》，是按唯理论方法写成的理论巨著，具体论述了怎样保障人们在不平等社会中所丧失的自由和平等的权利问题。

书的一开卷，卢梭就指出："人是生而自由的，但却无时不在枷锁之中。自以为是其他一切的主人的人，反而比其他一切更是奴隶。"在他看来，当人民被迫服从而服从时，他们做得对；但是，一旦人民可以打破自己身上的桎梏而打破它时，他们就做得更对。因为人民正是根据别人剥夺他们的自由时所根据的那种同样的权利，来恢复自己的自由的，所以人民就有理由重新获得自由。

但是，要使人们挣脱身上的枷锁，就只有订立契约，建立民主的国家。在卢梭看来，社会契约是人民自身之间的结合行动，由之而产生国家。但是，这个契约要求：一、每个结合者把自己和自己全部权利转让给整个社会；二、权利的转让必须毫无保留；三、人们可以从社会得到同样的权利，在增强社会力量的同时保护自己的利益。用这种条件组成的社会才是理想的民主共和制。这种理想的共和制，是一种"公意"，即公共的利益，它和"众意"，即个人利益的总和是不同的。在"公意"之下，人们虽然丧失了"自然平等"，但却获得了"道德的与法律上的平等"，人们虽然需要服从国家权力，但只是服从公意，同做专制制度之下的奴隶是完全不同的。

卢梭反复强调，最高主权是属于全体人民的。人民的主权是一个积极的东西，它是公意的体现。人民主权一般具有三个原则：第一，主权不可转让。因为主权是国家的灵魂，是集体的生命。全体人民没有任何理由出卖自己，不需要去找一个统治者来执掌主权。转让主权就意味着出卖自由，也就等于出卖自己的生命。第二，主权不可分割。主权是一个整体，它要么是公共的，要么不是公共的，要坚决纠正把主权和政府混为一谈的说法。主权者是国家，政府只是执行公意的机关。所谓三权分立学说，是"把一个孩子的肢体分解，一一抛上天空"。卢梭坚决反对君主制，包括君主立宪制。第三，主权至高无上，神圣不可侵犯。

在卢梭的理想共和国里，法治要起主导作用。"凡是实行法治的国家，无论它的行政形式如何，我就称之为共和国。因为唯有在这里才是公共利益在支配着，公共事物才被认为是重要的"。卢梭认为，这种共和国，疆域不宜太大，也不宜太小，因为幅员太大难以很好地管理，太小的又缺乏自我保卫能力。人口数目与土地面积相宜为最好。因为构成国家的是人，而养活人的则是土地，居民应恰好等于土地所能养活的那么多。

在卢梭看来，全体人民的最大幸福就是自由和平等。公民之间财产上的差距也不应太大，中等数量的财产为宜，"没有一个公民可以富得足以购买别人，也没有一个公民穷得不得不出卖自身"。中产阶级如果占了多数，自由和平等才能变得比较现实。

卢梭设想的确是一种理想的政治制度，但是在现实中往往带有很大的空想性。它反映了一种激进的愿望，但一旦实现不了，就会产生一种悲观主义。卢梭的激进思想，对法国大革命产生了巨大影响。

国家和社会，是思想家们始终注视的两个方面。当法国启蒙学者就国家和治国发表高深见解的时候，英国学者则又展开了对人类追求的探讨，其中当然不乏精妙之论。

杰里米·边沁（1748—1832），英国政治思想家、法学家、律师。他在《道德与立法原则总论》中提出了功利主义思想原则。

边沁理论的核心就是"避苦求乐"的功利主义。他说，自然将人们置于两大主宰之下：苦和乐，唯有这两者才能指明人们应该做什么，决定人们将去做什么。照他的说法，人的本性（自然性）就是避苦求乐；对任何事情都要看它是否具有"功利"，或者是否具有"效用"。而功利也好、效用也罢，判断标准就是"避苦求乐"。这是人类行为的动机和出发点，也是区别这种行为的善恶和是非的标准。它既能决定个人的行为趋向，同时也是政府活动所应遵循的准则，所以它既是道德原则，也是立法原则。

增进幸福的方法应该从政府的立法开始。边沁指出，他之所以要写这部书，就是要讨论政府的立法原则。在他看来，苦和乐应作为立法的工具。政府要通过立法，进行赏罚，特别是针对那些破坏幸福的行为，要采取惩罚手段，从而增进和保证社会幸福。

边沁认为，对每一个行为都必须从六个方面来考虑，即行为本身、客观条件、意向伴随而来的意识、动机以及各种习性。某个行为是好是坏，不应该根据动机来判断，而应该根据结果来判断。法律惩罚虽然造成了恶果，即破坏或断送了犯法人的幸福，但能够造成更大的善果，即能保障社会公开的幸福或他人的幸福。惩罚罪恶的目的完全是为了防止罪恶，制止罪恶，消灭作恶的意向，消除作恶的动机。"犯罪的引诱力"等于"驱使"人犯罪的"动机"减去对动机的制止力。因此，随着引诱力的加强，惩罚的力度也必须随之加强。惩罚给予的损失必须大于犯罪者所获得的利益。

边沁还在书中列举了各种各样的苦和乐。其中一项乐就是"获得和占有财富"。至于获得财富的手段，边沁似乎没有给很多的考虑，认为只要不明显破坏他人幸福就行了。

在他看来，苦或乐的价值还可以像算术那样来计算，计算的标准包括苦或乐的强度、持久性、确定性、近似性以及感受苦乐人数的多或少，以及此苦乐是否要连带产生彼苦乐的可能性大小。作为立法者，任务就是计算苦乐，必须以大多数人的幸福为是非标准。

大多数人的幸福即社会利益，"社会是一个虚构的团体，是由被认为是该团体的成员组成的。"因而，"社会利益不过是组成社会的某些成员的利益的总和"，"不了解个人的利益就谈不上社会的利益"，所以这里的社会利益实际上还是以私人利益为基础的。

政府为了维护社会利益，必须对不同的"罪恶"来进行选择。法律虽然是为了制止罪恶，但法律手段本身也是"罪恶"，因为它侵犯了罪恶人的"自由"。但是，只要法律能够制止的罪恶大于法律本身的"罪恶"，这种法律就是道德的。法律主要应保护四个方面：生存、安全、富裕、平等。其中生存与安全是最重要的。没有生存和安全，就谈不上富裕和平等，但是不能为了富裕和平等去危害别人和社会的安全。

14.3

> 经济运行规律探讨。英国的重商主义。法国的重农主义。亚当·斯密创立古典政治经济学。李嘉图比较成本学说。马尔萨斯论人口。萨伊定律。西斯蒙弟：法国古典经济学。德国的经济史学派

资本主义是以发展经济而见长的。对经济问题的研究，是政治家和思想家们最为关注的领域，各种学派林立，见解纷呈。

在 16 世纪资本主义发展的初期，在西欧占统治地位的经济思想和政策是重商主义。重商主义的出现，是其时英法等新兴民族国家专制王权政府与商人阶级两者利益相结合的产物。国家要强大起来，首先必须富起来，而商人特别是海外贸易商人也需要王权的支持，需要国内的政治凭靠，需要政府予以有力的保护。这就导致了重商主义措施的出台。早期的重商主义表现为"重金主义"，做法是大量出口，以换取贵金属的流入。从 16 世纪晚期开始，重商主义则表现为"重工主义"，即大力发展国内加工制造业，让大量的制成品出口，换取贵金属流回，同时限制原材料的出口。对国外产品的进口则实行保护关税制度。

《论英国本土的公共福利》是早期重商主义一部著名的代表作，最初出版于 1581 年，主要描写 16 世纪后期伊丽莎白女王统治时代的英国社会经济状况，同时提出了重商主义的早期阶段——重金主义的一些基本原则思想。作者署名为 S·W。1893 年由英国学者伊丽莎白·拉蒙德整理出版，她认为作者是约翰·黑尔斯。

该书采用对话体的形式。共有 5 位不同身份的人参加，即博士、爵士、手工业者、庄稼人、商人。博士是中心人物，他的话实际上就是作者的意见。

书中描述了参加对话的人对当时一些社会现象的不满，相互埋怨，牢骚满腹。比如庄稼人埋怨爵士说："你们抬高自己土地的价格，你们还把农田和牧场掌握在自己的手里，而农田和牧场经常是像我这样的穷人的命根子。"手工业者也埋怨说："由于乡绅变成了牧场主，穷苦的手艺人很不高兴；因

为他们现今并非每天能给他们的学徒和仆人供应食物和饮料；现在我们不举债就难以维持生活，除了一两个学徒而外，根本就雇不起佣人了。"爵士也有牢骚，说手工业者和庄稼人还可以抬高自己产品的价格，而他们却无法抬高土地的价格，因此只有离开乡间，放弃家庭，在伦敦租一间房子混日子。

博士则对这些现象作了一个总结，认为英国存在的问题在于，首先是普遍的、全面的物价上涨，是所有人抱怨的主要原因。其次是国内财富的耗竭。第三是圈地运动将可耕地变成了牧场。第四是各地城乡的经济凋敝。第五是人们在宗教方面的意见分歧和差异，等等。要从根本上解决问题，必须实行一系列改革：改革货币制度；振兴农业，提高农产品价格，允许农民自由出卖，要让种地比放牧更有收益；要保护本国的加工工业，提倡消费国货，限制进口，等等。

总结全书，作者提出了重商主义的几点主要思想：

一、只有金银才是一国的真正财富。他主张发展农业，以便把多余的粮食出口换取大笔的钱财。他反对发行不足值的铸币，认为这容易引起外国人的仿造，再将其运到英国，造成英国商品及金银流失。

二、对外贸易是财富的真正源泉。可以作一些规定，禁止从国外运进没有价值的东西，不准销售舶来品。要多将商品就地加工，然后再卖到外国去，它们会带来无数财富。

三、对外贸易的原则是少买多卖，只有出超才能使金银进口，杜绝本国的财富外流。无论如何也要使英国向外国人购买的货物不超过英国人卖给外国人的货物，否则英国就会日趋贫穷，外国人则发财致富。

四、实行保护关税，使用本国产品，发展本国加工工业。即使有的商品本国生产的成本比进口的高，也应该买本国的。宁愿以较高的代价购买自己国家人生产的产品，也不要以低价向外国人购买。因为收益流向国外，对英国总是一个损失。如果买国内的，即使价格再高，也是从一个人转到另一个人手中，毕竟还是留在国内。特别是不应该将羊毛、兽皮、锡这样一些原料出口到国外供人家加工，我们再买人家的产品。如果将它们留在国内，不仅可以安排很多人就业，而且购买货物的钱也没有流到国外去。在这里，作者又有了重商主义晚期阶段即重工主义的基本思想。

托马斯·孟（1571—1641），英国大商人，曾做过东印度公司的董事。他是晚期重商主义最著名的代表人物，其所著《英国得自对外贸易的财富》被称为"重商主义的圣经"，"是重商主义具有一部创造新纪元的著作"。

不论是早期还是晚期重商主义，他们都认为货币是财富的唯一形态，货币拥有量的多少是衡量一个国家富裕程度的标准。但晚期重商主义还有一些新的发展，概括托马斯·孟这本书就可以看出。晚期重商主义认为可以将货币输出国外，扩大对国外商品的购买，"以货币促贸易，以贸易促货币积累"。但在对外贸易中，必须保持出超。为达到出超目的，国家可以实行保护关税政策，鼓励扩大出口商品的生产，扶植和保护本国工场手工业的发展，尤其是加工工业的发展，所以晚期重商主义又常常被称为"重工主义"。要发展生产，必须发展人口，以保证劳动人手。

一般地说，晚期重商主义的基本原则是发展对外贸易，扩大商品输出，限制商品输入，即通过调节商品的运动，来达到积累货币财富的目的，这是一种贸易平衡论或贸易差额论的观点。

托马斯·孟在该书中将这些观点发挥得淋漓尽致。在他看来，对外贸易是增加社会财富的手段，国内商业只是外贸的一种辅助。但是这种外贸必须是出超，顺差便会以货币形式输回本国。要发展对外贸易，必须：一、增加本国商品的输出和减少本国对外国商品的依赖和消费，这是增加财富的特殊手段。财富有自然财富与人为财富两类。自然财富是指从必需消费的用品中节省下来而输出国外的商品，主要是农产品；人为财富是指为出口而生产的工业品和用外国商品经营贸易而获得的财富。二、发展航运业和转运贸易业。三、扩大本国工业和手工业。四、鼓励人口增加，以保证工业人手。五、反对货币主义者限制货币输出的原则，取消禁止货币输出的法令。

托马斯·孟不愧是商人出身，他在书中特别善于用数字来说服人，通过精心计算来论述自己的观点，这也是该书一大特色。

他还特别对从事对外贸易的商人提出了品质上的要求，认为这种商人：一、应该擅长书法、算术和会计，能够使用复式记账法，还要精通各种租借合同、提单、发票、契约、汇票和保险单的规格和形式。二、他应该知道和了解各国的度量衡和货币，知道货币的大小面值，知道成色，能作与本国货币的价值比较。三、他应该知道各种商品在各个国家的应交纳的关税、通行税、一般赋税等各种费用。四、他要知道各个国家各种商品的富余和短缺情况。五、他应了解从一个国家向另一个国家的汇兑方法和汇兑率。六、他应该知道各个国家在哪些货物上禁止出口或禁止进口。七、他应该熟悉船运货物的价格和条件,他还要知道船与货受损时怎样索赔。八、他应该知道船只建造和修理的材料好坏及其价格,船上各种设备装置的质量与价格等。九、他对一切商品都应具备基本的知识。十、他还应学会航海技巧。十一、他应该留心所去国家的社会风俗习惯、政策法令,并向自己的祖国报告。十二、他还应学好拉丁语。看来托马斯·孟肯定是按自己的模式来要求别人的。

在法国则出现了重农主义学派,重农学派是法国古典政治经济学派。

魁奈(1694—1774),法国重农学派的主要代表人物之一,著作《经济表》,曾被人誉为与文字、货币并列的人类三大发明。《经济表》名副其实,主要用图表来说明社会各经济阶级、经济部门的相互关系以及它们之间的流通形式,主张经济平衡。

《经济表》是以魁奈早期所提出的"纯产品"学说及社会阶级结构理论为基础的。所谓纯产品,主要是指剩余农产品而言。在他看来,农业生产物质本身的增加,除了生产资料、资本家的生活资料外,剩余的产品就是"纯产品"。根据纯产品理论,他又将社会划分为三个阶级:一是生产阶级,即从事农业的农业家和农业工人,这是社会经济运动的指导者;二是土地所有者阶级,其特点是以地租和租税形式从农业阶级那里取得"纯产品";三是不生产阶级,指工商业资本家和工人。

《经济表》中主要试图说明社会总资本的再生产和流通过程。魁奈指出,社会总资本再生产必须有前提,如社会上应普遍实行大规模的租地农业经济,社会上划分为三个主要阶级,生产阶级与不生产阶级之间进行的是简单再生产,三个主要阶级相互间的买卖价格不变,货币只在三大阶级之间流通,对外贸易关系应该撇开不谈。

整个流通过程要以农业中一年生产的总产品为出发点。设年总产品价值为50亿,价值构成是:"年垫支"(流动资金)20亿;"原垫支"(固定资产)损耗10亿;纯产品20亿。再者,不生产阶级有工业品20亿,土地所有阶级有货币 20 亿。

全部流通过程有 5 个阶段：一、土地所有者阶级以 10 亿货币购买农产品，结果价值 10 亿的农产品转入手中，10 亿货币则转入生产阶级手中。二、土地所有者阶级又以 10 亿货币购买工业品，结果价值 10 亿的工业品转入手中，10 亿货币转入不生产阶级手中。三、不生产阶级以 10 亿货币，向生产阶级购买原料，结果，10 亿货币转入生产阶级手中，10 亿农产品（原料）转入不生产阶级手中。四、生产阶级以 10 亿货币，向不生产阶级购买工业品，如农具，结果，10 亿货币转入不生产阶级手中，10 亿价值的工业品则转到生产阶级手中。五、不生产阶级以 10 亿货币，向生产阶级购买粮食等，结果，10 亿价值的农产品转到不生产阶级手中，10 亿货币则流入生产阶级手中。

流通的最后结果是：一、土地所有者得到了"应得"的"纯产品" 10 亿粮食和价值 10 亿的工业品，这是他们用从生产阶级那里得来的 20 亿货币地租（上年度生产者阶级交来的）购买的，这样，就可以满足一年的生活需要。二、不生产阶级用工业品换得了原料和粮食，又可重新生产。因此，流通保障了不生产阶级的不间断生产。三、生产阶级得到了农具，以补偿所耗费的 10 亿"原垫支"，还有 20 亿的粮食留在手中，未入流通，只用来恢复再生产过程，这 20 亿的粮食则补偿"年垫支"，还收回现款 20 亿以备交下一年地租。这样，便可以恢复再生产过程。

《经济表》以一年收获的终结作为循环之始，正确地分析了简单再生产的基础，同时将流通和消费看作是向生产过渡的要素，这都具有独创性。但他把工业视为不生产部门，又引起了一些新的矛盾。

杜尔阁（1727—1781），法国财政大臣，重农主义学派的主要代表，著作《关于财富的形成和分配的历史考察》，被认为是"重农主义学说的最高发展"。

杜尔阁在书中论述了自己特有的阶级学说。他接受了魁奈关于社会阶级结构的观点，并且有发展：把生产阶级分为农业工人和农业资本家，把不生产阶级分为工人和资本家，认为资本家依靠资本，使别人从事劳动，通过垫支而赚取利润，雇佣工人除了能够把他们的劳动出卖给别人，此外一无所有。

在杜尔阁看来，自由竞争的原则也可用于工人和资本家之间的关系上，并由此提出了被认为是当时最好的工资理论。他认为，确认工人工资的多少，只限于维持他的生活所必需的生活资料，特别是因为工人之间展开竞争的缘故。

杜尔阁认为，雇佣工人只有在劳动者与生产资料分离以后才出现，这无疑是正确的。但是，他却把没有占有土地的整个农业阶级和工业阶级，都看成是土地所有者阶级的雇佣工人，这显然不能说服人，因为这个概念中又包括了那些垫支了资本来经营农业或者工业的资本家。

杜尔阁此书中的另一大贡献，是发展了重农主义学派的"纯产品"学说。他虽然也像前人一样，认为"纯产品"是自然的恩赐，同时又强调这是土地对于农民劳动的赐予。因而，在杜尔阁看来，"纯产品"已经是由农民劳动所生产出来的了。

既然"纯产品"是土地对农民劳动的赐予，所以土地所有者占有"纯产品"，是对别人劳动的占有。土地所有者之所以能不劳动而占有"纯产品"，是由于他们拥有对土地的私有权。而土地私有权之所以获得保障，并不是由于什么"自然秩序"的规定，而是人为的法律决定的。因此，土地所有者占有"纯产品"，不过是一个阶级占有另一个阶级的劳动成果而已。不过，杜尔阁也只是从使用价值形态上来考察"纯产品"，在特殊形态即地租上来认识剩余劳动而已，仍有很大的局限性。

杜尔阁还比较完整地论述了自己所提出的收入学说。他认为，资本所有者的收入是因资本的几种使用方式不同而不同：用资本来买进田产，产生的是地主；用资本租用土地，产生的是租地农业家；用资本来从事制造业和工业，产生了工业家；用资本来经营商业，产生商人资本家；用资本来放债，产生了高利贷者，如此等等。

杜尔阁还相当完备地划分了资本主义社会的基本收入，将其划分为工资、利润、利息和地租四大类，这是相当准确的。只不过，他不很理解这些收入的本质，没能指出由雇佣工人所创造的商品的价值，是这些收入的唯一的和最终的源泉。

杜尔阁也是一个实干家。他在担任法国财政大臣的两年多时间里，着手实行重农主义学派的经济纲领，以他在此书中所提出的一系列经济理论，作为改革的指导思想，对理顺法国经济和财政秩序起到了一定的作用。

随着工业革命的进行，资本主义创造出前所未有的巨大的生产力，机器生产的产品极大幅度地增加，商品需要冲破一切阻碍，进入世界大市场。重商主义的政策显然已不再适应新的形势，于是，力主自由贸易的西方古典经济学便在英国应运而生。

威廉·配第（1623—1687），英国古典政治经济学的创始人，写有多部经济学著作，《赋税论》为其最有影响的代表作。

配第处在由重商主义向古典经济学派过渡的时期，因而在其活动的早期有浓厚的重商主义见解，如他颂扬和拥护殖民制度，特别重视商业和对外贸易，主张在外贸中一定要出超，等等。但是，他也逐渐认识到自然规律不能依主观愿望来加以改变，必须从经验出发，运用统计数字来分析经济现象，确认经济发展中存在的客观规律，因此便逐渐尝试运用培根的实验哲学来研究政治经济学。《赋税论》正是他这一转变的最初之作。

《赋税论》最主要的贡献，是提出了劳动决定价值的基本观点。首先，他区分了自然价格和政治价格。自然价格实际指的就是商品的价值，政治价格指商品的市场价格，自然价格是观察一切经济现象的基础。劳动是商品价值的源泉，而且，价值的大小是以劳动生产率为转移，商品的价值量同生产该商品的劳动生产率成反比例关系，劳动分工能促进劳动生产率的提高，当然就能降低商品的价值。

不过，配第还没有进一步区分价值、交换价值和使用价值以及价格。在他看来，小麦和白银在进行交换时，小麦的价值是由白银中所凝结的劳动量来决定的。其实他这里是用交换价值和价格来代替价值。因为，当一种商品的价值等于多少金银或者被固定用金银来表现的时候，这只是商品的价格而已。

这样，配第将劳动分为两类：一类生产金银，一类生产普通商品。只有生产金银的劳动才能直接生产交换价值，其余种种劳动，只有在产品同金银交换时，才产生交换价值。因此，他已看到了创造价值的劳动与创造使用价值的劳动之间的不一致性，并且试图将二者分开：生产金银的劳动归为生产价值，生产普通商品的劳动归为生产使用价值。

配第提出了著名的论断：劳动是财富之父，土地是财富之母，说的实际上也是使用价值的创造。同时，他还把土地和劳动折算成等价关系，将土地价值变为地租或土地价格。

论述地租时，配第又提出了最初形态的剩余价值理论。他认为，地租等于农产品的价值减去生产费用（工资加种子），而生产资料的价值是既定的，地租的多少便取决于工资的多少，两者成对立的反比例关系。因此，他特别强调地租的大小取决于雇佣工人的数目。雇的工人越多，工资就越多，作为地租体现的剩余价值也就越少。这样，他实际上又把地租看作是土地的赐予，而不是工人耗费剩余劳动的结果。

他还提出了"级差地租"的概念，认为土地的肥沃程度，离市场的远近，投入的劳动生产力的多少，成为级差之所以出现的基本要素。在这个问题上的论述，他甚至还超过了后来的亚当·斯密。

土地要出卖，必然就要有价格。土地的价格该怎样定呢？配第认为，土地价格就是预买一定年限的地租。究竟多少年呢？配第提了一个很有说服力的方案，说应该是祖孙三代可以共同生存的21年。这种说法当然只是一种算法，但他实际上定下了土地价格由一定额的地租所确立的原则。

亚当·斯密（1723—1790），英国古典政治经济学的创立者。1776年发表《国民财富的性质和原因的研究》（简称《国富论》）。正是这部伟大的著作，使他获得了"现代经济学之父"的称号。

《国富论》包括绪论及正文5篇。在"绪论"中，亚当·斯密强调一切财富都是由劳动创造的。要增加国民财富，主要有两条途径，一是提高在业工人的劳动生产率，一是增加生产工人的人数，因而就必须分工，就必须增加资本。

第一篇，"论劳动生产力增进的原因、并论劳动生产物自然地分配于各阶级人民的程序"。斯密首先分析了作为国民财富决定因素之一的分工，然后考察了作为分工的前提和后果的交换、货币、交换价值和产品的分配，即工资、利润和地租。

第二篇，"论资财的性质、积累和使用"。该篇考察了国民财富增长的第二个积极因素资本。先从储备中划分出资本，指出资本由固定资本和流动资本构成，又分析了资本的作用和资本积累的条件，叙述了生产性劳动和非生产性劳动之区别；资本各形态，即借贷资本、工业资本和商业资本之区别。前两篇，几乎包括了亚当·斯密整个政治经济学的理论原理。

第三篇，"论各国富裕程度的不同进度"。这部分考察分工在历史上的消长情形。从城乡分工观点出发，考察了罗马帝国崩溃以来农业衰落和城市繁荣两个过程。这一篇实际上是经济史。

第四篇，"论政治经济学诸体系"。本篇探讨不正确的政策和学说如何妨碍国民财富的增加，主要批判了重商主义关于外贸是财富唯一源泉的观点。近似于经济学说史。

第五篇，"论国君和国家的收入"。在这里，斯密研究了国家财政对国民财富发展的影响，相当于财政学。

总之，《国富论》已经构架了资本主义政治经济学的完整的体系，认为充分的经济自由是国民财富不断增长的首要条件和基石，系统地发挥了经济自由思想，是资本主义自由竞争时期经济学思想的基本体现，奠定了古典政治经济学的基础和原则。

亚当·斯密的经济学是以人为出发点的。他认为，社会是交换的联合，交换是人特有的本性，因为人们彼此之间需要帮助，这种帮助是建立在利己主义基础之上的。为了自己，就必须借助于社会，借助社会的最好方式莫过于交换。既有交换，便有分工；既有分工，便需货币。每个人虽然追求的是自己的利益，但又必须考虑别人的利益，不这样就不能保证个人利益，因此，就产生了相互利益和个人利益；个人利益和社会利益不仅不相矛盾，而且是一致的。因而，资本家投资时考虑的是个人利益，但结果却最能增进整个社会的福利。从事经济活动的人，不持有促进社会利益的动机。但是人们又受着一只"看不见的手"（竞争的自发势力）指导，来促进他们完全不放在心上的目的。

他认为，"个人利己主义"和"自然秩序"相似。但是，后者被认为是存在于人类活动之外，前者则是人类自身内部存在的，从而引申出"自然秩序"。他断言，"自然秩序"根源于人们自发的经济活动，这比过去的重农主义大大跨进了一步。

亚当·斯密的经济学体系庞大而又丰富，包括分工学说、货币学说、价值学说、阶级和收入的学说、生产劳动和非生产劳动学说、资本学说、再生产学说等多个方面。同时，他还阐述了自由放任原则及国家财政和赋税原则等经济政策观点。

他的经济学说是从研究和分析分工开始的。在他看来，"劳动生产力上的最大进步，似乎都是分工的结果"。在他所处的那种工场手工业条件下，分工之所以提高生产力，原因有三点：一是分工使劳动专门化，提高了工人的熟练程度；其次，通常从一种工作转到另一种工作，要损失不少时间，而实行分工以后，就可以免除这种损失；而且，分工使专门从事某项操作的工人比较容易改良工具和发明机器，从而使一个人能够完成许多人的工作。工场手工业内部分工是这样，社会各个企业和生产者之间生产不同商品的分工也是这样，都大大有利于劳动生产力的提高。

亚当·斯密在政治经济学上的主要贡献，是系统地论述了劳动价值论。

首先，他把货币当作流通工具，认为货币与商品的交换实际上是商品与商品的交换。他把价格归结为交换价值的一种形式，从商品的价格中抽象出交换价值，并提出了商品交换价值的决定问题，并为解决这个问题展开了他的价值学说。

他在区分了使用价值和交换价值后，对交换价值进行了较多的探讨。他认为没有使用价值的东西会有交换价值，这是不正确的，但他认为交换不决定于使用价值，却是对的。他认为，人们之间既然有分工，那么每个人都为他人工作，因此商品的交换不过是体现在这些商品中的劳动量的交换，所以商品的价值就十分自然地取决于劳动，或者说劳动决定商品的价值。而且，不论哪个部门的劳动都创造价值，商品的价值归结为一般的社会劳动。

他还认为，在简单商品经济中，商品价值由耗费的劳动量决定，商品之间的交换无非是等量劳动的交换。交换对于双方，都不产生更多的价值。但是，他又把工人出卖的劳动力看成劳动，而其价值就是工资，这又给自己造成了一个难题：如果资本家和工人之间的交换是等量劳动的交换，那么资本家的利润从何而来呢？

在论述过程中，亚当·斯密的价值学说显得有点混乱，有时又自相矛盾，但他确认劳动时间与价值的直接关系，事实上又坚持了正确的劳动价值论。

在政治经济学说史上，亚当·斯密第一次比较正确地描述了资本主义社会的阶级结构，把社会划分为地主、工人和资本家三大阶级，这比重农学派进了一大步。与三个阶级相适应，他又区别了三种基本的收入：工资、利润和地租。三者合成为全部国民收入，其他收入都是由这三种基本收入最终派生的。不过，他对工资、利润和地租都有两种解释。一方面正确地认为只有工资才是三种基本收入中的劳动收入，另一方面又说工资就是由"劳动价格"决定的，好像工人得到了劳动的全部报酬，这肯定是错误的。他一方面认为利润是由雇佣工人的无偿劳动创造出来的价值，同时又认为利润大小取决于资本多少，利润似乎又成了资本的某种自然而然的报酬。他把地租看成是工人劳动生产物的扣除部分，这是正确的，但他又认为地租是商品价值的源泉之一，是使用土地的某种自然而然的报酬。

亚当·斯密的另一个贡献，是第一次区分了生产劳动和非生产劳动。他认为，生产利润的劳动、直接与资本相交换的劳动才是生产劳动，而不生产利润、只是与收入相交换的劳动则是非生产性的劳动。不过，他又提出生产物质产品的劳动才是生产劳动。

大卫·李嘉图（1772—1823），英国经济学家。其著作《政治经济学及赋税原理》对研究问题的明确性、方法的一贯和彻底性，大大超过了亚当·斯密的《国富论》。他也因此被认为是英国古典政治经济学的完成者。

李嘉图所处的时代已经晚于亚当·斯密半个世纪。这时，英国工业革命已经接近完成，英国已成为"世界工厂"，一方面资本主义制度显示了巨大的优越性，另一方面资本主义制度的内在矛盾也表现得越来越深刻，无产阶级反抗资产阶级的斗争越来越激烈，地主阶级和工业资产阶级之间也不断发生冲突。生逢这样一个时代，李嘉图对资本主义经济内在运行规律有了更深刻的认识，探讨问题能更为全面，更能高屋建瓴。

李嘉图的探讨是从对社会的认识开始的。在他看来，个人利益与人类或社会利益是相一致的，因此让个人"自由地发展"，也就是促使生产的无止境发展。他认为，资产阶级的利润最终都是促进社会财富的增加，因此与人类或社会利益是一致的。资本主义关系是唯一合理的、永恒的自然关系，但内中也有资本家和工人阶级的对抗，有资本家和地主阶级的对抗。因为工资、地租都是和利润成反比例的。由于利润率有下降的趋势，资本主义生产有发展上的局限性，但很难在此之外，还看到有别的社会形式。

在方法上，李嘉图先抓住商品的价值量由生产中所耗费的劳动时间来决定的正确原理，由此出发考察了资本主义的其他经济范畴，从而在价值学说、分配学说、比较成本学说等方面卓有建树，同时在货币理论、积累和再生产理论方面也有自己的贡献。

在价值论方面，李嘉图提出了由劳动时间决定商品的价值的著名观点。

李嘉图也首先区分了使用价值和交换交值，而且在实际上把使用价值当成了交换价值的物质承担者。在转向研究交换价值时，他认为某些商品的交换价值，单只由它们的稀少性决定（如古玩），所谓"物以稀为贵"。但是，他要探讨的是能由人类劳动来无限制地增加它们的数量的绝大多数商品的价值。

他把价值称为交换价值或相对价值，包括两个含义：第一是指由劳动时间决定的交换价值；第二指一个商品的交换价值表现在个别商品的使用价值上。前者是真正意义上的价值，他又称之为"绝对价值""真实价值"或"价值一般"，后者是名副其实的交换价值，他又称之为"比较价值"，他的研究主要是对交换价值。

由于他把商品价值理解为耗费劳动量的表现，交换价值是两种商品的交换关系，从而事实上又区分了价值和交换价值。

李嘉图坚持由劳动时间决定商品价值，批评斯密把消耗掉的劳动与购买到的劳动混为一谈，认为商品的价值只能由耗费掉的劳动决定，其大小则与这种劳动量成正比。

他之所以能够了解购买到的劳动不能作为价值尺度，是因为他看到了机器的采用和劳动生产率提高，使商品的价值和价格降低了，而同样数量的生活必需品工资，所能购买到或支配到的活劳动量却没有降低。因此他提出责难：如果商品的价值的确是由交换购买到的劳动量决定，那么工人的实际工资必然会随着生产工人必需品的劳动生产率的提高和降低而波动。

李嘉图还认为，商品价值不仅包括直接生产该商品时耗费掉的劳动，而且也包括生产生产资料时所必需的劳动。当然，他也指出了生产资料价值只是转移到生产物中，并不创造新价值，这就区分了活劳动和物化劳动在生产过程中有不同作用。

在价值量的分析上，李嘉图还注意了劳动熟练程度，实际上又提出了复杂劳动和简单劳动在决定价值量上的区别。

李嘉图的分配学说在其整个经济学说中占有中心地位。他认为，政治经济学的对象就是阐明分配规律。虽然他以分配为中心，但也没有割裂与生产的关系。

概括起来，李嘉图的分配学说包括三点：一、工资的多少决定于工人及家属维持生活所必需的生活资料的价值；二、利润是商品的价值超过工资的余额；三、地租是商品的价值超过工资加利润的余额。在这里，李嘉图的分析始终以劳动时间决定价值量的原理为基础，还指出了工资和利润、利润和地租是相互对立的关系。

关于工资。李嘉图认为，资本家与工人之间，进行的是"积累劳动"与"直接劳动"的交换。这种直接劳动的价值是在一定社会内传统上为维持工人及其家属所必需的生活资料的价值，实际上就是平均工资。工人的工资也以生活资料价值为转移。工资必然低于最低生活资料的价值，原因在于劳动市场的供求规律。他还区分了名义工资（即劳动的"市场价格"）和实际工资（"自然价格"），这两种工资虽然有时相背离，但总是相适应的趋势。

他还认为，劳动力的供求关系变化和工资水平的变动取决于工人人口的变动，这显然受了马尔萨斯人口论的影响。他否定了斯密关于实际工资会随国民财富的增长而提高的论断，认为工资有下降的趋势。因为，其一，资本的增加率赶不上工人人口的增加率；其二，货币工资的增加赶不上生活必需品价格上涨的速度。

关于利润。李嘉图始终认为利润是劳动耗费的结果，认为商品中的价值（新创造的）只由利润和工资两部分组成，实际上就是把利润看成是剩余价值。他认为工资与利润是对立的。因为无论劳动生产率怎样变化，生产物数量和价值怎样变化，大小一定的劳动日总是创造相同的价值。工资和利润按相反方向变化，引起这种变化的最终原因是生活必需品生产的劳动生产率的变动。

关于地租。李嘉图主要从"土地收益递减规律"去寻找地租与利润对立的根源：由于人口增长，对农产品需求增加，但在旧有土地上连续追加投资，收获量递减，因而只得耕种坏地；愈来愈多的坏地投入耕种，农产品价格愈益上涨，农产品价格上涨，地租愈益增加；农产品价格上涨，工人名义工资愈益增加，因为生活必需品价格上涨，工资上涨，利润就必然减少。这样，通过工资环节，地租就与利润对立了。

李嘉图的另一大贡献是提出了比较成本学说。他在斯密国际分工学说的基础上，认为，每一个国家都应当专门生产它用比较少的成本就能生产出来的商品，即它在生产上具有比较有利条件的商品，虽然这种商品的成本的绝对数额可能高于其他国家。

举例：甲、乙两类商品，A 国生产甲时仅需 50 工，生产乙时 60 工，B 国生产甲时 80 工，生产乙时 70 工。不如让 A 专生产甲商品，B 专生产乙商品，因为两者都可受益：A 可以 50 工换得 B 国的乙商品，值本国乙商品的 60 工，结果得利 10 工；B 则可以乙商品换来 A 之甲商品，值 B 国甲商品的 80 工，也得利 10 工。

李嘉图还引申了自由贸易学说。他认为要避免因社会发展而使利润率降低的情况，并维持资本积累和工业扩张的可能性，唯一办法就是开放对外贸易和允许进口农产品的竞争。

随着古典经济学的产生，各种经济学理论纷纷涌现，有好事者以为这些理论往往只描述表层的经济现象，故有意无意地贬之为"庸俗经济学"，马尔萨斯和萨伊被看作典型代表。

托马斯·马尔萨斯（1766—1834），英国经济学家，其著作《人口论》引起了极大的社会反响。虽然 200 多年来对此书的褒贬不一，但马尔萨斯人口论在社会上几乎是无人不晓。

该书是在英国工业革命已取得了重大进展的背景下出版的。当时的人们对于人类物质生产的巨大进步而欣喜万分，对未来充满了希望和自信。以戈德温为代表的一些作者，虽然看到了资本主义及私有制的弊病，但对人口的前景估计极为乐观，认为不需为人口的供养问题而发愁，因为地球上绝大部分土地还未开垦，只要经过一定的社会改革，人类便可以非常富足，生活过得像天使一样，不需担心吃饭问题。但是，马尔萨斯对此很有看法，认为这种估计过于乐观，应该认识到人口发展对生活问题的严峻性，应该研究人类贫困的原因和性质，因而特作该书予以阐述。

书中一开篇，马尔萨斯就提出了他自己人口理论的两个前提：一、食物是人类生存所必需的；二、两性间的情欲是必然的，而且几乎会照现状继续维持下去。也就是说，人口的增加是自然法则不可抗拒的，同时也必须要有相应的食物增长。

但食物增长能不能赶上人口的增长呢？马尔萨斯接着提出了他最有影响的观点：如不遇到阻碍，人口是按几何级数增长的（1，2，4，8，16，32，64……），而生活资料即使在最有利的生产条件下，也只能按算术级增长（1，2，3，4，5，6，7……），所以，人口增长的速度必然要大大地超过生活资料增长的速度。

马尔萨斯用英国作例子，来说明人口增长和生活资料的关系。他说："这个岛国的人口约700万，我们假设现有生活资料恰好足够维持这一人数。在最初25年间人口增至1400万，食物也增加一倍，生活资料与人口的增长相等。在第二个25年间人口将为2800万，生活资料仅足够维持2100万人口。在第三个25年间人口将为5600万，生活资料仅够维持这一人数的一半的需要。在100年末，人口将为11,200万，生活资料却仅够养活3500万人口，其余7700万人将全无给养。"

马尔萨斯进一步分析全世界的人口形势：假定世界有10亿人口，人类将以1，2，4，8，16，32，64，128，256，512那样的增长率增加，而生活资料却将以1，2，3，4，5，6，7，8，9，10那样的增长率增加。225年内，人口对生活资料即形成512∶10的比例。300年内，该比例将变成4096∶13。2000年内，生活物质虽有极大地增加，但与人口的增加相比，差额会到几乎不可计算的程度。

因此，马尔萨斯认为，人口增长和生活消费资料发展的脱节是一个自然规律；人口出生率高并不表示繁荣，而是最坏的象征；独身生活、繁重劳动、极端贫困、饥荒、瘟疫和战争是抑制人口盲目增长，并使人口与生活资料相适应的手段。他这种看法显然是消极的。同时他还反对各种慈善机构救济穷人，认为社会不公平和民众贫困的现象是因为人口太多，而不是财富分配不均，这种分析显然掩盖了剥削制度的罪恶，自然受到富人和当权者的赞赏。

不过，马尔萨斯提出不应鼓励多生孩子，这是有积极意义的。

萨伊（1767—1832）被认为是法国政治经济学的代表人物，其《政治经济学概论》提出了著名的"萨伊定律"，或称"市场说"。西方学者称他是亚当·斯密学说在欧洲大陆的代表人物、继承人和普及者，他自己也这样认为。

萨伊讨论了政治经济学的性质和方法，主张把政治经济学与政治分开，只叫经济学。政治经济学本身又可三分：生产、分配和消费，交换可归于生产之中。

萨伊在"生产论"和"价值论"方面发表了一些见解，但也造成了自我混乱。他主要从人与物的关系方面来议论"生产"，认为生产的全部意义，就是通过各种要素协调活动，使自然界本来就有的各种物质适宜于用来满足人们的需要。生产就是创造效用。

生产不仅创造效用，而且创造价值，于是他得出了"效用决定价值论"。

除劳动外，他认为创造商品价值的，还有资本（生产工具）和自然（土地），商品价值是劳动、资本和自然三者共同协作的结果。三个生产要素创造效用时付出的代价即工资、利息和地租三种收入，构成效用的生产费用，于是，他又得出"生产费用决定价值论"。

那么这三种收入又怎样决定呢？萨伊认为是价值决定的，于是他又陷入了"价值决定价值"的循环论中，为使自己摆脱困境，他又提出了"供求决定价值论"。

在他看来，既然生产三要素是价值的源泉，因此，每一生产要素的所有者都得到了他们应有的收入，即土地所有者得到地租，资本所有者得到利息，劳动付出者得到工资，这是一个"三位一体"的公式。这个公式比起古典政治经济学来说，是倒退了，庸俗化了。因为他断言工资就是工人劳动所生产出来的那部分价值，工人没有受剥削；他把利润分为利息和企业主收入，企业主收入是较高的报酬即工资，利息是资本应得的，他还有意地不说利润只说利息，让人以为与生产没有联系；他认为地租既是来自土地的生产性服务，同时也是地主节俭的结果。

萨伊的真正贡献是在"市场说"或"销售论"上。他首先把商品与商品交换归结为生产物与生产物交换,把商品流通归结为生产物的直接交换。他认为,既然是物物交换,卖主同时又是买主,供给会给自己创造需求,因此总供给和总需求相等,而且还可用扩大生产办法,来克服某种商品的生产过剩现象,这样就不存在普遍生产过剩危机的可能性。

他充分肯定了竞争机制的自动调节作用,认为,一种产品如生产过剩,其价格必然要下降,从而减少利润;相反,另一种产品如生产不足,其价格必然上涨,从而增加利润。因此不需要国家去干预经济生活。

根据这些,他得出结论说,一、在一切社会,生产者越众多产品越多样化,产品便销得越快、越多和越广泛,而生产者所得的利润也越大,因为价格总是跟着需求增长;二、每一个人都和全体的共同繁荣有利害关系。一个企业办得成功,就可帮别的企业也达到成功;三、购买和输入外国货物决不至损害国内或本国产业和生产;四、仅仅鼓励消费并无益于商业,因为困难不在于刺激消费的欲望,而在于供给消费的手段。

这就是名噪一时直至20世纪20年代还颇为流行的"萨伊定律"。

西斯蒙第(1773—1842),瑞士经济学家,小资产阶级政治经济学的主要代表,发表了《政治经济学新原理及论财富同人口的关系》,被认为是法国古典政治经济学的完成者。

西斯蒙第从小生产者的破产和工人的贫困中,发现了资本主义矛盾和危机的必然性,指出了机器生产和分工的破坏作用,资本和地产的集中,生产过剩危机,小生产者的没落,无产阶级的贫困,生产的无政府状态,财富分配的极端不平等,各国之间歼灭性的工业战争,以及旧道德、旧家庭和旧民族性的解体等,否认了资本主义是合理的和自然的制度。

他在政治经济学方面,批判了英国古典学派以国民财富为研究对象和主张自由放任、自由竞争,认为政治经济学的研究对象是人们的物质福利,财富不过是人类物质福利的手段,研究时,不应抛开人口。他还以人口和财富的比例作为自己理论的重要任务,认为政治经济学的目的是享受,而享受是由分配决定的,因而收入的分配问题应成为政治经济学研究的中心。

他认为,财富之所以成为财富,是在于它能满足人们的愿望或需要,人的需要即消费总是先于生产和决定生产的。如不能直接用自己的劳动果实来满足消费，就必须通过交换达到消费的目的。在资产阶级社会，消费直接依存于分配，因此收入、分配居首要地位。

要使收入合理，使每个人的物质福利得到保证，必须由国家出面制订政策进行干预，而不能自由放任。西斯蒙第主张国家要干预经济。

西斯蒙第最突出的贡献是对再生产和经济危机理论的论述，特别是指出了资本主义条件下经济危机的必然性。他的危机理论是立足于他的收入理论基础之上的。

他强调必须划分资本和收入之间的区别，但对什么是资本，什么是收入，概念解释很有点混乱。他对资本和收入力图划分，但总是划不清，结果把不变资本也常常当成了收入。他一方面认为工人劳动创造利润和地租，一方面又认可土地创造地租、资本创造利润、劳动创造工资的三类收入区分法。

他还正确地指出，随着资本积累，无产阶级将日趋贫困。

他认为收入决定生产。所谓消费决定再生产实际上就是收入决定生产，就是由去年的收入来决定今年的生产。消费不足就会造成生产过剩危机。而资本主义生产有无限扩大之趋势，但市场即使是国外市场也愈来愈不足，因此危机必然发生。只不过，他还不可能知道危机的根源是资本主义社会的基本矛盾。

作为小资产阶级经济浪漫主义思想体系的创始人，他只是以伤感的批判来代替对资本主义的科学分析，把资本主义的内在矛盾归结于人们的主观动机，主观和空想地寻求保证人类物质幸福的一般原则和政治措施，把现代社会拖回到被他理想化的小生产方式中去。他所主张的理想社会，就是由小生产者组成的社会，是宗法式的农民经济。这种社会还会阻碍人口过剩的产生。他企图把宗法制和行会原则应用到资本主义社会，并不是要回到中世纪去。他认为必须消灭的不是贫苦阶级，而是短工阶级。为了实现自己的理想，他甚至求助于法律。

德国的经济发展长期落后，因此经济学理论并不发达。然而从 19 世纪后期开始，德国人却在经济史领域独树一帜。

经济史研究的兴起，是许多因素综合作用的结果。至 19 世纪中期，西欧已全面完成了工业革命，资本主义在一个多世纪中所创造的生产力比以往的总和还要多，这就促使人们对经济问题包括经济发展过程有兴趣思考。此时，西欧古典经济学经过一个世纪的发展后，经济理论已经相当繁荣，这也促使人们将研究的重点从经济运行理论向经济史转变，因此，19世纪后半期是经济史研究发达，经济理论研究暂时停顿了。而且，马克思主义主要从经济角度考虑问题，这也启发了人们的思路；同时，马克思主义从经济趋势论证了资本主义经济生产方式必然要被推翻，使得维护资本主义制度的学者们也试图从历史渊源上来论证资本主义的必然性、进步性，论证资本主义与历史的联系。

在经济史研究中，中世纪以及从中世纪向近代社会的过渡，受到了较多重视，这主要是因为学者们力图说明现实社会的历史渊源。

威廉·罗雪尔（1817—1894），德国经济学家、大学教授，其《历史方法观的国民经济学纲要》成为他在经济学方面的代表作。

此书被认为是德国的历史学派经济学的宣言书。由于德国资本主义发展较晚，科学分析资本主义经济现象的经济学未能出现，因此经济学在德国一开始就庸俗化了。最初的德国经济学是从外面输入的，空洞、抄袭，毫无理论建树。19世纪40年代后，德国开始形成自己的政治经济学，这就是历史学派。历史学派在经济学方面的主要观点是：一、政治经济学是一门研究各个民族经济发展特殊道路的科学；二、认为古典政治经济学的根本缺点是所谓世界主义，忽视经济发展的民族性，不存在政治经济学，只存在国民经济学；三、在研究经济现象和经济政策时，必须根据经济发展的公式。

罗雪尔此书正是较为系统地阐述了这些原则。他希望通过对各国历史进行比较来发现经济规律，所以他的工作就是把历史和经济结合在一起，通过"规律"把两者联系起来。他认为，政治经济学的任务是要发现制约经济生活的规律，发现规律的方法可以称为是"历史生理方法"。之所以叫历史方法，是材料主要来自历史，并要看到现实的经济是和历史（过去）的相联系的。之所以又叫生理方法，是认为国家像一个生命有机体一样，都要经历童年、青年、壮年和老年几个时期。

历史方法的实质应该是，不应当只限于现代的经济制度，而必须搜集大量的历史材料，特别是各民族古代的历史材料。

历史方法不仅在外形上是按照时代顺序研究，还具有如下观念：一、目的是要在经济方面说明民族之所思、民族之所欲、民族之所发明，什么是民族所努力和所已达到的，以及所已达到的理由。二、一个民族不仅是现在生活着的一大群人，因而单纯地考察同时代的事物是不够的。三、凡是我们所知道的民族，就应当从经济方面去研究他们，比较他们，特别是古代的民族，因为他们的进化状态更为完全。四、我们不要只是赞美或诅咒经济制度，它们很少对于各种民族和文化的各时代，都是完全有益或完全有害的；而科学的主要任务，就是在于说明，如何和为何一种制度在那时是合理的、有益的，而在现时则是不合理的、有害的。因而，不存在社会经济的一般发展规律，只存在经济事实的发展规律。

罗雪尔这样做，只是为了用"历史传统"来说明资本主义制度的永恒性、不朽性。他认为资本和雇佣关系从亚当时代开始就已存在，利用历史方法来美化和理想化封建制度及残余，一再称古代民族进化状态更为完善，认为封建分成制把地主和农民联结在一起，他还特别反对社会主义运动，断言社会主义运动和共产主义运动由来已久，但却只是一种"社会躯体上的疾病"。

罗雪尔还运用在此书中的理论进行具体的研究，写有两部经济史著作。一部叫《国民经济的体系》，另一部是《德国国民经济史》。他把经济史看成是人类文化整体中一个不可分割的部分，这和后来的专门经济史家孤立地研究经济史是不同的。

桑巴特（1863—1941），德国经济学家。历经 25 年时间，发表三卷本著作《现代资本主义》，对资本主义发展的历史、资本主义结构和资本主义精神，进行了深入探讨。他将资本主义分成早期资本主义、全盛期资本主义和后期资本主义三个阶段，描述了各阶段的特点，探寻了各阶段的发展原动力。

第一卷是全书的精华部分，主要探讨资本主义的起源问题，特别强调资本主义精神对资本主义制度起源的意义。

他认为资本主义精神有两个构成部分，一是"企业的精神"，另一个是"市民的精神"。相比而言，"企业精神"更为原始。

企业精神主要表现为"对金块的贪婪"和"对货币的热心"之类行为中。这是一种贪欲，通过冒险和探险之类行动而形成"征服精神"，表现为勇敢，也表现为侵略。企业精神实际上通过暴力、阴谋、发明等都可以体现出来，甚至还包括战争。这一类精神，在海盗、投机商、探险家、征服者那里表现得最为突出。

但是，单凭"企业的精神"并不能产生资本主义。因为资本主义实行的是一种货币和交换原则，而这种原则只有从"市民精神"那里才能得到精确的计算。因为"市民精神"具备的特点是，有经济的合理性、个人的节俭、计值意识、精于计算。这些市民精神来自中世纪和近代初期西欧城市的市民之中。既有"企业精神"的征服进取意识，又有"市民精神"的理性价值观念，这两者就构成了一种新的精神，可称之为"资本主义精神"。

资本主义精神能够创造出资本主义经济。在桑巴特看来，资本主义经济说到底是一种营利经济。这和前资本主义时代的需求经济是大不相同的。需求经济是一种求足，求得自己对生活资料的满足就行了。有一家一户农民的求足，也有领主家庭的求足。虽然也要计值，但对数值的要求不是非常精确，只要大致上的满足就行了。

资本主义的原则是营利的原则，是经济的合理主义，或者经济的理性化。经济活动的直接目的并不是为了个人或家庭的直接的经济需要，而是为了增加货币财富的数量，在于在经营中求得赢利，因此也可以称为是"务得"。

资本主义精神作为一种经济观，一种包含了市民计值、理性意识的经济观，便有着适合于发展资本主义的成分。这种经济观有三个主要思想，一是营利，这是最基本的、第一位的，也是资本主义经济活动的主要目的。二是竞争。三是合理化。这都是资本主义在发展中所必须遵循的准则。

桑巴特又认为，最初的资本主义"企业家"并不是培育了"市民精神"的城市市民，而主要是三种其他人：一、异教徒，指那些不属于国教的市民；二、外国人；三、犹太人。同时也包括了一些地主、小生产者、小商人甚至农民。

桑巴特还认为，积累货币财富、积累资本的，并不是高利贷者和商业资本，而是君主专制国家中的高级教士、官僚以及收取地租的贵族起了主要作用，特别是犹太人。他甚至还把奢侈当作刺激需求经济向营利经济转变的动力之一。

桑巴特的这些理论，对后人认识资本主义本质产生了很大的影响，也使人们在资本主义起源问题的讨论中有所启发。

14.4

> 近代历史学的确立。伏尔泰开创文化史。吉本即史学。作为一种事业的历史学——兰克及兰克学派。卡莱尔对英雄的崇拜。巴克尔的历史发展三定律。布克哈特论文艺复兴。摩尔根解开氏族社会之谜

人类社会发展的长卷，给每一代人都能带来启示。所以，人类为了保持整体的记忆，为了从回顾过去中来为现实生活服务，来预测未来趋势，于是选择了历史学。西方人的历史学同西方文明一样长久。古代希腊罗马重视史学，视之为统治之术。然而，中世纪基督教却将史学变成了神学的婢女，人类的历史成了上帝意志体现的历史。

到了近代，史学又从虚无缥缈的天上回到了实实在在的人间。然而这并非"上帝"的导引，而是若干代人不懈努力的成果。

15世纪—16世纪的文艺复兴运动，开始将历史学从神学的束缚中解放出来。历史学家们在解释历史的时候，逐步黯淡了神的光环，转向注重世俗因素，有的历史学家甚至还试图揭示和寻找历史发展的内在规律。历史研究中，"古代""中世纪""近代"的三分法得以确立，至今仍为史学界广泛采用，被社会普遍接受。人文主义史学的代表，以马基雅弗里的《佛罗伦萨史》为最。

18世纪启蒙时代理性主义史学的诞生，表明西方史学已正式完成向近代史学的过渡。历史学的功用更为史学家们所认识，历史学的领域也被史学家们所拓宽。更重要的是，历史学家愈来愈善于用理智的态度来对待历史、分析历史，认识历史现象的因果关系，认清历史是一个向前发展的过程。在文艺复兴的人文主义史学那里，还利用了古典文化复兴的一层外衣，理性主义史学则完全抛掉了这层外衣，于是，"人人都觉得，理性的太阳已高悬在地平线上，以最鲜艳的光辉照亮着和照耀着才智"（意大利哲学家克罗齐语）。

法国的伏尔泰，英国的吉本，是理性主义史学的突出代表。

伏尔泰（1694—1778），法国著名的启蒙思想家。自少年时代开始，伏尔泰就对文学和历史产生了浓厚的兴趣。青年时代不断激烈地抨击时政，由

于与一帮贵族子弟发生言语冲突，被迫流亡英国。流亡期间，伏尔泰的政治、哲学以及历史思想渐趋成熟。回国后即专事著述，以笔代剑，声讨君主专制政治的种种罪恶。

作为理性主义思想家的最杰出代表之一，从伏尔泰的思想中我们几乎可以找到理性主义的全部特征。他在哲学、文学、戏剧诸方面都有惊人的成就，史学上更是硕果累累。他的主要历史著作有《风俗论》《路易十四时代》等。

伏尔泰是用理性解释历史的典范。

伏尔泰认为，解除迷信的蒙蔽，就能创造新的文明，推动历史的进步。他把历史区分为"外部的历史"和"内部的历史"。前者是指历史表面现象的记叙，如战争；后者是指历史本身的记叙。作为历史学，应该从前者向后者转变，应把人类过去的社会、形成的艺术、文化、习俗等记叙下来。历史学家应当去阐述历史事件的精神，不必回避细节；应当说明文化等由人类理性创造的积极成果。

《路易十四时代》表现了伏尔泰最成熟的历史思想。此书对路易十四时代的文学、科学、哲学、艺术、社会风俗等方面都作了全面的勾画。

路易十五统治时期的法国政治上实行高压专制，经济上则是国困民穷，这一切和路易十四时代的富强、文明形成了鲜明对比，伏尔泰通过对《路易十四时代》的写作揭露了路易十五统治的黑暗，向人们介绍了已经过去的"有史以来最开明的历史时期"。

伏尔泰撰写《路易十四时代》时，路易十四刚死不久，有关他的记叙汗牛充栋，但伏尔泰却用了近 20 年的时间去搜集整理资料，并仔细研读了路易十四的宠臣当若侯爵的回忆录，利用私人的其他记叙全面而综合地证实了资料的真实性。

伏尔泰曾在书中言明，他不是为叙述某个人的行动和功业，而是要描述一个时代。而在描叙这个时代时，他又十分注意将政治、经济、文化等诸因素有机地结合起来，正如他自己所说的那样，他记叙的是"值得各个时代注意，能描绘出人类的天才风尚，能起教育作用，能劝人热爱道德、文化技艺和祖国的事迹"。而且他似乎对科技文化和宗教等尤为偏爱，可以说伏尔泰在史学领域中首开了对文化史的研究的先河。

这种全方位、多视角的著史方式反映了作者对历史的理解与观察的深刻。他没有将思维囿于政治、军事、外交或某个英雄人物的功绩之上，这无疑大大开阔了历史学研究的范围。伏尔泰在把握历史全貌取得的成就表明，启蒙时代的学者已经突破了旧史学观念的束缚，开始将社会看成一个完整的有机体，这种思想在伏尔泰身上表现得比文艺复兴时代的史学家更为明显。

在伏尔泰看来，理性在路易十四时代取得了决定性的胜利。历史正是人的理性与反理性冲突的结果。理性是自然对人的赋予，人的理性是同一的。人的理性能发现物质自然秩序，人类依靠自己的理性也可以发现社会的自然秩序。伏尔泰称这种社会的自然秩序为社会的"自然的统治"，由自然法、自然权利、自然宗教构成，现实的世界秩序不一定符合人的理性，不一定符合自然秩序。理性是同一的，也是有差异的。这种差异的形成有地理环境等客观条件，还有政治和宗教因素，已形成的一些风化习俗不符合人的理性，应该使其符合，由这种不符合到符合便是历史的进步。这种进步又需要理性来推动，用理性的自然法来改造现实。

伏尔泰又是"第一个把历史当作一个整体来观察的学者，并把世界各地所有的文化中心的历史联系起来。"他在《风俗论》中看到了中国、印度以至美洲的文明，他所写的历史不是从基督教传说中的诺亚方舟写起，而是从中国写起，认为中国最古，而且认为中国是自然宗教，宽容，不派传教士，不强求改宗归己。虽然这种说法并不确切，但其眼光已经越出了欧洲，因而是一大进步。当然，他的这种联系，多是出于对远方历史的好奇心，并将之理想化。他还有自我矛盾之处，对文明并无完整估计，他所说的四个文化灿烂时代（希腊时代、罗马时代、文艺复兴时代、路易十四时代）均在欧洲，说明他对东方的知识仍然很陌生。

吉本（1737—1794）是18世纪英国最著名的历史学家，也是近代欧洲最早最伟大的专业历史学家。在英语国家，"吉本"常被当作"史学"的代名词。

吉本出身于富家，但幼年丧母后，在父亲过于严厉的管教下，从小就养成了极为内向的性格。后入牛津大学读书，但因宗教观点不同而被迫离校，直到晚年他还对此耿耿于怀，说"牛津大学不承认我是它的弟子，我也乐于不承认它是我的母校。"离开牛津后，吉本到瑞士留学，又在欧洲大陆广泛旅行，与一些启蒙学者相交甚厚。

吉本一直有志于编史，但苦于定不下题目，直到在罗马城凭吊古迹时，他触景生情，决意写一部罗马史。他自己曾说到此事："1764年10月15日，就是在罗马，当我伫立在这座古都的废墟里，在夕阳残照中缅怀往事，陷于沉思时，看到那些赤着脚的修道士在朱庇特神庙里唱晚祷诗，于是我脑海里第一次闪过一个念头：要写一部罗马帝国衰亡史。"

20年的努力，使吉本完成了著作《罗马帝国衰亡史》。全书120多万字，叙述上自180年、下至1453年的后期罗马帝国和整个拜占庭帝国的历史，记叙范围还包括了波斯、匈奴、阿拉伯、日耳曼、土耳其的历史。全书体大思精、井井有条，是一部欧洲史学史上从未有过的巨著，是近现代史学的一个高峰，其影响只有19世纪兰克的《教皇史》和20世纪汤因比的《历史研究》才可与之比较。

书的第一卷于1776年出版。这一年，英国的亚当·斯密发表了《国富论》，美国发表了《独立宣言》，但吉本此书出版，仍然在英国引起了轰动，几天内就销售一空。最后一卷写完后，待到1788年4月27日吉本过51岁生日那天才出版。亚当·斯密致信祝贺。法国国王路易十六也产生了很大兴趣，亲自动手把它翻译成法文，只是译到第15和16章吉本对基督教的批判时，天主教徒路易十六才不情愿再译下去。

这两章是书中最为精彩之处，对基督教的批判最为辛辣，在当时引起了强烈的反响。

他批判了基督教的教义权威、先知权威和早期神学权威。吉本的文字虽然隐晦，但批判的锋芒所指还是一看即知。对所谓上帝六天工作说、用亚当的肋骨造夏娃说、伊甸园偷吃禁果说、原罪说等，均给予了质疑。还假托异教徒的口气，称上帝是一个嫉妒的上帝，说如果以色列人是"选民"，那么上帝就是偏私的，不是全知全能的宇宙之父。这些都是对基督教根本教义的批判。他还批判所谓教会纯洁、受之于天的说法，说可以发现当时的教长都是荒淫无耻的。

其次，吉本又批判了基督教的迷信，批判了所谓"神迹"显现。基督教记载说有许多神迹，最大最突出的神迹，是在耶稣受难时，突然天昏地暗达三个小时之久。吉本说，这不可能。耶稣受难的时代，也正是罗马博学家辛尼加、普林尼的时代，他们也一定能够亲历其事。但是，他们虽然记载了许多奇异现象，却对这一连续三小时的天昏地暗之奇观只字不提，这太不可能了。

吉本还批判了基督教对现实生活的蔑视、对人的蔑视，认为基督教禁欲断绝人生之乐是违反人性的，是办不到的，教士自身不守清规就是明证。禁欲主义闭塞了人的心智，阻止了人对知识的追求，造成了人的愚昧。

吉本对基督教的批判归结到一点，就是认为蒙昧主义和基督教是历史的障碍，对历史发展造成了危害性。历史学家的批判是酣畅淋漓的，然历史学家的心情却不是很容易轻松的。吉本写完最后一笔后，在月下的林间小道上来回散步，领受着成功后的喜悦之情，同时也忧郁地感到，历史学家的生命必然是短促而无常的。

19世纪又被称为"历史的世纪"。历史学成了一门"显学"，这是和资产阶级统治在欧洲的完全确立相联系的。这样说，主要是因为资本主义这种新兴社会制度的建立，必然会促进文化科学意识形态各方面发展，为其繁荣创造必要的前提条件，故而历史学同文学、科学、思想文化等领域一道，共同组成了19世纪的资产阶级文化发展的新高潮。

同时，由于新兴资产阶级刚刚登上统治地位，他们迫切需要从历史的角度来证明自己统治的合理性，为自己的统治寻找历史的依据，也需要借鉴历史的经验和教训来维护和巩固自己的统治，因而历史学日益受到各个国家的特别青睐或重视。与文学主要是民间性不一样，历史学在19世纪里越来越具有官方半官方的性质，不少历史学家本身就是统治阶层中人。

最典型者莫过于德国的兰克史学，它甚至被人们讥为"倚着内阁窗口看历史"。

兰克（1795—1886），西方史学的一代宗师，客观主义史学的创始人，19世纪西方最重要的历史学家。

兰克在大学里攻读的是语言学和神学博士学位，毕业后教高中时，由语言学转向历史学。这种转变是受丹麦史学家尼布尔影响的结果。他读了尼布尔的《罗马史》以后，确信在近代世界中历史学家是应有地位的，于是开始对历史发生兴趣，30岁时出版了《拉丁和条顿各民族史》。这是兰克的成名作和代表作。

兰克认为西欧的拉丁和日耳曼人共有六大民族：德意志、意大利、英吉利、法兰西、西班牙和斯堪的那维亚。这六大民族是一个统一体。这个统一体是由什么因素统一起来的呢？他们不是基督教世界的统一体，因为后者中甚至还包括了亚洲的亚美尼亚人和非洲的基督教徒；也不是欧洲统一体，因为欧洲包括了从亚洲去的土耳其人（其时正控制着东南欧），还有俄罗斯（19世纪时候的西欧人不认为俄罗斯人是欧洲人，甚至认为是亚细亚人）；也不同于在拉丁教会（天主教）之下的基督教统一体，因为后者中还包括有斯拉夫人（如波兰人）、立沃尼亚人。兰克认为，构成这个拉丁——日耳曼民族统一体的有三个共同点，可称之为"三大呼吸"：一、民族大迁徙；二、十字军运动；三、近代殖民。实际上是指这六个民族从据有西欧这一片土地（即第一次大呼吸），直到他们向外扩张。十字军时期（第二次大呼吸）是小扩张，近代殖民（第三次大呼吸）中扩张逐步遍及世界。兰克此书就是对第三次大呼吸初期（1494—1514）的欧洲各民族作一个总体性的考察。但是，兰克将拉丁和日耳曼各民族视为一个独特的整体，把中世纪以来的世界史看成是以西欧六大民族为核心的历史加以扩大而已，实际上就是"西欧中心论"。

兰克此书的意义更在于确定了客观主义批判史学的两点基本原则：

第一点，对于史料来源的重视和对这些来源进行深刻的分析、批判。兰克在书的后面写了一个附录：近代历史著作批判。这篇附录享有的声名决不在该书的正篇之下，正是这篇附录被看成是近代西方批判史学的开端。兰克在书中提出问题：什么书才含有第一手资料？他由此对意大利文艺复兴史家奎昔阿迪尼的著作作了很严格的审校，从其身世、经历入手，来分析其所著的《意大利史》一书，认为书的前半部分并非亲身经历，书的后半部分多参照转手别人的著作，故而认为奎昔阿迪尼这部著作"很难维持以往的声誉"，应当对他所能见到的资料加以校核。这样，就等于推翻了这部书原享有的地位，兰克在此提出了著名的命题："历史著作的价值不在于文字的优美，而在于用可信的资料作根据。"兰克认为不能轻信一般的史书，也就是说，一般史书的内容不能作为资料的来源。历史研究者一定要搜集最原始的文书，越能找到当时的或接近当时的资料，便越具备条件还原历史。

第二点，写历史是使历史复原为本来面目。兰克对于自己写历史的目的发表了一个声明。在《拉丁和条顿各民族史》的序言中，兰克宣称："有人以为史家的任务是要评论过去，为了将来的利益而训示现在。对于这样崇高的任务，本书是不敢企望的，本书的目的仅仅在于说明事实发生的真相而已。"在兰克看来，史学的根本任务就是把历史事件和历史人物弄清楚，因此他的写作主要是铺陈事实、描写人物，而很少发议论。这就是兰克的客观主义。

后来，兰克在自己的大量著作中，仍然是按客观主义史学的做法，极其慎重地对待史料，仍然强调并大量地利用原始资料。他始终主张写历史应由亲历的人讲话，或由历史的第一手资料说话。兰克反复说：历史"将建立在目击者和第一手文献的叙述上"。直到90岁时，兰克还说："我坚持我的主张中的观点，也就是批判方法的看法。"

兰克以后的著述中都坚持并发展了客观主义史学。

1834至1836年，兰克出版了三卷本的《教皇史》。

《教皇史》，是兰克最重要的历史著作，共三卷。正是这部书使兰克获得了世界大历史学家的声誉。这部著作是兰克以所谓客观精神来研究历史的范例。

《教皇史》的写作起因带有一定的偶然性。当兰克准备写作一部欧洲历史而去意大利一些地方查阅资料的时候，他接触到了关于教会的许多档案文件和图书，感到教会和教皇其实并不像通常所认为的那样黑暗，而是对社会发展也有不小的积极作用。他决心要以平静的客观精神去阐明教廷是欧洲历史发展中的一个因素，它本身也像其他因素一样处于不断的变革之中。而教会的最高代表是教皇，以教皇的活动作为中心主线，就会使教会的历史显得更为生动，更为丰满，更具有形象说服力。

此书一经出版，立即在欧洲引起了震动，原因有二。一是因为兰克是一个新教徒，他能平心静气地去写天主教会史，能以客观的态度去对待教皇，这是特别难能可贵的，也是令人钦佩的。他根据原始材料，纠正了前人有关历代教皇的许多传闻谬误。即使是在写那些曾对新教徒进行迫害和镇压的教皇时，他也能在描述其劣迹的同时，如实叙述他们的"政绩"和贡献。他还从个人能力的角度，赞赏教皇们的干练和有为。

另一个重要原因，就是书中拥有大量的前人未曾用过的史料，在书的写作过程中，他曾经遍访意大利的藏书家，去了几乎每一个图书馆、档案馆。梵蒂冈、威尼斯、佛罗伦萨，到处都留下了他的身影。同时，作者也表现了极为高超的对史料的批判能力，事实的真伪，材料的取舍，都经过严格的鉴别和思考。这就使得该书具有极高的科学价值和史料价值，成为历史研究的精彩成果。

此书写作的重点是16和17世纪，对这个时期一些教皇的活动描写得特别详尽。

譬如席克斯特五世在位不过5年（1585—1590），但给予他的篇幅却相当多。在关于他的那一章里，从他的祖先说起，青少年时代是如何生活清苦，替人家看果树、放猪，12岁时入修道院。青年时代，他特别勤奋学习，并且有特殊的辩论才能，声名渐起。由于受到主教的赏识，他步步上升。最后得到了佛罗伦萨大家族美迪奇的支持，登上了教皇宝座。当了教皇之后，他又如何运用心机，镇压了被称为"盗贼"的农民起义，使罗马成了"和平与安全的乐土"，至此，兰克毫不掩饰地流露出对席克斯特的赞美之词。然后，兰克又写了他在位期间理政的主要特点，既记载了他的主要政绩，又指出了他的独断专行作风。接下来，兰克又运用了大量的材料，包括来自民间的记事簿，来记叙席克斯特的财政状况，评述他增加财政收入的措施及其得失。兰克还将席克斯特在位期间大兴土木作为专节，揭露教皇好大喜功的狂热。最后写席克斯特晚年在政治上的头脑发昏和实际行动中的优柔寡断，造成国内动荡，死后被群众捣毁其塑像。

兰克对人物性格的刻画非常出色，使人可以"用手去触摸他"，也可以洞察人物的内心世界。兰克叙事的语言也很简练、生动，文笔优美，整个历史过程脉络清晰，有条不紊，视野开阔，立意高远，在史学界有极高评价。此书被认为是19世纪西方史学中最著名的历史著作。

1839至1847年，兰克出版《宗教改革时期的德国史》，共6卷。此书鲜明地表现了兰克的德意志精神。1847至1848年，出版《普鲁士史》，共9卷。后来又出版了《十六、十七世纪的法国史》《十六、十七世纪的英国史》。晚年，兰克写作《世界史》，共7卷。他还写了许多人物传记。

兰克担任柏林大学的历史教授几近终身。他用一种新的习明纳尔（研讨式）方法，培养了100多个弟子，加上再传、三传弟子等，兰克的门徒遍及欧美，大都是著名史学家，形成了西方史学界最有影响的兰克学派。

卡莱尔（1795—1881），英国史学家，因家境困难没有上完大学。长期从事文学活动和历史研究。擅长于文学描写，更以提出"英雄史观"而著称，著作是《论英雄和英雄崇拜》。

此书是他的演讲稿结集而成，集中论述了英雄史观。他认为，最终决定历史命运的是"神圣理念"，只有英雄才能了解它，并将它传达给芸芸众生。在他看来，世界历史就是人们在这个世界上所取得的种种成就的历史，从根本上讲，也就是伟大人物活动的历史。这些伟大人物是群众的领袖，而且是伟大的领袖。凡芸芸众生所要做或想要得到的一切，都是由他们塑造和设计出来的，从广义上讲，他们简直就是创造者。世界上的所有成就，严格地说，无非是这些伟大人物思想外化的物质结果，是他们思想的实现和具体化。他说，用一句恰如其分的话来讲，整个世界历史的精华，就是这些伟大人物的历史。

卡莱尔认为，英雄有各种类型，他一共列举了六类英雄代表。

第一类以斯堪的那维亚神话中的奥丁神为例，称之为神的英雄。这是英雄崇拜的第一阶段，即把英雄当作神的阶段。

第二类以伊斯兰教的穆罕默德为例，称之为先知的英雄。这是英雄崇拜的第二阶段，伟大人物再也不被当作神了。

第三类以但丁和莎士比亚为例，是作为诗人的英雄。诗人的英雄属于所有时代；他只要一产生，就可以为各个时代所占有；在各种时代，都会有诗人产生。

第四类以马丁·路德和英国清教革命中的约翰·诺克斯为例，是作为教士的英雄。作为教士的英雄类似于先知，但比先知更和蔼可亲，更接近普通人。

第五类以英国文学家约翰逊和农民诗人彭斯，以及法国启蒙思想家卢梭为例，是作为文学家的英雄。与前四种英雄（属于旧时代）不同，作为文学家的英雄完全是新时代的产物，只要有印刷术存在，这类英雄就会永远存在。

第六类以克伦威尔和拿破仑为例，是作为帝王的英雄。这是最重要的伟人，是英雄主义各种人物的总和，一切世俗的和精神的尊严都集于他一身，并具体化后，来指导人类。

英雄类型虽然有多种多样，但素质是同一的。卡莱尔说，英雄尽管并不十全十美，但他是一束生命之光，靠近他就使人愉悦欢欣；他是一束耀眼的光芒，照亮了世界上的黑暗；他不仅仅是一盏点燃的灯，而且也是一颗沐浴着上帝恩泽而闪闪发光的星：永不熄灭的光芒使人茅塞顿开，令人刚毅坚强，促人英勇崇高。

卡莱尔还提出"英雄和群氓论"，把普通群众说成是"群氓"，极力贬低人民大众对历史发展的作用。

卡莱尔提出系统的"英雄史观"之后，在文化界和史学界产生了很大影响。关于英雄的作用问题，或者说关于个人在历史上的作用问题，自此争论不休。

巴克尔（1821—1861），英国史学家，实证主义史学的主要代表。其著作《英国文化史》，对英国文明发展历程进行了论述，并兼及苏格兰、爱尔兰、法国、西班牙以及亚洲的印度等国。此书流传很广，其最具价值的是他在探讨历史规律时所体现的史学思想和方法，对欧洲思想界及欧洲以外地区都产生了很大的影响。

巴克尔认为，历史家的责任就是要显示一切民族的活动都是有规律的，只有通过揭示因果关系，才能把历史上升为科学。他认为，历史学家应当向开普勒、牛顿这样一些自然科学家学习，要善于从复杂的社会现象中发现支配历史的规律，研究历史不能停留在描绘人物、事物等表面现象上。如果不说明它们之间的关联，那是历史学中最不幸的。历史科学所发现的规律既可阐明已经发生的现象，也可预测没有发生的现象。

在这里，巴克尔首先旗帜鲜明地提出了实证主义的原则。实证主义是法国哲学家孔德所开创的哲学流派，基本点有两个，一是确定事实，二是发现规律。实证主义史学强调发现历史规律，是对19世纪最为流行的兰克客观主义史学的一种反抗。在兰克那里，历史学家只要说明事实就行了，忌讳谈规律。

在巴克尔看来，对社会发展起决定作用的历史规律共有三个，即自然定律、道德定律、知识定律。

自然定律，即自然力对人类历史所发生的影响。对人类发生有力影响的自然力共有四大类：气候、食物、土壤及自然之一般现状。越是在古代，人类社会受自然力的影响就越大。

土壤之丰腴对亚洲古代社会影响最大,而从欧洲文明史上讲,则是气候影响最甚。这样就造成了古代欧洲和古代亚非的区别:在亚非,是肥沃的土地造成了丰富的收获;在欧洲,则是舒爽的气候造成了有效的工作。前者是自然对自然的关系,后者则是自然对人的关系。

自然现状与思想特点的形成很有关系。在自然力显得有无比威力的地方,人们则会产生恐惧或惊愕的感觉,在自然面前,人会觉得自身太渺小了,太劣等性了,因而限制了个人意志的发展;反过来,在自然作用浅小而微弱的地方,人便显得有自信心,他觉得完全能依靠自己的力量来改变自然。

有些自然现象如酷暑、地震等威力太大,以致人们无力抗拒,于是便产生了特殊的想象。这种想象就是对自然力的迷信,而且想象力远远超过了理解力。像印度、秘鲁甚至欧洲都有这种情况。譬如,意大利、西班牙、葡萄牙是欧洲发生地震最多的地方,因而那里的人们想象力丰富,于是,意大利和西班牙等国便出大艺术家、大画家,而鼎鼎有名的大科学家则很少见到。因为一般都认为,艺术近于想象,科学来源于智慧。

因此,巴克尔较多地强调的,是人的感官视觉所接触的自然现状对人的影响,从而对人类社会的影响。虽然这种影响较为间接,但对人类社会财富的创造和分配、剥削阶级的形成、政治社会不平等现象的起源有重大意义。一般自然面貌直接影响人的精神状态、思想活动乃至民族特征。森严可怖现象令人畏惧,使人类在大自然面前软弱无力;单纯宁静景象则有助于探索精神和创造力的产生,有助于科学技术的发生和发展。历史就是"人改变自然和自然改变人"。

巴克尔虽然对自然环境的作用论述得比较多,但他并不是地理环境决定论者。因为在他那里,自然力对社会的影响,是与人类文明所达到的水平成反比例的,因而自然定律不是历史的最终决定因素。而且,在他看来,第一,自然只有通过人的思想才能起作用,人的心理和知识是决定性因素;第二,自然力量总是有限的,人的聪明才智无可估量;第三,自然对人类历史进程只是"干扰"因素,是不正常的,而历史研究应以正常现象为重点。

道德定律。巴克尔也看到了其影响,但又认为代表善的力量与代表恶的力量往往是互相影响的，互相抵消的；而且道德又是静止的、固定的因素，因此可以不考虑。

知识定律。这才是历史发展的最后动力。巴克尔认为，文明就是人类用他的心智来征服自然。从思想方面说，是人类心智，从人的行动上说，人类可以利用自然，使其听命于人类。"知识是支配文明的唯一力量"。

巴克尔进一步指出，每个民族文明的发展，就其整体而言取决于三个方面：一、最有才能的人所掌握知识的程度；二、属于哪一方面的知识；三、知识的传播以及普及于社会各阶层的程度。这三个方面，可以说是"文明国家进步的三大动力"。

在实际研究中，巴克尔明显地流露了"西欧中心论"的倾向。他把人类文明分成了欧洲文明和"非欧文明"，认为"非欧文明属于自然定律支配"，欧洲文明则是知识定律范围。西欧文明的进步，是以自然定律不断削弱、知识定律作用不断加强为标志的，"自然定律不过居于从属的地位"。"在欧洲，自然受人的支配；欧洲以外，自然支配人。因此要研究印度等国的历史，必须首先研究外界；而研究英法等国的历史，则必须以人为主要研究对象"。

巴克尔还反对神学史观和宗教迷信，坚信知识和理性的力量，坚信知识是文明发展的决定因素。而教会权力、宗教迫害以及专制政府和教会共同推行的保护政策，则是妨碍思想和知识发展、妨碍社会进步的主要阻力，"是人类最大的恶行之一"。

巴克尔特别推崇怀疑精神，肯定自由思想的作用。他说，除非从怀疑开始，否则进步是绝无可能的。新知识的获得是社会进步的前导，而知识的获得以前，必须有爱好研究和爱好怀疑的精神。没有怀疑，便没有研究心；没有研究心，也就没有知识。凡不感觉黑暗者，决不会寻找光明。怀疑精神可以补救以往的几个错误，即人民对于政治过于深信，对于科学过于妄信，对于宗教异见过于不容纳。怀疑主义的兴起，在自然哲学上常是科学的创始，在宗教上常是宗教自由的发端。英法两国之所以能够长足发展，就是这种怀疑精神的必然结果。

巴克尔还指出，宗教不是文明发展的原因而是文明的结果，是随着社会进步而改变的社会现象。所以，文明程度与宗教性质恰好成正比，国家愈文明，宗教也就愈开明，愈少有迷信成分。他还特地指出，西班牙这个民族从未进步过，因为"忠君和迷信是西班牙民族性的两大特征"。

巴克尔特别推崇伏尔泰，反复指出，人类、社会、民族及其文化才是历史的主体，史学家应当记述人类的全部活动，特别还要注意到人民群众的作用和地位，要能描绘一个民族或国家整体文明的演进过程。

布克哈特（1818—1897），瑞士历史学家，兰克的学生，以后却走着与兰克完全不同的道路。兰克死后，他曾被邀请担任柏林大学历史教授，但他拒绝了这一邀请。不过，他基本上还是运用兰克的史学方法。

布克哈特的《意大利文艺复兴时期的文化》，被认为是在文艺复兴问题上建立了一个新的体系，是西方史学在文艺复兴问题上的正统理论，至今还没有别的著作能取代它的地位。

《意大利文艺复兴时期的文化》对文艺复兴作出了综合研究和全面考察。全书论述13—16世纪这300年间意大利的文化发展，分成6篇。

第一篇是"作为一种艺术工作的国家"，主要论述当时意大利的政治制度。他仍把政治看作整个社会的基础，认为政治对文化起决定性作用，但他讲的是政治制度而不是政治事件，这就是他的超出传统史学之处。他认为在意大利的许多小国中，第一次出现了近代欧洲的政治精神。正是在这种新政治精神的基础上，出现了新的文化——文艺复兴文化。他把意大利各国分为三类：封建专制国、城市共和国、教皇国。正是在城市共和国的自由空气里，统治者最先打破封建传统，推行新的政治制度和新的统治方法，政治工作成为一种艺术。这种新的政治制度，对意大利人的"早熟"起了决定性作用，使意大利人成了近代欧洲的儿子中的"长子"。

第二篇"个人的发展"，认为个人主义是人文主义的基础；中世纪时，个人主义被迷信等遮住了，意大利人最早撕去了这一层纱幕，认识了自己，因而便有无穷的力量，创造奇迹。

第三篇"古典文化的复兴"，指出意大利人所以能在文化上征服全球，是因为它的文艺复兴并不只是"古学的复兴"，而是把古典文化加以改造，以适合意大利人自己的需要。

第四篇"世界的发现和人的发现"，指出对自然界的美的发现（即世界的发现)是从意大利人(彼特拉克)开始的,人性的发现也是从意大利人(但丁)开始的。但丁真实地表达了自己内心的思想感情,第一个去追求自己的灵魂。

第五篇"社会和节日庆典",提出当时意大利的富裕市民已经和封建贵族取得了平等地位,二者在生活水平上也难分伯仲。在这里,布克哈特实际上在指城市市民经济地位已上升,足以与封建的东西相抗衡了。社会开始重视有钱又有闲的人,而不是人们的门第出身,这种社会变动是"阶级的融合"。

第六篇"道德与宗教",认为文艺复兴也存在阴暗面——道德败坏。马基雅弗里曾认为这是天主教会的影响,布克哈特认为除此之外,还有一个更重要的原因,就是个人主义的极端发展,产生了损人利己的风尚。

此书的局限性在于:一是对文艺复兴运动的经济背景和政治斗争背景分析不够,对统治者的提倡和爱好说得过多;二是对群众的作用估计不足,认为文艺复兴文化只是那些有钱又有闲的上层分子的成就。但瑕不掩瑜,这些都不能动摇本书的权威地位。

摩尔根(1818—1881)是美国著名的民族学家、历史学家。他出生于纽约州一个富裕的农场主家庭中,大学毕业后开始从事法律业务并投资矿产业而跻身上层社会。摩尔根自小就对美洲印第安人的习俗很感兴趣,后又组织了一个研究印第安人学会"大易洛魁社"(易洛魁是北美印第安人中较为著名的部落之一),来帮助印第安人进入现代社会。摩尔根对土著习俗的尊重和对印第安人真诚的帮助使他取得了印第安人的信赖,甚至塞内卡诸部落的鹰族还将他收为养子。

摩尔根的研究是建立在他深入调查考证的基础之上的,他通过在易洛魁诸部落中的生活和研究,写出了关于印第安民族的专著《易洛魁联盟》。在对印第安人等民族的亲属关系研究中,他整理出《人类家庭的亲属制度》一书,首创家庭发展史的研究。摩尔根最杰出的成就是集多年研究印第安人等民族历史之大成而写出的《古代社会》。这部著作使他饮誉世界,奠定了他在民族学、历史学上的地位。

在摩尔根生活的年代,美国内战已经结束,大工业迅猛发展,并已开始影响和改变美国人的生活和思想观念。1859年,达尔文的《物种起源》出版,进化论风靡一时,它产生的冲击波也影响了远在美国的摩尔根。在摩尔根之前,瑞士的巴霍芬，英国的拉伯克和麦克伦南已开始了对史前史和史前婚姻史的研究。显然，摩尔根是受到进化论的影响、批判地继承前人的研究成果后才写出了名震一时的《古代社会》。

《古代社会》内容包罗万象，对整个史前时期人类社会的发展状况都作了研究和介绍。在第一编中，他系统地提出了人类社会从蒙昧时代历经野蛮时代发展到文明社会的社会发展理论。他以发明或发现为标准提出了人类文化分期，阐明了生产力的发展是社会前进的根本原因，通过对不同时代的比较得出了人类发展进度的比例。第二编阐述原始社会政治观念的发展，这是全书的重点。他先是从原始社会由婚姻关系联结而成的社会组织起，将人类社会由群婚或普那路亚婚发展到氏族和部族继而形成部落，再组成部落联盟的顺序，理成了一条脉络分明的发展过程。后他又通过对雅典、罗马等国家形成过程的考察，阐明了氏族制瓦解形成军事民主制进而发展为国家、由血缘关系转化为地缘关系的过程。第三编阐述家族观念的发展，他从古代社会5种婚姻形态出发，阐述了亲属制度和家族发展理论，指出亲属制度是了解家族发展的根本线索。最后一编中，摩尔根阐述了财产观念和财产关系在人类社会发展、进化中所起的巨大作用，认为"无论怎样高估财产对人类文明的影响都不过分"。

摩尔根是从现存的人类原始社会研究出发，通过深入调查和科学论证，并总结、吸收前人的研究成果而写出这部著作的。他的研究成果成了"解开古代希腊、罗马和德意志历史上那些极为重要而至今尚未解决的哑谜的钥匙"。

在摩尔根之前，原始社会遗迹曾被认为是土著居民的奇风异俗，很少有人将其同古代社会状况相联系；巴霍芬和麦克伦南对原始社会虽有一些研究，却混乱不清，摩尔根通过自己的研究还纠正了其中一些不正确之处，如指出麦克伦南描述的"外婚制"的不适应性。影响人类事务的是氏族，氏族才是首要的事实。这样，摩尔根是在对前人成就进行扬弃的基础上才建立起自己庞大的科学体系，第一次揭示了远古时代婚姻家庭的发展过程。

摩尔根通过自己的研究，得出了唯物史观的结论。恩格斯指出，摩尔根在美国以自己的方式发现了唯物主义历史观，"并以此为指导，在把野蛮时代和文明时代加以对比的时候，在主要点上得出了与马克思相同的结果"。

这证明了摩尔根研究成果的科学性，同时，两人不谋而合地得出同一结论反过来又证明了唯物史观的科学性。

摩尔根在阐述财产关系的发展时，也同时看到了文明社会的弊病，认为"财富的增长是如此巨大，以致这种财富对人民来说变成了一种无法控制的力量"。同时，他对未来社会的推断也和马克思的思想表现出惊人的一致性，他认为"政治上的民主、社会中的博爱、权利的平等和普及的教育，将会揭开社会的下一个阶段……这将是古代氏族的自由，平等和博爱的复活，但却是在更高形式上的复活"。

正因为摩尔根表现出了如此丰富的思想，恩格斯才将他对古代社会研究的贡献，与达尔文的进化论对生物学、马克思的剩余价值理论对政治经济学的贡献相提并论。

第十五章

星河璀璨（下）
近代西方的精神成果

15.1

近代文学：冲击旧制度樊篱、抨击现实黑暗的急先锋。英国的文学家：拜伦、雪莱、狄更斯。德国文学家：莱辛、歌德、席勒、海涅，"狂飙突进"运动。法国文学家：莫里哀、狄德罗、雨果、巴尔扎克、莫泊桑

文学，既是人类思想情感的一种表达，一种审美的创造，更具有反映现实生活、反映人类要求、推动社会前进的巨大力量。从某种意义上说，后者更具有生命力。凡是流传后代，让人们百读不厌的作品，一定最具有时代意义，促人思索，催人奋进。近代西方文学的发展历程，最有力地证明了这一点。

近代西方文学起源于文艺复兴时代，但丁是第一个资产阶级的文学家。从 17 世纪起，文学更是代表了大众的意志，反映了社会的心声，吹响了冲击封建旧制度樊篱的号角。19 世纪里，当资本主义制度的弊病与罪恶初显端倪之时，文学家们又以极其敏锐的眼光，揭露和抨击现实社会的阴暗面。于是在近代西方文学的发展史上，流派辈出，百花争妍，古典主义、现实主义、

浪漫主义、批判现实主义相继登台。

  一代又一代的文学家、诗人，竭其毕生精力，刻画了人间芸芸众生相，创造了活生生的众多文学典型，编织了一个个或美妙动人，或惊心动魄，或曲折离奇的故事，描绘了多彩的社会生活长卷，给后人带来了回味无穷的美的享受。

  英国是资本主义的故乡，资产阶级在英国最先取得统治地位，引起人类生存手段根本变化的工业革命最先也发生在英国，这是英国文学繁荣的首要条件。近代英国文学自莎士比亚以后，历经弥尔顿、笛福、斯威夫特等人，在18、19世纪之交达到了一个高峰，其中的杰出代表是拜伦、雪莱和狄更斯。

  在法国大革命的推动之下，18、19世纪之交的欧洲出现了浪漫主义文学运动。文学家们歌颂大自然，歌颂英雄人物，追求个性解放，表现了社会大众要求挣脱封建枷锁的强烈愿望。英国浪漫主义文学的代表首推诗人拜伦（1788—1824）。

  拜伦出身于贵族之家，年少就读剑桥大学时接受了法国的启蒙思想。21岁时因承袭爵位而在英国上院中得一议员席位。他读书很多，对历史、哲学、文学最感兴趣，又得到机会在欧洲大陆广泛旅行，因而对社会有深刻了解。大学毕业后即开始发表诗歌。1812年长篇叙事诗《恰尔德·哈罗德游记》问世，强烈表现了追求个人自由的思想。接着，他又在上院不断发表演说，在报纸上不断发表讽刺诗，谴责统治者对工人的镇压。这些抗议均未产生反响，拜伦陷入苦闷之中。

  孤独中的拜伦把激情转向了写作以东方故事为题材的传奇诗，包括《异教徒》《阿比道斯的新娘》《海盗》《柯林斯的围攻》等。这些作品的中心人物是一些反抗一切社会制度的叛逆者。他们傲世独立，行踪诡秘，才能出众，脱离群众，人称"拜伦式英雄"。海盗领袖康拉德就是一个典型，他的心肠由温柔转向邪恶，竟敢单枪匹马闯魔殿，最后虽然被俘，但泰然自若之气势却令人胆战心惊。

  拜伦还敢于对现实社会进行辛辣的讽刺。他的长篇叙事诗《唐·璜》，更是把当时欧洲社会的各种丑恶现象揭露得淋漓尽致，他特别憎恨维系"神圣同盟"的暴君们，也对英国的对外掠夺进行抨击。拜伦在行动上也是一个斗士，参加过意大利烧炭党人的革命活动和希腊独立运动，年仅36岁时病死在希腊。

雪莱（1792—1822）与拜伦齐名，两人又是好友。与拜伦的风格不同，雪莱的诗歌更具有现实性，更富有战斗性和号召力。

雪莱勤奋好学、阅读广泛，受启蒙思想家很大的启发，认识到私有制和剥削制度的罪恶，因此他的诗歌充满了对现实的批判，更着重于唤起人们对自由和正义的追求精神。

1812年，雪莱发表长诗《麦布女王》。诗中采取梦幻的形式，描写仙后麦布女王带着少女伊昂姗的灵魂漫游宇宙，观察人类的过去、现在和未来。人类的过去是享有自由的，但这种自由被现在的暴君和僧侣们摧毁了。人民还没有觉醒，但终究有一天会起来推翻这种不合理的制度，人类的未来将是美丽的。由于这首诗触犯了当政者，雪莱被迫于1818年离开英国。

后来雪莱的诗作大多体现了同旧制度战斗的精神。在《伊斯兰的起义》中，雪莱写了一个意味深长的寓言作引子：代表善的蛇和代表恶的鹰在搏斗时，蛇败于海中，被一个美丽的姑娘收养，后又重新起来战斗。说明革命虽会受挫折，但必有新人接替，前仆后继，直至胜利。《解放了的普罗米修斯》歌颂了为人类带来幸福的英雄，更歌颂了英雄不畏强暴、不向权威低头的刚强品格，也描写了英雄最终得到了解放、正义终于战胜了邪恶的胜利结局，又一次显示了雪莱对斗争的前途充满了信心。

1819年后，雪莱写了许多政治抒情诗，如《致英国人之歌》《自由颂》《专制暴君的化妆舞剧》《给意大利》等，其中《致英国人之歌》后来成了宪章运动工人的战歌。他还有一些抒情诗以景寓情，在《西风颂》中的著名格言"冬天来了，春天还会远吗"永远鼓舞着同黑暗作斗争的人们。

1825年，英国发生第一次资本主义经济危机，工人阶级的境况日益恶化，社会矛盾越来越尖锐，一批作家以对现实社会的揭露和批判为己任，掀起了批判现实主义文学运动，狄更斯是其中最突出的代表。

狄更斯（1812—1870）出身贫寒，自小就在手工作坊当学徒，成年后当过律师和编辑，熟悉社会下层，熟悉城乡生活，1835年开始写作小说。

狄更斯一共写了14部长篇小说和不少中短篇小说，反映了英国资本主义社会各个方面的状况，特别是揭露了社会中的种种丑恶现象、不合理的制度和被扭曲了的人类灵魂。《匹克威克外传》是他的第一部长篇小说，通过商人匹克威克遍游英国的故事，以幽默和讽刺的手法勾画了社会芸芸众生相和各种活动场所。

40年代以后，他创作的作品着重刻画了资产者的形象和嘴脸。《马丁·朱什尔维特》中有一个伪君子，他是英国资产者的典型，满口仁义道德，肚子里却谋划着如何夺取老马丁的财产。另一个资产者则提出"要干掉别人，不然别人就会干掉你"作箴言，充分表现了尔虞我诈的阴暗心理。《董贝父子》中的父亲，经营着一家海外贸易公司，他深信金钱至上，一门心思只围绕公司盈利而活动。为了公司，他甚至忘掉了父女情分，百般歧视不能作继承人的女儿，表现了有产者唯利是图、冷酷无情的内心世界。

50年代后，狄更斯的创作进入了高峰时期。《大卫·科波菲尔》通过一个孤儿的遭遇，描述了官场中的腐败现象。《凄凉院》则侧重对司法制度的批判。《小杜丽》将官员的贪婪、银行家的投机、房东的敲诈描述得淋漓尽致。《我们共同的朋友》甚至把英国比作一个巨大的垃圾堆，批判了劳而不获、获而不劳的社会不合理现象。另如《艰难时世》《双城记》等也是将社会矛盾和冲突暴露无遗的佳作。

17、18世纪以后，德国经济停滞、政治分裂，要求改变落后现状的呼声更为强烈，因此思想文化得到了异乎寻常的发展，尤以文学为甚。

启蒙文学家莱辛（1729—1781）就是一位开风气之先的文化伟人。他出身于官宦之家，祖父当过市长，父亲是新教牧师，他本人17岁进了莱比锡大学读书，上学期间就写过剧本上演。后来终身靠写作维持生计，与贫困相伴，不得已时，他还当过达官贵人的秘书和图书管理员。

莱辛主要从事戏剧创作和戏剧评论活动。他创作的剧本体现了理性主义的思想情绪，反映市民生活，刻画了人们对自由和理想的追求。

《军人之福》描写一对恋人历经波折，终成眷属。男主角台尔海姆是个军官，女主人公明娜却是敌对国的贵族小姐。剧中抨击普鲁士不重用甚至排斥台尔海姆这样一个既开明又聪明的人物，揭露了专制政体的黑暗。

《爱米丽亚小姐》叙述一个公爵想诱骗爱米丽亚，在她结婚之际杀死她的未婚夫,并将她骗入公爵府内。她的父亲为保护女儿不受玷污,亲手杀死了自己的女儿。

《圣人纳旦》描述的故事发生在耶路撒冷。一个基督教骑士当了伊斯兰教苏丹的俘虏。一天,骑士从火中救了犹太商人纳旦的养女莱霞,两人发生了爱情。纳旦用3个戒指的典故,说明基督教、伊斯兰教、犹太教应该彼此容忍。真相弄清后,莱霞和骑士其实是兄妹,都是苏丹的晚辈。莱辛在这里充分表达了人类应该互爱的启蒙思想,鞭笞了当时德国诸侯因新旧教之别而相互争斗的丑恶现象。

莱辛又善写寓言。他出版的3卷《寓言集》强烈批评了现实。如《好战的狼》揭露普鲁士军事政权好战的本性,《水蛇》用水蛇吞食青蛙来刻画统治者的残暴。

18世纪70年代,德国掀起了一场声势浩大的全国性文学运动,并因作家克林格尔的剧本《狂飙突进》而得名。

狂飙突进运动是德国文学发展的一个高峰。所谓狂飙突进,实际上是当时进步的知识分子对民族分裂、国家腐败、诸侯统治黑暗的强烈不满和愤恨,希望有一场文化运动,像"狂飙"一样雷轰电击,像勇士一样冲锋"突进",推动德国社会向前发展。这场运动的主力军是文学家和诗人,著名代表有海尔德、歌德、席勒、克林格尔等。

海尔德是狂飙突进运动的理论家,在神学、美学、哲学、历史学等方面都有很高的造诣。他出身贫寒,青年时代结识了狄德罗、莱辛等著名的启蒙思想家,后来又当过康德的学生,他对语言、历史、哲学都刻苦钻研过,发表了《论近代德国文学》《论语言的起源》等著作,论述语言和文学的产生都有赖于人民生活的需要。他重视民歌采风,将所搜集的民歌编成《各族人民的心声》发表。他的《论颂歌》,论述了文学与历史的关系,强调每一时代的文学都同那个时代的历史相联系。他在《关于人类历史哲学的思想》中,倡导"用人文主义思想来培育人",表现了新兴资产阶级对个人的重视,谴责了普鲁士等邦国的暴力政治和封建专制统治。由于同情法国大革命,海尔德被各邦诸侯所怨恨,最后在心情抑郁中去世。

克林格尔的剧本《狂飙突进》,被当作这次文学运动的口号和旗帜。剧本描写了一个具有反抗思想的英国人威尔特,居然参加了反对英国的美国独立战争。战争时遇旧时恋人，威尔特仍以大局为重，直待战争结束才完成了自己的夙愿。剧本还号召德国人民投入到如火般的反封建专制主义斗争中去。

歌德（1749—1832）早年曾是狂飙突进运动的主要代表人物。他是德国历史上最伟大的文学家之一，有众多的作品传世。

《骑士葛兹》，描写16世纪德国农民战争期间，没落骑士出身的葛兹不顾封建诸侯贵族的反对，参加了农民大起义，与封建王公作斗争，反抗黑暗的专制社会。作品表现了一种反抗精神，号召青年一代起来抗争。

《少年维特之烦恼》，写一个叫维特的德国少年，爱上了一名叫绿蒂的姑娘。但绿蒂已与别人订婚，维特的爱无法表达，内心非常痛苦。他想用努力工作来解脱苦闷，但烦恼仍然无法排除。维特感到生活无望，于是走上了自杀的道路。维特的自杀，是对封建专制统治的控诉，也是资产阶级在诸侯贵族重压之下难以找到出路的迷惘。

小说发表后，犹如一石激起千层浪，德国青年中出现了一股维特热，有人学着维特去自杀。小说在欧洲产生了巨大反响，很快出现了十多种文字的译本。

1786年后，歌德转而从事古典主义文学创作活动，写了不少传世剧作。创作了60年之久的《浮士德》，是他文学成就的顶峰，也是世界文学史上的一部巨著。浮士德毕生奋斗，但道路极其坎坷，经历了5个阶段的悲剧。在知识悲剧里，好学的浮士德把自己关在书斋，与社会几乎隔绝。在爱情悲剧中，他与小女子甘泪卿情缘难结。在宫廷里，浮士德不得不为腐朽的君主消遣取乐，演出了一幕政治悲剧。后来，浮士德与古典美人海伦结合，但很快子亡妻离，美的愿望成了美的悲剧。浮士德想干一番事业，化海水为平地，结果却在填海过程中死去，事业上也以悲剧收场。《浮士德》表现了人类先进代表探索真理、创造生活的艰难历程。

席勒（1759—1805）与歌德同时齐名，早年也参加了狂飙突进运动。《阴谋与爱情》是席勒的代表作。这部小说描写宰相的儿子斐迪南与穷人的女儿露易丝相爱，宰相不允，便设置一个阴谋逮捕了露易丝的父亲。为了拯救父亲，露易丝在宰相的逼迫之下，写了一封情书给宫廷侍卫长，并发誓保密。宰相有意让这封信落入斐迪南之手。斐迪南质问露易丝，她信守誓言不道真相。斐迪南气极之下毒死了露易丝，露易丝临死前说出了真情。斐迪南悔之晚矣，自杀殉情。作品揭露了统治者的极端阴险和腐朽，歌颂了男女青年坚贞的爱情。

像歌德一样，席勒也从高举狂飙突进的旗帜转向了文学创作，发表了一大批优秀作品。其中《奥尔良姑娘》取材于15世纪20年代法国女民族英雄贞德抗英的故事。年轻的贞德得到"神灵"启示，奋起与英国侵略者展开了英勇斗争。在战场兵刃相见的一刹那间，贞德突然对敌军将领产生了爱情，从而萎靡不振，最后反被敌人所俘。后来她心悟情移，挣脱了枷锁，与敌人血战而死。《射手威廉》见义勇为，但不愿参与政事。这样一个洁身自爱的人，却因不慎冒犯总督而被追捕，逃命过程中又射死了总督。由于他的被捕，瑞士农民竟爆发了大规模的起义，威廉也投入了起义队伍，表现了人民对英雄的仰慕之情，英雄无路可走被逼上梁山的遭遇。

席勒是一个全才，他在历史学、美学方面也有很高的成就。他的历史研究著作《尼德兰独立史》《三十年战争史》不仅有很高的学术造诣，而且也为他自己的历史剧创作提供了深刻的思想基础。他的美学论著《审美教育书简》《论优美与尊严》《论素朴的诗与感伤的诗》等，使他又树立了美学理论家的盛名。

海涅（1797—1856）是继歌德之后德国又一位伟大诗人和思想家。他是犹太人，从童年时代开始，就受到了革命风气的熏染。20岁以后，海涅开始进行诗歌创作。30岁后移居法国巴黎，与巴尔扎克、肖邦以及空想社会主义者圣西门的信徒们交往密切。40年代时，与马克思交谊甚厚。晚年长期病卧于床，仍坚持写作。

海涅以诗歌和散文为武器，反对普鲁士的封建专制统治，暴露德国社会的矛盾，也鞭笞资本主义制度的罪恶，作品包含的思想已具有划时代的特点。早期的诗文字优美，朗朗上口，常被音乐家谱成动听的歌曲。40年代后发表的诗篇极富战斗性，嘲笑反动势力，号召推翻旧制度，如《等着吧》《西里西亚纺织工人》等。

海涅的政治诗在《德国，一个冬天的童话》中达到炉火纯青的境界。这首诗用冬天来比喻死气沉沉的德国，用童话手法，对德国现存的各项封建制度和落后状态进行无情的抨击。诗中把普鲁士专制主义比作丑恶的鸟，把36个封建小邦国比作36个粪坑，将自己喻为敢于进攻的狼。他对德国落后的状态极为不满，指出法国人和俄国人占有广大的陆地，英国人控制了海洋，而德国人只是在梦中支配天空王国。

海涅还是政论家和思想家。法国七月革命期间,他向德国报道法国情况,抨击法国统治阶级。他住在巴黎时,经常撰写介绍德国的文章。《浪漫派》从各方面批判了德国文学和思想界中的浪漫主义,结果引起轩然大波,统治者惊恐万分,书出版一个月就被查封。《论德国宗教和哲学的历史》阐述了海涅对宗教和哲学的系统看法,预言德国在宗教和哲学上将发生革命。

法国是西欧古典主义文学的发祥地。17世纪的法国文学,可谓全欧的最高水平,它在理论上和实践上都以古代希腊罗马为典范,故有"古典主义"之称。

法国古典主义文学中以戏剧成就为最,3个卓越的戏剧作家创作了多部脍炙人口的戏剧。高乃依的《熙德》、拉辛的《安德洛玛克》,都流传到了今天。而莫里哀则以喜剧见长,并达到了古典主义文学的最高峰。

莫里哀自幼随长辈看戏,兴趣萌生。青年时即立志以戏剧为终身事业,21岁时和一批青年组织剧团,惨淡经营,最后幸得国王路易十四支持。剧团所演之戏多为自编,莫里哀创作的就有《可笑的女才子》《丈夫学堂》《太太学堂》《恨世者》《屈打成医》《吝啬鬼》《没病找病》等,一望戏名即可知其喜剧色彩。

莫里哀的代表作是《伪君子》。该剧以天主教士为讽刺对象:一个叫作答丢夫的教士,来到了奥尔恭家。奥尔恭全家受其蛊惑,将他看成圣人,百般地颂扬他,答丢夫似乎也表现了其"崇高"的德行:"有一天他祷告的时候捉住了一个跳蚤,事后还一直埋怨自己不该生那么大的气竟把它捏死。"奥尔恭对他钦佩不已,打算把女儿嫁给他,把财产托给他,把秘密告诉他,甚至还打算不顾家人死活而跟随答丢夫。然而,答丢夫却依然我行我素,最后直至勾引奥尔恭的妻子欧米尔。当答丢夫的丑恶行径被揭穿后,他仍然厚颜无耻地说,他这样做是为了上帝,为了国王。

按莫里哀的本意,答丢夫的形象是针对当时一批披着仁慈外衣的伪善信士的,但在事实上,《伪君子》产生的社会影响远远超出了这一点,"答丢夫"这个名称,成了法国以至许多欧洲国家"伪善"一语的代名词。

18世纪,法国古典主义文学继续发展,并且在启蒙作家那里别开生面。几乎所有的启蒙思想家都涉足于文学领域。孟德斯鸠的《波斯人信札》属一部书信体的文学作品。伏尔泰创作的戏剧不少于莫里哀，有悲剧《俄狄浦斯》《布鲁图斯》《札伊尔》《穆罕默德》《中国孤儿》等。他还写作了更富力量的几部哲理小说如《查第格》《老实人》等。卢梭的《新爱洛绮斯》作为书信体小说，表达了人民要求在一切方面获得自由和解放的强烈愿望；《爱弥儿》则阐发了他的教育观点；自传体小说《忏悔录》胸怀坦荡地剖析了自己一生中所犯的过错，被视为启蒙思想家表露个人思想感情的代表之作。

而作为法国启蒙运动四大思想家之一的狄德罗，虽然是"百科全书派"的领袖人物，但其文学上的成就亦不可没。除了戏剧创作外，在他死之后出版的3部小说，无疑树立了他作为文学家的声誉。这3部小说分别是：《修女》《定命论者雅克》和《拉摩的侄儿》。

《拉摩的侄儿》中以对话为主。主人公拉摩的侄儿实有其人，他就是18世纪音乐家拉摩的侄儿。此人虽有才能，但穷困潦倒，流落街头，为了填饱肚子，他堕落成了富贵人家的门下食客。为了一羹残汤，他乐于充当小丑，装疯卖傻，甘于受辱，将自尊心弃之一旁。然而，在他的言词中，不乏对社会、政治、道德、教育、文学、戏剧等方面的深刻见解。不过，他做的和说的，完全是两码事，他卑鄙可恶的小人行径，令人大倒胃口。透过他可以看出，正处在封建旧制度向资本主义过渡时期的法国，物质和金钱是支配一切的，道德和教育则可完全不顾。拉摩的侄儿就是这样一个时期的特有怪胎。

古典主义文学在法国统治了200年，到19世纪初，充满激情、歌颂理想、歌颂自然美、追求人性美的浪漫主义文学异军突起。消极浪漫主义的政治趋向是反对大革命，拥护正统王朝；而积极浪漫主义则讴歌革命，维护革命成果。

维克多·雨果（1802—1885）是积极浪漫主义运动的主要代表。1830年，雨果写作的《欧那尼》上演。这部以反对封建暴君为主题的戏剧，立即受到观众的热烈欢迎，这是一次浪漫主义文学取代古典主义文学的成功尝试。其后，雨果一发即不可收，第二年即创作了《巴黎圣母院》这部浪漫主义文学代表作。这部小说，着重表达人的内心世界，褒扬人的心灵美，表现了作者的愿望和理想。漂亮妩媚的女主人公艾丝梅拉达，终被丑陋的撞钟人加西莫达的善良心地所感动，二人结为患难秦晋。这个震撼千古的美丽爱情故事，在雨果的笔下描绘得催人泪下，亦令人扼腕感伤。

在以后的岁月里,雨果还创作了大量的传世佳品,如《悲惨世界》《九三年》《海上劳工》《笑面人》等等,奠定了自己的文学大师地位。不过,这些作品已不再属于浪漫主义范畴,而已具有批判现实主义文学的意义。

在法国,批判现实主义文学几乎与浪漫主义文学同时诞生。第一部作品是司汤达的《红与黑》。书中的主人公青年于连,怀有强烈的向上爬的个人野心,为了达到个人目的,他不择手段,甚至勾引市长的太太以及侯爵的女儿。正当踌躇满志之时,他被人告发,前途毁于一旦。于连恼羞成怒,将市长夫人打死,自己也被捕入狱、判处死刑。于连的形象,代表了那些企望通过种种途径进入社会上层的小资产者阶层。

法国批判现实主义文学大师,当属巴尔扎克。

巴尔扎克(1799—1850)出生于法国图尔的一个殷实家庭,但他违背父愿,放弃当律师,转向从事文学创作。然而,在文学的道路上他也是备尝艰辛的。最初几年,他写过戏,但不成功;为了解除手头拮据局面,又与人合作,匿名写神怪小说;后来他甚至做起了出版商,办起了印刷厂。事业上虽然几经波折,但他立志文学的决心从未退缩。

30岁那年,巴尔扎克的历史小说《朱安党人》发表,从此他开始步入文

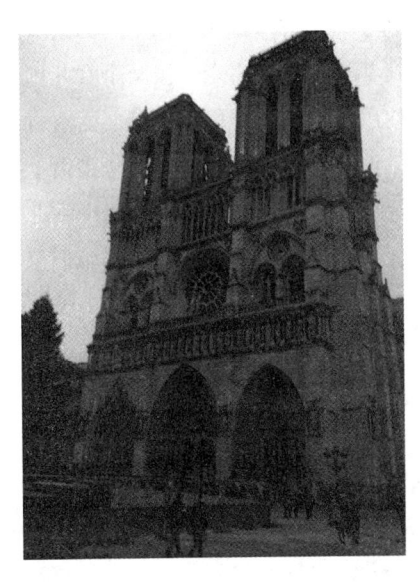

图 15-1
巴黎圣母院

学家行列，他的创作也进入成熟时期。后来整整 20 年，是巴尔扎克创作最丰富的时期。他写下了一连串共 96 部长篇小说和中短篇小说。他声称要做法兰西历史的"书记"，要把这些作品联成一气，使之服从一个总体的构思。

最初，他想把自己的作品定为"社会研究"，包括"风俗研究""哲学研究""分析研究"三个部分。"风俗研究"是最主要的部分，又分"私人生活场景""外省生活场景""巴黎生活场景""政治生活场景""军人生活场景""乡村生活场景"等六个方面，计划写 140 多部。后来受到但丁《神曲》（本名《神的喜剧》）之启发，遂于 1842 年改名为《人间喜剧》。

《人间喜剧》广泛而深刻地反映了 19 世纪上半叶法国社会生活的各个方面，揭露了资产阶级暴发户卑劣无耻的发家史，抨击和嘲笑了他们极端贪婪自私的丑恶行为，提供了一幅法国社会生活的历史长卷。

巴尔扎克在《人间喜剧》中描绘了众多的人物形象。富有的资产者，有《高利贷者》中的守财奴高布赛克，有《欧也妮·葛朗台》中的将金钱投入企业、以此生财的投机商葛朗台老头，有《纽沁根银行》中暴发起来的大金融家纽沁根。而个人野心家则以出现在《高老头》《幻灭》和《交际花盛衰记》中的伏脱冷为最，他看起来愤世嫉俗，但实际上野心膨胀，不但自己专事阴谋策划，而且还引诱纯朴的青年堕落。

《高老头》是《人间喜剧》的代表作，叙述了一个青年学生走向堕落的故事。大学生拉斯蒂涅结识了高老头和他的两个女儿。他目睹高老头被两个女儿抛弃的悲惨结局，在伏脱冷的挑唆下，决心使用一切卑鄙手段向上爬。面对自己的所作所为，拉斯蒂涅有时也有所顾忌，但邪恶在他的内心世界总是占上风。而高老头的命运也是极具典型性的。他原本是一面条商人，为两个女儿的过度奢华搞得几乎破产；后她们嫁给了名门贵族，他就再也无法接近她们了。他常常从旁门窥望她们，从马路上看着女儿的马车经过。临死之时，他大声呼喊着女儿的名字，她们也不来张望他一眼，他知道已被女儿抛弃，不由得要抗议：做父亲的被踩在脚下，国家不就要亡了吗？死的时候，他的丧仪凄凄惨惨，女儿、女婿都没来送葬，只有拉斯蒂涅在操办守灵。

总之，《人间喜剧》描绘的是一部部人间悲剧！资本主义社会的种种顽症痼疾，资产者们的泯灭人性，在巴尔扎克的笔下暴露无遗。

与巴尔扎克前后同时，法国还有一批文学大家和文学名著。大仲马的《三个火枪手》和《基度山伯爵》、小仲马的《茶花女》、福楼拜的《包法利夫人》等，不但当时就声名鹊起，就是在今天也拥有众多的读者。

生活在 19 世纪后期的莫泊桑（1850—1893），也是批判现实主义文学的重要代表。他早年入伍打仗，后当了十几年小职员。30 岁时发表第一部作品《羊脂球》，一生中写了 350 多部中短篇小说和 6 部长篇小说，擅长写城乡普通人的生活。

生活在这样一个时代，莫泊桑摸透了小市民的虚荣心理。短篇小说《项链》就出色地刻画了这一点。一个小职员的妻子因去参加一次社交活动，向朋友借了一串项链，哪知不慎丢失，只好借钱买了一串新的赔偿。为了还清这笔债务，小两口整整十年里，含辛茹苦，节衣缩食，最后偶然得知所借的项链原来是假的。

《俊友》是莫泊桑最出色的长篇小说。主人公杜洛阿原为一下级军官，他以肮脏下流、欺蒙诈骗各种手段，谋取上流社会贵妇人的欢心，先后与两个丧偶的富家女人结婚，得到了大笔遗产，从而从穷光蛋一跃而为巨富，爬进了上流社会。

15.2

俄国的文学家：普希金、果戈理、屠格涅夫、车尔尼雪夫斯基、陀思妥耶夫斯基、托尔斯泰。波兰的密茨凯维奇。匈牙利的裴多菲。挪威的易卜生。丹麦的安徒生

西欧以外，东欧俄国的近代文学可谓独树一帜。

俄国地偏一隅，与发达的西欧相隔甚远，因此无论经济还是文化，其发展都要慢于西欧。18 世纪前期，俄国的古典主义文学开始形成，以罗蒙诺索夫为代表的文学家和思想家们，开创了文学与现实政治紧密联系的传统。正是因为落后，俄国文学从一开始就表现了要求改变现状的强烈社会责任感。

但俄国文学的真正发达,当始于 19 世纪初期。

普希金(1799—1837)称得上俄国文学的第一位伟人。

普希金出身于贵族家庭,受过良好的教育,在 18 世纪启蒙思想的影响下,他的民族意识与爱国心,他的反专制、反农奴制的进步思想,逐渐形成。为了探求国家的出路,普希金写过不少反对暴政、向往自由的政治诗,如《自由颂》《童话》《乡村》《致恰达耶夫》等,表达了先进分子改造社会的强烈愿望,在当时就广为传诵。如《致恰达耶夫》中号召:

同志,相信吧,迷人的幸福的星辰
就要升起,射出光芒,
俄罗斯要从睡梦中苏醒,
在专制暴政的废墟上,
将会写上我们的名字。

普希金的著名诗篇还有:《短剑》《希腊的女儿》《致大海》《高加索的俘虏》《囚徒》《强盗兄弟》《茨冈》《致友人》《致西伯利亚》等。他的诗体小说《叶甫盖尼·奥涅金》中的主人公,是俄国文学中第一个"多余的人"的典型。他的《驿站长》是俄国文学中第一篇描写"小人物"的作品。他的童话诗《渔夫和金鱼的故事》有极为浓厚的寓言色彩。他在长篇小说《上尉的女儿》中,把统治者认为无恶不作的农民起义领袖普加乔夫,描绘成文武兼备、机智勇敢、人格高尚、深受人民喜爱的农民领袖,予以崇高的评价。

令人惋惜的是,为了自己心爱的人,普希金中了别人的圈套,在与情敌的决斗中丧生,年仅 38 岁。

诗人是具有激情的,普希金无疑高举浪漫主义文学大旗。在他之后,赫尔岑、莱蒙托夫也该属于这一行列。

而果戈理(1809—1852)则将批判现实主义文学发展了起来。果戈理有两部著名的作品,一为《钦差大臣》,一为《死魂灵》。

《钦差大臣》是一喜剧,说到在一个偏僻的小城里,官吏们得知钦差大臣要来微服私访,便作了种种接待准备。恰好这时有一京城小官路过此地,小城官吏误以为是钦差，极尽献媚之能事，这个小官员起初莫名其妙，后也乐得受用，接受了一大笔财物之后扬长而去。待到真的钦差要来时，小城官吏们目瞪口呆。剧情对俄国官场存在的种种弊端进行了深刻的揭露和辛辣的嘲讽。

《死魂灵》则是长篇小说，1842年出版第一部，这是一部深刻揭示俄国农奴制罪恶的作品。"魂灵"在俄语中与"农奴"是同一个词。当时的俄国每十年登记一次人口，两次登记之间，有的农奴死了，但农奴主没有及时报请注销，因此死了的农奴在法律上仍然被认为是活人。一个叫乞乞科夫的八等小官，便利用这一政策空子，向各类农奴主收买死农奴（即死魂灵），作为抵押品来骗取钱财。倏忽之间，他就成了拥有400个农奴的大地主，最后事情败露，乞乞科夫仓皇离去。这是小说的基本梗概。

小说更重要的意义，是刻画了各色农奴主的形象。有懒懒散散、无所事事的玛尼罗夫，此人外表儒雅，实则寄生虫一个。有贪婪而吝啬的女地主科罗潘契加，此人乃一寡妇，愚昧而多疑。有流氓地痞式的地主诺士特莱夫，此人极尽造谣撒谎、赌博斗殴之能事。有既大事吃喝、又精明贪婪的梭巴开维支，此人善于经营庄园。还有近乎病态的守财奴泼留希金，此人家中大量存货霉烂变质，自己却衣着褴褛，还到街头去拾捡废物。这些形象，足以表明俄国真正的死魂灵，是这些地主，是极端落后的农奴制度。这就是小说所具有的深刻社会意义。

屠格涅夫（1818—1883）出生于贵族之家，早年醉心于写作浪漫主义诗歌。在别林斯基的影响下，逐步走上了批判现实主义的文学道路。在他的众多长篇小说中，以《父与子》最有影响。

这部小说反映了当时俄国两种思想阵营的斗争。贵族青年基尔沙诺夫大学毕业时，带着朋友巴扎罗夫回到父亲的庄园作客。巴扎罗夫在政治上的激进观点，与基尔沙诺夫全家特别是父辈们发生了冲突，最后却是巴扎罗夫占了上风。然而他也没有好的结局，回到城里后，爱情不能遂意，他自己最后也感染病菌而死。

小说揭示了俄国社会中层阶级在政治理想上的分歧。老一代人中，有基尔沙诺夫的叔父巴威尔那样的顽固分子，他们认为，无须疾风骤雨式的革命，只要像西欧的贵族政治那样即可；而基尔沙诺夫的父亲尼古拉则有预感，因而不尽感伤。年轻一代中，基尔沙诺夫也远没有巴扎罗夫那样坚定，是一个"软绵绵的少爷"。小说实际上表露了大风暴到来前夕社会成员的彷徨与苦闷，无所适从，也暴露了屠格涅夫本人矛盾的内心世界。

车尔尼雪夫斯基（1828—1889），是俄国杰出的革命家、思想家，其在美学和文学上的成就，也主要是为政治追求服务。他的文学作品，以《怎么办》最为有名。

《怎么办》的故事梗概如下：女主人公薇拉逃婚后，与帮助者罗普霍夫结婚；婚后两年，她又陷入了与丈夫的朋友吉尔沙诺夫的感情纠葛中。罗普霍夫反复权衡后，决定出走到美国。几年后，他又作为一家公司的代理人回到俄国，而且建立了新的家庭。最后的结果是，吉尔沙诺夫和罗普霍夫两家住在一块，关系融洽。

作者要解决的，是在反对专制过程中该怎么办的问题。他的答案是造就一批"新人"，一批有新的生活道路、新的精神面貌、新的道德观念的新人。由于宣传新的思想，车尔尼雪夫斯基被沙皇政府长期流放在遥远的西伯利亚。

陀思妥耶夫斯基（1821—1881）在政治主张上虽然消极，有时甚至还反动，但他的小说所产生的社会影响却是不容忽视的，主要作品包括中长篇小说《穷人》《被欺凌与被侮辱的》《白痴》《魔鬼》等，尤以《罪与罚》为著名。《罪与罚》叙述一个贫穷的大学生杀害一个放高利贷的老太婆，起先是不以为然，后来又"良心"发现，有内疚之感。当得知一个良家女子为全家生活而不得不卖淫时，他大为感动，并因此而向官府自首了杀人的罪行。小说实际上揭示了资本主义社会中道德伦理方面的深刻矛盾，有助于对社会问题的认识。

俄国的批判现实主义文学，发展到托尔斯泰那里达到了顶峰。

托尔斯泰（1828—1910）出身于贵族家庭，上过大学，当过兵，克里米亚战争中沙皇军队的腐败无能，使其感到这个社会必须变革。他也曾几次赴西欧考察，但未对西欧制度发生兴趣。回国后，他致力于探索俄国发展的道路，希望以文学来唤醒国人。在50年的创作生涯中，他写下了许多"天才的作品"，其中《战争与和平》《安娜·卡列尼娜》和《复活》等，"在世界文学中占第一流的地位"（列宁语）。

《战争与和平》主要描写 1812 年俄国与法国拿破仑的战争，前伸后袭，描述了自 1805 至 1820 年的俄国政治斗争状况和社会生活场景。先后出台的人物达 559 个，上至沙皇、贵族、文武百官，下至商工农兵，社会上的各色人等，在书中都有尽情表现。小说对官场和贵族的腐败揭露尤深，特别鞭笞了在国家遭受危难之际，贵族们依然笙歌曼舞、醉生梦死，官场上依然争权夺利、钩心斗角。托尔斯泰希望在上层社会出现以国家为重、以民族为重、勇于革新的人物，同时也把厚望寄托于普通大众，用较多的笔墨渲染了小人物在抗法斗争中的作用。这正是他不同于前代作家的高明之处。

《安娜·卡列尼娜》原只打算写一个因婚外情而引起的家庭悲剧，后在社会变革大潮的洗礼下，作者又加进了许多社会生活内容。安娜为一已婚的贵族妇女，却爱上了花花公子沃伦斯基。这个追求个性解放、追求个人幸福的女人，敢于同世俗观念抗争，但却为贵族社会所不容。悲剧在于，沃伦斯基也是一个逢场作戏的情场老手，对安娜的热情逐渐降温，安娜感到"一切都是虚伪的"，终于抵挡不住上流社会道德观的谴责，在痛苦和绝望中卧轨自杀。安娜·卡列尼娜作为一个爱情悲剧的文学典型形象，直至今天仍具有强烈的震撼力。

《复活》写的是贵族青年聂赫留朵夫诱奸了农奴少女玛丝洛娃后，又遗弃了她，使她备受折磨，最终沦落为娼。她还被诬告犯有杀人罪而流放西伯利亚。作为此案的陪审员，聂赫留朵夫又在法庭上与玛丝洛娃相遇。他受到良心谴责，决心赎罪，为她申冤，未成，又陪她到流放地。玛丝洛娃大为感动，又重新爱上了他，而且为了顾及他的名誉和地位，同别人结了婚。托尔斯泰的本意是男女主人公人性大复活，但在实际上暴露了俄国社会方方面面的阴暗，使作品成了一部政治意义很强的社会问题小说。

19 世纪俄国的批判现实主义文学代表，还有契诃夫（1860—1904）。此人以善写中短篇小说而闻名，以讽刺嘲弄小人物、小市民的市侩心理及行为而见长。他的作品例如《小公务员之死》《变色龙》《苦恼》《第六病室》《套中人》等，以辛辣的笔调、曲折的情节、出乎意料的结局而描绘故事，读时令人忍俊不禁，读后仍能让人掩卷深思。

近代欧洲文学，除了上述英、德、法、俄 4 个主要国家外，其他地区也涌现了一批优秀的世界性作家。如波兰的密茨凯维奇、匈牙利的裴多菲、挪威的易卜生、丹麦的安徒生等。

密茨凯维奇（1798—1855）出生之时，正值波兰亡国。1795年，俄普奥三国将波兰22万平方公里的土地全部瓜分完毕。少年时，又有拿破仑1809年在波兰建立华沙公国。拿破仑失败后，华沙公国再次被肢解。在亡国的日子里，波兰民族在苦难中呻吟，社会的先进分子在探索、在呐喊。密茨凯维奇作为诗人，正是这样一位为祖国独立、为民族复兴而奋斗终生的志士。

密茨凯维奇称自己是"一出生就遇到奴役，在襁褓之中就被钉上了锁链"的那一代人。幸而他的父亲是一个思想进步并参加过反沙皇起义的知识分子。家庭与环境的熏陶，使密茨凯维奇很小就扎下了"祖国没有自由，何谈家庭幸福"的信念。

1815年，密茨凯维奇进入大学读书，开始进行爱国活动，组织了"爱学社""爱光社""爱德社"等团体，培育了一代热血青年，他自己也得到很大锻炼。大学毕业后，1820年，他创作了著名的《青春颂》一诗。诗中赞美青春的美丽，如同"生命的美酒"；鼓励青年要以"大众的幸福"为方针，以"团结而紧张"的精神，用"热情而智慧"的头脑，起来战斗，"不管道路的崎岖和泥泞"，"以暴力抵抗暴力"，来获得"自由的曙光"，来迎接"救世主的太阳"。

1822年后，他开始创作大量控诉沙皇罪恶、激发民族斗志的诗歌和诗剧，而且还发表了不少政论性文章。沙皇政府把他视为危险分子，1823年将他逮捕并流放。1832年他流亡到西欧。1848年的意大利革命中，密茨凯维奇组织了波兰军团参加战斗，赢得了意大利人民的极大尊敬。

密茨凯维奇是波兰人的骄傲。1855年他染病去世。1890年波兰人民将他的遗骸运回祖国，与历代著名国王安葬在一起。1955年，他被当时的世界和平理事会列为这一年世界四大文化名人之一。

几乎与之同时的匈牙利诗人裴多菲（1823—1849），虽然只活了26岁，但其诗歌对革命的鼓舞作用可以说发挥到了极点。匈牙利自16世纪20年代丧失了独立，先是由土耳其帝国统治170多年，后从18世纪起变成了奥地利的一个行省。裴多菲从小就感受到了本国人民争取民族解放的斗争热情，这个爱国诗人的出现有深厚的社会土壤。

裴多菲出生于贫寒之家，自幼过着清贫生活，为了生存而四处奔波。15岁他开始写诗。20岁后政治观点日渐成熟，反专制、反封建的民主倾向日益浓烈，历史使命感促使他写出了一首又一首慷慨激昂的诗篇。在一首叫做《致十九世纪的诗人》中，他这样发出心声：

> 谁是诗人，谁就得前进，
> 千辛万苦地和人民在一起！

从1844至1847年，裴多菲写下了众多的政治诗篇，著名者如《贵族》《匈牙利的贵人》《反对国王》《爱国者之歌》《祖国颂》《我梦见流血的日子》《男人，就应该有男人的骨气》《以人民的名义》等，见其名就可知其铮铮正气。

1848年欧洲革命爆发，再次激发了匈牙利人民争取独立的斗争浪潮。当奥地利三月革命的消息传到匈牙利时，布达佩斯的青年知识分子立即行动起来。他们被称为"三月的青年"，在裴多菲的领导下，很早就成立了策划和讨论革命的俱乐部。3月15日，青年们走上街头，举行起义，提出了《十二条》作革命纲领。在集会上，裴多菲朗诵了刚刚写好的诗《民族之歌》：

> 起来，匈牙利人，祖国正在召唤！
> 时候到了，现在干，或者永远不干！
> 是做自由人呢，还是做奴隶？
> 就是这个问题：你们自己选择！——
> 在匈牙利人的上帝面前，
> 我们宣誓，
> 我们宣誓，我们
> 永不做奴隶！

起义者以此为誓词，包围了总督官邸，控制了首都局势，组织自己的军队，并得到了全国各地的响应。裴多菲为高涨的革命形势所鼓舞，接着写下了《1848

年3月15日》《大海汹涌着》《匈牙利人民》《自由颂》《把国王绞死》《使徒》等，推动着人民的革命热情。

1849年4月，匈牙利宣布独立。在战场上，匈牙利军队也取得了节节胜利。这时，沙皇俄国应奥皇请求，出动大军从东边发起进攻，匈军腹背受敌，连连失利。7月，裴多菲牺牲，一代天才诗人就这样为了民族的解放而血洒战场。

在北欧，19世纪挪威的戏剧大师易卜生（1828—1906），是一个世界级的文化名人。

易卜生家境败落，学徒出身，21岁时即开始从事戏剧创作。60年代以前，他以创作历史剧为主，剧作多以历史传说为题材，歌颂人民心目中的古代英雄，激发现代人民的爱国主义热情，为实现挪威独立而斗争。当时的挪威，正处在瑞典的统治之下。

70年代后，易卜生留居国外，以写作"社会问题剧"为主，最重要的作品是《玩偶之家》和《人民公敌》。

《玩偶之家》刻画了"正人君子"对女性的玩弄，揭示了资产阶级社会中的宗教、法律和伦理道德的欺骗性。女主人公娜拉常被丈夫海尔茂称为"小鸟儿""小松鼠"。为治海尔茂的病，娜拉不惜冒名签字借债。海尔茂任银行经理后，非常得意，打算将一个职员辞退。哪知该职员知道娜拉冒名之内情，便以告发此事相要挟。娜拉本以为丈夫会保护她，孰料海尔茂知情后骤然翻脸，咒骂娜拉是"下贱女人"，断送了他的前程。那职员受到良心感化，不再准备揭发时，海尔茂又把脸变了回来，称要保护他的"小松鼠"。娜拉至此恍然明白，自己原来不过是丈夫的玩物而已，在他心目中并无位置，于是愤然离开了这个玩偶之家。

《人民公敌》说到一个医生发现了传染病源，建议改建水管。由于这个建议会影响城镇上层的经济收益，结果遭到了所有有产者的反对。他那当市长的哥哥甚至还煽动群众进行投票表决，宣布弟弟医生是"人民公敌"。此剧无情地揭露了资本主义社会不顾人民死活的本质特征。

在挪威的邻国丹麦，最有影响的文学人物是童话作家安徒生（1805—1875）。完全可以说，安徒生是北欧各国中第一个具有世界性地位的作家。他开创的童话写作，为世界少年儿童提供了精神食粮，奠定了童话这一新的文学形式。

安徒生出身贫寒，长期受贫困折磨。在文学创作中，也常常受别人的嘲弄和打击。但他矢志不移，在童话写作上取得了辉煌的成就。他发表的156篇童话和故事，集为《安徒生童话》，几乎在世界各国出版，许多故事为儿童甚至成人所津津乐道。

《卖火柴的小女孩》故事家喻户晓。这个穷苦人家的孩子，除夕之夜流落在黑暗的街头。风雪交加，寒冷异常，街上冷清萧条。听有钱人家在欢度新年，她只能划燃一根根火柴取暖。火柴的光圈中，幻化出种种神奇美丽的图景，每当她想接近之时，火柴的微火便熄灭了。她想起自己的老祖母，想起老祖母对她的慈爱和关怀，在这一希冀中她永远沉入了梦乡，冻死在街头。这篇童话深刻地揭露了贫富不均的黑暗现实，激励人们去改变这一邪恶的社会。

《皇帝的新衣》则揭露统治者的奢侈、虚荣和无知以及社会的世故。有个皇帝每天都要换一件新衣，结果被两个骗子捉弄，做了一套并不存在的"新衣"给他。他居然恬不知耻，赤身露体上街炫耀，没有谁敢道明，只有天真的孩子指出了真相。

《丑小鸭》曾因容貌丑陋而备受凌辱和歧视，长大后却是一只美丽的天鹅。揭示了穷人家丑小鸭本具有高贵品质，也反映了安徒生对自己命运的看法。

脍炙人口的安徒生童话故事还有《夜莺》《豌豆公主》等。

15.3

艺术风格的嬗变。美术的徘徊。音乐异军突起：音乐之父、交响乐之父、音乐神童、乐圣、圆舞曲之王

艺术是人类追求美的最高表现。在近代西方，虽然艺术形式越来越丰富，但艺术给人类带来的感染力与震撼力，自文艺复兴确立了古典主义原则之后，没有更大的突破。

艺术风格上，在17世纪里，人们追求一种新的巴洛克风格。这是一种崭

新活泼的式样，最初发源于意大利，很快流行于西欧，并影响到其他艺术形式。这种风格的建筑常常打破传统，以新奇怪诞为美，追求装饰上的繁杂细琐。

18世纪里，巴洛克风格在法国又出现了新的变种，即所谓洛可可风格，讲究更加细腻、更加华美，装饰性极强。

人类进入工业社会之后，艺术形式也发生了新的变化。机器的冷漠和古板，诱发了艺术形式出现机械式的、规矩严格的风格，个性在相当一段时期里被统一所抹杀。

因此，在美术方面，成就远不如文艺复兴时代。17至19世纪称得上一流艺术家的，有佛兰德尔画家鲁本斯，荷兰画家伦勃朗，西班牙画家委拉斯贵支，法国浪漫主义画家席里科（作品：梅杜萨之筏）、德拉克洛瓦（作品：自由领导人民），法国雕塑家罗丹（代表作：思想者、吻、地狱之门等）。印象派画家塞尚、凡·高、高更则是现代画派的鼻祖。

音乐作为一种主要的艺术形式，在近代达到了一个近乎完美的巅峰。

18世纪有"音乐的世纪"之美称。巴赫、亨德尔、海顿、莫扎特、贝多芬等大师的作品，至今仍深受人们的喜爱和推崇，是近代音乐的经典之作。

巴赫（1685—1750）出生于音乐世家，少年时代即学习合唱和器乐。他擅长创作风琴、提琴和钢琴三大乐器演奏曲调，对位法复调音乐。在声乐创作方面，善写新教祈祷曲，并掺入世俗内容，使之富有生活气息。巴赫被誉

图15-2
德拉克洛瓦油画：自由领导人民（罗浮宫藏）

为"欧洲音乐之父"。

亨德尔（1685—1759）是巴赫的同龄人，早年经历亦颇为相似。为了欣赏名家的表演，常不顾路程之遥而徒步前往。他一生写了不少著名的歌剧，并且融入了德国、意大利和英国的不同风格。即使到晚年双目失明，亨德尔仍在孜孜不倦地进行创作。

海顿（1732—1809）出身贫寒，父母亲都是做粗活的劳工，家中12个孩子他位居老二。由于他幼时就异常聪明，一个亲戚决定好好培养他，送他上学，鼓励他学音乐。16岁时他开始了作曲生涯，后任宫廷乐师长达30年之久。他的主要作品是重奏、重唱以及协奏曲和歌剧。晚年的海顿被誉为维也纳古典音乐的巅峰，正是他享有"交响乐之父"的盛誉。

中欧的维也纳，位于多瑙河畔，环境优美，景色迷人，素有"多瑙河女神"之美称。欧洲许多音乐大师，都在这里度过多年的艺术生涯，特别值得一提的是被誉为"音乐神童"的莫扎特。

莫扎特于1756年出生于奥地利小城萨尔茨堡。3岁开始学习钢琴和小提琴，6岁时跟着父亲到西欧各地演出，引起轰动，英法等国国王对他宠爱有加。8岁时，他写出了第一部交响曲，10岁时创作出第一批奏鸣曲，11岁写出了第一部歌剧，14岁时成了著名的波伦亚爱乐协会会员。

他虽然只活了35岁，但却是维也纳古典乐派的主要代表人物，一生共创

图15-3
莫扎特

作了600多部作品，包括交响曲49部，其中以E大调、G小调和C大调三部最为著名，室内乐28部，钢琴协奏曲21部，奏鸣曲17部，《费加罗的婚礼》《唐·璜》《魔笛》等大型歌剧17部。他的作品强调自然美感，清新、明快、流畅，宛如清晨在山间小溪边散步时，吹来一阵阵和煦的微风。

莫扎特深受启蒙思想的影响，作品中常常流露出反贵族的情绪，因而与上层社会不合，生活上贫困不堪。

贝多芬（1770—1827）是德国乃至世界最著名的音乐大师。由于出身贫困卑微，他在童年受尽了苦楚，14岁就要谋生糊口。青年时代又患了耳疾，造成失聪。虽然处于逆境，但贝多芬却像一头傲立的雄狮，勇敢地创造生活，蔑视权贵。他创作的作品无数，尤以交响曲见长，其中如《命运交响曲》《田园交响曲》《英雄交响曲》《欢乐交响曲》《月光奏鸣曲》等，或美妙动听，或气势磅礴，都是传留万代之作。命运之神的四击叩门声，永远都在敲击人类的心扉。

而维也纳的音乐传统，在19世纪里继续光大，它又成了华尔兹圆舞曲的摇篮。约翰·斯特劳斯创作的《蓝色多瑙河》，可称为世界第一圆舞曲。《维

图15-4
巴黎歌剧院

也纳森林的故事》交响曲也令人产生无限遐想。此外，19世纪欧洲著名的音乐家还有舒伯特、门德尔松、勃拉姆斯、威尔第、柏辽兹、比才、德彪西、德沃夏克、肖邦、柴可夫斯基等。他们都为人类带来了美的享受。意大利美声歌剧、芭蕾舞等形式，也将高雅艺术推向了新的阶段。

15.4

中西文化体系和文化精神比较略说

各种文化体系中，最核心的部分是思想文化体系，特别体现为深层次的系统的文化精神。在世界各大文化体系中，最具典型意义、最具对比性特点、在现代世界最有影响、也最为世人关注的，是存在于亚欧大陆东西两端的中国文化体系和西方文化体系。

西方文化体系溯源于古代希腊和罗马，历经中世纪千年的基督教熏染，到文艺复兴和宗教改革时代基本定型，在启蒙时代和工业化社会臻于成熟与完善。它以人文主义为出发点，以理性和科学为核心，重视个人发展，重视人对自然的斗争，由此还产生了一系列的文化精神和价值观念，如民主法制意识、冒险进取精神、个人奋斗意识、扩展征服意识、功利价值意识和金钱崇拜意识，等等。

中国文化源远流长，因其几千年的发展不间断而古老悠久。它以人伦为出发点，以礼义为核心，重视人的社会性及自然性，强调人际伦理，强调人与自然的和谐相处，由此也有一系列价值观念，如民族认同意识、和平安定意识、宽厚容纳意识、顺乎天然意识、集体主义观念、天下己任观念以及勤劳俭朴精神等等。相对而言，西方文化的历史沉积性略弱，现代感更强；而中国传统文化则有深厚的历史底蕴，现代气息却不甚浓烈。

从某种意义上说，中西文化的差异最早来源于对自然世界认识的差异。在西方文化的源流希腊文化那里，神话故事特别动人，这就与希腊的自然条件以及由自然条件制约甚至决定的取得物质资料的方式很有关系。古希腊的自然条件不是特别的恶劣，但也不是特别的良好。人们必须与自然进行斗争，才能够获得成就。这种斗争常会因自然的不驯服而受到挫折或遭受失败。那么，在与自然斗争受到挫折时，或者在精神上寻求鼓舞力量时，人便创造了无往不胜的神来代表自己，神就成了自然界与人之间的中介环节，"神人合一"便成了希腊神话的基本特征。神既然成了人的体现物，它便会是活生生的，有血有肉，有人一样的七情六欲，同人一样娶妻生子，希腊最高的天神宙斯就是这么做的。

而中国，既不是一个宗教的国度，也不是一个充满神话的国家。之所以如此，与中国的自然条件良好也很有联系。大平原一望无际，农作物生长适宜，气候也较少异常，古代中国地震也不多见。总之，人和自然容易达到一种和谐状态，因而人对自然不大恐惧、不大敬畏，而是崇尚自然，"天人合一"便成了中国文化对人与自然关系的最高概括。所以，中国便不是宗教的原生地，流行的宗教大多是舶来品，如佛教、祆教、基督教、伊斯兰教、摩尼教等。在中国文化的主体汉民族中，可以说极少有虔诚的宗教徒。中国的原生宗教只有一种，那就是道教。然而道教又奇特得很，它对周边四域的传播和影响都很小。道教的文化特征完全是中国式的，是"天人合一"的具体表现，它完全强调顺其自然，回归自然，这也是因为自然确实给中国人带来了实实在在的好处。丰腴的土地，湿润的气候，充足的光照，使中国古代的农业能经常有很好的收成。由此，人们往往留恋生活，留恋人间，道教强调的也正是今生幸福，并将人世间的生活理想化。人们面对死后，不是像西方文化中那样追求灵魂升入天堂，而是希望来世再到人间享福。

中国文化比较注重人际关系，有一整套的道德伦理原则。而西方文化则注重人与自然的关系，不大重视人事。这也与自然环境有一定关系。中国文明起源于辽阔平原，地理地貌比较单一、平淡，自然界给人们的恩惠较多，所以人们"爱乎天然""顺乎天然"，认为天是完美无缺的，故而对自然界的研究相对较少，注意力转向人与人之间的关系。在处理人际关系时多采取"中庸调和"，那也是因为平原文化一切都很顺畅，无急剧变化。而且在中国，由于自然界已给了人类较多的恩惠，便使人们认为自然界对人类已经尽职尽责，人们不应再向自然界有过多的索取，从而不像西方人那样，热衷于征服自然，而是转而注目于对现成的自然赐予物的分配，结果反倒引起人际间因物质利益而引起的关系紧张。同时，中国北方的游牧民族不断南下，分享中原财富，这也益发强化了中原人对自然条件的满足感，从而一意调节人际关系以达到对自然赐予物的合理分配。为淡化和缓解人际矛盾冲突，于是便有了"中庸""仁""礼"等伦理说教，于是便要强调服从与秩序，主张妥协和宽容。

西方文化注重人对自然的征服力，注重"天人相分"，实际上也是人对自然环境的一种反映。欧洲的自然力对人类的作用体现得小而弱，既不像古代中国那样，自然给人以丰厚赐予而使人们崇尚自然，也不像西亚、印度那样，自然条件过于恶劣而使人们惧怕自然。古代欧洲人要取得物质生活资料，需要在人与自然的关系链中多一道探究自然规律活动的环节。譬如古希腊，作为农耕的条件并不太好，典型的地中海式干热气候不利于需要高温高湿的淀粉作物生长，于是他们便注意研究自然条件。希腊多山，多山便多矿石，便可制成手工产品与别人交换粮食，因而手工业发达、采矿业发达、冶炼业发达。土地种粮食不行，但可种葡萄、橄榄等经济作物来换取别人的粮食，因而园艺业发达。要对外进行交换活动，在希腊的地理位置条件下必须跨海，于是航海业发达，造船业发达，同时还得探讨海洋知识、水文知识和气象知识等，并且培育了外向探险进取扩张精神。由于自然赐予物不多，就难以从别人手中获取现成产品，故而因物质利益所引起的冲突和争夺相对就要小些，社会也易于有序，贵族、平民、领主、农奴，各就各位，少有僭越之心。

可以说，西方文化从古代到现代，其一脉相承的文化精神，就是基于"天人相分"之认识的求真求实态度。天人相分，实际上就是将人与自然的关系看成是一种对立的关系。而人要生存，又必须向自然去索取物质生活资料；当自然条件不能遂人之愿，不能向人类提供充分的天然生活资料时，人就感觉到必须穷尽自身努力，发掘自然界一切对自己有用的东西，于是就产生了一种对自然界的探索欲、征服欲，于是就有了科学。科学精神的实质就是"求真"，就是要真正地了解大自然，就是要探寻大自然的规律，进而运用这些规律去征服自然。

由于征服自然的需要，西方人更重视同自然界的交往，自古就是如此。而由于同自然的交往较多，对自然事物的崇拜也就更为突出，从古代希腊神话就可窥其一斑。希腊神,多是某种自然物的化身:月亮神、太阳神、海神、大地女神,诸如此类。就连后来西方人一致信奉的上帝,也是自然物的化身。西方神话传说中的英雄,也是一些自然英雄,其行为令人可信,也可敬,他们同魔怪的搏斗往往是九死一生,惊心动魄;而中国神话中的英雄则大不一样,一般都是战无不胜,无须多少力量的较量,只看谁的法力大,因此这类"文化英雄"往往难以令人信服和敬佩。

由于征服自然的需要,由于科学的需要,理性便成了西方文化又一突出特点。理性的实质就是冷静地分析、综合、思考,对客体世界全面、系统、深入、细致地观察,既不是激情冲动,也不是迷信盲从;既要有严密的逻辑推理,又要有充分的实验材料为验证。理性思考的目的就是要求合理,要求合乎自然规律。可以概括地说,科学是探究客观规律,理性则是运用客观规律。在某些时候,人为了理性地体验客体世界,往往还设身处地,将自己置于客体世界之中,使主体客体化。

由于征服自然客体的需要,人就努力去发掘自身主体的种种潜能,努力去认识自己。早在2400多年前,古希腊哲学家苏格拉底就提出了"认识你自己"的著名观点。几千年来,西方文化正是循着这一传统去展开对人的能力的探寻、对人体美感的追求的。古希腊罗马的一切思想文化,都浸透着深厚的"人"学思想。中世纪时代,基督教会为了维持自身精神统治的需要,以神代替人,以来世代替今世,抹杀了现实中活生生的人的积极意义,因而终于遭到了正在苏醒中的人类思想家们的唾弃。文艺复兴、宗教改革以及后来的启蒙运动,作为此起彼伏的一场又一场思想解放运动,首先举起的就是"人的解放""人的发现"之大旗。由文艺复兴时代开始恢复的西方文化中的个人主义观念,成了近代西方文明迅速崛起的一个极其重要的内在动力支持。

既然每一个人都能表现出征服自然世界的无限能力,因此人人能力相等、地位平等、行为自由的观念意识,很早就在西方人心中扎下了根。因此在西方文化中,人与人之间体现的往往是一种独立同时又是对立的关系。既然人人都具有很强的自我行为能力,不需要有"超人"凌驾于自己的头上、主宰自己的命运,因而维系人类之社会性的关键,就在于如何使个人能力的发挥不至于受到其他社会成员的影响和制约,于是,民主观念、法治意识,便成了社会全体成员所达成的共识。民主和法制的传统虽然在中世纪里被天主教会和封建君主所践踏，但这种黑暗历史所残留的思想桎梏很快就被启蒙思想家们所砸得粉碎。高举理性大旗的洛克、孟德斯鸠、卢梭等人，均从不同的角度阐述了国家起源的"实质"——人们按共同订立的契约结合而成，从而使一切专制论者、人治论者的理论基石彻底动摇，民主、自由和法治因而成了近代西方文明的精髓，英国的《权利法案》、美国的《独立宣言》、法国的《人权宣言》等类似文献，因而成了近代西方文明的"宣言书"。

在西方文化中，真、善、美三者始终是人们所追求的目标，是人们所要努力达到的境界。然而，在西方文化看来，真是后两者的基础；无真，就无善，亦无美。而善的东西，首先必须是真的东西，不真实的东西，最多也只会是伪善。至于美，首先也必须是真实世界的反映。因此我们便看到，西方表现美的最高形式即绘画、雕塑等，都是一种写实写真的手法：人体的肌肉线条，画面的光线透视，物体的大小比例，背景的远近处理，无不给人以强烈的真实感。一句"太像了"，足可以表达人们在欣赏这类艺术品时的真心感受和对它们的充分肯定。即使是那些乍看起来很为凌乱的现代派画作，也是可分析的，也能使观者感觉它的真实性。此外，由于求真求实，西方文化便比较强调确切、强调具体、强调细节，从细微处出发，由小见大地认识世界。

中国的传统文化与之恰成鲜明对比。在"天人合一"的认识基础上，中国文化注重的是"天人合德"，就是说，凡符合自然的东西，就是"善"。中国文化也追求"真、善、美"，但以善为本，善为其他二者的基础。中国文化对"真"的思考不是很多，即使是关于个人的修养，也重外在的"礼"，要求温文尔雅，而不主张毫无顾忌地袒露内心的真实情感。中国人颇为重视责任感、使命感，凡"君子"均以"修身齐家治国平天下"而自勉。其实这正是追求"善"。修身，是练为善之本；齐家治国平天下，正是"善"举。中国的传统绘画是一种抽象艺术，大写意，讲求神似而不是形似，求"似"而不是求"实"。中国人思考和讨论问题，也常以"大致""差不多"为满足，不讲究实解。美也当作善来理解，善的东西就会美，如"心灵美"原本就是"心灵善"的意思。中国文化有三个基本精神，即人文精神、"天人合一"观念、开放性和包容性，说到底都渗透着一种"善"意。

第十六章

列强鏖兵
第一次世界大战

16.1

世界经济政治体系及其内部矛盾。萨拉热窝事件：第一次世界大战爆发

15、16世纪之交，地理大发现和新航路开辟使海洋变为通途，整个世界在地理上连成了一片。随之而来的世界市场初步形成，促进了西欧内部社会经济的深刻变化。18世纪后期开始的工业革命，使西方世界相对于世界其他地区来说，具有更明显的经济技术和文化优势，从而在向非西方地区扩张的过程中摧枯拉朽，所向披靡。于是，偌大的一个地球，倏忽之间完全成了西方人的天下。以西方为中心，一体化的世界经济政治体系基本形成，世界完全走向整体性的发展。

这个整体世界是在19、20世纪之交出现的，它是以西方为核心的资本主义世界体系。在这个体系中，经济技术是基石，文化是血脉，政治是头脑，社会的各个方面如同伸向全身的神经末梢，牵一发而动全身。

进入20世纪以后，人类这个整体便在各种矛盾和冲突中，以及对这些矛盾和冲突的解决中求平衡、求发展。这些矛盾和冲突主要表现为：

其一，西方世界内部对世界市场和势力范围的争夺。由于经济政治发展不平衡的规律，自16世纪以来，西方国家对世界市场的占有明显呈现出列强争雄的阶段性。16世纪里，西班牙和葡萄牙处在最有利的位置，新"发现"的大陆和岛屿几乎被他们分割完毕。17世纪里，"海上马车夫"荷兰人以商业立国，称雄于世界各大海域，将西欧商品和世界其他地区的商品进行交换。17世纪末以后，英法两国在争夺世界中稳执牛耳，而工业革命的最先开展，使英法的经济政治优势更为显著。然而，面对19世纪后期方兴未艾的第二次工业革命，英法依然故步自封，不思进取，陶醉于往日的荣耀，对即将来临的挑战视而不见，甚至不愿正视。而德国、美国等领这次科技革命风气之先的后起国家，则迅速成为英法等老牌国家的劲敌，后来又加上个日本。

正是由于这种争夺，引发了人类历史上罕见的两次世界大战。

其二，社会主义的兴起及其与资本主义的对立和斗争。社会主义是作为资本主义的对立物，从资本主义世界内部诞生的。从人类进步的意义上说，社会主义是资本主义的"克星"，因此它一产生，就遭到了资本主义的围攻。资本主义世界体系形成之后，强大的资产阶级国际力量，迫使社会主义运动不得不转向资本主义世界统治链条中的最薄弱环节，寻找突破口，运动的中心不断转移。因此，20世纪的世界史，又是一部社会主义与资本主义的斗争史，虽然社会主义运动在发展中时有起伏。

其三，资本主义世界体系中核心地区与外围地区之间的矛盾。这个核心是西方，而外围则是从属于西方的亚洲、非洲和拉丁美洲的殖民地半殖民地。在这对矛盾中，20世纪的上半叶以殖民地半殖民地人民争取民族独立和解放为主线，到了下半叶，双方之间的政治依附关系宣告结束，经济发展的矛盾亦即通常所说的南北矛盾越来越突出。

20世纪上半叶，三大矛盾中以第一大矛盾冲突表现最为剧烈，整个世界都成了新老帝国主义国家角逐争霸的场所，第一次世界大战正是各国列强的一次大鏖兵。

到这个时候，出于各种动机和目的，欧洲各主要国家之间的争霸愈演愈烈，两大军事集团的相互对抗越来越营垒分明。哪怕是一丁点火星，都会燃烧起战争的烈火。

列强鏖兵　457

这把火终于在素有"欧洲的火药桶"之称的巴尔干最先点燃。

巴尔干半岛的大部分地方，居住着南部斯拉夫人。1878年，南部斯拉夫人的主要国家塞尔维亚摆脱土耳其人统治，宣布独立。紧接着，塞尔维亚与南部斯拉夫人居住的其他地区走向统一的趋势愈来愈强烈，然而却遭到了正向巴尔干半岛扩张的奥匈帝国的极力阻挠。奥匈帝国担心自身力量不够，便追随德国，参加了德意奥三国同盟，企图借同盟的力量占领邻近的塞尔维亚，把奥匈二合帝国扩大为三元帝国。

1906年，奥塞两国爆发了"猪战"。由于塞尔维亚拒绝了向奥地利订购全部军火的要求，奥匈帝国便下令向从塞尔维亚进口的牲口（主要是猪）征收关税，以此来打击塞尔维亚的经济。1908年，奥匈又制造波斯尼亚危机，吞并了期望与塞尔维亚合并的波斯尼亚和黑塞哥维那，这样一来，更加引起了塞尔维亚人民以及也是在1878年获得独立地位的门的内哥罗人民的强烈愤慨。

1912年，塞尔维亚、保加利亚、希腊、门的内哥罗4个国家缔结同盟，

图 16-1
萨拉热窝塞尔维亚青年刺杀费迪南大公

把目标对准了奴役巴尔干人民已达5个世纪的土耳其。10月，第一次巴尔干战争爆发，四国联军以60万兵力很快就打败了土耳其的40万军队，最终将巴尔干人民从土耳其的统治下解放出来。但在分配战果时，四国同盟内部产生了严重分歧，结果又以塞尔维亚、希腊、罗马尼亚、门的内哥罗为一方，保加利亚为另一方，爆发了第二次巴尔干战争。最后是保加利亚战败，塞尔维亚则获得了马其顿的大部分土地。不过，这一结局却将保加利亚推向了德奥同盟国一方。

两次巴尔干战争，塞尔维亚均为胜利之方，它的实力和国际地位大为加强，与此相应，以塞尔维亚为核心来统一南斯拉夫的呼声，也越来越高。由于战争过程中的国际矛盾，塞尔维亚主动加强了同英法俄协约国集团之间的联系。这样，在巴尔干半岛上，奥匈帝国便和塞尔维亚形成了对峙着的双方。正是奥塞矛盾的激化，点燃了第一次世界大战的战火。

而且，由于塞尔维亚实际上已成为半岛上南部斯拉夫人反对奥匈帝国统治的核心，波斯尼亚和黑塞哥维那两地的人民强烈要求与塞尔维亚合并。惶惶不安的奥匈统治者，便更快地加紧对塞战争的准备。在德国的怂恿和支持下，奥匈不断对塞尔维亚进行威胁。

1914年夏天，奥匈帝国决定在波斯尼亚举行军事演习，将塞尔维亚当作假想敌人。奥匈帝国皇太子斐迪南这个战争狂，还决定亲自去检阅这次演习，并选定塞尔维亚国耻日（6月28日，塞尔维亚的宪法节并纪念1389年反土耳其人的科索沃战役失败）那天，去波斯尼亚的首府萨拉热窝，这毫无疑问是有意向塞尔维亚挑衅。塞尔维亚维护民族独立的人们极为愤慨，一个叫作"不统一毋宁死"的组织决定刺杀斐迪南，并且作了极其周密的安排。

6月28日这天，天气晴朗。斐迪南检阅了军事演习，带着妻子索菲，在总督和市长的陪同下，前往市政厅。街道两旁站满了人群，斐迪南甚是自得，让敞篷汽车缓缓而行。车队到达市中心时，路旁突然冲出一青年，将一枚炸弹扔向汽车，炸伤一个随从军官，斐迪南故作镇静，继续驱车前行。从市政厅返回经过一转弯处时，汽车缓慢下来。这时，又一名青年冲上街道，对准斐迪南夫妇连发两枪，两人当场毙命。这个叫普林西波的青年也当即被捕。

萨拉热窝事件的发生，使德国和奥匈找到了一个发动战争的借口。7月5

日,德国皇帝威廉二世坚决主张奥匈对塞尔维亚开战。7月23日,奥匈向塞尔维亚发出最后通牒。塞尔维亚打算有条件地接受奥匈的要求,但奥匈不满意。7月28日,奥匈对塞尔维亚宣战。8月1日,德国对俄国宣战。8月3日,对法国宣战。8月4日,英国对德国宣战。8月23日,日本对德国宣战。土耳其则站在德奥一方,第一次世界大战全面爆发。

16.2

史里芬计划。马恩河之战。"西线无战事"?东线的"波兰口袋"。亚非战场的较量

发动大战,德国人是蓄谋已久的。

战争之前,德国军队的参谋总长毛奇宣称:"我们已经准备好了。对于我们,战争越快越好。"一个叫柏迪的德军将领甚至有一套荒谬绝伦的理论:"战争是万事之父。战争不仅是一种生物规律,也是一种道德规律,是文明不可缺少的因素。"战争爆发后,威廉二世鼓动说:"我不再知道有什么教派;今天我们全部都是德意志兄弟,只是德意志兄弟。"民族沙文主义者的狂热情绪被他们煽动到了极点。

战争一开始,德军基本上是按所谓"史里芬计划"而行动的。史里芬是德国元帅、老资格的军事家,1891至1906年担任德军参谋总长。上任之后不久即着手制订德国进行大战的战略计划,终于在1905年完成。该计划的核心是,如果德军需在东西两线作战,应在东线俄国未作好充分准备之前,用强大兵力取道比利时,包围并打败法国,并隔断英国与大陆的联系。然后再全力往东打败俄国,以最快的速度结束战争。

史里芬计划基本确定了德国在世界大战中的战略决策,但在实施前后有所改动。史里芬的继任者小毛奇认为,无须从荷兰进军,而应加强左翼。但是有人认为这样做不过是一次大赌博,成功的希望在于有一名高明的统帅,并且还得运气好。

按照史里芬计划,战争一爆发,德军就在西线发动了强大攻势。1914年

8月1日夜，德军不宣而战，抢先占领了卢森堡。8月3日夜，德国第一、第二集团军侵入比利时，但花了13天时间才攻下列日要塞，直至8月20日才到达布鲁塞尔。

侵入比利时后，德军在边境地区与法军先后进行了洛林之战、阿登森林之战、桑布尔河之战、蒙斯战役，打乱了法军的防御计划。法国边境被德军突破，德军直插法国的心脏地区。法军虽然被击败，但是没有被歼灭，在向南大撤退的途中，秩序井然，守住铁路线，使自己具有较好的机动性，以便随时向四方增援。

在这种局势下，法军总司令霞飞重新调整了防御计划，加强西段战线和巴黎的防守。而德军统帅小毛奇却对此一无所知，仍然盲目地执行自己的计划。军事史家评论，小毛奇在军事上犯了三个错误，从而失去了在西线速战速胜的可能。其一是他的司令部离前线太远。8月战火连天，他和他的参谋们却不去前线，致使情报难以准确。其二，正是由于司令部离前线远，故而他的下级大有"将在外，君命有所不受"之势，行动过于自由，以至于一些部队自顾自地深入对方腹地。其三，西线战事正吃紧之际，小毛奇反倒将大约三分之一的兵力从这里调往其他战场。

8月30日，由克鲁克指挥的德军第一集团军追击法军时，转兵东南，于9月3日晚到达巴黎东北部的马恩河流域。小毛奇察觉到此举的冒险性，数度命令克鲁克停止追击。克鲁克不执行命令，继续孤军南下追击法国第五集团军。这样一来，德军的兵力被分散，法军乘机反攻，著名的马恩河战役开始。

9月5日，法国第六集团军在马恩河之北岸与德军第一集团军发生遭遇战。仗越打越大，不仅克鲁克主力掉头返北，投入马恩河战役，德国的第二集团军也闻讯赶来。法军方面，第五集团军开始反击，英国远征军、法国第九集团军也先后赶到。这时，小毛奇得知战场上的不利局面，命令第一、第二集团军协同撤退，免遭法军包抄歼灭，这样，马恩河战役结束。

从9月5日至9月9日，200多公里长的马恩河两岸成了硝烟弥漫的战场，双方投入的总兵力达150多万。虽然伤亡不大，但德军用速决战来占领法国的计划宣告破产。战役结束后，小毛奇被德皇威廉二世撤职。

其实，虽然德国人在战略上受到了牵制，但却获得了许多有利条件。因为它已占领了法国十分之一的土地，而且这是法国最重要的工业区之一。这样一来，法国80%的煤储量，几乎全部的铁储量，还有东北地区的许多大工厂，都落到了德国人手中。马恩河战役后，德军后撤至埃纳河，霞飞命令法军乘胜追击，但效果不佳，德军死守住阵地。9月14日，威廉二世任命法金汉为德军参谋总长。法金汉上任伊始，便发动了对比利时安特卫普的进攻。

安特卫普由英国军队协助比利时防守。英国是8月4日对德国宣战的，它还率领自己的自治领包括南非、加拿大、澳大利亚、新西兰参加战争，使战争规模从欧战上升为世界性的大战。8月9日，第一批英军4个师渡过海峡，正式赴大陆作战，协同法军和比利时军队挡住了德军对西线的深入。然而，安特卫普城并没有守住。10月9日，安特卫普落入德军之手，德军在右翼的威胁被解除。比利时军队全部撤走。

德军继续向海岸线进军，英国感到这是在切断它与大陆盟国的联系，因而迅速将部队转移到靠海城市伊普尔一带。10月12日，法金汉向伊普尔发起进攻，英法联军在福熙将军的协调指挥下，经过一个多月的恶战，终于守住了自己的阵地。这次战役之后，双方的防线基本稳定，几年间几乎没有移动。西线战争进入了僵局，双方各以阵地壕堑对抗，呈胶着状态，集结在西线的德军达到200万人，法英联军有300万人，但战斗并没有大规模地开展。

1915年4月，德军为掩护军队向东线调动，采取了以守为攻的策略，发动了第二次伊普尔战役。在这次战役中，德军首先使用了毒气作为进攻武器，英军中毒者达15,000人。德军戴着防毒罩跟着毒气前进，占领了英军部分阵地。伊普尔战役中德军首开使用化学武器的先例。从此，战争瘟神给人类带来了更可怕的危害。

第一次世界大战有三条主要战线，即西线、东线和巴尔干战场。巴尔干战场上，主要是奥匈帝国与塞尔维亚相对抗。而在东线，战争的对手是德国和俄国。

战争打响后，德国认为俄军战争准备迟缓，因而按照史里芬计划的安排，只将一个集团军放在东普鲁士，加上一些警备部队，全部兵力不过30万人。8月，俄军以数倍的兵力向德军压过来，德军后退。这时，小毛奇任命兴登堡为第8集团军司令，鲁登道夫为参谋长。兴登堡并无军事才能，但性格温和，军事指挥决策皆出于鲁登道夫。

坦能堡和马祖里湖两大战役中，俄军损失了25万人，德军缴获了大量军事物资。特别是坦能堡一役，德军全歼俄军一个集团军，兴登堡获得了极大声誉。9月，德军又在波兰境内与俄军大战，俄军终止了进攻。11月，兴登堡和鲁登道夫分别升任东线总司令和参谋长。

但俄国人并没有被击退，而且在加里西亚一带颇有收获。与奥匈军队的数度交手，俄军虽然疲惫不堪，但奥地利人亦未取得进展。奥地利人两度进攻塞尔维亚，结果都被打退。

1915年，德军在西线的进攻受挫后，与英法军队处于僵持状态，而东线的俄军则日益加强了攻势。因此在1月底，德奥拟定了"波兰口袋"作战计划，确定在东线分南北两路进攻：北边的德军从东普鲁士南下，南边由德奥联军进攻莱姆堡一线，最后南北合拢，将俄军主力歼灭在"波兰口袋"内。德奥在东线共集结了107个师的兵力。

2月，德奥军队北自波罗的海，南到喀尔巴阡山，向俄军发动了全面进攻，战斗持续了8个月之久，俄军节节败退。德军占领了莱姆堡、华沙、布列斯特等重要城市，俄军则望风而逃，将包括波兰、立陶宛在内的大片土地全部丢掉。俄军伤亡损失达170多万人，是第一次世界大战期间最为惨重的一次败仗。德奥军队则大获全胜，将战线东移数百公里，到达从里加湾至德涅斯特河的一条直线上。

除陆上战场外，海上力量的对抗与交战亦日趋激烈。总的来说，英国海军舰队在主力舰数量和吨位方面拥有优势，但德国则发展布雷艇和潜艇。不过虽然德国最初尽量避免让舰队采取重大行动，但其远洋海军还是在1914年底之前就遭到了毁灭性的打击。1915年后，德国的潜艇在各个水域出没，骚扰英国人以及和英国来往的商船，而英国则加强对海洋的控制，对德国进行报复性的封锁。

英国海军的一些主动出击却不是很成功。1915年初，在海军大臣丘吉尔的建议下，英国舰队远征黑海入口达达尼尔海峡，遭到德国和土耳其联军的猛烈打击。战斗一年，英军伤亡20多万人。远征失败后，丘吉尔被调离内阁。

除欧洲本土外，双方在海外战场上也打得不可开交。

在中国的山东，主要是德军与日本交战。德国是在1897年派兵占领了山东青岛的，并且强租了胶州湾。1898年4月，威廉二世宣布胶州湾受德国的保护。以后十几年中，德国又以青岛为基地，沿胶济线侵犯山东各地。大战爆发后，中国政府打算收回青岛和胶州湾，遭到了素有取代德国在山东权益之野心的日本的威胁。

1914年8月5日，日本向德国发出了最后通牒，要求德国军舰从日本和中国的海上撤走，并将胶州湾无条件交给日本。德皇不予理睬，日本便于8月28日对德宣战。

9月2日，日军无视已宣告中立的中国利益，公开违反国际法，派7000多人的军队在龙口登陆，攻占了中国多处要地，沿途杀人放火，无恶不作。袁世凯北洋政府无力阻止，反而将潍县以东划为交战区。10月6日，日军侵占胶济全线。10月31日，日英联军进攻青岛，守城的5000德军在毁坏了所有船舶和军火设备后，于11月7日向联军投降。青岛转入日军之手。

同时，日军还占领了马绍尔、加洛林等太平洋上的德属岛屿。

在非洲战场上，德军与英法展开了争夺。在多哥，英法联军突破了德军所有阵地，德军于1914年8月26日向联军投降。在喀麦隆，协约国军队在陆上展开了三路攻势，但屡遭德军袭击；英法转而从海上进攻，双方相持了18个月，喀麦隆德军于1916年2月投降。在东非，英军于1916年9月将德军赶走。在西南非洲，参加协约国的南非军队于1915年2月发起进攻，5月11日占领温得和克。7月9日，西南非洲德军宣布投降。德国在非洲的几块殖民地，转入了英法以及比利时之手。

从整个战局来看，战争的第一阶段双方势均力敌，互有胜负。

即使是海外战场上，协约国一方也不是没有失利。1915年的西亚美索不达米亚之战，就是英军的一次败仗。1914年11月，为保障波斯湾对英国石油的供应，一支英印远征军占领了两河流域下游的巴士拉。英国人似乎还不满意，便沿着底格里斯河向上推进了500公里，进逼巴格达。1915年11月，驻守在这一带的土耳其军队拼死抵抗。5个月的拉锯战后，英军终于力不能支。1916年4月29日，包括指挥官汤森在内的一万多名英军官兵缴械投降，最后只有三分之一的人余生。

16.3

残酷空前的 1916 年:"凡尔登绞肉机"、索姆河大战、日德兰海战

1915 年下半年,俄军在东线失败。为了让俄国人吃定心丸,不退出战争,英法军队在西线加强了攻势。9 月,英法联军在香槟和阿杜瓦两地发起进攻。两地的进攻都持续了 40 多天,英法军队用大炮轰,用毒气和烟雾熏,都没能撕开德军的阵地。除了双方都有较多的兵力损失外,战争局面仍无丝毫改变。11 月后,西线战事减少,双方仍然凭借阵地对峙。尽管如此,1915 年英法联军损失兵力仍高达 157 万。这年年底,英国的远征军司令官被撤换。

然而,1916 年的战事却在战争流血史上抹上了浓浓的一笔。

经过一年多的僵持状态后,大战双方都想来一些大动作,一举置对方于死地。协约国方面,法国统帅霞飞决定 1916 年同时在东线、西线和意大利战线协调发动大规模进攻。德国则认为已在 1915 年摧垮了俄军主力,但又难以

图 16-2
凡尔登附近乡村风光

立刻深入广阔的俄国内地，因而决定将作战重心移回西线，给英法联军以致命的打击。而且，德军抢先行动，打乱了协约国军队的计划。

德军参谋总长法金汉制定了一个极为机密的作战计划，核心就是利用进攻凡尔登要塞，将法军主力吸引到这里，聚而歼之，把凡尔登当作法军的"处决地"。据说，凡尔登有引以为自豪的历史，对法国人来说，具有远远超过军事价值的感情上的意义。

从军事意义上说，凡尔登作为堡垒要塞，是战线中突进德方的一块地盘，对德国侵法行动有很大威胁。因此法金汉认为，在这里进攻必将吸住法军全部兵力。如若此战取胜，消灭整个法国将势如破竹。

为使计划能够成功实施，德军在凡尔登前线部署了大量杀伤力强的武器，有大型的攻城榴弹炮，有小口径高速炮，还有喷火器、毒气弹等。相反，法军却对坚守凡尔登准备不足，信心不足。面对德军27万进攻部队，法守军只有10万人，而且堑壕工事很浅，堡垒也不过掩体而已，未装大炮。

1916年2月21日凌晨，早春寒意料峭，10公里长的前线上，德国由皇太子亲自督阵，在猛烈的炮火声中发起了对凡尔登的进攻，以每小时10万发的速度向法军阵地倾泻炮弹。炮火从早上打到下午，持续了整整10个小时，凡尔登20多公里三角地带的战壕、森林全被夷为平地。德军还以6个师的兵力发起进攻。法军虽殊死抵抗，但至2月25日，凡尔登最重要的杜奥蒙炮台失陷，德军取得初步胜利。

危难之际，法军总司令霞飞任命著名将领贝当为凡尔登地区司令。贝当在仔细考察阵地情况后，重新调整军事部署，并且发动了成千上万的人来支援前线。据说，他在巴黎发表一通慷慨激昂的演说，调动了数万辆机动车向前线送兵、送给养，最为壮观的是，巴黎的出租汽车司机也踊跃投入了后勤运输工作。

而德国人也兴奋起来，以为吸引法军、开动"凡尔登绞肉机"的时机已经到来，向法军阵地发起了更为猛烈的炮火攻击，法军亦不示弱，凡尔登默兹河两岸成了一片火的海洋。德军一座有45万枚炮弹的军火库被法军击中，前所未有的大爆炸如山崩地裂。至2月28日，德军的第一次进攻高潮结束，战线不过南移了几公里。

3月6日，德军又一次发起进攻高潮，但未改变战局。

6月7日，德军发起第三次进攻，直至7月11日结束。在持续30多天的进攻中，德军使用了光气窒息弹，大量地杀伤法军，但自身也大伤元气，此后再也组织不起大规模进攻。这个时候，老迈的法军统帅贝当犹豫不决，当断不断，被调离凡尔登前线，明升暗降。以"决不让他们通过"誓言而名闻全军的尼维尔将军成为凡尔登前线的最高指挥。

秋天，在尼维尔将军指挥下，法军开始反攻。10月15日起的一周里，法军万炮齐发，德军则悄无声息。22日，法军突然发出步兵出击的信号，德军不假思索，几百门炮朝着法军阵地开火，哪知这正是法军的引蛇出洞之计。法军对准已暴露无遗的德军秘密炮位一顿猛打，德军大炮全部瘫痪，法国步兵乘机发起了冲锋。至10月28日，法军收复了炮台和大部分失地。据称这是法国自1914年8月开战以来的第一次胜仗，举国上下一片欢腾，庆祝胜利。凡尔登战役结束。

在凡尔登战役中，双方共投入兵力达112个师，死伤人数法军为55万，德军为45万，由此该地获得了"凡尔登绞肉机"之称。德军要在凡尔登使法国人的血流尽之时，自己也差不多把血流尽。德军没有能够完成歼灭法军主力的战略意图，自己却造成了人力物力的重大损失。一气之下，德皇威廉二世又撤下了法金汉，换上了兴登堡为参谋总长。凡尔登战役实际上成了第一次世界大战的转折点，从此双方的优势开始对换。

在凡尔登战役杀得难解难分之时，大战双方又在法国北部的索姆河地区打起了另一场大仗。这次战役也在战争史上写下了几个最字。

早在德国人发动凡尔登战役之前，法国和英国就想发动一次进攻来打击德军。霞飞曾在1915年底与英军司令海格商量，要在索姆河一带向德军发起进攻，由法军担任主力。由于德国抢先发动了凡尔登战役，法军的大部队只得赶去凡尔登应战，索姆河的进攻便主要由英国远征军来负责。不过，英法军队选择进攻的地点不是很好。这里人烟稀少，气候干燥，德军又建有稳固的工事。

6月24日起，英法联军对德军阵地进行了一周的猛烈炮击。7月1日凌晨，英法军队发起总攻。但由于行动迟缓，不但没有突破德军防线，反而使自己在一天内伤亡6万兵力,创造了战争史上一天战死人数最多的空前纪录。

战争很快成为胶着僵持状态,双方都以消耗对方的实力为目的,从7月打到8月,互有胜负。9月15日,英军再次发动强大攻势,但仍无进展。随着寒冷天气将至,索姆河大战在11月中旬停了下来。

4个多月的战争,双方投入了巨大的兵力,英法达75个师,德军达95个师。双方各损失兵力达60多万人。这次战争是英法军队发动的,与德军发起的凡尔登战役极为相似,发动战役的一方都没有达到大规模歼灭对方的目的。两个战役在时间上有交叉,起了互相牵制的作用。

正是在这次战役中,英国首先使用了一种当时叫"桶子"、后来叫坦克的新式攻防兼备武器,从此坦克作为一种现代武器运用于战场上。只是在索姆河战役中,坦克数量少,速度慢,并没有起到很大的作用。

索姆河大战也把飞机的空战推向了高潮。飞机是在20世纪初发明的,到第一次世界大战期间,双方所拥有的飞机共达11,000多架。索姆河战役第一次大规模地运用飞机作战,每天都可看到成群结队的飞机在天空盘旋。相比之下,德国空军更灵活些,击伤击落英军飞机782架,而自己只损失369架。

这一年,海上的较量也达到了白热化的程度。协约国一方的英国已是多年的海上霸国,德国的海军力量亦在大战前开始崛起,因此海战主要是在德英之间进行。英国的海军在北海占绝对优势,而波罗的海、黑海、地中海则是德国海军的控制区。英国舰队从战争一开始就进入北海,一方面是伺机作战,另一方面也有保护英国本土的任务。德国舰队则游弋在世界各大海洋上,打击协约国集团的小舰队和军火船。

1914年12月7日,德国5艘军舰在阿根廷附近的马尔维纳斯群岛遭英舰队袭击,几乎全军覆没。而德国也不手软,"恩登"号巡洋舰3个月就击沉对方15艘军舰、6艘商船;"摩威"号巡洋舰在15个月内共击沉和捕获敌方船只38艘。1914年底,英国在北海对德国实行封锁政策,德国则赶忙实行"无限制潜艇战",协约国受到很大打击。一些"中立国"船只也被殃及,美国数度提出抗议。

英国执行的海上封锁政策,使德国的供给线受到极大威胁,德军便寻找机会与英海军决战,以打破封锁,扭转被动局面,这样,一场大海战便不可避免地发生了。

1916年5月底，德国舰队奉命开往斯堪的那维亚作战，行动计划被英国得知。5月31日，英国海军两支舰队共37艘战舰前往拦截，两国舰队在日德兰海滨相遇，激战开始。从下午到黄昏，越来越多的两国舰艇投入了战斗。英军舰船达151艘，德国船只也达101艘。最后，德军损失大小船只11艘，英国损失14艘。虽然英国损失略大，但它的海上优势并未被削弱，德国仍然没有改变在海上的被动局面。

此次海战之后，德国再不敢在海面作战。为解除困境，它转而实行海下潜艇战来报复英国。这一年从6月到年底，德国潜艇用水雷共击沉227艘英国船只，达125万吨位，但终究没能夺取英国人的制海权。

16.4

1917年战事：法军的失败，英国人的"最无益"战斗，意大利的卡波雷托溃退，美国人参战，俄国退出战争。1918年：德国11月革命，贡比涅乞和——战争结束。大战的后果

大战进行三个年头后，军事形势似乎是愈来愈不明朗。几乎所有的参战国都认为，离结束战争的日子还遥远得很。但战争带来的极大痛苦和灾难，则愈来愈为各国人民所认识、所感受。随着战争的继续，各国国内的厌战反战情绪日渐高涨。

这时西线的对抗更为激烈。协约国集团部署在这里的总兵力达400万人，而德国只有250万人，明显处于劣势，因此转而采取以防御为主的战略。1917年2月，德军全部撤到1916年10月修好的兴登堡防线之后。

4月，时任法军最高军事指挥的尼维尔求胜心切，指挥英法联军在苏瓦松—兰斯和朗斯—阿拉斯两地向德军阵地发起强攻。然而德军早有防备，空出了一段20公里宽的地方，静待法军进攻。结果，仅仅5天的战斗，协约国一方就死亡了10万人马。

列强鏖兵　469

法军士气大落。从4月起，军队士兵开始哗变，至少有三分之二的师发生了骚乱。从苏瓦松到凡尔登，士兵们或成立"士兵委员会"，或打着红旗游行。5月15日，一年前曾被视为英雄的尼维尔被解职。新任总司令贝当亲自指挥对士兵的镇压，有5万人受到了判决，450多人被处死。尽管贝当软硬兼施，在镇压的同时又设法改善士兵的物质生活条件，安排作战部队作适当的修整，哗变直到9月才最后平息下来。

法国兵变后，对德国作战的重任不得不主要落到英国人身上，然而英军在1917年的作战中也是备尝艰辛。这一年，英军与德军在伊普尔和康布雷镇两地进行了苦战。特别是6月至11月的伊普尔之战，英军以死伤30万人的代价，得到了10余平方公里毫无价值的沼泽荒地。连英国首相劳合·乔治也毫不掩饰地说，这是一场"最残忍、最无益和最血腥的战斗"。

年末的康布雷镇战役，英军最初取得了很大胜利。英军用炮兵、步兵、坦克、飞机协同作战方法，打得德军一度措手不及，俘获德军7000余人，摧毁了德军大量坦克。为此，伦敦各处教堂钟鼓齐鸣，欢庆胜利。只是英国人高兴得太早了，德军很快反扑，而且夺回了一半以上的失地，英军死伤甚多。英军撤退的消息传到了国内，伦敦的欢乐转为了沮丧。

而且，德军似乎是西线损失东线补，在西线防守的时候却加强对东线的进攻。德奥联军打退了俄军的7月进攻，并于9月反攻，发动了里加战役。科尔尼洛夫的俄军仓皇逃窜，德国攻下了里加，此后未再向俄国用兵。

南线战场上，以意大利军队为主力的协约国集团则遭到了重大失败。

意大利虽弱，但它地处地中海战略要地。第一次世界大战爆发之前，意大利属于同盟国集团。大战爆发后，战争双方都在拉拢意大利参加己方作战。

战争打响后的第三天，意大利借口奥匈帝国行动之前未曾与它通气，因而不愿履行1882年三国同盟条约中所规定的义务，宣布中立。无疑它是自有考虑的：战争刚开始，最后胜负难以料定，何必急于参加哪一方呢？而且意大利与奥地利又素有边界矛盾，说不定可乘战争之机得到意大利想得到的土地。因此，若能在"中立"幌子下向交战双方讨价还价，以小的代价换取多的补偿，岂不美哉！在这种思想支配下，意大利便在两大交战集团之间周旋，待价而沽，"中立派"在国内也很得势。

为了把意大利拉上战车，协约国一方很快就答应了意大利提出的领土要求，而德奥则明确表示不愿接受意大利的敲诈。在国内主战派的推动下，1915年5月意大利正式向奥匈宣战，第二天又宣布同德国断交，完全站在协约国一方参了战。列宁曾对此一针见血：由于参战，"意大利资产阶级因为能够参加分赃而眉飞色舞"。

于是，欧洲战场除了东线（德奥对沙俄）和西线（德对英法）外，又多了一条南线，即意奥战线。1915年6月，意军开始在意奥交界处集结，投入兵力达39个师之多。7至11月向奥军连续发动了几次大的进攻，但均未取得战果，反而损失了30来万人。从此，意奥双方在边境地区展开了阵地拉锯战。

意大利的参战对整个战局没带来什么决定性的影响，只不过是拖住了奥匈帝国的四五十个师，减轻了协约国的压力而已。

1917年，根据协约国集团的安排，意大利于5月又在边境向奥军发起大规模进攻。投入兵力达51个师。经过3个多月的战争，意军仅向前推进了10公里左右。奥匈军队竭力抵抗，但由于兵力太少而捉襟见肘，忙于应付。后德国派出了7个师与奥军联手作战，向意军阵地卡波雷托发起猛烈攻势。10月23日德奥联军先用大炮摧毁了意军的防御工事和通讯联络设施，凌晨再由步兵冲锋突破意军阵地。惊魂未定的意军丢下卡波雷托西逃，德奥军队乘胜进击。仓皇逃窜的意军群龙无首，跟随的难民也叫苦连天，一派混乱状况。愤怒的士兵们一面高喊"打倒战争""打倒军官"的口号，一面夺路而逃。

卡波雷托的失败给意大利带来了耻辱。蒙受战争苦难的人民群众对政府强烈不满，很快总理被迫下台，军队总司令也被解职。

意大利的失败引起了英法协约国的关注。为了给意大利打气，法国的福熙元帅亲临意大利前线，并陆续调来了英法共8个师的兵力。德奥军队在11月3日又发起了新的进攻，意军组织了100多万人的军队进行抵抗，英法部队也相继进入了前线，到年底总算挡住了德奥军队的进攻。

卡波雷托战役是第一次世界大战中的重大战役之一，双方投入的兵力多达250万之巨。德奥军队数量虽少，但由于战术得当，取得了意外的大胜利，战线往意大利方向西移了120公里。而军心涣散、指挥无能的意大利军队，损失兵力达50万。

卡波雷托战役震惊了协约国,为了加强对战争的领导,这年的11月,成立了协约国的最高军事会议,统一军事指挥。

这时的协约国集团,还包括了刚刚向德国宣战的美国。

战前的美国没有参加任何一个军事集团。欧洲的两强之争,在美国来说恰好是千载难逢的机会。所以战争一开始,美国就宣布"中立",一则是坐山观虎,二则是为了能够同双方都大做军火生意。1914年,美国军火出口总值仅为4000万美元,而到1916年时,则增长至近13亿美元,与协约国集团的贸易总额更是上升了4倍。在1916年的大选中,总统威尔逊正是打着"中立与繁荣"的旗帜而获连任的。

然而,德国人的"无限制潜艇战",使以美国为主的中立国商船也无辜受殃。据说有200多美国人死于德国潜艇的攻击,不少美国商船被击沉。尽管威尔逊一再警告,德国人依然我行我素。1917年1月底,德国通知美国将继续进行潜艇战。3日,美国便宣布与德国断交。3月,当得知德国人企图与墨西哥结盟反对美国时,美国人勃然大怒。4月6日,美国对德国正式宣战。

虽然美国参战的动机常被人质疑,认为这是它看到战争形势开始明朗,因而站在将要胜利的一方,以求在战后能得到胜利果实,但也不能否认,正是美国的参战,使协约国一方力量大为加强,加速了协约国集团的胜利进程。

不过,此时的协约国已不再包括俄国了。在列宁"变帝国主义战争为国内战争"思想的指导下,11月7日俄国十月社会主义革命取得成功。新生的苏俄政权宣布退出战争,并同德国签订了《布列斯特停战协定》,显示了列宁高超的斗争策略。

德国虽然少了一个对手,但国内的反战运动却日益高涨。共产党人卡尔·李卜克内西(1871—1919)就是反战运动的坚强领袖。他是19世纪德国工人领袖威廉·李卜克内西的儿子,取名"卡尔"就是要继承马克思开创的革命事业。第一次世界大战爆发前,他坚决反对军国主义和战争政策,曾被当局投入监狱。战争爆发后,作为国会议员,他不顾社会民主党的组织压力,成为唯一投票反对军事拨款的人。1916年,由于进行反战宣传,李卜克内西被政府判处4年监禁。他在狱中写下了"纵然把我粉碎,我也决不低头"的诗句。政府迫于舆论压力,将他提前释放,柏林竟有两万多人前往迎接。

无休无止的战争，负担最终还是要落到人民身上。1917年以后，德国政府为了维持战争机器的运转，几乎把国内老百姓搜刮得干干净净。人民生活极其困苦，而垄断资本家和军火商却大发战争横财。贪得无厌的资本家竟然打起了阵亡士兵尸体的主意，成立"利用死尸有限公司"，开设尸体炼油厂，其贪婪之至，闻所未闻！

进入1918年秋季后，德国在军事上的败局已定。在俄国十月革命的影响下，德国爆发了以无产阶级斗争为主体的11月革命。

11月3日，德国北部基尔军港的水兵们，因不满反动当局疯狂逮捕不服从出海命令的水兵，愤而发动起义。在工人的支持下，水兵们迅速控制全城，并建立了德国第一个工兵代表苏维埃。

起义立即得到全国各地的响应。从11月5日到8日，汉堡、不来梅、莱比锡、慕尼黑等地也先后爆发武装起义。到11月8日，除柏林以外的德国所有大城市都建立了苏维埃政权。11月9日，由李卜克内西和卢森堡等人领导的斯巴达克同盟，领导了柏林工人武装起义，李卜克内西还亲率群众冲进了皇宫。德皇威廉二世见势不妙，宣布退位，逃往荷兰。第二天，由社会民主党右派领袖艾伯特为首的临时政府成立。

11月革命虽然最后失败了，但它促成了德军尽快放下武器，有利于大战的结束。

从战事来看，1918年第一次世界大战进入决战阶段。同盟国在南、西两条战线均先后失利，奥匈帝国首当其冲。当时的奥匈帝国已陷入了焦头烂额的状态。为了给自己打一针强心剂，奥地利于1918年6月，在意奥边境集结了一支较强的兵力，向意军发起新的攻势，最初取得了一些小的战果。

但这次行动，意大利事先获得了情报，得知了奥军的战略意图，略作退却之后，立即组织了反攻。10月，意军在战线的东西两端发起全面进攻，奥匈控制的城池相继落入意军之手。内外交困的奥匈政府，只得向意大利请求停战。11月3日，奥匈帝国在帕多瓦向意大利正式投降。

从1918年初，德国即将东线兵力完全压往西线。以鲁登道夫为统帅的军事大本营也移往西线。德军几乎是孤注一掷，从1918年3月到7月，向西线的英法军队接连发起5次大规模的进攻，但均被顶住。由于美国参战，协约国军队士气大振，发起反攻，于 8 月 8 日一举消灭德军 7 个师。德军慌忙撤入兴登堡防线。9 月下旬，协约国发起总攻，英法美比军队分路进攻，德军的兴登堡防线全面崩溃，败局已定。

与此同时，在巴尔干半岛上，保加利亚、土耳其亦相继向协约国投降。德国 11 月革命爆发的消息传来后，前线的德军更感到孤立无援，决定向协约国求和。11 月 8 日，德国代表团到达法国东北部贡比涅森林的雷道车站，协约国联军总司令福熙元帅摆出一副胜利者的姿态，嘲弄了一通德国人之后，与对手开始了谈判。11 月 11 日，在福熙的行军火车上，双方签订停战协定。第一次世界大战到此结束。

第一次世界大战是人类历史上规模空前的一场战争，参加国达 20 多个，世界人口的四分之三卷入了战争。战争造成的灾难也是前所未有的，死亡人员上千万，直接经济损失数万亿美元。它唯一意想不到的后果，就是催生了一个新型国家——苏俄社会主义国家。

第十七章

作茧自缚
两次大战之间的西方世界

17.1

凡尔赛分赃：对战败者的宰割。华盛顿会议：远东的再瓜分。从杨格到道威斯——扶德抑法

大战一结束，协约国集团便忙于宰割战败国。

1919年1月18日，巴黎和会在凡尔赛宫镜厅召开。大会开幕的日期和地点，与1871年普法战争威廉宣布德意志帝国成立时完全一致，这是法国有意羞辱德国。法国总统彭加勒在开幕词中，斥责德意志帝国"生于不义，自当死于耻辱"，定下了严厉惩罚德国的基调。只是英、美两国出于自身利益以及欧洲大陆的力量均势考虑，不愿意让德国过于衰弱。经过三个多月的争吵，巴黎和会终于达成了对战败国主要是德国的苛刻条约。

名义上，各战胜国都参加了巴黎和会，但在实际上，会议操纵在四个大国手中，即英国、法国、美国、意大利。四国与会的首脑是英国首相劳合·乔治、法国总理克列孟梭、美国总统威尔逊和意大利总理奥兰多，称之为"四巨头"，而最后决定权基本上是英、法、美三国，特别是英法。最无地位者当属意大利的奥兰多。他不过一跑龙套的角色而已，意见和主张很少被采纳。他在会上要挟，

要求得到阜姆港，会议没有满足他的要求，奥兰多愤而于4月24日退出了会议。

作为战败者，德国自然没什么申辩的机会。它的代表团直到5月才被通知来到会议地点，接受"宣判"。克列孟梭将和约交给德国外交部部长勃洛克道夫时，抑制不住得意和蔑视的神情。由于和约中的条件过于苛刻，有一名德国代表愤而回国，以示抗议，勃洛克道夫也宣布辞去外长职务。在协约国的武力威胁下，德国政府最后派出新任外交部部长缪勒在和约上签了字。

按照和约规定，德国在海外的殖民地共达300多万平方公里，人口1300多万，全部划归英法日比等国。令中国人民记忆深刻的是，当时的中国政府作为战胜国之一，也派代表参加了巴黎和会。然而，会议的主宰者们丝毫不顾中国的利益，决定将德国在中国山东的殖民权益全部转给日本。这一蛮横无理的强权政治做法，引起了中国人民的极大愤慨，由此引发了轰轰烈烈的"五四"爱国运动，中国揭开了反帝反封建民主革命运动新篇章。在人民的压力下，中国政府代表拒绝在和约上签字。

德国本身的疆界也有很大改动：1871年普法战争中夺得的阿尔萨斯和洛林两地区归还法国；萨尔区由新成立的国际联盟代管，15年后再由公民投票决定归属；西部还有部分土地分别划给比利时和丹麦；东边的大片土地划归波兰，还有一部分划给捷克斯洛伐克。总之，德国丧失了原有国土的八分之一，

图17-1
凡尔赛和会四巨头

人口的十分之一。

和约还规定，德国不得实行义务兵役制，陆军总数不得超过10万人，海军不得超过36艘军舰，不得有空军，不得使用坦克，莱茵河沿岸成为非军事区。战争赔款总额为1320亿金马克，在30年内还清。

在和会上，克列孟梭还有个"一石二鸟"的阴险计划，这就是借遏制新生俄国苏维埃政权之名，更加严厉地制裁德国。从某种意义上说，苏俄虽然没有参加和会，和会也没有将俄国问题列为议程，但在实际上，"从一开始，俄国革命的巨大阴影就隐隐地笼罩着和会"，列宁似乎是一个"占据了无形一席的无形成员"，因此俄国问题反倒成了和会的主要议题之一。事实上，协约国对苏维埃俄国如此仇恨，不只是社会制度和意识形态的因素，也有对苏俄退出战争使协约国集团力量削弱的耿耿于怀。

于是，为了遏制俄国革命的影响，甚至扼杀苏维埃俄国，和会作出了一系列决定，如对苏俄实行经济封锁，在东线保留德国部队，将波兰、立陶宛、拉脱维亚、爱沙尼亚、芬兰等国组成"防御地带"，最后还决定武装干涉苏俄革命。克列孟梭极力要求协约国直接出兵，确保俄国白军在战争中取胜。他还提出要建立一道从巴尔干到北海的反布尔什维克主义的军事防线。以安全问题为借口，他要求以莱茵河作为法国的东部边界，并主张在莱茵河左岸从德国分立出所谓莱茵共和国。

巴黎和会与凡尔赛条约对德国过于苛刻，势必加深德国对协约国特别是法国的仇恨。虽然德国输掉了战争，但其内心并未承认自己失败，一旦羽翼丰满，它就会再次燃起复仇之火。这一点，早就为清醒的欧洲政治家所认识。劳合·乔治就说过："你们可以夺走德国的殖民地，将它的军队裁减到只够建立一支警察部队的数量，将它的海军降到五等国家的水平。这一切终归毫无意义，如果德国认为1919年的条约不公平，那么它将会找到对战胜国进行报复的手段。"历史的发展果真如此，战败的德国经过不过十几年的恢复，就强大到了足以挑起战争的地步。

除德国外，战败国还有奥匈、土耳其、保加利亚，巴黎和会也对它们一一进行了严厉处置。

1919年9月，协约国与奥地利签订了《圣日耳曼条约》，确认奥匈帝国解体，匈牙利、奥地利分立，奥地利承认捷克斯洛伐克和南斯拉夫独立，划定奥地利的四周疆界，禁止德奥合并，将原属奥匈帝国的大块领土分别划给意大利、捷克斯洛伐克、南斯拉夫、罗马尼亚、波兰，规定了奥地利陆军的兵力总数，禁止奥地利拥有潜艇和空军等等，甚至决定由协约国来监督其财政。1920年，协约国又与匈牙利签订《特里亚农条约》。匈国土之一部分被割让，军事力量被限制，还要赔款22亿金法郎。

与保加利亚签订的是《纳伊条约》，将其属下的一部分土地分别划给南斯拉夫、罗马尼亚以及希腊。其陆军被限制在2万人以内，不能拥有空军和海军，赔款22亿金法郎。

对土耳其，协约国集团更为明显地歧视这个伊斯兰教国家。按照1920年订立的《色佛尔条约》以及后来的《洛桑条约》，土耳其帝国的大部分土地都被分割，只剩下了小亚细亚半岛和欧洲的伊斯坦布尔附近，西亚的大部分地区分别成为法国和英国的委任统治地。最初，协约国家企图控制土耳其的军事、财政和关税权，只是由于土耳其新的革命政府的斗争，西方人的目的才未达到，土耳其赢得了独立地位。

由巴黎和会一系列条约构成的凡尔赛体系，看起来是战胜国对战败国的惩罚和分赃，实际上是西方国家在欧洲、中东以及非洲地区建立的国际新秩序，这一秩序的形成，显然有利于欧洲及其附近地区的稳定。

与此同时，在远东和太平洋地区，一股新的势力也在兴起，这就是位于西半球的美国。美国虽然也是大战的战胜国，而且也在巴黎和会上起了重要作用，并且还由威尔逊总统提出了建立国际联盟的建议，但是公正地说，巴黎和会和凡尔赛体系的种种安排，没有使美国获得多大实际利益。虽然美国人后来仍在欧洲事务中发挥了重要作用，但它毕竟被排挤在凡尔赛体系之外。然而，美国人也有自己的盘算，它干脆暂时抛开欧洲利益而着眼于远东，与英国及日本展开了争夺。

从某种意义上讲，美国是第一次世界大战的最大受益者。一方面，战火主要燃烧在欧洲战场上，远离美国，而且美国直接参战较晚，故而它所受的损失极为轻微；另一方面，美国人利用战争大做军火生意，大发战争财，可以说，它是协约国集团所需作战物资的主要供应商。战争打了4年，美国的对外输出商品总额居然增加了将近2倍。美国还从战前的债务国转变为债权国，各国欠它的债务达100多亿美元。美国的黄金储备占世界的40%以上，世界金融中心开始从伦敦向纽约转移。

这就是美国人开始觊觎世界霸权的资本！难怪威尔逊总统不无自得地说："金融领导地位将属于我们，工业首要地位将属于我们，贸易优势将属于我们，世界上其他国家期待我们给予领导和指引。"

正是这个自我感觉极好的总统，还在一战结束之前就迫不及待地提出了处理国际关系的"十四点原则"，并且自称为"世界和平的纲领"。

加强在远东的地位，谋求在太平洋上的霸权，是美国世界霸权战略的第一步。

1920年11月，由美国人提议的限制海军军备会议在华盛顿召开，美英日三国的代表成为会议的主宰。会议最后签订的若干个主要条约，体现了美英日几个主要帝国主义国家在远东和太平洋地区利益的再分配。

由美英日法签订的《四国条约》，是美国的一个重大胜利。条约规定由该四个国家对太平洋各岛屿的防卫事务进行协商，这就在实际上埋葬了已有20多年历史的"英日同盟"；并且在英国的远东势力日趋下落的情况下，遏制了日本进一步扩张的野心；至于日本，也因条约的签订而得到了无形的好处，

图 17-2
从帝国大厦俯瞰纽约

作茧自缚　479

这就是：不但它在太平洋上的利益得到了西方人的承认，而且与欧美列强第一次平起平坐。

讨论限制海军军备问题的最后结果，则是签订了《五国海军条约》。经过多方数度的讨价还价，达成的协议是：美英日法意五国海军主力舰总吨位之比为5∶5∶3∶1.75∶1.75。这一条约的实际受益者还是美国和日本，美国达到了与英国海军对等的目的，而日本虽在主力舰建造上未遂其愿，但它本土作为太平洋上的岛屿，实施海战行动要比英美方便快捷得多。

而在解决中国山东的主权问题上，则完完全全是列强对弱国的一次再瓜分。虽然在中国政府代表团的坚决斗争下，在美国英国的压力下，日本不得不将山东的主权退还给中国，但是《九国公约》又确立了"门户开放"和"利益均等"作为列强在中国行动的原则。按照毛泽东的说法，九国公约虽然打破了日本对中国的独占，但却"使中国又回复到几个帝国主义国家共同支配的局面"。

因此，华盛顿会议实际上建立了各国列强在远东太平洋地区的国际关系新结构。这一结构的最明显特征是，英国开始从远东范围内回撤，与日本由同盟转变成为冲突；日本在远东的势力虽然上升，但却遭遇了美国这个强有力的竞争对手。

凡尔赛——华盛顿体系的存在，连同在此期间成立的国际联盟的作用，使世界政治格局趋于暂时的稳定。资本主义世界经济也在这种稳定中得到较为迅速的发展。然而这个体系又是建立在对战败国和殖民地半殖民地的剥夺之上的，一旦战败国重新崛起，这种稳定就会破坏。而国际联盟对主要战败国德国的做法，恰恰又大大助长了德国经济的恢复，从某种意义上是扶持了自己的潜在对手。

战后对德国最敏感的问题是赔款问题。据说德国在赔款上的态度是，履行和会提出的赔款要求，"就是要证明它无法履行"。当1921年8月德国第一次偿付了10亿金马克后，从此采取了拖延战术，并要求减少赔款数量。

对此最不能容忍的是法国。按照协约国集团的安排，法国应得德国赔款的52%，因此德国的一切拖延，都是对法国利益的打击。于是1923年1月，法国不顾英美的劝阻，执意联合比利时，出兵10万，占领德国的鲁尔区，德国则实行"消极抵抗"政策。冲突的结果，是法德双方都没有得到任何好处。

在这种情况下，英美便出面调停。

调停的主要做法，是召开国际专家会议审议赔款问题。1924年4月，在美国银行家道威斯主持下，新的赔款计划出台了，其要旨是不规定赔款总额，而是每年还10亿金马克，逐年增多，而且还同意德国的要求，由美英向其贷款。这一计划，无疑是向德国输血。法国虽有不满，但也无可奈何，只得愤愤而退出鲁尔区。

四年后，德国又一次提出要修改"道威斯计划"，减免赔款。讨论赔款的专家委员会再度组成，美国财政专家杨格的新计划满足了德国的部分要求，但德国人仍不满意。特别是当1929年大危机来临之后，德国借此致电美国胡佛总统，说自己已无力还债，胡佛不久即作出答复，同意"延债"。而德国则一不做二不休，干脆宣布自己不再支付战争赔款。美国及协约国以《洛桑协定》对付之，基本无果，赔款之事最后也就不了了之。而德国正是在这样一种周旋中，再次积蓄了经济实力。

应该说，美英对德国的扶持不只是在经济上，更有政治上的考虑。它们担心法国势力的膨胀，不愿看到法国成为欧洲大陆上的霸主，希望能有德国作为它的对手，从而维持欧洲均势。1925年10月，西欧各国订立了《洛加诺公约》，承认了德国作为一个平等国家的资格，同时又在相当大的程度上削弱了法国的地位。这正合英国人的目的：它以法德的仲裁人身份出现，在抑法扶德的过程中，取得对欧洲政治的支配地位。

不过，英美所做的这一切都是徒劳的，甚至是愚蠢的，从某种意义上，可以说是作茧自缚。因得到扶持而迅速复兴的德国，绝对不领英美的情，相反却在元气恢复后，立即变脸，再次发起了对英法美等国家的挑战。

17.2

空前大萧条：危机与对策。美国罗斯福"新政"：百日扭乾坤。凯恩斯论"有效需求"

平平稳稳发展了10年，西方资本主义世界进入高度繁荣时期。但是，人们似乎有一种担心，总觉着会有什么事情发生。

终于，一场空前绝后的经济大危机不期而至了。

一个时人称为"黑色星期四"的日子。1929年10月24日，纽约股票市场突然出现抛售股票的浪潮，股价狂跌，一日之内竟有1300万股易手。自此，股票狂跌之势有如洪水一泻千里。至11月中旬，纽约股票交易所的全部有价证券平均贬值50%。无数的股民遭受了顷刻间倾家荡产之苦，惊呼"世界末日到了"。

经济大危机迅速席卷了资本主义世界的各个角落，而且时间之长、影响之大，没有任何人能预先估计到。纽约股票市场全面危机后，紧接着，欧洲各交易所亦如土崩瓦解。而且，危机很快就波及了农业、工业、商业等生产与经济部门。农产品价格跌了一半以上，但受益者并不是普通劳动者，他们由于失业，基本不具备购买力。于是，大量的奇怪现象出现了：小麦和玉米被当作燃料，牛奶倒进了密西西比河，咖啡倒进了大西洋，柑橘堆沤起来作肥料。而贫苦老百姓却只能以野菜根之类的东西充饥。

危机引来的经济大萧条，从1929年一直持续到1933年，对世界资本主义经济是一次前所未有的打击。如危机后的1933年，世界贸易总额（苏联除外）比危机前的1929年减少了三分之二，其中如美国减少了70%，德国减少了69%。另如作为资本主义经济支柱的金融信贷业几乎全面瓦解：美国有1万家银行破产，德国的黄金储备减少了五分之四，英国第一次出现了1亿多英镑的国际收支赤字。而且，即使是在危机过后，各国的经济直到1936年才回复到1929年的水平。

危机进一步加剧了各种世界性矛盾，包括发生危机国家内部的社会阶级矛盾，帝国主义与殖民地半殖民地之间的矛盾，帝国主义国家之间的矛盾等。国际经济关系和政治格局也开始重新构建。如金融货币制度方面，在世界上形成了五大货币集团，即英镑区、美元区、日元区、法意等国为首的黄金本位区、德国控制的外汇区。

为了对付危机和危机所带来的经济大萧条，各资本主义国家都采取了相应的对策。德国和美国受危机的打击最为严重，其政府的对策也就最具有典型性，两者的后果也是截然不同的：德国走上了法西斯专政的道路，美国则变得日益强大。

而美国的成功正是有赖于富兰克林·罗斯福总统所实行的"新政"。

罗斯福出身于百万富翁之家，从小就过着极其优裕的生活，读书也是进的格罗顿公学、哈佛大学之类的名牌学府。自青年时代起，罗斯福就仰慕其叔西奥多·罗斯福总统，立志从政。结果如愿以偿，像西奥多一样，从州议员，到海军部长，再当纽约州州长。

1921年，休假中的罗斯福奋不顾身地参加了一次救火行动后，跳入了海边浴场，结果患上了小儿麻痹症。身体的瘫痪并没有使罗斯福消沉。他的富有感染力的微笑，使他在竞选中击败现职总统胡佛。1933年春，罗斯福成为美利坚合众国的新一届总统。

虽然就职仪式的气氛是低沉的，但罗斯福的就职演说却颇能振奋人心。他提醒美国人民："我们唯一值得恐惧的事是恐惧本身"，并鼓舞说，"美国人民不是束手无策。在这个紧急关头……他们选我出来实现他们的愿望。基于这种精神，我接受他们的委托。"

罗斯福不是一个开空头支票的政治家，他的许诺只有一条，就是"要安排人们去工作"。然而这一点足可使全国人民兴奋起来。几天时间里，罗斯福收到了来自各地的信件50万封。有的人说，就职演说给了全国人民以重新生活的勇气。有人称，应该像"仰望上帝一样"仰望罗斯福。看起来，好像全美国的人都被罗斯福调动了情绪。

但罗斯福深知，仅仅靠他一人是无力回天的，因此他特别注意用人。于是，在他的内阁和智囊团中，真正延揽了一批出谋划策的人才。其中有富有经验的政客，也有才华横溢的专家教授，还有办事果断的将军。

正是依靠这样一个人才济济的智囊班子，罗斯福上台伊始便着手新政措施的出台。从3月9日国会通过"紧急银行法"，到6月16日罗斯福签署"全国工业复兴法"，这一持续百天的新政第一次高潮，一举扭转了经济衰退的困难局面。

新政率先触及的，是货币与金融这个最为敏感的经济部门，他的整顿以稳定人心为基本目标。政府在以后两年多的时间里，提供30亿美元作为扶持经费，还清理了2000多家已无偿付能力的濒临破产的银行。

作茧自缚　483

罗斯福的一系列配套改革，巩固了金融整顿的成果。3月15日，国会通过啤酒法，使政府每年可增加收入达1亿美元以上。接着又颁布节约法，缩减政府开支和军事费用，每年可达5亿美元。4月5日，罗斯福宣布放弃金本位制，美元贬值。从此之后，美元的含金量不断减少，1934年初时只有过去的59%。

罗斯福推行新政，不是简单地依靠行政命令，而是要让改革思想深入人心。他选择了最为大众接受的随和方式——"炉边谈话"，总统一次又一次地同全国人民直接谈心。

面对几家广播公司的扩音器，坐在白宫接待室的壁炉前，罗斯福以亲切而又质朴的语言侃侃而谈："朋友们，我想告诉大家，过去这几天我们干了些什么，为什么要这样干，下一步又打算怎么干。首先，我要指出一个简单的事实：你们把钱存进银行，银行并不是把它锁在保险库里了事，而是用来通过各种不同的信贷方式进行投资，譬如买公债，做押款。换句话说，银行让你们的钱发挥作用，好使整个机构转动起来……"

能够亲耳聆听国家元首推心置腹的交谈，美国人都感动了。他们纷纷响应号召，将自己所收藏的黄金宝货送往银行。一时间，"只见多少床垫为之撕裂，多少铁罐因之出土，多少秘密宝盒得以重睹天日"。各家银行前，存钱者又排起了条条长龙。

仅仅一个星期，金融恐慌就过去了。交易所重新响起了锣声，纽约股票价格又上蹿了15%，道·琼斯公司欢呼："幸福的日子又来到了！"

百日新政的第二步工作是救济，罗斯福的救济方式与以往大不相同，即所谓"以工代赈"。国家雇请贫困青年劳动，进行造林、水利与水土保持等工作。劳动者每月可领取给养和津贴。这种方式维护了被救济者的自尊心，使其感到是依靠自己的劳动养活自己与家人，因而颇受百姓欢迎。

新政的另一重要方面，是调整农业，进行农业救济，实现农业复兴。罗斯福明白，提高农民的购买能力是复兴农业的关键所在。他采取的是双头措施，一面建立农业信贷局，支持农民恢复和发展生产；一面又成立农业调整局，维持农产品生产与消费之间的平衡，调整作物结构，实行出口补贴。

在复兴工业方面，罗斯福成立了两个机构，即全国复兴总署和公共工程署。

这两个机构都在经济复兴方面做出了不凡的成绩。

百日新政是以救济和复兴为主的。至于复兴的目的是否达到了，罗斯福常在炉边谈话里这样问他的听众："你比去年宽绰一点了吗？你的债务减轻了吗？你的银行存折有保证了吗？你的工作条件有所好转了吗？"

新政的成就是有目共睹的：经济逐渐恢复了，社会开始稳定了，人民对政府的信赖度大大增加了。一年后的中期选举中，选民们一反过去总是冷落新政府的传统，将选票投给了罗斯福所在的民主党。

罗斯福新政的基本指导思想，是运用国家力量干预社会经济生活，实行宏观调控。罗斯福的智囊团是这么主张的，罗斯福本人也是这么做的。但是，由于这一思想同正统的西方经济学观点相悖，因而引起了守旧人士的激烈反对，包括前总统胡佛和哈佛大学一些教授在内，总在各种可能的场合抨击新政。因此，必须在经济学理论上有一个突破，使新政更具有理论的、逻辑的说服力。

智囊团的哥伦比亚大学教授们没有能做到这一点。为新政实施在理论上作出了巨大贡献的，是英国的经济学家凯恩斯。

凯恩斯早年在剑桥大学担任经济学教师，后长期任英国权威刊物《经济学杂志》主编。最初，他也是古典经济学传人，赞同借助市场供求力量来达到充分就业。第一次世界大战之后英国经济陷于困境，凯恩斯认为是国家紧缩的后果，解决办法也只有通过政府实行价格控制来调整经济。

1929年世界经济大危机发生，用传统的经济理论既解释不了生产过剩、失业严重等困难现象，也不能为摆脱危机提供有效良方。于是，西方不少经济学家绞尽脑汁，陷入迷惑状态。而作为英国内阁经济顾问委员会负责人的凯恩斯，却另辟蹊径，反古典经济学之道而行之，使经济学理论呈现出"柳暗花明又一村"的势头。

然而，凯恩斯的国家控制经济主张，在自由主义老家的英国难以找到市场，却在美国派上了用武之地。他在造访罗斯福后，为新政的成就所鼓舞，回国后潜心钻研经济理论，终于在1936年出版了《就业、利息和货币通论》一书。此书建立了与西方传统经济学完全相反的经济理论体系，人称"凯恩斯主义"，即国家资本主义理论。因此，凯恩斯的《就业、利息和货币通论》也与亚当·斯密的《国富论》、马克思的《资本论》一道，并称经济学三巨著。

凯恩斯理论的核心是就业理论。他提出了"充分就业"概念。充分就业就是市场资源即人力和物力的充分利用。但是，他的充分就业并不意味着完全消除失业现象，而是使每个愿意做工的工人都能就业。

以前的经济学家在解释资本主义社会经常存在的失业现象时，用了"摩擦失业"和"自愿失业"这两个名词，认为这不是真正的失业。所谓摩擦失业，是指生产过程中局部的或暂时的失调引起的失业，如生产的季节性变化、停工待料、机器发生故障等，不算真正地不需要劳动力，因而不是真正的失业。所谓自愿失业，是指工人不愿意接受现行的工资水平，或不愿意在现行条件下工作的失业，是工人"自愿"的，因而也不能算真正的失业。按照这种牵强的解释，资本主义社会没有失业现象。

但这种理论无论如何也解释不了30年代经济危机抛出的大量失业人口的存在。凯恩斯于是提出了"非自愿失业"，即工人即使愿意接受低工资，也还是找不到工作。只要有"非自愿失业"现象存在，社会就没有达到"充分就业"。

因此，为了救治"非自愿失业"这种资本主义社会的痼疾，凯恩斯提出了他的理论核心：有效需求原理。

在凯恩斯看来，有效需求指的是市场上有支付能力或者有购买力的需求。要区分单纯的购买欲望和具有购买力的欲望，只有既有欲望、又有购买能力的那种需求，才算得上真正的"有效需求"，才具有经济上的意义。因此，就消费者个人而言，有效需求就是收入的花费。而就整个社会而言，总需求和总供给相吻合时，就是有效社会需求。

这样，有效需求原理就可以理解为，总就业量决定于总需求量，失业就是由总需求不足造成的。由于总的有效需求不足，即有购买能力的消费欲望不足，便使商品滞销，存货充斥，最终引起生产缩减，工人失业。如果就业增加，收入也会增加，同时消费也将增加，但消费增加总不会有收入增加那么多，两者之间会出现一个差额。而总需求是由消费需求和投资需求两者组成的。要使需求能够支持就业的增长，就要增加投资来填补收入和消费之间的差额。或者说，如果消费需求已定，必须增加投资，否则无法增加就业。

企业家为了获得最大的利润，他在经营企业时，必然要考虑供给和需求两方面的情况。在供给方面要考虑供给价格，付出了多少成本，想获得多大的利润；在需求方面要考虑需求价格，即估计社会可能用多大的价格来购买该商品。只有当总需求价格等于总供给价格时，生产和就业才达到平衡状态，企业家们得到的总利润也就最大。当总需求价格大于总供给价格时，企业家就需扩大生产，增雇工人；反过来，总需求价格小于总供给价格的话，企业家就要压缩生产，减少工人。

总之，失业的产生是由于有效需求不足。那么，又由什么因素来决定有效需求水平呢？凯恩斯提出了三个基本心理规律：

一、储蓄倾向，即人们在获得收入时，不会将其全部用于消费，因为人们天生就有爱好储蓄的心理倾向，收入增加后，就倾向于把更多的钱储蓄起来，从而整个收入中用于消费的比例就会递减。

二、资本边际效率，即对新投资获利性大小的预计。如觉得获利大，便会增加投资，从而增加有效需求；如觉得获利不大，便会影响投资的积极性。

三、流动偏好和货币数量，即人们喜欢保存现金，因为货币是流动性最强的资产，更便于人们支配，所以人们手中总有相当数量的现金不会用于投资。消费需求不足和投资需求不足，最终也就使得有效需求不足。

既然经济危机和失业的原因被凯恩斯归结为市场有效需求的不足，因此他认为单纯依靠私营经济的市场自动调节，不可能做到市场资源的充分利用，必须由国家出来进行干预和调节。凯恩斯强调："政府职能必须扩大，虽然别人认为这是对个人主义的侵犯，但我却要为之辩护。这是唯一可行的办法，可以避免现行经济形态全部毁灭；也是必要条件，可以适当运用私人动力。"因此，凯恩斯理论的落脚点就是要国家来干预经济，就是要发展和加强国家垄断资本主义。

宏观调控是国家干预经济的主要形式。要将扩大政府开支为中心内容的膨胀性财政政策，理直气壮地作为反危机的主药，要敢于举债花费，实行赤字预算，由政府用更多的钱来创造有效需求，创造就业机会。而罗斯福新政最初还不敢这样做，常常巧立名目来达到收支平衡，这是羞羞答答的，应该撕掉这层外衣。

凯恩斯的《就业、利息和货币通论》发表后，罗斯福智囊班子成员异常兴奋，认为此书使他们"有了新的信心和团结"。于是，依靠国家的干预能力，政府颁布了更多的经济法案，新政出现了第二次高潮。直到1938年，凯恩斯还在为罗斯福出谋划策。

新政的成功，使罗斯福几乎成了美国的大救星。虽然改革触犯了一些既得利益者，虽然也有一些群众觉得新政力度不够，治标不治本，但大多数人对罗斯福还是拥护的。1936年的总统选举中，罗斯福和民主党赢得了大选的空前胜利，甚至连那些以前并不支持民主党的人，这次也投了罗斯福一票。

17.3

德国：狂人希特勒。啤酒店暴动。法西斯上台。国会纵火：对共产党人的陷害。三大恐怖组织。三次对外扩张举动：干涉西班牙、吞并奥地利、侵占捷克

第一次世界大战之后的德国，虽然在发展的道路上荆棘重重，危机四伏，但众多的主客观因素，使德国终于东山再起。特别是1929年经济大危机的出现，将法西斯分子推上了历史前台，使德国又一次成为世界大战的策源地。

战后的德国，帝制已被推翻，按照宪法而实行共和国制度；由于宪法是在一个叫做魏玛的小城通过的，故这个共和国在历史上叫"魏玛共和国"。虽然这个存在了14年的共和国国内一直不平静，但其国际地位却逐步有改善。魏玛政府极尽外交努力，在英美强国中周旋，很快就摆脱了战败国的阴影。通过道威斯计划和杨格计划，战争赔款不了了之；通过《洛加诺公约》，政治上恢复了德国的国际地位；为了改善国际环境，德国还在1923年与苏联签订了双边条约。

然而，1925年后，大战时期的德军统帅兴登堡成为共和国总统，军国主义势力又在德国复活，法西斯势力尤其活跃起来，终于将德国导引上一条极其荒唐的历史道路。

法西斯势力的头子，即臭名昭著的希特勒，是世界历史上少有的狂人和

罪人。

  1889年，希特勒出生于奥地利巴伐利亚边境的勃劳瑙小镇。少时因父亲病故而辍学，他的中学老师评价说，此人虽有天资，但缺乏自制力，好强辩，刚愎自用，自以为是，脾气恶劣。16岁时，他就热心于政治，17岁离开家乡来到维也纳，先后报考美术学院、建筑学院，都未予录取。过了5年流浪生活后，于1912年移居德国慕尼黑。长期的流民生活，使希特勒满身沾染了赌徒恶棍的不良习气。

  第一次世界大战爆发后，希特勒上书巴伐利亚国王要求当兵，得到批准，从此他的个人道路出现了转机。他在战争中负过两次伤，也获过两次奖。战后，他回到慕尼黑参加了德国工人党。1920年夏，他提议将工人党改名为国家社会主义工人党，缩写为"纳粹党"。希特勒设计了纳粹党的旗帜：红底白圆心，中间嵌一个黑色的"卐"字，声称"红色象征我们这个运动的社会主义，白色象征民族主义思想，'卐'字象征争取雅利安人斗争胜利的使命"。

  1923年，鲁尔危机爆发，德国的社会矛盾再一次激化，巴伐利亚邦政府也产生了对中央的离心倾向。在混乱局面下，希特勒企图效法意大利的墨索里尼，向柏林进军，夺取中央政权。因政府早有防备，希特勒放弃了这一计划，转向夺取地方政权。

  11月8日晚上，当巴伐利亚邦长官卡尔在贝格勃劳凯勒啤酒店发表施政演说时，希特勒率领冲锋队包围了酒店。他冲进大厅，跳上桌子对天鸣枪，高声叫喊："全国革命已经开始。巴伐利亚政府和全国政府已经推翻，全国临时政府已经成立！"接着，冲锋队把卡尔带进一间房子，希特勒又请来鲁登道夫。他自任帝国政府首脑，鲁登道夫为军队最高司令。卡尔逃回政府大楼后，立即发表声明，张贴告示，勒令希特勒出境。

  第二天上午，希特勒伙同戈林、鲁登道夫等人，率领3000名冲锋队员，在贝格勃劳啤酒店举行公开暴动。冲锋队员们荷枪实弹、全副武装，跟着希特勒向慕尼黑中心进发。路上与警察冲突，16名队员被打死，戈林负伤。希特勒第一个爬起来逃命，逃跑途中肩膀脱臼，躲进乡下，两天后被捕。其余纳粹头目也大都锒铛入狱，暴动彻底失败。

  希特勒被押上了审判台。但在法庭上他却滔滔不绝，言辞激烈，为自己辩护。他的口才,他的激情,俨然一个救国救民的英雄。几乎全国都很快知道了希特勒这么一个人物。在舆论的压力下,希特勒被判5年徒刑也改成了1年。从此之后,希特勒指示党徒,"必须玩弄手法,学会撒谎","谎言越大,人们越相信"。

在狱中,希特勒口授了《我的奋斗》一书。此书是一本绝妙的反面教材。这个极端狂热的法西斯分子,在书中大肆渲染"生存空间竞争"和"种族优劣"谬论,鼓吹要用德国的剑来为德国的犁取得土地,鼓吹要建立实行"领袖"独裁统治的第三帝国,鼓吹"新式国家"要以最优越的雅利安人种作基础。这本书对德国走上法西斯道路起了极其恶劣的煽动作用,成为一切法西斯分子的必读经典。

正是通过种种宣传鼓动,希特勒逐渐扩大了支持他上台的社会基础。

希特勒出狱后,立即着手重新组织纳粹党,并且再建冲锋队,新组党卫军。到1928年,纳粹党员达到10万人,在国会中占有13个席位。1929年,资本主义世界经济大危机爆发,德国受到了特别沉重的打击。工业生产下降了40%,钢产量倒退35年,失业人数达到800万。刚刚从战败国阴影中走出来的德意志民族,尤其承受不了这一残酷的现实,希望能有一个强大的国家政权来拯救危机。然而,危机期间政府虽如走马灯般换届,但均无回天之力。于是,煽动性极强的希特勒法西斯分子利用这一时机,跳上了历史舞台。

纳粹党人使出了浑身解数,来求得各个阶级的欢心。为了得到农民的支持,纳粹党徒们纷纷来到农村进行鼓动宣传,许诺要没收大地产,"移植给自由农民使用"。在类似的欺骗之下,反政府的大学生们也纷纷加入纳粹党的团体。1932年1月,希特勒在垄断资本家的会议上发表长篇演说,又博得了资本家们的一致喝彩。因此,在1930年的国会选举中,希特勒极尽欺骗之能事,夺得100多个议席,成为国会第二大党。1932年,纳粹党员超过100万。羽翼丰满之时,希特勒开始问津国家最高权力。1932年3月的总统大选中,希特勒所得票数仅次于兴登堡而位居第二。

1932年11月,克虏伯、西门子等大垄断资本家,联名要求兴登堡任命希特勒为总理。1933年1月,原总理施莱歇尔辞职,并建议总统授权希特勒组织内阁。30日,兴登堡正式任命希特勒为总理,法西斯分子终于上台。

希特勒上台伊始，就一手制造了迫害共产党人的"国会纵火案"。

很早的时候，德共就注意到了法西斯纳粹党将给德国人民带来危害。1930年，德共发布了反对纳粹党的纲领。在1932年的总统选举中，德共提出"谁选举兴登堡，谁就是选举希特勒；谁选举希特勒，谁就是选举战争"。德共领导人台尔曼作为总统候选人，也成为希特勒当选的障碍。因此希特勒早就视共产党人为眼中钉、肉中刺，除了种种谩骂攻击外，党卫军还常常伤害共产党人和其他反法西斯战士。

希特勒当上总理的第三天，就下达了要迫害共产党人的文告。2月23日，德共中央大楼被纳粹分子占领。2月27日晚，法西斯头子戈林指使冲锋队员，从地下通道进入国会大厦，放火燃烧大厦。大厦起火后，戈林和希特勒立即来到现场，声称这是共产党人干的，要找共产党人报复。

紧接着，希特勒政府张文布告，在各地大肆搜捕共产党人。大厦起火的当天，柏林有1500人被逮捕，全国被捕者达18,000人。3月3日，德共领袖台尔曼被投进监狱。从此，德共失去了合法地位，转入了地下斗争。

为了加强对国内的控制，希特勒建立了三大恐怖组织。

纳粹党人最早组织的冲锋队，是一武装暴徒队伍，1921年成立，队员均着褐色制服，头子是罗姆。希特勒正是带领冲锋队员举行啤酒店暴动的。希特勒上台后，罗姆借机将冲锋队发展成为正规职业军，成员有250万之多。希特勒担心对自己构成威胁，在1934年杜撰了"罗姆暴动"之罪名，对冲锋队进行大清洗。从此冲锋队的作用逐渐消失。

1925年希特勒出狱后，组建了党卫军。这是希特勒的嫡系武装，队员着黑色制服，佩骷髅标志，形象极为可怖，队员还须向希特勒宣誓效忠。希特勒上台后，党卫军拥有5000多人。正是他们成了清洗冲锋队的急先锋。希姆莱是党卫军的领袖。党卫军直接听命于希特勒，不受法律约束，可以随心所欲地实施恐怖行为。

盖世太保是法西斯国家的秘密警察组织，成立于1934年，戈林和希姆莱先后任首脑。这是一个令人谈虎色变的特务组织，其机构和爪牙遍布全国，战争期间还伸向了所有被占领地区。盖世太保专事镇压革命、进步和反战运动，其手段之残忍令人发指。

1934年8月，87岁的德国总统兴登堡老病而终。希特勒立即宣布废除总统制度，自任国家元首兼总理。法西斯独裁专政在德国最终确立。

国内统治稳固后，希特勒开始实施其对外扩张侵略的计划。

1935年，萨尔区通过全民投票，由国际联盟交给了德国。纳粹分子得意忘形之际，又图谋取得新的土地。1936年2月，德军闪电般地进入莱茵区，在通向战争的道路上迈出了第一步。然而这一步居然没有遭到英法的非议和制止，希特勒的胆子更大了。

1936年，西班牙发生了佛朗哥叛乱，德国伙同意大利对西班牙内战进行武装干涉。德国派出了军舰、飞机和陆军赴西班牙作战，还向佛朗哥叛军援助了大量的飞机、坦克等武器以及5亿马克。在德意的支持下，佛朗哥在1939年占领西班牙全部土地，建立法西斯政权，德国也达到了在西南欧建立法西斯主义据点之目的。

1936年11月，德国和日本订立《反共产国际协定》。两个月后，意大利也加入了这一协定。德意日法西斯同盟正式形成。

然而，反共产国际只是招摇过市，麻痹英法，三国同盟的真实目的是进行侵略战争。在几番小规模的行动得手以后，希特勒旁若无人，急不可耐地要建立"大德意志帝国"，开始觊觎周边邻国。地处中欧要冲、可为进入东南欧和巴尔干之门户的奥地利，便成了他的第一个吞并对象。

早在1934年，希特勒就唆使奥地利的纳粹分子发动了一次未遂政变。1936至1937年，希特勒政府频频展开外交攻势，取得了意英等国对他吞并奥地利的认可。1937年11月，希特勒制订了一系列侵略计划，其中就有占领奥地利的"奥托方案"。

1938年2月12日，希特勒召见奥地利总理许士尼格，提出了系列蛮横要求，总的目标是要将奥地利纳入德国体系。许士尼格无奈，被迫在协定书上签了字。奥地利人民被激怒了。在各界人士的推动支持下，许士尼格打算进行全民投票。希特勒得知后，立刻发出最后通牒，要求许士尼格停止举行全民投票，并将总理职务交给法西斯分子赛斯·英夸特。与此同时，希特勒向德军发出随时进军奥地利的命令。

3月12日，许士尼格辞职，德军兵不血刃地占领了奥地利，新总理赛斯·英夸特宣布奥地利为德意志帝国中的国家。

3月14日下午，曾是维也纳街头流浪儿的希特勒，衣锦荣归般地来到了维也纳。时过境迁，今非昔比，踌躇满志的希特勒长时间处于亢喜若狂的状态，又开始打着邻国捷克斯洛伐克的主意。

捷克斯洛伐克土地富饶，资源丰富，工业也相当发达，一战后工业产量曾位居世界第8位。这里处于中欧腹地，是西欧通向东欧的通道，战略地位重要。在这块土地上，除捷克人和斯洛伐克人外，还居住着约占全国总人口四分之一的日耳曼人。希特勒正是挑起和利用这种民族矛盾，将魔爪伸向了捷克斯洛伐克。

1933年，希特勒培植了以汉莱因为首的苏台德德意志人党。苏台德区位于捷克西部，是日耳曼人聚居之地。1938年3月，希特勒授意汉莱因提出苏台德区自治，并派军队在边界集结，以武力相威胁。捷总统贝奈斯立即动员人民入伍，保卫祖国。

英法则作出了完全不同的反应。英国张伯伦政府立即派人在汉莱因和捷政府之间调停。而希特勒利用这一心理，愈益加紧战争讹诈，声称要把捷克斯洛伐克从地图上抹掉。张伯伦只好亲自出马，一面向希特勒表明心迹，提议将苏台德割让给德国，一面同法国总统达拉第对捷克进行威胁。在这种压力之下，贝奈斯准备接受英法建议，但捷克人民并没有屈服，决心捍卫祖国。希特勒又一次发出战争咆哮。只是捷的军事实力以及法国可能给予的支援，使他不敢轻举妄动，因此便接受了张伯伦的谈判建议。

1938年9月底，英国首相张伯伦、法国总统达拉第、德国的希特勒、意大利的墨索里尼在德国南部城市慕尼黑举行会谈，决定将苏台德区划给德国。这是张伯伦以牺牲别国利益为代价的绥靖阴谋，其实反倒助长了希特勒的气焰。

1939年3月，德国又策划斯洛伐克同捷克分离。3月15日，希特勒强迫捷总统投降，捷克从而成为德国的一部分。

当然，法西斯德国不可能以此为满足，希特勒要占领的是整个世界。不到半年后，希特勒悍然发动了对波兰的大规模进攻，第二次世界大战爆发。

17.4

"贫穷的帝国主义"意大利。法西斯鼻祖墨索里尼。
向罗马进军。阿比西尼亚败绩。希特勒的小伙伴

第一次世界大战,使意大利也成了战胜国。然而在巴黎分赃会议上,意大利虽然得到了奥地利和土耳其帝国的部分土地,但其落后的面貌基本未得到改变。战后的意大利仍然被划入穷国之列,有"贫穷的帝国主义国家"之称。或许正是这种落后,使意大利产生了某种急切心理,企图运用政治的手段来完成经济进程未能完成的任务,于是在这个落后的国家里,反而出现了墨索里尼法西斯政权这一怪胎。

墨索里尼出生于一个铁匠家庭。由于家境贫寒,他自小就憎恨这个不公平的世界,仇视那些衣冠楚楚的社会上层人物。据说,他是个很不安分的孩子,事事都要抢第一,又骄傲又好争吵,喜欢自夸,但并不勇敢。他爱吵架,爱下赌注,输赖赢要。他两次用刀子扎伤过同学,被两个学校开除过。他天生就是一个领袖,虽有很多伙伴恨他,但也有不少人狂热地追随他。他自以为天生我材必有用,打小的时候就对母亲说:"有一天我要使地球颤抖。"读了几年师范后,他在1901年18岁的时候当了一名教员。为逃避当兵,第二年他跑到了瑞士。在那里他当过工人,但觉得干活太艰苦。他生吞活剥,读一些革命的书籍,但曲解其意,以煽动暴力为事,自称"暴力的鼓吹家"。日常生活中,他也是一副流氓无赖的形象,甚至还把年轻姑娘骗到街上的废包装箱里睡觉。

1904年他回到意大利,仍不放弃鼓吹暴力。据说他演说时生动有力,语句简短,常常在一个戏剧性的长长停顿之后,突然狂呼猛喊,在快如疾风的咒骂声中结束讲话。有时突然来一个反问,听众还来不及细想时,就头脑发热地大呼其好。加入社会党后,他成了党的机关报《前进》的编辑。他的煽动本领,居然使报纸发行量增加了三倍。

第一次世界大战爆发时,他在报上发表鼓吹战争的社论,结果被开除出党。1915年他应征当兵参战,听说还很卖劲。

1919年，他在米兰建立"法西斯战斗团"，从此开始了反动的法西斯生涯。墨索里尼的法西斯组织，一律穿黑衣，扛黑旗，人称"黑衫党"。1921年11月，他正式建立国家法西斯党，大旗上标着荆条和棒束作标志。法西斯党迎合了意大利国内一股仇视共产主义的情绪，成立后不久，党员即达30万人。

1922年10月28日，数万名身穿黑衫的法西斯分子，发动了武装"向罗马进军"的暴乱。他们冒雨冲进了首都，未遇到任何反抗。总理法克塔要求国王签发戒严令，遭到拒绝。法克塔内阁辞职。第二天，国王打电话给墨索里尼，要求他来磋商并组阁。墨索里尼坐了火车进京，还嘲弄国王："陛下，请原谅我穿了黑衬衫，因为我刚从战场上回来，我们不得不打这一仗，幸好没有流血。"从此后，墨索里尼在意大利建立了法西斯政权。

上台之时，法西斯党人并不占优势，因此墨索里尼的行为还有所收敛。但羽翼丰满、脚跟立稳之后，便暴露了法西斯分子的狰狞面目。在1924年4月的意大利大选中，法西斯党人控制选举机构，使自己获得65%的选票，这一阴谋被议员马泰奥蒂所揭穿，墨索里尼恼羞成怒，指使党徒绑架并杀害了他。

图17-3
意大利法西斯组建童子军

作茧自缚　495

法西斯分子的暴行，引起了全国人民的愤慨，也导致了法西斯党内的分裂，但墨索里尼并不改弦更张，而是继续强化法西斯统治。1926 年，墨索里尼宣布实行法西斯党独裁，意大利完全处于法西斯专政的黑暗统治之下。

对内加强法西斯统治的同时，对外墨索里尼又做起了恢复古代罗马帝国的美梦。意大利政府为了转嫁经济危机，又一次将侵略矛头对准了非洲的阿比西尼亚。

阿比西尼亚即今天的埃塞俄比亚，面积超出意大利三倍，资源丰富，又具有重要的战略意义。1929 年，墨索里尼策划武力入侵。1932 年，拟定了详细的入侵计划。1934 年开始了部分侵入。1935 年 10 月，意大利不宣而战，从南北东三路大举入侵。

阿比西尼亚人民进行了坚决抵抗，使意军的推进十分缓慢。墨索里尼的法西斯军队便疯狂地报复手无寸铁的老百姓。他们的飞机对城市和乡村进行狂轰滥炸，甚至采取灭绝人性的毒气战，被毒气熏死的人达 27 万之多。1936 年 5 月，意大利宣布吞并阿比西尼亚，由意大利国王兼任"阿比西尼亚皇帝"。据说，当墨索里尼宣布阿比西尼亚被征服，罗马又成为一个大帝国的首都之时，听众的狂热达到了极点。有人失声说道："他真像个神。"立刻有人大声说："他不是像神，他就是神。"

墨索里尼统治下的意大利，尽管政治军事实力有所增长，但仍远不及西欧的英法等国。为了找一个硬靠山，他与臭味相投的希特勒搞到了一起。两人互相呼应，演出了 30 年代国际关系中的一幕幕丑剧。1936 年，德意两国法西斯势力公开武装干涉西班牙内战。意大利向佛朗哥叛军提供了 140 亿里拉的援助，派出了 15 万人的军队，并且直接参加对马德里的围攻。在德意的武装干涉下，佛朗哥在西班牙建立了法西斯独裁政权。

1936 年 10 月，德意签订《柏林协定》，规定了两国对外政策的共同性原则，德国承认意大利占领阿比西尼亚。墨索里尼声称"罗马和柏林之间的垂直线不是一层隔板，而是一个轴心"，欧洲可以围绕这个"轴心来进行合作"。此后德意法西斯被称为轴心国。

1938 年，墨索里尼参加慕尼黑会议，支持希特勒德国占领捷克的苏台德区。

墨索里尼这个法西斯党魁，对希特勒推崇备至。据说，为了迎接希特勒1938年对意大利的访问，墨索里尼动员全国作了6个月的准备。从阿尔卑斯山口到罗马的大道上，所有的房屋都油漆装饰一新。迎宾经过的主要街道重新建造，参加检阅的士兵经过精心挑选，蓝眼睛，高个子，为了向希特勒表明意大利人也是雅利安人。希特勒对此深为赞许。

作为回报，希特勒公开向墨索里尼保证：意大利有权控制地中海地区。实际上这是怂恿意大利向巴尔干扩张。

1939年4月，意大利利用西班牙佛朗哥法西斯得胜、希特勒德国强占捷克斯洛伐克的有利时机，悍然向阿尔巴尼亚发动进攻。4万意军在数百架飞机的掩护下，3天之内就占领了阿尔巴尼亚全境。5天后正式宣布阿尔巴尼亚与意大利联合，意大利国王成为阿尔巴尼亚国王。由此，意大利从战略意义上得到了一块进攻巴尔干的跳板。

17.5

日本的厄运：危机和地震。田中之梦。东方的战争策源地：日本法西斯的崛起。发动全面侵华战争

日本也是第一次世界大战的战胜国。战后关于远东太平洋地区的华盛顿会议，正式承认了日本在这一地区的大国地位。然而，这只是日本走向世界霸权的第一步，它的目的决不仅此而已，而是要成为亚太地区的霸国，甚至霸主。

然而，或许是天报，正当日本雄心勃勃地要实现自己的"蓝图"之时，经济危机、自然灾害接二连三地袭击着日本。

1920年，别的战胜国正享受着胜利的成果，经济逐步恢复并走向繁荣的时候，日本却遭到了经济危机的"青睐"。日本的国际收支出现赤字，硬通货流向国外，股价跌幅高达50%，地产、固定资产评估价格也下降一半，企业在危机中破产，贫民更为贫困。政府虽然采取了一系列干预经济的政策，

但只是在一定程度上抑制生产的盲目性、减少金融活动的投机性而已，并不能治本，最终反成了慢性的、持续的经济不振的原因。

福无双至，祸不单行。正当日本政府及财团们为摆脱经济危机而苦思良策时，一场自然大灾难，给了60年来一直在顺境中发展的日本国一记猛击。

1923年9月1日正午，一场以东京相模湾浅海底为震中，震级达7.9级的特大地震，袭击了东京和整个关东地区，大地的颤动，狂烈的大火，无边的海啸，给关东造成了极其巨大的损失。据当时的报告，地震中死亡和失踪者达14万多人，房屋被毁近13万幢，受害者高达340万人。通信设施全被切断，交通瘫痪，甚至连一部分政府机关办公处所也毁于一旦，东京似乎陷入了一种毁灭状态之中。

关东大地震也给了日本经济以致命的打击。日本政府和军界不得不停下扩军备战的脚步，"积极地"裁减军备，但它的灭亡中国之心从未死过。

相对中国来说，日本确只是个"蕞尔小国"。37万平方公里的领土，只相当于中国的两个省而已。打开地图，可看到中国的形状极像雄鸡，而日本则极像一条蜈蚣。千百年来，雄鸡从没想过吃蜈蚣，而蜈蚣则一心要吞吃比它大几十倍的雄鸡。据统计，明治维新以后的70多年里，日本对外发动和参与14场侵略战争，其中10场是针对中国的。

在日本遭受天灾人祸、处在内外交困之时，它还没有忘记制订对中国的侵略计划。1927年上台的田中义一首相，就是军国主义组织政友会的头子。田中声称要让日本成为"东洋之盟主"，要对中国采取"特别的措施"。

据说，田中义一曾向天皇上一奏章，提出了日本扩张的"计划"："如欲征服世界，必先征服中国；如欲征服中国，必先征服满蒙。我大和民族欲步武于亚洲大陆之第一关键，在于把握满蒙政权……"这就是臭名昭著的《田中奏折》。尽管有人说这一奏折是伪造的文件，但不可否认的是，后来日本的侵略活动大体上就是按照这一方案逐步推行的。故此，文件的真实性问题也就不那么重要了。

1929至1933年的世界性资本主义大危机，也无一幸免地打击了日本。而且，日本由于先天不足、资源短缺，所受打击的程度比其他国家更甚。1931年，日本即达到了危机的顶点。这一年，日本工业总产值比1929年下降了二分之一，大量的工人被解雇，农产品价格大幅度削减，失业工人高达300万，大约三分之二的农民失去了土地。

为摆脱危机，日本在政治上加速了法西斯独裁统治的进程，在经济上加速了国民经济军事化，在军事上则不断策划和发动侵略战争。特别是在统治层内部，右翼分子不满政党内阁扩军备战的速度，因而企图推翻政党政治，实行军事独裁统治。于是，在20世纪30年代，日本政界的矛盾冲突时起时伏，法西斯势力日益猖獗，军事政变接踵而至，谋杀暗害事件屡见发生。最终，日本完成了军国主义化进程，走上了侵略扩张之路，成为世界又一个战争策源地。

在日本的既定国策中，中国的东北是它的第一个侵略对象。从19世纪末开始，日本在将朝鲜变成它的殖民地的同时，也将其势力渗透到了中国东北，也就是它所称的满蒙。这里土地肥沃、资源丰富，是日本重要的原料供应地。1930年，日本从中国东北进口的商品占其进口总额的11%，它进口的64%的煤、46%的钢铁、76%的豆类，都是来自中国东北。东北也是日本最大的投资场所和商品销售市场。在东北的外资中，日本资本占了73%，日本对东北的出口占其出口总额的8%。东北还具有重要的战略地位，从这里可以南下中国关内，北上进攻苏联，所以东北被认为是日本的生命线。

侵略中国东北的舆论在日本可以说是日甚一日。形形色色的侵略理论均表达了这样一些意思：一、否认中国对满蒙的主权，鼓吹"满蒙"独立，强调日本对满蒙的"重大贡献"；二、宣称满蒙与日本有特殊关系；三、叫嚣统治万国是日本的"使命"；四、声称保卫满蒙，是为了免遭布尔什维克"威胁"。

经过若干年的精心准备和策划，日本终于在1931年9月18日发动了对东北三省的侵略。仅仅3个月，由于中国东北军执行蒋介石的"不抵抗"政策，日本迅速占领了东三省全境，为了转移国际社会对东三省事变的注意，日本又在1932年1月28日进攻中国东部的大城市上海。从某种意义上说，日军占领东北和侵略上海的两次战争，似乎成了日本侵略整个中国的实地演习。

随后几年里，日本虽未向中国发起新的大规模军事侵略行动，但却大肆推行其"以华制华"的方针。在东北，它扶持了伪满洲国政府；对华北，它

作茧自缚　499

不断策动当地汉奸搞所谓"自治运动"。实际上，它也是在这个阶段里积蓄着发动更大侵略战争的经济军事实力，同时，也在国内政治上完成军国主义化，建立法西斯军事专政。

日本的法西斯组织出现于20年代。1929年，全国有120多个法西斯团体；1936年更猛增至350多个。日本军部是法西斯团体的总后台，甚至连许多高级将领都是法西斯组织的成员。与德意法西斯相比，日本法西斯具有更鲜明的军事性质，更倾向于采用暗杀、政变等流血恐怖手段。就是在一次又一次的政变中，法西斯分子一步步地走上了国内政治前台，终于使日本走上了战争之路。

二三十年代之交时，日本最著名的法西斯团体有"天剑党"等。1928年成立的"一夕会"，参加者就有后来成了首要战犯的冈村宁次、河本大作和东条英机等人。1930年出现的"樱会"，有96个少壮派军官参加，他们都是来自参谋本部、陆军省、陆军教育部、陆军大学和宪兵队的骨干军官，几乎每个人都有双手沾满鲜血的历史。

由法西斯恐怖组织制造的暴力、暗杀和政变事件，几乎没有间歇过。

1930年11月14日，由于首相滨口对外采取"协调外交"的方针，民间的法西斯团体"爱国社"成员在东京车站行刺滨口。后者腹部中弹，于次年8月死去。

1931年3月，樱会成员制定了一个推翻政党政府，建立军人政府的具体计划，并且还得到了陆相宇垣一威等要员的支持。只是有一批会员反对，政变才未发动。然而这个"三月事件"却迫使滨口内阁在一个月后辞职。

"九一八"之后，樱会首脑桥本等人又策划政变计划：在一个月内暗杀若规首相、币原外相、牧野内大臣等政府要员。由于计划事先泄漏，桥本被逮捕，政变被制止。

1932年2月，前大藏相井上准之助在演讲时被杀；3月，三井财阀头子团琢磨被杀。这两次事件都是民间法西斯组织"血盟团"干的。

5月15日，由海陆军军官组成的暗杀队同时分别袭击了首相官邸、政友会本部和三菱银行，击毙了正值星期日在家休息的首相犬养毅，理由是犬养毅在承认伪满洲国的问题上踌躇不定，因而日本"必须建立摆脱政党、财阀之腐败的纯正而强有力的政府"。

"五·一五"事件的最大后果，是日本政党内阁的结束和政党政治的崩溃。日本国家元老西园寺公望决定起用海军大将斋藤实，作为过渡内阁的首相。然而，与西园寺的初衷相悖，斋藤内阁反而"过渡"成了法西斯的亲军内阁了。从此之后，日本国内政治的民主气氛冷落下来，法西斯思潮甚嚣尘上。

军部势力上升后，军阀内部逐渐形成了两个对立的集团，即"皇道派"和"统制派"。相对来说，皇道派更强调恐怖手段，而统制派则多为高官，对皇道派极尽压制之事。当1936年2月议会选举如期进行，法西斯势力遭到人民的唾弃之时，皇道派终于按捺不住了，少壮军人们决定发动公开暴乱来夺取政权。

2月26日，由少壮派军官指挥的法西斯分子，兵分7路，秘密逼近首相及一些政界要人的住地，实施所谓"天诛风暴"的大规模武装暗杀行动。结果，藏相高桥是清、内大臣斋藤实、教育总监渡边锭太郎被刺身亡，还有一批政府官员受重伤。首相官邸、陆军省、参谋本部、警视厅和国会等重要机关和朝日新闻社等舆论要地也被占领。

"二·二六"事变后，广田弘毅为首的新内阁上台。这一内阁虽然仍以统制派为主，但已完全听从军部法西斯的摆弄，军部法西斯独裁政权最终确立。由于军部的特殊地位，日本法西斯又大大不同于德、意，它不需要组织法西斯政党来夺权，而是紧紧依靠和利用现有的天皇制统治机构，来推行整个国家的法西斯化。因此军部法西斯独裁的出现，表明日本式法西斯体制的确立。

广田内阁忠实执行军部的意旨，在8月的五相即首相、外相、陆相、海相、藏相会议上，提出了《国策基准》，声称要在"确保帝国在东亚大陆地位之同时，向南方海洋发展"。11月，日本与德国签订《反共产国际协定》，打算与德国联合起来，同英、法、美等国争夺世界。一场大规模的世界战争迫在眉睫。

1937年7月7日，日本军队在中国发动"卢沟桥事变"，打响了全面侵华战争的第一枪。然而，尽管日本人得势一时，它企图奴役包括中国人民在内的全世界人民，最终只可能是自取灭亡。

第十八章

红星闪耀

苏俄社会主义国家诞生

18.1

俄国：资本主义国际链条中的薄弱环节。从"民粹派"到"劳动解放社"。列宁主义与布尔什维克党。1905年革命：从"流血的星期日"、波将金号起义到10月总罢工

发源于西欧的资本主义，经过大约400年的发展，到19、20世纪之交时，已经结成一个严密完整的世界体系。地球上各个角落，都无一例外地纳入了这个体系。欧洲，尤其西欧，是这个体系的核心。

毫无疑问，这是一个资本主义的世界体系。资本主义的政治经济旋涡，将每一个国家、每一个民族都卷入其中。世界似乎是资本主义的铁板一块。

然而，这一格局并没有维持多久。在这个资本主义世界体系刚刚形成之时，俄国，这个靠近资本主义心脏的东欧大国，便使资本主义的国际链条断裂：一个完全不同于资本主义的、拥有崭新社会制度的国家诞生在这里。

无疑，俄国也是资本主义世界的一部分，它在19世纪末也进入了帝国主义阶段。20世纪初，俄国煤炭的开采量居世界第6位，钢铁产量居世界第5位，

机器制造居世界第 4 位。此时的俄国，已出现了许多垄断组织。大型企业只占企业总数的 5%，而工人却占了总数的 54%。12 家银行，控制着全国银行资本的 80% 左右。

俄国作为一个军事封建帝国主义国家，也不断地对外扩张侵略。在扩大自己势力范围的过程中，俄国与别的国家，特别是与西边的德国、东边的日本矛盾突出。它特别强调巴尔干有它的"特殊利益"，因而视这个半岛为禁脔之地。

然而，俄国又是资本主义世界中最不发达的国家。由于农奴制残余长期存在，俄国的社会生产力受到了极大的阻碍，农业仍然在经济部门中占优势。第一次世界大战前夕，俄国的劳动力中，有 76% 是农民，只有 10% 是工人。工业产值在国民经济中的比重也只有 42%。按人均计算，俄国钢产量只有美国的十一分之一，德国的八分之一，英国的六分之一，法国的四分之一；煤产量只有美国的二十六分之一，英国的三十一分之一，德国的十五分之一，法国的五分之一。俄国的人均国民收入，只有美国的七分之一，英国的五分之一，法国的四分之一，德国的三分之一。

因此，虽然自身是帝国主义国家，但由于经济的落后，俄国又不得不依赖于西方的发达资本主义国家。特别是，由于俄法结盟，法国经常向俄国"输血"，因而俄国对法国有极强的依赖性。

而且，沙皇统治下的俄国，又是帝国主义制度下各种矛盾的集合点和焦点。那里的矛盾，与外部相关的有俄国人民与西方国家之间的矛盾，沙俄政府与西方国家之间的矛盾，沙俄政府与东方殖民地半殖民地国家的矛盾；国内矛盾中，有工人阶级同沙皇专制制度和垄断资本的矛盾，有农民阶级同贵族地主和资产阶级富农的矛盾，有少数民族同沙皇政府之间的矛盾。由于矛盾集中而又尖锐，沙皇政府的压迫行为也就表现得最为全面、最为野蛮、最为残酷。

可是，俄国在政治上经济上同西欧国家维持的密切联系及依赖，又使自己不得不卷入欧洲国际社会矛盾和斗争的旋涡之中，迫不得已地参加第一次世界大战。而这种卷入本身又极端地激化了国内存在的各种社会矛盾，经济生产关系和政治上层建筑已极为严重地阻碍着社会生产力的发展，统治者已不可能再统治下去了。这样，俄国便成了世界资本主义链条中的最薄弱环节。

红星闪耀 503

这就为俄国出现社会主义革命、确立社会主义制度创造了客观的时机和条件。

而在同时，俄国革命的主观条件也已经成熟。此时的俄国，产业工人的数量已达 300 多万，工人阶级的战斗武器——马克思主义传播也已有半个世纪之久。先进的工人、士兵和知识分子在掌握马克思主义的基础上，还加以创造性的发展，形成了俄国的马克思主义理论——列宁主义。正是列宁主义的正确理论指导，才使社会主义首先在俄国这样一个大国取得胜利。

列宁主义，是在俄国革命的实践中逐步形成和逐渐成熟的。

从 19 世纪初开始，俄国的先进分子就在追求俄国获得自由民主的真理，进行不屈不挠的革命斗争。赫尔岑、别林斯基、车尔尼雪夫斯基、杜勃罗留波夫，这些俄国革命先驱们的事迹，唤醒了俄国人民的革命觉悟，激励和教育着一代又一代革命者成长。

到 19 世纪下半叶时，俄国革命开始进入有组织的斗争阶段，"民粹派"是最早的革命组织。虽然他们走的是一条并不正确的道路，但其斗争精神和实践精神，却为后来的革命者树立了楷模。

民粹派的主要组成人员，是一批以解放农民为己任的平民知识分子。他们对农奴制废除后农民地位并没有改善的状况深为忧虑，因此掀起了一股"到民间去"的热潮，民粹派即因此而得名。他们的目的是要发动农民进行革命，以实现他们梦寐以求的农民社会主义理想。

民粹派成员大都能身体力行，深入农村。据说在 1874 年的春夏之际，有二三千学生在民粹派的号召下，到农村进行宣传。他们特别提出要夺回地主的土地分给农民，推翻沙皇的专制统治，而农民对前一个目标感兴趣，对后一个目标很是茫然。

民粹派对农奴制的批判是有力的，但却误以为资本主义发展对俄国更为不利，贬低了工人阶级的存在和他们的历史使命，结果将反对沙皇专制的斗争引入了歧途。他们把农民看成了革命的主要动力，而农民恰恰是当时俄国下层社会中最缺乏觉悟的阶级。而民粹派的成员们以农民的启蒙者自居，居高临下地训示他们，因而也没有得到农民的支持和理解，革命活动终究未能同农民结合在一起。

这种不成功，却使民粹派部分人士走向了另一个极端。他们组织"民意党"，专事行刺、爆炸之类恐怖行为。沙皇亚历山大二世在民意党人的数度暗杀下，终于在1881年3月命丧黄泉。然而，这不解决任何问题，因为亚历山大二世死了，又有亚历山大三世即位。此人比乃父更为残酷，一月之内就将民意党人几乎全部置于死地。

当大部分革命者将目光放到农民身上时，俄国工人阶级悄然成长，并开始登上政治舞台。由于生活条件极其恶劣，工人们不断起来罢工。其中1885年莫罗佐夫工厂为增加工资的大罢工，将俄国工人运动推向了一个新的阶段。

工人运动的蓬勃发展，迫切需要有正确的理论作指导，这就为马克思主义在俄国的传播提供了阶级基础。普列汉诺夫以及他领导的"劳动解放社"，为马克思主义在俄国的广泛传播做了大量的工作。

普列汉诺夫本是民粹派成员，但不赞成恐怖手段，因遭到政府缉捕而流亡国外。在国外时，接受了马克思主义。1883年，在日内瓦创建了"劳动解放社"，这是俄国第一个马克思主义团体。普列汉诺夫本人也通过深入研究马克思和恩格斯的著作，从而成为俄国的马克思主义理论家。他的代表作《论一元论历史观之发展》《论个人在历史上的地位和作用》等，丰富了马克思主义的理论宝库。

普列汉诺夫用马克思主义的唯物史观来观察俄国社会，指出了俄国社会的道路，是在承认资本主义这一进步趋势的基础上，依靠工人阶级的革命来完成向社会主义的过渡。他的这一观点，符合俄国现实，因而有力地推动了马克思主义在俄国的广泛传播。1883年，彼得堡出现了俄国国内第一个马克思主义小组。从此，俄国的马克思主义组织如雨后春笋般涌现，俄国革命开始出现新的局面。

正是在这样一个局面下，诞生了列宁这个世界无产阶级的革命导师，诞生了无产阶级革命新阶段的马克思主义——列宁主义。

列宁于1870年4月22日出生在伏尔加河畔辛比尔斯克城一个教育官员的家庭。他天资聪颖，接受能力极强，因而自小就是最优秀的学生。中学时代的列宁，就有远大的志向和理想。1887年后，列宁先后就读于喀山大学和彼得堡大学。除学习法律专业外，列宁还精通哲学、历史和经济学，而且还会好几门外语。广泛地涉猎人类的优秀文化成果，为列宁日后创造革命理论打下了坚实的基础。

大学毕业后，列宁开始在彼得堡投身社会主义运动，从事革命活动。1895年，列宁组织了彼得堡的"工人阶级解放斗争协会"。不久后被捕，流放于遥远的西伯利亚。流放期间，列宁认真思考有关俄国革命的理论和实践问题，在理论上进行了深入的探索。1900年，列宁从流放地回到彼得堡，后又流亡国外。他在德国创办的《火星报》，成为俄国宣传和鼓动革命思想的重要阵地。

1898年，俄国各地的9名代表汇集在俄国西部城市明斯克，宣布建立俄国社会民主工党。1903年，社会民主工党的第二次代表大会在国外举行，会议通过了党的纲领和章程，选举了党的领导机构，从而完成了建党工作。

但是，在围绕建立一个什么样的党的问题上，代表们发生了严重分歧。列宁和普列汉诺夫等人希望建立一个有严密的组织和纪律、实行集中领导的革命政党，却未获得大会通过。大会最后的决议是，党组织应是松散的，党员可不受组织纪律的约束。

大会在选举领导机构时，形成了对列宁有利的局面，列宁以及列宁的拥护者们都成了主要负责人。由于列宁及他的支持者占了多数，所以被称为"布尔什维克"（意即多数派），而反对列宁的只占少数，故称为"孟什维克"（意即少数派）。两派的分歧最后终于导致了组织上的分化和分裂。连那个俄国最早的马克思主义传播者普列汉诺夫，最后也滑到了孟什维克一边。

党组织的建立，大大推动了工人运动的开展；俄日战争的进行以及俄国的失败，则加剧了俄国人民对沙皇政府的仇恨情绪。这些因素，促使了1905年俄国革命的爆发。

"流血的星期日"，是革命爆发的标志。这一事件发生在1905年的1月22日。这一天，彼得堡20万人为了抗议普梯洛夫工厂4名工人被无端解雇，举行了向沙皇住地冬宫行进的和平请愿活动。孰料沙皇尼古拉二世严令军警及哥萨克骑兵镇压，结果手无寸铁的请愿者，有1000多人当场丧生，4000多人受伤，鲜血染红了冬宫广场前的莹莹白雪。

而"波将金号"战舰的水兵起义，则将人民的革命运动推向了一个高潮。

波将金号装甲舰上有数百名水兵，待遇非常之差。6月的一天，水兵们发现吃的肉长了蛆，便提出坚决抗议。然而舰长却大发淫威，要将闹事的水兵处死，激起了水兵们的极端愤怒。他们立刻举行武装暴动，将包括舰长在内的几名军官全部杀掉。晚上，波将金号开进了敖得萨城，与工人们取得联系，参加了革命行列。但是，在政府军队的严厉镇压下，波将金号只得逃出了祖国。

到10—12月时，革命进入了最高阶段，这是以全国工人特别是莫斯科等重要城市的工人罢工为标志的。10月2日，莫斯科一家印刷厂率先罢工，随后全市出现大罢工。下旬，全国铁路总罢工；同时彼得堡工人也实行总罢工。除工人外，罢工的参加者还有不少市民和知识分子。所有的罢工都提出了废除8小时工作制之类经济要求、拥有选举权之类政治要求，表明俄国工人阶级在政治上已经走向成熟。

在各地的罢工中，涌现了许多工人阶级自己的政治组织，即工人代表苏维埃。据统计，全国至少有55个城市和工人居住区建立了这样的苏维埃，包括莫斯科和彼得堡。社会民主工党的著名活动家托洛茨基，应邀回国担任了彼得堡的苏维埃主席。

当革命者正在酝酿武装起义的时候，沙皇尼古拉二世似乎嗅到了风声，抢先下了毒手，对各地的苏维埃代表进行疯狂镇压。12月16日，彼得堡苏维埃全体代表被捕。19日，莫斯科苏维埃号召进行总罢工，大约有15万人参加了这一行动。罢工使莫斯科全城生活陷入瘫痪状态，尼古拉二世急忙从外地调集大军前往镇压。为了避免大的伤亡，罢工和起义的指挥中心于12月31日决定停止行动。1905年革命至此结束。

这次革命取得了一定的成果，那就是迫使沙皇政府向人民作出了某些让步，如它声称要"赐予"人民人身不可侵犯的权利，信仰、言论、结社、集会的自由，扩大选举权；让国家杜马成为立法机关等。然而这都是以沙皇的意志为标准的。一旦沙皇不满意，这些东西又随意取消了。如1906年，第一届杜马因土地问题而通过了对政府的不信任案，沙皇政府便立即解散了杜马。

1905年革命的主要意义，在于它是俄国人民革命的一次"总演习"，既锻炼了革命者，也预示着一场更大的革命风暴就要来临。

18.2

大战中的溃败。二月革命。四月危机。七月事变。科尔尼洛夫叛乱。阿芙乐尔的炮声:十月武装起义。苏维埃:全新的人民政权

第一次世界大战是因为巴尔干问题而引发的,故而一贯以巴尔干各民族"保护者"自居的沙皇俄国,不得不早早地就向德、奥宣战。

其实,沙俄的参战还有更深刻的原因。一方面,沙皇政府的参战,是出于扩张和掠夺的目的,实现其久已有之的在巴尔干、黑海以及欧亚海峡地区争夺领土的计划;另一方面,沙皇政府为了缓和自1905年以来一直很尖锐的国内矛盾,消散与日俱增的不满情绪,瓦解日趋高涨的革命形势,便想用"一切为了战争"之类的口号来转移国内人民的视线,转嫁国内危机。

然而,以列宁为首的布尔什维克党,对沙皇政府的用心洞若观火,坚决反对俄国参加战争。在通过合法斗争反对无效的情况下,列宁提出了"变帝

图 18-1
列宁在演说

国主义战争为国内战争"的口号，决定利用战争之机，发动武装起义，推翻沙皇专制政府。

俄国在战争中的屡战屡败，促使了革命时机日益成熟。参战以后，俄国军队在东线与德奥军队展开了大厮杀。虽然战局时有反复，俄军牵制了德军大批有生力量，但俄国的伤亡极大，如单是1914年8月东普鲁士之战，俄军损失兵力就达25万之多。在1915年的春夏大战中，俄军更是遭到了毁灭性的打击，伤亡和被俘人员总数超过了170万人。

战争的一切灾难最后都落到了人民的头上。据统计，到1917年3月1日止，俄国共征集了1490万青壮年上前线打仗。也是1917年的一项调查，称农村男劳动力丧失了44%。当时的记载说：在俄国有成千上万的村子，村里的壮丁都被征发到前线打仗去了，这些人一般都没有回到自己的村子里。

战争将沙皇俄国的各种矛盾激化到了极点，由反战而发端的人民运动，终于发展成为一场推翻沙皇专制政府的武装革命斗争。

彼得格勒的工人和人民群众是这场革命的急先锋。从俄历1917年的1月起，该城的工人开始进行罢工斗争。2月23日（公历3月8日）这天，为纪念国际妇女节，彼得格勒工人和妇女举行大规模的政治罢工，并且上街集会和游行，人数达9万之多。第二天，人数更达到了20万。当政府派出军队来镇压时，布尔什维克们又深入军营，向士兵们晓之以理，动之以情，劝说他们不向人民射击。这种努力收到了极好的效果。2月27日，当彼得格勒更大规模的罢工和示威活动发生时，前去执行镇压任务的士兵们却掉转了枪口。一日之内，有6.6万名士兵倒戈，站到了革命力量一边。

起义士兵和工人们将彼得格勒的大部分地方都占领了。28日凌晨，剩下的一部分反动军官率部撤离了彼得格勒。首都人民二月起义获得了胜利。公历3月15日，沙皇尼古拉二世宣布退位，由其弟接替其位。后者做了一天沙皇，如坐针毡，亦急急忙忙地宣布退位，统治俄国300多年的罗曼诺夫王朝就这样终结了。

革命中产生了新的政权。2月27日，起义士兵和工人的代表们在塔夫利达宫集会，宣布成立彼得格勒工人士兵代表苏维埃，孟什维克党在国家杜马中的代表齐赫泽为苏维埃主席。这个苏维埃政权是不利于布尔什维克控制革

红星闪耀 509

命局面的。其选举章程中对苏维埃代表的产生这样规定：每1000工人可选1名代表，少于1000人的企业也可选1名代表；部队每一个连选1名代表：这样一来，占工人总数87%的大工厂选出了424名代表，而占工人总数仅为13%的小厂，也推选了422名工人代表。此外，士兵代表更多，总数达到2000人左右。

在孟什维克控制下的彼得格勒苏维埃，于当日晚上举行了第一次会议。虽然苏维埃里有一些野心家式的人物，如社会革命党人克伦斯基，但作为革命的权力机关，还是做了不少事情：成立粮食委员会，负责供给彼得格勒的粮食和其他食品；建立士兵委员会；建立工人民警队，负责维持城市的社会秩序；占领国家银行和造币厂，控制对财政的支配权，等等。

彼得格勒苏维埃的成立，还对其他城市起到了鼓舞和示范作用。一个月之内，整个俄国出现了600多个苏维埃。彼得格勒苏维埃则负有全俄苏维埃的使命。

然而，以克伦斯基为代表的资产阶级分子，却只把彼得格勒苏维埃看成临时机构。由他们出面，与杜马的临时委员会协商决定，成立临时政府。新成立的这个临时政府几乎是清一色的资产阶级代表：政府主席李沃夫出身大贵族，外交部部长米留科夫是立宪民主党人，陆军部长古契科夫是十月党人，只有担任司法部长的克伦斯基来自苏维埃，而此人本身就是混进革命队伍中的野心家。

临时政府的成立，使俄国出现了两个政权并存的特殊局面，即代表资产阶级利益的临时政府和代表工人、士兵利益的彼得格勒苏维埃。当然，权力中心还是转移到了临时政府那里。然而，这个政府是不可能为大多数人民群众谋利益的，它没有给人民带来和平、土地、面包和自由，所以人民愤怒地斥责它："洋姜不比萝卜甜。"

在这样一个特殊时刻，能否把握机遇，将革命继续推向深入，是革命者面临的一个重大抉择。唯有列宁及其拥护者表现了敏锐的洞察力和惊人的胆识。二月革命爆发的时候，列宁正旅居在国外。他密切注视着国内的革命进程，分析革命形势和各阶层的态度。3月，他在《真理报》上撰文，赞扬工人、士兵和苏维埃，揭露临时政府的种种阴谋，并号召俄国工人继续斗争，"在革命的第二阶段上取得胜利"。

4月3日，列宁从国外回到彼得格勒，在车站受到群众的热烈欢迎。在去布尔什维克党中央总部的路上，更多的人夹道欢呼，向这位伟大的革命家致意。结果一个半小时的路程花了2个小时走完。列宁在总部阳台上的即兴演说，打动了无数听众的心。

第二天清晨，在布尔什维克党代表会议上，列宁作了《论无产阶级在这次革命中的任务》，这就是著名的《四月提纲》。在提纲中，列宁依据社会主义可能在一国或数国首先胜利的理论，提出要将俄国革命从第一阶段转变为第二阶段，这就是将资产阶级的民主革命转变为社会主义革命，"使政权转到无产阶级和贫苦农民阶层手中。"这一提纲，遭到了一些人的反对。普列汉诺夫讽刺说："俄国历史还未生产出那种面粉：随着时间的推移将从它烤熟社会主义的小麦馅饼。"但斯大林、托洛茨基等领导人以及布尔什维克党的代表会议赞成这一提纲。

很明显，这一提纲是针对资产阶级临时政府的，就是号召新的革命，将临时政府推翻。然而，临时政府却执迷不悟，依然我行我素，坚持沙皇时代的旧政策。尤其不能令人容忍的是，临时政府仍坚持参加大战，不脱离协约国集团。4月18日，临时政府的外交部部长米留科夫向协约国各国政府发出照会，称俄国仍将"完全遵守对协约各国承担的义务"，把战争"进行到最后胜利"。

临时政府的庐山真面目由此暴露无遗。照会在报纸上公布后，不啻一颗炸弹爆炸，震惊了国内所有反战的人们。士兵和工人们尤其愤怒。4月20日，与战争最有关系、反对战争也最为激烈的士兵们率先行动。下午3时，彼得格勒卫戍部队15,000多人涌入临时政府所在地前面的广场，举行集会，高呼口号，要求米留科夫辞职。就连孟什维克控制的彼得格勒苏维埃也指责临时政府的逆民心举动。在他们的干预下，临时政府的外交部部长米留科夫、陆军部长古契科夫被迫辞职，而由苏维埃指派了克伦斯基等6人入阁，与原来的临时政府成员组成联合政府，所谓"四月危机"终于度过。

四月危机是二月革命之后第一次"比游行示威大得多而比革命小一些的事件"，这是人民群众对临时政府信任危机的开始。从此以后，资产阶级党

红星闪耀

派的影响下降，孟什维克以及社会民主党的政治作用有所上升。6月，召开了全俄工兵代表苏维埃第一次代表大会，选出的执行委员会委员中，有四分之三是孟什维克及社会民主党人，并由齐赫泽担任主席。而布尔什维克则有深厚的群众基础。

孟什维克和社会民主党控制的临时政府，仍然不愿放弃战争。7月，新任陆军部长克伦斯基命令加里西亚的俄军进攻奥匈阵地，不到10天便损失了6万多人。消息传到国内，临时政府总理李沃夫及一批部长感到无脸见人，辞去职务。而立宪民主党人却觉得临时政府的政策太左，也退出了临时政府。临时政府的统治再次出现危机。

7月2日，士兵和工人开始集会，举行游行示威活动。4日，50万群众走上彼得格勒街头。列宁亲自参加和领导了这次游行，并坚决支持群众提出的"全部权力归苏维埃"的斗争要求。然而，孟什维克们和社会革命党人把持的苏维埃却拒绝接管临时政府，而且还禁止示威活动，甚至还公开与工人、士兵为敌。他们同意政府从前线调兵回来，镇压示威群众。下午2时，忠于政府的部队与示威者发生冲突，约有400名群众被打死打伤,酿成了著名的"七月流血事件"。

接着，临时政府采取了更为严厉残酷的措施。布尔什维克的组织遭到破坏，它的一些宣传机构被捣毁，人员或被捕入狱，或被打被杀。党的领导人被通缉，列宁被诬以"德国间谍"之罪名而被通缉，他被迫逃亡。加米涅夫、托洛茨基等人则锒铛入狱。7月8日，由克伦斯基出面组织新政府，苏维埃称其是"挽救革命的政府"。从此，苏维埃再也没有掌握政权，反倒成了临时政府的附属物，甚至还参加了镇压工兵群众、镇压革命的行动。两个政权并存的局面至此结束。

具有反战意识和反政府意识的工人和士兵武装，也被临时政府解除。大部分卫戍部队被调往前线，紧跟布尔什维克的一些士兵武装，遭到了百般侮辱。7月12日，临时政府恢复了死刑；15日，颁布命令禁止在前线举行群众大会；18日，任命一贯反对革命的科尔尼洛夫将军为军队最高总司令。这就表明，这个"'挽救革命的政府'正在用绞杀革命的手段来'巩固'革命"（斯大林语）。

正是这个科尔尼洛夫，自以为镇压有功，反过来又对临时政府颐指气使，倍加指责。在8月的国务会议上，他和一批反动军官公然发难，批评临时政府优柔寡断，鼓吹要建立强有力的政权。在他的刺激下，克伦斯基也说要用"铁和血"的手段来维护临时政府。

可是，科氏之意再明显不过了。他就是要借助自己手中的武装，推翻临时政府，建立反动的军事独裁政权。一有机会，他就暴露了自己的野心，并且自己制造机会。8月中旬，他在对德战争中有意放弃里加，将大批的兵员和军火从前线撤走。20日，里加城被德军占领，彼得格勒暴露在敌人眼前。科尔尼洛夫借口"保卫首都"，命令部分部队向彼得格勒进军。同时派临时政府前总理李沃夫到彼得格勒，向克伦斯基发出最后通牒，要求临时政府全体辞职，由他来接管所有的权力。

克伦斯基不敢相信这样的事实，他立刻宣布科尔尼洛夫为卖国贼，撤销其总司令职务，同时向苏维埃求援。大敌当前，苏维埃特别是布尔什维克党领导了反对叛乱的斗争。布尔什维克们深入到科尔尼洛夫的军营，向士兵们揭露事情的真相，揭穿科尔尼洛夫的卑劣意图。士兵们纷纷倒戈。8月底，叛乱自动平息，科尔尼洛夫被逮捕，手下的军官有的被迫自杀。

这场闹剧，反映了临时政府在关键时刻的无能，也表现了布尔什维克党人面对复杂情况的成熟，因而加强了布尔什维克的力量和在群众中的威望。而叛乱之后的俄国，正面临着一个极度困难的时刻，经济危机成为临时政府最头痛的难题，农业萧条，工业瘫痪，俄国人民正在饥饿和贫困线上挣扎。

这是发动武装起义、举行社会主义革命的最好时机！

布尔什维克党早就预料到了革命形势的即将到来。还在8月份的时候，布尔什维克就召开了党的第六次全国代表大会，确立了武装起义夺取政权的方针。在平定科尔尼洛夫叛乱的过程中，布尔什维克进一步发动群众，掌握了更多的武装力量，它的威信亦日渐上升，各地苏维埃纷纷表示愿意接受布尔什维克的领导。

为了革命的胜利，布尔什维克党作了充分的理论准备、军事准备和干部准备。

此时，列宁正在北方的拉兹里夫湖畔一间小草棚里，夜以继日地撰写著作《国家与革命》。为了安全起见，列宁后来又转移到了芬兰，继续写作。

红星闪耀

这部著作在马克思主义的发展史上具有里程碑式的意义,列宁在阐明国家学说的同时,特别强调了暴力革命对推翻资本主义统治的意义。列宁在书中是这样说的:"资产阶级国家由无产阶级国家(无产阶级专政)代替,不能通过'自行消亡',根据一般规律,只能通过暴力革命。"

9月中旬,在国外的列宁敏锐地觉察到,国内革命的时机已经到来。他给布尔什维克党中央写了两封信,一封叫《布尔什维克必须夺取政权》,另一封是《马克思主义与起义》,都以谈论发动武装起义为中心话题。

在国内的布尔什维克,一方面深入发动群众,作武装起义的准备;另一方面,党的领导机构在接到列宁的信之后,进行了激烈的讨论。虽然有加米涅夫、李可夫等人不大赞同马上起义,但斯大林、斯维尔德洛夫等人的态度异常坚决。

在这种认识上有分歧的情况下,列宁毅然从芬兰回到了国内。10月7日,列宁经过化装,乘坐一辆煤水车,安全抵达了彼得格勒。第二天,他以"局外人的意见"为题,向布尔什维克党详细阐述了举行武装起义的意义和策略,其中特别提到,"不要玩弄起义",要干就要干好,要干就要干到底;要以进攻为主要方式,"防御是武装起义的死路";要在起义的每时每刻都取得胜利,无论如何要保持"精神上的优势"。

10月10日和16日,布尔什维克党中央连续举行会议,决定在近期举行武装起义、推翻临时政府,并成立军事革命委员会,作为起义的指挥机关。指挥部设在彼得格勒的斯莫尔尼宫,时任彼得格勒苏维埃主席的托洛茨基负责全面指挥。

10月24日,临时政府得知起义即将举行的消息,密谋逮捕军事革命委员会的成员。布尔什维克党中央当机立断,决定立即发动起义。这天晚上,列宁也来到了斯莫尔尼宫亲自指挥。由于克伦斯基政府属下部队消极待命,起义军的进展极快,到第二天清晨时分,彼得格勒的关键部位全被占领,包括一些政府机关。

10月25日(公历11月7日)上午,军事委员会发表《告俄国全体公民书》,宣告临时政府已被推翻,"国家政权已转到彼得格勒工兵代表苏维埃所辖的军事革命委员会手中"。这一整天,起义的工人武装和士兵与敌军进行了激烈的争夺，处处都是革命队伍获胜。上午10时，山穷水尽的克伦斯基乘上一辆美国大使馆的汽车，仓皇逃出彼得格勒。到下午6时，浩浩荡荡的起义队伍将临时政府所在地冬宫包围得严严实实。

晚上9时45分，停泊在涅瓦河上的"阿芙乐尔号"巡洋舰，打响了进攻冬宫的第一炮。阿芙乐尔号军舰是有光荣革命传统的。在第一次世界大战之前，该舰长期在国外航行，受到了流亡国外的俄国社会民主党人的较大影响。一战期间，因检修而停靠在彼得格勒，受到工人运动的感染，二月革命中曾与工人们一道参加起义。布尔什维克党在船上建立了坚强的组织，无论是实际上还是名义上都控制了该舰。舰上不到600人的士兵中，布尔什维克党员就有42人。

守卫冬宫的是一批士官生和所谓"突击队员"，他们虽然拼死抵抗，但终究顶不住起义军的强大攻势。至凌晨2时，冬宫终于被起义军攻占，包括海军部长维尔杰列夫斯基、救济部长基尔金（此时暂兼政府首脑）、陆军部长马尼科夫斯基在内的临时政府十多位部长全部俯首就擒。十月武装起义取得彻底胜利。

起义军在攻打冬宫的同时，全俄苏维埃第二次代表大会在斯莫尔尼宫开幕。会议是在布尔什维克领导下召开的，出席者也多是布尔什维克。

在列宁的主持下，大会通过了一系列重要文件。《告工人、士兵和农民书》庄严地宣布，全国各级政权一律转归工兵代表苏维埃，这标志着无产阶级领导的俄国革命政权正式诞生，社会主义制度在一个大国中首先建立。

大会通过的《和平法令》，向一切交战国提出建议，各国都以公正的姿态进行谈判，立即实现不割地、不赔款的和平。《和平法令》宣布废除秘密外交，主张公开进行一切谈判，法令还要求将沙皇及临时政府缔结的一切秘密条约予以公开，并立即无条件地将之废除。

《土地法令》也特别引人注目。因为关系到千百万农民的切身利益问题，苏维埃政权也特别地重视。在列宁看来，虽然农民们没有直接参加十月革命，但如不发动占全国人口大多数的农民，在俄国各地建立和巩固苏维埃政权是不可能的。因此，该法令的中心思想，就是将地主的土地毫无报偿地没收，将土地、耕畜和农具等交给耕种土地的劳动者平均使用。

根据这个法令，后来大约有 15,000 万公顷的土地转到了农民手中。农民分得的农具，价值也达 3 亿卢布左右。因此，《土地法令》解决了本应由二月资产阶级民主革命完成的任务，农民们称之为"神圣的法令"。

大会选举了苏维埃的最高机关——全俄中央执行委员会，布尔什维克是委员会的主体，加米涅夫为执委会主席。接着，称为人民委员会的俄罗斯共和国临时工农政府应运而生。列宁是人民委员会主席。下设的 13 个人民委员会部，都由布尔什维克担任人民委员。如托洛茨基任外交人民委员，斯大林任民族事务人民委员，李可夫任内务人民委员，卢那察尔斯基任教育人民委员。

在彼得格勒革命胜利形势的鼓舞下，俄罗斯各地起义不断，捷报频传。11 月初，莫斯科的武装起义也取得胜利。到 1918 年 2 月，苏维埃政权已遍布俄罗斯大地。列宁兴奋地说，从十月起义到 1918 年春，是"苏维埃政权凯歌行进时期"。

1918 年的 1 月 10 日，全俄第三次代表大会召开，会议通过宣言，宣布俄国"为苏维埃共和国，中央和地方全部政权归苏维埃"。

7 月，全俄第五次苏维埃代表大会通过《俄罗斯苏维埃社会主义共和国宪法》，全新的人民政权完全建立，世界上第一个社会主义国家正式诞生。

18.3

布列斯特和约：苏俄退出大战。征粮、叛乱和兵变。保卫苏维埃：平定高尔察克和邓尼金叛军。列宁的智慧：从战时共产主义到新经济政策。苏联的建立。巨人辞世

沙皇政府将俄国拖入了大战，资产阶级临时政府继续奉行战争政策。作为新的人民政权，苏维埃政府的首要任务就是要将俄国从战争的泥潭中拔出来。

《和平法令》颁布后，协约国集团各主要国家即英、法、美正式拒绝了苏俄政府的建议，并且声称将不承认苏维埃政府。在这种情况下，苏俄不得不单独同德国谈判。其时德国已经精疲力竭，在大战战场上明显地处于劣势。为了尽全力与西线的英法美作战，德国接受了苏俄建议，双方于1917年12月停火后，开始进行缔结和约的谈判。苏俄一方的首席谈判代表是时任外交人民委员的托洛茨基。

或许德国人摸透了苏俄急于谈和的心思，提出了极为苛刻无理的要求，要俄国放弃已被德国军队占领的大片领土。这一信息传到彼得格勒时，引起了布尔什维克领导人的激烈争论。布哈林等坚决反对谈和，要以战争来对付战争；列宁认为苏维埃政权刚刚诞生，前方的军队早已疲惫不堪、无力作战，不如在接受德国的条件下实现和平，争取一个巩固新政权的稳定国际环境。托洛茨基则提出干脆不战不和，与德国人继续周旋。

苏俄领导人还在争执不休的时候，德国又发起了新一轮的进攻，又是一大片土地沦陷于德军之手，后者甚至逼近了首都彼得格勒。德国以此为筹码，和谈要价更高。布尔什维克党中央再一次展开激烈争论。最后列宁坚定地表示，如果不签订和约，他就辞职，争论的各方才逐步取得一致意见。这样，1918年的3月，苏俄同德国终于签署《布列斯特和约》。

虽然和约将俄国的100多万平方公里土地划归德国，但这显然是列宁在不利国际条件下斗争策略灵活性的具体表现，新生的苏维埃政权因而赢得了喘息时间，能用主要的精力来对付国内的问题。同时，列宁决不是无原则、无休止的退让。8个月后德国在大战中失败，苏俄政府立即宣布废除布列斯特和约。

在国内错综复杂的矛盾中，粮食问题占据着最中心的位置。连年来的战争和社会动荡，使俄国粮食生产降到了最低点，粮食出口大国变成了食品极为匮乏的饥馑之国。特别是大中城市，几乎断绝了粮食供应。为了安定人心，满足城市人口和部队官兵的生存需要，苏俄政权不惜运用一些非常措施，征集农村粮食。

1918年5月，政府颁布法令，禁止不交余粮给政府的行为，禁止用粮食酿酒，违者被视为犯罪行为而送交法庭审判，并将粮食没收。在这一法令得不到很好执行的情况下，1919年初，颁布了余粮征集制。不过，这一"余粮"所涵盖的范围太大了，连农民必需的口粮、种子，在一些地方都一征而空。

红星闪耀　517

为了对付农民尤其是富农们的抗征行为，政府还组织了武装的工人征粮队下乡。据说，征粮队最多时，人数达到了8万。有的征粮队还配备了机关枪等先进武器。

对苏维埃政权的这样一些举动，与布尔什维克曾经并肩战斗，并参与了政府的左派社会革命党人感到不可理喻。布列斯特和约签订时，他们大为不满，愤而退出了政府。7月，他们提出对政府的不信任案。7月6日，左派社会革命党人布柳姆金炸死了德国驻俄国大使，以此来挑起对德国的战争。接着，他们又在新首都莫斯科的三仙巷公开发动武装叛乱，甚至还敢于扣押专司镇压反革命职能的"契卡"负责人捷尔任斯基。7月7日早晨，叛乱分子一度占据了包括电报总局在内的一些要害部门。不过，他们的叛乱行动很快就被红军一举平定。

几乎同时，来自捷克军团的叛乱活动，却使苏俄政权第一次面临严峻考验。第一次世界大战期间，俄国将俘虏的数万捷克军人，编成一个军团。十月革命后，苏维埃政府同意他们经由西伯利亚，从符拉迪沃斯托克（海参崴）转赴西欧，参与协约国一方作战。东行途中，捷克军团在西伯利亚铁路线上突然发动暴乱，并且得到了协约国的支持。

叛军迅速攻占了西伯利亚的大部分城市和战略要地，对苏维埃政权构成了极其严重的威胁。7月29日，苏维埃政府宣布"社会主义祖国在危机中"，指挥红军向叛乱者发起了反攻。9月。红军收复了喀山；10月，捷克军团被彻底击溃。剩下的人员最后仍通过符拉迪沃斯托克去了西欧。

对苏俄退出大战，协约国集团认为这无异于釜底抽薪，削弱了己方的力量，因而特别耿耿于怀。只是因为要全力同德奥同盟国集团作战，它们才无暇发作。当大战结束、协约国集团取得胜利后，它们气势汹汹，开始了对苏维埃俄国的武装干涉。不过，这种干涉的主要方式，是支持沙俄时代的旧军官发动叛乱，向苏维埃政权进攻。

最初发动暴乱的是沙俄时期的海军上将高尔察克。此人早在1918年就在西伯利亚地区发难，推翻当地政府，自封为"俄国最高执政"。次年3月，协约国出钱出枪，武装了数十万高尔察克部队，向西直攻莫斯科，而且连连得手。

在这万分紧急的情况之下，苏维埃政府立即组织了百万大军开赴前线。

由红军著名将领伏龙芝指挥的南线部队,在 4 月下旬就转入了反攻。通过布古鲁斯兰、别列别依和乌法三大战役,歼灭了高尔察克的主力。在乌法战役中,红军师长夏伯阳立下了奇功,他的英勇事迹广为流传,他的名字成了一代苏俄英雄的代称。

11 月,红军攻占了高尔察克的老巢西伯利亚的托木斯克。高尔察克继续往东逃窜,后被新建立的当地布尔什维克政权抓获,并判处死刑。

当红军正同高尔察克浴血奋战之际,南方的邓尼金叛军也向苏维埃发起了疯狂进攻。邓尼金也是沙俄将军,曾参加过科尔尼洛夫叛乱,被捕后越狱逃到了南俄罗斯和乌克兰一带,自任"南俄武装力量总司令",纠集了 15 万人马。协约国提供了大量武器弹药,为其进行全新的装备。这支叛军习惯上称为白卫部队。

1919 年 6 月,邓尼金部队由北高加索出发,从南线进攻苏俄核心地带。其时红军主力正在与高尔察克作战,南线防守较为空虚薄弱,邓尼金因而连战皆捷,一路顺风,直打到离莫斯科仅 200 公里的地方。内地的反革命势力很是振奋,气焰也猖狂嚣张起来。据说,顿涅茨地方一个工厂主居然悬赏 100 万卢布,奖给第一支冲进莫斯科的团队。

图 18-2
苏联女红军战士

红星闪耀　519

邓尼金不可能实现自己的梦想,因为在列宁"大家都去同邓尼金作斗争"的号召之下,志愿奔赴战场的人异常踊跃。叶戈罗夫、斯大林等党的重要负责人也直接参与了作战指挥工作。10月中旬,红军发起反攻,打败了邓尼金的主力。1920年3月,红军与邓尼金叛军在诺沃罗西斯克展开最后决战,邓尼金主力悉数被歼。心灰意冷的邓尼金逃往国外;年底,其残部被彻底歼灭。保卫苏维埃政权的三年内战至此基本结束。

苏维埃政权在对外事务上,也有过一些曲折。1918年年底,独立后的波兰在协约国集团怂恿下,突然向苏俄提出领土要求,并且在1919年初付诸行动,攻占了立陶宛首都维尔诺和白俄罗斯首都明斯克。1920年,苏俄表示愿意在协商谈判的基础上,与波兰划定疆界。然而,正在势头上的波兰毕苏斯基政府拒绝了。他志在必得,于4月下旬亲率大军侵入苏俄,很快占领了乌克兰首都基辅。

苏俄几乎又是全国动员,进行坚决抵抗。7月,由图哈切夫斯基指挥的西线红军首先反攻,一路所向披靡,解放了明斯克,直逼波兰边境。此时,英国外交大臣寇松代表协约国向苏俄提出波苏边境的划分问题,但遭到苏俄领导人拒绝。红军继续西进,直指华沙城下。可8月华沙战役的最后结果却是红军大败,将近10万人被俘。波军反击,再次越过了"寇松线",直至10月停战。1921年3月,苏俄和波兰正式签订和约,规定边界线在寇松线以东200至300公里处,白俄罗斯西部和乌克兰西部均划给波兰。这是新生的苏俄国家在对外斗争中的一次大挫折。

可以毫不夸张地说,初期的苏维埃俄国处在一种危机频仍、险象环生的艰难境地。不但内有暴乱,外有外侮,而且连党的领导人的生命安全都得不到保证。尽管苏俄成立了专门的反恐怖机构——全俄肃反委员会(简称"契卡"),有政治目的的暗杀行刺活动仍时时发生,甚至以列宁为主要对象。

1918年1月,列宁乘坐的汽车遭到枪手袭击。6月20日,彼得格勒苏维埃负责人沃洛达尔斯基被一个陌生人打死在大街上。8月30日,彼得格勒肃反委员会主席乌里茨基被一个青年开枪击中头部。也就是在这一天,当列宁在一个工厂演讲完毕,正准备登车离厂时,一个叫卡普兰的年轻女子朝他连开了3枪。列宁中弹倒地,身负重伤。当列宁愤怒地提出,要以"红色恐怖"

来对待白色恐怖时，这一类的政治暗杀活动才有所收敛。只不过，进行"红色恐怖"的"契卡"反成了人人谈虎色变的机构。

列宁不愧为杰出的无产阶级革命家，他审时度势，灵活机智，一切因时间、地点和条件的变化为转移，充满政治智慧。当国家出现极度困难，而保卫苏维埃政权成为头等大事时，列宁果断地决定，要在"一切为了前线，一切为了战胜敌人"的口号下，把各项工作都转入战时轨道，把所有的财力物力人力都集中起来，统一调度，于是便有了"战时共产主义"这一做法。

战时共产主义政策的基本点，除了对农村实行"余粮征集制"实则是粮食征收制外，在城市则是将中等企业收归国有，对小企业实行监督。国家设立管理机构，管理工业，集中领导产品的生产和分配。禁止自由贸易，实行粮食和日用品的统一配给制。要求全国的成年人实行义务劳动。1919年4月，莫斯科至喀山铁路线上的一个党支部发起组织星期六义务劳动，为支援前线而放弃了假日休息，列宁大加赞赏，给予高度评价，称此为"伟大的创举"。

应该说，战时共产主义政策在极其特殊的情况下，将全国有限的人力物力集中起来利用，对保卫新生的人民国家起到了积极的作用。当保卫祖国的政治斗争基本完成、经济建设成为首要任务的时候，列宁又能及时调整思想，将战时共产主义政策转变为"新经济政策"。

从1914年至1920年，俄国参加了4年世界大战、进行了3年国内战争，整个国家满目疮痍，经济处于崩溃的边缘。1920年，全国粮食产量只有1913年的一半，工业产值只及1913年的13.8%，煤铁产量只有1917年的28%和4%，棉织品只有战前的5%。人民生活尤其是城市人民的生活极端困苦，城市人口急剧下降。从1917年1月到1920年7月，莫斯科从204万居民减少到112万，彼得格勒人口从250万减至72.8万。由于生活困难，工人中的失望和不满情绪上升，甚至不断发生工人的罢工和游行。连作为布尔什维克依赖支柱的喀琅斯塔得水兵，也爆发了兵变，公开对党的领导表示不信任。农民们也强烈反对"余粮"征集制，请愿和骚乱之类行动比比皆是。

列宁和布尔什维克党认真分析了这一严峻的危机，逐渐认识到必须改变现有的经济政策。1921年，俄共（布）第十次全国代表大会作出决议，决定废除余粮征集制，实行粮食税，从战时共产主义政策向新经济政策过渡。

粮食税的实行，调动了农民的生产积极性。按照这一政策，农民在交纳了粮食税之后，余下的粮食一律自主处理；而且粮食税额也定得比较低，全国 1922—1923 年度所收粮食只及 1921—1922 年度的 58%，农民多打粮食便能多得粮食。为了鼓励生产，政府还实行了允许在土地上使用雇佣劳动力、延长租佃土地年限等一系列措施。

从农业领域开始的新经济政策很快就扩展到了其他经济部门。在流通领域，国家允许在地方范围内相互交换剩余农产品，但在全国范围内却实行产品交换。中央设立消费总社，下设许多网点。工业品由国家交给合作社，再由合作社同农产品交换。按照列宁的看法，这样做可以将资本主义限制在最小的范围内。不过，这仅仅是一种尝试而已，事实证明，这一尝试是失败的。因为农民不愿意接受，各地的合作社也未能很好地完成交换工作。最后，政府恢复了商品的自由贸易，既建立了国营的商业公司，也鼓励私营商业尤其是零售商业发展。商业的恢复使经济立即活跃起来。

新经济政策在工业方面也有重大突破。国家继续控制和经营与国计民生直接相关的大中型企业。对中小企业则采取了灵活多变的方法，可以租让给外国资本家经营，也可以租借给本国的公民、合作社及其他组织。这是一种国家资本主义经济，经营权可以归私人，但所有权仍然属于国家。经营者还必须接受国家的监督和指导，遵纪守法，遵守合同，按时完成租约所规定的职责。

新经济政策的实行，无疑体现了列宁从本国国情出发的实事求是态度和正确抉择。它使红色苏俄迅速度过经济危机，人民生活有了基本保证，社会逐步安定。而且它也有一定的理论意义，即摆脱了对社会主义的教条式理解，而以发展经济、改善和提高人民的生活条件为根本标准。这对后来的社会主义运动和改革都有一定的启发性。

俄国是一个版图大国，沙皇时代领土最多时达到 2200 多万平方公里，境内有 100 多个民族。如何处理好民族关系、建立真正巩固的统一国家，是国家建设的重大问题。沙皇政府实行大俄罗斯主义，对境内的少数民族实行控制和镇压政策，结果只会激起各民族对中央政府的越来越大的离心力和越来越激烈的反抗。

十月革命的胜利，各民族大受鼓舞，纷纷提出独立或自治的要求，建立自己的独立国家或自治共和国。波兰、芬兰、爱沙尼亚、拉脱维亚、立陶宛先后宣布独立，并得到苏俄的承认。后来，乌克兰、白俄罗斯、阿塞拜疆、亚美尼亚、格鲁吉亚、花拉子模、布哈拉等先后成立了苏维埃共和国，即使是在俄罗斯内部，也有巴什基尔、鞑靼等少数民族成立了自治共和国。

随着国内战争的结束，各个苏维埃共和国逐渐形成了共识，认为有必要建立统一的经济政治整体，来加强各国之间的经济文化联系。于是，俄共（布）中央成立了由斯大林负责的专门委员会，来具体研究这一问题。最初，斯大林提出了"自治化"方案，规定各国以自治共和国的身份加入俄罗斯联邦，俄罗斯联邦的最高权力机构即是联盟的最高权力机构。这一方案遭到斯大林家乡格鲁吉亚的领导人坚决反对。列宁也提出了严厉批评，斥责斯大林搞"大俄罗斯主义"，称斯大林这个"俄罗斯化的非俄罗斯人比真正的俄罗斯人情绪更过火"。

经过反复酝酿，1922年的12月30日，全联盟苏维埃第一次代表大会在莫斯科举行。会议决定成立苏维埃社会主义共和国联盟（简称"苏联"），由4个加盟共和国组成，即俄罗斯、乌克兰、白俄罗斯，以及由阿塞拜疆、亚美尼亚、格鲁吉亚联合而成的南高加索联邦。

1924年，中亚乌兹别克和土库曼两个苏维埃共和国宣告成立，第二年加入苏联。1929年，塔吉克自治共和国升格为加盟共和国，不久后加入苏联。1936年12月5日，哈萨克和吉尔吉斯两个自治共和国又升格为加盟共和国，当天加入苏联。这一天，南高加索联邦宣布解散，阿塞拜疆、亚美尼亚和格鲁吉亚三个共和国均以独立身份加入苏联。

列宁实现各民族大团结的愿望基本实现了，但由于被刺受伤，身体状况日益恶化，使他无法领导这个多民族国家沿着正确的道路前进。虽然病中他仍在努力探索建设社会主义的途径，关心苏维埃政权的前途和命运，关心党的稳定和高层领导人的团结，但病魔使他力不从心了。卧床休养一年多后，列宁终因脑溢血而引起呼吸器官麻痹，于1924年1月21日隆冬季节在莫斯科与世长辞。

红星闪耀　523

苏联人民失去了敬爱的领袖,世界无产阶级失去了一位伟大的导师。1月26日,在莫斯科举行了隆重的追悼大会。大会决定永远纪念列宁,将彼得格勒改为"列宁格勒"(今圣彼得堡,后同)。列宁的遗体被长期保存,安放在水晶棺里,置于红场供人们永远瞻仰。

18.4

斯大林与他的对手:托洛茨基、加米涅夫、季诺维也夫、布哈林。从社会主义工业化到农业全盘集体化。计划经济的范本:五年计划。所谓"斯大林模式"。对斯大林的个人崇拜和"肃反"大清洗

列宁去世后,苏联高层领导人内部的矛盾和斗争立刻白热化。作为党的总书记的斯大林,始终在矛盾冲突中居于优势地位,及时抓住并牢牢控制了党和国家的最高领导权,最终成为党和国家的最高领袖。

斯大林意为"钢铁般的人",他的本姓是朱加施维里,1879年出生在南高加索格鲁吉亚的一个鞋匠家庭。20岁的时候,他就成了一名职业革命家。不久后即遭到沙皇政府迫害,流放于遥远的西伯利亚。1905年,他第一次见到列宁,从此成为列宁的支持者。1912年,他在列宁身边时,细心钻研了民族问题,发表了一通至今仍被当作经典的民族定义"五个共同"之高见,从而成为党内的民族问题专家。后来,列宁让他担任民族人民委员,又委以他创建体现多民族统一的"苏联"国家的重任,均有这一层考虑。

十月革命中,斯大林坚决支持列宁关于武装起义的纲领。革命胜利后,斯大林也在一些重大问题上与列宁保持一致,因此深得列宁的青睐,是列宁领导下的五人政治局委员之一。1922年,斯大林担任了俄共(布)中央总书记,几乎是权倾一切。然而,列宁对斯大林也不是特别赞赏。据说在列宁的遗嘱里,有斯大林不适合当党和国家最高领导人之话语,也有斯大林不再担任党的总书记之职务的建议。然而,病人的遗言已无法阻挡斯大林的权力膨胀趋势。

列宁死后，斯大林成为最高负责人的呼声日高。但是党内也有极其强硬的反对派，总代表就是十月革命"前线总指挥"，后又成为"红军之父"的托洛茨基。此人与斯大林同岁，犹太人，既有组织能力，又才华横溢，很早就跟随列宁，但往往与列宁的思想不合拍，常受列宁的批评。十月革命时，他曾经风光了一段，为苏维埃政权的建立和巩固立下了汗马功劳。

也许自恃有功，托洛茨基目中无人，同党内其他同志开始疏远，甚至还对列宁有所非议。列宁去世后，托洛茨基发表了《十月的胜利》一文，称自己在十月革命中的作用比列宁还大，这就触犯了众怒。斯大林因此联合党内第三、四号人物加米涅夫、季诺维也夫，轻而易举地就将托洛茨基逐出了政治舞台。1925年1月，俄共中央全会解除了托洛茨基的革命军事委员会主席职务。随后又有9万多人被视为托洛茨基的追随者而清除出党，这些人后被斥为"托派分子"。

或许是"狡兔死，走狗烹"，与斯大林联合把托洛茨基撸下台的加米涅夫和季诺维也夫，也重蹈了托诺茨基的覆辙。深层的背景虽然还是权力斗争，但导火线却是两人对斯大林理论的反对。在1925年4月的俄共（布）十四次代表会议上，斯大林曾提出"在一国可以建成社会主义"的理论，不过未加详细阐述；这年年底的俄共（布）十四大上，斯大林代表中央，提出要把苏联建成社会主义工业国，提出了社会主义工业化的方针。而加米涅夫和季诺维也夫却组成"新反对派"，对斯大林极尽攻击之能事，甚至还提出要撤换斯大林的总书记职务。这自然激怒了斯大林以及与会的绝大多数代表。会后，加米涅夫和季诺维也夫的有关职务被撤销。

1926年，托洛茨基和季诺维也夫又走到了一起，结成托—季联盟。他们声称斯大林的"一国建成社会主义"理论是"臭名远扬的理论"。1927年，这种指责进一步升级，托—季联盟开始攻击斯大林，还抛出"左"的反对派政纲。俄共中央同意在全党范围内进行辩论，结果只有0.5%的党员赞同托季联盟。当年的十月革命10周年纪念日，反对派不甘心自己失败，又发动数百人游行。联共中央认为，托季联盟的行为已超出了党章许可的范围，立即召开会议，将托、季二人开除出党。

与托、季联盟作斗争时，斯大林得到了年轻的布哈林的支持。布哈林是俄共"党内"很有理论修养的领导人之一,曾得到列宁的赞扬。粉碎托季联盟后,因为对农民和农业政策的不同看法,布哈林以及李可夫、托姆斯基又得罪了斯大林。斯大林称布哈林的观点是"机会主义"路线,布哈林本人被解除了领导职务。因此,至二三十年代之交时,斯大林在全党的领导地位已得到了完全巩固。

在斯大林的领导下,苏联社会主义建设走的是一条"先工业化、后集体化"的道路。在斯大林看来,苏联受到世界资本主义的包围,为了打破这种包围,苏联必须有自己独立的经济体系,必须既能生产人民生活需要的消费品,更能生产各种生产资料,包括机器。落后的苏联更要发展经济,以避免挨打。要高速发展经济,就必须利用行政手段积累资金,就必须走优先发展重工业的道路。

工业化道路刚刚确立,斯大林又把农业问题提上了日程。这个时候,由于新经济政策实施,农村经济得到了较快发展,但社会分化问题也开始出现,富裕农民达到了100万户之多。这样,有不少人担心贫富差距扩大,担心导致资本主义自发倾向出现。联共(布)党内再次出现分歧,斯大林、布哈林、

图 18-3
推进工业建设的苏联宣传画

托洛茨基各执一词，但共同点都是，应该对小农经济进行改造。

联共十五大讨论了农业问题，但会后，政府与富裕农民的矛盾反而加剧。1928年初，国家收购的粮食不到上年同期的四分之三，迫使国家不得不采取非常措施，结果又造成了农村中许多富农和富裕农民公开激烈地反对政府。斯大林在与布哈林进行激烈的斗争之后，决心用行政手段加快农业集体化的进程。

1929年，大约有8%的农户、4%左右的耕地加入了集体经济组织，斯大林感到这一速度太慢。于是，1930年初，根据他的要求，俄共中央通过专门决议，计划在几年内实现全盘集体化，并严格限制富农经济，严厉处置富农。因此，从1930年起，农村集体化运动在全国范围内以极快的速度发展起来。仅到3月底，集体化的比例就达到了58%。但是强迫命令式甚至行政压制式的做法也非常普遍，以至于侵害了农民特别是中农的利益，并造成大量的牲畜因农民将其带入农庄而被宰杀，生产力遭到严重破坏。到1932年年底，全国已有集体农庄20多万个，公有制经济的播种面积达到总播种面积的80%。因此，联共中央宣布，改造个体小农经济的历史任务已经完成。

随着农业集体化的完成，农村的变化完全可以用日新月异来形容。农村没有了富农阶级，分散的小生产变成了集中的大生产，国家征收的粮食大大增加，为解决城市的生产与生活创造了条件。只是由于违背了自觉自愿原则，农民们也遭受了很大痛苦，甚至包括受迫害而死亡。而且由于更多的强制命令，农民的生产积极性也被大大地挫伤。同时，对农民的物质利益过于忽视，造成了用掠夺农村和农民来发展经济、保障工业的错误，使苏联的社会主义建设走了太多的弯路。

苏联的社会主义经济建设，采取了一种制订"五年计划"的做法。它从1928年开始实行第一个五年计划。每一个五年计划有具体明确的任务。最初的重点是改造经济结构，完成社会变革的任务，更多的是制订经济发展的各项指标，以及实现这些指标的各项措施。应该说，在充分运用国家权力的基础上，实行严格的计划经济，在一段时期里是能取得很好效果的，特别是减少了资本主义经济的社会大生产无序状态，避免了资本主义经济周期性危机的出现，同时也使经济的各个方面能得到均衡的发展，以满足社会和人民的各个方面的生活和消费需要。因此,制订五年计划的做法,也被后来的社会主义国家所沿用。

但如果将这些当作一成不变的模式来推行,就会犯这样那样的错误,最后导致社会主义事业产生这样那样的曲折。苏联实际上就是将自己的经验变成了一种"斯大林模式"。史家这样评价:斯大林模式在政治上实行高度的中央集权,党领导甚至包办了一切,政权机构形同虚设,少数民族利益得不到保障,民主法制被忽视,干部对上级负责,终身任职,权力越来越集中于个人手中。在经济上也是高度集中的行政命令体制,以国有化或准国有化为单一经济成分,重工轻农、重重工业轻轻工业,建立一种准军事制的国民经济体系。从当时情况看,确是反对资本主义世界包围的需要,但从长远来看,对经济发展和人民生活水平的提高是极不利的。苏联后来正是长期实行"斯大林模式",带来了无法估量的恶劣影响。

不管怎样,斯大林模式在当时的苏联是取得了巨大成就的。正因为如此,苏联国内对斯大林的宣传日益升级,而且,对斯大林的浓厚的个人崇拜,居然演变成为一种政治思潮。斯大林成了神明,是党和国家的化身,是真理的代表,斯大林的言论成了人们工作学习的指南,成了真理的标准,判断事物正确与否的标准。一切反对个人崇拜的做法均遭到了不公正的、错误的批判,甚至连文化科学领域都由斯大林说了算。1934年,斯大林还当选为苏联科学院院士。

党内开始有人对斯大林的个人崇拜不安。1934年的十七大上,斯大林是当选的中央委员中票数最少的一个。这无疑对斯大林是一个极大的震动。这年的12月,中央政治局委员中最有威信的基洛夫被暗杀。斯大林以此为借口,开始发动大规模的"肃反"大清洗运动,大量的党、国家和军队的领导人以及各级党政的骨干力量被杀掉。从1936年到1939年,有一半以上的党员被逮捕,被害者中,有加米涅夫、季诺维也夫、布哈林、李可夫等老反对派,有红军元帅图哈切夫斯基、布留赫尔、叶戈罗夫等高级将领,有"火箭之父"科罗廖夫、喀秋莎炮的发明者朗格马克等著名科学家,甚至连留驻苏联的外国共产党领导人也被杀害,如匈牙利共产党领导人库恩·贝拉,南斯拉夫中央书记查皮克等。如此滥杀,是斯大林一生中最大的污点。

第十九章

邪恶与正义
第二次世界大战

19.1

白色方案：德国进攻波兰，第二次世界大战爆发。北欧的屈服。黄色方案：法国沦陷。从海狮计划到不列颠空战。意大利的躁动。巴巴罗萨计划：德国侵略苏联

1939 年 9 月 1 日，本应是秋高气爽的好日子。波兰人民万万没有想到，这是他们厄运和苦难开始的一天。这也是世界人民备感耻辱的一天。

波兰是一个多灾多难的民族，历史上它曾经三次被邻国瓜分。直到第一次世界大战结束，波兰人民才赢得了独立。哪知第二次世界大战的战火又从这里燃起。

德国法西斯为了寻找战争的借口，一直在波兰走廊区和但泽自由市问题上蓄意为难波兰。1939 年 3 月 15 日德军占领捷克后，实际上形成了对波兰的三面包围圈：西面是德国本土，北面是德国的东普鲁士和波麦拉尼亚地区，南面是捷克和斯洛伐克。因担心英法参战，希特勒貌似与波兰维持和平，暗中却在 4 月初下达了秘密的"白色方案"，指令部队务必在 9 月 1 日前完成

战争准备。

7月,德军在德波边界地区集结大量兵力。8月,当希特勒从情报中得知英法不会介入战争时,胆子陡然壮了起来,于31日发出了第一号作战指令,指示部队执行"白色方案"。这天晚上,一队德国党卫军化装成波兰士兵,袭击了德国边境的格兰维茨电台,并在广播中用波兰语辱骂德国,制造了所谓波军袭击德国事件。

9月1日凌晨,德国以反对"侵略"为借口,出动了2300架飞机对波兰大地进行狂轰滥炸。同时,德国陆军共57个师150万人,在2700辆坦克的掩护下,从西、南、北三个方向,分四路向波兰发动全线进攻。

9月3日,英国和法国对德国宣战,第二次世界大战爆发。然而英法军队根本就没有作好战争准备。整个德波战争期间,英法没有派遣一兵一卒进入波兰助战。孤军奋战的波兰部队,50多个师仓促应战,指挥失误,500多架飞机还没起飞就被德军全部炸毁。德军进攻仅10天时间就逼近了华沙,9月16日南北两路德军会师。在波兰军民奋勇抗敌之际,波兰政府却率先逃跑了。9月6日,政府迁至卢布林,9月17日逃往罗马尼亚,9月24日宣布波兰的抵抗结束。9月28日,波兰首都华沙陷落。

而英法对德国只是宣而不战。从1939年的9月3日,即英法对德宣战的那天,到1940年的5月9日,整整250天,在德国西部边境的英法军队几乎是按兵不动。英法宣战后一个半月,德军声称他们在西线的伤亡总共不到700人;而100天后,英法的伤亡及被俘者据称也只有700余人。很明显,西线的战争根本就没有打起来,这一"西线无战事"的现象,在史书上常被嘲弄为"奇怪的战争"。

不是英法弱于德军,因为在西线的兵力对比,英法是占绝对优势的。其时,西线的德军约为23个师,而法军却有80个师。德军将领凯特尔就说:"假使法国发起进攻,他们所遇到的将是德国的一道军事纸屏,而不是真正的防御。"英法不战的真实原因,是德国的突然进攻波兰,英法还没有打仗的心理准备和军事准备。而且它们还有一种祸水东移的不良用心,希望希特勒继续东进,进攻苏联。

希特勒也有自己的考虑。在占领波兰全境后,德国尚不敢继续往东侵犯苏联。而苏联曾在德军侵波前与德国签订了一个秘密协定。当波兰战局已定时，苏联也开始按照协定的规定，出兵波兰东部，并于9月18日在布列斯特与德军相会。9月28日，双方签订瓜分波兰的《边界友好条约》，划定了两国边界。此后，苏联又以建立东方战线为名，兼并了爱沙尼亚、拉脱维亚、立陶宛，并且迫使芬兰、罗马尼亚割让了部分领土。"东方战线"的建立，使苏联平添了40多万平方公里的领土，边界线也向西延展了数百公里。

在同苏联达成了边界协议、安定了东线后，德军又移师西线。经过策划，希特勒决定在进攻西欧之前，首先夺取北欧的丹麦、瑞典和挪威三国，控制波罗的海区域。

1940年3月，希特勒举行了目标为丹麦和挪威的"威悉演习"。英法两国虽然觉察到了德国人的意图，但是动作迟缓，直到4月5日才在挪威沿海布雷，并派军队进驻挪威。而希特勒又抢先了一步。4月2日，希特勒部署了兵力，准备动用8个师旅共14万人、1300架飞机和234艘舰艇侵略北欧。同时，还通过秘密外交途径，警告丹麦和挪威国王最好是不战而降。

本来，德国曾在1939年欺骗性地强迫丹麦签订了互不侵犯条约，而挪威则严守传统的中立立场，不与任何国家结盟，可这一切在希特勒看来不过是废纸而已。1940年4月9日，德军向丹麦和挪威同时发起进攻。德国的飞机、军舰和陆军部队迅速进入了丹麦国土。经内阁激烈地争论，丹麦决定接受希特勒的最后通牒。国王下令停止抵抗，向德国投降。仅仅一天时间，德军就占领了丹麦全境，控制了首都哥本哈根和所有的战略要地以及北海海域。

挪威也接到了类似的最后通牒，但国王哈康七世的回答是:."我们决不屈服，战斗已在进行。"德军部队一万余人展开了对挪威的进攻，挪威军队予以坚决还击。在挪威前国防部长吉斯林的内应下，德军空降3000伞兵控制了飞机场，4月9日一天之内就占领了首都奥斯陆。哈康国王撤到了北方，继续领导抗战。吉斯林则成为卖国"新政府"的首脑，他还借德国人的压力迫使哈康承认，遭到了国王义正辞严的拒绝。但吉斯林仍恬不知耻，还命令挪威军民向德国无条件投降。

德军进攻挪威时，来到挪威的英法远征军也发动了几次攻势，但均被德军打败。6月，英法军队退出挪威，哈康国王流亡到伦敦。6月10日，德军

邪恶与正义　　531

占领挪威全境，坚持了两个月之久的挪威抗德战争终告失败。

至于瑞典，名义上是严守中立，但在实际过程中有动摇。希特勒发动侵略北欧的战争时，瑞典接受了德国发出的最后通牒，同意德国提出的威胁性条件，成了德国的附属国。虽然它没有被德军占领，但却变成了德国向战场输送兵员的通道，当时的世界舆论对此颇有微词。不仅如此，瑞典还成了大战期间德国的主要贸易伙伴之一，为德国输送了大量的物资。

占领北欧之后，德国几乎是尽全力实施占领西欧的计划。早在1939年5月，希特勒就宣布要占领西欧的比荷法等国，打败英国。这年的10月9日，希特勒制定了入侵西欧的"黄色方案"。1940年5月初，希特勒在西线集结了136个师，3000辆坦克，3800多架飞机。英法等国虽然兵力强大，但由于采取消极防御方针，宣战以后一直龟缩在马其诺防线之后，未和德军发生过略有规模的正面交锋，以至于面对德国即将发动的全面进攻时，仍不能很快地适应战争状态。

1940年5月10日，德国军队向中立国荷兰、比利时发起了猛烈进攻。荷兰军队经过5天的抵抗之后，无条件地投降了德国。著名的港口城市鹿特丹军民浴血奋战，被德国空军炸成了废墟。荷兰女王威廉明娜流亡到英国。比利时的列日防线也在一天内被突破。5月17日布鲁塞尔被占领，18日安特卫普陷落，5月28日比利时国王宣布投降，德军占领了比利时，法国的中部防线被突破。

同是5月10日这天，一部分德国精锐部队穿过卢森堡，突入比利时南部阿登山区，三天后深入法国。5月14日，德军进攻色当。5月15日，德军兵分两路，一路直指巴黎，一路奔向英吉利海峡。被围追的英法军队30多万人，从5月27日到6月14日，实行"发电机"计划，在敦刻尔克向英国大撤退，但有4万多法军被德军俘获。6月5日德军向巴黎发起进攻。法国国内的投降派宣布巴黎为"不设防城市"，6月10日，意大利墨索里尼政府向法国宣战。6月14日，德军不费一枪一弹就占领了巴黎。

三天后，法国贝当政府要求停战。希特勒为了羞辱法国，故意把谈判地点挑在第一次世界大战停战谈判所在地，即贡比涅森林福煕元帅乘坐的那节车厢上。6月22日，法国向德国投降。德国将法国版图分成几块，北部处在德国直接控制下，南部和东南部的一块地方划出来，由贝当政府统治，其首都设在南部的温泉疗养胜地维希，历史上称维希卖国政府。

占领法国后，西欧大陆全都成了德国的控制区。于是，希特勒便将下一步侵略的目标对准了最大的敌手英国。7月16日，他签署了侵略英国的"海狮计划"。只是因为陆军和海军都认为去英国登陆作战困难太大，希特勒才不得不取消了这一计划。

此时，英国再也不是软弱妥协的张伯伦政府当权了。张伯伦的妥协和绥靖政策，助长了希特勒得寸进尺的野心，英国人民对其早有预言。特别是当1940年5月丹麦和挪威败亡后，英国议会进行了激烈的辩论，迫使张伯伦辞去了首相职务。主战派丘吉尔接任首相，工党艾登出任陆军大臣。

图 19-1
英国人民在防空堑壕里躲避德国飞机轰炸

邪恶与正义　533

受命于危难之际的丘吉尔，在就职后的第一次演说中，向人民保证："我能奉献给你们的只有鲜血、艰辛、眼泪和汗水，"表示要"同一个在邪恶悲惨的人类罪恶史上从来没有见过的穷凶极恶的暴政进行战争。"从此之后，英伦三岛就成了西欧人民反对德国法西斯的坚强堡垒和大本营。特别是法国灭亡之后，英国在孤军作战的情况下，誓死要与德国法西斯斗争到底。因此，连希特勒也感叹道："真正的战争开始了。"

德军登陆未成，便派空军对英国进行疯狂的轰炸。7月10日，德军开始进行小规模的空袭。8月10日开始大规模轰炸。从9月初起，几乎每天晚上都有200架以上的飞机轰炸伦敦。英国中部城市考文垂几乎被夷为平地。时刻待命的英国空军在不列颠上空与来犯之敌进行激烈的空战。从7月到11月底，德国飞机损失1730架，英军只损失900架。8月下旬以后，英国空军也开始进攻，远航轰炸柏林成功，还对德国占领的港口及船只进行袭击，迫使德国不得不结束对不列颠的空袭行动。

这个时候，意大利墨索里尼法西斯政府也开始躁动起来，进一步扩大对东南欧巴尔干半岛以及北非的侵略。

1939年9月第二次世界大战爆发时，墨索里尼心怀鬼胎，又玩起了第一次大战时意大利的老伎俩，宣布自己为非交战国；待到1940年6月德国攻入法国时，意大利匆忙向英法宣战，企图坐享现成。墨索里尼在无意中流露了自己的心迹："我只要付出几千条生命作代价，就可成为参战者坐到和会的桌旁。"当时，意军投入了30多万人马，在法意边境对法国造成压力。但大功告成的希特勒并不领墨索里尼的情，结果意大利没有得到法国一寸土地。

1940年10月，希特勒占领罗马尼亚。因事先未告知意大利，墨索里尼大为光火，恨恨地说："希特勒常使我面对既成事实，这次我也要回报：他将从报上获知我已占领希腊。"10月28日，意大利海陆空三军10余万人，出动380多架飞机、80多艘舰艇，从阿尔巴尼亚侵入希腊，但遇到了希腊全国军民的坚强抵抗。仅仅几天时间，战争主动权就掌握在希腊军民手中，意军被迫停止进攻。希军还反击到阿尔巴尼亚境内。死要面子的墨索里尼不肯要希特勒支援，次年3月又发动进攻，亦未得逞。

这个时候，意大利参加了德国军队对南斯拉夫的侵略。4、5月间，德国又发动对希腊的进攻，意大利予以配合，经过两个多月，战胜了希英联军，占领希腊全境。

意大利参战后，德国希望它在地中海区域独当一面。而意大利却别有所图。它做梦都想恢复古罗马地中海帝国。除了已经占领的利比亚、埃塞俄比亚和阿尔巴尼亚外，它还想把希腊、土耳其、西亚、北非等统统归入自己的势力范围，统治整个地中海，控制地中海通往大西洋和印度洋的通道。为实现自己的扩张计划，意大利首先展开了对非洲北部和东北部地区的争夺。

在地中海区域，意大利共部署了110多万兵力、2000多架飞机、近300艘舰艇。1940年它对英法宣战后，立即在东北非地区向英法部队展开了激烈的攻势。6月底，意军10万人从埃塞俄比亚进攻埃及，占领了许多重要城镇。7月，意军又向苏丹和肯尼亚推进。8月，意军进攻英属索马里。9月，意大利部队从利比亚沿海岸东进，攻击埃及的英国军队，一度深入埃及境内达120公里。

年底，英军在北非战场上展开反攻，意大利军队节节败退，甚至连战前所占的埃塞俄比亚首都亚的斯亚贝巴、索马里首都摩加迪沙都落入了英军之手。幸而德国派来的援军隆美尔兵团及时赶到，才解除了意大利军队的困境。德意联军随后与英军在北非战场上展开了一年多的拉锯战。

1940年秋，由于英国的顽强抵抗，德国在西欧的战事告一段落，主要精力转向东欧和东南欧。1940年11月，匈牙利加入法西斯同盟；1941年2月，德军进驻保加利亚。匈、保两国追随德国参战。1941年4月，德军大举进攻南斯拉夫。17日，南斯拉夫政府宣布无条件投降。紧跟着，德意又占领希腊。6月4日，德军攻陷希腊的最后一块领土南部的克里特岛。至此，欧洲大陆500多万平方公里的土地、1.3亿人口陷于法西斯魔掌之下，只有瑞士、芬兰、西班牙、葡萄牙几个中立国家除外。

狂妄至极的希特勒，现在终于来圆侵占苏联之梦了。1940年12月，在希特勒的授意下，德国制定了侵略苏联的"巴巴罗萨"计划。巴巴罗萨意为"红胡子"，是12世纪德国皇帝腓特烈大帝的外号。这是一个极富侵略性的帝王。取这样的名称，其侵略之心昭然若揭。

1941年6月22日，这是德国迫使法国投降一周年的日子。凌晨4点，当刚刚度过周末的人们正沉浸在睡梦之中时，德军出动了190个师将近500万兵力、3700辆坦克、4900架飞机、47,000门大炮、193艘舰艇，从北起波罗的海、南至黑海的大约2000多公里的战线上，分三路向苏联发起突然攻击。这一"闪电战"仅仅进行了几个小时，德军就摧毁了苏军1000多架飞机，许多工业和战略基地。数十万苏军紧急撤往内地。半个月后，德军深入苏联腹地五六百公里，占领了乌克兰、白俄罗斯、立陶宛等大片土地。

苏联损失惨重，与其领导人对法西斯侵略的可能性估计不足有关。特别是斯大林，当德军的侵略意图愈来愈明显时，他还在对希特勒抱有幻想，对一些正确建议未曾采纳甚至不予理睬。德军发动侵略一星期前，苏联的塔斯通讯社发布"辟谣"公告，斥责有关战争爆发的预测是挑拨宣传。直到德军进攻前的几个小时，斯大林才命令部队进入备战状态。不幸的是，这时已是周末，许多军官因休假而不在岗位上。

德军的突袭，使苏联领导人如梦初醒，立即率领全体人民展开了反法西斯侵略的艰苦卓绝的斗争。6月22日中午，外交部部长莫洛托夫向全国发表广播演说，号召将侵略者赶出苏联国土。7月3日，斯大林也发表讲话，号召苏联人民树立信心，为保卫祖国而殊死战斗。为表示抗德决心，斯大林亲自担任了武装力量最高统帅。

全世界一切主持正义的人士纷纷谴责德国法西斯的侵略行径。以英国的反应最为强烈。在1940年6月至1941年6月的整整一年里，当德意法西斯横行欧洲大陆时，只有英国敢于同它们正面交锋，而且，伦敦还成了各沦陷国流亡政府汇集的场所，成了支持各国人民抵抗法西斯运动的堡垒。苏德战争爆发的当晚，英国首相丘吉尔就发表演说，明确表示要支持苏联。这个自称"始终一贯地反对共产主义"的人，宣布"俄国的困难就是我们的困难"，"我们将要对俄国和俄国人民进行我们能够给予的一切援助"。当然从另一个角度说，苏德战争的爆发，也改变了英国孤军作战的局面，缓解了英国的困境。

8月初，德军北路开始围攻苏联北方大城市列宁格勒。9月中旬，苏联著名将领朱可夫担任了列宁格勒城的防御总指挥，调动军民在城外十公里处筑起了坚固的防御工事。德军速战不决，便封锁了该城，切断了城市同外界的一切联系，企图困死城内的数百万军民。从此，列宁格勒军民开始了长达

500 天的守城战斗。

南路的德军于 9 月 29 日攻占基辅。但是，随着苏联军民的积极抵抗，德国的"闪电战"受阻，进攻速度放慢，进攻莫斯科的中路德军一直徘徊在离城 300 公里左右的地方。10 月 2 日，德军 180 万大军发动了代号"台风作战计划"的莫斯科进攻战。几天之内，苏联损失兵力达 60 万。10 月 6 日，朱可夫被召回首都，担任防守重任。尤其是斯大林坚持留在莫斯科，鼓舞了全城军民。经过两个多月的战斗，莫斯科城仍巍然屹立，德军停止进攻，转入防御。

12 月 5 日，莫斯科守军发起反攻。至 1942 年初，苏军将德军往西赶了 300 多公里，取得了莫斯科保卫战的最后胜利。这是战争开始以来苏军取得的第一个重大胜利。德军的"天下无敌"之神话被打破，德军自大战爆发以来遭受第一次大挫败。

19.2

光荣中立的美国：租借法的实行。世界反法西斯同盟的形成。东方慕尼黑？ 太平洋战争：从珍珠港突变到珊瑚海和中途岛、瓜岛之战

当欧洲大陆上战火硝烟弥漫之时，隔大西洋而望的美利坚合众国也在经历不平常的岁月。总统罗斯福正煞费苦心地说服他的人民：抛弃孤立主义，援助欧洲兄弟。

美国因为远离欧洲，一种不愿引火烧身的"孤立主义"情绪极有市场。当得知希特勒有可能发动侵略战争时，美国人是怎样一种态度呢？"据盖洛普的调查，有 65% 的人赞成抵制德国，有 57% 的人要修订中立法，有 51% 的人预料欧战会在 1939 年爆发，58% 的人以为美国会参加欧战，90% 的人说，一旦美国被侵略，他们就参加抗战。但是，只有 10% 的人说，即使美国不受侵略，他们也愿意打仗。"

1939 年，东西两方的法西斯侵略都开始危及美国的利益。日本占领了中

国南海地区，不仅威胁东南亚一带的航行，而且还可能继续进攻西南太平洋，而这里正是美国所需橡胶、奎宁等重要战略物资的产区。在欧洲，希特勒军队包围了华沙后，德国宣传部长戈培尔声称，要在几天之内摧毁波兰，并立即对法国和英国进行粉碎性空袭，而且最终将从内部征服美国。墨索里尼的宣传机器也不甘示弱，叫嚷要以巴拿马运河作为边界。

在这种严峻形势下，罗斯福深为美国人的盲目孤立情绪而担忧。随着战争的进展，罗斯福明确地警告孤立主义者："无须多久，我们就会发现自己将处于敌对国家的包围之中。而且，日本人也很可能同德意结成牢固的联盟"，如果美国人对此"掉以轻心"，三个国家就会动手，"跟我们打另一场速决战"。

罗斯福不光说，而且做。早在慕尼黑会议前，他就制订过援助英法的计划，并且几次向英国驻美大使声明：除军队和贷款外，英国可指望得到美国的任何援助。

他还向英国驻美大使密授机宜，要英法打防御战，不要打进攻战，因为哀兵战术可能感动美国人，求得美国人的援助，并最终使美国参战。

孤立主义者有一种奇怪的论调，认为对法西斯国家的态度越强硬，就越容易引起战争。罗斯福不予理睬，他暗中警告希特勒：如果发生战争，美国自有主意。希特勒扩军，罗斯福针锋相对，立刻宣布增加国防开支。希特勒屠杀犹太人，罗斯福严词谴责，并召回驻德大使。对希特勒的帮凶墨索里尼，罗斯福希望他不要继续跟希特勒走，否则他将成为"那位元首"的牺牲品。

第二次世界大战正式爆发后，美国宣布保持中立，并同时实施中立法，禁止向交战国输出武器。然而战争的炮声惊醒了美国人的幻想，舆论大多反对纳粹而同情英法，国会的情绪也起了变化。罗斯福因势利导，于1939年11月修改了中立法。新的中立法规定，欧洲交战国双方都可以向美国购买武器弹药，但前提条件是实行现购自运。这一点用意极其明显，因为在欧洲，只有英法才有能力做到用现金购买并自行运输武器。因此，中立法实际只是个幌子，是美国援助英法、反对德意日的新的斗争形式，从此它事实上走上了反抗法西斯的道路。

德国占领法国后，不列颠空战开始。丘吉尔首相坚定的声音，令无数美国人为之动容："我们决不气馁，决不认输。我们要坚持到底。我们将在陆地作战；我们将在海上和大洋中作战；我们要在天空作战，而且越战越勇，越战越强；我们要不惜任何代价保卫本岛；我们要在海滩作战；我们要在敌人登陆地点作战；我们要在田野和街巷作战；我们要在山区作战；我们永远不会投降。"

美国人"上帝"真的被感动了。著名女诗人米勒的一部诗集，三个月内重印了11次，原因即在于最后几行诗代表了千百万美国人的亲英情绪：

> 我生来是美国人。
> 英国有许多东西我不喜欢，
> 英国有不少东西我忍过去了。
> 可是倘若世界上这英国灰飞烟灭，
> 我就不想活下去了。

在人民的支持下，罗斯福对英国简直是"倾囊相助"。从6月到12月，美国援助英国步枪100万枝，左轮枪20万枝，机关枪9万枝，大炮900门。

12月，当丘吉尔再次告急时，罗斯福提出了"租借法案"。为得到公众的理解和支持，罗斯福发表了著名的"水龙带"理论：

> 设想我的邻居失火，我家有一条浇花的水龙带，要是让邻居借去接上水龙头，就能帮他灭火。我怎么办呢？我不会在救火之前就对他说，"老兄，这条管子我花了15元，你得照价付钱。"那么我怎么办呢？我要15元，我要他在灭火之后再还我水龙带，就是这样。要是火灭了，水龙带还是好好的，没有损坏，那么他会奉还原物，连声道谢。要是坏了，那就用实物偿还就是了。

因此，所谓租借法，实际上就是让英国赊购美国的军用物资，包括武器和弹药等。租借法案于1941年3月开始实施。这一法案名为中立，实际上使美国成了不直接参战的交战国，处在第一线的反法西斯国家得到了巨大的援助。据统计，美国用于租借法案的拨款高达500亿美元，其中英国获得316亿美元的援助，苏联获得了 110 亿美元，正在同日本法西斯进行浴血奋战的中国，也获得了 8 亿多美元的租借援助。

苏德战争爆发后，英美两国先后发表声明，表示要支持苏联的抗德斗争。1941 年 8 月，罗斯福和丘吉尔在纽芬兰附近的一艘军舰上举行了战时第一次会晤。两国首脑签署的《大西洋宪章》，提出了建立反法西斯同盟的宗旨和原则。太平洋战争爆发后，美国正式参战。在 1942 年元旦那一天，由美国倡议，共 26 个国家在华盛顿签署了《联合国家宣言》，决定一致对法西斯轴心国集团作战。

这 26 个国家，有美国、英国、苏联、中国、荷兰、比利时、卢森堡、南斯拉夫、捷克、波兰、希腊、挪威、加拿大、新西兰、澳大利亚、南非、哥斯达黎加、古巴、尼加拉瓜、巴拿马、萨尔瓦多、自由法国等。

宣言的发表，标志国际反法西斯同盟的正式建成，第二次世界大战进入一个新的阶段，即正义势力与邪恶势力进行殊死搏斗的阶段。

在东方战场上，太平洋战争中，日本和美国是一对主要对手。美国与日本的争夺开始于 20 年代初。然而，美国对日本的侵略行动，特别是侵华行径，最初是充耳不闻的。1931 年"九一八"事变，美国仅仅表示了道义上的谴责。"七七"事变日军全面侵华，美国始察觉日本的威胁已迫在眉睫，开始紧张起来。

事实上，日本对中国的一步步侵略行动，不但损害着美国在远东的地位，而且也直接损害了美国人的利益。日军轰炸中国城市时，美国人办的学校、教堂被炸毁，美国人企业受损失，美国人生命不安全。在美国人眼里，日本人的形象越来越凶恶。

1940 年 7 月，日本国内以近卫文麿和东条英机为首的法西斯极端分子，推翻原有内阁，又一次燃起战争狂火。他们公开提出要建立一个"共存共荣"的"大东亚共荣圈"，以日本为主宰，囊括印度以东、澳大利亚和新西兰以北的所有国家和地区。

这个时候，日本对中国的侵略战争已经处在相持阶段。到 1938 年 10 月，日本已占领了中国北部、东部、中部和南部的主要城市及其周围地区。然而中国人民在共产党人的领导下，深入敌占区后方，进行游击战争，建立了众多的抗日根据地。侵华日军已处于一种进退两难、焦头烂额的境地。因而到

1940 至 1941 年间时，日本并不打算在中国扩大战线，而是策划向整个太平洋地区进攻。

1940 年 9 月 27 日，日德意三国在柏林签订协定，缔结了三国同盟。按照这个协定，日本承认德意在欧洲的领导地位，德意则承认日本以自己为中心建立东亚"新秩序"。三方还商定："如果签订协定国家中一国受到目前尚未卷入欧战或中、日冲突的一个国家进攻"，三方就在"军事、政治、经济各方面进行合作"。很明显，这主要是针对美国来的。

面对日本的挑衅，美国不可能再沉默下去了，必须对其作出反应。罗斯福冲破了孤立主义者的阻挠，决定将租借法案扩大到中国，并同意陈纳德上校组织飞行员援助中国的"志愿队"。这个以"飞虎队"著称的美国民间航空队，后来为中国的抗日战争立下了赫赫战功。

然而美国军方却仍然抱着"欧洲第一"的观念不放，不正视太平洋上日本带来的威胁。由于战略上的分歧，美国为了推延战争的爆发，不惜牺牲中国等对日交战国的利益，与日本进行了旷日持久的马拉松式谈判。这就是时人一再批评的所谓"东方慕尼黑"。谈判过程中，日本称可以作出一些保证，但作为交换条件，它也要求美国政府做几件事，包括恢复对日贸易，使它获得所需要的物资；帮助日本从西南太平洋地区取得其所需要的原料，如石油、橡胶、锡、铁钒土等；要求蒋介石按照特定的条件与日本缔结和约；蒋政权要和日本所扶持的汪精卫伪政权合并；如果蒋拒绝这一要求，美国就停止援华。日本还希望美国给予外交协助，"使香港和新加坡不再成为英国在远东推进政治侵略的门户"。

10 月，穷凶极恶的东条英机上台，进一步加紧战争准备。11 月决定对美开战，同时继续同美国谈判，以掩盖战争步伐。罗斯福虽然对此一一洞察，但不知出于何种考虑，他依然不动声色地与日本人进行着谈判。

在太平洋战争爆发前的一个月里，美国和日本的正式外交接触几乎天天都在进行。然而战争还是不依善良人们的主观意志而降临了。

1941 年 12 月 7 日，一个被罗斯福称为"遗臭万年"的日子。

一天之内，日本在太平洋的广大地区，几乎同时发动了对美国夏威夷群岛、对马来亚、对香港、对关岛、对菲律宾、对威克岛、对中途岛的进攻。

世界上无人不感到震惊，夏威夷珍珠港的美国军民尤其刻骨难忘！

这又是一个星期天。星期天的早晨，本是最安宁的时候。经过一周的辛劳，周末晚上的娱乐放松，要待午夜方告结束，疲惫又困倦的人们此时正沉睡在梦乡里。夏威夷瓦胡岛珍珠港的军民也不外乎此。

凌晨5时30分，已曲折航行十余天的日本舰队，到达了瓦胡岛北面200英里处的海面上。6时15分，第一批183架飞机从航空母舰上起飞。此时，珍珠港仍在一片宁静之中。美国海军官兵刚刚苏醒，港湾中停泊的86艘军舰都未恢复战备状态。因周末寻欢作乐，还有四分之一的官兵留在岸上。

7时零2分，瓦胡岛最北端的美军雷达站人员，惊奇地发现雷达屏上出现了"某种完全异样的东西"。他们认为这是一大队飞机正从北面37公里处飞来，他们赶紧向本地陆军总部紧急报告，答复是：别担心，这是西海岸开来的美国轰炸机。

7时35分，第一批日军轰炸机飞临瓦胡岛上空；7时56分，日机第一轮

图 19-2
太平洋战场上空的日军战斗机

空袭命中目标。仅仅半个小时，日机便将珍珠港炸成了一片火海。8时54分，日军176架轰炸机又发动了第二次攻击。烟火弥漫了将近两个小时，日机才心满意足地离去。

这次空袭，使珍珠港的美军遭受了惨痛的损失，共有19艘大型船舰受重创，有的沉没；347架飞机被炸毁或打坏，死亡人数高达2403人，还有将近2000人受伤，961人失踪。而日本方面的代价极为微小，只损失了29架飞机、5艘小型潜艇，以及少量战斗人员。美国朝野一下子目瞪口呆，不愿相信、也不敢接受这一血腥的事实。第二天，在日本偷袭珍珠港还不到24小时之际，罗斯福总统在国会发表了慷慨激昂的六分半钟演说，声称美国人民、美国领土和美国利益都"处于严重危险之中"，宣布和日本已处于战争状态。

12月11日上午，德国和意大利先后向美国宣战。下午，美国向德、意宣战。

美国的参战，使第二次世界大战双方的力量对比立即发生了变化。当然，胜利的到来不可能一蹴而就，必须依靠艰苦卓绝的斗争。珍珠港的噩梦教训了每一个人，孤立主义的阴影已随炮火烟雾而去，没有人再怀疑参战的正确性。年轻人蜂拥报名参军。据统计，美国有3100万人进行了兵役登记，战争过程中有1500万男女青年在部队服过役。

美国的财富和生产优势，提供了夺取胜利的最好物质条件。美国装备了世界上最强大的空军和海军，各类军用飞机最多时达2万架，各种海军舰艇最多时有9万艘。

然而，仗还得一仗一仗地打。

在偷袭珍珠港的同时，日军还兵分5路，向太平洋各地发起了攻击。

第一路进攻菲律宾，这是美国的殖民地。12月8日，日本飞机以台湾为基地，轰炸美军驻菲机场。12月10日，摧毁了马尼拉湾的美海军基地。驻菲美军最高指挥官麦克阿瑟撤至吕宋岛以南，日军登陆占领了菲律宾许多地区。5个月后，日军俘虏美菲联军数万人，强迫其在烈日下进行长达千余公里的步行，数千人被折磨致死。1942年5月6日，美军投降，日本占领菲律宾全境。

第二路进攻香港。12月8日深夜，日军在香港登陆，一星期后就赶走了英军，占领了香港。

第三路进攻泰国和缅甸。12月8日，日军占领泰国首都曼谷。1942年3

邪恶与正义　543

月8日，占领缅甸原首都仰光。4月29日，切断中国军需的生命线滇缅公路。5月下旬，缅甸英军退往印度，日军占领缅甸全境。

第四路进攻马来亚和新加坡。12月8日，日军在马来亚登陆，12月10日，击沉赫赫有名的英海军战列舰"威尔士亲王号"和"退敌号"。1942年1月7日，占领马来亚首府吉隆坡。2月8日在新加坡登陆，2月15日，英守军10万人向日军投降。

第五路进攻荷属东印度，即印度尼西亚。1942年2至3月，日军相继占领加里曼丹、苏拉威西、帝汶、苏门答腊和爪哇等岛屿。3月12日，荷兰总督率军队投降。

从1941年12月8日到1942年5月，半年时间里，日军占领了东南亚的几乎全部地方。连同它先前占领的朝鲜、印度支那和中国的土地，日本控制了700万平方公里的土地，5亿左右的人口，真成了名副其实的大东亚帝国。

此外，日军还占领了太平洋上的关岛和威克岛等地。

然而，贪得无厌的日本法西斯犯了一个致命的错误：由于到处进攻，日本人树敌过多；由于战线拉长，兵力分散，慢慢就出现了捉襟见肘、防不胜防的局面。

面对如此不利形势，美英两国迅速进行战略协调。1942年1月，两国成立联合参谋长委员会，处理协调事宜。2月，两国重新划分东方战线作战地区：英国负责印度和印度洋，美国负责整个太平洋，包括英帝国属下的澳大利亚和新西兰。

3月，美国又对太平洋战场的指挥机构进行调整，将该战场分为两大战区，西南太平洋战区由麦克阿瑟上将任总司令，太平洋战区由海军上将尼米兹任总司令。

从此之后，美国对日作战进入了有序化阶段，陆续取得了一些军事上的胜利。

1942年4月，日军在太平洋战场上正取得节节胜利，美英军队处于极端困难之际，为鼓舞士气，罗斯福亲自决定对日本东京进行一次大轰炸。16架大型轰炸机担任了这一光荣任务。4月18日，飞机从航空母舰"企业号"上出发，正午时分飞抵东京上空。当地上的人们以为是自己的飞机在进行逼真的实战表演时，飞机上真的投下了无数的炸弹。这次轰炸不可能对东京造成多大的损失，但对美国人来说却出了一口气。

只是飞行员的命运不济。除一架飞机因无油飞往苏联海参崴外，其余15架以中国大陆为返航降落点。到浙江境内时，飞行员被迫跳伞，3人牺牲，8人被日军俘获。幸好大多数美国兵受到了中国游击队员的保护，将他们送到了后方。日本人对俘虏强行拷打，审判枪决，只有4人改为长期徒刑后活了下来。

然而，日军对中国军民进行了惨绝人寰的报复。过后不久，他们在浙江进行搜索性大屠杀，25万人死于鬼子屠刀之下，仅次于南京惨案。

东京空袭引起了日本极大的震动，军方决定将所有的舰只都派出海作战。而这样就使互相之间的联络多了起来，为美军破译密码创造了机会，很快美军就基本上掌握了日军的动向。在接下来的三大海战中，美军逐渐由小胜转为大胜。

5月7日，日本海军到达珊瑚海时，立刻遭到了美国海军航空兵的袭击。这是一场航空母舰对航空母舰的交锋。实际战斗完全由空军进行，双方的轰炸机向对方的军舰倾泻着炸弹。最后结果是日军有7艘军舰被击毁，另损失飞机100架、兵员3000人。美军也受到重创：大型航空母舰"莱克星屯号"被击沉，"约克城"号被炸伤，另损失20架飞机和500名士兵。

战斗结束后，双方都声称自己取得了胜利。但无论如何，这是日本在进攻中势不可挡的锐气第一次受挫。它入侵澳大利亚和新西兰的计划从而成为泡影。

日军转而进攻西南太平洋上的美军基地，中途岛成为它的首选目标。美军情报机关立即得知了日本的进攻方向，并准确地预测了它进攻的日期，于是在中途岛进行了周密的兵力部署，将该岛变成了一个"固定的航空母舰"。而日本的兵力亦异常强大，其开往中途岛战场的145艘战舰，船甲板总面积甚至超过了该岛8平方公里的土地。

战斗从6月4日持续到6日，其激烈程度令人难以置信。这场所谓海战，实际上是一场海上空战，军舰没有正面交过一次火。据说美军的俯冲式轰炸机在战斗中起了最为突出的作用。

经过两天的战斗，日本舰队全部4艘航母均被美军飞机击沉。其中"苍

邪恶与正义　545

龙号"还载着 700 名官兵、"加贺号"还带着 800 号人一道葬身海底。日军的损失还包括：1 艘重型巡洋舰，3 艘驱逐舰，275 架飞机。此外还有 1 艘巡洋舰和 2 艘驱逐舰受伤。

相比之下，美国的损失小多了，仅 1 艘巡洋舰，1 艘驱逐舰，100 架飞机。

中途岛之战不仅解除了日本对夏威夷群岛的威胁，保卫了美军在中太平洋的交通生命线，最重要的意义在于它是 19 世纪末以来日本海军所遭受的第一次失败，打击了日本法西斯的嚣张气焰，遏制了它进一步扩张侵略的势头。它也是整个太平洋战争的一个节点，日军从此丧失了它在战争初期阶段所夺取的制海权，太平洋海战的主动权转移到了美国人手里。

美国人开始进行反攻，选择的目标是南所罗门群岛中的瓜达卡纳尔岛。夺取日本占领的这个小岛，对美国具有重大的战略意义。这里既可以阻止日军南下澳大利亚，又可保护美国在西南太平洋上的交通供应线。

于是，从 1942 年 8 月至 1943 年 2 月，美日双方展开了一场激烈而又持久的瓜岛争夺战。战局可谓扑朔迷离，互有进退，直到最后时光方见分晓。1943 年 2 月 7 日夜晚，日军最终撤出了瓜岛。

在瓜岛战役中，日军共伤亡 25,000 多人，损失大型舰艇 24 艘，飞机 600 余架。战争也暴露了日本的主要弱点：战线过长，兵力分散。瓜岛战役事实上成了太平洋战争的转折点，从此日军从攻势转为守势，美军则在不久后开始了全面反攻。

19.3

阿拉曼战役："沙漠之狐"迷途。火炬行动：北非战事结束。爱斯基摩行动：意大利弃旗反戈。斯大林格勒（今伏尔加格勒，后同）的较量。库尔斯克坦克大战。巨头晤面

在太平洋战场出现转折的同时，非洲战场和苏德战场也出现了重大转机。1941 年 2 月，德国发动了对北非的进攻，目的是赶走英军，实现与日本

会师印度洋的梦想。率领德军"非洲兵团"作战的是著名将领隆美尔。2月，他率部在北非沙漠打退英军。3月，又将英军赶到埃及边境，控制了整个北非。英国人称其为"沙漠之狐"，希特勒晋升他为陆军元帅。

年底，"非洲兵团"遭到英军打击。1942年年初，隆美尔立即组织反扑。5月在托卜鲁克战役中再次打败了英国军队，英军退守埃及西部的阿拉曼。但德军自己也损失极大，隆美尔停止了进攻行动，在阿拉曼附近与英军对峙。

8月，英军统帅蒙哥马利制定了"捷足计划"，打算一举歼灭"非洲兵团"。而隆美尔却抢先发动了对阿拉曼英军的进攻，伤亡虽大，但却未向前推进一步。英军反倒不断袭击德军的供应线。战局对德军不利，隆美尔乘机溜回国内"治病"。

10月23日，英军实施"捷足计划"，阿拉曼战役开始。仅仅3天时间，英军就突破了德军阵地。10月26日，隆美尔匆忙返回北非，但已无力扭转败局。在英军的强大攻势下，隆美尔意欲撤军，遭到希特勒的严厉斥责。隆美尔不愿执行希特勒死守阵地的命令，将部队西撤至卜雷加港，后又撤至突尼斯边境，阿拉曼战役结束，"非洲兵团"损失一大半，从埃及到突尼斯的大片土地转入英国之手。

阿拉曼之战是第二次世界大战中具有战略转折意义的重大战役之一。

11月8日凌晨，800多艘军舰将9万多名美英士兵送上了北非海岸，美英联军的所谓"火炬行动"开始，联军的总司令是美国的艾森豪威尔将军。数日之内，盘踞在摩洛哥和阿尔及利亚一带的维希法国军队，或被歼灭，或放下武器缴械投降。艾森豪威尔取胜后，迅速指挥军队向东挺进突尼斯。

德军不甘失去北非，11月10日从欧洲调去部队支援突尼斯。至11月底，突尼斯被德意军队全部占领。12月底，艾森豪威尔不得不停止进攻。

到1943年2月，战争双方在突尼斯的兵力集结已经完毕。德意联军共有14个师，美英联军则达20个师，兵力是对方的两倍，坦克是对方的6倍，占有绝对优势。

3月下旬，美英部队在突尼斯开始发起总攻，将隆美尔的部队赶至突尼斯北部。隆美尔见势不妙，在失败前夕称病离开了战场。4月20日，盟军与德意军队进行最后决战。艾森豪威尔指挥美英联军自西向东进攻，蒙哥马利

邪恶与正义　547

指挥英军第八集团军从南往北推进，经过18天的激烈战斗，分别于5月6日和7日占领了突尼斯城和比塞大城。5月13日，被围在地中海边的德意联军共25万人全部投降，美英盟军取得了北非战场的彻底胜利。

半年的战事中，德意军队损失了35万人、250辆坦克、520架飞机。对美军来说，这次战争取得了同德国直接进行陆战的经验，增强了盟军的胜利信心。

北非战事结束后，意大利本土完全暴露在对手眼前。美英决定继续北进。

6月，美英盟军飞机轰炸突尼斯与西西里之间的小岛潘特来利。空袭刚刚开始，岛上的12,000名意大利守军就投降了。

7月9日晚上，美英联军在巴顿将军和蒙哥马利的指挥下，由1000架飞机掩护16万人马，发动了代号叫"爱斯基摩行动"的西西里登陆战。不到一个月便占领了全岛。墨索里尼曾经大言不惭："决不让一个敌人活着离开这个岛屿。"结果倒是他自己的25万守军没有一个撤出该岛，全部当了俘虏。只有到西西里援助意军的7万德国兵，安全地撤回了意大利内地。

西西里被攻占后，墨索里尼似乎还想最后一拼。他下令实行义务兵役制，14岁到70岁的男子、14岁到60岁的妇女，都必须当兵打仗。人民极为愤怒，国内反法西斯运动日益高涨，法西斯党内部也发生了分裂。7月，墨索里尼被召至枢密会议接受指责。25日，国王伊曼纽尔召见墨索里尼，宣布解除他的职务，并以保护他的安全为由将他逮捕。

伊曼纽尔随即授意由巴多利奥元帅组织新政府。28日，宣布解散法西斯党，意大利的法西斯政权至此灭亡。8月5日，新政府开始与艾森豪威尔的代表秘密谈判。9月8日，巴多利奥宣布意大利投降。这样，德意日三国轴心同盟便失去了一足。

9月3日至9日，英国第八军、美国第五集团军先后在意大利南部登陆，称为"雪崩计划"。美英盟军不断向北推进着战线。10月13日，意大利反过来又向德国宣战，加入了同盟国一方。年底，盟军将战线推进到了罗马与那不勒斯之间。此后一年半，意大利成了盟军与德军角逐和厮杀的重要战场。

至于墨索里尼，1943年9月被希特勒派党卫军飞机从深山中救出，扶植他当了所谓"北意大利社会共和国"的傀儡总统。直到1945年4月，德国法西斯军队被赶出意大利，墨索里尼傀儡政权被摧毁，他及情妇被活捉、处死。

在苏德战场上，希特勒几乎将在欧洲的坦克全部投入到这里。1942年发动了夏季攻势，伏尔加河畔的斯大林格勒成为德军进攻的主要目标。

7月17日，德军越过顿河下游，向斯大林格勒发起攻击，从西面和西南两个方向形成了对该城的半包围圈。7月28日，斯大林发出"保卫每一个阵地、每一米领土"的号召，苏军顽强抵抗。经过一个月的激战，德军前进不到80公里。8月17日，希特勒又调动北路德军和南路进攻高加索的部队，配备数千架飞机，轮番轰炸斯大林格勒。这个不到60万人口的城市，被敌机投下100多万颗炸弹。9月14日，强大的德军从南、北、西三面包围了斯大林格勒，但守城军民并没有被气势汹汹的德军所吓倒。他们将每一座楼房都当成战斗的堡垒，与冲入城内的德军进行了激烈的街头之战。城市未能落入敌人手中，而且还拖住了希特勒几乎全部的主力部队。11月11日，德军发动了最后一次攻势，也只是部分地占领了斯大林格勒一些街区。

11月19日，苏军开始反攻，从南北两面包围了鲍卢斯率领的33万攻城德军。希特勒气急败坏，叫嚣"我决不离开伏尔加，我决不从伏尔加后退"，不许德军向苏军投降，并调动南线军队及空军援助鲍卢斯突围，结果遭到苏军的歼灭性打击。1943年1月30日，希特勒晋升鲍卢斯为元帅军衔，以鼓舞士气，但已无济于事。1月31日，市中心的德军主力被歼灭。2月2日，鲍卢斯率近10万名官兵无条件投降。

在斯大林格勒大会战中，德军被歼灭了170多万人，受到了致命的打击，从战略进攻转变为战略防御。斯大林格勒战役成为苏德战争的转折点，也是第二次世界大战中最有影响的战役之一，和太平洋战场的瓜岛战役、非洲战场的阿拉曼战役一道，构成第二次世界大战的转折点。

在斯大林格勒会战中惨败以后，希特勒耿耿于怀。他不甘心在战场上的优势就此失去，因此计划在苏联中部的库尔斯克一带再次发动进攻。但这时的双方力量对比已发生了显著变化，苏联军队已经达到640万左右，全部投入了对德战争。希特勒发布总动员令强征人民当兵，投入苏德战场的总兵力也不过520万，而且装备数量也少于苏军。但希特勒不管这些，决心孤注一掷。1943年7月，希特勒下令开始代号为"堡垒"的对库尔斯克的大进攻。

邪恶与正义　549

德军投入的兵力共有50个师，90万人马，配有2700辆坦克，2000架飞机，1万门大炮，最新式的武器如"虎式""豹式"坦克，"斐迪南式"自动火炮全部投入战斗。激战一个星期，德军往前推进了几公里，最远者也不过30公里。

7月12日，苏军转入反攻。双方投入的坦克达1200辆，进行了一场规模空前的坦克大会战。战斗第一天，德军就有400辆坦克被击毁，1万多名官兵被打死。7月15日，德军开始后撤，23日，退回到进攻前据守的阵地上。苏军乘胜追击，攻下了一批城镇。德军宣告失败。在50天的战斗中，德军共损失了50万兵力和大量的武器装备。希特勒夺回战争主动权的美梦破灭了。从此之后，德军完全转为战略退却，再也没有力量来组织进攻了。

苏军则很快发起了大反攻。从9月到11月，苏军向前推进了400多公里，收复了100多万平方公里的土地。哈尔科夫、顿巴斯、基辅、斯摩棱斯克等重要城市相继收复，德军在苏德战场上的兵力损失了一半，而且武器装备也严重损失，法西斯德国进入了最后失败阶段。

为了取得战争的胜利，同盟国各大国的首脑经常进行会面和磋商，其中以美英两国间会晤最多。首脑及外长们的会面几乎每一次都具有重要意义。

在1941年的"阿卡迪亚会议"上，美国确定了"欧战第一"的战略思路。这个会议的另一大成果，是发表了《联合国家宣言》。宣言中第一次提出了战时"四大国"即美英苏中的说法。美国自然是第一把交椅，苏联当时正抗击着60%的德军。中国抗击日本侵略者已有4年之久，会议认为中国是一个"在自己国内积极从事作战的国家"。不过由于蒋介石政府实际没有国际威望，中国在四大国中常常只是"一个礼节性的成员"。

1943年意大利投降后，为集中力量打击德国法西斯，大国领导人加紧了磋商和联系。

8月的魁北克会议，罗斯福和丘吉尔带领了联合参谋长委员会成员与会。会议讨论两大战场的指挥权问题，任命英国的蒙巴顿将军为东南亚盟军最高司令；而欧洲的两个战场，即地中海战场和北欧第二战场，则由美英联合指挥，美国为主。会议还商量了在法国北部开辟第二战场的诸项事宜，特别提出以德军在法国北部只有12个师以下的兵力为发动进攻的条件。

10月，美英苏三国在莫斯科举行外长会议。会议发表的《四国宣言》，除了强调继续对法西斯进行战争，直到它们无条件放下武器外，特别声明要在今后为缔造并维护和平与安全而继续努力与合作。

莫斯科三国外长会议的另一个任务是为最高首脑会晤作准备。很长一段时间里，罗斯福总希望斯大林能出国同他们见面，而斯大林则因直接指挥战事，不愿失去同前线将官们的联系，罗斯福又觉得不便到俄国。直到1943年的9月，斯大林提议三国首脑到都驻有自己部队的伊朗去开会，丘吉尔立刻同意，可罗斯福却不愿让人看到他跑到斯大林的后门口见面，便以德黑兰通信条件太差来搪塞。直到斯大林明确表示，除了德黑兰他哪里也不去，罗斯福才作了让步。

罗斯福希望中国首脑也参加会晤，但斯大林坚决不同意，要绝对将其他盟国的代表排除在外。这样，罗斯福只好分别举行两个会议，先在开罗举行美、英、中三国首脑会议；再到德黑兰举行美、英、苏三国首脑会议。

开罗会议于1943年11月22日至26日举行，代号"六分仪"，参加者除罗斯福、丘吉尔外，还有中国的蒋介石。会议主要讨论三国对日作战问题，特别是对缅甸的日军作战问题，但没有取得结果。因为丘吉尔不愿意中国和美国染指那里，与蒋介石有很大的意见分歧。在会议过程中，罗斯福曾与蒋介石单独会谈过，声明要支持中国取得和稳固四强之一的地位，蒋介石深表同意。

会议的突出成果是发布了《中美英开罗宣言》，针对性地提出了处理日本问题的若干原则，目的是：剥夺第一次世界大战以来日本在太平洋地区占领的所有岛屿；日本从中国人手中窃取的领土，诸如满洲、台湾和澎湖列岛，应归还给中国；决心在适当的时候使朝鲜获得自由与独立；将日本从它凭借武力所取得的其他领土上赶走。

11月27日，罗斯福和丘吉尔率随员飞抵德黑兰。应斯大林之邀，罗斯福住进了苏联驻伊朗大使馆。这次会议是美英苏三国首脑首次会晤。

会议连续开了4天，主要的议题是讨论美英在欧洲开辟第二战场问题。斯大林和丘吉尔的意见截然相对。斯大林坚决主张不要在地中海纠缠。他认为，由于有阿尔卑斯山的阻隔，无论在意大利怎样推进，都难以攻进德国本土；

通过法国攻入德国则是最直接的途径。因此,在他看来,巴尔干战役、爱琴海战役都是浪费时间。丘吉尔一直把巴尔干看成是德国"柔软的下腹部",比较脆弱,容易攻击。他还反问,即使是在法国开辟第二战场,也需要精心准备,在这段时间里,英美留在地中海仍有20个师,怎么能让这样一支巨大的力量闲着不用呢?

然而丘吉尔说服不了斯大林,也没有说服罗斯福。他发现,他和斯大林意见老是相左,而罗斯福则像个仲裁人,到关键时刻却又站到了斯大林一边。会议过程中,罗斯福与斯大林来往甚密,私下里进行过三次接触,丘吉尔益发感觉到自己受了冷落。其实罗斯福的用意也很明白,他不愿给人以背着斯大林同丘吉尔进行私下磋商的印象。诚所谓"亲者严、疏者宽"也。何况丘吉尔老是要弹他不喜欢的地中海作战的老调呢?

不过,会议气氛总的来说还是融洽的。即使是丘吉尔,也曾代表英王授给斯大林一柄斯大林格勒之剑,他颂扬罗斯福在黑暗的1933年扭转了美国危机,也把斯大林与俄国历史上的最伟大英雄并列,称誉他为"斯大林大帝"。

会议终于决定,将美英开辟第二战场的"霸王战役",定在1944年5月1日开始。12月6日发布的《德黑兰会议宣言》,向全世界庄严宣告:

图19-3
斯大林、罗斯福、丘吉尔

我们表示我们的决心：我们的国家在战争方面，以及在随后的和平方面，都将共同工作。

关于战争方面——我们已经议定了关于将德军消灭的计划。

关于和平方面——我们确信：我们的协力同心将导致一种永久的和平。我们完全承认我们以及所有联合国家负有至上的责任，要创造一种和平，这种和平将博得全世界各民族绝大多数人民大众的好感，而在今后许多世代中，排除战争的灾难和恐怖。

我们怀着希望和决心来到这里。我们作为事实上的朋友、精神上的朋友和志同道合的朋友而在这里分手。

德黑兰会议表明，对德国法西斯的最后决战阶段即将到来。

19.4

法西斯的残暴：屠戮犹太人。第二条战线：人民反战运动。霸王之鞭：诺曼底登陆。悲哀之战：希特勒的垂死挣扎。易北河会师。雅尔塔密商。纽伦堡审判

希特勒发动法西斯战争，给世界人民带来了前所未有的大灾难。随着战场上的胜利，希特勒的种族主义政策日益恶性发展，对占领区手无寸铁的平民百姓，尤其是对他所痛恨嫉妒的犹太人，进行了惨绝人寰的大屠杀。

希特勒年轻时就受到欧洲反犹主义思想的深深影响，对聪明富有而又与欧洲人格格不入的犹太人格外仇恨。法西斯势力强大后，希特勒等纳粹头目反复咒骂犹太人是德意志的祸害，是一种精神瘟疫，是害人虫。希特勒上台后，迫害犹太人成了他的既定国策，不断制造反犹排犹事件。海涅、弗洛伊德、爱因斯坦的著作被烧毁，弗洛伊德和爱因斯坦等犹太名人流亡他国。1935年，希特勒政府颁布《纽伦堡法令》，禁止犹太人同德国人通婚，禁止犹太人升国旗，

德国公民权不授予犹太人，犹太人官吏要在1935年内退职。

1938年11月7日，波兰籍犹太青年刺杀德国驻巴黎公使，纳粹政府借机掀起反犹风暴。在11月9日至10日间的"水晶之夜"里，犹太人教堂被捣毁，犹太人商店橱窗被砸毁，25,000名犹太人被关进集中营，犹太人还被纳粹政府责令偿付赔偿金10亿马克，德国的犹太人已不再受法律保护。

1942年1月，希特勒声称"要最后解决犹太人问题"，开始了对犹太人的大抓捕、大屠杀。在奥斯威辛集中营，仅1942年就有250万犹太人被处决，还有50万犹太人受折磨致死。犹太人的财物被抢光，骨头被用来制造磷肥，人皮被剥下，用来做灯罩，人身上的脂肪被煎成油，用来做肥皂。到1945年，波兰的350万犹太人只剩下7万。欧洲共有600万犹太人死于希特勒的屠刀之下，其中包括100万名儿童。希特勒的血腥暴行，给犹太民族留下了惨痛的记忆。

看起来，希特勒发动法西斯侵略战争有一定的社会基础。但从一开始，德国人民对战争的抵触情绪就日见增长。特别是德国共产党的反战宣传，逐渐唤醒了人民的反战意识。1939年11月，德共召开伯尔尼会议，号召人民起来反对法西斯独裁、反对战争。德国入侵波兰的第三天，德共中央发表声明，要求制止战争扩大。德国入侵苏联以后，国内的反战运动更加激烈，秘密警察声称查获的反战文件与日俱增。反战人士被捕、被杀者，数以万计。

随着法西斯军队在战场上的溃败，越来越多的德国人民认清了希特勒的欺骗伎俩和必败的命运。投入到反战运动行列中的还有不少从战场上回来的士兵。因此，1943年以后，德国人民的抵抗运动大大发展，出现了许多地下抵抗组织，如塞夫可夫—贝斯特兰—雅各组织。许多热血青年也投身反战运动，著名的"白玫瑰"小组就是由慕尼黑大学学生汉斯和他的妹妹索菲发起建立的。他们公开呼喊"打倒希特勒""向纳粹党开战"等口号。1943年2月，汉斯兄妹英勇就义，牺牲时年纪都只有20多岁。在法西斯设立的许多集中营里，优秀的反法西斯战士也以各种方式进行斗争。

1943年7月，德国共产党倡议在莫斯科举行会议，决定掀起"自由德国运动"。运动的领导者是著名作家魏格纳和革命家皮克、乌布里希等人。运动的参加者有德共党员、工人代表，还有在苏联的德军战俘中的反法西斯分子。会议号召德国人民为自由德国而斗争，号召德军官兵反戈一击，掉转枪口，为消灭法西斯而斗争。会议之后,"自由德国运动"迅速在前线和被占领区开展工作,反法西斯斗争日益深入人心。在希特勒军队溃败之时,自由德国运动配合盟军的进攻,发动起义,占领了不少城市,加速了法西斯政权的最后灭亡。

当反战运动在法西斯的心脏如火如荼地开展时,在战场上,德国法西斯军队无论在西线还是在东线,都开始遭受毁灭性的打击。

库尔斯克战役以后,苏联军队继续反攻。人力物力均已处于劣势的德国军队,在这种攻势下节节败退。1944 年 1 月,德军在列宁格勒和诺夫哥罗德地区遇到了苏军的强大攻势。德军虽投入大量精锐部队,但都连续被歼灭,德军的"北方壁垒"在苏军进攻下土崩瓦解。与此同时,南线德军也在乌克兰地区受到苏联红军有力的进攻。在 1944 年初的整个战争中,德军损失了 100 万军队、5000 辆坦克。

1944 年 6 月,美英军队在西欧开辟了第二战场,德军被迫在东西两线同时作战,这是一种最不利的局面。苏军乘机发起了夏季攻势。在 6 至 7 月的白俄罗斯战役中,德军损失了 54 万兵力。7 月至 8 月的西乌克兰战役中,德军损失了 7 万多人。在 9 至 10 月的波罗的海战役中,德军几乎丧失了沿岸所占的全部土地。到 1944 年年底,战场已移出苏联。

西线的战事更富戏剧性。从诺曼底击来的"霸王鞭",使德国人措手不及。

1944 年 6 月 6 日,凌晨,英吉利海峡,法国西北部诺曼底海岸。夜幕尚未褪去,天空乌云翻滚,海面波涛汹涌。

3000 架飞机,从英国 20 个机场起飞,载着美英 3 个伞兵师,向诺曼底海岸后面飞去。

4 时整,美英盟军 5000 多艘舰船,在 4500 架飞机的掩护下,胜利渡过海峡。数以万吨的炸弹被盟军的轰炸机投到德军的防御工事上。山摇地动的炮火声中,美英船只在离岸 10 至 20 公里的海面上停了下来。6 时 30 分,第一批美国部队开始登上海滩。

这是世界战争史上最大的一次登陆作战行动,

参战的盟军共有 36 个师,总兵力达 288 万人。除英美军队外,还有少量加拿大部队,空军飞机达 13,700 架,海军舰艇 9000 多艘。美国艾森豪威尔将军为登陆部队最高统帅。在他的司令部里,聚集着一批盖世将才:副统帅是英国空军上将泰德，蒙哥马利为英军地面部队司令，布雷德里为美军地面部队司令，海军总司令是英国的拉姆齐，空军总司令是英国的利·马洛里，参谋长则是美国将军史密斯。

其实，德国的防守力量也是不错的。从荷兰到法国，德军一共部署了60个师。总司令是龙德斯泰特元帅，下辖两个集团军群，其中B集团军群由名将隆美尔元帅统率，共39个师。不过，由于长期的战争，德军缺损严重，装备也不很精良。

问题的关键是德军统帅部及前线指挥官都作了错误的判断。隆美尔的军队驻守从加来经诺曼底到布列塔尼一带，但他以加来为防御重点。他不是一个不谨慎的人，看了潮汐表后断定，要到6月20日以后才会出现适合于进攻的海潮。于是，6月2日他打了一天猎；6月3日去巴黎看望了龙德斯泰特，6月4日他驱车回到了德国家中小住。

6月5日狂风大作，海浪滔天，人人都认为恶劣的天气不适应登陆作战，其实这正是天赐之便。当前方报来盟军空降部队在诺曼底着陆时，龙德斯泰特等认为不过是声东击西而已。当前方再报来有舰队向诺曼底海岸移动时，这个总司令的参谋长还在嘲笑报告者，是把"一群海鸥"看作了海舰。

即使是希特勒，也以为盟军是在搞佯攻，命令不弄清情况不准动用预备队。不知是否鬼使神差，希特勒很早就凭直觉认为登陆地点会在诺曼底。但后来架不住左右亲信的七嘴八舌，终于也觉得加来可能是盟军主力登陆之地，诺曼底不过是佯攻目标而已。

德军本来有10个高度机动的装甲师，但6月6日那天只有一个装甲师投入了战斗。就是这一个师也冲破了盟军的战线，一直推进到海边。如果德军真有一半的装甲师投入诺曼底，立足未稳的登陆盟军可能都会被赶下海。

登陆后的战斗，盟军并不具有很大优势。一个月后，还只把战线推进了30公里，但却将德军的西线主力吸引到诺曼底来了。德军的致命错误是一小批一小批地到达，结果被美英军队分而食之、逐个歼灭。尤其是德军机动部队几个装甲师，几乎在诺曼底慢慢丢尽。而希特勒又机械地下令寸土不让，致使他的前方将军陷于困境而又不敢退却。这样，英军在7月9日攻陷卡昂；美军在7月25日占领圣洛。

7月25日以后，诺曼底战役很快就转化成夺取全法国的战争。希特勒直到此时才大梦初醒，急调一直按兵不动的加来地区第15集团军前往增援，可惜为时已晚。

8月15日，美军和戴高乐领导的法国军队共50万人，发起了"龙骑兵"行动，在法国南部普罗旺斯地区登陆。8月18日占领土伦，然后继续向北进军。

此时，巴黎人民的起义正将法国民族的武装斗争推向最高潮。7月14日，巴黎人民不顾德国占领军的镇压威胁，4年来第一次举行盛大的国庆游行。8月10日，巴黎铁路工人总罢工拉开了武装斗争的序幕。很快，巴黎的2万名德军被包围。23日，突围德军被起义军打退，德军只龟缩到9个据点里。23日，法军兵临巴黎城下。24日，德军宣布投降。26日，戴高乐进入巴黎城，受到了人民的热烈欢迎。

随后，英军主要向东北方向进攻。美军则继续进攻法国东部，8月31日，攻占凡尔登。英军则于9月3日解放布鲁塞尔，9月4日解放安特卫普，9月下旬解放加来。至1944年年底，法国境内的德军已全部被肃清。在法国解放的整个战争中，德军死伤20万人，被俘20万人，盟军伤亡也高达25万人。

这时候，盟军主力均已抵达德国的西部边境，各支部队和进攻方向大致分布如下：

由蒙哥马利元帅指挥的北方集团军群，基本上由英国军队和加拿大军队组成，从沿海一带向东北方向进军，至荷兰和安特卫普一带之后，攻击德北部地区，从北面包围鲁尔区。

由布雷德里将军指挥的中央集团军群，下辖美军第一集团军、第三集团军（巴顿为司令）、第九集团军，正面进攻德国齐格菲防线，强渡莱茵河，完成从南面对鲁尔的包围，消灭西部德军主力，摧毁德国的工业区。

从法国南部登陆的美法军队编为南方集团军群，向德国南部发起进攻。

盟军还组建了第一伞兵集团军，下辖美英共5个空降师和3个空运大队，作为机动增援部队。

所有的军队都由艾森豪威尔这位盟军西线战场最高司令官统一指挥。

1944年10月23日，美第一集团军占领第一个德国城市亚琛。11月，盟军以炮火开路，在全线发动了进攻，每天都有数十万炮弹落在德国境内。11

邪恶与正义　　557

月底，中路盟军进攻萨尔地区，

南路则攻入了阿尔萨斯—洛林地区，11月27日解放了斯特拉斯堡。

此时千里战线上已集结了300万盟军。大兵压境，希特勒感到末日临头，决定反扑。他集中了西线的主力部队，将反攻地点选择在德国与比利时、荷兰、卢森堡交界处的阿登山区。他认为这一地区对方防备相对薄弱，当年德国正是从这里突破法军防线从而占领法国的。他希望4年前的美梦再现。为使官兵们有置之死地而后生的勇气，他把这次作战称为"悲哀之战"。德军20个师的兵力悄悄集结到阿登前线。

盟军方面准备不足，防线迅速被德军撕开。仅仅3天时间，德军就向前推进了40公里。在中线，美军两个团八九千人的新兵，刚到欧洲就悉数被俘，这就是美国自己所说的它在欧洲战场上最严重的一次失败。1945年1月，德军又在阿尔萨斯反攻得手。

这时，为了援助盟军，斯大林应丘吉尔请求，命令苏军在东线发动强大攻势，希特勒不得不将西线部分精锐部队抽调到东线，对阿登地区的进攻被迫停止。1月28日，德军退回到边境地区。

阿登战役是一次大规模的阵地战。双方投入的总兵力达60个师。美军阵地是主要战场，因而损失较重，伤亡加被俘达8万余人。而德军损失更重，10万人或伤亡，或被俘，800辆坦克和1000架飞机被击毁。希特勒一场如意

图19-4
2004年8月24日，凯旋门前正在进行的巴黎解放60周年纪念仪式

算盘立刻化为泡影，真正成了"悲哀的"战争。

而东线的战况使希特勒更加悲哀！1944年里，东欧、东南欧人民在苏联红军进攻的鼓舞下，纷纷配合苏军打击德国侵略者，或脱离德国而独立。1944年8月23日，罗马尼亚共产党领导了武装起义。8月24日，新政府向德国宣战。9月8日，保加利亚爆发反法西斯起义，成立了祖国阵线政府，并立即对德宣战；至9月中旬，德军被全部赶出或消灭在保加利亚境内。波兰曾于1944年8月1日爆发大起义，1945年1月，苏联红军解放了华沙。在捷克斯洛伐克，1944年8月25日爆发了人民武装起义。10月苏军开进了捷克斯洛伐克。在希腊，德军在1944年10月被全部歼灭。11月29日德军又被赶出阿尔巴尼亚。在南斯拉夫，德军被南斯拉夫人民解放军消灭了近10万人。10月20日，南斯拉夫首都贝尔格莱德解放，德军从巴尔干全面撤退。

1945年来临的时候，德国法西斯军队已全部退却到本国境内，对盟军只有招架之力，而反法西斯同盟军队则在东线和西线同时发动强大攻势，一步步迫近德国的心脏柏林。

1月，东线苏联大军向东普鲁士分三路展开了大进攻。4月，占领东普鲁士全境，开始发起对柏林的进攻。希特勒拼凑了100万人部署在柏林的外围，但挡不住苏军250万兵力的猛烈攻势。至4月25日，苏联红军完成对柏林的包围圈。根据盟军事先的约定，柏林战役由苏军单独进行。苏军采取小股突击的方式，不断缩小包围圈。4月27日，突入市区。4月29日，把市区守敌分割成三部分。4月30日，希特勒在柏林的地下室里自杀。5月1日，苏军占领国会大厦。5月2日，德军残部投降。5月4日，柏林被苏军完全占领。

西线盟军由艾森豪威尔指挥，3月7日，美第一集团军首先突破莱茵河防线。3月底，盟军各国部队共85个师全部渡过莱茵河，向德国内地推进。4月18日，结束了鲁尔战役，德国B集团军群32万人全部被俘。艾森豪威尔仍将西线盟军分成三路，中线是主力，以每天80公里的速度推进。4月1日占领汉诺威。4月8日起，先后占领马格德堡、莱比锡等城市。4月25日，第一集团军的美军巡逻队在柏林西南120公里处、易北河上的托尔高与苏联红军会师，把德军分成南北两部分。会师双方商定，以易北河及其支流木耳德河来划分两军的会合线。

邪恶与正义　559

蒙哥马利指挥的北路盟军，于4月19日抵达易北河，5月2日占领吕贝克。5月3日汉堡德军投降。5月5日，荷兰、丹麦及德国西北部的德军向英军投降。

南路盟军，于4月20日攻下纽伦堡，渡多瑙河进入巴伐利亚，4月30日解放慕尼黑，5月4日占领萨尔茨堡，同日还攻下了希特勒的山中别墅希特斯加登，美国空军将其夷为平地。

进入奥地利的美军，5月3日拿下因斯布鲁克，5月4日与在意大利战场获胜后北上的美第五集团军会合。最南边的法军则沿着莱茵河而上，4月21日占领斯图加特；5月1日歼灭瑞士以北的敌军残余。5月5日，防守南线的德国B集团军无条件投降。

柏林攻破后，各地还有一些德军在希特勒的继任者邓尼茨海军上将指挥下继续顽抗，盟军发动了进一步的攻势。5月7日，邓尼茨的代表约德尔来到法国兰斯，向艾森豪威尔的参谋长史密斯、苏军代表苏斯拉帕罗夫投降，法西斯德国正式崩溃。

图 19-5
苏军红旗插上柏林街头

至此，西线战事也全部结束，共歼灭德军840万人，但盟军也损失兵力80万之多。

法西斯德国灭亡前夕，希特勒在柏林地下室里以自杀结束了他罪恶的一生。

1945年春天起，德军已腹背受敌，德国的经济和军备也陷入全面瘫痪，失败的日子已指日可至。但希特勒仍在蛮横凶狠地命令部下抵抗。有些将领稍一消极，希特勒便以"卖国贼"罪名相威胁。他也预料到了德国必败的结局，因此下令在境内实行焦土政策，破坏各种经济和军备设施。他甚至乞求于"神灵"保佑。4月12日，当美国总统罗斯福逝世的消息传来时，希特勒欣喜若狂，以为同盟国军队就会解体，以为18世纪七年战争期间俄国女皇伊丽莎白去世而使普鲁士获得生机的历史又会重演。但这一切都是徒劳的。随着盟军的逼近，希特勒只敢躲在柏林的地下室里。

当苏联红军发起柏林战役时，希特勒感到末日已经来临，匆匆忙忙安排后事。4月29日，他与多年的情妇爱娃正式举行婚礼，随后又口授"遗嘱"，指定了他死后的法西斯政权负责人。下午，他得知意大利墨索里尼被处决并悬尸街头，更加兔死狐悲。

4月30日上午，苏联军队几乎占领整个柏林，进入了波茨坦广场，离希特勒的地下室只不过一条街的距离。希特勒得知这一情况，故作镇静，与他的两位秘书共进午餐。下午2时30分，他和爱娃与戈培尔等人告别，然后回到自己的房间。待爱娃服完毒后，希特勒将手枪放进自己嘴里，扣动了扳机。两具尸体随后被抬出地下室焚毁。

反法西斯战争胜利在即之时，美英苏便开始对战后世界进行规划、安排，就战败国的处理问题进行磋商。

1944年8月21日至10月9日，美英苏中四国敦巴顿橡树园会议举行。此次会议主要讨论战后如何建立一个国际组织来维护和平的问题。50天的会议，四方的意见都很一致，认为确定新的国际组织要包括四个部分：大会，全体成员国都有代表参加；安全理事会，各大国有常任席位，再由大会选举一些小国代表进入；一个秘书处；一个国际法院。这就奠定了日后联合国机构的基础。

1945年2月，美英苏三国在黑海之滨的雅尔塔举行了战时第二次首脑会晤。

建立联合国的问题是其重要议程之一。雅尔塔会议确定安理会常任理事国为美、英、苏、中、法五个国家，确定了常任理事国的否决权制度，并同意英帝国各自治领、苏联的乌克兰和白俄罗斯都为联合国的创始成员国。

1945年4月25日至6月26日，46个国家的代表齐聚美国旧金山，举行了联合国第一次成员大会，宣告联合国正式成立。

联合国组织固然在战后愈来愈显示其重要作用，然而雅尔塔三国首脑会议的历史影响在战后相当长一段时期里更为突出。这次会议反映了大国主宰世界的现状，以及大国自认为利益不均等的矛盾冲突。

雅尔塔会议的首要议题，是如何处置战败的德国，美英苏三大国在德国如何分割势力范围。经过反复协商，决定对德国实行分区占领。英国丘吉尔还力主法国也参加对德国的管制，斯大林则始终觉得不应给法国如此高的地位。抱病在身的罗斯福从维持欧洲大陆均势、互相牵制的角度出发，最终支持了丘吉尔的意见。这样，从美、英的占领区中划出了一部分给法军，并让法国参加对德国的管制。

面对一大批即将从法西斯铁蹄下解放出来的欧洲国家，它们的去留应该遵循什么样的原则，雅尔塔三巨头也提出了最基本的要旨：由欧洲各国人民自行决定。同时在会议的宣言中又认为，在必要的时候，三国可以通过协商采取措施，帮助各国人民进行维持内部和平、实行紧急措施赈济难民、成立临时政府、进行自由选举等事项。

然而，三大国在讨论国际事务时，为了维护自己的某种特殊利益，不惜以牺牲他国人民的主权作代价。三国关于远东事务所达成的秘密协定就是典型一例。

其时，罗斯福迫切需要苏联红军参加对日作战，就与斯大林做起了政治交易。斯大林同意在德国投降后的2至3个月内参加同盟国方面对日作战；作为交换，罗斯福同意了斯大林的一系列要求，丘吉尔也表示赞成并签字。这些条件是：

（一）外蒙古（蒙古人民共和国）的现状必须予以维持。

（二）由日本1904年背信弃义进攻所破坏的俄国以前权益必须予

以恢复，即：

（甲）萨哈林岛（即库页岛）南部及邻近一切岛屿须交还苏联；

（乙）大连商港须国际化，苏联在该港的优越权益须予保证，苏联之租用旅顺港为海军基地也须予以恢复；

（丙）对沟通大连与外界联系的中东铁路和南满铁路，应设立一苏中合办的公司以共同经营之，经谅解，苏联的优越权益须予保证，而中国须保持在满洲的全部主权。

（三）千岛群岛须交予苏联。

无论怎么说，三国在没有中国代表参加的情况下，作出直接涉及中国主权及利益的决定，是一种强权政治的表现。这笔交易的确是不光彩的。当然，其冠冕堂皇的动机似乎也有情理，特别是与雅尔塔会议的巨大历史功绩比起来，只能说是瑜中微瑕了。

德国法西斯发动的侵略战争，给人类带来了巨大灾难，世界人民对战争的罪魁祸首恨之入骨，强烈要求严厉惩处法西斯头目。在正义的呼声下，战后不久，德国法西斯的主要战犯就在纽伦堡受到了严正审判。

三大国组成了国际军事法庭，并且提出了德意两国的战犯名单。1945年11月20日，国际军事法庭在德国南部城市纽伦堡正式开庭，整个审判工作一直持续到1946年10月1日宣布判决结果。法庭最后以战争罪、反对和平罪、反对人道罪等罪名宣判了24名纳粹战犯。其中纳粹党的第二号头目戈林，外交部部长里宾特洛甫，纳粹军队主要将领凯特尔、约德尔等12人被判处绞刑，1946年10月16日执行。判决前副总理赫斯等3人终身监禁，前外交部部长牛赖特、希特勒继承人邓尼茨等4人10至20年徒刑。纳粹党组织、党卫军、盖世太保也被宣布为犯罪组织。

除这些法西斯头目外，希特勒早已自杀。前盖世太保头目希姆莱逃跑时被捕，于5月23日服毒自杀。前宣传部长、大政治骗子戈培尔在5月1日毒死妻子及6个孩子后服毒自杀。至此，大多数法西斯罪犯都已得到应有的惩罚。

其后，美英法苏又在各自的占领区内分别进行了后继审判，以战争罪、反对和平罪等罪名判处各类徒刑的德国人大约有5万人，其中包括米尔希、凯塞林、曼斯坦因等德军高级将领，勒希林等大垄断资本家，艾希曼等专门残杀犹太人的刽子手。

19.5

太平洋战场：美军越岛大反攻。中国军民的浴血奋战。原子弹施威。苏联百万红军出兵远东。日本的投降：密苏里号作证。第二次世界大战的后果

德国法西斯消灭后，远东的日本法西斯虽已完全孤立，但还在负隅挣扎。太平洋战场、中国战场以及东南亚战场上，硝烟正浓。

太平洋上的战争，在瓜岛之役后沉寂了一段时期。

其时，欧洲战局和非洲战局正发生战略性的转折。斯大林格勒保卫战的胜利，阿拉曼战役德军的失败，也鼓舞了太平洋战场的盟军。盟军决定对日军发起反攻。

指挥太平洋战争的是美国参谋长联席会议，参加太平洋战争的盟国部队主要是美军，以及澳大利亚和新西兰的部队。1943年初，盟军决定从北太平洋、中太平洋、西和西南太平洋三个方向向日军发起一定规模的进攻。

西南太平洋上的美军，由名将麦克阿瑟指挥，以新几内亚为进攻重点。日本似乎觉察到了美军的意图，在这一带布置了最强大的防御力量，而且还派日本联合舰队总司令山本五十六前往指挥、督战。哪知美军截获了有关山本的行动计划，将山本的座机击落。

山本毙命，日本失去了一个优秀的战略家，一抹阴影笼罩着日军官兵的心头。

6月下旬，麦克阿瑟率西南太平洋战线的美军正式发动了对日军的进攻。然而效果并不理想：两个月的苦战，仅拿下两座岛屿。于是，美军改用越岛战术，即越过日军防守严密的岛屿，攻占防御较差的其他岛屿。采用越岛战术完全可以挫败日军逐岛争夺、死拼硬打的意图，加快反攻的步伐，因而很快被美军最高指挥机关批准采纳。

此后，盟军在西南太平洋上取得了一连串的胜利，占领了众多的岛屿。虽然日本也在西南太平洋战场下了相当大的赌注，但始终没能改变战败的命运。至 1944 年 2 月，日本损失兵力约 13 万人，军舰 70 余艘，其他船只 1220 多只，飞机 8000 架。

3 月，世界反法西斯战争的胜利曙光已经初露，美军决定加大反攻力度，由尼米兹海军上将从中太平洋、麦克阿瑟从西南太平洋，两路进攻日军控制下的菲律宾。此时的美军，已在太平洋上占有绝对优势，单海军力量就要比日本舰队强上 5 倍。

从 1944 年夏初开始，美军这两路强大攻势，持续了一年左右的时间，其中最具有战略意义的作战行动有 4 次：塞班岛战役、莱特岛战役、硫磺岛战役以及冲绳战役。

塞班岛战役由尼米兹指挥。该岛位于马里亚纳群岛，具有重要的战略地位，是日本所谓"第二道防线"的重要一环。为夺取对西太平洋的海空控制权，切断日本同南太平洋据点的交通线，同时打开通往日本列岛的门户，并将此地作为轰炸日本的远程基地，尼米兹再次使用越岛战术，绕过加罗林群岛直接进攻塞班。占领塞班之后，又同前来增援的日本海军在马里亚纳海域进行罕见的海战和空战。结果日本人大败，有 7 艘航空母舰被击沉、击伤，损失飞机 450 多架。

在尼米兹指挥塞班岛战役的几乎同时，麦克阿瑟指挥西南太平洋部队发动了更为凌厉的攻势，经过几个月的战斗，肃清了西南太平洋上的所有日军，开辟了从南线通往菲律宾的通道。10 月，美两路大军会合于菲律宾。20 日，6 万多名官兵一天之内就攻上了菲律宾中部的莱特岛。几小时后，麦克阿瑟在菲律宾总统的陪同下登岛观战，并向菲律宾人发表演说，称他麦克阿瑟又打回来了。

而日本海军则要同美国海军决一死战，发动了"捷一号作战"，从 10 月 24 日至 25 日，双方接连发生了三次大海战，总称为莱特湾海战。这一场"历史上最大的海战"，日本人的损失特别惨重：包括 4 艘航空母舰在内的 28 艘大型军舰被击沉，总吨位达 30 万吨。而美国只不过损失 6 艘，吨位仅 3 万吨。

莱特岛上的陆战则难分难解，美军以 7 个师对日本的 6 个师团，直到

邪恶与正义　565

1945 年初才取得基本胜利。一部分日军一直负隅顽抗，1945 年 9 月才向美军投降。美军占领莱特岛后，它在菲律宾的战事很快就结束了。1945 年 2 月 25 日，美军占领菲律宾首都马尼拉。在双方的激烈对抗中，日本损失 40 多万兵力，900 架飞机。

随后，美军决定越过台湾岛，进攻离东京仅有 1200 公里的硫磺岛。全岛不过 30 平方公里，日军竟派了 2 万多人防守。依靠坚固的工事，日军顽强抵抗，使美军打得异常艰苦。1945 年 3 月 26 日，美军占领全岛，但代价亦非常之大。日军全部被歼，仅有 200 人做了俘虏，而美军的伤亡总数还超过了守军：伤亡 24,900 人，其中阵亡 6800 人。这是美国海军陆战队历史上流血最多的一次战役。

4 月，美军发起对冲绳的进攻。冲绳属琉球群岛，北距九州仅 500 余公里，这是日本在本土之外防御的最后一个堡垒，丢掉冲绳，日本本土就完全暴露在盟军的正面。

日本人当然深知冲绳的重要性，因此孤注一掷，将几乎全部的海陆空部队投入战斗。4 月 6 日，日本仅存的 10 艘军舰，包括那艘世界上最大的军舰、联合舰队座舰、重达 6.4 万吨的"大和号"，组成了海上特攻队，直奔冲绳而来。可惜不到一天，就遭到几百架美国飞机的袭击，所有的军舰和舰上的士兵全

图 19-6
美军将国旗插在太平洋岛上

都葬身鱼腹。

日本空军的垂死挣扎更为令人惊诧。他们采取了所谓"神风"式战术，即一种自杀战术，由满载炸弹的飞机撞击美国的船只，同归于尽。这种方式产生了奇效：盟军的舰艇有36艘被炸沉，360艘被炸伤，美国海军死伤近万人，大部分是"神风"战术的牺牲品。日本飞机自然也机毁人亡，整个冲绳战役共损失7800架。

冲绳岛的陆战也激烈而持久。日本守军12万人，全被歼灭，只有9000人被俘。美军亦伤亡极大，达4万人，损失飞机760架。

6月下旬，美军终于占领冲绳，日本的外围防御线被彻底摧毁。

太平洋战争爆发之后，中国战场仍然是对日战争的主要战场之一。

日本自1937年全面侵华以后，从某种意义上是陷入了中国的泥潭。它原以为快速的大战役能够摧毁中国政府军队的主力，迫使蒋介石俯首称降，但蒋介石虽然无能，丢城失地，却也很明智，他打得赢就打，打不赢就跑，故而保存了相当的实力。而且大敌当前之时，中国的国共两党基本上能够摒弃前嫌，携起手来，建立了以国共合作为核心的抗日民族统一战线，将抗日战争由政府军队的片面抗战转变为全国人民的全面抗战。

中共中央领导人毛泽东精辟地分析了中日双方"敌强我弱、敌小我大、敌进我退、敌失道我得道"的特点，认为中日战争必然是"持久战"，中国人民的抗战形式主要是"游击战"，最后胜利一定是中国的。这就大大增强了全国人民的必胜信心。

由中国共产党领导的八路军、新四军，开赴敌后，创建了许多抗日根据地，队伍也迅速壮大起来。1940年，彭德怀指挥了八路军百团大战，主动出击，给占据华北的日军以十分沉重的打击。日本侵略者恼羞成怒，对根据地进行了疯狂的"大扫荡"。然而，八路军、新四军却在日军愈来愈多的"清剿"中成长起来。到1943年，八路军已具备了可以打退敌人大举进攻的实力。

太平洋战争爆发后，日军在正面战场上向中国政府军队发起的进攻性战役并不多，三次长沙战役、浙赣战役是最引人注目的几次。大多数战役都是日本取得了军事胜利，但基本没有什么战略意义。因为每一战之后，日军又退回了原处。据统计，中国军民吸引和牵制了180万左右的日军，占全部海外日军的将近一半。中国军民的抗战，既为太平洋战场上盟军的反攻创造了条件，也援助了苏联的卫国战争，使日本始终无力量来发动对苏联的进攻，策应不了西线的德、意法西斯。

1944年春，在华北地区，人民抗日力量开始向日军发起局部反攻。此时，日军又在太平洋战场上一再失利。为援救其在南洋的侵略部队，日军企望能在中国大陆作一最后挣扎。为了将中国的京汉、粤汉、湘桂铁路连接起来，打通从中国东北到越南的"大陆交通线"，日军于1944年4月发动了"豫湘桂战役"。在这次日本所谓"本世纪最大一次远征"中，日军以4个师团的兵力打通京汉线，以8个师团的兵力打通湘桂线，最后合力打通了粤汉线，8个月时间完成了既定任务。

然而，虽然日本打通了南北交通，但未见得就是好事，因为战线拉长，兵力分散，军需物资更加缺乏，战略后备力量更为枯竭，而且，占领新的地区，往往还以丧失原有占领区为代价。因此，这样一次"最大的远征"却是得不偿失的。

在东南亚战场上，特别是滇缅战场上，战争双方在这里进行了激烈的争夺。这里曾经聚集了来自世界各大洲的上百万武装人员。日本在这里投入较多兵力，是为了切断中国与西方的联系，并建立进攻西面印度的基地。在英国政府的要求下，中国数度组织远征军征战缅甸。到1944年底，在中、英、美、印等国军队以及缅甸游击队的努力下，收复了缅甸北部的大部分地区，肃清了印度的日军。

从1944年6月起，美军开始了对日本本土的空中轰炸。马里亚纳群岛和硫磺岛被攻占后，美国空军有了新的基地，因此11月以后，对日本的大规模轰炸开始。至1945年9月止，美军飞机投到日本国土上的炸弹，总重量高达16万吨。大规模的空袭不仅打击了日本的军事力量和设施，而且还将日本的经济生产能力摧毁殆尽。

这时，日本国内出现了分歧，天皇有求和的打算，并希望苏联出面调停，而帝国大本营陆军却决定把战争进行到底。他们决心在本土决战，向全国发布了三次动员令，再次纠集了陆海空总兵力达240万人。

对此，美军作出了进攻日本的计划，打算在1945年11月进攻九州，

1946 年春进攻东京附近的关东，1946 年秋彻底打败日本。按照这个计划，美军要付出 100 万人的伤亡代价。

于是便有人提出，如果原子弹试验成功，应该将它运用于对日战争，这样就可以缩短战争进程，减少美国伤亡。然而负责研制原子弹的爱因斯坦等科学家则认为，美国的原子弹是针对德国的，现在德国已然失败，日本又不拥有核武器，美国也就不能单方面使用原子弹。他正写信给罗斯福时，却传来总统于 4 月 12 日突然病逝的消息。

副总统杜鲁门继任总统职位后，对原子弹却投以很大的兴趣，声称"必须用原子弹来袭击敌人"。不管有多少人建议只将原子弹投到无人区，以作为对日本的警告和示威，杜鲁门的决心并没有改变。

7 月 16 日，美国的第一颗原子弹在新墨西哥州试验爆炸成功。

7 月 17 日至 8 月 2 日，美英苏三国首脑会议在柏林附近的波茨坦举行。与前两次会议不同，会议的参加者已大有变化。除了苏联仍是斯大林外，代表美国的已是新总统杜鲁门，而英国先是丘吉尔，会议期间英国国内大选，工党取得了胜利，新任首相艾德礼接替丘吉尔参加会议。

据说丘吉尔得知在大选中落选的消息时，非常平静，说："我们不就是为此而奋斗的吗？"

波茨坦会议主要讨论战后世界的安排问题，同时也讨论了对日作战问题。苏联决定在欧战结束 3 个月后参加对日作战。7 月 26 日，以美、中、英三国的名义发表了《波茨坦公告》，敦促日本人无条件投降。公告表示，日本如不这样去做，那么它的前途将是"立即和彻底毁灭"。

然而，日本的反应却是继续将战争进行下去。日本首相的声明说："政府不认为《公告》有何重大价值，只能不予理睬。吾等唯有誓将战争进行到底。"这样，日本就失去了和平结束战争的最后一次机会。

8 月 6 日，三架美国飞机飞临日本西部城市广岛上空，向地面扔下了取名叫"小男孩"的原子弹。这颗当量为 2 万吨梯恩梯的新式"炸弹"，威力无比，当天就炸死炸伤广岛市民 13 万人，占该市总人口的 40%。

但日本军队仍然拒绝投降。

8 月 8 日，苏联对日宣战。9 日凌晨，由华西列夫斯基指挥的百万苏联远东红军，以迅雷不及掩耳之势，向中国东北、朝鲜和库页岛的日军发起了全线总攻击。仅仅6天时间，红军就向前推进了100—500公里不等。

9日上午11时30分，美军又向日本九州城市长崎丢下第二颗原子弹。当天就有将近7万人死伤，城市中心被夷为平地。

这一天，在中国战场上，中国共产党毛泽东主席发表了《对日寇的最后一战》的声明，指出："最后战胜日本侵略者及其一切走狗的时间到来了。"10日，八路军总司令朱德将军在延安发布大反攻命令，命令八路军、新四军和其他人民抗日武装向日军发起全面进攻，并敦促各地日军无条件投降。8月11日，国民政府蒋介石也命令国民党军队"加紧作战，积极推进，勿稍松懈"。

8月10日，日本政府正式向美英中苏发出了乞降照会。

8月15日中午，天皇亲自在电台宣布无条件投降诏书。

8月28日，第一批美军士兵踏上了日本国土。这一天，美军第三舰队也进入了东京湾。30日，盟军总司令麦克阿瑟乘飞机到达横须贺机场。

9月2日上午，停泊在东京湾的美军战列舰"密苏里号"上，日本投降的正式签字仪式准时举行。麦克阿瑟主持了签字仪式，并命令日本代表签字。日本外相重光葵代表日本天皇和日本政府，日本陆军参谋总长梅津美治郎代表日本帝国大本营，分别在投降书上签上了自己的名字。

然后，麦克阿瑟在美国的温赖特和英国的白西华陪同下，走到签字桌前。这两位将军在菲律宾战役和马来亚战役中分别向日本人投了降，关在日本集中营里已有好几年，刚刚放了出来。今天，成了两位投降将军雪耻的日子。

麦克阿瑟用第一支笔写下了"道格"，然后将笔送给了温赖特；用第二支笔写下了"拉斯"，又将笔递给了白西华；用第三支笔写完"麦克阿瑟"，这支笔后来送到了美国国家档案馆。回来又用两支笔签下了自己的官衔。第四支笔交给了他的母校西点军校，第五支笔送给了自己的妻子。

随后，各盟国代表先后代表自己的国家签了字，依次是：美国的尼米兹海军上将，中国的徐永昌将军，英国的弗雷泽海军上将，苏联的杰列维扬科中将，澳大利亚的布拉米将军，以及加拿大代表穆尔·戈斯格罗夫，法国代表勒莱尔，荷兰代表赫尔弗里希，新西兰代表艾西特。

历史永远记住了这一时刻。

随后，盟国又在东京军事法庭审判了东条英机等日本战犯，这些罪恶昭著的法西斯分子大都受到了严惩。

第二次世界大战终于结束了，世界反法西斯战争终于取得了彻底胜利。

从某种意义上说，第二次世界大战是人类历史上所经受的最大的一次灾难、一场浩劫。战争历时 6 年之久，席卷了全世界五大洲，有 60 多个国家、20 亿人口（占当时全世界人口的五分之四）卷入了战争。据估计，因战争而死亡的人口约为 6000 万，由于战争而造成的物质财富损失超过 4 万亿美元。

完全可以说，第二次世界大战的爆发是西方资本主义大国争夺世界的矛盾激化的结果，是资本帝国主义的国际体系酿成了战争苦果。然而，从战争转化为反法西斯战争以后，它又沉重地打击了资本主义世界体系。

战前西方世界的六个资本主义强国，到战争结束时，有三个成为战败国，即德国、日本、意大利，从此丧失了它们在国际政治体系中的大国地位。有两个遭到了削弱，即法国和英国。法国曾在战争中投降德国，有损其国际威望，而且战争中被德国掠夺一空，法国经济遭到严重破坏。英国在抗击法西斯的侵略中作出了巨大贡献，但战争开支却使英国经济实力大大削弱。战争还促使大英殖民帝国迅速瓦解崩溃，昔日威风凛凛的日不落帝国终于日薄西山。

只有美国，非但没有因战争而受到打击，反而在战争过程中迅速壮大了政治和军事实力，从而在战后很快成为西方世界的新霸主。

下编

现代世界

1945年以后

第二十章

对立的世界
战后初期的冷战时代

20.1

美国：初圆霸国梦。马歇尔的"好心"。杜鲁门的用心。全球进攻战略初露

第二次世界大战结束后，世界政治格局发生了最根本的变化。

其中一个极其重要的特征，是美国很快作为西方世界新的霸主而兴起。大战没有使美国受到打击，反而促使美国迅速地壮大起来。

因为美国有着其他西方国家不可比拟的优越条件。

美国是个西半球国家，往东往西都是大洋。只要战争不发生在西半球，欧洲战火就很难烧到美国土地上，即使是太平洋上的战争，也离美国本土有几千公里之遥。因此，美国尽可利用地利优势，进退自如，先观战火，再坐收渔利。

美国也是个地大物博之国，自然资源极为丰富。而且它的气候温暖湿润，非常有利于农作物生长。相比之下，美国的人口密度又比较小。自南北战争结束以后，一个多世纪里美国再未受到战争破坏。随着欧洲国家在大战中将人力物力消耗到了极点，这又使美国成为新的世界霸国不再有强大的阻力。

美国人民为世界反法西斯战争的胜利确确实实作出了巨大贡献。不但美国军队是反法西斯同盟的主力军之一,而且美国也给了反法西斯各国巨大的物资支援。战争激发了美国人民的生产热情,创造了前所未有的丰富的物质财富,从而使美国一跃成为西方世界生产力最为发达的国家。

美国的战时经济特别发达。当大部分国家都被战争拖得筋疲力尽的时候,美国国力的强盛却达到了令人难以置信的地步。在战争的刺激下,美国国民生产总值按不变值计算,从1939年的880亿美元增加到1945年的1350亿美元,6年时间增长了54%。整个战争期间,美国工业企业生产规模扩大了二分之一,商品产量提高了二分之一。

在战争结束之时,美国成了一个工业、金融和军事强国。1945年,美国的煤产量占世界的二分之一,石油占三分之一,电力占二分之一,生产9500万吨钢,100万吨铝,120万吨合成橡胶。它拥有占世界70%的黄金储备。它还有能力生产大量的船舶、飞机、车辆、武器、车床、化学产品。

在经济实力基础上,美国也有极其强大的军事力量。1945年,美国的所有军事人员达1250万人,军事预算超过800亿美元。美国的海军拥有1200艘大型战舰和5万艘其他船只。美国空军的重型轰炸机和超距离战略轰炸机达4000架。美国的陆军共有95个师,驻扎在56个国家。具有讽刺意味的是,在美国本土上却没有一个师。美国还垄断了世界上最先进的大型杀伤性武器原子弹。

正是这种雄厚的经济基础和军事实力,决定了美国在世界上的绝对优势地位。正是利用这一优势,美国先是登上了西方世界的霸主宝座,同时也企图成为世界的新霸主。

战后的欧洲,可谓千疮百孔,经济凋敝。城乡残破,百废待兴。对欧洲各国来说,复兴经济是一项极其艰巨、艰苦的任务,美国人正是利用这一机会,不遗余力地实现对欧洲尤其是西欧的控制权。

作为西欧唯一的战胜国,英国是无力回天的,而且,冷酷的现实使英国自身也面临危机的边缘。这样,美国借机开展了对西欧的再次"援助大行动"。正是这种"援助",最终使西欧坐到了美国人的船上,西半球的美国人成了西欧人的盟主。

"马歇尔计划"和"杜鲁门主义"是美国渗透西欧的两大举措。

欧洲各国可谓是祸不单行，刚刚摆脱了战争恶魔，又遭受了特大自然灾害，以致战争结束快两年时，欧洲经济仍未走出恶性循环的怪圈，虽然美国曾通过一些渠道，向西欧提供过 90 多亿美元的贷款，但这种输血近乎杯水车薪，解救不了欧洲的经济困境。美国也为此颇为担忧，因为欧洲市场的不景气，将影响美国货物的销售。

美国国务卿马歇尔对此情况特别忧虑，认为必须立即采取行动，帮助欧洲复兴。1947 年 6 月 5 日，他在哈佛大学发表讲话，提出了著名的"马歇尔计划"。

马歇尔讲话的大意是，目前欧洲的经济结构正在解体，市场不运转，生产停顿瘫痪。这些国家又无钱买国外的生产和生存物资，因此，如得不到实质性的援助，欧洲就会走向动乱，这对美国经济也是很不利的，美国应尽最大努力来帮助欧洲复兴。

马歇尔的话很动听，称欧洲复兴是欧洲人自己的事，应由他们主动提出要求。他又提出条件，要欧洲各国联合提出求援方案。这一建议的实质是从

图 20-1
纽约时代广场

对立的世界

总体上控制欧洲，让整个欧洲、至少是西欧都听它的话。有研究者说，这是美国想利用西欧来同苏联相抗衡，但倒不如说是美国企图从经济上渗透欧洲，从而真正取得西方的霸主地位。

欧洲有16个国家作出了回应，它们联合协商提出的"欧洲复兴计划"，最后在4年的实行过程中，共得到了美国131亿美元的援助。这笔巨大的资金确将欧洲经济从崩溃的边缘挽救了过来，促使西欧从此能够稳定发展，但美国所获的经济利益实际已远远超过援助数额。更重要的是，西欧各国逐渐变成了美国卵翼下的小伙伴。

美国还想进一步要求欧洲在政治上服从自己。1947年希腊土耳其危机的出现，就为它提供了机会，结果导致了"杜鲁门主义"的出台。

第二次世界大战期间，希腊为法西斯德国所占领。希腊共产党领导了国内同法西斯占领军的斗争，解放了大部分地区，并且迫使德国法西斯早在1944年10月就撤出了希腊。希腊国王被英国军队护送回国，后者要求解散共产党领导的解放军。希共只得撤出雅典，转入山区斗争，并建立民主军。至1947年初，这支军队又控制了希腊一半的土地。

英国军队自感无力镇压，于是向美国发出照会，希望美国予以介入，接过这一责任。照会还对土耳其问题提出了相似的估计和要求。敏感的美国外交官员认为，这是英国在将"世界领导权"拱手交给美国了，美国应该当仁不让，毫不迟疑。于是，他们策划让希腊政府出面，呼吁美国给予大规模援助。

美国虽早有当"国际警察"之心，但还未敢明目张胆地干涉别国内政。但如对希腊事务不加过问，那样可能会使希腊土耳其成为苏联的势力范围，大大降低西欧国家对美国的信赖度。关键是找一个借口。于是，美国政府营造了"杜鲁门主义"的出笼。

1947年3月12日，杜鲁门在国会两院发表演说，阐述了杜鲁门主义的基本思想。他首先谈到了美国援助希腊的必要性。然后他提出世界各国可选择两种生活方式，美国可帮助它们选择。这实实在在是对别国内政的干涉寻找借口，而且他还公开说到美国必须有所行动，要"援助自由人民以自己的方式来规划自己的命运"。

按照杜鲁门主义，美国向希腊政府提供了3亿美元的援助，给了土耳其

1亿美元。美国还将2万军事人员派往希腊。1948年6月，美军和希腊政府军联合进攻解放区，于1949年扑灭了希腊人民的革命烈火。几乎同时，美国又将土耳其变成了它的据点。

一个计划，一个主义，美国用经济政治两条绳索很快就将西欧圈进了自己的霸主战略。同时美国又进一步扶植德国，促其复兴，使其进入自己的势力范围。

战后初期，德国由美苏英法分区占领。在美国将占领区合并的建议被苏联拒绝后，1947年元旦那天，美英合并了两国占领区；1948年，又将法占区合并。1949年，美国又和英法策划成立西德政府。该年5月，德意志联邦共和国亦即西德成立，首都设波恩。西德很快就成了美国在欧洲最主要的军事和战略基地。

随着第二次世界大战的胜利，美国国内要求将美国利益扩张到世界各个地区、要求美国充当"世界领袖"的呼声越来越强烈，而且越来越占上风。正是在这种思想的影响和支配下，美国政府开始了它的全球扩张战略。

在欧洲以外地区，美国展开了各种方式的攻势。其主要特点，一是与苏联争夺某些地区；二是填补英法等国从自己殖民地退出后的势力真空。

1946年1月，美国支持伊朗向联合国安理会控告苏联，斥其"干涉伊朗内政"，迫使苏军从伊朗撤出。随后，美国以"军援"和"经援"方式，打入伊朗。

同时，美国舰队又向土耳其示威，最后换取了对黑海入口的控制。

对拉丁美洲，美国人坚持认为，美洲的事务就是扩大了的美国事务。二战结束，德意日势力的被赶出，英法荷影响的削弱，美国完全确立了在拉丁美洲的霸主地位。美国还通过各种经济援助计划进一步强化拉美经济对美国的依赖。1947年，美国与拉美国家签订了《里约热内卢条约》，这样，拉美国家之间的纷争，甚至各国内部的冲突，都成了美国出兵干涉的理由。美洲内部共产党革命或左派当政，都被视为外来侵略而横加干涉。

1948年，泛美联盟改组为"美洲国家组织"，从此西半球成了美国牢固的势力范围。

至于亚洲，美国以中国和日本为渗透重点，同时又企图借非殖民化旗号，控制东亚大片地区。由于与英国、荷兰等老牌殖民国家有冲突，也由于亚洲当地人民对美国势力渗透颇为反感，战后最初几年里，美国的扩张并不得心应手。

作为亚洲最大的国家，中国具有举足轻重的地位。美国对中国的政策，在战后初期阶段颇为曲折。

起先，中国并非美国外交的重点。太平洋战争爆发后，中国在美国心目中的战略位置上升，因为中国的抗日实际上牵制了大量的日军。战后，美国希望有一个亲美的中国来抵制苏联和日本。然而中国又有两大力量，即共产党和国民党。美国人当然不希望共产党掌权，但又看不起国民党蒋介石的无能。反复权衡之后，杜鲁门采取了片面扶蒋政策。美国出面帮助蒋介石抢占地盘之外，还延长"租借法"，为国民党军队提供大量武器装备。

中国内战爆发后，国民党处于攻势，美国人心存侥幸，希望蒋取胜后能有某种改革，也相信蒋介石能在美国的支持下打赢内战。可蒋介石并不争气。到1947年秋，蒋的全面进攻和重点进攻都被"中共"军队粉碎，解放军还开始了战略大反攻。美国人实在不敢相信自己的眼睛。

1948年秋，解放军进入战略决战阶段。美国人看到国民党政府大势已去，开始酝酿改变对华政策。起初，美国企图"脱身"而去，其间，美国人几度意欲弃蒋、倒蒋，但终不能改变局势。以社会制度划界的美国政府，在观望了一段时间后，最终选择了顽固敌视新中国的态度。

战后几年里，亚洲的法西斯战败国家日本，则被美国逐步改造为驯服工具。

日本投降的时候，进驻日本本土的盟军以美军为主，因此，在战后日本的处置问题上美国取得了优先发言权。是美国起草了对日本投降要求的答复，也是美国同意日本继续保持天皇制。从一开始，美国下决心要独家占领日本，决不让苏联染指。在美国的坚持下，占领日本的盟军总司令由美国麦克阿瑟上将担任，主要的副司令官也是美国人。美国在日本的驻军将近50万人。日本的一切事务都由美国政府支配的盟军总司令部决定。麦克阿瑟成了日本名副其实的"太上皇"。

美国还按照自己的政治模式来建立日本的"民主制度"，要求日本取消各种思想限制，废除各种歧视性法规，取消各种军国主义组织和极端主义组织。

美占领军还为日本制订了新宪法,使日本变成美国式的三权分立新政体国家,天皇只是国家的象征,内阁须向国会负责。美国还帮助日本进行了土地改革、教育改革及其他社会改革,进一步清除军国主义和封建主义的经济基础和思想残余。

从 1948 年以后,美国开始试图将日本塑造成美国全球战略下的工具和据点,培植日本的亲美势力。在美国人看来,日本对美国比中国对美国更具有意义。在这种观念支配下,美国极力想取得日本人的好感,培养其亲美情结。美国给日本的援助,在 1945 年至 1950 年间共达 170 亿美元。

美国还抛开其他盟国,单独与日本媾和。1951 年,美日召开旧金山和会,两国随后订立了《安全保障条约》。从此,日本完全被绑在美国全球进攻的战车上,成为美国在亚洲东部的主要基地。不过,从另一面来说,日本从此也把自己置于美国的保护伞下,一有动静,便拉出与美国所签的《安保条约》大旗,如 2012 年以来在中日关于钓鱼岛的纠纷中。

1949 年 1 月,美国连任总统杜鲁门在其就职演说中,提出了著名的"第四点计划",不再使用军援、经援等老方法,而是用输出科技和知识的手段,向落后地区和不发达国家更深入地渗透。这一计划的出台,表明美国全球进攻战略的做法又有了新招数。

20.2

苏联崛起。东欧、东亚人民民主国家诞生。丘吉尔"铁幕"论:冷战的肇始

美国要建立全球霸权,遇到了坚定而又坚强的反对力量,这就是苏联和以苏联为首的强大的社会主义阵营。

在第二次世界大战中,苏联是受法西斯铁蹄蹂躏最甚的国家之一。德军最猖獗的时候,曾占去苏联上百万平方公里的土地。然而,在斯大林的领导下,苏联人民进行了 4 年浴血战斗,在伟大的卫国战争中,抗击了德国法西斯军队总兵力的主力,消灭了 1000 万德军。在后来的对日作战中,苏联也起到了

关键作用。百万红军出兵中国东北，迫使日本人不得不举起白旗。

战争结束后，苏联的版图有所扩大，而且苏联还锻炼了一支强大的军事力量。到1945年5月时，苏联的军事人员总数达到1100多万。苏联的武器生产能力也有极大的提高。战时，它每年能生产12万门炮、2亿发炮弹、3万辆坦克、4万架飞机。苏联还拥有C—2重型坦克、火箭炮、强击机等新式武器。

应该说，饱受战争灾难的苏联是需要和平的，是需要有一个和平安定的国际环境的。苏联的这一基本态度，是美国推行全球进攻战略的最大障碍。何况，在苏联周围，即东欧和东亚，战后几年间出现了一系列人民民主国家。以苏联为核心的一个领土几乎完全相连的社会主义阵营形成。

战后初期诞生的东欧人民民主国家有：波兰、罗马尼亚、保加利亚、南斯拉夫、匈牙利、捷克斯洛伐克、德意志民主共和国（即东德）、阿尔巴尼亚。

1939年，第二次世界大战爆发于波兰。德国灭亡波兰后，在国外出现了波兰流亡政府。1942年后，流亡政府开始在国内组建军队，同时国内人民的反抗斗争亦越来越激烈。1944年8月的华沙起义，将斗争推向了高潮。在波兰人民与苏联红军的相互配合下，波兰于1945年4月从法西斯铁蹄下解放出来。很快，波兰成立了临时民族革命政府。1947年波兰举行议会选举，工人党领袖、著名革命家贝鲁特担任了共和国总统，社会党人担任政府总理。1948年，两党合并为统一工人党，成为波兰的执政党。

大战期间，罗马尼亚政府追随德国参加了法西斯侵略战争，但人民展开了英勇的抵抗斗争。1944年，以罗共为核心组成了全国民主阵线，全国爱国力量大联合，并提出了具体的起义计划。8月20日，苏联红军在罗马尼亚东部发起攻势，希特勒德军被钳制。23日，国王逮捕了追随法西斯的内阁总理及成员，成立新政府，共产党等进步组织成了政府成员。这天夜里，起义者包围了德军并解除其武装，全国各地纷起响应。爱国军民与法西斯德军进行了殊死搏斗。8月30日，苏军到达布加勒斯特，并顺利通过罗马尼亚，开往周边国家。

1945年，罗马尼亚成立了民主政府，1947年岁末，罗马尼亚宣布废除君主制，成立人民共和国。1948年，罗马尼亚工人党成立，并成为执政党。

大战中，保加利亚是德意法西斯集团中的小伙伴，成了德国所需粮食和原料的供应地。1942年，保共领导人季米特洛夫倡议成立反法西斯组织祖国战线。随后，全国各地建立了许多游击队，他们神出鬼没，打击侵略者。1944年9月，苏联政府对保宣战，8日进入保加利亚境内，当晚游击队的起义很快推翻了反动政府。同时，祖国战线政府正式成立。1946年9月，保加利亚全民投票，废除了君主政体，成立了人民共和国。保共领导人季米特洛夫成为共和国的第一任总理。

1941年4月，希特勒进攻南斯拉夫，南领土很快被德意保匈等国瓜分。但南斯拉夫人民迅速掀起了反抗运动。6月，以铁托为领导的人民解放游击队总司令部成立。在南斯拉夫共产党的领导下，通过四年的斗争，人民武装力量发展成为80万人的强大军队，并发动了一系列重大战役，以自己的力量打垮了德国侵略军，于1945年5月15日最后解放了全国。11月，南斯拉夫宣布成立联邦人民共和国，铁托元帅成为共和国的领导人。新生的南斯拉夫国家，包括了6个共和国，即塞尔维亚、黑山（门的内哥罗）、马其顿、波斯尼亚和黑塞哥维那、克罗地亚、斯洛文尼亚。

匈牙利的霍尔蒂政权曾于1940年加入法西斯同盟，追随德国军队参加第二次世界大战。1944年后，匈牙利共产党开始领导人民的反法西斯斗争。1945年，在苏联红军支持下，匈牙利全国解放。1946年成立了匈牙利共和国。

捷克是最先遭受德国侵略的国家之一，希特勒是在1939年3月占领捷克全部土地的。从此，捷克斯洛伐克人民饱受法西斯铁蹄蹂躏达6年之久。捷总统贝奈斯逃亡英国后，组织了流亡政府。而国内则由捷克共产党领导了抵抗运动。1944年，斯洛伐克爆发了反希特勒大起义。1945年5月5日，在捷共领导下，布拉格人民大起义，在街头与4万多法西斯守军展开了激烈巷战。5月9日，随着苏联红军进入市区，德占领军全被消灭。5月11日，捷克斯洛伐克全境获得解放。

1946年5月，捷克斯洛伐克举行议会选举，战前的总统贝奈斯仍担任总统职务，同时成立以共产党人哥特瓦尔德为总理的联合政府。1948年5月，议会制定宪法，定国名为捷克斯洛伐克共和国，由此一个新型的人民民主国家又诞生了。

在大战开始时，阿尔巴尼亚为意大利法西斯所占领，阿尔巴尼亚人民建立了反法西斯民族统一战线，开展武装抵抗运动。1943年意大利投降后，德国军队又占领了阿全境。1944年11月，阿尔巴尼亚获得解放。1946年1月，阿尔巴尼亚人民共和国成立，走上了社会主义道路。

法西斯德国被击败后，德国领土由苏美英法四国分区占领。1949年5月，美英法三块占领区合并为德意志联邦共和国，亦即西德，又简称联邦德国。而苏占区为原德国东部的五个州。1945年7月后，苏军开始在各州建立各级行政机构。1946年10月，苏军将权力移交给各地方政府。1948年3月，成立德意志人民委员会。1949年10月7日，德意志人民委员会宣告德意志民主共和国成立，这就是习惯上所说的东德，又简称民主德国。

而东亚的人民民主国家，是早已建立人民政权的蒙古人民共和国；1947年金日成领导建立的朝鲜民主主义人民共和国；1945年9月在胡志明领导下取得独立的越南民主共和国；特别是1949年诞生的中华人民共和国。新中国的建立是以毛泽东为代表的中国共产党人经过28年艰苦斗争的结果。

辛亥革命在推翻了封建王朝以后，中国仍然处在半殖民地半封建社会状态。中华民国的最初十几年里，还处在北洋军阀政府统治之下，封建的势力不时抬头。孙中山等不懈奋斗，先后发动了二次革命、护国运动、护法运动等一波波革命斗争浪潮，但仍未能完成反帝反封建的民主革命任务。

1917年俄国十月革命爆发，使马克思主义在中国得到广泛传播。1919年的五四运动，1921年中国共产党诞生，将中国推进到新民主主义革命阶段。孙中山改组后的国民党，实行联俄、联共、扶助农工三大政策，实现了第一次国共合作。广东成为革命根据地，革命力量很快发动了北伐战争，掀起了全国性的大革命运动。

虽然北洋政府最终被推翻，但蒋介石、汪精卫先后撕下"合作"面孔，于1927年先后发动"四一二政变""七一五政变"，大肆屠杀合作者共产党员和工农革命群众，使大革命运动失败。中国共产党人在屠刀下站起来，"擦干身上的血迹"，与国民党反动派展开了殊死搏斗，先后发动了南昌起义、秋收起义、广州起义等武装暴动。毛泽东根据中国国情，创造了以农村包围城市的革命道路，创建了井冈山革命根据地。这一星星之火，在全中国迅速燎原。赣南闽西根据地即中央苏区、鄂豫皖、湘赣等根据地相继创立，直接威胁着国民党政权的统治。蒋介石发动了一次次军事"围剿"。而共产党内几次"左"倾路线的错误领导，几乎断送了所有的人民革命力量。几支主力红军队伍进行长征，北上抗日，最后集合在陕北边区。共产党内毛泽东的领导地位完全确立后，革命道路越走越顺畅。

此时国难当头，共产党认为"兄弟阋于墙，外御其侮"，主张联合起来，一致抗日。1936年12月西安事变和平解决，加快了国共第二次合作进程和抗日民族统一战线形成。共产党领导的八路军、新四军，开赴敌后，创建敌后根据地，向日寇占领区插进了把把尖刀。国民政府军则在正面战场上与日军殊死搏斗，但却一退再退，大片河山沦落，被日寇铁蹄肆意践踏。共产党在敌后的解放区逐步扩大，在进行民族独立斗争的时候积聚了阶级解放力量；而蒋介石国民党则极力阻止共产党力量的壮大，发动了三次反共高潮。作为世界反法西斯战争的重要组成部分，中国的抗日战争在1945年取得了胜利。这也是100多年来中国人民反帝斗争中唯一取得胜利的反侵略战争。

抗战胜利后的中国向何处去？和平与统一当然是最好的结局，但蒋介石不可能容忍中共及其所领导的武装力量。1946年6月，三年内战爆发。处于优势地位的蒋介石国民党军队向共产党领导的解放区发动了全面进攻，效果不佳后又于1947年3月改为重点进攻山东解放区和陕北解放区，但都被解放军粉碎。1947年6月，刘伯承邓小平大军挺进大别山，掀起了解放军反攻的序幕。1948年、1949年之交的辽沈、淮海、平津三大战役，将国民党军主力摧毁。1949年4月21日，解放军百万大军渡过长江，不日就占领了国民党政府所在地南京，5月底又解放中国最大城市上海。接着向东南、中南、西南地区全面进攻。到1950年底，解放了除西藏以外的大陆全部地方。蒋介石退守台湾孤岛。1949年10月1日，毛泽东在北京天安门城楼宣告中华人民共和国成立。中国从此进入一个新的时代。

新中国的建立，并在一个占世界人口四分之一的东方大国实行社会主义制度，大大改变了世界政治格局，改变了国际政治力量的对比，大大增强了社会主义阵营的实力。

面对这样一个强大的国际正义势力，美国感到要称霸全球，似乎有太大的障碍，因而必欲除之而后快。但是，公然付诸战争是不明智的，也是行不通。而暗中的较量、暗中的对抗，则在战后最初几十年里时时存在。今人名之曰"冷战"。

然而，冷战的最初鼓吹者并非美国人，而是英国战时巨头丘吉尔。从某种意义上说，正在衰落中的英国还想重建它在欧洲的领导地位，因此总想借美国之手来"遏制"苏联。这也正合美国打击或削弱苏联的意思，于是，便有了那篇丘吉尔在杜鲁门家乡富尔敦发表的后人称之为"冷战宣言"的演说。时间是1946年的3月15日。

丘吉尔说："从波罗的海的什切青，到亚得里亚海边的的里雅斯特，一幅横贯欧洲大陆的铁幕已经降落下来。在这条线的后面，坐落着中欧和东欧古国的都城……所有这些名城及其居民无一不处在苏联的势力范围之内，不仅以这种或那种形式屈服于苏联的势力影响，而且还受到莫斯科日益增强的高压控制。"丘吉尔在此提出的"铁幕"一词，后来长期被西方世界用来指责苏联及其为首的社会主义阵营。

丘吉尔还危言耸听，称共产主义的"第五纵队"遍布世界各地，构成了"对基督教文明的日益严重的挑衅和危险"。他呼吁美国人，联合英国来对抗苏联。

应该说，丘吉尔道出了美国人想说又不便说出口的话，放出了"冷战"的第一枪。从此美国政府觉得再也不需要遮遮掩掩了，立即采取种种行动。

1947年2月，美国副国务卿艾奇逊在一次讲话中，渲染苏联已对西方"自由世界"构成了威胁，称美国已没有安全可言了。这一年里，杜鲁门主义、马歇尔计划亦纷纷出台，表明美国在力图控制西欧的同时，还想利用西欧来同苏联"集团"抗衡。

1949年4月，美国主持建立了北大西洋公约组织，有12个西欧和北美国家参加。这个组织后来成了美国进行冷战甚至"热战"的主要工具。

20.3

朝鲜战争：冷战时代的第一次热战。从兵出鸭绿江到五次战役的较量。板门店：第一位失败将军的失望

无疑，冷战是战后两大阵营对峙的主要形式。然而，既然处于对峙状态，那就蕴含着爆发公开对抗和战争的可能性，"冷战"随时都有可能转变为"热战"。50年代爆发于朝鲜半岛的战争，就是冷战时代的第一次热战。

朝鲜是中国的紧邻，自古就同中国有亲密的关系。1894年甲午战争中国失败，日本势力全面侵入了朝鲜半岛。1910年，日本将朝鲜变成了完全的殖民地。第二次世界大战结束，朝鲜人民终于摆脱了日本人的统治，获得新生。然而，没有对解放朝鲜作出应有贡献的美国却使朝鲜又陷入新的灾难之中。

苏联百万红军于1945年8月9日向中国东北的日本关东军发起猛烈进攻时，同时向日本占领的朝鲜北部进击。其时，美国唯恐整个半岛将由苏军单独占领，于次日提出朝鲜半岛要以北纬38度线为界，以北由苏军占领和接受日本投降，以南则由美军负责。

半个月内，苏军在金日成领导的朝鲜人民武装配合下，迅速解放了朝鲜北部全部地方，并遵照协议撤回到38度线以北。而美军未发一枪一弹，于日本签订投降书后的9月8日开始派兵在朝鲜南部登陆。朝鲜南北分裂的局面自此出现。

朝鲜北部很快建立了北朝鲜（今朝鲜，后同）临时人民委员会，金日成出任委员长。而在南朝鲜（今韩国，后同），美国占领军迟迟不肯将政权交给朝鲜人民，直到1947年底，美国还没有让南朝鲜人民自主建立政权的任何表示。为了单独控制朝鲜，美国甚至否决了苏联关于两国同时从南北撤军的建议。1948年，在美国的导演下，南朝鲜举行"选举"，通过"宪法"，建立了"大韩民国"，73岁的亲美人物李承晚担任了总统之职。

美国人对南朝鲜如此感兴趣，是因为它觉得半岛"有可能成为亚洲东部海岸上的一个控制基地和进攻中国大陆的一个跳板"。因此，它在南朝鲜进

对立的世界

行了较大的投入，修公路，建机场，建立海军基地，构筑军事工事，训练李承晚军队，提供武器装备，极力怂恿和鼓动李承晚用武力"统一"朝鲜。

半岛南北很快剑拔弩张。1950年6月25日，朝鲜战争正式爆发。在美国顾问团的直接指挥下，南朝鲜军队于这天拂晓时分发动了对三八线以北地区的全线进攻。然而北朝鲜军队早就严阵以待，在金日成指挥下，仅仅一天时间就将对方赶回了三八线以南。

然而美国人立即倒打一耙，当天在苏联代表未出席的情况下，操纵联合国安理会通过决议，指责北朝鲜对南朝鲜"发动武装进攻"，"破坏和平"。27日，美国总统杜鲁门宣布美军参加朝鲜战争，并以美军为主体组成了所谓"联合国军"。同一天，杜鲁门又命令海军第七舰队开往台湾海峡。这样，美国再一次和台湾蒋介石政权站在一起，决心与新中国为敌。

但朝鲜战场的形势却不以美国人的意志为转移，战局的发展令美国人大感意外、措手不及。6月26日，北朝鲜军队解放开城。28日，完全解放汉城。

6月30日，任"联合国军"总司令的麦克阿瑟来到李承晚身边。由沃克指挥的美第八集团军加入朝鲜作战。但美军的到来并不能挽救李承晚溃逃的命运。从6月30日到7月4日，北朝鲜军队发动水厚战役，第一批美军入朝部队在与北朝鲜军队作战中几乎全军覆没。美军指挥失误、行动无序，竟至造成了自相轰炸攻击的混乱场面。

大为震惊的杜鲁门，立即决定战争升级，对朝鲜发动全面战争。

金日成代表愤怒填膺的朝鲜人民，发表声明，揭露美国的侵略企图。金日成号召要把侵略者赶出朝鲜："朝鲜人民一致团结起来，必须以决定性的打击来回答美帝国主义的进攻。美帝国主义者一定会知道我们朝鲜人民的力量是何等伟大、何等的无穷，为祖国自由独立的不屈不挠的斗争意志是何等的坚强！"

在金日成和崔庸健的指挥下，北朝鲜军队无所畏惧，继续向半岛南端挺进。至7月底，美第八集团军全部退到洛东江南岸，固守釜山一带。在两个多月的战斗中，美军的第24师被彻底击溃，连师长都当了俘虏。

9月中旬，战局发生了急剧变化。老谋深算的麦克阿瑟，似乎早就预见到了美韩军队有失败的一天，因此还在6月29日会见李承晚时，就在汉城萌发了一个以后要在仁川登陆的念头。当釜山攻守战斗犹酣之时，麦克阿瑟立即将这个念头变成了现实计划。9月15日凌晨2时，在庞大的舰队、猛烈的炮火掩护之下，美军近两万名官兵在仁川登上了朝鲜半岛的中部。南方的北朝鲜军队很快就处于腹背受敌的不利地位。经过半个月激战，美李军队攻下了汉城，随即又把战火烧到了三八线。

在这紧急的时刻，中国政府和人民深深关切着朝鲜的战况。但美军却更加肆无忌惮，不断派飞机侵入中国领土进行侦察和轰炸。中国政府多次抗议，美国置之不理。中国政府还声明，如果美军越过三八线，中国人民决不会袖手旁观。然而，美军已经有恃无恐，于10月9日越过这条分界线，向北朝鲜发动大规模进攻。

在朝鲜人民进行顽强抵抗的时候，中国人民伸出了援助之手。

10月3日，中国总理周恩来接见印度驻华大使，请印度政府转告美国当局，中国政府的态度是，决不能对美军越过三八线"坐视不管"。而美国决策层仍然把中国的警告视为"恫吓"，不屑一顾。国务卿艾奇逊竟然说，"对中共的恫吓不应过分惊恐"。中国毛泽东主席读着朝鲜金日成首相的信，深为朝鲜人民的灾难而担忧。在中国高层的决策会上，毛主席一段话，打动了与会者的心："别人处于国家危机时刻，我们站在旁边看，不论怎样说，心里也难过啊！"何况，中国和朝鲜是唇齿相依的友好邻邦，唇亡则齿寒，而且美国的一切侵略也是针对着中国来的。

1950年10月8日，毛泽东发出命令，组建中国人民志愿军，开赴朝鲜战场，任命彭德怀为中国人民志愿军司令员兼政委。

"雄赳赳，气昂昂，跨过鸭绿江；保和平，卫祖国，就是保家乡……"

志愿军从10月19日以后分三路秘密进入朝鲜前线。

从1950年10月25日，到1951年的6月10日，志愿军会同朝鲜人民军，连续发动了五次战役，取得了重大胜利，将美李军队赶到三八线以南。

10月25日开始的第一次战役，历时12天。美李军猝不及防，美李共4个师受重创，近两万人被击溃。美军在感恩节以前占领全朝鲜的计划破产。

第二次战役始自11月21日，历时一个多月。美李军被歼36,000人，其中美军就有24,000人。这次战役的意义更在于，美李军队自此从战略进攻转入了战略退却。

与此同时，中国代表伍修权在联合国讲坛上发言，与对手进行了针锋相对的斗争。新中国的声音回响在联合国会议大厅里，加深了包括美国人民在内的世界人民对中国的了解，也赢得了主持正义的人们的同情和支持。

1950年的最后一天，志愿军发动第三次战役。5天之内解放了汉城，9天时间，将美李军队赶到了北纬37度线一带。

20天后，美李军队向北发起全线进攻，中朝军队为了反击敌人，打响了第四次战役。这是一次异常激烈的战役，双方反复较量，在汉江南岸一带来回冲突。战役持续将近3个月，最后结果是美李军队伤亡8万人，也没有将战线推回到三八线以北。为此，麦克阿瑟丢掉了总司令的职务，由李奇微取而代之。

第五次战役从1951年4月22日开始。在一个月的战斗里，美李军队又损失了8万余人，但战线仍稳定在三八线一带。

五次战役，着实使美国人领教了中国人民志愿军的威力。美国当权者感到仗难以打下去了，于是发出了和平解决朝鲜问题的信号。中国、朝鲜和苏联予以了回应。于是，1951年7月，双方代表在三八线上的开城来凤庄开始了第一轮谈判。

谈判桌上的形势总是以战场上的胜负为筹码的。因此，谈判期间，双方仍然谈谈打打，边打边谈，边谈边打。特别是美军一方，经常发起进攻，虽然有时也争得了几平方公里的土地，但常常是得不偿失。如1952年10月的金化上甘岭战斗中，美军投入了6万多兵力，遮天蔽日的炮弹将这一地区的山顶削低了2米，它还使用了细菌武器。但结果却是，阵地被志愿军收回，美李军损失了25,000多人。

志愿军则立足于打阵地战、打持久战，立足于积小胜为大胜，关键时刻，也发动较大规模的战术反击。

1953年7月27日，当志愿军以歼敌近8万人而结束金城战役时，美军总司令克拉克在板门店谈判的停战协定上签了字。这个接替李奇微职务的将军，成了一个倒霉蛋。他有点无奈地说，"我成了历史上签订没有胜利的停战条约的第一位美国陆军司令官"，"感到一种失望的痛苦"。

美国在这次战役中的耗费,仅次于第二次世界大战,有40万美军被歼,军费开支达830亿美元,而最后只得到一个失败的结局。因而时人评说,美国是在"错误的时间、错误的地点,同错认的敌人进行了一场错误的战争"。

20.4

"冷战"中的美苏较量:从柏林墙的修建到古巴导弹危机。太空中的竞争

冷战的主要对手是美国和苏联。进入50年代以后,美苏对峙的状况进一步加剧,双边危机不时发生。

柏林问题是双方长期争论的焦点。1954年,西德加入北大西洋公约组织,东德则于1955年成为华沙条约组织成员,这样,东西德统一的前景更加渺茫。

在东德境内有一个大柏林。大柏林分为东西两部分,西柏林属美英法三国占领区。在苏联看来,这个西柏林对新诞生的东德有巨大的威胁。1958年,苏联照会美英法三国,告知它已将东柏林交还东德,并建议三国也从西柏林撤军。美英法立即拒绝了这个建议。美国说,柏林问题须与德国统一问题联

图 20-2
1959年赫鲁晓夫访问美国

对立的世界

系起来解决；不承认东德，如果苏联封锁西柏林通道，美国将不惜诉诸武力。柏林危机因之发生。

在美国的强硬态度下，苏联软了下来，希望通过国家领导人之间的会谈来改善关系。1959年5月，四大国召开关于德国的日内瓦外长会议。会议无果，美国总统艾森豪威尔却向苏联赫鲁晓夫发出了访美邀请函。

在苏联副总理科兹洛夫和美国副总统尼克松互访之后，9月中下旬，赫鲁晓夫前往美国，在戴维营会晤了美国总统艾森豪威尔。虽然两人的话题很广，谈天说地，但这种接触使赫鲁晓夫获得了一种满足感，因为能给世人以两国平起平坐、主宰世界的印象。1961年，在赫鲁晓夫倡议下，他又与美国新任总统肯尼迪在维也纳会晤。

看起来两国关系大有改善，但实际上危机四伏。特别是西柏林，如同嵌进东德境内的一颗肉中之刺。由于柏林危机的屡屡发生，东柏林人心不稳，跑往西柏林的人与日俱增，从战争结束至1961年初，通过西柏林跑往西德的人有200万之多，其中相当一部分是科技人员。而且，西柏林还成了西方世界反苏反共的前哨阵地。为此，赫鲁晓夫下定决心，要在西柏林问题上同美国见个高低。

事实上美国也确实想在这一问题上做文章。美国曾经提出西柏林问题解决的几点设想，认为它应该达到三个目标：一是承认西柏林人民有选择制度的自由，二是西方军队可以根据当地人民需要长期驻扎下去，三是经东德通往西柏林的水陆通道不得有阻碍。为了达到这些目标，美国不惜使用武力。肯尼迪甚至声称，柏林问题已成为考验西方人意志的"试金石"，决不能"被共产党人赶出柏林"。

正在这时，苏联采取了一个意想不到的行动。1961年的8月，苏联和东德封锁东西柏林之间的边界，沿着这条线，在东柏林一侧筑起了一道界墙，并规定，凡西柏林人进出东柏林，都必须经受边防站检查。墙的修筑，减少了东德人逃往西德的数量。

最初，美国人大为惊愕，想不到苏联人有如此绝招；继而又提出抗议；最后企图以武力试探。一支1500余人的装甲部队，进入了西柏林。然而，双方军队在柏林墙的两侧对峙了一夜，第二天都掉转了枪口。

柏林墙的修建，看似制造紧张气氛，实则是减少两方冲突的有效措施。自此以后，苏联再不提及西柏林问题，美苏对抗又一次缓和下来。

一年后"古巴导弹危机"发生，使美苏两国关系再一次紧张起来。

美国公开干涉古巴内政的"猪湾事件"发生后，美古两国的关系急剧恶化。为取得苏联的支持，古巴领导人卡斯特罗公开宣布走社会主义道路。而从苏联方面看，古巴不但可作为在拉美的阵地，而且它离美国极近，如能控制，不下于在美国的大门口放置一颗炸弹，必将有极大的威力。

一时莽撞的赫鲁晓夫真的想在古巴置入导弹，以图能够快速打击美国。这一行为显然是做过了：任何国家都不可能容忍在邻国安放针对自己的巨型杀伤性武器。当苏联导弹向古巴运送时，美国人似乎知道了风声，开始对古巴进行经常性的空中侦察。为防止事态发展，美国向苏联多次提出警告。

1962年10月，美国侦察飞机终于发现古巴有苏联的中程导弹基地。据分析，这些导弹的射程均达1800公里以上，首都华盛顿以及美国所有的战略空军基地都在其攻击的范围之内。肯尼迪认为，这是苏联进行"冷战"政治的需要，是以此来对美国进行讹诈。

在反复权衡之后，肯尼迪决定以强硬态度来对待，虽不采取战争，但决定对古巴进行军事封锁。肯尼迪发表电视讲话，宣布对古巴实行"隔离"，阻断古巴的武器运输线。肯尼迪还警告苏联，从古巴向西半球的任何地方发射核导弹，都将遭到美国的全面报复。

美国180多艘军舰很快就奉命游弋在加勒比海上，载有核弹头的B—52重型轰炸机盘旋在古巴周围地区的上空，美国在世界各地的三军全部进入最高戒备状态。

苏联退却了。赫鲁晓夫复信给肯尼迪，同意将导弹从古巴撤走。古巴导弹危机结束。

柏林墙事件和古巴导弹危机，是五六十年代美苏两国最直接的两次交锋，两国各占一次上风。不过，两个超级大国的激烈争夺仅仅只是拉开帷幕而已。

美苏的竞争还体现在尖端军事科技和航天科技上。战后初期，美国本来是垄断了原子弹技术的。但在1949年后，苏联接连爆炸了原子弹和氢弹，美国的核垄断便被打破。而且苏联反而在空间技术上先走了一步。1956年，苏联发射洲际导弹成功。1957年，苏联用三级火箭将世界上第一颗人造地球卫星"伴侣号"送上太空。一个月后，又发射了第二颗人造卫星，还带上了一条狗作太空遨游。

美国立即成立了火箭和卫星研制小组。1958年年底，美国也发射了第一颗人造地球卫星，不过，重量仅及苏联第一颗卫星的十分之一。虽然美国很快发明了卫星回收技术，但苏联的进展更快。1961年4月，世界第一颗载人卫星，由苏联的加加林驾驶，用108分钟的时间绕地球飞行了一圈。美国人急起直追，当年5月，美国卫星也载人在太空飞行了15分钟。1962年2月，完成了载人绕地球的飞行。

而且，美国人又另辟蹊径。1961年，美国总统肯尼迪下令制订登月飞行计划，称"阿波罗计划"。经过8年奋战，1969年7月16日，"阿波罗"11号飞船载着3名太空人在航天中心起飞。4天后，两名宇航员驾登月舱脱离飞船，在月球上软着陆，并出舱在月球上活动了两个多小时。这是人类足迹第一次踏上地球以外的星球。

70年代里，美国又对火星、木星、土星、金星等天体进行了探测。后来研制了"哥伦比亚号""挑战者号""发现者号"等航天飞机，不断地推进着航天事业。

图20-3
1969年美国人登上月球

20.5

越南战争：又一次热战。法国的败走。美国的侵入：从"特种战争"到"局部战争"。尼克松主义：美国拔出越战泥潭

美国没有在朝鲜战场上取得胜利，似乎总不甘心，几年后，又发动了越南战争。

从中古时代起，越南就是一个独立国家。1802 年，当权的阮氏家族引狼入室，在法国殖民者的帮助下，击败对手，建立阮朝。在 1884—1885 年的中法战争中，中国虽然取得了军事胜利，但却屈辱地将对越南的保护权让给了法国。1897 年，越南成为法国的完全殖民地，从此越南人民开始了长期的反法斗争。

1940 年，日本占领越南。胡志明领导的越南共产党既抗日又反法，终于在日本投降时发动八月革命，并于 1945 年 9 月 2 日宣布越南独立，建立越南民主共和国。

刚刚从德国铁蹄下解放出来的法国，却不能容忍自己的前殖民地独立。当越南独立的消息传来时，法国在美国的同意下，意图重霸越南。本来，按照波茨坦协定，越南南方由英军接受日本投降，北方由中国军队进驻。而法国在美国的支持下，也从南方进入了越南。中英两国军队撤走后，法军仍滞留在它所占领的越南土地上，并向越南民主共和国发动了进攻。

越南军民在胡志明的领导下，又进行了 9 年艰苦卓绝的抗法斗争。在越南人民最为困难的岁月里，刚刚诞生的新中国给予了无私的支援。特别是中国军事顾问团协助指挥的奠边府大捷，使越南人民的反法斗争取得了决定性胜利。1954 年 7 月，越、中、苏、法、美在日内瓦达成协议：法国从越南全面撤走；以北纬 17 度线为界，将越南分成南北两部分。北方属越南民主共和国，南方为美法支持下的吴庭艳集团所控制。

但美国拒绝在协议上签字，声称它要帮助越南"和平地实现重新统一，造就一个反共领导之下的自由和独立的越南"。这就成了美国后来发动侵越战

对立的世界

争的根源。

美国和法国在扶持南越政权上并不一致。美国认为从比利时回来的吴庭艳更有支持价值。1954年底，由于手中有美元，美国最终取代了法国而成为南越军队的训练者。美国提供的武器装备，美国顾问团的训练方法，为南越迅速造就了一支现代化军队。

吴庭艳是一个死硬的反共分子，而且他还实行家族式专制统治，实行白色恐怖，进行政治迫害，终于激起了南越人民的抗议和斗争。由于形势有利，越南劳动党中央决定改变过去按《日内瓦协议》只实行"和平政治斗争"的方针，用武装斗争的方式予以补充，向南方输送了一批干部。

然而，形势的发展很快就突破了劳动党中央的政策限制，南方的武装力量迅速壮大，至1960年达到了一万多人。于是，越南劳动党的全国代表大会决定，迅速开展南方革命斗争，推翻美吴统治，建立人民政权。而美国的肯尼迪政府，面临越南南方人民如火如荼的反吴斗争，立即对越南实行大幅度的军事干涉。

1961年11月，肯尼迪决定，用派遣战斗部队以外的军事手段，直接帮助南越作战，争取打败直至消灭人民武装。这样，美国向南越派出了大量的战斗支援部队和军事顾问。1961年初，尚只有875人，到1963年8月时，则达到16,000人。

这种军事行动被美国人称为"特种战争"，除了派遣军事顾问和其他人员外，还实施了一系列军事政治行动，主要有机载南越部队实施进攻，派遣特种部队，实行大规模化学战剥光植被，使解放力量无处容身，投掷凝固汽油弹狂轰滥炸解放区村庄，设立所谓"战略村"，使解放力量难以接触农民等等。

然而，美国直接在越南进行"特种战争"，反倒引起了吴庭艳的不满。恰在此时，南越佛教徒发起大规模的抗议运动，抗议信奉天主教的吴庭艳歧视佛教。吴庭艳铤而走险，对抗议者施暴，结果反如火上加油。一个70多岁的高僧在西方记者的摄影机前自焚，震惊了整个世界。吴为各国人民所唾骂，美国决定抛弃他。

在美国人的直接策划下，南越发生军人政变，吴庭艳被杀，前陆军总司令杨文明上台。但杨并不愿意作美国的走狗，他的种种措施，表明了让南越中立化的倾向。美国约翰逊政府大为不满，指使反动军人再次政变，逮捕了杨文明。可以说，美国在南越的所作所为，并不受南越人的欢迎，但它偏要自行其是，最后自作自受，在越南越陷越深。

这个时候，在胡志明主持下的越南北方，根据美国有可能进行"局部战争"的形势，决定加强南方的革命斗争，加强北方对南方的支援，同时争取中国的支持。

越南形势开始全面紧张，战争有一触即发之势。

而美国人却日益嚣张。1964年8月，美国声称北越鱼雷艇追踪并袭击了美舰，派舰载飞机在北部湾对其进行袭击，并向鱼雷艇所在海面猛烈开火。然后，又根据这一无端的事实，对北越进行"报复型轰炸"，公开攻击北越，决心将侵略战争升级。

越南民主共和国立即发表严正声明，揭露美国企图扩大战争的阴谋，并且坚定地表示："美帝国主义越是穷凶极恶，越是冒险，全越南的人民就越团结，

图20-4
美军戏弄下的越南儿童惊恐奔命

对立的世界　597

越坚决地要击败他们。"越南举国上下，响应政府和劳动党的号召，决心与美国侵略者战斗到底。

8月6日，越南的兄弟邻邦中华人民共和国政府发表声明，强烈谴责美国的侵越行径。中国政府明确表示："美国对越南民主共和国的侵犯，就是对中国的侵犯，中国人民绝不会坐视不救！"

北京百万群众上街集会游行，声援越南人民反对美国侵略。

美国国内也出现了反战之声，但约翰逊政府仍要一意孤行。1965年2月，美国下令实施"火箭行动"，美军轰炸机再次大规模轰炸攻击北越的军事目标。紧接着，美国又实施更大的"雷鸣行动"，仅仅10个月里，美军轰炸机就出动了55,000架次，向北越土地投下了33,000吨炸弹。

美军的暴行，促使越南北方人民支持南方革命的决心更加坚决。每天，北方有100吨左右的物资通过"胡志明小道"运往南方，南行的还有越南人民军正规部队。越南人民除得到了中国的援助外，苏联新领导勃列日涅夫和柯西金也一改过去赫鲁晓夫的暧昧态度，表示要支持越南，说苏联不会对另一个社会主义国家的命运无动于衷。在他们上任后的半年里，苏联向越南提供了价值5亿多美元的援助。

南越的革命力量也将斗争推向了新的高潮。美国驻西贡的使馆发生爆炸，50多名美国人死伤。战场上，南越解放力量也发起了新的攻势。

美国地面部队投入作战，源源不断地开往南越，所谓"特种战争"完全转变成"局部战争"。侵越美军与日俱增，1965年年底，在越美军达到18万人；至1969年初达到最高峰，为54万人。

美军在南越采取了极其野蛮残酷的方式。它的"搜剿战"，一旦用大部队找到了对方的基地，立即用巨大的炮火加以摧毁。它制造"自由开火区"，实则是制造无人地带，无论谁停留在那里，都会成为被炸对象。它特别奉行狂轰滥炸，据说越战期间，它共用去弹药1500万吨，比二战期间所用700万吨多了一倍多。它实行的化学战，破坏植被达6800平方公里。

美国人民也因为战争而蒙受巨大灾难。整个越战过程中，美国军费开支达1650亿美元，比朝鲜战争多了一倍多。战争也使成千上万的美国青年成了炮灰。据估计，美国投入越战的兵力共达250万，死伤30余万。1965年后，美国的反战运动一浪高过一浪。青年学生成为反战的急先锋。1965年4月，学生组织了第一次"向华盛顿进军"。两万名学生围住白宫，齐声喊道："约翰逊，今天你杀死多少青年？"

11月的第二次"向华盛顿进军"，有5万人围住了白宫。

越南人民则越战越勇。1968年春，越南各种武装力量共达百万兵力发起攻势，在整个南越大地上与美军作战，甚至还攻入了西贡，占领了美国大使馆。虽然人民武装力量最后失利，但在政治上的影响不可估量。美军侵越司令被撤职，总统约翰逊也感到脸上无光，不敢参加当年的总统大选。

中国和苏联都给越南人民以巨大的支援。中国除了提供价值数百亿人民币的物资援助外，还派出了工程兵、高炮兵、铁道兵和空军等，同美军面对面战斗。苏联也从中国通道向越南提供了大量的物资援助和军事援助。

美国企图赢得战争的希望已经十分渺茫。然而，作为一个超级大国，它不愿轻易在战场上认输，而国内的反战运动又日益高涨，美国实际已陷入进退维谷的尴尬境地。越南似乎是一个大泥潭，美国人越陷越深，难以自拔。

是尼克松使美国终于摆脱困境。1969年1月，新总统尼克松上台伊始，就开始思考美国的战争出路问题，即怎样才能体面地结束战争。7月，他终于打出了"尼克松主义"一招，为美军退出越南制造一点理论依据。

尼克松在关岛的一次谈话中，认为美国应该尽量减少对各国事务的直接

图 20-5
美国黑人领袖马丁·路德·金发表演讲

对立的世界　599

介入。从某种意义上说，这不但是美国要急于摆脱越战阴影，而且也是美国对苏美力量对比发生转折的一个反映。按照尼克松的说法，已从美国对苏优势变成了势均力敌，美国必须"制定一种新的对外政策来适应一个新时代的需要"，实际上就是实行战略退却。

尼克松主义的实质是"亚洲人打亚洲人""越南战争越南化"。他采取的是两手政策，一方面他提出要同对手和谈，另一方面，他又大有以打促谈、以便在谈判桌上更有资本的架势。故而战争在他的第一个任期内又有新的升级。1969年3月，美机开始轰炸柬埔寨。1970年2月，美机又轰炸老挝。3月，支持柬埔寨发生的推翻西哈努克亲王的朗诺政变。4月，美军侵入柬埔寨。越南战争自此又扩大为印度支那战争。

在"尼克松主义"思想指导下，美国从1969年8月开始从越南撤军，同时与越南北方进行日内瓦谈判。1973年1月，越南和平协定签字；这个月的27日，停火生效，美国终于结束了长达12年的侵越战争。3月29日前，美军全部撤出了越南。两年后，越南实现了南北统一。柬埔寨和老挝也在此前后取得了重新独立。对美国人来说，这是一场最不堪回首的战争。

20.6

大厦倾崩：殖民主义体系瓦解。独立浪潮：民族主义国家群生。不结盟运动、77国集团：第三世界的呼声

第二次世界大战带来的最大后果之一，是西方殖民主义体系的全面崩溃。

至19、20世纪之交时，西方列强已将整个世界瓜分完毕。地球上每一个有人类居住的大陆，都被西方人纳入了以它为核心的资本主义世界经济政治体系。从一定意义上讲，这一纳入加快了这些国家和地区内部的社会经济文化变革，加快了它们的西方化和近代化进程，这是一种客观的过程。

然而，在古老的亚洲文明地区，在蛮荒的非洲丛林和大洋岛屿，凡是有殖民者足迹的地方，必定有愤怒的吼声和激烈的反抗。因此，从19世纪开始，亚洲、非洲和中南美洲各地区、各国家、各民族争取独立自由和解放的运动此起彼伏，一浪高过一浪。

中国是1840年鸦片战争被英国炮舰轰开国门的。从那以后，太平天国起义，洋务运动，戊戌变法，义和团运动，辛亥革命，各个社会阶层，各种社会思潮，都在着力于探寻中华民族获得独立和自由的道路。最后，只有以毛泽东为代表的中国共产党人，才完成了这一历史重任。他们将来自西方的马克思列宁主义与中国的具体实际相结合，终于找到了一条适合中国国情的革命道路。经过28年艰苦斗争，使中华民族重新立于世界民族之林，使一个社会主义中国屹立于世界的东方。中国革命的胜利，是人类历史上最重大的事件之一。

亚洲的印度，是世界第二个人口大国，也是最早遭受西方殖民者侵略之灾难的亚洲国家。葡萄牙人、荷兰人、法国人、英国人，都曾在这里为所欲为，为非作歹，掠夺这里的财富和资源，欺凌这里的人民。1857至1859年的印度民族大起义，沉重地打击了英国势力，但后者却进一步加强了它的殖民统治，将印度转变成了完全的殖民地。19世纪后期，印度民族开始觉醒，一批先进分子努力探索救国救民的道路。第一次世界大战之后，从南非回国的甘地成为国大党的领导人。在其"非暴力不合作"思想的指导下，印度民族掀起了一次又一次的民族独立运动浪潮。

第二次世界大战中，甘地要求英国立即"退出印度"，要求英国人交出政权，要求成立印度国民政府。但是这一正义行动遭到了英国殖民当局的残酷镇压。大战结束后，印度人民的反英情绪进一步高涨，除了城市市民的大规模罢工和游行示威外，印度军队也加入了反英斗争的行列。英国政府的态度因此大有松动，开始与甘地讨论印度的自治问题。由于印度国内印度教徒和伊斯兰教徒之间的斗争激烈，1947年，英国总督蒙巴顿提出"印巴分治方案"。这一方案的做法是，整个印度按照居民的宗教信仰分成两个国家，即信仰印度教的印度斯坦和信仰伊斯兰教的巴基斯坦，巴基斯坦包括东、西两个部分。

8月，巴基斯坦和印度先后宣布自治，穆斯林领袖真纳和尼赫鲁分别担任两国的最高领导人。英国军队也很快从两国撤出。从此，英国人退出了这个曾统治了200年之久的最大殖民地。印巴的独立，是英国海外殖民地体系瓦解的开始。于是有人说，谁宰了英帝国？印度的甘地是第一人。

英国人放弃对南亚统治的几乎同时，因形势所迫，又不得不放弃对东南亚缅甸和马来亚的殖民统治。缅甸是在19世纪末沦为英国殖民地的。第二次世界大战期间，由于英军的无能和日军的凶残，缅甸在1942年就被日本人所占领。1945年，缅甸"反法西斯人民自由同盟"在盟军的配合之下，于5月就将日寇赶出了国土。然而，这时英国又提出了无理要求，声称要由英国总督直接统治三年之后，才让缅甸实行自治。在哄骗人民武装交出武器后，英国人又不兑现诺言，极力推延缅甸独立的日期。当缅甸人民奋起抗议之时，英国人竟指使暴徒刺杀缅甸民族运动领导人昂山等人。在群众反英浪潮的强大压力下，英国终于同缅甸政府签订了允许缅甸独立的协议。1948年1月，缅甸联邦宣布脱离英联邦而正式独立，成为又一个新兴的民族国家。

图20-6
尼赫鲁与真纳

二战期间，英属殖民地马来亚也遭到了日军的蹂躏。1945 年，马来亚人民武装力量赶走了日本人，在全国各地建立了人民政权。9 月，日军投降之后，25 万英军似乎很风光地登上了半岛。马来亚是一块出产锡和橡胶的好地方，英国当然舍不得放弃。英国当局还采取了欺骗手段，引诱马来亚共产党交出武器、解散政权和军队。为了维持它的殖民统治，英国当局玩弄了两手政策，一方面大肆搜捕共产党人，镇压解放运动，另一方面又将马来亚国名不断更换、国土随意分割，但终究不能制止马来亚的独立潮流。1957 年，英国被迫同意马来亚独立。1963 年，马来亚和新加坡、沙捞越、沙巴组成"马来西亚"。1965 年，新加坡退出马来西亚，成为独立的共和国。

印度尼西亚是东南亚的一个大国，素有"千岛之国"之称，中世纪时代就曾兴起一些强大的王朝。16 世纪里，葡萄牙人是最先来到的西方殖民者。17 世纪中，整个国家都成了荷属东印度，是荷兰在海外的最大最重要的殖民地。几百年来，印尼人民不断掀起争取民族独立的斗争，但最终都被殖民当局所镇压。

第二次世界大战期间，印度尼西亚也落入了日军之手。临近日寇快要灭亡之际，侵略当局似有"醒悟"，同意"恩赐"印尼以"独立"地位，但印尼人民坚决反对这种所谓"恩赐"。就在日本宣布投降的那一天，印尼人民发动了"八月革命"，17 日，公布了《独立宣言》，宣告印度尼西亚共和国诞生，印尼独立运动迅速形成高潮。

然而，印尼人民的真正解放却经历了一个极其曲折的过程。来自内外两方面的反动势力阻挠了民族独立进程。老殖民主义者荷兰企图恢复在印尼的殖民统治，它在英国军队帮助和支持下，于 1945 年的 9 至 11 月重返印尼，只是时机不成熟，力量有悬殊，才败在印尼人民的脚下。而民族独立队伍中的右翼分子，则极力排挤甚至镇压共产党领导的革命力量。1948 年 9 月，右翼控制下的政府制造"茉莉芬事件"后，至少有上万革命者被杀害，数万人被逮捕。荷兰殖民者便乘虚而入，向印尼发动了第二次战争，疯狂镇压民族解放力量。只是由于国际社会出面干涉谴责，荷兰才有所收敛，迫不得已地同意印尼独立。1949 年 12 月，荷兰和印尼代表在海牙签订《圆桌会议协定》，同意成立印度尼西亚联邦。荷兰对印尼长达 340 年的殖民统治方告结束。

1950年8月，联邦解散，统一的印度尼西亚共和国成立，苏加诺就任总统。

战后初期，以各种途径获得独立和解放的南亚、东南亚国家还有：老挝，1945年10月；菲律宾，1946年7月；锡兰，1948年2月；柬埔寨，1953年11月。

几乎与此同时，西亚也有一批国家赢得了独立。西亚地区长期是奥斯曼土耳其帝国的属地。第一次世界大战后，土耳其帝国解体，凡尔赛会议决定由英法等战胜国对其所属领地实行委任统治制度。虽然西亚人民为摆脱这一变相的殖民制度不懈努力，但取得彻底胜利也是第二次世界大战之后的事情。

最初的民族独立国家是叙利亚和黎巴嫩。这两个前法国委任统治地，在国际社会的支持下，于1946年的4月和12月就赶走了英法占领军。50年代中后期，美国借保护侨民之名，将触角伸向了黎巴嫩。美军对黎巴嫩事务的干涉，激起了黎巴嫩人民的极端愤怒和反抗，但从此造成了该国局势的不稳定。

英国委任统治地约旦，也是战后初期独立的，于1957年最后摆脱英国的控制。

西亚大国伊朗，是一个古老的文明国家，它曾作为同盟国成员参加了第二次世界大战，并因举行过美英苏三国首脑的德黑兰会议而功不可没。二战之后，在维护民族独立的同时，伊朗逐步扩大了民族利益。一场持续了20余年最终取得了胜利的收回石油主权运动，促进了民族经济的自立和发展，但也使美英在海湾的利益受到严重挑战，从此西方国家与伊朗结下了难解之怨。

伊拉克早在1921年就脱离了英国的委任统治，但仍受到后者的一定控制。战后，英国又企图强加给伊拉克一个"同盟条约"，结果激起了伊拉克人民大规模的抗英运动。由于当政的费萨尔王朝与美英等西方国家沆瀣一气，伊拉克人民于1958年掀起了著名的"七月革命"，一举推翻了费萨尔政权，废除封建君主制，成立了人民共和国。新政权还在同英国等西方国家的斗争中，收回了多项国家主权，并退出美国控制的巴格达条约组织，退出英镑区。

至此，西方在西亚地区的殖民势力渐渐消散。

然而，西方人不可能甘愿退出中东这个欧亚非三洲的枢纽地，何况这还是世界上石油资源最丰富的地方。战后几十年里，它们有意制造并扩大阿以矛盾，使中东问题长期成为世界的最热点，至今还没有得到根本性的解决。

所谓阿以矛盾，是阿拉伯世界同以色列之间的矛盾。

在地中海东岸南段的巴勒斯坦，以色列—犹太人在公元前 1200 年左右就栖息在这一带，并曾创造了辉煌的文明。但是，罗马帝国的统治使犹太人忍无可忍。他们数度发动武装反抗，但最后均被罗马政权血腥镇压。大约从公元 1 世纪起，犹太人离开自己的家园故土，向世界各地流散。然而，散居各地的犹太人大都遭到当地人的歧视，尤其是在欧洲，反犹排犹行为从来就没有停止过。因此，从 19 世纪末起，犹太人萌发了在巴勒斯坦地区"复国"的想法。第二次世界大战中，希特勒法西斯对犹太人令人发指的残杀，使他们建立一个自己祖国的愿望更为强烈。于是在战后初期，一批批的犹太人携带家资财产，来到巴勒斯坦，开始了再建一个犹太民族国家的行动。

而从 7 世纪以后，阿拉伯人也已成为巴勒斯坦这块土地上的主人，在这里生活居住了 1300 年之久。因此，决不能说是阿拉伯人占据了犹太人的家园。在这个问题上，似乎无法说出谁是谁非。而正是这样一个难题，给西方人尤其是美国提供了一个打入中东的机会。

在二战中，英国人为了得到阿拉伯人的支持，曾经限制犹太人向巴勒斯坦移民，战后仍坚持这一立场，以获得阿拉伯人的好感。而美国则不同，它有 500 多万犹太人，极想利用他们在中东安插自己的势力。在美国的压力下，英国也赞成将巴勒斯坦"分省自治"的计划。但犹太人并不满意，在他们的计划中，要将巴勒斯坦土地的 65% 划归未来的犹太国家。英国不同意，问题提交联合国决定。

在联合国大会上，美国和苏联站到了一起。苏联出于自身利益的需要，希望犹太人有个独立的国家，以便让自己国内的众多犹太人移居，缓解国内矛盾。结果，1947 年 11 月，联合国大会通过"巴勒斯坦分治决议"，规定在原巴勒斯坦土地上建立两个国家。一是犹太国，占巴勒斯坦地区总面积的 55%；一是阿拉伯国，占总面积的 45%。耶路撒冷及其周围则由联合国直接管理。

犹太人的以色列国于 1948 年 5 月正式成立。而阿拉伯人国家的建立则历尽艰难，原因在于犹太复国主义者并不遵守联合国决议。犹太人几千年来受尽磨难，令人同情，但以色列国为了扩大自己的国土，从一建国就将矛头针

对立的世界　　605

对阿拉伯人,这就制造了矛盾。作为阿拉伯人来说,他们无法接受在广大的阿拉伯地区出现一个非伊斯兰教国家的事实,因此,从一开始就抵制以色列国的出现。这样,阿以矛盾一下子就激化了。

从 20 世纪 40 年代到 20 世纪 70 年代,阿拉伯和以色列之间爆发了四次较大规模的战争,习惯上称为四次"中东战争"。

第一次中东战争爆发于 1948 年,阿拉伯联盟在以色列建国的第二天即宣布对其进行"圣战"。初期的战事,阿拉伯军队占据了上风,但联合国的停火决议帮了以色列大忙,停火期间以色列扩充了军队,补足了军火,甚至还有美国人以志愿军身份助其加强海军和空军建设。此后,以色列撕毁停火协议,发起反攻,取得了重大胜利。战争的最后结果,是以色列占领了巴勒斯坦 80% 的土地以及耶路撒冷新城。而巴勒斯坦原有的居民则沦为难民,流离失所,从此开始为争取自身民族权利而斗争的漫长过程。

第二次中东战争发生于 1956 年,以色列追随英法参加了苏伊士运河战争。这次战争最后以埃及取得胜利、英军从埃及撤走而结束,以色列自然没有得到新的战果。

第三次中东战争又称"六五战争",因爆发于 1967 年 6 月 5 日而得名。战争共进行了 6 天,以以色列出动全部作战飞机对埃及、叙利亚和约旦的空军和导弹基地进行突然袭击而开始,因而上述三国几乎失去了还手之力。最后,以色列占领了 6.5 万平方公里的土地,相当于原有土地的三倍。

1973 年 10 月,埃及和叙利亚军队进攻以色列,由此爆发了第四次中东战争。这次战争是阿拉伯一方为了报"六五"战争之仇。战争恰逢伊斯兰教的斋月,故又称"斋月战争"。战争互有胜负,最后在联合国安理会的督促下才得以停火。

这次战争后,阿以双方在国际社会的斡旋下,开始寻求政治解决的途径。首先是埃及的态度大为松动。1977 年,埃以开始进行直接的和平谈判;1980 年两国关系实现正常化。最初,埃及态度的这一转变引起了阿拉伯世界内部的非议,但是以色列的存在作为一种既成事实,迫使阿拉伯国家不得不重新思考与其对话。1991 年,以阿拉伯几个重要国家为一方,包括阿拉法特领导的巴勒斯坦民族解放组织在内,以以色列为另一方的中东和平会议,在西班牙首都马德里正式举行。阿拉伯一方提出了"以土地换和平"的原则,以色列也有自己的一些想法。虽然和谈仅仅是开端，但毕竟往和平的道路上迈出了关键一步。1993年以色列和巴勒斯坦国在对话的基础上，签署了相互承认的协议，并同意加沙和杰里科地区实行巴勒斯坦人自治。1994年，巴勒斯坦国总统阿拉法特回到加沙，巴以和解以及阿以和解似乎有了新的进展。但是，看起来充满前景的和平道路，实际上埋藏了许多障碍，以致在后来的进程中这一矛盾冲突不断反复。

亚洲各民族国家的诞生，是战后殖民地半殖民地民族解放和独立运动的第一次浪潮。从20世纪50年代中叶起，民族解放运动的重心向非洲转移。

埃及常被看成是非洲的领袖国家。这个世界古代文明的发源地之一，在漫长的岁月中为人类作出了巨大的贡献。然而，自16世纪以后，埃及却长期处在外部势力的控制之下，成为奥斯曼帝国的属国。1869年苏伊士运河开通后，英国殖民势力开始向埃及扩张。虽然英国使埃及殖民地化的企图没有得逞，但埃及还是成了不在英帝国内的英属殖民地。

第二次世界大战期间，埃及作为独立国家，参加了英方作战，而且还为英军战胜意大利军队提供了阵地。二战结束后，埃及民族运动高涨，曾将1946年2月21日定为"英国滚出埃及斗争日"。1951年，埃及政府要求废除不平等的1936年英埃条约，结果英国反而向苏伊士运河地区增兵，占领了

图20-7
阿拉法特

塞得港等战略要地。

1952年，埃及发生"七月革命"，纳赛尔为首的"自由军官组织"推翻了亲英的法鲁克王朝，并于第二年废除君主制，建立共和国。1954年，纳赛尔担任总统，埃及人民决心收回运河主权。10月，英埃双方签订协议，规定英军撤离，运河归埃及所有。但英国实不甘心，伙同法国以及以色列发动了苏伊士运河战争。埃及人民的斗争得到了阿拉伯地区和世界主持正义人士的支持。11月，英法以被迫停战；12月，英军从埃及全部撤走。埃及人民胜利地维护了国家的主权。

在埃及与西方殖民主义者作斗争的同时，北非其他国家也掀起了独立运动浪潮。1956年，似乎是北非独立年。除了埃及胜利地打击英法势力外，属于英国保护国的苏丹，属于法国保护国的突尼斯、摩洛哥，都在这一年里主要通过政治途径而先后独立，摆脱殖民统治。

而阿尔及利亚的民族解放战争，则是依靠武装斗争取得最后胜利的范例。阿尔及利亚是法属殖民地。1954年11月，这里的人民打响了反抗法国殖民者的第一枪。由于法国统治者坚持要维护殖民制度，致使阿人民的斗争也格外地艰辛，斗争过程也特别地长，一直持续了7年半。据说，法国为镇压阿人民的起义，所投入的兵力甚至超过二战。在战争的前四年里，阿尔及利亚死亡人数达50万以上，有1000多个村庄被毁灭。直到戴高乐1958年上台后，法国的政策才有所松动。1960年，双方开始秘密谈判；1962年，阿全国公民进行自决投票。7月3日，阿尔及利亚正式宣告独立。

50年代后期到60年代初，是撒哈拉沙漠以南非洲民族独立运动的年代。

加纳是黑非洲地区第一个民族独立国家，独立运动的领导人是著名黑人领袖恩克鲁玛。他主张用合乎法律的非暴力方法，而不是武装斗争来实现独立，最初屡屡失败。虽然他领导的政党有时也取得了某种政治权力，但政权始终掌握在英国殖民当局手中。恩克鲁玛后来采用更加温和的方式，迫使英国政府不断让步，最后终于实行全国大选，并于1957年率先赢得独立，1960年正式成立共和国，恩克鲁玛当选为总统。加纳的独立，是黑非洲英属殖民地人民独立浪潮的第一个斗争成果。

黑非洲第二个宣布独立的国家是几内亚。这是一个通过与工人运动相结合而获得独立的典范,独立运动的领袖塞古·杜尔,也是工人运动的领袖。同时,几内亚独立运动又受到了法属非洲殖民地民族独立浪潮大背景的推动。这样,通过"合法斗争"方式,几内亚从工人的总罢工,到参加政府管理,到成立"半自治政府",再到建立半自治共和国,最后迫使法国戴高乐政府同意举行公民投票。1958年10月,几内亚正式独立,杜尔担任了共和国第一任总统。而且,它还早于阿尔及利亚而成为法属非洲殖民地第一个取得独立的国家。

加纳、几内亚成了争取独立的非洲人民的榜样。此后,从西非、中非,到东非、南非,独立、解放几乎是每一个民族的话题和斗争目标,于是,就有了1960年的"非洲独立年",先后17个国家获得了新生。

这17个国家包括法属非洲的14个国家,即喀麦隆,1月1日独立;多哥,4月27日;马达加斯加,6月26日;达荷美,8月1日;尼日尔,8月3日;上沃尔特,即今布基纳法索,8月5日;象牙海岸,即今科特迪瓦,8月7日;乍得,8月11日;中非,8月13日;刚果(布),8月15日;加蓬,8月17日;塞内加尔,8月20日;马里,9月22日;毛里塔尼亚,11月28日。

英属非洲殖民地有两个国家在1960年独立,它们是7月1日独立的索马里和10月1日独立的尼日利亚联邦共和国。

图20-8
恩克鲁玛

对立的世界　609

此外，面积辽阔的比属刚果也在这一年独立，称为刚果（利），后来叫刚果（金），1971年又改名为扎伊尔。

60年代以后，民族独立运动主要在英属殖民地和葡属殖民地展开。先后独立的国家有：塞拉利昂，1961年4月27日独立；坦噶尼喀，1961年12月9日；乌干达，1962年10月9日；肯尼亚，1963年12月12日；桑给巴尔，1963年12月10日，后于1964年与坦噶尼喀合并为坦桑尼亚；尼亚萨兰，1964年10月24日，后改称为马拉维；冈比亚，1965年2月18日；贝专纳，1966年9月30日，后改名为博茨瓦纳；巴苏陀兰，1966年10月4日，后改名为莱索托；毛里求斯，1968年3月12日；斯威士兰，1968年9月6日。

西班牙所属几内亚，也在1968年10月2日独立，称作赤道几内亚。

前述独立的非洲国家中，大多数是西方殖民主义者慑于时代潮流，慑于人民的威力，在人民的合法斗争形式下，同意非洲人民独立要求的。因此，独立过程中，未出现很大的流血事件，也未有太多的波折，人称"加纳式道路"。但是，也有一些国家完全是在殖民地人民的艰苦斗争下，采取了武装起义反抗等暴力手段，并经历种种曲折而最后赢得独立的。喀麦隆、肯尼亚以及刚果（利），走的就是这样一条道路。

葡萄牙所属非洲殖民地的人民，其独立道路也是这样走的。包括安哥拉、几内亚比绍、莫桑比克等在内的葡属殖民地，人民进行了长期的武装斗争，直到70年代葡萄牙新政府表示要靠政治途径解决殖民地问题，独立前景才得以明朗。结果，1974年9月，葡萄牙承认几内亚比绍独立。1975年6月，莫桑比克独立；7月，圣多美和普林西比、佛得角群岛先后独立；11月，安哥拉独立。

此后，非洲边远地区的小块殖民地也获得独立。1975年7月，法属殖民地科摩罗独立；1976年，塞舌尔群岛独立；1977年，法属索马里独立，改称吉布提。

在南部非洲由白人种族主义者统治的几个国家，非洲人到80年代以后也逐步取得了政权。其中如津巴布韦、纳米比亚，都是通过长期艰巨的武装斗争以及国际社会支持，才完成了这一目标。原由白人统治的南罗得西亚，在1980年的4月独立成为非洲人的津巴布韦共和国。而南非种族主义者委任统治的西南非洲，在当地人民斗争的压力之下，经过国际社会的深度干涉，才达成和平协议，1990年方正式宣布独立，更名为纳米比亚。这是非洲最后一个取得独立的国家。

南非白人种族主义政权，其种族隔离政策将种族歧视推向了极致，引起了南非人民的坚决反抗以及国际社会的齐声谴责。通过长期的各种方式的斗争，包括合法斗争和暴力斗争，种族主义者终于退下了历史舞台，白人中的明智人士加快了政治改革和民主化进程。1993年4月，南非举行多种族的大选，非洲人国民大会获得了62.7%的选票，黑人领袖曼德拉就任总统，新南非从此诞生。拉丁美洲大部分国家早在19世纪就获得了独立，但由于长期政治动乱、经济落后，欧美列强在这里也有较大的势力，英法德荷之外，美国将拉美视为自己的后院，激起了拉美人民的不断反抗。其中尤以中美洲和加勒比海地区的革命和独立运动最为突出。

离美国只隔90多海里的古巴，长期以来成了美国的实际殖民地，以生产糖作为国民经济的主要支柱，而且全部掌握在美国资本手中。有人称，这个"世界上最甜的国家"实际已成为"世界上最苦的国家"。古巴人民从1953年起，就在卡斯特罗的领导下展开了同美军和反动当局的革命斗争。他们采取游击

图20-9
曼德拉

对立的世界　　611

战争形式，逐步发展武装力量，最后由以农村为根据地的游击战转变为以包围城市为中心的歼灭战，终于在1959年的元旦节那天攻占了首都哈瓦拉，结束了美国对古巴长达半个世纪的殖民统治。

以卡斯特罗为首的古巴革命政府，不顾美国的拉拢和引诱，大胆进行摧毁封建制度和美国在古资本的举动，发展与苏联等社会主义国家的关系，使得美国恼羞成怒，两国关系迅速恶化。1961年4月，美军直接出兵古巴。除伪装的飞机外，还派遣雇佣军在猪湾等地登陆，结果被古巴军队全部歼灭。5月，卡斯特罗正式宣布古巴为社会主义国家，而美国从此开始了对这个最近邻国的制裁和禁运，对其进行经济封锁，至今已有50年之久。古巴政府和人民即使处于极端困难时期，也没有向美国低下高昂的头。

拉美人民的革命斗争还包括：自1959年至1977年的巴拿马人民收回运河区主权的斗争，结果，2000年的1月1日，运河区的主权和管辖权全部交还给巴拿马；自1961年至1979年，由桑地诺民族解放阵线领导的尼加拉瓜革命，于1979年7月结束了索摩查家族的独裁统治。

图20-10
卡斯特罗和群众一起欢庆革命成功

迫于形势，欧美殖民者不得不允许拉美一些地区独立。1962年，英属殖民地牙买加独立；特立尼达和多巴哥独立。1966年，圭亚那独立；巴巴多斯独立。1973年，巴哈马联邦独立。1974年，格林纳达独立。1975年，荷属圭亚那独立，取名为苏里南。1978年，多米尼加联邦独立。1979年，圣卢西亚独立；圣文森特和格林纳丁斯独立。1981年，伯利兹独立；安提瓜和巴布达独立。1983年，圣克里斯托弗和尼维斯联邦独立。1996年，荷属安的列斯群岛的阿鲁巴岛独立。

此期间，亚洲和太平洋地区也有一批新兴国家的产生。在西亚，有1961年独立的科威特，1962年独立的阿拉伯也门共和国，1967年独立的南也门，1971年独立的巴林、卡塔尔以及阿拉伯联合酋长国，1970年摆脱英国控制的阿曼苏丹国。在南亚和东南亚，有1965年先后独立的马尔代夫和新加坡，有1971年摆脱英国"保护"、1984年成为完全独立国家的文莱达鲁萨兰国。

对浩瀚太平洋上的上万个岛屿，联合国逐步结束了托管制，从而使一系列新的主权国家涌现。这些国家有：西萨摩亚，诞生于1962年；瑙鲁，1968年；汤加、斐济，1970年；巴布亚新几内亚，1975年；所罗门群岛，图卢瓦，1978年；基里巴斯，1979年；瓦努阿图，1980年。

因此，至80年代时，战后民族独立浪潮基本结束。从此大大小小的民族主义国家遍布世界各大洲，对国际政治格局产生了总体上的变化。殖民主义体系彻底崩溃，全世界在政治上从属于西方资本主义的时代不复存在。

50年代以来，这些新兴民族国家构成了国际政治中一股不可忽视的力量，在国际重大事务中起着愈来愈显著的作用。它们常常被称为"第三世界"。第三世界的兴起，被历史学家和国际问题专家认为是现代世界历史的头等大事之一。

包括中国在内的第三世界，在经济上亦称为发展中国家，占世界人口的70%以上，占世界陆地总面积的60%以上，在世界经济体系中具有重要的战略地位。不仅有丰富的自然资源和人力资源，而且也是石油、金属、棉花、粮食、可可、咖啡、天然橡胶等重要初级产品的主要生产地区。这些经济因素，迫使发达国家特别是西方国家对第三世界不敢漠然置之，对其正义的声音不敢充耳不闻。为了维护自身的权益，也为了维护自己所坚持的是非标准和价值观念，第三世界国家也利用一切有利时机，同西方国家进行斗争。

有好几个重大事件可以说明这一点。

1955年,由印度尼西亚、印度、巴基斯坦、缅甸和锡兰五国总理发起,在印尼的万隆市召开了亚非会议。包括中国总理周恩来、印度总理尼赫鲁、埃及总统纳赛尔、柬埔寨国家元首西哈努克、印尼总统苏加诺等著名政治家在内的340名代表,代表29个亚非国家出席了会议。这是一次没有西方国家参加,而由亚非国家自己处理自己事务的国际会议,在历史上是前所未有的。

会议虽然有不同的政治观点和主张,但中国总理周恩来提出的"求同存异"原则,为与会各国代表所赞赏。会议通过的和平共处原则,在后来很长的时期内成了处理国际问题所遵循的公认的基本准则,不但为当时的社会主义国家所接受,而且还得到了西方资本主义大国的认同和应用。

到1980年,联合国这个战后世界最重要的国际组织里,第三世界已经占了154个会员国中的78%。由于联合国大会体现了国与国平等的原则,在就重大问题作出决议时,一个国家只有一票,这就为第三世界国家发挥作用提供了极好的场所。

由于第三世界占有压倒多数,在联合国大会上通过的重要决议有:1960年第15届联大的《给予殖民地国家和人民独立宣言》,1963年的联合国《消除一切形式种族歧视宣言》,1965年联大《关于各国内政不容干涉及其独立与主权之保护宣言》,1970年联大《关于各国依联合国宪章建立友好关系及合作之国际法原则之宣言》。

最具影响的是,在1971年第26届联大会上,由于第三世界国家的作用,以压倒多数通过了恢复中华人民共和国在联合国合法席位的提案。这是第三世界力量一次最巨大最成功的体现。

第三世界国家还特别注意联合,以便在国际斗争中结成更强大的力量。

譬如著名的不结盟运动。

1956年,不愿意参加苏联为首的华约组织的东欧社会主义国家南斯拉夫,其领导人铁托在会见印度总理尼赫鲁、埃及总统纳赛尔时,三国的《联合公报》中首次出现"不依附于集团"的说法。1960年,铁托在参加联合国大会的时候,又与上述两人及加纳总统恩克鲁玛、印尼总统苏加诺会晤,酝酿发起不结盟运动。随后,1961年6月在开罗举行的21国外长会议,制定了不结盟的五项标准，中心思想就是各国摆脱大国的介入。

这年9月，第一次不结盟国家元首和政府首脑会议在南斯拉夫首都贝尔格莱德举行，共有25个国家出席。从此之后，参加不结盟运动的国家日益增多。到1964年在开罗举行第二次不结盟会议时，参加国已达42个。至1989年，不结盟会议共举行了9次，成员国有100多个，占世界国家总数的三分之二，人口总数的二分之一，成为仅次于联合国的最大的经常性国际组织。不结盟运动反对新老殖民主义，反对霸权主义，为维护第三世界的政治经济权益、维护世界和平和稳定，起了不可估量的作用，尽管在运动的内部也有分歧，尽管大国集团和外部势力常常对运动进行插手或干涉。

第三世界也为改变旧有的世界经济秩序作出了不懈的努力，并同样形成了一股集体力量。1963年第18届联大会议上，75个发展中国家就贸易与发展问题发表了联合宣言。次年的第一届联合国贸发会议上，在阿根廷经济学家普雷维什关于资本主义世界的"核心——外围"理论推动下，由75国集团发展而来的"七十七国集团"发表了《联合宣言》，呼吁改变国际经济旧秩序，建立平等互利的国际经济新秩序。"七十七国集团"到1980年就拥有了119个成员国。

类似的第三世界经济组织还有，1960年成立的"石油输出国组织"（欧佩克），1968年出现的"阿拉伯石油输出国组织"。这两个组织都以石油为武器，同美国等西方国家进行了不断的国际经济斗争和政治斗争，打击西方经济，迫使西方国家不得不作出许多让步，甚至于向阿拉伯地区等石油输出国主动示好。

第三世界国家还联合起来，就领海权、海洋法等问题与西方发达国家进行斗争，也取得了不少成果。

总之，第三世界的兴起，打破了战后初期两极对峙的国际政治经济格局，促进了各民族独立国家自身的发展。但由于经济落后等先天性的许多不足，第三世界又必须同发达国家有较多的来往和联系，这就为后者加强对前者的控制提供了空间。故而自20世纪80年代末以来，第三世界联合发出的声音有减弱的迹象。不过，随着1991年年底苏联解体，第一世界不复存在，所以现在一般就用"发展中国家"取代"第三世界国家"的称谓。

第二十一章

从两极到多极
冷战后期世界格局变化

21.1

分歧、论战和冲突：中苏两个大国分道扬镳，社会主义阵营解体。苏联对东欧国家的政治霸权和经济统制。从匈牙利事件到苏联出兵捷克斯洛伐克

一般地说，战后雅尔塔体制和冷战格局延续了45年。但是严格地说，以美国为首的西方资本主义阵营与以苏联为首的社会主义阵营的尖锐对抗，即那种真正意义上的、甚至包含一定热战的"冷战"，只延续了20余年。60年代末70年代初以后，国际政治格局逐渐变化，僵持的冷战不见了，取而代之的是暗中较量。

国际政治格局中的最大变化，是对立着的两大阵营分别解体。

社会主义阵营的分裂，比西方资本主义阵营的解体更为醒目。其主要表现是中国和苏联两个大党、大国，从认识分歧到思想论战，最后发展为国家关系的恶化，甚至公开发生边界武装冲突，铁石般的盟友反目成了不共戴天的敌人。

新中国建立后，中苏有过一段极其友好的亲密合作"蜜月"时期。作为

社会主义阵营的第二位重要国家，新中国执行"一边倒"的外交方针，一切以社会主义阵营和苏联的国家利益为转移。这符合中国人民的根本利益，符合国际共产主义运动的团结目标，也符合苏联的愿望和要求。因此，几乎在一切国际场合，中国的声音都是支持苏联的。另一方面，新中国最初10年的社会主义建设也得到了苏联政府和人民巨大的援助。

苏中的分歧是从意识形态领域开始的，起因是苏共二十大对斯大林所作的不尽公正的评价。一方面，由于苏联领导人全盘否定斯大林，超出了包括中国在内的社会主义各国以及各党的认识承受能力，结果造成国际共产主义运动内部的思想分歧以及混乱，中苏裂痕即由此开始。另一方面，在处理社会主义阵营内部的关系时，在处理国际共运事务时，苏联领导人比以往更加坚持大国大党主义的不正确方针，过多地干涉和指责各国各党的内部事务，唯我正确，以我画线，以是否有利于苏联利益的标准来评判是非，到处扣"反苏"帽子。这些做法自然引起了各国各党的强烈不满。只是由于当时国际斗争的需要，国际共运和社会主义阵营还能够仍然维持着表面上的团结，以一个整体来同西方资本主义阵营相对峙。

然而，一进入60年代，情况便急转直下。

中苏两国首先是在政治经济上的同盟关系完全破裂。50年代后期，苏联领导人赫鲁晓夫多次提出要在中国建立长波电台，建海军基地等要求，这无疑是藐视中国国家主权的存在，遭到了毛泽东等中国领导人的严正拒绝。赫鲁晓夫恼羞成怒，居然在1960年突然下令撤走在中国帮助建设的全部苏联专家，并片面撕毁300多份合同，废除257个科技合作项目，致使中国许多建设项目迅即陷入瘫痪状态，严重损害了中国人民的利益。不仅如此，赫鲁晓夫还强向中国逼债，要求立即还清中国在抗美援朝战争中购买武器和其他军用物资的全部欠款。加上自然灾害肆虐和经济政策失误，中国人民勒紧裤带，度过了极为艰难的三年经济困难时期。苏中国家关系的骤然紧张，实际上也将双方的矛盾和冲突公之于世，高兴的只会是西方阵营一方。

这样一来，两国国家关系继续恶化。双方的贸易额骤减，1962年贸易总额只及1959年的5%，1963年只有1950年的水平。文化合作与交流情况也大为下滑，在苏的中国留学生数次被驱逐。甚至于连邦交活动也冷淡下来。

自 1962 年秋中国召回驻苏大使后，此项职务在很长一段时间里一直缺任。与此同时，苏联也关闭了设在上海、大连、哈尔滨等地的领事馆。1960 年后的四五年间，两国的边界事件竟达数千起之多，双方互相指责对方挑起事端。尤其是在 1962 年中国和印度的边界武装冲突中，苏联公开偏袒印度。苏联领导人在国际场合指责中国"在边界上采取侵略行动"。中印边境自卫反击战爆发后，苏联还向印度提供"米格"战斗机等武器装备。当中国军队主动后撤，边界形势逐步缓和时，赫鲁晓夫还在喋喋不休地指责中国，说中国部队当时不应该"从原有阵地上前进"。战争结束后，中苏关系继续恶化，而苏印关系却异乎寻常地亲密起来，苏联给印度的军事援助和经济援助大幅度增加，其不良用心昭然若揭。

1963 年，围绕试验核武器问题，中苏之间又一次公开交锋。在过去，苏联为了换得美国不向西德提供核武装，决定不向中国提供原子弹样品，不进行中苏核合作。苏联的表面观点是，只要苏联掌握了核武器，就可以确保整个社会主义阵营的安全。然而，中国作为一个大国，决不能躲在别人的核保护伞之下，建立独立的核武装理所当然。中苏关系恶化后，1962 年 8 月，苏联不顾中国强烈反对，与美国、英国签订部分禁止核试验条约，其实质是只让美苏进行核试验、垄断核技术，不许他国染指。不过，这一条约在中国以及法国的抨击和不理睬下，实际上成了废纸一张。

当国家关系趋向恶化时，中苏两党在意识形态之间的重大分歧亦演变成公开大论战。以往的分歧、矛盾和斗争，多是在各国共产党和工人党会议上表现和进行的。但自 1963 年起，公开大论战将社会主义阵营的内部矛盾冲突暴露无遗。

论战起自 1963 年 3 月 30 日苏共中央给中共中央的一封信。信中不点名地批评中国共产党的观点是"左"倾机会主义，认为需要在两党会谈中讨论如何保证社会主义国家在同资本主义竞赛中赢得胜利，为和平与和平共处而斗争，反对以美国为首的帝国主义的斗争，民族解放运动，加强社会主义大家庭和共产主义运动队伍的团结等五个"最迫切的问题"。这封信，由中国《人民日报》作了全文刊登。

6 月 14 日，中共中央向苏共中央写了题为《关于国际共产主义运动总路线的建议》的长篇复信,明确提出了与苏共不同的"现阶段国际共产主义运动总路线"。18日,苏共中央立即发表声明,称中共中央的复信是对苏共的"攻击"。7月14日,苏共报纸公开发表中共中央的6月14日复信,同时又公布《苏共中央致苏联各级党组织和全体共产党员的公开信》,对中国共产党的观点进行系统的评论、指责和攻击,把近年来国际共运中出现严重分歧和混乱的责任全部推给中共方面。苏联《真理报》等报纸接着发表大量社论、署名文章和读者来信,表示拥护苏共中央公开信,抨击中国共产党。

随着苏共中央公开信的发表,中苏两党之间的公开大论战全面爆发。当东欧、西欧各国共产党都站在苏共一方,对中共群起而攻之的时候,中国共产党决定予以坚决反击。从1963年9月6日,至1964年7月14日,即苏共中央公开信发表一周年时,《人民日报》编辑部和《红旗》杂志编辑部一共发表了9篇评论文章,几乎就所有在两党间存在分歧的问题,严厉批判和抨击了苏共的纲领和政策,全面系统地阐述了中国共产党的立场、观点和原则。中国的几乎所有舆论都发表了有关批判苏联的文章和材料。苏联不甘示弱,也利用各种场合特别是舆论工具加紧对中共的"批判"。

这场大论战,不仅牵涉中苏两党,而且也使绝大多数共产党和工人党卷入其中。多数党站在苏共一方,支持中共的则有阿尔巴尼亚、朝鲜、越南、日本、新西兰以及印度尼西亚等国的共产党和劳动党。论战的爆发,对中苏双方、对各国党、对国际共运,乃至对整个世界局势都产生了极其重要的影响,其中最严重的后果是导致社会主义阵营的全面解体,从而影响了现实社会主义在世界上的声誉和地位。

论战总的来说对中苏双方都是不利的。在论战中,中国共产党观点相当极端,因此比较孤立。而且,中共视苏共和赫鲁晓夫为"现代修正主义",在和苏共对着干的思想驱使下,将"反修防修"当作了党的头等大事,最终导致了"以阶级斗争为纲"的错误的指导思想,导致"文化大革命"的发动,使中国自身的社会主义道路出现巨大的曲折。

论战也损害了苏联的形象和地位,它对国际共运的控制权实际丧失,它在对西方的交往和较量中常常陷入被动状态,最终促使赫鲁晓夫在党内威望下降,导致他在1964年10月下台。

苏共新领导勃列日涅夫、柯西金当政后，中国领导人对改善两国关系一度寄予很大的希望。然而比起赫鲁晓夫来，勃列日涅夫的大国大党主义有过之无不及，而且坚持要召开赫鲁晓夫定下的各国共产党和工人党会议。1965年3月，在中国、朝鲜、阿尔巴尼亚等7个国家的党坚决反对并拒绝参加的情况下，由苏联、阿根廷、英国、古巴、波兰等18个党的代表或观察员参加的所谓"共产党和工人党代表协商会晤"在莫斯科举行。

这是一次在国际共产主义运动史上具有恶劣影响的会议。首先，召开这样一个会议的行动本身就是一种分裂行为。在一部分党拒绝与会的情况下坚持召开会议，实际上是将国际共产主义运动中的内部分歧完全公开化，也是对拒绝与会各党的一种蔑视和排挤。其次，会议发表的公报还对拒绝与会的各党进行指责，制造某种消极舆论，公开分裂国际共产主义运动。再次，会议召开事实上又在国际共运中制造了新的混乱，即使是参加了会晤的部分党，也对会议持有异议；没有被邀请参加会议的许多党则更是不满。

总之，莫斯科三月会议使国际共产主义运动内部由思想政治路线上的分歧，发展为组织上的公开分裂，社会主义阵营由表面上的团结导致最后的解体。

三月会议后不几天，苏联就恢复了对中国的猛烈攻击，而中国方面也展开了对"苏修"的全面批判。从此中苏两党两国进入了全面对抗时期。

勃列日涅夫继续奉行反华方针，使中苏两党基本断绝了往来，两国国家关系也处于日益不正常状态，两国在经济、科技和文化卫生等方面的合作急剧下降。1965年以后，两国在经济上的交往关系实际上主要只体现在双边贸易上，而贸易额却逐年大幅度下降，1966年仅为3亿卢布，远没有达到两个相邻大国所应达到的起码水平。

1966年中国"文化大革命"开始，对"苏修"的批判大为升级。因为毛泽东发动"文化革命"的本意，就是"反修防修"的需要，苏联无疑成了一个活靶子，批判"苏修"势必成为"文化革命"的一项重要内容。而"文化革命"极"左"倾向的发展，又使过火过激行为不断发生，结果直接影响了中苏关系的正常维持。苏联方面除了采取一些报复性行动外，还借抨击"文化革命"之机，对中国的内政外交以及对苏政策进行全盘否定，以开脱自己在恶化两党两国关系上所应负的责任。

这样，两国关系终于达到了极度恶化的境地，最后导致了两国在边界地区的武装冲突。中苏两国边界局势的日趋紧张，是从1960年开始的。从1960年到1964年赫鲁晓夫下台，双方的边境事件至少有1600多起。勃列日涅夫执政后，两国边界的紧张局势更为加剧。在1964年10月至1969年3月之间，边界事件达到了4000起。最后，1969年的3月2日和3月15日，两国在边境乌苏里江珍宝岛地区接连爆发了两次大规模的武装冲突；8月，又在新疆的铁列克提地区发生武装冲突。从那以后，苏联在中苏边境和中蒙边境陈兵百万，中国也加强了边界地区的防卫。两国时时都有剑拔弩张之势，在相当长的时期里都将对方视作自己的头号直接敌人。

社会主义阵营的分裂，表面上看，好像只是以苏联为首的苏联东欧集团同中国等少数几个国家的分裂。而在实际上，东欧集团内部与苏联也有很深的裂痕。除阿尔巴尼亚外，罗马尼亚、南斯拉夫都同苏联有或长或短的不愉快历史。即使是与苏联如同铁板一块的另外几个东欧国家，即波兰、捷克斯洛伐克、保加利亚、匈牙利和东德，都难免不闹点摩擦。原因在于苏联自诩为所谓"社会主义大家庭"的家长，对这些"兄弟国家"管得太严太死。

苏联不但在国内实行计划经济，而且也在东欧集团内部贯彻这一原则。1949年，苏联和东欧7国组成"经济合作互助会"，简称"经互会"。50年代中期以后，直至70年代，经互会要求各成员国间实行生产专业化分工，这样就使除苏联以外的成员国，难以形成独立完整的经济体系，也使各国经济发展愈来愈不平衡。特别是苏联在经济和技术上占绝对优势，而其他国家的经济宛如附着在苏联经济这棵大树上，这就势必引发和加深其他国家和苏联之间的矛盾。

在军事上，苏联也把其他国家绑在自己的战车上。1955年，苏联为首组织了华沙条约组织，参加者主要是东欧8个国家。这是一个与美国及北大西洋公约组织相抗衡的军事同盟。华沙条约组织建立了两支部队，一是联合部队，各国各拨一部分军队，平时由各国管理，战时统一指挥；二是一体化部队，也是各国各拨一部分部队，无论战时还是平时，都由联合司令部统一指挥，总司令始终由苏联国防部第一副部长担任。苏联还可按多边协定和双边协定，在其他成员国大量派驻苏军部队。因此，虽然华约为保卫社会主义阵营起到了一定作用，但更有利于苏联对东欧国家施加影响，成为苏联争夺霸权的一个工具。这一组织有利于强化苏联与成员国之间的亲密关系，但也是促使矛盾分歧不断发生的场合。

苏联实际上视东欧为自己的附属国，哪一国的事它都要管。尤其是当它觉得背离了它所认为的原则时，它不惜采取极端手段，甚至敢置对方于死地。1956 年的匈牙利事件中，它出动军队镇压了纳吉等人的叛乱，维护了社会主义原则，保卫了社会主义制度，这是无可非议的。然而，1968 年 8 月它悍然出兵侵入捷克斯洛伐克，则是其霸权主义的充分体现和暴露。当时，由于捷克斯洛伐克经济发展缓慢，捷共领导中出现了改革派，并形成了史称"布拉格之春"的崭新局面，同时也表现了脱离苏联控制、摆脱苏联模式、要求独立发展和自主选择发展方式的倾向。这就引起了苏联领导人的强烈不满。苏军及波、匈、保、东德的 50 万部队，以偷袭方式，一日之内占领了捷克斯洛伐克全境。这一明目张胆的侵略行径，竟被苏联解释成"应捷克部分领导人之邀"。最后的结果是，捷的党政负责人在苏联的刺刀下被更换。不过，苏联虽然达到了一时的目的，但它失去了人心，从此东欧各国对它更加心怀不满了，只是时机未到敢怒不敢言而已。

21.2

西方阵营的摩擦：戴高乐发难，英国"回归欧罗巴"，勃兰特看好"新东方"，经济大国日本之政治大国梦。美、欧、日三足鼎立

差不多在社会主义阵营解体的同时，以美国为首的西方资本主义阵营，也由于内部各种矛盾的激化而终于四分五裂。

由于英、法、德、意、日等资本主义强国在第二次世界大战中被削弱或被打倒，战时经济和军事力量空前膨胀的美国，便在战后迅速登上资本主义世界霸主的宝座。需要维系资本主义制度，同时又必须迅速恢复经济元气的西方各主要国家，不得不将自己的命运无可奈何地系在美国的战车上，从而

结成了以美国为中心的西方资本主义阵营。然而进入 60 年代以后，西欧各国和日本在经济上已逐渐得到恢复和发展，对美国的依赖性大为减弱。随之而来，在政治上也加紧了反对美国控制的斗争，西方阵营再也不是铁板一块。美国在世界的霸主地位，在外部受到了苏联的威胁，在内部也被严重地动摇。由于美国的傲慢自得态度和一切以己为中心的观念，西方各大国总想挣脱它的羁绊，因而战后 50 多年里，两者的关系总是碰碰磕磕，若即若离。

最先发难、最不买美国账的，是戴高乐领导下的法国。

早在第二次世界大战临近结束之时，法国就对美国颇有怨言。由于法国政府曾在战争中投降德国，抵抗组织又未在战争中起重大作用，因此美国常不把法国人放在眼里。戴高乐虽然是临时政府首脑，但常因被排除在盟国磋商之外而生闷气。当没有被邀请参加雅尔塔大国会议时，他认为自己遭到了轻视，法国的尊严也受到了损害。一气之下，他专门访问了莫斯科，并受到斯大林的高规格接待。雅尔塔会议结束后，罗斯福回国途中希望能在阿尔及尔与戴高乐见面，他置若罔闻，拒绝离开巴黎去和罗斯福会晤。

不久后，在旧金山召开联合国成立会议时，法国也拒绝邀请，不愿作会议的发起国。虽然大会仍将它视为联合国创始成员国，并推选为安理会 5 个常任理事国之一，但戴高乐心中的疙瘩依然没有解开。

图 21-1
香榭丽舍街头的戴高乐塑像

从两极到多极　623

大战结束后，戴高乐成了法国的大英雄，但却在大选中落选，失去了执政的地位。然而战后十余年中，没有一届政府能在重振法国中有所作为。从1947年1月法兰西第四共和国成立之后的12年里，有21届政府轮番上台，最短者任期只有两天。在这期间，政局混乱，财政危机，对外殖民战争亦接连失利。法国在各个方面更加依赖美国，成为它的"二等伙伴"，美国人更加颐指气使。

1958年，阿尔及利亚发生反法国政府的暴乱，第四共和国出现全面危机。戴高乐被再度请出山，受命于危难之际。戴氏临危不乱，力图从根子上摆脱混乱状态，修改宪法，法兰西进入第五共和国时期。

这位新任总统一改法国依靠美国施舍、须仰他人之鼻息的传统，突然变得强硬起来。他以维护法兰西民族独立为己任，在经济上不断摆脱美国的控制，在外交上和国际事务中奉行独立自主的方针，人称"戴高乐主义"。

戴高乐的口号是"欧洲是欧洲人的欧洲"，这当然是不满美国对西欧的控制。他主张统一欧洲，强调法国是核心，法国兴则欧洲兴。

戴高乐主义所坚持做的几件事，大都是针对反对美国控制而来的。

一是他要摆脱美国的核保护伞。在戴高乐看来，美国的核武器不到最后时刻即它自身存亡的关头不会使用，而西欧要有效地保卫自己，必须依靠自己的核力量。因此，法国很快成为世界上第三个核国家。1960年2月第一颗原子弹爆炸成功后，法国又接二连三地进行核试验。即使美苏签订了部分禁止核试验条约，法国也不予理睬。

二是退出美国控制的北约军事组织。先是1959年7月它的地中海舰队退出该组织，后又在1963年撤出了大西洋舰队。1966年，戴高乐正式宣布退出北约军事组织，后又要求北约总司令部从巴黎撤出，美国在法国的一切军事设施和军事人员全部撤离。

三是奉行独立的对苏对华关系。对苏，它用"缓和、谅解、合作"来代替过去的冷战，力争在美苏的夹缝中游刃。他甚至还冒着美国的指责，邀请赫鲁晓夫全家访法。戴高乐领导下的法国，于1964年与新中国建立外交关系，成为西方世界第一个冲破美国阻力而同中华人民共和国正式建交的大国。

四是戴高乐总想以法德联盟为基础，实现大陆欧洲的统一。因此他在筹划建立欧洲共同市场时,坚持反对英国参加。在他看来,英国和美国有特殊关系,要防止美国利用英国控制欧洲。

1968年,由于国内矛盾激化,戴高乐在群众斗争的"五月风暴"中下台。但是,戴高乐的继任者们,从蓬皮杜、德斯坦,到密特朗、希拉克,一直奉行他所奠定的法国外交政策。虽然后来同美国的关系有所改善,但法国始终被视为西方世界中最不听美国话的"坏孩子"。

也许因为有同宗情谊,英国始终是美国在欧洲最亲密的盟友。它是战时大国,又是战胜国,但战争的最后结局是将它从世界大国降为欧洲大国。随着战后大英帝国殖民主义体系的瓦解,英国的国际地位更是一落千丈。但英国人也有英国人的做法。以丘吉尔为代表的英国执政者们,往往是企图借与美国的特殊关系,达到维持或取得自己作为欧洲领导者的目的。

其实,丘吉尔在1946年3月的富尔敦演说,不仅是一篇"冷战"宣言,同时也是希望美国和国际社会不要忘了英国,不要忽视英国的存在,特别是提醒美国不要忘了拉英国一把:"请不要把不列颠帝国联邦的坚持的能力低估……倘若英国所有道义、物质上的力量和信念,都同你们的力量和信念兄弟般地联合在一起,那么,就将不仅为我们、为我们的时代,而且将为所有的人,为未来的世纪,带来一个广阔的前程。"丘吉尔还具体筹划了如何能使英国恢复昔日辉煌的所谓"三环外交",即维持英美"特殊关系",维护英国与英联邦的传统关系,维持英国与西欧大陆国家的特殊地位。英国处于三环的交点上,其基础和关键就是借美国的力量继续巩固其大国地位。

而美国人也有自己的利益观,它的主观动机决不是考虑英国。因此,尽管丘吉尔用心良苦,美国人却借机占领了英国的传统市场。追随美国,反倒使英国的经济政治实力日衰,尤其是在西欧更为孤立。英国的经济利益受损,政治上又有美国因援助而附加的压力,使得丘吉尔无奈地喊道:"要贸易,不要援助。"

经过时间的考验,英国重新审视英美关系和英欧关系,决定回归欧罗巴,向欧共体正式提出了加入申请。虽然欧共体对其申请进行了马拉松式的谈判,但英国的意志始终未曾动摇,并且还在1971年正式宣布解除英美两国的特殊关系。1973年初,欧共体接受了英国,英国人实现了多年的夙愿。

不过，英美毕竟有那种血脉关系，故而在以后的岁月中，两国除了在双边关系特别是经贸关系上时有摩擦外，在大多数国际场合还是很能配合的。尤其是80年代的美国总统里根和英国首相撒切尔夫人，被认为是一对特殊搭档。美国对英国1982年进行的马尔维纳斯群岛之战，给予了巨大支持。而英国也有不少回报。1991年海湾战争爆发时，英国是最先响应美国号召的盟友。1996年，对伊拉克实行制裁、进行轰炸时，英国的部队也是急先锋。

在南斯拉夫联盟科索沃危机中，英国始终坚定地同美国站在一起。在对南斯拉夫政治要挟未获成功后，英国等北约成员国紧跟美国，在1999年3月至6月对南联盟进行了狂轰滥炸，灭绝人性地摧毁南联盟的军事和民用设施。1999年5月8日凌晨（北京时间），以美国为首的北约悍然用导弹袭击了中国驻南大使馆，造成人员伤亡和馆舍被毁，严重侵犯了中国主权。在中国人民和政府的强烈抗议下，在世界主持正义人们的齐声谴责下，美国政府以及总统克林顿尚向中国人民和死难者家属道歉，而英国却缄口不语，说"战争中悲剧难以避免"，甚至还要求和支持美国进一步扩大侵南行动。

德国情况较特殊。联邦德国成立后，美军是它的主要"保护"力量，因此50、60年代的西德无所谓独立的外交，它还指望美国和北约能帮助它实现德国统一。美国也确实向德国倾注了大量的财力物力。经过大约30年的发展，德国成了欧洲的"经济巨人"。德国外汇储备30年中增长了30倍，1982年达到450亿美元，是美国和日本之和。

德国成了欧洲第一经济大国，自然不甘愿总是受制于人。60年代以后，德国感觉到自己处在同苏联东欧阵营相对抗的最前沿，如仍坚持冷战，德国是最为不利的，因此便开始酝酿新的东方政策。

70年代初，社会民主党人勃兰特出任西德总理，正式推出"新东方政策"。勃兰特说，他的这一政策有三个主要目标，即改善同苏联、东欧的关系，尤其是使两个德国关系正常化。经过多轮谈判互访，他与勃列日涅夫签订了《莫斯科条约》，以维护和平与缓和为基础。西德还与东欧其他国家相继建交。两个德国也相互承认，并于1972年同时加入了联合国。德国新东方政策的实行，实际就是它摆脱美国控制的一个结果。

自那以后，西德在外交上的独立自主性日益明显，主动性亦越来越强。

90年代初，东德政治出现混乱，西德利用这一形势，迅速而又顺利地实现了两德统一。当美国力主北约东扩时，德国鲜明地持反对态度。德国总理科尔亦与俄罗斯总统叶利钦通好，互相往来，美国人对此无可奈何。1999年5月8日，北约导弹袭击中国驻南大使馆后，德国在北约集团内最先作出道歉表示，德国新总理施罗德于5月10日如期访华；过后，德国又和意大利一起，坚决反对北约向南斯拉夫科索沃派遣地面部队，要求政治解决科索沃危机。

除德国外，西欧众多国家亦愈来愈趋向于脱离美国的羽翼，谋求自身的独立发展，谋求欧洲的一体化。50年代成立的欧共体就体现了这一趋势。

欧共体也叫欧洲共同市场，最初由法、德、意、比、荷、卢六国发起。1973年吸收了英国、丹麦和爱尔兰三国。1981年和1986年，又先后接受了希腊、葡萄牙和西班牙三国。1994年，欧共体发展进入了一个新阶段，几乎所有的西欧国家都进入了欧洲自由贸易区。同时，随着各国先后批准马斯特里赫特条约，政治性质的欧洲联盟宣告成立。

联合的西欧成了世界上最大的经济共同体。早在70年代中后期，欧共体9国的整个经济实力就在赶超美国，生产总值、黄金外汇、出口贸易都居世界第一位，欧共体内部市场回旋余地大，而且它还积极地与第三世界发展中国家建立经济关系，往往还在与美国、日本、苏联（俄罗斯）的市场竞争中占据上风。1998年欧元正式问世，而且还在一段时期里成了能与美元相抗衡的主要国际货币。在同美国的双边经贸关系上，双方也常有摩擦，打贸易战。欧盟还执行独立的外交政策，在20世纪90年代日益成为与美国并峙的越来越强的政治经济实体，在国际政治中成为重要的"力量中心"。

在西方世界内部，还有一个比较特殊的东方国家，这就是第二经济大国日本。60年代以后，日本和美国的关系是极为微妙的。

在旧金山体制下，日本在军事上继续接受美国的保护，经济上依赖美援，外交上向美一边倒，唯美国马首是瞻。它一心一意发展本国经济，结果仅用了20年时间就成了一个经济上的"超级大国"，仅次于美、苏，在西方世界居第二位。从1950年到1970年，日本工业生产年增长率高达14%，着实令世人惊讶。苏联解体后，日本的经济大国地位更为突出。

由于经济的强盛，日美矛盾也开始外部化。日本对美贸易顺差过大，导致了 1968 年两国间的第一次贸易摩擦。在以后的 30 余年里，这种贸易摩擦有时甚至发展为贸易战、货币战，愈演愈烈。

与此同时，日本强烈要求摆脱美国的控制。1960 年，《日美安全条约》重新修订，日本对美国的军事依附关系变成了同盟关系，自主权增大。1972 年日本又从美国手中收回了冲绳岛的行政主权。日本人民反对美军继续在国内维持军事基地，抗议美军的暴行。1995 年，美军三名士兵在冲绳基地强奸一名女中学生，引起了日本国内声势浩大的反美浪潮。

由于成为经济大国，日本越来越要求在国际事务中改变当美国仆从或者最多是小伙伴的角色，力图成为政治大国。

这一改变的趋向是从 1972 年开始的。当时美国总统尼克松访问中国，事先未向日本透露出半点消息，日本政府甚为恼火。这年 7 月田中角荣出任首相后，决定自主地采取"多边外交"方针，同中国、苏联、美国进行正常交往。9 月，田中首相访华，实现日中邦交正常化。10 月，开始与苏联接触。1977 年，日本首相福田赳夫提出"福田主义"，表示要与东南亚建立"心心相印"的关系。此后，日本资本大量进入东南亚。

日本的政治大国梦也越做越大。1980 年，大平正芳首相提出"环太平洋构想"，企图在亚太广大地区伸展自己的势力。1983 年，中曾根首相称要使日本成为"国际国家"，要使日本获得"与经济实力相当的国际地位"。90 年代里，日本又谋求在联合国安理会中获得常任理事国的资格。事实表明，日本在国际事务中所体现的独立性确实越来越强。1999 年，当美国为首的北约用导弹袭击中国驻南斯拉夫大使馆时，日本政府和政界人士也敢于公开批评。

由于经济上的摩擦，日美之间的对立情绪日益加剧，大者影响国家政策，广者延及国民心理。80 年代末，日本有人出版《日本可以说不》一书，在讨论日美关系时，把战后以来美国对日本的所为，说成是"看家狗简直变成了疯狗"。在美国，大多数人认为日本的经济实力更易威胁美国的安全；有人甚至说："对美国资本主义的唯一最大的威胁，来自另一个资本主义社会，即日本。"不过，90 年代日美贸易战、金融战的结果，是日元大幅度升值，从而大大影响了日本产品的出口，日本经济从 90 年代初开始进入低迷时期,至今也不能得到复兴,被称为"失去的二十年"。

总而言之,从战后初期十几年由美国人一统江山的西方世界,在60年代—70年代出现了大裂痕,西欧和日本产生着越来越大的离心力。到了80年代和90年代,美国、西欧以及日本的力量都在增长,西方世界形成了美国、西欧、日本三足鼎立的局面。当然,作为头号经济军事强国,美国在西方仍然是盟主,仍有很大的号召力和震慑力。

21.3

三个世界与五个力量中心。两极的争夺:从苏联的全球扩张战略到美国的"不战而胜"

两个阵营分别解体后,国际政治形势出现了新的格局。出于适应新的国际斗争和调整外交战略的需要,各国清醒的政治家及其他有识之士,纷纷对这一新格局作出合理概括。中国领导人毛泽东主席根据国际政治新格局的特点,发展了他曾经提出过的"中间地带"观点,借用二战以来国际人士所提出的"三个世界"概念,于70年代初期正式提出"三个世界"划分的理论。1974年2月,毛泽东在会见赞比亚总统卡翁达时指出:"我看美国苏联是第一世界,中间派日本、欧洲、加拿大,是第二世界。咱们是第三世界"。1974年,复出的邓小平率中国代表团参加联合国特别会议,再一次系统阐述了毛泽东的"三个世界"理论。

按照毛泽东的理论,第三世界是亚洲(除日本外)、非洲和拉丁美洲的发展中国家。欧洲、大洋洲国家以及北美的加拿大、亚洲的日本,无论在经济发展水平还是在社会发达程度上,都远高出于第三世界发展中国家之上,属于发达国家之列,称为"第二世界"。在许多方面它们与美国或苏联有着密切的联系,甚至还在同美国或苏联的结盟中扮演着小伙伴角色。但它们也有其自身的独立利益和要求,这就使它们既努力摆脱美国或苏联的控制,加强相互间的联系与合作,又着眼发展同第三世界国家的关系。它们虽与第三世界有差别、有矛盾,但经济上的利益又使得它们某些时候在国际政治事务中与第三世界国家有所靠近，甚至合作。

与这种"三个世界"理论略有不同，西方一些政治家虽然也注意到了国际政治正在呈多极化趋势，但他们更多的是注意发达国家经济政治力量的独立增长。早在70年代初，美国总统尼克松就宣称世界已形成了五大力量中心，即美国、苏联、中国、日本和西欧。这种看法即使是在40多年后的今天也不算过时，因为现在的世界几乎被公认有"五极"，即五个大国或大国集团，只是苏联被其原有主体俄罗斯代替了而已，并从一流大国降格为二流大国；日本和欧洲的经济力量有所衰弱；而中国经济政治力量则有极大程度上升，以致国际上甚至有人提出了"中美国"的说法。

作为第一世界的两个超级大国苏联和美国，它们的争霸和对抗，是20世纪60年代至90年代初世界政治格局中最突出的特征。

虽然60年代以来美国的霸主地位受到了内外两方面的挑战，但美国仍然是世界上经济最发达的国家。美国的国民生产总值始终居世界首位，许多工业产品产量如钢铁、汽车、飞机长期居世界第一位。美国也是世界上科学技术最发达的国家，尤其是在尖端科技和民用高科技包括电子工业、计算机技术及互联网络技术、激光技术、航空航天技术、核能技术等方面，在世界上遥遥领先。美国又是世界上军事力量最强大的国家，拥有质量优等、数量庞大的常规武器和核武器。美国军队长期驻扎在世界心脏欧洲地区，军事基地遍及亚非欧澳美各大洲，各种大小舰艇游弋在世界各大洋上。

而苏联，则在社会主义阵营分裂后，作为一个政治、经济和军事的超级大国出现在世界舞台上。勃列日涅夫执政以后，苏联已不满足于与美国合作主宰世界，而是企图取美国而代之，推行全球扩张战略。50年代以后，苏联经济特别是重工业和国防工业发展极快，在许多方面接近了美国，有些工业产品甚至超过了美国。60年代中期后，苏联开始全面扩军备战，与美国展开了激烈的军备竞赛。苏联军费开支约占国民生产总值的15%。苏军总兵员大幅度增长，建立了拥有包括战略火箭军、陆军、国土防空军、空军、海军、民防部队、边防军人和内务部队等各类军兵种的庞大军队。苏联的战略和战术核武器数量也足可与美国相匹敌。

因此，从60年代中期到90年代初，虽然世界政治力量开始呈现多极化趋势，但真正对世界政治面貌起决定性影响的，还是美苏两霸在世界范围的争夺。当然，这种争夺也以"冷战"对抗的形式出现。在这四分之一个世纪里，美苏的争夺明显呈现两个阶段。第一阶段自60年代中期至80年代初，苏联占据战略优势，美国处于守势。第二阶段自80年代初至1991年底，美国强硬起来，以"星球大战"太空及军备竞赛方式拖垮了苏联，而苏联还因内部经济失调引起政治动乱，最后在内外双重夹攻下分崩离析，完全解体，美苏"冷战"以美国取得胜利而告终。

勃列日涅夫时代，苏联的整体经济实力虽然不如美国，但它却利用自身政治经济高度集权的条件，利用美国势力在世界各地普遍衰落收缩的时机，迅速加快扩军备战的步伐，推行全球扩张战略，随时随处都露出咄咄逼人的攻势，意图与美国一争高低。

苏联全球扩张战略计划的基本意图是：以美国为主要对手，以欧洲为争夺重点，从中东、非洲两侧包抄欧洲；以非洲和太平洋地区为重要战略区，使东西两线互相策应；加紧向第三世界其他重要地区和薄弱地区发展。

最初，打着支持社会主义国家、支持民族独立解放运动和支持世界革命运动的旗号向世界各地区渗透，是苏联推行全球扩张战略的三条主要途径。

针对东欧各国，苏联炮制了"有限主权论""国际分工论"等一整套霸权主义理论，着力强化控制。利用经互会实施"经济一体化"主张，利用华沙条约组织推行"军事一体化"计划，在东欧大量驻军，将东欧变成随时西攻西欧、南下地中海的跳板。

针对西欧，除以东欧为桥头堡外，苏联还从南北两翼采取钳形攻势。北有庞大的北方舰队和波罗的海舰队，有世界上最大的海军基地；南边则不断加强黑海和地中海的军事力量，设法干预南欧事务。苏联还对西欧展开政治攻势，多次提出召开欧安会，模糊西欧国家对苏联意图的认识。在大谈缓和与合作的同时，苏联还不惜利用各种机会，离间西欧和美国之间的关系。

70年代里，美国和苏联维持了好些年的"缓和"局面，苏联则趁缓和之机展开向亚非拉地区的渗透。

在中东，苏联以支持阿拉伯、反对美国和以色列为旗号，用"军援"和"经援"来博取阿拉伯人的好感。它在埃及策动亲苏派政变，未遂；在南北也门制造政变和恐怖事件；挑起伊朗国内的纠纷和冲突；支持沙特阿拉伯国内的反政府活动。

70年代后期，苏联向非洲的渗透加剧，它在安哥拉制造矛盾；在苏丹策动政变；1977年挑起埃塞俄比亚和索马里的冲突；两次指使雇佣军武装入侵扎伊尔；对莫桑比克、津巴布韦等地的民族解放组织，苏联也是拉一派、打一派。

苏联对亚洲的渗透更甚。它一直提出要建立"亚洲集体安全体系"，企图从总体上控制亚洲。它支持印度肢解巴基斯坦，支持越南侵柬反华。1979年底，它甚至出兵侵略阿富汗。它还主张马六甲海峡国际化，开始与东南亚国家接近。

至于美国，由于印度支那战争使其陷入泥潭之中，它在世界范围内普遍采取收缩政策，以维持既得利益为目标。无论尼克松，还是福特、卡特，60年代末和70年代的几届政府都是以保证这一目标为己任，战略上处于防御地位。

1973年美军从越南全部撤出，整个70年代里美国主动与中国改善关系，1975年促成赫尔辛基欧安会的召开，都是美国战略退却的种种表现。

在双边关系上，美国也有较大的让步。由于在60年代末美苏形成了战略均势，美国政府已认识到不可能再凭实力来遏制苏联，故而将谈判当作一条主要出路。

这条出路是尼克松开辟的。早在1968年总统竞选中，尼克松就声称要在对苏联关系方面，开启一个"从对抗走向谈判"的时代。

最初的谈判是在限制战略武器方面。双方当时已形成战略均势：美国拥有洲际导弹1700枚，战略轰炸机560架；苏联有洲际导弹1210枚，战略轰炸机150架。

1969年11月开始第一轮谈判后，数年之间毫无进展，直到1972年5月，双方才签订第一阶段限制战略武器协定。11月，又开始了第二轮谈判，虽然陆陆续续进行了4年之久，但最后在福特政府时候不了了之。

为了缓和，美苏两国首脑在70年代开始了会晤制度。签订第一阶段限制战略武器协定，就在两国首脑的第一次会晤期间。1973年6月，勃列日涅夫访问美国，同尼克松进行第二次会晤。一年后又进行第三次会晤。福特时期，美苏在贸易上发生了较大的摩擦，同时在安哥拉又形成一定的对抗。但美国总没有占到上风。

卡特执政时对苏政策有两个阶段。最初两年，仍以缓和为主，配以"人权攻势"，力图在对苏关系中扭转被动地位，但效果不明显。1979年苏联入侵阿富汗后，美国的态度开始强硬起来。按照"卡特主义"的思路，美国采取了一系列针对措施，对苏联实行经济制裁，抵制1980年莫斯科奥运会，增加军事开支，改进北大西洋地区的防务，恢复征兵制等等。卡特主义表明了美国政府开始修正对苏政策，但还没有扭转在双边关系中的被动地位。

在70年代中，与苏美争霸相关，国际关系中所谓大三角即中美苏关系的演变很是引人注目。虽然中国不是经济和军事大国，但由于人口众多、国土辽阔，以及在第三世界中的威望较高，使苏美哪一方都不敢漠视中国，它们考虑外交战略时都必须注意中国这一重大因素。60年代以后中苏交恶，苏美竞争，因此中美关系的变化就极具意义。

新中国建立后，中美实际上完全处于隔绝状态。朝鲜战争、台湾问题、印度支那战争，将中美之间的敌对情绪推向了顶点。从60年代末起，中美的长期敌对局面有所松动。从中国方面说，由于中苏关系恶化，中国需要改善国际环境，调整外交战略。从美国方面说，20年来对中国的进攻及包围战略，并没有使中国人民屈服，因此需要对中国重新进行认识和估价。于是就有了1972年的尼克松访华，1973年互设联络处。美国不再把中国作为远东战略的主要目标。

70年代后期，由于苏联势力向亚太地区扩张，与中国关系正常化便成为美国的战略需要。而且中国迅速掀起经济建设高潮，实行改革开放，美国经济界人士逐渐认识到一个潜在的巨大市场。在双方政府和人民的共同努力下，中美两国于1979年1月1日正式建立外交关系。应美国政府邀请，中国领导人邓小平在1979年2月对美国进行正式访问，这是新中国高级领导人第一次访问美国。在这以后的几年里，中美有过一段关系密切的"蜜月"时期。

中美关系正常化，有利于阻止苏联向亚太地区的渗透和扩张，有利于弥补中国在中苏对抗中所处劣势地位的不足，也有利于增强美国在美苏争夺中的砝码。因此，中美双边关系的任何一点动向，都足以引起苏联方面的极度敏感。苏联不得不面对这一现实，重新调整和考虑对华对美的战略。

而在美国方面，当形势有所好转时，也变得越来越强硬。1981年上台的美国总统里根，就是这一强硬政策的代表。正是里根政策的实行，导致了美苏争夺进入第二阶段，即美国逐渐取得优势和主动，最后赢得胜利的阶段。

里根素以对苏强硬著称，此人是一个坚定的共和党保守派。他任命前北约组织军队总司令黑格为国务卿，此人也是一个强硬分子，宣称对付苏联必须从实力地位出发，"苏联在哪里干涉，就在哪里同它对抗。"

据说，黑格上任后，首先就将苏联驻美大使多勃雷宁的特权取消。多勃雷宁是一个老资格的外交家，长期在驻美使馆供职，并成为华盛顿外交使团长。以往每次去国务院时，他的车可以直驱办公大楼的地下车库，他可乘专门电梯直通国务卿办公室，而其他使节都须在大门口下车，再坐公用电梯上楼。多勃雷宁首次拜会黑格，这一特权就被取消，使已经进了地下车库的小车又退回到大门前。

里根时期对苏联采取的强硬政策，主要表现为两手，简言之，一是"星球大战"，二是里根主义。

里根上台时，首先是大幅度增加军费开支。从1981年到1988年，里根在任期间，年度军费几乎增加了一倍，从1500多亿美元上升到2900亿美元。其中以"星球大战"计划最为引人注目。按照该计划，美国要在20世纪末在空间和地面建立大规模的激光、粒子束、微波武器为主的反导弹防御系统，拦截来袭的导弹，攻击卫星，而且这种拦截还是多层面的。最初，这种拦截设想以太空为基地，故称为"星球大战"，后在1991年又作了修改，以地面为基地，而且是"有限防御"。

而所谓里根主义，则是一种"低烈度战争"，即低于局部常规战争的形式，插手世界各地的事务，重点打击第三世界中的亲苏政权。

苏联方面，80年代以后形势逐渐恶化。由于长期的全球扩张战略，造成了苏联经济负担加重，国民经济建设中农、轻、重比例失调，一方面有高度发达的尖端科学技术、尖端国防和军事工业，以及为军事和国防服务的重工业；另一方面则是生活资料的生产严重不足，人民生活水平日益下降，国内由经济引发的政治矛盾逐渐激化。这实际上是苏联与美国长期搞军备竞赛，造成畸形经济结构的结果。

因此，这次是苏联方面对裁减军备谈判更感兴趣了。80年代前期，苏联领导人频繁故世，4年内换了四个总书记，或许也是国运将衰的不祥之兆。1985年上任的戈尔巴乔夫运用"新思维"，对外向美国频频发出和谈信息，对内则试图以政治改革促经济变化，结果效果适得其反。国内那种僵硬的思想观念一旦被突破，各种思潮和倾向有如脱缰的野马，一发即不可收，终于导致1991年底苏联的彻底解体。美国对苏联的"冷战"真的如尼克松所说，"不战而胜"了。

21.4

社会主义各国改革。苏联和东欧：失败的模式；中国：成功的道路。1989：东欧剧变年。1991：苏联红旗落地；苏联解体原因分析

社会主义是一个新生事物，它在前进的道路上不可避免地要遭受许多的曲折。社会主义又是一个发展中的事物，它要与已经出现了几百年的成熟的资本主义制度相抗衡，必然要遭到强大对手的"剿杀"。在发展的过程中，社会主义在许许多多方面势必要反资本主义之道而行之。因此，凡是资本主义时代所有的东西，常被社会主义当作资本主义的东西所抛弃，包括人类几千年历史发展的文明积累，人类社会和经济前进的自然过程和必然过程，有时也可能被误当资本主义的东西，这种认识增加了社会主义事业的曲折性。

因此，社会主义需要在实践中、在斗争中不断完善，不断前进，也就需要不断改革。由于各种因素的影响，社会主义各国的改革也就呈现出多样性，也就有失败有成功。

作为第一个社会主义国家的苏联，也最早迈开了改革的步伐。

1956年的苏共二十大，是苏联社会主义历史发展的一个转折点。这次大会破除了对斯大林的个人迷信，也暴露了所谓"斯大林模式"的许多弊病，这就为苏联进行改革尤其是经济体制方面的改革提供了机遇和环境。

因此，是赫鲁晓夫开创了社会主义改革之先河。赫鲁晓夫着手进行的经济改革，主要目标是力图解决中央和国家经济管理权限过分集中的问题。在工业管理体制中，他进行了"改革试验"。撤销了中央对工业的管理部门，设立经济行政区，权力下放给各区的国民经济委员会，充分扩大地方对工业的管理权。后来又进一步强调扩大地方和企业的自主权，用经济手段管理经济工作，并且还提出和讨论了利润应成为衡量企业效率的最后总尺度问题。虽然赫鲁晓夫的改革政策不稳定，效果不显著，但他毕竟有自己的改革主张和原则，对后来的经济改革留下不小的影响。

勃列日涅夫上任伊始，便决定进行全面改革，推行计划工作与经济刺激相结合的所谓"新经济体制"。1965年开始的苏联"新经济体制"改革，其中心任务是扩大企业的自主权，运用经济手段而不单是行政手段来管理企业，利用商品货币关系和物质刺激原则调动企业及职工的生产积极性，调动他们对经济效果的关心。围绕这一中心，"新经济体制"遵循了三条原则，即改进计划工作，扩大企业自主权；充分提高经济杠杆的作用；贯彻国家、企业和个人三者利益相结合。

这一改革收到了一定的经济效果。苏联建设的"八五"计划期间（1966—1970年），其工业生产年平均增长率为5.7%。这种速度在当时仅次于日本而居世界领先地位。60年代末，苏联在一些主要工业部门中，如钢铁、石油、水泥和化肥生产中，产量逐渐居于世界首位。

应该说，勃列日涅夫的经济体制改革，比赫鲁晓夫前进了一大步，改革所取得的经济效果也较为显著。但是，这些改革基本上没有触动中央集权性质的计划经济体制。商品货币关系和物质利益虽然被一再强调，但仍然只是作为计划经济体制的次要补充手段而已。虽然改革促进了经济建设，但其修修补补的性质使真正的以市场为轴心的新经济体制不可能确立，苏联经济体制所固有的弊病仍在日益加深，积重难返。

而且，到勃列日涅夫执政后期，在其全球进攻战略和霸权主义的驱使下，苏联越来越显示加强集权化的倾向，因此，即使已有成效的一些改革又出现了反弹甚至倒退。

其实，在其他社会主义国家，如南斯拉夫、罗马尼亚、捷克斯洛伐克、匈牙利等，50至70年代里也进行了一些突破"斯大林模式"的改革。

如南斯拉夫，甚至在所有制问题上还有所动作，不再坚持斯大林模式中的国家所有制和集体所有制，而是采取社会所有制，重点是实行所谓"社会主义自治制度"，经历了从工人自治到社会自治再到联合劳动自治三阶段。其中第二阶段本是往市场经济转向，但由于过于分散政府权力而使经济发展处于失控状态，故而在第三阶段又加强了宏观调控机制。在70年代里，南斯拉夫的改革总的来说是成功的，生产增长率达到了较高的百分比，但中央控制能力的减弱，也逐步诱发了内部矛盾，包括中央和地方之间的矛盾，各地区之间的经济差异和隔阂，最终引发了离心倾向。

进入80年代后，苏联和东欧各国所走的社会主义道路有步向僵化的趋向，经济发展迟滞，经济结构失衡，社会主义生产目的不甚明确，在注重国家建设、国防建设的同时，忽视了不断提高人民群众生活水平问题，而且在某种程度上使人民的基本生活得不到保障。在国际上，社会主义的优越性不能得到充分体现，甚至与西方资本主义发达国家的差距越拉越大。这样一来，引起了社会主义各国又一次改革浪潮。

在这次改革浪潮中，苏联和东欧的改革最后都遭到了失败。其中以苏联戈尔巴乔夫的"新思维"改革最具典型性。

戈尔巴乔夫是在1985年高就苏共中央总书记之职的。此人性格开朗，举止得体，富有感染力，以至于连英国记者都大为折服："搞苏维埃制度的人怎么会是那么有教养、那么富有人性？"这位53岁的"年轻人"，一上任就进行了大刀阔斧的改革，从整顿组织、调整干部，到制订"加速社会发展战略"，一切似乎进行得有条有理。然而，上帝似乎并不青睐这位"天之骄子"，改革进行了一年多后，苏联的各项经济指标都未达到"加速战略"的任务，甚至还低于改革前的增长速度。

这时，戈尔巴乔夫开始犯起了主观臆断的错误，他执意认为经济改革的失败是由于政治上的阻力太大，因此必须先进行政治改革，来为经济改革扫清障碍。于是，1987年成了所谓"公开性年"，戈氏的口号是"民主化""公开性"。11月，戈尔巴乔夫出版了名噪一时的《改革与新思维》，正式提出了"人道、民主的社会主义"，实际上开始偏离科学社会主义轨道。此书出版后，虽然一时间大受欢迎，但暴露了苏共最高领导人已经不能很好地把握社会主义方向，苏共领导层内部开始出现分化，苏联国内的思想领域也开始出现混乱，西方的思想文化和价值观念乘虚而入。

1988年以后，戈尔巴乔夫的政治改革，从思想意识形态领域扩展到国家机器中的中央和地方关系方面，极力主张放权，扩大地方"自治"，这就使国内民族问题又一次尖锐起来。当苏联开始出现分裂痕迹的时候，1989年，东欧六国发生了意想不到的剧变，社会主义在东欧出现了逆转。形单影只的苏维埃社会主义共和国联盟大厦，终于在1991年底轰然坍塌。

与苏联东欧相反，中国走的则是一条成功的社会主义改革道路。中国的改革起始于1978年。这年开展的真理标准大讨论，是一场新的思想大解放运动。年底，中共十一届三中全会召开，抛弃了此前20年的极"左"路线，提出将全党工作重心转移到经济建设上来，并且重新确立了党的实事求是的思想路线，确定了改革开放的总方针。这是一次对国际共产主义运动发展，对中国历史发展产生深远影响的里程碑式的会议。

此后，中国的改革首先在农村铺开。安徽省凤阳县小岗村农民首创的土地"联产计酬家庭承包责任制"，很快在全国各地农村推广开来。联产责任制大大激发了广大农民的生产积极性，农村面貌在几年间就发生了前所未有的变化。至1984年，全国粮食产量达到了一个从未有过的高水平，人民基本生活得到了极大的保证。

1985年，中国的改革又一次从农村扩展到城市。中国领导人紧紧抓住了经济建设这一中心，把改革步步引向深入。1987年，中共十三大明确指出了中国处在社会主义的初级阶段，制定了"以经济建设为中心，坚持四项基本原则，坚持改革开放"，即"一个中心，两个基本点"的党在社会主义初级阶段的基本路线。中国的改革事业有了更明确的指导思想。以国有工商企业为中心的经济体制改革，开始紧锣密鼓地进行。

1992年，以邓小平南方讲话和中共十四大的召开为标志，中国的改革又进入了一个新的阶段。在邓小平有中国特色社会主义理论的指导下，中国确立了建设社会主义市场经济体制方针。把社会主义和市场经济联系在一起，这是中国共产党人的伟大创造，是对科学社会主义理论的发展，亦表明中国共产党已成为一个成熟的马克思主义政党。

为把中国的社会主义现代化建设事业胜利推向即将到来的21世纪，1997年的中共十五大进一步发展了邓小平理论，确立了以公有制为基础，多种所有制形式共同发展，并提出公有制也有多种实现形式。这是又一个理论创造，实践证明，这一创造是符合中国国情实际的。

在改革的过程中，中国共产党始终把握方向，同时努力加强党组织自身的建设，加强对党员和党员干部的思想教育，从严治党。虽然在党员和干部队伍中也出现了这样那样的腐败分子，败坏党的形象，但人民信任党、理解党，始终拥护党的领导，这就是中国改革开放事业取得巨大成功的最根本经验。

而苏联东欧却走向了悲剧性的结局，在80年代末90年代初发生了急剧的变化。

这一剧变是从东欧重要国家波兰开始的。

1980年，在愈来愈严峻的经济形势压力下，波兰政府把提高物价当作了解决危机的法宝，结果引起了工人们的坚决反对，爆发了战后规模最大的罢工浪潮。而波兰党和政府却在危机面前吓得束手无策，非常被动。尽管中央的最高领导人频繁更替，但罢工浪潮中形成的以瓦文萨为核心的团结工会，却成了对波党的挑战者。1981年12月，波兰实行军事管制，团结工会转至地下活动。

1983年后，波兰经济虽然开始走出低谷，但速度缓慢：1988年的国民收入水平只及1978年，人均分配收入甚至还要低。市场上商品匮乏，供应紧张，对外债务高达数百亿美元。波兰党和政府对扭转形势的恶化始终拿不出得力的措施，大大降低了它们在人民群众心目中的地位，出现了信任危机。

面对这种不利局面，波党仍决心冒着风险实行价格体制改革，于1988年2月大幅度提高各种生活品的价格，结果导致从4月到9月的两次工潮。而且这两次工潮改变了以往的态势，从经济要求扩展到了政治呼声。波兰形势急转直下，政治动荡步步加剧。

9月，波兰政府又进行了人事变动，但仍无济于事。1989年1月，波党中央同意恢复团结工会，并举行圆桌会议。6月，波兰议会大选揭晓，波党头面人物纷纷落选，由波党领导的执政联盟败于团结工会之手。7月，波党最高负责人雅鲁泽尔斯基仅以一票之多当选为总统。8月,团结工会负责人马佐维耶斯基被任命为总理。1990年,波兰统一工人党宣布停止活动,改名为社会民主党。1991年,瓦文萨成为总统。

匈牙利是第二个发生剧变的国家。

1956年事件后,匈牙利自1968年全面开始了经济体制改革,要点是在计划经济中导入市场机制。总的说来,虽然这些改革走过一些弯路,出现过失误,但经济建设还是取得了巨大成就,特别是农业和消费品的生产方面。60年代时,匈粮食需要进口,70年代初便出口粮食每年达数百万吨。按人均计算,匈牙利的粮肉蛋产量在世界上排第五位。因此人民生活明显改善,群众情绪稳定。匈牙利的改革创造了"匈牙利模式",为世界所广泛注意。西方人称匈牙利"东方的乐园""消费者的天堂"。

但这一稳定局面仍然经不住东欧风潮的强烈冲击。1989年,匈牙利经历了第二次世界大战以后最深刻、最根本的变化。

自1988年后,匈牙利的社会矛盾日益突出,特别是负债累累,人均外债达到了1500美元。1988年5月,为了摆脱危机,匈党更换了领导人。1989年2月,匈党宣布放弃执政党地位,决定执行多党制。6月,在党内有严重分歧的情况下,匈牙利政府决定为因1956年事件而处死的纳吉平反,重新为他举行隆重的葬礼。10月,匈党召开代表大会,决定将社会主义工人党改为社会党。紧接着,匈牙利人民共和国改为匈牙利共和国。一部分社工党人重新组织新的社工党。9月,象征共产主义的红星也在所有的建筑物上被拆除。

1990年3至4月,匈牙利分两轮投票举行全国自由大选,民主论坛等组织获得了胜利,社会党和社工党均告失败,变成在野党。获胜各党组成了联合政府。

捷克斯洛伐克的变化也几乎是同时。

1968年事件使捷共元气大伤,社会主义在捷克斯洛伐克的威信也蒙受了损失。曾是世界十大工业强国之一的捷克斯洛伐克,其同西方国家的发展差距愈来愈大。正直的共产党人和人民群众普遍要求重新评价"布拉格之春"事件,希望继续改革,振兴社会主义。而捷共领导人却死抱住苏联的大腿不放,完全违背本民族的大义,僵化保守,结果在1989年东欧动荡局面冲击下,导致了捷政治局面的全面混乱和国家解体。

捷国内早就有个同捷共长期对抗的反对派组织"七七宪章",成立于1977年。1989年新年后,以"七七宪章"为首的反对派,利用人民群众的不满态度,向捷共发起了第一个斗争回合。捷当局动用高压水龙驱散示威人群,并逮捕"七七宪章"发言人。此举不但没有平息事态,反而引起了更广泛、更强烈的抗议,而捷共领导又坚持不在1968年问题上让步,与广大党员和人民群众形成了越来越深的鸿沟。

1989年5月,反对派再次进攻,11月,成立了"公民论坛"组织。26日,雅克什为首的捷共领导班子集体辞职,"公民论坛"控制了全国的政治局势。12月,胡萨克总统辞职。29日,哈维尔被选为总统,捷共失去了执政党地位。

1990年3月,捷国名中的"社会主义"被去掉,称为"捷克斯洛伐克联邦共和国"。一个月后,由于斯洛伐克人的不满,国名又改为"捷克和斯洛伐克共和国",国徽的五角星被去掉,代之以第一共和国时期的王冠。1992年,捷克和斯洛伐克共和国分解为捷克和斯洛伐克两个国家。

至于东德,则在这一场变动中最后与西德合并为统一的德国。

两德分立后,实行社会主义制度的东德也有显著发展。1983年,东德的社会总产值和国民收入比1950年分别增长了6.4倍和6.2倍,成为发达的工业国家,人民生活水平也很高,其住宅人均面积在世界上都是名列前茅。但是在长时期内,东德是华沙条约组织和经互会成员,政治经济都受到苏联很大的牵制,经济结构上也有偏倚现象。

1989年春夏的东欧风潮,东德起初并未卷入。但邻国政局的剧变和政策的变化却开始波动着东德的局势。1989年5月,匈牙利宣布拆除与奥地利交界的所有边防设施,许多东德公民趁去匈牙利度假之机,取道奥地利进入西德。这样,两德为东德公民出走问题闹起了矛盾,匈牙利又决定为试图出走的东德公民敞开方便之门,东德局势开始动荡。

1989年10月,标榜"新思维改革"的苏联戈尔巴乔夫应邀参加东德建国40周年庆典,在集会上大谈东德改革。10月7日以后,从莱比锡开始的游行浪潮迅速向全国蔓延,反对派组织也加紧活动,整个东德社会更为动荡不安。10月17日,德国统一社会党内领导层斗争激化,执政18年之久的昂纳克被迫辞职。新任总书记克伦茨上台后，在戈尔巴乔夫支持下实行改革。11月7日，原政府全体成员辞职。8日，统一社会党中央政治局集体辞职。18日，统一社会党与其他民主党派组成联合政府。

11月1日，东德政府重新开放通往捷克斯洛伐克的边界，取道捷克前往西德的东德公民一周内就达5万多人。11月9日，东德决定开放通往西柏林的边境站。10天内签证者就达1000多万人。东德国内的局势急剧恶化。

12月1日，东德人民议院从宪法中删去了"受工人阶级及其马列主义政党领导"的内容。3日，昂纳克等人被开除出党，克伦茨等集体辞职。7日，16个党派和组织举行圆桌会议，决定在1990年举行人民议院大选，决定国家的未来。

然而，东德形势的骤变，柏林墙的开放，使原先本无前景的德国统一问题突然提上了议事日程，特别是西德方面，政界人士对统一问题兴趣日增。1989年11月28日西德总理科尔提出"十点计划"，其实质就是要让东德合并于西德。尽管国际社会包括美苏都对"十点计划"抱有保留态度，尽管东德批评西德有"兼并"之心，但统一的设想既已提出，表明了人心所望，无论哪一方都在为推动统一而努力。

1990年2月10日，东德总理莫德罗提出新的统一方案，主张两个主权的德意志国家通过对等谈判分四步逐步走向统一。西德总理科尔则频频出访，先后取得了苏联总统戈尔巴乔夫和美国总统布什的明确态度。2月13日，苏美英法和两德外长制定了"2+4"方案。3月，东德人民议院提前大选，结果西德支持的基督教民主联盟获胜。在此基础上成立的新政府很快就在西德马克兑换比率上与西德达成了一致意见。5月，两德正式签署了建立两德货币、经济和社会联盟的"国家条约"，统一取得了实质性进展。7月，东德马克被废除。10月，两德正式合并。

在东欧风潮中，以罗马尼亚的过程最为激烈，党和国家的最高领导人人头落地。

1965年，罗马尼亚工人党改为共产党，齐奥塞斯库担任了党的总书记。1974年，他又兼任了共和国的总统。在他执政的大部分时候，罗马尼亚奉行开放政策，强调独立自主方针，与西方世界进行了较多的接触，也与第三世界国家建立了良好的关系，罗马尼亚国际威望大增，国内经济发展和人民生活水平也有较大幅度的提高。

但罗马尼亚也背负着沉重的包袱。在经济上，由于加速偿付外债，居民生活水平急剧下降。政治上，齐奥塞斯库结党营私、大搞裙带关系，安插亲信、排斥异己，党内生活极端不民主。在国际上，齐奥塞斯库与西方国家的关系亦日益冷淡，西方公开指责罗马尼亚的内政外交。因此，国内外日益紧张的局势，终于引来了1989年岁末的大变动。

这年的12月16日，罗马尼亚西部城市蒂米什瓦拉发生群众抗议示威，内务部部队和军队以暴力镇压。过后几天，动乱活动迅速遍及各地城市。齐奥塞斯库匆忙中止对伊朗的访问回国，21日中午在布加勒斯特群众大会上发表讲话。22日清晨，游行罢工进一步发展。15时左右，罗军队宣布不向群众开枪，而齐奥塞斯库则在离首都70公里的地方被捕。晚上，新成立的救国阵线宣布接管政权。25日，军事法庭判处齐奥塞斯库夫妇死刑，执行枪决。1990年，国名改为罗马尼亚共和国。

相对来说，保加利亚的变动比较和缓。

在战后几十年中，保加利亚从60年代以来先后进行过三次经济改革，缓和了经济发展结构中的一些矛盾，基本上成为一个中等发达的国家。然而由于经济建设取得了一些成就，保共"党内"个别领导人思想僵化，任人唯亲，独断专行的不良作风也滋长起来，群众开始不满，社会不稳定因素增长。1989年，一些社会舆论和组织就民主性和公开性问题向官方施加压力。这样，本来还算稳定的保加利亚也开始发生变化。

在1989年11月的保共中央全会上，执政33年的保共领导人日夫科夫辞去中央总书记和国家元首职务，由姆拉德诺夫接任。12月，日夫科夫及一批亲信被开除出党。日夫科夫下台后，非官方组织的数目及活动大规模增加。1990年1至3月，保共与所有的政治组织举行圆桌会议，民主同盟等团体则脱离保共独立。

保共自身也发生着变化。在1990年1月的十四大上，决定撤销中央和政治局，新设最高委员会和主席团，主席由利诺夫担任，姆拉德诺夫的总书记职务自然消失。1990年4月3日，保加利亚共产党改名为社会党，其中一批激进改革分子另组新社会党。同一天,国民议会通过宪法修改法,选举姆拉德诺夫为第一任总统。在6月举行的大国民议会选举中,保加利亚社会党获得了半数以上的议席,继续维持执政党的地位。

同上述六国不同,阿尔巴尼亚从60年代初就脱离了苏联阵营。1985年,阿原领导人霍查去世,阿利雅担任了党的第一书记,开始逐步改变锁国状态。但随着对外开放的进行和80年代末东欧风波的影响,阿尔巴尼亚在20世纪90年代里也发生了根本性变化,从一个僵化的社会主义国家演变成了一个依赖西方的民族国家。

而南斯拉夫则走的是一条联盟解体的道路。1980年,南斯拉夫人民领袖铁托逝世。在经历了一段较长时间的稳定局面,进入90年代后,南斯拉夫民族矛盾开始激化。从1991年起,南斯拉夫联邦中的原有6个共和国,克罗地亚、斯洛文尼亚、波斯尼亚和黑塞哥维那、马其顿先后分离出去。解体的南联盟只剩下塞尔维亚和黑山两个共和国。科索沃是塞尔维亚共和国的一个省,这里的阿尔巴尼亚族人占了90%,因此他们要求分离的呼声日高,而且还得到了西方国家的支持。科索沃问题最终演化成了科索沃危机。以美国为首的北约对南斯拉夫和科索沃地区的轰炸,是第二次世界大战结束以来欧洲大陆上最大的一次战争灾难。此后不久,南斯拉夫联盟改称为塞尔维亚和黑山共和国。2006年6月,塞尔维亚和黑山分别成为两个独立的主权国家。

国家分裂解体的厄运,最终降临到了已有74年历史的苏联土地上。

苏联的解体实质上是戈尔巴乔夫的"新思维改革"的严重后果,以立陶宛、拉脱维亚和爱沙尼亚等波罗的海三国最先闹独立为先声。

立陶宛、拉脱维亚、爱沙尼亚三国,由南向北沿波罗的海东岸排列。三国在历史上都曾是独立国家,立陶宛还曾是一个举足轻重的东欧大国,最盛之时一度还占领过俄罗斯的大块土地。三国最后都是在第二次世界大战期间,1940年,被斯大林以建立"东方战线"为由而合并到苏联,成了加盟共和国。可是,三国在经济、文化、宗教、民族等方面,实际上与苏联有很大的差异和隔阂,几十年来一直与苏联中央政权闹矛盾。

1985年戈尔巴乔夫担任苏联最高领导,并推行"公开性"和"民主化"的改革后,波罗的海三国的民族分离主义情绪迅速高涨,要求从苏联分离出去的呼声愈来愈高，三国的联合行动也不断出现。1987年，无论是立陶宛首都维尔纽斯，还是拉脱维亚首都里加，抑或爱沙尼亚首都塔林，都爆发了反对48年前的苏德密约和加入苏联的决定。1988年8月，三国举行了号称"波罗的海之路"的行动。大约有200万人拉起了长达600公里的人链，站立了15分钟之久，高喊"俄国人滚出波罗的海"的口号。

1988年11月，爱沙尼亚率先通过宪法修正案，提出可以终止实行苏联法律，规定自然资源归共和国而不是归联盟所有。1990年3月，宣布要"建立独立的爱沙尼亚共产党"。月底，爱沙尼亚共和国最高苏维埃通过了爱沙尼亚向独立过渡的宣言，强调"不承认苏联对爱沙尼亚领土的权力"，而且还宣称支持已宣布独立的立陶宛。

1989年7月，拉脱维亚共和国则率先发表《共和国主权宣言》，宣布本共和国的法律高于全苏法律。这是苏联各加盟共和国中的第一个"主权宣言"，成为苏联分裂之启端。1990年4月重建拉脱维亚共产党。

立陶宛是三国中最重要的国家。早在1988年9月，苏共中央曾专门就立陶宛问题召开政治局会议，但认识不统一。1989年12月20日，立陶宛共产党正式宣布脱离苏共而独立，苏共中央拿不出得力措施予以制止。1990年3月，立陶宛自由选举产生新的最高苏维埃，并正式宣布立陶宛独立，将国名改为"立陶宛共和国"，废除了原有的宪法。虽然苏联施行了种种干预措施，甚至动用了武力，但是都没能遏止立陶宛独立的势头。

1990年的5月，立陶宛、拉脱维亚和爱沙尼亚三国领导人，在爱沙尼亚首都塔林会晤，签署了《三国一致与合作的宣言》。不过，三国的真正独立，是在1991年苏联的"八·一九"事件之后。

所谓"八·一九"事件，是指苏联最高领导层发动的、旨在推翻戈尔巴乔夫地位的一场夺权斗争。其发起者是时任苏联副总统的亚纳耶夫、总理帕夫洛夫、国防部长亚佐夫、克格勃主席克留奇柯夫等人。然而，政变者没有能够控制局势，却让新崛起的俄罗斯总统叶利钦轻而易举地给挫败了。此事的发生和解决表明，戈尔巴乔夫的苏联已无力控制国内局面。从此以后，联盟的权力基本落到了叶利钦的俄罗斯政府手中。

其实，不只是波罗的海三国，其余的加盟共和国也早就有了自立的倾向和动作。俄罗斯自不必说，乌克兰、白俄罗斯、摩尔多瓦，外高加索三国，即格鲁吉亚、阿塞拜疆、亚美尼亚，中亚五国，即哈萨克斯坦、乌兹别克斯坦、吉尔吉斯斯坦、塔吉克斯坦、土库曼斯坦，都早就在造着要求独立的种种声势。其中如乌克兰，曾有10万人在1990年1月组成人链，从首都基辅排列到西部城市利沃尔，纪念1920年曾一度出现过的独立的乌克兰。这年7月，乌克兰还发布主权宣言，声称乌克兰法律高于苏联的联盟法律。又如摩尔多瓦，也是从80年代末就开展了独立运动，有大规模的群众游行，也颁布了一系列与苏联宪法大相违背的法令。

不过，这些加盟共和国正式宣布独立，也是在"八·一九"事件之后的几天里。如白俄罗斯是在8月25日，乌克兰是8月24日。

1991年12月7日，俄罗斯、乌克兰和白俄罗斯三国领导人在白俄罗斯首都明斯克会晤。随后，他们又驱车来到了著名的布列斯特市城郊。在这个地方，过去曾由列宁领导的政府与德国暂时谈和，挽救了新生的苏维埃政权。1941年6月，也是在这个地方，德国法西斯军队开始了对苏联的大规模侵略。12月8日，三国领导人发表联合声明，宣布建立"独立国家联合体"，以取代行将终结的苏联。

12月21日，独联体正式成立。参加者有原苏联的11个加盟共和国。

12月25日晚，戈尔巴乔夫在克里姆林宫向苏联人民作"最后的讲话"，这是他作为苏联总统任期的最后一天。随后，红色的苏联国旗在克里姆林宫前的旗杆上徐徐降落。维持了将近70年的苏维埃社会主义共和国联盟正式解体。世界上第一个社会主义国家在经历了74年的风风雨雨后，黯然逝去。

戈尔巴乔夫的"核按钮"交给了叶利钦。作为苏联的传人，俄罗斯至今也走过了20多年路程。虽然说，这个世界上版图最大的国家道路坎坷，经济状况一度滑到了最低点，但它仍拥有能够制约美国和北约军事组织的强大的核力量。它在国际事务中仍有较大的发言权和影响力，仍是当代多极的世界中比较重要的一极。

红色苏联骤然消失，其内涵包括两个方面：其一，是苏联这个偌大的国家土崩瓦解，分裂为十几个国家。当然，对这十几个后续国家来说未必是坏事，更可能是一次新生的机会；但对曾经的苏联来说，怎么看也是一个悲剧性结局；其二，苏联解体后的十几个国家，不再坚持社会主义道路，也就是说，苏联这个"红"色大国，在解体的同时也"变"了色。苏联解体的教训是极其惨痛的。

在苏联这样一个庞大国家，加强中央权力和权威，实行中央集权，是无可厚非的，不失为一种恰当的治国方略，但中央集权不等于是中央最高领导人和决策者个人的专权。从理论上说，个人专权实际是用个人智慧去代替社会大多数人思考，将整个国家命运系于某一人身上。而无论多么高明的人，哪怕是天才式人物，其见识、胆略、能力等都是有局限的，这种局限很有可能造成国家走向歧路；甚至某些专权者依自己性格情趣作出的决策，也足以导致国家动荡。何况，为了维持这种个人专权，又有多少社会成员的智慧和能力被抑制，被扼杀，甚至生命遭残杀。当个人带领社会取得了巨大成功时，他的内心世界也易于自我迷惑，自我偶像化，陶醉于自己原有的方式，从而造成思想僵化、制度僵化，把社会引向迷途。70年苏联的曲折历程，就是与个人专权的历史联系在一起的。列宁作为革命领袖，其崇高威信是自然形成的，但他从未有专权的意向，他只是作为领导集体意志的代表者来行使职权。斯大林依靠党内斗争手段排挤了所有对手，又因创立计划经济范式，促使苏联经济高速度发展而威望急剧上升，导致计划经济模式化，更导致个人崇拜出现，并且不能容忍任何反对者的人身存在，酿成大清洗惨剧。赫鲁晓夫在破除斯大林个人崇拜、改革斯大林模式中卓有成效，但在与美国的对抗中过于莽撞，有损于苏联的国际声望。勃列日涅夫新经济体制改革加速了苏联经济发展，但他后来展开全球进攻战略，热衷于与美国争霸，由此大大消耗了苏联实力，也降低了苏联的国际地位。安德罗波夫、契尔年科是过渡性人物，不足论道，但此后苏联全国好像都在指望新生代领导人戈尔巴乔夫回天有术，而戈氏主观臆断，致使改革迷途、发展无措，对内无力维持统一，对西方逢迎失态，终于将苏联送进了坟墓。

个人专权制度的延伸，是整个国家管理阶层的官僚化。在各个部门，各个地区，各个单位，各个企业，主要领导人也变成了他所管辖范围的专权者。为上，他们选准主子，极尽巴结之能事，不遗余力地效犬马之劳。对下则高高在上，把对国家的管理变成对人民的"管理"，忘记了作为共产党人服务人民的根本宗旨，发号施令，俨然统治者模样，并视手中权力为禁脔，视国家资产为己有，这些官僚直接面对社会大众，其腐化堕落专横为人民所切齿，是激化社会矛盾和冲突的主要诱因。而当社会发生动荡时，他们又利用特权，将巨大的公有资源化为己有，当今俄罗斯的富豪阶层主要是由他们演变而来的。

苏联的经济运行模式也是僵化的。相对来说，苏联的计划经济并非一无是处，在其早期的建设中立下了汗马功劳。但随着时间推移，计划经济固有的缺陷和弊病也逐渐暴露出来，那就是经济计划多是少数几个管理者头脑的产物，易于抑制劳动者的主动性和创造力；难以根据社会需要及时调整生产方向；一旦计划失当就会造成难以挽回的损失等。后来的苏联领导人虽有察觉，并进行过一些改革，但毕竟没有触动其经济体制本身。

苏联在经济发展中重视国力、轻视民生的倾向，忽视了社会主义的本质特征，忘记了社会主义生产的根本目的。早期优先发展重工业的经济战略，是出于打破西方世界威胁的需要，发展苏联国力的需要，也获得了人民的支持，激发了他们的劳动热情。虽然在工业化和农业集体化的进程中损害了农民的利益，但还是得到了他们一定程度的理解和忍受。但是这种重工业模式经济只能适度，不能无休止地延续，而后来的苏联不仅没有改变这种状况，反而为了争霸的需要，卷入了与美国的军备竞赛，竭力发展军事科技和尖端科技，在重工业建设和国防建设上集中了大量的资金和资源，忽视了不断提高人民群众生活水平的问题，而且在某种程度上使人民的基本生活得不到保障，结果造成民怨四起，人心涣散。

民族问题成为诱发苏联解体的直接导火线。苏联版图达2200万平方公里，境内有100多个民族。各民族相互之间难免有许多历史的纠葛。沙皇统治时代实行大俄罗斯主义，其余民族均处于被统治状态，其苦难境地可以想象。社会主义制度在理论上要求各民族平等和睦相处，但在苏联的实践中常常被歪曲，大俄罗斯主义的阴影不散，即便连斯大林这个"马克思主义民族理论家"，也曾被列宁斥为"不是俄罗斯人的大俄罗斯主义分子"。可以想见，斯大林领导下的苏联不可能没有大俄罗斯主义存在。这种存在是造成地方民族主义情绪形成的基本原因。而苏联中央高度集权的政治体制，又抹杀着民族地区的特殊性，使中央与地方的矛盾常表现为民族矛盾。当苏联处于生死危机的紧要关头，民族矛盾冲突终于演变为民族分立行为，终将苏联裂变为15个独立国家。

奉行大国主义和霸权主义是苏联遭受危机的又一深刻教训。自1945年以后，由于苏联崛起，其大国主义思想日益严重，尤其是反映在对社会主义阵营各国的关系上。东欧各国除了被要求照搬苏联模式的政治经济体制外，它们在对外交往、防务等方面也都绝对听从苏联的统一调度和指挥。苏联与东欧国家的"经互会"，从20世纪50年代直至70年代，要求各成员国实行生产专业化分工，这就使得除苏联以外的成员国难以形成独立完整的经济体系，而苏联在经济和技术上的绝对优势，使其他国家经济必须附在苏联这棵大树上，从而势必引发和加深它们与苏联之间的矛盾。几乎没有一个东欧国家未曾同苏联闹过摩擦。同样，苏联同中国的关系恶化，也与苏联的大国大党主义作祟不无关系。

霸权主义主要体现为60、70年代苏联作为超级大国展开全球进攻战略，与美国争夺世界霸权。苏联与美国争霸的重点是欧洲，同时对阿拉伯地区，对非洲，对南亚、东南亚，甚至拉丁美洲，它都进行了全面渗透。虽然取得了一时效果，但却使各国人民越来越认清了其真实意图，结果它在国际社会越来越不得人心，尤其是它对阿富汗的武装侵略，成为国际社会谴责的众矢之的，使其国际威望降到了最低点。

1985年戈尔巴乔夫上台，在国际上取守势，做低姿态，赢得了一些好感。但他在国内改革中却误入歧途，迷失方向，这是导致苏联变色和解体的最直接原因之一。戈氏上任之初，大刀阔斧地改革，从整顿组织、调整干部，到制定"加速社会发展战略"，一切似乎进行得有条有理。但改革进行一年多后，各项指标并未达到预期，甚至还低于改革前的增长速度。于是他急躁起来，犯起了主观臆断错误，执意认为经济改革失败是由于政治阻力太大，必须先进行政治改革来为经济改革扫清道路。于是，1987年成了所谓"公开性年"，口号是"民主化、公开性"。他的《改革与新思维》，正式提出"人道、民主的社会主义"，实际上开始偏离社会主义轨道，暴露了苏共最高领导人已不能很好地把握社会主义方向，并引起苏联国内的思想混乱。1988年后，这种政治改革又从思想意识形态领域扩展到国家机器中的中央和地方关系方面，极力主张放权，扩大地方"自治"，这又导致国内民族问题再次尖锐起来。当苏联出现分裂痕迹时，1989年东欧又发生剧变，社会主义在东欧出现了逆转。形单影只的苏维埃社会主义共和国联盟，终于在1991年底轰然坍塌。

苏联作为第一个社会主义国家，对国际共产主义运动不但起着领头羊作用，而且还有榜样和示范的意义。意识形态和国家制度与资本主义的完全对立，使得西方国家从一开始就必欲将苏联除之而后快。20年代初干涉苏俄，战后的长期冷战，表明西方国家总将苏联作为头号敌人。在武力干涉或威胁并不奏效的情况下，思想文化的渗透是西方国家最主要的手段之一。当经济建设不顾民生而导致人民群众不满情绪增长时，当戈尔巴乔夫改革失误引起苏联国内思想混乱时，当他在苏美竞争中处于劣势而向美国过于低姿态地妥协甚至逢迎讨好时，当西方在思想渗透的同时允以经济上的许诺时，苏联国内那些倾向西方制度的势力变得活跃起来，他们迅速控制了权力，笼络了民心，将这个红色大国置于了死地。

苏联解体留给后人的教训真是太多了。

第二十二章

变革与彷徨

20 世纪末叶的世界

22.1

冷战后世界的各种国际力量：美国、西欧、日本、中国、俄罗斯、新兴工业国家、待发达国家。联合国：作用日益增强的国际组织。

随着苏联的解体，以苏联和美国为两极的冷战时代也就结束了。

两极的对抗结束了，世界的政治格局有何新的变化？

几乎每一个国家都有自己的看法，站在自己立场上的看法，或者说，有意无意强调自身存在、比较乐观地估计自身存在的看法。美国人以为世界成了一极的世界，而更多的人则认为国际政治格局是"一超多强"。

苏联消失了，一极不见了，最为欣喜的自然是另一极。超级大国美国几乎是欢呼雀跃，声称由美国当霸主的世界，美国成为世界领导者的时代来临了。

上帝确乎有点青睐这个美利坚民族。从 1991 年 3 月以后，美国经济在 20 世纪最后 10 年持续繁荣，原因在于美国人站到了以高科技为核心的第三次产业革命浪潮的潮头。将以计算机为标志的新技术转化成信息产业，使美国经济又一次出现飞跃。美国的年度国内生产总值达到了 8 万亿美元。1998 年，年仅43岁的微软公司总裁比尔·盖茨，一跃而成为世界首富！

虽然苏联这个超级对手已不复存在，但美国依然维持世界上最强大的军事力量。20世纪末，美国的年度军费开支实际要达到3600亿美元以上，相当于整个非洲大陆年度国民生产总值之和。美国总兵力也达到了200多万人。

凭借这种极其雄厚的经济和军事实力，美国变本加厉地推行霸权主义政策，充当着世界宪兵的角色，地球上哪个角落的事情它都要管一管。美国在国际事务中执行双重标准，硬要把它所认为的"正义"与"合理"强加于人，以"人权高于主权"等幌子，强行干涉别国内部事务，动辄使用武力，制造了冷战后世界的一次次战争灾难。

1991年初，美国会同英国等西方国家发动了"海湾战争"，打击伊拉克萨达姆政权。此举看似正义，因为萨达姆悍然发动了侵略科威特的战争，公然吞并一个主权国家，罪当诛伐。然而这一举动之后，其实包含着美国等西方国家并不高尚的私己之心，因为这样一来，不但可以继续控制海湾这块产油宝地，还可向世界宣扬美国和西方世界之威。

1993年，加勒比地区的海地发生了危机。美军在未得到联合国同意的情况下，派出大量军舰前往海地附近水域执行禁运。一年后，1994年9月，克林顿又警告海地军方领导人，以动用武力相威胁逼其下台。在此前后，美国还集结了2万多兵力、2艘航空母舰及10余艘战舰，随时准备入侵海地。

这一年的12月，巴拿马运河区一带的古巴难民与驻扎在这里的美军发生冲突，美国随后便派出1000多名士兵开往巴拿马。拉美地区从来就是被美国视为"后院"的。

在巴尔干的前南斯拉夫地区，波黑共和国三族（塞尔维亚族、克罗地亚族、穆斯林族）冲突，险些也被美国利用。幸而联合国、安理会以及维和部队发挥了积极作用，才使这一持续多年的局部战争获得政治解决。

科索沃冲突正是美国为首的西方国家一手制造出来的。虽然这一地区以阿尔巴尼亚族居民为主，但几十年来他们能同塞族和平相处，相安无事；而且西方人也知道这里曾是塞尔维亚族的发源地，南斯拉夫不可能放弃。于是他们便挑弄阿族极端分子闹独立，甚至支持他们进行反政府的军事行动，激起南联盟派出军队来与阿族武装分子作战，其结果自然可知，阿族人不可能取胜。于是，美国人便声称南军队"屠杀平民"，并以南军队撤出科索沃为前提来寻求所谓"政治解决"，这显然是一个陷阱，是为了取得战争借口，因为南联盟不可能答应这样一种粗暴干涉内政的无理要求。

从1999年3月24日起，以美国为首的北约军事组织，开始对南联盟包括科索沃地区进行狂轰滥炸，巡航导弹、隐形战斗机，所有最先进的常规武器都被用上了。轰炸几乎是逐日升级，从摧毁军事设施、军队驻扎地，到南联盟的军事指挥机构、政府机构以及电台、电视台等新闻机构，到道路交通系统、供水供电系统、医院和卫生机构，还有各种民用设施、生产单位等等，几乎无一不炸，无数的平民包括返回科索沃地区的阿族难民，倒在了血泊之中，甚至连中国驻南使馆都成了肆意袭击的对象。然而，南斯拉夫人民没有屈服在美国和北约的导弹之下。尽管德法意等北约成员国发出了政治解决科索沃问题的信息，但美国人依然我行我素，向南斯拉夫继续倾泻着杀人的钢铁。

不过，有一点必须明白，尽管美国似乎可以一手遮天，但它在国际事务中的干预能力还是有所减弱，有时甚至有力不从心之感。它还是希望有忠实的追随者，英国正是它最可信赖的帮凶。1991年的海湾战争和1997年再度轰炸伊拉克，英国很默契地配合美国。科索沃危机和轰炸南联盟中，英国更是充当了头号帮凶的角色。在中国驻南大使馆被炸问题上，英国的蛮横无理也不亚于美国。

西欧虽然是美国的盟国，但也已发展为多极中的一极。曾几何时，西欧是整个世界的"主人"，只是到了第二次世界大战以后，西欧的实力才日落西山，气息奄奄。然而经过20年的发展，西欧又有重新崛起之势。只不过，重新崛起的西欧须以整体的面貌出现，方能在国际事务中占有一席之地，任何单个的国家已不构成力量中心。新的西欧过去以法国为首，而德国重新统一后，这一领导权似乎转移到了它的手里。德国是欧洲首屈一指的经济大国，它自然要谋取政治大国地位；稳定在欧洲的地位后，它也想当世界大国。1991年马斯特里赫特条约签订后，作为欧洲经济政治一体化组织的欧洲联盟正式宣告成立。欧洲联盟的经济实力，已经超出了美国。特别是1998年1月欧元作为国际货币正式启动后，美国的金融工具美元也遭到了严峻的挑战。

变革与彷徨

在国际事务中，包括对其他国家内部事务的干涉中，出于政治制度和意识形态的一致，西欧常和美国站到一起。但在许多场合，西欧及其一些主要国家也开始不那么听美国人的话，显示日益增强的独立自主倾向。譬如在所谓人权问题上，西欧国家从1999年起不再在日内瓦有关会议上提反华提案，美国被明显地孤立。即使是在那时的南斯拉夫危机中，北约集团内部也出现了裂痕。面对狂轰滥炸并没有使南斯拉夫屈服的情况，德国、意大利、法国等北约主要成员国愈来愈倾向于政治解决，只有美国人和英国人一意孤行。

80年代中期以来，日本成为世界第二大经济强国，其年度国民生产总值几乎占了世界的六分之一，人均产值还远远超过了美国。日本那时还是世界上最大的债权国，是世界上外汇储备最多的国家。经济实力是日本的坚强后盾，日本希望成为一个国际政治大国。在许多国际场合，日本也想摆脱美国的羁绊，越来越凸显自己的立场和作用。如在科索沃危机中，日本政府和社会就表现了与美国、北约迥然相异的姿态。

经济发展上，日本人一反19世纪以来"脱亚入欧"的传统思维，20世

图 22-1
欧元区金融中心法兰克福

纪最后 10 余年里日益强烈地要求"脱美入亚",要与东亚、东南亚组成世界又一个经济一体化地区,当然在这个"体"中,日本想成为核心。同理,当 1998 年亚洲金融危机爆发时,日本也难逃劫数。

中国自第二次世界大战以来就拥有了大国地位。但新中国建立以后的 20 年,由于西方国家主要是美国的封锁政策,使中国的声音很难被国际社会听到。70 年代初以后,中国的对外战略大调整,与国际社会展开了广泛的接触,交结了许多朋友,特别是第三世界的朋友。70 年代末以来,作为一个发展中的社会主义大国,中国在改革开放和社会主义现代化事业中取得了举世瞩目的巨大成就。中国国民生产总值大幅度提高,提前数年完成了到 20 世纪末翻两番的目标。中国还在核技术和航空航天技术等方面进入了国际先进行列。中国的综合国力,西方人认为在 2000 年已名列世界第六。踏入 21 世纪以后,中国经济仍以年增长率 8% 左右的罕见速度向前发展。曾有不少人预测,到 2010 年左右时,中国的国内生产总值将跃居世界第二位。后来的事实证明了这一预测。正是在这一年,中国的国内生产总值(GDP)已超过日本而位居世界第二位。

1997 年香港回归中国,1999 年澳门回归中国,一方面表明了中国已具备了反对一切外侮、解除一切羞辱的威望和能力;另一方面也使中国大大增强了民族凝聚力,进一步促进了中国在国际社会中的实力和地位。

中国的国际地位和影响日益提高,而且中国又代表着第三世界发展中国家的声音,因此西方人尤其是美国人对中国的勃兴似乎特别过敏。他们鼓噪"中国威胁论",无非是煽动国际上对中国的遏制。这反过来证明中国作为一支重要国际力量的地位是谁也不敢忽视的。作为联合国安理会五个常任理事国之一,中国在国际事务中确实在发挥着日益重要的作用。1999 年 5 月 8 日,以美国为首的北约竟用三枚导弹袭击中国驻南斯拉夫大使馆,原因之一就是由于中国坚持正义立场,坚决反对北约用武,强烈谴责北约轰炸南斯拉夫,结果遭到了以美国为首的北约组织的肆意报复。

苏联的继承者当属俄罗斯。它仍是世界上国土最为广袤的国家。俄罗斯资源丰富,军事实力强大,工业基础雄厚,有着巨大的潜力。虽然最初几年俄罗斯经济低落徘徊,政局动荡,但在完成转轨后,经济再度振兴。俄罗斯又是联合国安理会常任理事国,在国际事务中很有发言权。俄罗斯拥有的强大核力量,仍是掣肘美国和西方势力横行的重要因素。因此在国际冲突中,俄罗斯往往还能起一些调解和斡旋作用。南斯拉夫危机中,俄罗斯在谋求政治解决的过程中很为活跃,俄总统解决南斯拉夫问题特使穿梭在各有关国家。中国大使馆遭北约导弹袭击时,国际社会中俄罗斯第一个作出强烈反应,总统和外长都严厉谴责北约暴行。

值得注意的是,60—70年代以来,在亚洲、非洲、拉丁美洲和欧洲,逐渐涌现了一批新兴工业化国家和地区。典型的有被称为亚洲"四小龙",即香港、韩国、台湾、新加坡;80—90年代新涌现的泰国、马来西亚、印度尼西亚等;拉美的巴西、墨西哥等;欧洲的希腊、西班牙、葡萄牙;非洲的南非等。这些国家和地区虽然在国际政治中起不到显著作用,但其经济实力的兴起也开始令国际社会刮目相看。

还有一批因石油而富起来的国家,其中主要是中东国家,它们中一些国家还令西方国家大感头疼,如伊朗等。

值得一提的是,在二战胜利前夕成立的联合国,在国际安全事务中起着

图22-2
联合国教科文组织大厦(远处大楼,巴黎)

越来越重要的作用，特别是在冷战后时代，其在国际政治、经济和发展诸项事务中的不可替代性，已日益为世界大多数国家所认识。

联合国成立之际，即制定了《联合国宪章》。《联合国宪章》的重要宗旨是"发展国际间以尊重人民平等权利及自决原则为根据之友好关系"。在联合国建立初期，反对殖民主义、帮助各国人民的独立，是联合国的主要功绩之一，尤其是1960年的联合国大会《非殖民化宣言》，对推动非殖民化进程起了不可估量的作用。联合国大量吸收新独立的民族国家加入，又使自身成了更具广泛性的最大的国际组织，同时也大大加强了发展中国家在世界政治中的地位，使它们有了一个伸张正义的讲坛。

维持世界和平与安全，是组建联合国的初衷，自然是《联合国宪章》的又一重要宗旨，也是联合国各主要机构的工作重点。如联合国在裁减军备方面的努力，以80年代至90年代的工作最有成效。从1981年的《关于防止核浩劫的宣言》，到1996年9月联大的决议《全面禁止核试验条约》，联合国在裁军方面是功莫大焉。

安全理事会是联合国关于国际安全问题的主要机构，美、苏（俄）、英、

图22-3
北美自由贸易区协定签字仪式

变革与彷徨　　657

中、法五个常任理事国在其中起决定性作用。为了制止各地区各国家之间或内部的冲突,联合国还经常派出"维持和平部队"。这是一项极有意义的创造,为国际安全的取得和巩固提供了保障。

联合国属下还有许多国际组织,在关于人类和世界各国的经济、社会、文化等方面的发展和国际合作方面不遗余力地工作着。

在联合国经济和社会理事会工作的基础上,联合国从60年代以来连续制定了4个"十年国际发展战略",以及一些具体的决议和纲领,对发展中国家发展经济具有特别的指导意义。联合国的世界银行为发展中国家的经济建设提供了大量贷款。联合国的开发计划署向几乎所有的发展中国家及地区提供了服务和援助。联合国贸易和发展大会,联合国环境与发展大会不定时召开,也解决了世界经济发展进程中的某些紧迫问题。联合国粮农组织为解决世界上最不发达国家以及其他发展中国家的农业和吃饭问题,也起到了其他国际组织难以替代的作用。

在促进社会发展和进步方面,联合国组织及其下属机构同样功不可没。这样的组织有联合国国际民用航空组织、联合国海洋法会议、国际海事组织、万国邮政联盟、国际电信联盟、联合国教科文组织等。

22.2

世界的整体性和经济全球化、区域经济一体化。和平与发展的主题和霸权与强权的逆流,当代世界矛盾的若干类型。人类面临的共同问题

联合国作用的日益增强,表明了世界整体化趋势的更加凸现。当20世纪到来的时候,世界已发展成为一个密不可分的整体。由于世界的整体性,任何国家、任何民族创造的先进事物,都可以在条件许可的情况下在全世界范围内横向地传播,都可以为别的民族、别的国家所学习、吸收和利用;任何民族创造的物质产品和精神产品,在一定条件下都可以为别的民族和国家享受;任何知识文化和科学技术,都能转变为全人类的共同财富。另一方面,

整体性还表现在牵一发而动全身，任何一个局部地区的微小变化，都有可能引起全世界的关注。特别是到了 20 世纪末叶，现代科技，包括现代交通手段和现代信息和通信手段，已将地球完全变成了"地球村"，世界的整体感更加突出，并且出现经济全球化趋势。

世界整体化和经济全球化以地区经济一体化和集团化为基础。经济和社会发展的地区集团化趋势，是 20 世纪末国际经济格局的一个突出特点。最有影响的区域经济集团有欧洲联盟、北美自由贸易区、亚太经济合作组织，以及非洲联盟、阿拉伯国家同盟、东南亚国家联盟、南美洲国家同盟、南亚区域合作联盟、加勒比共同体等。区域经济一体化是随着世界政治经济形势的变化，各国经济发展内在需要的一种实质性联合。

然而，无论经济全球化和区域一体化达到何种深刻广泛的程度，在发展经济的历史进程中，国家的位置与作用始终是第一位的。民族和以民族为主体形成的国家，是整体世界的基本组成单位。特别是进入近现代以后，民族和国家在政治和经济上的意义更为突出。不同的社会政治制度，不同的经济发展水平，不同的文化教育程度，主要体现为国家与国家之间的差异。现代国家已成为最具实质意义的人类社会经济共同体。人们创造物质和精神财富的活动，一般都同本国本民族的利益直接相联系。人们所能达到的物质和文化生活水平的高低，都与本国本民族的发展程度息息相关。

因此，尤其是发展中国家，必须抓住世界整体性发展这一有利条件，明确本国在世界整体中的基本定位，主动汇入世界经济发展大潮；必须善于把握时机，制定切合本国国情的经济社会发展战略。扩大开放，学习国外的先进事物，汲取外部的有益养分，取人之长，补己之短，借整体的力量来发展本国经济，推动自身社会进步。

今天的世界，和平与发展已成为两大主题，这是一切有识之士的共识。几乎没有人敢公开向这两大主题挑战。当前的各种国际交往，绝大多数活动是围绕这两大主题进行的，绝大多数世界性的、地区性的国际组织，都将两大主题奉为宗旨。呼唤和平，是人类几千年来所持之以恒的崇高目标，也是人类对几千年战争灾难所作出的深刻反省和觉悟。和平又是发展的前提。只有在和平的国际环境里，发展这一主题才能得到保证。

发展是人类活动的真实目的、终极目的。可以说，人类社会的一切活动，都是为了不断提高自己的物质生活和精神生活水平，而这种提高，必须植根于生产力提高和社会经济发展的基础之上。发展也包括人类征服自然的能力和完善自身的能力不断增强。为了发展，各国各民族可能有也允许有自己的方式和途径，但必须建立在通过自身力量不断征服自然世界的基础上，而不是去掠夺别人的劳动成果，或掠夺别人赖以生存的物质资源。发展的意义还在于，由于人类生产能力的提高和产品的丰富，人们就会不再以别人的财富为觊觎目标，从而减少掠夺战争出现的可能性，反过来为和平创造物质保证。

当今世界，几乎无人不知发展之重要性。后进的发展中国家经济底子差，努力发展更是当务之急。要提高人们生活水平，要保持生活安定、政局稳定，要加强在国际社会中的地位，总之，要改变固有的种种落后面貌，唯有发展之路可走，而且还必须找准发展的方向，决不能把自己命运的改变寄希望于别人的善举。即使发达国家，发展也是中心主题，也有通过发展来完善自身经济体系、保持经济可持续增长的问题。合理的国际经济秩序，对发展中国家和发达国家都是有利的。因此，国家合作与协调已成为一种趋势，"南北对话""南南合作"已成为世界潮流。

可是，在和平与发展的主题背后，仍然潜伏着争端、冲突甚至战争的暗流，而且这股暗流还不断地显现出来，公开化、外部化。在今天的世界上，主要的国际矛盾大致有四种类型。

其一是发达国家之间在资源配置、市场分配等方面的矛盾，突出表现为所谓贸易战、货币战等。譬如90年代日本和美国的双边贸易战，欧洲联盟和美国的欧元美元之较量。不过，由于发达国家经济实力雄厚，对各种波动和震荡有较强的承受和化解能力，又由于它们原本都是盟友，相互之间建立了比较完善的协调机制，因而这些矛盾虽然不断地出现，但也能不断地得到缓和与解决。

其二是发达国家与发展中国家的矛盾，亦称为南北矛盾，这是今天世界上最为突出的基本矛盾。看起来，各主权国家的地位是平等的，发达国家在处理国家问题时也貌似公允，但实际上它们仍然在推行大国政治和强权政治。

西方大国仍然视自己为整个世界的轴心，政治上，它们不甘愿收缩，常常将自己的思想观念价值标准强加于人，热心于过问和插手发展中国家的内部事务；经济上，它们对发展中国家的渗透和控制欲极度膨胀。而觉醒了的发展中国家对来自外部势力的干预愈来愈厌恶，排斥意识和反抗态度愈来愈坚决，强烈要求改变由西方国家维护的不合理的国际政治经济秩序。因此在发达国家和发展中国家之间，隔阂和敌视还有不断加深的倾向。

第三种矛盾是发展中国家的内部矛盾。包括国家之间的摩擦和一些国家内部因宗教、民族等问题而引起的冲突，目前的一些国际争端和国际热点大多属于此类。有不少的冲突已经演化成了战争，向爱好和平的人们不时地敲响警钟。这些矛盾如能适当引导和调控，是可以通过多种途径获得政治解决的，联合国安理会、维和部队在这方面取得了较大成功，当然也有许多不成功。问题是有的大国如美国、大国集团如北约常出于某种偏见，或者出于某种用心，动辄使用武力迫使它认为不正义的一方就范，甚至还有意挑起矛盾，偏袒一方，这就在很大的程度上把问题的解决推向僵局，甚至恶化了局势。

第四是两种社会制度对立、冲突和斗争的隐匿性。资本主义和社会主义两种制度在当今世界上并存，这是谁也不能否认的事实。社会主义是作为资本主义的对立物出现的。社会主义从思想发展到运动，从作为一种政治经济制度诞生于某一国家，到曾经形成强大的国际阵营，整个过程都遭到了来自资本主义世界的镇压和"剿杀"。社会主义运动进入低潮，主要是资本主义从外部进攻的结果。这种进攻挑唆了社会主义国家内部的不稳定因素，也造成了部分社会主义国家在面对气势汹汹、无孔不入的资本主义势力时，缺乏灵活应变的弹性，从而举措失当，上下失控，政权倾覆，红旗落地，这就是苏联东欧剧变留下的教训。

对于仍然坚持社会主义制度的国家来说，在低潮期应该逐步蓄积力量，从保存和发展实力出发，韬光养晦，不当出头鸟，不在政治和社会制度问题上与西方纠缠，在国际事务和对外交往中不以意识形态划界，而是抓住和平与发展两个主题，与世界各国包括西方国家发展友好关系，创造有利于自身的外部国际环境。中国30多年来走的就是这一道路，取得了巨大的成就，表明了有自身特色的社会主义具有无穷的生命力。

当然在改革开放的过程中，要防止两方面的侵蚀。一方面，由于改革开放，国家比较脆弱，更要避免招致外部敌对势力的围攻；而高扬社会主义旗帜，则是抵御外部势力干预和渗透的法宝，是使国家获得独立发展、防止沦为西方世界附属品的保证。目前的西方世界不大公开谈论共产主义的"威胁"，而是拿一些敏感的问题诸如人权、民族、宗教等问题来有意刁难，其用心无非是希望别人自乱，以便它们火中取栗。另一方面，在改革的过程中，易于出现思想混乱，从而导致有的社会成员价值观丧失，干部贪腐成风，社会风气败坏，侵蚀执政党和政府机体；由于改革是全新的事业，也易于出现某些政策失当，发展失衡，造成贫富差距拉大，社会问题丛生。面对这些问题，既需要加强改革者的顶层设计，也需要加强全体社会成员的奋进意识和自律精神。

当人类迈入新的世纪的时候，蓦然发现还有许多需要共同关注和共同对付的全球性问题。这些问题主要因人与自然的关系而产生。

人口问题。20世纪50年代以后，由于生活条件的一定改善，大规模战争、瘟疫等毁灭性的灾难没有出现，世界人口增长的速度明显加快。1800年，全世界共10亿人；过了130年，即到1930年，增加到20亿；而第三个10亿人口的增加只花了30年，即1960年达到30亿人；第四个10亿人口增加只用了15年；第五个10亿人口增加只用了12年。随着对人口问题的认识加深，人口控制已成为全人类的共同认识和行为，这就相对延缓了第六个10亿人口增加的时间。值得指出的是，人类如不控制生育，再过200年，地球上每人可能仅只有一块立足之地。

与人口增多问题同来的还有人口的老龄化问题。

粮食问题。全世界耕地共有15亿公顷。除了因人口增加而使人均耕地逐渐减少外，耕地绝对面积也有减少的趋势，有相当一部分土地包括耕地被沙漠吞没。这是大自然对人类过度使用土地的报复。耕地减少，人口增加，人均占有粮食增长幅度也在递减。近30年里，由于干旱等自然灾害，常常有上亿人食不果腹。

能源问题。几百年来近代工业革命的开展，越来越竭尽煤炭、石油等一次性能源的使用。特别是那些工业发达国家，人口只占世界总人口的四分之一，消耗能源却占世界能源消耗总量的四分之三。能源危机自1973年首次发生以来，现在越来越严重。

水资源问题。人类可利用的淡水只占地球淡水总储量的千分之四，近代工业用水将有限的淡水消耗殆尽。如果继续这样无节制地用水，有人估计，到2200年时，地球上的江河有可能干涸。

环境污染问题。这是工业化带来的最严重的后果，包括大气污染、温室效应、臭氧层变薄变稀、化学物中毒、核辐射污染等。与环境污染相应的环境危机还有森林覆盖率降低、物种减少、生态环境恶劣等一系列问题。

22.3

20世纪世界文化。科学巨匠爱因斯坦。孔德的实证主义。萨特的存在主义。萨缪尔森、货币主义和供应学派。新史学和年鉴学派。分析的历史哲学。全球史兴起。文学艺术的现代派和后现代派。大众文化大行其道

20世纪是人类变化最大的世纪，20世纪结束时的世界与一个世纪前相比简直是面目全非。面对这个五光十色、瞬息万变的地球和世界，人类的认识也会出现种种差异，有的迷惘，有的探诘；有的苦闷，有的思索；有的奋进，有的消沉。这个世纪世界思想文化的发展也因此而千姿百态、丰富多彩。

最引人瞩目的是，20世纪科学技术的变化日新月异。爱因斯坦的相对论，改变了牛顿以来的经典科学思维方式。而量子力学的确立，原子裂变和热核技术的出现，航空航天事业的发展，现代生物技术、材料技术、能源技术的日趋重要，更使生活在这个世纪里的人们目不暇接。特别是20世纪50年代以来，以计算机、互联网和人工智能为代表的高科技革命发生，更将人类文明发展推向全新的阶段。

爱因斯坦是与牛顿齐名的世界上最伟大的科学家。他是德国犹太人。1905年，年仅26岁的他就提出了完全不同于传统时空观的新看法，创立了狭义相对论。狭义相对论的主要观点是：宇宙中的一切都在永不休止地运动；

所有运动都是相对的;时间和空间也是相对的,它们随着物质运动的变化而变化;每秒30万公里的光速,是唯一不变的;质量和能量互相包含,物体的质量是它所含能量的量度,能量(E)等于质量(m)乘以光速(c)的平方,即 $E = mc^2$。按照这一公式,即使是非常小的物质,但如处在高速运动状态,也能产生巨大的能量。爱因斯坦这一理论,为原子核物理学和粒子物理学奠定了理论基础。

总之,狭义相对论基本原理可以归纳为两点。一是相对性原理,尤其是时间和空间具有相对性。一个同时发生的事件,观察的位置不同,就会有不同的时间概念,因此不可能存在对所有观察者都相同的绝对的时间和空间。二是光速不变原理,而且宇宙间再没有大于光速的速度。相对论否定了牛顿"运动是绝对的"观点,是一个重大突破。

1915年,爱因斯坦又完成了广义相对论的创立。广义相对论认为,围绕着任何天体的外层空间整个的是一个引力场,无数天体都被巨大的引力场所包围。引力场的大小,依物体的质量而定。这种万有引力,是由于物质的存在和分布使时空弯曲而引起的,时空具有几何性质,光在这一弯曲的空间里沿非直线的短程线传播。由此,广义相对论得出了三个重要结论:其一是水星轨道近日移动的角度是每个世纪为43′3″,其二是光线在引力场中会发生偏

图22-4
爱因斯坦

移，其三是太阳光谱线向红色一端偏移。

爱因斯坦的理论很快被科学家的日全食观测所证实，相对论立刻被誉为"人类思想史上最伟大的成就之一"，他本人也因此获得1922年诺贝尔奖。但爱因斯坦反对将科学用于战争。他对广岛和长崎因投下原子弹而造成人间悲剧极为内疚。

20世纪也是现代西方哲学盛行的时代。现代西方哲学分为科学主义和人本主义两大思潮。科学主义将哲学与科学相联系，以现代实验科学为基础，有孔德为代表的实证主义，维特根斯坦为代表的逻辑实证主义，波普的批判理性主义，库恩为代表的科学哲学等流派。人本主义则以人自身的感受和活动为前提，有叔本华、尼采的意志主义，狄尔泰、柏格森等的生命哲学，胡塞尔的现象学，海德格尔和萨特的存在主义，以及法兰克福学派、新托马斯主义、人格主义等。此外，在这两大思潮之外还有结构主义。将现代哲学与马克思主义结合起来，便是西方马克思主义。

19世纪的实证主义是科学主义的源头，孔德是主要代表。实证主义有两个基本点，一是确定事实，二是发现规律。在确定事实方面，孔德认为，科学证明，人们所能认识的，都是用事实和经验验证过的东西。如果要追问独立于经验之外的客观实在，那就是形而上学，是反科学的。经验以外的东西都是"不确实的"。他甚至强调，除了以观察到的事实为依据的知识以外，没有任何真实的知识。

在发现规律方面，孔德认为，科学的任务在于把所观察到的事实归纳分类，然后再把它们联系起来。这就叫"发现规律"。孔德声称自己发现了一条伟大的规律，即人类思想的发展都经历了三个理论阶段：神学阶段（虚构）、形而上学阶段（抽象）、科学阶段（实证）。人类社会也经历了与此相适应的三个阶段：军事阶段、过渡阶段和科学—工业阶段。

孔德特别强调社会中的"秩序"，认为社会就像一个生物有机体，各部门都是相互依存的。分工越细，依赖性就越强。因此社会越发展，国家和政治就越不可少，或者说，没有中央集权，就没有秩序。寻求秩序是社会学的主要任务之一，但还应尽可能地采用观察、实验、比较等自然科学研究方法。

存在主义哲学是人本主义思潮的范本。德国的海德格尔是存在主义哲学

变革与彷徨 665

的创立者。法国的萨特将存在主义发展得更为充分、更为全面，以至于萨特几乎成了存在主义的代名词。

萨特的代表作《存在与虚无》十分艰涩难懂，书中主要讨论"自在的存在"和"自为的存在"这两个基本概念。所谓"自在的存在"，是指在我以外的世界，这是绝对存在着的，但又难以解释、难以认识。它既不属于上帝，也不属于人类精神，因而是多余的。而"自为的存在"，则是指人的自我存在，这是主观的东西，但却是真正的存在，它是有意识的、自由的、能动的。而在"自为"和"自在"两者的关系间，"自为"是首要的；或者说，没有人的自我的存在，就没有客观世界的存在。在现实中，总是有人曲解萨特的本意，只强调自己的存在，而不顾他人的存在。

至于人本身，萨特认为人的本质并非是先天决定的，而是自我设计选择的结果。人是无缘无故被抛到世间的，一无所有，因此应享有绝对的自由，人的绝对价值就在于他是自由的。人是自我的主人，对自己所做的一切负责。

20世纪的西方经济学发生了几次转变。由于古典经济学不能解释和解决资本主义生产过剩危机，凯恩斯主义在20世纪30年代应运而生。凯恩斯主义强调国家干预经济，约束经济活动的"自由放任"，有助于克服经济危机。但是凯恩斯主义也不是灵丹妙药。20世纪70年代，西方资本主义世界出现了经济"滞涨"（经济发展停滞的同时又通货膨胀，这是一种反常）现象，用国家干预的办法也完全不能奏效，因此很快又出现了新古典综合、货币主义和供应学派等经济学流派，修正或挑战凯恩斯主义。

新古典综合是美国经济学家萨缪尔森对凯恩斯主义的进一步发展。他认为，光是国家干预是不够的，应在凯恩斯宏观经济学之上，再加上边际效用论、均衡价格论等微观经济学理论，用自由放任政策来补充国家控制政策。因此，新古典综合实际上还是以凯恩斯理论为核心。凯恩斯理论的核心是就业。萨缪尔森根据这一点，主张要运用财政货币政策，创造出购买力，实现充分就业。一方面，他要求政府扩大开支，特别是投资；另一方面，则要创造购买力，"政府出钱，私人办事"，由政府确保高度就业所需的创造购买力的数额，再由私人资本家根据市场作用去承办。这就是调动政府和企业两方面的因素介入经济领域，政府为主。但是，面对"滞涨"局面，新古典综合同样无能为力。

货币主义试图解决这一问题。货币主义又称芝加哥学派，弗里德曼是其鼻祖和主要代表。它以反对凯恩斯主义面目出现，声称要制止通货膨胀，反对国家干预经济，强调货币的重要性，强调货币数量的变化对物价和经济活动的影响，认为商品的价格水平和货币的价值是由货币的数量决定的。流通中的货币越多，商品价格水平就越高，货币价值就越小。通俗地说，也就是钱越多，物价就越高，钱也就越不值钱。

所谓货币，弗里德曼认为就是流通中的现金加上活期存款和定期存款。有四个因素影响人们的货币保有量：其一是财富总额，即包含货币在内的各种资产的总和；其二是物质资产在财富中所占比例，它能决定货币需求量的变数；其三是货币及其资产的收益率，一般来说，其他资产的预期收益率与货币需求量成反比。其四是人们保有货币的嗜好、趣味等。而货币数量也有两层意思，即货币供给量和货币需求量。货币供给量取决于货币制度，即法令和货币当局。货币需求量又是如何决定呢？弗里德曼搞了个很复杂的函数，其中有个人货币量，物价水平，实际收入水平，货币、股票、债券的预期收益率等参数。

弗里德曼始终认为，通货膨胀在何时何地都只是一个货币现象。当货币

图 22-5
纽约郊外住宅

量增长速度大于生产增长时，就会发生通货膨胀；货币增长量越大，通货膨胀率就越高。货币供应速度过快，就意味着通货膨胀；货币供应速度收缩过度，就会引发经济萧条。他打了个形象比喻，只要关闭货币水龙头，就可以制止在浴室里满地流淌的通货膨胀。

因此他说，近年资本主义世界之所以通货膨胀速度加快，就在于政府过度干预经济，暗中征税，导致货币增长过速。而救治的办法就是反对国家干预经济，控制货币供应，削减公共开支，紧缩信贷。20世纪70年代，货币主义受到重视，弗里德曼还获得了1976年诺贝尔经济学奖。不过，80年代，弗里德曼的货币理论在英国首相撒切尔夫人和美国总统里根那里进行了"痛苦试验"，效果并不十分显著。

80年代，美国又出现了供给学派（供应学派）。拉弗和万尼斯基是激进供给学派的代表。拉弗曾以在鸡尾酒会的餐巾上画了关于税率的"拉夫曲线"而著名。万尼斯基的《世界运转的方式》概述了供给学派的基本思想和政策主张：

一、向凯恩斯需求决定供给的理论挑战，认为经济滞胀是需求管理政策造成的恶果，病根是凯恩斯定律，而萨伊定律"供给产生需求"是完全正确的。经济具有足够能力来购买它的全部产品，生产者在生产过程中会创造出对产品的需求。经济学应当研究如何促进生产和扩大生产手段，而不是研究分配和需要。政府不应干预经济，但如果干预已造成了恶果，还需再通过政府干预来刺激供给，达到供需平衡。

二、产量是生产要素投入的直接结果，各种要素中，资本是最重要的因素。因此资本和企业家在经济发展中起主要作用。企业家冒着风险投资，投资若成功，对社会每个人都有好处，应当赞颂他们。

三、要增强要素特别是资本的投入，必须给予各种刺激。其中税率是最有效的刺激，减税应成为要采取的主要方法。

里根政府按供给学派这样说的做了，但结果被称为是劫贫济富，得好处的是富人。

四、减少社会福利，以免削弱个人储蓄和工作的积极性。政府一方面要少征税，另一方面又不要扩大开支，政府的支出具有排挤私人支出的性质。

社会保险制度会抑制人们的积极性，不良后果更多，它使懒人更懒，滋长穷人的依赖心理。

五、要充分发挥"企业家精神"，让企业自由地经营，政府过多的法令、不适当的管理和限制，会影响企业经营者的创造性，从而影响生产增长。

六、要抑制通货膨胀、保持经济增长，还必须恢复金本位制。在现行的货币制度下，银行、企业可以创造有货币功能的信用凭证，实际上还是扩大了货币量。只有恢复金本位制，确定美元的黄金重量，才可以达到真正控制货币数量的目的。

供给学派理论尽管被人称为"巫术经济学"。但在20世纪晚期的实践中，确实帮助过美国摆脱了"滞涨"病的阴影。

20世纪里，西方史学发展也跃进了两个阶段。在前期，在19世纪后期专史研究深入的基础上，美国的"新史学"派和法国的年鉴学派提出要写"全面的历史"，写"综合史"。布劳代尔的《腓力二世时代的地中海和地中海世界》，是年鉴学派写综合史的最佳范本。对全世界历史进行综合考察的文化形态学派，以施本格勒的《西方的没落》和汤因比的《历史研究》为代表。汤因比提出构成文明发展动力的"挑战"与"应战"之说，不仅对史学界，而且对知识界，甚至对更广范围的社会，都影响深远。

在对历史学自身的认识上，或对"历史是怎样写成的"问题的认识上，出现了分析的历史哲学。意大利哲学家克罗齐提出了"一切真历史都是当代史"。其含义是：其一，研究历史总是现时现刻的思想活动；其二，历史研究是由现时的兴趣引起的；其三，历史是按现时的兴趣来思考和理解的。理解一切历史都是当代史，也就可以了解历史的价值。历史的价值就在于解答现实生活中发生的问题。人们之所以对历史产生兴趣，是因为现实中发生了某些与历史有关的问题，人们希望从有关历史中寻找答案。

英国历史学家柯林伍德则认为"一切历史都是思想史"。在他看来，历史过程是由人的行动构成的，行动后面必然有行动者的思想动机。只要了解这个思想动机，就可以理解行动及由一系列行动构成的历史过程。吃睡之类受本能支配的行为不属于历史行动，历史家不感兴趣。历史家只对为满足这些本能需要而创造出来的种种道德规范和社会习俗感兴趣，因为这个后面才

变革与彷徨　669

有人们的思想。研究历史，归根到底就是要弄清楚在历史行动背后的人的思想动机，这样才能真正理解历史；历史学家认识的确切对象就是创造历史行动的人们的思想动机。那么，作为历史学家，又该如何去理解过去人们的思想呢？只有一条途径，那就是在历史学家自己的头脑中去重新思考这些思想，而且必须设身处地重新思考。因此，柯林伍德又指出："历史是过去思想的重演。"

这样就有两种思想。一种是历史学家的，一种是古人的。历史学家的思想是原始的思想，古人的思想则是次生的。原始的思想构成今天真实的生活，真实的生活提出问题时，就会要求历史来回答，就会去领会过去的次生的思想（古人的思想）。所以，一个历史学家在头脑中重演过去的思想时，他并不是消极地屈从过去，而是始终从现时的精神生活需要来考虑问题。由于时空等条件的差异，历史学家在重演过去人们的思想时，总带有现时精神生活的痕迹，因此这种重演不可能绝对的真实。传统史学只注重史料，离开了思想。这种仅仅只是将史料排列组合的历史不是真历史而是假历史，是"剪刀加糨糊"的历史。优秀的历史学家必须同现实保持密切关系，积极关心和注意现实中提出的各种问题。

到20世纪后半期，随着世界的全球化，全球史思想和全球史著述便应运而生。在20世纪后期成为全球主要中心的美国，出现了一批全球史家和全球史著作。其中斯塔夫里阿诺斯的《全球通史》、麦克尼尔的《世界史》和沃勒斯坦的《现代世界体系》是最有影响的全球史代表作。

在世界史领域，长期以来占统治地位的是以西欧为中心的世界史，以及其变种欧洲中心论或西方中心论。同时，世界历史常常被当成是各个地区、各个国家历史的总和，很少有人将世界作为一个整体来看待，也很少有人从整体角度来研究和编写世界史。第二次世界大战后，编写整体的或宏观的世界史呼声越来越高，全球史就是在这样一种背景下问世的。

斯塔夫里阿诺斯的全球史思想最具代表性。他声称自己要站在月球上看地球，认为要运用全球性观点，来"了解各民族在各个时代中相互影响的程度，以及这种相互影响对决定人类历史进程所起的重大作用"。世界史的研究应放在那些具有世界性影响的重大运动上，发生过这些重大运动的地理舞台主要是欧亚大陆。在斯氏看来,严格的全球意义上的世界历史只是在 1500 年才开始;1500 年以前的世界史只是"地区史"而已,"只有各民族的相对平行的历史,而没有一部统一的人类历史"。

20 世纪又是文学艺术出现现代派和后现代派倾向的时期。现代派文学出现于 19 世纪末至 20 世纪中期;后现代派文学出现于 20 世纪中后期,也可统称现代派文学。最早出现的是象征主义,1920 年代形成高潮,主要流派有后期象征主义、未来主义、超现实主义、意识流小说等。奥地利的卡夫卡(代

图 22-6
毕加索名画《格洛尼卡》

图 22-7
巴黎蓬皮杜现代艺术中心

图 22-8
1989 年的日本街头青年

表作《变形记》)、英国的艾略特等都是有世界影响的杰出作家或诗人。二战以后,新涌现的表现主义流派重在表现内在世界;意识流小说表现人们的意识流动、展现心灵世界随时变化的过程;荒诞派剧作以人类在荒诞处境中的抽象的苦闷心理为主题;魔幻现实主义通过"魔法"幻景来表现生活现实,代表有马尔克斯的《百年孤独》。获得2012年诺贝尔文学奖的中国作家莫言,其作品也被认为是魔幻现实主义手法。

现代绘画流派有:野兽派,张扬原始野性;立体派,以毕加索为代表,侧重在同一平面上表现从各个角度观察到的印象,整幅画好像由碎片组成,如毕加索的《格尔尼卡》;抽象派,强调艺术是艺术家的自身感受;此外还有未来派等等。

音乐方面,在主流音乐之外,出现了无主题音乐,以及以爵士乐、摇滚乐为代表的通俗音乐等。20世纪60年代末诞生的甲壳虫乐队,20世纪晚期的杰克逊、麦当娜,是通俗音乐的标志性团队或标志性人物。大众自娱文化也悄然兴起,迅速普及,国标舞、迪斯高、霹雳舞、卡拉OK等非常流行。

由于社会现状复杂多变,社会矛盾冲突加剧,西方世界普遍出现了颓废派文化、嬉皮士文化、沉沦的文化等多种扭曲了的文化倾向。

20世纪里还诞生了两种新的文化倾向。一是各国各地区的民族文化。二是社会主义新文化。这都在一定程度上改变着世界文化发展格局。

第二十三章

21 世纪钟声
当今世界的新格局

23.1

亨廷顿的预测。美国："9·11"的打击，发动阿富汗战争和伊拉克战争，从次贷危机到"占领华尔街"运动，重返亚洲，棱镜门与斯诺登。欧盟与北约东扩，欧洲主权债务危机。日本：失去的20年

人类进入 21 世纪后，世界远非世人所预计的那样发展，而是出现了许多意想不到的变数。最近十几年的世界局势颇耐人寻味。冷战后严峻的政治格局有淡化趋势，经济问题成为人们最关注的首要话题。

冷战刚结束时，美国政治学家亨廷顿预测今后的世界将以文明之间的冲突为主。他认为，西方特别是美国的强劲对手将是伊斯兰世界和中国。伊斯兰世界是地区冲突的发起者，而中国则将是美国全球地位的挑战者。亨廷顿此言一出，世人皆惊，各国政治家和学者中，赞成者、批评者均作出强烈反应。

20 年来的实践证明，亨廷顿此说不但欠准确，而且偏见颇深，动机诡异。作为伊斯兰世界，对西方的冲击显然不只是停留在地区断层线上，一部分极

端分子已将此上升为非常手段的打击,即进行波及全球的恐怖活动。中国并没有在文化上政治上发起对西方的冲击,而是一心一意谋求自身的经济发展,2010年成长为世界第二大经济体,并成为推动世界经济发展的最大引擎,对世界经济增长的贡献率高达40%。这种情况,与西方经济极低的增长率甚至发生经济危机形成鲜明对照,从而大大冲击了西方人的强势心理。用现代的流行语说,西方对中国经济的快速发展简直就有个"羡慕嫉妒恨"的心理变化。

美国是西方世界的领头羊,它更以"世界警察"自居,认为自己就是"正义的化身","真理的标本","人权"的维护者,因此世界上任何事情他都要管,还打出"人权高于主权"的大旗干涉他国内政,扰乱他国秩序,挑起和制造他国混乱。美国这种"警察思维"比较奇特,或许是其国内警察制度的一种国际延伸。在美国,没有交警、刑警、片警之类的明确划分;只要是警察,任何与治安、事故相关的事情都可以管。在国际上,美国到处扶持反政府力量,或支持一国反对一国,而一些被支持者、被扶持者后来又调转枪口,瞄准这个扶持者。在两伊战争中,美国为了打击伊朗而偏袒伊拉克,结果伊拉克的萨达姆反过来又成为美国的挑战者。美国扶持本·拉登在阿富

图 23-1
2001年9月11日纽约世界贸易中心双子座大楼被飞机撞击倒毁

汗与苏联军队作战，结果1991年的海湾战争使本·拉登转变为针对美国的最大恐怖主义分子。美国到头来是自吞苦果。

2001年9月11日，恐怖主义分子劫持的三架客机撞击了纽约世界贸易中心双子塔楼和华盛顿的美国国防部五角大楼，制造了世界历史上最大的恐怖事件，3000多人死于无辜，6000多人程度不同地受伤。恐怖分子惨绝人伦的滔天罪行，理当受到强烈谴责和严厉惩罚。从此，美国面临艰巨的反恐怖主义任务。国际上负责任的政府包括俄罗斯和中国在内，都支持反恐怖主义斗争，一段时间里世界政治走向和国际格局发生了重大变化。2011年5月，美国奥巴马政府终于在巴基斯坦边远山区将被认为是"9·11"袭击幕后总策划人的"基地"组织头目本·拉登击毙，真可谓"十年雪恨，未为晚也"。

这10年中，为了报仇，美国走得有点远，借机发动了几次战争。"9·11"事件之后不久，美国即发动了对阿富汗塔利班政权的战争，它认为塔利班掌政的阿富汗是国际恐怖主义活动的支持者，是本·拉登活动的大本营。

塔利班组织1994年才为世人知晓。1995年5、6月间，塔利班发动了"进军喀布尔"战役，至9月末，控制了首都及全国90%以上版图，1996年在阿

图23-2
"9·11"事件后的小布什和老布什

富汗建立全国性政权。它实行独裁专制和政教合一，奉行宗教激进主义，曾用炸药和大炮炸毁著名古迹巴米扬大佛像而为世界各国所侧目。

2001年10月7日，美国发动了对塔利班政权和基地组织的进攻，世界反恐战争开始。参与美国方作战的有英国、德国、波兰、捷克、斯洛伐克等北约国家，哈萨克斯坦、日本、韩国、菲律宾等国提供了一定的后勤支援。11月，塔利班政权撤出喀布尔。12月，阿富汗成立卡尔扎伊新政府。然而，塔利班武装一直盘踞在阿富汗南部马尔贾等地区，使得美国和北约军队陷入了"泥潭"。战争已持续了12年时间，尽管塔利班头目奥马尔和基地组织头目本·拉登已先后被击毙，但两个组织的残余至今仍有活动，而且还部分地转移到邻近的巴基斯坦北部地区。战争不但使阿富汗满目疮痍，也耗费了美国大量的人力、物力和财力。奥巴马政府终于决定，在2014年底前将在阿美军全部撤回。

如果说美国对阿富汗战争尚有正义成分，那么它发动对伊拉克的战争则有点假公济私了。美国发动伊拉克战争的借口，是它认为伊拉克拥有大规模杀伤性武器；但其实质是控制"伊拉克的石油及其他天然气资源"。由于美国对伊拉克的指控没有任何证据，因而未能获得联合国授权。因此，这场战争既具非正义性，又具非法性。美国声称有49个国家支持它，但事实上只有美国、英国、澳大利亚和波兰4个国家参加了这场战争，丹麦、日本等少数国家提供了军事帮助和后勤援助。而批评和谴责这场战争的则有俄罗斯、法国、德国、中国等重要国家以及阿拉伯联盟和不结盟运动等国际组织。

美国于2003年3月20日发动战争，进行了代号为"斩首行动"和"震慑行动"的大规模空袭和地面攻势，最终于4月15日宣布结束军事行动。12月，抓获伊拉克总统萨达姆。由于伊拉克人民反对美军占领的斗争此起彼伏，使得美国又一次陷入战争"泥潭"。战争持续了9年之久。2010年8月奥巴马表示，美国在伊拉克的作战行动即将结束。8月底，美军开始撤出伊拉克。2011年12月15日，驻伊美军在巴格达附近的军事基地举行降旗仪式，伊拉克战争方算画上句号。据估计，美军在伊拉克战争中死亡近万人，受伤5万多人，战争花费约3万亿美元。战争更给伊拉克人民带来了巨大灾难。9年时间里，造成伊拉克军事人员死伤数十万，平民死亡数十万，难民四五百万。战争带来了伊拉克的巨大社会动荡,至今该国还经常发生自杀式爆炸之类暴力袭击行动。联合国驻伊机构统计,单是 2013 年 6 月份,因各种暴力袭击而死亡的就有 600 多人。2014 年后,极端组织活动极其猖獗。

美国经济在进入 21 世纪后逐渐疲软,其深层原因与美国自里根以后推行新自由主义经济政策有关。新自由主义经济学包括货币主义和供应学派,它们是对凯恩斯主义的反对,对古典自由主义经济学的扭曲性回归,主张超前消费,主张取消国家监控。在这种思想指导下,美国出现了国家经济发展,中产阶级却收入减少、生活水平下降的怪现象;由于缺乏金融监控,导致华尔街不断以创造金融衍生产品等方式进行投机,集中了大量财富。结果在 2007 年导致次贷危机,最终引发了世界性的金融危机和经济危机。

所谓次贷危机,与住房贷款相关。银行将住房贷款贷给还款能力较弱的次级信用人。在银行看来,如若借款人偿还不了贷款,则可用其所买的住房来作抵押,将其出售或拍卖后收回贷款。这在房价较高时可以这样。如果房价走低,银行即使将收回的抵押房屋出售,其收回的资金也可能难以弥补贷

图 23-3
伊拉克战争中萨达姆塑像被摧毁

21 世纪钟声　677

款加利息，甚至还不能还清贷款本金，那么银行就因这一贷款业务的发生而亏损。如果只有一两个这样的借款人，问题还不大，但由于前期阶段银行为获超额利润而大量放款，负担不起不断上升的分期付款利息的次级信用贷款人数量较大，也就是产生了大量无法还贷的借款人。现在即使银行收回住房，却又卖不出高价，银行由此出现大面积亏损而倒闭，这就是次贷危机。银行的资金往往又是互相拆借或融资而来的，因此一家或几家银行出问题，就会引起连锁反应，最终导致全面的国际金融危机。

2007年上半年，美国次贷危机就是这样发生的。2月，美国第二大次级抵押贷款公司——新世纪金融发布盈利预警；汇丰控股增加次贷准备金；最大次级房贷公司农村金融公司减少放贷。4月2日，新世纪金融宣布申请破产保护、裁减54%的员工。8月6日，美国第十大抵押贷款机构——美国住房抵押贷款投资公司正式申请破产保护。8月8日，美国第五大投行贝尔斯登由于次贷风暴而宣布旗下两只基金倒闭。花旗集团宣布，7月份因次贷而引起的损失达7亿美元。虽然这点小损失不至于导致这个年利润200亿美元的大金融集团倒闭。但危机也是严重的，花旗集团股价由2007年的最高位23美元下降到2008年的3美元多。

与美国次贷相关的国际银行也因此蒙受损失。8月，德国工业银行先是宣布盈利预警，后来宣布亏损，银行及旗下的"莱茵兰基金"因参与美国房地产次贷市场而遭受巨大损失。8月9日，法国第一大银行巴黎银行宣布冻结旗下三只基金，原因同样是投资了美国次贷债券而蒙受巨大损失。此举立即重挫欧洲股市。日、韩银行也因美国次贷危机而产生损失。日本九大银行持有美国次级房贷担保证券超过1万亿日元。五家韩国银行总计投资了5.65亿美元的次贷担保债权凭证。危机发生中，美国、欧洲、日本、澳大利亚等国央行，纷纷通过注资、降息等方法救市，但基本无效果，或效果不大。

2008年9月15日，美国第四大投资银行雷曼兄弟公司因陷入严重财务危机而宣布申请破产保护，世界性的金融危机全面爆发。9月25日，全美最大的储蓄及贷款银行——华盛顿互惠公司被美国联邦存款保险公司查封、接管，成为美国有史以来倒闭的最大规模银行。2009年1月，北美最大电信设备制造商——北电网络公司申请破产保护。3月2日，美国道琼斯工业股票价格指数收于 6763.29 点，是 1997 年 4 月以来最低收盘水平，这意味着道琼斯指数的市值在次贷危机开始后的一年半时间里缩水过半，并刺激了亚洲股市狂跌。这天，美国国际集团宣布 2008 年第 4 季度亏损 617 亿美元，创下美国公司亏损之最。2009 年 6 月 1 日，美国最大的汽车制造商通用公司也申请破产保护。

2010 年以后，美国经济指数逐渐恢复，但失业率高等顽疾始终困扰着美国。而且政府对金融危机的源头华尔街不但不严厉监管，而且还听任其将政府的大量注资放入自己腰包。于是在 2011 年 9、10 月里，美国民间发动了"占领华尔街"运动，强烈表达对华尔街精英和金融大鳄的不满，也表达了对政府在解决经济危机中少有作为的愤懑之情，抗议政府无能、社会不公。运动波及全美许多重要城市。作为一种抗议方式，甚至还被欧洲多国民众所效仿。

为了缓解国内压力，转移民众视线，美国政府又试图在国际上有新的"作为"。2011 年春的中东动荡，在某种意义上就是美国等一手制造，或是怂恿的。尤其是支持和发动利比亚战争，肆意干涉主权国家，颠覆他国政府。不过，美国的做法也为自己埋下了祸根。2012 年又发生了新的"9·11"事件。在美国所支持的利比亚原反对派的基地班加图，发生了抗议美国电影《穆斯林的无知》诋毁伊斯兰教的游行示威，美国驻班加图领馆遭袭击，美驻利比亚大使遇袭身亡。据称这是美驻外大使 33 年来第一次遭遇袭击死亡。

从欧洲、中东、西亚腾出身来之后，美国又高调"重返亚洲"，几乎是全面介入东亚东南亚事务，在东海、南海问题上选边站，甚至公开支持和帮助与中国有纠纷的相关国家，企图形成遏制中国的国际势力。不过，虽然美国的手法是多样的，面目是貌似"公正"的，但其出发点只有一个：美国利益。

美国是现代计算机和网络技术的发源地，也拥有众多的电脑、软件、硬件、网络等方面的开发商。毫无疑问，应该是它最有可能利用这些优势，最先展开对其他国家的网络窃密、网络攻击等行动。在现代网络世界，从作为获取情报来源，或攻击他方利益的手段来说，各方其实都是心知肚明的，但美国却要摆出一副受害者的样子，不断地无端攻击中国。然而，2013 年 6 月前美国中央情报局特工斯诺登突然外逃，爆出了美国如何通过网络窃取他人他国机密的行为，让整个世界大跌眼镜。这个"棱镜门"事件，令一向以双重标准对待自己和他人的霸道者，在世人面前颜面尽失。

斯诺登爆料称,谷歌、雅虎、微软、苹果、脸书、美国在线、帕尔托克、斯盖普和尤突碧等九大公司均参与了间谍行为,它们向美国国家安全局开放服务器,政府能轻易地监控全球无数网民的邮件、通话等数据。虽然它们极力否认这些说法,但最终还是有微软等几家公司承认美国政府确实向它们索要过用户数据。而奥巴马的说辞"要100%的安全,就不能保证100%的隐私",正好反证了美国情报部门肯定是窃取了用户信息和资料。有人戏称,这一事件堪称现实版的美国大片:帅气的特工、美艳的钢管舞女友、网络的安全、尖端的国家机密、背叛与逃亡、特工系统的官僚和谎言、鱼龙混杂的香港、郁闷的黑人总统(奥巴马)、个人隐私和国家利益……各种元素齐备。再加上避难与引渡、国界线与转机区、维基解密、中国、俄罗斯和厄瓜多尔、玻利维亚总统专机被拦,等等,更是一部素材丰富、情节曲折的国际大片。片中的"受伤者"只能是平时颐指气使、动辄指责他国他人的美国"大佬"了。行踪不为人知的斯诺登还不断爆出新料,如美情报机构窃密于中国清华大学,美国很早就搜集他国的"元数据",美国监控欧盟官员的电话、监控其盟友驻美机构等等,遭到各国各盟友的不满与质疑,美国政府干脆缄默其口,不予解释。

21世纪初期的西欧,可能是其几百年来感到最憋屈、最郁闷的时期。在20世纪下半叶的美苏对抗中,西欧已有"明日黄花"的自我感觉,因而走上联合发展的道路。从20世纪50年代初的煤钢共同体,西欧从经济部门的联合起步,扩大至政治合作与联合,最终于1993年正式成立欧洲联盟。这是政治经济一体化的区域性组织,而且具有重大影响力。然而,一方面是美国明里暗里企图压制和掌控欧盟,另一方面则是欧盟内部意见纷争、步调不一。最典型的就是欧元问题。欧元正式发行后,美国极力打压这个唯一可与美元竞争抗衡的国际货币。而欧盟内部,英国则为了自身利益,包括维系英镑作为传统象征的意义,仍以英镑为自己的基本货币。这就势必使欧元遭遇两方面阻碍,最终导致欧元在金融危机中其地位和影响远不敌美元。

2006年以来,欧洲的政治前景和经济命运实际上处于相背离状态。政治上的发展是成功的,影响越来越大,突出表现为欧盟影响范围日益扩大,成员国越来越多,从最早的西欧12个国家,不断向东欧扩展。2013年7月1日,克罗地亚加入欧盟,成为其第 28 个成员国。这样,除个别国家外,欧盟基本上囊括了欧洲所有国家。与欧盟比肩的军事组织北约,虽然总体上在美国支配下,但其不断东扩的过程也表明了西欧影响力的增强。在 2011 年春的利比亚战争中,以法国为首的北约组织中的西欧国家,也相当充分地"秀"了一下自身的军事影响力,虽然给人有强弩之末之感,虽然其发动战争的借口是非正义的。

在经济上,2008 年以来欧洲部分国家爆发了一场旷日持久的主权债务危机。所谓主权债务危机,其本质原因是政府债务负担超过了自身的承受范围,从而引起违约风险,甚至引发政府财务破产。欧债危机是美国次贷危机的延续和深化,是全球金融危机的重要组成。早在 2008 年 10 月华尔街金融风暴期间,北欧国家冰岛的主权债务危机就已显现,随后中东欧又爆发了债务危机。由于这些国家经济规模小,欧盟或欧元区有能力及时实施国际救助,因此未能引起全欧金融动荡。2009 年 12 月,希腊的主权债务问题凸显,2010 年 3 月进一步发酵,开始向南欧国家即葡萄牙、意大利、西班牙以及西欧的爱尔兰蔓延,甚至法国、德国等欧元区核心国家也受到影响。饶有兴味的是,在欧债危机过程中,一些欧洲领导人及民众曾希望中国出手相助,这无论如何也是世界经济格局发生重大变化的一个象征。

欧洲债务危机的发生,是内部三大经济原因作用的结果,即产业结构不平衡,实体经济空心化,经济发展脆弱。也有人认为,债务危机主要发生在南欧,还有一定的宗教文化因素。南欧信奉天主教,灵活性较多;北欧主要信奉基督新教,则要严谨有序一些,再加上地理和气候因素,两种不同文化的人群在同一个货币体系下,带来的局面是:北欧制造,南欧消费;北欧储蓄,南欧借贷;北欧出口,南欧进口;北欧经常账户盈余,南欧赤字;北欧人追求财富,南欧人追求享受。此外,美国的标准普尔、惠誉、穆迪三大评级机构也有落井下石之嫌,它们不断降低这些国家的信用等级,制造心理恐慌,加剧了欧债危机。

欧债危机的爆发,不仅与其经济体制和文化传统有关,还有社会体制的影响。由于其社会福利制度过于刚性,这就使相当一部分人丧失就业主动性,不但没有加入创造财富的队伍,而且还分享他人创造的现成社会财富。其次,欧洲人过于讲求个人享乐和幸福，没有那种"传宗接代、延续香火"的思想担当，不愿意生儿育女，造成人口负增长、老龄化，缺乏生产财富的青壮劳动力，导致福利在整体上缺乏可持续性。还有，欧洲发展已有几百年，各项制度设计已经相当完善，但又过于刚性，过于饱满，一旦遇到前所未有的情况，便难以作出灵活调整。这一点上欧洲不如美国。美国属开放性社会，无论是人口劳动力，还是人才、资金、技术，都能通过吸引移民等途径从外部获得补充。而且，美国也未把福利保险设计得极端充分，这就使得人口还须用自己的努力去保障自身需求，因此人的主动性容易被激发出来。所以，同样是金融危机打击，美国的经济复苏较快，2012年GDP增长率仍在2%以上，而欧洲各主要经济体都在1%以下。不过，欧盟各国与中国等新兴经济体加强了合作，大大有利于其经济的恢复与发展。如2015年3月英、法、德、意等主要欧洲国家纷纷申请加入中国主导的"亚投行"。

日本与欧洲有相似之处，但也有不同。日本的经济不景气开始于20世纪90年代初期，是美国通过贸易战和金融战（强迫日元升值），把日本经济势头压下去的。日本人把90年代的十年称为"失去的十年"。进入21世纪后，日本又失去了另一个十年。美国之压是外部因素，但更有日本社会不能跟上以计算机和网络为代表的高科技发展步伐、观念僵化、缺乏创新的原因。经济停滞给政治带来了混乱，20余年来日本内阁更换频繁，恐怕已创下现代世界之最。而日本近邻中国的长期高速发展，韩国的持续发展，又在日本社会激起了太多的涟漪。尤其是当2010年中国GDP总值超过日本、取代了日本第二经济大国的位置后，日本人的急躁情绪和焦虑心理进一步加剧，而且还演变为"酸葡萄心理"，甚至有一定程度的嫉恨。照日本前首相鸠山由纪夫2013年7月初的话来说，这是日本民族自信心缺失的表现。这样一种不良心态，终至挑起中日两国早已搁置争议的钓鱼岛争端，弄出"购岛"闹剧。2012年底安倍晋三第二次出任首相后，在钓鱼岛问题上坚持更强硬的立场，拒不承认争议事实，也不承认两国前辈领导人达成的搁置争议共识；不能诚心反思日本发动侵略战争的历史罪行，沉浸于甚至力图恢复昔日军国主义的扭曲性"辉煌"；在往任"自由民主弧"构想的基础上，进行"价值观外交"，妄图形成对中国的包围圈；企图修改和平宪法，解禁集体自卫权，将整个日本引向右倾化、军事化。日本如果完全无视历史，不检讨自己"二战"时期犯下的罪恶，它与亚洲邻国的关系是不会有未来的。应对国内经济问题的"安倍经济学"，将日元大幅度贬值，似乎是一剂良药，但实际效果还很难预测，或许可能产生些许短期效应，却会留下长期隐患的止渴之鸩，至少反对党曾批评其加速了物价上涨。

至于加拿大、澳大利亚等西方重要国家，一方面与美国保持着传统的盟友关系，一方面也抓住了与中国等新兴经济体交往及合作的机会，金融危机未能对其有大的冲击，经济依然平稳地发展着。

23.2

金砖国家：改变世界经济不平衡局面的新兴经济体之集合。中国：第二大经济体的诞生和担当。巴西：南美之星。印度的复兴。俄罗斯：从混乱到有序。南非：非洲的领头羊。

"金砖国家"的兴起，是 21 世纪初世界最为重大的经济事件。金砖四国（BRIC）是美国高盛公司吉姆·奥尼尔 2001 年首次提出的概念，这是中国（China）、印度（India）、俄罗斯（Russia）、巴西（Brazil）四个国家英文名称首位字母之加。后来又加上非洲的最大经济体南非（South Africa），演变为金砖国家（BRICS）。高盛公司预测，21 世纪上半叶，世界经济格局将会剧烈洗牌。2030 年，金砖五国生产总值之和将超过西方七国集团之和。2050 年，全球新的六大经济体将会变成中国、美国、印度、日本、巴西、俄罗斯，其中金砖国家占了四个。根据 2013 年 3 月 24 日资料（网络），2012 年金砖五国与西方七国的 GDP 总额及年增长率、在世界的经济排位情况如下：

1. 美国：15.4265 万亿美元，2012 年 GDP 增长率为 2.2%；
2. 中国：8.2622 万亿美元，2012 年 GDP 增长率为 7.8%；
3. 日本：5.9080 万亿美元，2012 年 GDP 增长率为 0.9%；

4. 德国：3.3572 万亿美元，2012 年 GDP 增长率为 0.7%；
5. 法国：2.5715 万亿美元，2012 年 GDP 增长率为 0.2%；
6. 英国：2.3973 万亿美元，2012 年 GDP 增长率为 0.2%；
7. 巴西：2.1491 万亿美元，2012 年 GDP 增长率为 0.9%；
8. 意大利：1.9873 万亿美元，2012 年 GDP 增长率为 -2.2%；
9. 俄罗斯：1.8046 万亿美元，2012 年 GDP 增长率为 3.4%；
10. 加拿大：1.752 万亿美元，2012 年 GDP 增长率为 1.9%；
11. 印度：1.6764 万亿美元，2012 年 GDP 增长率为 5.0%；
28. 南非：3707 亿美元，2012 年 GDP 增长率为 2.6%。

总体上看，五国拥有全球 30% 的领土和 42% 的人口，2012 年 GDP 总和接近美国，已达西方七国的 43%。按照汇率估算，金砖四国（不含南非）的 GDP 总量从 2008 年占世界的 15%，将在 2015 年上升到 22%，四国的 GDP 增量将占世界增量的 1/3。高盛公司估计，中国将在 2041 年超过美国，成为世界最大经济体；印度将在 2032 年超过日本，成为第三大经济体；巴西将于 2025 年取代意大利的位置，2031 年超越法国；俄罗斯将于 2027 年超过英国，2028 年超越德国。这种估计显然还有点保守：如果按照 2012 年的增长率，这些时间都会大大提前。无怪乎，俄总统普京将金砖五国比喻成非洲动物中的"五大巨头"——大象、犀牛、水牛、狮子和豹子。

金砖国家作为新兴经济体的代表，极为重视相互间的合作，更"致力于逐步将金砖国家发展成为就全球经济和政治领域的诸多重大问题进行日常和长期协调的全方位机制"（2013 年 3 月《德班宣言》）。2008 年，金砖国家外长、财长开始探讨各类国际合作。2009 年至 2013 年 3 月，金砖国家首脑已进行了 5 次会晤，就经济问题及全球气候变化、联合国改革等重大问题协调立场。在 2010 年哥本哈根气候变化大会上，中国、印度和巴西采取共同立场，坚持《京都议定书》原则，认为必须保护环境和减少温室气体排放。

2013 年 3 月南非德班金砖国家首脑第五次会晤，对许多国际事务明确地表示了共同立场和共同态度。会议还决定成立开发银行，这是力图摆脱二战结束以来美国掌控的布雷顿森林货币体系。在《德班宣言》中，还颁布面向

近期的"德班行动计划",共 18 项:

一、举行金砖国家安全事务高级代表会议。

二、金砖国家外长在联合国大会期间举行会晤。

三、举行协调人及副协调人中期会议。

四、金砖国家财长和央行行长在二十国集团会议、世界银行和国际货币基金组织会议期间或根据需要单独举行会议。

五、金砖国家贸易部长在出席多边活动期间或根据需要单独举行会议。

六、举行金砖国家农业及农村发展部长会议,并在会前召开农产品和粮食安全问题专家预备会议和农业专家组会议。

七、举行金砖国家卫生部长会议及其筹备会。

八、在相关多边活动期间举行金砖国家人口事务官员会议。

九、举行金砖国家科技部长会和科技高官会议。

十、举行金砖国家合作社会议。

十一、财政金融部门领导在世界银行/国际货币基金组织会议期间或根据需要单独举行会议。

十二、举行金砖国家经贸联络组会议。

十三、举行金砖国家友好城市暨地方政府合作论坛。

十四、举行金砖国家城市化论坛。

十五、2013 年在新德里举行国际竞争力大会。

十六、举行金砖国家统计部门负责人第五次会议。

十七、根据需要,金砖国家常驻纽约、维也纳、罗马、巴黎、华盛顿、内罗毕和日内瓦的代表团或使馆举行磋商。

十八、如有必要,金砖国家高官在可持续发展、环境及气候领域的国际论坛期间举行磋商。

可以看出,这是以经济领域为主的全面国际合作。除此之外,宣言认为还可探讨更多的新合作领域,如公共外交论坛、反腐败合作、国有企业合作、禁毒部门合作、虚拟秘书处、青年政策对话、旅游、能源、体育及大型体育赛事等。金砖国家不把自己当作反西方的集团，但也对发达国家一些经济政策提出了忠告和批评。《德班宣言》第六、七条说：

我们注意到欧洲、美国和日本为减少世界经济尾部风险所采取的政策措施。其中的部分措施给世界其他经济体带来负面外溢效应。世界经济重大风险犹存，形势仍低于预期。在经济复苏的力度和持续性、主要经济体政策方向方面，不确定性依然很大。在一些重要国家，失业率居高不下，高企的私人和公共债务抑制了经济增长。在此情况下，我们重申关于支持增长和维护金融稳定的强烈承诺，并强调发达经济体需要采取适当措施以重建信心，促进增长并确保经济强劲复苏。

发达经济体的央行采取非常规货币政策，增加了全球流动性。这可能符合其国内货币政策的授权，但主要央行应避免此举带来加剧资本、汇率和大宗商品价格波动等预料之外的后果，以免对其他经济体特别是发展中国家经济增长带来负面影响。

金砖国家走到一起，是各个国家走自己道路水到渠成的自然结果，也是各国进一步发展的需要。经济实力的增强，使各国的国际地位不断提高。

中国是金砖国家中人口最多的国家，也是目前金砖五国中最大的经济体、当前世界经济发展最大的引擎。中国的经济是在突破重围、努力创造良好国际环境中一步步发展起来的。1998年东南亚金融危机时，中国政府不但在关键时刻挡住了国际金融大鳄索罗斯等的进攻，避免中国陷入危机，而且负责任地保持人民币稳定不贬值，赢得了东南亚国家的信任和尊重。在2008年席卷全球的金融和经济危机中，中国政府的正确决策，不但未让中国卷入经济危机，而且还保持了相对快的经济发展速度，在一定程度上帮助了受经济危机冲击的国家。曾有人说，1989年风波中，"只有中国才能救社会主义。"20年后有人惊呼："只有中国才能救世界！"2011年欧债危机时，欧洲人士希望中国伸出援助之手，这是未见前例的。

2001年中国加入世界贸易组织，获得了融入全球化经济、加快发展速度的极好机遇。十几年来，中国经济一直以GDP年增长率高于8%的速度发展，出口、投资、消费是驱动中国经济增速的三驾马车。在2008年以来世界金融危机发生、欧美消费市场萎缩的情况下，为了调整经济结构、扩大内需市场，同时也为了减少环境污染、减少碳排放量，清除低效高耗的落后产能，中国政府有意放缓经济增长速度，但2012年GDP增速仍达到了7.8%。2016年保持在6.7%。不少经济学家估计，中国这种高速度还将保持20年，那时中国或许就会超过美国成为世界第一大经济体。

能集中力量办大事，是中国制度优势的表现之一。不但十几年来经济调控比较得当，而且在科学发展和社会事业等方面也取得了举世瞩目的成就。2003年10月中国载人航天飞船"神舟五号"上天，杨利伟成了第一位遨游太空的中国人。2013年6月"神舟十号"航天员王亚平进行太空授课，是令世界震惊、中国学生最为自豪的时刻。2006年1月，中国正式取消农业税，农民耕种土地种粮还可得到补贴，这是几千年来中国前所未有过的民生大好事。中国人均居住面积已达30m^2，达到了发达国家水平。虽然还有几千万贫困人口，但绝大多数人民已过上不愁温饱的小康日子。在中国大小城镇里，每当看到广场上的人们随着音乐节奏翩翩起舞锻炼身体之时，你会感觉这是他国很难见到的真正的"歌舞升平"，人民处在一种相当轻松愉快的精神状态之中。2006年5月，世界上最大的水利工程——长江三峡大坝全面竣工；7月，世界上海拔最高的铁路——青藏铁路全线建成通车。动车以300公里时速飞驰在高速铁路上，成为中国大地上一道道靓丽的风景线。2012年，中国"蛟龙号"潜入7000米深海底进行科学探测。这些都是举世瞩目的成就。2008年8月中国举办的第29届奥运会，被认为是历史上最为壮观、最为成功的奥运会，难以超越。2010年上海世界博览会的成功举办，也展示着崛起了的中国之雄姿，不亚于1851年伦敦水晶宫举办的第一届世界博览会展示英国工业革命的巨大成功。中国提出的"一带一路"（丝绸之路经济带与海上丝绸之路）正在产生巨大的影响。中国倡导的亚洲基础设施投资银行，50多个国家成为创始成员国，吸引了全世界的目光。

中国在国际事务上也有越来越多的担当。在朝鲜问题上，中国发起六方会谈并作为召集人，缓和了半岛冲突。在伊朗问题上，在叙利亚冲突中，中国都坚持公正的立场，寻求最正确的解决方式。2008年后，中国还派出海军，参加打击索马里海盗的战斗。中国派出的联合国维和部队，目前是各国中人数最多的。

中国的前进受到了外部势力的不少干扰。还在2001年4月，中国和美国发生了南海飞机撞击事件。中国飞机被美国飞机撞入南海，驾驶员王伟跳伞失踪。肇事的美国飞机不经许可就降落在中国机场上。那可是在中国的家里和家门口，美国人却还振振有词地要求"归还飞机"。中国政府宽宏大度，智慧地处理了这一事件，赢得了和平环境。在经济发展过程中，中国与美国、与欧盟，就双边贸易展开了多次较量，直到2013年6月还与欧盟发生了光伏"双反"调查冲突。而美国则不顾经济和金融本身规律，不断蛮横地要求中国人民币升值。美国在双边经济交往中执行双重标准，其实也是在某种程度上打压中国经济。

中国在发展中也经受了自然灾害的严峻考验。中国国土广大，人文、气候、地理、地质条件极其复杂，地区差异大，自然灾害的袭击经常不期而至。但是在灾害面前，中国人民显示了空前团结和博大爱心。从1998年夏秋的长江、松花江和嫩江全流域大洪灾，到2003年上半年全国范围的非典肆虐，从2008年1—2月南方大范围冰灾雪灾、2008年5月的四川汶川特大地震，到2010年的青海玉树地震、甘肃舟曲的特大泥石流灾害，以及2013年4月四川芦山地震，这些灾难都没有让中国人民低头，而是全国万众一心、众志成城，将灾难所带来的损失降低到最低程度。每次灾难来临时，国家和政府最高领导人总是第一时间出现在受灾现场，解放军官兵总是冲锋在最前线、最关键、最困难的地方。这个时候也是全国人民最具凝聚力、最能激发斗志的时刻。这与2006年美国飓风肆虐新奥尔良时的混乱场景，2011年日本海啸吞并沿岸城乡、并引发核电站危机的狼藉局面，形成了鲜明对比，充分体现了中国的制度优势和优良人文传统浸染。

目前的中国堪称世界最具发展活力的经济体，引进外资总额最高，是全球最大的制造业基地。作为第一人口大国，充裕、廉价、可靠的劳动力大军形成了绝对的价格优势，而且还在不断提升就业人员素质。当然，中国经济也潜藏着一定危机：经济过热，房地产有泡沫化趋向；城乡之间、个人之间的收入存在巨大剪刀差，不利于社会稳定；生态环境恶化，污染程度加大，雾霾满天；股市指标不能正确反映经济发展水平，缺乏独立有效的监控，良性的股市交易机制远未形成；宏观和微观经济运行中还存在过多的不规范因素、非经济因素；原料不足、能源缺乏等形成了经济持续发展的瓶颈等。社会上道德水准下降、精神价值观缺失；部分为官者贪腐成风，民怨极大，成了中国社会前进的精神肌瘤。

中国共产党的自我净化机制较强，特别注意不断地教育党员和官员。30年来，从邓小平的建设有中国特色社会主义理论，到江泽民的"三个代表思想"和"三讲"教育，到胡锦涛的"保持先进性教育"、科学发展观、和谐社会论以及"八荣八耻"观，再到今天习近平强调的群众路线，形成了前后承续的思想理论体系和思想政治教育传统。当然，在经济高速发展、体制改革相对滞后的局面下，相当一部分党员干部和国家公职人员，效法封建时代当官发财的陈腐观念，没有正确的价值取向，贪污受贿，贪权贪色，买官卖官，败坏和毒化了社会风气。近20年里，省部以上高级干部就有上百人被查处，官位最高者竟达政治局委员、人大常委会副委员长等国家领导人级别。幸运的是，以习近平为总书记的新领导集体，正在对这些毒瘤下猛药、动狠刀，成效初显，人民拍手称快。尽管中国还存在着种种问题，但这都是发展中的烦恼、成长中的痛苦，与那种经济低迷、人民沉闷的现象不可同日而语。

金砖国家都各有优势。巴西是南美洲最大的国家。巴西很早就确定了经济改革政策，其核心内容包括引入灵活的汇率体系，改革医疗、养老制度，精简政府官员系统等。1968—1973年席尔瓦总统军人政权期间，曾出现过"巴西经济奇迹"，年均增长率达10%以上，五年间人均收入增长51%，外贸增长106%。1974—1980年仍以7%的速度增长。然而20世纪80年代出现了曲折，被称为"失去的10年"。进入21世纪后，巴西的发展进入了一个新阶段。2012年，巴西的国民生产总值居中南美洲首位，世界第七位。巴西幅员广大，在原材料资源方面占据天然优势，铁、铜、镍、锰、铝土矿等蕴藏量为世界最高。在农业上，巴西耕地面积达6000万公顷（对照一下：中国为18亿亩即1.2亿公顷耕地红线），被誉为"21世纪的世界粮仓"，是世界主要的农产品生产国和出口国之一。咖啡、甘蔗和甜橙产量世界第一，豆类产量世界第二，玉米产量世界第三，稻谷产量世界第七。还是世界第二养牛大国和牛肉出口大国。巴西工业有基础工业、设备物质工业和消费品工业三大类别。石油、钢铁、航空工业、飞机制造等，均形成了规模化的大跨国公司。巴西是世界第六大产钢国、第十大汽车生产国。巴西的服务业包括金融、电信、房地产、旅游、保险、广告、传媒等部门，其收入在GDP总值中早已占据半壁江山以上。此外，通讯、金融等新兴产业也有较大发展。

印度是文明古国，现在也是世界第二人口大国。它长期处在贫困状态，同时社会成分也相当复杂，社会发展水平是现代与中古兼有。独立至今66年，历届政府都为促进经济发展和推进社会进步作了大量努力。尤其是最近20年的发展，表明印度正在向着前总理尼赫鲁"有声有色的大国"愿景迈进。1991年以来，印度经济以年均5.6%的速度稳定成长，个别年份高达8%以上。印度的经济结构也发生了巨大变化，农业从以往的50%以上，下降到20%左右；工业上升到20%以上，服务业上升到将近60%。印度有6000多家上市公司，有一支高素质的就业大军。印度开发的软件极为先进，甚至占据了美国最大1000家公司1/4的市场。印度社会逐渐形成了乐意消费和享受的中产阶级，有比较强劲的内需市场。印度的基建项目多且大，如高速公路网络建设，为经济发展提供了强大后劲。印度的出口贸易也很兴旺，是促进经济水平上升的重要驱动力。印度还在南亚区域合作联盟中起主导作用。因此，印度被认为是与中国一样的世界经济增长的"主要发动机"。印度经济的软肋是基础设施不够完善、高额财政赤字、能源及原材料依赖度高等。同巴基斯坦的纷争和克什米尔冲突，也分散了印度发展经济的精力和要素。

俄罗斯是苏联的继承者。经历了阵痛后的俄罗斯，并没有很快成为制度改变后呱呱坠地的"新生儿"，而是陷入了一片经济混乱之中。面对1998年的金融危机，总统叶利钦几乎束手无策。1999年12月，叶利钦将权力交给了普京。这个最初以代总统身份出现的年轻领导人，成了率领俄罗斯走出经济困境、重新崛起为世界大国的英雄。"给我20年，还你一个奇迹的俄罗斯。"他向人民的这个许诺多么具有豪迈之气！在普京看来，新俄罗斯应有新的思想，那就是："把全人类共同的价值观与经过时间考验的俄罗斯传统价值观，尤其是与经过20世纪波澜壮阔的100年考验的价值观有机地结合起来。"普京执掌着俄罗斯最高权力，走着自己所设计的俄罗斯发展和崛起之路。这条路走得不容易，他既要惩治制度转换易于滋生的贪腐之风，又要扭转长期动荡给民众带来的破碎而失望的惰性心理；既要突破西方尤其是美国所设置的重重障碍，继续在国际社会维持大国地位，又要对国内经济社会体制大力改革，以经济发展为首要目标。但普京毕竟是普京，十多年过去了，他的承诺正在成为现实。还在普京政府的前五年，国民生产总值就提升了30%。2012年，俄罗斯国民生产总值已达1.8万亿美元，居世界第九位；人均达到13765美元。石油和天然气资源作为两大经济支柱，收入占30%以上；这一宝贵资源也将对金砖国家的合作与发展起到重要作用。

实事求是地说，南非在白人少数种族主义政权时期就已是非洲大陆经济水平最高的国家。不过，其财富主要掌握在白人手中，广大黑人大多处在贫困线上。1993年南非黑人领袖曼德拉当选总统后，新南非在调整社会政策、增进最广大人民福祉方面取得了巨大成效。目前，南非仍是南部非洲及整个非洲的第一大经济体，2012年GDP总值居世界第28位，人均7600美元。它也具备可持续发展的优越条件。南非金和金刚石的藏量、产量均居世界前列。南非许多公司在南部非洲各国设有分公司，是金砖国家贸易和投资进入南部非洲的门户。南非的煤制油技术全球领先。2010年南非举办世界杯足球赛，为自己赢得了世界性声誉。为了获得更多更好的发展机遇，2010年4—8月，南非总统祖马连续访问巴西、印度、俄罗斯和中国，希望展开与这些新兴经济体的深度合作。南非加入金砖国家合作机制，使新兴经济体有了非洲声音，从而更具代表性。

23.3

东亚的奇迹。中东的"茉莉花革命"。非洲的跟进。
中南美洲：徘徊与奋争

虽然在新世纪的世界经济格局中，西方发达国家和金砖国家新兴经济体起着主导作用，但其他国家也在新的时期急起直追，世界经济呈现着"百舸争流"的繁盛景象。

据说，由于金砖国家概念被广泛接受，发明者奥尼尔又推出了类似概念，如"金钻十一国"或"未来十一国"，包括墨西哥、印度尼西亚、尼日利亚、韩国、越南、土耳其、菲律宾、埃及、巴基斯坦、伊朗和孟加拉国等11个新兴经济体。汇丰银行提出"灵猫六国"（CIVETS），即哥伦比亚、印度尼西亚、越南、埃及、土耳其和南非，认为六国人口结构合理，增长潜力巨大。西班牙经济学家艾西亚提出"群鹰国家"（EAGLEs）即"新兴领军经济体"概念，以对全球经济增长贡献为衡量标准确定"入围名单"。除金砖国家外，榜单上还包括了韩国、印度尼西亚、墨西哥、土耳其、埃及和中国台湾等。这说明，除了欧盟和日本之外，亚洲、非洲和中南美洲都有相对兴旺的发展局面和深厚的发展潜力，从而在总体上改变着20世纪那种世界经济不平衡的局面。

东亚东南亚在20世纪70、80年代就开始领发展中国家经济勃兴风气之先。20世纪70、80年代，亚洲出现了经济快速发展的"四小龙"，即中国台湾、香港，韩国和新加坡。如今这四小龙依然生气勃勃，发展强劲。香港回归中国，更有了大陆做坚强后盾。台湾与大陆经济上亦不可分割，大陆可为台湾提供巨大的消费市场和投资场所，2012年，台湾是位于世界第25位的经济体。韩国已成长为经济大国，2012年在世界排名第14位，并仍有2%的年增长率。它在经济上与中国联系密切。2013年6月底韩总统访华，指出"韩国与中国和谐相处，一定会有光明的未来"。新加坡是华人国家，是用儒家之道治理社会和发展经济的典范，几十年来一直保持高增长率。2012年GDP总值2700亿元，人均超过5万美元，位于世界最前列。它与中国有极好的合作关系，中新苏州工业园区、中新天津生态城建设，是中外合作、引进外资的样板项目工程。

随后，又出现了所谓亚洲"四小虎"，即泰国、马来西亚、印度尼西亚和菲律宾四国的经济崛起。它们都曾在90年代经济高速发展，也都经历了1997年金融危机的沉重打击，在新世纪里再度取得发展。2012年，泰国GDP总值在世界排第29位，人均收入近6000美元。马来西亚是亚洲引人注目的新兴工业国家和世界新兴市场经济体，旅游业和知识经济亦扩张较快，前总理马哈蒂尔不畏强权的独立自主精神令人钦佩。印度尼西亚作为群岛之国，经济发展存在诸多困难，但该国华侨华人经济实力雄厚，与中国可保有一种天然联系。2012年，印尼GDP总值在世界排第16位，年增长率达6.2%，发展势头极好。菲律宾在拉莫斯和阿罗约当政时期采取振兴经济措施，保持了经济较高增长速度。2004年甚至达到6.1%的增长率。拉莫斯作为博鳌论坛的发起人之一而为中国人民所尊敬。但2010年阿基诺三世总统以来，把与中国的关系视同儿戏，先是在处理香港游客大巴遭劫持事件中毫无同情之心和愧疚之意，后在争夺中国南海岛屿时几近无赖，甚至还有依仗美国粗腿的旧时思维，这些举止极为失当，势必对自身经济发展造成负面影响。

东南亚的发展，还表现为区域一体化进一步加强。东盟是东南亚区域合作的载体，共有印度尼西亚、马来西亚、菲律宾、新加坡、泰国、文莱、越南、老挝、缅甸、柬埔寨等10个成员国。东盟内部已实行了自由贸易区体制，还同中日韩建立了"10＋3"联系机制，与澳大利亚、加拿大、中国、欧盟、印度、日本、新西兰、俄罗斯、韩国和美国结成对话伙伴。当然，由于诉求各有差异，如何更好地利用这一平台发展各国经济，尚是可探讨的问题。

南亚国家中，巴基斯坦和孟加拉是两个人口大国。巴基斯坦是中国的全天候朋友，可共享中国改革开放成果，与中国加强经济政治联系，是巴基斯坦经济发展的极好机遇。孟加拉人力资源丰富，但在发挥其作用的同时又保障自身民生进步，是需要探讨的课题。2013年4月下旬孟加拉制衣厂大楼倒塌事故，造成1000多人死亡，2400多人受伤，是一个极其惨痛的教训。

而在西亚北非即中东地区，无论是政治还是经济，都发生了深刻变化。中东是盛产石油的地区，因此一些石油藏量丰富的国家，充分发挥资源优势，将自身经济上升到一个新水平。如沙特阿拉伯2012年GDP总值居世界第20位，并保有5%以上的年增长率。阿联酋还利用区位优势，发展航运业和旅游业，成为世界经济发展中的新亮点，这个仅有500万人口的小国，2012年GDP总值居世界第30位，人均近6.5万美元。卡塔尔2012年人均GDP为10万美元，仅次于卢森堡而居世界第二。另如土耳其（2012年GDP总值世界第18位）、伊朗（2012年GDP总值世界第24位）、以色列等，都是这一地区较发达的经济体。然而另一方面，这一地区的政治态势和国际关系最为复杂。从全局看，这里有国际上最为热点、持续最久的阿以冲突。从局部看，这里有伊斯兰世界内部阿拉伯国家与非阿拉伯国家（土耳其、伊朗）之分，宗教上有正统逊尼派与什叶派（伊朗、黎巴嫩真主党）之争，对以色列的态度有温和派与极端派之别。宗教极端势力和恐怖暴力势力多源自这里。再加上西方势力的挑唆和介入，使这里成了当今世界的火药库。不过，作为世界上最早建立的地区性组织阿拉伯联盟（有22个成员国），在协调地区关系、减少摩擦方面，作用日益增强。

2011年1—2月爆发的中东"茉莉花革命"，是西方势力搅动中东政局的典型表现，其后果有如1989年的东欧剧变。"茉莉花革命"出现于北非国家突尼斯，因茉莉花是突尼斯的国花而得名。2010年12月，突尼斯一街头年轻小贩被城管粗暴对待，自焚抗议，终至死亡。该青年研究生毕业后找不到工作，以做小贩而谋生。他的死激起了突尼斯人的同情心，以及对就业困难、物价上涨和政府腐败的怨恨，由此掀起了大规模抗议运动，出现全国性大骚乱。一个月后，掌政23年的独裁总统本·阿里出逃。临时政府过渡两个月，突尼斯进行了全国大选，完成了向所谓"民主化"的转变。

虽然经济危机的冲击造成通货膨胀、生活条件差、政治腐败、言论不自由是主要原因，但突尼斯"茉莉花革命"的发生也有西方介入的影子。维基解密网站披露突尼斯总统和政府官员的腐败，在互联网上传播，对事件起了酵母作用。连"茉莉花革命"这一叫法，也是西方人幸灾乐祸式的称呼。此前他们还曾欢呼过格鲁吉亚爆发"玫瑰革命"、乌克兰爆发"橙色革命"、吉尔吉斯斯坦爆发"郁金香革命"。突尼斯事件发生后，西方希望伊斯兰世界有更多的演变，因而推波助澜。欧美媒体发文宣称："茉莉花革命敲响了中东的警钟"，将向埃及、阿尔及利亚、利比亚和约旦扩散。这是在有意放大和强化突尼斯事件的影响，挑动这些国家已经绷紧的神经。美国总统奥巴马更是兴奋，发表讲话赞扬突尼斯人的"勇气"和他们"勇敢"的斗争。不过，美国在阿拉伯世界是根据自己利益区分对待的，对同样是独裁式统治、家族式统治的亲美国家，则支持政府对骚乱进行镇压，甚至可动用军队；对自己不感兴趣或有敌意的国家，则呼吁人民要争取更多的"自由民主"权利。

终于，突尼斯事件成了第一张倒下的多米诺骨牌，"革命"迅速在中东和非洲国家蔓延。阿尔及利亚、埃及、毛里塔尼亚、约旦、苏丹、阿曼、摩洛哥、也门、利比亚等国都出现了动荡和骚乱，以埃及、利比亚和叙利亚最为严重。

埃及老迈总统穆巴拉克辞职、逃亡，后又遭到审判。利比亚的反对派形成了强大的武装力量，并在法国、英国、美国和北约的军事支持下，最终推翻了独裁腐败的卡扎菲政权。西方国家还怂恿叙利亚反对派武装力量进攻政府军，致使叙利亚内战愈加激烈；哪怕是恐怖组织，只要反对叙政府，美国一概支持。

西方势力是多么希望这把火也烧到中国啊！它们甚至捏造事实，抹黑中国。2011年2月20日，鼓吹"台独"的《自由时报》刊发"中国茉莉花革命，传已有14人被逮捕"的报道，并配上一张"抗议者走上街头呼吁自由"的照片。懂中文的人一眼就可看出，这些"抗议者"其实是在举着牌子招聘农民工。法新社等西方主流媒体居然赶紧发布了这条消息和这张图片。2月24日，法新社又刊发了一张"中国发生茉莉花革命"照片，而实际上那是"台独分子"的抗议活动。同日美国《新闻在线》网站发表题为"中国人民掀起茉莉花革命，呼吁言论自由"的新闻，配图实为2005年北京民众举行的反日游行。

不过，即使经过"革命洗礼"的阿拉伯人民也未必对西方有好感。2012年9月，随着一部涉嫌诋毁伊斯兰教与先知穆罕默德的美国电影《穆斯林的无知》公映，多个国家的伊斯兰教教徒掀起了"反美浪潮"，并引发流血冲突。美国驻利比亚大使就是在这次浪潮中丧生的。反美浪潮蔓延到中东和非洲20多个国家。

另一方面，在西方支持下发生"革命"的这些国家，其后未必建立了合理有序的政治经济秩序，有的比以前更混乱。如通过选举合法上台的埃及穆尔西总统，2013年7月任职一周年之际遭遇遍及全国的抗议浪潮。埃及军方要求其48小时内辞职，穆尔西以此举"违宪"予以拒绝。7月3日晚，军方宣布"罢黜"穆尔西总统职务，并将其软禁。2014年6月原军方领导人塞西当选为总统。从埃及这个例子看，这些国家要走上正常的发展轨道，道路曲折。1989年剧变后的东欧各国就是例证。它们变成"民主"国家已有1/4个世纪，但其经济社会发展乏善可陈，只有一个较大国家波兰2012年GDP总值排世界第23位。

相邻的撒哈拉以南非洲，20世纪60年代出现独立浪潮。70—80年代经历了独立后的定向和模式选择痛苦，因此经济社会发展有过一段沉闷时期。90年代以后，特别是进入21世纪后，在经济全球化浪潮推动下，非洲国家开始抓住新的机遇，制定新的发展战略，各方面都呈现了跃进之态。除前文提到的南非外，还有些国家颇具代表性。如非洲人口最多的尼日利亚，其前景被高盛公司看好，列入"未来十一国"。2012年尼日利亚GDP总值2725亿美元，排世界第36位，年增长率为6.6%。它是世界第12大产油国、第8大石油出口国，石油探明储量居世界第10位。2012年人均GDP排名较靠前的国家还有：赤道几内亚（14,854美元）、加蓬（10,908美元）、塞舌尔（10,571美元）、博茨瓦纳（9,407）、毛里求斯（9,199美元）、安哥拉（5,681美元）、纳米比亚（5,635美元）。

非洲发展的变数太多。政变频繁，政局动荡，部族冲突等，都给经济带来了很多负面影响。加上非洲经济基础极其薄弱，因此世界上最穷的国家大多在撒哈拉以南非洲。不过，近年来非洲国家与中国等建立友好合作关系，构建稳定的合作与对话机制，这为非洲发展注入了积极因素。非洲的自我认同意识也越来越强，表现为非洲联盟的作用日益显著。非盟的前身是1963年成立的非洲统一组织。2002年改组为非洲联盟。所有的非洲国家都参加了非盟或其活动，它力图集全非洲政治、经济和军事于一体，拟在将来有计划地统一货币，联合防御力量，成立跨国家机构，帮助各国建立民主的政治秩序，形成可持续的经济结构，减少武装内乱，创建有效的共同市场，最终建立"非洲合众国"。

自墨西哥以南都属于中南美洲，又因其主要使用拉丁语言而被称为拉丁美洲，大多数国家独立较早。在将近两个世纪进程中，拉美的发展历经了太多的曲折，除了自身制度因素如考迪拉主义即军事独裁、政变不断政局不稳等原因外，特别是美国将美洲视为后院，大大制约了拉美的发展模式和发展速度，因此拉美的经济发展是在徘徊中前进的，但还是涌现了一批经济大国。除巴西外，还有墨西哥、阿根廷、智利等。也涌现了一批独立性较强的国家，如古巴、委内瑞拉、厄瓜多尔等，敢于与美国叫板。总体上说，拉美经济发展是向上的，但也有个别国家因多种因素而极度落后，如海地。有的国家企图搭上美国经济大车，如墨西哥，1992年就与美国、加拿大建立了北美自由贸易区。但20年来的实践表明，墨西哥所得实惠并不多。较早建立的美洲国家组织，主要在国际安全上进行合作，如其2003年大会对贫困、艾滋病、恐怖主义、有组织跨国犯罪、贩毒、腐败、军火走私和贩卖人口等面临的地区新威胁展开讨论；同时也开始面向经济，2004年该组织的《新莱昂宣言》，就指出要通过持续、公平的经济增长，来推动社会发展、消除贫困、提高人民生活水平。此外，南美洲国家联盟、加勒比共同体等也在地区合作中作用越来越大。

总之，21世纪最初十几年的世界经济发展虽然波折不断，但总的来说前景光明、令人欣慰。要让这种良好局面持续下去，需要各国政要和民众从大局出发，抛弃20世纪的战争观念和冷战思维，建设新型的国际关系，共同构筑人类美好的未来。

（京）新登字083号

图书在版编目（CIP）数据

人类六千年 / 刘景华著. —北京：中国青年出版社，2017.10
ISBN 978-7-5153-4868-1

Ⅰ.①人… Ⅱ.①刘… Ⅲ.①世界史—研究 Ⅳ.①K107

中国版本图书馆CIP数据核字（2017）第199574号

责任编辑：方小玉
书籍设计：瞿中华

出版发行：中国青年出版社
社　　址：北京东四十二条21号
邮政编码：100708
网　　址：www.cyp.com.cn
电子邮件：shishuiye@sina.com
编辑部电话：（010）57350503
门市部电话：（010）57350370
印　　刷：三河市君旺印务有限公司
经　　销：新华书店
开　　本：700×1000　1/16
印　　张：83
插　　页：32
字　　数：1200千字
版　　次：2017年11月北京第1版
印　　次：2018年5月河北第2次印刷
定　　价：168.00元（上下两册）

本图书如有印装质量问题，请凭购书发票与质检部联系调换
联系电话：（010）57350337